LE STADE EN DROIT PUBLIC

Recherche sur le régime juridique des enceintes sportives

Coll. « Le droit aujourd'hui »

La collection « Le droit aujourd'hui » regroupe des études juridiques concernant des problèmes d'actualité nationale et internationale, dans divers domaines (éthique, politique, questions de société…).

Déjà parus

Claudine Pérez-Diaz, Marie-Syvie Huré, *Violence conjugale, missions et finalités concrètes de l'intervention pénale*, 2015
Jean-Grégoire Mahinga, *Le statut du tribunal international du droit de la mer, Commentaire article par article*, 2015
Peggy Larrieu, *Neurosciences et Droit pénal, Le cerveau dans le prétoire*, 2015.
Anthony Falgas, *La Voie de fait administrative. Recherche sur la justification d'une notion prétorienne*, 2015.
Jean-Gregoire Mahinga, *La pêche maritime et le droit international*, 2014.
Christophe Houry, *La piraterie maritime au regard du droit international, incertitudes et évolutions contemporaines*, 2014.
Laura Baudin, *Les cyber-attaques dans les conflits armés, qualification juridique, imputabilité et moyens de réponse envisagés en droit international humanitaire*, 2014.
Alma Signorile, *La sentence arbitrale en droit commercial international*, 2013.

Emmanuel TESSIER

LE STADE EN DROIT PUBLIC

Recherche sur le régime juridique des enceintes sportives

L'Harmattan

Cet ouvrage reproduit le texte de la thèse soutenue le 2 octobre 2014 à l'Université Paris Descartes (Paris V) par **Emmanuel TESSIER**, intitulée « *Le stade en droit public* ».

Lors de cette soutenance, le jury était composé de :

Monsieur Jean-David DREYFUS, Professeur à l'Université Paris Dauphine, *Suffragant*,

Monsieur Gabriel ECKERT, Professeur à l'Université de Strasbourg, *Président*,

Monsieur Christophe FARDET, Professeur à l'Université de Lorraine, *Rapporteur*,

Monsieur Mathieu MAISONNEUVE, Professeur à l'Université de La Réunion, *Rapporteur,*

Monsieur Michel DEGOFFE, Professeur à l'Université Paris Descartes, *Directeur de thèse*.

5-7, rue de l'École-Polytechnique ; 75005 Paris
http://www.harmattan.fr
diffusion.harmattan@wanadoo.fr
harmattan1@wanadoo.fr
ISBN : 978-2-343-07400-9
EAN : 9782343074009

À mes parents,

REMERCIEMENTS

Je voudrais profiter de ces quelques lignes pour remercier les personnes qui m'ont accompagné tout au long de cette longue mais belle épreuve que constitue l'écriture d'une thèse.

Mes remerciements vont à chacun des membres de ce jury qui m'ont fait l'honneur de lire et d'évaluer ce travail de recherches. Je tiens à exprimer, en particulier, ma profonde reconnaissance et ma plus vive gratitude à Monsieur le Professeur Michel DEGOFFE, qui m'a fait l'honneur de diriger cette thèse. Ses précieux conseils, sa disponibilité et la qualité de ses interventions se sont révélés essentiels à la réalisation de cette étude.

J'adresse mes sincères remerciements aux personnes que j'ai pu rencontrer durant mes travaux de recherches, M. Nicolas BAILLY, Directeur stratégie et développement de la société Sportfive ; M. Jean-Pierre BECHTER, Membre du conseil de surveillance de l'Olympique de Marseille ; Mme Cécile COQUELLE, Directrice des affaires institutionnelles de la Fédération française de football ; Me Eric DE FENOYL, Avocat au cabinet *TAJ* ; M. Jean-Yves GACON, Directeur de projet à la MAPPP ; Me Emmanuel PAILLARD et Me Jérôme PENTECOSTE, Avocats au cabinet *Watson Farley & Williams* ; Me Sophie PIGNON-XARDEL, Avocate au cabinet *Bird & Bird* ; M. Rudi ROUSSILLON, ancien Président directeur général du Football Club de Nantes ; Me Phillippe de VEULLE, Avocat à la Cour ; et enfin tout particulièrement M. David SUBRA, Chef du bureau des concessions sportives de la direction jeunesse et sport de la Ville de Paris, pour nos longs échanges fructueux et son amitié.

J'adresse également mes remerciements les plus profonds à Charles-Henri, Gérald et Gaël pour nos réflexions stimulantes et de m'avoir fait l'amitié de me relire. Mais également à Abdallah, Alexandre, Alice, Chloé, Fariel, Ilan, Morgan, Patrick, Raphaële et Romain pour leur soutien. Ainsi que toutes celles et ceux qui m'ont accompagné par leur bienveillance et leurs encouragements durant l'accomplissement de cette thèse.

Je remercie enfin mes Parents et Ariane pour – notamment – leur soutien indéfectible.

TABLE DES PRINCIPAUX SIGLES ET ABRÉVIATIONS

AJDA :	Actualité juridique – Droit administratif
AOT :	Autorisation d'occupation temporaire.
Art. :	Article.
Ass. nat. :	Assemblée nationale.
BEA :	Bail emphytéotique administratif.
BJCP :	Bulletin juridique des contrats publics.
BJES :	Bulletin juridique et économique du sport.
BO :	Bulletin officiel.
BOJS :	Bulletin officiel de la jeunesse et des sports.
Bull. :	Bulletin.
c/ :	Contre.
ch. :	Chambre.
CA :	Cour d'appel.
CAA :	Cour administrative d'appel.
Cass.	Cour de cassation.
CC :	Conseil constitutionnel.
CE (Sect., Ass.) :	Conseil d'Etat (Section, Assemblée).
CEDH :	Cour européenne des droits de l'Homme.
CGCT :	Code général des collectivités territoriales.
CG3P :	Code général de la propriété des personnes publiques.
Ch. rég.:	Chambre régionale.
CJCE :	Cour de justice des Communautés européennes.
CJUE :	Cour de justice de l'Union européenne.
CNDS :	Centre National de développement pour le sport.
CNOSF :	Comité National Olympique et Sportif Français.
Concl. :	Conclusion.
Cons. :	Considérant.
CP-ACCP :	Contrats publics – l'actualité de la commande et des contrats publics.
CRC :	Chambre régionale des comptes.
D.	Recueil Dalloz Sirey.
DA. :	Droit administratif.
Defrénois :	Répertoire du notariat Defrénois.
DSP :	Délégation de service public.
Fasc. :	Fascicule.
FCTVA :	Fonds de compensation pour la TVA.
FIFA :	Fédération internationale football association.

GAJA : Les grands arrêts de la jurisprudence administrative.
GDCC : Les grandes décisions du Conseil constitutionnel.
Gaz. cnes. : Gazette des communes.
Gaz. Pal. : Gazette du Palais.
JCPA : Jurisclasseur périodique Administration et collectivités territoriales.
JCPE : Jurisclasseur périodique Entreprises et affaires.
JCPG : Jurisclasseur périodique édition Générale.
JORF : Journal officiel de la République française.
JOUE : Journal officiel de l'Union européenne.
LOLF : Loi organique relative aux lois de finances.
LPA : Les petites affiches.
MAPPP : Mission d'appui pour la réalisation des contrats de partenariat.
n° : Numéro.
ord. : Ordonnance.
PFI : *Private Finance Initiative.*
PPP : Partenariat public-privé.
p. : Page.
pt. : Point.
QPC : Question prioritaire de constitutionnalité.
Rec. : Recueil.
RDAI : Revue de droit des affaires internationales.
RDBF : Revue de droit bancaire et financier.
RDI : Revue de droit immobilier.
RDP : Revue du droit public.
RDUE : Revue du droit de l'Union européenne.
RF adm. publ. : Revue française d'administration publique.
RFDA : Revue française de droit administratif.
RFFP : Revue française de finances publiques.
RIDE : Revue internationale de droit économique.
RGCT : Revue générale des collectivités territoriales.
RJDA : Revue de jurisprudence de droit des affaires.
RJEP : Revue juridique de l'économie publique.
RJES : Revue juridique et économique du sport.
RLC : Revue Lamy de la concurrence.
RLCT : Revue Lamy des collectivités territoriales.
RLDI : Revue Lamy de droit de l'immatériel.

RO CRC :	Rapport d'observation définitif de la chambre régionale des comptes.
RTDcom. :	Revue trimestrielle de droit commercial.
SIEG :	Service d'intérêt économique général.
s.	Suivant.
TA :	Tribunal administratif.
TC :	Tribunal des conflits.
TI :	Tribunal d'instance.
TGI :	Tribunal de grande instance.
TVA :	Taxe sur la valeur ajoutée.
V. :	Voir.
UEFA :	*Union of European Football Association.*

SOMMAIRE

PREMIÈRE PARTIE
LE STADE, UN OBJET PARTICULIER DE DROIT PUBLIC

TITRE 1 – LE STADE, UN OBJET CONTRACTUEL DE DROIT PUBLIC

Chapitre 1 – La supériorité supposée du contrat de partenariat

Chapitre 2 – Les avantages escomptés du contrat de partenariat

TITRE 2 – LE STADE, UN OBJET FONCIER DE DROIT PUBLIC

Chapitre 1 – La domanialité du stade

Chapitre 2 – L'urbanisme du stade

SECONDE PARTIE
LE STADE, UN OBJET D'EXPLOITATION DE DROIT PUBLIC

TITRE 1 – LE FINANCEMENT DES STADES

Chapitre 1 – Le cadre juridique du financement des stades

Chapitre 2 – Le cadre juridique des aides publiques pour le financement des stades

TITRE 2 – L'ENCADREMENT HÉTÉROGÈNE DU STADE

Chapitre 1 – L'encadrement sécuritaire des manifestations sportives

Chapitre 2 – L'encadrement du droit d'exploitation des manifestations sportives

PRÉFACE

Le stade a toujours revêtu une nature juridique incertaine. Certes, le Conseil d'Etat n'avait pas hésité en 1961 à faire entrer dans la domanialité publique, le stade de Toulouse (CE, 13 juillet 1961, *Ville de Toulouse*). Déjà, à l'époque, le commissaire du gouvernement avait observé que cette qualification pouvait ne pas aller de soi : le stadium de Toulouse accueillait une équipe professionnelle. Mais, il était aussi utilisé par des amateurs. Cette présence permettait de déceler l'affectation au service public. Quelque temps plus tard, le Conseil d'Etat s'était montré moins affirmatif lorsqu'il lui avait fallu régler un litige dans l'enceinte du Parc des Princes : pour qualifier le contrat au centre de litige d'administratif, le Conseil d'Etat avait préféré utiliser la notion de clause exorbitante de droit commun (CE, 26 février 1965, *Société du Vélodrome du Parc des Princes*). Plus récemment, le Conseil d'Etat a exclu la domanialité publique du stade Jean Bouin alors pourtant que les éléments en faveur de cette qualification ne manquaient pas (CE, 3 décembre 2010, n°338272). Ainsi, le stade était utilisé par les collégiens et les lycéens du quartier. Mais, cette solution s'explique peut-être par l'émergence d'un droit administratif propre au bois de Boulogne (Frédéric ROLIN, « Existe-t-il un droit administratif du bois de Boulogne ? », *AJDA*, 2011, p.241). Naturellement, M. Emmanuel TESSIER reprend cette question dans sa thèse très complète sur les enjeux juridiques liés au stade. Mais, il n'est pas question que de cela. Les équipements sportifs, au moins lorsqu'ils sont utilisés par des clubs professionnels, révèlent l'imbrication spécifiquement française entre les collectivités publiques et les opérateurs privés. Le stade est, le plus souvent, la propriété de la commune (le stade de l'Abbé Deschamps à Auxerre, bientôt le stade des Lumières à Lyon sont les seules exceptions notables). Des relations contractuelles doivent donc se nouer entre la commune propriétaire et le club utilisateur de l'équipement. Les contrats conclus sont souvent un moyen pour la collectivité publique d'aider le club car, en France, hormis les footballeurs, on ne connaît personne ayant fait fortune dans le football. Ces relations doivent être étudiées à l'aune du droit de l'Union européenne qui encadre les aides aux entreprises. Mais, cette propriété publique est aussi contestée car elle ne permet pas aux clubs de valoriser pleinement le stade comme cela se pratique en Angleterre ou en Allemagne. D'où la volonté du président Aulas à Lyon de se doter d'une enceinte privée qui n'aurait pas pu être construite cependant sans un fort soutien des élus locaux.

Les contrats permettant la construction ou la rénovation d'un stade sont nombreux. M. Emmanuel TESSIER n'en élude aucun. Mais, il marque sa préférence pour le contrat de partenariat.

L'étude des procédés contractuels occupe une place importante dans le travail de M. Emmanuel TESSIER. Mais, tous les problèmes de droit public que pose le stade sont analysés, en particulier la sécurité lors des rencontres sportives ou encore la fiscalité.

Bref, c'est un ensemble exhaustif que propose la thèse de M.Emmanuel TESSIER à celui qui veut connaître le régime juridique du stade en droit public.

Michel DEGOFFE
Professeur de droit public à l'Université Paris Descartes

INTRODUCTION GÉNÉRALE

« Voici qu'éclatent les cris du cirque.
Une soudaine, une universelle acclamation frappe mes oreilles ».
(Sénèque)

1. Le stade est un lieu de concentration du droit public. La doctrine a souligné cette concentration[1], relevant la diversité des contrats qui sont à la source de leurs constructions ou rénovations. Le régime juridique de la propriété du stade détermine ses modes de gestion. Longtemps lieu du service public du sport[2], la professionnalisation de celui-ci a engendré quelques mutations quant au régime juridique de la domanialité du stade. Cette concentration se révèle également dans l'opération d'urbanisme et d'aménagement du territoire que constitue un stade. S'inscrivant dans une politique globale de financement du sport où l'intervention publique demeure élevée, le stade se confronte aux contraintes des finances publiques. Le stade est un lieu de rassemblement où le public vient assister à un spectacle sportif. Il convient d'encadrer tout débordement susceptible de troubler l'ordre public. En tant que réceptacle du spectacle sportif, le stade est un lieu d'exploitation commerciale.

Le stade est également un lieu de concentration du droit privé. Il se prête de façon non exhaustive à la conclusion de contrats de droit privé relatifs au régime des compétitions[3], de règlement des litiges sportifs[4], ou bien encore dans certaines opérations dans le cadre des contrats d'exploitation commerciale. Nonobstant, la place qu'occupe le stade en droit privé, il en sera peu question dans cette étude, même si nous en emprunterons parfois des apports.

---

[1] KALFLECHE (G.), « Les stades accueillant les coupes du monde de football », *in*, sous dir. MAISONNEUVE (M.), *Droit et Coupe du Monde*, Economica, octobre 2011, p.249 ; SIMON (G.), « Qu'est-ce qu'un stade ? », *in*, sous dir. SIMON (G.), *Le stade et le droit*, Dalloz, février 2008, p.7.

[2] LACHAUME (J-F.), « Coupe du monde et service public », *in*, sous dir. MAISONNEUVE (M.), *Droit et Coupe du Monde*, Economica, octobre 2011, p.191.

[3] BUY (F.), « L'organisation contractuelle du spectacle sportif », Thèse, sous la direction du Professeur Jacques MESTRE, Université Paul Cézanne (Aix-Marseille), 2002, 485 p.

[4] MAISONNEUVE (M.), « L'arbitrage des litiges sportifs », Thèse, sous la direction du Professeur Laurent RICHER, Université Panthéon-Sorbonne (Paris I), 2007, 628 p. Spécialement la première partie.

2. Le stade est le lieu où se concentre le droit du sport et où se déroule l'activité sportive professionnelle[5]. Le droit du sport a été consacré par le législateur[6] et la jurisprudence[7]. Pour autant, il ne repose « *ni exclusivement sur un systématique privé, ni uniquement sur un systématique étatique, mais sur une unicité de données d'origines différentes* »[8]. Le stade, lieu du sport, apparaît comme « *un univers de règles et de lois* »[9]. L'influence et les interférences du droit international et des normes fixées par les instances sportives complexifient la réalisation d'un stade et son régime juridique[10].

3. L'étude du stade s'avère révélatrice des enjeux juridiques inhérents à cet ouvrage et son insertion dans le droit public ainsi que ses apports dans l'ordre juridique. Son étude contribue ainsi à l'évolution des concepts et des conceptions appliqués à cet ouvrage. L'objet de cette étude est de démontrer les interactions réciproques entre le stade et le droit public (**Section 1**). Le cadre de l'étude précisera d'une part, la méthodologie retenue, et d'autre part, justifiera la problématique adoptée (**Section 2**).

---

[5] A cet égard, le Professeur Gérald SIMON dans sa thèse établissait que « *le constat est manifeste : l'activité sportive est un monde de droit, au centre duquel domine la règle* », *in* « Puissance sportive et ordre juridique étatique », Thèse, sous la direction du Professeur Jean-Pierre DUBOIS, Université de Dijon, janvier 1990, p.1.

[6] Loi n°2004-1366 du 15 décembre 2004, portant diverses dispositions relatives au sport professionnel, *JORF*, n°292, 16 décembre 2004, p.21289 ; Décision n°2004-507 DC du 9 décembre 2004, *Loi portant diverses dispositions relatives au sport professionnel* ; DE SILVA (I.), « L'adoption du Code du sport, consécration du droit du sport ? », *AJDA*, n°30, 10 septembre 2007, p.1623 ; CANIVET (G.), « Le droit du sport devant le Conseil constitutionnel, avant-propos », *RFDA*, n°3, mai-juin 2009, p.565 ; RICOU (B.), « Le droit du sport devant le Conseil constitutionnel », *RFDA*, n°3, mai-juin 2009, p.567.

[7] CE, Sect., 22 novembre 1974, *Fédération des industries françaises d'articles de sport*, dit *FIFAS*, n°89828. Concl. Théry. Notes sous arrêt : FRANC (M.) et BOYON (M.), *AJDA*, 1975, p.19 ; LACHAUME (J-F.), *D.*, 1975, p.739 ; WALINE (M.), *RDP*, 1975, p.1109 ; CE, 8 juin 1994, *Montpellier Université Club*, n°95604. Concl. Abraham. Note sous arrêt : GROS (M.), *RDP*, n°3, juin 1995, p.797.

[8] KARAQUILLO (J-P.), *Le droit du sport*, Dalloz, 2ème édition, décembre 1997, p.2.

[9] BROHM (J-M.), *Sociologie politique du sport*, édition Universitaires, juillet 1976, p.57.

[10] LATTY (F.), « La *lex sportiva*, recherche sur le droit transnational », Thèse, sous la direction du Professeur Alain PELLET, Université Paris Ouest Nanterre La Défense (Paris X-Nanterre), avril 2007, 849 p. ; LATTY (F.), « La *lex* Fifa », *in,* sous dir. MAISONNEUVE (M.), *Droit et Coupe du Monde,* Economica, octobre 2011, p.9 ; VALLEE (L.), « La fixation par les fédérations sportives et les ligues professionnelles de normes applicables aux stades et équipements sportifs », *AJDA*, n°30, 10 septembre 2007, p.1635 ; MAISONNEUVE (M.), « Les ordres juridiques sportifs transnationaux », *RRJ*, n°3, 2005, p.1574.

Section 1 – Objet de l'étude

L'objet de l'étude consiste en une recherche sur la qualification juridique du stade (**§1**) et ses imbrications en droit public (**§2**).

§1 – Recherche sur la qualification juridique du stade

Le stade est un lieu du sport qui ne connaît pas de définition juridique précise (**A**). Il se présente comme un lieu d'aménagement du territoire (**B**) où se rassemble le public (**C**). La commercialisation du sport l'a transformé en un lieu d'exploitation commerciale (**D**).

A – Le stade, un lieu du sport

4. Le stade est une notion polysémique. Le Code du sport ne le définit pas et renvoie aux termes d'équipement sportif et d'enceinte sportive afin d'appréhender la notion. A cet égard, l'article R.312-2 du Code du sport énonce qu'un équipement sportif est « *tout bien immobilier appartenant à une personne publique ou privée, spécialement aménagé ou utilisé, de manière permanente ou temporaire, en vue d'une pratique sportive et ouvert aux pratiquants à titre gratuit ou onéreux* ». L'équipement sportif englobe une utilisation d'intérêt général et donne lieu à la pratique sportive. Il inclut l'aire de jeu et les installations qui « *tout en étant extérieures à l'aire de jeu, n'en concourent pas moins au déroulement des compétitions dans des conditions d'hygiène de sécurité et de loyauté satisfaisantes* »[11]. L'article R.312-8 du Code du sport indique que « *constituent des enceintes sportives les établissements recevant du public,* (…) *dont l'accès est susceptible d'être contrôlé en permanence et qui comportent des tribunes fixes ou provisoires* ». Ces articles identifient plus qu'ils ne définissent le stade[12]. Il s'agira dès lors de définir le stade à travers des éléments doctrinaux, jurisprudentiels et législatifs.

5. *Stricto sensu*, un équipement sportif, selon le Code du sport, désigne les constructions ou les aménagements destinés à la pratique sportive. L'équipement sportif érigé peut être permanent ou temporaire, comme ce fut le cas du stade d'Atlanta pour les Jeux Olympiques de 1996 ou comme le prévoit le projet des stades qataris pour la Coupe du Monde 2022. *Lato sensu*, les sites naturels constituent un équipement sportif puisqu'ils

---

[11] CE, Ass., Avis, 20 novembre 2003, n°369474. Notes sous avis : SIMON (G.), *JCPA*, n°24, 7 juin 2004, p.803 ; DUVAL (J-M.), *Les Cahiers de droit du sport*, n°2, octobre 2005, p.49.

[12] COLIN (F.), « Collectivités territoriales et réglementation de l'utilisation des équipements sportifs », *BJCL*, n°11, novembre 2011, p.730.

permettent la pratique sportive. Une distinction s'opère entre les équipements sportifs par adaptation, c'est-à-dire des sites naturels ou nécessitant l'intervention de l'Homme pour l'aménagement de sentiers de randonnée, pédestre ou équestre ; et les espaces sportifs par appropriation, c'est-à-dire des sites naturels ou urbains utilisés pour l'escalade, le surf, le char à voile ou le roller.

La jurisprudence a adopté une conception extensive de la notion de terrain de sport. Ainsi, une piste de ski[13], un court de tennis privé[14], un parcours de golf[15] ou un vélodrome[16] sont considérés comme tel. Le juge estime que la pratique du sport doit s'effectuer dans une infrastructure aménagée à cet effet. Pour autant, cette conception extensive est tempérée par des impératifs de salubrité publique et d'accès aux installations. Un bowling[17], un terrain de pétanque, de boules lyonnaises ou de pelote basque[18] ne reçoivent pas cette qualification au regard de la loi Evin et de l'article L.3335-1 du Code de la santé publique, puisqu'au sein de ces infrastructures les spectateurs et les participants présentent un risque de consommation d'alcool. Le Conseil d'Etat retiendra l'insuffisance d'accès au public liée au critère financier pour ne pas considérer la pratique de la culture physique, du yoga et de la relaxation comme terrain de sport[19].

Si de nombreux termes se rapprochent de la notion et peuvent l'appréhender, il convient de souligner que le terme de stade illustre pleinement ses synonymes d'enceinte sportive et d'équipement sportif. A cet égard, nous adopterons la sémantique du Code du sport et utiliserons ces termes de façon synonyme. La présente thèse se concentrera sur l'étude du stade aménagé et destiné à une pratique sportive professionnelle en vue d'accueillir à titre onéreux les spectateurs. Pour cette raison, les termes d'enceinte sportive et d'équipement sportif – sauf précisions – correspondront à une approche où le professionnalisme succède à l'olympisme conçu par le Baron de Coubertin.

6. Le stade est étymologiquement une distance qui, d'après la mythologie grecque, représente six cent fois le pied d'Héraclès[20]. Selon le

---

[13] CA Paris, 9 janvier 1971. Note sous arrêt RABINOVITCH (W.), *D.*, 1971, p.136.
[14] Cass. crim., 17 septembre 1978.
[15] CA Poitiers, 18 septembre 1992.
[16] CA Aix-en-Provence, 5 avril 1993.
[17] Réponse ministérielle n°21212, *JOAN Q*, 16 avril 1972, p.875.
[18] Réponse ministérielle n°10287, *JOAN Q*, 27 avril 1974, p.1829.
[19] CE, 28 juillet 1993, *Ministre de l'Intérieur c/ Mme Juillard*, n°115053. Concl. Daël. Chron. HUGOT (J.), *JCPN*, n°44, 4 novembre 1994, p.657.
[20] Soit 192,27 mètres mesurés sur la ligne droite d'Olympie en l'an 776 avant notre ère.V. pour un aspect historique du stade, MAGNE (A.), « L'évolution des stades, vers la 6ème génération », *in*, sous dir. CHAIX (P.), *Les grands stades*, L'HARMATTAN, mars 2011, p.41 et s.

Professeur Gérald Simon, le stade peut se définir selon plusieurs critères. Tout d'abord, le premier critère correspond à l'aménagement. Le stade est le lieu spécialement aménagé pour la pratique d'un ou plusieurs sports, bien qu'il soit possible de pratiquer certains sports hors de cet aménagement. Généralement, ces sports coïncident avec une pratique non compétitive, le stade étant le théâtre de la compétition. Ensuite, le second critère évoqué correspond proprement dit au terme d'enceinte, il s'agit donc d'un espace clos aménagé pour la pratique des compétitions sportives[21]. La « clôture » comme le souligne l'auteur, répond à « *l'autre dimension de la compétition qui est non seulement une activité mais aussi un spectacle, ce qui suppose que soient réunis acteurs et spectateurs. Le stade est ainsi le lieu de cette réunion : autrement dit, le lieu où se déroule le spectacle sportif* »[22]. Le stade est donc une enceinte sportive et un lieu de compétition, un lieu clos mais ouvert au public.

B – Le stade, un lieu d'aménagement du territoire

7. Le stade est un lieu d'aménagement du territoire. Il s'agit d'un ouvrage structurant par sa surface et par les exigences qui lui incombe. Lorsque qu'un stade est construit *ex nihilo*, il fera l'objet certainement d'un aménagement en périphérie urbaine. Cet éloignement de la Cité engendrera la réalisation de travaux d'équipements routiers et de transports publics. Un stade peut difficilement être construit au cœur d'une ville en raison de ses dimensions, mais il peut faire l'objet de travaux de rénovation. Ceux-ci engendrent un aménagement urbanistique du quartier où se trouve le stade.

8. La Commission des communautés européennes a donné une définition très large de cette notion d'ouvrage observant qu'il s'agit de « *tout ce qui est construit ou résulte d'opération de construction et qui est fixé au sol. Ces derniers comprennent notamment* (…) *les stades* (…) »[23]. Le Professeur Gérard Cornu a défini l'ouvrage comme « *un terme générique englobant non seulement les bâtiments mais tous les édifices et plus généralement toute espèce de construction, tout élément concourant à la constitution d'un édifice par opposition aux éléments d'équipements* »[24]. Le stade est un immeuble, en tant que tel il est considéré comme un bien

---

[21] SIMON (G.), « Qu'est-ce qu'un stade ? », *in*, sous dir. SIMON (G.), *Le stade et le droit*, Dalloz, février 2008, p.6.

[22] *Ibid.*

[23] Communication de la Commission concernant les documents interprétatifs de la directive n°89/106/CE du Conseil 21 décembre 1988 relative au rapprochement des dispositions législatives, réglementaires et administratives des Etats membres concernant les produits de la construction, *JOCE*, n°L040, 11 février 1989, p.12.

[24] CORNU (G.), *Vocabulaire juridique*, PUF, 8ème édition, avril 2007.

appartenant à un propriétaire. En France, les collectivités territoriales sont propriétaires de la quasi-totalité des stades[25] ainsi que des équipements sportifs à hauteur de 83,1% et en gèrent 73,1%[26]. Les collectivités territoriales ont la charge de ces installations et doivent prévoir, selon une étude menée par l'association pour l'information et la recherche des équipements sportifs et de loisirs (AIRES), de programmer des investissements afin de les mettre en conformité quant à la sécurité, l'hygiène, l'adaptation vis-à-vis de l'attente des pratiquants, la vétusté et la modernisation de leur conception. En 2005, l'estimation de cette remise en état représentait près de 21 milliards d'euros[27]. Cet effort apparaît d'autant plus nécessaire que la règlementation des différentes ligues professionnelles exige le respect de normes ayant trait aux enceintes sportives et tout particulièrement aux conditions de sécurité[28].

9. Le stade appartient généralement à la collectivité publique, l'affectation de son régime juridique détermine les modes de gestion de la propriété publique des stades. L'arrêt du Conseil d'Etat, *Ville de Toulouse*[29], rendu le 13 juillet 1961 soumet le stade au régime de la domanialité publique, « *du fait de son affectation à un service public et de l'aménagement dont il a été l'objet* (…) ». En effet, le juge administratif a estimé que le stade municipal de Toulouse, « *édifié en vue de permettre le développement d'activités sportives et d'éducation physique présentant un caractère d'utilité générale* » relevait bien d'une affectation au service public. Le stade est *de facto* soumis au régime de la domanialité publique. Depuis cet arrêt, les missions de service public (accueil des scolaires et des amateurs) semblent s'être marginalisées au profit des perspectives de rentabilité économique et financière. Ainsi, la solution de l'arrêt *Ville de Toulouse* n'a pas été retenue dans l'arrêt d'assemblée *Société du vélodrome du Parc des Princes*[30]. Un spectacle ou une fête, d'un genre différent qu'un événement sportif au demeurant présentant un caractère d'utilité générale,

---

[25] Seuls les stades François Coty d'Ajaccio et de l'Abbé-Deschamps à Auxerre appartiennent aux clubs ; avis présenté au nom de la commission des affaires culturelles sur le projet de loi de finances pour 2006, Tome VIII – Sport, jeunesse et vie associative, doc. Sénat n°100, session ordinaire 2005-2006, p.40.

[26] Rapport public thématique de la Cour des comptes, « Les collectivités territoriales et les clubs sportifs professionnels » du 10 décembre 2009 p.16.

[27] *Ibid.*

[28] VALLEE (L.), « La fixation par les fédérations sportives et les ligues professionnelles de normes applicables aux stades et équipements sportifs », *AJDA*, n°30, 10 septembre 2007, p.1635 ; COLIN (F.), « Collectivités territoriales et réglementation de l'utilisation des équipements sportifs », *BJCL*, n°11, novembre 2011, p.730.

[29] CE, 13 juillet 1961, *Ville de Toulouse*, n°48792. Rec. Lebon p. 513. Chron. GALABERT (J-M.) et GENTOT (M.), *AJDA*, 1961, p.467.

[30] CE, Ass., 26 février 1965, *Société du vélodrome du Parc des Princes*, Rec. Lebon p.113, Concl. Bertrand, *RDP* 1965, p.506.

organisé au sein d'un équipement destiné uniquement à cet effet, n'est pas soumis au régime de la domanialité publique puisque ne relevant pas d'une affectation au service public. Cette jurisprudence induit à comprendre que les équipements destinés à ce qui recouvre la dénomination de « sport-spectacle » ne permettent pas la réalisation d'une mission de service public et ne sont pas affectés au régime du domaine public. Auparavant, les magistrats du Tribunal des Conflits avaient déjà répugné à cette reconnaissance à propos de l'hippodrome d'Auteuil[31].

Le Conseil d'Etat, par les arrêts *Jean Bouin*[32] et *Madame Gilles*[33], a fort logiquement exclu que la mise à disposition d'un stade à un club sportif professionnel puisse relever de la qualification de service public. Un stade a donc perdu son affectation de service public mais paradoxalement demeure dans le domaine public. Le jugement du Tribunal administratif de Bordeaux du 19 décembre 2012 a semblé prendre le contrepied de ces arrêts en considérant que « *la construction d'un équipement sportif destiné au développement économique, culturel et artistique de la ville* [faisait] *partie des missions de service public dont elle a la responsabilité* »[34]. Ce jugement témoigne de l'insécurité juridique actuelle et de l'apparition d'un droit spécial de la domanialité du stade.

10. Le régime de construction et d'aménagement du stade nécessite un encadrement de dispositions et de procédures destinées à son édification et son fonctionnement. Les lieux du stade[35] s'inscrivent dans le respect des règles d'urbanisme. Outre ce respect des règles, le choix du montage

---

[31] TC, 10 juillet 1956, *Société des Steeple-chases de France.* Concl. Chardeau, *S.*, 1956, p.156. Rec. Lebon, p.587. Notes sous arrêt : PINTO (R.), *AJDA*, 1956, p.352 ; WALINE (M.), *RDP*, 1957, p.522.

[32] CE, Sect., 3 décembre 2010, *Association Paris Jean Bouin c/ Ville de Paris*, n°338272. Concl. Escaut, *BJCP*, n°74, janvier 2011, p.36. Notes sous arrêt : JUEN (P.), *LPA*, n°104, 26 mai 2011, p.8 ; MAUGUE (C.), *RJEP*, n°685, avril 2011, p.25 ; BRACONNIER (S.) et NOGUELLOU (R.), *RDI*, n°3, mars 2011, p.162 ; BRENET (F.) et MELLERAY (F.), *DA*, n°2, février 2011, p.36 ; DEVES (C.), *JCPA*, n°5, 31 janvier 2011, p.41 ; GLASER (E.), *AJDA*, n°1, 17 janvier 2011, p.21 ; COLIN (F.), *Les Cahiers de Droit du sport*, n°23, janvier 2011, p.58 ; ECKERT (G.), *Contrats et Marchés Publics*, n°1, janvier 2011, p.38.

[33] CE, Sect., 11 juillet 2011, *Madame Gilles*, n°339409. Concl. Boulouis, *BJCP*, n°78, septembre 2011, p.341. Notes sous arrêt : PISSALOUX (J-L.), *Gaz. Pal.*, n°273, 30 septembre 2011, p.28 ; ECKERT (G.), *Contrats et Marchés Publics*, n°10, octobre 2011, p.39 ; FOULQUIER (N.), *RDI*, n°10, octobre 2011, p.508 ; DOMINO (X.), *AJDA*, n°34, 17 octobre 2011, p.1949 ; LAGARDE (F.), *Jurisport*, n°115, février 2012, p.8 ; VINEY (G.), *Revue des contrats*, n°2, avril 2012, p.419.

[34] TA Bordeaux, 19 décembre 2012, *M. Rouveyre*, n°1105079. Notes sous jugement : BRACONNIER (S.), *AJDA*, n°9, 11 mars 2013, p.529 ; NIGRI (E.), *Contrats et Marchés Publics*, n°3, mars 2013, p.35. Jugement confirmé par CAA Bordeaux, 17 juin 2014, *M. Rouveyre*, n°13BX00563 et 13BX00564.

[35] Pour reprendre l'heureuse formule de MANGIN (C.), *in* « Les lieux du stade, modèles et médias géographiques », *Mappemonde* 2001/4, n°64, p.36.

contractuel s'avère tout particulièrement déterminant quant au succès de la réalisation du projet. Les collectivités territoriales, en concertation avec le club résident, choisissent celui qui leur semble le plus pertinent et judicieux. Ainsi, il est préférable que le club ait défini ses besoins en termes de fonctionnalités. La raréfaction des ressources publiques oblige la personne publique et son cocontractant à se diriger vers le montage contractuel le plus adapté au projet. Le contrat de partenariat constitue un outil adapté à la réalisation de projets complexes, les stades en sont une illustration pertinente.

Cependant, à la diversité des situations locales correspond une variété de montages juridiques et financiers envisageables, associant dans des proportions variables financements publics et privés. Entre la maîtrise publique d'ouvrage classique assumée par la collectivité compétente et le financement d'un nouvel équipement par les seuls capitaux privés, le choix est en effet ouvert entre différents types de contrats associant personne publique et privée à la construction et à la gestion. Par ailleurs, même dans la situation d'un financement entièrement privé de l'équipement, les pouvoirs publics locaux resteront impliqués, notamment pour la mise à disposition des réserves foncières et la réalisation des voies d'accès.

Les diverses formules recèlent de risques dont il importe de s'assurer la maîtrise. Les collectivités territoriales concernées devront notamment s'assurer que les conditions de financement, de mise à disposition des équipements, mais aussi la réalisation des infrastructures de voirie et de réseaux demeurent compatibles avec leur situation financière, actuelle et future. La prise de décision devra aussi résulter de l'examen approfondi de l'impact d'un projet de cette importance, notamment en termes de transport individuel et collectif, d'activité économique induite, d'aménagement urbain et de sécurité.

C – Le stade, un lieu de rassemblement

11. Le stade est le lieu où se rassemble le public afin d'assister à une rencontre sportive. La capacité d'accueil des stades implique le déplacement de dizaines de milliers de personnes[36]. Ceci n'est pas sans risque pour les

[36] La capacité d'accueil moyenne des stades en France était de 29.155 places en 2008, *in* Rapport de la Commission grands stades présidée par M. Philippe SEGUIN, « Grands stades – Euro 2016 » du 24 novembre 2008, p.21 ; il était de 29.726 en 2013, *in* Rapport d'information du Sénat n°86 du 17 octobre 2013, fait par MM. Jean-Luc TODESCHINI et Dominique BAILLY, « Grands stades et arénas : pour un financement les yeux ouverts », p.12. Une fois les projets pour l'Euro 2016 menés à terme, la capacité approcherait les 40.000 places.

spectateurs, les riverains et l'ordre public. Des mesures de préventions des atteintes à l'ordre public doivent être prises par un dispositif de maintien de l'ordre adapté, des interdictions administratives de stades, voire des interdictions de déplacements de supporters. Bien plus encore, le stade doit être conforme aux règles de sécurité relative aux établissements recevant du public. Outre ces considérations liées à la sécurité du public, le stade doit être avant tout conçu et perçu comme un lieu de vie et de convivialité[37] dépassant les seules dimensions juridiques et financières. Le spectateur doit être reçu dans des conditions optimales de sécurité, d'accessibilité et de confort. La satisfaction de ses conditions d'accueil l'incitera dès lors à revenir au stade et à disposer des prestations proposées.

D – Le stade, un lieu d'exploitation commerciale

12. De nombreuses normes sportives et parasportives édictées par les instances sportives internationales pèsent sur un stade. Le Comité International Olympique (CIO) et la Fédération international de football association (FIFA) ont d'ailleurs fixé les principales règles normatives et cahiers des charges. Ces normes sont apparues à la fin des années 1980 avec l'émergence de la médiatisation du sport, de son développement économique et des phénomènes récurrents de violence[38]. Visant la satisfaction des spectateurs et des téléspectateurs, les instances ont mis en œuvre des normes de sécurité[39] et de confort drastiques[40] ainsi qu'un dispositif audiovisuel important pour la retransmission des matchs.

Les collectivités territoriales en tant que propriétaires des stades doivent se plier aux règlements des ligues. Le pouvoir normatif des fédérations sportives prend ainsi sa pleine mesure en matière d'équipements. Les collectivités territoriales, par ailleurs, supportent les coûts engendrés ce sont donc surtout les contribuables locaux plutôt que les usagers qui financent les installations sportives. Ce paradoxe suscite des conflits entre élus locaux et fédérations sportives. En vertu de la loi du 16 juillet 1984 relative à l'organisation et à la promotion des activités physiques et sportives, les fédérations sportives bénéficient du pouvoir règlementaire en particulier

[37] Rapport de la commission grands stades, « Grands stades – Euro 2016 » du 24 novembre 2008, présidée par Philippe Séguin p.76.

[38] KALFLECHE (G.), « Les stades accueillant les coupes du monde de football », *in*, sous dir. MAISONNEUVE (M.), *Droit et Coupe du Monde*, Economica, octobre 2011, p.254.

[39] Pour illustration, un stade doit disposer « *d'une salle de contrôle ayant une vue générale de tout l'intérieur du stade* », FIFA, *Stades de football, recommandations et exigences techniques*, 4ème édition, 2007, p.41.

[40] La FIFA préconise des dimensions particulières pour chaque siège en tribunes et la construction d'un toit.

dans le domaine des équipements. L'article L.131-16 du Code du sport confie aux fédérations délégataires le soin d'édicter « *les règlements fédéraux relatifs aux normes des équipements sportifs* ». Les collectivités publiques se trouvent donc en apparence soumises aux fédérations sportives. Or, en réalité, il s'avère que toutes les deux s'entendent correctement, les fédérations prenant soin de ne pas changer trop régulièrement les règlements applicables afin que les collectivités publiques n'éprouvent pas de difficultés de financement quant au coût de mise aux normes. Toutefois, cette entente cordiale connaît une limite relative vis-à-vis du football, là où les enjeux financiers sont les plus importants[41]. Progressivement la « *puissance sportive* »[42] s'est transformée en « puissance économique ». Les stades, certes lieu de compétition, devenaient un terrain de logique commerciale et de rentabilité économique.

13. Le sport est devenu un spectacle et le stade en est son réceptacle. Plus largement, le sport est désormais une marchandise en plus de demeurer un loisir, s'inscrivant dans la logique de la *lex mercatoria*. Un stade génère des profits à travers la billetterie, les loges, la restauration et les services aux spectateurs. Lieu de création de valeur ajoutée, il devient de plus en plus un vecteur de développement des clubs. De surcroît depuis que les stades sont gérés par des entreprises privées offrant une vision plus économique. La multifonctionnalité du stade permet indifféremment d'accueillir d'autres sports, d'attirer des conférences et séminaires, d'organiser des spectacles culturels. Les espaces annexes du stade étoffent la stratégie commerciale avec la possibilité d'y développer des hôtels, des bureaux, des centres commerciaux, des cinémas, voire des casinos. Il s'agit de rentabiliser l'ouvrage les jours de matchs et surtout lorsqu'aucune rencontre ne se déroule[43]. Par ailleurs, le *naming* peut représenter une source de financement. Ce procédé consiste à ce qu'une marque donne son nom au stade en contre partie d'une contribution financière destinée à la réalisation des travaux ou au fonctionnement du stade.

14. L'exploitation audiovisuelle du sport génère également des profits notables grâce à l'intérêt suscité par le spectacle sportif. Selon le Conseil supérieur de l'audiovisuel (CSA), « *au cours du XXème siècle, sport et*

---

[41] Le loyer du stade Vélodrome de Marseille en est un exemple. Suivant les recommandations de la chambre régionale des comptes et de la Cour des comptes, la Ville de Marseille a établi le loyer du stade à 8 millions d'euros pour une utilisation annuelle. Le club résident, l'Olympique de Marseille, refuse ce montant et a entamé des négociations.

[42] SIMON (G.), *Puissance sportive et ordre juridique étatique*, LGDJ, coll. « Bibliothèque de droit public », t.156, janvier 1990.

[43] MAGNE (A.), « Quelle optimisation pour le business model des stades et des arénas ? », *Jurisport*, n°128, février 2013, p.20.

télévision ont pour une large part uni leurs destinés »[44]. Les fédérations internationales et nationales attribuent les droits de retransmissions des rencontres sportives à des chaînes de télévision gratuites ou payantes. La publicité et le coût de l'abonnement à une chaîne payante permettent à ce média de générer des profits. Pour les seuls droits de retransmissions des rencontres du championnat de France de football, le montant d'attribution s'élève à 748,5 millions d'euros pour la période 2016-2020. Une majeure partie de cette somme sera redistribuée aux clubs. Le stade est le lieu du déroulement des compétitions, à ce titre il est le réceptacle du spectacle sportif et l'outil de valorisation de ces droits d'exploitation.

15. *In fine*, une définition du stade se dégage. Le stade se définit comme un immeuble aménagé et destiné à la pratique d'une activité physique professionnelle. Il est un lieu de rassemblement pouvant accueillir du public. Les organisateurs du spectacle sportif s'y déroulant doivent alors respecter les règles relatives aux établissements recevant du public et prévenir les troubles à l'ordre public, afin d'exploiter au mieux son caractère commercial.

§ 2 – Recherches sur les imbrications du stade en droit public

Les enjeux juridiques, économiques et stratégiques des stades en France ont profondément évolué sous l'impulsion de l'organisation du Championnat d'Europe de football en 2016 et les échecs successifs lors de l'attribution des Jeux Olympiques. Le droit applicable aux stades connaît une mutation qui s'exprime particulièrement dans les branches du droit public[45]. Le renouvellement des imbrications (**A**) s'avère structurel et conjoncturel (**B**).

A – Des imbrications renouvelées

16. La problématique des stades en France connaît un renouveau dans ses réflexions depuis que la France a souhaité organiser les Jeux Olympiques de 2008 et de 2012, ainsi que le Championnat d'Europe de football en 2016. De nombreux travaux ont été réalisés afin de répertorier les équipements

[44] Les études du CSA, *Sport et télévision, quels défis pour le régulateur dans le nouvel équilibre gratuit-payant ?*, Service de l'information et de la documentation, juin 2011, p.5.

[45] KALFLECHE (G.), « Les stades accueillant les coupes du monde de football », *in*, sous dir. MAISONNEUVE (M.), *Droit et Coupe du Monde*, Economica, octobre 2011, p.249 ; SIMON (G.), « Qu'est-ce qu'un stade ? », *in*, sous dir. SIMON (G.), *Le stade et le droit*, Dalloz, février 2008, p.7 ; DEPRE (S.), sous dir., *Le sport dopé par l'Etat, vers un droit public du sport ?*, Actes de colloque, Bruylant, 2006, Bruxelles, 303 p.

sportifs nationaux pouvant accueillir ce type d'événements et de constater leur état de vétusté.

17. « *Un bon rapport, c'est celui qui a des suites* ». C'est par cette formule que Philippe Séguin, président de la Commission Grands Stades Euro 2016, a remis son rapport au Premier ministre le 24 novembre 2008[46]. Ce rapport intervient à la suite du rapport « Accroître la compétitivité des clubs de football professionnels français » dit rapport Besson en date du 6 novembre 2008[47] qui donne le véritable coup d'envoi de la volonté des pouvoirs publics de moderniser les enceintes sportives françaises.

18. Ces deux rapports soulignent notamment la vétusté des stades en France et le besoin de les moderniser au nom de la relance économique et de la compétitivité du football et du sport français en général. Ils mettent également en exergue l'intention de l'Etat de soutenir activement les projets de modernisation et d'agrandissement tant par des réformes législatives, que par un soutien financier. Cette intention est d'autant plus forte qu'elle se projette particulièrement dans la candidature de la France à l'organisation du Championnat d'Europe des Nations de football 2016 dit Euro 2016. Les rapports Besson et Séguin préconisent des mesures dont les principales donneront des suites.

19. Le rapport Besson, tout d'abord, recommande des aménagements législatifs avec comme principal aménagement la reconnaissance du caractère d'intérêt général des enceintes sportives. Cette recommandation aboutira grâce à l'adoption du projet de loi de développement et de modernisation des services touristiques du 22 juillet 2009. En effet, en adoptant l'article 13 ter introduit par la commission des affaires économiques à la demande du Gouvernement[48], l'Assemblée nationale a reconnu le caractère d'intérêt général aux enceintes sportives. Cette reconnaissance intervient avec la promulgation de la loi du 22 juillet 2009 de développement et de modernisation des services touristiques en son chapitre VI article 28. De ce fait, l'Assemblée nationale facilite et accélère la création et la rénovation de grands stades, publics ou privés, en vue de la

---

[46] Rapport de la Commission grands stades présidée par M. Philippe SEGUIN, « Grands stades – Euro 2016 » du 24 novembre 2008, 141 p.

[47] Rapport gouvernemental de M. Eric BESSON, « Accroître la compétitivité des clubs de football professionnel » du 6 novembre 2008, 164 p.

[48] La commission des affaires économiques de l'Assemblée nationale a introduit l'article 13 ter dans le projet de loi de développement et de modernisation des services touristiques du 18 juin 2009. A l'initiative du Gouvernement, un article 28 a été inséré dans la loi n°2009-888 du 22 juillet 2009 de développement et de modernisation des services touristiques, *JORF*, n°169 du 24 juillet 2009, p.12352. Cette disposition a pour objectif la réalisation d'équipements sportifs par la reconnaissance de leur intérêt général au titre de l'impact que peuvent avoir certains équipements sportifs, ou l'usage qui en est fait, sur le rayonnement sportif français.

candidature française à l'Euro 2016. L'objectif de cet aménagement doit permettre aux différents projets de stades d'être menés à bien face aux difficultés rencontrées que sont les associations de riverains, les contraintes d'urbanisme et environnementales, le financement et les problèmes juridiques inhérents à ce type d'ouvrage. De plus, le caractère d'intérêt général favorise les procédures d'expropriations à conditions semblables de celles mises en œuvres pour les projets publics et facilite le financement des voies d'accès par les fonds publics.

Le rapport Besson incitait à l'initiative privée, publique et mixte. Il suggère un assouplissement des contraintes du lien public-privé tout en le modernisant. Il encourageait surtout le recours au contrat de partenariat mais regrettait les difficultés de son recours. Ces difficultés vont être réduites comme nous le verrons dans nos développements. Ce rapport souligne la faiblesse de la compétitivité des clubs français de football professionnel et également des clubs professionnels français en sport collectif. Deux précédents jurisprudentiels éclairent significativement ces faiblesses, sans pour autant en être l'unique cause.

20. Cette faiblesse a comme origine principale l'intervention des instances européennes au milieu des années 1990. Le mot sport ne figure pas dans les traités européens du Traité de Rome du 25 mars 1957 au Traité de Maastricht du 7 février 1992. Cela peut sembler logique puisque l'Europe est régie par le principe de subsidiarité qui signifie qu'elle ne doit intervenir que dans les domaines où l'autonomie nationale ne peut fonctionner. Le sport est un phénomène social et économique contribuant considérablement à la réalisation des objectifs stratégiques de solidarité et de prospérité de l'Union européenne[49]. L'amélioration de la santé publique par l'activité physique contribue également à l'intérêt général. Le sport est lui géré par des organismes non étatiques tels que la FIFA[50] ou l'IRB[51] qui édictent leurs propres règlements. Les instances européennes sont pourtant intervenues avec l'arrêt *Bosman*[52] de façon intempestive et sans mesurer l'impact de leur

---

[49] Commission des communautés européennes, *Livre Blanc sur le sport*, 11 juillet 2007, p.1.

[50] La Fédération internationale de football association (FIFA) est une association de fédérations nationales fondée en 1904 ayant pour vocation de gérer et de développer le football dans le monde. Son siège est situé depuis 1932 à Zurich, en Suisse. La FIFA est une association de droit suisse qui rassemble 208 fédérations.

[51] L'International Rugby Board (IRB) est l'organisme international qui gère le rugby à XV et le rugby à sept. Il définit notamment les règles du jeu et organise les principaux tournois. Il est fondé le 1er janvier 1886 et son siège se situe à Dublin. L'IRB compte 98 membres et 18 membres associés.

[52] CJCE, 15 décembre 1995, *Union royale belge des sociétés de football association ASBL contre Jean-Marc Bosman, Royal club liégeois SA contre Jean-Marc Bosman et autres et Union des associations européennes de football (UEFA) contre Jean-Marc Bosman*, dit arrêt *Bosman*. En l'espèce, le footballeur belge Jean-Marc Bosman est opposé à son club le FC

décision. Le 15 décembre 1995, la Cour de justice des Communautés européennes rendait un arrêt déterminant deux principes : d'une part, le principe de l'application aux sportifs professionnels et amateurs du droit de la libre circulation des travailleurs prévu par l'article 39 du Traité CE impliquant la suppression des indemnités de transfert en fin de contrat ; d'autre part, le principe de non limitation du nombre de ressortissants de l'Union au sein d'une équipe. Autrement dit cet arrêt venait annuler les règlements des instances sportives sur les transferts, y compris leur pouvoir d'adopter les règles qui leur conviennent pour organiser les compétitions sportives.

21. La portée de l'arrêt *Bosman* a été élargie par une autre espèce. La basketteuse Lilia Malaja s'est vue refuser par la fédération française de basket-ball (FFBB) de porter le maillot de l'équipe du Racing Club de Strasbourg au motif que le quota d'étrangers à l'Union européenne était atteint. Le Conseil d'Etat a confirmé dans son arrêt *Malaja*[53] l'arrêt rendu par la Cour administrative d'appel de Nancy du 3 janvier 2000. Ainsi, les pays signataires d'un accord de coopération ou d'association avec l'Union européenne doivent se voir appliquer les règles issues de l'arrêt *Bosman*, c'est-à-dire la non application des quotas de nationalité. Ce nouvel arrêt a donc étendu l'apport de l'arrêt *Bosman* en ouvrant le sport européen aux vingt-trois pays alors signataires d'accords de coopération ou d'association avec l'Union européenne. Il a certes l'avantage de privilégier les droits de l'individu et du sportif sur celui des fédérations mais il a accéléré considérablement la dérégulation du sport.

22. Le rapport Séguin, pour sa part, pointe les faiblesses et les insuffisances de la France en matière d'enceintes sportives, particulièrement vétustes et inadaptées à l'organisation de grands événements sportifs et freinant la compétitivité du sport français. La Commission Grands Stades suggérait la candidature de la France à l'Euro 2016 afin de parfaire cette

---

Liège refusant son transfert vers le club français de Dunkerque. M. Bosman a porté l'affaire devant la CJCE. Il contestait la conformité des règles régissant les transferts, au regard du droit communautaire. Deux points étaient notamment contestés par M. Bosman : d'une part la possibilité pour un club de réclamer une indemnité de transfert pour un joueur en fin de contrat (cette possibilité subsistait en Belgique, mais avait déjà été abandonnée dans la plupart des autres pays européens) ; et d'autre part, les quotas limitant à 3 le nombre de joueurs étrangers ressortissants de l'Union européenne dans une équipe de club, qui constituaient une discrimination entre nationalités européennes. La CJCE a donné raison à M. Bosman, considérant que les règlements de l'UEFA, et notamment ceux instaurant des quotas liés à la nationalité, étaient contraires à l'article 48 du Traité de Rome sur la libre circulation des travailleurs entre les Etats membres. L'UEFA s'est plié à la jurisprudence communautaire et a aboli les quotas de joueurs à partir de la saison 1996-1997.

[53] CE, 30 décembre 2002, *Malaja*, n°219646. Concl. Prada-Bordenave. Note sous arrêt : SOLA (G.), *JCPA*, n°14, 31 mars 2003, p.441.

situation et de rattraper le retard sur nos voisins européens. Cette candidature était souhaitable pour enclencher le levier de la modernisation des grands stades et de leur gestion. Cela était d'autant plus important pour la France, qu'elle avait déjà essuyé des échecs notamment aux candidatures à l'organisation des Jeux Olympiques et qu'un nouvel échec aurait été perçu comme un aveu d'impuissance. La Commission conseillait de tirer les leçons de ces revers et de tout mettre en œuvre pour réussir. A cet effet, un engagement politique fort fut nécessaire. L'engagement politique attendu a effectivement été réalisé avec l'engagement financier de l'Etat dans la modernisation des stades et un soutien de l'ensemble du pouvoir exécutif. Ce rapport souligne à juste titre l'impossibilité du modèle unique et préconise des solutions mixtes telles que le contrat de partenariat comme à Lille, Marseille ou Nice. Dans de tels montages, il importe de clarifier la place respective de l'exploitant privé du stade et le club résident. Le rapport Séguin proposait dix recommandations. Deux méritent de retenir l'attention : la reconnaissance du caractère d'intérêt général des stades faisant écho au rapport Besson ou encore un accroissement de la sécurité juridique pour la bonne économie générale des projets.

Ce qui ressort également de ce rapport, c'est la nécessité d'un nouveau mode de financement des stades. S'appuyer sur les abonnés, savoir profiter de la cotation en bourse pour lever des fonds, recourir de façon plus efficace au *sponsoring* ou au « *naming* », technique qui consiste dans la possibilité pour une société de donner son nom à un stade moyennant une rente en capital ou une contribution annuelle. Mais au-delà de ces dispositifs, le rapport propose que la taxe sur les spectacles qui pèse dans le budget des clubs soit remplacée par une TVA à 5,5% sur le prix des billets (donc que le coût soit supporté par le spectateur) ou que les impôts soient allégés (taxes foncière, professionnelle, locale d'équipement).

23. Derrière l'enjeu de l'Euro 2016 se cache la volonté d'assouplir le cadre légal afin que les clubs puissent avoir la main mise quant à leur enceinte afin de faire des stades, certes des lieux de vie et de convivialité[54] mais surtout l'enjeu d'opérations financières qui pourraient permettre aux clubs de sortir de la dépendance aux droits audiovisuels. Pour réaliser ce chantier, l'accueil et la sécurité du public devront s'améliorer ainsi que les services au spectateur tels que la restauration, le confort ou les loges[55]. La multifonctionnalité des stades destinés à plusieurs sports ou la généralisation

[54] Rapport de la Commission grands stades présidée par M. Philippe SEGUIN, « Grands stades – Euro 2016 » du 24 novembre 2008, p.77.

[55] Les loges ont été introduites en France en 1983 par Bernard Caïazzo en sa qualité d'homme d'affaires, actuellement président du comité de surveillance de l'AS Saint-Etienne, qui les installe au Parc des Princes. Il innove également par l'introduction du télémarketing dans le sport.

des enceintes qui intègrent des commerces et des services doivent servir de pistes de réflexion.

24. Ces rapports ont donc « donné des suites » pour reprendre la formule de Philippe Séguin, puisque les principales recommandations ont été suivies. Il conviendrait dès lors de les qualifier de « bons rapports ». Cependant, ils restent incomplets et portent la focale presque exclusivement sur le football, certes roi du sport-business, et à très moindre échelon sur le rugby. Or, la pratique du sport professionnel ne se résume pas qu'au football et au rugby, aussi télégéniques et sources de profits soient-ils. Il en va de même pour les enceintes sportives qui ne sont pas les réceptacles exclusifs de ces deux sports et ne se résument pas qu'aux sports extérieurs. Si la France accuse un retard sérieux concernant la modernité, la capacité d'accueil, la fonctionnalité et la rentabilité de ses stades, le retard est analogue voire plus grand pour les sports dits de « petit terrain » et les grandes salles.

25. En réponse à cette situation, un rapport « Grandes Salles »[56] a été remis à la secrétaire d'Etat chargée des sports Rama Yade le 10 mars 2010. Ce rapport s'inscrit dans la continuité des précédents. Ce rapport dresse à la fois un état des lieux négatif et ouvre un chantier colossal. Il met en exergue la nécessité pour le sport français de haut niveau de construire et de moderniser ses installations afin de prolonger et accroître sa compétitivité. La France est dotée de nombreux gymnases municipaux mais qui ne répondent pas aux attentes légitimes du sport professionnel. Les récents résultats du sport français dans les sports de salle, handball notamment, incitent les fédérations et les pouvoirs publics à organiser des compétitions internationales.

Le rapport ne tient pas compte uniquement d'un état des lieux, il préconise également « *les mesures permettant à la fois de donner à la France la capacité d'accueillir des compétitions internationales et d'assurer un développement compétitif sur la scène européenne de nos clubs professionnels* »[57]. L'aspect multifonctionnel et interdisciplinaire des enceintes est abordé de façon à optimiser l'exploitation des grandes salles. La focale se porte essentiellement sur la dimension économique et la rationalisation des investissements, suggérant un financement mixte fondé principalement sur le contrat de partenariat.

26. La prise de conscience du rôle important que jouent désormais les enceintes sportives dans l'économie du sport et l'attractivité d'un pays est

---

[56] Rapport Grandes Salles, « Grandes Salles – Arenas 2015 », présidé par Daniel CONSTANTINI, remis au Ministre des sports le 10 mars 2010, 102 p.

[57] Rapport Grandes Salles, « Grandes Salles – Arenas 2015 », du 10 mars 2010, p.7.

récente. Les rapports d'Eric Besson « Accroître la compétitivité des clubs de football professionnel français », de la Commission « Grands Stades – Euro 2016 » présidée par Philippe Séguin, de Philippe Augier « Pour une politique gagnante des grands événements », puis de la Commission « Grandes Salles – Arenas 2015 » ont tous souligné cet enjeu stratégique[58]. Toutefois, en 1936, Léo Lagrange, nommé à la direction du sous-secrétariat d'Etat aux sports, pointait déjà les lacunes et le retard français dans un inventaire général des installations sportives françaises, encourageant une politique sportive d'aménagement du territoire. Encouragement resté vain, puisque lors des Jeux Olympiques de Rome en 1960, après un bilan très médiocre de la délégation française, le Général De Gaulle déclara : « *il faut donc que je m'occupe de tout dans ce pays* ».

B – Des imbrications structurelles et conjoncturelles

27. La France est désormais organisatrice de l'Euro 2016[59]. Cet événement est une opportunité de modernisation sans précédent de nos stades. Notre pays connaît en effet un retard d'une part structurel et d'autre part conjoncturel.

Structurel, car les collectivités territoriales étant propriétaires des stades, le club résident apparaît de fait comme un simple locataire et non comme un pivot dans sa gestion ou son exploitation. Il s'agit là d'une spécificité française, celle-ci constitue jusqu'à présent un frein dans le développement économique et la compétitivité économique de nos clubs et de leurs infrastructures. Les stades demeurent en France un enjeu politique et non « *des centres de ressources et de profits* »[60]. Les clubs doivent à l'avenir devenir propriétaire de leur stade, soit *a minima* avoir la maitrise de l'exploitation. Les stades sont des lieux de distraction mais également d'affaires. La multifonctionnalité des stades et les divers financements tendant à mettre fin au monopole de la personne publique vont en ce sens. La personne publique n'a pas vocation à gérer, seule, des équipements sportifs. Il s'agit au contraire du rôle de la personne privée. Les sociétés

---

[58] V. également, CHAIX (P.), sous dir., *Les grands stades*, L'Harmattan, mars 2011, 257 p.

[59] Le 28 mai 2010, l'UEFA a désigné au second tour la France comme organisatrice de l'Euro 2016 par 7 voix contre 6 pour la Turquie. Le Championnat d'Europe des Nations 2016 sera la troisième grande phase finale organisée par la France après l'Euro 1984 et la Coupe du Monde 1998. Après avoir accueilli pour la première fois une Coupe du Monde à 32 équipes, la France accueillera la première phase finale d'un Championnat d'Europe à 24 nations. Douze stades ont été présélectionnés dont neuf retenus (Bordeaux, Lille, Lyon, Marseille, Nice, Paris, Saint-Denis, Saint-Etienne, Strasbourg) et trois réservistes (Lens, Nancy et Toulouse). En raison de nombreuses difficultés sportives, politiques et judiciaires, Nancy pourrait remplacer Strasbourg en tant que site retenu.

[60] Rapport « Grands Stades Euro 2016 » du 24 novembre 2008, p.34

d'exploitation permettent d'apporter une expertise et une gestion plus professionnelle et plus optimale de l'enceinte. La gestion tend donc à se professionnaliser de plus en plus au regard des exemples de nos voisins européens où les stades sont gérés soit par les clubs, soit par des sociétés privées. A la suite de cette candidature réussie, différents projets ont été envisagé, dont les plus marquants sont le projet OL Land, projet qui préconise un financement privé du stade de Lyon, ou encore du Grand Stade de Lille où la première fois un stade fut construit par un contrat de partenariat.

Conjoncturel, car lors de l'organisation de la Coupe du Monde de football 1998 l'investissement de modernisation des stades a été concentré uniquement sur le Stade de France, si la France avait assurément besoin en 1998 d'un stade national ce qui n'est pas l'apanage des pays riches et industrialisés[61], il s'agit de ne pas refaire l'erreur de consacrer l'essentiel du financement à une enceinte comme le Stade de France, qui n'accueille d'ailleurs aucun club résident, au détriment des autres stades. Les enceintes sportives françaises sont inadaptées à l'organisation d'un événement sportif international, les échecs successifs à la candidature des Jeux Olympiques de 2008 et 2012 en sont l'illustration. La France a également raté la possibilité de moderniser ou rénover ses infrastructures sportives à l'occasion de l'organisation de la Coupe du Monde de rugby en 2007. En effet, aucun apport n'a été malheureusement effectué en ce sens. Cette inadaptation se matérialise aussi par le constat accablant de la moyenne d'âge de nos stades qui est de soixante six ans[62].

28. Le stade s'inscrit comme une des ressources structurelles d'un club. Le développement du stade contribue à la création de valeur ajoutée. De tout temps, le stade représente le symbole de l'espace sportif, du Colisée au Stade de France[63]. Le stade est un outil de redynamisation du tissu urbain ou d'extension de la ville[64]. Les rapports font de la qualité des grandes infrastructures sportives une condition nécessaire, à défaut d'être suffisante à l'obtention et la réussite de l'événement.

---

[61] Nous retiendrons pour exemple le stade Maracaña à Rio de Janeiro au Brésil (130.000 places), le stade Aztèque au Mexique (115.000 places) ou le stade Ahmadou Ahidjo au Cameroun (70.000 places).

[62] Rapport du 15 décembre 2009 Sport Five, « les stades, un investissement indispensable et rentable pour la France », p.3.

[63] MAGNE (A.), « L'évolution des stades, vers la 6ème génération », *in*, sous dir. CHAIX (P.), *Les grands stades*, L'HARMATTAN, mars 2011, p.43.

[64] MAGNE (A.), « L'évolution des stades, vers la 6ème génération », *in*, sous dir. CHAIX (P.), *Les grands stades*, L'HARMATTAN, mars 2011, p.49.

29. Les compétitivités sportive et économique sont intimement liées, les clubs professionnels français sont des entreprises du sport soumises à la concurrence européenne et internationale. En ce sens, elles doivent disposer, voire posséder, un outil de travail des plus performants. Il peut paraître indécent en cette période de crise économique mondiale de financer et rénover des enceintes sportives. Or, il faut envisager cette démarche comme un cercle vertueux d'investissements publics permettant la relance économique, le stade est un vrai investissement sur l'avenir. La modernisation du parc des stades en France peut apparaître comme non rentable et d'une utilité discutable. Pour autant il s'agirait d'un retour sur investissement comme le démontre une étude de la société « Sport Five » sur l'investissement des stades[65]. Dans cette étude, réalisée par M. Frédéric Bolotny et M. Dominique Debreyer, l'analyse porte sur un échantillon de vingt stades et établit une comparaison entre les recettes fiscales supplémentaires générées pour l'Etat en passant des stades actuels (saison de référence 2007/2008) aux stades futurs (à l'horizon de la saison 2014/2015). La capacité accrue des stades implique une augmentation des recettes des clubs ce qui entraine donc son corolaire avec l'augmentation des recettes fiscales[66]. Les nouvelles enceintes engendreraient un impact fiscal et social additionnel de l'exploitation des jours de match de 79 millions d'euros par exercice fiscal (69 M€ en euros constant).

Après l'obtention le 28 mai 2010 par la France de l'organisation de l'Euro 2016, l'Etat prévoit d'accorder un montant de 168 millions d'euros pour la rénovation et la modernisation des enceintes sportives. Au travers de cette étude, il est donc mis en évidence qu'après seulement trois exercices fiscaux, le montant investi par l'Etat sera remboursé par les clubs. L'étude montre donc que les stades ne sont pas seulement un coût mais aussi un retour sur investissement. La reconnaissance du caractère d'intérêt général des enceintes sportives par le législateur est une première étape importante. Cette étape offre à une société comme « Sport Five » l'éventualité de poursuivre son lobbying et de continuer ses prestations auprès des clubs (tels que l'Olympique lyonnais, le Racing Club de Lens, le Paris Saint-Germain ou bien encore le Racing Club de Strasbourg) dans l'expertise de la conception, du financement et de l'exploitation des enceintes.

30. En cette période de crise où « *sonne l'heure des politiques nationales de relance économique (…) si les chefs d'Etat et de Gouvernement condamnent tout recours au protectionnisme ils recommandent des mesures*

[65] *Ibid.*

[66] Rapport du 15 décembre 2009 Sport Five, « les stades, un investissement indispensable et rentable pour la France », p.9.

budgétaires pour stimuler la demande interne avec des résultats rapides »[67]. En ce sens, l'organisation de l'Euro 2016 et la modernisation des enceintes sportives constituent une étape dans la relance de l'activité économique de la Nation. L'Euro 2016 est certes un événement majeur du football mais la modernisation des enceintes sportives rejaillira sur l'ensemble du mouvement sportif professionnel français[68] et par ricochet amateur, mais surtout cela contribuera à la création de nombreux emplois durant la construction et la rénovation des stades ainsi que lors des matchs.

Section 2 – Cadre de l'étude

Après avoir spécifié la méthode retenue (**§ 1**), il conviendra de développer et de justifier le plan retenu fondé sur la problématique de cette étude (**§ 2**).

§ 1 – Méthodologie retenue

31. Notre propos est d'appréhender le stade en tant qu'objet juridique. Longtemps considéré comme une dépendance du domaine public, le stade était le lieu où le sport matérialisait sa mission de service public. Le Conseil d'Etat déclara dans son arrêt *Fédération des industries françaises d'articles de sport* (dit *FIFAS*), du 22 novembre 1974 « *qu'en confiant ainsi aux fédérations sportives la mission d'organiser les compétitions nationales ou régionales, le législateur a confié aux fédérations sportives, bien que celles-ci soient des associations régies par la loi du 1er juillet 1901, l'exécution d'un service public administratif* ». Cette jurisprudence sera confirmée par les lois du 29 octobre 1975 et du 16 novembre 1984. Si actuellement, l'idée et l'existence d'un service public des sports ne font l'objet d'aucune controverse, il est à noter que le commissaire du gouvernement Théry, lors de cette affaire réfuta l'idée selon laquelle le législateur aurait souhaité faire du développement du sport en France une mission de service public[69].

---

[67] Discours d'ouverture de M. Frédéric THIRIEZ lors de la Conférence des Stades du 18 novembre 2008.

[68] Le mouvement sportif est constitué de l'ensemble des fédérations nationales sportives, de leurs ligues régionales, de leurs comités départementaux et des clubs.

[69] CE, Sect., 22 novembre 1974, *Fédération des industries françaises d'articles de sport*, dit *FIFAS*. Concl. Théry. Notes sous arrêt : FRANC (M.) et BOYON (M.), *AJDA*, 1975, p.19 ; LACHAUME (J-F.), *D.*, 1975, p.739 ; WALINE (M.), *RDP*, 1975, p.1109. Le Conseil d'Etat s'est intéressé à la notion de discipline sportive et a affiné la définition, considérant qu'une discipline sportive doit rechercher une performance physique mesurée au cours de compétitions organisées régulièrement sur la base de règles bien définies. En l'espèce, l'activité de darts, ou jeu de fléchettes, ne présentait pas cette caractéristique puisqu'elle se pratique essentiellement à titre de loisir. CE, 9 novembre 2011, *Fédération française de darts*, n°347382. Concl. Courrèges. Notes sous arrêt : COLIN (F.), *Les Cahiers de droit du sport*, n°26, décembre 2011, p.132.

Le sport a pourtant été érigé en mission de service public[70]. L'article 16 de la loi du 16 juillet 1984 précise que le ministre chargé des sports peut délivrer, en vue de participer à l'exécution d'une mission de service public, un agrément aux fédérations. L'agrément permet notamment de recevoir des concours financiers. En vertu de cet agrément, les collectivités territoriales apportent un concours financiers aux clubs sportifs professionnels. Les engagements financiers des collectivités territoriales recouvrent des formes très diverses : subventions versées pour la réalisation de missions d'intérêt général, achat de prestations de services mais aussi dépenses liées à la construction, à l'entretien ou à la mise à disposition d'équipements sportifs.

L'adoption d'un Code du sport a consacré « *de façon définitive l'identité du droit du sport, branche autonome du droit* »[71]. A cet égard, force est de constater que « *rares sont les activités qui sollicitent autant les diverses branches du droit que le sport* »[72]. Le sport est une activité ludique et également une activité économique. Le Livre Blanc reconnaît également son rôle sociétal[73]. Le stade représente le théâtre de ces activités. Pour autant, ce code ne constitue pas à lui seul le fondement de ce droit[74], puisque cela serait négliger l'importance des règles issues des organismes sportifs internationaux et du dispositif normatif national.

32. Le sport, et plus particulièrement le football se judiciarise[75]. Les raisons expliquant cette évolution, outre la professionnalisation accrue de l'activité sportive, se trouvent dans les enjeux économiques et financiers du sport, malgré la reconnaissance de son activité d'intérêt général[76]. De surcroit, les litiges sportifs ne se cantonnent plus uniquement au sein des seules règles sportives. Le litige sportif à présent englobe l'ensemble des

---

[70] Le rapport public thématique de la Cour des comptes sur « les collectivités territoriales et les clubs sportifs professionnels » du 10 décembre 2009 rappelle que l'Etat est responsable de la conduite des politiques sportives mais a délégué aux fédérations sportives constituées sous forme d'associations, le pouvoir d'organiser et de promouvoir la pratique des disciplines qu'elles représentent, p. 9.

[71] DE SILVA(I.), « L'adoption du Code du sport, consécration du droit du sport ? », *AJDA*, n°30, 10 septembre 2007, p.1623.

[72] BUY (F.), MARMAYOU (J.-M.), PORACCHIA (D.) et RIZZO (F.), *Manuel de Droit du sport*, LGDJ, 2ème édition, février 2009, p.5.

[73] Commission des communautés européennes, *Livre Blanc sur le sport*, 11 juillet 2007, p.1, « *le sport améliore la santé et il a une dimension éducative et joue un rôle social, culturel et récréatif* ». V. également DION (S.), « Entretien », *Gaz. Pal.* , n°311, 7 novembre 2007, p.3559.

[74] SIMON (G.), « Les sources du droit du sport », *Gaz. Pal.*, n°311, 7 novembre 2007, p.3566.

[75] DE SILVA, (I.), « La judiciarisation du football », *Pouvoirs*, n°101, avril 2002, p.109. V. aussi, FOUCHER (B.), « Le contrôle de l'activité sportive : de l'arbitre au juge », *in*, *Les métmorphoses du sport du XXème au XXIème siècle*, sous dir. DE BOISDEFFRE (P.), Presses universitaires du Septentrion, 2005, p.49.

[76] Articles L.100-1 et L.100-2 du Code du sport.

règles de droit[77]. Ainsi, un litige sportif peut appréhender par exemple du droit social[78], du droit de la concurrence au travers de la gestion et la cession des droits télévisuels, de la responsabilité civile, ou bien encore du droit administratif avec le fonctionnement des fédérations sportives. Si le juge administratif est le juge principal du contentieux sportif, après que toutes les voies de recours soient épuisées[79], il demeure parfois des difficultés liées à la dualité de juridiction[80]. Un rapport du Conseil d'Etat proposa même en 1990 de créer une juridiction spécialisée adjointe au Conseil d'Etat[81]. Le contentieux sportif nécessite, outre des compétences techniques nécessaires, une réponse rapide ainsi qu'une célérité procédurale, que le contentieux administratif ne permet guère parfois[82].

33. L'étude du stade peut être traitée dans une autre optique que celle du droit public, puisque le droit est omniprésent dans le stade. Les règles de droit privé ont ainsi toutes leurs places, nous en emprunterons certains apports confirmant l'interpénétration des disciplines juridiques. Cet objet juridique que constitue le stade peut s'appréhender en dehors des classifications traditionnelles[83]. Néanmoins, nous conserverons cette distinction cardinale dans le cadre de notre étude afin de rester dans le périmètre du droit public. Cette optique « publiciste » se justifie par les mutations profondes que connaît le stade en droit public. L'interrogation de l'appartenance domaniale, la diversité des contrats administratifs, les opérations d'aménagement du territoire et leurs financements par les personnes publiques, la sécurité dans et autour des stades, l'actualité législative et jurisprudentielle sont autant de problématiques de droit public

---

[77] FOUCHER (B.), « Les litiges sportifs et le juge administratif », *in*, Mélanges en l'honneur de Daniel LABETOULLE, *Juger l'administration et administrer la justice*, Dalloz, avril 2007, p.361.

[78] A propos des indemnités de formation d'un joueur, V. CJUE, 16 mars 2010, *Olympique lyonnais SASP c/ Olivier Bernard et Newcastle UFC*, aff. C-325/08.

[79] CE, Sect., 13 juin 1984, *Association Handball Club de Cysoing*, n°42454. Concl. Denoix de Saint-Marc, *ADJA*, n°11, 20 octobre 1984, p.531. Rec. Lebon, p.217. Confirmée par CE, 3 mars 2003, *Association Entente sportive Frontonas Chamagnieu*, n°239049. Concl. Prada Bordenave ; CE, 10 avril 2004, *Fédération française de football*, n°233118. Concl. Prada Bordenave.

[80] TC, 4 novembre 1996, *Préfet de région Ile-de-France*, n°3038. Par ailleurs, dans son rapport de 1990, le Conseil d'Etat proposa la création d'une juridiction spécialisée adjointe à la Haute juridiction.

[81] Etudes du Conseil d'Etat, *Sport : pouvoir et discipline*, La documentation française, septembre 1991, p.23.

[82] FOUCHER (B.), « Les litiges sportifs et le juge administratif », *in*, Mélanges en l'honneur de Daniel LABETOULLE, *Juger l'administration et administrer la justice*, Dalloz, avril 2007, p.364.

[83] SIMON (D.), « Préface », *in*, sous dir. MAISONNEUVE (M.), *Droit et Coupe du Monde*, Economica, octobre 2011, p.5.

soulevées par le stade. Ainsi, l'étude se concentre principalement sur le droit positif national.

Par ailleurs, l'étude du stade relève tout autant de l'économie et de la sociologie. Les analyses opérées dans le cadre de ces disciplines peuvent aider la science juridique à mieux percevoir ses enjeux. Des travaux ont contribué à faire évoluer la réflexion juridique sur le stade. Il nous arrivera de nous référer à leurs travaux dans une perspective juridique[84].

34. La recherche d'une vision d'ensemble du stade et de ses rapports avec le droit public exclut celle de l'exhaustivité. Notre propos n'étant nullement d'appréhender l'ensemble des stades en France, nous nous concentrerons sur des illustrations qui nous paraissent significatives.

35. Au cours de nos recherches, nous avons été confronté à la limite de la confidentialité des contrats. Animé d'une volonté d'illustrer notre thèse d'éléments pratiques, nous voulions évoquer plus en détail les différents contrats conclus pour la construction ou la rénovation des stades. Or, nous n'avons pas pu avoir accès aux contrats, ou du moins, ils étaient généralement expurgés des clauses les plus pertinentes. C'est ainsi par exemple que les clauses essentielles d'un contrat de partenariat, en particulier les clauses financières ou celles relatives aux loyers versés, ne sont pas communicables selon la Commission d'accès aux documents administratifs (CADA)[85]. Nous avons rencontré durant nos recherches des difficultés liées à l'absence de communication des contrats par les villes, les opérateurs privés et les clubs concernés, fondée notamment sur cette position restrictive, pour étayer et illustrer précisément certains de nos arguments.

La CADA dans son avis n°20062040 en date du 11 mai 2006 relatif à la première saisine de la Mission d'appui aux partenariats public-privé (MAPPP) sur la question de la communicabilité du rapport d'évaluation se positionne en ces termes : « *la Commission rappelle sa jurisprudence constante selon laquelle la plupart des contrats passés part les collectivités publiques sont des documents administratifs soumis au droit d'accès prévu*

---

[84] V. notamment, CHAIX (P.), sous dir., *Les grands stades*, L'Harmattan, mars 2011, 257 p. ; BOURG (J-F.) et NYS (J-F.), *Financement des clubs sportifs et stratégie des collectivités territoriales : nouveaux modèles nouveaux enjeux*, PUS, mars 2006, 229 p. ; BOURG (J-F.) et NYS (J-F.), *Financement des clubs sportifs et stratégies des collectivités territoriales : nouveaux modèles, nouveaux enjeux*, La lettre du cadre territorial, mars 2003, 156 p. ; BESSY (O.) et HILLAIRET (D.), sous dir., *Nouvelles pratiques, nouveaux territoires, l'innovation dans les espaces marchands et mixtes. Les espaces sportifs innovants*, Tome 2, PUS, juin 2002, 243 p. ; CALLEDE (J-P.), *Les politiques sportives en France*, Economica, mai 2000, 190 p.

[85] V. notamment SAGALOVITSCH (E.), « L'accès aux contrats de partenariat », *AJDA*, n°43, 17 décembre 2012, p.2367.

par la loi du 17 juillet 1978. Il en va de même pour les contrats de partenariat qui sont, dès leur signature, communicables à toute personne qui en ferait la demande en application de l'article 2 de cette loi. Ce droit de communication, dont bénéficient tant les entreprises non retenues que toute autre personne qui en fait la demande, doit toutefois s'exercer dans le respect du secret en matière industrielle et commerciale protégé par les dispositions du II de l'article 6 de cette loi ». Le 8 novembre 2007, la CADA a rendu un avis n°20072630, plus strict, à propos d'une demande de communication du contrat de partenariat de l'Institut national du sport et de l'éducation physique (INSEP) signé le 22 décembre 2006 entre le ministère de la jeunesse, des sports et de la vie associative et la société Sport partenariat. Ainsi, la Commission estime que le secret, en matière industrielle et commerciale, implique d'occulter et expurger au sein du contrat les mentions relatives au montage juridico-financier, en raison de la très forte valeur ajoutée que comportent ces mentions, justifiant dès lors leur caractère non communicable. La notion de montage juridico-financier s'appréhende de manière extensive puisqu'elle concerne les clauses relatives à la fiscalité, à la publicité foncière, au plan de financement, aux loyers, aux sanctions et pénalités, aux délais d'exécution, aux pourcentages de travaux confiés à des PME, à la résiliation, à la prise de possession par la personne publique, à la survenance du terme, aux effets des modifications liées à des changements règlementaires et aux causes légitimes. Nous nous sommes donc heurté à ce principe et au refus de communication de ces clauses au sein des contrats de construction et rénovation des stades.

§ 2 – Problématique de l'étude

36. En 2014, les Jeux Olympiques d'hiver à Sotchi et la Coupe du Monde de football au Brésil ont mis en exergue l'importance des stades. Lieux du déroulement des compétitions, les stades font l'objet d'investissements conséquents par les personnes publiques et privés. Ces investissements consentis grèvent les finances publiques, et à l'image de Sotchi ou du Brésil, peuvent paraître disproportionnés et anachroniques. En outre, la construction de stades pose la problématique de l'expropriation. L'organisation tous les deux ans d'une manifestation sportive internationale nécessitant une modernisation des stades justifie une étude sur ces lieux du sport.

37. Un constat s'impose. En France, la personne publique n'a plus vocation à contribuer pleinement au financement et au fonctionnement des stades. Des solutions contractuelles existent pour soulager la personne publique de cet ouvrage par nature structurellement déficitaire[86]. A cet égard, l'intervention de personnes privées encourage à un autre modèle d'exploitation plus vertueux rendant les stades rentables. Outre cet aspect, de véritables incertitudes subsistent quant à l'état du droit appliqué à cet ouvrage complexe. Nous les étudierons ainsi en suivant l'ordre d'appariation des problématiques que soulève un stade, du choix de son montage contractuel à son régime de propriété et d'urbanisme. Puis nous évoquerons son financement avant d'aborder les problématiques liées à l'accueil des spectateurs et l'encadrement audiovisuel.

38. Notre étude se concentrera sur l'exhaustivité des problématiques juridiques nationales portées par les profondes mutations du stade et de son droit. Certes, une réflexion d'ensemble a été insufflée par l'obtention de l'Euro 2016, mais voir dans cette étude une pure et simple question d'opportunité et d'actualité serait réducteur. Le stade est un objet juridique particulier qui justifie une étude juridique globale en droit public, en ce qu'il contribue à la fois à renouveler les interrogations classiques et traditionnelles de ce droit et est à l'origine de règles spéciales. Pour le démontrer, nous envisagerons successivement le stade en tant qu'objet juridique particulier de droit public (**Première partie**), puis en tant qu'objet d'exploitation de droit public (**Seconde partie**).

---

[86] LAGARDE (F.), « Financement et réalisation d'un équipement sportif : quels montages juridiques ? », *Jurisport*, n°100, juillet 2010, p.20.

PREMIÈRE PARTIE

LE STADE, UN OBJET PARTICULIER DE DROIT PUBLIC

39. En France, la plupart des stades sont conçus, financés, réalisés et exploités par les collectivités territoriales. Ainsi, les stades sont un lieu où se concentrent les branches du droit public. A ce titre, l'étude de cette première partie suivra le cheminement de la réalisation d'un projet, à savoir le choix du montage contractuel, le respect des règles de domanialité et d'urbanisme.

40. Il importe pour la personne publique de choisir un montage contractuel adapté à ses besoins. L'apparition des partenariats public-privé, au premier rang desquels les contrats de partenariat issus de l'ordonnance du 17 juin 2004, dans le champ des contrats publics a bouleversé la pratique contractuelle des personnes publiques et de ses cocontractants et « *contribue à ébranler certaines pierres angulaires de la théorie des contrats administratifs* »[87]. Le Professeur Lucien Rapp soulignait que le partenariat public-privé est désormais un terme si générique[88] que pouvait lui correspondre l'expression du commissaire du gouvernement Tricot de « *pavillon qui peut recouvrir toutes sortes de marchandises* »[89]. Le Professeur Laurent Richer témoignait, pour sa part, que « *le contrat c'est l'imagination au pouvoir* »[90]. L'aspect imaginatif du droit des contrats permet d'élaborer le montage contractuel le plus adapté à l'ouvrage. C'est ainsi qu'en matière de stades, le contrat de partenariat est une solution adéquate à condition de maîtriser cet outil[91]. Un équilibre doit être trouvé entre la personne privée, désireuse d'un retour sur ses investissements, et la personne publique, garante de l'intérêt général et devant définir sa position quant à sa participation aux financements et aménagements principaux et annexes, afin de ne pas être accusée d'avoir mené des « *négociations inadaptées qui conduiraient à collectiviser les charges et à privatiser les profits* »[92].

---

[87] BRACONNIER (S.), « L'accord autonome dans les contrats de partenariats public-privé. De la pratique à la théorie », *in*, Mélanges en l'honneur du Professeur Laurent RICHER, *A propos des contrats des personnes publiques*, LGDJ, novembre 2013, p.511. V. aussi, GAUDEMET (Y), « Les contrats de partenariat public-privé : une étude historique et critique », *BJCP*, n°36, septembre 2004, p.331.

[88] RAPP (L.), *Droit de la construction*, Dalloz Action, 2010/2011, juin 2010, n°430.20.

[89] Concl. Tricot, *RPDA*, 1954, p.50, sur CE, Ass., 29 janvier 1954, *Notre-Dame du Kreisker*. Rec. Lebon, p.64.

[90] Cité par le Conseil d'Etat dans son rapport public 2008, *Le contrat, mode d'action publique et production de normes*, EDCE, juin 2008, p.275.

[91] CHAIX (P.), *Les grands stades*, L'Harmattan, mars 2011, p.8.

[92] *Ibid.*

41. La question de la qualification juridique d'un stade a longtemps relevé de l'arrêt *Ville de Toulouse*[93] qui considérait qu'un stade remplit les critères de la domanialité publique en raison notamment de son affectation au service public. Presque cinquante ans jour pour jour, l'arrêt *Madame Gilles*[94] a exclu que la mise à disposition d'un stade à un club puisse relever de la qualification de service public, après l'avoir déjà énoncé au terme l'arrêt *Jean Bouin*[95]. En effet, l'affectation au sport professionnel ne caractérise pas le service public et de ce fait la réalisation des critères de la domanialité publique. Néanmoins, la question demeure en suspens depuis que le jugement du Tribunal administratif de Bordeaux, *M. Rouveyre*, a jugé que « *la construction d'un équipement sportif destiné au développement économique, culturel et artistique de la ville fait partie des missions de service public dont elle a la responsabilité* », au motif que ces missions de service public s'inscrivent dans « *la promotion et le développement de la pratique sportive, le développement culturel et artistique de la commune de Bordeaux, le développement de la ville par les emplois que vont créer la construction et la maintenance du nouveau stade et les retombées qu'occasionnera l'Euro 2016 et par le développement du tourisme qu'il va générer et par l'aménagement du territoire* »[96]. Cette solution a été confirmée par la Cour administrative d'appel de Bordeaux dans un arrêt du 17 juin 2014, mais mérite toutefois d'être affirmée ou infirmée par la Haute Assemblée.

42. C'est effectivement l'aménagement du territoire qui sera l'objet des enjeux juridiques du stade. Afin d'exploiter le stade, la personne publique et le partenaire privé devront respecter les règles d'urbanisme et veiller à ce que les recours n'affectent pas la viabilité du projet. Si les recours contre les autorisations d'urbanisme demeurent problématiques et récurrents, ils ne sont pour autant pas dirimants quant à la mise en œuvre du projet, puisque ce ne sont que les recours envers le contrat et ses actes détachables qui seraient susceptibles de mettre un terme au projet.

Ainsi, l'objet de droit public que constitue le stade, amène à étudier les montages contractuels que la collectivité publique peut utiliser pour le réaliser (**Titre 1**) et les règles de domanialité et d'urbanisme qu'elle devra respecter (**Titre 2**).

---

[93] CE, 13 juillet 1961, *Ville de Toulouse*, n°48792.
[94] CE Sect., 11 juillet 2011, *Madame Gilles*, n°339409.
[95] CE, Sect., 3 décembre 2010, *Ville de Paris et Association Paris Jean-Bouin*, n°338272.
[96] TA Bordeaux, 19 décembre 2012, *M. Rouveyre*, n°1105079.

TITRE 1 – LE STADE, UN OBJET CONTRACTUEL DE DROIT PUBLIC

43. Contrat public et contrat administratif ne sont pas des termes synonymes[97]. En effet, le premier indique seulement que « *le contrat est passé par une personne publique* », tandis que le second « *désigne la nature juridique du contrat pris comme un tout et non par rapport au seul critère organique* »[98]. Cette absence de synonymie correspond *stricto sensu* au droit positif ainsi qu'à la théorie juridique des contrats[99].

Pendant longtemps la question essentielle soulevée par les contrats, en droit administratif, était de connaître leur nature, c'est-à-dire s'ils relevaient du droit public ou du droit privé. Elle fut résolue par la jurisprudence selon les critères de la clause exorbitante du droit commun[100] et de la participation à l'exécution du service public[101]. Le législateur est intervenu afin d'ôter toute ambigüité dans certains types de contrats[102]. Ainsi, les marchés publics soumis au Code des marchés publics par la loi MURCEF[103] et les contrats de partenariat sont des contrats administratifs[104].

Le contrat de partenariat, de délégation de service public, de bail emphytéotique administratif et l'autorisation d'occupation temporaire ont

---

[97] GUIBAL (M.), « A propos d'une incertitude : la notion de personne publique contractante », *in, Environnements : les mots du droit et les incertitudes de la modernité*, Mélanges en l'honneur du Professeur Jean-Philippe COLSON, PUG, juin 2004, p.230.

[98] *Ibid.*

[99] V. en ce sens, DELVOLVE (P.), « Constitution et contrats publics », *in, Mouvement du droit public : du droit administratif au droit constitutionnel, du droit français aux autres droits*, Mélanges en l'honneur du Professeur Franck MODERNE, Dalloz, juin 2004, p.469 ; RICHER (L.), *Droit des contrats administratifs*, LGDJ, 8ème édition, août 2012, p. 9 et s. ; GUETTIER (C.), *Droit des contrats administratifs*, PUF, 3ème édition, août 2011, p.55 et s. ; LICHERE (F.), *Droit des contrats publics*, Dalloz, mai 2005, 133 p. ; ECKERT (G.), Réflexions sur l'évolution du droit des contrats publics », *RFDA*, n°2, mars-avril 2006, p.238 ; GAUDEMET (Y.), « Pour une nouvelle théorie générale du droit des contrats administratifs : mesure les difficultés d'une entreprise nécessaire », *RDP*, n°2, mars 2010, p.313.

[100] CE, 31 juillet 1912, *Société des granits porphyroïdes des Vosges*. Concl. Blum, *D*. 1916.3 p.35. Rec. Lebon p.909. Note sous arrêt : JEZE (G.), *RDP*, 1914, p.145. GAJA, n°26, 15ème édition, août 2005, p.151.

[101] CE, Sect., 20 avril 1956, *Epoux Bertin*. Concl. Long, *AJDA*, 1956, II, p.272. Rec. Lebon p.167. Notes sous arrêt : WALINE (M.), *RDP*, 1956, p.869 ; DE LAUBADERE (A.), *D.*, 1956, p.433. GAJA, n°74, 15ème édition, août 2005, p.482.

[102] DELVOLVE (P.), « Contrat de partenariat et typologie de contrats », *Droit et Ville*, n°60, septembre 2005, p.67.

[103] Article 2 de la loi MURCEF.

[104] Article 1er de l'ordonnance du 17 juin 2004.

pour point commun d'être des contrats administratifs[105]. Ce dénominateur commun emporte certaines conséquences telles que la compétence du juge administratif, un encadrement étroit des règles de passation et d'exécution, enfin, à l'image de la matière, un caractère prétorien. Les ouvrages réalisés en maîtrise d'ouvrage publique confèrent une certaine latitude dans le choix du mode de gestion selon le souhait de l'autorité publique de conserver un contrôle plus ou moins étroit.

La réforme relative aux partenariats public-privé s'inscrit dans un contexte de globalisation juridique[106]. L'utilité des partenariats public-privé se subordonne à des conditions économiques et administratives variables, placées sous la dépendance de circonstances locales[107].

Il existe différents montages contractuels pour la réalisation d'un stade, dont le contrat de partenariat qui nous semble le plus adapté actuellement (**Chapitre 1**) avec des avantages escomptés (**Chapitre 2**).

---

[105] V. sur ce point MARCUS (L.), « L'unité des contrats publics », sous la direction du Professeur Pierre DELVOLVE, Université Panthéon-Assas (Paris II), 2010, Thèse, 608 p. ; GUETTIER (C.), *Droit des contrats administratifs*, PUF, 3ème édition, août 2011, 648 p.

[106] AUBY (J-B.), *La globalisation, le droit et l'Etat*, Montchrestien, septembre 2003, 158 p.

[107] RICHER (L.), *Droit des contrats administratifs*, LGDJ, 8ème édition, août 2012, n°1355.

CHAPITRE 1 – LA SUPERIORITÉ SUPPOSÉE DU CONTRAT DE PARTENARIAT

44. Les besoins en termes d'installations et d'équipements sportifs se sont intensifiés. En faisant appel au privé, la personne publique vise trois objectifs : diminuer les risques et les charges pour le budget de la collectivité, mettre en jeu la compétitivité et la capacité d'innovation du secteur privé et, enfin, améliorer la performance économique de l'opération en termes de recettes, de coûts et de délais.

Le contrat de partenariat permet de remplir ces objectifs. Si les collectivités locales ne peuvent plus assumer à elles seules le financement du sport professionnel, il n'est pas concevable pour autant de mettre à la charge de celui-ci l'intégralité du coût de financement des futurs projets. Un équilibre harmonieux doit être trouvé. L'application du contrat de partenariat au domaine sportif constitue une solution juridique innovante. Le contrat de partenariat doit voir sa place circonscrite en fonction de l'opportunité de son utilisation par rapport aux autres outils, la structuration financière du projet tenant une place primordiale dans le choix du recours au montage contractuel.

Le droit de la commande publique sous ses différentes formes comporte les montages contractuels les moins adaptés dans le cadre des installations sportives (**Section 1**). Le contrat de partenariat s'affirme comme un concurrent aux contrats assimilables, tels que les baux emphytéotiques administratifs (BEA) et les autorisations d'occupation temporaire du domaine public (AOT), qui jusqu'à présent représentent la quasi-totalité des modèles d'exploitation des enceintes sportives (**Section 2**). Sous l'impulsion de l'organisation de l'Euro 2016 et des recommandations préconisées, le contrat de partenariat renverse ces modèles d'exploitation à son profit.

Section 1 – La pertinence du contrat de partenariat au sein du droit de la commande publique

45. Le contrat de partenariat constitue une solution juridique innovante susceptible d'apporter une réponse concrète et rapide aux besoins des enceintes sportives qui font cruellement défaut. Le contrat de partenariat, solution dérogatoire à la commande publique, doit néanmoins rester circonscrit et l'opportunité de son utilisation doit être jugée à l'aune de son efficacité relative par rapport aux autres montages contractuels[108].

---

[108] JAIDANE (R.), « Partenariat public-privé et infrastructures sportives », *BJES*, n°89, décembre 2008, p.9.

Lato sensu, la commande publique ne se limite pas aux seuls marchés publics, elle s'étend à tous les contrats comportant une commande de travaux, fournitures ou services de la part du pouvoir adjudicateur[109]. Le droit de la commande publique dispose de deux montages contractuels principaux, le marché public et la délégation de service public, incluant une convention domaniale, qui ont chacun une importance différente dans le cadre des équipements sportifs. Le marché public, inadapté à la construction et gestion d'un équipement sportif (**§ 1**), et la délégation de service public, s'inscrivant comme un montage périlleux par ses critères d'identification et particulièrement celui de gestion d'un service public (**§ 2**), font du contrat de partenariat une solution dérogatoire au droit de la commande publique.

§ 1 – Le contrat de partenariat, une solution dérogatoire à la commande publique

46. Les marchés publics entretiennent un paradoxe avec les partenariats public-privé[110]. Si les marchés d'entreprise de travaux publics (METP) ressemblaient fortement à ce qui s'apparente à ce jour aux partenariats public-privé, les autres formes de marchés publics n'appartiennent en aucune façon à la typologie des partenariats public-privé[111]. Pour autant, le contrat de partenariat présente des similitudes avec les marchés publics et il s'affiche comme une solution dérogatoire aux marchés publics[112]. Contrats règlementés, les marchés publics n'en demeurent pas moins des contrats inadaptés pour la construction et l'exploitation des stades par leur nature (**A**) ainsi qu'en vertu de la jurisprudence (**B**).

A – Les marchés publics, un montage contractuel inadapté par nature pour les stades

Les marchés publics sont un montage contractuel inadapté par leurs caractéristiques *ratione materiae* aux stades (**1**), en particulier en comparaison avec le contrat de partenariat (**2**).

---

[109] LLORENS (F.) et SOLER-COUTEAUX (P.), « Le grand désordre du droit de la commande publique », *Contrats et Marchés Publics*, n°7, juillet 2009, repère n°7.

[110] SYMCHOWICZ (N.), « Paradoxes sur les contrats de partenariat public-privé », *Contrats et Marchés Publics*, n°12 décembre 2004, p.8.

[111] *Ibid.* V. aussi en ce sens, GAUDEMET (Y), « Les contrats de partenariat public-privé : une étude historique et critique », *BJCP*, n°36, septembre 2004, p.332 ; MENEMENIS (A.), « L'ordonnance sur les contrats de partenariats : heureuse innovation ou occasion manquée ? », *AJDA*, n°32, 27 septembre 2004, p.1742.

[112] BRACONNIER (S.), « Les contrats de partenariat et les collectivités territoriales locales : entre mythe et réalités », *BJCP*, n°36, septembre 2004, p.341.

1 – Un montage contractuel inadapté par nature au regard du droit positif

Les marchés publics sont un montage contractuel inadapté par nature en droit national (**a**) et en droit de l'Union européenne (**b**).

a – Un montage contractuel inadapté par nature en droit français

47. Les marchés publics[113] sont définis selon l'article 1er du Code des marchés publics comme des « *contrats conclus à titre onéreux entre les pouvoirs adjudicateurs définis à l'article 2 et des opérateurs économiques publics ou privés, pour répondre à leurs besoins en matière de travaux, de fournitures ou de services* »[114]. La loi MURCEF précise que les marchés passés en application du Code des marchés publics sont des contrats administratifs[115]. Un marché public nécessite la réunion de trois éléments : l'intervention d'une personne morale de droit public, la réalisation d'une opération mobilière ou immobilière et la poursuite d'un but d'utilité générale[116]. La construction d'un stade peut réunir ces conditions mais le marché public n'est pas adapté.

48. Si des infrastructures sportives à l'usage de tous ont été réalisées dans le cadre des marchés publics, respectant les principes de liberté d'accès à la commande publique, d'égalité de traitement des candidats et de transparence des procédures[117], aucune réalisation ne concerne les enceintes sportives destinées à une pratique professionnelle. Le recours à un marché de

---

[113] V. sur la notion notamment, ECKERT (G.), « Champ d'application du Code des marchés publics », *JurisClasseur Contrats et Marchés Publics*, fascicule n°40 ; SYMCHOWICZ (N.), « Marchés Publics », Droit public des affaires, LAMY ; ONDOUA (A.), « Notion de contrat administratif », *JurisClasseur Contrats et Marchés Publics*, fascicule n°10; BRACONNIER (S.), *Droit des marchés publics*, Le Moniteur, 4ème édition, août 2012, 567 p. ; DELVOLVE (P.), « Vers l'unification du droit des marchés publics ? », *in*, Mélanges en l'honneur du Professeur Roland DRAGO, *L'unité du droit*, Economica, décembre 1996, p.225 ; RICHER (L.), *Droit des contrats administratifs*, LGDJ, 8ème édition, août 2012, p.373.

[114] Article 1er du Code des marchés publics.

[115] Article 2 de la loi n°2001-1168 du 11 décembre 2001 portant mesures urgentes de réforme à caractère économique et financier, dite MURCEF, *JORF*, n°288, 12 décembre 2001, p.19703. V. à propos de cette loi les commentaires respectifs de CHEMINADE (A.), *JCPG*, 2002, p.71 ; CLAMOUR (G.), *JCPG*, n°13, 27 mars 2002, p.593 ; DEGOFFE (M.), *RDI*, n°2, mars 2002, p.58.

[116] CE, 10 juin 1921, *Commune de Monségur*, n°45681. Concl. Corneille, *S.*, n°3, 1921, p.49. Rec. Lebon p.573. *GAJA*, 17ème édition, 2009, n°37. Notes sous arrêt, HAURIOU (M.), *D.*, n°3, 1922, p.26 ; JEZE (G.), *RDP*, 1921, p.361 ; TC, 28 mars 1955, *Effimieff*, n°01525. Concl Long. Rec. Lebon p.617. *GAJA*, 17ème édition, 2009, n°71. Notes sous arrêt, BLAEVOET (C.), *JCP* 1955. II. 8786 ; LIET-VEAUX (G.), *RDP*, 1955, p.285.

[117] BAYEUX (P.) et CLAVAGNIER (B.), « Les modes de gestion des équipements sportifs utilisés par les clubs professionnels », *AJDA*, n° 26, 11 juillet 2005, p.1439.

conception-réalisation peut être choisi pour des opérations « *dont la finalité majeure est une production dont le processus conditionne la conception, la réalisation et la mise en œuvre* », ou « *dont les caractéristiques, telles que les dimensions exceptionnelles ou des difficultés techniques particulières, exigent de faire appel aux moyens et à la technicité propres des opérateurs économiques* »[118]. Ces conditions sont appréciées strictement par le juge[119]. Par ailleurs, ce type de marché ne peut dépasser un montant de 4.845.000 euros hors taxes, ce qui bien évidemment demeure très insuffisant avec le coût d'un stade destiné à une pratique professionnelle[120].

b –Un montage contractuel inadapté par nature en droit de l'Union européenne

49. Le droit français et le droit communautaire, désormais droit de l'Union européenne, n'ont pas adopté la même typologie des contrats publics[121]. Le droit communautaire retient une définition large des marchés publics, issue de directives, englobant le contrat de partenariat. Il ne donne d'ailleurs aucune définition précise du contrat de partenariat, hormis des éléments présentés par le Livre Vert : une durée relativement longue du contrat entre un partenaire public et privé ; un financement mixte du projet ; une participation de l'opérateur économique à chaque étape du projet ; et enfin une répartition des risques. La définition française adoptée, est quant à elle, bien plus précise[122]. L'arrêt *Sueur*[123] revient sur le critère financier indiquant que « *les contrats de partenariats, qui ont vocation à être passés avec un ou plusieurs opérateurs économiques et font l'objet d'un paiement par la personne publique, constituent des marchés publics au sens de cette directive* ».

---

[118] Article 37 du Code des marchés publics.
[119] V. n°56.
[120] Article 28 du Code des marchés publics.
[121] Directive 2004/18/CE du Parlement européen et du Conseil du 31 mars 2004 relative à la coordination des procédures de passation des marchés publics de travaux, de fournitures et de services. NICINSKI (S.), *in* « La place des contrats de partenariat au sein des contrats administratifs », *La Revue du Trésor*, n°3-4, mars-avril 2007, p.237, évoque pour les catégories existantes en droit français, une vocation répulsive de ces contrats *sui generis*, alors que les contrats en droit communautaire ont une vocation attractive.
[122] Article 1er de l'ordonnance du 17 juin 2004.
[123] CE, 29 octobre 2004, *M. Sueur et autres*, n°269814. Concl. Casas, *RFDA*, n°6, novembre 2004, p.1103. Rec. Lebon p.392. Notes sous arrêt : ECKERT (G.), *Contrats et Marchés Publics*, n°12, décembre 2004, p.20 ; LANDAIS (C.) et LENICA (F.), *AJDA*, n°43, 13 décembre 2004, p.2383 ; MENEMENIS (A.), *DA*, n°1, janvier 2005, p.22.

2 – Un montage contractuel inadapté par nature par rapport au contrat de partenariat

50. Le contrat de partenariat se distingue fondamentalement du marché public par son objet bien plus large. Le contrat de partenariat en comprenant à la fois le financement, la réalisation et la conception des travaux ainsi que la gestion et l'entretien, offre une prestation globale contrairement au marché public. Le Professeur Stéphane Braconnier caractérise cet élément matériel en soulignant que « *la principale caractéristique du contrat de partenariat est qu'il s'agit d'un contrat global comprenant obligatoirement trois ensembles de prestation* »[124]. La réalisation de l'objet diffère également puisque la maîtrise d'ouvrage est assurée par le cocontractant privé, alors que dans le cadre d'un marché public, celle-ci est obligatoirement exercée par le pouvoir adjudicateur[125] sauf exception lorsqu'un même opérateur est chargé de la conception et de la réalisation des ouvrages[126]. Le PPP, et le contrat de partenariat en particulier, suppose que la personne publique confie une mission globale à la personne privée. Or, l'article 10 du Code des marchés publics dispose que le pouvoir adjudicateur passe le marché en lots séparés. Le Professeur Braconnier ajoute que les marchés publics reposent sur « *une logique fractionnée d'achat d'ouvrages* »[127]. La loi MOP interdit la globalisation des missions confiées au cocontractant privé. Le caractère obligatoire de l'allotissement, malgré un régime dérogatoire[128] apprécié *in concreto* par le juge renforçant l'insécurité juridique du montage, accentue le caractère inadapté par nature des marchés publics en matière de grands équipements sportifs.

L'article 2 de la loi MOP interdit au maître d'ouvrage de se démettre de ses responsabilités qui englobent la conception et le financement de l'ouvrage. Le législateur a assoupli cette interdiction en accordant des dérogations sectorielles[129] qui ne concernent pas les équipements sportifs. Le

---

[124] BRACONNIER (S.), « Partenariat public-privé », *JurisClasseur du Code des marchés publics*, fascicule n°646, p.14.
[125] Article 1er du Code des marchés publics.
[126] Article 7 du Code des marchés publics.
[127] BRACONNIER (S.), « Les contrats de partenariat et les collectivités territoriales locales : entre mythe et réalités », *BJCP*, n°36, septembre 2004, p.345.
[128] Les motifs de dérogation à la règle de l'allotissement sont envisageables lorsque le recours à l'allotissement est susceptible de restreindre la concurrence, de nature à rendre techniquement difficile ou financièrement coûteuse la réalisation du marché, ou lorsque le maître d'ouvrage ne peut pas assurer lui-même les missions d'organisations.
[129] Article 2 de la loi n°87-432 du 22 juin 1987 relative au service public pénitentiaire, *JORF*, 23 juin 1987, p.6775 ; article 3 de la loi n°2002-1094 du 29 août 2002 d'orientation et de programmation pour la sécurité intérieure dite LOPSI, *JORF*, 30 août 2002, p.14398 ; Ordonnance n° 2003-850 du 4 septembre 2003 portant simplification de l'organisation et du fonctionnement du système de santé ainsi que des procédures de création d'établissements ou

cocontractant privé est le maître d'ouvrage du contrat de partenariat contrairement à un marché public où cette responsabilité incombe à la personne publique. L'ordonnance du 17 juin 2004 sur les contrats de partenariat, modifiée par la loi du 28 juillet 2008 relative aux contrats de partenariat, a une vocation générale. Elle offre à la personne publique le choix entre recourir directement à un architecte préalablement au lancement du contrat de partenariat, ou à confier au partenaire privé tout ou partie de la mission de maîtrise d'œuvre[130]. La personne publique, dans le cadre du contrat de partenariat se voit livrer un contrat « clé en mains », qui est impossible par la passation d'un marché public.

51. Le contrat de partenariat est plus avantageux concernant la durée du contrat, dans la mesure où la durée du contrat de partenariat se fixe en fonction des investissements à réaliser par le titulaire ou des modalités de financement, ce qui permet de mener à bien le projet, tandis que la durée d'un marché public se fonde, entre autres, sur la nature des prestations et la nécessité d'une mise en concurrence périodique, ce qui raccourcit la durée du contrat pouvant mettre en péril le projet[131]. Une réponse ministérielle précise toutefois que le pouvoir adjudicateur peut, sauf exception, déterminer la durée d'un marché public tant que celle-ci est adaptée à l'objet, au montant et aux caractéristiques du marché[132].

52. La rémunération correspond à la durée du contrat. En effet, la rémunération du titulaire d'un marché public étant forfaitaire et préfixée[133], *de facto*, il n'y a pas lieu d'allonger la durée du contrat pour améliorer l'amortissement de l'investissement. *A contrario*, la rémunération du titulaire d'un contrat de partenariat peut répondre à des objectifs de performance ou aux recettes liées à l'exploitation de l'ouvrage, ce qui peut conduire à changer la durée du contrat afin de mieux amortir les investissements[134].

---

de services sociaux ou médico-sociaux soumis à autorisation, *JORF*, n°206, 6 septembre 2003, p.15391.

[130] CLOS (E.), « Maîtrise d'œuvre et contrat de partenariat », *CP-ACCP*, n°137, novembre 2013, p.26.

[131] BRENET (F.) et MELLERAY (F.), *Les contrats de partenariat et l'ordonnance du 17 juin 2004, une nouvelle espèce de contrats administratifs*, Litec, juin 2005, p.144.

[132] Réponse du 6 décembre 2012 du ministère de l'Economie et des Finances à la question n°00138 de M. Gérard Collomb, sénateur, du 5 juillet 2012.

[133] Article 17 du Code des marchés publics.

[134] Article 11-*d* de l'ordonnance du 17 juin 2004, codifié à l'article L.1414-12-*d* du CGCT.

Le mode de rémunération est une caractéristique essentielle des marchés publics pour la doctrine[135], l'administration cocontractante verse un prix en contrepartie de la réalisation de la prestation constituant dès lors le critère de distinction le plus opérationnel par rapport aux autres montages complexes. Paradoxalement, le marché public et le contrat de partenariat ont un point commun sur la question de la rémunération puisqu'ils reposent tous deux sur le principe d'une rémunération versée par la personne publique[136]. La jurisprudence a d'ailleurs établi qu'en cas de rémunération par l'usager, il ne peut y avoir de marché public[137]. Toutefois, la rémunération peut être versée en nature[138].

53. Il est à noter qu'en appliquant aux contrats de partenariat la règle selon laquelle le pouvoir adjudicateur ne peut, de lui-même, régulariser une offre entachée d'irrégularités mais tout en confirmant qu'un candidat peut rectifier son offre dès lors qu'elle est entachée d'une erreur purement matérielle, le Conseil d'Etat tend à rapprocher le régime des contrats de partenariats et des marchés publics[139].

54. Dans le cadre des équipements sportifs, le contrat de partenariat apparaît plus avantageux que les marchés publics puisqu'il offre la possibilité de différer le paiement des travaux. La pratique du contrat de partenariat a permis d'instaurer des mécanismes d'étalement dans le temps du paiement des travaux[140]. Le paiement différé, selon l'article 96 du Code

---

[135] DE LAUBADERE (A.), MODERNE (F.) et DELVOLVE (P.), *Traité des contrats administratifs*, Tome 2, LGDJ, 2ème édition, novembre 1983, p.285 ; TAILLEFAIT (A.), « Prix et règlement du marché public », *JurisClasseur Administratif*, fascicule 650, n°2.

[136] Article 1er du Code des marchés publics ; Article 1er –II – alinéa 3 de l'ordonnance du 17 juin 2004. Pour une illustration doctrinale, MENEMENIS (A.), « L'ordonnance sur les contrats de partenariats : heureuse innovation ou occasion manquée ? », *AJDA*, n°32, 27 septembre 2004, p.1736.

[137] CE, 11 décembre 1963, *Ville de Colombes*, n°55972. Concl. Chardonnet. Rec. Lebon p.812 ; CE, 26 juillet 1985, *Société lyonnaise de l'eau et d'éclairage*, n°45044. Concl. Dandelot. Rec. Lebon p.246.

[138] CE, 22 février 1980, *SA Sablières modernes d'Aressy*, n°11939. Concl. Latournerie. Rec. Lebon p.110. En l'espèce, un contrat confiait à un entrepreneur des travaux de résection sur un cours d'eau avec, en contrepartie, le droit de disposer gratuitement des matériaux extraits.

[139] CE, 3 juillet 2013, *Société Bouygues Energies et Services c/ Commune de Sète*, n°366847. Concl. Pélissier, *BJCP*, n°91, novembre 2013, p.433. Notes sous arrêt : GLASER (E.), *RLCT*, n°93, septembre 2013, p.38 ; ECKERT (G.), *Contrats et Marchés Publics*, n°10, octobre 2013, p.29 ; PEYRICAL (J-M.), *CP-ACCP*, n°137, novembre 2013, p.76.

[140] CE, Sect., 25 février 1994, *SA Sofap-Marignan Immobilier*, n°144641. Concl. Arrighi de Casanova, *RFDA* n°3, mai-juin 1994, p.510. Rec. Lebon p.94. Notes sous arrêt : PERINET-MARQUET (H.), *AJDA*, n°7-8, 20 juillet-20 août 1994, p.550 ; LOMBARD (M.), *D.* 1994, J.536 ; FATOME (E.) et TERNEYRE (P.), *CJEG*, novembre 1994, p.584 ; V. aussi CE, Avis, 31 janvier 1995, EDCE, n°47, p.407 ; FATOME (E.) et TERNEYRE (P.), *AJDA*, n°2, 20 février 1997, p.126. V. *supra*.

des marchés publics, est interdit dans un marché public[141]. Les parties ne peuvent déroger à cet article d'ordre public[142]. Par définition, le partenaire privé préfinance l'investissement d'un contrat de partenariat et se rembourse grâce à un lissage financier pendant toute la durée du contrat, en particulier lors de la phase d'exploitation. L'étalement du paiement public est une exigence fondamentale[143] dans la formation du contrat de partenariat qui s'avère incompatible avec les marchés publics.

55. Si auparavant il y a eu recours aux marchés publics dans la réalisation d'infrastructures sportives, ils sont inadaptés aux enceintes sportives en raison d'inconvénients notables. De surcroit, le contrat de partenariat constitue un marché public au sens du droit communautaire, comme l'a souligné le Conseil d'Etat, ce qui renforce son intérêt[144]. La doctrine a même qualifié le contrat de partenariat de « *marché public à régime dérogatoire* »[145]. Par ailleurs, les marchés publics ne sont même pas envisagés dans les rapports Besson et Séguin comme modèle d'exploitation et dans la typologie des contrats traditionnellement utilisés pour les projets de modernisation des stades. Par sa nature, le marché public s'inscrit donc comme un instrument insuffisant et inadapté. Le juge parvient d'ailleurs à la même conclusion.

---

[141] Aux termes de l'article 96 du Code des marchés publics « *est interdite l'insertion dans un marché de toute clause de paiement différé* ».

[142] CE, 8 février 1999, *Préfet des Bouches-du-Rhône c/ Commune de La Ciotat*, n°169047. Concl. Bergeal, *BJCP*, n°7, novembre 1999, p.602 et *AJDA*, n°4, 20 avril 1999, p.364. Rec. Lebon p.19. Note sous arrêt, CHABANOL (D.), *AJDA*, n°4, 20 avril 1999, p.369.

[143] BERGERE (F.), BEZANCON (X.), DERUY (L.), GOULARD (G.) et FORNACCIARI (M.), *Le guide opérationnel des PPP*, Le Moniteur, 3ème édition, janvier 2010, p.31.

[144] CE, 29 octobre 2004, *M. Sueur et autres*, n°269814. Concl. Casas, *RFDA*, n°6, novembre 2004, p. 1103. Rec. Lebon p.393. Le juge administratif considère que « *si les personnes publiques en cause sont des pouvoirs adjudicateurs, compte tenu de leur montant et de leur objet, les contrats de partenariat, qui ont vocation à être passés avec un ou plusieurs opérateurs économiques et en vertu desquels la rémunération du cocontractant fait l'objet d'un paiement par la personne publique, constituent des marchés publics [au sens du droit communautaire]* ». Notes sous arrêt : LANDAIS (C.) et LENICA (F.), *AJDA*, n°43, 13 décembre 2004, p.2383 ; DREYFUS (J-D.) et DEGOFFE (M.), *RDI*, n°6, novembre 2004, p.548 ; CASSIA (P.), *Europe*, n°12, décembre 2004, p.11 ; ECKERT (G.), *Contrats et Marchés Publics*, n°12, décembre 2004, p.20 ; MENEMENIS (A.), *DA*, n°1, janvier 2005, p.22 ; Pour un raisonnement similaire par le juge communautaire, CJCE, 12 juillet 2001, *Ordre des architectes de la province de Milan et Lodi*, aff. C-399/98.

[145] BRACONNIER (S.), « Les contrats de partenariat et les collectivités territoriales locales : entre mythe et réalités », *BJCP*, n°36, septembre 2004, p.340.

B – Un montage contractuel inadapté au regard de la jurisprudence

56. Le juge administratif interprète strictement les dispositions relatives au marché de conception-réalisation compte tenu du risque contentieux et surtout du caractère très limité prévu par les textes[146]. Il s'agit de contrats par lesquels un maître d'ouvrage public confie à un entrepreneur à la fois des études de conception et les travaux de réalisation d'un ouvrage[147]. Le recours à cette procédure est subordonné à des conditions restrictives[148], précisées par la jurisprudence. Celle-ci considère que des motifs liés à l'urgence ou aux contraintes du site ne sauraient justifier à eux seuls la conclusion d'un tel marché[149]. Le juge administratif d'appel a nuancé les considérations d'ordres techniques. Si la construction d'un parking souterrain peut faire l'objet de ce type de marché[150], et s'avère *in fine* utile aux spectateurs, en raison des importantes difficultés techniques liées à la grande profondeur de l'ouvrage à proximité de nappes phréatiques. Il n'en est pas de même pour la réalisation de complexes omnisport[151].

En l'espèce, le Conseil municipal de Metz décida par délibération de lancer un appel d'offres de conception-réalisation en vue de la reconstruction d'un complexe omnisport à la suite d'un incendie. Après avis du jury, le Conseil municipal par délibération a décidé de retenir une offre et le commencement du projet. Un candidat évincé conteste la délibération portant sur le choix du groupement et le financement des travaux. Le maître d'ouvrage justifiait le recours à cette procédure contractuelle en se fondant sur quatre motifs tirés des dimensions exceptionnelles de l'ouvrage, des impératifs de délais, des contraintes du site et des difficultés techniques particulières. La Cour administrative d'appel de Nancy a considéré que « *le motif tiré des impératifs de délais ne constitue pas un motif d'ordre technique au sens des dispositions précitées de l'article 18 de la loi du 12 juillet 1985* ». De plus, elle a estimé que si la superficie du complexe multisports est, eu égard à sa destination, très importante, l'ouvrage ne présente toutefois pas des

---

146 Le marché de conception-réalisation ne peut dépasser un montant de 4.845.000 euros HT ce qui n'est pas approprié pour un stade. Article 28 du Code des marchés publics.

147 Article 37 alinéa 1er du Code des marchés publics. V. aussi LANNOY (H.) et NOVAT (P.), « L'élargissement du champ d'application de la conception-réalisation », *CP-ACCP*, n°100, juin 2010, p.127.

148 Circulaire du 9 août 1995 relative à la procédure de conception-réalisation.

149 CE, 27 mai 1998, *Syndicat national du béton armé, des techniques industrialisées et de l'entreprise générale*, n°161547. Concl. Bergeal. Rec. Lebon p.675. Obs. LLORENS (F.) et TERNEYRE (P.), *RDI*, n°3, avril-juin 1998, p.362.

150 TA Lyon, 24 juin 1996, *M. Chamberlain c/ Conseil de l'ordre des architectes de Rhône-Alpes*, n°960.2420.

151 CAA Nancy, 5 août 2004, *Daniel Delrez c/ Ville de Metz*, n°01NC00110, infirmant le jugement rendu par le Tribunal administratif de Strasbourg le 14 novembre 2000. Note sous arrêt, LINDICH (F.), *JCPA*, n°44, 25 octobre 2004, p.1366.

dimensions exceptionnelles pouvant être regardées comme constituant un motif d'ordre technique au sens des mêmes dispositions. Enfin, les contraintes d'exécutions liées à l'environnement naturel dont faisait état la ville ne constituent pas des motifs techniques contraignants puisqu'il s'agit d'une reconstruction. La Cour annule donc la délibération et infirme le jugement rendu par le tribunal administratif. Le recours à une procédure de conception-réalisation pour la construction d'un complexe sportif était donc en l'espèce illégal.

Cette même Cour administrative d'appel a eu à se prononcer peu après sur une espèce similaire[152]. La Ville de Metz, propriétaire du stade Saint-Symphorien, décide de rénover une tribune. En sa qualité de maître d'ouvrage, elle recourut à la procédure de conception-réalisation. Selon le maître d'ouvrage, la procédure se justifiait d'une part, en raison des difficultés techniques que posait la construction de la tribune sur un site difficile (étroitesse du site d'implantation, difficultés liées à la stabilité des berges, maintien des mâts d'éclairage existants, obligation de garantir les dégagements de secours du stade) et, d'autre part, du fait qu'il se souciait de la conciliation entre la qualité architecturale et les exigences de sécurité. La Cour prononça l'annulation de la délibération attribuant le marché, non pas parce que les motifs invoqués manquaient de pertinence, mais en raison du défaut de tout élément permettant de les apprécier. De plus, la Cour estimait que la conciliation, eu égard à son caractère général, ne justifiait pas le recours à un marché de conception-réalisation. Les caractéristiques et contraintes invoquées par le maître d'ouvrage devaient être mentionnées dans l'avis d'appel à la concurrence, comme le souligna préalablement le Conseil d'Etat[153].

Le juge administratif avait eu un raisonnement similaire dans une jurisprudence constante précisant que les contraintes techniques ne diffèrent en rien des contraintes dans lesquelles doit s'inscrire la conception du bâtiment[154].

---

[152] CAA Nancy, 31 octobre 2004, *Conseil régional de l'ordre des architectes de Lorraine*, n°00NC00373. Note sous arrêt, PIETRI (P.), *Contrats et Marchés Publics*, n°1, janvier 2005, p.20.

[153] CE, 16 octobre 2000, *Société Stereau*, n°213958. Concl. Savoie. Note sous arrêt, LLORENS (F.), *Contrats et Marchés Publics*, n°1, novembre 2000, p.18.

[154] TA Orléans, 28 juillet 1994, *Conseil de l'ordre des architectes de la région Centre* (à propos de la construction d'un laboratoire médical) n°94413 ; TA Toulouse, 25 novembre 1996, *Centre hospitalier de secours*, n°4680 ; TA Lille, 16 juin 1997, *Préfet de la Région Nord Pas-de-Calais*, n°952931 (à propos de la réhabilitation de collèges à ossature métallique).

57. Outre l'appréciation des motifs techniques, le juge administratif intervient dans le cadre de l'application dans le temps[155]. En vertu des dispositions de l'article 18 de la loi MOP[156], la Cour administrative d'appel de Lyon a jugé à propos d'une salle polyvalente à dominante sportive[157] que « *si, avant l'entrée en vigueur du décret du 29 novembre 1993 portant application du I de l'article 18 de la loi du 12 juillet 1985 modifiée relative à la maîtrise d'ouvrage publique et à ses rapports avec la maîtrise d'œuvre privée, les stipulations d'un marché de maîtrise d'œuvre pouvaient librement faire référence au décret susvisé du 28 février 1973 et, au besoin, s'en écarter, une telle liberté ne pouvait avoir pour effet d'associer, même pour partie, une entreprise, titulaire d'un marché de travaux, à la conception d'un ouvrage en dehors du seul cas prévu par l'article 7 précité de la loi du 12 juillet 1985 où le maître d'œuvre peut se borner à viser les études d'exécution préparées par les entreprises* ». Elle constate par conséquent la nullité du marché.

58. Le marché de conception-réalisation est donc un contrat global par lequel le maître d'ouvrage confie à un groupement d'opérateurs économiques, ou à une personne de droit privé pour les seuls ouvrages « *une mission portant à la fois sur l'établissement des études et l'exécution des travaux* »[158], inapproprié pour la conception ou la réalisation d'un stade. Si le stade du Havre a été réalisé dans le cadre d'un marché de conception-réalisation, il a donné lieu à une convention d'occupation domaniale exclusive au club démontrant l'inopportunité de ce contrat en matière de stade.

§ 2 – La délégation de service public, un montage contractuel périlleux

59. En vertu de l'article 3-1 de la loi MURCEF, codifié à l'article L.1411-1 alinéa 1 du Code général des collectivités territoriales, le contrat de délégation de service public se définit comme « *un contrat administratif par lequel une personne morale de droit public confie la gestion d'un service public dont elle a la responsabilité à un délégataire public ou privé, dont la rémunération est substantiellement liée aux résultats de l'exploitation du*

---

[155] CE, 26 octobre 1956, *Pubreuil*. Rec. Lebon p.389 et CE, 13 décembre 1957, *Barrot*. Rec. Lebon p.675.
[156] Article 18 de la loi MOP indique que « (…) *le maître de l'ouvrage peut confier par contrat à un groupement de personnes de droit privé ou, pour les seuls ouvrages d'infrastructure, à une personne de droit privé, une mission portant à la fois sur l'établissement des études et l'exécution des travaux, lorsque des motifs d'ordre technique ou d'engagement contractuel sur un niveau d'amélioration de l'efficacité énergétique rendent nécessaire l'association de l'entrepreneur aux études de l'ouvrage* (…) ».
[157] CAA Lyon, 9 juillet 2008, *M. Richard Brun*, 05LY00867.
[158] Article 37 alinéa 1er du Code des marchés publics.

service. Le délégataire peut être chargé de construire des ouvrages ou d'acquérir des biens nécessaires au service »[159], sans quoi la convention de délégation de service public serait requalifiée en marché public[160]. De plus la jurisprudence a rappelé qu'une délégation de service public (DSP) ne peut être reconnue sans l'existence d'une mission de service public[161]. La reconnaissance législative de cette notion de délégation de service public ne doit pas masquer, qu'avant d'être conceptualisée[162], celle-ci relevait de la pratique[163] et correspond désormais davantage à une notion englobant la gestion déléguée[164] ainsi que les modes de gestion du service public. Ces derniers peuvent revêtir plusieurs formes de mises en concurrence : la régie intéressée[165], l'affermage[166], la concession de service public[167], qui est le

---

[159] Article L.1411-1 alinéa 1 du CGCT. V. à propos de la notion de DSP : DUFAU (J.), « La nature juridique de la concession de service public », *in*, Mélanges en l'honneur du Professeur René CHAPUS, *Droit administratif*, Montchrestien, juin 1992, p.147 ; BRECHON-MOULENE (C.) et LLORENS (F.), *La concession de service public face au droit communautaire*, Sirey, 1992, 126 p. ; SYMCHOWICZ (N.), « La notion de délégation de service public », *AJDA*, n°3, 20 mars 1998, p.195 ; DREYFUS (J-D.), « La définition des délégations de service public », *AJDA*, n°1, janvier 2002, p.38 ; GUGLIELMI (G.), « La concession française et l'émergence de nouvelles formes contractuelles », *JCPA*, n°16, 16 avril 2007, Etude n°2098, p.23.

[160] CE, 5 juin 2009, *Société Avenance enseignement et santé*, n°298641. Concl. Da Costa.

[161] CE, 12 mars 1999, *Ville de Paris c/ Société l'Orée du Bois*, n°186085. Concl. Bergeal. Obs. SCHWARTZ (R.), *BJCP*, n°5, juillet 1999, p.433.

[162] Sur l'émergence de la notion, V. La doctrine administrative, HUBRECHT (H-G.), « Les contrats de service public », Thèse, sous la direction du Professeur Jean-Marie AUBY, Université Montesquieu (Bordeaux IV) 1980, 611 p. ; AUBY (J-F.), *Les services publics locaux*, « Que sais-je ? », PUF, 1ère édition, 1982, 127 p. ; V. Les dispositions législatives, la loi n°92-125 du 6 février 1992 d'orientation relative à l'administration territoriale de la République, *JORF*, n°33, 8 février 1992, p.2064 et la loi n°93-122 du 29 janvier 1993 relative à la prévention de la corruption et à la transparence de la vie économique et des procédures publiques, dite loi Sapin, *JORF*, n°25, 30 janvier 1993, p.1588. V. La jurisprudence, pour une solution se rapprochant du concept, TC, 6 juin 1989, *Ville de Pamiers*, n°02578. Concl. Stirn, *RFDA*, n°3, mai-juin 1989, p.459. Rec. Lebon p.293. Notes sous arrêt, BAZEX (M.), *AJDA*, n°7-8, 20 juillet-20 août 1989, p.467 ; GAUDEMET (Y.), *RDP*, n°6, novembre-décembre 1989, p.1780 ; TERNEYRE (P.), *JCPA*, 1990, II, 21395 ; Pour une consécration de la notion, CE, 15 juin 1994, *Syndicat intercommunal des transports publics de la région de Douai*, n°136734. Concl. Loloum. Rec. Lebon p.1033.

[163] CE, 10 janvier 1902, *Compagnie Nouvelle du gaz de Déville-lès-Rouen*, n°94624. Concl. Arrivière. Rec. Lebon p.5 ; CE, 11 mars 1910, *Compagnie générale des Tramways*, n°16178. Concl. Blum, *D.*, 1912.3.49. Rec. Lebon p.216. Notes sous arrêt, HAURIOU (M.), *S.*, 1911.3.1 ; JEZE (G.), *RDP*, 1910.270.

[164] CHAPUS (R.), *Droit administratif général*, Tome 1, Montchrestien, 15ème édition, septembre 2001, n°203 ; BOITEAU (C.), « La délégation de service public », *JurisClasseur Administratif*, fascicule 660 n°1.

[165] La régie intéressée est un contrat par lequel une collectivité publique confie à un délégataire, le « régisseur », le soin d'exploiter un service public moyennant une rémunération fixe assortie d'un intéressement aux résultats. Selon les modalités de rémunération du titulaire, le contrat sera qualifié de DSP ou de marché public. CE, 10 mars 1950, *Département de la Seine c/ Société des transports en commun de la région parisienne*. Rec. Lebon p.152 ; CE, 15 juillet 1959, *Ville de Saint-Lô*. Rec. Lebon p.466 ; CE, 21 octobre

type de délégation de service public le plus fréquemment utilisé pour les enceintes sportives et qui fera l'objet de notre étude[168]. La gérance ne peut pas être considérée comme une délégation de service public, comme l'a précisé le Conseil d'Etat[169], car le mode de gestion par lequel la collectivité publique confie au gérant la gestion d'un service public s'analyse en un contrat de prestation ou de mandat. Le gérant ne prend donc pas une quelconque part au fonctionnement du service public. De plus, les usagers n'assurent pas la rémunération forfaitaire de ce mode de gestion, versée par la collectivité[170].

La délégation de service public se caractérise par trois éléments. Premièrement, le lien unissant le délégant au délégataire doit nécessairement être contractuel. Deuxièmement, le délégataire par ce lien est chargé de la gestion et de l'exploitation du service public. Troisièmement, la rémunération du délégataire est substantiellement assurée par les résultats de l'exploitation du service[171]. Ce critère financier constitue une distinction

---

1985, *Société des transports Michel Delattre*, n°51907. Concl. Fouquet ; CE, 30 juin 1999, *SMITOM*, n°198147. Concl. Bergeal. Il s'agit du modèle d'exploitation utilisé par le Paris Saint-Germain pour l'exploitation du Parc des Princes, jusqu'au 15 décembre 2013. La Ville et le club ont en effet signé à cette date une concession d'occupation du domaine public.

166 L'affermage est un mode de gestion par lequel une autorité publique confie à un délégataire, appelé « fermier », le soin d'exploiter à ses risques et périls, un équipement déjà construit en se rémunérant directement auprès des usagers. CE, 29 avril 1987, *Commune d'Elancourt*, n°51022. Concl. Robineau, *RFDA*, n°4, juillet-août 1987, p.525. Rec. Lebon p.153. Note sous arrêt PRETOT (X.), *AJDA*, n°9, 20 septembre 1987, 543.

167 La concession de service public est le modèle d'exploitation concédé au consortium Stade de France qui gère le stade de 80.000 places du même nom. Ce contrat s'est avéré illégal (Décision QPC n°2010-100 rendue par le Conseil constitutionnel le 11 février 2011) sans pour autant que cela ait de conséquences. Toutefois, nous regrettons, bien que le financement soit majoritairement privé, que les finances publiques eurent à en pâtir. 53 % du financement provient d'un consortium privé. Le coût total de la construction de l'ouvrage s'élève à 2,6 milliards de FF soit environ 397 millions d'euros. A titre de comparaison, le viaduc de Millau a coûté 400 millions d'euros. V. BLONDEAU (A.), « La concession de service public », Thèse, sous la direction du Professeur Achille MESTRE, Université de Grenoble, 1929, 282 p. ; BETTINGER (C.), *La concession de service public et de travaux publics*, LGDJ, janvier 1978, 255 p. ; DUPUIS (G.), « Sur la concession de service public », *D.*1978, chron. p.222 ; DUFAU (J.), « La nature juridique de la concession de service public », *in*, Mélanges en l'honneur du Professeur René CHAPUS, *Droit administratif*, Montchrestien, juin 1992, p.147 ; GUGLIELMI (G.J.), « La concession française et l'émergence de nouvelles formes contractuelles », *JCPA*, n°16-18, 2007, p.23 ; BRACONNIER (S.), « Le modèle français de la concession : conquête ou concurrence ? », *JCPA*, n°16-18, 2007, p.34.

168 Rapport public thématique de la Cour des comptes, « Les collectivités territoriales et les clubs sportifs professionnels » du 10 décembre 2009 p.16.

169 CE, 7 avril 1999, *Commune de Guilherand-Granges*, n°156008. Concl. Bergeal, *AJDA*, n°6, 29 juin 1999, p.517. Rec. Lebon p.878. Obs. SCHWARTZ (R.), *BJCP*, n°5, juillet 1999, p.456.

170 Réponse ministérielle n°21777 publiée au *JOAN Q* du 22 janvier 1996, p.380.

171 CE, 15 avril 1996, *Préfet des Bouches-du-Rhône c/ Commune de Lambesc*, n°168325. Concl. Chantepy, *RFDA*, n°4, août 1996, p. 715. Notes sous arrêt : TERNEYRE (P.), *RFDA*,

fondamentale entre la délégation de service public et le marché public. Le délégataire supporte à ses risques et périls la charge d'exploitation du service public. Contrairement à la mise à disposition des équipements, appartenant à une collectivité territoriale, au bénéfice d'un club sportif professionnel, la délégation de service public fait donc supporter au seul club sportif professionnel le risque économique et financier de la gestion, de l'entretien ainsi que de l'exploitation de l'équipement.

La délégation de service public est un montage contractuel périlleux pour les stades par la qualité de concessionnaire (**A**), la rémunération et le partage des risques (**B**). Le montage hybride du Stade de France illustre ces difficultés (**C**).

A – La qualité de concession de service public des équipements sportifs

60. La concession de service public est un contrat administratif qui charge un particulier ou une société d'exécuter un ouvrage public ou d'assurer un service public à ses frais, avec le droit de percevoir des redevances sur les usagers de l'ouvrage ou sur ceux qui bénéficient du service public. Dans sa thèse sur la concession de service public, Ange Blondeau retenait que « *la concession est un acte complexe, elle n'est pas un contrat pur et simple. Et si elle n'est pas un contrat pur et simple, c'est parce qu'elle est un acte organisant l'exploitation d'un service public et que le service public a un caractère légal et réglementaire* »[172]. M. Xavier Bezançon, dans sa thèse, le rejoignait, estimant que « *le contrat de concession est un acte essentiellement complexe qui ne peut se ramener au simple louage d'ouvrage* » et le qualifiait de contrat complexe organisant une mission publique[173]. Les infrastructures sportives participent au fonctionnement d'un service public au sens de la jurisprudence *Ville de*

n°4, août 1996, p.718 ; CHAUVAUX (D.) et GIRARDOT (T-X.), *AJDA*, n°10, octobre 1996, p.727 ; SYMCHOWICZ (N.), *AJDA*, n°3, mars 1998, p.195. CE, 7 avril 1999, *Commune de Guilherand-Granges*, n°156008. Concl. Bergeal, *AJDA*, n°6, 20 juin 1999, p.517. CE, 30 juin 1999, *SMITOM*, n°198147. Concl. Bergeal, *AJDA*, n°9, septembre 1999, p.714. CE, 7 novembre 2008, *Département de la Vendée*, n°291794. Concl. Boulouis, *BJCP*, n°62, février 2009, p.55. Notes sous arrêt : ECKERT (G.), *Contrats et Marchés Publics*, n°12, décembre 2008, p.23 ; RICHER (L.), *AJDA*, n °44, 29 décembre 2008, p.2456 ; PEZ (T.), *BJCP*, n°62, février 2009, p.7.

[172] BLONDEAU (A.), « La concession de service public », sous la direction du Professeur Achille MESTRE, Université de Grenoble, 1929, p.165.

[173] BEZANCON (X.), « Essai sur les contrats de travaux et services publics – contribution à l'histoire administrative de la délégation de mission publique », Thèse, sous la direction du Professeur François CHEVALLIER, Université Paris Est-Créteil (Paris XII), 1997, p.361.

Toulouse[174], à ce titre, elles peuvent faire l'objet de délégations de services publics selon la loi Sapin[175], mais semble remis en cause avec les arrêts *Jean Bouin* et *Madame Gilles*. Enfin, la durée du contrat de concession doit être calculée en fonction du temps nécessaire au club pour amortir l'ouvrage qu'il a construit.

Stricto sensu, le concessionnaire assure le service public à ses risques et périls, tout en respectant le cahier des charges et en se rémunérant grâce aux redevances perçues sur les usagers[176]. La concession de service public[177], dans la pratique, peut être associée à la concession de travaux publics, puisque le concessionnaire doit initialement construire l'ouvrage immobilier nécessaire à l'exécution du service[178]. Toutefois, ces deux formes concessives ne se confondent plus[179]. Ainsi, il est tout à fait possible de conclure une concession de travaux publics sans concession de service public[180] et inversement[181].

61. La concession de travaux publics consiste pour les collectivités territoriales à confier à un opérateur ou un groupement d'opérateurs le financement et la construction de l'ouvrage, support du service public, ainsi que son exploitation. Elle permet le transfert de risques de la collectivité concédante à l'opérateur concessionnaire. L'ordonnance du 15 juillet 2009 relative aux contrats de concession de travaux publics transpose[182] en droit

---

[174] CE, 13 juillet 1961, *Ville de Toulouse*, n°48792. Rec. Lebon p. 513. Chron. GALABERT (J-M.) et GENTOT (M.), *AJDA*, 1961, p.467.

[175] Loi n°93-122 du 29 janvier 1993 relative à la prévention de la corruption et à la transparence de la vie économique et des procédures publiques, dite « loi SAPIN », *JORF*, n°25, 30 janvier 1993 p.1588, qui a instauré la délégation de service public qui permet à la personne publique de confier la gestion d'un service public à un délégataire public ou privé, dont la rémunération est substantiellement liée aux résultats de l'exploitation du service.

[176] CE, 30 mars 1916, *Compagnie générale de l'éclairage de Bordeaux*. Concl. Chardenet, *RDP*, 1916, p.206. Rec. Lebon p.125. Note sous arrêt, JEZE (G.), *RDP*, 1916, p.388.

[177] Pour une évolution de la définition, V. GUGLIELMI (G.J.) et KOUBI (G.), *Droit du service public*, Montchrestien, 3ème édition, octobre 2011, p.507 et s.

[178] CE, 10 avril 1970, *Beau et Lagarde*, n°75100. Concl. Questiaux. Rec. Lebon p.243. V. également Ordonnance n°2009-864 du 15 juillet 2009 relative aux contrats de concession de travaux publics, *JORF*, n°162, 16 juillet 2009, p.11853.

[179] CE, 14 février 1902, *Blanleuil et Vernaudon*. Note sous arrêt HAURIOU (M.), *S*. 1904, III, 81.

[180] CE, 22 juin 1928, *Epoux de Sigalas*. Concl. Josse ; TC, 8 novembre 1967, *Société des Bois du Sud*. Rec. Lebon p.655.

[181] CE, 4 mars 1910, *Thérond*. Concl. Pichat. Rec. Lebon p.193. Notes sous arrêt, JEZE (G.), *RDP*, 1910, p.249 ; HAURIOU (M.), *S*. 1911, III, 17.

[182] Ordonnance n°2009-864 du 15 juillet 2009 relative aux contrats de concession de travaux publics, *JORF*, n°162, 16 juillet 2009, p.11853. Notes sous ordonnance : CLAMOUR (G.), *Contrats et Marchés Publics*, n°8-9, août-septembre 2009, p.6 ; LINDITCH (F.), *JCPA*, n°37, 7 septembre 2009, p.37 ; PROOT (P.), *DA*, n°10, octobre 2009, p.34 ; COSSALTER (P.), *AJDA*, n°34, 19 octobre 2009, p.1882.

interne le titre III « règles dans le domaine de concessions de travaux publics » de la directive 2004/18/CE du 31 mars 2004. L'article 1er de l'ordonnance reprend la définition de l'article 1er paragraphe 3 de cette directive[183], énonçant que « *les concessions de travaux publics sont des contrats administratifs dont l'objet est de faire réaliser tous les travaux de bâtiment ou de génie civil par un concessionnaire dont la rémunération consiste soit dans le droit d'exploiter l'ouvrage, soit dans ce droit assorti d'un prix* ».

62. Il existe un risque de perte de contrôle de la collectivité territoriale concédante sur l'exploitation d'un stade en raison de l'évolution des missions de service public tout au long de la durée du contrat[184]. D'autant qu'un stade ne remplit plus ce type de missions[185]. Mais ce contrat est fortement concurrencé dans le domaine des équipements sportifs par le contrat de partenariat offrant davantage de souplesse et lisibilité[186]. Peu utilisé, ce contrat de concession de travaux publics n'a pour le moment pas été retenu dans la construction d'un stade alors qu'il a été utilisé pour la création de golfs[187].

63. Le choix de la convention de délégation de service public s'impose si le club sportif gestionnaire des installations sportives[188] bénéficie d'installations faisant partie du domaine public communal, qu'il se voit imposer par la ville des conditions d'exploitation qui permettent de caractériser l'existence d'un service public, et s'il perçoit des recettes d'exploitation représentant une part substantielle de ses recettes d'exploitation.

---

[183] Article 1er paragraphe 3 de la directive 2004/18/CE du 31 mars 2004 : « *La concession de travaux publics est un contrat présentant les mêmes caractéristiques qu'un marché public de travaux, à l'exception du fait que la contrepartie des travaux consiste soit uniquement dans le droit d'exploiter l'ouvrage, soit dans ce droit assorti d'un prix* ».

[184] A propos de la notion de risque dans la concession de travaux publics, V. PAULIAT (H.), « Les concessions de travaux publics : grand renouvellement ou simple actualisation », *RDI*, n°9, septembre 2010, p.416.

[185] V. n°149 et s.

[186] LAGARDE (F.), « Financement des équipements sportifs : de la maîtrise d'ouvrage publique aux partenariats public-privé », *in*, sous dir. CHAIX (P.), *Les grands stades*, L'Harmattan, mars 2011, p.98. V. aussi à propos du paiement par l'usager et de la gestion de risque, LINDITCH (F.), « Contribution à la distinction des conventions de délégation de service public et des contrats de partenariat », *JCPA*, n°51, 19 décembre 2011, p.14.

[187] CAA Lyon, 25 mai 1999, *SA Domaine et Golf du Lavandou c/ Commune du Lavandou*, n°95LY00614. Note sous arrêt : JUEN (P.), *RFDA*, n°6, décembre 2000, p.1219.

[188] BAYEUX (P.) et CLAVAGNIER (B.) « Les modes de gestion des équipements sportifs utilisés par les clubs professionnels », *AJDA*, n°26, 11 juillet 2005, p.1439.

B – Un montage périlleux quant à sa rémunération et à l'absence de partage des risques

64. Pour un club professionnel, la délégation de service public présente certains avantages. En effet, le club ne supporte pas l'investissement lié à la construction ou l'acquisition du stade n'étant pas chargé de construire l'ouvrage, et le délégataire peut développer des activités purement commerciales à côté de son activité principale.

65. « *Une particularité du contrat de concession est négative. La rémunération du concessionnaire n'est pas assurée par la seule personne publique concédante* »[189]. La délégation de service public présente surtout en l'espèce des inconvénients. Ainsi, la première question qui se pose consiste à savoir si la mise en concurrence d'un club sportif professionnel pour l'attribution de la délégation est réellement adaptée à la situation. En effet, dans une telle situation, si le gestionnaire retenu n'était pas le club, ce dernier louant ensuite le stade au gestionnaire, le club pourrait se retrouver dans une situation difficile s'il venait à descendre d'une division et ne serait alors plus capable de louer le stade dans les conditions initiales, la relégation impliquant notamment une baisse notable du prix des places, du nombre de spectateurs et des sponsors. En raison de ces considérations politiques et économiques, il serait préférable de confier la gestion de l'enceinte sportive directement au club résident[190]. D'autres difficultés peuvent aussi apparaître, mais cette fois-ci concernant directement le club cocontractant. L'arrêt *Département de la Vendée* rendu par le Conseil d'Etat le 7 novembre 2008 établit expressément un lien entre la notion de rémunération substantiellement liée aux résultats de l'exploitation et la notion de risque, en considérant « *qu'une part significative du risque d'exploitation demeurant à la charge du cocontractant, sa rémunération doit être regardée comme substantiellement liée aux résultats de l'exploitation* »[191]. Le risque d'exploitation auquel s'expose le concessionnaire serait la remise en cause de la rentabilité interne du projet, compromise par l'aléa de fréquentation du stade. En effet, les risques liés à la rémunération par la vente de places sont transférés aux clubs, ce qui ne paraît pas envisageable pour eux dans un

---

[189] GUGLIELMI (G.J.) et KOUBI (G.), *Droit du service public*, Montchrestien, 3ème édition, octobre 2011, p.510.

[190] BAYEUX (P.) et CLAVAGNIER (B.) « Les modes de gestion des équipements sportifs utilisés par les clubs professionnels », *AJDA*, 11 juillet 2005, p.1439.

[191] CE, 7 novembre 2008, *Département de la Vendée*, n°291794. Concl. Boulouis, *BJCP*, n°62, février 2009, p.55. Notes sous arrêt : ECKERT (G.), *Contrats et Marchés Publics*, n°12, décembre 2008, p.23 ; RICHER (L.), *AJDA*, n °44, 29 décembre 2008, p.2456 ; PEZ (T.), *BJCP*, n°62, février 2009, p.7.

contexte de crise[192]. Surtout il importe de garder à l'esprit que la délégation de service public serait inopérante pour un ouvrage qui ne remplit pas de missions de service public.

66. L'objet du contrat de partenariat se distingue mal parfois de celui de la délégation de service public selon les projets. Le ministère de l'Economie et des Finances a précisé cet aspect dans une note estimant que « *en ce qui concerne les infrastructures de réseaux, les ouvrages d'art, les équipements sportifs ou autres équipements spécialisés, la différence entre exploitation du service public et exploitation d'un ouvrage n'est pas nette. Dans ces cas limites, la distinction entre contrat de partenariat et délégation de service public ne pourra se faire nettement par le critère de l'objet du contrat, mais se fera en prenant en compte la logique économique et financière du contrat* »[193]. C'est pour ces raisons qu'une partie de la doctrine estime que la délégation de service public ne serait adaptée que pour les équipements sportifs multifonctionnels[194], tels que le Stade de France ou le Palais omnisports de Paris-Bercy, qui n'ont pas de club résident mais dont l'activité implique plusieurs acteurs sportifs, culturels et artistiques. La doctrine estime que la délégation de service public « *se justifie par la nécessité de trouver un gestionnaire à même de mettre en place une programmation annuelle pluridisciplinaire intégrant notamment les matchs à domicile du club* »[195].

Toutefois, comme l'indique une autre partie de la doctrine[196], ces délégations de service public sont moins globales que les contrats de partenariat qui n'ont pas seulement, comme mission première, de confier à leur titulaire la gestion d'un service public. L'importance de cette notion de globalité du contrat de partenariat nous semble effectivement primordiale, en ce sens, qu'elle englobe aussi la notion de risque. Le titulaire d'un contrat de partenariat est rémunéré par la personne publique et peut ainsi percevoir des recettes annexes. En principe, il ne supporte donc pas le risque commercial mais uniquement le risque technique. Cet aspect distingue donc la délégation de service public du contrat de partenariat, où la notion de risque est essentielle dans ces deux montages contractuels. Toutefois, les PPP, et plus particulièrement le contrat de partenariat, ont introduit les concepts d'évaluation préalable et d'allocation des risques au sein de la commande

---

[192] FORRAY (J.-B.), « Grands stades : Les villes ne veulent pas être sur la touche », *Gaz. cnes*, n°30, 10 août 2009, p.21.
[193] QE Minefi n°22017 du 9 février 2006.
[194] BAYEUX (P.) et CLAVAGNIER (B.), « Les modes de gestion des équipements sportifs utilisés par les clubs professionnels », *AJDA*, 11 juillet 2005, p.1439.
[195] *Ibid.*
[196] JAIDANE (R.), « Partenariat public-privé et infrastructures sportives », *BJES*, n°89, décembre 2008, p.15.

publique[197]. A défaut d'être partagé comme dans le contrat de partenariat avec des clauses négociées au sein du contrat, le contrat de délégation de service public fait supporter le risque intégralement au délégataire, rendant ce contrat moins attractif et sécurisé que le contrat de partenariat. Selon la doctrine, « *ce n'est pas tant le poids des résultats de l'exploitation dans la rémunération en proportion des autres sources de revenus qui compte, mais bien plus sa place dans la structure financière du contrat. C'est là l'effet logique des influences réciproques entre type de risque, type d'équilibre et type de rémunération* »[198]. Ce transfert du risque au partenaire privé crée plus qu'un déséquilibre, une inégalité dans le contrat.

67. Par ailleurs, le contrat de délégation de service public implique un autre inconvénient puisque « *les biens acquis ou construits pour les besoins du service par le délégataire appartiennent à la collectivité* »[199], ces biens ne constituent donc pas une éventuelle source de richesse pour les clubs cocontractants. Au contraire du contrat de partenariat, qui par le biais de la valorisation des recettes annexes, permet la création d'autres sources de financement et de rémunération pour le cocontractant privé.

68. Il existe une différence fondamentale[200] entre la délégation de service public et le contrat de partenariat, qui est l'impossibilité de déléguer une mission de service public dans le cadre d'un contrat de partenariat. L'article 1er de l'ordonnance du 17 juin 2004 dispose que le partenaire peut en plus de sa mission obligatoire prendre en charge « *d'autres prestations de services concourant à l'exercice, par la personne publique, de la mission de service public dont elle est chargée* ». L'article 11-*e* de la même ordonnance confirme cela[201]. Ainsi, la personne publique contractante reste chargée du service public mais le contrat de partenariat n'emporte pas délégation de la gestion d'une mission de service public. Si l'ordonnance enlève toutes ambiguïtés, il subsiste un débat doctrinal. Pour la très grande majorité de la doctrine, le titulaire d'un contrat de partenariat peut participer à l'exécution et au bon fonctionnement du service public. En revanche, la délégation de la

---

[197] BERGERE (F.), BEZANCON (X.), DERUY (L.), GOULARD (G.) et FORNACCIARI (M.), *Le guide opérationnel des PPP*, Le Moniteur, 3ème édition, janvier 2010, p.239.

[198] VIDAL (L.), « L'économie de la répartition des risques dans les contrats : les liens entre droit et économie », *in*, sous dir. KIRAT (T.), *Economie et droit du contrat administratif*, La documentation française, septembre 2005, p.96.

[199] Rapport de la Commission « Grands Stades Euro 2016 » du 24 novembre 2008, p.135.

[200] LICHERE (F.), « Les contrats de partenariats, fausse nouveauté ou vraie libéralisation dans la commande publique ? », *RDP*, n°6, novembre 2004, p.1552.

[201] Article 11-*e* de l'ordonnance du 17 juin 2004, « *Aux obligations du cocontractant ayant pour objet de garantir le respect de l'affectation des ouvrages, équipements ou biens immatériels au service public dont la personne publique contractante est chargée et le respect des exigences du service public* ».

gestion de cette mission s'avère impossible[202]. La distinction peut sembler ténue[203]. Pour autant le Conseil d'Etat identifie et distingue clairement les contrats administratifs emportant une participation à l'exécution d'une mission de service public, des contrats ayant comme objet l'exécution même du service public[204]. Pour une autre partie de la doctrine, le contrat de partenariat peut emporter délégation de la gestion du service public, comme l'indique le commissaire du gouvernement Didier Casas dans ses conclusions sur l'arrêt *Sueur* estimant que le contrat de partenariat est « *une technique contractuelle permettant, sur la base d'un montage juridique et financier complexe, de confier à une entreprise privée ou à un groupe d'entreprise privée, au minimum le préfinancement, la construction et la maintenance ou l'exploitation du service qui en découle* ». *In fine*, l'argument textuel[205], « *soigneusement pesé* »[206], prévaut et suffit à clore tout débat. Le contrat de partenariat est un contrat inopérant dans la dévolution d'une gestion de service public.

Le contrat de partenariat se différencie donc de la délégation de service public, car il ne confie pas à son cocontractant l'exploitation d'un service public. Il se cantonne uniquement à l'exploitation et / ou la gestion d'ouvrage nécessaire au service public. Le contrat de partenariat ne délègue donc pas le service au cocontractant. Par ailleurs, le cocontractant d'une DSP peut ne pas se voir confier totalement le service public. Le juge administratif a nuancé cette appréciation de gestion et d'exploitation du service public. Ainsi, le Conseil d'Etat n'exige pas que la totalité des prestations composant

---

[202] MENEMENIS (A.), « L'ordonnance sur les contrats de partenariats : heureuse innovation ou occasion manquée ? », *AJDA*, n°32, 27 septembre 2004, p.1745 ; FATOME (E.) et RICHER (L.), « Contrat de partenariat immobilier : réalisation, paiement et statut des équipements et ouvrages », *CP-ACCP*, n°36, septembre 2004, p.30.

[203] BRENET (F.) et MELLERAY (F.), *Les contrats de partenariat et l'ordonnance du 17 juin 2004, une nouvelle espèce de contrats administratifs*, Litec, juin 2005, p.138.

[204] Distinction apparue avec l'arrêt CE, Sect., 20 avril 1956, *Epoux Bertin*, n°98637 Concl. Long, *RDP*, 1956, p.869. Rec. Lebon p.167. Notes sous arrêt : DE LAUBADERE (A.), *D.*1956, p.433; WALINE (M.), *GAJA*, 16ème édition, 2007, n°74 ; CE, 11 mai 1956, *Société française de transports Gondrand frères*. Concl. Long. Rec. Lebon p.202. Note sous arrêt : DE LAUBADERE (A.), *D.* 1956, p.433 ; V. aussi BRENET (F.), « Recherches sur l'évolution du contrat administratif », Thèse, sous la direction du Professeur Jean-François LACHAUME, Université de Poitiers, 2002, p.73 à 82 et 87 à 95.

[205] BRACONNIER (S.), « L'apparition des contrats de partenariat dans le champ de la commande publique », *JCPG*, n°48, 24 novembre 2004, p.2135. « *La solution consistant à exclure totalement la possibilité de confier au partenaire une part du service public, outre le fait qu'elle ne peut se prévaloir d'aucun argument textuel solide, présente un risque juridique trop important du fait de l'extensivité, et partant de l'incertitude, attachée à la notion de service public* ».

[206] MENEMENIS (A.), « L'ordonnance sur les contrats de partenariats : heureuse innovation ou occasion manquée ? », *AJDA*, n°32, 27 septembre 2004, p.1745.

le service public soit dévolue au cocontractant pour qualifier le contrat de DSP[207].

C – Le Stade de France, une concession de travaux publics assortie d'une concession de service public

69. Après le succès de l'organisation des Jeux olympiques en 1924 et de la Coupe du monde 1938, la France décida de se doter d'un grand stade. Cette volonté fut envisagée au cœur des années 1930 dans le cadre de la manifestation sportive de 1938 mais aussi en raison de l'avènement des loisirs[208] et du sport. L'après-guerre relance cette volonté, qui s'illustrera en 1956 dans le projet de construction d'un stade ayant une capacité d'au moins 100.000 places dans le bois de Vincennes à l'image des enceintes contemporaines[209]. En 1965, la réalisation du projet fut suspendue au motif de la préservation de cet espace boisé. Le 21 juillet 1983, Fernand Sastre annonce son intention d'organiser une Coupe du Monde en France dans les années 1990 et de constituer un dossier. Le président de la République François Mitterrand annoncera officiellement la candidature de la France à l'organisation de la Coupe du monde 1998 le 26 janvier 1989, relançant le projet de réalisation d'un grand stade. Le site de Saint-Denis sera finalement retenu le 18 octobre 1993, après expertise du groupement d'intérêt public crée à cet effet le 1er janvier 1993, avec un double objectif : doter la France d'un stade ayant une capacité d'accueil étoffée comparable à celle établie dans le monde, qui serait le « joyau » du parc d'infrastructures sportives français ; et un lieu de vie répondant à la loi d'orientation pour la ville du 13 juillet 1991[210], afin de relancer le dynamisme économique et social de cette banlieue. Force est de constater qu'à ce jour, ce « joyau » manque d'éclat, l'écrin n'étant pas à la taille, et le dynamisme demeure somme toute relatif.

---

[207] CE, 28 juin 2006, *Syndicat intercommunal d'alimentation en eau de la moyenne vallée du Gers*, n°288459. Concl. Boulouis. Notes sous arrêt : MENEMENIS (A.), *DA*, n°12, décembre 2006, p.25 ; RICHER (L.), *AJDA*, n°32, 2 octobre 2006, p.1781 ; ECKERT (G.), *Contrats et Marchés Publics*, n°8-9, septembre 2006, p.52.

[208] Pour une illustration culturelle, voir l'arrêt *Gheusi*, reconnaissant le théâtre comme une activité remplissant un critère finaliste de service public. CE, 27 juillet 1923, *Gheusi*. Concl. Mazerat, *RDP*, 1923, p.560. Rec. Lebon p.638. Note sous arrêt, APPLETON (J.), *DP*, 1923, III, p.57.

[209] Ainsi à cette période, au Brésil, le stade Maracana dispose d'une capacité de 200.000 places dans sa configuration initiale en 1950. L'Espagne possède d'une part le Camp Nou à Barcelone totalisant après sa construction en 1957, 93.000 places, et d'autre part le stade Santiago Bernabeu à Madrid, inauguré en 1947 et alors doté de 75.000 places. Ces stades devaient faire écho à l'écrin anglais, Wembley, construit en 1923, pouvant accueillir 126.000 spectateurs.

[210] Loi d'orientation pour la ville, n°91-662 du 13 juillet 1991, *JORF*, n°167, 19 juillet 1991, p.9521.

La loi du 31 décembre 1993 relative à la création d'un grand stade à Saint-Denis[211], et notamment l'article 4[212], lève toute équivoque quant à la situation de l'autorité de l'Etat sur les terrains, puisqu'ils appartiennent à la ville de Paris. Ce point avait été spécifiquement soulevé par le rapporteur du texte au Sénat M. Laurent. La loi du 31 décembre 1993, dans ses articles 1er et 4, prévoit que le grand stade sera réalisé et exploité dans le cadre d'une concession de services et travaux publics, validée par la loi du 11 décembre 1996 relative au contrat de concession du Stade de France[213]. Un contrat de concession est un contrat administratif par nature[214]. Le contrat de concession stipulait expressément que le concessionnaire devait assurer à ses risques et périls la conception et la réalisation de l'ouvrage ainsi que son exploitation pendant la durée du contrat. Comme le rappelle très justement le Professeur Laurent Richer, la France était, déjà à l'époque, liée par des contraintes économiques. L'engagement du maintien du pacte de stabilité et de croissance, ainsi que les effets du Traité de Maastricht de 1992 l'ont induit à choisir ce montage contractuel[215]. Le caractère global de la concession du Stade de France peut, à certains égards, être rapproché d'un PPP[216].

Le concessionnaire, par son obligation de construction et réalisation de l'ouvrage, opère effectivement une concession de travaux publics. La qualité de service public provient du caractère « *d'équipement sportif d'intérêt national* »[217]. Par ailleurs, l'article 3 du cahier des charges renforce cet aspect, puisque le grand stade, dénommé par un jury le 4 décembre 1995 « Stade de France », a vocation « *d'être le lieu privilégié de grandes manifestations sportives* (…) » devant « (…) *s'attacher à rendre les meilleurs services et à développer la notoriété du grand stade et à travers lui, l'image de la France dans le monde et celle du sport en France* ». Indubitablement, cette double promotion nationale et sportive contribue à

---

[211] Loi n°93-1435 du 31 décembre 1993 relative à la réalisation d'un grand stade à Saint-Denis en vue de la Coupe du monde 1998, *JORF*, n°2, 4 janvier 1994, p.122.

[212] Article 4 de la loi n°93-1435 du 31 décembre 1993 relative à la réalisation d'un grand stade à Saint-Denis en vue de la Coupe du monde 1998 : « *L'Etat pourra concéder, sur les terrains dont il aura la disposition, la construction et l'exploitation du grand stade mentionné à l'article 1er et de tout ou partie des équipements qui lui sont liés* ».

[213] Loi n°96-1077 du 11 décembre 1996 relative au contrat de concession du Stade de France, *JORF*, n°289, 12 décembre 1996, p.18177. Cette loi sera abrogée le 12 février 2011, après la décision QPC rendue par le Conseil constitutionnel le 11 février 2011.

[214] CE, Ass., 30 juin 1961, *Groupement de défense des riverains de la route de l'intérieur*. Concl. Kahn. Rec. Lebon p.452.

[215] RICHER (L.), « Propriété publique et rentabilité des stades : de la concession au contrat de partenariat », *in*, sous dir. SIMON (G.), *Le stade et de le droit*, Dalloz, janvier 2008, p.67.

[216] GAUDEMET (Y.), « Les contrats de partenariat public-privé : une étude historique et critique », *BJCP*, n°36, septembre 2004, p.333.

[217] Article 1er de la loi n°93-1435 du 31 décembre 1993 relative à la réalisation d'un grand stade à Saint-Denis en vue de la Coupe du monde 1998, *JORF*, n°2, 4 janvier 1994, p.122

l'accomplissement du service public et s'inscrit dans l'intérêt général. Pour autant, la contribution au service public par le simple fait d'organiser des rencontres sportives reste très discutable. L'attribution concessive a donné lieu à des contestations. Le Tribunal administratif de Paris a d'ailleurs confirmé cela par une ordonnance[218].

70. En l'espèce, le juge administratif a été saisi d'un référé précontractuel[219], sur le fondement des articles L.22 et L.23 du Code des tribunaux administratifs et des cours administratives d'appel, devenus respectivement les articles L.551-1 et L.551-5 du Code de justice administrative. Le référé précontractuel doit être introduit avant la conclusion du contrat. Il s'agissait de la première saisine contre la passation d'un contrat de concession par l'Etat, ce qui accentuait la difficulté du jugement en plus de l'envergure de l'espèce[220]. Selon l'article L.22 du Code des tribunaux administratifs et des cours administratives d'appel, repris à l'article L.551-1 du Code de justice administrative, il est reconnu au Président du tribunal administratif un pouvoir d'injonction, il peut ainsi ordonner la suspension de mesures qui ne constituent pas de décisions faisant grief, et supprimer des clauses du projet du contrat[221]. Il s'agit donc de mesures tantôt provisoires, tantôt définitives dont l'objectif est de prévenir l'illégalité et non de réparer *a posteriori*[222].

Les requérants arguaient de manquements aux règles de transparence et d'égalité des chances, ce qui constituait selon eux un marché d'entreprise de travaux publics (METP). Ils demandaient l'annulation de la décision implicite de rejet ainsi que la suspension de la passation du contrat de concession. Dans son ordonnance, le Président du tribunal administratif jugea que « *le contrat en cause ne constitue pas, ainsi que le prétend le*

---

[218] TA Paris, Ord., 2 novembre 1994, *Groupement des sociétés Eiffage, SPIE Batignolles, Fougerolle, SPIE CITRA.*

[219] LAGUMINA (S.) et PHILIPPE (E.), « Le référé précontractuel : bilan et perspectives », *AJDA*, n°4, 20 avril 2000, p. 283 ; CASIAS (P.), *Pratique des référés précontractuels*, Litec, février 2008, 266 p. ; RICHER (L.), *Droit des contrats administratifs*, LGDJ, 8ème édition, août 2012, p.174 et s.

[220] MORAND-DEVILLER (J.), « La réalisation du grand stade de Saint-Denis », *LPA*, n°89, 26 juillet 1995, p.8 ; POUYAUD (D.), « Stade de France : les problèmes juridiques de la concession », *DA*, n°2, février 1997, p.4.

[221] Article L.551-1 du CJA : « *Le président du tribunal administratif, ou le magistrat qu'il délègue, peut être saisi en cas de manquement aux obligations de publicité et de mise en concurrence auxquelles est soumise la passation par les pouvoirs adjudicateurs de contrats administratifs ayant pour objet l'exécution de travaux, la livraison de fournitures ou la prestation de services, avec une contrepartie économique constituée par un prix ou un droit d'exploitation, ou la délégation d'un service public. Le juge est saisi avant la conclusion du contrat* ».

[222] RICHER (L.), *Droit des contrats administratifs*, LGDJ, 8ème édition, août 2012, n°283, p.177.

groupement requérant, un marché d'entreprise de travaux publics, mais doit être regardé, à la fois comme entrant dans les prévisions de l'article premier du décret du 31 mars 1992 et comme revêtant par ailleurs, le caractère d'une convention de délégation de service public ». La reconnaissance de la qualité de concession de services et travaux publics emporte comme conséquence l'application des règles de publicité et de mise en concurrence. Le Président du Tribunal administratif, dans son ordonnance, précise que le principe d'égalité a été respecté, car « *l'Etat négocie librement les offres présentées par les entreprises candidates et possède le libre choix du délégataire, il lui appartient toutefois, conformément au principe général que consacrent les dispositions dudit article 38 d'assurer le respect de l'égal accès des intéressés à l'octroi de la délégation* ».

71. Après cette phase contentieuse précontractuelle, les péripéties contentieuses se poursuivirent. En effet, après que le contrat de concession liant l'Etat et le consortium Grand stade SA fut signé le 29 avril 1995 avec quatre mois de retard, le Tribunal administratif de Paris dut se prononcer sur la licéité de cette concession[223]. Dans son jugement, le juge administratif rejette les conclusions à fin d'indemnisation, mais annule la décision du Premier ministre de signer le contrat de concession, acte détachable susceptible de recours pour excès de pouvoir selon une jurisprudence constante[224], au motif que le mécanisme financier organisé par le contrat instituait au profit du concessionnaire des recettes complémentaires présentant les traits de subventions qui avaient été précisément interdites par le règlement de consultation. Dans ce contexte de fort enjeu économique et à l'approche de l'organisation de la Coupe du Monde 1998, l'Etat a mis un terme à ce contentieux par une loi de validation[225]. Cette validation législative préventive ne comporte qu'un seul et unique article disposant que « *sans préjudice des droits éventuels à l'indemnisation des tiers, est validé le contrat de concession conclu le 29 avril 1995, en application de la loi n° 93-1435 du 31 décembre 1993 relative à la réalisation d'un grand stade à Saint-Denis (Seine-Saint-Denis) en vue de la Coupe du monde de football de 1998, entre l'Etat et la société Consortium Grand Stade S.A. (nouvellement dénommée Consortium Stade de France) pour le financement, la conception,*

[223] TA Paris, 2 juillet 1996, *M. Sarfati et autres*. COUZINET (P.), *RFDA*, n°6, décembre 1996, p.1113.

[224] CE, 8 avril 1911, *Commune de Ousse-Suzan* ; CE, 9 novembre 1934, *Chambre de commerce de Tamatave* ; CE, 30 mars 1973, *Schwetzoff* ; CE, 8 mars 1985, *Les amis de la terre*.

[225] Loi de validation n°96-1077 du 11 décembre 1996 relative au contrat de concession du Stade de France à Saint-Denis, *JORF*, n°289, 12 décembre 1996, p.18177. V. GOURDOU (J.), « La validation législative du contrat de concession du Stade de France », *CJEG*, n°533, juin 1997, p.203 ; POUYAUD (D.), « Stade de France : les problèmes juridiques de la concession », *DA*, n°2, février 1997, p.4 ; PAUTOT (S.), « La Coupe du Monde de football et le droit », *Gaz. Pal.*, n°191, 10 juillet 1998, p.9.

la construction, l'entretien et l'exploitation du grand stade (dénommé Stade de France) à Saint-Denis (Seine-Saint-Denis), équipement sportif d'intérêt national ». Cette loi de validation éteignit tout risque de remise en cause du contrat de concession du Stade de France. L'Etat pouvait craindre éventuellement de l'évolution de la jurisprudence du contentieux de l'acte détachable[226], ce qui expliquerait en partie cette précipitation législative. L'insécurité juridique et financière pesant sur le montage aurait eu d'importants retentissements négatifs dans le cadre de l'organisation de la Coupe du Monde 1998, le stade étant déclaré « équipement sportif d'intérêt national »[227]. Pour autant, elle n'a pas empêché les candidats évincés de formuler des réclamations en indemnisations sur le fondement de la violation du règlement de consultation[228].

72. Une constatation s'impose, l'Etat a préféré réparer pécuniairement les conséquences de l'illégalité plutôt que de laisser se poursuivre le contentieux. Toutefois, ce constat n'a aucun lien avec la décision du Conseil constitutionnel[229], saisi d'une question prioritaire de constitutionnalité (QPC), qu'il a tranché le 11 décembre 2011, *Alban Salim B*. En l'espèce, la Cour de cassation avait renvoyé au Conseil constitutionnel une question prioritaire de constitutionnalité dans laquelle l'article unique de la loi du 11 décembre 1996 validant le contrat qui était contesté, sur les fondements d'atteintes aux principes constitutionnels de la séparation des pouvoirs et du droit à un recours effectif. Fondements *a priori* étonnants, puisqu'ils furent évoqués devant le juge judiciaire, tranchant d'un litige entre une société de vente de billets de spectacle à la société concessionnaire du Stade de France.

Dans cette décision, le Conseil constitutionnel a déclaré inconstitutionnelle la loi de validation du contrat de concession du Stade de France et abrogé quinze ans après l'article unique de la loi du 11 décembre 1996. L'annulation se fonde sur une jurisprudence constante des juges de la rue Montpensier en matière de loi de validation. Depuis sa décision fondatrice du 22 juillet 1980[230], une loi de validation n'est conforme à la Constitution

---

[226] CE, 7 octobre 1994, *Epoux Lopez*, n°124244. Concl. Schwartz, *RFDA*, n°2, avril 1997, p.353. Note sous arrêt : POUYAUD (D.), *RFDA*, n°6, décembre 1994, p.1098.

[227] Article 1er de la loi n°93-1435 du 31 décembre 1993.

[228] CE, 30 juin 1999, *Sarfati*, n°193925. Concl. Bergeal. Rec. Lebon p.222 ; CAA Paris, 7 avril 1998, *Société Eiffage*, n°97PA02792 ; CAA Paris, 1er février 2005, *Société Eiffage*, n°01PA03012, Note sous arrêt TROUILLY (P.), *AJDA*, n°16, 25 avril 2005, p.884.

[229] Décision n°2010-100 QPC du 11 décembre 2011, *Alban Salim B*. Notes sous décision, BRENET (F.), *DA*, n°4, avril 2011, p.28 ; ROBLOT-TROIZIER (A.), *RFDA*, n°3, mai-juin 2011, p.614.

[230] Décision n°80-119 DC du 22 juillet 1980, *Loi portant validation d'actes administratifs*. V. aussi, Décision n°99-425 DC du 29 décembre 1999, *Loi de finances rectificatives pour 1999*.

que si elle respecte cinq conditions cumulatives[231] et si elle ne heurte pas l'article 16 de la Déclaration des droits de l'Homme et du citoyen du 26 août 1789, relatif à la séparation des pouvoirs. Ainsi, la validation doit poursuivre un but d'intérêt général suffisant, respecter les décisions de justice ayant force de chose jugée, respecter le principe de non-rétroactivité des peines et des sanctions, l'acte validé ne doit méconnaître aucune règle, ni aucun principe de valeur constitutionnelle, sauf à ce que ce le but d'intérêt général visé par la validation soit lui-même de valeur constitutionnelle, et enfin la validation doit être strictement définie[232]. L'inconstitutionnalité constatée repose sur cette dernière exigence. Le législateur voulait protéger le contrat de concession, en surmontant le manque de précision, motif d'illégalité. En effet, la loi de validation devait permettre d'éviter les conséquences sur le contrat de concession, de l'annulation de la décision de signer du Premier ministre, intervenue en raison d'une procédure de passation irrégulière comme l'indique le jugement du Tribunal administratif du 2 juillet 1996, *M. Sarfati*. En ne précisant pas ce motif, la loi de validation a été déclarée inconstitutionnelle. Son abrogation ne comporte aucun effet rétroactif mais ouvre *de facto* un possible contentieux.

Dans son commentaire, le Professeur Brenet expose les conséquences de cette abrogation et l'avenir de ce contrat de concession. L'abrogation pourrait amener à la nullité du contrat devant le juge administratif. Les tiers, particulièrement les concurrents évincés, pourront formuler une demande de résiliation, voire une saisine du juge de l'excès de pouvoir assortie du recours d'une demande d'injonction[233]. Le recours de plein contentieux, par la jurisprudence *Tropic*[234], n'est nullement envisageable, ce revirement de jurisprudence n'étant opérant que pour l'avenir. De plus, malgré les

---

[231] Décision n°2010-2 QPC du 11 juin 2010, *Vivianne L.* (loi « anti-Perruche ») ; Décision n°2010-4/17 QPC du 22 décembre 2010, *Alain C. et autres* (indemnité temporaire de retraire outre-mer) ; Décision n°2010-53 QPC du 14 octobre 2010, *Société Plombinoise de Casino* (prélèvements sur le produit des jeux).

[232] Cons. n°4.

[233] Pour une combinaison du contentieux contractuel et du contentieux de l'excès de pouvoir, v. CE, 9 juillet 1997, *Société des eaux de Luxeuil-les-Bains et Ville de Cannes*, n°156784 et n°163238. Concl. Bergeal, *RFDA*, n°3, mai-juin 1998, p.535.

[234] CE, Ass., 16 juillet 2007, *Société Tropic Travaux Signalisation*, n°291545. Concl. Casas, *BJCP*, n°54, novembre 2007, p.391. Notes sous arrêt : MELLERAY (F.), *RDP*, n°5, septembre 2007, p.1384 ; POUYAUD (D.), *RFDA*, n°5, septembre 2007, p.923 ; CANEDO-PARIS (M.), *RFDA*, n°5, septembre 2007, p.935 ; LENICA (F.) et BOUCHER (J.), *AJDA*, n°29, 3 septembre 2007, p.1577 ; DELVOLVE (P.), *RJEP*, n°646, octobre 2007, p.327 ; GAJA p.904. V. également, CE, Ass., 4 avril 2014, *Département de Tarn-et-Garonne*, n°358994. Concl. Dacosta. Notes sous arrêt : REES (P.), *Contrats et Marchés Publics*, n°5, mai 2014, p.7 ; SESTIER (J-F.), *JCPA*, n°20, 19 mai 2014, p.33 ; SEILLER (B.), *Gaz. Pal.*, n°148, 28 mai 2014, p.11 ; BRENET (F.), *DA*, n°6, juin 2014, p.26 ; BRACONNIER (S.), *RDI*, n°6, juin 2014, p.344 ; FARDET (C.), *BJCL*, n°5, mai 2014, p.316.

profondes transformations apportées par l'arrêt *Commune de Béziers*[235], relatives à l'office du juge du contrat appréciant l'importance et les conséquences des irrégularités dont se prévalent les parties eu égard à la double exigence de stabilité et de loyauté des relations contractuelles, dans le cas de la concession du Stade de France, l'intérêt s'inscrit à la marge. En effet, cette jurisprudence ne pourrait s'appliquer que dans deux hypothèses assez peu probables en l'espèce, « *l'une des deux parties au contrat pourrait saisir le juge du contrat d'une action directe en contestation de validité ou d'un litige relatif à son exécution* »[236]. De surcroit, la violation par l'Etat du règlement de consultation et du principe d'égalité n'est pas en principe un moyen pouvant être invoqué par les parties ou bien soulevé d'office par le juge du contrat afin de provoquer la mise à l'écart du contrat[237].

In fine, il nous semble peu probable que le juge, s'il est saisi, annule le contrat de concession[238], « *ce qui devrait revenir à détruire le Stade de France. Heureusement le droit s'énonce, mais ne s'applique pas toujours !* »[239]. En revanche, il apparaît opportun que le législateur dans un souci de sécurité juridique adopte une nouvelle loi de validation bien plus précise. Nonobstant cette sécurité juridique, l'Etat a entrevu une opportunité de soulager ses finances publiques au travers de la décision rendue par les Sages. En effet, lors de la signature du contrat de concession avec le Consortium Stade de France, l'Etat n'avait pas pris la mesure des enjeux financiers en acceptant d'installer un club de football résident[240] et à défaut d'accorder au cocontractant une indemnité compensatrice annuelle de 68 millions de francs même si les résultats sont excédentaires[241], soit environ 12 millions d'euros représentant depuis son inauguration en 1998, 115 millions d'euros[242]. En marge de l'abrogation de la loi de validation et de l'arrêt

---

235 CE, Ass., 28 décembre 2009, *Commune de Béziers 1*, n°304802. Concl. Glaser, *BJCP*, n°69, avril 2010, p.138. Notes sous arrêt : LINDITCH (F.), *JCPA*, n°8, 22 février 2010, p.21 ; POUYAUD (D.), *RFDA*, n°3, mai 2010, p.519. V. également, CE, 21 février 2011, *Société Ophrys*, n°337349. Concl. Dacosta.

236 BRENET (F.), *DA*, n°4, avril 2011, p.31.

237 CE, 12 janvier 2011, *M. Manoukian*, n°338551. Concl. Boulouis, *RJEP*, n°688, juillet 2011, p.15. Note sous arrêt : BRENET (F.), *DA*, n°3, mars 2011, p.36. CE, 12 janvier 2011, *Société des autoroutes du Nord et de l'Est de la France*, n°332126. Concl. Boulouis. Note sous arrêt : TERNEYRE (P.), *RJEP*, n°687, juin 2011, p.38.

238 Dans son commentaire, le Professeur Brenet estime que « *le risque que le contrat de concession du Stade de France soit un jour remis en cause est des plus infimes* ».

239 SIMON (G.), « Discussion », *in*, sous dir. SIMON (G.), *Le soutien public au sport*, LexisNexis, mars 2012, p.141.

240 Article 39 du contrat de concession du Stade de France du 29 avril 1995.

241 Réponse ministérielle n°13174, *JOAN Q*, 15 juin 1998, p.3307 ; Réponse ministérielle n°25724, *JOAN Q*, 3 mai 1999, p.2705 ; Réponse ministérielle n°33548, *JO Sénat Q*, 13 septembre 2001, p.2985.

242 Rapport public de la Cour des comptes sur les situations et les perspectives des finances publiques, rendu le 27 juin 2013, p.181.

Commune de Béziers 1, justifiant que le contrat disparaisse de l'ordre juridique lorsque le contrat est reconnu illicite par rapport aux conditions dans lesquelles les parties avaient donné leur consentement, la ministre des sports a annoncé la suppression de l'indemnité pour absence de club résident à partir de l'année 2013. Par ailleurs, si un recours formé contre le contrat de concession provoque la nullité de celui-ci, le Consortium devrait être indemnisé en principe *a minima* des dépenses utiles qu'il a engagé, notamment la valeur non amortie des biens nécessaires à l'exploitation du stade à leur date de retour à l'administration en 2025. Le Consortium, dès lors si la faute de l'Etat est reconnue, pourrait réclamer le paiement des bénéfices d'exploitation que la concession lui aurait rapporté en allant jusqu'au terme du contrat[243].

En définitive, le contrat de concession lié au Stade de France ne correspondait pas aux exigences de la théorie de la concession. Certes, l'équipement construit répondait à une volonté d'intérêt général, mais les pouvoirs publics ont garanti la quasi-totalité des risques liés à l'exploitation et ne perçoivent pas, bien au contraire, les redevances des usagers[244].

73. L'expérience montre que la délégation de service public à des clubs professionnels est rare, car cela entraîne certaines difficultés liées notamment à l'aléa sportif. En effet, la question de l'issue de la délégation se pose lors d'une relégation sportive ou administrative. Dans ce cas de figure, la collectivité doit-elle assumer la charge financière ? Face à ce risque, il est préférable pour la collectivité, tant pour des raisons politiques qu'économiques, de confier la gestion de l'équipement sportif directement au club résident par une concession domaniale, contrat auquel les clubs professionnels français recourent en très grande majorité.

Compte tenu de l'impossibilité du paiement différé en matière de marché public et de l'interdiction de globaliser la mission confiée à la personne privée, du défaut de forte rentabilité pour les clubs occupants à travers les délégations de service public et des difficultés financières de la collectivité publique, la maîtrise d'ouvrage privée apparaît davantage pertinente. Cette pertinence se justifie par rapport au coût onéreux des projets et de leur complexité. Le mode de réalisation du nouveau stade du Mans illustre pleinement les limites de la maîtrise d'ouvrage publique. En effet, la ville du Mans opta pour une maîtrise d'ouvrage publique dans un premier temps

---

243 CE, 19 janvier 2011, *Auguste*, n°327557. Concl. Da Costa.

244 Rapport public annuel 2000 de la Cour des comptes, *L'organisation de la Coupe du monde de football 1998*, p.279.

avant de se raviser lors d'une délibération du conseil municipal le 31 mai 2007 en faveur d'une concession[245].

Le contrat de partenariat se distingue donc clairement des modes de gestion classiques du service public et s'appréhende comme une solution dérogatoire à la commande publique. Il se rapproche de certains contrats sectoriels, tels que le bail emphytéotique administratif et l'autorisation d'occupation temporaire, souvent utilisés dans le domaine sportif.

Section 2 – Le contrat de partenariat, une alternative aux contrats assimilables

Si le contrat de partenariat se distingue des modes de gestion classiques du service public, il se trouve concurrencé par des contrats sectoriels, certes souvent utilisés dans le domaine sportif, mais qui tendent à être inadaptés dans le domaine sportif en raison de leur faible encadrement (**§ 1**) ou de leur caractère désuet (**§ 2**).

§ 1 – Le bail emphytéotique administratif, un contrat peu encadré

74. Le bail emphytéotique administratif (BEA)[246] a été autorisé par le législateur avec l'article 13 de la loi du 5 janvier 1988 d'amélioration de la décentralisation[247]. Jusque là, l'occupant légal du domaine public ne pouvait se voir conférer de droits réels. L'originalité intrinsèque de ce contrat tient précisément au fait que les collectivités territoriales et leurs établissements publics consentent des droits réels sur leur domaine public, en vue de la réalisation d'opérations ou prestations déterminées. Son avantage sur le bail à construction réside dans le fait qu'en fin de bail les installations reviennent au bailleur sans indemnisation. Le législateur autorise donc *ab abrupto* les collectivités territoriales à conclure un bail emphytéotique administratif avec une personne privée, contrairement à la position adoptée par le Conseil d'Etat dans l'arrêt *Eurolat*[248], dont il a tiré les conséquences. Le bail

---

[245] Délibération du conseil municipal du Mans, le 31 mai 2007. La concession permet de transférer en tout ou partie le financement de l'investissement à une personne privée.

[246] V. notamment UBAUD-MEGERON (M.), « Bail emphytéotique administratif », *JurisClasseur Administratif*, fascicule n°681 ; ECKERT (G.), « Bail emphytéotique administratif », *JurisClasseur Contrats et marchés publics*, fascicule n°610.

[247] Loi n°88-13 du 5 janvier 1988 d'amélioration de la décentralisation, *JORF*, 6 janvier 1988, p.208. L'article 13 limitait l'objet du BEA originellement à « *l'accomplissement pour le compte de la collectivité territoriale, d'une mission de service public ou à la réalisation d'une opération d'intérêt général relevant de sa compétence* ».

[248] CE, 6 mai 1985, *Association Eurolat-Crédit Foncier de France*, n°41589. Concl. Genevois. Rec. Lebon p.141. Note sous arrêt : FATOME (E.) et MOREAU (J.), *AJDA*, n°11,

emphytéotique administratif se distingue du bail emphytéotique de l'article L.451-1 du Code rural, puisque ce dernier demeure un contrat dont la qualification dépend de la réalisation des critères jurisprudentiels du contrat administratif[249].

Le BEA est défini et codifié aux articles L.1311-2 et suivants du Code général des collectivités territoriales (CGCT)[250]. Le bail emphytéotique administratif est un contrat administratif par lequel une collectivité

---

20 novembre 1985, p.620. En l'espèce, un bail emphytéotique avait été conclu sur le domaine privé d'une collectivité locale. Le Conseil d'Etat annule ce bail emphytéotique au motif que le terrain en cause était destiné à entrer dans le domaine public de la commune une fois l'opération immobilière terminée, et prend donc en compte l'affectation future du terrain. Le juge estime que cette opération immobilière violait virtuellement le caractère inaliénable du domaine public, ayant pour effet *in fine* la transformation du terrain. Ainsi, dans cet arrêt de principe, le juge administratif considère que les clauses d'un contrat ayant pour effet de conférer un droit réel sur un terrain appartenant à une personne publique et affecté à un service public, d'autoriser librement la cession du bail et d'interdire sa résiliation sont « *incompatibles avec les principes de la domanialité publique comme avec les nécessités du fonctionnement d'un service public et doivent être regardées comme nulles* ». Le juge judiciaire confirmera cette interdiction (Cass. crim., 23 janvier 2007, n°06-83.124).

[249] CE, 1er octobre 1993, *Société Le Yacht Club International de Bormes-les-Mimosas*, n°54660. Concl. Pochard. Rec. Lebon p.971. Note sous arrêt : PACTEAU (B.), *RFDA*, n°2, mars-avril 1994, p.248 ; CAA Bordeaux, 20 février 1995, *Commune Loix-en-Ré*, n°93BX00857. V. aussi GODFRIN (P.) et DEGOFFE (M.), *Droit administratif des biens*, Sirey, 10ème édition, octobre 2012, n°262 et s.

[250] Article L.1311-2 du CGCT « *Un bien immobilier appartenant à une collectivité territoriale peut faire l'objet d'un bail emphytéotique prévu à l'article L. 451-1 du Code rural et de la pêche maritime, en vue de l'accomplissement, pour le compte de la collectivité territoriale, d'une mission de service public ou en vue de la réalisation d'une opération d'intérêt général relevant de sa compétence ou en vue de l'affectation à une association cultuelle d'un édifice du culte ouvert au public ou en vue de la réalisation d'enceintes sportives et des équipements connexes nécessaires à leur implantation ou, à l'exception des opérations réalisées en vue de l'affectation à une association cultuelle d'un édifice du culte ouvert au public, de leur restauration, de la réparation, de l'entretien-maintenance ou de la mise en valeur de ce bien ou, jusqu'au 31 décembre 2013, liée aux besoins de la justice, de la police ou de la gendarmerie nationales ou, jusqu'au 31 décembre 2013, liée aux besoins d'un service départemental d'incendie et de secours. Ce bail emphytéotique est dénommé bail emphytéotique administratif.*

Un tel bail peut être conclu même si le bien sur lequel il porte, en raison notamment de l'affectation du bien résultant soit du bail ou d'une convention non détachable de ce bail, soit des conditions de la gestion du bien ou du contrôle par la personne publique de cette gestion, constitue une dépendance du domaine public, sous réserve que cette dépendance demeure hors du champ d'application de la contravention de voirie.

Tout projet de bail emphytéotique administratif présenté pour la réalisation d'une opération d'intérêt général liée aux besoins de la justice, de la police ou de la gendarmerie nationales dont le loyer est supérieur à un montant fixé par décret en Conseil d'Etat est soumis à la réalisation d'une évaluation préalable dans les conditions fixées à l'article L. 1414-2.

Les conclusions de baux mentionnées aux alinéas précédents sont précédées, le cas échéant, d'une mise en concurrence et de mesures de publicité, selon des modalités fixées par décret en Conseil d'Etat ».

territoriale, propriétaire d'un bien immobilier faisant partie de son domaine privé ou public, confère à un tiers (une personne privée) le droit d'occuper ce bien pour une durée comprise entre 18 et 99 ans en vue de l'accomplissement, pour le compte de la collectivité, d'une mission de service public ou en vue de la réalisation d'une opération d'intérêt général, la notion d'intérêt général est interprétée de façon libérale et extensive par le juge. Pendant toute la durée du bail, le preneur est juridiquement propriétaire des ouvrages qu'il construit sur le domaine public. Il doit pouvoir jouir de tous les droits réels qui s'attachent à la qualité de propriétaire. Il confère au tiers, appelé emphytéote, des droits réels immobiliers analogues à ceux d'un propriétaire.

Le BEA peut ainsi être conclu sur les domaines privé et public des collectivités territoriales, à l'exception des dépendances du domaine public routier. Cela recouvre toutes les voies de communication présentes sur le domaine. Ainsi la collectivité ne pourra pas recourir à ce type de montage pour rénover sa voirie[251]. Le bail ne peut être conclu que sur des biens immobiliers et non pas mobiliers. Il ne peut s'agir que de terrain, construction et tout ouvrage fixé au sol. Le BEA est donc en théorie un instrument qui doit valoriser le domaine public pour attirer les investisseurs[252].

Le BEA sectoriel lié au stade a permis d'étoffer les choix de montages contractuels mais s'avère dévoyé par rapport au régime dérogatoire instauré par la loi en vue de l'Euro 2016 (**A**). Les risques inhérents à ce montage contractuel n'en sont que davantage déséquilibrés (**B**).

A – Le bail emphytéotique administratif « équipements sportifs »

Le bail emphytéotique administratif a connu une résurgence par l'aménagement d'un dispositif sectoriel créant le bail emphytéotique administratif dit « équipement sportif » ou simplement « sportif » (**1**). Ce dispositif répond à des critères d'intérêt général mais se révèle dévoyé (**2**).

---

[251] Le Conseil d'Etat a jugé qu'était illégal la conclusion d'un bail emphytéotique administratif pour la construction d'un bowling en lieu et place d'un parking de stationnement, dépendance du domaine public routier. CE, 18 octobre 1995, *Commune de Brive la Gaillarde*, n°116316. Concl. Delarue. Rec. Lebon p.356. Note sous arrêt, MORENO (D.), *Quot. jur.*, n°12, 8 février 1996, p.6. V. également CE, 30 avril 2004, *SCI Ferrand*, n°253372. Concl. Collin, *BJCL*, n°6, juin 2004, p.472.

[252] V. BROUANT (J-P.), « Le régime domanial à l'épreuve de la valorisation économique », Thèse, sous la direction du Professeur Yves JEGOUZO, Université Panthéon-Sorbonne (Paris I), 1995, 647 p.

1 – La légalité du recours au BEA sportif

75. L'ordonnance du 21 avril 2006 relative à la partie législative du Code général de la propriété des personnes publiques (CG3P) semblait avoir scellé le sort du BEA, voué à une caducité progressive au bénéfice des autorisations d'occupations temporaires constitutives de droits réels, mécanisme davantage complet et cohérent[253]. Le législateur transposait d'ailleurs son régime au domaine public des collectivités territoriales[254]. L'article L.1311-2 du CG3P constitue en soi une nouvelle extension du champ d'application du BEA. En effet, initialement, dans l'article 13 alinéa 2 de la loi du 5 janvier 1988 instituant le BEA, la constitution de droits réels sur le domaine public se trouvait limitée au domaine public local en ne permettant la construction qu'en « *vue de l'accomplissement, pour le compte de la collectivité territoriale, d'une mission de service public ou en vue de la réalisation d'une opération d'intérêt général relevant de sa compétence* », à l'exclusion du domaine public local protégé par les contraventions de voirie. Les dispositions législatives actuelles ne manifestent qu'une extension du champ d'application accordé.

Cette caducité progressive fut interrompu par l'aménagement du dispositif législatif du 17 février 2009[255], en particulier aux articles 7 et 21. La loi du 17 février 2009 pour l'accélération des programmes de construction et d'investissement publics et privés a complété le texte de l'article 1311-2 du CGCT en autorisant expressément, en premier lieu dans son article 7, le recours au BEA sur le domaine public de l'Etat et de ses établissements publics « *en vue de la réalisation de logements sociaux* », puis en second lieu dans l'article 21, le recours au BEA « *en vue de la réalisation d'enceintes sportives et des équipements connexes nécessaires à leur implantation* ». Cet article 21 étend donc le champ d'application du BEA à la réalisation d'enceintes sportives et des équipements connexes, conformément à l'une des demandes de la Commission Grands Stades Euro 2016[256]. Le législateur a autorisé le recours au BEA pour la réalisation ou la rénovation d'enceintes sportives, afin de faire suite aux recommandations du

---

[253] HANSEN (P.), « La construction d'enceintes sportives dans le cadre de baux emphytéotiques administratifs », *CP-ACCP*, n°89, juin 2009, p.71.

[254] PIGNON (S.), « Aperçu des apports du nouveau Code général de la propriété des personnes publiques », *RLCT*, n°15, juillet-août 2006, p.36 ; SYMCHOWICZ (N.), « l'apport de l'ordonnance du 21 avril 2006 au droit des montages contractuels complexes », *CP-ACCP*, n°57, juillet-août 2006, p.74.

[255] Loi n°2009-179 du 17 février 2009 pour l'accélération des programmes de construction et d'investissements publics et privés, dite loi « Galland », *JORF*, n°41, 18 février 2009, p.2841.

[256] Ce que souligne tout particulièrement le rapport du projet de loi n°1365 de Madame Laure de la RAUDIERE, députée.

rapport Séguin[257] qui constatait que le choix du BEA pouvait séduire par sa souplesse et par la possibilité qu'il offre aux clubs de gérer leur stade comme ils le souhaitent[258]. La Commission Séguin relevait aussi les incertitudes juridiques liées au risque de requalification en concession de travaux[259]. Par conséquent, la Commission proposait parmi ses dix recommandations « *que les nouveaux grands stades et leurs équipements connexes nécessaires à leur implantation soient reconnus comme ayant un caractère d'intérêt général, qu'ils soient d'initiative publique ou privée* »[260]. En suivant les recommandations du rapport Séguin, le législateur a donné un second souffle au BEA dans le domaine sportif puisqu'à la suite de l'arrêt du Conseil d'Etat, *Agofroy*[261], l'existence d'obligations de service public avait pour conséquence la requalification d'une convention d'occupation en délégation de service public.

76. L'intervention du législateur dans ce secteur surprend, car avant cette précision, les collectivités publiques eurent recours à ce contrat pour la réalisation d'équipements sportifs[262]. La doctrine a qualifié cette précision de superfétatoire[263]. En effet, les collectivités territoriales pouvaient déjà contracter un BEA en vue de la réalisation d'un stade[264]. L'exemple le plus prégnant demeure celui du Racing Club de Lens, seul club de football professionnel à avoir adopté ce modèle d'exploitation avant la loi du 17 février 2009[265]. La commune de Lens a signé en 2002 un BEA pour une

---

[257] Rapport de la Commission « Grands Stades Euro 2016 » du 24 novembre 2008, p.50, « *les incertitudes juridiques, éventuelles ou supposées, qui pèsent sur sa compatibilité au regard des règles du droit de la concurrence, rendent aujourd'hui difficile, aux yeux des acteurs, sa généralisation* ».V. aussi Rapport de la Commission « Grands Stades Euro 2016 » du 24 novembre 2008, p.86.

[258] ROUVEYRAN (T.), « Enceintes sportives : pourquoi choisir le bail emphytéotique administratif ? », *CP-ACCP*, n°98, avril 2010, p.42.

[259] Rapport de la Commission « Grands Stades Euro 2016 » du 24 novembre 2008, p.87.

[260] Rapport de la Commission « Grands Stades Euro 2016 » du 24 novembre 2008, p.86.

[261] CE, 11 décembre 2000, *Agofroy*, n°202971. Concl. Austry, *RFDA*, n°6, décembre 2001, p.1277. Rec. Lebon p.607. Notes sous arrêt : RAUNET (M.) et ROUSSET (O.), *AJDA*, n°2, 20 février 2001, p.193 ; LLORENS (F.), *Contrats et Marchés Publics*, n°3, mars 2001, p.20.

[262] Concernant un terrain de golf, CAA Lyon, Ass. Plén., 25 mai 1999, *SA Domaine et golf du Lavandou*, n°95LY00614. Notes sous arrêt : SCHWARTZ (R.), *BJCP*, n°7, novembre 1999, p.632 ; JUEN (P.), *RFDA*, n°6, décembre 2000, p.1219. Concernant des courts de tennis, CAA Marseille, 5 février 2001, *Préfet des Alpes-Maritimes*, n°97MA05293. Obs. MAUGUE (C.), *BJCP*, n°20, janvier 2002, p.59.

[263] CLAMOUR (G.), « Loi pour l'accélération des programmes de construction et d'investissement publics et privés », *Contrats et Marchés Publics*, n°3, mars 2009, comm.73 ; HANSEN (P.), « La construction d'enceintes sportives dans le cadre de baux emphytéotiques administratifs », *CP-ACCP*, n°89, juin 2009, p.72.

[264] CAA Marseille, 5 février 2001, *Préfet des Alpes-Maritimes*, n°97MA05293.

[265] Rapport de la Commission « Grands Stades Euro 2016 » du 24 novembre 2008, p.135. V. aussi, BAYEUX (P.) et CLAVAGNIER (B.), « Les modes de gestion des équipements sportifs utilisés par les clubs professionnels », *AJDA*, n° 26, 11 juillet 2005, p.1438 ;

durée de 50 ans avec le Racing Club de Lens[266]. Le club entretient et gère le stade comme il l'entend, il dispose de la propriété du stade. En échange, il endosse les charges de service public, en particulier celles de l'entretien et verse une redevance annuelle à la ville de 305.000 euros hors taxes.

77. La jurisprudence administrative a, depuis l'arrêt *Ville de Toulouse*[267], considéré que la construction d'un stade relevait d'une mission de service public et que le stade appartenait au domaine public. Cette qualification, de prime abord, apparaissait tout à fait discutable. La doctrine critiqua vertement l'apport de la loi du 17 février 2009[268]. Ce dispositif législatif intervient d'une part dans la mise en place d'un nouveau BEA sectoriel[269], le BEA « équipements sportifs » ou dénommé aussi BEA « sportif », et d'autre part, conforte la sécurité juridique du montage contractuel auprès des acteurs dans un souci de clarification de l'état actuel du droit[270].

Cet apport permet de viser tout d'abord en droit français, le BEA en matière d'équipements sportifs après les BEA « justice – sécurité »[271], « hospitalier »[272] et « cultuel »[273]. Le législateur singularise les enceintes

---

TERNEYRE (P.), « Les délégations d'équipements sportifs communaux », *BJCP*, n°11, juillet 2000, p. 230.

[266] Communication officielle de la Direction des affaires juridiques et du contentieux de la ville de Lens, de la convention du bail emphytéotique administratif entre la ville de Lens et la SASP Racing Club de Lens en date du 22 juillet 2002.

[267] CE, 13 juillet 1961, *Ville de Toulouse*, n°48792. Rec. Lebon p. 513. Chron. GALABERT (J-M.) et GENTOT (M.), *AJDA*, 1961, p.467.

[268] Ainsi, les Professeurs Philippe TERNEYRE et Thierry REYNAUD avouent « *ne pas comprendre l'apport de cet ajout* », *in*, « Réforme du droit de la commande publique et plan de relance de l'économie : le volet législatif », *BJCP*, n°63, avril 2009, p.99. Le Professeur Norbert FOULQUIER le qualifie même de « *trompe-l'œil législatif* », *in*, « Extensions du bail emphytéotique administratif et généralisation du crédit-bail », *RDI*, n°10, octobre 2009, p.542. Quant au Professeur Philippe YOLKA, il fait part de son « *étonnement* », *in*, « Le BEA nouveau est arrivé », *JCPA*, n°10, 2 mars 2009, p.3.

[269] TERNEYRE (P.) et REYNAUD (T.), « Réforme du droit de la commande publique et plan de relance de l'économie : le volet législatif », *BJCP*, n°63, avril 2009, p.98.

[270] Rapport de la Commission « Grands Stades Euro 2016 » du 24 novembre 2008, p.87 ; LAGARDE (F.), « Financement des équipements sportifs : de la maîtrise d'ouvrage publique aux partenariats public/privé », in, *Les grands stades*, sous. dir. CHAIX (P.), L'Harmattan, mars 2011, p.101.

[271] Loi n°2002-1094 du 29 août 2002 d'orientation et de programmation pour la sécurité intérieure, dite « LOPSI 1 », *JORF*, 30 août 2002, p.14398 ; Loi n°2003-73 du 27 janvier 2003 relative à la programmation militaire pour les années 2003 et 2008, dite « LOPSI 2 », *JORF*, 29 janvier 2003, p.174.

[272] Ordonnance n° 2003-850 du 4 septembre 2003 portant simplification de l'organisation et du fonctionnement du système de santé ainsi que des procédures de création d'établissements ou de services sociaux ou médico-sociaux soumis à autorisation, *JORF*, n°206, 6 septembre 2003, p.15391. V. aussi CE, avis, 16 juin 1994, *EDCE* 1994, p.367, à propos de la construction d'établissements hospitaliers selon la formule du BEA.

sportives au même titre que les édifices cultuels, alors que la compétence des collectivités territoriales sur les enceintes sportives ne fait aucun doute en raison de leur participation à une mission d'intérêt général. Le BEA dans le domaine sportif dit « BEA sportif »[274] est conclu en principe entre la collectivité territoriale (le propriétaire) et le club professionnel (l'emphytéote) qui s'engage à construire ou rénover un ouvrage qu'il exploitera pour son compte durant l'intégralité du bail[275].

2 – Un dispositif dévoyé

78. Le législateur a précisé le dispositif législatif du BEA « sportif » par deux lois, la première en date du 22 juillet 2009[276] et la seconde du 1er juin 2011[277]. L'article 28 de la loi du 22 juillet 2009 facilite les investissements pour ce montage en prévoyant la possibilité d'accorder la qualification

---

[273] Ordonnance n°2006-460 du 21 avril 2006 relative à la partie législative du Code général de la propriété des personnes publiques, *JORF*, n°95, 22 avril 2006, p.6024 ; PACHEN-LEFEVRE (M-H.) et FONTAINE (C.), « Le recours au bail emphytéotique pour la construction d'édifices religieux », *CP-ACCP*, n°108, mars 2011, p.59 ; CE, Ass., 19 juillet 2011, *Mme V. c/ Commune de Montreuil-sous-Bois,* n°320796. Concl. Geffray, *RFDA*, n°5, septembre 2011, p.967. Notes sous arrêt : DIEU (F.), *JCPA*, n°39, 26 septembre 2011, p.15 ; FATOME (E.) et RICHER (L.), *AJDA*, n°35, 24 octobre 2011, p.2010 ; ECKERT (G.), *Contrats et marchés publics*, n°10, octobre 2011, p.41 ; BRENET (F.), *DA*, n°11, novembre 2011, p.33 ; FEVROT (O.), *RDI*, n°12, décembre 2011, p.628 ; EVEILLARD (G.), *JCPG*, n°52, 26 novembre 2011, p.2587.

[274] FOULQUIER (N.), « Extensions du bail emphytéotique administratif et généralisation du crédit-bail », *RDI*, n°10, octobre 2009, p.541 ; HANSEN (P.), « La construction d'enceintes sportives dans le cadre de baux emphytéotiques administratifs », *CP-ACCP*, n°89, juin 2009, p.71 ; YOLKA (P.), « Le BEA nouveau est arrivé », *JCPA*, n°10, 2 mars 2009, p.3.

[275] CE, Sect., 25 février 1994, *SA Sofap-Marignan Immobilier*, n°144641. La Haute juridiction admet qu'un BEA, ou une AOT constitutive de droits réels, puisse être utilisé pour la réalisation d'un ouvrage destiné à être ensuite loué en tout ou partie à la collectivité bailleresse, avec ou sans option d'achat. V. en particulier sur cette notion de « montage en boucle », également appelé « montage aller-retour », CE, Avis, 31 janvier 1995, *Section de l'intérieur et section des travaux publics réunies*, n°356990 ; PEYRICAL (J-M.) et BLONDEL (D.), « Contrat de PPP et montages en boucle : de nouveaux outils pour la pratique », *JCPN*, n°13, 1er avril 2005, p.668.

[276] Loi n°2009-888 du 22 juillet 2009 de développement et de modernisation des services touristiques, *JORF*, n°169, 24 juillet 2009, p.12352. L'article 28 dispose que « l*es enceintes sportives figurant sur une liste fixée par arrêté du ministre chargé des sports, destinées à permettre l'organisation en France d'une compétition sportive internationale ou à recevoir, à titre habituel, des manifestations organisées par une fédération sportive délégataire au sens de l'article L.1131-14 du Code du sport ou une ligue professionnelle au sens de l'article L.132-1 du même code sans condition de discipline et de capacité, ainsi que les équipements connexes permettant le fonctionnement de ces enceintes, sont déclarés d'intérêt général, quelque soit la propriété privée ou publique de ces installations, après avis de l'ensemble des conseils municipaux des communes riveraines directement impactées par leur construction* ».

[277] Loi n°2011-617 du 1er juin 2011 relative à l'organisation du championnat d'Europe de football de l'UEFA en 2016, *JORF*, n°128, 2 juin 2011, p.9553.

d'équipements d'intérêts général aux enceintes sportives destinées à permettre l'organisation d'une manifestation sportive par une fédération sportive ou une ligue sportive professionnelle, ou d'une compétition sportive internationale en France. Cet article recouvre également dans cette qualification d'intérêt général, les équipements connexes permettant le fonctionnement de ces enceintes sans distinguer la propriété publique ou privée de ces installations. L'article 28 de la loi de développement et de modernisation des services touristiques ressemble fortement à un cavalier législatif au sens de l'article 45 de la Constitution du 4 octobre 1958, en vertu duquel tout amendement doit avoir un lien, même indirect, avec le texte en discussion. Or, cet article surgit dans le chapitre VI de la loi intitulé grands stades et équipements sportifs. Le lien entre cet intitulé et l'objet de la loi laisse perplexe. Le Conseil constitutionnel n'a pas fait œuvre de son pouvoir de sanction en le censurant[278], faute d'avoir été saisi par l'opposition. En conséquence, la loi devrait aider les éventuelles expropriations pour les constructions de stades et des équipements annexes sous couvert de l'intérêt général du projet[279], impliquant dès lors une modification des plans locaux d'urbanisme pour les communes. Mais surtout, cela témoigne d'une évolution mercantile de l'intérêt général[280], notion cardinale du droit administratif.

De surcroit, le législateur a poursuivi son œuvre de faire de la construction de toutes les catégories d'enceintes sportives un motif légal de recours au BEA. L'intérêt général de l'opération aurait pu être contredit par les juges puisque, certes *in fine* le stade revient à la collectivité territoriale à la fin du contrat mais, préalablement, le club sportif professionnel l'utilise à des fins mercantiles répondant à ses propres besoins et non à celui du public ou des établissements scolaires. Cette reconnaissance du caractère d'intérêt général importe de manière significative en ce sens où cela permet de surmonter les obstacles liés au droit des sols, légitimant par conséquent l'intervention de la collectivité territoriale pour la réalisation des équipements d'infrastructures, en particulier de dessertes.

79. La loi du 1er juin 2011 relative à l'organisation de l'Euro 2016 apporte de nouvelles dérogations dans les contrats publics[281]. Cette loi visait

---

278 Pour une illustration de la censure de cavaliers législatifs par le Conseil constitutionnel, V. notamment décision n°85-191 DC du 10 juillet 1985, cons. n°2 ; décision n°85-198 DC du 13 décembre 1985, cons. n°4 ; décision n°85-199 DC du 28 décembre 1985, cons. n°2 ; décision n°88-251 DC du 12 janvier 1989, cons. n°2 à 9.

279 Articles R.121-1 à R.121-3 du Code de l'urbanisme.

280 FOULQUIER (N.), « Extensions du bail emphytéotique administratif et généralisation du crédit-bail », *RDI*, n°10, octobre 2009, p.542.

281 CLAMOUR (G.), « Dérogations en cascade dans les contrats publics pour l'Euro 2016 », *Contrats et marchés publics*, n°7, juillet 2011, p.11 ; GUETTIER (C.), « Mesures applicables

à assouplir la législation en vigueur en trois courts articles. L'inconvénient majeur du recours au BEA était l'impossibilité de bénéficier de subventions publiques. En vertu de l'article L.2224-2 du CGCT, des subventions ne peuvent être versées pour la construction d'un ouvrage au profit d'une personne publique qu'en présence d'une maîtrise d'ouvrage publique ou dans le cadre d'une délégation de service public. La loi du 1er juin 2011 permet une dérogation spécifique à cette interdiction dans le cadre de l'organisation de l'Euro 2016, puisqu'elle prévoit que les projets induits réalisés « *sous le régime du bail emphytéotique administratif, sont éligibles aux mêmes subventions, redevances et autres participations financières que s'ils étaient soumis au régime de la loi n°85-704 du 12 juillet 1985 relative à la maîtrise d'ouvrage publique et à ses rapports avec la maîtrise d'œuvre privée* »[282]. Le texte est dérogatoire au droit des contrats publics en ce qu'il autorise l'octroi des subventions publiques aux maîtres d'ouvrages privés titulaires d'un bail emphytéotique administratif et permet d'insérer des clauses compromissoires[283] dans ces contrats.

La loi du 1er juin 2011 prévoit un dispositif dérogatoire spécial et temporaire en faveur des enceintes sportives destinées à accueillir l'Euro 2016 et de leurs équipements connexes, mais n'en demeure pas moins « *un texte de circonstance* »[284]. Cette dérogation traduit un manque de cohérence du législateur par rapport à l'article 17 de la loi du 17 février 2009 souhaitant établir une certaine « *neutralité entre les différentes options en matière de la commande publique* » qui modifiait, déjà, l'article 25-1de l'ordonnance du 17 juin 2004 relative aux contrats de partenariats[285]. Jusqu'à cette dérogation, seuls les projets réalisés en maîtrise d'ouvrage publique et par contrat de partenariat étaient éligibles à des subventions, *a contrario*, des projets réalisés sous maîtrise d'ouvrage privée ou en BEA[286].

---

aux collectivités territoriales dans le cadre de l'Euro 2016 », *RLCT*, n°71, 1er septembre 2011, p.14.

282 Article 1er de la loi du 1er juin 2011.

283 Une clause compromissoire est une clause contractuelle qui anticipe les différends pouvant survenir au cours de l'exécution d'un contrat et qui vise à privilégier le recours à un mode de règlement arbitral ou judiciaire des conflits.

284 GUETTIER (C.), « Mesures applicables aux collectivités territoriales dans le cadre de l'Euro 2016 », *RLCT*, n°71, 1er septembre 2011, p.15.

285 Article 25-1 de l'ordonnance du 17 juin 2004, modifié par l'article 17 de la loi du 17 février 2009 « (...) *les projets éligibles à des subventions, redevances et autres participations financières, lorsqu'ils sont réalisés sous le régime de la loi n°85-704 du 12 juillet 1985 relative à la maîtrise d'ouvrage publique et à ses rapports avec la maîtrise d'œuvre privée, sont éligibles aux mêmes subventions, redevances et autres participations financières lorsqu'ils sont réalisés sous le régime* » de l'ordonnance du 17 juin 2004 relative aux contrats de partenariats.

286 Réponse ministérielle n°53490, *JOAN* du 19 janvier 2010, p.578. V. aussi *JCPA*, 2010, act. 93.

80. La loi du 1er juin 2011 a été déférée au Conseil constitutionnel par les parlementaires. Dans sa décision[287], le Conseil constitutionnel a déclaré la loi conforme à la Constitution, estimant qu'il n'y avait pas lieu d'examiner spécialement les dispositions législatives puisque les requérants n'invoquaient aucun grief particulier à l'encontre du texte et au demeurant aucun motif d'inconstitutionnalité ne ressortait des travaux parlementaires.

Le BEA « sportif » revêt un caractère politique trop prononcé lié à l'organisation de l'Euro 2016. Le législateur, régulièrement en matière d'organisation de manifestations sportives, déroge au droit commun et s'affranchit de l'intérêt général, confortant l'existence d'une *lex sportiva*[288] de plus en plus prééminente.

B – Une répartition des risques déséquilibrée

81. Le BEA, procédé protéiforme, présente des avantages. Il s'inscrit principalement comme une procédure particulièrement adaptée aux projets de rénovation, ce qui évite à la collectivité d'effectuer les travaux, ceux-ci étant financés sur des fonds privés[289]. Un préfinancement privé du stade s'opérera avec un étalement du paiement public, dissociant l'aspect construction de l'aspect gestion du service public[290]. Le preneur peut occuper et exploiter l'équipement sportif moyennant le paiement d'une redevance modique dont la détermination de son montant doit respecter l'équilibre financier du contrat[291]. Le BEA confère un droit de propriété sur les constructions édifiées ainsi qu'un droit réel sur les biens donnés à bail[292]. La personne publique transfère le risque de rénovation et d'exploitation à la

---

[287] Décision n°2011-630 DC du 26 mai 2011 *relative à la loi d'organisation du championnat d'Europe de l'UEFA 2016.*

[288] V. LATTY (F.), « La *lex sportiva*, recherche sur le droit transnational », Thèse, sous la direction du Professeur Alain PELLET, Université Paris Ouest Nanterre La Défense (Paris X-Nanterre), avril 2007, 849 p.

[289] TERNEYRE (P.) et REYNAUD (T.), « Réforme du droit de la commande publique et plan de relance de l'économie : le volet législatif », *BJCP*, n°63, avril 2009, p.99 ; GUETTIER (C.), « Mesures applicables aux collectivités territoriales dans le cadre de l'Euro 2016 », *RLCT*, n°71, 1er septembre 2011, p.16.

[290] JUEN (P.), « Le financement et la gestion des équipements sportifs à usage professionnel : quels liens entre les collectivités territoriales et les clubs ? », *in*, sous dir. CHAIX (P.), *Les grands stades*, L'Harmattan, mars 2011, p.126.

[291] Rapport de la Commission grands stades présidée par M. Philippe SEGUIN, « Grands stades – Euro 2016 » du 24 novembre 2008, p.135 ; CE, 6 avril 1998, *Communauté urbaine de Lyon*, n°151752. Concl. Goulard.

[292] Le rapport gouvernemental d'Eric Besson, « Accroître la compétitivité des clubs professionnels de football français » du 6 novembre 2008 mentionne justement que le BEA a pour avantage de conférer au club un droit réel sur les biens donnés à bail et de permettre la réalisation d'un ouvrage dans un délai plus court que la maîtrise publique, p.94.

personne privée tout en obtenant une valorisation de son domaine lorsque l'ouvrage retournera dans son patrimoine. Ainsi, il répond aux aspirations d'un club professionnel grâce aux droits réels immobiliers et au droit d'occupation de longue durée conférant au club les mêmes prérogatives qu'un propriétaire.

Le BEA n'est pas considéré comme un marché de travaux publics soumis aux procédures du Code des marchés publics et permet la réalisation d'un ouvrage dans des délais plus rapides que si celui-ci était réalisé sous maîtrise d'ouvrage publique[293]. D'apparence, ce montage semble séduisant, l'attractivité dont il jouit se cantonne toutefois essentiellement aux projets relatifs à l'Euro 2016[294].

Le BEA est source d'insécurité juridique contractuelle (**1**) et financière (**2**) en matière d'équipements sportifs.

1 – Une insécurité juridique contractuelle

82. Bien que le bail emphytéotique administratif soit « *très proche du contrat de partenariat en tant qu'il peut porter sur le financement, la conception, la construction et, le cas échéant, la maintenance, la gestion ou l'exploitation de l'activité* »[295], il présente bien évidemment des inconvénients. Tout d'abord parce que le club doit assurer les investissements sur l'équipement et à l'issue du bail, le bien est remis à la collectivité. Ensuite, le régime du BEA est très peu défini, surtout concernant la répartition des risques[296].

83. En premier lieu, il existe un risque de requalification des BEA en marché public, notamment dans le cas d'un BEA « simple » conclu sans qu'il soit confié à l'emphytéote la réalisation de travaux au bénéfice de la collectivité, une procédure de publicité et de mise en concurrence n'est pourtant pas obligatoire[297]. Dans le cas d'un équipement construit pour le

---

[293] CE, Sect., 25 février 1994, *SA Sofap-Marignan Immobilier* ; ECKERT (G.), « Bail emphytéotique administratif », *JurisClasseur Contrats et marchés publics*, fascicule 610, n°10 et s.

[294] GUETTIER (C.), « Mesures applicables aux collectivités territoriales dans le cadre de l'Euro 2016 », *RLCT*, n°71, 1er septembre 2011, p.15.

[295] NOEL (M.), « Le contrat de partenariat est-il adapté aux équipements sportifs ? », *CP-ACCP*, n°98, avril 2010, p.50.

[296] BIGAS (X.) et LERON (J.), « Stades : peut-on recourir au BEA ? », *CP-ACCP*, n°108, mars 2011, p.62.

[297] CAA Versailles, 21 juillet 2011, *Commune de Verrières-le-Buisson*, n°10VE00770 et 10VE00774 ; CE Sect., 3 décembre 2010, *Association Paris Jean Bouin* ; HANSEN (P.), « La construction d'enceintes sportives dans le cadre de baux emphytéotiques administratifs », *CP-*

compte d'une collectivité, sous la forme classique d'un bail « aller-retour », une procédure de publicité et de mise en concurrence préalable est exigée[298]. Au regard de sa qualification en marché de travaux au sens du droit de l'Union européenne, le juge administratif s'est prononcé en faveur d'une qualification en marché de travaux[299], lorsque le preneur réalise un ouvrage remis à la collectivité contre le versement d'un loyer. Le Conseil d'Etat a par ailleurs considéré qu'un bail emphytéotique administratif pouvait être soumis au Code des marchés publics[300], lorsque le cocontractant est rémunéré par la commune. En raison des modalités de rémunération de celui-ci, la procédure de passation appliquée relève du Code des marchés publics. Inversement, lorsque le preneur se rémunère grâce aux résultats substantiels de l'exploitation, le bail relève de la procédure de passation de la loi Sapin, formant un tout indivisible[301], et doit être assorti d'une convention de délégation de service public[302]. Ce qui semble topique des stades.

L'article L.1311-2 du CGCT indique que le BEA ne peut être conclu qu'en « *vue de l'accomplissement, pour le compte de la collectivité territoriale, d'une mission de service public ou en vue de la réalisation d'une opération d'intérêt général relevant de sa compétence* ». La dichotomie entre les notions de service public et d'intérêt général interroge sur la nature même de ce contrat. La Haute juridiction a précisé que le BEA ne constitue pas, « *par lui-même ni un marché de travaux publics, ni, du moins en cas de mission limitée du preneur, une délégation de service public* »[303]. En se fondant sur le postulat que la gestion d'un stade remplit une mission de service public, sa dévolution inévitablement est soumise à concurrence. Cela peut entrainer une sécurité juridique du contrat et sa requalification, ou tout simplement écarter le club résident du montage[304]. En revanche, en ne remplissant qu'une mission d'intérêt général, la passation échappe à toute procédure de

---

ACCP, n°89, juin 2009, p.73 ; ROUVEYRAN (T.), « Enceintes sportives : pourquoi choisir le bail emphytéotique administratif ? », *CP-ACCP*, n°98, avril 2010, p.43.

298 Articles L.1311-2, R.1311-1 et R.1311-2 du CGCT introduits par le décret n°2011-2065 du 30 décembre 2011 relatif aux règles de passation des baux emphytéotiques administratifs, *JORF*, n°303, 31 décembre 2011, p.23003.

299 TA Nice, Ord., 6 décembre 2006, *Société Cirmad Grand Sud*, n°0605880. Note sous ordonnance, SESTIER (J-F.), *BJCP*, n°52, juin 2007, p.228 ; TA Bordeaux, Ord., 26 novembre 2007, *Société Norbail-Immobilier*, n°0704671. Note sous ordonnance, RICHER (M.) et TOUCHARD (V.), *CP-ACCP*, n°75, mars 2008, p.60.

300 CE, 9 décembre 1996, *Préfet du Gard*, n°172800. Concl. Chantepy.

301 Conclusion du commissaire du gouvernement Lasvignes, *RFDA*, n°4, août 1994, p.728.

302 CE, Ass, 10 juin 1994, *Commune de Cabourg*, n°141633. Concl. Lasvignes. Note sous arrêt : DUROY (S.), *JCPG*, n°48, 30 novembre 1994, p.409. Chron. MAUGUE (C.) et TOUVET (L.), *AJDA*, 1994, p.560 ; V. également, CE, Avis, 16 juin 1994 ; *EDCE*, 1994, p.367.

303 CE, Avis, 16 juin 1994.

304 BIGAS (X.) et LERON (J.), « Stades : peut-on recourir au BEA ? », *CP-ACCP*, n°108, mars 2011, p.64.

mise en concurrence[305], illustrant la souplesse du régime. L'intérêt général au sein d'un BEA s'inscrit comme la réalisation d'un ouvrage mis à la disposition de la collectivité elle-même[306]. La création d'un BEA sportif n'autorise pas la personne publique à s'exonérer du respect du droit de la concurrence, il s'agirait d'un leurre que de l'envisager.

84. Le risque de requalification est à souligner et demeure persistant. Il s'est avéré lorsque le juge administratif[307] a jugé qu'un bail emphytéotique administratif, par lequel la commune avait confié au preneur la conception et l'exécution des travaux de rénovation de la piscine Molitor en vue de sa réouverture au public présentait le caractère d'une concession de travaux[308]. En l'espèce, saisi d'une demande de suspension de la signature d'un BEA que la Ville de Paris envisageait de conclure pour la rénovation et l'exploitation de la piscine Molitor, le juge des référés du Tribunal administratif de Paris a été amené à s'interroger sur la qualification du contrat. Ce recours posait la question de la compétence du juge du référé précontractuel. En effet, l'article L.551-1 du Code de justice administrative ne mentionne pas le bail emphytéotique administratif parmi les contrats dont il peut connaître du déroulement de la procédure de passation. La difficulté de l'espèce tenait à l'objet du contrat, les travaux devant répondre « *aux besoins précisés par le pouvoir adjudicateur* ». Si le juge administratif a retenu dans le cadre d'un bail emphytéotique de droit privé, conclu sur le domaine privé d'une collectivité territoriale, que les travaux ne correspondaient pas aux besoins précisés par le pouvoir adjudicateur et relevaient d'une simple opération de location immobilière[309]. Il observe, en l'espèce, que selon les termes du bail emphytéotique administratif, le preneur s'engage à respecter un programme de travaux défini en annexe du contrat commandé par la Ville conférant notamment à ce site le caractère d'une « vitrine remarquable » et « exemplaire ». De plus, le cahier des charges précise, dans la partie relative à la destination de l'ouvrage, l'intérêt pour la Ville de permettre l'accès des bassins au grand public, aux

---

305 CE, Sect. 25 février 1994, *SA Sofap-Marignan Immobilier*.

306 A propos d'équipements sportifs, V. CAA Lyon, Ass. Plén., 25 mai 1999, *SA Domaine et golf du Lavandou* ; TA Paris, ord., 3 février 2009, *Société Ken Club* ; CAA Versailles, 21 juillet 2011, *Commune de Verrières-le-Buisson*.

307 TA Paris, ord., 3 février 2009, *Société Ken Club*, n°0900393. Note, ECKERT (G.), *Contrats et Marchés Publics*, n°3, mars 2009, p.33. V. aussi au regard du droit communautaire, CJCE, 18 janvier 2007, *Jean Auroux c/ Commune de Roanne*, aff. C-220/05, à propos d'une concession de travaux publics requalifiée en marché public de travaux au sens du droit communautaire avec application des règles de publicité et de mise en concurrence.

308 ECKERT (G.), « Qualification du bail emphytéotique administratif de concession de travaux », *Contrats et Marchés Publics*, n°3, mars 2009, p.33.

309 CAA Nancy, 11 octobre 2007, *Association Aubette Demain c/ Ville de Strasbourg*, n°06NC00733. Note sous arrêt ECKERT (G.), *Contrats et Marchés Publics*, n°1, janvier 2008, p.27.

associations sportives et aux scolaires. Ces éléments, selon le juge des référés, impliquent que l'ouvrage répond bien aux besoins commandés par la Ville et il conclut que le bail a le caractère d'une concession de travaux publics, nonobstant le fait que la Ville n'exerce pas la maîtrise d'ouvrage.

Ce jugement s'avère conforme à la jurisprudence de la Cour de justice des Communautés européennes, exigeant que les ouvrages à réaliser soient suffisamment décrits avec précision par le pouvoir adjudicateur en plus de fixer les objectifs à atteindre[310], et du Conseil d'Etat[311].

Un bail emphytéotique administratif peut, par ailleurs, être requalifié en marché public ou en délégation de service public notamment lorsque la collectivité exerce le rôle de maître d'ouvrage ou qu'elle s'implique fortement dans la gestion du service[312]. Dans ce cas, si la collectivité souhaite disposer d'un contrôle sur le gestionnaire de l'équipement ou lui imposer des contraintes de fonctionnement, ce type de contrat n'est pas à privilégier. S'il subsiste un doute sur la qualification juridique du montage, la procédure la plus rigoureuse doit être mise en œuvre[313].

2 – Une insécurité juridique financière

85. Il existe également un risque financier[314]. Ce risque concerne notamment la participation financière de la collectivité territoriale pour le financement des stades, quand bien même la loi du 1er juin 2011 offre quelques certitudes. La Commission Séguin avait soulevé des difficultés liées à l'encadrement strict des concours financiers accordés par les collectivités territoriales aux clubs professionnels[315]. La Cour des comptes[316]

---

310 CJCE, 19 avril 1994, *Gestion Hotelera Internacional*, aff. C-331/92. Rec. CJCE 1994, I, p.1329, pt 24; CJCE, 18 janvier 2007, *Jean Auroux c/ Commune de Roanne*, aff. C-220/05. Concl. Kokott, *BJCP*, n°52, juin 2007, p.184. Notes sous arrêt : ZIMMER (W.), *Contrats et Marchés Publics*, n°2, février 2007, p.13 ; MARCIALI (S.), *LPA*, n°124, 21 juin 2007, p.13 ; BRACONNIER (S.), *RDP*, n°5, septembre 2007, p.1329.

311 CE, Ass., 10 juin 1994, *Commune de Cabourg*, n°141633. Concl. Lasvignes, *RFDA*, n°4, juillet-août 1994, p.728. Rec. Lebon, p.300. Chron. MAUGUE (C.) et TOUVET (L.), *AJDA*, 1994, p.560 ; Obs. TERNEYRE (P.), *D.*, 1995, p.121.

312 CE, Sect., 25 février 1994, *SA Sofap-Marignan Immobilier* ; CE, Ass., 10 juin 1994, *Commune de Cabourg* ; CE, 21 juin 2000, *SARL Plage chez Joseph.*

313 CE, 10 juin 2009, *Port autonome de Marseille*, n°317671. Concl. Boulouis. Note sous arrêt : CHAMARD-HEIM (C.), *RJEP*, n°672, 1er février 2010, p.17

314 SYMCHOWICZ (N.), « Maîtrise d'ouvrage publique ou PPP : quel procédé choisir ? », *CP-ACCP*, n°87, avril 2009, p.67.

315 Rapport de la Commission grands stades présidée par M. Philippe SEGUIN, « Grands stades – Euro 2016 » du 24 novembre 2008, p.53.

316 La Cour des comptes a publié un rapport thématique, le 10 décembre 2009, intitulé « Les collectivités territoriales et les clubs sportifs professionnels », dont l'objectif est d'étudier les

et la DNCG[317] sont attentives à ce concours financier. L'opérateur privé peut se révéler intéressé par le montage du BEA puisqu'il permet à présent, grâce à l'éligibilité des subventions publiques dans les projets d'enceintes réalisées en vue de l'Euro 2016 sous le régime du BEA, de faire basculer à la seule charge de la collectivité publique le déséquilibre financier. Contrairement au contrat de partenariat, l'essentiel de l'effort est supporté par la personne publique impliquant une inégalité d'autant plus grande que la personne publique avait financé 30% des stades accueillant la Coupe du Monde 1998, alors que sa participation ne s'élèvera qu'à 7% pour l'Euro 2016[318].

86. Le fonds de compensation pour la TVA (FCTVA)[319] illustre ce risque. *A priori*, le BEA dispose des mêmes conditions que le contrat de partenariat pour l'application du FCTVA. Celui-ci ne peut être versé que si l'activité de service public concernée ne donne pas déjà lieu à récupération de la TVA par voie fiscale. La part de la rémunération correspondant à l'investissement est celle indiquée dans les clauses du contrat prévues l'article L.1414-12 du CGCT « *à la rémunération du cocontractant, aux conditions dans lesquelles sont pris en compte et distingués, pour son calcul, les coûts d'investissement - qui comprennent en particulier les coûts d'étude et de conception, les coûts annexes à la construction et les frais financiers intercalaires -, les coûts de fonctionnement et les coûts de financement et, le cas échéant, les recettes que le cocontractant peut être autorisé à se procurer en exploitant le domaine, les ouvrages, équipements ou biens immatériels, à l'occasion d'activités étrangères aux missions de service public de la personne publique et qui ne leur portent pas préjudice, aux motifs et modalités de ses variations pendant la durée du contrat et aux*

---

relations entre les collectivités territoriales et les clubs sportifs professionnels, afin de recommander aux collectivités territoriales de mieux maîtriser leurs engagements à l'égard du sport professionnel et de rechercher un partenariat plus équilibré en termes de soutien financier, de mise à disposition des équipements sportifs, d'amélioration et de construction des équipements.

[317] La DNCG (direction national du contrôle et de gestion) est l'organisme chargé de surveiller les comptes des clubs de football professionnel français. Après avoir examiné la situation juridique et financière de chaque club, elle a un pouvoir de sanction concernant l'effectif et la participation des clubs aux compétitions.

[318] Rapport d'activité 2010 du CNDS, p.16.

[319] Le fonds de compensation pour la TVA (FCTVA) a pour objet la compensation par l'Etat aux collectivités locales, à leurs groupements et à leurs services, de la TVA acquittée sur leurs investissements. Pour le calcul des attributions au titre du FCTVA sont prises en compte les dépenses d'équipement (acquisitions et travaux) des organismes locaux durant l'avant-dernière année (hors achats de terrains et subventions spécifiques de l'Etat perçues), pour lesquelles la TVA n'a pas pu être récupérée d'une autre manière. Mise en œuvre progressivement, cette compensation est quasi intégrale depuis 1981. Les ressources de ce fonds sont constituées par un prélèvement sur recettes de l'Etat. Les organismes locaux bénéficiaires sont les collectivités locales, leurs groupements et leurs services, mais aussi les organismes aménageurs ayant passé convention avec elles et ne récupérant pas directement la TVA.

modalités de paiement, notamment aux conditions dans lesquelles, chaque année, les sommes dues par la personne publique à son cocontractant et celles dont celui-ci est redevable au titre de pénalités ou de sanctions font l'objet d'une compensation ».

L'éligibilité au FCTVA est subordonnée à l'appartenance du bien au patrimoine de la personne publique ou à la décision de la personne publique d'intégrer le bien dans son patrimoine conformément au contrat. A la fin anticipée ou non du contrat, si l'équipement n'appartient pas au patrimoine de la personne publique celle-ci reverse à l'Etat la totalité des attributions reçues. Par ailleurs, la loi du 28 juillet 2008 relative aux contrats de partenariat a prévu, dans un souci de neutralité fiscale, l'alignement du régime des BEA sur celui des contrats de partenariats en matière d'éligibilité au FCTVA[320]. Le décret n°2009-244 du 2 mars 2009[321] a introduit dans la partie règlementaire du Code général des collectivités territoriales, l'article D.1615-17 qui prévoit que « *le seuil prévu à l'article L.1615-13 est fixé à 10 millions d'euros HT* », précisant que « *le montant du bail emphytéotique correspond à la totalité de la rémunération versée par la personne publique au preneur pendant toute la durée du bail. Cette rémunération distingue, pour son calcul, les coûts d'investissements, de fonctionnement et de financement* ». Dès lors, si le projet correspond à une rémunération globale versée par la collectivité pour un montant inférieur à 10 M€ hors taxe, le projet présente un avantage au plan fiscal. Toutefois, le régime actuel du BEA demeure lacunaire du point de vue financier. Le risque est donc que le BEA soit supérieur à 10 M€, montant bien inférieur à la réalisation d'une enceinte sportive. Les règles pour l'équilibre financier du projet sont trop contraignantes. L'empirisme des projets de stades, en particulier en vue de l'Euro 2016, atteste bien que le BEA n'est pas le recours privilégié. Les stades de Nancy et Lens ont connu divers blocages en raison de l'incapacité des collectivités publiques à intervenir financièrement dans le cadre de ce montage afin de les moderniser. Quant au Parc des Princes, le montage a finalement abouti à une convention d'occupation du domaine public. Celle-ci permet de valider les travaux du Parc des Princes prévus en marge de l'Euro 2016 et pour lesquels le club va investir 75 millions d'euros. Cette convention, d'une durée de 30 ans, ancre le PSG dans son stade historique, contribuant à l'absence de club résident au Stade de France, et triple le

---

[320] LINDITCH (F.), « Premier regard sur la loi n°2008-735 du 28 juillet 2008 », *JCPA*, n°37, 8 septembre 2008, p.17 ; LICHERE (F.), « La réforme des partenariats public-privé », *Contrats et Marchés Publics*, n°10, octobre 2008, p.7 ; SYMCHOWICZ (N.), « Maîtrise d'ouvrage publique ou PPP : quel procédé choisir ? », *CP-ACCP*, n°87, avril 2009, p.67.

[321] Décret n°2009-244 du 2 mars 2009 pris en application du Code général des collectivités territoriales et de l'article 48 de la loi n°2008-735 du 28 juillet 2008 relative aux contrats de partenariat, *JORF*, n°0053, 4 mars 2009, p.4006.

montant du loyer, soit 1,5 millions d'euros par an comme le préconisait la chambre régionale des comptes[322].

87. Le BEA ne présente donc que peu d'avantages pour la construction, voire même la rénovation, d'un stade[323]. Le cadre juridique du contrat de partenariat plus encadré et plus récent constitue autant de raisons en faveur de la disparition du BEA sportif pour la doctrine[324]. Néanmoins, nous sommes plus mesuré sur ce point. Le BEA possède un attrait certain mais n'est pas adapté, malgré les efforts du législateur, aux stades de grande envergure mais conviendrait à des projets de taille réduite. Le contrat de partenariat échappe à cette limitation et se montre, pour un projet aussi ambitieux que la réalisation d'un stade, plus adapté.

Le choix entre un contrat de partenariat et un bail emphytéotique administratif se révèle pour la doctrine[325] un choix politique tributaire des convictions des élus. L'exemple le plus significatif est celui de la construction du Grand Stade de Nice. Le maire sortant de la ville de Nice déclarait en mars 2007 que le modèle d'exploitation retenu pour le Grand Stade de Nice serait celui du bail emphytéotique administratif. Après les élections municipales de mars 2008, le nouveau maire souhaitait un contrat de partenariat afin de bénéficier des subventions publiques si la ville de Nice était retenue parmi les villes hôtes de l'Euro 2016[326]. Toutefois, depuis la création du BEA sportif, la question des subventions publiques ne se poserait pas.

---

[322] CRC, « Rapport de suivi des recommandations – Les relations avec les clubs professionnels, Ville de Paris », 12 septembre 2013, p.8.

[323] BIGAS (X.) et LERON (J.), « Stades : peut-on recourir au BEA ? », *CP-ACCP*, n°108, mars 2011, p.65 ; GUETTIER (C.), « Mesures applicables aux collectivités territoriales dans le cadre de l'Euro 2016 », *RLCT*, n°71, 1er septembre 2011, p.16 ; HANSEN (P.), « La construction d'enceintes sportives dans le cadre de baux emphytéotiques administratifs », *CP-ACCP*, n°89, juin 2009, p.75.

[324] ABELPAUM (R.) et PHILIPPE (H.), « L'appel d'offres au profit des petits PPP », *achatpublic.com*, 7 mai 2009 ; ROUVEYRAN (T.), « Enceintes sportives : pourquoi choisir le bail emphytéotique administratif ? », *CP-ACCP*, n°98, avril 2010, p.44.

[325] JAIDANE (R.), « Partenariat public-privé et infrastructures sportives », *BJES*, n°89, décembre 2008, p.17 ; LAGARDE (F.), « Financement des équipements sportifs : de la maîtrise d'ouvrage publique aux partenariats public/privé », in, *Les grands stades*, sous. dir. CHAIX (P.), L'Harmattan, mars 2011, p.98 ; CLAMOUR (G.), « Dérogations en cascade dans les contrats publics pour l'Euro 2016 », *Contrats et marchés publics*, n°7, juillet 2011, p.11 ; GUETTIER (C.), « Mesures applicables aux collectivités territoriales dans le cadre de l'Euro 2016 », *RLCT*, n°71, 1er septembre 2011, p.14.SIMON (G.), CHAUSSARD (C.), ICARD (P.), JACOTOT (D.), DE LA MARDIERE (C.) et THOMAS (V.), *Droit du sport*, PUF, mars 2012, p.333 ; JAUNET (P.), « La passation d'un bail emphytéotique par une personne publique : retour sur quelques difficultés récurrentes », *LPA*, n°145, 20 juillet 2012, p.6.

[326] JAIDANE (R.), « Partenariat public-privé et infrastructures sportives », *BJES*, n°89, décembre 2008, p.17.

En l'absence d'encadrement précis de ce montage dans une situation où la collectivité serait fortement contributrice, cela peut constituer un frein pour les préteurs[327]. Le risque de requalification du BEA dans le cadre de la construction d'enceintes sportives semble donc important. Le BEA n'est pas véritablement encadré tant dans son contenu que dans sa procédure de passation, à l'inverse du contrat de partenariat. Cela a conduit notamment la communauté urbaine de Lille, LMCU, à l'écarter pour le projet du Grand Stade de Lille[328]. Le régime du BEA se caractérise « *par une perte de cohérence* »[329] en raison de sa fragmentation et des mesures d'extensions dans son domaine d'application. Le BEA apparaît en définitive en concurrence avec les autres instruments contractuels, en particulier le contrat de partenariat.

§ 2 – L'autorisation d'occupation temporaire, une convention désuète

88. L'autorisation d'occupation temporaire (AOT), appelée également convention d'occupation du domaine public assortie d'une redevance, ou concession domaniale, est codifiée désormais aux articles L.2122-6 et suivants du Code général de la propriété des personnes publiques. Instaurée par la loi du 25 juillet 1994 relative à la constitution de droits réels sur le domaine public[330], elle s'inscrit comme le pendant du bail emphytéotique administratif. Il s'agit d'un contrat administratif permettant la mise à disposition d'un ouvrage. En effet, ce contrat permet à l'autorité concédante d'autoriser un usager à occuper temporairement une parcelle du domaine public moyennant le paiement d'une redevance, dans un but déterminé, de manière durable mais précaire et révocable puisque l'occupant du domaine public n'a pas de droit acquis. La personne publique peut y mettre fin de manière unilatérale et à tout moment pour un motif d'intérêt général[331]. La durée de la convention est fixée librement par la personne publique. Le Conseil d'Etat a même indiqué que le fait de ne pas déterminer avec précision la durée de la convention n'est pas de nature à entacher de nullité

---

[327] NOEL (M.), « Le contrat de partenariat est-il adapté aux équipements sportifs ? », *CP-ACCP*, n°98, avril 2010, p.50.

[328] CUCHE (P.) et DEBAECKER (K.), « Retour sur le contrat de partenariat du stade Lille », *BJCP*, n°63, avril 2009, p.105 ; VOLLEMAERE (J-M.), « Le recours au contrat de partenariat pour le Grand Stade de Lille : un choix mesuré et pragmatique », *La Revue du Trésor*, n°3-4, mars-avril 2007, p.375.

[329] ECKERT (G.), « Bail emphytéotique administratif », *JurisClasseur Contrats et marchés publics*, fascicule 610, n°19.

[330] Loi n°94-631 du 25 juillet 1994 complétant le Code du domaine de l'Etat et relative à la constitution de droits réels sur le domaine public, *JORF*, n°171, 26 juillet 1994, p.10749.

[331] Articles L.2122-2 et L.2122-3 du Code général de la propriété des personnes publiques.

la convention[332]. En cas de silence sur ce point, sur le fondement du principe d'inaliénabilité du domaine public, l'autorité gestionnaire du domaine public peut mettre fin à tout moment à l'autorisation d'occupation domaniale, sous réserve que cette décision soit justifiée par un motif d'intérêt général ou intervienne au titre d'une sanction. Cet arrêt confirme le caractère précaire et révocable de cette convention. Ce modèle d'exploitation est le plus majoritairement utilisé en matière de stade, notamment parmi les clubs de football de l'élite[333].

L'AOT présente l'intérêt pour le club de ne pas supporter l'investissement lié à la construction ou l'acquisition du stade. Elle n'est pas soumise à une procédure de mise en concurrence préalable, ce qui est intéressant lors du renouvellement de celle-ci, et confère au club résident un droit d'usage prioritaire, voire exclusif, de l'équipement. La redevance est calculée selon la valeur locative de l'équipement et des avantages que son occupation est à même de procurer au bénéficiaire.

La collectivité décide librement de louer le stade au club professionnel, véritable société commerciale[334], moyennant un loyer sous réserve que le club bénéficie d'une totale liberté d'exploitation. Le montant de la redevance est déterminé par délibération de la collectivité[335] ; de nombreuses irrégularités ont été constatées à ce sujet par l'absence de versement ou de versement symbolique. Ces irrégularités peuvent être sanctionnées au regard du droit communautaire en vertu des articles 87 et 88 du traité comme des aides d'Etat, si le montant n'est pas proportionnel à l'entretien et au fonctionnement courant des équipements concernés. Si le principe du paiement d'une redevance pour occupation privative du domaine public est consacré, il donne lieu à deux exceptions prévues à l'article L.2125-1 du Code général de la propriété des personnes publiques. Ainsi, la gratuité peut être envisageable soit « *lorsque l'occupation ou l'utilisation est la condition naturelle et forcée de l'exécution de travaux ou de la présence d'un ouvrage, intéressant un service public qui bénéficie gratuitement à tous* », soit « *lorsque l'occupation ou l'utilisation contribue directement à assurer la*

---

332 CE, 5 février 2009, *Association Société centrale d'agriculture, d'horticulture et d'acclimatation de Nice et des Alpes-Maritimes (*dit *Association SCA)*, n°305021. Concl. Escaut. Notes sous arrêt : ECKERT (G.), *Contrats et Marchés Publics*, n°3, mars 2009, p.31 ; DREYFUS (J-D.), *AJDA*, n°13, 13 avril 2009, p.704 ; MELLERAY (F.), *DA*, n°4, avril 2009, p.34 ; MAUGUE (C.), *RJEP*, n°668, octobre 2009, p.26.

333 Actuellement, seuls Auxerre, Lens et Paris n'y ont pas recours. Toutefois, Bordeaux, Lille, Marseille, Nice ont opté pour un contrat de partenariat pour leur futur stade, quant à Lyon un financement privé a été adopté.

334 Les clubs professionnels ont le statut de société anonyme sportive professionnelle (SASP), structure proche d'une société anonyme classique destinée à la gestion d'un club sportif.

335 Rapport thématique de la Cour des comptes, « Les collectivités territoriales et les clubs sportifs professionnels » du 10 décembre 2009, p.36.

conservation du domaine public lui-même ». De plus, pour les associations sans but lucratif qui concourent à la satisfaction de l'intérêt général, l'autorisation peut être délivrée gratuitement[336].

C'est précisément la question de la redevance d'occupation domaniale et de sécurité du contrat qui sont en cause par l'AOT comme l'illustre les affaires du stade de Gerland (**A**) et du stade Jean Bouin (**B**).

A – L'affaire du stade Gerland : la question de la redevance d'occupation domaniale

89. La question de cette redevance a justement engendré des difficultés au regard du droit français et enrichi la jurisprudence au travers des affaires du stade de Gerland et du stade Jean Bouin.

L'affaire du stade Gerland de Lyon aura mis en évidence la fragilité juridique des schémas de mise à disposition des stades moyennant une redevance de faible montant. Les délibérations de la ville de Lyon ont été successivement annulées par le Tribunal administratif de Lyon et la Cour administrative d'appel de Lyon, au motif que le niveau de redevance mis à la charge du club était substantiellement éloigné de la « *valeur locative* »[337] du stade.

Une délibération[338] du 25 mai 2003 a été annulée par le Tribunal administratif de Lyon dans un jugement rendu le 10 mars 2005[339]. A la suite de cette annulation, le conseil municipal de Lyon avait pris une nouvelle délibération le 15 juillet 2005, que le juge administratif sanctionnait à nouveau[340]. La Cour administrative d'appel de Lyon a confirmé les deux décisions du Tribunal administratif et l'annulation des deux délibérations du conseil municipal[341]. Ces délibérations accordaient l'exonération pour l'ensemble des réunions sportives de la taxe sur les spectacles, jeux et divertissements en application de l'article 1561 du Code général des impôts. Des contribuables saisirent le juge administratif pour ce motif.

---

[336] V. n°315 et s.
[337] CAA Lyon, 12 juillet 2007, *Ville de Lyon*, n°06LY02107.
[338] LAGARDE (F.), « Modalités de calcul de la redevance due par l'occupant privatif d'un équipement sportif public », *AJDA*, n°26, 11 juillet 2005, p.1474.
[339] TA Lyon, 10 mars 2005, *M. Lavaurs c/ Ville de Lyon*.
[340] TA Lyon, 13 juillet 2006, *Mme Cordier c/ Ville de Lyon*.
[341] CAA Lyon, 12 juillet 2007, *Ville de Lyon*, n°06LY02105 et 06LY02106 (jugement du Tribunal administratif de Lyon du 10 mars 2005, *M. Lavaurs c/ Ville de Lyon*), et n°06LY02107 et 06LY02108 (jugement du Tribunal administratif de Lyon du 13 juillet 2006, *Mme Cordier c/ Ville de Lyon*).

Le juge administratif s'est fondé essentiellement sur les principes de détermination du montant des redevances d'occupation du domaine public pour annuler les délibérations litigieuses. La Cour administrative d'appel de Lyon confirme le jugement du 10 mars 2005 en ces termes, « *les avantages tirés de l'occupation d'un complexe sportif s'apprécient notamment au regard des recettes tirées de son utilisation telles que la vente des places et des produits dérivés aux spectateurs, la location des emplacements publicitaires et des charges que la collectivité publique supporte telles que les amortissements, l'entretien et la maintenance calculés au prorata de l'utilisation d'un tel équipement* » [342]. Elle s'appuie également sur l'article L.2125-3 du Code de la propriété des personnes publiques qui dispose que, « *la redevance due pour l'occupation ou l'utilisation du domaine public tient compte des avantages de toute nature procurés au titulaire de l'autorisation* ». Il n'est donc plus possible d'accorder, *a priori*, un avantage économique indéniable aux clubs professionnels par l'utilisation d'un équipement sportif contre une redevance modique. Cette obligation de valorisation des dépendances domaniales s'inscrit dans un mouvement de jurisprudentiel et doctrinal de patrimonialisation des autorisations administratives[343].

Cette jurisprudence pose une difficulté pour les collectivités territoriales et les clubs pour leur modèle d'exploitation séculaire. Cette difficulté réside notamment dans la notion de prorata d'utilisation de l'équipement. Le schéma lyonnais reposait sur la répercussion d'un coût journalier[344], ainsi le mode de calcul de la location du stade de Gerland se limitait aux jours de mise à disposition divisés par les jours calendaires[345]. Or, le juge administratif n'a pas retenu ce mode de calcul et en a privilégié un autre. Il convient, selon le juge administratif, d'opérer un ratio d'utilisation par le club pour les rencontres sportives par rapport à l'ensemble des utilisations du stade au cours d'une année[346].

---

[342] JAIDANE (R.), « Partenariat public-privé et infrastructures sportives », *BJES*, n°89, décembre 2008, p.20.

[343] UNTERMAIER (E.), « Que reste-t-il de la distinction des redevances pour service rendu et des redevances pour occupation du domaine public ? », *AJDA*, n°19, 7 juin 2010, p.1062 ; BRENET (F.), « La patrimonialisation des autorisations administratives : réalités et implications », *DA*, n°8, août 2007, p.15 ; SOLEILHAC (T.), « Vers une commercialité des autorisations administratives », *AJDA*, n°40, 26 novembre 2007, p.2178 ; TPI, 12 décembre 2000, *ADP c/ Commission*, aff. T-128/98. Rec.II-3929 ; CE, 26 mars 1999, *Société EDA*, n°202260. Concl. Stahl.

[344] TA Lyon, 10 mars 2005, *M. Lavaurs c/ Ville de Lyon,* 6ème considérant.

[345] Soit une moyenne de 26 jours de mise à dispositions équivalent au nombre moyens de matchs effectués par l'Olympique lyonnais dans une saison à domicile, ce qui donne 26/365.

[346] Dans ce cas de figure, le ratio précédent (26/365) serait fortement transformé puisque la SASP Olympique lyonnais a organisé 106 des 111 manifestations qui se sont déroulées au

Le schéma lyonnais de mise à disposition du stade de Gerland est un schéma classique des clubs professionnels[347], envisagé afin de permettre à la collectivité de bénéficier du fonds de compensation pour la taxe sur la valeur ajoutée (FCTVA)[348] au motif que la mise à disposition au club ne serait que partielle. Cette répercussion de la TVA s'apparente à une interprétation souple des règles applicables en la matière puisque le stade est utilisé par le club pour une activité en partie soumise à la TVA[349]. En effet, si les recettes de billetterie sont exonérées[350] cela n'est pas le cas des recettes de prestations et de publicité, suscitant des désapprobations[351].

L'arrêt prononcé par la Cour administrative d'appel de Lyon invite donc la ville à revoir le calcul de sa redevance d'occupation du stade de Gerland, ce qui a amené à la réflexion d'un nouveau montage contractuel. L'Olympique lyonnais souhaite ainsi construire son propre stade pour ne pas dépendre de la ville et en être l'unique propriétaire. Dès lors, pour un montant relativement équivalent de redevances, le club remboursera des annuités d'emprunt permettant d'être propriétaire de son stade.

B – L'affaire du stade Jean Bouin : une insécurité des contrats de gestion d'infrastructures sportives

90. L'affaire du stade Jean Bouin revêt de multiples rebondissements. Le Conseil d'Etat dans un arrêt de section a considéré que « *la seule présence du club de rugby professionnel sans autres contraintes que celles découlant de la mise à disposition des équipements sportifs ne caractérise pas à elle seule une mission de service public* »[352]. Puisque le contrat relatif à la mise à

---

stade Gerland au cours des années 1999 à 2002. TA Lyon, 10 mars 2005, *M. Lavaurs c/ Ville de Lyon*, 6ème considérant.

[347] Ce que déplore la Cour des comptes dans son rapport thématique « Les collectivités territoriales et les clubs sportifs professionnels » du 10 décembre 2009, p.13, 14, 20, 26, 31 et 36.

[348] Le fonds de compensation pour la TVA (FCTVA) a pour objet la compensation par l'Etat aux collectivités locales, à leurs groupements et à leurs services, de la TVA acquittée sur leurs investissements.

[349] LAGARDE (F.), « Modalités de calcul de la redevance due par l'occupant privatif d'un équipement sportif public », *AJDA*, n°26, 11 juillet 2005, p.1478.

[350] Article 261-E du Code général des impôts.

[351] DE LA MARDIERE (C.), « La fiscalité de l'exploitation. La taxe sur les spectacles ou la plaie fiscale des compétitions sportives », *in*, sous dir. SIMON (G.), *Le stade et le droit*, Dalloz, février 2008, p.128.

[352] CE, Sect., 3 décembre 2010, *Association Paris Jean-Bouin c/ Ville de Paris*, n°338272. Concl. Escaut, *BJCP*, n°74, janvier 2011, p.36. Notes sous arrêt : JUEN (P.), *LPA*, n°104, 26 mai 2011, p.8 ; MAUGUE (C.), *RJEP*, n°685, avril 2011, p.25 ; BRACONNIER (S.) et NOGUELLOU (R.), *RDI*, n°3, mars 2011, p.162 ; BRENET (F.) et MELLERAY (F.), *DA*, n°2, février 2011, p.36 ; DEVES (C.), *JCPA*, n°5, 31 janvier 2011, p.41 ; GLASER (E.),

disposition d'équipements sportifs liant l'association Paris Jean-Bouin à la Ville de Paris a été analysé par les juges du Palais Royal comme une convention d'occupation du domaine public et non une délégation de service public, il nous semble dès lors opportun de l'étudier sous ce prisme.

L'association Paris Jean Bouin et la Ville de Paris avaient signé une convention d'occupation du domaine public des installations du stade Jean Bouin en 1990, devant expirer en décembre 2004[353]. La Société Paris Tennis avait adressé par lettre au maire de Paris en 2003, sa volonté de se porter candidate à l'attribution des installations du stade Jean Bouin. Le maire de Paris lui répondit, début 2004, que le mode de dévolution de ces installations n'était pas arrêté. En août 2004, le maire de Paris avait signé avec l'association Paris Jean Bouin, dont la direction est assurée depuis 2002 par le groupe Lagardère, une convention l'autorisant à occuper le site pendant vingt ans. La Société Paris Tennis présenta néanmoins une lettre de candidature au mois de septembre mais fut informée à la fin du mois d'octobre, par lettre du maire de Paris, que sa candidature ne pouvait plus être prise en considération.

S'estimant lésée et soutenant que la procédure de passation était irrégulière, la Société Paris Tennis saisit le Tribunal administratif de Paris d'une demande d'annulation de cette décision et du rejet de cette candidature. La Société Paris Tennis demandait, dans sa requête adressée au juge administratif, d'annuler les décisions prises par le maire de Paris et faisait valoir que la convention conclue n'était pas une convention d'occupation du domaine public mais constituait une délégation de service public qui aurait dû être précédée des procédures de publicité et de mise en concurrence prévue aux articles L.1411-1 et suivants du Code général des collectivités territoriales. Parallèlement, la société déposa une plainte au pénal, ouvrant une procédure pour délit de favoritisme et de recel de favoritisme à l'encontre du maire de Paris, du président de l'association Paris Jean-Bouin et du président du groupe Lagardère.

AJDA, n°1, 17 janvier 2011, p.21 ; COLIN (F.), *Les Cahiers de Droit du sport*, n°23, janvier 2011, p.58 ; ECKERT (G.), *Contrats et Marchés Publics*, n°1, janvier 2011, p.38. V. aussi, CAA Bordeaux, 29 novembre 2007, *Dumoullin de Laplante*, n°05BX00265. V. également, ROLIN (F.), « Existe-t-il un droit administratif du bois de Boulogne ? », *AJDA*, n°5, 14 février 2011, p.241.

[353] CARPENTIER (E.), « Querelle autour du Stade Jean Bouin », *RLCT*, n°48, juillet 2009, p.1404.

91. Par un jugement du 31 mars 2009, le Tribunal fait droit aux argumentations de la société et annule les décisions du maire de Paris[354]. Le juge administratif considère que la convention n'est pas effectivement une simple convention d'occupation du domaine public, mais une délégation de service public, dont la conclusion aurait par conséquent dû être précédée d'une procédure de publicité permettant la présentation de plusieurs offres concurrentes. La frontière entre concession domaniale et délégation de service public « *n'a jamais été facile à fixer* » relevait le rapporteur public Cécile Villalba. De nombreuses décisions[355] illustrent la « *difficulté d'exercice dans un contexte de valorisation croissante du domaine public* »[356].

92. La Ville de Paris et l'association Paris Jean Bouin ont fait appel du jugement, auprès de la Cour administrative d'appel de Paris assortissant leur recours d'un sursis à exécution[357]. La Cour estima que les conditions du sursis à exécution n'étaient pas réunies et rejeta la demande de sursis à exécution[358].

93. La Ville de Paris et l'association Paris Jean Bouin formèrent un pourvoi en cassation devant le Conseil d'Etat. Le Conseil d'Etat considéra que la convention n'avait pas le caractère d'une délégation de service public mais d'une convention d'occupation domaniale[359], « *il semble en outre avoir estimé qu'une convention d'occupation domaniale n'avait pas à faire l'objet*

---

[354] TA Paris, 31 mars 2009, *Société Paris Tennis*, n°0607283. VILLALBA (C.), *BJCP*, n°65, août 2009, p.312 ; CARPENTIER (E.), *RLCT*, n°48, juillet 2009, p.61 ; DREYFUS (J-D.), *AJDA*, n°21, 15 juin 2009, p.1149.

[355] CE, 12 mars 1999, *Ville de Paris c/ Société l'Orée du Bois*, n°186085. Concl. Bergeal. Obs. SCHWARTZ (R.), *BJCP*, n°5, juillet 1999, p.433 ; CE, 11 décembre 2000, *Agofroy*, n°202971. Concl. Austry, *RFDA*, n°6, décembre 2001, p.1277. Rec. Lebon p.607. Note sous arrêt : RAUNET (M.) et ROUSSET (O.), *AJDA*, n°2, février 2001, p.193 ; CE, 6 avril 2007, *Commune d'Aix-en-Provence*, n°284736. Concl. Séners, *BJCP*, n°53, juillet 2007, p.283. Notes sous arrêt : KARPENSCHIF (M.), *JCPA*, n°19, 7 mai 2007, p.40 ; PONTIER (J-M.), *JCPA*, n°21, 21 mai 2007, p.35 ; Chron. LENICA (F.) et BOUCHER (J.), *AJDA*, n°19, 21 mai 2007, p.1020 ; ECKERT (G.), *Contrats et Marchés Publics*, n°6, juin 2007, p.25.

[356] DREYFUS (J-D), « Requalification de la convention d'occupation du stade Jean-Bouin en délégation de service public », *AJDA*, n°21, 15 juin 2009, p.1149.

[357] Les conditions du sursis à exécution d'un jugement de première instance accompagnant une requête en appel sont codifiés à l'article R.811-15 du Code de justice administrative.

[358] CAA Paris, 24 juin 2009, *Association Paris Jean Bouin et Ville de Paris*, n°09PA01921. LELIEVRE (F.), *AJDA*, n°14, 19 avril 2010, p.774.

[359] CE, 13 janvier 2010, *Association Paris Jean Bouin et Ville de Paris*, n°329576. Concl. Olléon, *JCPA*, n°7, 15 février 2010, p.49. Notes sous arrêt : DEVES (C.), *JCPA*, n°7, 15 février 2010, p.54 ; ECKERT (G.), *Contrats et Marchés Publics*, n°3, mars 2010, p.29 ; PRESBISSY-SCHNALL (C.), *Contrats, Concurrence, Consommation*, n°3, mars 2010, p.25 ; TERRIEN (G.), *RLCT*, n°56, avril 2010, p.33 ; MOLLION (G.), *AJDA*, n°13, 12 avril 2010, p.731.

d'une publicité préalable »[360]. Le Conseil d'Etat annula donc l'arrêt de la Cour administrative d'appel de Paris et prononça le sursis à exécution du jugement du Tribunal administratif de Paris.

94. La Cour administrative d'appel de Paris a rendu en formation plénière son arrêt contredisant la solution retenue par le Conseil d'Etat[361]. La Ville de Paris s'est pourvue en cassation contre ce nouvel arrêt de la Cour administrative d'appel de Paris. Toutefois si les décisions sont entachées d'illégalité, la Cour n'a pas « *été amenée à se prononcer sur le moyen, soulevé à titre subsidiaire par la Société Paris Tennis, tiré de ce que la passation d'une convention d'occupation du domaine public devait être précédée d'une procédure de publicité et de mise en concurrence* »[362].

95. Le Conseil d'Etat s'est positionné sur le régime de passation des conventions d'occupation domaniale source d'une forte insécurité juridique, surtout en l'absence de qualification non équivoque des contrats de gestion des équipements sportifs, dans son arrêt de section du 3 décembre 2010.

L'arrêt revient sur deux questions, la première porte sur la distinction entre délégation de service public et convention d'occupation domaniale, tandis que la seconde aborde le principe de transparence à l'égard de la convention d'occupation domaniale en l'absence d'un texte organisant une procédure de publicité et de concurrence[363].

Le Conseil d'Etat casse l'arrêt rendu par la Cour administrative d'appel de Paris au motif qu'elle a inexactement qualifié la convention litigieuse. « *Une telle résistance d'une juridiction subordonnée* »[364] est peu fréquente dans l'ordre administratif se reposant classiquement sur « *une structure circulaire ou concentrique : on pourrait dire qu'il est un système solaire ; et c'est autour du Conseil d'Etat qu'il est organisé* »[365]. La Haute juridiction rétablit donc la qualité de convention d'occupation du domaine public à cette

---

[360] PINTAT (P.), « L'affaire du stade Jean Bouin », *CP-ACCP*, n°98, avril 2010, p.52.

[361] CAA Paris, 25 mars 2010, *Association Paris Jean Bouin et ville de Paris*. « *Considérant qu'il résulte de ce qui précède que la concession du 11 août 2004 présentait le caractère d'une délégation de service public, que la ville de Paris a méconnu l'article L.1411-1 du Code général des collectivités territoriales en ne subordonnant par la passation de la dite convention à la procédure de publicité et de mise en concurrence prescrite par ces dispositions* ».

[362] LELIEVRE (F.), « Stade Jean Bouin : la CAA de Paris persiste », *AJDA*, n°14, 19 avril 2010, p.775.

[363] Ces questions sont étudiées dans le chapitre relatif à la domanialité du stade, n°149.

[364] BRENET (F.) et MELLERAY (F.), « Conventions domaniales, délégations de service public, mise en concurrence : l'affaire du stade Jean Bouin », *DA*, n°2, février 2011, p.36.

[365] CHAPUS (R.), *Droit du contentieux administratif*, Montchrestien, 13ème édition, mars 2008, n°57.

convention, confirmant l'intention commune des parties. La juridiction administrative d'appel avait considéré que l'existence d'une délégation de service public ne s'appréciait pas au regard des seules stipulations du contrat. Son raisonnement tenait compte de l'ensemble de relations organiques et fonctionnelles nouées entre le cocontractant et la collectivité propriétaire des équipements concédés. Le Conseil d'Etat opère bien son contrôle de cassation dans la qualification juridique du contrat[366] et applique sa méthode d'interprétation des conventions[367]. Il précise dans un considérant que « *les éléments extérieurs au contrat* » doivent être « *de nature à éclairer la commune intention des parties* » et non « *dépourvus de toute pertinence* » afin d'être retenus. Si le juge administratif rappelle, dans sa Haute juridiction, que l'intention commune des parties le lie, il ne lui appartient pas toutefois de rechercher l'intention réelle ou supposée des parties, par delà les stipulations du contrat. Il ressort du considérant de principe de cet arrêt rendu par la section du contentieux, que les conventions relatives à la gestion des stades, et plus généralement des équipements sportifs des collectivités publiques, ne constituent des délégations de service public que si leurs stipulations permettent de « *caractériser la volonté de la ville d'ériger ces activités en mission de service public* », renforçant dès lors la subjectivité de la notion de service public[368].

Par ailleurs, la Ville de Paris avait comme projet de construire un stade de rugby de 20.000 places sur le site de l'actuel stade Jean Bouin. Ce projet était inscrit dans le dossier de candidature de la ville de Paris aux Jeux olympiques de 2012. Malgré l'échec de cette candidature, le projet a été maintenu et approuvé par délibération du Conseil de Paris le 12 février 2007[369]. Le 18 décembre 2009, le Tribunal administratif de Paris a annulé cette délibération sur le fondement d'un défaut d'information des élus quant aux incidences financières de l'opération[370], jugement confirmé par la Cour

---

[366] Cette solution s'inscrit dans sa jurisprudence antérieure en tant que juge de cassation de la qualification juridique du contrat. CE, Sect., 11 juillet 2008, *Ville de Paris*, n°312354. Concl. Boulouis, *BJCP*, n°60, octobre 2008 p.361. Rec. Lebon p.271. Notes sous arrêt : PIETRI (J-P.), *Contrats et Marchés Publics*, n°8, 2008, p.24 ; LINDITCH (F.), *JCPA*, n°36, 1er septembre 2009, p.33 ; CE, 23 juillet 2010, *Lenoir et Syndicat national des entreprises second œuvre du bâtiment*, n°326545. Concl. Boulouis, *BJCP*, n°72, 2010, p.359. Notes sous arrêt : ECKERT (G.), *Contrats et Marchés Publics*, n°10, octobre 2010, p.25 ; BRENET (F.), *RJEP*, n°682, janvier 2011, p.14.

[367] ECKERT (G.), « Fin du feuilleton *Jean Bouin* : les conventions d'occupation du domaine public peuvent être conclues sans publicité », *Contrats et Marchés Publics*, n°1, janvier 2011, p.39.

[368] CE, Sect., 22 février 2007, *APREI*, n°264541. Concl. Vérot, *AJDA*, n°15, 16 avril 2007, p.793 ; Notes sous arrêt : ROUAULT (M-C.), *JCPA*, n°10, 5 mars 2007, p.33 ; LENICA (F.) et BOUCHER (J.), *AJDA*, n°15, 16 avril 2007, p.793.

[369] Délibération n°DJS 241, Conseil de Paris du 12 février 2007, principe de la démolition puis de la reconstruction du stade Jean Bouin.

[370] TA Paris, 18 décembre 2009, *Association Paris Jean Bouin*, n°0705727/7-2.

administrative d'appel de Paris, le 22 février 2011[371]. Précisons qu'actuellement, il est fait état d'une instruction judiciaire en cours sur les conditions d'attribution de cette convention. Dans le but de permettre la réalisation de l'opération de démolition et construction, le Conseil de Paris a décidé la résiliation de cette convention depuis le 20 janvier 2010.

96. L'affaire *Jean Bouin* a connu un ultime rebondissement avec un recours en rectification d'erreur matérielle devant le Conseil d'Etat par la société Paris Tennis contre l'arrêt rendu le 3 décembre 2010, au motif que les juges du Palais Royal n'avaient pas répondu à l'ensemble des moyens soulevés devant lui[372]. En l'espèce, le juge administratif se fonde sur sa jurisprudence élargissant les conditions d'admission du recours en rectification d'erreur matérielle dans l'hypothèse où le juge omet de statuer sur certains moyens[373]. Toutefois, les moyens invoqués par le requérant, omis par le juge, étaient rattachés à la convention litigieuse, délégation de service public, moyen auquel le juge avait déjà répondu. Ainsi, le Conseil d'Etat clôt définitivement cette affaire en rejetant le recours. En définitive, « *cette affaire illustre le caractère insatisfaisant de l'état du droit en matière de contrats de gestion des infrastructures sportives* »[374].

En dépit du contentieux généré par ces deux affaires, il faut souligner que les AOT rendent possibles des montages locatifs sur le domaine public de l'Etat et des collectivités territoriales, « *en contournant les obstacles liés au statut du domaine public et en autorisant la constitution de droits réels* »[375]. Les AOT servent de passerelles à l'avènement du contrat de partenariat, en favorisant justement des partenariats entre les collectivités publiques et le secteur privé grâce au financement privé d'opérations de construction d'équipements sportifs. Les incertitudes autour du régime de passation d'une convention d'occupation du domaine public et les difficultés rencontrées dans les affaires du stade de Gerland et du stade Jean Bouin vont certainement favoriser le souhait des collectivités et des clubs de recourir au contrat de partenariat.

---

[371] CAA Paris, 22 février 2011, *Ville de Paris*, n°10PA00678.

[372] CE, 23 décembre 2011, *Société Paris Tennis*, n°346861. Concl. Boucher. Note sous arrêt : COLIN (F.), *Les Cahiers de droit du sport*, n°27, janvier 2012, p.174. V. aussi, VAUTROT-SCHWARZ (C.), « L'avenir de la publicité et de la mise en concurrence dans la délivrance des titres d'occupation domaniale », *Contrats et Marchés publics*, n°12, décembre 2012, p.7.

[373] CE, 2 avril 2010, *M. Faure*, n°332015. Concl. Lenica. Note sous arrêt : MALIGNER (B.), *AJDA*, n°25, 19 juillet 2010, p.1435.

[374] PINTAT (P.), « L'affaire du stade Jean Bouin », *CP-ACCP*, n°98, avril 2010, p.52.

[375] JAIDANE (R.), « Partenariat public-privé et infrastructures sportives », *BJES*, n°89, décembre 2008, p.21.

97. La réalisation et l'utilisation d'un stade comportent différents modèles juridiques avec leurs caractéristiques propres. Le contrat de partenariat s'inscrit comme une solution innovante à la gestion et au financement des enceintes sportives et dérogatoire et au droit commun de la commande publique. Par sa prestation globale, le contrat de partenariat dispose d'avantages que la personne publique et la personne privée escomptent profiter.

CHAPITRE 2 – LES AVANTAGES ESCOMPTÉS DU CONTRAT DE PARTENARIAT

98. C'est au nom de la simplification du droit que la loi du 2 juillet 2003[376] a en son article 6 invité le gouvernement à instituer par ordonnance ce qu'il est désormais convenu d'appeler les contrats de partenariat, le contrat de partenariat étant l'expression juridique des partenariats public-privé[377] souvent employé sous l'acronyme PPP. Un contrat de PPP n'existe pas, le PPP est un terme générique[378]. Sous cette expression commode de PPP, nous incluons trois grandes catégories de montage contractuel : le bail emphytéotique administratif (BEA), la concession domaniale, dite autorisation d'occupation temporaire du domaine public (AOT), et le contrat de partenariat[379]. Ce dernier représente la forme la plus aboutie du partenariat public-privé[380]. Les termes « contrats de partenariat public-privé » ne figurent pas dans la loi du 2 juillet 2003, mais apparaissent dans l'ordonnance du 17 juin 2004 relative aux contrats de partenariat[381].

---

[376] Loi n° 2003-591 du 2 juillet 2003 habilitant le gouvernement à simplifier le droit, *JORF*, n°152, 3 juillet 2003, p11192. TESSIER (A.), « Le droit de la commande publique et les articles 5 et 6 de la loi du 2 juillet 2003 autorisant le gouvernement à simplifier le droit », *BJCP*, n°30, septembre 2003, p.354. V. aussi RAPP (L.), « L'ordonnance PPP : un enjeu politique et économique majeur », *LPA*, n°56, 18 mars 2004, p.7 ; DE SAINT-PULGENT (N.), « Economie générale de l'ordonnance sur les partenariats publics-privés », *LPA*, n°56, 18 mars 2004, p.11.

[377] GODFRIN (P.) et DEGOFFE (M.), *Droit administratif des biens*, Dalloz, 10ème édition, octobre 2012, n°412.

[378] GAUDEMET (Y.), « Les contrats de partenariat public-privé : étude historique et critique », *BJCP*, n°36, septembre 2004, p.331 ; TERNEYRE (P.), « Les nouveaux contrats de partenariat et la typologie des instruments du partenariat public-privé », *RDI*, n°11, novembre 2003, p.520.

[379] RICHER (L.), *Droit des contrats administratifs*, LGDJ, 8ème édition, août 2012, p.683 et s. ; LERICHE (Y.) et SUR-LE-LIBOUX (M-T.), sous la dir. de RAIMBOURG (P.) et BOIZARD (M.), *Ingénierie financière, fiscale et juridique*, Dalloz, coll. Dalloz Action 2009/2010, septembre 2009, p.945 ; GAUDEMET (Y.), « Les contrats de partenariat public-privé : étude historique et critique », *BJCP*, n°36, septembre 2004, p.331 ; SYMCHOWICZ (N.), « Paradoxes sur les contrats de partenariat public-privé », *Contrats et Marchés Publics*, n°12 décembre 2004, p.8 ; FORNACCIARI (M.), « Le montage d'un dossier », *La Revue du Trésor*, n°3-4, mars-avril 2007, p.275 ; LINOTTE (D.) et PISSALOUX (J-L.), « Sur un nouveau contrat administratif : le contrat de partenariat de l'ordonnance du 17 juin 2004 », *La Revue du Trésor*, n°3-4, mars-avril 2007, p.208 ; MOGNO (Y.) et DUTOUR (B.), « Partenariats public-privé et contrats de partenariat », *La Revue du Trésor*, n°3-4, mars-avril 2007, p.315.

[380] DELVOLVE (P.), « Contrat de partenariat et typologie de contrats », *Droit et Ville*, n°60, septembre 2005, p.74.

[381] GAUDEMET (Y.), « Les contrats de partenariat public-privé : étude historique et critique », *BJCP*, n°36, septembre 2004, p.331 ; LINOTTE (D.) et PISSALOUX (J-L.), « Sur un nouveau contrat administratif : le contrat de partenariat de l'ordonnance du 17 juin 2004 », *La Revue du Trésor*, n°3-4, mars-avril 2007, p.208.

Au regard de la sémantique juridique, une différence existe entre le contrat de partenariat et les contrats de partenariat public-privé dits PPP. Il s'agit d'un contrat global confié à un partenaire privé détenant la maîtrise d'ouvrage de longue durée. Le besoin d'une prestation globalisée est le point central du recours au contrat de partenariat. Le paiement s'effectue par la personne publique de manière étalée. Le contrat de partenariat, et *a fortiori* un PPP, se caractérise avant tout comme un mode de gestion publique modernisant l'action administrative[382]. L'ordonnance du 17 juin 2004[383] soustrait les contrats de partenariat à l'application de la loi MOP du 12 juillet 1985.

En vertu de l'ordonnance du 17 juin 2004 sur les contrats de partenariat en son article 1er, modifié par la loi du 17 février 2009, le contrat de partenariat est « *un contrat administratif par lequel l'Etat ou un établissement public de l'Etat confie à un tiers pour une période déterminée en fonction de la durée d'amortissement des investissements ou des modalités de financement retenues une mission globale ayant pour objet la construction ou la transformation, l'entretien, la maintenance, l'exploitation ou la gestion d'ouvrages, d'équipements ou de biens immatériels nécessaires au service public, ainsi que tout ou partie de leur financement à l'exception de toute participation au capital. Il peut également avoir pour objet tout ou partie de la conception de ces ouvrages, équipements ou biens immatériels ainsi que des prestations de services concourant à l'exercice, par la personne publique, de la mission de service public dont elle est chargée* »[384].

La création du contrat de partenariat par l'ordonnance du 17 juin 2004 précitée a été validée et consacrée, sous réserve de diverses précisions d'interprétations, par le Conseil constitutionnel[385] et par le Conseil d'Etat[386].

---

382 FORNACCIARI (M.), « Le montage d'un dossier », *La Revue du Trésor*, n°3-4, mars-avril 2007, p.275.

383 Ordonnance n° 2004-559 du 17 juin 2004 sur les contrats de partenariat, *JORF*, n°141, 19 juin 2004, p.10994. LAGUMINA (S.) et DERUY (L.), *BJCP*, n°36, septembre 2004, p.348 ; MENEMENIS (A.), « L'ordonnance sur les contrats de partenariats : heureuse innovation ou occasion manquée ? », *AJDA*, n°32, 27 septembre 2004, p.1732 ; GAUDEMET (Y.), *Droit et Patrimoine*, n°131, novembre 2004, p.26 ; LIGNIERES (P.) et MENEMENIS (A.), « Débat sur les contrats de partenariat », *DA*, n°11, novembre 2004, p.6 ; LLORENS (F.), *RJEP*, n°615, décembre 2004, p.511.

384 Article 1er de l'ordonnance du 17 juin 2004 sur les contrats de partenariat modifiée par la loi du 28 juillet 2008 relative aux contrats de partenariat. V. RAPP (L.), « Actualité législative des contrats de partenariats », *RDI*, n°1, janvier 2009, p.49 et s.

385 Décision n°2003-473 DC du 26 juin 2003, *Loi habilitant le Gouvernement à simplifier le droit*. Notes sous décision : SCHOETTL (J-E.), *AJDA*, n°26, 28 juillet 2003, p.1391 ; FATOME (E.), *AJDA*, n°26, 28 juillet 2003, p.1404 ; FATOME (E.) et RICHER (L.), *RFDC*, 2003, p.772 ; TESSIER (A.), *BJCP*, n°30, septembre 2003, p.354 ; GONOD (P.), *AJDA*, n°31, 22 septembre 2003, p.1652 ; MENEMENIS (A.), *DA*, n°10, octobre 2003, p.24 ; LINDITCH (F.), *JCPA*, n°41, 6 octobre 2003, p.1289.

Le contrat de partenariat, crée par l'ordonnance du 17 juin 2004[387], s'inscrit dans un mouvement contemporain de développement des contrats globaux et de nouvelles formes contractuelles, qualifiées par la doctrine de « *montages contractuels complexes* »[388] ou dits « *innovants* ». Toutefois, il est possible d'envisager le contrat de partenariat sans globalité[389].

Le contrat de partenariat introduit dans la sphère de la gestion publique l'obligation de rendre compte, l'évaluation préalable systématique et le « parangonnage » sur une longue période. L'ordonnance « *apparaît pour ce qu'elle est : une entreprise de rétablissement d'un objet contractuel global artificiellement effacé du droit de la commande publique, artificiellement parce qu'un tel objet global n'est en rien illicite, très normalement admis par le droit communautaire* »[390]. Ce contrat a comme objectif le préfinancement privé d'ouvrages publics, afin de faire bénéficier la personne publique du savoir-faire de la personne privée et d'allouer les risques de façon la plus optimale entre les parties. L'identification des risques et leur allocation aux parties sont essentielles à la réussite du contrat de partenariat.

La clé d'un contrat de partenariat réussi dépend de trois éléments : l'utilisation à bon escient de ce nouvel outil, l'identification des besoins et la maîtrise de la procédure de passation. Ces éléments se révèlent d'autant plus justes quant à l'application du contrat de partenariat au domaine sportif.

Ainsi, le recours au contrat de partenariat comporte des risques qui sont maîtrisés par les parties (**Section 1**) et contre les potentiels recours (**Section 2**).

---

[386] CE, 29 octobre 2004, *M. Sueur et autres*, n°269814. Concl. Casas, *RFDA*, n°6, novembre 2004, p.1103. Rec. Lebon p.392. Notes sous arrêt : ECKERT (G.), *Contrats et Marchés* Publics, n°12, décembre 2004, p.20 ; LANDAIS (C.) et LENICA (F.), *AJDA*, n°43, 13 décembre 2004, p.2383 ; MENEMENIS (A.), *DA*, n°1, janvier 2005, p.22.

[387] Ordonnance n°2004-559 du 17 juin 2004 sur les contrats de partenariats, *JORF*, n°141, 19 juin 2004, p.10994.

[388] SALAMAND (W.), « Le contrat de partenariat à l'épreuve de la construction et de l'exploitation », *CP-ACCP*, n°125, octobre 2012, p.43 ; RAPP (L.), « Aux origines du contrat de partenariat », *Droit et Ville*, n°60, septembre 2005, p.29 ; TERNEYRE (P.), « Les montages contractuels complexes », *AJDA*, numéro spécial, 1994, p.43.

[389] SYMCHOWICZ (N.), « Contrats de PPP et autres formules : une réforme inachevée ? », *CP-ACCP*, n°81, octobre 2008, p.8.

[390] GAUDEMET (Y), « Les contrats de partenariat public-privé : une étude historique et critique », *BJCP*, n°36, septembre 2004, p.331.

Section 1 – Des risques maîtrisés par les parties cocontractantes

Le contrat de partenariat contribue à l'émergence d'une nouvelle catégorie de contrats publics (**§1**) et connaît des contraintes normatives (**§2**). Il s'inscrit comme une solution moderne et innovante face aux nouveaux enjeux majeurs auxquelles les enceintes sportives sont confrontées.

§ 1 – La genèse d'une nouvelle catégorie de contrats publics

L'origine du contrat de partenariat se trouve à la fois dans la tradition française du droit administratif (**A**) mais aussi dans l'expérience du marché d'entreprise de travaux publics (**B**). Les politiques publiques étrangères, notamment en Grande-Bretagne, ont permis l'émergence du contrat de partenariat dans les contrats publics (**C**).

A – La tradition française du partenariat public-privé

99. Fort de sa tradition « colbertienne », caractérisée par le rôle actif de la puissance publique dans le développement économique et social du pays, la France conçut assez tôt des outils juridiques adaptés à la collaboration des collectivités publiques avec le secteur privé pour la construction de grandes infrastructures ou la réalisation de projets d'intérêt général[391].

Le contrat de partenariat trouve ses sources dès l'Antiquité romaine[392] avec la création du *manceps*. Il faudra attendre le XVème siècle pour qu'apparaissent en France ce type de contrat. Ainsi, Louis XI en 1471

---

[391] Pour l'histoire des contrats de partenariats, V. BEZANCON (X.), « Essai sur les contrats de travaux et services publics – contribution à l'histoire administrative de la délégation de mission publique », Thèse, sous la direction du Professeur François CHEVALLIER, Université Paris Est-Créteil (Paris XII), 1997, 658 p.

[392] Xavier BEZANCON dans son article sur l'origine des contrats de partenariat, (« Les contrats de partenariat : est-ce vraiment nouveau ? », *La Revue du Trésor*, n°3-4, mars-avril 2005, p.195) retrace les premiers contrats publics apparus sous l'Antiquité romaine grâce au système de transport postal, le *cursus publicus*, organisé autour du contrat qualifié en latin de *manceps*. Le transport des courriers était pris en charge par l'empereur et par les collectivités locales. Les stations postales pouvaient accueillir des centaines d'animaux, des troupes entières de voyageurs ainsi que le gouverneur et sa suite. Le contrat passé après adjudication avec des gestionnaires confiaient la gestion de ces hôtels postaux en contre partie de leur construction, entretien et fonctionnement durant un *lustrum* soit cinq ans, durée habituelle des contrats en droit romain. V. aussi BERGERE (F.), BEZANCON (X.), DERUY (L.), GOULARD (G.) et FORNACCIARI (M.), *Le guide opérationnel des PPP*, Le Moniteur, 3ème édition, janvier 2010, p.21 et s. ; VIDELIN (J-C.), « Partenariat public-privé : histoire d'un équilibre incertain », *JCPA*, n°51, 19 décembre 2011, p.10.

organise les concessions de mines puis de canaux. Dès le début du XVIIème siècle deux importants contrats sont crées dans le domaine du pavage des rues de Paris et de l'enlèvement des ordures ménagères[393], sous l'impulsion d'Henri IV excédé de la malpropreté de la ville.

Colbert s'inspira de ces mesures pour imposer un principe général dans une circulaire aux intendants du 10 décembre 1669. Il demanda aux intendants de passer des baux dits « d'entretennement », autrement dit baux décennaux, destinés à faciliter la commodité publique et le commerce afin d'entretenir raisonnablement les ponts et chaussés et tous les grands chemins du royaume. Ces baux se sont répandus au cours des XVIIème et XVIIIème siècles[394]. Ces contrats décennaux de construction et d'entretien confiaient à un entrepreneur le soin de financer, d'exécuter les travaux et d'assurer la police administrative ainsi que l'entretien de l'usage, comme le rappelle M. Xavier Bezançon. Il souligne également à juste titre que ces contrats ont traversé « *les temps perturbés de la Révolution et de l'Empire* », et deviennent « *la source principale des cahiers des charges types de marchés de travaux publics dans les années 1810, qui comprenaient obligatoirement une période de six à dix ans d'entretien par le constructeur* »[395].

Avec la révolution industrielle, les contrats ont évolué laissant une large place aux contrats de concession notamment dans l'aménagement urbain et les chemins de fer. Ce développement du contrat de concession deviendra un élément moteur de l'économie française de la fin du XIXème siècle et très utilisé par le Baron Hausmann[396] ou dans le doublement des voies de chemin de fer[397]. Un arrêt du Conseil d'Etat du 8 février 1878, *Sieur Pasquet*[398], a

---

[393] Baux de Claude Voisin en 1604, de Le Duchat et d'Achille de Harlay en 1607. Un service public du pavage des rues de Paris et de l'enlèvement des ordures ménagères était dès lors organisé et confié à une personne privée capable d'en répondre durant vingt ans en contre partie d'un paiement effectué par le roi lui-même. Ces contrats furent exécutés avec succès. Les contrats de pavage se poursuivirent jusqu'en 1830 par succession de baux décennaux régulièrement mis en adjudication.

[394] Parmi lesquels nous citerons notamment la construction des grandes routes de Bretagne (Paris-Brest), de Picardie, de Lyon ou encore de l'Est ; une partie de la construction du canal du Midi ; et surtout les contrats signés par la ville de Paris en 1669 avec des particuliers pour construire et entretenir des machines élévatoires des eaux sur les ponts de Paris afin d'alimenter des fontaines publiques, à l'instar de la machine, surnommée la Samaritaine, réalisée sous cette forme en 1604 sur le pont neuf par Lintlaër, ingénieur et architecte flamand.

[395] BEZANCON (X.), « Les contrats de partenariat : est-ce vraiment nouveau ? », *La Revue du Trésor*, n°3-4, mars-avril 2005, p.196.

[396] Les quarante-deux concessions signées par le Baron Hausmann pour la réalisation des boulevards et rue de Paris comprenaient nécessairement une partie sur l'exécution des travaux, le paiement étant effectué après livraison de l'ouvrage.

[397] Lors de la construction du doublement des voies de chemin de fer, à partir des années 1870, un préfinancement des travaux est organisé par les concessionnaires contre un paiement

consacré cette approche concessionnaire à paiement public, en considérant que la source du paiement du concessionnaire n'est pas un critère de classification du contrat.

Dans sa note relative à l'arrêt *Blanleuil et Vernaudon*, le Doyen Hauriou mentionne que « *le concessionnaire et l'administration à laquelle appartient le service, sont dans la situation de deux conjoints liés l'un à l'autre pendant une longue période astreint à la vie commune et dominés par la préoccupation du service public à gérer ensemble comme les deux époux sont dominés par la préoccupation d'une famille à fonder et à élever* »[399] ; faisant par la même occasion état d'un partenariat entre le concessionnaire et l'administration. Il reconnaît l'existence de ce lien et de la notion.

La Haute Assemblée a confirmé la notion de contrat de concession à paiement public dans son arrêt *Sibille*[400], relatif à une opération de rénovation urbaine. Toutefois, le Conseil d'Etat consacre la concession dans l'arrêt *Compagnie générale d'éclairage de Bordeaux*[401]. Si cet arrêt doit sa célébrité à la création prétorienne par le juge administratif de la théorie de l'imprévision, il rappelle également les principes fondamentaux des contrats de concession de service public. Dans ses conclusions, le commissaire du gouvernement Chardenet définissait la concession comme « *le contrat qui charge le particulier ou une société d'exécuter un ouvrage public ou d'assurer un service public, à ses frais, avec ou sans subvention, avec ou sans garantie d'intérêt, et que l'on rémunère en lui confiant l'exploitation de l'ouvrage public ou l'exécution du service public, avec le droit de percevoir des redevances sur les usagers de l'ouvrage public ou sur ceux qui bénéficient du service public* ». Cette définition connaît des similitudes avec l'actuelle rédaction de l'ordonnance du 17 juin 2004 relative au contrat de partenariat.

Si dans la réalité de la gestion administrative[402], le contrat de concession tient toute sa place, l'apport du marché d'entreprise de travaux publics a relancé le besoin de contrats globaux alliant gestion domaniale et

---

public des prestations. Ce paiement devait installer un équilibre économique de ces prestations afin de ne pas obérer les finances publiques.

398 CE, 8 février 1878, *Sieur Pasquet c/ Ville de Bourges*, Rec. Lebon p.127.

399 CE, 14 février 1902, *Blanleuil et Vernaudon c/ Ville d'Angoulême*. Note sous arrêt HAURIOU (M.), *S.* 1904, III, p.81.

400 CE, 30 octobre 1936, *Sieur Sibille*, n°44016. Rec. Lebon p.936.

401 CE, 30 mars 1916, *Compagnie générale d'éclairage de Bordeaux*. Concl. Chardenet, *D.* 1916, n°3, p.25. Rec. Lebon p.125. Notes sous arrêt : JEZE (G.), *RDP* 1916 p.388 ; HAURIOU (M.), *S.* 1916, n°3, p.17.

402 BEZANCON (X.), « Les contrats de partenariat : est-ce vraiment nouveau ? », *La Revue du Trésor*, n°3-4, mars-avril 2007, p. 197.

préfinancement d'infrastructure[403] avant l'éclosion de l'ordonnance du 17 juin 2004.

B – Le précédent METP

100. Le contrat de partenariat est défini par son objet. Celui-ci comporte des éléments traditionnels du marché d'entreprise de travaux publics (METP). Le METP apparaît de façon prétorienne avec les arrêts *Ville de Colombes*[404] et *Société SIMA*[405] relatifs à l'enlèvement d'ordures ménagères et de la qualification juridique du contrat. Dans ses conclusions, le commissaire du gouvernement Gentot analyse le METP comme « *se décomposant en deux éléments : marché de travaux public et contrat de prestation de service pour l'exploitation d'installation* ». D'autres jurisprudences ont confirmé la qualification de METP de contrat global[406].

Le METP « *présente toutes les caractéristiques du partenariat public-privé* »[407]. Il confie une mission globale, de construction de l'ouvrage et la gestion du service public affecté, à une entreprise rémunérée par la collectivité publique. Le METP se distingue du marché de travaux publics traditionnel par la gestion du service public, mais aussi en raison de la possibilité d'effectuer un étalement du paiement. Le juge administratif tolérait ce mode de paiement quand bien même le Code des marchés publics l'interdisait déjà[408]. Le Conseil d'Etat met fin au METP par ses jurisprudences, *Préfet des Bouches-du-Rhône contre Commune de La Ciotat*[409] et *Département de l'Orne*[410]. Il n'invalide pas le recours au METP,

---

[403] DU MARAIS (B.), « La genèse des contrats de partenariat du point de vue des innovations apportées par l'ordonnance du 17 juin 2004 », *La Revue du Trésor*, n°3-4, mars-avril 2007, p.200.

[404] CE, 11 décembre 1963, *Ville de Colombes*, n°55972. Concl. Chardonnet. Rec. Lebon p.612.

[405] CE, 26 novembre 1971, *Société SIMA*, n°75710. Concl Gentot, *RDP* 1972, p.239. Rec. Lebon p.723.

[406] TA Lille, 16 janvier 1985, *Ville de Douai* ; CE, 8 juillet 1985, *SA Lyonnaise des eaux et de l'éclairage*. Concl. Dandelot. Rec. Lebon p.246 ; CE, 11 juillet 1986, *Préfet de la Creuse*, n°38897. Concl. Guillaume. Rec. Lebon p.611. V. GAUDEMET (Y.), *Traité de droit administratif*, Tome 2, n°877 et s.

[407] RICHER (L.), *Droit des contrats administratifs*, LGDJ, 8ème édition, août 2012, n°1365.

[408] Articles 175 et 350 du Code des marchés publics antérieur à 2001, article 96 du code en vigueur.

[409] CE, 8 février 1999, *Préfet des Bouches-du-Rhône c/ Commune de La Ciotat*, n°150931. Concl. Bergeal, *AJDA*, n°4, 20 avril 1999, p.364. Rec. Lebon p.19. Notes sous arrêt : CHABANOL (D.), *AJDA*, n°4, 20 avril 1999, p.368 ; MESCHERIAKOFF (A-S.), *RGCT*, n°8, novembre 1999, p.510 ; BRACONNIER (S.), *RFDA*, n°6, décembre 1999, p.1172.

[410] CE, 30 juin 1999, *Département de l'Orne*, n°169336. Concl. Bergeal. Rec. Lebon p.227. Note sous arrêt : RICHER (L.), *CJEG*, n°560, 20 décembre 1999, p.434.

concept de sa propre création. Il vérifie simplement que ce montage contractuel soit passé régulièrement au regard du Code des marchés publics. Les juges du Palais Royal tirent les conséquences de l'interdiction du paiement différé, notamment en raison de l'affaire des « faux » METP, pour la rénovation des lycées d'Ile-de-France, jetant le discrédit sur ce mécanisme contractuel où aucune tâche d'exploitation ne se voyait confier au cocontractant.

Le METP a donc souffert de son incompatibilité avec le régime applicable du Code des marchés publics. Il ne constituait nullement un marché ordinaire de la nature du Code des marchés publics, mais représentait un outil contractuel efficace. La loi du 2 juillet 2003, autorisant le gouvernement à simplifier le droit et instituant le contrat de partenariat, marque clairement la rupture avec le METP et la volonté de dépasser la distinction marché public et délégation de service public[411]. Ainsi, l'ordonnance du 17 juin 2004, particulièrement attendue pour confier la conduite de projets complexes à des opérateurs économiques, comporte d'heureuses innovations et quelques ambiguïtés[412].

C – L'émergence du contrat de partenariat

101. Elaborée par le gouvernement John Major 2 et son chancelier de l'échiquier en 1992[413] dans le but de favoriser l'investissement du secteur privé dans le domaine des hôpitaux et des prisons[414], mais appliqué factuellement en 1987 pour la construction du pont *Queen Elizabeth II Bridge*, la *Private Finance Initiative* (*PFI*) n'a pas eu l'effet escompté. Il prit de l'ampleur, Outre-manche, en 1997 durant le gouvernement Tony Blair avec une politique de développement des transports et fut rebaptisé *Public-Private Partnership* (PPP)[415]. La *Private Finance Initiative* a servi de

[411] RICHER (L.), *Droit des contrats administratifs*, LGDJ, 8ème édition, août 2012, n°1388 ; LINDITCH (F.), « Contribution à la distinction des conventions de délégation de service public et des contrats de partenariat », *JCPA*, n°51, 19 décembre 2011, p.14 ; DU MARAIS (B.), « La genèse des contrats de partenariats du point de vue des innovations apportées par l'ordonnance du 17 juin 2004 », *La Revue du Trésor*, n°3-4, mars-avril 2007, p.200.

[412] MENEMENIS (A.), « L'ordonnance sur les contrats de partenariats : heureuse innovation ou occasion manquée ? », *AJDA*, n°32, 27 septembre 2004, p.1732.

[413] Le gouvernement John Major, Premier ministre britannique, succéda à celui de Margaret Thatcher le 28 novembre 1990. Le gouvernement John Major 2 pris ses fonctions le 11 avril 1992 jusqu'au 3 mai 1997.

[414] THOUVENOT (S.), « La définition des partenariats public-privé à la lumière du droit communautaire et du droit anglais », *Cahiers de droit de l'entreprise*, n°4, juillet 2006, p.17.

[415] MARTY (F.) et VOISIN (A.), « Le contrat de partenariat constitue-t-il une *private finance intiative* à la française ? », *RIDE*, n°2, avril 2006, p.133 ; BIRKINSHAW (P.), « Contrats publics et contractualisation de l'action publique : un point de vue anglais », *RFDA*, n°5, septembre 2006, p.1015.

modèle pour le développement du partenariat public-privé à la française[416]. Néanmoins, il ne doit pas être appréhendé en droit français comme une transposition *stricto sensu*, bien au contraire[417]. La *PFI* s'inscrit comme une politique générale d'acquisition publique, tandis que le PPP français désigne une forme contractuelle. La *PFI* s'est indirectement inspirée de l'expérience française de gestion déléguée[418].

102. Le développement du *PFI* incita la France à se doter d'un cadre contractuel similaire. L'article 6 de la loi du 6 juillet 2003 habilite le gouvernement à prendre par ordonnance des mesures visant à la simplification du droit. L'objectif de cette habilitation était de modifier la loi MOP ; étendre les dispositions LOPSI I et II, ainsi que la création de nouvelles formes de contrats ; la finalité étant la résurgence de la concession à paiement public faisant appel au financement privé pour réaliser des équipements. L'habilitation a été déclaré conforme à la Constitution, malgré quelques sérieuses réserves émises par les Sages de la rue Montpensier[419]. Le Conseil constitutionnel admet la constitutionnalité du recours aux contrats globaux mais définit étroitement ce recours en le réservant « *à des motifs d'intérêt général tels que l'urgence qui s'attache, en raison de circonstances particulières ou locales, à rattraper un retard préjudiciable, ou bien la nécessité de tenir compte des caractéristiques techniques, fonctionnelles ou économiques d'un équipement ou d'un service déterminé* »[420] afin d'éviter une généralisation « *des dérogations au droit de la commande publique* », privant « *de garanties légales les exigences constitutionnelles inhérentes à*

---

[416] MARTY (F.) et VOISIN (A.), « Le contrat de partenariat constitue-t-il une *private finance intiative* à la française ? », *RIDE*, n°2, avril 2006, p.132 ; PENTECOSTE (J.) et VILLATEAU (E.), « La réforme des partenariats public-privé en France s'inspirera-t-elle de l'expérience britannique ? », *JCPG*, n°39, 22 septembre 2014, p.1714.

[417] LICHERE (F.), « Les contrats de partenariats, fausse nouveauté ou vraie libéralisation dans la commande publique ? », *RDP*, n°6, novembre 2004, p.1547 ; BREVILLE (A.), « Comparaison entre les contrats de partenariat au Royaume-Uni et aux USA », *CP-ACCP*, n°36, septembre 2004, p.58 ; BREVILLE (A.), « Avantages comparatifs du contrat de partenariat par rapport aux autres contrats complexes », *AJDA*, n°32, 27 septembre 2004, p. 1754 ; AUBY (J-B.) et BREEN (E.), « Actualité du droit anglais des contrats publics », *RFDA*, n°5, septembre 2006, p.1014.

[418] BRACONNIER (S.), « Les contrats de *Private Finance Initiative*. Réflexion sur la dynamique contractuelle dans les partenariats public-privé », *BJCP*, n°22, mai 2002, p.1747 ; LIGNIERES (P.) et LEVY (J-P.), « Un *PFI* à la française : les nouveaux partenariats public-privé dans la sécurité et la justice », *DA*, n°12, décembre 2002, p.34 ; COSSALTER (P.) et DU MARAIS (B.), *La PFI*, Institut de la gestion déléguée, mars 2001, 88 p.

[419] Décision n°2003-473 DC du 26 juin 2003 relative à la loi habilitant le Gouvernement à simplifier le droit. Notes sous décision : SCHOETTL (J-E.), *AJDA*, n°26, 28 juillet 2003, p.1391 ; FATOME (E.), *AJDA*, n°26, 28 juillet 2003, p.1404 ; FATOME (E.) et RICHER (L.), *RFDC*, 2003, p.772 ; TESSIER (A.), *BJCP*, n°30, septembre 2003, p.354 ; GONOD (P.), *AJDA*, n°31, 22 septembre 2003, p.1652 ; MENEMENIS (A.), *DA*, n°10, octobre 2003, p.24 ; LINDITCH (F.), *JCPA*, n°41, 6 octobre 2003, p.1289.

[420] Cons. n°18.

l'égalité de la commande publique, à la protection des propriétés publiques et au bon usage des propriétés publiques »[421]. Ces dérogations devront restées toutefois exceptionnelles. Pour reprendre l'expression de M. René Chapus, « *le contrat de partenariat constituerait un objet de luxe dont on ne pourrait se servir tous les jours, du moins en toute légalité* »[422]. Le Conseil constitutionnel rappelle ainsi la valeur constitutionnelle de l'égalité devant la commande publique[423] et identifie un droit commun de la commande publique[424], tout en retenant deux critères d'éligibilités au contrat de partenariat : l'urgence et la complexité. Il semble avoir également retenu l'argument des auteurs de la saisine, selon lequel « *la loi visait à ressusciter le METP* »[425]. Cette décision a obéré le développement du contrat de partenariat. Sur le fondement de cette décision, le gouvernement a donc pris l'ordonnance du 17 juin 2004 créant les contrats de partenariat.

103. Le Conseil d'Etat a été saisi contre l'ordonnance du 17 juin 2004 d'un recours avant sa ratification, dans un arrêt *Sueur* rendu le 29 octobre 2004[426]. Il rejette la requête et valide l'ordonnance sur les contrats de partenariat. La Haute juridiction administrative apporte surtout d'utiles clarifications. L'arrêt rendu est construit comme « *une décision du Conseil constitutionnel : l'ordonnance est validée, mais sous de strictes réserves d'interprétation* »[427]. Conformément à l'article 38 de la Constitution, les ordonnances prises par habilitation législative sont des actes administratifs susceptibles d'un recours pour excès de pouvoir tant qu'elles n'ont pas été ratifiées par le Parlement[428].

---

[421] *Ibid.*
[422] Citée par LLORENS (F.) et SOLER-COUTEAUX (P.), « Le contrat de partenariat devant le Conseil constitutionnel », *Contrats et Marchés Publics*, n°8, août-septembre 2008, repère 8.
[423] Décision n°2002-461 DC du 29 août 2002 *relative à la loi d'orientation et de programmation pour la justice*.
[424] V. notamment PEYRICAL (J-M.), « L'évolution du droit de la commande publique, quelques commentaires et réflexions », *AJDA*, n°18, 18 mai 2009, p.965.
[425] RICHER (L.), *Droit des contrats administratifs*, LGDJ, 8ème édition, août 2012, n°1393.
[426] CE, 29 octobre 2004, *M. Sueur et autres*, n°269814. Concl. Casas, *RFDA*, n°6, novembre 2004, p.1103. Rec. Lebon p.392. Notes sous arrêt : ECKERT (G.), *Contrats et Marchés* Publics, n°12, décembre 2004, p.20 ; LANDAIS (C.) et LENICA (F.), *AJDA*, n°43, 13 décembre 2004, p.2383 ; MENEMENIS (A.), *DA*, n°1, janvier 2005, p.22.
[427] LANDAIS (C.) et LENICA (F.), *AJDA*, n°43, 13 décembre 2004, p.2385. V. aussi pour illustration, CE, Ass. 11 mai 2004, *Association AC ! et autres*, n°255886. Concl. Devys, *RFDA*, n°3, mai 2004, p.453. Rec. Lebon p.197. Notes sous arrêt : STAHL (J-H.) et COURREGES (A.), *RFDA*, n°3, mai 2004, p.438 ; LANDAIS (C.) et LENICA (F.), *AJDA*, n°22, 14 juin 2004, p.1183 ; DUBOS (O.) et MELLERAY (F.), *DA*, n°8, août 2004, p.8 ; CASAS (D.), *BJCP*, n°40, mai 2005, p.187 ; GUETTIER (C.), *RDP*, n°2, mars 2005, p.493.
[428] Décision n°85-196 DC du 8 août 1985, *Loi sur l'évolution de la Nouvelle-Calédonie*.

Le Conseil d'Etat a donc pu vérifier son adoption conformément à la loi d'habilitation[429] et dans le respect des règles et des principes de valeur constitutionnelle, des principes généraux du droit qui s'imposent à toute autorité administrative, ainsi que des engagements internationaux de la France[430]. Le Conseil d'Etat devait notamment se prononcer sur les réserves d'interprétation formulées par le Conseil constitutionnel. Il a estimé que les dispositions de l'ordonnance respectent les réserves constitutionnelles, considérant que « *la légalité de la décision de lancer la procédure de passation d'un contrat de partenariat est soumise, non seulement à la réalisation, dans les formes prescrites, de l'évaluation préalable qu'elles prévoient, mais aussi, sous le contrôle du juge, qui pourra notamment être saisi, au stade précontractuel, sur le fondement des dispositions de l'article L.551-1 du Code de justice administrative, à ce que le projet envisagé corresponde effectivement à l'une des situations visées au a) de l'article 2 de l'ordonnance attaquée et de l'article L.1414-2 du Code général des collectivités territoriales* ». Les conditions d'urgence et de complexité posées par le Conseil constitutionnel ne se trouvent donc pas privées de force impérative. La définition établie du contrat de partenariat s'inspire de la directive communautaire du 31 mars 2004 relative à la coordination des procédures de passation des marchés publics de travaux, de fournitures et de services justifiant le recours au dialogue compétitif[431].

§ 2 – Les contraintes normatives du contrat de partenariat

Le contrat de partenariat est un contrat global (**A**). Le recours à ce contrat implique des conditions (**B**) visant à ce que la procédure de passation se déroule dans les meilleures conditions (**C**). Afin de mieux appréhender le contrat de partenariat, il convient d'étudier ses contraintes normatives propres en les éclairant des montages réalisés.

---

[429] CE, Ass., 24 novembre 1961, *Fédération nationale des syndicats de police*. Rec. Lebon p.658.

[430] CE, 4 novembre 1996, *Association de défense des sociétés de courses des hippodromes de province*, n°177162. Concl. Maugüé, *RFDA*, n°6, décembre 1996, p.1109. Rec. Lebon p.427. Note sous arrêt FAVOREU (L.), *DA*, 1997, comm.24.

[431] Directive 2004/18/CE du Parlement européen et du Conseil du 31 mars 2004, *JOUE* L 134/114, 30 avril 2004. V. aussi RAPP (L.), « Aux origines du contrat de partenariat », *Droit et Ville*, n°60, septembre 2005, p.29 et s.

A – Le contrat de partenariat, un contrat global

104. Le contrat de partenariat est un procédé en constant développement. Il a connu une évolution législative avec les lois du 28 juillet 2008[432] et du 17 février 2009[433]. Cette évolution ne bouleverse pas l'économie générale de l'ordonnance du 17 juin 2004 créant le contrat de partenariat mais se situant dans une continuité de l'œuvre législative entreprise. La loi du 28 juillet 2008 comporte notamment « *diverses mesures d'adaptation qui vont faciliter le recours au contrat de partenariat, en étendre le champ et en accroître la sécurité juridique* »[434]. La loi du 28 juillet 2008 relative aux contrats de partenariat modifie et complète l'ordonnance du 17 juin 2004 qui a créé lesdits contrats[435]. Mais elle n'en bouleverse nullement l'économie, se situant clairement dans la continuité de l'œuvre législative entreprise quatre ans plus tôt qu'elle améliore dans le but clairement affiché de développer l'usage du contrat de partenariat. La loi comporte ainsi diverses mesures d'adaptation qui vont faciliter le recours au contrat de partenariat, en étendre le champ et en accroître la sécurité juridique. Elle va permettre aussi des avancées importantes dans plusieurs domaines notamment le financement et la fiscalité des contrats de partenariat[436].

La France traverse une crise économique et financière mondiale depuis 2008. Cette crise durable et structurelle a initié un plan de relance, détaillé par le président de la République[437], dont l'une des principales mesures est l'accélération des investissements publics en permettant de recourir plus facilement aux contrats de partenariat et de simplifier les procédures de marchés publics. Ces volontés de simplifications font suite à la loi du 28 juillet 2008 relative aux contrats de partenariat, complétant les critères d'urgence et de complexité, avec l'ajout d'un troisième critère d'éligibilité :

---

[432] Loi n°2008-735 du 28 juillet 2008 relative aux contrats de partenariat, *JORF*, n°175, 29 juillet 2008, p.12144/12146 et 12150/12151. V. DE FENOYL (E.), « Timide avancée pour le contrat de partenariat, occasion manquée pour le partenariat public-privé », *AJDA*, n°31, 22 septembre 2008, p.1709 ; DEGOFFE (M.), « Loi du 28 juillet 2008 relative aux contrats de partenariat », *BJCL*, n°9, septembre 2008, p.635 ; SYMCHOWICZ (N.), « Contrats de PPP et autres formules : une réforme inachevée ? », *CP-ACCP*, n°81, octobre 2008, p.8 ; DERUY (L.), « L'élargissement des conditions de recours au contrat de partenariat », *CP-ACCP*, n°81, octobre 2008, p.37 ; NOVAT (P.) et GUIMET (A.), « Contrats de partenariat : vers une normalisation au sein de la commande publique », *CP-ACCP*, n°89, juin 2009, p.44.

[433] Loi n°2009-179 du 17 février 2009 pour l'accélération des programmes de construction et d'investissements publics et privés, *JORF*, n°41, 18 février 2009, p.2841.

[434] DE SAINT-PULGENT (N.), « Les avancées de la loi du 28 juillet 2008 sur les contrats de partenariat », *BJCP*, n°60, octobre 2008, p.322.

[435] V. notamment sur ce point DEGOFFE (M.), « Loi du 28 juillet 2008 relative aux contrats de partenariat », *BJCL*, n°9, septembre 2008, p.635.

[436] V. n°246.

[437] Discours du président de la République du 4 décembre 2008 à Douai, *in*, www.gouvernement.fr/gouvernement/le-plan-de-relance-pour-l-economie.

l'efficience. Par l'adoption de cette loi le législateur ouvre désormais largement le recours à cet instrument contractuel en vue d'en faciliter l'usage et de lui permettre de trouver sa vraie place entre marché public et délégation de service public. En vertu de ce nouveau critère, un contrat de partenariat pourra être conclu « *si, au regard de l'évaluation, il s'avère [...] que, compte tenu soit des caractéristiques du projet, soit des exigences du service public dont la personne publique est chargée, soit des insuffisances et difficultés observées dans la réalisation de projets comparables, le recours à un tel contrat présente un bilan entre les avantages et les inconvénients plus favorable que ceux d'autres contrats de la commande publique* », étant précisé que *« le critère du paiement différé ne saurait à lui seul constituer un avantage »*[438]. Ainsi, à l'inverse du *PFI*, le contrat de partenariat se développe dans un contexte de concurrence économique marqué en parallèle d'autres solutions contractuelles. Il n'est nullement conçu comme un mode d'achat public par défaut[439]. Le pouvoir adjudicateur doit dès lors démontrer que cette solution contractuelle s'avère la seule envisageable pour la construction ou la rénovation du bien immobilier, tout en demeurant la plus économiquement efficace. Il s'agit là d'une inversion de la charge de la preuve au regard de l'exemple britannique. Pour autant, conçu sur le modèle anglais pour que l'externalisation s'accroisse[440], le contrat de partenariat ne permet qu'une externalisation d'une portée moindre que celle envisageable par le choix du marché public ou de la délégation de service public[441].

105. Un autre texte normatif intervient le 17 février 2009[442] avec la loi d'accélération des programmes de construction et d'investissements publics et privés. Un important travail à la fois législatif et règlementaire a donc été entrepris.

Le cadre législatif des contrats de partenariat est enrichi par l'article 6 de la loi du 4 février 2009 de finances rectificative pour 2009[443]. Précédemment à ce volet législatif, la réforme règlementaire du Code des marchés publics par les décrets des 17 et 19 décembre 2008 engendre « *une refonte radicale de*

---

[438] Article 2-II-3° de l'ordonnance du 17 juin 2004 sur les contrats de partenariat modifiée par la loi du 28 juillet 2008 relative aux contrats de partenariat.

[439] MARTY (F.) et VOISIN (A.), « Le contrat de partenariat constitue-t-il une *private finance intiative* à la française ? », *RIDE*, n°2, avril 2006, p.132.

[440] AUBY (J-B.) et BREEN (E.), « Actualité du droit anglais des contrats publics », *RFDA*, n°5, septembre 2006, p.1013.

[441] MELLERAY (F.), « Contrat de partenariat et externalisation », *La Revue du Trésor*, n°3-4, mars-avril 2007, p. 246.

[442] Loi n°2009-179 du 17 février 2009 pour l'accélération des programmes de construction et d'investissement publics et privés, *JORF*, n°0041, 18 février 2009 p. 2841.

[443] Loi n°2009-122 du 4 février 2009 de finances rectificative pour 2009, *JORF*, n°30, 5 février 2009, p.2032.

certaines des règles et principes les mieux assurés de ce code »[444]. Pris à quelques jours d'intervalle, ces décrets[445], l'un du 17 décembre 2008 au titre de la mise à jour du Code des marchés publics et les deux autres du 19 décembre 2008 au titre de la mise en œuvre du plan de relance économique, n'ont aucune incidence sur le contrat de partenariat. *A contrario*, le volet législatif de la réforme du droit de la commande publique et du plan de relance de l'économie, de par l'article 6 de la loi du 4 février 2008 de finances rectificative 2009 et la loi pour l'accélération des programmes de construction et d'investissements publics et privés adoptée le 17 février 2009, permet de faciliter l'accès au financement des contrats de partenariat d'une part et d'autre part de compléter le dispositif juridique[446].

En cette période de crise, afin de susciter l'intérêt et la confiance de futurs financements privés dans un contrat de partenariat, la loi de finances rectificative a instauré à son article 6 une garantie de l'Etat pour « *faciliter le financement de projets dont la réalisation est jugée prioritaire* »[447]. En vertu de ce même article, cette garantie est plafonnée à 80% du montant des prêts ou titres de créances concernés, la garantie accordée porte à concurrence d'un montant global de 10 milliards d'euros sur la période pour l'ensemble des projets. Le prêteur définira par arrêté les modalités d'octroi de cette garantie.

106. Dans le cadre de son plan de relance, l'Etat cherche à utiliser l'investissement public dans des projets d'infrastructures comme moteur de la relance de l'économie nationale[448]. Les projets de construction et de modernisation des enceintes sportives se prêtent particulièrement à cet investissement public dans ce contexte actuel de crise financière. Cet investissement public en tant qu'outil de la relance de l'économie nationale s'avère indispensable mais insuffisant. L'endettement des pouvoirs publics et les dérèglements des marchés financiers ont provoqué une crise des liquidités. L'Etat, pour y pallier, a sollicité la Caisse des Dépôts et Consignations afin qu'elle mobilise une enveloppe de 8 milliards d'euros sur

---

[444] TERNEYRE (P.), « Réforme du code des marchés publics : de la mise à jour à quelques refontes radicales », *BJCP*, n°62, février 2009, p.2.

[445] Décret n°2008-1334 du 17 décembre 2008 au titre de la mise à jour du code des marchés publics, *JORF*, n°0294, 18 décembre 2008 p. 19367. Décrets n°2008-1355 et 2008-1356 du 19 décembre 2008 au titre de la mise en œuvre du plan de relance économique, *JORF*, n°0296, 20 décembre 2008 p.19544.

[446] V. BEZANCON (X.), « Le PPP, véritable instrument de la relance économique ? », *CP-ACCP*, n°89, juin 2009, p.34.

[447] Article 6 de la loi n° 2009-122 du 4 février 2009 de finances rectificative pour 2009.

[448] OLIVIER (F.), « Contrat de partenariat, vecteur de relance », *Contrats et Marchés Publics*, n°3, mars 2009, p.7 ; BEZANCON (X.), « Le PPP, véritable instrument de la relance économique ? », *CP-ACCP*, n°89, juin 2009, p.35 ; DELAMAIRE (M.), « Partenariats public-privé », *RGCT*, n°36, septembre 2005, p.345.

les fonds d'épargne pour la période 2009-2013[449]. De plus, la flexibilité apportée par la loi du 17 février 2009[450] sur le caractère ajustable des modalités de financement permet de faciliter l'activité des entreprises nationales en accentuant notamment le recours au contrat de partenariat sur des projets jugés structurants. Au titre de la relance économique, le contrat de partenariat est considéré comme un outil adapté pour participer à cette relance. Il répond également au pouvoir d'organisation du service public. Les enceintes sportives remplissent des missions de service public sans que pour autant soit exclue la maîtrise d'ouvrage privée de l'équipement public.

107. Les contrats de partenariat sont des contrats publics globaux, de longue durée, dont la rémunération liée à des objectifs de performance est étalée dans le temps.

Le contrat de partenariat est un contrat global[451]. A ce titre, le contrat peut comprendre la construction ou la transformation des ouvrages ou équipements, leur entretien ou leur maintenance, leur exploitation et / ou leur gestion, ainsi que leur financement[452]. Dès lors, ce contrat global correspond aux projets de modernisation des enceintes sportives, puisqu'il permet la construction ou la transformation d'une enceinte, son entretien, son exploitation et son financement par les acteurs publics et privés. Il « *appartient à la catégorie générale des contrats globaux, caractérisée par la pluralité des missions du cocontractant* »[453]. Cette définition donnée par le Professeur Laurent Richer est significative, puisque la pluralité des missions semble être un des éléments clés du contrat introduit par l'ordonnance du 17 juin 2004 puis par les modifications suivantes.

Le contrat de partenariat emporte le transfert de la maîtrise d'ouvrage. Le maître de l'ouvrage est la personne morale responsable principale de l'ouvrage auquel il appartient. Au moment où la personne publique signe le contrat, elle transfère donc la maîtrise de l'ouvrage à la personne privée et la conduite de l'opération à mener, celle-ci devenant donc maître de l'ouvrage c'est-à-dire de l'enceinte.

---

[449] PIGNON-XARDEL (S.), MANOUKIAN (S.), VITSE (L.), *Le financement des partenariats public-privé. Problématiques juridiques et financières, pratiques et enjeux*, Le Moniteur, février 2010, p.22.

[450] Loi n°2009-179 du 17 février 2009 pour l'accélération des programmes de construction et d'investissements publics et privés, *JORF*, n°41, 18 février 2009, p.2841.

[451] Le Professeur Yves GAUDEMET développe ce point de façon pertinente dans son article « Les contrats de partenariat public-privé : étude historique et critique », *BJCP*, n°36, septembre 2004, p.331.

[452] Article 1er de l'ordonnance du 17 juin 2004 sur les contrats de partenariat modifiée par la loi du 17 février 2009 pour l'accélération des programmes de construction et d'investissement publics et privés.

[453] RICHER (L.), *Droit des contrats administratifs*, LGDJ, 8ème édition, août 2012, n°1401.

Certes au sein de la délégation de service public se retrouvent des éléments communs au contrat de partenariat, un contrat global de longue durée dans lequel la personne publique n'est pas maître d'ouvrage et procède à des versements échelonnées et dont la rémunération provient des usagers. Néanmoins, la délégation de service public comporte un écueil consistant en la formulation jurisprudentielle reprise par la loi MURCEF du 11 décembre 2001. Le Conseil d'Etat, dans l'arrêt *Préfet des Bouches-du-Rhône*[454], précisait que les délégations de service public sont des contrats « *dans lesquels la rémunération du cocontractant est substantiellement assurée par les résultats de l'exploitation* ». L'arrêt *SMITOM*[455] complétait cette formulation en indiquant que la rémunération du délégataire doit être assurée au moins à hauteur de 30% des résultats de l'exploitation. La loi MURCEF a figé et interprété à tort la jurisprudence[456], contribuant à souligner l'insuffisance du droit de la commande publique et la nécessité d'élaborer d'autres outils contractuels. Pour autant, en matière de stades, la délégation de service public ne concernait qu'un seul véritable stade, le Parc des Princes, le Stade de France n'étant qu'un montage « *pseudo-concessif* »[457].

La rémunération du cocontractant privé fait l'objet dans le cadre d'un contrat de partenariat d'un paiement par la personne publique pendant toute la durée du contrat. Le titulaire du contrat sera rémunéré par la personne publique contrairement au titulaire d'une délégation de service public dont la rémunération est directement assurée par l'exploitation de l'ouvrage[458]. La rémunération du contrat de partenariat a comme caractéristique de comporter des objectifs de performances répondant aux besoins de la personne publique, des usagers et du club résident mais aussi à l'optimisation de la prestation rendue. La rémunération peut inclure également une valorisation du domaine public ou une exploitation alternative de l'ouvrage. Autour du stade, les bâtiments administratifs du club résident ou le centre d'entrainement peuvent être implantés. De même des bureaux, des commerces et hôtellerie peuvent aussi accueillir les usagers-supporters-clients. L'exploitation alternative de l'ouvrage, en organisant d'autres événements sportifs ou culturels, s'inscrit dans les recommandations des différents rapports[459]. Ce dispositif diminue le loyer supporté, puisque le

---

[454] CE, 15 avril 1996, *Préfet des Bouches-du-Rhône c/ Commune de Lambesc.*

[455] CE, 30 juin 1999, *SMITOM.*

[456] MENEMENIS (A.), « L'ordonnance sur les contrats de partenariats : heureuse innovation ou occasion manquée ? », *AJDA*, n°32, 27 septembre 2004, p.1734.

[457] GAUDEMET (Y), « Les contrats de partenariat public-privé : une étude historique et critique », *BJCP*, n°36, septembre 2004, p.333.

[458] CE, 21 juin 2000, *SARL Plage « Chez Joseph »*, n°212100. Concl. Bergeal, *RFDA*, n°4, juillet-août 2000, p.797. Note sous arrêt : BRACONNIER (S.), *DA*, n°12, décembre 2000, p.15.

[459] Rapport gouvernemental d'Eric Besson, « Accroître la compétitivité des clubs professionnels de football français » du 6 novembre 2008, p.99 ; Rapport de la Commission

titulaire du contrat exploite l'ouvrage en dehors des besoins initiaux ou des contraintes de service public. La rémunération est établie sur toute la durée du contrat. Ce paiement étalé implique de distinguer et quantifier les coûts d'investissement et de fonctionnement.

Le contrat de partenariat est un contrat conclu pour une longue durée. Selon l'ordonnance, la durée du contrat est fonction de la durée d'amortissement des investissements ou des modalités de financement retenues. De plus, la rémunération du cocontractant fait l'objet d'un paiement par la personne publique durant toute la durée du contrat. Appliquée aux enceintes sportives, cette situation équivaut à ce que la collectivité publique paye une rémunération étalée toute la durée du contrat tandis qu'en contrepartie le cocontractant privé investisse et s'occupe de l'entretien et de la gestion de l'ouvrage. La collectivité publique grâce au contrat de partenariat a la possibilité de limiter ses dépenses en ne payant qu'à proportion de ses besoins.

Appliqué aux enceintes sportives, le contrat de partenariat comprend trois éléments : le financement d'ouvrages ou d'équipements sportifs nécessaires au fonctionnement de service public du sport ; la construction ou la transformation des ouvrages ou équipements sportifs ; leur entretien et / ou leur maintenance, leur exploitation et leur gestion[460]. A titre facultatif, il peut inclure des prestations de service concourant à l'exercice de la mission de service public qui est de la compétence de la personne publique cocontractante et tout ou partie de la conception des ouvrages. Le contrat de partenariat est réservé à des opérations complexes que représentent les stades. En raison du préfinancement privé, ce contrat global nécessite une opération contractuelle expurgée des interfaces et exigences de performances imposées au partenaire privé pour des opérations banales.

108. Le droit communautaire s'est très tôt intéressé à ce type de contrat. Dès 1971, il assortissait la première directive réglementant les marchés de travaux d'une déclaration des représentants des gouvernements des Etats membres sur les procédures à suivre en matière de concession de travaux[461]. Il a d'ailleurs toujours confirmé l'existence, de droit commun, des contrats

---

grands stades présidée par M. Philippe SEGUIN, « Grands stades – Euro 2016 » du 24 novembre 2008, p.82 et s. ; Rapport public thématique de la Cour des comptes « Les collectivités territoriales et les clubs sportifs professionnels » du 9 décembre 2009, p.58 ; Rapport de la Commission Grandes Salles « Grandes Salles - Arenas 2015 » du 10 mars 2010, p.37 et s.

460 RAYMUNDIE (O.), « L'exploitation – maintenance dans les contrats de partenariat », *CP-ACCP*, n°81, octobre 2008, p.58.

461 *JOCE*, n° C 82 du 16 août 1971, p.13.

de concession de service[462]. Le contrat de partenariat est soumis aux principes généraux du droit de la commande publique au sens de l'arrêt *Telaustria*[463], c'est-à-dire garantir en faveur de chaque candidat potentiel un degré de publicité adéquat et veiller à l'impartialité des procédures d'attribution.

La globalité du contrat est un atout majeur du contrat de partenariat grâce à son coté « clé en main ». Une fois les conditions de recours réunies, les cocontractants sont orientés de façon à travailler en contrat « gagnant-gagnant ».

B – Les conditions de recours au contrat de partenariat

109. La crise économique et les difficultés financières de l'Etat et des collectivités territoriales incitent à trouver de nouvelles perspectives de ressources et de relance de l'économie. L'investissement public est une source de relance de l'activité économique, à ce titre le régime des contrats de partenariat a été adapté à la nouvelle donne économique et financière par l'article 6 de la loi du 4 février 2009[464] de finances rectificative pour 2009 et la loi du 17 février 2009.

Le contrat de partenariat repose sur des outils spécifiques et innovants. La réussite du projet s'inscrit nécessairement par une bonne évaluation de celui-ci (**1**). En vertu de l'ordonnance du 17 juin 2004, la personne publique doit justifier que le recours au contrat de partenariat est plus avantageux que les autres contrats publics, d'un point de vue économique, financier, juridique ou administratif. Pour ce faire, la démonstration nécessite une analyse comparative entre les différents contrats (**2**). L'analyse se focalise en particulier sur le coût global de l'offre pour la personne publique, le partage des risques entre les cocontractants, la performance et les préoccupations en matière de développement durable avec la mise en exergue des trois critères d'éligibilité du contrat de partenariat à savoir : l'urgence, la complexité et

---

[462] *JOCE* du 29 avril 2000. V. aussi CJCE, 7 décembre 2000, *Telaustria Verlags GmbH, Telefonadress GmbH*, aff. C-324/98. Position confirmée par la CJCE, ordonnance du 30 mai 2002, aff. C-358/00 *Buchlander-Vereinigung* ; CJCE, 21 juillet 2005, *Coname*, aff. C-231/03, CJCE, 20 octobre 2005, *Commission c/ France*, aff. C-264/03.

[463] CJCE, 7 décembre 2000, *Telaustria Verlags GmbH, Telefonadress GmbH*, aff. C-324/98. Concl. Fennelly. Notes sous arrêt : RICHER (L.), *AJDA*, n°1, 20 janvier 2001, p.106 ; COURIVAUD (H.), *RIDE*, n°4, octobre 2004, p.395. V. aussi CE, Avis, 29 juillet 2002, *Société MAJ Blanchisseries de Pantin*, n°246921.

[464] Loi n°2009-122 du 4 février 2009 de finances rectificative pour 2009, *JORF*, n°30, 5 février 2009, p.2033.

depuis la loi du 28 juillet 2008[465] relative aux contrats de partenariats, l'efficience (**3**).

1 – Une nécessaire et rigoureuse évaluation préalable au contrat de partenariat

110. Dans le cadre du lancement d'un contrat de partenariat, en vertu de l'article 2 de l'ordonnance du 17 juin 2004, la personne publique doit procéder à une évaluation préalable, étape capitale pour estimer si le recours au contrat de partenariat est nécessaire[466]. L'évaluation tiendra compte d'éléments comme le coût global, le transfert de risques, la mesure de la performance ou le mécanisme de pénalité. L'évaluation préalable ne constitue pas une contrainte règlementaire supplémentaire bien qu'imposée par l'article 2 de l'ordonnance, mais véritablement comme un outil de réflexion préparatoire à la prise de décision publique. Elle s'entend comme une opportunité recouvrant un double objectif d'éclaircissement de l'intérêt du choix de ce montage contractuel pour la personne publique et de fondement de la procédure de passation.

Depuis la loi du 28 juillet 2008 modifiant l'ordonnance, l'article 2 de l'ordonnance oblige les pouvoirs adjudicateurs à réaliser cette évaluation préalable. Le système de l'évaluation préalable analyse précisément les économies réalisables, la qualité des ouvrages et des services par rapport aux contrats de droit commun de la commande publique, puisqu'il constitue un outil unique et déterminant. L'ordonnance prévoit à travers l'évaluation préalable, de démontrer d'une part l'intérêt pour la personne publique de recourir au contrat de partenariat plutôt qu'à un autre type de contrat. L'examen implique une forme d'efficience puisqu'un rapport coût / performance est évoqué. D'autre part, l'évaluation préalable vérifie les conditions d'urgence, de complexité ou d'efficience économique ainsi que les conditions de recourir le cas échéant à la procédure de dialogue compétitif. L'évaluation préalable offre, en outre, la possibilité de prévenir les difficultés juridiques inhérentes et d'éviter au mieux les risques de requalification du contrat en marché public ou délégation de service public par le juge administratif. La personne publique bénéficie donc d'une plus grande sécurité juridique.

---

[465] Loi n°2008-735 du 28 juillet 2008 relative aux contrats de partenariats, *JORF*, n°175, 29 juillet 2008 p.12144.

[466] LIGNIERES (P.), « L'évaluation préalable des contrats de partenariat », *DA*, n°10, octobre 2004, p.46 ; ECKERT (G.), « La passation du contrat de partenariat », *Droit et Ville*, n°60, septembre 2005, p.111 ; CREMOUX (L.), « L'évaluation, outil transversal au cœur de la réussite d'un PPP », *La Revue du Trésor*, n°3-4, mars-avril 2007, p.266.

L'article 2 de l'ordonnance du 17 juin 2004 prévoit que l'évaluation soit réalisée avec le concours d'un organisme expert, la Mission d'appui à la réalisation des contrats de partenariats, dénommée à présent Mission d'appui aux partenariats public-privé (MAPPP). Instituée par le décret du 19 octobre 2004, elle est une autorité administrative indépendante rattachée au ministère de l'Economie et des Finances[467]. Cependant, le recours à un organisme expert n'est pas obligatoire pour toutes les personnes publiques. Si l'Etat et ses établissements publics doivent obligatoirement procéder à une évaluation, les collectivités territoriales sont, elles, libres en revanche de se faire simplement assister dans la réalisation de cette évaluation. Elles peuvent demander un « *appui dans la préparation, la négociation et le suivi du contrat* »[468]. Le Conseil d'Etat a précisé cet aspect dans son arrêt d'assemblée[469], *Ordre des avocats au barreau de Paris*. En l'espèce, le Conseil d'Etat a considéré que cette intervention ne constitue pas une véritable prestation de conseil puisqu'il ne s'agit que de la mise en œuvre de la « *mission d'intérêt général, qui relève de l'Etat, de veiller au respect, par les personnes publiques et les personnes privées chargées d'une mission de service public, du principe de l'égalité* ». L'article L.1414-2 du Code général des collectivités territoriales indique que cette évaluation « *est présentée à l'assemblée délibérante de la collectivité territoriale ou à l'organe délibérant de l'établissement public, qui se prononce sur le principe du recours à un contrat de partenariat* ». Le préfet sera donc compétent pour contrôler la délibération et l'évaluation afin de déférer au tribunal administratif une méconnaissance de l'article.

111. La loi du 28 juillet 2008 a conforté le rôle des organismes experts, en particulier celui de la MAPPP. L'expertise accompagne le projet durant toute la procédure d'élaboration de celui-ci. Les organismes experts, tel que la MAPPP, participent à l'édification de la législation et de la règlementation, tout en contribuant à la doctrine[470]. La MAPPP apporte son concours à de

---

[467] Décret n°2004-1119 du 19 octobre 2004 portant création de la mission d'appui à la réalisation des contrats de partenariat, *JORF*, n°246, 21 octobre 2004, p.17821. V. aussi DE SAINT-PULGENT (N.), « La Mission d'appui à la réalisation des contrats de partenariat au service des utilisateurs de ce nouvel outil contractuel », *La Revue du Trésor*, n°3-4, mars-avril 2007, p.192.

[468] Article 2 de l'ordonnance du 17 juin 2004, modifié par la loi du 28 juillet 2008.

[469] CE, Ass., 31 mai 2006, *Ordre des avocats au barreau de Paris*, n°275531. Concl. Casas, *BJCP*, n°47, septembre 2006, p.295. Notes sous arrêt : LINDITCH (F.), *JCPA*, n°24, 12 juin 2006, p.809 ; ECKERT (G.), *Contrats et Marchés Publics*, n°7, juillet 2006, p.12 ; BAZEX (M.), *DA*, n°8, août 2006, p.21 ; EXBRAYAT (A-J.), *CJFI*, n°41, septembre 2006, p.6 ; LANDAIS (C.) et LENICA (F.), *AJDA*, n°29, 11 septembre 2006, p.1592. Obs. DU MARAIS (B.), *Concurrences*, n°3, juillet 2006, p.167 ; CLAMOUR (G.), *Revue Lamy de la Concurrence*, n°9, octobre 2006, p.44.

[470] BERGERE (F.), « Comment renforcer l'expertise des décideurs publics », *CP-ACCP*, n°81, octobre 2008, p.34.

nombreuses politiques publiques en fournissant aux personnes publiques qui le demandent un appui dans la préparation, la négociation et le suivi des contrats de partenariat.

L'évaluation préalable a permis justement de démontrer que le contrat de partenariat constituait la solution juridique la plus pertinente dans le contexte du projet du Grand Stade de Lille. La Communauté Urbaine de Lille (LMCU) a réalisé une évaluation préalable durant le deuxième semestre 2006 conformément aux dispositions de l'article L.1414-2 du Code général des collectivités territoriales. La MAPPP a rendu un avis positif[471] le 8 novembre 2006 estimant que le recours au contrat de partenariat était justifié en l'espèce en raison de la complexité du projet. Bien que l'urgence eût été évoquée, le critère de l'efficience n'existant pas à l'époque des faits, elle ne fut pas retenue. Certes ce projet visait à rattraper le retard préjudiciable causé par l'abandon du projet initial d'extension du stade Grimonprez-Jooris, pour satisfaire aux exigences fixées par l'UEFA[472] pour les compétitions européennes, à la suite de l'arrêt du Conseil d'Etat du 28 décembre 2005[473]. Mais le LOSC club résident disposait toujours d'un stade pour participer aux compétitions nationales et d'un autre pour les compétitions européennes.

La subtile association contrat de partenariat et enceinte sportive se matérialise par l'exemple du Grand Stade de Lille, premier stade à avoir choisi ce montage. La Communauté Urbaine de Lille (LMCU) a signé avec le groupe Eiffage un contrat de partenariat relatif au Grand Stade de Lille Métropole le 15 octobre 2008. Ce contrat revêt un double intérêt, puisque d'une part il constitue le premier contrat de partenariat signé en matière d'enceinte sportive, et d'autre part il s'agit du premier contrat de partenariat permettant la réalisation d'un programme d'espaces annexes. Le contrat entre LMCU et Eiffage porte sur « *la conception, le financement, la construction, l'entretien, la maintenance et l'exploitation d'un Grand Stade de 50.000 places pour une durée de 31 ans à compter de sa mise en service (prévue en 2012) en vue d'accueillir prioritairement l'ensemble des*

[471] Avis de la MAPPP n°2006-13 du 8 novembre 2006 sur le projet de conception, de construction et d'exploitation du Grand Stade de Lille.

[472] L'Union des associations européennes de football (couramment désignée par le sigle UEFA pour *Union of European Football Associations*) est une association regroupant les fédérations nationales d'Europe mais également des pays qui n'y sont pas localisés comme Israël ou le Kazakhstan, ou bien partiellement localisés comme la Turquie ou la Russie. Son rôle est de gérer et développer le football à l'échelon continental. L'UEFA rassemble aujourd'hui 53 fédérations. Association de droit suisse, son siège se situe à Nyon en Suisse. L'actuel président depuis le 26 janvier 2007 est l'ancien footballeur français Michel Platini.

[473] CE, 28 décembre 2005, *Ville de Lille c/ Associations Sauvons le site de la Citadelle de Lille*, n°284863. Concl. de Silva, *LPA*, n°149, 26 juillet 2007, p.13. Le Conseil d'Etat annule le permis de construire modificatif qui avait été délivré à la ville de Lille afin de réaliser l'extension du stade Grimonprez-Jooris.

rencontres de football du club résident, le Lille Olympique Sporting Club (LOSC) et d'organiser d'autres manifestations contribuant au rayonnement de la métropole, mais aussi sur la valorisation de dépendances immobilières adjacentes au Grand Stade »[474].

112. L'évaluation préalable doit démontrer que les conditions juridiques pour le recours au contrat de partenariat sont réunies sous la forme de l'urgence, la complexité ou l'efficience. Ces trois critères sont alternatifs[475] par rapport aux autres modes de gestion de la commande publique. L'évaluation préalable, d'une grande importance, ne doit pas être négligée, permettant notamment de prendre la mesure et la répartition des risques et des différents équilibres. Elle s'apparente à une véritable négociation et non un cahier des charges types. Le but étant d'optimiser le coût global de l'opération et du partage des risques, la personne publique arrête ainsi son choix du montage contractuel le mieux adapté au projet envisagé. Le partage des risques se trouve au cœur de la démarche des partenariats public-privé tout en connaissant une évolution. Les projets de loi du 6 juin 2003 et du 1er août 2003 disposaient originellement dans leur article 1er que « *ces contrats, de longue durée, ont un caractère global et se caractérisent par des contributions mutuelles et un partage des risques* ». De manière plus concise, l'article 1er du document de travail du 4 décembre 2003 retenait que « *ces contrats se caractérisent par un partage de risques* ». Le texte final de l'ordonnance du 17 juin 2004 évoque ce partage dans son article 11-*b*, codifié à l'article L.1414-12-*b* du CGCT, en énonçant uniquement que le contrat devra obligatoirement insérer des clauses relatives au partage de risques[476]. Ce trait distinctif des PPP est ainsi devenu « *un simple élément obligatoire du contrat au même titre que les sanctions et les pénalités* »[477]. Mais surtout cette répartition des risques manque de clarté, ce que souligne la doctrine[478].

---

[474] CUCHE (P.) et DEBAECKER (K.), « Retour sur le contrat de partenariat du stade de Lille », *BJCP*, n°63, avril 2009, p.104.

[475] Article L.1414-2 II du Code général des collectivités territoriales, modifié par l'article 19 de la loi du 28 juillet 2008 relative aux contrats de partenariat p.13.

[476] L'article 11-*b* de l'ordonnance du 17 juin 2004 dispose que le contrat de partenariat doit comporter une clause relative « *aux conditions dans lesquelles est établi le partage des risques entre la personne publique et le cocontractant* ». Ce principe est également posé dans le cadre du bail emphytéotique hospitalier, où la répartition des risques « *doit être clairement identifiée* » (Article L.6148-5, III du Code de santé publique).

[477] BRENET (F.) et MELLERAY (F.), *Les contrats de partenariat et l'ordonnance du 17 juin 2004, une nouvelle espèce de contrats administratifs*, Litec, juin 2005, p.100.

[478] LICHERE (F.), « Les contrats de partenariats, fausse nouveauté ou vraie libéralisation dans la commande publique ? », *RDP*, n°6, novembre 2004, p.1549. L'auteur évoque « *un principe aussi simple qu'obscur* ». DAL FARRA (T.), « Risque juridique et contrat de partenariat », *CP-ACCP*, n°36, septembre 2004, p.32. L'auteur considère que « *la notion de partage des risques est largement indéterminée* ».

Le mécanisme de pénalités constitue un aspect essentiel du contrat. Il représente le pendant naturel et indispensable du reste des critères de performances[479]. Les pénalités liées aux objectifs de performances doivent scrupuleusement demeurer incitatives et ne pas radicaliser les relations avec le partenaire privé en grevant ses finances systématiquement[480] et détériorant *de facto* la stabilité recherchée pour investir[481]. En phase de construction, il existe des pénalités de retard en cas de non-livraison de l'ouvrage par exemple à la date contractuellement prévue, se calculant sur la base d'une indemnité journalière au regard de la durée d'indisponibilité. Egalement, il existe des pénalités de levée des réserves s'appliquant à la société cocontractante. En phase d'exploitation, des pénalités d'exploitation et de maintenance coexistent. La pénalité d'exploitation sanctionne le non-respect du programme d'exploitation, notion similaire à la pénalité de performance sanctionnant un manquement du partenaire aux objectifs de performance[482]. La pénalité dépendra de l'importance du défaut. La pénalité de maintenance obère le loyer puisque la société cocontractante entretient et répare l'usure normale et anormale de l'ouvrage. En contrepartie, ces travaux sont déduits du loyer. Le juge administratif a un pouvoir de modulation de la sanction au regard des stipulations contractuelles et de la proportionnalité de celle-ci[483].

113. Une fois le choix arrêté du montage contractuel, s'il se porte sur le contrat de partenariat, l'identification des besoins permet d'élaborer le programme fonctionnel. Le programme doit se limiter aux aspects fonctionnels et au niveau de performance. La capacité d'accueil et les besoins ne sont pas les mêmes à Marseille ou à Amiens.

La procédure de passation implique une maîtrise du dialogue compétitif et de l'appel d'offres, entraînant une maîtrise des aspects techniques, financiers et juridiques ainsi que du calendrier. Le respect du calendrier revêt un caractère décisif, ce fut le cas en particulier pour le Grand Stade de Lille. L'idée de cette procédure de passation repose sur le fait que la personne publique ne choisit pas uniquement une offre, elle choisit en même temps un partenaire pour une longue durée. Une relation doit s'instaurer presque au sens de la

---

[479] CREMOUX (L.), « L'évaluation, outil transversal au cœur de la réussite d'un PPP », *La Revue du Trésor*, n°3-4, mars-avril 2007, p.266.

[480] SALAMAND (W.), « Le contrat de partenariat à l'épreuve de la construction et de l'exploitation », *CP-ACCP*, n°125, octobre 2012, p.46.

[481] VIDELIN (J-C.), « Partenariat public-privé : histoire d'un équilibre incertain », *JCPA*, n°51, 19 décembre 2011, p.12.

[482] V. Annexe 18 du Contrat de partenariat entre la Communauté urbaine de Lille et la société Elisa en date du 15 octobre 2008.

[483] CE, 29 décembre 2008, *OPHLM de Puteaux c/ Société Serbois*, n°296930. Concl. Dacosta, *RJEP*, n°662, 1er mars 2009, p.25. Notes sous arrêt : ECKERT (G.), Contrats et Marchés Publics, n°2, février 2009, p.24 ; DREYFUS (J-D.), AJDA, n°5, 16 février 2009, p.268 ; LINDITCH (F.), JCPA, n°10, 2 mars 2009, p.25.

notion d'*intuitu personae*. L'autre idée sous-jacente à cette procédure est l'instauration d'un dialogue entre les parties durant la phase de négociations, permettant de construire une confiance réciproque et légitime ainsi que de répondre aux besoins du projet.

2 – Des critères alternatifs déterminants dans la mise en œuvre du contrat de partenariat

La personne publique doit exposer les raisons justifiant du recours au contrat de partenariat selon trois critères alternatifs : la complexité (**a**), l'urgence (**b**) et l'efficience (**c**).

a – La notion de complexité

114. La notion de complexité signifie que la collectivité publique ou l'établissement public n'est pas objectivement en mesure de définir précisément et à l'avance les moyens aptes à satisfaire ses besoins, ou d'évaluer ce que le marché peut offrir en termes de solutions techniques, juridiques, financières ou fonctionnelles concernant un équipement ou un service déterminé.

La complexité technique s'établit par l'impossibilité pour la collectivité publique de spécifier, à l'avance, les moyens nécessaires pour satisfaire ses besoins ou en raison de la nécessité d'assurer l'hétérogénéité des missions des confiées au partenaire privé, en particulier la bonne exécution des travaux, rejoignant ainsi la complexité fonctionnelle. La complexité juridique se justifie par les difficultés rencontrées par la collectivité publique en vue de la répartition des risques. La complexité financière se caractérise par la recherche de la valorisation financière de l'ouvrage.

La complexité d'une opération se déduit de l'article 2-II-1° de l'ordonnance du 17 juin 2004, « *la personne publique n'est pas objectivement en mesure de définir seule et à l'avance les moyens techniques pouvant répondre à ses besoins ou d'établir le montage financier ou juridique du projet* ». Cette objectivité est essentielle et relève d'éléments juridiques techniques ou financiers. La complexité doit être « *celle du projet lui-même pour une administration fonctionnant normalement, et non résulter de la carence de la personne publique* »[484].

---

[484] MENEMENIS (A.), « L'ordonnance sur les contrats de partenariats : heureuse innovation ou occasion manquée ? », *AJDA*, n°32, 27 septembre 2004, p.1748.

115. Dans le cadre du projet du Grand Stade de Lille, selon l'avis rendu par la MAPPP, la présence de multiples options avait été un facteur de complexité dans la présentation, cependant elle avait « *pour avantage de mettre clairement en lumière l'intérêt croissant du recours au contrat de partenariat au regard du dimensionnement du projet et de la multiplication des sources de recettes annexes* »[485]. La complexité du projet s'est avérée simple à démontrer pour la communauté urbaine de Lille (LMCU), puisqu'en tant que personne publique elle n'était pas en mesure de définir seule les moyens techniques pouvant répondre à ses besoins ni d'établir le montage financier ou juridique du projet[486]. En effet, LMCU envisageait une « *arène multifonctionnelle* »[487] ainsi qu'une exploitation du stade en dehors des rencontres sportives. L'aspect multifonctionnel a été déterminant dans l'avis positif de la MAPPP et dans le choix de LMCU[488]. Ces éléments de l'opération lui confèrent un caractère global d'où la complexité juridique et financière du montage.

116. Le juge administratif s'est prononcé sur le critère de complexité du projet à propos de la Cité du surf et de l'océan. En effet, la Cour administrative d'appel de Bordeaux dans son arrêt du 26 juillet 2012, *Saint-Cricq*, exige une démonstration complète et étayée de la complexité[489]. La Cour considère que « *l'incapacité objective de la personne publique de définir seule ces moyens doit résulter de l'inadaptation des formules contractuelles classiques à apporter la réponse recherchée et que la démonstration de cette impossibilité incombe à la personne publique, et ne saurait se limiter à l'invocation des difficultés inhérentes à tout projet ; qu'à cet égard, ni le rapport d'évaluation préalable, ni l'avis de la mission d'appui au partenariat public privé ne sauraient constituer, devant le juge, la preuve de la complexité invoquée ; que la possibilité ouverte à la collectivité publique par l'article L.1414-13 de ne confier à son cocontractant qu'une partie de la conception de l'ouvrage ne saurait la dispenser de justifier de son incapacité à mener à son terme la part de*

---

485 Avis de la MAPPP n°2006-13 du 8 novembre 2006 sur le projet de conception, de construction et d'exploitation du Grand Stade de Lille.

486 L'article L.1414-2 du CGCT applicable à l'époque prévoyait qu'un projet pouvait être complexe lorsque « *la personne publique n'est pas objectivement en mesure de définir seule et à l'avance les moyens techniques pouvant répondre à ses besoins ou d'établir le montage financier ou juridique du projet* ». Cette disposition est toujours en vigueur.

487 CUCHE (P.) et DEBAECKER (K.), « Retour sur le contrat de partenariat du stade de Lille », *BJCP*, n°63, avril 2009, p.107.

488 Avis de la MAPPP n°2006-13 du 8 novembre 2006 sur le projet de conception, de construction et d'exploitation du Grand Stade de Lille, p.13.

489 CAA Bordeaux, 26 juillet 2012, *Saint-Cricq*, n°10BX02109. Note sous arrêt : CAMOUS (D-A.) et AUDIBERT (A.), *JCPA*, n°50, 17 décembre 2012, p.18. V. aussi LE BOUEDEC (P.), « Contrat de partenariat et critère de complexité du projet », *CP-ACCP*, n°125, octobre 2012, p.55.

l'ouvrage réalisée en partenariat, du fait de sa complexité ». La Cour exige donc une démonstration concrète et étayée de la complexité. A défaut de considérer le rapport d'évaluation et l'avis de la MAPPP comme preuves irréfutables, elle aurait pu les retenir comme des indices ou éléments de preuve de la notion de complexité du projet[490].

En effet, la MAPPP avait validé la complexité dans son avis n°2007-4 du 9 mars 2007 relatif à l'évaluation préalable du projet. Pour autant, elle soulignait que « *la ville met également en avant le fait qu'elle est dans l'incapacité de faire face seule à la mise en œuvre du projet. Elle ne dispose pas de personnels spécialisés dans la conduite d'un projet d'une telle dimension et d'une technicité portant sur des ouvrages complexes et des équipements de cette nature* ». La complexité apparaît bien éloignée et peu avérée, contrairement à l'incapacité de la commune, ce que retient la Cour administrative d'appel. Le choix du contrat de partenariat repose, en l'espèce, sur l'incapacité de définir les besoins de la commune pour un projet d'intérêt général. La Cour rappelle dès lors que la preuve de la complexité incombe à la collectivité.

Cet arrêt établit une position plus stricte de la notion de complexité, *a contrario* de jugements rendus jusqu'à présent[491], laissant penser à la doctrine que « *la complexité peut être créée de toute pièce par la collectivité publique et son partenaire* »[492]. Généralement, la complexité se conçoit comme prenant en compte uniquement les moyens de la collectivité face au projet devant être réalisé, ce que confirme la circulaire du 9 mai 2012 relative au contrat de partenariat[493]. L'arrêt se justifie logiquement, néanmoins, il suscite une insécurité juridique liée à l'aléa de la jurisprudence et de l'imparfaite décision du Conseil constitutionnel du 26 juin 2003 habilitant le gouvernement à simplifier le droit.

Le Conseil d'Etat a apporté une précision importante en rendant son arrêt de cassation. En effet, il a apprécié la condition de complexité en l'interprétant comme obligeant la personne publique à expliciter si elle ou non en mesure de déterminer et définir elle-même les procédés techniques aptes à permettre la réalisation du projet[494].

---

[490] LE BOUEDEC (P.), « Contrat de partenariat et critère de complexité du projet », *CP-ACCP*, n°125, octobre 2012, p.56.

[491] TA Montpellier, 26 février 2010, *Dillenschneider*, n°0803471.

[492] BRENET (F.), « Conditions d'éligibilité du contrat de partenariat : la complexité du projet devant le juge administratif », *DA*, n°6, juin 2010, p.37, note sous jugement, TA Montpellier, 26 février 2010, *Dillenschneider*.

[493] Circulaire du 9 mai 2012 relative au contrat de partenariat, NOR : EFIT1206010C.

[494] CE, 30 juillet 2014, *Commune de Biarritz*, n°363007. Concl. Pellissier. Note sous arrêt : CORNILLE (M.), *JCPA*, n°38, 22 septembre 2014, p.31.

La souplesse relative du juge administratif dans les critères d'éligibilité s'appliquait principalement pour la condition d'urgence, au regard du retard grave et préjudiciable[495]. Le stade de Lille bénéficia notamment de ce critère. Or, l'arrêt de la Cour administrative d'appel tranche avec les espèces spécifiques rendues jusqu'à présent et crée un aléa malencontreux.

b – La notion d'urgence

117. La condition d'urgence s'interprète à la lumière des décisions du Conseil constitutionnel, lesquelles considèrent qu'il y a urgence, *« lorsqu'il s'agit de rattraper un retard préjudiciable à l'intérêt général affectant la réalisation d'équipements collectifs ou l'exercice d'une mission de service public »*[496] ou de faire face à une situation imprévisible « *au sens de la force majeure* »[497]. L'urgence se justifie davantage par rapport à une situation d'urgence particulière, imposant l'utilisation d'un procédé plus rapide et efficace avec le recours au contrat de partenariat, que par la cause réelle ou supposée de l'urgence[498].

L'article 2-II-2° de l'ordonnance distingue deux cas d'urgence, d'une part le retard préjudiciable et d'autre part la situation imprévisible. Le retard doit être préjudiciable à « l'intérêt général » et affecter l'exercice d'une mission de service public. L'urgence justifiant la conclusion ou le recours au contrat de partenariat se distingue de celle employée dans le Code des marchés publics. Dans le Code des marchés publics, la notion d'urgence fait l'objet d'une interprétation stricte car elle implique l'existence de circonstances objectives, l'urgence ne devant pas résulter du fait de la personne publique. La loi du 28 juillet 2008 oriente cette notion comme une condition de fond du recours au contrat de partenariat et non comme une condition dans le choix d'une procédure de passation abrégée. L'urgence peut désormais être invoquée « *lorsqu'il s'agit de rattraper un retard préjudiciable à l'intérêt général affectant la réalisation d'équipements collectifs ou l'exercice d'une mission de service public, quelles que soient les causes de ce retard, ou de faire face à une situation imprévisible* »[499].

---

[495] CE, 23 juillet 2010, *M. Lenoir, Syndicat national des entreprises de second œuvre du bâtiment.*

[496] Décision n°2003-473 DC du 26 juin 2003 sur la loi habilitant le Gouvernement à simplifier le droit. Cons. n°18.

[497] Décision n°2008-567 DC du 24 juillet 2008. Cons. n°4.

[498] LETELLIER (H.), « Contrôle juridictionnel de l'urgence et recours aux contrats de partenariat », *CP-ACCP*, n°89, juin 2009, p.83 ; RAPP (L.), « Contrat de partenariat et urgence », *RDI*, n°3, mars 2009, p.176.

[499] Article 2-II-2° de l'ordonnance du 17 juin 2004 sur les contrats de partenariat modifiée par la loi du 28 juillet 2008 relative aux contrats de partenariat.

118. La MAPPP dans son avis du 8 novembre 2006 argumentait le fait que « *si cette circonstance est dommageable au club, en terme financier et en terme d'image, il ne semble pas que la situation présente un caractère de gravité tel qu'elle puisse être constitutive d'une situation d'urgence au sens de l'ordonnance du 17 juin 2004* »[500]. Le caractère d'urgence ne paraît donc pas suffisamment établi en l'espèce. Effectivement, ce critère de l'urgence ne nous paraissait pas établi en l'espèce, l'urgence ne permettant que de recourir à la procédure d'appel d'offres et non à celle du dialogue compétitif, à l'époque des faits, ce critère ne présente donc qu'un « *intérêt second par rapport, en particulier, au critère de la complexité* »[501].

119. Le Conseil d'Etat a interprété la notion d'urgence[502]. Si le législateur indiquait, antérieurement à la loi du 28 juillet 2008, sans autre précision que l'évaluation à laquelle la personne publique procède devait démontrer que « *le projet présente un caractère d'urgence* », il était difficile de cerner les contours de la notion. La Haute juridiction administrative a jugé dans un premier temps, qu'il y a urgence, « *lorsqu'elle résulte objectivement, dans un secteur ou une zone géographique déterminés, de la nécessité de rattraper un retard particulièrement grave affectant la réalisation d'équipements collectifs* »[503]. Le juge précise sa formulation, considérant que le retard peut affecter, non seulement la réalisation d'équipements collectifs, mais encore « *l'exercice d'une mission de service public* ». De surcroit, il précise que ce retard est pris en compte « *quelles qu'en soit les causes* ». Il consacre une interprétation objective et libérale de la notion en étendant l'apport de la loi du 28 juillet 2008. A cet égard, le Conseil d'Etat clôt l'affaire du collège de Villemandeur en confirmant le caractère urgent du projet en conformité avec l'article L.1414-2 du CGCT, mais il subsiste un paradoxe entre la condition d'urgence souple retenue et celle de complexité, désormais plus stricte.

---

[500] Avis de la MAPPP n°2006-13 du 8 novembre 2006 sur le projet de conception, de construction et d'exploitation du Grand Stade de Lille, p.2.

[501] CUCHE (P.) et DEBAECKER (K.), « Retour sur le contrat de partenariat du stade de Lille », *BJCP*, n°63, avril 2009, p.107.

[502] CE, 23 juillet 2010, *M. Lenoir, Syndicat national des entreprises de second œuvre du bâtiment*, n°326544 et 326545. Concl. Boulouis, *BJCP*, n°72, novembre 2010, p.359. Notes sous arrêt : LINDITCH (F.), *JCPA*, n°37, 13 septembre 2010, p.25 ; DREYFUS (J-D.), *AJDA*, n°31, 27 septembre 2010, 1769 ; PISSALOUX (J-L.) et GRISBANT-BOINON (C.), *Gaz. Pal.*, n°274, 1er octobre 2010, p.8 ; BRENET (F.), *RJEP*, n°682, janvier 2011, p.14.

[503] CE, 29 octobre 2004, *M. Sueur et autres*.

c – La notion d'efficience

120. La loi du 28 juillet 2008 introduit un nouveau critère alternatif d'éligibilité pour conclure à un contrat de partenariat, l'efficience. Le bilan « coûts-avantages » permet d'optimiser le transfert de risque en vue d'obtenir le meilleur rendement financier du contrat pour la personne publique. Il correspond au rapport entre le coût global d'un contrat de partenariat tout au long de sa durée de vie et la qualité du service rendu, ainsi que son adéquation aux besoins des usagers. La sécurité juridique se voit ainsi renforcée de façon pertinente. Les prochains projets similaires à celui de Lille peuvent inclure ce critère pour tenter de satisfaire au recours à un contrat de partenariat. Les municipalités de Bordeaux, Marseille et Nice ont d'ailleurs délibéré en faveur au recours au contrat de partenariat[504]. Elles ont toutes mis en exergue la complexité du projet en termes tant technique et fonctionnel, que du montage juridique et financier. La complexité s'accentuant avec l'ambition du développement des espaces urbains sous l'empire du modèle lillois par la valorisation des espaces annexes. Le nouveau critère de l'efficience confirme les augures envers le contrat de partenariat, le bilan socio-économique est évoqué favorablement dans les délibérations. Quant à l'urgence, même si elle aussi est évoquée favorablement, ce motif ne nous semble pas un critère solide pour justifier la construction des stades en vue de l'Euro 2016.

121. Ces critères découlent des exigences constitutionnelles définies par le Conseil constitutionnel dans sa décision du 26 juin 2003 sur la loi habilitant le Gouvernement à simplifier le droit[505]. Partant du principe que la généralisation de cette procédure dérogatoire au droit commun de la commande publique pourrait priver d'effet les principes d'égalité devant la commande publique, de protection des propriétés publiques et de bon usage des deniers publics, le Conseil constitutionnel a indiqué que ces dérogations devraient être réservées « *à des situations répondant à des motifs d'intérêt général tels que l'urgence qui s'attache, en raison de circonstances particulières ou locales, à rattraper un retard préjudiciable, ou bien la nécessité de tenir compte des caractéristiques techniques, fonctionnelles ou économiques d'un équipement ou d'un service déterminé* »[506].

---

[504] Délibération n° D-20100025, Conseil Municipal de la ville de Bordeaux du 25 janvier 2010, projet de réalisation d'un nouveau stade à Bordeaux. Délibération n°08/0628/FEAM, Conseil Municipal de la Ville de Marseille du 30 juin 2008, projet de reconfiguration du Stade Vélodrome et de ses abords. Délibération n°5.1, Conseil Municipal de la ville de Nice du 23 octobre 2009, projet de réalisation du futur Grand Stade et recours au contrat de partenariat.

[505] Décision n°2003-473 DC du Conseil constitutionnel du 26 juin 2003 sur la loi habilitant le Gouvernement à simplifier le droit.

[506] Cons. n°18.

A la différence des procédures de marchés publics ou de délégations de service public, qui sont ouvertes à toute personne publique qui le souhaite, les contrats de partenariat constituent donc jusqu'à présent, une voie d'exception dans les procédures de la commande publique, même si la loi du 28 juillet 2008 a élargi les cas dans lesquels le recours au contrat de partenariat est possible.

Si aujourd'hui donc, l'ordonnance réserve le recours aux contrats de partenariat à trois hypothèses : la complexité du projet, une situation d'urgence ou une efficience économique favorable par rapport à d'autres formules contractuelles, avant de choisir un tel contrat, la personne publique doit réaliser une évaluation préalable[507] qui démontre, d'une part que l'un des trois critères précités est satisfait et, d'autre part, que le recours au contrat de partenariat est préférable d'un point de vue administratif, juridique, économique et financier à la conclusion d'un marché public, d'une délégation de service public ou d'une autre forme contractuelle. L'évaluation préalable n'a pour autant pas vocation à déterminer et à porter de jugement sur le choix de construction d'un équipement.

122. De telles conditions de mise en œuvre expliquent le démarrage relativement timide des contrats de partenariat. Ceci peut être imputé à plusieurs facteurs. D'abord, la nouveauté de cet instrument juridique et le manque de formation des fonctionnaires d'Etat et des agents territoriaux ; ensuite, les conditions restrictives pour y recourir. Les personnes publiques ne sont pas toujours sûres de pouvoir justifier le recours à ces contrats par l'urgence, par la complexité et désormais par l'efficience économique et craignent une annulation de la procédure par le juge administratif. Enfin, le régime fiscal des contrats de partenariat a pu également apparaître insuffisamment attractif par rapport à d'autres modes de commande publique. A cet égard, la loi du 28 juillet 2008 a neutralisé certains de ces obstacles afin de faciliter le recours au contrat de partenariat.

C – La conduite de la procédure de passation

123. Initialement, la procédure de passation du contrat de partenariat en 2004 se subdivisait entre la procédure de dialogue compétitif et celle de l'appel d'offres[508]. Le contrat de partenariat devait faire l'objet d'une procédure de dialogue compétitif lorsqu'il était fondé sur la complexité et

---

[507] Article 2 de l'ordonnance du 17 juin 2004 sur les contrats de partenariat modifiée par la loi du 28 juillet 2008 relative aux contrats de partenariat.

[508] Articles 5, 6 et 7 de l'ordonnance du 17 juin 2004 initialement en vigueur. V. aussi ECKERT (G.), « La passation du contrat de partenariat », *Droit et Ville*, n°60, septembre 2005, p.124.

d'un appel d'offres lorsqu'il était fondé sur l'urgence. Seulement, ces procédures dissuadaient parfois les personnes publiques à cause de la lourdeur et du coût de ces procédures, d'autant plus pour des projets de faibles montants.

Les dispositions de la loi du 28 juillet 2008 modifiant l'ordonnance du 17 juin 2004 assouplissent ces règles en introduisant une possibilité de recours à une procédure négociée lorsque le montant du marché est inférieur à un certain seuil et en supprimant la corrélation entre le critère choisi et la procédure applicable. L'article 5 de l'ordonnance du 17 juin 2004, modifié par la loi du 28 juillet 2008, dispose donc que désormais les contrats de partenariat peuvent être passés selon les procédures du dialogue compétitif, de l'appel d'offres ou selon la procédure négociée selon les conditions définies à l'article 7 de l'ordonnance.

La personne publique qui souhaiterait conclure un contrat de partenariat doit faire connaître la nature de l'opération envisagée dans un avis d'appel à la concurrence et privilégier le dialogue avec les candidats dans deux cas : lorsqu'elle est dans l'impossibilité de définir les moyens techniques répondant à ses besoins ; ou qu'elle ne peut établir définitivement le montage juridique et financier retenu pour le projet.

Lorsque le dialogue n'est pas privilégié pour des projets moins complexes mais néanmoins urgents ou pour lesquels le contrat de partenariat présente un bilan favorable, la passation pourra être effectuée par le biais d'une procédure d'appel d'offres (**1**). La procédure négociée, quant à elle, peut être mis en œuvre quel que soit le critère de choix retenu. La condition est le montant de l'opération devant se situer en deçà du seuil de 4 845 000 euros hors taxes[509] (**2**). La fin de la procédure de passation peut amener à un échec ou la conclusion du contrat (**3**).

1 – Le dialogue compétitif, règle de passation du contrat de partenariat

124. Le recours au dialogue compétitif constitue la règle de passation pour l'ensemble des contrats de partenariats[510]. L'ordonnance dispose que la personne publique souhaitant conclure un contrat de partenariat doit émettre un avis d'appel public à concurrence et privilégier le dialogue préalable avec les candidats lorsque, d'une part elle est dans l'impossibilité objective de définir les moyens techniques répondant à ses besoins et, d'autre part,

---

[509] Article 40-IV-2° du Code des marchés publics.

[510] Pour illustration V. notamment les passations de contrats pour les stades de Lille, Marseille et Nice.

lorsqu'elle ne peut établir le montage juridique et financier retenu pour le projet[511]. Lors de la passation du montage contractuel d'un stade, ce ne sont pas des offres spontanées mais des documents d'appels d'offres qui encadrent l'avis d'appel public à la concurrence[512].

Le travail de concertation et de dialogue doit répondre à des problématiques d'égalité des candidats, de durée et d'homogénéité de l'offre[513]. En vertu de l'article 3 de l'ordonnance du 17 juin 2004, la passation du contrat de partenariat est soumise aux principes de liberté d'accès, d'égalité de traitement des candidats et d'objectivité des procédures. Le dialogue compétitif doit respecter un déroulement minutieux s'organisant autour d'un calendrier et d'un programme fonctionnel avec une durée inférieure à six mois[514]. Il convient aussi pour la personne publique de veiller à éviter le « *cherry picking* », c'est-à-dire l'utilisation par un candidat des solutions proposées par un autre candidat. L'homogénéisation des offres est à proscrire, l'objectif étant une diversité et une originalité des offres. Le contrat de partenariat est attribué à l'opérateur économique privé dont l'offre est jugée économiquement la plus avantageuse en s'appuyant sur l'évaluation conduite au début du projet et les critères définis dans l'avis d'appel public à la concurrence[515]. Les critères relatifs au coût global et à la performance s'avèrent prépondérants.

125. Il importe au moment de la sélection des offres d'accorder une attention particulière à la période d'exploitation, assurément plus longue que la période de construction[516]. Le club de Lille (LOSC) et la communauté d'agglomération de Lille (LMCU) avaient montré la voie, en étant précurseurs pour une procédure de dialogue compétitif dans l'optique de la construction d'un stade. Le dialogue compétitif lillois s'est déroulé en deux phases successives avant la remise d'une offre finale.

La première phase a débuté par la remise du dossier de consultation initial aux trois groupements sélectionnés le 2 mars 2007. Les premières propositions devaient être remises à LMCU trois mois plus tard, soit le 1er juin 2007. La longueur de cette première phase s'explique par l'étude des

---

511 Articles 5, 6 et 7 de l'ordonnance du 17 juin 2004.

512 MARTOR (B.) et THOUVENOT (S.), « Comment tirer partie du dialogue dans la passation du contrat de partenariat », *Cahiers de droit de l'entreprise*, n°4, juillet 2006, p.32.

513 Article 7 de l'ordonnance du 17 juin 2004.

514 CE, 4 avril 2005, *Commune de Castellar c/ Société Heaven*, n°265784. Concl. Boulouis, *BJCP*, n°40, mai 2005, p.208. Notes sous arrêt : TERNEYRE (P.), *RFDA*, n°3, mai 2005, p.672 ; OLIVIER (F.), *Contrats et Marchés Publics*, n°6, juin 2005, p.23 ; PISSALOUX (J-L.), *Gaz. Pal.*, n°71, 12 mars 2006, p.41.

515 Article 8 de l'ordonnance du 17 juin 2004.

516 RAYMUNDIE (O.), « L'exploitation – maintenance dans les contrats de partenariat », *CP-ACCP*, n°81, octobre 2008, p.58.

aspects les plus importants du projet, à savoir, les aspects architecturaux et techniques mais aussi économiques et financiers. Quant au volet juridique, il a été volontairement réduit au minimum afin que les candidats se concentrent essentiellement sur les aspects évoqués. Toutefois, une matrice de risques très détaillée et expliquée aux candidats était fournie pour qu'ils la commentent et complètent. Le but était d'aborder la répartition des risques adoptés dans le futur contrat de partenariat.

La seconde phase débutait le 13 juillet 2007, après analyse des propositions et discussions avec les candidats. Ces derniers se voyaient invités à remettre une deuxième proposition pour le 7 septembre 2007. Dans cette seconde phase, le volet juridique s'avérait plus intense avec la communication du contrat de partenariat élaboré en amont par LMCU. La clôture du dialogue est intervenue le 12 novembre 2007 avec la demande de remise des offres finales au 21 décembre 2007.

Le contrat de partenariat est soumis à publicité et à une mise en concurrence. Cette mise en concurrence se fait sur la base d'un cahier des charges précis défini par la collectivité. La place du club résident dans cette mise en concurrence est essentielle, soit il s'engage et fait acte de candidature, soit, à la demande de la collectivité, il reste en dehors de la procédure et devient un élément du cahier des charges. Cette option n'est pas sans conséquence. « *En effet, dans l'hypothèse où le club est exclu de l'appel à candidatures et devient un des éléments du cahier des charges du cocontractant, le club sera un utilisateur parmi d'autres de l'équipement sportif* »[517]. Cette situation aurait comme conséquence le partage pour un club professionnel de l'équipement avec d'autres clubs professionnels, soit des associations sportives associatives ou scolaires. Le partage poserait davantage de difficultés pour les sports professionnels tels que le football ou le rugby, à l'inverse des sports de salle. Dans l'hypothèse où le club résident s'engage dans l'acte de candidature, il devient un acteur principal du contrat de partenariat. Cette hypothèse susciterait des contraintes juridiques avec des recours au motif que le club aurait bénéficié d'avantages par rapport aux autres concurrents.

C'est pour cette raison que LMCU s'est assurée que le LOSC ne participerait pas à la procédure de passation du contrat de partenariat et demeurerait dans la position d'un observateur intéressé[518]. Afin de maintenir une stricte égalité dans la procédure de passation entre les candidats, le LOSC s'est vu interdire

[517] BAYEUX (P.) et CLAVAGNIER (B.), « Les modes de gestion des équipements sportifs utilisés par les clubs professionnels », *AJDA*, n° 26, 11 juillet 2005, p.1440.

[518] CUCHE (P.) et DEBAECKER (K.), « Retour sur le contrat de partenariat du stade de Lille », *BJCP*, n°63, avril 2009, p.107.

tout contact avec les candidats durant la procédure de dialogue. Une implication plus étroite du LOSC dans la procédure de dialogue aurait rallongé les délais de procédure et les risques de requalification.

Toutefois, il importait de ne pas tenir éloigné le club résident des points clés de la future convention de mise à disposition entre LMCU et le LOSC afin d'établir un *business plan* dans le cadre de l'exploitation et la gestion du Grand Stade en dehors des jours de match. Le projet de convention de mise à disposition visait, en outre, à définir dans le détail le partage des responsabilités entre le LOSC et le futur titulaire du contrat de partenariat.

2 – L'appel d'offres

126. Au regard du droit communautaire, l'appel d'offres constitue la procédure de passation de droit commun des marchés publics[519]. Par conséquent, le recours à l'appel d'offres pour un contrat de partenariat s'impose à chaque fois que les conditions d'application d'une autre procédure ne sont pas remplies. Ce principe a été transposé en droit interne[520] mais semble mal adapté[521]. Dans le cadre d'un marché public, l'appel d'offres peut être dit ouvert[522] ou restreint[523]. Le contrat de partenariat est soumis à un appel d'offres restreint en vertu de l'article 4 du décret du 2 mars 2009[524], indiquant qu'après sélection des candidatures, la personne publique adresse une lettre de consultation aux candidats retenus afin qu'ils formulent une offre selon des critères précis. L'offre doit être transmise dans un délai qui ne peut être inférieur à quarante jours, sauf urgence ne résultant pas du fait de la personne publique. Cet appel d'offres interdit toute négociation avec les candidats mais la personne publique peut

---

[519] Article 28 alinéa 3 de la directive 2004/18/CE.

[520] Article 4 du décret n°2009-243 du 2 mars 2009 et article L.1414-8 du CGCT.

[521] LE CHATELIER (G.), « L'encadrement institutionnel et financier des nouveaux contrats », *RDI*, n°11, novembre 2003, p.516 ; LICHERE (F.), « L'appel d'offres au fil des codes », *CP-ACCP*, n°67, juillet 2007, p.32. Pour une critique économique de cette procédure, V. MULLER (E.), « Les instruments juridiques des partenariats public-privé », Thèse, sous la direction du Professeur Gabriel ECKERT, Université Robert Schuman (Strasbourg III), 2009, n°884 et s.

[522] Articles 57 à 59 du Code des marchés publics. Les procédures ouvertes sont les procédures dans lesquelles tout opérateur économique intéressé peut présenter une offre.

[523] Articles 60 à 64 du Code des marchés publics. Les procédures restreintes sont les procédures auxquelles tout opérateur économique peut demander à participer dans lesquelles seuls les opérateurs économiques invités par les pouvoirs adjudicateurs peuvent présenter une offre.

[524] Décret n°2009-243 du 2 mars 2009 relatif à la procédure de passation et à certaines modalités d'exécution des contrats de partenariat passés par l'Etat et ses établissements publics ainsi que les personnes mentionnées aux articles 19 et 25 de l'ordonnance n°2004-559 du 17 juin 2004, *JORF*, 4 mars 2009, p.4004/4006.

néanmoins demander à ces derniers de compléter ou préciser l'offre. Cette procédure nécessite que la personne publique ait déterminé ses besoins et défini scrupuleusement les missions qu'elle entend confier au partenaire privé.

L'absence de toute négociation ne contreviendrait pas à des relations contractuelles équilibrées. Le partenaire public ne déréglementerait pas nécessairement la passation du contrat en accroissant sa marge discrétionnaire, mais elle écarterait le club résident des négociations. A l'opposé, de cette rigidité de choix, une liberté absolue de négociation serait inadaptée. Dans le cadre de la procédure de passation d'une délégation de service public, la phase de négociation se caractérise par une liberté assurée textuellement[525]. Le juge administratif s'est prononcé sur cette liberté et a constaté « *qu'aucune règle n'encadre les modalités de l'organisation des négociations par la personne publique* »[526], ne favorisant pas ainsi une négociation profitable à l'intérêt général.

Un équilibre entre une liberté absolue et une rigidité trop stricte doit être trouvé. La négociation permet un échange entre les deux opérateurs, le dialogue compétitif aboutit à « *une procédure flexible qui sauvegarde à la fois la concurrence entre opérateurs économiques et le besoin des pouvoirs adjudicateurs de discuter avec chaque candidat tous les aspects du marché* »[527], se trouvant dès lors pleinement en adéquation avec le but recherché dans la passation d'un contrat de partenariat.

3 – La fin de la procédure de passation

La procédure de passation peut se terminer soit à travers l'échec de la procédure (**a**) ou la conclusion du contrat (**b**).

[525] Article 38 alinéa 5 de la loi du 29 janvier 1993, codifié à l'article L.1411-1 alinéa 5 du CGCT : « *Les offres sont librement négociées* » par l'autorité administrative compétente, qui peut à cet effet engager « *librement toute discussion utile avec une ou des entreprises ayant présenté une offre* », Article 43 alinéa 7 de la loi du 29 janvier 1993, codifié à l'article L.1411-5 alinéa 8 du CGCT.

[526] CE, 21 mai 2010, *Commune de Bordeaux*, n°334845. Concl. Boulouis. Notes sous arrêt : ECKERT (G.), *Contrats et Marchés Publics*, n°7, juillet 2010, p.37 ; LINDITCH (F.), *JCPA*, n°27, 5 juillet 2010, p.31 ; VILA (J-B.), *JCPA*, n°39, 27 septembre 2010, p.28 ; GLASER (E.), *RLCT*, n°61, octobre 2010, p.34 ; V. aussi CE, 18 juin 2010, *Communauté urbaine de Strasbourg et société Seche Eco Industrie*, n°336120. Concl. Da Costa, *BJCP*, n°72, novembre 2010, p.354. Notes sous arrêt : LINDITCH (F.), *JCPA*, n°37, 13 septembre 2010, p.31 ; BRENET (F.), *DA*, n°10, octobre 2010, p.29.

[527] Exposé des motifs de la directive 2004/18/CE, point 13.

a – L'échec de la procédure

L'échec de la procédure se distingue par deux formes classiques en droit des contrats administratifs, la renonciation à la procédure par la personne publique et l'infructuosité.

127. La renonciation est expressément prévue par l'ordonnance du 17 juin 2004. En effet, l'article 9 alinéa 2 oblige la personne publique à informer les candidats de son renoncement. Contrairement au Code des marchés publics, l'exercice de ce pouvoir n'est pas subordonné à un motif d'intérêt général, celui-ci étant toutefois apprécié avec souplesse, il n'en résulte pas de grandes disparités[528]. La renonciation à recourir à la passation du contrat administratif se justifiera par un risque d'irrégularité[529], des raisons budgétaires[530] ou une nouvelle évaluation des conditions de prestations[531]. La construction ou la rénovation de stade n'a pas eu à souffrir jusqu'à présent de renonciation entendu au sens de l'ordonnance du 17 juin 2004 relative au contrat de partenariat. Cependant, des projets de rénovation à Nantes et Strasbourg par exemple n'ont pas été entamés pour des contraintes budgétaires.

128. La procédure peut être déclarée infructueuse, dès lors qu'aucune des offres déposées ne parait acceptable au regard des critères mentionnés dans l'avis d'appel public à la concurrence ou le règlement de la consultation[532]. La déclaration d'infructuosité relève de la compétence de l'assemblée délibérante de la collectivité et non de la commission d'appel d'offres contrairement à ce qu'il en est pour les marchés publics soumis au Code des marchés publics[533]. L'ordonnance ne mentionne pas expressément la déclaration d'infructuosité, pour autant, dans la cadre d'un contrat de partenariat, une telle faculté reconnue à la personne publique serait des plus surprenantes voire inconvenantes.

---

[528] Article 64 alinéa 5 du Code des marchés publics.
[529] CE, 13 janvier 1995, *CCI de la Vienne*, n°68117. Concl. Lasvignes. Rec. Lebon p.26.
[530] CE, 23 novembre 1983, *Commune de Mont-de-Marsan*, n°30493. Concl. Laroque. Rec. Lebon p.778.
[531] CJCE, 16 septembre 1999, *Métal Meccanica Fracasso SpA*, aff. C-27/98. Concl. Saggio.
[532] Article L.1414-10 alinéa 1er du CGCT.
[533] Articles 59 et 64 du Code des marchés publics.

b – La conclusion du contrat

129. La fin de la procédure de passation correspond à la conclusion du contrat[534]. Les candidats évincés doivent être informés avant la signature du contrat dans un délai d'au moins seize jours en cas de transmission postale et d'au moins onze jours en cas de transmission informatique[535]. Ainsi, les candidats évincés peuvent saisir éventuellement le juge du référé précontractuel dont les compétences ont été étendues au contrat de partenariat[536]. Par ailleurs, la personne publique doit informer dans son motif de rejet les caractéristiques et les avantages relatifs à l'offre retenue dans le respect des clauses essentielles du contrat et du secret industriel et commercial. Cette exigence correspond à une préoccupation de transparence de la procédure.

Au regard de la répartition des compétences, et après d'ultimes contrôles garantissant la préservation des intérêts de la personne publique[537], le contrat est conclu entre la personne publique et la personne privée. Lorsqu'il s'agit d'un contrat de partenariat engageant l'Etat, le ministre compétent ou un agent doté d'une délégation de signature ratifiera le contrat. Pour un contrat de partenariat liant une collectivité territoriale, l'organe exécutif de la collectivité territoriale est chargé de signé le dit contrat.

Malgré les contraintes que peut supporter le contrat de partenariat, il n'en reste qu'il apparaît comme une solution contractuelle face à l'étendue des nouveaux enjeux en matière d'équipements publics en général, et de stades en particulier.

Section 2 – Des risques maitrisés quant au recours contre le contrat de partenariat

130. Le risque n'est plus un critère de distinction de certains contrats. Il y a du risque dans tous les contrats administratifs et les risques doivent être appréciés, au cas par cas, selon les caractéristiques propres à chaque projet[538]. Avant de répartir les risques, il faut préalablement les identifier et

---

[534] PIGNON-XARDEL (S.), MANOUKIAN (S.), VITSE (L.), *Le financement des partenariats public-privé. Problématiques juridiques et financières, pratiques et enjeux*, Le Moniteur, février 2010, p.116.
[535] Article 9 de l'ordonnance du 17 juin 2004.
[536] Article 27 de l'ordonnance du 17 juin 2004.
[537] ECKERT (G.), « La passation du contrat de partenariat », *Droit et Ville*, n°60, septembre 2005, p.140.
[538] Ministère de l'économie, des finances et de l'industrie, *Les contrats de partenariat. Principes et méthodes*, mai 2005, p.33. V. aussi KIRAT (T.), MARTY (F.) et VIDAL (L.),

les quantifier. Cette étape permettra à la personne publique dans un premier temps d'apprécier l'opportunité du recours au contrat de partenariat, puis dans un second temps de négocier une allocation équilibrée des risques avec les candidats. Quant à ces derniers, l'identification et la quantification des risques optimiseront l'offre en vue d'établir l'équilibre contractuel[539]. La répartition des risques dans le contrat s'effectue entre ceux que les cocontractants sont les mieux à même de supporter. Cela renvoie à la définition que les économistes donnent du contrat dont la première fonction est de « *partager le risque* »[540] entre les parties. Le risque et l'équilibre contractuel sont deux notions indissociables dans les contrats globaux et particulièrement dans le contrat de partenariat. Par commodité, une contractualisation de la répartition des risques procure un encadrement ainsi qu'une meilleure lisibilité et renforce la confiance des établissements prêteurs.

Le risque correspond à un fait, un événement, un facteur, une potentialité altérant la bonne exécution du projet provoquant des retards dans la gestion des délais, ayant des répercussions financières sur le projet ou engendrant des coûts supplémentaires. La notion de risque, malheureusement, se trouve réduite à son aspect négatif, le risque apparait comme une menace, un danger, du moins un événement préjudiciable[541]. Alors que le risque recouvre également des aspects positifs, qui relèvent plus de l'initiative. Un risque quel que soit le secteur du contrat de partenariat peut donc être envisagé comme une initiative selon nous et non uniquement une prise de risque au sens négatif du terme. En effet, tant appliqué aux domaines carcéral et hospitalier, ou en l'espèce au domaine sportif, le risque s'appréhende comme une solution juridique innovante susceptible d'apporter une réponse concrète et rapide à des besoins en termes d'infrastructures (sportives) faisant aujourd'hui défaut.

Une matrice d'analyse de risques est proposée par la MAPPP[542], évoquant les risques durant les périodes préliminaires, de développement et de construction, et enfin d'exploitation, sans dresser un inventaire complet des risques il s'agit d'anticiper les situations nuisant à l'ouvrage.

« Le risque dans le contrat administratif ou la nécessaire reconnaissance de la dimension économique », *RIDE*, n°3, juillet 2005, p.291.

539 FOURNET (X.), « L'audit d'un projet PPP », *La Revue du Trésor*, n°3-4, mars-avril 2007, p.263.

540 PICARD (P.), v. *Contrats*, in *Dictionnaire des sciences économiques*, PUF, 2001, p.207.

541 DAL FARRA (T.), « Risque juridique et contrats de partenariat », *CP-ACCP*, n°36, septembre 2004, p31.

542 MAPPP, *Guide pratique, les contrats de partenariats, principes et méthodes*, Minefi, p.33 et s.

Le contrat de partenariat anticipe particulièrement les risques potentiels (**§1**) et, par son architecture, permet de répondre efficacement à l'objectif de poursuite de l'exécution du contrat en cas de recours (**§2**).

§ 1 – La maîtrise de l'anticipation des risques

Le risque se répartit entre les cocontractants au contrat de partenariat, la personne publique, la personne privée et le club résident (**A**). Le contrat de partenariat dans ce contexte de crise économique marqué par la crise financière s'appréhende comme une solution contractuelle adaptée pour la construction de stades (**B**).

A – La notion de risque dans le contrat de partenariat, une répartition du risque tripartite

131. Le contrat de partenariat repose sur l'équilibre du contrat entre les qualités et les compétences des cocontractants. Il permet une optimisation de la répartition des risques, des délais et des coûts. Un équilibre des avantages et des risques doit exister entre le partenaire public et le partenaire privé. Il est nécessaire que le contrat « *porte sur la totalité des activités couvertes par le club sportif, les activités d'intérêt général et les activités à caractère économique* »[543], afin de correspondre à « *la pluralité des missions du cocontractant* »[544]. Chaque partie supporte les risques qu'elle est le mieux à même de supporter, *a contrario* d'autres montages où les risques reposent sur le délégataire de service public ou le maître d'ouvrage public. Voilà pourquoi l'intervention étatique dans le financement des stades susciterait tout à la fois une relance de l'investissement public et de l'économie. L'Etat impulserait ce cercle vertueux et encouragerait les investisseurs privés.

Le risque est inhérent à tout contrat. L'empirisme démontre que ce soit dans des marchés publics, des délégations de service public ou toute autre forme de contrat, le risque existe, sinon le juge administratif n'aurait pas à s'occuper d'un contentieux contractuel abondant ou à interpréter les clauses du contrat. Le régime du contrat de partenariat a apporté un éclairage novateur à la technique contractuelle en ce sens qu'il a institué « *une trame des risques* »[545] lors de chaque étape de la formulation du contrat. Cet éclairage fournit davantage de clarté que les négociations contractuelles

---

[543] BAYEUX (P.) et CLAVAGNIER (B.), « Les modes de gestion des équipements sportifs utilisés par les clubs professionnels », *AJDA*, 11 juillet 2005, p.1441.
[544] RICHER (L.), *Droit des contrats administratifs*, LGDJ, 8ème édition, août 2012, n°1401.
[545] LINDITCH (F.), « Contribution à la distinction des conventions de délégation de service public et des contrats de partenariat », *JCPA*, n°51, 19 décembre 2011, p.17.

traditionnelles de type « clause à clause », en étoffant la matrice de risques et en les élaborant de façon très exhaustive.

132. La notion de risque est centrale dans le contrat de partenariat. Il offre la possibilité de mettre en œuvre des formules intermédiaires entre le tout public et le tout privé, minimisant et partageant entre les partenaires le risque résiduel efficacement. Le risque résiduel en l'espèce s'entend comme le risque subsistant après le traitement du risque, c'est-à-dire la part de risque volontairement acceptée par l'ensemble des partenaires. La gestion du risque en général par ce mécanisme contractuel que représente le contrat de partenariat, implique un partage des risques. Le risque, s'il est présent dans les contrats globaux, *« n'y apparaît plus tant comme un critère de distinction des contrats, mais comme un enjeu de la négociation contractuelle neutre du point de vue de la qualification »*[546]. Le risque économique rejoint donc le risque sportif.

Le risque lié au contrat de partenariat s'appréhende de plusieurs manières. L'article 11-*b* de l'ordonnance du 17 juin 2004 modifiée par la loi du 28 juillet 2008 dispose de l'effectivité du partage des risques entre les deux cocontractants. Il existe différentes allocations des risques : opérationnels, tiers, financiers et entre personnes privées. La matrice des risques doit être optimisée dans ces allocations des risques.

133. Les risques opérationnels consistent en une mauvaise conception fonctionnelle, des problèmes de construction, d'entretien ou d'exploitation voire architecturaux[547]. Le titulaire accepte ce risque opérationnel dès lors qu'il s'engage envers le cocontractant public à réaliser l'ensemble des prestations contractuellement prévues dans les délais et les coûts déterminés. L'acceptation de la prise en charge des risques induit une acceptation du transfert des risques opérationnels. Cela soulève un problème car la personne publique est exonérée des risques et entraîne un déséquilibre des risques.

134. Les risques tiers ne sont pas inhérents aux deux cocontractants mais relèvent de la maîtrise d'une personne tierce. Il s'agit par exemple des risques liés aux autorisations administratives telles que le permis de construire ou la déclaration d'utilité publique. La personne publique va s'exonérer de ces risques et transférer le maximum des risques à la personne privée dans le contrat de partenariat par le biais de la concurrence entre les candidats au contrat. Cette forte concurrence permettra ce transfert.

---

[546] PEZ (T.), « Le risque dans les contrats administratifs », sous la direction du Professeur Pierre DELVOLVE, Université Panthéon-Assas (Paris II), Thèse, 2006, p.555.

[547] CHARRET (J.), « Le droit moral de l'architecte d'un stade au respect de son œuvre », *Recueil Dalloz Sirey*, n°2, 2007, p.129.

Néanmoins, en raison de ce transfert, la personne privée va redistribuer le coût de ce transfert dans celui de son loyer ou dans l'exploitation auprès des usagers dans le prix des places. Là encore, un déséquilibre est observé. La perte de l'équilibre est dommageable. Il est nécessaire que le partage du risque soit équilibré sans quoi le contrat de partenariat sera un échec ou du moins ne sera pas couronné de succès.

135. Le risque financier comporte lui aussi la nécessité d'un équilibre. Il importe de faire supporter les risques au mieux à chacune des parties en fonction de leurs compétences et domaines d'activités. Si le contrat de partenariat est souvent présenté comme un instrument permettant de favoriser l'investissement public en mobilisant des ressources privées, « *la conclusion d'un contrat de partenariat ne saurait être envisagée comme un moyen de pilotage du solde budgétaire, d'externalisation du besoin de financement des administrations publiques ou d'externalisation de la dette publique* »[548].

136. Les modalités permettant l'adaptation de l'infrastructure sportive à l'évolution des besoins et des demandes sont difficiles à définir préalablement. S'agissant des sports de salle, sous réserve que cela soit prévu initialement dans la conception, les équipements ont cette particularité d'être évolutifs ce qui permet l'ouverture et l'accueil d'autres sports tels que le basket-ball, le volley-ball ou le handball entre autres, ainsi que des spectacles culturels et des concerts. En revanche, l'adaptation paraît plus délicate pour les stades. En effet, il est clairement constaté que le risque est une problématique présente tout au long du projet[549] : tout d'abord, dans les études préalables, pour valider la pertinence des solutions contractuelles et financières ; ensuite, dans le cahier des charges où est traduite juridiquement l'affectation prévue des risques ; et enfin, dans l'analyse des offres où l'on valide l'affectation des risques et leur impact puis au pendant toute la vie du contrat, pour le suivi du dispositif.

L'économie du contrat a une construction jurisprudentielle découlant de l'interprétation du contentieux contractuel. Le juge administratif statue sur l'équilibre ou le déséquilibre du contrat après exécution altérée de celui-ci, opérant donc à rebours. L'article 2 de l'ordonnance modifie le rapport du contrat à l'économie, à travers le calcul économique. Par sa globalité, le

---

[548] MINEFI, Les contrats de partenariat – Principes et méthodes, p.18. V. aussi, circulaire interministérielle du 29 novembre 2005, *JORF*, n°291, 15 décembre 2005, p.19271 ; circulaire du 9 mai 2012, relative aux contrats de partenariat à l'attention des collectivités territoriales.

[549] Article 11-*b* de l'ordonnance du 17 juin 2004. KLOPFER (M.), « Evaluation financière de PPP et gestion des risques », *CP-ACCP*, n°65, avril 2007, p.50.

contrat de partenariat entremêle la division du travail économique et juridique en obligeant la personne publique à justifier le recours à ce contrat et de retenir l'offre la plus économiquement avantageuse[550]. L'article 2-*b* précise que la décision de la personne publique de recourir à ce contrat doit se fonder sur la comparaison entre les coûts de l'acquisition classique et cette forme contractuelle. Cette disposition contraint la personne publique à la réalisation de comparaisons de coûts avant même la procédure de dialogue compétitif. Le guide du Minefi souligne cette difficulté qui contraint la personne publique à l'estimation de coûts prévisionnels, alors qu'il n'existe pas de comptabilité analytique au sein des administrations centrales[551].

137. La personne publique est confrontée, en raison de la longueur du contrat, à un risque de mutabilité du contrat[552]. D'autant que ses engagements contractuels au sein du cahier des charges limitent sa marge de mutation du contrat sur l'équilibre initial. La gestion des modifications contractuelles de l'ouvrage constitue un enjeu essentiel de l'exécution du contrat[553]. L'article 11-*b* de l'ordonnance du 17 juin 2004 évoque les possibles modifications et les modalités de répartitions entre les cocontractants. Un stade évolue en fonction des contraintes sportives et parasportives imposées par l'organisateur de l'événement sportif[554]. De nombreuses normes telle que la *lex fifa* ou plus largement la *lex sportiva* pèsent sur les stades, comme par exemple, l'avancée technologique télévisuelle avec l'élaboration de système de caméras de suivi des joueurs, des nouvelles normes requises par les organisateurs des manifestations sportives en faveur des annonceurs publicitaires, des nouvelles règlementations d'accueil du public avec des dimensions minimales pour les places et une protection contre les intempéries, des règlementations en matière de sécurité du public avec la mise en place d'un dispositif de vidéosurveillance, ou enfin des aménagements spécifiques pour les dimensions des vestiaires[555]. Ce type de risque est prévisible et doit donc être prévu dans la matrice de risque des charges contractuelles. Des avenants au

---

550 KIRAT (T.), « Contrat de partenariat et économie du contrat », *Droit et Ville*, n°60, septembre 2005, p.85.

551 Guide Minefi, *Les contrats de partenariat. Principes et méthodes*, mai 2005, p.42.

552 CE, 10 janvier 1902, *Compagnie nouvelle du gaz de Deville-lès-Rouen*. Rec. Lebon p.5. GAJA n°9 ; CE, 27 janvier 1961, *Vannier*. Concl. Kahn. Rec. Lebon p.60 ; CE, Ass., 24 mars 2006, *Société KPMG*. Concl. Aguila. GAJA n°115.

553 WIEN (I.), « Difficultés d'exécution du contrat de PPP : le point de vue du partenaire privé », *CP-ACCP*, n°125, octobre 2012, p.37 ; SALAMAND (W.), « Le contrat de partenariat à l'épreuve de la construction et de l'exploitation », *CP-ACCP*, n°125, octobre 2012, p.44.

554 KALFLECHE (G.), « Les stades accueillant les coupes du monde de football », *in*, sous dir. MAISONNEUVE (M.), *Droit et Coupe du Monde*, Economica, octobre 2011, p.252.

555 Pour illustration, V. Cahier des charges UEFA Euro 2016, exigences relatives au tournoi, pp. 131, 198, 223 et 258. V. également *Ibid.*

contrat doivent d'ailleurs être obligatoirement prévus[556]. Cette obligation induit à figer les causes et modalités de modification du contrat par avenant.

138. De plus, il importe de distinguer le risque prévisible de modification technique inhérente à la qualité de l'utilisation du stade et des prestations d'accueil de celui-ci, du risque prévisible également de modification de la législation ou de la règlementation au cours de la phase d'exécution du contrat avant ou à compter de la date effective de mise à disposition de l'ouvrage.

Le risque se révèle également imprévisible. Dans le cadre de cette situation exceptionnelle, les avenants ne sont pas limités et peuvent bouleverser l'économie du contrat ou en changer l'objet. Les sujétions techniques imprévues sont des « *difficultés matérielles rencontrées lors de l'exécution du marché, présentant un caractère exceptionnel, imprévisible lors de la conclusion du contrat et dont la cause est extérieure aux parties* »[557].

139. Si la notion de risque est un élément constitutif du contrat de partenariat, ainsi que dans les autres montages contractuels, il semble que « *le domaine sportif puisse induire une part de risque dépassant les secteurs plus traditionnels. En effet, la durée du contrat étant par définition calculée en fonction des délais d'amortissement des investissements, (...) il semble difficile de garantir aux investisseurs sur l'ensemble de la durée du contrat le maintien en première division ou des qualifications suffisamment fréquentes pour les compétitions en coupe d'Europe* »[558]. Les performances sportives étant liées au taux de remplissage du stade, il semble difficile également de garantir un taux de fréquentation du stade élevé. Le risque de fréquentation comporte de nombreuses variables explicatives telles que le prix des places, les conditions climatiques, le revenu des spectateurs ou bien encore l'attractivité des rencontres sportives. Ces variations sont surtout incertaines malgré les modèles prévisionnels pouvant être élaborés.

---

[556] Article 11-*h* de l'ordonnance du 17 juin 2004 : « *Un contrat de partenariat comporte nécessaire des clauses relatives (…) aux conditions dans lesquels il peut être procédé, par avenant ou, faute d'accord, par une décision unilatérale de la personne publique, à la modification de certains aspects du contrat ou à sa résiliation, notamment pour tenir compte de l'évolution des besoins de la personne publique, d'innovations technologiques ou de modifications dans les conditions de financement obtenues par le cocontractant* ».

[557] CE, 30 juillet 2003, *Commune de Lens*, n°223445. Concl. Piveteau. Notes sous arrêt : LINDITCH (F.), *JCPA*, n°44, 27 octobre 2003, p.1420 ; PIETRI (J-P.), *Contrats et Marchés Publics*, n°10, octobre 2003, p.17.

[558] LABAYLE-PABET (P.), « Enceintes sportives locales : de nouvelles solutions contractuelles pour de nouveaux enjeux », *RLCT*, n°15, juillet-août 2006, p.7.

L'ordonnance du 17 juin 2004 évoque justement de manière ambigüe[559] le « niveau de fréquentation » des ouvrages[560]. L'article 11-*c* crée une incertitude sur la frontière entre contrat de partenariat et contrats concessifs, en particulier la délégation de service public[561]. Généralement, le contrat de partenariat ne supporte pas le risque de fréquentation. L'absence de risque de fréquentation se traduit par une rémunération en principe assurée en fonction de critères de performance ne tenant pas compte du niveau de fréquentation de l'équipement sportif. Néanmoins, ce principe doit être nuancé. Le niveau de fréquentation peut aisément et logiquement être pris en compte en tant qu'élément d'appréciation des conditions de la mise à disposition par la personne publique et comme indice de la qualité des prestations de services. Autrement dit, les recettes d'exploitation du stade, provenant ou non des usagers, tiendront lieu de risque de fréquentation au regard du critère de performance.

Le risque principal dont souffre un stade est l'hypothèse de poursuite ou de suspension du contrat en cas de non-obtention des autorisations administrations ou en cas de recours contre le contrat ou ses actes détachables[562]. Le projet du stade de Lille sous la forme du contrat de partenariat a connu un retard en raison du contentieux lié à l'extension de l'enceinte de Grimonprez-Jooris, avant d'établir un projet *ex nihilo*. Le projet privé lyonnais connaît, en particulier, un retard notable lié aux différents recours et autorisations administratives mais s'inscrit en marge des PPP.

140. Face à cette véritable mosaïque des risques, la répartition des risques entre les trois partenaires – la personne publique, la personne privée et le club - rend cette association mixte « *souple et dynamique* »[563]. Il paraît envisageable d'évoquer à terme, bien qu'assez éloigné de la conception française du sport méritocratique, une création de ligues fermées ne permettant pas de quitter la division dans laquelle se trouve le club à l'image de ce qui se pratique aux Etats-Unis par exemple[564].

---

[559] MENEMENIS (A.), « L'ordonnance sur les contrats de partenariats : heureuse innovation ou occasion manquée ? », *AJDA*, n°32, 27 septembre 2004, p.1741.

[560] Article 11-*c* de l'ordonnance du 17 juin 2004 : « *Aux objectifs de performance assignés au cocontractant, notamment en ce qui concerne la qualité des prestations de services, la qualité des ouvrages, équipements ou biens immatériels, les conditions dans lesquelles ils sont mis à la disposition de la personne publique, et, le cas échéant, leur niveau de fréquentation* ».

[561] CUCHE (P.), « Les projets d'équipements sportifs : quel montage juridique privilégier ? », *in*, Salon des maires et des collectivités locales, 22 novembre 2007.

[562] V. n°142-144.

[563] JAIDANE (R.), « Partenariat public-privé et infrastructures sportives », *BJES*, n°89, décembre 2008, p.26.

[564] Le championnat nord-américain de basketball illustre le mieux cet exemple, les équipes sont identiques chaque saison sans possibilité de rétrogradation.

Dans les projets de construction et de modernisation des enceintes sportives, l'acceptation du risque est large. Comme nous l'évoquions précédemment, il peut être positif ou négatif, il peut grandir le projet ou le remettre en cause. C'est pour ces raisons qu'un équilibre, si possible harmonieux doit être trouvé entre la propriété publique et le contrat de partenariat.

B – Le contrat de partenariat, une solution contractuelle en matière d'enceintes sportives face à de nouveaux enjeux majeurs

141. Le contrat de partenariat est une solution contractuelle pour les projets d'enceintes sportives, confrontées à de nouveaux enjeux majeurs[565]. Toutefois, procure-t-il un réel avantage à la collectivité publique ? Les risques inhérents au contrat sont répartis entre les trois protagonistes (la personne publique, la personne privée et le club résident) le rendant plus souple et dynamique.

La France se retrouve face à des enjeux majeurs. Les enjeux auxquels la France est confrontée sont donc la rénovation et la modernisation de ses stades ainsi que la construction de nouvelles enceintes sportives dans le but de relancer l'activité économique du pays, améliorer la compétitivité des clubs français, permettre de meilleures structures d'accueil au public et organiser des compétitions internationales. Si l'obtention de la candidature à l'Euro 2016 ne fera qu'accélérer la réussite de ces enjeux, l'échec de cette candidature n'aurait pas empêché cette marche en avant à la condition que l'Etat et les collectivités territoriales continuent leurs efforts d'investissements.

Les collectivités territoriales sont propriétaires des enceintes sportives. A ce titre les travaux de construction ou d'extension sont donc en principe de leur compétence. Cependant, les collectivités territoriales sont soumises à des contraintes de plus en plus nombreuses engendrant également des coûts de plus en plus importants par rapport à la gestion des enceintes : vétusté, obligations de mises aux normes imposées par les différentes instances. Les dix stades retenus pour l'Euro 2016 doivent avoir une capacité d'accueil selon le cahier des charges de l'UEFA de minimum 30.000 places, parmi lesquels au moins trois devront atteindre une capacité de plus de 40.000 places et deux de plus de 50.000 places[566].

---

[565] LAPOUBLE (J-C.), « Les partenariats public-privé dans le domaine du sport : choix juridique ou politique ? », *Les Cahiers de droit du sport*, n°28, 2012, p.26 ; DE FENOYL (E.), « Stades et Arénas : enjeux juridiques du mode d'exploitation », *Jurisport*, n°128, février 2013, p.25.

[566] FORRAY (J-B), « Grands stades : Les villes ne veulent pas être sur la touche », *Gaz. cnes*, 10 août 2009, p.19.

Un stade représente un investissement d'au moins 100 millions d'euros[567], la contribution du gouvernement de 150 millions d'euros sera bien évidemment insuffisante. Le coût est donc très conséquent et les collectivités abandonnent une à une la gestion publique intégrale, « *la conservation de la maîtrise d'ouvrage publique pour ce type de projet tend aujourd'hui à être remise en cause, au profit de montages contractuels permettant de mobiliser des sources de financement privées* »[568]. Sans pour autant se désengager du fait de leur qualité d'interlocuteurs et partenaires historiques et naturels, les collectivités publiques par le biais de la catégorie des contrats de partenariat, peuvent ainsi conserver leur association et engagement tout en confiant à des investisseurs privés la maîtrise de l'ouvrage. La solution du contrat de partenariat apparaît la plus adéquate s'agissant de projets d'envergure, ce qui conviendrait particulièrement aux enceintes sportives.

La complexité des projets, qui pour la plupart ne comportent pas uniquement que le stade mais aussi des centres commerciaux et différents espaces annexes, semble l'atout majeur du contrat de partenariat appliqué au domaine sportif.

Le contrat de partenariat actuellement est un réel avantage pour les collectivités territoriales. Avantage qui plus est d'autant plus réel à ce jour grâce à la loi du 16 décembre 2010 de réforme des collectivités territoriales[569]. Le texte prévoit des dispositions visant au renforcement et à la simplification de l'intercommunalité. Celle-ci est mieux à même de s'investir dans un projet de construction d'enceinte sportive au financement mixte. La clause de spécialisation des compétences prévue dans la loi pourrait s'exprimer en l'espèce puisque les départements et les régions seront dotés de « capacité d'initiative » en particulier pour soutenir le sport. Cette capacité d'initiative aurait le mérite de réaliser plus aisément les possibilités de développement qu'offre le contrat de partenariat (aspect multifonctionnel des enceintes, lieux de vie et de profits, valorisation des espaces annexes). La capacité d'initiative doterait les collectivités territoriales d'un pouvoir de dérogation à la loi pour répondre à des demandes non prévues par celle-ci mais qui sont justifiées par l'existence d'intérêt public local dont le soutien au sport et au mouvement sportif.

---

[567] Entretiens réalisés auprès de M. Nicolas BAILLY, Directeur stratégie et développement de la société Sport Five ; de M. Jean-Pierre BECHTER, Membre du directoire de l'Olympique de Marseille ; de Mme Cécile COQUELLE, Directrice des affaires institutionnelles de la Fédération française de football ; de Me Sophie PIGNON, Avocate ; de M. Rudi ROUSSILLON, ancien Président directeur général du FC Nantes.

[568] LABAYLE-PABET (P.), « Enceintes sportives locales : de nouvelles solutions contractuelles pour de nouveaux enjeux », *RLCT*, juillet-août 2006 n°15, p.5.

[569] Loi n°2010-1563 du 16 décembre 2010 de réforme des collectivités territoriales, *JORF*, n°292, 17 décembre 2010, p.22146.

§ 2 – La poursuite de l'exécution du contrat, un risque maîtrisé

Le contrat et ses actes détachables sont susceptibles de recours qui fragilisent la sécurité du financement et l'exécution du projet. Dès lors des clauses usuelles sont insérées pour garantir le financement et l'exécution du contrat (**A**). Dans le cadre du contrat de partenariat du stade de Nice, une clause innovante a été créée (**B**).

A – Les accords autonomes, une clause usuelle de l'exécution du contrat

142. Issue de la seule pratique des montages contractuels, l'accord autonome[570] résulte du souhait des organismes prêteurs de sécuriser le financement et des personnes publiques de poursuivre l'exécution du contrat même lors de recours contre celui-ci ou ses actes détachables[571]. Il intervient dans un contexte de crise économique et n'est prévu par aucun texte régissant le contrat de partenariat[572].

L'accord autonome se définit comme une convention conclue dans le cadre du financement du contrat de partenariat entre la personne publique et son partenaire privé, voire de manière tripartite, entre ces derniers et les établissements financiers prêteurs. L'accord a pour objet d'assurer la disponibilité du financement bancaire, même en cas de fragilisation du contrat (en raison de son annulation, ou de constatation de nullité de celui-ci ou de ses actes détachables) ou de l'acte d'acceptation de créance[573]. Cet accord permet donc de sécuriser l'indemnisation de la société de projet[574] et indirectement de ses prêteurs, qui renonceront à suspendre le tirage sur la dette en cas de recours contentieux. Il garantit l'ensemble des créanciers contre une fin anticipée du contrat de partenariat consécutive au succès d'un éventuel recours ou à la défaillance de la société titulaire du contrat[575].

---

[570] L'accord autonome est qualifié également d'acte autonome ou d'accord indemnitaire.

[571] DERUY (L.), « Les accords autonomes », *in*, sous dir. CLAMOUR (G.) et TERNEYRE (P.), Financement *et Contrats Publics*, CREAM, mai 2014, p.172.

[572] MATHARAN (X.) et PINTAT (P.), « Les risques et leurs garanties dans les contrats de partenariat », *CP-ACCP*, n°36, septembre 2004, p.39 ; PINTAT (P.), « Le risque constructif dans les contrats de partenariat », *CP-ACCP*, n°81, octobre 2008, p.48 ; *Ibid*, p.171.

[573] DERUY (L.), « Les accords autonomes », *in*, sous dir. CLAMOUR (G.) et TERNEYRE (P.), Financement *et Contrats Publics*, CREAM, mai 2014, p.171 ; DJEMAOUN (A.) et LAVIOLE (L.), « L'accord autonome : une réponse aux réserves des banques à financer les contrats de partenariat », *BJCP*, n°84, septembre 2012, p.319.

[574] V. n°258.

[575] BRACONNIER (S.), « L'accord autonome dans les contrats de partenariat public-privé », *AJDA*, n°9, 11 mars 2013 p.530 ; BRACONNIER (S.), « L'accord autonome dans les contrats de partenariat public-privé. De la pratique à la théorie », *in*, Mélanges en l'honneur du Professeur Laurent RICHER, *A propos des contrats des personnes publiques*, LGJD, novembre 2013, pp.511-528.

143. Les prêteurs ont relevé les incertitudes affectant l'indemnité due en cas de nullité. Si la fin anticipée du contrat, même en phase de construction, accorde l'indemnisation du cocontractant et des banques à hauteur des dépenses utiles, la jurisprudence demeure incertaine. Toutefois, le juge administratif ne s'était prononcé que sur des espèces relatives aux marchés publics[576] ou de délégations de service public[577], ce qui ne laisse pas présumer de transposition quant au contrat de partenariat. Dans ce contexte, le Tribunal administratif de Bordeaux s'est prononcé sur l'accord autonome du contrat de partenariat du futur stade de Bordeaux[578]. Ce type d'accord se prête particulièrement à la nature du contrat de partenariat et son financement mis en œuvre par le financement de projet.

En l'espèce, la ville de Bordeaux avait conclu un contrat de partenariat avec une filiale du constructeur Vinci en vue de la réalisation du nouveau stade de Bordeaux. La délibération municipale du 24 octobre 2011 prévoyait d'une part, la signature d'un accord tripartite entre la ville, le titulaire du contrat et les établissements financiers prêteurs, et d'autre part la signature d'un acte d'acceptation par la ville de la cession, par le titulaire, d'une fraction de ses créances de rémunération sur celle-ci. Une autre délibération du même jour portait enfin sur l'autorisation de signer l'accord autonome prévoyant les modalités d'indemnisation contre les effets d'un recours envers le contrat. Cette dernière délibération fut justement l'objet d'un recours en annulation

---

[576] CE, Sect., 10 avril 2008, *Société Decaux c/ Département des Alpes-Maritimes*, n°244950. Concl. Dacosta, *JCPA*, n°19, 5 mai 2008, p.24. Rec. Lebon, p.151. Notes sous arrêt : PIETRI (J-P.), *Contrats et Marchés Publics*, n°6, juin 2008, p.27 ; MELLERAY (F.), *DA*, n°6, juin 2008, p.26 ; FOULQUIER (N.), *RLCT*, n°36, juin 2008, p.17. En l'espèce, le Conseil d'Etat refuse d'inclure les frais liés à la souscription d'un emprunt bancaire pour l'exécution d'un marché de mobilier urbain.

[577] CE, 7 décembre 2012, *Commune de Castres*, n°351752. Concl. Pélissier. Note sous arrêt : BATOT (S.), *Contrats et Marchés Publics*, n°2, février 2013, p.28 ; VILA (J-B.), *DA*, n°3, mars 2013, p.42. Obs. DOURLENS (N.) et MOUSTIER (R.), *BJCP*, n°87, mars 2013, p.130. En l'espèce, le Conseil d'Etat a considéré qu'un cas de nullité d'une DSP, le délégataire peut demander le remboursement du coût du financement du déficit d'exploitation mais il précise « *pour autant toutefois qu'il soit établi, au besoin après expertise, que ce déficit ait été effectivement nécessaire dans le cadre d'une gestion normale à la bonne exécution du service public et que le coût du financement de ce déficit est équivalent à celui qu'aurait supporté ou fait supporter aux usagers le délégant* ». Cet arrêt laisse particulièrement planer l'incertitude. Auparavant le juge administratif avait considéré que les frais afférents aux intérêts liés au contrat de couverture d'une DSP étaient inclus dans les dépenses utiles, CAA Paris, 13 avril 2006, *Société Sogérès*, n°01PA02304 ; CE, 16 novembre 2005, *M. Auguste c/ Commune de Nogent-sur-Marne*, n°262360. Concl. Casas, *BJCP*, n°45, avril 2006, p.128. Notes sous arrêt : LLORENS (F.), *Contrats et Marchés Publics*, n°2, février 2006, p.23 ; LINDITCH (F.), *JCPA*, n°7, 13 février 2006, p.228.

[578] TA Bordeaux, 19 décembre 2012, *M. Rouveyre*, n°1105079. Notes sous jugement : BRACONNIER (S.), *AJDA*, n°9, 11 mars 2013, p.529 ; NIGRI (E.), *Contrats et Marchés Publics*, n°3, mars 2013, p.35. A rapprocher de TA Paris, 17 mai 2013, *Association « La justice dans la cité »*, n°1206417.

par un conseiller de l'opposition municipale. Le Tribunal a rendu un jugement inattendu en considérant l'accord autonome comme un accord transactionnel et accessoire du contrat de partenariat.

Le juge considère, sans détour, que l'accord autonome est un accord transactionnel résultant de la seule volonté des parties contractantes[579] qui prévoient que le contrat se maintiendrait malgré une annulation et qu'il régirait les conséquences indemnitaires de cette annulation. L'accord autonome s'inscrit donc intrinsèquement comme un accord transactionnel.

Le juge administratif rappelle également qu'en aucun cas le caractère d'un contrat ne peut dépendre de la qualification reconnue par les parties[580], et reconnaît donc que « *bien que qualifié d'autonome, cet accord n'en constitue pas moins un accessoire du contrat de partenariat passé pour la réalisation du nouveau stade et relève, par suite, de la compétence du juge administratif* ». Ainsi, le juge considère que l'accord autonome est accessoire au contrat de partenariat afin de déterminer la compétence juridictionnelle. De plus, il consacre l'autonomie fonctionnelle de cet accord autonome en raison de son objet strictement indemnitaire puisque l'accord se distingue de l'objet principal du contrat de partenariat. Tout au plus, il constituerait l'accessoire des contrats financiers afférents au contrat de partenariat[581].

La Cour administrative d'appel de Bordeaux a confirmé le jugement du Tribunal administratif en rejetant les demandes dirigées d'une part contre l'autorisation de signature du contrat de partenariat[582], et d'autre part, contre l'autorisation de signature de l'accord autonome[583]. En effet, la Cour a considéré qu'il était nécessaire de recourir à un contrat global pour assurer la parfaite cohérence des solutions architecturales et techniques proposées par la maîtrise d'œuvre, les entreprises de construction et les entreprises d'exploitation et de maintenance. De plus, la présence d'un club résident a créé une complexité juridique supplémentaire liée à la difficulté de déterminer *a priori* la place qu'il pourrait occuper dans le montage contractuel. Au regard du rapport d'évaluation préalable, la Cour souligne

[579] A propos de la liberté contractuelle, Décision n°2006-543 DC du 30 novembre 2006, *Loi relative au secteur de l'énergie* ; CE, Sect., 28 janvier 1998, *Société Borg Warner*, n°138650. Concl. Bergeal. A propos de l'objet de l'engagement des cocontractants, CE, 15 février 2008, *Commune de La Londe-les-Maures*, n°279045. Concl. Dacosta, *BJCP*, n°58, juin 2008, p.216.

[580] TC, 9 juin 1986, *Fabre*, n°02434. Concl. Latournerie.

[581] Note sous jugement, BRACONNIER (S.), *AJDA*, n°9, 11 mars 2013, p.533.

[582] CAA Bordeaux, 17 juin 2014, *M. Rouveyre*, n°13BX00563. Obs., NOGUELLOU (R.), *RDI*, n°9, septembre 2014, p.429.

[583] CAA Bordeaux, 17 juin 2014, *M. Rouveyre*, n°13BX00564. Concl. Katz, *AJDA*, n°29, 8 septembre 2014, p.1253.

que « *le recours au contrat de partenariat permet de gagner six mois sur la mise en service du nouveau stade par rapport au recours à un marché public de travaux et est le seul à respecter l'objectif de livraison* ». Ainsi, elle valide le recours au contrat de partenariat pour la réalisation du nouveau stade de Bordeaux.

Dans un second arrêt, relatif à l'accord autonome, la Cour considère, d'une part, qu'un tel accord ne constitue pas un marché public au sens du code des marchés publics et des directives européennes applicables. La Cour estime néanmoins que la passation de ce contrat est soumise au respect des obligations d'égalité de traitement des candidats et de transparence auxquelles est subordonnée la conclusion de tout contrat de commande publique. La Cour considère, d'autre part, que cet accord, qui détermine la garantie due par la commune de Bordeaux en cas de recours contre le contrat de partenariat lui-même et/ou contre l'un de ses actes détachables, sur la base de l'ensemble des dépenses utilement exposées par la société Stade Bordeaux-Atlantique pour l'exécution du contrat de partenariat, y compris les frais financiers engagés, n'a pas pour effet de contraindre la commune de Bordeaux à verser une libéralité prohibée par la règle d'ordre public issue de la jurisprudence *Mergui*[584].

Le juge reconnaît donc la licéité de l'objet d'un accord autonome, tout en faisant de cet accord un acte accessoire à propos de la compétence contentieuse. Cette dernière qualification retenue soulève une interrogation quant à l'effectivité et l'efficacité réelle de l'accord. Le juge écarte la remise en cause de l'effectivité du recours, « *l'efficacité de la décision d'annulation du contrat que prononcerait le juge et donc au principe de séparation des autorités administratives et juridictionnelles, la mise en œuvre des mesures prévues par cet accord permettrait au contraire (...) de règles les conséquences financières d'une éventuelle annulation du contrat* »[585]. Ainsi, un accord autonome peut être conclu pour anticiper les conséquences financières d'une annulation[586]. Il doit toutefois être encadré afin que la personne publique ne paie pas une somme qu'elle ne doit pas[587], mais

---

584 CE, Sect., 19 mars 1971, *Sieurs Mergui*, n°79962. Concl. Rougevin-Baville. Rec. Lebon p. 235.

585 V. sur l'effectivité des recours, Décision n°96-373 DC du 9 avril 1996, *Loi organique portant statut d'autonomie de la Polynésie française* ; CE, ord., 13 mars 2006, *Association de défense des usagers des autoroutes publiques en France*, n°291118 ; CE, 6 mai 2009, *Khan*, n°322713. Concl. Burguburu.

586 BRACONNIER (S.), « L'indemnisation des préjudices nés de la rupture anticipée d'un contrat public d'affaires pour motif d'intérêt général », *AJDA*, n°37, 9 novembre 2009, p.2035.

587 CE, Sect., 19 mars 1971, *Sieurs Mergui*, n°79962. Concl. Rougevin-Baville. Rec. Lebon, p.235.

uniquement les dépenses utiles[588]. En l'espèce, l'accord autonome peut mettre régulièrement à la charge de la personne publique une indemnité en cas d'annulation du contrat correspondant aux dépenses que le titulaire du contrat aurait engagées pour construire l'ouvrage public.

L'accord autonome apporte une sécurité juridique dans la conclusion d'un contrat de partenariat. Néanmoins, ce jugement bien qu'apportant des précisions mérite d'être confirmé par la Haute Assemblée.

B – La clause « Nice Stadium », une clause innovante de l'exécution du contrat

144. Les recours potentiels envers l'exécution d'un projet sont pléthores[589]. Si dans la conclusion d'un contrat de partenariat, le recours potentiel contre le financement est sécurisé par l'accord autonome, le recours potentiel contre le permis de construire et le contrat administratif sont inhérents à tout projet. Le recours envers le permis de construire pose certaines difficultés[590] mais qui ne sont pas rédhibitoires puisqu'il suffit d'organiser par stipulations les conséquences d'une décision contraire. En revanche, le recours provoquant l'annulation du contrat, ou de la délibération autorisant sa signature, est dirimant pour la bonne exécution du projet, puisque ses stipulations ne pourront être invoquées[591]. Le projet initial de construction du stade de Nice en contrat de concession a pu connaître de ces difficultés, pour avoir été suspendu[592], puis annulé[593]. Or ce stade devait accueillir les Jeux de la Francophonie en septembre 2013 et le Championnat

---

588 CE, 7 décembre 2012, *Commune de Castres*, n°351752. Concl. Pélissier ; CE, 4 mai 2011, *Chambre de commerce et d'industrie de Nîmes, Uzès, Bagnols, Le Vigan*, n°334280. Concl. Dacosta.

589 V. notamment, RAPP (L.), « La prise en compte du critère économique et financier dans les contrats publics : le risque d'exploitation », *BJCP*, n°9, mars 2000, p.82 ; DAL FARRA (T.), « Risque juridique et contrats de partenariat », *CP-ACCP*, n°36, septembre 2004, p.31 ; KIRAT (T.), MARTY (F.) et VIDAL (L.), « Le risque dans le contrat administratif ou la nécessaire reconnaissance de la dimension économique », *RIDE*, n°3, juillet 2005, p.291; KLOPFER (M.), « Evaluation financière de PPP et gestion des risques », *CP-ACCP*, n°65, avril 2007, p.50 ; PINTAT (P.), « Le risque constructif dans les contrats de partenariat », *CP-ACCP*, n°81, octobre 2008, p.48 ; PEZ (T.), « Le risque dans les contrats administratifs », sous la direction du Professeur Pierre DELVOLVE, Université Panthéon-Assas (Paris II), 2006, 1243 p.

590 V. n°255 et 256.

591 CE, 13 juillet 1961, *Société d'entreprises générales et de travaux publics*, n°47355. Concl. Nicola, *AJDA*, n°9, 20 septembre 1961, p. 458. Note sous arrêt : WALINE (M.), *RDP*, 1962, p.535.

592 CAA Nice, 6 octobre 2006 CAA Marseille, 6 octobre 2006, *Ville de Nice, sociétés GSN-DSP et Cari*, n°06MA02372 et 06MA02514.

593 TA Nice 22 décembre 2006, *Préfet des Alpes-Maritimes et M. Knecht c/ Commune de Nice*, n°0601427.

d'Europe des Nations de football en juin 2016. Afin de respecter ces délais impératifs, un dispositif sécurisant la poursuite de l'exécution du contrat, contre d'éventuels recours, et de la disponibilité du financement a été imaginé[594]. En effet, les clauses usuelles telles que l'accord autonome ne permettent pas de garantir l'exécution du projet.

145. Il n'est pas possible de détailler précisément la clause nommée « Nice stadium » ainsi que l'accord autonome du contrat de partenariat en raison du secret en matière industrielle et commerciale. La CADA y inclut les éléments du « *montage juridico-financier et comptable* » dans son avis du 8 novembre 2007[595]. Néanmoins, la doctrine a tenté d'apporter un éclairage[596].

146. Le dispositif imaginé et mis en œuvre dans le cadre de la construction du stade de Nice permet d'assurer la poursuite de l'exécution du projet y compris lors de recours contre le contrat de partenariat ou l'acte d'acceptation et le financement du projet. La clause évite la suspension de l'exécution du contrat lors de l'introduction d'un recours, sauf décision contraire de la personne publique ; assure la disponibilité du financement bancaire en cas de recours par la signature concomitante du contrat de partenariat et d'un accord autonome ; prévoit un préfinancement public partiel en cas de recours contre l'accord autonome[597] ; enfin la personne publique peut poursuivre l'exécution du projet en maîtrise d'ouvrage publique en cas d'annulation ou résiliation du contrat. La doctrine considère que ces éléments sont les « *quatre piliers de la clause Nice stadium* »[598]

---

594 DE FENOYL (E.) et RASOAMANANA (C.), « La poursuite du projet de l'exécution du projet en cas de recours contre le contrat de partenariat : la clause Nice stadium », *Contrats et Marchés Publics*, n°4, avril 2011, p.6 ; VANDERPOOTER (A.), « La gestion contractuelle du risque de recours dans les partenariats public-privé », *Actes pratiques et ingénierie immobilière*, n°1, janvier 2013, p.38.

595 CADA, 8 novembre 2007, avis n°20072630. Ainsi, « *la commission considère que si le contrat de partenariat constitue un document administratif et est, à ce titre, soumis au droit d'accès garanti par la loi du 17 juillet 1978 à l'exclusion des mentions couvertes par le secret en matière industrielle et commerciale, ce secret implique d'occulter, dans le contrat lui-même, les mentions qui définissent le montage juridico-financier et comptable ainsi mis au point par le partenaire retenu* ». V. également, SAGALOVITSCH (E.), « L'accès aux contrats de partenariat », *AJDA*, n°43, 17 décembre 2012, p.2367.

596 DE FENOYL (E.) et RASOAMANANA (C.), « La poursuite du projet de l'exécution du projet en cas de recours contre le contrat de partenariat : la clause Nice stadium », *Contrats et Marchés Publics*, n°4, avril 2011, p.6.

597 Ce préfinancement public partiel est assorti d'une obligation de mobilisation de fonds propres complémentaires pour arriver à 20% de financement par le partenaire privé et d'une obligation de refinancement privé du financement public partiel au terme de la période critique de recours pendant.

598 DE FENOYL (E.) et RASOAMANANA (C.), « La poursuite du projet de l'exécution du projet en cas de recours contre le contrat de partenariat : la clause Nice stadium », *Contrats et Marchés Publics*, n°4, avril 2011, p.10.

indissociablement liés. Ce dispositif répond également, selon la doctrine, « *à l'objectif d'égalité entre le contrat de partenariat et les autres modes de la commande publique* »[599].

Ce dispositif répond à une situation d'espèce particulière en raison des contraintes temporelles. Sa licéité pourrait être remise en cause devant le juge, qui n'a pas eu à se prononcer. La doctrine souligne que « *cette clause replace le juge au centre du dispositif en évitant que le recours ait intrinsèquement, dans une sorte de solution avant dire droit, la possibilité de bloquer un projet* »[600].

En conclusion, il convient de rester mesuré et de garder nos précautions, en raison de la compatibilité du contrat de partenariat et des risques inhérents à ce montage, particulièrement appliqué au domaine sportif, avec ce dispositif légal. Néanmoins, quel que soit le montage contractuel appliqué aux stades, un dialogue entre la collectivité et le club est obligatoire et il est souhaitable qu'ils aient de bonnes relations tant pour l'intérêt du club et son image, que pour assurer aux partenaires commerciaux un climat de confiance et de sérénité. Il importe surtout au travers du contrat de trouver un équilibre entre souplesse du montage et sécurité juridique.

---

[599] *Ibid*, p.11.

[600] DE FENOYL (E.) et RASOAMANANA (C.), « La poursuite du projet de l'exécution du projet en cas de recours contre le contrat de partenariat : la clause Nice stadium », *Contrats et Marchés Publics*, n°4, avril 2011, p.10.

CONCLUSION DU TITRE 1

147. Les différents montages étudiés dans ce Titre possèdent des caractéristiques propres mais il ressort que le contrat de partenariat s'inscrit comme le montage le plus abouti et adapté aux stades. Loin d'être une « *pierre philosophale* »[601] en matière de contrats publics, le contrat de partenariat s'impose pour les stades, selon nous, comme « le moins mauvais système contractuel ». Pour autant, à notre sens, il n'existe pas de mauvais contrats mais uniquement de mauvais choix d'adéquation entre, d'une part, la réalité des besoins et des moyens, et d'autre part le type de contrat choisi[602].

Le contrat de partenariat a pour mérite de maîtriser les délais et les coûts de construction, à défaut de pouvoir toujours les réduire. La collectivité publique recherche avant tout dans le contrat de partenariat l'utilisation d'un équipement lourd, onéreux, spécifique et amortissable économiquement sur une longue durée. Le contrat de partenariat n'est pas et ne sera probablement pas la solution à tous les problèmes d'équipements, mais il peut contribuer à rendre la dépense publique plus efficace, et parfois à la réduire. Il ne doit pas y avoir de méprise sur la présentation des coûts, puisque cette prestation peut sembler plus élevée en raison de l'omission de ce que prend réellement en compte la prestation. Contrairement aux autres montages, le contrat de partenariat offre une prestation complète. Or, il faut ajouter aux coûts initiaux des autres montages, les coûts de l'emprunt et l'entretien du produit fini notamment. Toutefois, il ne faut pas assimiler le recours aux contrats de gestion déléguée comme une forme de privatisation. Malgré l'aspect « clé en main » du montage, l'intérêt général demeure prégnant et pour certains contrats le service public également.

En contribuant à cerner davantage le besoin de financement et à mieux maîtriser les risques, le contrat de partenariat est un outil satisfaisant les besoins de l'intérêt général mais il ne constitue pas une panacée[603].

---

[601] MENEMENIS (A.), « L'ordonnance sur les contrats de partenariats : heureuse innovation ou occasion manquée ? », *AJDA*, n°32, 27 septembre 2004, p.1733.

[602] V. notamment, DE FENOYL (E.), « Stades et Arénas : enjeux juridiques du mode d'exploitation », *Jurisport*, n°128, février 2013, p.22 ; LAPOUBLE (J-C.), « Les partenariats public-privé dans le domaine du sport : choix juridique ou politique ? », *Les Cahiers de droit du sport*, n°28, avril 2012, p.26 ; LAGARDE (F.), « Financement et réalisation d'un équipement sportif : quels montages juridiques ? », *Jurisport*, n°100, juillet 2010, p.20.

[603] TERNEYRE (P.), « Les nouveaux contrats de partenariat et la typologie des instruments du partenariat public-privé », *RDI*, n°11, novembre 2003, p.521 ; BARROT (J.), « Les partenariats public-privé », *La Revue du Trésor*, n°3-4, mars-avril 2007, p.190.

La place du contrat de partenariat au sein des contrats publics est « *intermédiaire, en ce qu'il se situe à la jonction de la logique du marché public et de celle de la concession et en ce qu'il autorise une semi-externalisation d'une mission* »[604]. De plus, l'ensemble de ces montages présentent une faiblesse commune, celle de ne pas donner la propriété absolue et définitive des ouvrages aux acteurs privés, limitant l'exploitation et les bénéfices induits[605]. Par ailleurs, les BEA et AOT peuvent porter sur le même objet que le contrat de partenariat sans être soumis aux mêmes contraintes d'utilisation[606].

En matière de stade, la délégation de service public nous semble peu attractive. Le partenaire privé doit remplir les obligations de service public propres aux caractéristiques de ce contrat. L'affaire *Jean Bouin* a démontré le risque de requalification et l'insécurité juridique l'entourant. Le partenaire privé surtout se voit transférer la totalité des risques. Le contrat de partenariat, créé pour combler un vide juridique, induit des risques moindres pour le partenaire privé mais s'avère plus engageant pour le partenaire public. Il existe une concurrence entre les partenariats et contre les partenariats, relevant dès lors le manque d'homogénéité mais la pluralité des solutions mises à dispositions[607]. Parmi les PPP, le contrat de partenariat apparaît donc comme le montage contractuel le plus pertinent.

Les projets privés ne sont guère florissants dans l'Hexagone, hormis la tentative lyonnaise. L'initiative privée utilise l'expertise et la compétence du secteur public, ainsi que le soutien financier des collectivités publiques à travers les subventions et les prestations de services comme l'achat de billets, et enfin par leurs techniques d'appropriation forcée du foncier. Certes, un stade appartenant entièrement au secteur privé dégagerait davantage de ressources en mobilisant l'ensemble des capitaux en faveur des acteurs privés et en procurant la propriété absolue de l'ouvrage mais grèverait tout de même une partie des finances publiques particulièrement par le financement total des réseaux et dissertes. La loi du 22 juillet 2009 relative au développement et de modernisation des services touristiques prévoit la participation financière de la personne publique lorsque le projet

---

604 NICINSKI (S.), « La place des contrats de partenariat au sein des contrats administratifs », *La Revue du Trésor*, n°3-4, mars-avril 2007, p.237.
605 SIMON (G.), CHAUSSARD (C.), ICARD (P.), JACOTOT (D.), DE LA MARDIERE (C.) et THOMAS (V.), *Droit du sport*, PUF, mars 2012, p.337.
606 SYMCHOWICZ (N.), « Pour un Code des contrats de la commande publique », *Contrats et Marchés Publics*, n°4, avril 2007, p.7.
607 VIDELIN (J-C.), « Partenariat public-privé : histoire d'un équilibre incertain », *JCPA*, n°51, 19 décembre 2011, p.13.

reçoit la qualification d'intérêt général[608]. Pour le site de Lyon, le coût est estimé à 200 millions d'euros, alors que le projet coûterait au total 450 millions d'euros, preuve du prégnant soutien public dans les projets privés. La personne publique paie et contribue fortement au projet sans en obtenir un quelconque bénéfice. Il vaut donc mieux favoriser le contrat de partenariat. La réalisation d'ouvrage en maîtrise d'ouvrage publique permet aux autorités publiques d'avoir une meilleure marge de manœuvre en vertu de leur compétence dans le choix du mode de gestion souhaité, tout en bénéficiant du pouvoir discrétionnaire.

L'organisation de l'Euro 2016 demeure bénéfique. Chaque manifestation sportive internationale apporte son lot de développements économiques, d'infrastructures sportives et de transports voire juridiques. Il convient de reconnaître que l'Euro 2016 a contribué en la mise en place d'une « *boutique législative du sur mesure* »[609] en particulier à la suite des dérogations en cascade dans les contrats publics, déjà en « *miettes* »[610].

---

[608] Loi n°2009-888 du 22 juillet 2009 de développement et de modernisation des services touristiques, *JORF*, n°169, 24 juillet 2009, p.12352.

[609] CLAMOUR (G.), « Dérogations en cascade dans les contrats publics pour l'Euro 2016 », *Contrats et Marchés Publics*, n°7, juillet 2011, p.11.

[610] LLORENS (F.) et SOLER-COUTEAUX (P.), « Le droit des contrats publics en miettes », *Contrats et Marchés publics*, n°1, janvier 2005, repère 1 ; ECKERT (G.), « Réflexions sur l'évolution du droit des contrats publics », *RFDA*, n°2, mars-avril 2006, p.239.

TITRE 2 – LE STADE, UN OBJET FONCIER DE DROIT PUBLIC

148. Outre le choix du montage contractuel, la maîtrise foncière constitue une autre clé de la réussite du projet. En effet, les expériences, en particulier récentes, montrent que le choix de la localisation du stade et par conséquent la maîtrise foncière du site d'implantation importe. Ce choix impose de déterminer d'une part, le régime de domanialité du stade (**Chapitre 1**) et, d'autre part, les règles d'urbanisme de celui-ci (**Chapitre 2**).

Les contrats d'occupation du domaine public ont cristallisé des interrogations doctrinales et jurisprudentielles autour du stade, qui a été un laboratoire et un champ d'application d'institution de règles de droit public. L'émergence d'autres contrats administratifs dans la réalisation et l'exploitation permet de constituer un nouveau laboratoire. Le choix du contrat peut avoir une répercussion sur les critères d'affectation de la domanialité du stade, en plus de sa nature intrinsèque, et les revenus que procurent l'ouvrage.

Le site d'implantation va directement influencer le développement du projet, dans la mesure où des autorisations d'urbanisme devront être délivrées en tenant compte de l'environnement, des nuisances et de la valorisation du lieux. Par ailleurs, un stade comprend la réalisation de programmes annexes tels qu'un parc de stationnement, des boutiques ou des lieux de restauration qui seront à inclure. Le site d'implantation est source d'opposition au projet, de ce fait, le maître d'ouvrage devra assurer une concertation et une communication préalablement.

CHAPITRE 1 – LA DOMANIALITÉ DU STADE

149. Indépendamment du choix du montage contractuel opéré, la question de la domanialité demeure cruciale pour l'édification d'un stade. L'évolution des critères de la consistance du domaine amène à s'interroger sur la nature du domaine où sont édifiés les stades. Font-ils partis du domaine public ou du domaine privé de la personne publique ou, dans une conception libérale du bien, faut-il les sortir du domaine de la personne publique pour les inscrire dans celui de la personne privée ?

En matière de stade, il a été démontré l'existence d'un droit spécial des contrats administratifs[611]. Ce droit spécial se retrouve également quant à la domanialité. La domanialité du stade connaît une définition plurielle, voire à géométrie variable, pouvant induire une insécurité juridique[612]. Le Stade de France a amorcé cet aspect topique que le droit positif a poursuivi par les arrêts *Jean Bouin* et *Madame Gilles*, démontrant ainsi la contribution des stades au droit des contrats administratifs.

Il en découle l'importance de qualifier la domanialité du stade, afin de déterminer si elle est publique (**Section 1**) ou si elle s'avère privée (**Section 2**). Par ailleurs, un stade peut être la propriété d'une personne privée (**Section 3**).

Section 1 – La domanialité publique du stade

150. La pertinence du domaine public n'est plus à prouver[613]. La domanialité publique « *ne se décrète pas* »[614] et ne se négocie pas non plus[615]. Les notions de domaine public et de service public sont en « *symbiose* »[616] mais connaissent en l'espèce des altérations.

---

[611] V. *Supra*, n°43 et s.

[612] V. pour exemple, ROLIN (F.), « Existe-t-il un droit administratif du bois de Boulogne ? », *AJDA*, n°5, 14 février 2011, p.241.

[613] BACHELIER (G.), « Le concept du domaine public : un concept toujours pertinent », *in*, Mélanges en l'honneur du Professeur Daniel LABETOULLE, *Juger l'administration, administrer la justice*, Dalloz, mai 2007, p.35.

[614] UBAUD-BERGERON (M.), « L'appartenance d'un bien au domaine public ne se décrète pas », *AJDA*, n°21, 6 juin 2005, p.1182, note sous CE, 29 novembre 2004, *Société des autoroutes du Sud de la France*, n°234129. Concl. de Silva.

[615] CE, 28 septembre 2011, *M. William Jullian*, n°343690. Concl. Boulouis.

[616] NICINSKI (S.), « Le domaine public : de la crise à la reconstruction », *in*, Mélanges en l'honneur du Professeur Jacqueline MORAND-DEVILLERS, *Confluences*, Montchrestien, février 2008, p.667.

Le régime de la domanialité publique comporte une gradation, ou pour reprendre l'expression de Léon Duguit, il existe « *une échelle de domanialité* ». Il ne doit pas être considéré comme « *un bloc rigide uniformément applicable à toutes les dépendances du domaine public* »[617]. L'absence de rigidité du bloc suggère qu'à chaque situation correspond une réalité domaniale.

La reconnaissance du droit de propriété des personnes publiques sur leurs biens nécessite une dissociation de ce droit par la possibilité de consentir des droits réels sur le domaine public (**§1**). Initialement, l'arrêt *Ville de Toulouse* concluait à la domanialité publique du *stadium* en se fondant sur les critères d'affectation au service public. L'évolution de la consistance du domaine public suscite l'interrogation, un stade appartient-il toujours au domaine public ? (**§2**).

§ 1 – La constitution de droits réels sur le domaine public

La reconnaissance du droit de propriété et de ses démembrements permet de conférer des droits réels à l'occupant domanial (**A**). Actuellement, le droit positif ne dégage pas de principe précis relatif à la matière, le Code général de la propriété des personnes publiques ayant inachevé la clarification. De plus, les règles d'inaliénabilité et d'imprescriptibilité du domaine engendrent des difficultés supplémentaires (**B**). Malgré tout, il importe de valoriser le domaine (**C**) et qu'il procure une juste redevance (**D**).

A – Les droits réels de l'occupation domaniale

151. *Jus in re*, le droit réel se définit comme « *un droit qui porte directement sur une chose et procure à son titulaire tout ou partie de l'utilité économique de cette chose* »[618]. Il assure un pouvoir « *direct* », « *immédiat* » et « *absolu* » sur la chose[619]. Pour la doctrine[620], le droit réel reconnu à l'occupant domanial présente une analogie avec le droit de superficie tel que la jurisprudence l'a identifié[621]. La doctrine privatiste définit d'ailleurs le droit de superficie comme « *le droit réel appartenant à une autre personne*

---

[617] GAUDEMET (Y.), *Droit administratif des biens*, LGDJ, Tome 2, 15ème édition, février 2014, n°219 ; *Id.*, « A propos de la valorisation économique des propriétés publiques », *RDP*, n°5, septembre 2012, p.1229.
[618] CORNU (G.), *Vocabulaire juridique*, PUF, 8ème édition, avril 2007.
[619] TERRE (F.) et SIMLER (P.), *Droit civil – Les biens*, Dalloz, 1998, p.710.
[620] LEVY (J-P.) et CASTALDO (A.), *Histoire du droit civil*, Dalloz, 2ème édition, octobre 2010, n°273.
[621] Cass. civ., 16 décembre 1873, *Cart. DP* 1874.I.249. Note sous arrêt : LABBE (J-E.), *S.*, 1874.I.457.

que le propriétaire du sol sur ce qui se trouve dessus ou dessous »[622]. La doctrine publiciste, pour sa part, considère que « *le droit réel reconnu par la loi à l'occupant domanial sur les équipements et installations qu'il réalise au titre de cette occupation autorisée constitue une transposition raisonnée et volontaire du droit de superficie du droit privé à l'hypothèse particulière d'une occupation du domaine public* »[623].

Selon l'article L.2122-6 du Code général de la propriété des personnes publiques, le droit réel confère à son titulaire les prérogatives et obligations du propriétaire pour la durée de l'autorisation. La propriété est le premier des droits réels[624]. L'article 544 du Code civil le formule comme « *le droit de jouir et de disposer des choses de la manière la plus absolue, pourvu qu'on n'en fasse pas un usage prohibé par les lois et les règlements* ». Tous les autres droits réels ne renvoient qu'à des démembrements de la propriété tels l'usufruit ou la servitude. Il faut entendre ici les droits réels sous l'empire du droit administratif tel que l'arrêt *Commune de Douai* a pu les réaffirmer. La reconnaissance de droits réels à l'occupant domanial le pare des attributs du propriétaire lui conférant une source de richesse grâce à la valorisation du bien[625]. Ainsi, l'occupant peut développer une gestion patrimoniale, recourir au crédit-bail sans dépossession du bien ou entre autre, recourir aux sûretés réelles comme support de financement et de valorisation[626]. La reconnaissance de droits réels à l'occupant est donc bien-fondé économiquement[627].

La constitution de droits réels est présentée classiquement comme incompatible avec le domaine public en raison de l'inaliénabilité de celui-ci[628] en vertu de la solution dégagée par l'arrêt *Eurolat*[629]. Mais comme le souligne la doctrine, « *à aucun moment dans l'arrêt ni dans les conclusions*

---

[622] MALAURIE (P.) et AYNES (L.), *Droit civil - Les biens*, LGDJ, 5ème édition, février 2013, n°900.

[623] GAUDEMET (Y.), « Actualité de la dissociation des droits sur le sol en droit public », *RDI*, n°1, janvier 2009, p.14.

[624] GODFRIN (P.) et DEGOFFE (M.), *Droit administratif des biens*, Sirey, 10ème édition, octobre 2012, n°279.

[625] MOYSAN (H.), « Le droit de propriété des personnes publiques », Thèse sous la direction du Professeur Didier TRUCHET, Université Panthéon-Assas (Paris II), 2001, p.150 et s.

[626] PERIGNON (S.), « Peut-on vendre des droits de construire ? », *Defrénois*, n°6, 30 mars 1993, p.321.

[627] UBAUD-MERGERON (M.), « Les contradictions du régime du financement privé des ouvrages publics sur le domaine public de l'Etat », *AJDA*, n°26, 28 juillet 2003, p.1361 ;

[628] DUFAU (J.), *Le domaine public*, Le Moniteur, 5ème édition, juillet 2001, p.216 ; CHAPUS (R.), *Droit administratif général*, Tome 2, Montchrestien, 15ème édition, septembre 2001, n°508 et s. ; V. n°153.

[629] CE, 6 mai 1985, *Association Eurolat-Crédit Foncier de France*, n°41589. Concl. Genevois. Rec. Lebon p.141. Note sous arrêt : FATOME (E.) et MOREAU (J.), *AJDA*, n°11, 20 novembre 1985, p.620.

du commissaire du gouvernement Genevois on ne lit la proposition de principe que toute espèce de droit réel serait impossible sur le domaine public »[630]. Cependant, il résulte de l'arrêt l'impossibilité d'investir sur le domaine public et d'y développer une activité économique, un investisseur ne pouvant constituer une hypothèque qui est définie comme un droit réel par l'article 2393 du Code civil[631].

152. Le législateur a souhaité assouplir ces contraintes. Il est intervenu par l'article 13 de la loi du 5 janvier 1988 d'amélioration de la décentralisation[632] afin autoriser la constitution de baux emphytéotiques sur le domaine public des collectivités territoriales. Puis la loi du 25 juillet 1994 a permis la constitution de droits réels sur le domaine public de l'Etat[633]. Les lois de 1988 et 1994 ont voulu apporter aux investisseurs privés une sécurité juridique, sans pour autant supprimer le caractère précaire et révocable de l'autorisation d'occuper le domaine public[634], ce qui « *demeure contradictoire avec la volonté de faire de ce dernier une richesse productive de revenus* »[635]. Enfin, le législateur a étendu le régime de la loi de 1994 aux collectivités territoriales par les articles L.1311-5 et suivants du Code général des collectivités territoriales sans pour autant transposer la loi de 1994, puisque que le titre doit spécifier expressément la constitution d'un droit réel.

L'occupation domaniale nécessite de distinguer deux situations, selon que l'occupation est consentie pour les seuls besoins de l'activité privée de l'occupation du domaine public, ou qu'elle le soit en vue de la réalisation d'installations de service public ou d'intérêt général. La première situation implique que l'occupant, autorisé à s'installer sur le domaine public, est considéré comme le propriétaire des installations qu'il réalise pour les seuls besoins de son exploitation privée[636]. Si la jurisprudence a pu reconnaître des

---

630 GAUDEMET (Y.), *Droit administratif des biens*, LGDJ, Tome 2, 15ème édition, février 2014, n°316.

631 Selon l'article 2393 du Code civil, une hypothèque « *est un droit réel sur les immeubles affectés à l'acquittement d'une obligation* ».

632 Loi n°88-13 du 5 janvier 1988 *d'amélioration de la décentralisation*, *JORF*, 6 janvier 1988, p.208.

633 Loi n°94-631 du 25 juillet 1994 complétant le Code du domaine de l'Etat et relative à la constitution de droits réels sur le domaine public, *JORF*, n°171, 26 juillet 1994, p.10749.

634 CE, 23 février 2000, *Société de distribution de chaleur de Saint-Denis*, n°179013. Concl. Seban, *CJEG*, n°564, avril 2000, p.148. Note sous arrêt : SAVIGNAT (R.), *CJEG*, n°564, avril 2000, p.150.

635 COMBE (C.), « Les droits réels sur le domaine public », *DA*, n°12, décembre 2001, p.5.

636 GAUDEMET (Y.), *Droit administratif des biens*, LGDJ, Tome 2, 15ème édition, février 2014, n°490. Pour une utilisation du terme « propriétaire », CE, 4 mars 1991, *Madame Palanque*, n°79528. Concl. Fornacciari. Rec. Lebon, p.976. Obs. BON (P.), *D.*, 1992, p.379 ; CE, 23 juin 1993, *Société industrielle de construction et de réparation*, n°111569. Concl. Denis-Linton.

embranchements particuliers comme étant la propriété des sociétés titulaires de ces derniers[637], les installations autour du stade pourront être considérées comme la propriété de l'occupant. Le Conseil d'Etat s'est d'ailleurs prononcé sans ambiguïté sur le fait que « *l'appropriation privative d'installations superficielles édifiées ou acquises par le titulaire d'une autorisation d'occupation temporaire du domaine public n'est pas incompatible avec l'inaliénabilité de celui-ci lorsque l'autorisation de l'occuper et d'y édifier des constructions ou d'acquérir les constructions existantes n'a pas été accordée en vue de répondre aux besoins du service public auquel le domaine est affecté* »[638]. Il découle de la seconde situation que l'occupant du domaine dispose uniquement d'un droit réel de nature similaire à un droit de propriété[639]. Ce dernier est démembré de la personne publique, propriétaire dès la réalisation mais qui en aura la pleine possession à l'expiration du titre d'autorisation, permettant ainsi à l'occupant d'assurer le financement de l'investissement. Si un club ne dispose pas de droit réel immobilier lui permettant une mobilisation de prêts bancaires pour constituer une hypothèque en vue d'une garantie d'emprunts, par exemple, il ne sera pas enclin à participer au financement des travaux du stade.

B – La compatibilité des règles d'inaliénabilité et d'imprescriptibilité avec les droits réels

153. Les biens du domaine public sont inaliénables et imprescriptibles. Cette règle, qui trouve son origine dans l'édit de Moulins de février 1566, a été reprise par la jurisprudence administrative[640] avant d'être consacrée par le Code général de la propriété des personnes publiques (CG3P)[641]. Le

---

[637] CE, 1er juillet 1960, *Entreprises Soulat c/ SNCF*, n°35343. Concl. Henry. Obs. BESNARD (J.), *AJDA*, n°5, 20 mai 1961, p.262 ; CE, 8 janvier 1930, *Compagnie générale de l'eau*. Rec. Lebon, p.16.

[638] CE, 23 juillet 2010, *Mme Montravers, liquidateur judiciaire de la société Neuville, Foster, Delaunay, Belleville*, n°320188.

[639] V. pour illustration articles 7.1 et 7.2 du contrat de partenariat conclu pour le grand stade de Nice.

[640] CE, 17 février 1932, *Commune de Barran*. Rec. Lebon, p.189. Note sous arrêt CAPITANT (R.), *D.* 1933, III, p.49. V. aussi DE GAUDEMAR (H.), « L'intrigante copie de René Capitant au concours d'agrégation de droit public de 1930 », *RFDA*, n°6, novembre-décembre 2007, p.1297.

[641] Article L.52 du code du domaine de l'Etat ; article 13-I de la loi n° 88-13 du 5 janvier 1988 d'amélioration de la décentralisation, dispositions codifiées à l'article L.3111-1 du Code général de la propriété des personnes publiques. V. DELVOLVE (P.), « Droit de propriété et droit public », *in*, Mélanges en l'honneur du Professeur Guy BRAIBANT, *L'Etat de droit*, Dalloz, avril 1996, p.149 ; MELLERAY (F.), « L'échelle de la domanialité », *in*, Mélanges en l'honneur du Professeur Franck MODERNE, *Mouvement du droit public*, Dalloz, juin 2004, p.287 ; HUBRECHT (H.), « L'inaliénabilité. Passé et avenir d'un principe de droit constitutionnel », *in* Mélanges en l'honneur du Professeur Dimitri Georges LAVROFF, *La*

principe d'inaliénabilité n'est pas absolu. Il fait simplement obstacle à toute cession aussi longtemps que le bien appartient au domaine public, empêchant l'aliénation d'un bien du domaine public sans déclassement préalable[642]. Le régime des règles d'inaliénabilité (**1**) et d'imprescriptibilité (**2**) suscitent des doutes quant à leur compatibilité avec les droits réels.

1 – La compatibilité des règles d'inaliénabilité avec les droits réels

154. L'inaliénabilité est le caractère des biens composant le domaine public et qui s'oppose à ce que les dépendances de celui-ci puissent faire l'objet d'une aliénation volontaire ou forcée, ou d'une constitution de droits réels. Dans l'arrêt *Consorts Renault contre EDF*[643], la Cour de cassation a rompu avec sa solution traditionnelle de refuser aux tiers d'invoquer le principe d'inaliénabilité[644]. Le juge civil, juge de la propriété, est à présent compétent pour constater la nullité des aliénations du domaine public et ordonner la restitution du prix. Le juge administratif sanctionne lui aussi l'aliénation en sa qualité de juge du contrat. Lorsqu'il est saisi par les parties, il constate la nullité d'ordre public des cessions contractuelles du domaine public[645].

Le principe d'inaliénabilité du domaine public n'a qu'une valeur législative, le Conseil constitutionnel refusant une consécration constitutionnelle[646]. Dès lors, une loi peut déroger à ce principe à condition de ne pas porter atteinte, d'une part, aux principes d'égalité et de continuité du service public, et

---

Constitution et les valeurs, Dalloz, janvier 2005, p.417 ; DUPRAT (J-P.), « L'évolution des logiques de gestion du domaine de l'Etat », *AJDA*, n°11, 21 mars 2005, p.578.

642 CE, 17 février 1932, *Commune de Barran*.

643 Cass. 1ère civ., 3 mai 1988, *Consorts Renault c/ EDF, Société Verte Campagne, Sovercam*, n°86-13. Bull. civ. 1988, I, n°123, p.85. Note sous arrêt : DUFAU (J.), *AJDA*, n°11, 20 novembre 1988, p.679. V. aussi, CE, 11 octobre 1995, *M. Etienne Tête*, n°116544. Concl. Bachelier. Le Conseil d'Etat a considéré que le principe d'inaliénabilité s'opposait même à ce qu'une personne publique cède à une autre personne publique un bien appartenant au domaine public, bien que l'affectation était conservée.

644 Req. 25 mars 1942, *S.*, 1942.I.115 ; Cass. 3ème civ., 12 février 1986.

645 CE, 4 mai 2011, *Communauté de communes du Queyras*, n°340089. Concl. Dacosta, *BJCP*, n°78, novembre 2011, p.353. Notes sous arrêt : ECKERT (G.), *Contrats et Marchés Publics*, n°6, juin 2011, p.26 ; JUILLES (A-S.), *Jurisport*, n°114, novembre 2011, p.34.

646 Décision n°86-217 DC du 18 septembre 1986, *Loi relative à la liberté de communication* ; Décision n°94-346 DC, 21 juillet 1994, *Loi complétant le code du domaine de l'Etat et relative à la construction des droits réels sur le domaine public*. Notes sous décision : GONDOUIN (G.), *AJDA*, n°11, 20 novembre 1994, p.786 ; BON (P.), *RFDConst.*, n°20, décembre 1994, p.814 ; GODFRIN (P.), *CJEG*, n°506, janvier 1995, p.1 ; Décision n°96-380 DC, 23 juillet 1996, *Loi relative à l'entreprise nationale France Télécom*.

d'autre part, aux « *droits et libertés des personnes à l'usage desquelles il est affecté* » comme l'ont formulé les juges constitutionnels[647].

La doctrine[648] et la jurisprudence[649] ont longtemps considéré que la constitution de droits réels sur le domaine public était interdite sauf par dérogation législative. L'inaliénabilité protège le domaine public contre le démembrement de la propriété publique. Cette propriété est essentielle à l'affectation du bien[650]. L'affectation détermine les exigences de l'inaliénabilité. L'évolution des considérations liées à la valorisation du domaine public et l'inadaptation du principe d'inaliénabilité aux situations actuelles ont permis d'assouplir la possibilité de droits réels sur le domaine public[651]. Désormais cela signifie que « *doivent être interdits au nom du principe d'inaliénabilité, non pas toute espèce de droits réels sur le domaine mais uniquement ceux qui, contrariant l'affectation, seraient réputés incompatibles avec celle-ci* »[652]. Il en découle qu'il ne s'agit pas de céder un bien du domaine public à vil prix, mais d'autoriser temporairement une exploitation du domaine par l'occupant.

155. Le principe d'inaliénabilité du domaine public est incompatible avec le régime des baux commerciaux comme l'ont consacré la jurisprudence[653] et l'article L.145-2 du Code du commerce. Les titulaires des baux ne peuvent prétendre au renouvellement ou à la libre cession, comme le prévoit normalement la conclusion de baux commerciaux, ce qui rend incompatible

---

[647] Décision n°2003-473 DC du 26 juin 2003, *Loi habilitant le Gouvernement à simplifier le droit.*

[648] DUFAU (J.), *Le domaine public*, Le Moniteur, 5ème édition, juillet 2001, p.216 ; CHAPUS (R.), *Droit administratif général,* Tome 2, Montchrestien, 15ème édition, septembre 2001, n°508 et s.

[649] CE, 6 mai 1985, *Association Eurolat-Crédit Foncier de France.* V. aussi, TC, 28 avril 1980, *Préfet de la Seine-Saint-Denis c/ Société Résidence des Perriers*, n°02160. Concl. Galabert.

[650] GAUDEMET (Y.), « Les constructions en volume sur le domaine public », *CJEG*, n°470, octobre 1991, p.297.

[651] V. BROUANT (J-P.), « Le régime domanial à l'épreuve de la valorisation économique », Thèse, sous la direction du Professeur Yves JEGOUZO, Université Panthéon-Sorbonne (Paris I), novembre 1995, 647 p.

[652] GAUDEMET (Y.), *Droit administratif des biens*, LGDJ, Tome 2, 15ème édition, février 2014, n°318.

[653] CE, 28 janvier 1970, *Consorts Philip-Bingisser*, n°76593. Concl. Morisot. Rec. Lebon, p.58. Notes sous arrêt : LACHAUME (J-F.), *D.*, 1970, p.372 ; LIET-VAUX (G.), *RA*, 1970, p.297 ; CE, 23 janvier 1976, *Kergo*, n°97342. Concl. Dondoux. Rec. Lebon, p.55 ; CE, 13 décembre 2006, *SARL Le dôme du Marais*, n°286252. Concl. Olléon ; Cass. 1ère civ., 15 juin 1954. *D.* 1954, p.586 ; Cass. 3ème civ., 10 mars 2010, *Société Le New Port c/ Epoux Rolando*, n°09-12.174. Pour une application de cette interdiction aux contrats entre une personne privée, concessionnaire du domaine public, et un sous-occupant, Cass., 3ème civ., 20 décembre 2000, *Société Quimper Plaisance c/ SCI Odyssey*, n°99-10.896. *Bull. civ.*, 2000, III, n°194, p.135.

la possibilité de baux commerciaux sur le domaine public[654]. La nullité du bail commercial ne se déduit pas des règles de la domanialité publique, mais du droit au renouvellement du bail qui s'oppose au principe de précarité et révocabilité des titres administratifs, puisque l'engagement de l'occupant ne peut excéder la durée de son occupation. Toutefois, si la personne publique commet une faute en faisant croire à son occupant qu'il dispose des lieux dans les conditions prévues par la législation pour un bail commercial, elle engage sa responsabilité et ouvre droit à une réparation du préjudice[655]. Sa responsabilité est également engagée lorsqu'elle se méprend durablement sur la nature de la situation juridique du domaine occupé, au motif de la privation du bénéfice du droit commercial[656]. Par ailleurs, la personne publique peut aussi verser une indemnité d'éviction du domaine[657].

En conséquence, l'occupant du domaine public ne peut conclure de baux commerciaux avec la personne publique. Cette incompatibilité affecte les capacités de financement et d'investissements du partenaire privé. Pour cette raison, le maintien du stade dans le domaine public de la personne publique représente une contrainte en vue de la valorisation du bien. Le cocontractant privé qui voudrait installer des commerces aux abords du stade, ne pourrait se satisfaire de cette incompatibilité. Il est préférable, afin de développer une activité commerciale annexe, de transférer des dépendances du domaine public dans le domaine privé de la personne publique destinées spécifiquement à cet égard. Ainsi, le partenaire privé dispose d'un droit réel sur les dépendances du domaine privé mises à disposition par la commune[658]. La pratique a aussi recours à la division en volumes[659] qui

[654] YOLKA (P.), « Les baux commerciaux sur le domaine privé », *Revue des loyers et des fermages*, n°929, juillet 2012, p.290 ; YOLKA (P.), « Propriété commerciale des occupants du domaine public : crever l'abcès », *JCPA*, n°25, 25 juin 2012, p.11 ; BRIGNON (B.), « Exclusion du statut des baux commerciaux pour un club de sport exploité sur le domaine public », *Annales des loyers*, n°1, janvier 2014, p.26, note sous CA Pau, 25 juillet 2013, *SARL Fair Play c/ Association l'Union sportive Dacquoise*, n°13/3106.

[655] CE, 6 décembre 1985, *Mlle Boin-Favre*, n°'4716. Concl. Denoix de Saint-Marc. Note sous arrêt : TERNEYRE (P.), *RFDA*, n°3, mai-juin 1986, p.382 ; CE, 5 mars 2003, *SARL Hostellerie Château de Nyer*, n°247054. Concl. Bachelier. V. aussi YOLKA (P.), « Bail commercial sur le domaine public et responsabilité de l'administration », *JCPA*, n°14, p.29.

[656] CE, Sect., 22 avril 1977, *Michaud*, n°95539. Concl. Franc.

[657] CAA Marseille, 24 janvier 2011, *Commune Escaro-Aytua*, n°09MA00172. Notes sous arrêt : ECKERT (G.), *Contrats et Marchés Publics*, n°4, avril 2011, p.33 ; POUJADE (B.), *BJCL*, n°4, avril 2011, p.279. V. aussi CAA Nantes, 3 février 2012, *Commune de Saint-Martin-de-la-Place*, n°10NT01407.

[658] V. pour illustration article 7.3 du contrat de partenariat conclu pour le grand stade de Nice.

[659] V. n°165. Sur cette notion v. CHAPUT (J-C.) et ROCHEGUDE (S.), « La division en volumes, une réponse pertinente aux relations entre domaine privé et domaine public ? », *JCPN*, n°37, 14 septembre 2007, p.40 ; FATOME (E.) et TERNEYRE (P.), « Le financement privé de la construction d'ouvrages publics, en particulier sur le domaine public », *AJDA*, n°2, 20 novembre 1997, p.126 ; DELCROS (X.) et PEYRICAL (J-M.), « Le financement privé des équipements collectifs. Un développement inéluctable à encadrer », *AJDA*, numéro spécial, 7

permet de concilier les règles du domaine public et de la propriété privée[660], illustrant la souplesse d'un régime fonctionnel[661]. Le législateur a d'ailleurs consacré de façon générale cette possibilité[662]. Ainsi, « *le terrain d'assiette demeure dans le domaine public, mais l'espace qui le surplombe est déclassé et échappe ainsi aux contraintes de la domanialité publique* »[663]. Une partie de l'assiette domaniale du stade peut donc être divisée pour permettre de conclure des baux commerciaux. La rénovation du stade Jean Bouin illustre pleinement cette possibilité permettant au stade de demeurer dans le domaine public tout en permettant au partenaire privé d'exploiter le bien.

2 – La compatibilité des règles d'imprescriptibilité avec les droits réels

156. Le législateur présente les notions d'inaliénabilité et d'imprescriptibilité comme distinctes du domaine public[664], or la seconde n'est qu'une conséquence nécessaire et complémentaire de la première[665]. L'article L.3111-1 du CG3P reprend l'article L.52 du Code du domaine de l'Etat. Issu de l'édit de François Ier de 1539 et de l'ordonnance Louis XIV de 1667, ce principe d'imprescriptibilité prohibe la prescription acquisitive d'une dépendance du domaine public ou toute autre action possessoire sur celui-ci. Une personne privée occupante du domaine public ne peut acquérir de droit de propriété ou d'autres droits réels sur le domaine public, même par voie d'usucapion[666] comme le prévoit pour les propriétés privées les articles

---

août 1994, p.70. V. aussi YOLKA (P.), « Personnes publiques et propriété partagée », *LPA*, n°113, 6 juin 2013, p.43.

[660] GAUDEMET (Y.), « La superposition des propriétés privées et du domaine public », *D.*, 1978, p.293 et « Les constructions en volume sur le domaine public », *CJEG*, n°470, octobre 1991, p.297 ; TERRE (F.) et SIMLER (P.), *Droit civil – Les biens*, Dalloz, 8ème édition, août 2010, n°948.

[661] GAUDEMET (Y.), « A propos de la valorisation économique des propriétés publiques », *RDP*, n°5, septembre 2012, p.1228 et s.

[662] Article L.2123-7 du Code général de la propriété des personnes publiques.

[663] GODFRIN (P.) et DEGOFFE (M.), *Droit administratif des biens*, Sirey, 10ème édition, octobre 2012, n°264.

[664] Selon l'article L.3111-1 du CG3P, « *les biens des personnes publiques qui relèvent du domaine public sont inaliénables et imprescriptibles* ». Auparavant l'article L.52 du Code du domaine de l'Etat énonçait que « *les biens du domaine public sont inaliénables et imprescriptibles* ».

[665] CE, Sect., 13 octobre 1967, *Cazeaux*, n°61207. Concl. Questiaux. Rec. Lebon, p.368. Note sous arrêt : WALINE (M.), *RDP*, 1968, p.887 ; LAVIALLE (C.), « L'imprescriptibilité du domaine public », *RFDA*, n°1, janvier-février 1985, p.27.

[666] CE, 8 octobre 1975, *SA Marine-Côte d'Argent et Sieur Couach*, n°90224. Concl. Denoix de Saint-Marc ; CE, 5 novembre 1975, *Epoux Govys*, n°95166. Concl. Guillaume. Rec. Lebon, p.541 ; CE, 27 mai 1988, *Marcel Brisse*, n°67114. Concl. Guillaume. Rec. Lebon, p.777.

2219 et 2258 du Code civil[667]. Ce principe protège le domaine de la négligence des personnes publiques afin qu'elles n'en soient pas dépossédées à son insu. Le principe d'imprescriptibilité protège surtout l'affectation du domaine car l'imprescriptibilité commence et finit avec l'affectation[668].

L'imprescriptibilité du domaine ne souffre pas de prescription extinctives devant le juge[669] pour la revendication des biens relevant du domaine public. Elle nécessite également une remise en l'état de celui-ci[670]. Cependant, il apparaît peu probable qu'un stade et son occupant enfreignent cette règle d'imprescriptibilité, d'autant que les actions possessoires contre le propriétaire ou l'affectataire du domaine public sont irrecevables sauf si une voie de fait est commise. Dès lors, le juge de l'action possessoire peut « *réintégrer l'occupant paisible dans la possession du bien en attendant qu'il soit statué sur le droit de propriété* »[671].

C – La valorisation du domaine public

157. La valorisation du domaine public grâce à des ouvrages complexes a été mise en exergue par la doctrine[672]. Ce rapprochement s'exprime à travers les partenariats public-privé et en particulier le contrat de partenariat.

---

[667] Selon l'article 2219 du Code civil, la prescription extinctive est « *un moyen d'extinction d'un droit résultant de l'inaction de son titulaire pendant un certain laps de temps* ». L'article 2258 du Code civil définit la prescription acquisitive comme « *un moyen d'acquérir un bien ou un droit par l'effet de la possession sans que celui qui l'allègue soit obligé d'en rapporter un titre ou qu'on puisse lui opposer l'exception déduite de la mauvaise foi* ».

[668] LAVIALLE (C.), « L'imprescriptibilité du domaine public », *RFDA*, n°1, janvier-février 1985, p.27.

[669] CE, 9 novembre 2011, *Ministre de la Défense c/ Murat de Chasseloup-Laubat*, n°331500. Concl. Escaut. Note sous arrêt : GILBERT (S.), *DA*, n°2, février 2012, p.30 ; TC, 9 juillet 2012, *Ministre de la Défense c/ Murat de Chasseloup-Laubat*, n°C3857. Concl. Collin. Note sous arrêt : MELLERAY (F.), *DA*, n°11, novembre 2012, p.24.

[670] CAA Nantes, 8 décembre 1999, *Triboulet*, n°97NT01274. Rec. Lebon, p.779. V. CE, Ass., 8 juillet 2005, *Société Alusuisse-Lonza-France*, n°247976. Concl. Guyomar. Rec. Lebon, p.311. Chron. LANDAIS (C.) et LENICA (C.), *AJDA*, n°33, 3 octobre 2005, p.1829. Notes sous arrêt : TREBULLE (F-G.), *JCPG*, n°1, 11 janvier 2006, p.37 ; PLESSIX (B.), *RFDA*, n°2, mars-avril 2006, p.375. V. aussi, CEDH, 29 mars 2010, *Depalle c/ France*, n°34044/02. Note sous arrêt : YOLKA (P.), *JCPA*, n°16, 19 avril 2010, p.38 ; CEDH, 29 mars 2010, *Brosset-Triboulet c/ France*, n°34078/02.

[671] TC, 24 février 1992, *Sieur Couach*, n°02685. Concl. Flipo. Rec. Lebon, p.479. Chron. MAUGÜE (C.) et SCHWARTZ (R.), *AJDA*, n°5, 20 mai 1992, p.327.

[672] ALLINNE (P.), « Domanialité publique et ouvrages complexes », *AJDA*, n°11, 20 novembre 1977, p.523 ; GAUDEMET (Y.), « La superposition des propriétés privées et du domaine public », *D.*, 1978, p.293 ; AGLAE (M-J.), « Division en volumes et propriété privée sur le domaine public », *RDI*, n°3, juillet 1993, p.313 ; GAUDEMET (Y.), « Ouvrages complexes et domanialité publique », *RDI*, n°4, octobre 1999, p.507.

La domanialité publique est présente « *au cœur du contrat de partenariat* »[673] en raison de la mission globale visée par le contrat de partenariat. Le titulaire d'un contrat de partenariat est régulièrement dans une situation d'occupant du domaine public par la nature même du contrat de partenariat et à la condition que le contrat remplisse son objet. Les différents apports par la loi du 28 juillet 2008, complétée par celle du 17 février 2009, sur la propriété publique ont permis un meilleur équilibre entre celle-ci et le contrat de partenariat. Le titulaire du contrat de partenariat est souvent dans la situation d'un occupant du domaine public, ce qui conduit à s'interroger sur l'articulation des régimes du contrat de partenariat et de la domanialité publique.

Le contrat de partenariat permet désormais une valorisation des espaces annexes depuis la loi du 28 juillet 2008, ce qui apporte une plus grande souplesse (**1**). Le titulaire du contrat de partenariat peut bénéficier d'un privilège d'occupation (**2**). Outre la possibilité de recourir à ce montage contractuel, la division en volume permet de concilier les règles de la propriété privée et de domanialité publique tout en valorisant le bien (**3**).

1 – La valorisation des programmes d'espaces annexes, une innovation source d'attractivité

158. La « *meilleure exploitation* », dont fait référence le commissaire du gouvernement Chenot dans ses conclusions relatives à l'arrêt *Compagnie maritime de l'Afrique orientale*[674], n'est que l'expression antérieure de la valorisation économique du domaine public[675]. Cette réalité positive, malgré « *l'hypertrophie du champ de la domanialité publique* »[676] s'exprime pleinement à travers le contrat de partenariat. Ainsi, le contrat de partenariat permet de contourner l'interdiction de conclure des baux commerciaux sur les emprises incorporées à la domanialité publique.

---

673 GAUDEMET (Y.), « Contrat de partenariat et domaine public », *in*, Mélanges en l'honneur du Professeur Jacqueline MORAND-DEVILLER, *Confluences*, Montchrestien, 2007, p.539.

674 CE, Sect., 5 mai 1944, *Compagnie maritime de l'Afrique orientale*, n°66679. Concl. Chenot, *RDP*, 1944, p.241. Rec. Lebon, p.129.

675 MORAND-DEVILLER (J.), « La valorisation économique du patrimoine public », *in*, Mélanges en l'honneur du Professeur Roland DRAGO, *L'unité du droit*, Economica, décembre 1996, p.273.

676 GAUDEMET (Y.), « L'avenir du droit des propriétés publiques », *in*, Mélanges en l'honneur du Professeur François TERRE, *L'avenir du droit*, Dalloz, juin 1999, p.570. V. aussi, FATOME (E.), « A propos de l'incorporation au domaine public », *AJDA*, n°6, 13 février 2006, p.292 ; GAUDEMET (Y.), « Les constructions en volume sur le domaine public », *CJEG*, n°470, octobre 1991, p.297.

Le contrat de partenariat est semblable à un marché public en ce que la collectivité publique rétribue le cocontractant, ce en quoi il diffère de la concession dans laquelle la rémunération provient de l'usager. Dans le contrat de partenariat, la collectivité publique paie une rémunération étalée sur toute la durée du contrat et qui a pour contrepartie d'une part l'investissement, d'autre part, la gestion et l'entretien de l'ouvrage. Le cocontractant privé doit réaliser une valorisation de l'emprise occupée et de l'ouvrage, afin de coller au plus près à la nature même du contrat de partenariat[677], et contribue à la diminution du coût pour le partenaire public.
Les difficultés rencontrées par les collectivités publiques dans des opérations de constructions complexes ont amené le législateur à apporter des solutions inégales, notamment dans la valorisation du domaine public[678]. Des dispositifs sectoriels sont venus matérialiser et concrétiser l'émergence des occupations privatives du domaine public dans le cadre de la construction des équipements ou ouvrages publics mis à disposition des collectivités publiques. L'ordonnance du 17 juin 2004, point d'orgue de ce cheminement, s'ajoute à la typologie des contrats publics sans pour autant s'y substituer[679].
Le contrat de partenariat reprend les trois types de dérogations rencontrées dans les autres de formes de partenariats public-privé, c'est-à-dire les dérogations aux principes de la domanialité publique, de la commande publique et de la maîtrise d'ouvrage publique. Par sa nature et son objet, le contrat de partenariat est plus complet que l'AOT ou le BEA, instruments d'occupation domaniale. De plus, le contrat de partenariat s'adresse à l'ensemble des collectivités publiques[680]. Le contrat de partenariat peut emporter occupation du domaine public[681]. Dès lors, il vaut autorisation d'occupation de ce domaine pour sa durée et le titulaire a des droits réels sur les ouvrages et équipements réalisés, sauf stipulations contraire du contrat[682].

---

[677] Article 13 de l'ordonnance du 17 juin 2004. Le cocontractant privé dispose « *des prérogatives et obligations du propriétaire dans les conditions et limites du contrat et pour la durée de celui-ci* ».

[678] Loi n°88-13 du 5 janvier 1988 d'amélioration de la décentralisation, *JORF*, 6 janvier 1988, p.208, à propos du bail emphytéotique administratif ; Loi n°94-631 du 25 juillet 1994 complétant le Code du domaine de l'Etat et relative à la constitution de droits réels sur le domaine public, *JORF*, n°171, 26 juillet 1994, p.10749.

[679] MENEMENIS (A.), « L'ordonnance sur les contrats de partenariats : heureuse innovation ou occasion manquée ? », *AJDA*, n°32, 27 septembre 2004, p.1732.

[680] Article 1er de l'ordonnance n°2004-559 du 17 juin 2004, modifiée par la loi n°2011-672 du 16 juin 2011.

[681] Article 13 de l'ordonnance n°2004-559 du 17 juin 2004, modifiée par la loi n°2011-672 du 16 juin 2011.

[682] Article 1er de l'ordonnance n°2004-559 du 17 juin 2004, modifiée par la loi n°2011-672 du 16 juin 2011. FATOME (E.) et RICHER (L.), « Contrat de partenariat immobilier : réalisation, paiement et statut des équipements et ouvrages », *CP-ACCP*, n°36, septembre 2004, p.24.

159. Dès lors que le titulaire du contrat de partenariat est autorisé à valoriser une partie du domaine de la personne publique, il faut procéder à une délimitation des biens appartenant au domaine public et au domaine privé[683]. Cette délimitation emporte des conséquences différentes quant à la valorisation de ces domaines respectifs par rapport à la production de recettes annexes.

Dans le cadre du contrat de partenariat, le partenaire privé a la possibilité de valoriser certains ouvrages ou équipements en vertu de l'article 11-*d* de l'ordonnance du 17 juin 2004, selon lequel « *les recettes que le cocontractant peut être autorisé à se procurer en exploitant les ouvrages ou équipements pour répondre à d'autres besoins que ceux de la personne publique contractante* ». Cette possibilité coïncide au fait que le partenaire privé, titulaire du contrat, « *dispose de droits réels sur les ouvrages et équipements qu'il réalise* »[684]. La notion de droit réel n'est toutefois pas importante pour un contrat de partenariat, il s'agit plus d'un « faux » gage pour les banques en raison du caractère inaliénable du domaine public.

Le titulaire du contrat est autorisé à valider une partie du domaine que la personne publique lui a confié dans le cadre du contrat de partenariat. La personne publique peut délimiter les biens appartenant au domaine public. Cette disposition implique des conséquences quant à la production de recettes annexes *via* la valorisation des espaces annexes[685], dits aussi connexes. En effet, un opérateur privé pourra réaliser un programme d'investissements immobiliers distinct de l'objet principal du contrat de partenariat, en l'espèce une enceinte sportive. Ainsi, par exemple, dans le cadre d'un contrat de partenariat portant sur un grand ensemble sportif des espaces pourront être réservés à des entreprises pour y réaliser des stands d'exposition de leurs produits, des habitations, des bureaux, un musée-boutique ou des infrastructures liées au club résident, tout en réduisant le loyer dû par la personne publique au titre de ce contrat.

160. L'article 13 de l'ordonnance relative au contrat de partenariat, en instituant un mécanisme de recettes annexes étendu par la loi du 28 juillet 2008, permet de diminuer les coûts pour la personne publique, ce qui constitue « *l'un des principaux atouts de la formule du contrat de*

---

[683] Article L.1414-16 du CGCT. V. CE, 20 mai 2011, *Commune du Lavandou*, n°328338 et n°328642. Concl. Roger-Lacan. Note sous arrêt : BACHELIER (G.), *RJEP*, n°691, novembre 2011, p.22.

[684] Article 13 de l'ordonnance du 17 juin 2004, modifiée par la loi du 28 juillet 2008.

[685] V. DREYFUS (J-D.), « Partenariats publics-privés : à la recherche de financements annexes », *Tourisme et droit*, n°109, mai 2009, p.23.

partenariat »[686]. Les espaces annexes ont un financement indépendant de celui du stade, généralement ils s'autofinancent comme l'illustre le premier contrat de partenariat utilisé pour la construction d'un stade en France, le Grand Stade de Lille. La conception et la construction du programme immobilier d'accompagnement (hôtels, restaurants, bureaux, boutiques) s'autofinancent par les activités qui s'y installeront et rapportent une redevance d'environ 450.000€ par an à Lille Métropole[687], les redevances dues pour l'occupation du domaine public sont fixées en argent et non en nature[688]. Dans le cadre de ce projet, la MAPPP dans son avis, chargée de l'évaluation prévue par l'article L1414-2-I du Code général des collectivités territoriales, constatait notamment des avantages relatifs à la multiplication de sources de recettes annexes, la réduction des aléas pour la personne publique, ou encore la garantie contractuelle d'un niveau de performances élevées[689]. Ces constatations ont également contribué à rendre l'avis concernant ce projet positif.

Avant l'adoption de la loi du 28 juillet 2008 relative aux contrats de partenariat, le cadre juridique des programmes d'espaces annexes était contraignant. Dans le cadre du projet du Grand Stade Lille, la problématique des espaces annexes se heurtaient à de nombreux obstacles juridiques et peu de latitude. L'article L.1414-12 (d) dans sa version antérieure à juillet 2008 symbolise ces difficultés. Cet article n'établissait pas clairement que le titulaire d'un contrat de partenariat puisse être autorisé à réaliser des ouvrages ne répondant pas directement au besoin de la personne publique avec comme seule finalité de minimiser le niveau des loyers dus par la personne publique au titre du contrat de partenariat. De plus, l'incertitude demeurait sur le fait que le titulaire du contrat pouvait conclure des baux dans les conditions du droit privé, tel que les baux à construction ou les baux emphytéotiques. La personne publique peut aussi autoriser le titulaire opérateur privé à garder une marge de manœuvres.

161. Ce concept d'exploitation duale, liée à l'exercice du service public tournée vers des opérateurs privés, doit ainsi amener le cocontractant privé à rechercher des solutions innovantes pour l'exploitation d'un équipement ou d'un service qui ne serait pas exclusivement dédié aux besoins de la

---

686 BETEILLE (L.), rapport n°239 fait au nom de la commission des affaires économiques du Sénat « projet de loi relatif aux contrat de partenariat », déposé le 26 mars 2008.

687 Chiffres et informations publiés sur internet par la communauté urbaine de Lille métropole : www.lillemetropole.fr, consulté le 31 mars 2010 à 18h06 ; VOLLEMAERE (J-M.), « Le recours au contrat de partenariat pour le Grand Stade de Lille : un choix mesuré et pragmatique… », *La Revue du Trésor*, n°3-4, mars-avril 2007, p.375.

688 CE, 8 mars 1929, *Bonneton*. Rec. Lebon, p.267. Codifié à l'article L.2125-3 du CG3P.

689 Avis sur le projet de conception, de construction et d'exploitation du grand stade de Lille, MAPPP, 8 novembre 2006, n°2006-13.

personne publique. Le rapport Guillot[690] apporte des clarifications sur la situation avantageuse que propose le contrat de partenariat. Ce mode de financement permet au club d'être propriétaire de l'enceinte pendant la durée du contrat et par conséquent de placer cet actif à son bilan, le club n'ayant pas à sa charge certaines obligations de service public tout en bénéficiant d'une rémunération par la personne publique, mais aussi de rentabiliser l'exploitation avec des revenus supplémentaires que sont les recettes d'activité annexes purement commerciales[691]. La valorisation des espaces annexes se trouve d'autant plus facilitée et réalisable, lorsqu'un club professionnel bénéficie d'un droit d'occupation exclusive du stade, propriété d'une personne publique.

2 – Le privilège d'occupation

162. Un « grand stade » a vocation d'accueillir un club résident et exceptionnellement de partager cet outil sportif avec un autre club résident[692], ce « grand stade » répondant aux besoins de configuration justement du club résident. La fondatrice jurisprudence *Ville de Toulouse* voit dans les stades publics des dépendances du domaine public par référence à leur affectation à une mission de service public et aux aménagements spéciaux dont ils sont, à cette fin, l'objet[693]. « *Or, en fondant plus volontiers la domanialité publique des stades sur l'affectation à une mission de service public que sur l'affectation à l'usage direct du public, le juge permet indirectement de justifier plus facilement le privilège d'occupation reconnu à un club résident car l'occupation privative d'une parcelle du domaine public par le gestionnaire du service public ne soulève pas de difficultés juridiques majeures, car ce gestionnaire est en droit de revendiquer un privilège d'occupation avec les conséquences qui y sont attachées* »[694]. Autrement dit, l'affectation à une mission de service public des stades, et non à l'usage direct du public, justifierait le privilège d'occupation du club résident qui se voit reconnaître la qualité de club utilisateur. Ce club par sa qualité d'occupant privatif d'une partie du domaine public peut percevoir des redevances d'occupation du domaine

---

690 Rapport de Jean-Baptiste GUILLOT, « Les outils juridiques mis à la disposition des clubs sportifs professionnels français afin d'optimiser leur compétitivité » du 31 janvier 2006, 15 p.

691 MOLHO (V.) et GUILLOT (J.-B.), « Les apports du rapport Guillot », *Sport Finance & Marketing*, 23 février 2006, p.8.

692 En France, le stadium de Toulouse accueille le Toulouse Football Club et le Stade Toulousain. L'exemple le plus célèbre de partage se situe en Italie, où le stade San Siro accueille l'Inter de Milan et le Milan AC.

693 CAA Marseille, 5 février 2001, *Préfet des Alpes-Maritimes*, n°97MA05293.

694 LACHAUME (J-F.), « Le choix du club occupant par la collectivité propriétaire. Principe d'égalité et privilèges d'occupation », *in,* sous dir. SIMON (G.), *Le stade et le droit*, Dalloz, février 2008, p.112.

public. Or, depuis les arrêts *Jean Bouin* et *Madame Gilles*, un stade n'est plus affecté à une activité de service public.

163. Au regard de la jurisprudence[695], l'affectation au service public ne résultait pas directement de la mise à disposition d'un équipement à un club sportif de haut niveau puisque, en la matière, la compétence des collectivités territoriales s'effaçait devant celle de l'Etat, des associations et des fédérations sportives. Cette qualification de service public se fondait sur l'intérêt général de l'organisation de manifestations sportives à destination d'un large public. Les grands stades étaient donc affectés à un service public et le club en était le gestionnaire, au même titre que les équipements touristiques ou culturels.

164. Un club professionnel en vertu de ce privilège d'occupation bénéficie d'un droit d'occupation exclusive du stade, propriété d'une personne publique. Le fondement de ce privilège est de différentes natures. Il s'appuie sur le titre d'habilitation à occuper une dépendance du domaine public, en l'espèce le stade[696]. Ce titre recouvre soit la forme d'un acte administratif unilatéral, soit la forme d'une technique contractuelle. Cette seconde forme semble la plus appropriée puisque le titre d'occupation résulte d'un accord entre la personne publique propriétaire du stade et le club. Dans le cadre du contrat de partenariat, cet accord comprendrait également la personne privée. L'accord porte sur les droits et les obligations attachés à l'occupation du domaine public. Lorsque le contrat de partenariat emporte occupation du domaine public, il vaudra autorisation d'occupation pendant toute sa durée.

« *La raison d'être du contrat de partenariat dans le secteur sportif est l'étalement dans le temps du paiement et de la prestation tout au long de la phase d'exploitation* »[697]. La durée de la rémunération est déterminée en corrélation de la durée de l'amortissement des investissements. Le titulaire du contrat de partenariat est rémunéré par la personne publique pendant toute la durée du contrat, contrairement au titulaire d'une délégation de service public, qui produit une activité économique et dont la rémunération provient

[695] Concernant l'affaire du Stade de France : CAA Paris, 4 décembre 1997, *M. Alain Sarfati*, n°96PA02617 ; TA Paris 2 novembre 1994, *Groupement des sociétés Eiffage, SPIE Batignolles, Fougerolle, SPIE CITRA*.
Concernant l'affaire du stade de Nice : CAA Marseille, 6 octobre 2006, *Ville de Nice, sociétés GSN-DSP et Cari*, n°06MA02372 et 06MA02514 ; TA Nice 22 décembre 2006, *Préfet des Alpes-Maritimes et M. Knecht c/ Commune de Nice*, n°0601427.
[696] Article L.2122 du Code général de la propriété des personnes publiques.
[697] JAIDANE (R.), « Partenariat public-privé et infrastructures sportives », *BJES* n°89, décembre 2008, p.28.

de l'exploitation[698]. Dans l'exemple du Grand Stade de Lille, la redevance annuelle s'élève à 10,5 M€ versée par la communauté urbaine de Lille au groupe Eiffage qui s'étale sur trente et un ans[699].

La contractualisation des modalités d'occupation des ouvrages et des équipements est impératif afin d'encadrer les obligations du partenaire privé pour garantir une occupation paisible et conforme à l'affectation du domaine public.

3 – La pertinence de la division en volumes

165. Si des solutions législatives sont apparues grevant de droits réels le domaine public au profit de la personne privée, elles étaient sources de confusion[700] et de précarité[701]. La division en volumes se présente dès lors comme une alternative permettant de conserver le bien dans le domaine public de la personne publique et de transférer un ou plusieurs volumes dans le domaine privé, voire de les céder à une personne privée[702] (**a**). La construction d'un stade, et plus généralement d'un ensemble immobilier complexe, sur le domaine public entraîne également la constitution de servitudes de droit privé (**b**).

a – La division en volumes

166. Si la superposition sur une même assiette foncière de la propriété privée et du domaine public n'est pas récente[703], elle s'est accentuée dans la

[698] CE, 14 octobre 1980, EDCE, 1980-1981, p.196 ; CE, 15 avril 1996, *Préfet des Bouches-du-Rhône*, n°168325. Concl. Chantepy, *RFDA*, n°4, août 1996, p.715. Rec. Lebon p.137. Notes sous arrêt TERNEYRE (P.), *RFDA*, n°4, août 1996, p.718 ; SAVIGNAT (R.), *CJEG*, n°523, août 1996, p.270 ; DELAIRE (Y.), *JCPE*, n°13, 27 mars 1997, p.59 ; SYMCHOWICZ (N.), *AJDA*, n°3, 20 mars 1997, p.195. Décision précisée par CE, 30 juin 1999, *Syndicat mixte du traitement des ordures ménagères, Centre Ouest Seine-et-Marnais (SMITOM)*, n°198147. Concl. Bergeal, *AJDA*, n°9, 20 septembre 1999, p.714. Rec. Lebon p.230. Notes sous arrêt : PEYRICAL (J-M.), *AJDA*, n°9, 20 septembre 1999, p.723 ; BLONDEL (D.), *Droit de l'environnement*, n°73, novembre 1999, p.3.

[699] Chiffres publiés en ligne par la communauté urbaine de Lille métropole sur le site internet : www.lillemetropole.fr, consulté le 31 mars 2010 à 17h22.

[700] GAUDEMET (Y.), « L'occupant privatif du domaine public à l'épreuve de la loi », *in*, Mélanges en l'honneur du Professeur Guy BRAIBANT, *L'Etat de droit*, Dalloz, avril 1996, p.309.

[701] YOLKA (P.), « La propriété publique. Eléments pour une théorie », Thèse, sous la direction du Professeur Yves GAUDEMET, Université Panthéon-Assas (Paris II), 1997, p.381 et s.

[702] DEPUY (L.), « Division en volumes et domaine public », *Droit et Ville*, n°49, juin 2000, p.178.

[703] Loi du 21 avril 1810 concernant les mines, les minières et les carrières.

seconde moitié du XXème siècle[704]. La nécessité de multiplier les affectations sur une même parcelle, par juxtaposition ou superposition[705], apparaît comme un enjeu primordial et la division volumétrique se présente comme la solution idoine[706].

La division en volumes peut soustraire au régime de la domanialité publique des volumes sur ou sous celui-ci séparant des volumes privés et publics[707]. A cet égard, la division implique que le bien ne remplisse plus les critères d'affectation de la domanialité publique et qu'il soit déclassé. A défaut de ces conditions cumulatives, le volume continuerait à faire partie du domaine public et ne l'aurait même jamais quitté[708].

Le Professeur Yves Gaudemet a résumé les trois hypothèses à distinguer en matière de déclassement en volumes[709] :

- Soit le volume destiné à la construction remplit les critères d'affectation de la domanialité publique, et alors le déclassement est impossible ;
- Soit le volume le volume ne remplit plus ces critères et le déclassement pourra être prononcé ;
- Soit le volume, bien que situé au-dessus ou au-dessous du domaine public, n'a jamais contribué à l'affectation de celui-ci. L'aliénation est possible sans même recourir à la procédure de déclassement.

La personne publique doit cependant manier avec précaution la division en volumes, car le volume déclassé ne pourra plus incorporer le domaine public

---

704 ALLINNE (P.), « Domanialité publique et ouvrages complexes », *AJDA*, n°11, 20 novembre 1977, p.523 ; SIMLER (P.), « Ouvrages complexes et droit de propriété », *RDI*, n°4, octobre 1999, p.489 ; LE RUDULIER (N.), « La division en volumes », *JurisClasseur Géomètre expert-foncier*, fasc. n°10.

705 DEPUY (L.), « Division en volumes et domaine public », *Droit et Ville*, n°49, juin 2000, p.180. V. aussi, CHAPUT (J-C.) et ROCHEGUDE (S.), SLOBODANSKY (C.), « L'appréhension d'une troisième dimension », *LPA*, n°179, 6 septembre 2007, p.21 ; PARENT (M.), « Copropriété divise cadastre horizontal ou vertical », *Droit et Ville*, n°72, novembre 2011, p.39.

706 CHAPUT (J-C.) et ROCHEGUDE (S.), « La division en volumes, une réponse pertinente aux relations entre domaine privé et domaine public ? », *JCPN*, n°37, 14 septembre 2007, p.40.

707 AGLAE (M-J.), « Division en volumes et propriété privée sur le domaine public », *RDI*, n°3, juillet 1993, p.313. V. également FOURNIER (A.) et RENAULT-FOURNIER (A.), « Les principes fondamentaux de la division en volumes », *JCPN*, n°41, 10 octobre 2008, p.22 ; PIEDELIEVRE (S.), *Traité de droit civil – La publicité foncière*, LGDJ, mars 2000, p.63.

708 CHAPUS (R.), *Droit administratif général,* Tome 2, Montchrestien, 15ème édition, septembre 2001, n°491.

709 GAUDEMET (Y.), « Les constructions en volume sur le domaine public », *CJEG*, n°470, octobre 1991, p.297.

par le mécanisme de l'accession énoncé à l'article 552 du Code civil, n'étant par définition plus affecté à l'usage direct du public ainsi qu'au service public.

167. La pertinence de la division en volumes vaut également pour l'hypothèse où le terrain appartiendrait à la personne privée mais dont les locaux qui y seront édifiés appartiendraient à la personne publique et seraient affectés à une utilité publique[710].

La division en volumes permet donc à la personne privée d'exploiter une parcelle de l'assiette du domaine public en construisant un parking sous le stade ou aux alentours et en concluant des baux commerciaux. D'autant que la constitution de volumes n'entraine pas division de la parcelle d'assiette[711]. La division valorise le bien se présente donc comme une solution apportant un compromis à ce que le stade demeure dans le domaine public et que l'occupant privatif dispose des règles de la propriété privée.

b – La constitution de servitudes conventionnelles de droit privé

168. L'article L.2122-4 du Code général de la propriété des personnes publiques a autorisé la possibilité de servitudes réelles conventionnelles sur le domaine public sous réserve du respect de l'affectation. La pratique notariale et la doctrine avaient anticipé « *cette nécessité juridique absolue* »[712] afin d'établir les rapports réels entre volumes imbriqués de propriétés privées et de dépendances du domaine public[713]. En effet, l'existence de servitudes réciproques et établies par convention est indispensable à la réalisation d'une opération immobilière complexe. Or, cette interdiction de servitudes conventionnelles sur le domaine public s'avérait inadaptée. La doctrine a soutenu que l'inaliénabilité du domaine n'est que fonctionnelle et s'attache à l'affectation qu'elle protège[714]. Ainsi,

---

[710] CE, Sect., 11 février 1994, *Compagnie d'assurances préservatrice la foncière*, n°109564. Concl. Toutée, *RFDA*, n°3, juin 1994, p.502 ; Rec. Lebon, p.65. Notes sous arrêt : SABLIERE (P.), *CJEG*, n°499, 1994, p.197 ; DAVIGNON (J-F.), *D.*, 1994, p.493 ; ROUAULT (M-C.), *JCPG*, n°47, 23 novembre 1994, p.395 ; DUFAU (J.), *AJDA*, n°7, 20 juillet 1994, p.548

[711] CE, 30 novembre 2007, *Ville de Strasbourg c/ Maleriat-Bihler*, n°271897. Concl. Olléon. Notes sous arrêt : BONICHOT (J-C.), *BJDU*, n°5, septembre 2007, p.367 ; SOLER-COUTEAUX (P.), *RDI*, n°2, mars 2008, p.116.

[712] GAUDEMET (Y.), « A propos de la valorisation économique des propriétés publiques », *RDP*, n°5, septembre 2012, p.1233.

[713] GAUDEMET (Y.), « Copropriété v/ domaine public », *RJEP*, n°696, avril 2012, p.1.

[714] ALLINNE (P.), « Domanialité publique et ouvrages complexes », *AJDA*, n°11, 20 novembre 1977, p.523 ; GAUDEMET (Y.), « La superposition des propriétés privées et du

dès lors que les démembrements de propriété engendrés, par exemple par la division en volumes, correspondent aux affectations, le principe d'inaliénabilité du domaine public n'est pas remis en cause[715].

Il en découle qu'à présent des servitudes de droit privé peuvent grever le domaine public si leur existence est compatible avec l'affectation du bien sur lequel s'exercent ces servitudes. Cependant, celles-ci ne sont pas perpétuelles puisqu'elles disparaissent au terme de la convention ou en cas d'incompatibilité. Ainsi, la constitution de servitudes conventionnelles permet aux spectateurs de traverser l'ensemble des installations du stade.

D – L'enjeu de la redevance d'occupation domaniale

169. Les collectivités territoriales ont conclu de nombreuses conventions d'occupation du domaine public avec les entités chargées d'entretenir, d'utiliser et exploiter les équipements sportifs. Puis, par la suite, ont été amené à les valoriser. Au-delà de la question des modalités de passation des contrats, celle des modalités d'évaluation du montant de la redevance d'occupation domaniale par l'entité en charge de l'équipement a été soulevée[716].

En vertu de l'article L.2125-1 du Code de la propriété des personnes publiques, « *toute occupation ou utilisation du domaine public d'une personne publique donne lieu au paiement d'une redevance* ». Il n'est possible de déroger à ce principe que par la loi[717]. Il appartient dès lors à l'autorité chargée de la gestion du domaine public, en l'absence de dispositions contraires, de fixer les conditions de délivrance des permissions d'occupation. A ce titre, la jurisprudence administrative a précisé que l'autorité détermine le tarif des redevances en tenant compte des avantages de toute nature que le permissionnaire est susceptible de retirer de l'occupation du domaine public[718].

---

domaine public », *D.*, 1978, p.295 ; LLORENS (F.), « Domanialité publique et copropriété », *RDP*, 1990, p.545.

[715] CE, Ass., 11 mai 1959, *Dauphin* ; CE, 13 juillet 1965, *Gué*, n°62621. Concl. Galmot. Rec. Lebon, p.455.

[716] V. n°315 et s.

[717] CE, 10 juin 2010, *Société des autoroutes Esterel-Côte-d'Azur-Provence-Alpes*, n°305136. Concl. Olléon. V. également pour un texte règlementaire fixant un tarif de redevance considéré comme illégal, CE, 21 mars 2003, *Syndicat intercommunal de la périphérie de Paris pour l'électricité et les réseaux (SIPPEREC)*, n°189191. Concl. Austry. Note sous arrêt : ECKERT (G.), *Contrats et Marchés Publics*, n°7, juillet 2003, p.29.

[718] CE, 7 mai 2012, *Syndicat intercommunal du canal des Alpines septentrionales*, n°343697. Concl. Escaut ; CE, 1er février 2012, *RTE EDF Transport*, n°338665. Concl. Escaut.

La redevance ne doit pas être faible et grever les deniers publics. La personne publique doit fixer une juste redevance (**1**) malgré l'absence de concurrence et qui s'établit au regard du bilan économique global (**2**).

1 – Le calcul d'une juste redevance

170. La Cour des comptes a dénoncé les montants manifestement insuffisants des redevances domaniales[719]. Le rapport de la Cour des comptes du 10 décembre 2009 illustre l'étroitesse des relations qu'entretiennent les collectivités territoriales avec le sport professionnel, tout en mettant en évidence la fragilité juridique des schémas de mise à disposition des stades moyennant une redevance de faible montant[720]. A travers l'exemple de l'Olympique lyonnais, cette mise en évidence permet d'accentuer l'attrait du financement mixte, plus stable et plus sûr que le financement privé. Dans son jugement[721] relatif à un recours en annulation de la délibération de la ville de Lyon fixant le montant de la redevance d'utilisation du stade Gerland par la société anonyme sportive professionnelle Olympique lyonnais, le juge administratif a considéré que le coût doit intégrer d'une part, la valeur locative du stade (valeur qui peut être estimée par les services fiscaux) et d'autre part, les frais à la charge de la ville et notamment précise le jugement du Tribunal administratif de Lyon les frais d'entretien des terrains, de maintenance des installations, de nettoyage et d'électricité incombant normalement au club puisque liés à l'organisation des matchs. La Cour administrative d'appel confirme le jugement du Tribunal administratif, « *les avantages tirés de l'occupation d'un complexe sportif s'apprécient notamment au regard des recettes tirées de son utilisation telles que la vente des places et des produits dérivés aux spectateurs, la location des emplacements publicitaires et des charges que la collectivité publique supporte telles que les amortissements, l'entretien et la maintenance calculés au prorata de l'utilisation d'un tel équipement* »[722].

171. Dans le cadre du Grand Stade de Lille, la communauté urbaine de Lille métropole percevra une part fixe de 500.000 d'euros puis 1 million d'euros sur vingt ans de la part du club résident, le LOSC. Une part variable liée aux recettes du club estimée entre 2 et 4 M€ s'ajoutera. En contrepartie le contrat de partenariat permettra au LOSC, outre la consolidation de l'actif

---

[719] Rapport public thématique de la Cour des comptes, « Les collectivités territoriales et les clubs sportifs professionnels » du 10 décembre 2009, en particulier pp.36-43.

[720] Rapport public thématique de la Cour des comptes, « Les collectivités territoriales et les clubs sportifs professionnels » du 10 décembre 2009, p.16.

[721] TA Lyon, 10 mars 2005, *M. Lavaurs c/ Ville de Lyon.* Note sous jugement : LAGARDE (F.), *AJDA,* n°26, 11 juillet 2005, p.1474.

[722] CAA Lyon, 12 juillet 2007, *Ville de Lyon*, n°06LY02105.

inscrit à son bilan, de rentabiliser l'exploitation de l'ouvrage avec les revenus des recettes d'activités commerciales annexes[723]. La possibilité d'inscrire cet actif immobilier va dans le sens du rapport Besson sur la compétitivité des clubs, puisque le rapport relevait que les clubs sont « *fragilisés par la faiblesse de leurs actifs immobiliers* »[724]. En recourant au contrat de partenariat, la personne publique sollicite la personne privée en vue de trois objectifs : diminuer les risques et les charges pour le budget de la collectivité, mettre en jeu la compétitivité et la capacité d'innovation du secteur privé et, enfin, améliorer la performance économique de l'opération en termes de recettes, de coûts et de délais. Un des grands intérêts du contrat de partenariat est de rendre possible une limitation des dépenses de la collectivité publique en permettant à celle-ci de ne payer qu'à proportion de ses besoins.

172. Ces espèces ont été rendues sur le fondement de principes posés par la jurisprudence antérieure[725] et codifiés[726] ultérieurement. Certes, la loi de Finances pour 2008 apporte une atténuation pour autoriser la gratuité d'utilisation lorsque l'occupation « *ne présente pas un objet commercial pour le bénéficiaire de l'autorisation* »[727]. Mais cette atténuation ne semble pas applicable à la mise à disposition d'un stade à un club sportif professionnel géré sous la forme d'une société commerciale.

Par ailleurs, les autorisations d'occupation du domaine public ont en principe un caractère personnel et ne peuvent être transmises à des tiers sans autorisation de la collectivité territoriale propriétaire. Une association sportive ne peut donc pas transférer les droits d'occupation des équipements communaux au profit d'une société même si elle en est actionnaire[728]. Par conséquent, il s'avère nécessaire que la collectivité territoriale signe deux

---

[723] Chiffres et informations publiés sur internet par la communauté urbaine de Lille métropole : www.lillemetropole.fr, consulté le 31 mars 2010 à 18h06.

[724] Rapport gouvernemental d'Eric BESSON « Accroître la compétitivité des clubs de football professionnel » du 6 novembre 2008, p.2.

[725] CE, 21 mars 2003, *Syndicat intercommunal de la périphérie de Paris pour l'électricité et les réseaux (SIPPEREC)*, n°189191. Concl. Austry. Note sous arrêt : SOULIE (J.), *RFDA*, n°5, septembre 2003, p.903.

[726] Article L.2125-3 du Code général de la propriété des personnes publiques : « *la redevance due pour l'occupation ou l'utilisation du domaine public tient compte des avantages de toute nature procurés au titulaire de l'autorisation* ».

[727] Loi n°2007-1822 du 24 décembre 2007 portant loi de Finances pour 2008, *JORF*, n°300, 27 décembre 2007, p.21211.

[728] BAYEUX (P.) et CLAVAGNIER (B.), « Les modes de gestion des équipements sportifs utilisés par les clubs professionnels », *AJDA*, n° 26, 11 juillet 2005, p.1442. Pour un aspect historique des associations, v. notamment BALMARY (D.), « Fondements et actualité du mouvement associatif », *Gestion et finances publiques*, n°12, décembre 2010, p.872 et BODINEAU (P.), « Aux origines du droit des associations et fondations », *Gestion et finances publiques*, n°12, décembre 2010, p.878.

conventions distinctes de mise à disposition d'équipements sportifs, l'une avec l'association sportive, l'autre avec la société créée par elle.

2 – Une redevance calculée par le bilan économique global

173. Un stade procure des avantages financiers à l'occupant domanial. Le montant de la redevance d'occupation doit être en adéquation avec la mise à disposition comme l'illustre l'affaire Roland Garros. Par une délibération en date des 11 et 12 juillet 2011, le Conseil de Paris avait autorisé le maire à résilier de la convention conclue entre la Ville de Paris et la Fédération française de tennis (FFT) relative au site de Roland Garros, ainsi que de signer une nouvelle convention autorisant la fédération à occuper, moderniser, exploiter et valoriser une dépendance étendue du domaine public municipal en vue d'un nouvel aménagement du site. Signée le 23 novembre 2011, cette nouvelle convention autorisait une occupation domaniale d'une durée de 99 ans et un programme de travaux d'un montant de 273 millions d'euros hors taxes. L'emprise domaniale autorisait également la réalisation d'un nouveau court de tennis modifiant le sol du jardin des serres d'Auteuil, inscrit à l'inventaire supplémentaire des monuments historiques par un arrêté préfectoral du 1er septembre 1998, ainsi que l'occupation de dépendances domaniales dans le site du Bois de Boulogne. Or, ce dernier avait fait l'objet d'un classement par arrêté interministériel du 23 septembre 1957, en site « pittoresque ». Deux associations de sauvegarde et de protection des sites ont saisi le juge administratif afin d'obtenir l'annulation de la délibération. Par un jugement du Tribunal administratif de Paris, la délibération fut annulée et le juge enjoint le Conseil de Paris à procéder à la résiliation de la convention[729].

En effet, le juge de première instance s'est appuyé sur une jurisprudence établie pour rappeler que le tarif des redevances d'occupation privative du domaine public doit être fixé à un niveau tenant compte des avantages financiers procurés par l'exploitation domaniale à l'occupant[730]. Par ailleurs, le tarif de la redevance doit être égal pour tous les occupants tirant les mêmes avantages de l'exploitation domaniale[731]. Cependant, les critères de fixation de la redevance s'avèrent très hétérogènes, et la jurisprudence

---

[729] TA Paris, 28 février 2013, *Association du quartier du Parc des Princes pour la sauvegarde de ses caractéristiques et Association Boulogne patrimoine*, n°1200787/7. Note sous jugement : BRACONNIER (S.), *AJDA*, n°20, 10 juin 2013, p.1166.

[730] CE, 12 décembre 1923, *Sieurs Peysson, Mallaret et Bary*. Rec. Lebon, p.825 ; CE, Ass., 22 mars 1929, *Société de construction d'embranchements industriels*. Rec. Lebon, p.355 ; Décision n°2001-456 DC 27 décembre 2001, *Loi de finances pour 2002* ; Article L.2125-3 du CG3P.

[731] CE, 18 mai 1928, *Laurens. D.*, 1928.3.65.

instable, dans l'appréciation des avantages de toute nature[732]. La durée du titre d'occupation forme un critère d'appréciation permettant d'établir un montant adapté à la valeur économique globale du titre d'occupation[733]. La valeur locative ne constitue désormais qu'un critère subsidiaire et indicatif[734]. Le critère principal retenu est le revenu tiré de l'exploitation du domaine[735] ou le chiffre d'affaires obtenu[736], critère se rapprochant au plus près de la notion d'avantage de toute nature[737].

174. En l'espèce, l'article 5.1 de la convention prévoyait une redevance calculée sur le chiffre d'affaires de la Fédération française de tennis. Pour la période allant de l'entrée en vigueur de la convention jusqu'à la mise en exploitation une redevance de 2% de la part du chiffre d'affaires hors taxes jusqu'à 150 millions d'euros était fixée. En cas d'un chiffre d'affaires supérieur à 150 millions d'euros hors taxes, la redevance était de 4% chiffre d'affaires. La convention ajoutait une clause similaire pour la mise en exploitation de l'ouvrage, la part du chiffre d'affaires pour chacune des tranches précitées étant respectivement de 3% et 6%. Ce jugement illustre donc « *l'hétérogénéité et l'imprécision des critères, conjuguées à l'absence de processus concurrentiel conduisant à la conclusion de ces conventions, rendent assez aléatoire la fixation du montant des redevances d'occupation du domaine public dans un secteur qui, comme le sport, est pourtant éminemment concurrentiel* »[738]. Il est à souligner que l'absence de règles de publicité ou de mise en concurrence ne permet pas l'émergence d'une juste redevance.

Outre l'analyse des critères de tarification de la redevance, le tribunal administratif a considéré qu'au regard du bilan économique global, le

---

[732] HANSEN (P.), « L'instabilité jurisprudentielle en matière d'occupation privative du domaine public », *AJDA*, n°20, 8 juin 2009, p.1078.

[733] CE, 7 mai 1980, *Société anonyme Les marines de Cogolin*, n°05969. Concl. Lobry. Rec. Lebon, p.215 ; CE, 13 juin 1997, *Société des transports pétroliers par pipeline*, n°167907. Concl. Bergeal, *AJDA*, n°10, 20 octobre 1997, p.794. Rec. Lebon, p.230 ; CE, 11 juillet 2007, *Syndicat professionnel Union des aéroports français et autres*, n°290714. Concl. Prada-Bordenave, *RJEP*, n°648, décembre 2007, p.415.

[734] V. Concl. Legras, *BJCL*, n°7, juillet 2011, p.531 sur CE, 16 mai 2011, *Commune de Moulins*, n°317675.

[735] CAA Lyon, 12 juillet 2007, *Ville de Lyon*, n°06LY02105.

[736] CE, 3 février 1933, *Syndicat des patrons et marins pêcheurs du Tréport*. Rec. Lebon, p.153 ; CE, 11 octobre 2004, *M. Prouvoyeur c/ Commune de Lens*, n°244236. Concl. Olléon. Note sous arrêt : MOREAU (J.), *Collectivités Territoriales Intercommunalités*, n°12, décembre 2004, p.25. Obs. GLASER (E.), *RLCT*, n°1, avril 2005, p.12 ; CE, Sect., 3 décembre 2010, *Association Paris Jean Bouin c/ Ville de Paris* ; Décision 2001-456 DC, 27 décembre 2001, *Loi de finances pour 2002*.

[737] CAA Douai, 11 mai 2010, *SA Groupe Partouche*, n°08DA00104.

[738] BRACONNIER (S.), « Concession du stade Roland-Garros : absence de mise en concurrence et bilan économique global », *AJDA*, n°20, 10 juin 2013, p.1170.

montant de la redevance était insuffisant et qu'il était entaché d'une erreur manifeste d'appréciation au sens de l'article L.2121-12 du CGCT. En la matière, le juge administratif opère un contrôle normal des critères de fixation de la redevance[739] mais il exerce un contrôle limité à l'erreur manifeste d'appréciation, c'est-à-dire un contrôle restreint sur le montant de la redevance[740]. Si le Conseil de Paris a effectivement résilié la convention, il a autorisé la signature d'une nouvelle convention aux clauses modifiées. En effet, la durée d'occupation fut réduite à 50 ans au lieu de la durée initiale de 99 ans. Le Tribunal administratif s'étonnait de cette longue durée, d'autant que la redevance n'était pas assortie de revalorisation périodique, au regard des dispositions de la loi Sapin du 29 janvier 1993 et de la jurisprudence relative aux conventions des secteurs de distribution d'eau dont la durée n'excède pas 20 ans[741]. Au-delà, la convention peut être frappée de caducité[742]. La loi encadre à cet égard la durée des conventions de délégations de service public et les contrats de partenariat contrairement aux conventions d'occupation du domaine public dont la durée est librement définie par les parties.

175. L'affaire a suscité une interrogation. Le bilan économique global est-il identique pour une fédération sportive agréée chargée d'une mission de service public que pour un club professionnel ? Si la mission de service public tend à compenser le déséquilibre du bilan à l'instar des aides d'Etat, étant donné que la Fédération souhaite disposer du domaine public pour des opérations de nature commerciale, et non pour des activités relevant du service public, le juge administratif confirme sa solution de la jurisprudence relative au stade Gerland de Lyon[743].

---

[739] CE, 10 février 1978, *Ministre de l'Economie et des Finances c/ Scudier*, n°07652, Concl. Denoix de Saint Marc, Rec. Lebon p.66 ; CE, 13 décembre 1978, *Société Avenir Publicité*, n°06545. Concl. Franc ; CE, 28 avril 2004, *Association respect du site du Mont-Blanc*, n°236076. Concl. Boissard. Note sous arrêt : PIETRI (J-P.), *Contrats et Marchés Publics*, n°7, juillet 2007, p.31 ; CE, 11 juillet 2007, *Syndicat professionnel Union des aéroports français et autres*, n°290714. Concl. Prada-Bordenave, *RJEP*, n°648, décembre 2007, p.415.

[740] CE, 28 juillet 1999, *Compagnie financière et industrielle des autoroutes*, n°189412. Concl. Daussun. Rec. Lebon, p.256 ; CE, 1er février 2012, *RTE EDF Transport*, n°338665. Concl. Escaut, *RJEP*, n°703, décembre 2012, p.17. Obs. : FOULQUIER (N.), *RDI*, n°7, juillet 2012, p.408 ; Note sous arrêt : PERROUD (T.), *AJDA*, n°30, 17 septembre 2009, p.1680.

[741] CE, Ass., 8 avril 2009, *Compagnie générale des eaux c/ Commune d'Olivet*, n°271737. Concl. Séners. Rec. Lebon, p.116. Notes sous arrêt : GEFFRAY (E.), *RFDA*, n°3, mai 2009, p.449 ; MELLERAY (F.), *DA*, n°6, juin 2009, p.23 ; LINDITCH (F.), *JCPA*, n°25, 15 juin 2009, p.29 ; PLESSIX (B.), *RJEP*, n°688, octobre 2009, p.19 ; GLASER (E.), *RLCT*, n°50, octobre 2009, p.38. V. aussi, CE, 7 mai 2013, *Société auxiliaire de parcs de la région parisienne*, n°365043. Concl. Dacosta.

[742] Loi n°95-101 du 2 février 1995 relative au renforcement de la protection de l'environnement, *JORF*, n°29, 3 février 1995, p.1840.

[743] BRACONNIER (S.), « Concession du stade Roland-Garros : absence de mise en concurrence et bilan économique global », *AJDA*, n°20, 10 juin 2013, p.1171.

La résiliation ayant été décidée en exécution de l'injonction ordonnée par le tribunal administratif, il n'y avait pas d'obstacle à ce que la Cour administrative d'appel de Paris se prononce sur les requêtes d'appel intentées par la Ville de Paris et la FFT, l'injonction du juge ne rend pas sans objet le litige devant les juges d'appel et de cassation[744]. La Cour, après avoir accueilli l'intérêt à agir des tiers contre les actes détachables du contrat[745], apprécia le caractère adéquat du montant de la redevance domaniale[746]. La Cour porta son attention sur la valeur économique réelle du titre d'occupation afin de déterminer si le montant de la redevance s'avérait satisfaisant dans le but d'assurer la protection des deniers publics. Le juge administratif d'appel a considéré que le calcul de la redevance sur les parts du chiffre d'affaires n'était pas de nature à caractériser une insuffisance manifeste de la redevance. En revanche, la Cour a relevé que la Ville de Paris procurait des avantages à la Fédération en accordant une garantie d'emprunt de 50% pour la réalisation des travaux et aménagements ainsi qu'une subvention exceptionnelle de 20 millions d'euros. Cet aspect grevait le bilan économique global et induisait un risque économique et financier « *inhabituel dans le cadre d'une convention d'occupation domaniale* », dont les retombées économiques, touristiques et culturelles du tournoi de Roland Garros se révélaient elles-mêmes insuffisantes.

La Cour administrative d'appel, en reprenant le raisonnement argumenté du Tribunal administratif, a ainsi considéré qu'eu égard à l'ensemble des avantages accordés par la Ville de Paris, le montant de la redevance était insuffisant malgré les éventuelles retombées.

§ 2 – Le stade, un bien appartenant toujours au domaine public ?

176. Jusqu'à l'ordonnance du 21 avril 2006 relative à la partie législative du Code général de la propriété des personnes publiques (CG3P)[747], les critères de la domanialité publique étaient d'origine jurisprudentielle[748].

---

[744] CE, 7 novembre 2012, *Commune de Grans*, n°334424. Concl. Legras. Notes sous arrêt : PONTIER (J-M.), *JCPA*, n°16, 15 avril 2013, p.43 ; TREMEAU (J.), *BJDU*, n°5, septembre 2013, p.339.

[745] CE, Ass., 20 février 1998, *Ville de Vaucresson*, n°175256. Concl. Bergeal.

[746] CAA Paris, 17 octobre 2013, *Ville de Paris et Fédération française de tennis*, n°13PA00911. Note sous arrêt : SIRINELLI (M.), AJDA, n°1, 13 janvier 2014, p.32.

[747] Ordonnance n°2006-460 du 21 avril 2006 relative à la partie législative du Code général de la propriété des personnes publiques, *JORF*, n°95, 22 avril 2006, p.6024. Notes sous ordonnance : MAUGUE (C.) et BACHELIER (G.), *AJDA*, n°20, 29 mai 2006, p.1073 ; YOLKA (P.), *JCPA*, n°22, 29 mai 2005, p.687.

[748] CE, Sect., 19 octobre 1956, *Société le Béton*, n°20180. Concl. Long ; CE, 6 février 1981, *Epp*. Rec. Lebon, p.745 ; CE, 21 mars 1984, *Guy Mansuy*, n°24944. Concl. Dondoux. Rec. Lebon, p.616. V. également, HUBRECHT (H.), « Faut-il définir le domaine public et

L'article L.2111-1 du Code consacre le critère jurisprudentiel du domaine public en énonçant que « *sous réserve de dispositions législatives spéciales, le domaine public d'une personne publique* (...) *est constitué des biens lui appartenant qui sont soit affectés à l'usage direct du public, soit affectés à un service public pourvu qu'en ce cas ils fassent l'objet d'un aménagement indispensable à l'exécution des missions de ce service public* ». Les biens du domaine public doivent donc être la propriété d'une personne publique (**A**) et affectés à certaines destinations. Un stade est un bien non-affecté à l'usage direct du public (**B**) et dont l'affectation au service public se trouve désormais remise en cause (**C**).

A – Le stade, un bien appartenant à une personne publique

L'appartenance du bien à une personne publique est une condition *sine qua non* pour que le bien relève du domaine public (**1**). En parallèle, la question du sort du bien au terme de la convention se pose afin de déterminer son appartenance (**2**).

1 – L'appartenance du bien à une personne publique

177. Depuis l'arrêt *Piccioli*, le Conseil d'Etat a admis que la personne publique est propriétaire de son domaine[749], mettant un terme à la controverse doctrinale initiée par le Doyen Hauriou[750] où selon lui, la nature du bien relevait de sa nature particulière. Puis, la jurisprudence a confirmé le droit de propriété comme une condition de la domanialité publique[751]. Ce droit de propriété doit être exclusif. Il y a donc une incompatibilité entre le régime de la domanialité publique et celui de copropriété fixé par la loi du 10 juillet 1965[752].

---

comment ? », *AJDA*, n°11, 21 mars 2005, p.598 ; MELLERAY (F.), « Définitions et critères du domaine public », *RFDA*, n°5, septembre-octobre 2006, p.906.

[749] CE, 17 janvier 1923, *Piccioli*. Concl. Corneille, *RDP*, 1923, p.572. Rec. Lebon, p.44. Note sous arrêt : HAURIOU (M.), *S.*, 1925, III, 17.

[750] V. TAVERNIER (P.), « La nature juridique des biens du domaine propre du Conservatoire du littoral et des rivages lacustres : contribution à l'étude du domaine des établissements publics », *AJDA*, n°11, 20 novembre 1981, p.516.

[751] CE, 8 mai 1974, *Giraud et Truchefaud*. Concl. Rougevin-Baville. *AJDA*, n°7, 20 juillet 1974, p.379 ; CE, 29 juin 1990, *Consorts Marquassuzaa*, n°77011. Concl. Toutée. Rec. Lebon, p.188.

[752] V. CE, Sect., 11 février 1994, *Compagnie d'assurances préservatrice la foncière*, n°109564. Concl. Toutée, *RFDA*, n°3, juin 1994, p.502 ; Rec. Lebon, p.65. Notes sous arrêt : SABLIERE (P.), *CJEG*, n°499, 1994, p.197 ; DAVIGNON (J-F.), *D.*, 1994, p.493 ; ROUAULT (M-C.), *JCPG*, n°47, 23 novembre 1994, p.395 ; DUFAU (J.), *AJDA*, n°7, 20 juillet 1994, p.548 ; Cass. 1ère civ, 25 février 2009, *Commune de Sospel*, n°07-15772. Notes

Pour dépendre du domaine public, un bien doit préalablement appartenir à une personne publique. Le domaine public ne peut donc appartenir qu'à une personne publique et jamais à une personne privée[753]. A cet égard, lors de la vague de privatisation des entreprises publiques entrainant un recul de la domanialité publique[754], les lois prévoyant la transformation des établissements publics en sociétés, s'accompagnant d'un transfert de la propriété des biens du domaine public au profit de la nouvelle structure de droit privé, requéraient le déclassement simultané de ces biens[755].
Un bien qui appartient à une personne privée ne peut dépendre du domaine public en raison du principe d'indisponibilité du domaine public par une personne privée[756]. Ainsi, en matière de stade, presque tous appartiennent à une personne publique remplissant ce critère de domanialité publique. En football, par exemple, seuls les stades d'Ajaccio et d'Auxerre appartiennent à une personne privée et ne dépendent donc pas du domaine public. Le projet du stade des Lumières à Lyon s'affranchit des règles de domanialité publique et des contraintes du droit public par un financement, une réalisation et une gestion du complexe entièrement privés. Néanmoins, il reste dépendant de la domanialité du sous-sol de la personne publique pour ses réseaux de distribution de ressources énergétiques.

2 – Le sort du bien

178. Lorsqu'un stade est construit par financement public ou mixte, il appartient *ab initio* à la personne publique. Au terme de la durée du contrat d'exploitation du bien, celui-ci reviendra dans le patrimoine de la personne publique ou pourra être conservé sous certaines conditions par la personne privée. En matière de stade, la théorie des biens de retour semble en apparence inapplicable en raison de l'affectation du bien à un service public (**a**). Le sort du bien au terme du contrat n'engendre pas de difficultés (**b**).

---

sous arrêt : YOLKA (P.), *JCPA*, n°14, 30 mars 2009, p.54 ; FOULQUIER (N.), *RDI*, n°6, juin 2009, p.359.

[753] CE, Avis, 10 juin 2004, *AFP*, n°370252. Note sous avis : LAVIALLE (C.), *RFDA*, n°5, septembre 2004, p.923.

[754] GODFRIN (P.) et DEGOFFE (M.), *Droit administratif des biens*, Sirey, 10ème édition, octobre 2012, n°43.

[755] Article 1er de la loi n°96-660 du 26 juillet 1996 relative à l'entreprise nationale France Télécom, *JORF*, n°174, 27 juillet 1996, p.11398. V. LAVIALLE (C.), « L'ouverture minoritaire de capital de France Télécom au secteur privé, le domaine public et la propriété privée », *RFDA*, n°6, décembre 1996, p.1124 ; Article 2 de la loi n°2005-357 du 20 avril 2005 relative aux aéroports, *JORF*, n°93, 21 avril 2005, p.6969.

[756] CE, 15 février 1989, *Commune de Mouvaux*, n°71992. Concl.Stirn ; CE, 13 mai 1964, *Eberstock*.

a – L'inapplicabilité apparente de la théorie des biens de retour

179. La notion de bien de retour s'inscrit dans la théorie générale du droit des contrats administratifs. Cette notion s'entend comme l'intégration de biens délégués dans le patrimoine de la personne publique caractérisant l'aspect locatif de la prestation d'un exploitant[757]. Le cahier des charges de la concession distingue les biens de retour, les biens de reprise et les biens propres[758]. Si cette théorie des biens de retour a pu connaître une certaine érosion[759], bien que la jurisprudence évoluât vers une conception plus élargie de cette théorie[760], l'arrêt *Commune de Douai*[761] rendu en Assemblée du contentieux le 21 décembre 2012 a permis de clarifier solennellement le statut de ces biens.

Les biens de retour se définissent comme des biens affectés à un service public[762] et nécessaires à son exploitation[763]. Ils appartiennent, *ab initio*, à la personne publique dès leur acquisition ou l'achèvement des travaux. Il ne s'agit pas pour la personne publique d'acheter ce qu'elle possède déjà[764]. Ces biens font l'objet d'une clause de retour obligatoire vers le délégant au terme de la convention[765]. La condition de propriété est donc la première pour

---

[757] BEZANCON (X.), « Essai sur les contrats de travaux et services publics – contribution à l'histoire administrative de la délégation de mission publique », Thèse, sous la direction du Professeur François CHEVALLIER, Université Paris Est-Créteil (Paris XII), 1997, p.371.

[758] Article L.1411-3 du CGCT.

[759] MOLLION (G.), « Vers l'érosion de la théorie des biens de retour ? », *AJDA*, n°7, 28 février 2011, p.363.

[760] CE, Avis, 19 avril 2005 ; CE, 23 juillet 2010, *Mme Montravers, liquidateur judiciaire de la société Neuville, Foster, Delaunay, Belleville*, n°320188. Concl. Escaut. Notes sous arrêt : ECKERT (G.), *Contrats et Marchés Publics*, n°10, octobre 2010, p.41 ; BRENET (F.), *DA*, n°11, novembre 2010, p.31 ; CE, 21 avril 1997, *Ministre du Budget c/ Société SAGIFA*, n°147602. Concl. Arrighi de Casanova. Note sous arrêt : FATOME (E.) et TERNEYRE (P.), *RFDA*, n°5, octobre 1997, p.935. V. aussi SESTIER (J-F.), « Retours sur la question des biens de retour », *BJCP*, n°48, novembre 2006, p.327 ; CLAMOUR (G.), « Faut-il abandonner la théorie des biens de retour dans les DSP ? », *in*, *Contrats et propriété publics*, Lexis Nexis, 2011, p.217.

[761] CE, Ass., 21 décembre 2012, *Commune de Douai*, n°342788. Concl. Dacosta. Rec. Lebon, p.477.

[762] CE, 13 avril 1985, *GDF c/ Ville de Nice*, n°45966.

[763] Concl. Laurent, *AJDA*, 1956, p.275 sur CE, Sect., 11 mai 1956, *Compagnie des transports en commun de la région de Douai*.

[764] Article 555 du Code civil ; Cass., 1ère civ., 1er décembre 1964, *Mlle Pocchiola*. GAJC, Tome 1, Dalloz 2000, 11ème édition, n°64, p.339 ; CE, 23 juillet 2010, *Mme Montravers, liquidateur judiciaire de la société Neuville, Foster, Delaunay, Belleville*.

[765] CE, 9 décembre 1988, *Société les téléphériques du massif du Mont-Blanc*, n°92211. Concl. Guillaume. Rec. Lebon, p.438 ; CE, 24 février 1982, *Société entreprise industrielle et financière pour les travaux publics et le bâtiment et autres*, n°31581. Concl. Pinault. Rec. Lebon, p.87 ; CE, 28 mars 1928, *Société L'énergie électrique de la Basse-Isère*. Rec. Lebon, p.457.

qualifier un bien de retour[766]. Le critère de la gratuité a été également ajouté par le juge administratif[767] et la doctrine[768]. Ce critère de gratuité est discutable comme l'a soulevé très tôt Charles Blaevoët dans sa note de l'arrêt *Commune de Barges*[769], car cela peut engendrer le risque de limiter l'investissement du délégataire désireux d'amortir les biens construits ou aménagés.

Le Conseil d'Etat s'est prononcé sur cette clause de retour obligatoire à la personne publique au terme de la convention à propos de remontées mécaniques[770]. La jurisprudence[771] et le législateur[772] ont reconnu le caractère de service public de cette activité. Les biens nécessaires à celle-ci doivent être considérés comme des biens de retour. En l'espèce, le district du Queyras avait conclu un « *étrange montage juridique* »[773], prévoyant pour 18 ans, une convention de construction et d'exploitation des aménagements destinés à la pratique du ski alpin sur le massif du Queyras. Cette convention, qui se voulait être une concession, s'avère être « *l'inverse d'une concession* » selon les termes de la chambre régionale des comptes de

---

[766] GAUDEMET (Y.), « Les biens de retour : la propriété passe avant l'affectation », *in*, Mélanges en l'honneur du Professeur Laurent RICHER, *A propos des contrats des personnes publiques*, LGDJ, novembre 2013, p.633. V. aussi, RICHER (L.), *Droit des contrats administratifs*, LGDJ, 8ème édition, août 2012, n°1212 ; GODFRIN (P.) et DEGOFFE (M.), *Droit administratif des biens*, Sirey, 10ème édition, octobre 2012, n°44 ; CHAPUS (R.), *Droit administratif général,* Tome 1, Montchrestien, 15ème édition, septembre 2001, n°448.

[767] CAA Lyon, 16 février 2012, *Société des télépentes des Gets c/ Préfet de Haute-Savoie*, n°10LY02315. Notes sous arrêt : ECKERT (G.), *Contrats et Marchés Publics*, n°4, avril 2012, p.19 ; VIDAL (L.), *CP-ACCP*, n°120, avril 2012, p.17 ; MOLLION (G.), *JCPA*, n°23, 11 juin 2012, p.37 ; CE, Avis, 19 avril 2005, n°371234. Obs. SCHWARTZ (R.), *BJCP*, n°45, avril 2006, p.107 ; CE, 18 mars 1988, *Société civile des Néo-Polders*, n°69723. Concl. Moreau. Rec. Lebon, p.128. Note sous arrêt : LLORENS (F.), *RDP*, n°3, mars-avril 1989, p.500 ; CE, 28 mars 1928, *Société L'énergie électrique de la Basse-Isère* ; CE, 12 novembre 1897, *Casino municipal de Nice*. Rec. Lebon, p.685.

[768] DE LAUBADERE (A.), MODERNE (F.) et DELVOLVE (P.), *Traité des contrats administratifs*, Tome 2, LGDJ, 2ème édition, novembre 1983, n°1510.

[769] CE, 8 juin 1928, *Commune de Barges et autres, c/ Société d'intérêt collectif agricole électrique de Ray-Cendrecourt*. Rec. Lebon, p.718. Note sous arrêt : BLAVOET (C.), *D.*, 1929, p.47.

[770] CE, 4 mai 2011, *Communauté de communes du Queyras*, n°340089. Concl. Dacosta, *BJCP*, n°78, novembre 2011, p.353. Notes sous arrêt : ECKERT (G.), *Contrats et Marchés Publics*, n°6, juin 2011, p.26 ; JUILLES (A-S.), *Jurisport*, n°114, novembre 2011, p.34.

[771] CE, 23 janvier 1959, *Commune d'Huez*. Rec. Lebon, p.67 ; TC, 29 octobre 1990, *Mayal c/ Commune de Megève*. *D.* 1990, p.289 ; TC, 7 décembre 1998, *Consorts Jauzy c/ SATA*, n°03126. Concl. Arrighi de Casanova, *D.* 1999, p.59 ; TC, 24 février 2003, *M. Schach c/ Société Deux-Alpes Loisirs*, n°03340. Concl. Schwartz., *BJCL*, n°6, juin 2003, p.447.

[772] Loi n°85-30 du 9 janvier 1985 relative au développement et à la protection de la montagne, *JORF*, 10 janvier 1985, p.320.

[773] ECKERT (G.), « Nullité partielle de la convention pour méconnaissance du principe d'inaliénabilité du domaine public », *Contrats et Marchés Publics*, n°6, juin 2011, p.28.

Provence-Alpes-Côte-d'Azur[774], puisque la convention était accompagnée d'un contrat de crédit-bail ou location-vente permettant à la SEM de devenir propriétaire des installations au bout de 15 ans. Ces dernières auraient été revendues au district au terme de la convention. Dès lors, ce contrat annexé, en impliquant le transfert de biens appartenant à une personne publique vers une personne privée, se révèle incompatible avec les règles d'inaliénabilité du domaine public et des biens de retour. Cette méconnaissance des règles ne constitue qu'une nullité partielle de la convention en raison du principe de la divisibilité des contrats.

180. Les biens de reprise sont les biens utiles au service public sans pour autant être indispensables à celui-ci. Ils appartiennent pleinement à la personne publique pendant l'exécution du contrat. A son terme, la personne publique concédante a la possibilité de les acquérir au prix de la valeur vénale[775], sauf si le contrat prévoir une acquisition d'une valeur inférieure ou à titre gratuit.

181. Les biens propres correspondent à tous les autres biens. Il s'agit des biens appartenant au concessionnaire pour l'exploitation de l'ouvrage et sont accessoires au service public, les rendant inutiles à celui-ci. Ils sont donc destinés à rester dans le patrimoine du concessionnaire au terme du contrat.

182. L'arrêt *Commune de Douai*[776] a clarifié le régime juridique des biens des délégations de service public, en conciliant la théorie des biens de retour et la liberté contractuelle des personnes publiques. Le Conseil d'Etat indique, qu'en principe, « *dans le cadre d'une délégation de service public ou d'une concession de travaux mettant à la charge du cocontractant les investissements correspondant à la création ou à l'acquisition des biens nécessaires au fonctionnement du service public, l'ensemble de ces biens, meubles ou immeubles, appartient, dans le silence de la convention, dès leur réalisation ou leur acquisition à la personne publique* ». Par ailleurs, l'arrêt consacre un droit à l'information du délégant sur la consistance des biens.

[774] CRC Provence-Alpes-Côte-d'Azur, Lettre d'observations définitives du 7 janvier 2000 relative à la gestion du district du Queyras.

[775] CE, 5 juillet 1967, *Commune de Donville-les-Bains*, n°60931. Concl. Dutheillet de Lamothe. Rec. Lebon, p.297 ; CE, 8 juin, 1928, *Commune de Barges et autres, c/ Société d'intérêt collectif agricole électrique de Ray-Cendrecourt*. Rec. Lebon, p.718.

[776] CE, Ass., 21 décembre 2012, *Commune de Douai*, n°342788. Concl. Dacosta, *RFDA*, n°1, janvier 2013, p.25. Rec. Lebon, p.477. Notes sous arrêt : ECKERT (G.), *Contrats et Marchés Publics*, n°2, février 2013, p.23 ; VILA (J-B.), *JCPA*, n°8, 18 février 2013, p.22 ; EVEILLARD (G.), *DA*, n°3, mars 2013, p.38 ; ROUALT (M-C.), *RLCT*, n°88, mars 2013, p.41 ; FATOME (E.) et TERNEYRE (P.), *AJDA*, n°13, 15 avril 2013, p.724 ; SESTIER (J-F.), *CP-ACCP*, n°131, avril 2013, p.79.V. également, la solution reprise en matière fiscale, CE, 27 février 2013, *Ministre du Budget c/ CCI de Béthune*, n°337634. Concl. Escaut. Note sous arrêt : COLLET (M.), *Revue de droit fiscal*, n°16, 18 avril 2013, p.41.

En dépit de cette clarification, la théorie des biens de retour semble peu compatible avec les stades pour deux raisons principales. En premier lieu, les biens de retour sont affectés à un service public. Or, désormais un stade ne remplit plus les conditions d'affectation au service public[777], ce qui constitue un écueil majeur, comme l'a illustré la jurisprudence[778]. En second lieu, les biens de retour concernent les délégations de service public et les concessions de travaux. Or, ces montages contractuels ne sont pas utilisés pour la construction ou la rénovation d'un stade, seul le Parc des Princes avait opté pour ce modèle concessif mais l'a abandonné au profit d'une convention d'occupation du domaine public.

b – Le sort du bien au terme du contrat

183. Le droit du domaine public prévoit qu'à l'expiration de l'autorisation d'occupation, l'occupant rétablisse le domaine dans l'état qui lui a été confié[779], sauf décision contraire de la personne publique. Dans ce cas de figure, l'immeuble sera transféré gratuitement au propriétaire du domaine. Le permissionnaire doit ainsi remettre le domaine en l'état par la démolition de l'ensemble des installations et ouvrages implantés lors de son occupation. A défaut, il deviendrait un occupant sans titre[780] et cette situation constituerait une contravention de grande voirie[781], si le domaine est protégé par cette convention ce qui n'est pas le cas des stades. La remise en état est imprescriptible et la personne publique peut accorder un délai. Toutefois, si les installations et ouvrages présentent un intérêt général, les biens peuvent être conservés. Ils seront incorporés au domaine public par accession[782]. A la fin du contrat, bien évidemment, le stade ne subira pas une démolition. La lourdeur des investissements financiers et l'intérêt général liés au stade suffisent à éviter sa destruction. Les engagements financiers qui pèsent sur le

---

[777] V. n°149 et s.

[778] CE Sect., 3 décembre 2010, *Association Paris Jean Bouin c/ Ville de Paris*, n°338272 ; CE Sect., 11 juillet 2011, *Madame Gilles*, n°339409.

[779] CE, 20 mai 1927, *Fabre*. Rec. Lebon, p.581 ; CE, 7 mai 1931, *Compagnie nouvelle des chalets de commodité*. Rec. Lebon, p.491 ; CE, 27 février 1995, *Secrétaire d'Etat à la mer c/ M. Torre*, n°139718. Concl. Bachelier. Rec. Lebon, p.109 ; CE, 20 janvier 2005, *Commune de Saint-Cyprien*, n°276475. V. aussi DEGOFFE (M.), « Le sort des ouvrages réalisés par l'occupant sur le domaine », *in*, Mélanges en l'honneur du Professeur Philippe GODFRIN, *Les nouvelles orientations du droit de la propriété publique*, Mare et Martin, avril 2014, p.109 et s.

[780] CE, 17 janvier 1975, *Courteille*. V. aussi, LAVIALLE (C.), « L'occupation sans titre du domaine public », *AJDA*, n°12, 20 décembre 1981, p.563.

[781] GODFRIN (P.) et DEGOFFE (M.), *Droit administratif des biens*, Sirey, 10ème édition, octobre 2012, n°257.

[782] CE, Sect., 21 novembre 1969, *Sieurs Koeberlin*, n°72878. Concl. Kahn. Rec. Lebon, p.531. Note sous arrêt : GODFRIN (P.), *AJDA*, n°3, 20 mars 1970, p.160 ; CE, 26 mai 2004, *Société Paloma*, n°242086. Concl. Collin, *BJCL*, n°9, septembre 2004, p.554.

partenaire privé ont été atténués par la possibilité d'un transfert de biens. De plus, les stades édifiés pour l'organisation d'une compétition sportive internationale présentent un intérêt général[783].

Les biens immeubles édifiés dans le cadre d'un partenariat public-privé présentent deux caractéristiques. A la différence des contrats de concession, au sein desquels les biens de retour sont financés par la concession et appartiennent au candidat *ab initio*, les biens construits lors d'un PPP sont la propriété du partenaire privé durant toute la durée du contrat, bien qu'ils soient édifiés généralement sur le domaine public. A cet effet, des facultés de transfert en fin de contrat sont prévues tout particulièrement pour le contrat de partenariat.

184. Dans le cadre des montages en AOT et BEA, les biens immeubles reviennent obligatoirement et gratuitement en possession de la personne publique. L'article L.2122-9 du Code général de la propriété des personnes publiques l'énonce distinctement pour l'AOT, tandis que cette logique résulte pour le BEA du principe même de l'emphytéose.

185. Le contrat de partenariat est un cas particulier. L'article 11 de l'ordonnance du 17 juin 2004 pour les contrats de partenariat de l'Etat, ainsi que l'article L.1414-12 du CGCT pour ceux des collectivités territoriales, prévoient obligatoirement que figurent des clauses relatives « *aux conséquences de la fin, anticipée ou non, du contrat, notamment en ce qui concerne la propriété des ouvrages et équipements* ». A l'expiration du contrat de partenariat, si le titulaire du contrat est occupant du domaine public, l'ouvrage est transféré à la personne publique cocontractante. Mais, les biens relevant d'emprises privées appartenant à la personne privée cocontractante sont sa propriété durant toute la durée du contrat. A l'expiration du contrat, ils le demeurent en tant que biens propres. Néanmoins, la personne publique peut prévoir de les récupérer par des clauses contractuelles de conditions financières de vente de ces biens.

Ces biens édifiés sur un terrain appartenant à la personne privée feront l'objet d'une mutation de propriété donnant lieu au paiement d'un prix et de droit de mutation. A l'inverse, les biens édifiés sur le domaine public de la personne publique ne font l'objet d'aucune mutation puisqu'à la fin du contrat, la personne privée n'a plus aucun droit sur eux et deviennent la propriété de la personne publique. Si le contrat le prévoit, l'ouvrage peut rester la propriété de la personne privée.

---

[783] Article 28 de la loi n°2009-888 du 22 juillet 2009 de développement et de modernisation des services touristiques. V. DREYFUS (J-D.), « L'organisation de spectacles est une activité d'intérêt général mais pas toujours de service public », *AJDA*, n°26, 25 juillet 2011, p.1515.

B – Le stade, un bien non-affecté directement au public

186. Le principe de la domanialité publique des biens affectés au public a été établi par l'arrêt *Marécar*[784]. Dans son considérant de principe, le Conseil d'Etat énonce que les cimetières sont « *affectés à l'usage du public et qu'ils doivent dès lors être compris dans les dépendances du domaine public* ». La jurisprudence a évolué sur ce critère d'affectation au domaine public en s'interrogeant et en retenant une condition supplémentaire, l'aménagement spécial[785]. Le défaut de cette condition impliquait l'exclusion du domaine public[786]. De façon plus contemporaine, le Tribunal des conflits a confirmé l'actualité du critère de l'affectation directe à l'usage du public[787]. Pour autant, avec l'entrée en vigueur du Code de la propriété des personnes publiques, l'objet de l'aménagement du bien doit être indispensable, et non plus spécial, pour faire partie du domaine public. L'article L.2111-1 du Code général de la propriété des personnes publiques écarte le critère actuel d'aménagement indispensable dans sa rédaction pour les biens affectés à l'usage direct du public et condamne la jurisprudence retenant la condition supplémentaire[788], même si un certain *statu quo* semble persister[789]. Ainsi, un bien d'une personne publique fait partie du domaine public lorsqu'il est affecté à l'usage direct du public[790]. Cette affectation à l'usage du public n'est effective uniquement que si l'ensemble des usagers utilise directement

---

[784] CE, 28 juin 1935, *Marécar*. Concl. Latournerie, *D.*, 1935, p.20. Rec. Lebon, p.734.

[785] CE, Sect., 19 octobre 1956, *Société le Béton*, n°20180. Concl. Long, *RDP*, 1957, p.310. Rec. Lebon, p.375 ; CE, Ass., 22 avril 1960, *Berthier*. Concl. Henry, *RDP*, 1960, p.1213. Rec. Lebon, p.264. Note sous arrêt : VERGNAUD (P.), *AJDA*, n°4, 20 avril 1960, p.140 ; CE, 13 juillet 1961, *Compagnie fermière du casino de Constantine*. Concl. Bernard, *RDP*, 1961, p.1087. Rec. Lebon, p.487. Chron., GALABERT (J-M.) et GENTOT (M.), *AJDA*, n°9, septembre 1961, p.467 ; CE, 14 juin 1972, *Eidel*, n°84967. Concl. Morisot. Rec. Lebon, p.442. Note sous arrêt : DUFAU (J.), *AJDA*, n°10, 20 octobre 1973, p.495 ; CE, Sect., 30 mai 1975, *Dame Gozzoli*, n°83245. Concl. Théry. Rec. Lebon, p.325. Chron., FRANC (M.) et BOYON (M.), *AJDA*, n°7, 20 juillet 1975, p.348. V. également CE, 4 avril 1990, *Association Pétanque Hermitage et Pétanque Sud,* n°100833. Concl. de Saint-Pulgent.

[786] CE, Ass., 11 mai 1959, *Dauphin* ; TC, 2 juillet 1962, *Epoux Cavat c/ Université de Grenoble*. Rec. Lebon, p.826 ; CE, Sect., 30 mai 1975, *Dame Gozzoli* ; CE, 14 octobre 1977, *Dame Defforge*, n°00344. Concl. Genevois.

[787] TC, 22 septembre 2003, *M. Grandidier c/ Commune de Juville*, n°C3369. Concl. Commaret. Note sous arrêt : JURIE (G.), *AJDA*, n°17, 3 mai 2004, p.930 ; TC, 22 octobre 2007, *Doucedame*, n°C3625. Concl. Duplat. Note sous arrêt : CANEDO-PARIS (M.), *AJDA*, n°21, 16 juin 2008, p.1145.

[788] GAUDEMET (Y.), *Droit administratif des biens*, LGDJ, Tome 2, 15ème édition, février 2014, n°125.

[789] FOULQUIER (N.), *Droit administratif des biens*, Litec, 2ème édition, octobre 2013, n°96 ; CE, 28 septembre 2011, *William Jullian.*

[790] CE, 10 octobre 2007, *Communauté urbaine de Lyon*, n°305130. Concl. Thiellay. Note sous arrêt : FOULQUIER (N.), *RLCT*, n°31, janvier 2008, p.19.

la dépendance domaniale[791]. Le bien doit être ouvert aux administrés sous la responsabilité de son gestionnaire[792]. En conséquence, le code du 21 avril 2006 induit, comme le souligne le Professeur Yves Gaudemet, que « *l'affectation à l'usage direct du public, acte positif, implique le plus souvent un minimum d'aménagement rendant possible cet usage ; la condition d'aménagement est contenue dans celle d'affectation* »[793].

187. Par nature, un stade est un bien dont l'affectation à l'usage du public s'avère indirect[794]. Si les usagers peuvent se rendre au stade pour assister à une manifestation sportive ou culturelle, l'accès reste limité voire inexistant pour la pratique sportive des simples personnes privées. Un particulier ne peut pas, en effet, faire de course à pied autour de la piste d'athlétisme du Stade de France ou organiser un match de football entre amis sur la pelouse du Parc des Princes. Mais surtout, le seul véritable usager d'un stade est l'occupant même du domaine, c'est-à-dire généralement les clubs résidents.

L'arrêt *Jean Bouin* du 3 décembre 2010 illustre ce critère de la domanialité publique. En effet, les juges du Palais Royal, contrairement aux juges de la Cour administrative d'appel de Paris, n'ont pas retenu le critère de service public comme l'indique le considérant de principe[795]. Dès lors, l'appartenance d'un stade au domaine public n'est pas remise en cause, grâce à la reconnaissance implicite du critère de l'usage direct du public. Néanmoins cet arrêt, tout comme ceux relatif au Parc des Princes et le complexe de la Croix-Catelan[796], à défaut d'arrêts d'espèces, demeurent des arrêts répondant à la domanialité publique de la ville de Paris. Il peut en ressortir une définition de la domanialité des stades propre à la Capitale,

---

[791] CE, Sect., 19 octobre 1990, *Association Saint Pie V et Saint Pie X de l'Orléanais*, n°903346. Concl. de la Verpillière. V. aussi, FATOME (E.), « Le pouvoir de réglementer l'utilisation du domaine public affecté à l'usage de tous », Thèse, Université de Caen Basse-Normandie, 1974, 412 p.

[792] Pour un exemple *a contrario*, CE, 28 septembre 2011, *M. William Jullian.*

[793] GAUDEMET (Y.), *Droit administratif des biens*, LGDJ, Tome 2, 15ème édition, février 2014, n°125. V. aussi, MELLERAY (F.), « La recherche d'un critère réducteur de la domanialité publique », *AJDA*, n°9, 8 mars 2004, p.490.

[794] MAISONNEUVE (M.), « Des stades et des contrats administratifs », *in*, Mélanges en l'honneur du Professeur Laurent RICHER, *A propos des contrats des personnes publiques*, LGDJ, novembre 2013, p.697 ; MAISONNEUVE (M.), « Droit(s) des stades », *in*, sous dir. MAISONNEUVE (M.) et TOUZEIL-DIVINA (M.), *Droit(s) au football, Actes du colloque du Mans du 4 avril 2014*, Lextenso, mai 2014, p.116.

[795] Ainsi, selon le Conseil d'Etat, « *la seule présence d'un club de rugby professionnel sans autres contraintes que celles découlant de la mise à disposition des équipements sportifs ne caractère pas à elle seule une mission de service public* ». V. également en ce sens CE, 11 juillet 2011, *Mme Gilles* à propos du Parc des Princes et CAA Paris, 11 avril 2013, *Association Racing club de France*, n°12PA01504 à propos du complexe de la Croix-Catelan.

[796] *Ibid.*

confirmant une définition plurielle, voire à géométrie variable, en attendant l'apport d'une éventuelle précision par le juge administratif.

C – Le stade, un bien désaffecté du service public

Par les arrêts *Jean Bouin* et *Madame Gilles*, la domanialité du stade a connu une remise en cause quant à son affectation au service public (**1**). Le contentieux lié au sous-concessionnaire du domaine en est à l'origine (**2**).

1 – La remise en cause de l'affectation du stade au service public

188. Depuis l'arrêt *Ville de Toulouse*, un stade se présente comme une dépendance du domaine public en raison de son affectation au service public. L'arrêt *Ville de Toulouse* retenait que le stade de la ville Rose avait été « *édifié (…) en vue de permettre le développement d'activités sportives et d'éducation physique présentant un caractère d'utilité générale* ». Ce fondement constituait une affectation à un service public, illustrant le critère dégagé par l'arrêt *Société le Béton*[797]. Le Conseil d'Etat considérait, dès lors, qu'un stade municipal est une dépendance du domaine public par son affectation à un service public, en l'espèce le développement d'activités sportives et l'éducation physique, et spécialement aménagé à cet effet. De plus, le juge indiquait que les conditions de location du stade n'avaient pas « *pour résultat de modifier la destination principale dudit stade* ». Pour le Conseil d'Etat, le stade appartient au domaine public par son affectation au service public, nonobstant le qu'il fait qu'il soit le lieu d'une appropriation privative, parce qu'il subsiste une appropriation du grand public, à défaut d'être reconnu comme un lieu de spectacle sportif[798].

Les chroniqueurs de cet arrêt relevaient « *qu'il est difficile de dire lequel de ces deux éléments – caractère non exclusif de l'utilisation du stadium municipal par le Toulouse Football Club ou admission du caractère de service public de l'organisation de certains spectacles sportifs – a, en l'espèce, emporté la décision du Conseil d'Etat* »[799]. Ils ajoutaient également

[797] CE, Sect., 19 octobre 1956, *Société le Béton*, n°20180. Concl. Long, *RDP*, 1957, p.310. Rec. Lebon, p.375. Notes sous arrêt : BLAEVOET (C.), *JCPG*, 1957, II, p.9765 ; LIET-VEAUX (G.), *RA*, 1956, p.617. Chron. FOURNIER (J.) et BRAIBANT (G.), *AJDA*, 1956, II, p.472. GAJA, n°75, 15ème édition, août 2005, p.491.
[798] DE FENOYL (E.), « L'évolution du poids et du rôle des collectivités dans la construction des stades : le stade, le service public et l'intérêt général », *in*, sous la dir. CHAIX (P.), *Les grands stades*, L'Harmattan, mars 2011, p.84 ; DE FENOYL (E.), « Stades et Arénas : enjeux juridiques du mode d'exploitation », *Jurisport*, n°128, février 2013, p.22.
[799] CE, 13 juillet 1961, *Ville de Toulouse*, n°48792. Rec. Lebon p. 513. Chron. GALABERT (J-M.) et GENTOT (M.), *AJDA*, 1961, p.468.

que le Conseil d'Etat n'avait pas entendu « *franchir le pas qui consiste à reconnaître à l'organisation de spectacles sportifs le caractère de service public il ne paraît pas douteux qu'il franchira ce pas lorsque les circonstances d'une espèce l'y obligeront* »[800].

Ces circonstances ont été occasionnées par l'arrêt *Société du Vélodrome du Parc des Princes*[801] qui illustre le critère matériel du contrat administratif posé par l'arrêt *Société des granits porphyroïdes des Vosges*[802], « *symbole de la jurisprudence illustrant le critère de la clause exorbitante du droit commun* »[803]. Le commissaire du gouvernement Bertrand invitait les juges du Palais Royal à préciser leur jurisprudence *Ville de Toulouse* et se prononcer clairement sur la qualification de service public au sujet des stades et de l'organisation des manifestations sportives, étant lui-même réservé sur le fait de retenir cette qualification[804]. A défaut, il les invitait à fonder la compétence administrative sur l'existence de clauses exorbitantes de droit commun dans le contrat. L'Assemblée du contentieux retint cette seconde proposition et qualifia le contrat de location du Parc des Princes de contrat administratif par l'existence de clauses exorbitantes du droit commun, à savoir, le pouvoir donné au préfet d'autoriser spécialement tout spectacle ou fête non expressément prévu dans le contrat lui-même ; le droit de contrôle donné à l'administration sur les résultats financiers de l'exploitation ; et la possibilité offerte de résilier unilatéralement le contrat après simple mise en demeure. Cette dernière clause vaut d'ailleurs à l'arrêt sa spécificité[805].

---

[800] *Ibid.*

[801] CE, Ass., 26 février 1965, *Société du Vélodrome du Parc des Princes*, n°65549. Concl. Bertrand, *RDP*, 1965, p.506. Rec. Lebon, p.133. Note sous arrêt : WALINE (M.), *RDP*, 1965, p.1175. V. aussi, TC, 16 janvier 1967, *Société du Vélodrome du Parc des Princes*, n°1895. Concl. Lindon, *D.*, 1967, p.416. Rec. Lebon, p.652. Notes sous arrêt : CHARLES (H.), *JCPG*, 1967, II, n°15246.

[802] CE, 31 juillet 1912, *Société des granits porphyroïdes des Vosges*. Concl. Blum, *D.* 1916.3 p.35. Rec. Lebon p.909. Note sous arrêt : JEZE (G.), *RDP*, 1914, p.145. GAJA, n°26, 15ème édition, août 2005, p.151. V. pour l'apparition du terme, CE, 7 mars 1923, *Sieur Jossifoglu*. Rec. Lebon, p.222 ; CE, 5 décembre 1923, *Sieur Schiaffino*. Rec. Lebon, p.811.

[803] CHAPUS (R.), *Droit administratif général*, Tome 1, Montchrestien, 15ème édition, septembre 2001, n°722, p.549.

[804] Conclusions du commissaire du gouvernement Bertrand, sous l'arrêt CE, Ass., 26 février 1965, *Société du Vélodrome du Parc des Princes*. « *Certes, si toutes les manifestations qui y sont organisées étaient du genre de celles qui s'y passent annuellement à l'occasion de l'arrivée du Tour de France, lequel, indépendamment de son caractère commercial et publicitaire, s'apparente plus aux jeux du cirque de la Rome impériale, qu'à un spectacle sportif, nous hésiterions beaucoup à couvrir une telle marchandise du pavillon de service public. Il y a heureusement sur la pelouse et sur la piste, d'autres épreuves pour attirer la foule sur les gradins. Ce sont pour l'essentiel des championnats auxquels il est difficile de trouver beaucoup à redire et qui répondent aux besoins de distractions collectives du public parisien, lequel n'est pas tout entier porté à prendre le chemin du Musée du Louvre le dimanche après-midi* ».

[805] RICHER (L.), *Droit des contrats administratifs*, LGDJ, 8ème édition, août 2012, p.100.

L'arrêt *Ville de Toulouse* reposait sur un fondement des plus fragiles, malgré l'apport de l'arrêt *Société du Vélodrome du Parc des Princes*. Le commissaire du gouvernement Bertrand proposait, d'ailleurs, de retenir la qualification de contrat administratif en raison de l'appartenance du vélodrome au domaine public. Selon lui, les manifestations sportives relèvent d'un service public du développement du sport. Ce sont précisément ces considérations d'espèces particulières qui ont induit la position du Conseil d'Etat, désormais inappropriée avec l'évolution des stades et leur utilisation. Cette économie des moyens par le juge administratif a prolongé l'incertitude et l'hésitation autour de la qualification des stades. Le juge a tout à la fois admis cette qualification comme un postulat au regard des considérations de fait[806], constatant l'appropriation populaire comme « *composante essentielle* »[807] et retenu la qualification donnée par une collectivité[808]. *In fine*, le juge appréhendait la qualification de service public d'un stade, « *soit par habitude retenue, soit exogène (décidée par la collectivité), mais très rarement endogène (résultant des considérations particulières de l'espèce et notamment de la vocation effective du stade)* »[809].

189. Les interrogations quant à l'affection du service public pouvaient également se fonder sur les dispositions de la loi dite *Avice*[810] attribuant compétence à l'Etat et aux fédérations pour le sport de haut niveau, cantonnant le rôle des collectivités à l'apport de concours[811]. Au-delà des décisions précitées se prononçant sur le lien entre l'affectation de service public et la domanialité publique, la qualification de service public a ainsi été retenue s'agissant de l'application des dispositions relatives aux délégations de service public dans les affaires du Stade de France[812] et du

---

[806] CAA Lyon, 12 juillet 2007, *Ville de Lyon c/ M. Lavaurs*, n°06LY02107 à propos du stade Gerland ; CE, 24 septembre 2003, *Société Coquelicot Promotion - Mme Belhassen*, n°203268. Concl. Piveteau, à propos du Parc des Princes.

[807] CAA Paris, 11 avril 2006, *Commune de Papeete*, n°02PA03952, à propos du stade Willy Brambidge.

[808] Le contrat de concession de service public attribué pour la construction du nouveau stade de Nice a été en premier lieu suspendu (CAA Marseille, 6 octobre 2006, *Ville de Nice, sociétés GSN-DSP et Cari*, n°06MA02372 et 06MA02514) puis annulé par le juge administratif (TA Nice, 22 décembre 2006, *Préfet des Alpes-Maritimes et M. Knecht c/ Commune de Nice*, n° 0603528 et 0601427).

[809] DE FENOYL (E.), « L'évolution du poids et du rôle des collectivités dans la construction des stades : le stade, le service public et l'intérêt général », *in*, sous la dir. CHAIX (P.), *Les grands stades*, L'Harmattan, mars 2011, p.86.

[810] Loi n° 84-610 du 16 juillet 1984 relative à la promotion et au développement des activités physiques et sportives, codifiée par l'ordonnance n° 2006-596 du 23 mai 2006 relative à la partie législative du Code du Sport, *JORF*, n°121, 25 mai 2006, p.7791.

[811] Article L.100-2 du Code du Sport.

[812] V. notamment TA Paris, 2 novembre 1994, *Groupement des sociétés Eiffage, SPIE Batignolles, Fougerolle, SPIE CITRA*, n° 9413449/6/RA ; CAA Paris, 4 décembre 1997, *M. Alain Sarfati*, n°96PA02617.

stade de Nice[813]. En l'espèce, l'affectation au service public ne résulte pas directement de la mise à disposition d'un équipement à un club sportif de haut niveau puisque, en la matière, la compétence des collectivités territoriales s'efface devant celle de l'Etat, des associations et des fédérations sportives. Cette qualification de service public se fonde sur l'intérêt général de l'organisation de manifestations sportives à destination d'un large public. Un stade est affecté au service public en raison de l'intérêt public des manifestations sportives et des différents spectacles qu'il accueille. L'affectation ne s'effectue pas au travers d'un service public sportif qui, s'agissant du sport de haut niveau, ne relève pas directement des collectivités territoriales. La qualification de service public doit davantage être rapprochée de celle retenue pour les équipements touristiques et culturels[814] ou encore d'expositions et congrès[815].

190. L'arrêt *Jean Bouin* affirme formellement le refus du Conseil d'Etat d'admettre l'organisation de spectacles sportifs comme une activité de service public, au motif « *que la seule présence d'un club de rugby professionnel sans autres contraintes que celles découlant de la mise à disposition des équipements sportifs ne caractère pas à elle seule une mission de service public* ».

191. Dans ses conclusions sous l'arrêt *Madame Gilles*[816], le rapporteur public Nicolas Boulouis écarte « *l'idée selon laquelle la gestion d'un équipement appartenant au domaine public serait en soi une activité de service public. Ce service public sans usager autre que l'occupant du*

---

[813] CAA Marseille, 6 octobre 2006, *Ville de Nice, sociétés GSN-DSP et Cari*, n°06MA02372 et 06MA02514 ; TA Nice, 22 décembre 2006, *Préfet des Alpes-Maritimes et M. Knecht c/ Commune de Nice*, n° 0603528 et 0601427.

[814] CE, Ass., 11 mai 1959, *Dauphin.* A propos de l'allée des Alyscamps d'Arles, Concl. Mayras, *D.* 1959, p.314. Rec. Lebon, p.294. Note sous arrêt : DUFAU (J.), *AJDA*, 1959 p.228 ; CE, 12 juin 1959, *Syndicat des exploitants de cinématographes de l'Oranie.* A propos du théâtre de verdure de la Ville d'Oran ; CE, 21 juillet 1989, *Monsieur Gindre*, n° 73108. Concl. Stirn. A propos d'une église transformée en lieu de manifestations culturelles ; CE, 2 juin 1995, *Ville de Nice*, n° 123647. Concl. Lasvignes. A propos de la Grande Parade de Jazz à Nice.

[815] CE, 18 janvier 1985, *Ville d'Aix-en-Provence c/ Association « Le Relais Culturel d'Aix-en-Provence »*, n° 51534. Concl. Boyon ; CAA Marseille, 9 avril 2004, *Commune de Cannes*, n°99MA01949 et 99MA01950 (affaire de la SEMEC) ; CAA Bordeaux, 27 avril 2004, *Ville de Toulouse*, n°00BX0158.

[816] CE Sect., 11 juillet 2011, *Madame Gilles*, n°339409. Concl. Boulouis, *BJCP*, n°78, septembre 2011, p.341. Notes sous arrêt : PISSALOUX (J-L.), *Gaz. Pal.*, n°273, 30 septembre 2011, p.28 ; ECKERT (G.), *Contrats et Marchés Publics*, n°10, octobre 2011, p.39 ; FOULQUIER (N.), *RDI*, n°10, octobre 2011, p.508 ; DOMINO (X.), *AJDA*, n°34, 17 octobre 2011, p.1949 ; LAGARDE (F.), *Jurisport*, n°115, février 2012, p.8 ; VINEY (G.), *Revue des contrats*, n°2, avril 2012, p.419.

domaine serait en effet d'un genre bien particulier »[817]. Selon le Conseil d'Etat, l'affectation prioritaire du Parc des Princes au sport professionnel implique l'obligation d'accueil des clubs résidents et des équipes nationales écartant indubitablement le caractère de développement d'activités sportives et d'éducation physique. Cette situation contrevient au fondement de l'arrêt *Ville de Toulouse*. Ce dernier prévaudrait pour les stades s'ils remplissaient une mission de service public par l'apprentissage d'un sport ou l'accueil du public pour la pratique d'une activité sportive, comme dans une base nautique[818] ou un karting[819].

L'arrêt *Madame Gilles* en reprenant les considérations de l'arrêt *Jean Bouin* sur la mise à disposition de l'équipement uniquement envers les sportifs professionnels s'éloigne de la mission de service public, d'autant que l'accueil des matchs des équipes de France est un service public délégué aux fédérations sportives[820] et non à la ville. Ainsi dans l'arrêt *Jean Bouin*, le Conseil d'Etat affirme que pour qu'un contrat soit qualifié de délégation de service public, le cocontractant public doit démontrer que l'activité d'intérêt général est érigée en mission de service public et confiée à un tiers. L'organisation de spectacle[821], soit-il sportif, représente un intérêt général[822] mais « *la seule présence d'un club de rugby professionnel sans autres contraintes que celles découlant de la mise à disposition des équipements sportifs ne caractérise pas à elle seule une mission de service public* ». L'arrêt *Madame Gilles* éprouve cette même solution en l'espèce pour le football. Ces solutions peuvent s'entendre plus largement pour tous les sports professionnels.

---

817 Conclusions sous l'arrêt *Madame Gilles*, *BJCP*, n°78, septembre 2011, p.342. V. sur ce point, les conclusions du commissaire du gouvernement Stahl relatives à l'arrêt TC, 16 octobre 2006, *EURL Pharmacie de la Gare Saint-Charles*, n°3514. Rec. Lebon, p.638. *BJCP*, n°49, décembre 2006, p.453. Notes sous arrêt : ZIMMER (W.), *Contrats et Marchés Publics*, n°12, décembre 2006, p.16 ; LAVIALLE (C.), *RFDA*, n°2, mars 2007, p.298.

818 TC, 12 décembre 2005, *Préfet de Seine-Maritime c/ TGI de Rouen*, n°3479. Concl. Commaret. Rec. Lebon, p.669. Note sous arrêt : GLASER (E.), *RLCT*, n°10, février 2006, p.19.

819 TC, 12 décembre 2005, *Association sportive de karting semurois c/ SEM Auxois Bourgogne et société DAGS*, n°C3458.

820 CE, Sect., 22 novembre 1974, *Fédération des industries françaises d'articles de sport*.

821 CE, 23 mai 2011, *Commune de Six Fours-Les-Plages*, n°342520 ; CE, Sect., 6 avril 2007, *Commune d'Aix-en-Provence*, n°284736 ; CE, 2 juin 1995, *Ville de Nice*, n°123647 ; CE, 8 juin 1994, *Delrez*, n°143272 ; CE, Sect., 12 juin 1959, *Syndicat des exploitants de cinématographes de l'Oranie* ; CE, Sect., 24 janvier 1944, *Léoni*.

822 CAA Lyon, 11 juin 2013, *M. A et M. B*, n°12LY02460 et n°12LY02461. Chron. SAMSON-DYE (A.), *AJDA*, n°26, 22 juillet 2013, p.1515 ; DREYFUS (J-D.), « L'organisation de spectacles est une activité d'intérêt général mais pas toujours de service public », *AJDA*, n°26, 25 juillet 2011, p.1515.

Si la jurisprudence *Jean Bouin* a mis en exergue les distinctions du régime de modalités de passation entre les contrats domaniaux et les contrats de délégation de service public, elle ouvre aussi une possibilité pour les tiers au contrat de constater les clauses réglementaires par la voie du recours pour excès de pouvoir[823].

192. Le juge administratif confirme, par ces deux arrêts, que les conditions d'utilisation du stade par les fédérations sportives ne correspondent pas aux missions de service public, écartant toute qualification de délégation de service public. Cette tendance jurisprudentielle démontre que la délégation de service public en matière de contrats de gestions des stades est inappropriée et que la définition d'obligation de service public et le contrôle de la collectivité publique cocontractante jouant un rôle essentiel[824].

Si l'occupation du domaine public par les stades engendre quelques difficultés et, *in abstracto*, permet à la lumière du contentieux d'éclairer le droit de la domanialité publique, les stades sont aussi sources de contentieux de la sous-occupation du domaine. Les arrêts du Conseil d'Etat et du Tribunal des conflits[825], *Madame Gilles*, apportent ainsi des précisions.

2 – Le sous concessionnaire du domaine public

193. Lorsque des dispositions législatives ou de la concession le prévoient[826], le concessionnaire a la possibilité d'autoriser des tiers à utiliser la parcelle de domanialité publique qu'il occupe, sous réserve d'acceptation du gestionnaire du domaine[827]. Le concessionnaire accorde ainsi une sous-

---

[823] FOULQUIER (N.), « Les clauses réglementaires des contrats domaniaux », *in*, Mélanges en l'honneur du Professeur Laurent RICHER, *A propos des contrats des personnes publiques*, LGDJ, novembre 2013, p.105. CE, Ass., 10 juillet 1996, *Cayzeele*, n°138536. Concl. Sanson. Rec. Lebon, p.274. Note sous arrêt : DELVOLVE (P.), *RFDA*, n°1, janvier-février, p.89.

[824] ECKERT (G.), « Situation juridique du sous-occupant du domaine public », *Contrats et Marchés Publics*, n°10, octobre 2011, p.40. V. CE, 5 octobre 2007, *Société UGC-CINE-CITE*, n°298773. Concl. Casas; CE, 23 mai 2011, *Commune de Six Fours-Les-Plages*, n°342520. Concl. Boulouis.

[825] TC, 14 mai 2012, *Madame Gilles c/ Société d'Exploitation Sports et Evénements*, n°C3836. Concl. Olléon. Notes sous arrêt : ROUAULT (M-C.), *RLCT*, n°82, septembre 2012, p.38 ; LE CHATELIER (G.), *CP-ACCP*, n°126, novembre 2012, p.77.

[826] CAA Marseille, 27 février 2007, *Société Escota*, n°04MA00652. Note sous arrêt : ECKERT (G.), *Contrats et Marchés Publics*, n°5, mai 2007, p.71 ; CE, 2 février 1979, *Ville de Châlons-sur-Marne*, n°01881. Concl. Bacquet. Rec. Lebon, p.618.

[827] Le Conseil d'Etat a toutefois admis que l'occupant pouvait accorder cette possibilité, même dans le silence de son titre, sans pour autant expliciter si cette solution résultait du fait que l'occupant était délégataire du service public ou qu'il s'agissait d'EDF. CE, 3 juin 2013,

concession du domaine public. Sauf dispositions législatives ou règlementaires contraires, voire des clauses du contrat de concession lui-même, le concessionnaire détermine la redevance de la sous-concession selon les modalités fixées par sa propre concession[828] et délivre son autorisation pour une durée n'excédant pas celle de l'autorisation principale[829].

Les litiges portant sur les contrats de sous-occupation du domaine public relèvent par principe de la compétence du juge judiciaire, lorsque les deux parties au contrat sont des personnes privées. L'article L.2331-1 du CG3P prévoit une exception à ce principe, si l'occupant du domaine public répond à la qualification du concessionnaire.

194. Le Tribunal des conflits dans l'arrêt *Société des Steeple-chases de France*[830] retenait une étroite interprétation de la notion de concessionnaire ne recouvrant que la qualification de « *concessionnaire du service public* ». Dès lors, pour que le contrat de sous-occupation du domaine public relève de la compétence du juge administratif, l'occupant devait avoir en charge la gestion d'un service public. A défaut, ce contrat relevait de la compétence du juge judiciaire, dans les conditions de droit commun, car conclu entre deux personnes privées. Cet arrêt fut confirmé par le juge administratif[831] et par le Tribunal des conflits lui-même[832]. En revanche, si l'occupant du domaine public était effectivement en charge d'un service public, les contrats de sous-occupation du domaine public conclu avec des personnes privées relèvent de la compétence du juge administratif[833].

Association interdépartementale et intercommunale pour la protection du lac de Sainte-Croix, n°334251. Concl. Crépey.

828 CE, 7 mai 2012, *Syndicat intercommunal du canal des Alpines septentrionales*, n°343697. Concl. Escaut. Note sous arrêt : GLASER (E.), *RLCT*, n°81, juillet 2012, p.52 ; CE, 10 juin 2010, *Société des autoroutes Esterel-Côte d'Azur-Provence-Alpes*, n°305136. Concl. Olléon. Rec. Lebon, p.762.

829 CAA Bordeaux, 13 mars 2012, *Société coopérative maritime Logicoop*, n°10BX02242.

830 TC, 10 juillet 1956, *Société des Steeple-chases de France.* Concl. Chardeau, *S.*, 1956, p.156. Rec. Lebon, p.587. Notes sous arrêt : PINTO (R.), *AJDA*, 1956, p.352 ; WALINE (M.), *RDP*, 1957, p.522.

831 CE, 24 janvier 1973, *Sieur Spiteri et Epoux Krehl*, n°87766. Concl. Questiaux. Rec. Lebon, p.65.

832 TC, 12 décembre 2005, *Association sportive de karting semurois c/ SEM Auxois Bourgogne et société DAGS*, n°C3458. Concl. Roul. Rec. Lebon, p.668 ; TC, 15 mars 1999, *M. Schmitt c/ Association lorraine d'exploitation de modélisme ferroviaire*, n°03080. Concl. Schwartz. Rec. Lebon, p.444.

833 CE, 11 décembre 2000, *Mme Agofroy*, n°202971. Concl. Austry. Rec. Lebon, p.607. Notes sous arrêt : LLORENS (F.), *Contrats et Marchés Publics*, n°3, mars 2001, p.20 ; DIDIER (J-P.), *Droit et Patrimoine*, n°98, novembre 2000, p.118.

Le régime juridique des sous-concessions doit être identifié. L'article L.2331-1 du CG3P impose la reconnaissance de la nature juridique administrative des sous-concessions en raison de leur occupation du domaine public[834]. En vertu de la jurisprudence *Steeple-chases*, seule la sous-concession d'occupation du domaine public accordée par l'occupant du domaine public et délégataire d'un service public sont de nature administrative, excluant toute autorisation de bail commercial au concessionnaire de second rang[835]. Cela implique que la sous-concession accordée par un simple concessionnaire du domaine public relève de la compétence du juge judiciaire[836], à l'exception de l'autorisation accordée par un concessionnaire agissant pour le compte d'une personne publique ou si l'un des cocontractants est une personne publique et que le contrat de sous-concession contiennent une clause exorbitante de droit commun ou ayant pour objet l'exécution d'une mission de service public par le sous-occupant. Le juge judiciaire est donc compétent pour les contrats conclus entre deux personnes privées en raison de leur nature de droit privé. Le commissaire du gouvernement Braibant, dans ses conclusions relatives à l'arrêt du Tribunal des conflits, *SNCF c/ Entreprise Solon et Barrault*, rendu le 7 janvier 1972, estimait qu'il s'agissait d'un principe « *des plus solides de notre système de répartition des compétences* »[837].

195. Dans l'arrêt *Madame Gilles* rendu par le Conseil d'Etat, le juge administratif renvoya l'affaire devant le Tribunal des conflits afin de déterminer la compétence juridictionnelle des contrats de sous-occupation du domaine public. Le Conseil d'Etat estimait qu'il existait un doute sérieux. L'hésitation portait essentiellement sur la notion de concessionnaire. Dans ses conclusions, le rapporteur public Nicolas Boulouis rappelait les propos du Professeur Marcel Waline dans son commentaire de l'arrêt *Steeple-chases*, regrettant le « *caractère amphibologique de cette détestable expression* », désignant le concessionnaire du domaine et d'un service

---

[834] V. en particulier LAVIALLE (C.), *RFDA*, n°2, mars 2007, p.298, note sous TC, 16 octobre 2006, *EURL Pharmacie de la Gare Saint-Charles*, n°3514.

[835] PLESSIX (B.), « Les sous-concessions domaniales : territoire d'un contentieux », *in*, Mélanges en l'honneur du Professeur Laurent RICHER, *A propos des contrats des personnes publiques*, LGDJ, novembre 2013, p.248 et s. ; CE, 29 juillet 1994, *Société La Main Noire*, n°126678. Concl. Fratacci. Rec. Lebon, p.382 ; TC, 23 février 1981, *Société Socamex c/ Société des autoroutes du sud de la France*, n°02191. Concl. Baudoin. Rec. Lebon, p.501.

[836] TC, 12 décembre 2005, *Association sportive de karting semurois c/ SEM Auxois Bourgogne et société DAGS*, n°C3458. Concl. Roul. Rec. Lebon, p.668 ; TC, 15 mars 1999, *M. Schmitt c/ Association lorraine d'exploitation de modélisme ferroviaire*, n°03080. Concl. Schwartz. Rec. Lebon, p.444. Cass., 3ème civ., 19 décembre 2012, *Ville de Saint-Jean-Cap-Ferrat*, n°11-10.372. Note sous arrêt : YOLKA (P.), *JCPA*, n°7, 11 février 2013, p.33.

[837] BRAIBANT (G.), *RDP*, 1972, p.465. V. aussi TC, 26 janvier 1989, *Société générale d'entreprise de chauffage*.

public[838]. L'hésitation résidait dans l'interprétation que la Cour de cassation[839] et le Tribunal des conflits[840] avaient pu avoir de contrats d'occupation du domaine public. Le juge judiciaire s'était éloigné de la jurisprudence *Steeple-chases* admettant que la simple occupation du domaine public suffisait à conférer au contrat un caractère administratif. Le Tribunal des conflits lui-même a entretenu l'hésitation en affirmant que « *relèvent de la compétence des juridictions administratives les litiges relatifs à la passation, à l'exécution ou à la réalisation de contrats comportant occupation du domaine public ; que relèvent également des juridictions administratives, sous réserve des dispositions législatives spéciales, et sauf dans le cas de voie de fait ou dans celui où s'élève une contestation sérieuse en matière de propriété, les litiges nés de l'occupation dans titre du domaine public que celle-ci résulte de l'absence de tout titre d'occupation ou de l'expiration, pour quelque cause que ce soit, du titre précédemment détenu* »[841]. Ces deux arrêts, pour affirmer la qualification juridique du contrat administratif, se fondent sur l'objet même du contrat et éludent la qualité du contractant. Ainsi, une lecture littérale de cette interprétation dégagerait « *un bloc de compétence* »[842] où tout contrat de sous-occupation du domaine public est nécessairement un contrat administratif, dont le contentieux relève de la compétence du juge administratif, son juge naturel.

En l'espèce, l'arrêt du Tribunal des conflits *Madame Gilles* ne reprend pas ce raisonnement *in extenso*, confirmant la jurisprudence traditionnelle et fait cesser les doutes soulevés par un considérant explicite statuant en ce sens, « *un litige né de la réalisation du contrat de droit privé passé entre* [la SESE], *qui n'agissait pas pour le compte de la ville de Paris, et la société Coquelicot Promotion, toutes deux personnes de droit privé, même si cette convention comportait occupation du domaine public, relève de la compétence des juridictions judiciaires* ». De même que la Cour de cassation était revenue sur sa propre jurisprudence[843], par cet arrêt le Tribunal des conflits clarifie et réaffirme l'orthodoxie juridique. De plus, il renforce la contribution des stades au droit des contrats administratifs.

---

[838] Concl. Boulouis, *BJCP*, n°78, septembre 2011, p.343.

[839] Cass. 1ère civ., 6 mars 2001, *Société White SAS*, n°98-23120. *Bull. civ.*, n°61, p.39. Note sous arrêt: GUIAVARC'H (G.), *Revue des concessions et des délégations de service public*, n°13, avril 2001, p.41.

[840] TC, 24 septembre 2001, *Société BE Diffusion c/ RATP et société Promo-Métro*, n°3221. Concl. Commaret, *BJCP*, n°20, janvier 2002, p.61. Note sous arrêt : DOUENCE (M.), *DA*, n°2, février 2002, p.8.

[841] *Ibid.*

[842] LE CHATELIER (G.), « Occupation du domaine public et convention de droit privé », *CP-ACCP*, n°126, novembre 2012, p.79.

[843] Cass. 1ère civ., 23 février 2012, *Société d'étude et de réalisation du port de plaisance*, n°11-10178 ; Cass. 1ère civ., 28 janvier 2009, *Société du Moulin bateau*, n°07-19750.

Presque cinquante ans jour pour jour après avoir rendu l'arrêt *Ville de Toulouse*, le Conseil d'Etat énonce dans l'arrêt *Madame Gilles*, que l'utilisation d'un stade par un club sportif professionnel ne constitue pas une affectation à un service public. Le stade olympique historique, au sens du Baron Pierre de Coubertin, a vu s'estomper son caractère de service public au cours des années 1930 avec l'émergence du professionnalisme, ce dont le juge n'avait pas tenu compte dans ses jurisprudences. Le stade a perdu sa qualification de service public au terme d'une évolution paradoxale où « *le professionnalisme du sport a relégué le grand public de l'aire de jeu aux gradins* »[844]. A la faveur de la multifonctionnalité du stade et de ses bâtiments annexes, ce même public pourrait permettre de retrouver le critère finaliste du service public, l'activité d'intérêt général. Toutefois, il ne faudrait pas que l'accessoire du stade, utilisation alternative, procure la qualification de service public[845].

196. La Cour administrative d'appel de Nantes a rappelé que le contentieux lié à la décision d'un maire de résilier une convention d'occupation d'un stade municipal relève de la compétence du juge administratif, dès lors que celui-ci appartient au domaine public[846]. La Cour reconnaît surtout qu'un stade municipal affecté à un service public « *de promotion et de développement du sport* » fait partie du domaine public. En effet, si un stade, dont la ville est propriétaire, permet le développement d'activités physiques et sportives et l'accueil d'établissements scolaires, il présente un caractère d'utilité générale. En l'espèce le stade Pascal Laporte remplit effectivement le critère d'affectation au service public. Toutefois, il n'est pas à « *exclure qu'un équipement sportif, fût-il public, puisse exceptionnellement ne répondre à aucune de ces deux affectations* »[847].

---

[844] DE FENOYL (E.), « L'évolution du poids et du rôle des collectivités dans la construction des stades : le stade, le service public et l'intérêt général », *in*, sous la dir. CHAIX (P.), *Les grands stades*, L'Harmattan, mars 2011, p.96.

[845] *Ibid.*

[846] CAA Nantes, 15 novembre 2013, *Association Stade nantais université club et autres*, n°11NT02688. Note sous arrêt : LAGARDE (F.), *AJDA*, n°10, 17 mars 2014, p.562. A rapprocher de CE, 3 octobre 2012, *Commune de Port-Vendres*, n°353915. Concl. Dacosta, *BJCL*, n°12, décembre 2012, p.819, la Cour reprenant le considérant de principe formulé par le Conseil d'Etat.

[847] LAGARDE (F.), *AJDA*, n°10, 17 mars 2014, p.566, note sous CAA Nantes, 15 novembre 2013, *Association Stade nantais université club et autres*, n°11NT02688.

Section 2 – La domanialité privée du stade

L'édiction d'un critère général, issu de l'article L.2111-1 du Code général de la propriété des personnes publiques, a affiné la consistance du domaine public. La jurisprudence en se fondant sur cet affinement a relevé les difficultés liées à la détermination du domaine des stades et à leur maintien dans le domaine public. A défaut, un stade peut-il incorporer le domaine privé de la personne publique (**§2**) ? Pour se faire, le bien doit être désaffecté et déclassé du domaine public (**§ 1**).

§ 1 – Désaffectation et déclassement du stade

197. La terminologie importe en l'espèce. Le déclassement s'entend comme « *l'acte juridique par lequel l'autorité compétente manifeste son intention de faire sortir le bien du domaine public* »[848], tandis que la désaffectation est la seule cessation de l'utilisation du bien[849]. L'affectation est la condition *sine qua non* à l'appartenance d'un bien à la domanialité publique. Si un bien ne remplit pas cette condition, la cessation de l'affectation entraine sa sortie du domaine public pour relever dès lors du domaine privé de la personne publique. Toutefois, un bien déclassé mais non désaffecté demeure maintenu dans le domaine public en vertu du principe d'inaliénabilité[850]. Ainsi, dans l'optique d'une protection du domaine public, le législateur et la jurisprudence exigent une désaffectation de fait et un acte administratif formel de déclassement[851]. Cet acte juridique de désaffectation formelle n'est envisageable que s'il constate une désaffectation de fait du bien[852] et qu'il soustrait à toute utilité publique. La désaffectation consiste à soustraire un bien à son affectation initiale. Elle doit obéir à des règles de procédures, de compétences et de fond[853]. Si les modalités de désaffectation d'un bien varient selon qu'il constitue une dépendance du domaine artificiel

---

[848] GODFRIN (P.) et DEGOFFE (M.), *Droit administratif des biens*, Sirey, 10ème édition, octobre 2012, n°142.

[849] *Ibid.*

[850] CAA Nancy, 19 mai 2011, *Monsieur D.*, n°10NC01492.

[851] CE, 12 juin 1963, *Turbet* ; CE, 6 juin 1986, *Dame Simon* ; CE, 15 janvier 1988, *Compagnie française d'entreprise de garage*, n°71198. Concl. Guillaume ; DUFAU (J.), « Déclassement et désaffectation du domaine public », *JCPA*, n°5, 26 janvier 2004, p.101 ; FATOME (E.), « Désaffectation et déclassement », *JCPN*, n°43, 27 octobre 2008, p.1892.

[852] La solution est codifiée à l'article L.2141-1 du CGPPP. Le déclassement suppose une désaffectation de fait. A défaut, il serait considéré comme illégal et inopposable. TA Nice, 6 février 1997, *Association régionale des œuvres éducatives et de vacances de l'Education nationale de l'Académie de Versailles c/ Préfet des Alpes-Maritimes*, n°92-2772. Concl. Poujade, *RFDA*, n°6, décembre 1997, p.1182.

[853] CE, Ass., 2 décembre 1994, *Département de la Seine Saint-Denis*, n°110181. Concl. Schwartz. Rec. Lebon, p.533. Note sous arrêt : LAVIALLE (C.), *RFDA*, n°4, août 1995, p.655 ; CE, 1er février 1995, *Préfet de la Meuse.*

ou naturel, un stade correspond évidemment à la première dépendance évoquée. Ce formalisme est une solution éprouvée[854] prévalant pour les biens immobiliers mais aussi mobiliers[855].

La désaffectation doit être antérieure à la mesure de déclassement ou concomitante[856]. L'article L.2141-2 du CG3P prévoit une exception pour le bien immobilier, de l'Etat et ses établissements publics, affecté à un service public. Son déclassement peut être prononcé dès que sa désaffectation a été décidée alors même que les nécessités du service public justifient que cette désaffectation ne prenne effet que dans un délai fixé par l'acte de déclassement. Ce délai ne peut excéder trois ans[857].

198. L'acte de déclassement est susceptible de recours pour excès de pouvoir[858] mais fait l'objet d'un contrôle restreint du juge en raison du pouvoir discrétionnaire de la personne publique, afin de décider de la sortie du domaine public[859]. Aux termes du principe de continuité de la domanialité publique[860], le déclassement est illégal si l'ouvrage ou la dépendance doit recevoir une nouvelle destination d'utilité publique[861]. Le déclassement ne peut donc intervenir qu'après une désaffectation du bien à l'utilité publique et la désaffectation doit être durable. Les stades, à défaut de remplir les conditions de définition du domaine public légal, sont reconnus d'intérêt général[862] tout du moins ceux retenus pour l'organisation du Championnat d'Europe de football 2016 quelle que soit la propriété[863].

---

[854] CE, 20 juin 1930, *Marrot*. Concl. Rivet.

[855] CAA Douai, Ass. plén., 24 juillet 2008, *Commune de Rouen c/ Préfet de la région de Haute Normandie*, n°08DA00405. Concl. Lepers, *AJDA*, n°34, 13 octobre 2008, p.1896. Note sous arrêt : SAUJOT (C.), *JCPA*, n°45, 3 novembre 2008, p.25.

[856] CAA Versailles, 23 mars 2006, *Commune du Chesnay*, n°05VE00070. Note sous arrêt : PELISSIER (G.), *Collectivités Territoriales Intercommunalités*, n°5, mai 2006, p.20.

[857] Article D.2141-2 du CG3P.

[858] CE, 6 novembre 2000, *Comité Somport d'opposition totale à l'autoroute Caen-Rennes*, n°180496. Concl. de Silva. Note sous arrêt : BRAUD (X.), *AJDA*, n°6, 20 juin 2001, p.574 ; CE, 6 février 1981, *Dame Dore*. Rec. Lebon, p.1965.

[859] CE, 24 mai 1972, *Delort*. Rec. Lebon, p.257 ; CE, 9 mars 1956, *Société des forges d'Hennebont*. Rec. Lebon, p.667.

[860] CE, 1er février 1995, *Préfet de la Meuse*, n°127969. Concl. Bachelier. Rec. Lebon, p.782.

[861] CE, 1er février 1995, *Préfet de la Meuse*, n°127969. Concl. Bachelier. Rec. Lebon, p.782 ; CAA Bordeaux, 5 mars 2009, *Commune de Labejan*, n°07BX02405.

[862] CAA Marseille, 6 octobre 2006, *Ville de Nice, sociétés GSN-DSP et Cari*, n°06MA02372 et 06MA02514 ; TA Nice, 22 décembre 2006, *Préfet des Alpes-Maritimes et M. Knecht c/ Commune de Nice*, n° 0603528 et 0601427. V. DREYFUS (J-D.), « L'organisation de spectacles est une activité d'intérêt général mais pas toujours de service public », *AJDA*, n°26, 25 juillet 2011, p.1515.

[863] Article 28 de la loi n°2009-888 du 22 juillet 2009 de développement et de modernisation des services touristiques, *JORF*, n°169, 24 juillet 2009, p.12352.

199. L'acte exprès de déclassement est une condition nécessaire à la sortie du domaine public. Mais si l'ouvrage a perdu son affectation initiale, il demeure incorporé au domaine public. La désaffectation n'entraine pas systématiquement le déclassement. L'article L.2141-1 du CG3P ne fait qu'indiquer la modalité de la sortie du bien du domaine public et son moment, sujet à la discrétion de l'administration[864]. Il n'existe donc pas d'obligation d'exécution de la désaffectation du bien immobilier. Si une telle obligation existait, cela contraindrait l'administration à surveiller en permanence son patrimoine et le non accomplissement de cette obligation pourrait être sujet à engager la responsabilité de l'administration si un administré en subissait un préjudice. En ce sens, la doctrine souligne une obligation d'agir pour l'administration[865] en usant du principe du privilège du préalable sous peine d'être reconnue fautive[866]. Ainsi, « *reconnaître que le service, en n'agissant pas, peut commettre une faute, c'est dire que le service était obligé d'agir et qu'il doit réparer pécuniairement les conséquences de son inaction* (…). *L'exercice de la compétence n'est pas un privilège, mais un devoir pour l'agent qui a l'obligation fonctionnelle d'être vigilant. Et cela est vrai, non seulement en cas de compétence liée, mais encore en cas de compétence discrétionnaire* »[867]. La jurisprudence applique rigoureusement ce principe. Le Conseil d'Etat a ainsi maintenu dans le domaine public, une portion de voie ferrée désaffectée mais non déclassée[868], une salle des fêtes communales fermée au public[869], ou à propos de gare[870]. La gestion du patrimoine public fait preuve à cet égard d'une certaine souplesse[871].

---

[864] FOULQUIER (N.), *Droit administratif des biens*, Litec, 2ème édition, octobre 2013, n°527 ; DELVOLVE (P.), « Regard extérieur sur le Code », *RFDA*, n°5, septembre 2006, p.899 ; RAPP (L.), « Entrée et sortie des biens (la propriété choisie) », *RFDA*, n°5, septembre 2006, p.916. V. également, FARDET (C.), « Déclasser des biens affectés pour les échanger : brèves réflexions sur les articles L.2141-3 et L3112-3 du CG3P », *in*, Mélanges en l'honneur du Professeur Philippe GODFRIN, *Les nouvelles orientations du droit de la propriété publique*, Mare et Martin, avril 2014, p.153.

[865] HAMIDOU (M.), « L'obligation d'agir des personnes publiques », Thèse, sous la direction du Professeur Jean-Pierre THERON, Toulouse Capitole I, avril 2005, 562 p. ; GUIAVARC'H (G.), « Abstention et obligation d'agir en droit public. Recherche sur l'incomplétude du droit et de l'obligation de création de normes », Thèse, sous la direction du Professeur Francis CHAUVIN, Université Rennes I, 1995, 600 p.

[866] DELAUNAY (B.), « La faute de l'administration », Thèse, sous la direction du Professeur Yves GAUDEMET, Université Panthéon-Assas (Paris II), décembre 2006, n°245.

[867] SCHWARTZENBERG (R-G.), « L'autorité de chose décidée », Thèse, sous la direction du Professeur Georges VEDEL, Université Paris Panthéon-Assas (Paris II), 1969, p.63.

[868] CE, 9 mars 1956, *Société des forges d'Hennebont*. Rec. Lebon, p.667.

[869] CE, 6 juin 1986, *Dame Simon*, n°38059. Concl. Van Ruymbeke.

[870] CE, 2 octobre 1987, *SA Le Sully d'Auteuil*, n°54020. Concl. Guillaume. Rec. Lebon, p.726 ; CE, 15 janvier 1988, *Compagnie française d'entreprise de garage*, n°71198. Concl. Guillaume.

[871] CE Sect., 3 décembre 2010, *Association Paris Jean Bouin c/ Ville de Paris.*

200. Un stade, malgré la désaffectation apparente au domaine public, doit y être conservé. Il ne doit pas y avoir de confusion. D'une part, il répond à l'utilité publique *in extenso* et il est le lieu où se déroule et s'organise la plupart des manifestations sportives, activité de service public[872]. D'autre part, en soustrayant le stade du domaine public, la personne publique rencontrerait des difficultés pour financer des travaux de rénovation ou subventionner l'ouvrage et se priverait de la richesse que procure la valorisation du domaine. Le stade constitue une infrastructure en montage public-privé convoitée par les opérateurs économiques privés. Certes, un déclassement permettrait au club résident, s'il en a la propriété, de l'inscrire au bilan de son actif corporel, source de garantie d'emprunt et d'attirance pour de nouveaux investisseurs[873]. Mais la cession d'un stade au regard des présents montages contractuels n'entraineraient pas nécessairement d'apports financiers notables et de redevances à long terme. D'autant plus si l'écrin du réceptacle sportif est un complexe multisports et multiculturels, où le caractère d'intérêt général voire de service public pourrait se justifier en vertu de la jurisprudence traditionnelle[874], malgré l'intensification du sport *business*.

Le bien dont est propriétaire la personne publique, sans difficulté juridique, peut voir son affectation changée. La modification de l'affectation n'entraine pas la cessation de la domanialité publique[875], dès lors que ce bien obtient une nouvelle affectation d'utilité publique. L'arrêt *Préfet de la Meuse*, qui illustre cette continuité de la domanialité ne saurait s'appliquer au stade. Si le changement d'affectation de la collectivité propriétaire à la collectivité affectataire ne souffre d'aucune difficulté juridique, c'est le principe même de changement d'affectation qui est inopérant en matière de stade. La restructuration ou la réfection du foncier d'un stade et l'opération d'aménagement de celui-ci comporte généralement des éléments déclassés du domaine public. Les bâtiments connexes au stade ne correspondent que trop peu à l'exigence de continuité de la domanialité publique.

---

[872] CE, Sect., 22 novembre 1974, *Fédération des industries françaises d'articles de sport.*

[873] MAISONNEUVE (M.), « Des stades et des contrats administratifs », *in*, Mélanges en l'honneur du Professeur Laurent RICHER, *A propos des contrats des personnes publiques*, LGDJ, novembre 2013, p.697.

[874] CE, 27 juillet 1923, *Gheusi* ; CE, 6 avril 2007, *Commune d'Aix-en-Provence.*

[875] CE, 30 octobre 1987, *Commune de Levallois-Perret*, n°65367. Concl. Hubac. Rec. Lebon, p.335.

§ 2 – Le stade, un bien appartenant au domaine privé ?

201. La distinction des domaines public et privé[876] de la personne publique est observée par une partie de la doctrine comme un accident de l'Histoire inspiré par Victor Proudhon afin de pallier l'inexistence d'un droit de propriété publique et d'éviter les inconvénients liés au régime de la propriété privée aux personnes publiques[877]. Cette distinction contribue également à la non uniformisation du régime juridique de tous les biens et droits de l'Etat.

La doctrine a souligné, à juste titre, que les stades mis à la disposition exclusive d'un club professionnel ne remplissent plus les critères d'affectation à la domanialité publique[878]. En l'état actuel du droit positif, trois solutions s'offrent à la personne publique et à son partenaire privé.

Soit, tout d'abord, le stade demeure dans le domaine public et la personne publique est la bénéficiaire des avantages attachés aux contrats administratifs. Ainsi, la personne publique dispose de son pouvoir de modification[879] et de résiliation unilatérale[880]. La personne privée se confronte à la précarité des contrats administratifs[881], mais s'avère somme toute relative en matière d'exploitation de stade. En effet, les contrats

---

[876] DE DAVID DE BEAUREGARD (O.), « La justification actuelle de la distinction entre le domaine public et le domaine privé », Thèse, sous la direction du Professeur Charles DEBBASCH, Université Paul Cézanne (Aix-Marseille), 1994, 438 p. ; HUET-GUYARD (J-M.), « La distinction du domaine public et du domaine privé », Thèse, sous la direction du Professeur Achille MESTRE, Université Panthéon-Assas (Paris II), 1939, 159 p.

[877] GUERARD (S.), « La domanialité codifiée : une distinction arrêtée ou une codification à mûrir ? », *in*, *Réflexions sur le Code général de la propriété des personnes publiques*, Actes de colloque, n°10, LexisNexis, août 2007, p.5 ; BOULET-SAUTEL (M.), « De Chopin à Proudhon : naissance de la notion moderne de domaine public », *Droits*, n°22, 1995, p.91 ; VERPEAUX (M.), « Proudhon et la théorie du domaine public », in, Congrès national des sociétés savantes, Série *Histoire moderne*, Tome 2, 1984, p.113.

[878] MAISONNEUVE (M.), « Des stades et des contrats administratifs », *in*, Mélanges en l'honneur du Professeur Laurent RICHER, *A propos des contrats des personnes publiques*, LGDJ, novembre 2013, p.697 ; MAISONNEUVE (M.), « Droit(s) des stades », *in*, sous dir. MAISONNEUVE (M.) et TOUZEIL-DIVINA (M.), *Droit(s) au football, Actes du colloque du Mans du 4 avril 2014*, Lextenso, mai 2014, p.116.

[879] CE, 10 janvier 1902, *Compagnie Nouvelle du gaz de Déville-lès-Rouen*, n°94624. Concl. Arrivière. Rec. Lebon p.5 ; CE, 11 mars 1910, *Compagnie générale des Tramways*, n°16178. Concl. Blum, *D.*, 1912.3.49. Rec. Lebon p.216. Notes sous arrêt, HAURIOU (M.), *S.*, 1911.3.1 ; JEZE (G.), *RDP*, 1910.270 ; CE, 2 février 1983, *Union des transports publics et urbains*, n°34027. Concl. Denoix de Saint-Marc. Rec. Lebon, p.33. Notes sous arrêt : AUBY (J-M.), *RDP*, 1984, p.212 ; LLORENS (F.), *RFDA*, n°1, janvier-février 1984, p.45.

[880] CE, Ass., 2 mai 1958, *Distillerie de Magnac-Laval*. Concl. Kahn, *AJDA*, 1958, p.282 ; CE, Ass., 2 février 1987, *Société TV6*, n°81131. Concl. Fornacciari. Rec. Lebon, p.29.

[881] CHAPUS (R.), *Droit administratif général,* Tome 2, Montchrestien, 15ème édition, septembre 2001, n°612.

conclus ont une durée d'au moins 30 ans et il est à supposer qu'au terme de la convention le partenaire privé soit renouvelé en raison notamment de la situation du club résident et de la possibilité à présent de la recevabilité du recours aux fins de reprise des relations contractuelles[882], même si en vertu de la théorie des contrats administratifs l'administration peut résilier le contrat[883] et en refuser le renouvellement dans l'intérêt du domaine[884]. L'insécurité juridique issue des contrats administratifs est tout aussi relative en la matière et la personne privée demeure certaine du paiement de la personne publique. Enfin, la personne privée, nous le savons, ne peut se voir consentir de droits réels et conclure de baux commerciaux[885], sauf en opérant une division en volume.

Soit, ensuite, le bien peut être transféré dans le domaine privé, toujours sous réserve des conditions de désaffectation et de déclassement. Le Code du 21 avril 2006 définit par défaut le domaine privé, puisque font partie du domaine privé les biens ne relevant pas du domaine public ou du domaine public légal. Le défaut de toute affectation emporte la domanialité privée[886]. Un stade pourrait entrer dans ce domaine, comme cela a pu être le cas pour un bien non affecté à un service public, comme un château national n'étant pas affecté à un service public culturel[887] ou les biens qui ne sont pas affectés à l'usage direct du public, tels que certains biens cultuels[888]. Pour autant, en vertu de son droit de propriété, la personne publique peut disposer librement de son patrimoine et n'est pas obligée de transférer un bien dans son domaine privé ou de l'aliéner. Le juge administratif[889] et le juge judiciaire[890]

---

[882] CE, Sect., 21 mars 2011, *Commune de Béziers II*, n°304806. Concl. Cortot-Boucher, *BJCL*, n°76, mai 2011, p.170. Chron. LALLET (A.), *AJDA*, n°12, 4 avril 2011, p.670 ; Notes sous arrêt : BRENET (F.) et MELLERAY (F.), *DA*, n°5, mai 2011, p.28 ; GLASER (E.), *RLCT*, n°68, mai 2011, p.29 ; BRACONNIER (S.), *RDI*, n°5, mai 2011, p.270 ; POUYAUD (D.), *RFDA*, n°3, mai-juin 2011, p.507.

[883] S'agissant d'un contrat d'occupation du domaine public, CE, Sect., 13 juillet 1968, *Société des établissements Serfati*. Concl. Bertrand, *AJDA*, n°11, 20 novembre 1968, p.582.

[884] RICHER (L.), *Droit des contrats administratifs*, LGDJ, 8ème édition, août 2012, n°1246 et s. ; CE, 20 juillet 1990, *Duquesnoy* ; CE, 12 décembre 1997, *Ville de Cannes*.

[885] V. n°155. V. également, CE, 18 mars 1943, *Moktar Ben Moussa* ; CE, 23 janvier 1976, *Kergo*.

[886] CE, Sect., 3 novembre 1997, *Commune de Fougerolles*, n°168473. Concl. Touvet, *CJEG*, n°539, janvier 1998, p.16. Notes sous arrêt, DAVIGNON (J-J.), *S.*, n°11, 19 mars 1998, p.131 ; CHOUVEL (F.), *JCPE*, n°7/8, 12 février 1998, p.270.

[887] CE, 13 février 1985, *Esteban*, n°48516. Concl. Cazin d'Honintchun. Rec. Lebon, p.43. V. aussi, TA Paris, 15 décembre 1998, *Société collège Sainte-Barbe*, n°9812570-6. Rec. Lebon, p.817.

[888] A propos d'un presbytère, TC, 14 mai 1990, *Commune de Bouyon c/ M. Battini*, n°02611. Concl. Charbonnier. Rec. Lebon, p.769. A propos d'église non ouverte au public, CE, Sect., 19 octobre 1990, *Association Saint Pie V et Saint Pie X de l'Orléanais*, n°903346. Concl. de la Verpillière.

[889] CAA Lyon, 3 février 2005, *Mme Welma Pachod*, n°03LY01290. Note sous arrêt : DREYFUS (J-D.), *AJDA*, n°27, 18 juillet 2005, p.1531 ; CAA Lyon, 17 novembre 2005,

situaient toutes les pistes de ski dans le domaine privé de la personne publique. Ce classement apparaît pour la doctrine comme étant de pure opportunité, permettant une exploitation commerciale pour les communes avec des baux commerciaux attribuées à des restaurants, hôtels ou magasins divers[891]. Ce pragmatisme aboutit quelquefois à des complications liées aux infrastructures. En effet, le juge administratif a reconnu simultanément la domanialité publique aux équipements de sécurité et de transports sur les pistes de ski[892]. La doctrine a souhaité sur cet aspect une intervention du législateur.

Le Conseil d'Etat est intervenu pour clarifier la situation en considérant qu'une piste de ski étant affectée à un service public et ayant fait l'objet d'aménagements indispensables pour permettre cette affectation, appartient au domaine public[893]. Cette solution s'applique au sous-sol s'il comporte lui-même des aménagements ou des ouvrages qui, concourant à l'utilisation de la piste, en font un accessoire indispensable de celle-ci. Un parallèle peut s'établir entre les pistes de ski et les stades.

202. Faire sortir du domaine public les stades induirait pour la personne publique à se priver de certaines ressources financières. En effet, le domaine public est une source de richesses et de revenus. Le Code général de la propriété des personnes publiques a donné une suite à l'étude adoptée le 24 octobre 2002 par l'Assemblée générale du Conseil d'Etat sur « *les redevances pour service rendu et redevances pour occupation du domaine public* », par son article L.2125-1, en établissant le principe que toute occupation ou utilisation du domaine public entraîne le versement d'une redevance tenant compte des avantages de toute nature procurés à l'occupant. Un stade et ses bâtiments connexes (musée, boutiques, hôtels, restaurant) concourent à une activité économique marchande d'autant qu'un

---

Commune de Saint-Bon-Tarentaise, n°03LY00492. Note sous arrêt YOLKA (P.), *JCPA*, n°46, 13 novembre 2006, p.1460.

[890] Cass. 3ème civ., 19 mars 2003, *Commune d'Orcières*, n°01-17679. Bull. civ., 2003, III, n°66, p.60. Note sous arrêt : CLAMOUR (G.) et TOSI (I.), *JCPG*, n°37, 10 septembre 2003, p.1583.

[891] YOLKA (P.), « Le statut des pistes : nouveaux développements », *JCPA*, n°46, 13 novembre 2006, p.1460 ; FOULQUIER (N.), *Droit administratif des biens*, Litec, 2ème édition, octobre 2013, n°243.

[892] CAA Lyon, 7 mars 2011, *Syndicat des copropriétaires de la Résidence Le Rond Point des Pistes 1 et Syndicat des copropriétaires de la Résidence Le Rond Point des Pistes 3*, n°09LY00750 ; CE, Avis, 19 avril 2005, n°371234.

[893] CE, Sect., 28 avril 2014, *Commune de Val-d'Isère*, n°349420. Concl. Lallet, *BJCP*, n°6, juin 2014, p.413. Notes sous arrêt : COLIN (F.), *Cahiers de droit du sport*, n°36, avril 2014, p.131 ; DEGOFFE (M.), *BJCP*, n°6, juin 2014, p. 425 ; BRETONNEAU (A.) et LESSI (J.), *AJDA*, n°22, 23 juin 2014, p.1258 ; CORNILLE (M.), *JCPA*, 28 juillet 2014, p.29 ; EVEILLARD (G.), *DA*, n°8, août 2014, p.28.

club *« est un Janus à deux finalités : l'intérêt général et l'activité économique »*[894].

L'exploitation du domaine public nécessite d'en tirer des ressources comme le soulignait le commissaire du gouvernement Chenot dans ses conclusions sous l'arrêt *Compagnie maritime de l'Afrique orientale*[895], indiquant que « *le domaine public est l'assiette d'un nombre croissant de services d'intérêt général et un bien dont l'administration doit assurer dans l'intérêt collectif, la meilleure exploitation* ». Si l'article L.2125-1 du CG3P adopte le principe de non-gratuité de l'occupation du domaine public, tout en supportant quelques exceptions[896], la jurisprudence affirmait déjà ce principe dans l'arrêt *Association pour la défense des artistes peintres sur la place du Tertre*[897]. La Cour administrative d'appel de Marseille a confirmé cette solution dans son arrêt *Commune de Nice* du 6 décembre 2004 relatif au « Nice urban free ride »[898]. En l'espèce, la ville de Nice mettait gracieusement à la disposition des organisateurs de cette manifestation la promenade des Anglais et une partie de la plage durant un week-end où seraient regroupés divers sports de glisse, procurant une valorisation et une redynamisation de l'image de la ville. La Cour administrative d'appel dans un arrêt confirmatif rappelle opportunément que seuls peuvent faire l'objet d'une occupation gratuite du domaine public, les manifestations à caractère caritatif, social ou humanitaire ou répondant à la satisfaction de l'intérêt communal. Ce dernier critère doit correspondre à un besoin direct de la population ou permettre à la ville de retirer un profit. La mise à disposition du domaine public est assimilée à une subvention en nature[899] et ne rentre

---

[894] BAYEUX (P.) et CLAVAGNIER (B.), « Les modes de gestion des équipements sportifs utilisés par les clubs professionnels », *AJDA*, n° 26, 11 juillet 2005, p.1441.

[895] CE, Sect., 5 mai 1944, *Compagnie maritime de l'Afrique orientale*, n°66679. Concl. Chenot, *RDP*, 1944, p.241. Rec. Lebon, p.129. V. aussi, CE, Sect., 20 décembre 1957, *Société nationale d'éditions cinématographiques*. Concl. Guldner. Rec. Lebon, p.702. LAVIALLE (C.), « L'acte de gestion domaniale », *in*, Mélanges en l'honneur du Professeur Franck MODERNE, *Mouvement du droit public : du droit administratif au droit constitutionnel, du droit français aux autres droits*, Dalloz, juin 2004, p.267.

[896] La gratuité doit être la condition naturelle et forcée de l'exécution de travaux ou de la présence d'un ouvrage intéressant un service public qui bénéficie gratuitement à tous ou si elle contribue directement à la conservation du domaine public lui-même.

[897] CE, 11 février 1998, *Association pour la défense des droits des artistes peintres sur la place du Tertre*, n°171792. Concl. Bachelier, *AJDA*, n°6, 20 juin 1998, p.523. V. également pour un aspect doctrinal, GAUDEMET (Y.), « La gratuité du domaine public », *in*, Mélanges en l'honneur du Professeur Paul-Marie GAUDEMET, *Etudes de finances publiques*, Economica, 1984, p.1023 ; TEITGEN-COLY (C.), « Le principe de gratuité de la circulation », *RDP*, n°4, juillet-août 1982, p.1081.

[898] CAA Marseille, 6 décembre 2004, *Commune de Nice*, n°00MA01740. Notes sous arrêt : DELIANCOURT (S.), *AJDA*, n°15, 18 avril 2005, p.832 ; ECKERT (G.), *Contrats et Marchés Publics*, n°6, juin 2005, p.35.

[899] V. n°315.

pas dans le cadre d'un intérêt communal. Le profit et les possibles retombées pour la ville étant inexistants, la Cour considère que la commune ne peut légalement autoriser à titre gratuit une occupation privative du domaine public et doit percevoir une redevance.

Cette deuxième solution présente un avantage certain pour le partenaire privé mais se révèle en revanche plus discutable pour la personne publique, dans la mesure où le bien ne bénéficiera plus de la protection inhérente à l'inaliénabilité et l'imprescriptibilité du domaine. La personne privée ne s'avère plus confrontée à la précarité du contrat administratif mais le demeure quant à celle de la durée du contrat.

Soit, dernièrement, animée par une volonté libérale la personne publique opère une cession du bien à la personne privée[900].

Section 3 – L'appropriation du stade par une personne privée

203. Un stade peut appartenir à une personne privée par le biais d'un financement privé à partir d'une construction *ex nihilo,* soit sur le patrimoine privé de la personne privée, soit sur une parcelle du domaine que la personne publique cédera ; ou par la cession du bien nécessitant un déclassement et une désaffectation préalables sous motif d'intérêt général, comme la préservation et le renflouement des finances publiques locales.

Un bien d'une personne publique appartenant à son domaine privé peut être aliéné et prescriptible[901], sous certaines réserves afin de protéger les deniers publics et l'intérêt général. Ainsi, le bien ne peut pas être cédé à vil prix[902] mais le législateur peut autoriser l'Etat à vendre un bien à un prix inférieur à sa valeur vénale si l'acquéreur poursuit un but d'intérêt général[903]. La cession d'un équipement sportif ou du terrain relève du droit commun[904]. Le contrat de vente étant de nature privée, la compétence juridictionnelle relève du juge judiciaire mais si le contrat de cession répondait à la définition du contrat administratif, le juge administratif serait compétent[905].

---

[900] V. *infra,* Section 3, n°203.

[901] Cass. 3ème civ., 12 janvier 1982, *Etat français c/ Epoux K.* Note sous arrêt : AUDOUARD (C.), *D.*, 1982, p.577.

[902] Décision n°2010-67/86, QPC du 17 décembre 2010, *Région Centre et région Poitou-Charentes*. Note sous décision : YOLKA (P.), *JCPA*, n°1, 3 janvier 2011, p.24.

[903] Article L.3211-7 du Code de la propriété des personnes publiques. V. pour illustration, article 95 de la loi n°2005-32 du 18 janvier 2005 de programmation pour la cohésion sociale, *JORF*, n°15, 19 janvier 2005, p.864.

[904] PERIGNON (S.), « La cession d'un équipement sportif », *Defrénois*, 1992, p.435.

[905] CE, 26 janvier 1968, *Pécastaings*, n°67672. Concl. Rigaud. Rec. Lebon, p.67 ; TC, 6 juin 2011, *Société Participations Premières*, n°C3806. Concl. Collin.

Avant de le céder, la personne publique doit vérifier qu'elle n'a plus besoin du bien[906]. L'inutilité d'un stade semble peu probable, en particulier lorsqu'il est construit *ex nihilo*, en raison de l'implication notable de la personne publique comme l'illustre la préparation à l'Euro 2016. De plus, la redevance générée par un stade ne permet pas d'affirmer son inutilité dans le domaine public ou privé de la personne publique. La cession ou la construction privée apparaissent avantageuses uniquement pour le club qui se rémunérera directement sur les recettes d'exploitation et développera les activités annexes autour du stade. Dans ce cas de figure, la personne publique ne touchera que le produit de la vente et devra toujours s'atteler aux raccordements d'énergie.
Cette dernière solution libérale apparaît donc compliquée[907] puisque cela implique un effort financier majeur du partenaire privé et une volonté d'acquisition du bien par ce dernier, ainsi qu'une reconnaissance de la personne publique de l'inutilité du bien.

Il découle de la domanialité du stade, qu'en l'état du droit positif une définition plurielle, voire à géométrie variable, s'instaure et peut entraîner une insécurité juridique. La division en volume permet d'obtenir un compromis entre les règles du domaine public et de propriété privée, tout en gardant le stade dans le domaine public malgré la désaffectation et en l'absence de volonté de la personne publique de déclassement. Le cas échéant, le stade peut être transféré dans le domaine privé ou dans une logique libérale être cédée à la personne privée afin d'incorporer son patrimoine.

In fine, l'appartenance du stade à un domaine s'apprécie *in concreto* selon les besoins des partenaires publics et privés.

---

[906] CE, 3 décembre 2012, *Epoux Lobe c/ Commune de Brain-sur-Allones*, n°344407. Concl. Brohnert, *BJCL*, n°1, janvier 2013, p.58. Notes sous arrêt : POUJADE (B.), *BJCL*, n°1, janvier 2013, p.60 ; FUCHS-CESSOT (A.), *AJDA*, n°14, 22 avril 2013, p.804.
[907] Rapport d'information du Sénat n°86 du 17 octobre 2013, fait par MM. Jean-Luc TODESCHINI et Dominique BAILLY, « Grands stades et arénas : pour un financement les yeux ouverts », p.26 et s.

CHAPITRE 2 – L'URBANISME DU STADE

204. Le droit de l'urbanisme prend une importance ne serait-ce que quantitative au sein du contentieux administratif[908]. Les politiques d'aménagement du territoire sont en profonde mutation. Cette mutation concerne à la fois la conception de l'aménagement du territoire et la façon dont les politiques doivent agir pour gagner en cohérence et en efficacité. Le sport apparaît comme le « grand oublié » des lois de décentralisation de 1982 alors qu'il est un élément structurant et fortement subventionné. Les premières lois de décentralisation ne l'évoquaient pas, tout comme les secteurs de loisirs et de la culture. Les lois suivantes conforteront cette situation. La clause générale de compétence a permis d'impulser des politiques sportives avec une affirmation et une structuration inégales. Cette impulsion n'a malheureusement été que trop rarement précédée d'une réflexion en amont et d'une coordination entre les différents niveaux territoriaux. Cela s'explique notamment par le principe de libre administration des collectivités territoriales favorisant l'émergence de politiques cloisonnées voire parfois concurrentes.

Les équipements sont régis par les règles et les principes généraux applicables aux ouvrages publics[909]. L'engagement des collectivités territoriales dans le sport n'est plus à démontrer où le « sur mesure » est devenu la règle. La notion de territoire interpelle les politiques de l'ensemble des acteurs. L'impact économique ou l'impulsion économique donnée à un territoire par une activité ou un équipement, se calcule par différents échelons spatio-temporels. L'approche économique, d'inspiration keynésienne, soulève la problématique du calcul de la propension à dépenser localement plutôt qu'à importer[910].

Le stade moderne tend à s'insérer dans un projet urbain global comprenant d'autres éléments structurants du tissu urbain. La notion de globalité, qui s'initie dans le contrat lui-même, intervient ici comme catalyseur sociétal. Le but recherché n'est pas simplement la création, l'implantation ou la rénovation d'un équipement sportif complexe mais bien un lieu de vie, et de profit, offrant à la population – principalement du quartier – un meilleur aménagement d'infrastructures de services et urbanistiques. La plupart du temps, l'équipement s'agrémente de dispositifs environnementaux.

---

[908] LABETOULLE (D.), « Droit du contentieux de l'urbanisme et droit du contentieux administratif », *in*, Mélanges en l'honneur du Professeur Jean WALINE, *Gouverner, administrer, juger*, Dalloz, mars 2002, p.629.

[909] MORAND-DEVILLER (J.), *Droit administratif des biens*, Montchrestien, 6ème édition, octobre 2010, p.623.

[910] BARGET (E.), « L'impact économique des grands stades : argument politique ou réalité ? », *in*, sous dir. CHAIX (P.), *Les grands stades*, L'Harmattan, mars 2011, p. 218.

Construire et agrandir des stades grâce à un financement provenant majoritairement des finances publiques peut apparaître comme une gabegie. Au regard du taux de remplissage en perte d'influence[911], la capacité des stades semble suffisante. Ce taux s'explique entre autre par le spectacle proposé, les conditions d'accueil décevantes ainsi qu'au contexte économique morose. Cette morosité inciterait d'ailleurs à plus de prudence, d'autant que le prix des places en augmentation n'encouragera pas forcément les supporteurs à garnir les tribunes. Dès lors, les stades ne sont plus aussi petits qu'il n'y parait et leur agrandissement superflu.

La valeur patrimoniale du stade devient de plus en plus forte[912] et se ressent essentiellement dans le lien qui unit les supporteurs à leur stade puisque « *leurs murs renferment une mémoire collective, un patrimoine immatériel qui nourrit la mémoire individuelle pour constituer une identité commune* »[913]. Cette identité s'est façonnée au cours des matchs, saison après saison, au gré des résultats et de l'histoire du club. Elle exprime également les souffrances vécues telles que les défaites, les relégations ou plus tragiquement les drames humains (Heysel, Furiani). L'identité commune, prégnante et résident dans les stades, plaide davantage pour une réhabilitation avec le maintien d'une valeur d'usage significative plutôt qu'une construction. En effet, la rénovation permet d'éviter dans la plupart des cas une modification trop importante des règles d'urbanisme et d'éviter un lourd contentieux. Mais ces stades construits au cœur de la Cité après la Seconde Guerre Mondiale ne correspondent plus aux exigences d'accueil contemporaines, et une construction *ex nihilo* n'est pas écartée. En Angleterre ou en Allemagne, par exemple, la plupart des stades se situent à la périphérie des villes. Le club d'Arsenal a vendu puis détruit son ancien antre, *Highbury*, pour financer son nouveau complexe, l'*Emirates Stadium*.

L'édification d'un stade nécessite un terrain mais pas seulement. Des autorisations d'urbanisme doivent compléter la nécessité de ce support physique. Des règles d'urbanisme nationales (**Section 1**) et locales (**Section 2**) sont ainsi édictées.

---

[911] Depuis la Coupe du Monde 1998, le taux de remplissage des stades français oscille entre 65% et 75%.

[912] CE, 11 septembre 2006, *M. Berdje Agopyan c/ Ville de Nantes*, n°265174. V. aussi, DREYFUS (J-D.), « Le droit au respect d'une œuvre architecturale », *CP-ACCP*, n°128, janvier 2013, p.31.

[913] ROUX (J-M.), « Projets de grand stade et aménagement du territoire », *Etudes Foncières*, n°148, novembre-décembre 2010, p.10.

Section 1 – Les règles nationales d'urbanisme

Les règles nationales d'urbanisme facilitent l'implantation d'un stade au sein d'une commune (**§1**). Une fois implanté, le stade est soumis à des règles nationales d'homologation afin d'accueillir le public et la manifestation sportive ou culturelle (**§2**).

§ 1 – Des règles nationales favorables à l'implantation du stade

205. Un stade est par nature un aménagement dont la réalisation est encadrée par un ensemble de dispositions qui appellent une série de procédures destinées à autoriser son édification et son fonctionnement[914].

Le droit de l'urbanisme n'intègre pas la notion d'ouvrage public dans sa nomenclature[915]. Les équipements sportifs possèdent une réglementation différente selon leur nomenclature répondant au terme « *d'équipement sportif* » ou de « *terrain de sport et de loisir* »[916]. La destination sportive de l'immeuble n'emporte que très rarement des dérogations au droit de l'urbanisme. Lors de la Coupe du Monde 1998, la loi régissant la création du Stade de France a permis de déroger au droit commun de l'urbanisme, en autorisant la construction de ce stade, « *nonobstant toutes dispositions contraires du schéma directeur d'aménagement et d'urbanisme de la Région Ile-de-France et des autres documents d'urbanisme relatifs à ces sites* »[917]. Antérieurement, la loi Montagne prévoyait en son article 46 des dispositions similaires pour les équipements destinés à la pratique du ski.

Le droit de l'urbanisme permet l'organisation et la gestion de l'espace. Les règles d'aménagement et d'urbanisme tiennent compte des autorités publiques qui les régissent et des caractéristiques de lieux. La règle *ratione loci* prend ici tout son sens. La personne publique favorable à la construction ou la rénovation d'un stade ne peut appliquer le zonage prévu par le Code de l'urbanisme, inexistant pour ce type d'équipement.

Le zonage est l'un des aspects essentiels d'un document de planification urbaine, qui sont des « *documents élaborés à l'initiative d'une collectivité*

---

[914] BILLET (P.), « Les lieux du stade : l'implantation du stade entre droit de l'urbanisme et droit de l'environnement », *in,* sous dir. SIMON (G.), *Le stade et le droit*, Dalloz, février 2008, p.13.

[915] CE, 18 février 1994, *Comité d'intérêt local de Costebelle*, n°102444. Concl. Daël. Rec. Lebon, p.1207.

[916] *Ibid.*

[917] Article 1er de la loi n°93-1435 du 31 décembre 1993 relative à la réalisation d'un grand stade à Saint-Denis en vue de la Coupe du monde 1998, *JORF*, n°2, 4 janvier 1994, p.122.

publique et ayant pour objet de déterminer les prévisions et règles touchant à l'affectation et à l'occupation des sols, opposables aux personnes publiques ou privées »[918]. Ainsi, les règles formulées par ces documents se modulent selon l'affectation voulue. Le zonage consiste à délimiter des zones de destinations différentes dotées de règles différentes[919]. Toutefois, des modulations demeurent possibles à l'intérieur d'une zone donnée[920].

La loi SRU du 13 décembre 2000 a modifié la classification des différentes zones désormais régies à l'article R.123-4 et suivants du Code de l'urbanisme[921]. Le schéma de zonage des plans locaux d'urbanisme comporte quatre zones : les zones urbaines immédiatement constructibles (zones U), les zones à urbaniser (zones AU), les zones agricoles (zones A) et les zones naturelles et forestières (zones N). Ces zones n'instituent donc pas par principe de zones propres aux stades.

Le projet de construction d'un stade s'intègre dans des dérogations prévues par le législateur pour des projets éloignés du sport. L'ouverture du stade François Coty d'Ajaccio a ainsi été maintenue quand bien même il se situait à l'intérieur du périmètre de sécurité imposé par la loi Sevezo[922]. Par ailleurs, la rénovation du stade Grimonprez-Jooris de Lille avait reçu un avis favorable du ministre de la Culture. Cependant le juge administratif infirma cette position[923]. Ces dérogations au droit commun se justifient par la désormais prééminence des stades et du sport.

L'édiction de règles nationales d'urbanisme s'élabore dans un ordre convenu. Les opérations d'intérêt national (**A**) et les projets d'intérêt général (**B**) ont des objectifs identiques. Ils permettent de favoriser l'intérêt national ou régional sur celui des collectivités locales, et sont « *en quelque sorte la version publiciste de la lutte entre l'intérêt général et l'intérêt particulier* »[924]. En marge de l'organisation du Championnat d'Europe de football 2016, les stades retenus figurent sur une liste d'intérêt général (**C**). Par ailleurs, les équipements connexes ou les infrastructures desservant les

---

[918] CE, Avis, 17 janvier 1997, *Association de défense du site de l'environnement de Galluis*, n°183072. Concl. Bonichot, *LPA*, n°28, 5 mars 1997, p.17 ; CE, 7 juillet 1997, *Association sauvegarde de l'étang des mouettes et de l'environnement*, n°170406. Concl. Bonichot. Note sous arrêt : LE CORNEC (E.), *DA*, n°10, octobre 1997, p.4.
[919] CE, 3 novembre 1982, *Mlle Bonnaire et autres*, n°30396. Concl. Bacquet. Rec. Lebon, p.363. V. aussi, CE, 1er avril 1998, *SCI Les Hauts de Monthoux*, n°164378. Concl. Savoie.
[920] CE, 15 octobre 1986, *Mme Deveze*, n°58449. Concl. Daël.
[921] TRAORE (S.), « Le zonage principal des PLU dans la loi SRU », *BJDU*, n°6, décembre 2001, p.395.
[922] Loi n°99-586 du 12 juillet 1999 relative au renforcement et à la simplification de la coopération intercommunale, *JORF*, n°160, 13 juillet 1999, p.10361.
[923] V. n°226.
[924] KALFLECHE (G.), *Droit de l'urbanisme*, PUF, juillet 2012, p.118.

stades peuvent faire l'objet d'une déclaration d'utilité publique par l'autorité administrative compétente (**D**).

A – L'implantation de stades sur des sites d'opération d'intérêt national

206. Les articles L.121-2 et R.121-4-1 du Code de l'urbanisme disposent que les opérations d'intérêt national imposent aux plans locaux d'urbanisme des choix relevant d'un intérêt général plus important[925]. Ces opérations s'inscrivent dans le cadre de la politique nationale d'aménagement du territoire et sont qualifiées par décret du Conseil d'Etat sans procédure particulière[926]. L'Etat délivre les autorisations d'urbanisme dans ce type d'opération[927].

Si aucun stade ne figure sur cette liste, le nouveau stade de Nice l'Allianz Riviera s'est implanté dans le secteur de Saint-Isidore Sud, situé dans la plaine du Var, territoire qualifié d'opération d'intérêt national. Cette construction sur ce territoire présente des avantages. En effet, par son caractère national, l'opération s'impose au plan local d'urbanisme[928] et permet de passer outre la règle de la constructibilité limitée aux espaces urbanisés de la commune[929]. L'Etat reprend son transfert de compétence dans le périmètre de l'opération et dispose de toutes les autorisations d'occupation des sols[930], pouvant ainsi surseoir à l'accord d'un permis portant sur des travaux susceptibles de compromettre une opération d'aménagement dans le périmètre de l'opération d'intérêt national[931].

---

[925] SOLER-COUTEAUX (P.) et CARPENTIER (E.), *Droit de l'urbanisme*, Dalloz, 5ème édition, janvier 2013, n°97.

[926] Article L.129-9-1 du Code de l'urbanisme. A titre d'illustrations, font l'objet de ce type d'opération, le quartier d'affaires de La Défense, les périmètres respectifs des ports autonomes du Havre, de Bordeaux et de Dunkerque, ou bien encore l'aménagement et le développement des aérodromes de Paris-Charles-de-Gaulle, de Paris-Orly et de Paris-Bourget.

[927] BONICHOT (J-C.), « Qui délivre les permis de construire nécessaires à l'aménagement et au développement d'Aéroport de Paris ? », *BJDU*, n°4, juillet 2008, p.239 ; MARCOU (G.), « La loi sur le Grand Paris : le retour de l'Etat aménageur ? », *AJDA*, n°33, 11 octobre 2010, p.1868.

[928] Article L.121-2 du Code de l'urbanisme.

[929] Article L.111-1-2 du Code de l'urbanisme.

[930] Article L.311-1 du Code de l'urbanisme.

[931] KALFLECHE (G.), *Droit de l'urbanisme*, PUF, juillet 2012, p.124. V. par ailleurs à propos du stade de Nice et du contrôle juridictionnel de la maîtrise foncière d'un projet d'équipement, CE, 17 juillet 2013, *Association pour la protection du cadre de vie et de l'environnement dans les Alpes-Maritimes*, n°360483. Concl. Bohnert. Note sous arrêt : COLIN (F.), *Les Cahiers de droit du sport*, n°33, juillet 2013, p.140.

Il est à noter que l'opération d'intérêt national sur ce territoire avait été qualifiée par le Conseil d'Etat le 7 mars 2008[932] et que le projet du stade de Nice avait été relancé le 20 octobre 2008 par une délibération du Conseil municipal après l'échec d'un précédent projet sur ce même territoire. La Cour administrative d'appel de Marseille considérait que le contrat de délégation de service public conclu entre la mairie et le consortium devant construire et exploiter le stade n'était pas conforme à l'article L.14111-2 alinéa 5 du Code général des collectivités territoriales au motif qu'il n'indiquait pas le tarif à la charge des spectateurs[933]. Par l'implantation du Grand stade de Nice sur ce territoire, l'Etat marque son retour dans la gestion urbanistique et assoit sa volonté d'organiser l'Euro 2016 par l'édification de stade grâce à un urbanisme dérogatoire[934].

B – Le projet d'intérêt général, une règle inusitée

207. La loi de décentralisation du 7 janvier 1983 a créé la procédure de projet d'intérêt général (PIG). L'objet de cette procédure était d'empêcher les communes ou leurs groupements, lorsqu'ils établissent leur document d'urbanisme, de bloquer la réalisation du projet d'intérêt général de l'Etat ou d'autres collectivités publiques[935]. Cette procédure les contraint à prévoir les mesures nécessaires à la mise en œuvre du projet lors de l'élaboration du document. Si l'article R.121-3 du Code de l'urbanisme définit assez largement un projet d'intérêt général, il reste soumis à certaines conditions relatives notamment à la consistance, la nature, la destination et le caractère du projet que le juge appréciera[936]. De plus, la qualification est conditionnée par l'existence d'un caractère d'utilité publique, où le raisonnement diffère de celui adopté en matière de déclaration d'utilité publique puisque la finalité d'intérêt général et le bilan avantages-inconvénients font l'objet de deux étapes distinctes[937]. Par ailleurs, le projet doit respecter les conditions

---

[932] Décret n°2008-229 du 7 mars 2008 inscrivant les opérations d'aménagement de la Plaine du Var parmi les opérations d'intérêt national mentionnées à l'article R.121-4-1 du Code de l'urbanisme.

[933] CAA Marseille, 6 octobre 2006, *Ville de Nice, sociétés GSN-DSP et Cari*, n°06MA02372. V. également TA Nice 22 décembre 2006, *Préfet des Alpes-Maritimes et M. Knecht c/ Commune de Nice*, n°0603528.

[934] TREMEAU (J.), « La victoire de l'urbanisme dérogatoire à La Défense », *AJDA*, n°42, 10 décembre 2007, p.2307.

[935] JACQUOT (H.) et PRIET (F.), *Droit de l'urbanisme*, Dalloz, 6ème édition, avril 2008, n°115.

[936] Ainsi, le juge administratif a considéré qu'un projet routier ne pouvait être qualifié de projet d'intérêt général que si les choix relatifs à son tracé avaient été décidés. TA Lyon, 1er décembre 1999, *M. et Mme Conac*, n°99493. Concl. Josserand-Jaillet, *BJDU*, n°2, avril 2000, p.83.

[937] CE, 19 octobre 2012, *Commune de Levallois-Perret*, n°343070. Concl.von Coester, *RJEP*, n°707, avril 2013, p.33.

de forme indiquées à l'article R.121-3 du Code de l'urbanisme émaner d'une personne publique et faire l'objet soit d'une délibération ou d'une décision d'une personne ayant la capacité d'exproprier, soit d'une inscription dans l'un des documents de planification prévus par les lois et règlements, approuvé par l'autorité compétente et ayant fait l'objet d'une publication[938].

Si les conditions sont remplies, la qualification de projet d'intérêt général résultera d'un arrêté préfectoral en vue de sa prise en compte dans un document d'urbanisme. Cet arrêté est susceptible d'un recours pour excès de pouvoir, le juge administratif opèrera un contrôle du bilan avantages-inconvénients au sens de l'article L.121-9[939]. En revanche, le juge exercera un contrôle restreint lorsque le préfet ne retient pas la qualification de projet d'intérêt général[940] ou que le juge se prononce sur des décisions de principe[941].

Depuis l'entrée en vigueur de la déclaration d'intérêt général des stades, cette règle d'urbanisme s'avère d'autant plus conjoncturellement, voire structurellement, inusitée.

C – La déclaration d'intérêt général des stades, une règle dérogatoire

208. L'idée d'une nécessaire modernisation des stades français, condition *sine qua non* à l'obtention de l'Euro 2016, est apparue dès 2008 par la production de plusieurs rapports[942] dénonçant la vétusté des stades pourtant mis aux normes pour la Coupe du monde 1998. Le législateur avait anticipé

---

[938] CE, 4 février 1991, *Département du Val-de-Marne*, n°81587. Concl. Pochard.

[939] CE, Ass., 28 mai, 1971, *Ville Nouvelle Est*, n°78825. Concl. Braibant. Rec. Lebon, p.409. Note sous arrêt : WALINE (M.), *RDP*, 1972, p.454 ; CE, Ass., 20 octobre 1972, *Société civile Saint-Marie de l'Assomption*, n°78829. Concl. Morisot. Rec. Lebon, p.657 ; CE, Sect., 30 octobre 1992, *Association de sauvegarde du site Alma-Champ-de-Mars*, n°140220. Concl. Lamy. Rec. Lebon, p.384. Note sous arrêt : MORAND-DEVILLER (J.), *JCPN*, n°10, 12 mars 1993, p.85 ; CE, 21 juin 1999, *Commune de La Courneuve*, n°179612. Concl. Savoie. Rec. Lebon, p.208. Note sous arrêt : CHAUVIN (N.), *RGCT*, n°7, septembre 1999, p.437.

[940] CE, 7 février 2007, *Société Sagace*, n°287252. Concl. Aguila. Notes sous arrêt : HERCE (S.), *BJDU*, n°3, mai 2007, p.166 ; SOLER-COUTEAUX (P.), *RDI*, n°4, juillet 2007, p.358.

[941] CE, 30 octobre 1996, *Société Henri Hermann*, n°130031. Concl. Abraham. Rec. Lebon, p. 417 ; CE, 11 octobre 1999, *M. Avrillier*, n°165510. Concl. Savoie. Note sous arrêt : ROMI (R.), *Droit de l'environnement*, n°74, décembre 1999, p.6.

[942] Rapport gouvernemental d'Eric Besson, « Accroître la compétitivité des clubs professionnels de football français » du 6 novembre 2008, 164 p. ; Rapport de la commission grands stades, « Grands stades – Euro 2016 » du 24 novembre 2008, présidée par Philippe Séguin 141 p. Rapport Commission Philippe Augier, « Pour une politique gagnante des grands événements » du 14 juillet 2009, 79 p. ; Rapport public thématique de la Cour des comptes « Les collectivités territoriales et les clubs sportifs professionnels » du 9 décembre 2009, 113 p. ; Rapport de la Commission Grandes Salles « Grandes Salles - Arenas 2015 » du 10 mars 2010, 102 p.

l'obtention de ce championnat d'Europe de football par la déclaration d'intérêt général des stades en vertu de la loi du 22 juillet 2009 relative au développement et à la modernisation des services touristiques[943]. La déclaration d'intérêt général interviendra après avis de l'ensemble des conseillers municipaux des communes riveraines aux infrastructures directement concernées par leur construction et quel qu'en soit le propriétaire. Selon les travaux parlementaires, cette déclaration a pour objet d'une part de renforcer la sécurité juridique en cas de recours à l'expropriation afin d'inciter le juge à admettre l'existence d'un intérêt général en raison de l'intervention du législateur et du ministre contre d'éventuels recours relatifs à la déclaration d'utilité publique pour des projets de stades même privés. D'autre part, la déclaration d'intérêt général devrait permettre de sécuriser les transferts financiers des collectivités publiques. L'article 28 de la dite loi énonce que les collectivités territoriales pourront elles-mêmes « *réaliser ou concourir à la réalisation des ouvrages et équipements nécessaires au fonctionnement et à la desserte des installations* ». Cette loi tend donc à faciliter et simplifier les projets en cours, notamment les projets privés.

Il s'agit presque de l'aboutissement d'un *lobbying* du projet lyonnais qui rencontrait de nombreuses difficultés en particulier à la suite des blocages associatifs, mené par Etienne Tête. Les projets de stades privés se fondent notamment sur le modèle anglo-saxon[944]. Les projets sont généralement portés par des capitaines d'industries qui souhaitent s'émanciper des collectivités publiques après avoir bénéficié de leurs largesses. Ils vantent le modèle actuel pour s'affranchir « *des obligations du locataire et devenir maître de son exploitation commerciale* »[945], mais sans en accepter toutes les règles.

209. L'exemple de la construction du Grand stade de Lyon, dénommé stade des Lumières, est une illustration topique. Seul stade sous maîtrise d'ouvrage privée, il est également le seul stade où la déclaration d'intérêt général s'avère contesté, la société Foncière du Montout maître d'ouvrage et filiale du club lyonnais ayant demandé l'inscription de ce stade dans l'arrêté de déclaration d'intérêt général.

---

[943] Loi n°2009-888 du 22 juillet 2009 relative au développement et à la modernisation des services touristiques, *JORF* n°1069, 24 juillet 2009, p.12352.

[944] BAADE (R.), « L'évaluation des subventions aux sports professionnels aux Etats-Unis et en Europe : un guide pour le secteur public », *RJES*, n°74, mars 2005, p.7 ; POTTIER (P.), « Les stades privés : exemples étrangers », *in*, sous dir. SIMON (G.), *Le stade et le droit*, Dalloz, février 2008, p.81.

[945] ROUX (J-M.), « Projets de grand stade et aménagement du territoire », *Etudes Foncières*, n°148, novembre-décembre 2010, p. 9.

En l'espèce, un arrêté ministériel du 23 mai 2011 de la Ministre chargée de la santé et des sports inscrit le projet du Grand stade de Lyon à la liste des enceintes sportives déclarées d'intérêt général en application de l'article 28 de la loi du 22 juillet 2009. A cette occasion, le juge administratif fut saisi d'un contentieux nouveau, contestant la légalité de cet arrêté et l'inscription sur cette liste. Le Tribunal administratif de Lyon a conclu à l'irrecevabilité du recours et à la légalité de l'arrêté. En appel, la Cour administrative d'appel de Lyon a confirmé ce jugement. La Cour a tout d'abord rejeté deux requêtes où les personnes physiques ne justifiaient pas d'un intérêt à agir en raison de leur qualité de contribuable local[946], la déclaration d'intérêt général n'autorisant ni induisant par elle-même aucune dépense incombant au budget des collectivités locales potentiellement concernées par la réalisation du stade et des bâtiments connexes, et en raison de leur qualité de riverain du projet[947], les requérants étant éloignés respectivement de 3 et 15 kilomètres de l'installation. La Cour a ensuite rejeté sur le fond la requête pour excès de pouvoir dirigée contre l'arrêté[948]. Si la juridiction administrative d'appel indique si aucun acte règlementaire d'application n'a été prévu et n'est intervenu pour appliquer l'article 28 de la loi du 22 juillet 2009, cette absence ne fait pas obstacle à ce que la loi soit applicable, puisqu'elle entre en vigueur du seul fait de sa publication, sous réserve qu'il ne soit pas manifestement impossible de l'appliquer en l'absence de mesures réglementaires[949] ce qui n'était pas le cas en l'espèce. En effet, l'instruction ministérielle n'était pas dépourvue de valeur réglementaire. A cet égard, l'inscription sur la liste des enceintes sportives d'intérêt général n'a ni à être précédée d'une étude d'impact ou d'une évaluation environnementale, ni à être soumise à une enquête publique. D'ailleurs, un raisonnement similaire pourrait s'appliquer aux bâtiments connexes des stades.

En l'espèce, la Cour précise que l'inscription sur la liste doit être sollicitée par le maître d'ouvrage et que l'Etat ne peut plus se saisir spontanément des

---

946 CAA Lyon, 11 juin 2013, *M. A.*, n°12LY02460. A rapprocher de CE, 22 octobre 1986, *Union départementale des consommateurs des Bouches-du-Rhône*, n°50893. Concl. Stirn. Rec. Lebon, p.652 ; CE, 25 avril 1994, *Mme Aguila*, n°89602. Concl. Kessler. Rec. Lebon, p.1099.

947 CAA Lyon, 11 juin 2013, *M. C.*, n°12LY02462. A rapprocher de CE, 18 novembre 2011, *SNC Eiffage aménagement*, n°342147. Concl. Boulouis. Notes sous arrêt : ECKERT (G.), *Contrats et Marchés Publics*, n°1, janvier 2012, p.43 ; SANTONI (L.), *Construction-Urbanisme*, n°1, janvier 2012, p.21 ; GLASER (E.), *RLCT*, n°76, février 2012, p.33 ; VIEL (M-T.), *LPA*, n°27, 7 février 2012, p.8 ; DEVES (C.), *JCPA*, n°6, 13 février 2012, p.52.

948 CAA Lyon, 11 juin 2013, *M. B.*, n°12LY02461. Note sous arrêt : SAMSON-DYE (A.), *AJDA*, n°26, 22 juillet 2013, p.1515. A rapprocher de CE, Sect., 6 mai 1996, *Association Aquitaine Alternatives*, n°121915. Concl. Piveteau, *RFDA*, n°4, juillet-août 1997, p.711. Note sous arrêt : FRITZ-LEGENDRE (M.), *RFDA*, n°1, janvier-février 2000, p.154.

949 CE, Sect., 4 juin 2007, *Lagier, Consorts Guignon*, n°303422. Concl. Derepas. Rec. Lebon, p.228.

projets. De plus, elle précise que la demande doit comporter les caractéristiques essentielles du stade et des bâtiments connexes ainsi que l'importance procurée à l'aspect sportif. Cependant, les éléments du coût prévisionnel des travaux et du montage financier n'ont pas être mentionné conformément à la destination de la déclaration d'intérêt général.

Avec ce type de procédure, l'apparente sécurité juridique induite de la règle d'urbanisme locale peut se voir contrarier par la hiérarchie des règles nationales.

D – La déclaration d'utilité publique, une appréciation déterminée par le juge

210. Selon certaines situations, la construction d'un stade, de ses bâtiments connexes ou des équipements d'infrastructures nécessite une expropriation pour cause d'utilité publique. Elle consiste en une « *opération administrative par laquelle l'administration oblige un particulier à lui céder la propriété d'un immeuble dans un but d'utilité publique et moyennant une indemnité juste et préalable* »[950]. Cette expropriation s'apparente à une prérogative de puissance publique particulièrement exorbitante. La déclaration d'utilité publique est une condition de l'expropriation[951], à défaut il ne peut y avoir de déclaration[952]. Par ailleurs, si la personne publique peut faire l'économie de l'expropriation sur des terrains dont elle est propriétaire, le juge administratif peut annuler la déclaration d'utilité publique[953]. De plus, la réalisation des travaux doivent être conformes aux prévisions de l'acte déclarant l'utilité publique de l'opération[954].

La déclaration d'utilité publique est un acte individuel[955] sauf concernant le délai de recours contentieux où il s'agit d'un acte réglementaire[956]. Cette

---

[950] GAUDEMET (Y.), *Droit administratif des biens*, LGDJ, Tome 2, 15ème édition, février 2014, n°791.

[951] VIROLE (J.), « Le champ d'application de la déclaration d'utilité publique », *AJDA*, 1960, p.175.

[952] CE, Sect., 3 décembre 1993, *Commune de Villeneuve-sur-Lot*, n°135782. Concl. Arrighi de Casanova.

[953] CE, 24 juillet 1987, *Margain*, n°47480. Concl. Stirn ; CE, 3 avril 1987, *Métayer*, n°64995. Concl. Vigouroux.

[954] CE, 2 juillet 2001, *Commune de La Courneuve*, n°211231. Concl. de Silva, *CJEG*, n°581, novembre 2001, p.439. Notes sous arrêt : FONTBONNE (G.), *Droit de l'environnement*, n°93, novembre 2001, p.247 ; HOSTIOU (R.), *RFDA*, n°6, décembre 2001, p.1236.

[955] CE, Ass., 14 février 1975, *Epoux Merlin*, n°93132. Concl. Morisot. Rec. Lebon, p.110. Note sous arrêt : WALINE, *RDP*, 1975, p.1705.

[956] CE, 20 mars 1968, *Dame Veuve Guillaume*, n°70371. Concl. Fournier. Rec. Lebon, p.817 ; CE, 20 décembre 1963, *Mlle du Halgouet*, n°59005. Concl. Nicolay. Obs. LAPORTE (P.), *AJDA*, n°6, 20 juin1964, p.383.

déclaration est reconnue comme un acte non créateur de droits[957] en raison de sa nature d'acte préparatoire[958]. Toutefois, ce caractère préparatoire n'empêche pas qu'elle puisse être contestée par la voie du recours pour excès de pouvoir.

211. Préalablement à la déclaration d'utilité publique, une enquête préalable constituera le point de départ de toute procédure. Cette enquête est destinée à recueillir l'ensemble des avis des personnes publiques et privées intéressées sur l'utilité de l'opération. Une étude d'impact ainsi que des considérations environnementales sont prises en compte[959]. Pour un stade, l'objet portera sur la détermination des atteintes paysagères[960] ou de nuisances sonores[961], lumineuses[962], de circulation[963] ou quant à la dangerosité des pratiques[964]. L'objet concernera aussi des éléments communs à tout ouvrage comme l'écoulement des eaux[965] ou la salubrité du site[966]. Surtout, la déstructuration du tissu industriel et la mutation des activités de production ont laissé une vaste mosaïque de sites où la qualité environnementale a été atteinte[967]. Ainsi, l'illustration la plus marquante demeure sans conteste la réhabilitation du site accueillant désormais le Stade de France de Saint-Denis où une ancienne usine produisait à partir de houille

---

[957] CE, Ass., 10 mai 1968, *Commune de Brovès*, n°71583. Concl. Dutheillet de Lamothe. Rec. Lebon, p.297. Note sous arrêt : WALINE (M.), *RDP*, 1968, p.1079.

[958] Concl. Laurent, *AJDA*, 1955, II, p.288 sur CE, 17 juin 1955, *Ministre industrie*.

[959] Article 2 de la loi n°76-629 du 10 juillet 1976 relative à la protection de la nature, *JORF*, 13 juillet 1976, p.4203.

[960] CE, 28 décembre 2005, *Ville de Lille c/ Associations Sauvons le site de la Citadelle de Lille*, n°284863. Concl. de Silva, *LPA*, n°149, 26 juillet 2007, p.13.

[961] A propos de l'implantation d'une piste de karting, CE, 17 janvier 1990, *Witry-les-Reims*, n°91894. Concl.de La Verpillière ; TA, Grenoble, 30 janvier 1995, *Association de lutte contre les nuisances sonores du karting de Rumilly*, n°94656. Rec. Lebon p.1051. A propos de l'exploitation de courts de tennis, CE, 16 décembre 2013, *Epoux B. c/ Commune de Roscoff*, n°355077. Concl. Lambolez. Note sous arrêt : COLIN (F.), *Les Cahiers de droit du sport*, n°35, janvier 2014, p.190.

[962] L'éclairage imposant d'un stade peut provoquer des nuisances lumineuses.

[963] L'organisation de rencontres sportives suscite des difficultés de circulation pour les riverains en raison du périmètre de sécurité établi par les forces de l'ordre et du flux de spectateurs.

[964] A propos d'un centre de tir à l'arc au sein d'une zone d'habitation, CAA Paris, 23 juin 1998, *Commune de Noisy-le-Sec*, n°96734.

[965] CE, Sect., 15 mai 1992, *Commune de Cruseilles c/ Association club alpin Français*, n°118573. Concl. Pochard.

[966] A propos de la légalité d'un arrêté préfectoral imposant à une société de transports frigorifiques, utilisant de fluide frigorigène à base d'ammoniac, une astreinte avec surveillance renforcée du site qu'elle exploite pendant les manifestations de la Coupe du Monde 1998 au stade Gerland à Lyon, CE, 12 janvier 2004, *Société de transports et entrepôts frigorifiques*, n°212067. Concl. Lamy, *BDEI*, n°2, avril 2004, p.21.

[967] BILLET (P.), « Les lieux du stade : l'implantation du stade entre droit de l'urbanisme et droit de l'environnement », *in,* sous dir. SIMON (G.), *Le stade et le droit*, Dalloz, février 2008, p.25.

distillée du gaz d'éclairage et du chauffage, ainsi que de l'engrais et des fongicides. La pollution des nappes phréatiques, du sol et de l'air a retenu l'attention du législateur afin d'accueillir les spectateurs dans des conditions sanitaires optimales[968]. Toutefois, le jaunissement régulier de pelouse laisse à penser que le manque d'éclairage évoqué n'est pas la principale raison.

212. Le juge administratif détermine l'utilité publique du projet. Il s'attache à mesurer les avantages attendus liés à l'atteinte à la propriété privée. Les inconvénients sont mesurés au regard de l'ordre social[969] et écologique[970], des atteintes à d'autres intérêts publics[971], ainsi que du coût financier de l'opération. Le principe de précaution a été ajouté par le Conseil d'Etat dans son arrêt d'Assemblée, *Association coordination interrégionale*[972]. Ainsi, une opération qui méconnaît les exigences du principe de précaution ne peut légalement être déclarée d'utilité publique. Il appartient à l'autorité compétente de l'Etat, saisie d'une demande tendant à ce qu'un projet soit déclaré d'utilité publique, de rechercher s'il existe des éléments circonstanciés de nature à accréditer l'hypothèse d'un risque de dommage grave et irréversible pour l'environnement ou d'atteinte à l'environnement susceptible de nuire de manière grave à la santé, qui justifierait, en dépit des incertitudes subsistant quant à sa réalité et à sa portée en l'état des connaissances scientifiques, l'application du principe de précaution.

213. Dans le cadre de la réalisation du Grand stade de Lyon, la desserte du stade nécessitait une extension du tramway. Le Préfet du Rhône prescrit l'ouverture d'une enquête préalable à la déclaration d'utilité publique et d'une enquête parcellaire pour le projet d'extension qui donnèrent lieu à des avis favorables puis à un arrêté préfectoral. Comme le rappelle le rapporteur public dans ses conclusions[973], « *après la déclaration d'intérêt général, la modification du PLU de la Communauté Urbaine de Lyon et le permis de*

---

[968] PANDRAUD (R.), « Rapport sur le projet de loi relatif à la réalisation d'un grand stade à Saint-Denis en vue de la Coupe du Monde de football de 1998 », *Documentation de l'Assemblée nationale*, n°865, 17 décembre 1993, p.7.

[969] CE, Ass., 28 mai 1971, *Ville Nouvelle Est*, n°78825. Concl. Braibant ; CE, 27 juillet 1979, *Société confiserie azuréenne*, n°00649. Concl. Rougevin-Baville. Rec. Lebon, p.355.

[970] CE, 25 juillet 1975, *Syndicat des marins pêcheurs de Brest*, n°90992. Concl. Labetoulle.

[971] CE, Ass., 20 octobre 1972, *Société civile Saint-Marie de l'Assomption.*

[972] CE, Ass., 12 avril 2013, *Association coordination interrégionale Stop THT*, n°342409. Concl. Lallet, *RFDA*, n°3, mai-juin 2013, p.610. Notes sous arrêt : VAN LANG (A.), *RDI*, n°6, juin 2013, p.305 ; CARPENTIER (E.), *BJCL*, n°6, juin 2013, p.432 ; SIMON (G.), *AJDI*, n°7, juillet 2013, p.531 ; CANEDO-PARIS (M.), *RFDA*, n°5, septembre-octobre 2013, p.1061. V. également pour une reconnaissance de l'applicabilité du principe de précaution en droit de l'urbanisme, CE, 19 juillet 2010, *Quartier Les Hauts de Choiseul*, n°328687. Concl. Gounin.

[973] Concl. Vallechia, *Rev. jurisp. ALYODA*, n°1, 2014, Urbanisme environnement.

construire liés au projet de grande enceinte sportive de l'Olympique Lyonnais, il revient à la Cour d'examiner les contentieux engagés contre les opérations annexes à ce projet ayant fait l'objet de déclarations d'utilité publique ». La Cour administrative d'appel de Lyon confirme que n'avaient pas été prises en compte pour l'appréciation des dépenses liées à l'extension de la ligne du tramway pour la desserte du Grand Stade[974], l'aménagement et la réalisation des trois stations aménagées dans le cadre de l'opération initiale relative à l'aménagement de la ligne. Ainsi, la Cour considère qu'aux termes de l'article R11-3 du code de l'expropriation, il est prévu qu'une appréciation sommaire des dépenses liée à la réalisation de travaux ou ouvrages doit être communiquée par l'expropriant lorsqu'il adresse au préfet un dossier de demande de déclaration d'utilité publique pour être soumis à l'enquête publique. Cette appréciation sommaire des dépenses doit correspondre au coût total réel de l'opération projetée afin de permettre aux intéressés de s'assurer que ces travaux ou ouvrages ont un caractère d'utilité publique. Les magistrats de la Cour administrative d'appel opèrent donc la théorie du bilan, qui est en l'espèce négatif[975].

Une régularisation de la déclaration jugée illégale demeure impossible, l'annulation définitive d'une déclaration d'utilité publique exige de la collectivité une remise en l'état des lieux concernés sauf si la déclaration avait été établi pour elle[976]. *In fine*, l'administration ne peut plus poursuivre la procédure, à peine de nullité des actes subséquents[977].

§ 2 – Les règles d'homologation des stades

214. L'homologation des stades ne figurait pas initialement dans le projet de loi du 13 juillet 1992 modifiant le dispositif législatif du 16 juillet 1984, mais *« l'effondrement des tribunes de Furiani nous a conduits à renforcer les procédures en vigueur en matière d'installations et de manifestations accueillant du public, même si ces procédures n'ont pas été correctement respectées à Bastia »* soulignait la Ministre de la jeunesse et des sports de l'époque Madame Bredin[978].

---

[974] Le rapporteur public souligne que les dépenses sont estimées à 19,9 millions d'euros pour l'aménagement de la ligne existante et 33,7 millions d'euros pour l'extension de cette ligne.

[975] CAA Lyon, 27 novembre 2013, *Ministre de l'Intérieur et Syndicat mixte des transports pour le Rhône et l'agglomération lyonnaise* (SYTRAL), n°13LY01540, 13LY01316, 13LY01740.

[976] CAA Marseille, 7 janvier 2008, *Mme Monique Bilate*, n°05MA02491.

[977] Cass. 3ème civ., 28 juin 1995, *Société des brocanteurs du marché Jules Vallès c/ Ville de Paris*, n°93-70089.

[978] *JOAN Q*, 20 mai 1992, p.1356. V. à propos d'homologation en tant que modalité de contrôle de droit public, FARDET (C.), « L'homologation en droit administratif », Thèse,

L'objectif de l'homologation est de permettre à l'Administration de procéder à un contrôle strict de l'ouvrage pour protéger les spectateurs et les participants de tout sinistre (**A**). Cette obligation d'homologation des stades est intervenue après le drame du stade de Furiani (**B**).

A – Des mesures d'homologation subordonnées

215. Le Code de la construction et de l'habitation ainsi que le règlement de sécurité contre les risques d'incendie et de panique[979] ont établi une définition des établissements recevant du public (ERP) et un classement selon la nature de l'exploitation des locaux des différents types d'établissements[980]. Au titre de l'article R.123-2 du Code de la construction et de l'habitation, constituent des établissements recevant du public, « *tous bâtiments, locaux ou enceintes dans lesquels des personnes sont admises soit librement, soit moyennant une rétribution ou une participation quelconque ou dans lesquels sont tenus des réunions ouvertes à tout venant ou sur invitation, payantes ou non. Sont considérées comme faisant partie du public toutes les personnes admises dans l'établissement à quelque titre que ce soit en plus du personnel* ». Les catégories d'ERP recensées s'élèvent à 22 dont 4 peuvent être à vocation sportive. Les stades sont répertoriés dans la catégorie 1° de type PA, c'est-à-dire des établissements de plein air dont la capacité d'accueil du public est supérieure à 1.500 personnes. Les salles multisports de catégorie 1° portent la dénomination de type X (piscine, patinoire), ou L si elles servent également d'auditorium ou de spectacles[981], tandis que les chapiteaux, tentes et structures sont de type CTS.

216. Les règles d'homologation et de sécurité établies ne sont applicables qu'uniquement pour les stades. La sécurité du public au sein des stades impose des mesures préventives quant à la construction et à l'aménagement du site. Celui-ci doit permettre notamment, par l'aménagement des locaux, la distribution des différentes pièces et éventuellement leur isolement, d'assurer une protection suffisante, compte tenu des risques courus, aussi bien des

---

sous la direction du Professeur Pierre DELVOLVE, Université Panthéon-Assas (Paris II), 1996, 738 p.

[979] Arrêté du 25 juin 1980 portant approbation des dispositions générales du règlement de sécurité contre les risques d'incendie et de panique dans les établissements recevant du public, *JORF*, 14 août 1980, p.7363.

[980] Articles R.123-18 et R.123-19 du Code de la construction et de l'habitation. V. FORTIN-CREMILLAC (H.), *La sécurité des équipements sportifs*, PUS, décembre 2012, 382 p.

[981] Les grands ERP comportent 4 catégories. La première catégorie a une capacité d'accueil supérieure à 1.500 personnes, la deuxième catégorie comporte une capacité d'accueil de 701 à 1.500 personnes, la troisième catégorie de 301 à 700 personnes, la quatrième catégorie jusqu'à 300 personnes.

personnes fréquentant l'établissement que de celles qui occupent des locaux voisins[982] ; d'évacuer ou de mettre le public à l'abri par un nombre suffisant de sorties et d'éventuels espaces d'attente sécurités[983] ; l'installation d'éclairage de sécurité[984] ; de limiter les stocks de produits dangereux et vérifier le bon fonctionnement des installations techniques[985] ; d'avertir rapidement le public de tout danger par un système d'alarme et un service de surveillance[986] ; de lutter immédiatement contre un début de sinistre par des moyens de secours efficaces[987] et prendre en compte l'aptitude du public à se soustraire aux effets d'un sinistre[988].

217. Une règlementation adaptée à l'affectation spécifique de l'immeuble a été adoptée, comme pour tout ouvrage public. Désormais, la procédure d'homologation préalable à l'ouverture de tout établissement sportif prévoit l'obligation d'envoyer un dossier d'homologation 8 mois avant l'ouverture. Ce dossier sera instruit par le préfet qui pourra émettre des recommandations au maître d'ouvrage le cas échéant. La Commission départementale de sécurité et d'accessibilité, ou la Commission nationale de sécurité des enceintes sportives si la capacité d'accueil est supérieure à 30.000 places, se déplacera pour visiter l'enceinte. L'homologation est subordonnée à la conformité de l'enceinte à des normes techniques relatives à la construction, la desserte et le respect des prescriptions particulières nécessaires à ce type de bâtiment[989]. Si le rapport est favorable, le préfet prendra un arrêté d'homologation du stade. Conformément à la loi handicap du 11 février 2005, l'ensemble des établissements recevant du public devront être accessibles à toutes les personnes physiques handicapées, quelque soit le handicap. Cette obligation s'impose tant aux établissements construits que ceux à bâtir. Toute modification permanente de l'enceinte nécessite la délivrance d'une nouvelle autorisation d'homologation.

218. L'article L.123-52 du Code de la construction et de l'habitation indique que l'homologation n'a pas pour effet d'autoriser automatiquement l'accueil du public, puisque le maire en vertu de ses pouvoirs de police administrative peut refuser ou ordonner la fermeture du stade ou une partie. L'avis d'autorisation d'homologation doit être affiché par le pétitionnaire à l'entrée du stade et il doit tenir un registre d'homologation.

---

[982] Article R.123-6 du Code de la construction et de l'habitation.
[983] Article R.123-7 du Code de la construction et de l'habitation.
[984] Article R.123-8 du Code de la construction et de l'habitation.
[985] Article R.123-9 du Code de la construction et de l'habitation.
[986] Article R.123-10 du Code de la construction et de l'habitation.
[987] Article R.123-11 du Code de la construction et de l'habitation.
[988] Article R.123-3 du Code de la construction et de l'habitation.
[989] BUY (F.), MARMAYOU (J.-M.), PORACCHIA (D.) et RIZZO (F.), *Droit du sport*, LGDJ, 3ème édition, novembre 2012, n°851.

Les fédérations sportives délégataires sont investies de la compétence d'édicter « *les règles techniques propres à leur discipline* », ainsi que « *les règlements relatifs à l'organisation de toute manifestation ouverte à ses licenciés* »[990]. Elles sont compétentes pour édicter des règles techniques applicables aux enceintes sportives[991] et exercent dès lors une mission de service public et leurs prérogatives de puissance publique dans l'édiction de ces actes administratifs[992].

Ainsi pour illustration, afin de favoriser la compatibilité des exigences des principales fédérations utilisatrices des salles multisports et de façon sous-jacente d'optimiser les investissements publics de construction et de rénovation de ces lieux, les fédérations françaises de badminton, basket-ball, handball, tennis et volley-ball ont élaboré, avec le ministère des sports, une harmonisation des règles fédérales d'homologation des salles multisports[993]. Ce cahier des charges consiste à déterminer une terminologie et des exigences communes pour que l'organisation de compétitions dans ces disciplines devienne compatible dans ce type d'établissements. Pour améliorer leur fonctionnalité, il est possible de réunir « les sports de buts » dans un même établissement, dont les trajectoires ne nécessitent pas de hauteur, et de favoriser les « sports de filet » où la hauteur des trajectoires est élevée ainsi que les activités d'escalade ou de gymnastique dans un autre établissement.

L'étendue de l'édiction des règles techniques renforce la prégnance de la *lex sportiva* et en particulier de la *lex UEFA*, puisqu'en matière de normes de sécurité structurelle et de construction des installations, l'UEFA dans son cahier des charges de l'Euro 2016 a rappelé que le « *Guide to Safety at Sports Grounds - Green Guide* » est le document référence en la matière[994].

---

990 Article L.131-16 du Code du sport.

991 Article R.131-33 du Code du sport ; CE, Avis, 20 novembre 2003, n°369474. Notes sous avis : SIMON (G.), *JCPA*, n°24, 7 juin 2004, p.803 ; DUVAL (J-M.), *Cahiers de droit du sport*, n°2, octobre 2005, p.49. Confirmé par le décret D. n°2006-217 du 22 février 2006 relatif aux règles édictées en matière d'équipements sportifs par les fédérations mentionnées à l'article 17 de la loi n°84-610 du 16 juillet 1984, *JORF*, n°47 du 24 février 2006, p.2919.

992 CE, Sect., 22 novembre 1974, *Fédération des industries françaises d'articles de sport*, dit *FIFAS*, n°89828. Concl. Théry. Notes sous arrêt : FRANC (M.) et BOYON (M.), *AJDA*, 1975, p.19 ; LACHAUME (J-F.), *D.*, 1975, p.739 ; WALINE (M.), *RDP*, 1975, p.1109 ; CE, 8 juin 1994, *Montpellier Université Club*, n°95604. Concl. Abraham. Note sous arrêt : GROS (M.), *RDP*, n°3, juin 1995, p.797.

993 « Sports de salles, salles de sports : règles d'homologation fédérales des salles multisports », septembre 1997. Depuis le décret n°2006-217 du 22 février 2006, le terme « homologation » a été remplacé par celui de « classement », article 4.

994 Cahier des charges UEFA EURO 2016, Secteur 8, p.12.

B –Des mesures d'homologation obligatoires après le drame de Furiani

219. A la suite du drame du stade de Furiani le 5 mai 1992, la loi n°92-652 du 13 juillet 1992 fut complétée et adoptée visant à renforcer la sécurité des enceintes sportives et des tribunes provisoires. En effet, à l'occasion de la demi-finale de la Coupe de France de football entre le Sporting Club de Bastia et l'Olympique de Marseille, le club corse décide de faire édifier une tribune provisoire d'une capacité d'accueil de 9.000 places pour cet événement. Cette tribune située au nord complète les trois autres structures fixes du stade afin de doubler la capacité d'accueil du stade. Peu de temps avant le coup d'envoi de la rencontre, la tribune s'effondre et précipite 3.500 personnes dans le vide, causant la mort de 17 personnes et blessant plus de 2.000 personnes. L'information pénale dénonce des travaux réalisés à la hâte au mépris des règles les plus élémentaires de la construction et de sécurité. Le Tribunal correctionnel de Bastia dans son jugement du 31 mars 1995 condamne les dirigeants nationaux et locaux du football, des sociétés ayant édifié et contrôlé la tribune. Cependant, le tribunal relaxe le directeur de cabinet du préfet, le directeur départemental de l'équipement et les officiers sapeurs-pompiers approuvant l'homologation, tandis que le maire de la commune et le fonctionnaire chargé du fonctionnement de la commission départementale de sécurité ont bénéficié d'un non-lieu en cours d'instruction. La Cour d'appel de Bastia confirme le jugement attaqué mais retient la culpabilité du directeur de cabinet du préfet en sa qualité de président de la commission départementale de sécurité. Elle relève qu'en autorisant la délivrance de billets d'entrée supplémentaires sous le couvert d'un prétendu procès-verbal, manifestement irrégulier, établi au nom de la commission de sécurité, « *les dirigeants d'une fédération sportive et de l'un de ses organes, en présence de la modification substantielle d'un stade par l'édification d'une tribune* » n'ont pas exercé effectivement les pouvoirs qu'ils tenaient de leurs attributions, quant aux contrôles et avis réglementaires préalables à l'ouverture du stade au public alors qu'ils n'ignoraient pas que le contrôleur technique avait limité son avis à la résistance du sol supportant la tribune.

La chambre criminelle de la Cour de cassation dans son arrêt du 24 juin 1997 confirme les condamnations prononcées[995] et en déduit que les dirigeants sportifs n'avaient pas accompli les diligences normales qui leur incombaient, compte tenu de la nature de leurs missions ou de leurs fonctions, de leur compétence ainsi que des pouvoirs et des moyens dont ils disposaient, et qu'ils avaient été à bon droit déclarés coupables d'homicides et blessures involontaires.

[995] Cass. crim., 24 juin 1997, arrêt n°3839, *Stade de Furiani*, n°96-85088, 96-82424. *Bull. crim.*, n°251, p.841. Note sous arrêt : PRETOT (X.), *RDP*, n°6, décembre 1997, p.1601.

Outre les règles de sécurité des tribunes fixes ou provisoires renforcées par le dispositif législatif codifié aux articles L.312-5 et suivants, et R.312-8 et suivants du Code du sport, cette affaire a mis en exergue la responsabilité pénale des fonctionnaires dans l'exercice de leurs fonctions[996]. La jurisprudence a formulé dès 1873 la distinction entre faute personnelle et faute de service[997], mais la distinction ne s'étend pas au droit pénal[998]. Le fonctionnaire est exposé à des poursuites pénales pour les infractions non intentionnelles qu'il peut être amené à commettre dans l'exerce de ses fonctions[999].

La Cour de cassation dans son arrêt rappelle que le directeur de cabinet du préfet, en sa qualité de président de la commission départementale de sécurité, avait reçu du préfet la mission de consacrer l'essentiel de son temps à la rencontre sportive qui présentait une importance majeure. Ce fonctionnaire a assisté à une seule réunion de la commission, qui n'a donné lieu à aucun procès-verbal, et s'est fait représenter sans délégation aux trois autres. Cette commission s'est abstenue de vérifier, comme le lui imposait le Code de la construction et de l'habitation[1000], l'existence d'une autorisation d'aménagement, d'un rapport attestant la stabilité de l'ouvrage ainsi que d'un arrêté du maire autorisant l'ouverture de l'établissement, et n'a expressément formulé aucun avis définitif. De fait, le directeur de cabinet ne saurait invoquer ni son ignorance des dispositions légales ou réglementaires applicables, qui relevaient de ses attributions, ni l'absence de substitution du préfet, dont il était délégataire, au maire de Furiani défaillant, cette substitution étant prévue, de plein droit[1001]. La chambre criminelle de la Cour de cassation en déduit que le fonctionnaire n'ayant pas accompli les diligences normales qui lui incombaient, compte tenu de ses compétences, du pouvoir et des moyens dont il disposait, ainsi que des difficultés propres à la mission que la loi lui confiait, avait commis une faute dans la prévention d'homicides et blessures involontaires.

---

[996] V. sur cette notion, BREEN (E.), « Responsabilité pénale des agents publics », *Juris Classeur Administratif*, fasc. 809 ; DOMENACH (J.), « L'administration et le droit administratif face à la mise en jeu de la responsabilité pénale des agents publics », *in* Mélanges en l'honneur du Professeur Gustave PEISER, PUG, octobre 1995, p.187.

[997] TC, 30 juillet 1873, *Pelletier*, n°00035. Concl. David, *DP*, 1874.3.5. Rec. Lebon, p.117.

[998] TC, 14 janvier 1935, *Thépaz*, n°00820. Concl. Andrieux. Rec. Lebon, p.1224. Note sous arrêt : ALIBERT (R.), *S.*, 1935.3.17.

[999] MOREAU (J.), « La responsabilité des personnes morales de droit public en droit français », *LPA*, n°149, 11 décembre 1996, p.41 ; DELAUNAY (B.), « « La faute de l'administration », Thèse, sous la direction du Professeur Yves GAUDEMET, Université Panthéon-Assas (Paris II), décembre 2006, n°50.

[1000] Article R.123-28 du Code de la construction et de l'habitation.

[1001] GUERDER (P.), « La faute pénale non intentionnelle des fonctionnaires », Rapport de la Cour de cassation 1998.

Section 2 – Les règles locales d'urbanisme

Si le droit a horreur du vide, le droit de l'urbanisme l'exècre tout autant. Aucun espace du territoire n'échappe à son emprise. A l'instar de tout ouvrage, un stade s'inscrit dans un espace déterminé par des règles d'urbanisme qui conditionneront son implantation et son extension. Un stade est ainsi soit édifié *ex nihilo*, soit rénové.

La compatibilité du stade avec les règles locales d'urbanisme est d'une importance capitale pour la viabilité du projet. En effet, si le stade ne peut s'inscrire au sein du plan local d'urbanisme (**§1**) ou obtenir de permis de construire (**§2**), quel que soit le montage contractuel ou financier choisi, le projet sera un échec.

§ 1 – Le plan local d'urbanisme, un contentieux source d'insécurité juridique

220. Le plan local d'urbanisme (PLU) a été crée par la loi du 13 décembre 2000 relative à la solidarité et au renouvellement urbains (SRU) afin de remplacer les plans d'occupation des sols (POS). Le PLU est « *le document qui fixe les règles d'urbanisme applicables sur le territoire de l'EPCI compétent pour l'établir ou, le cas échéant, de la commune. Il traduit en termes réglementaires et graphiques les principaux objectifs de l'intercommunalité ou de la commune en matière d'utilisation des sols* »[1002]. Ainsi, le PLU est un acte réglementaire qui définit le droit des sols applicables à chaque terrain, les orientations générales d'aménagement, d'équipement, d'urbanisme et des protections des espaces prévus par zonage. La loi Grenelle II du 12 juillet 2010 a développé la dimension intercommunale de ces plans, sans pour autant bouleversé profondément l'architecture de la loi SRU[1003].

Le contentieux du plan local d'urbanisme et de son évolution (révision, modification) s'accroit et augmente l'insécurité juridique de la matière[1004]. Cette situation s'explique conjoncturellement par l'accroissement des

[1002] SOLER-COUTEAUX (P.) et CARPENTIER (E.), *Droit de l'urbanisme*, Dalloz, 5ème édition, janvier 2013, n°197.

[1003] JACQUOT (H.) et LEBRETON (J-P.), « La réforme du plan local d'urbanisme », *AJDA*, n°30, 20 septembre 2010, p.1697 ; SOLER-COUTEAUX (P.), « Le PLU Grenelle : un arbre qui cache la forêt », *RDI*, n°2, février 2011, p.89.

[1004] JACQUOT (H.), « L'impossible stabilisation des règles locales d'urbanisme », *in*, Mélanges en l'honneur du Professeur Jacqueline MORAND-DEVILLER, *Confluences*, Montchrestien, 2007, p.591 ; SOLER-COUTEAUX (P.) et CARPENTIER (E.), *Droit de l'urbanisme*, Dalloz, 5ème édition, janvier 2013, n°366. En matière de stade, v. en particulier le contentieux autour du Grand stade de Lyon.

recours dans tous les domaines du droit, et structurellement par la complexité du droit de l'urbanisme et ses facteurs propres.

Le plan local d'urbanisme étant un acte réglementaire, il est susceptible de faire l'objet de tous les recours pouvant être formés contre ce type d'acte. Ces recours peuvent ainsi causer l'annulation ou la déclaration d'illégalité du plan. L'annulation sera partielle ou totale selon le caractère indivisible de la disposition annulée avec le reste du document[1005]. L'article L.123-1 du Code de l'urbanisme prévoit qu'en cas d'annulation partielle, l'autorité compétente élabore sans délai les nouvelles dispositions du plan applicables à la partie du territoire concernée par l'annulation. Les effets dans le temps de cette annulation seront modulés par le juge[1006]. Par ailleurs, l'autorité administrative ne peut appliquer un règlement illégal[1007].

Un plan local d'urbanisme tend à évoluer puisqu'il reflète la politique locale menée. Cette évolution doit permettre une mise en conformité avec les plans supérieurs, les variations du nombre d'habitants, le changement d'activité ou de majorité politique. L'article L.123-13 du Code de l'urbanisme prévoit les modalités de cette évolution par une révision ou une modification du plan local d'urbanisme. L'ordonnance n°2012-11 du 5 janvier 2012, prise sur le fondement de la loi Grenelle 2, a introduit une distinction entre la procédure de droit commun et la procédure simplifiée[1008]. Ce texte distingue donc la révision (**A**), la modification droit commun et la modification simplifiée (**B**) et la mise en compatibilité (**C**).

A – La révision du plan local d'urbanisme, l'épilogue du Grand stade de Lyon

221. La révision d'un plan local d'urbanisme ne peut intervenir qu'après que celui-ci soit approuvé. Durant la révision, le plan révisé reste en vigueur jusqu'à l'adoption du nouveau plan. Cette révision est nécessaire dès lors

---

1005 CE, 13 novembre 2002, *SA Foncière Paris*, n°185637. Concl. de Silva.

1006 CE, Ass., 11 mai 2004, *Association AC ! et autres*, n°255886. Concl. Devys, *RFDA*, n°3, mai 2004, p.453. Rec. Lebon p.197. Notes sous arrêt : STAHL (J-H.) et COURREGES (A.), *RFDA*, n°3, mai 2004, p.438 ; LANDAIS (C.) et LENICA (F.), *AJDA*, n°22, 14 juin 2004, p.1183 ; DUBOS (O.) et MELLERAY (F.), *DA*, n°8, août 2004, p.8 ; CASAS (D.), *BJCP*, n°40, mai 2005, p.187 ; GUETTIER (C.), *RDP*, n°2, mars 2005, p.493. V. en matière d'urbanisme les pouvoirs de modulation des effets d'annulation, CAA Lyon, 29 juin 2010, *M. Payerne*, n°09LY02176. Notes sous arrêt : VINET (C.), *AJDA*, n°37, 8 novembre 2010, p.2104 ; MORITZ (M.), *JCPA*, n°1, 3 janvier 2011, p.38.

1007 CE, Sect., 14 novembre 1958, *Sieur Ponard*, n°35399. Rec. Lebon, p.554.

1008 COUTON (X.), « Présentation synthétique des principales dispositions du 5 janvier 2012 réformant les procédures d'évolution des documents d'urbanisme », *Construction-Urbanisme*, n°2, février 2012, p.14.

que les orientations établies dans le projet d'aménagement de développement durable changent, lorsqu'il y a une modification des espaces naturels ou agricoles, ou lorsqu'il y a création ou modification d'une mesure luttant contre de graves risques de nuisances[1009]. Ces conditions peuvent pleinement s'appliquer à la construction ou la rénovation d'un stade.

222. Alors que la Cour administrative d'appel de Lyon avait au cours d'un contentieux nouveau précisé la portée d'une déclaration d'intérêt général ressortant d'un arrêté ministériel qui inscrivait le Grand stade de Lyon et ses équipements connexes sur la liste des enceintes sportives déclarées d'intérêt général pour l'organisation de l'Euro 2016[1010], une seconde phase contentieuse visant le projet du Grand stade débutait à propos de la révision du plan local d'urbanisme.

Par délibération du 12 décembre 2011, la communauté urbaine de Lyon approuvait la révision de son plan local d'urbanisme sur le territoire de la commune de Dècimes-Charpieu dont la finalité était l'intégration du projet du Grand stade de Lyon. Cette révision avait été envisagée lors d'une précédente délibération du 11 janvier 2010. Préalablement à l'approbation de la révision, la communauté urbaine fit évoluer une zone à caractère naturel peu ou pas bâtie destinée à être ouverte aux activités économiques après révision, en une zone devant être ouverte à l'urbanisation et destinée à de grands équipements sportifs, de loisirs et culturels, ainsi qu'aux activités économiques liées ces équipements. Le bilan de concertation et l'enquête publique, dont la commission a été désignée par ordonnance du Président du Tribunal administratif de Lyon, se sont avérés favorables à la révision approuvée par la délibération du 12 décembre 2011.

Anticipant cette révision du PLU, le maître d'ouvrage du stade demandait au maire de Dècimes-Charpieu un permis de construire le 18 janvier 2011 en vue de la réalisation du stade et de son parc de stationnement, ainsi que d'un centre d'entrainement. A la suite de l'avis favorable de la commission d'enquête, le maire délivra un permis de construire par arrêté le 3 février 2012.

L'association de contribuables Carton Rouge saisit le Tribunal administratif de Lyon d'un recours en annulation de la révision du PLU et d'un recours en annulation du permis de construire, qui les rejette. La Cour administrative d'appel se prononça sur l'appel formé par le requérant. Par deux arrêts, la

---

[1009] Article L.123-13 du Code de l'urbanisme.

[1010] CAA Lyon, 11 juin 2013, *M.B.*, n°12LY02461. V. également sur la même espèce, le rejet du recours gracieux contre la révision du PLU, CAA Lyon, 10 décembre 2009, *M. P. c/ COURLY*, n°08LY02350.

Cour rejette respectivement les requêtes dirigées contre la délibération approuvant la révision du PLU et l'arrêté délivrant le permis de construire[1011]. En effet, la Cour confirme la légalité d'une demande de permis de construire déposée par anticipation d'une adaptation du PLU, en considérant qu'aucune disposition n'y fait obstacle et que la circonstance que le projet était contraire aux dispositions du PLU en vigueur lors du dépôt de la demande et lors de l'enquête publique n'exerce par elle-même aucune incidence sur la légalité du permis, qui doit être appréciée à la date à laquelle il a été pris, c'est-à-dire postérieurement à l'entrée en vigueur du nouveau PLU.

Le Conseil d'Etat, par un arrêt du 21 mai 2014, a refusé d'admettre les pourvois en cassation et confirmé ainsi la légalité du PLU et du permis de construire en vue de la réalisation du Grand stade de Lyon[1012], mettant un épilogue au contentieux autour de la construction du future stade des Lumières.

B – La modification du plan local d'urbanisme

223. Si l'ordonnance du 5 janvier 2012 a introduit une distinction entre une procédure de droit commun et une procédure simplifiée, la procédure de modification reste à l'initiative du maire ou du président de l'EPCI. Il établit le projet de modification qui sera notifié au préfet ainsi qu'aux personnes publiques associées.

L'article L.123-13-2 du Code de l'urbanisme précise la procédure de modification du PLU de droit commun. Cette modification intervient soit lorsque les possibilités de constructions sont majorées de 20%, diminuées ou réduites pour les zones urbaines ou à urbaniser. La modification ne nécessite pas une mise à jour du projet d'aménagement de développement durable (PADD), mais elle doit être accompagnée d'un rapport d'informations pour en apprécier la portée[1013]. Le projet est soumis à enquête publique et sera approuvé par délibération de l'organe délibérant.

[1011] CAA Lyon, 12 juillet 2013, *Association Carton Rouge*, n°13LY00418 et n°13LY00419.

[1012] CE, 21 mai 2014, *Association Carton Rouge,* n°372119. Note sous arrêt : TESTARD (C.), *JCPA*, n°40, 6 octobre 2014, p.50.

[1013] CE, 30 janvier 1995, *Commune d'Orsay*, n°138129. Concl. Fratacci. Toutefois, le rapport accompagnant le plan initial ne peut en tenir lieu (CE, 1er avril 1992, *Commune Bullion*, n°118911. Concl. Abraham), mais le nouveau rapport n'a pas être aussi complet que le rapport initial (CE, 14 octobre 1992, *Association Lindenkuppel*, n°99865. Concl. de Froment. Rec. Lebon, p.1378.)

La procédure de modification simplifiée s'inscrit en dehors des cas relevant de la procédure de droit commun. Cette procédure relève de l'article L.123-13-3 du Code de l'urbanisme et s'applique pour les modifications des orientations d'aménagement et de programmation, ainsi que pour les rectifications d'erreur matérielle.

Ces procédures de modification de droit commun ou simplifiée peuvent se présenter lors d'une construction *ex nihilo* ou d'une rénovation d'un stade par l'augmentation de la hauteur des tribunes, mais sont à écarter, « *sauf à ce que quelques retouches juridiques de détail seulement soient nécessaires, la taille d'un équipement sportif comme un stade risque d'imposer des modifications constituant une atteinte à l'économie générale du projet d'aménagement et de développement durable. Ce qui, du même coup, prive de la possibilité de recourir à une simple modification et au caractère allégé de sa procédure par rapport à une révision* »[1014].

C – La mise en compatibilité d'un plan local d'urbanisme avec une déclaration de projet

224. L'article L.123-14 du Code de l'urbanisme précise que lorsque la réalisation d'un projet public ou privé de travaux, de construction ou d'opération d'aménagement, présentant un caractère d'utilité publique ou d'intérêt général, nécessite une mise en compatibilité d'un plan local d'urbanisme, ce projet peut faire l'objet d'une déclaration d'utilité publique ou, si une déclaration d'utilité publique n'est pas requise, d'une déclaration de projet. Cette procédure est donc imposée par l'Etat et a trouvé une illustration dans l'épilogue du contentieux autour du Grand stade de Lyon.

§ 2 – La délivrance du permis de construire, préalable nécessaire à l'implantation du stade

Le permis de construire est le socle de la réalisation d'un stade (**A**) et l'autorisation délivrée soulève de nombreuses incertitudes liées aux potentiels recours (**B**).

[1014] BILLET (P.), « Les lieux du stade : l'implantation du stade entre droit de l'urbanisme et droit de l'environnement », *in,* sous dir. SIMON (G.), *Le stade et le droit*, Dalloz, février 2008, p.18. V. à propos de la modification de la vocation d'un secteur jusque-là réservé aux seuls équipements de surface et désormais destiné à accueillir des installations à vocation sportive culturelle et touristique, CAA Marseille, 16 mai 2007, *Commune de Banon*, n°04MA01941.

A – Le permis de construire, socle de la réalisation d'un stade

225. Le permis de construire est un procédé de police administrative, dont la réglementation est d'ordre public, s'imposant tant aux personnes publiques que privées. L'administration vérifie et se prononce sur le respect des règles d'urbanisme du projet que le pétitionnaire lui communiquera[1015]. Il est aussi un acte administratif individuel, puisqu'il n'est pas considéré comme un acte d'application de la réglementation d'urbanisme, bien qu'il ne puisse être délivré que si le projet est conforme à cette réglementation[1016].

Le permis n'est pas délivré en considération de la personne qui en deviendra titulaire, mais selon une construction déterminée sur un terrain prédestiné. Ainsi, l'administration ne délivrera pas de nouveau permis de construire en cas de transfert de responsabilité de la construction. Elle transférera simplement le permis accordé précédemment après accord du propriétaire du terrain[1017], même si celui-ci n'est plus propriétaire du terrain à la date de la demande de transfert[1018]. La demande de transfert doit, par ailleurs, émaner du titulaire initial. Enfin, ce permis doit être définitif afin de ne pas être remis en cause par l'administration lors du transfert. Si le permis n'est pas définitif, le juge administratif peut l'annuler ainsi que l'arrêté accordant le transfert[1019].

Le permis de construire est exigé aussi bien pour une construction que pour une reconstruction ou une rénovation. Le recours à ces opérations comporte généralement pour un stade des démolitions soumises au permis de démolir. Dès lors, la demande de permis de construire peut porter sur la construction elle-même et la démolition[1020]. S'il est délivré, le permis de construire vaudra permis de démolir. Cette règle s'appliquera également pour le permis d'aménagement.

La demande de permis de construire peut être présentée par le ou les propriétaires du ou des terrains, leurs mandataires ou une ou plusieurs personnes attestant être autorisées par eux à exécuter leurs travaux ; en cas d'indivision, un ou plusieurs coïndivisaires ou leur mandataire ; une

---

[1015] CE, 18 mars 1970, *Rodde*, n°75363. Concl. Morisot. Rec. Lebon, p.208.

[1016] CE, 28 janvier 1987, *Comité de défenses des espaces verts*, n°39146. Concl. Vigouroux. Rec. Lebon, p.20.

[1017] CE, 10 décembre 1965, *Syndicat des copropriétaires de l'immeuble Pharo-Pasteur*, n°53773. Concl. Kahn. Rec. Lebon, p.684.

[1018] CE, 20 octobre 2004, *SCI Logana*, n°257690. Concl. Stahl. Rec. Lebon, p.381. Notes sous arrêt : TERNEYRE (P.), *RFDA*, n°6, novembre-décembre 2004, p.1240 ; BILLET (P.), *JCPA*, n°50, 6 décembre 2004, p.1606.

[1019] CE, 24 février 1992, *Société Cogedim Ile-de-France*, n°119134. Concl. Abraham.

[1020] Article L.451-1 et R.431-21 du Code de l'urbanisme.

personne ayant qualité pour bénéficier de l'expropriation du terrain pour cause d'utilité publique[1021]. Outre les pièces exigées envers le pétitionnaire[1022], des pièces complémentaires peuvent être requises[1023], notamment pour un stade tel que l'attestation de la prise en compte de risques parasismiques et paracycloniques[1024].

Le délai légal d'instruction est un délai non franc, à la différence du délai de recours, ce qui signifie qu'un délai de 2 mois déclenché par le dépôt le 21 janvier d'une demande de permis de construire expire le 21 mars à minuit[1025]. Le délai d'instruction du permis de construire dépend de la nature du projet et il varie selon qu'il s'agit d'une maison individuelle, 2 mois, ou d'autres projets, 3 mois[1026].

Certains permis de construire ne peuvent être accordés qu'après une enquête publique sur l'opération à réaliser, ce qui est généralement le cas pour un stade[1027]. Si ce projet a déjà donné lieu à une enquête publique au titre du Code de l'environnement ou du Code de l'expropriation, celle du permis de construire peut être dispensée à deux conditions. D'une part, il faut que l'avis de mise à l'enquête ait indiqué que celle-ci portait également sur la construction projetée, et d'autre part, que le projet n'ait pas subi de modifications substantielles après la clôture de l'enquête[1028]. Par ailleurs, les irrégularités entachant l'enquête n'entrainent pas nécessairement la nullité du permis de construire[1029].

Au terme de ce délai, l'administration rend sa décision d'octroi ou de refus. La décision sera exprès ou tacite. La décision d'octroi exprès précise les

---

1021 Article R.423-1 du Code de l'urbanisme. V. aussi, AUBY (J-B.), PERINET-MARQUET (H.) et NOGUELLOU (R.), *Droit de l'urbanisme et de la construction*, LGDJ, 9ème édition, mars 2012, n°867.

1022 Article R.431-5 et Article R.431-6 du Code de l'urbanisme.

1023 Articles R.431-13 à R.431-33 du Code de l'urbanisme.

1024 Article R.431-16 d du Code de l'urbanisme. Ainsi, le Grand Stade de Lille a accusé un retard de livraison en raison de la mise en conformité de ces normes pour un surcoût de 100 millions d'euros. Toutefois ces travaux s'avéraient non obligatoires car le permis de construire fut délivré le 17 décembre 2009 et la nouvelle norme parasismique s'applique pour les bâtiments construits après le 1er mai 2011.

1025 CE, 17 septembre 2010, *Commune de Saint-Baudille-de-La-Tour*, n°316259. Concl. Escaut. Note sous arrêt : TREMEAU (J.), *BJDU*, n°5, octobre 2010, p.358.

1026 Article R.423-22 du Code de l'urbanisme.

1027 Article R.423-57 du Code de l'urbanisme.

1028 Article R.423-58 du Code de l'urbanisme. CE, 8 février 1999, *Mme Carry*, n°127651. Concl. Goulard.

1029 CE, 14 octobre 2009, *Commune de Messanges*, n°297727. Concl. Geffray. Notes sous arrêt : BILLET (P.), *JCPA*, n°51, 14 décembre 2009, p.41 ; GLASER (E.), *RLCT*, n°53, janvier 2010, p.53.

conditions selon lesquelles la décision devient exécutoire[1030]. La décision d'octroi tacite intervient lorsque l'administration ne modifie pas une décision avant la fin du délai d'instruction[1031]. Par principe, elle est favorable au pétitionnaire sauf pour les cas où le silence de l'administration vaut rejet implicite[1032]. Le refus exprès est pour sa part soumis comme une motivation du rejet. Ce refus peut faire l'objet d'un recours contentieux, le juge administratif contrôlera la motivation[1033].

La compétence pour délivrer le permis de construire se répartit entre les autorités de l'Etat et le maire. Depuis les lois de décentralisation, une commune est compétente pour l'octroi d'un permis de construire sur son territoire à condition qu'elle soit dotée d'un plan local d'urbanisme, auparavant plan d'occupation des sols[1034]. La jurisprudence a confirmé ce transfert de compétence locale même si le plan ne couvrait qu'une partie de la commune[1035]. Ce transfert de compétence dispose d'un caractère définitif, ce qui implique que l'annulation du plan local d'urbanisme n'interfère pas sur ce transfert[1036] sous réserve que la commune soit dotée d'un plan approuvé au 1er octobre 1983[1037]. La loi SRU a étendu ce bénéfice de compétence aux communes dotées d'une carte communale[1038]. De plus, certaines hypothèses obligent l'autorité locale à recueillir l'accord ou l'avis conforme d'une autorité de l'Etat, comme par exemple lorsque le stade est situé à proximité d'un monument historique. Ainsi, le projet d'agrandissement du stade Grimonprez-Jooris de Lille le nécessitait, de même lorsque la construction envisagée se situe dans une partie du territoire communal non couvert par un plan local d'urbanisme ou une carte communale[1039]. Lorsqu'un permis de construire exprès a été délivré, sa notification au demandeur ne suffit pas à la rendre exécutoire. Il doit en effet être transmis au préfet et mentionner les conditions dans lesquelles il devient

[1030] Article R.424-11 du Code de l'urbanisme.
[1031] CE, 9 février 2001, *M. Frommweiller*, n°198456. Concl. Olson.
[1032] Article R.424-2 du Code de l'urbanisme.
[1033] CE, 27 octobre 1989, *Van Ginneken*, n°83590. Concl. Abraham.
[1034] Article L.422-1 du Code de l'urbanisme.
[1035] CAA Lyon, 14 décembre 1993, *Société Cobim c/ Ministère de l'Equipement, des Transports et du Tourisme*, n°93LY00129. Concl. Richer.
[1036] CE, 5 février 1988, *SCI Les Granges Blanches*, n°72942. Concl. Forniacciari, *AJDA*, n°5, 20 mai 1988, p.357. Rec. Lebon, p.1081.
[1037] CE, 1er décembre 1993, *Armagnac*, n°127683. Concl. Arrighi de Casanova.
[1038] Article L.422-2 du Code de l'urbanisme.
[1039] Articles L.422-5 et L.422-6 du Code de l'urbanisme. CE, Sect., 8 juin 1990, *Association de sauvegarde du patrimoine martiniquais*, n°93191. Concl. Toutée. Rec. Lebon, p.108 ; CE, 25 novembre 1991, *Commune de Saint-Palais-sur-Mer*, n°103773. Concl. Tabuteau. Rec. Lebon, p.405.

exécutoire[1040]. Le permis tacite est quant à lui exécutoire à compter de la date à laquelle il a été acquis[1041].

226. Le permis de construire est donc la mesure nécessaire et préalable à toute réalisation immobilière. Un stade ne peut y échapper, quelle que soit la nature du montage contractuel ou de son financement. Le projet d'agrandissement d'un stade ou de construction repose sur l'autorisation d'urbanisme délivrée et qui ne doit pas être annulée devant le juge administratif. Toutefois, le recours annulant le permis de construire ne provoquera pas l'échec du projet si des stipulations prévoient l'organisation entre les parties des conséquences de cette décision juridictionnelle. Seul le recours annulant le contrat ou la délibération autorisant la signature de celui-ci apparaît dirimant à la bonne exécution du projet[1042].

Avant de recourir à la construction d'un nouveau stade par un contrat de partenariat, la ville de Lille et sa communauté urbaine avaient procédé à une réflexion urbanistique menant à considérer que cette option était trop coûteuse et longue à réaliser[1043]. L'option choisie fut celle de l'agrandissement du stade Grimonprez-Jooris de Lille. Or, le stade se situait près d'un monument historique d'exception, la Citadelle de Lille créée par Vauban[1044] classée aux monuments historiques depuis 1934[1045]. Cette proximité engendrait des difficultés quant à l'insertion du projet et de sa compatibilité avec ce site classé. En effet, toute transformation affectant l'aspect du stade était soumise à une autorisation préalable en application de l'article 13 bis de la loi du 31 décembre 1913 sur les monuments historiques[1046], codifié à l'article L.621-31 du Code du patrimoine. Si la Commission supérieure des monuments historiques émettait un avis défavorable au projet d'agrandissement, le ministre de la Culture et de la Communication usait de sa faculté d'évocation pour attraire le dossier et exprimer un avis favorable à la délivrance d'un permis de construire, après consultation de l'architecte des Bâtiments de France. Le ministre estimait que les modifications apportées ne limitaient pas la visibilité depuis la Citadelle.

[1040] Article L.424-7 du Code de l'urbanisme.

[1041] Article L.424-8 du Code de l'urbanisme.

[1042] V. à propos de la clause Nice stadium, n°144.

[1043] Délibération du 9 juillet 2001 approuvant le principe de l'extension du stade Grimonprez-Jooris.

[1044] Vauban l'avait dénommé la reine des citadelles.

[1045] La Citadelle a été classé monument historique par un arrêté ministériel du 31 juillet 1934.

[1046] Loi du 31 décembre 1913 sur les monuments historiques, *JORF*, 4 janvier 1914, p.129 ; V. BOSSEBOEUF (C.), « Les collectivités territoriales et leurs musées », Thèse, sous la direction du Professeur Xavier CABANNES, Université Paris Descartes (Paris V), décembre 2012, n°120-138.

Des associations de défense du patrimoine saisirent le Tribunal administratif de Lille qui rejeta leurs demandes d'annulation du permis. Ce jugement fut infirmé par la Cour administrative d'appel de Douai au motif que le permis avait été délivré par un avis ministériel entaché d'une erreur d'appréciation ne tenant pas compte de l'atteinte excessive portée à ce site classé[1047]. En effet, il méconnaissait l'article ND 10 du règlement du plan d'occupation des sols de la commune prévoyant une hauteur maximale des constructions à 13,50 mètres. Or, le projet portait la hauteur du stade à 28,50 mètres, d'autant que la hauteur initiale du stade était en majorité de 15 mètres et la partie la plus haute s'élevait à 21,50 mètres. Par conséquent, selon la Cour, l'avis délivré était illégal au regard du « *caractère volumineux* » du projet et de « *sa hauteur par rapport à la construction existante et l'inclusion de ses structures dans un élément du système de fortifications reliant à l'origine la Citadelle à la ville* ». Si l'appréciation de l'avis l'architecte des Bâtiments de France ou d'un ministre est soumise à un contrôle normal[1048], il est assez rare que le juge administratif infirme ce type d'avis[1049].

Statuant en juge de cassation, le Conseil d'Etat a confirmé l'arrêt prononcé par la Cour[1050] en retenant également l'atteinte portée à un site classé et la méconnaissance du règlement du plan d'occupation des sols. Ce refus d'autorisation du permis de construire entraîna la suppression du projet et le recours au contrat de partenariat sur un site alternatif. Le stade a d'ailleurs été démoli par la communauté urbaine, laissant entrevoir une meilleure visibilité de la Citadelle.

Le projet d'agrandissement ayant échoppé, la Ville et la Communauté urbaine se tournèrent vers la construction d'un stade *ex nihilo* en contrat de partenariat. La Communauté urbaine de Lille décida d'en faire un « *sujet d'intérêt communautaire* »[1051] et réalisa une évaluation préalable afin d'en

---

[1047] V. CE, 15 octobre 1990, *Ministre de l'Equipement et du logement c/ Mme Papin-Bricaud*, n°102669. Concl. de La Verpillière. Rec. Lebon, p.942.

[1048] CE, Sect., 29 janvier 1971, *SCI La Charmille de Montsoult*, n°76595. Concl. Gentot, *AJDA*, n°4, 20 avril 1971, p.234. Rec. Lebon, p.86 ; CE, Ass., 3 mars 1993, *Ministre de l'Equipement c/ Commune de Saint-Germain-en-Laye*, n°115073. Concl. Sanson. Rec. Lebon, p.60.

[1049] CE, Ass., 26 octobre 2001, *M. et Mme Eisenchteter*, n°216471. Concl. Austry. Rec. Lebon, p.495. Chron. GUYOMAR (M.) et COLLIN (P.), *AJDA*, n°2, 20 février 2002, p.118. Notes sous arrêt : NAUGES-FENIOUX (S.), *LPA*, n°114, 7 juin 2002, p.15 ; INSERGUET (J-F.), *JCPG*, n°30, 24 juillet 2002, p.1410.

[1050] CE, 28 décembre 2005, *Ville de Lille c/ Associations Sauvons le site de la Citadelle de Lille*, n°284863. Concl. de Silva, *LPA*, n°149, 26 juillet 2007, p.13.

[1051] Délibérations de la Communauté Urbaine de Lille (LMCU) n°06C0107 du 17 mars 2006 et n°06C0506 du 13 octobre 2006.

démontrer la pertinence[1052]. Alors que le contrat était conclu, les autorisations d'urbanisme délivrées et les travaux commencés, un recours fut formé contre la révision simplifiée du plan local d'urbanisme et la légalité du permis de construire du Grand stade de Lille[1053]. Le Tribunal administratif de Lille a bien reconnu que le permis de construire était entaché de deux vices de procédures tenant à l'absence de consultation de la commission de sécurité, à propos du désenfumage du stade, et à la composition irrégulière de la commission d'accessibilité pour les personnes handicapés. Toutefois, le Tribunal a décidé de surseoir à statuer afin de permettre au constructeur de présenter une demande de permis de construire modificatif de nature à régulariser la décision attaquée, estimant que « *l'annulation immédiate du permis de construire aurait des conséquences manifestement excessives, compte tenu, d'une part, de l'intérêt général qui s'attache à la réalisation du Grand Stade dans les meilleurs délais et, d'autre part, de la portée limitée de ces deux vices de procédures* ». En effet, dès lors que les travaux sont entamés ou achevés, le juge ne demandera pas la démolition de l'ouvrage pour ce type d'irrégularité au regard du principe d'intangibilité de l'ouvrage public[1054].

B – L'autorisation du permis de construire du stade

227. La construction ou la rénovation d'un stade est une opération d'urbanisme complexe nécessitant l'obtention d'une autorisation de permis de construire. Classiquement, des constructions constituant un ensemble immobilier indivisible devaient faire l'objet d'un unique permis de construire (**1**), malgré leur caractère complexe. Mais à l'occasion de la construction du stade de la ville de Grenoble, le juge administratif a reconnu une pluralité des permis de construire pour une opération complexe (**2**).

[1052] CUCHE (P.) et DEBAECKER (K.), « Retour sur le contrat de partenariat du stade de Lille », *BJCP*, n°63, avril 2009, p.104 ; VOLLEMAERE (J-M.), « Le recours au contrat de partenariat pour le Grand Stade de Lille : un choix mesuré et pragmatique... », *La Revue du Trésor*, n°3-4, mars-avril 2007, p.375.

[1053] TA Lille, 27 janvier 2011, *Association « les 2sous du Grand Stade »*, n°1001030.

[1054] CE, Sect., 29 janvier 2003, *Syndicat départemental de l'électricité et du gaz des Alpes-Maritimes et Commune de Clans*, n°245239. Concl. Maugüé, *RFDA*, n°3, mai-juin 2003, p.477. Notes sous arrêt : LAVIALLE (C.), *RFDA*, n°3, mai-juin 2003, p.484 ; DUFAU (J.), *JCPA*, n°15, 7 avril 2003, p.480 ; SABLIERE (P.), *AJDA*, n°15, 21 avril 2003, p.784 ; MELLERAY (F.), *LPA*, n°164, 18 août 2003, p.4. V. également, CE, 9 juin 2004, *Commune de Peille*, n°254691. Concl. Donat et CE, 20 mai 2011, *Communauté d'agglomération du lac du Bourget*, n°325552. Concl. Guyomar.

1 – Le principe d'unicité du permis de construire d'opérations complexes

228. Le Conseil d'Etat a affirmé de manière constante qu'un ensemble immobilier indivisible doit faire l'objet d'un permis de construire unique[1055]. Ce principe relève d'un critère physique tenant à la conception d'ensemble du projet et au projet de fonctionnement de ces immeubles[1056]. Mais *a contrario*, l'indivisibilité est indifférente à l'assiette foncière de l'autorisation[1057]. De même, à propos d'un permis portant sur des constructions édifiées en méconnaissance des règles d'urbanisme, les juges du Palais Royal ont considéré que l'exigence qu'un permis ultérieurement délivré permette la régularisation du bâtiment initial ne trouvait pas à s'appliquer dans le cas où le permis initial concernait plusieurs immeubles distincts et où la modification demandée ne portait pas sur un immeuble édifié en violation de ce permis[1058].

229. La doctrine s'est intéressée à la question du permis de construire portant sur la réalisation d'un ensemble immobilier qualifié d'opération complexe[1059]. Si elle appelait de ses vœux l'institution d'un permis de construire des opérations complexes et soulignait son intérêt pratique, elle craignait que la rigidité du droit de l'urbanisme ne rétroagisse sur la souplesse des montages contractuels. Toutefois, le Conseil d'Etat avait réaffirmé clairement ce principe d'unicité en indiquant que « *des constructions indivisibles doivent faire l'objet d'un permis de construire*

[1055] CE, 25 septembre 1995, *Giron*, n°120438. Concl. Abraham ; CE, 1er décembre 1995, *Ménager*, n°137832. Concl. Bonichot ; CE, 17 décembre 2003, *Bontemps*, n°242282. Concl. Séners, *BJDU*, n°1, février 2004, p.49.

[1056] SOLER-COUTEAUX, « L'unicité de l'autorisation de l'ensemble immobilier indivisible », *RDI*, n°3, avril 2008, p.130 ; CE, 25 septembre 1995, *Giron*, n°120438. Concl. Abraham. En l'espèce, deux corps de bâtiments sont séparés au rez-de-chaussée par un passage ouvert et comportant chacun une toiture indépendante, mais à partir du premier étage, ces deux corps de bâtiments communiquent et les logements qui y sont aménagés sont accessibles par un même escalier et desservis par des circulations communes ; CE, 1er décembre 1995, *Ménager*, n°137832. Concl. Bonichot. En l'espèce, un ensemble immobilier forme un tout indissociable en raison de l'usage commun des sous-sols de stationnement ; CE, 17 décembre 2003, *Bontemps*, n°242282. Concl. Séners, *BJDU*, n°1, février 2004, p.49. En l'espèce, une piscine forme un ensemble immobilier indivisible avec un mur de soutènement.

[1057] CE, 10 mai 1996, *Maleriat-Bihler*, n°136926. Concl. Descoings. En l'espèce, deux constructions répondent à des objets distincts, elles peuvent donc faire l'objet de deux permis de construire différents même si elles sont réalisées sur la même parcelle.

[1058] CE, 25 avril 2001, *Epoux Ahlborn*, n°207095. Concl. de Silva. Rec. Lebon, p.1230.

[1059] PERIGNON (S.), « Pour une réforme du permis de construire prévoyant division parcellaire », *Defrénois*, n°2, 30 janvier 1997, p.86 ; PERIGNON (S.), « Ouvrages complexes et droit de l'urbanisme », *RDI*, n°4, octobre 1999, p.522 ; PERINET-MARQUET (H.), « Permis de construire et opérations complexes », *Les cahiers du GRIDAUH*, n°3, 1999, p.5 ; SOLER-COUTEAUX (P.), « Le permis de construire d'opérations complexes », *RDI*, n°2 mars 2003, p.125.

unique ; qu'il en résulte qu'un permis de construire ne peut être délivré à une partie seulement d'un ensemble indivisible »[1060]. La solution de cet arrêt apparaissait d'autant plus assurée qu'il intervenait après l'arrêt de la Cour administrative d'appel de Lyon, *Association SOS Parc Paul Mistral*[1061], à propos de la construction du stade de Grenoble et d'un parc de stationnement. L'arrêt de la Cour administrative d'appel de Lyon fut commenté comme affirmant pour la première fois qu'un ensemble immobilier indivisible devait par principe faire l'objet d'une seule et même demande de permis de construire. Par cette solution, la jurisprudence était censée mettre un terme aux débats doctrinaux relatifs à la question des permis de construire d'opérations complexes. Mais la censure par le juge de cassation[1062] de l'arrêt de la Cour administrative d'appel de Lyon, tout en allant dans le sens de la doctrine, démontre la volonté de recherche de la sécurité juridique par le Conseil d'Etat, de résister aux tentations d'un formalisme étroit[1063] et de véritablement clarifier la question des permis de construire d'opérations complexes.

2 – La reconnaissance d'une pluralité de permis de construire pour la réalisation d'un stade

230. Dans son arrêt *Demoures*, le Conseil d'Etat affirmait explicitement que des constructions indivisibles doivent faire l'objet d'un permis de construire unique. Cet arrêt, bien que resté inédit en raison de son espèce spécifique, se déduisait de la jurisprudence antérieure sans toutefois connaître une clarification[1064], ce qui sera le cas avec l'arrêt de section du 17 juillet 2009 relatif au stade des Alpes de Grenoble (**a**). Cette clarification jurisprudentielle permet la reconnaissance d'une pluralité du permis de construire pour une opération immobilière complexe, toutefois l'unicité ou la pluralité du permis de construire demeure un choix *in concreto* (**b**).

[1060] CE, 10 octobre 2007, *M. et Mme Demoures et autres*, n°277314. Concl. Aguila, *BJDU*, n°4, juillet 2007, p.282. Notes sous arrêt : DURAND (P-E.), *Construction-Urbanisme*, n°11, novembre 2007, p.29 ; SOLER-COUTEAUX (P.), *RDI*, n°3, avril 2008, p.128. Pour une solution implicite, CE, 22 novembre 2002, *François-Poncet*, n°204244. Concl. Austry. Obs. BENOIT-CATTIN (P.), *Construction-Urbanisme*, n°4, avril 2003, p.25 ; CAA Marseille, 18 mars 2004, *Commune de Beausoleil*, n°01MA00551.

[1061] CAA Lyon 28 décembre 2006, *Association SOS Parc Paul Mistral*, n°05LY01535. Note sous arrêt : DURAND (P-E.), *Construction-Urbanisme*, n°4, avril 2007, p.22. V. également en ce sens, CAA Nancy, 4 mars 1997, *Epoux Ravachol c/ Ville de Reims*, n°94NC01290 ; CAA Paris, 18 octobre 2001, *Frack et Pinvin*, n°98PA02786.

[1062] CE, Sect., 17 juillet 2009, *Commune de Grenoble et Communauté d'agglomération Grenoble Alpes Métropole*, n°301615.

[1063] ODENT (R.), *Cours de contentieux administratif*, p.1831.

[1064] Concl. Burguburu, *RFDA*, n°5, septembre-octobre 2009, p.1024 sur l'arrêt CE, Sect., 17 juillet 2009, *Commune de Grenoble et Communauté d'agglomération Grenoble Alpes Métropole*, n°301615.

a – Une clarification jurisprudentielle

231. La réalisation d'un stade constitue une opération d'urbanisme complexe. Ce type d'opération fait l'objet traditionnellement d'une seule décision d'urbanisme, afin que l'ensemble du projet soit traité par cette décision. Toutefois dans un arrêt relatif à la réalisation du stade de Grenoble, le Conseil d'Etat a autorisé une pluralité de permis de construire[1065].
En l'espèce, le maire de Grenoble a délivré par arrêté un permis de construire à la communauté d'agglomération Grenoble Alpes Métropole pour la réalisation d'un stade d'une capacité de 20.000 places, situé à l'emplacement du stade Charles Berty. Par un second arrêté municipal du même jour, le maire délivre un permis de construire à la commune pour la construction d'un parc de stationnement situé sous les tribunes du futur stade. Ces demandes d'autorisation étaient présentées par deux maîtres d'ouvrage différents aboutissant à l'obtention de deux permis de construire distincts. Le permis de construire accordé pour la réalisation du stade a fait l'objet d'un recours en annulation sur le moyen tiré de l'indivisibilité d'un ensemble immobilier complexe. Dès lors, un ensemble immobilier complexe doit-il faire l'objet d'une ou plusieurs autorisations d'urbanisme ?

Le Conseil d'Etat censure la solution de la Cour administrative d'appel non pas pour son raisonnement mais pour l'erreur de droit résultant des conséquences qu'elle en a conclues. Selon l'arrêt d'appel[1066], le lien entre les deux constructions impliquait qu'une seule demande d'autorisation d'urbanisme soit soumise en application de l'article L.421-3 du Code de l'urbanisme et d'une jurisprudence constante[1067]. En effet, la Cour fondait l'annulation du permis sur le fait que le pétitionnaire n'avait pas mis l'autorité d'urbanisme « *en mesure d'appréhender et prendre parti sur l'ensemble du projet tant au regard de l'application des règles de fond d'urbanisme relatives à l'implantation, à la destination de l'ouvrage et à l'aménagement de ses abords, que des règles de sécurité dans les établissements recevant du public sanctionnées par le permis de*

[1065] CE, Sect., 17 juillet 2009, *Commune de Grenoble et Communauté d'agglomération Grenoble Alpes Métropole*, n°301615. Concl. Burguburu, *RFDA*, n°5, septembre-octobre 2009, p.1021. Notes sous arrêt : CORNILLE (P.) et CHAMBORD (O.), *Construction-Urbanisme*, n°10, octobre 2009, p.14 ; SOLER-COUTEAUX (P.), *RDI*, n°10, octobre 2009, p.557 ; COLIN (F.), *Cahiers de droit du sport*, n°17, octobre 2009, p.116 ; BILLET (P.), *JCPA*, n°46, 9 novembre 2009, p.37 ; PISSALOUX (J-L.), *RLCT*, n°53, janvier 2010, p.44.
[1066] CAA Lyon, 28 décembre 2006, *Association SOS Parc Paul Mistral*, n°05LY01535. Note sous arrêt : DURAND (P-E.), *Construction-Urbanisme*, n°4, avril 2007, p.22.
[1067] CE, 7 novembre 1973, *Giudicelli*, n°85237. Concl. Rougevin-Baville. Rec. Lebon, p.624 ; CE, 26 janvier 1979, *SCI Le Maréchal*, n°05746. Concl. Genevois. Rec. Lebon, p.924 ; CE, 25 septembre 1995, *Giron*, n°120438. Concl. Abraham ; CE, 10 mai 1996, *Maleriat Bihler*, n°136926. Concl. Descoings ; CAA Marseille, 31 mars 2005, *De Chanville c/ Ville de Marseille*, n°00MA01463.

construire ». La Cour appliquait donc l'article L.421-3 du Code de l'urbanisme et un second permis ultérieur[1068] ou concomitant[1069] entrainait une méconnaissance de l'article. Cependant, le Conseil d'Etat a reconnu que l'administration puisse délivrer, sans commettre d'erreur de droit, le permis de construire de la tranche A de l'Opéra Bastille, alors qu'elle avait préalablement autorisé la tranche B, appréciant l'aspect définitif de l'ensemble immobilier qui ne dépendait plus du permis de construire ultérieur[1070].

232. Ainsi, en principe une construction, constituée de plusieurs éléments formant en raison des liens physiques ou fonctionnels existant entre eux, doit faire l'objet d'un seul permis de construire. Toutefois, en l'espèce, le Conseil d'Etat estime que le stade et le parc de stationnement sous-jacent constituaient un seul et même ensemble immobilier faisant l'objet d'une conception architecturale globale et qu'en raison de l'ampleur et de la complexité du projet, les deux éléments de la construction ayant une vocation fonctionnelle autonome peuvent faire l'objet de permis de construire distincts, sous réserve que l'autorité administrative ait vérifié, par une appréciation globale, que le respect des règles et la protection des intérêts généraux que garantirait un permis unique sont assurés par l'ensemble des permis délivrés.

233. Auparavant, le Conseil d'Etat avait admis la divisibilité des participations financières par rapport aux autres prescriptions[1071], solution codifiée à l'article L.332-7 du Code de l'urbanisme. La question de la divisibilité importe car elle peut permettre de préserver le projet et d'éviter une sanction globale. Le juge exerce un contrôle limité à la dénaturation du permis de construire afin de ne pas sanctionner les éléments légaux de l'autorisation[1072]. Il vérifiera si les différents éléments ont des liens fonctionnels. Dans cet arrêt le juge a recherché une solution équilibrée entre la sécurité juridique et le contexte économique, d'autant qu'il aurait été incongrue qu'un édifice pouvant accueillir 20.000 spectateurs ne dispose pas

---

[1068] CAA Marseille, 22 décembre 2003, *SCI Magnolia c/ Chirie*, n°99MA00462.
[1069] CE, 8 juin 1988, *OPHLM de Paris c/ Epoux Rougemont*, n°44200. Concl. Robineau.
[1070] CE, 23 décembre 1987, *Centre national d'ophtalmologie des Quinze-Vingts*, n°84114. Concl. Schmareck. Rec. Lebon, p.433. V. aussi, CE, 10 octobre 2007, *Demoures et autres*, n°277314. Concl. Aguila, *BJDU*, n°4, juillet 2007, p.282. Note sous arrêt : SOLER-COUTEAUX (P.), *RDI*, n°3, avril 2008, p.128. Par ailleurs, un permis de construire ne peut être accordé pour des travaux sur une construction existante irrégulière que si lesdits travaux contribuent à rendre l'immeuble plus conforme à ces règles, CE, 9 juillet 1986, *Thalamy*, n°51172. Concl. Fornacciari, *AJDA*, n°11, 20 novembre 1986, p.648. Rec. Lebon, p.201.
[1071] CE, Sect., 13 novembre 1981, *Plunian*, n°16504. Concl. Labetoulle. Rec. Lebon, p.413.
[1072] CE, 18 février 2005, *Constant*, n°261171. Concl. Keller ; CE, 6 novembre 2006, *Association pour la préservation des paysages exceptionnels du Mezenc* (APPEM), n°281072. Concl. Aguila.

d'une aire de stationnement associée, accessoire indispensable au bon fonctionnement du stade[1073]. Il en découle que la contingence des solutions varie « *selon les circonstances de l'espèce* »[1074], même si par cet arrêt le juge administratif tend à assouplir son ordonnancement du principe d'indivisibilité du permis de construire[1075].

b – Un choix in concreto

234. Par son arrêt relatif au stade Grenoble, la Haute juridiction administrative reconnaît la possibilité de déposer plusieurs permis de construire pour la réalisation d'un ensemble immobilier. Ce choix entre le dépôt d'un ou plusieurs permis de construire s'effectue après un bilan coût/avantages *in concreto* par le propriétaire/maître d'ouvrage. En effet, l'unicité du permis entraîne également l'unicité de l'ensemble des délais d'instruction, de délivrance, de recours contentieux et de péremption. Le revers de cette simplicité est que tous les éléments du projet sont soumis à un délai d'instruction plus long[1076]. De plus, en cas de modification de l'un des éléments du projet impose le dépôt d'un permis de construire modificatif du permis unique, suscitant des retards dans l'exécution du projet. Une pluralité des permis implique une indépendance du dépôt et des différents délais. Néanmoins, l'instruction de plusieurs permis de construire accentue la complexité de la vérification de la compatibilité du projet envers le respect des règles d'urbanisme. Par ailleurs, les dates de délivrance des permis peuvent être substantiellement différentes et provoquer un décalage du délai de péremption. Ce décalage peut poser des problèmes pratiques dès lors que le ou les permis de construire délivrés en premier ne peuvent être mis en œuvre avant l'exécution du reste des permis de construire.

En matière contentieuse, le bilan *in concreto* de la pluralité importe. En effet, le recours envers l'un des permis ne remet pas en cause les droits découlant des autres permis de construire. Cependant, la pluralité induit l'inconvénient majeur d'avoir potentiellement une pluralité de recours et de requérants,

---

[1073] BILLET (P.), « Partage inédit des compétences et divisibilité du permis de construire : nouvelles règles du jeu pour le stade de Grenoble », *JCPA*, n°46, 9 septembre 2009, p.41.

[1074] HOCREITERE (P.), « L'annulation du permis de construire et ses conséquences », *Droit et Ville*, n°41, juin 1996, p.155.

[1075] CE, 10 octobre 2007, *Association de défense de l'environnement d'une usine située aux Maisons à Saint-Jory-Lasbloux*, n°277314. Concl. ; .V. sur ce principe, SOLER-COUTEAUX (P.), « Le permis de construire d'opérations complexes », *RDI*, n°2, mars 2003, p.130 ; DURAND (P-E.), « Des constructions constituant un ensemble indivisible doivent faire l'objet d'un permis de construire unique », *Construction-Urbanisme*, n°11, novembre 2007, p.29.

[1076] MARAIS (V.) et ROSSI (O.), « Opération complexe : un ou plusieurs permis de construire », *Décideurs juridiques et financiers*, n°113, février 2010, p.101.

engendrant une complexification de la gestion des procédures et *in fine* de l'opération.

§ 3 – Les règles connexes d'urbanisme du stade

Les travaux qu'engendrent un stade peuvent nécessiter un permis de démolir (**A**). Les travaux et la démolition doivent tenir compte de l'œuvre architecturale que représente un stade (**B**).

A – Le permis de démolir

235. La réforme engagée par l'ordonnance du 8 décembre 2005[1077] et transcrite par la publication du décret du 5 janvier 2007[1078] a redéfini le périmètre et le régime du permis de démolir[1079]. En vertu de l'article L.421-3 du Code de l'urbanisme, les démolitions de constructions existantes ne sont subordonnées à aucune formalité préalable sauf par exception dans deux hypothèses[1080]. En premier lieu, lorsqu'elles sont situées dans une commune ou une partie de la commune où le permis de démolir a été institué par une délibération du conseil municipal[1081]. En second lieu, lorsqu'elles relèvent d'une protection particulière[1082], tel que l'inscription aux monuments historiques, ou si les constructions sont situées dans un secteur sauvegardé ou se trouvent dans un site inscrit ou classé.

Le permis de démolir peut être exigé pour la démolition rendant inutilisable toute construction[1083], partielle ou totale. Il peut être refusé ou n'être accordé que conditionnellement si les travaux envisagés sont de nature à

[1077] Ordonnance n°2005-1527 du 8 décembre 2005 relative au permis de construire et aux autorisations d'urbanisme, *JORF*, n°286, 9 décembre 2005, p.18997.

[1078] Décret n°2007-18 du 5 janvier 2007 pris pour l'application de l'ordonnance n°2005-1527 du 8 décembre 2005 relative au permis de construire et aux autorisations d'urbanisme, *JORF*, n°5, 6 janvier 2005, p.225. Pour une étude historique de la notion, v. HUGOT (J.), « Le permis de démolir », *JCPN*, 1977, p.119 ; RAINAUD (A.), « Le permis de démolir », *Droit et Ville*, n°52, février 2001, p.175 ; KALFLECHE (G.), *Droit de l'urbanisme*, PUF, juillet 2012, p.231.

[1079] GHAYE (G.), « Redéfinition du périmètre et du régime du permis de démolir », *BJDU*, n°4, juillet 2007, p.257.

[1080] LARRALDE (D.), « Permis de démolir », *JCPA*, n°7,12 février 2007, p.36.

[1081] Article R.421-27 du Code de l'urbanisme. V. CAA Douai, 16 mai 2012, *Commune de Rosoy-en-Multien*, n°11DA00690.

[1082] Article R.421-28 et suivants du Code de l'urbanisme.

[1083] Le terme de construction remplace désormais celui de bâtiment. V. pour illustration, CE, 7 avril 2011, *Jehl*, n°330306. Concl. Vialettes, *BJDU*, n°4, septembre 2011, p.282. Notes sous arrêt : GILLIG (D.), *Revue de droit rural*, n°394, juin 2011, p.41 ; TREMEAU (J.), *BJDU*, n°4, septembre 2011, p.28.

compromettre la protection ou la mise en valeur du patrimoine bâti, des quartiers, des monuments et des sites[1084]. Par ailleurs, aucune compensation financière ne saurait le subordonner[1085].

236. Un stade peut relever du permis de démolir. Ainsi, le Stade Vélodrome de Marseille a nécessité un permis de démolir d'une part, parce que le plan local d'urbanisme de la Ville de Marseille l'a institué[1086], et d'autre part, parce que les travaux ont porté notamment sur la façade de la tribune présidentielle dénommée Jean Bouin, façade classée et protégée par le PLU. Ces travaux ont augmenté la capacité d'accueil du stade de 7.000 places. Il est regrettable que ce coût d'investissement et d'amélioration du confort des spectateurs s'élèvent à 273 millions d'euros, quant à titre de comparaison les 50.000 places du Grand stade de Lille n'en ont coûté « que » 324 millions d'euros[1087].

Enfin, un permis de démolir ne peut être refusé lorsque la démolition est le seul moyen de mettre fin à la ruine de l'immeuble[1088]. Cette espèce semble peu probable pour un stade mais la question peut être soulevée, lorsqu'un stade est laissé à l'abandon faute de financement nécessaire pour l'entretien et qu'il demeure fermé faute d'accueillir un club. Ainsi, le stade Léon Bollée du Mans supplanté par le MMArena devient peu à peu un terrain vague.

Le permis de démolir est délivré par l'autorité administrative compétente dans les mêmes conditions que le permis de construire ou d'aménager, son délai de validité est de deux ans[1089].

B – Le stade, une œuvre architecturale

237. Afin de se prévaloir d'un droit moral sur son œuvre, un architecte doit préalablement obtenir la reconnaissance de la qualité d'auteur par le juge administratif (**1**). Ensuite, son œuvre doit réunir les caractéristiques d'une œuvre de l'esprit protégeable au titre du droit d'auteur (**2**). Ces deux conditions doivent être réunies pour qu'un architecte puisse prétendre à un droit moral.

1084 Article L.421-6 du Code de l'urbanisme. CE, 8 janvier 1993, *Association de sauvegarde de la Villa Alesia*, n°102134. Concl. Lasvignes. Rec. Lebon, p.7.

1085 Circulaire n°48 du 6 mai 1988, *BO*, juin 1988.

1086 Article 13 du règlement du PLU de la Ville de Marseille, Tome 1, 28 juin 2013 p.20.

1087 Chiffres initialement annoncés lors du début des travaux.

1088 Article L.451-2 du Code de l'urbanisme. CE, 11 janvier 2002, *Ville de Paris c/ Mlle Foret*, n°219558. Concl. Boissard. Note sous arrêt : ROUSSEAU (N.), *Construction-Urbanisme*, n°4, avril 2002, p.22.

1089 Article R.424-17 du Code de l'urbanisme.

1 – Le droit moral de l'architecte

238. Le droit d'auteur, malgré une dominante privatiste, s'appréhende de façon transversale comme l'illustre l'avis du Conseil d'Etat, *OFRATEME*[1090]. Jusqu'à la loi du 1er août 2006 relative au droit d'auteur[1091], le juge administratif estimait que les droits des inventeurs ou des auteurs agents publics étaient paralysés par les nécessités du service public et revenaient à la personne publique lorsque la création de leurs œuvres constituait l'objet même du service public.

239. Les notions de sport et d'esthétique s'entremêlent régulièrement, mais il est peu fréquent de les associer dans une décision de justice. Cette réunion est pourtant opérée par le Conseil d'Etat dans son arrêt *Agopyan*[1092] relatif à la réparation du préjudice moral subi par l'architecte[1093] du stade de La Beaujoire à Nantes en raison des travaux de modification de celui-ci imposés pour l'organisation de la Coupe du Monde 1998[1094].

En l'espèce, la ville de Nantes avait confié en 1982 la conception et la construction d'un stade de football pour l'organisation du Championnat d'Europe de football des Nations de 1984, que la France remportera, à l'architecte Monsieur Agopyan. Ce dernier estime avoir créé une véritable œuvre architecturale au regard de l'originalité du dessin où l'ellipse intérieure des gradins correspond parfaitement à celle de la toiture[1095]. Lors de l'organisation de la Coupe de Monde 1998, que la France remporta

---

[1090] CE, Avis, 21 novembre 1972, *Propriété intellectuelle et personnes publiques*, dit *OFRATEME*, n°309721. Note sous avis : KUPERFILS (G.), *in*, *Les grands avis du Conseil d'Etat*, Dalloz, 2ème édition, 2002, p.105. V. également, CE, 3 avril 1936, *Sudre*. Concl. Josse. Note sous arrêt : WALINE (M.), *D.* 1936, III, p.57.

[1091] Loi n°2006-961 du 1er août 2006 relative au droit d'auteur et aux droits voisins dans la société d'information, *JORF*, n°178, 3 août 2006, p.11529.

[1092] CE, 11 septembre 2006, *M. Berdje Agopyan c/ Ville de Nantes*, n°265174. Concl. Casas, *BJCP*, n°49, décembre 2006, p.432. Notes sous arrêt : ZIMMER (W.), *Contrats et Marchés Publics*, n°11, novembre 2006, p.23 ; CARON (C.), *JCPG*, n°46, 15 novembre 2006, p.2122 ; DREYFUS (J-D.), *AJDA*, n°39, 20 novembre 2006, p.2189 ; POLLAUD-DULIAN (F.), *RTD Com.*, n°1, janvier 2007, p.100 ; CHARRET (J.), *D.*, n°2, 11 janvier 2007, p.129 ; BOUDOT (M.), *Cahiers de droit du sport*, n°7, avril 2010, p.207 ; MAETZ (C-A.), *Cahiers de droit du sport*, n°7, avril 2010, p.211.

[1093] PIOTRAUT (J-L.), « Les droits de propriété littéraire et artistique à l'épreuve des juridictions administratives », *RFDA*, n°1, janvier-février 1997, p.105 ; CORNU (M.), « Droit de l'architecte et aménagement de l'espace public », *AJDA*, n°38, 8 novembre 2004, p.2114 ; MALWE (C.), « Le droit moral de l'architecte et les bâtiments publics », *RDI*, n°9, septembre 2011, p.424.

[1094] A propos du droit moral de l'architecte, v. CARON (C.), *Droit d'auteur et droits voisins*, Litec, 3ème édition, février 2013, n°168 ; POLLAUD-DULIAN (F.), « Architecture et droit d'auteur », *RD imm.*, 1990, p.431 ; HUET (M.), « Architecture et droit d'auteur en France », Thèse, Panthéon-Assas (Paris II), 1975, n°155.

[1095] CHARRET (J.), *D.*, n°2, 11 janvier 2007, p.130.

également, des modifications du stade s'imposèrent en raison des normes de sécurité et de capacité édictées. En qualité de maître d'ouvrage, la ville de Nantes lança un appel d'offres afin de procéder à ces travaux et en informa dès le début le requérant sous toutefois l'y associer. Il saisit alors le Tribunal administratif de Nantes au motif que les transformations entreprises dénaturaient son œuvre et portaient atteinte à ses droits d'auteur et patrimoniaux. Dans son jugement[1096], le Tribunal administratif rejette ses conclusions relatives à l'atteinte portée à ses droits patrimoniaux mais fait droit à la reconnaissance de son préjudice moral. La ville interjette appel devant la Cour administrative d'appel de Nantes qui annule ce jugement en rejetant l'ensemble des prétentions de l'architecte[1097] qui se pourvoit en cassation.

S'agissant du caractère d'œuvre architecturale, le Conseil d'Etat reprend le raisonnement de son arrêt *Conseil de fabrique de la cathédrale de Strasbourg*[1098], s'appuyant déjà sur l'arrêt *Bonnier* rendu par la Cour de cassation[1099]. Dans sa précédente jurisprudence, le Conseil d'Etat ne se fondait pas sur les dispositions de l'article L.112-2, 10° du Code de la propriété intellectuelle indiquant que « *sont considérées notamment comme œuvres de l'esprit,* (...) *les œuvres des arts appliqués* », refusant ainsi de reconnaître l'orgue de la cathédrale de Strasbourg comme tel. Le cas échéant, cette reconnaissance supposerait de distinguer sa forme artistique de son usage utilitaire[1100]. Outre ces similitudes juridiques, la doctrine a dépeint les stades à des « *cathédrales des temps modernes* »[1101].

Dans l'arrêt *Agopyan*, le Conseil d'Etat indique que la construction d'un stade n'est pas assimilée à une création artistique, puisqu'elle obéit à des contraintes normatives et remplit des règles techniques s'écartant de la liberté créatrice. Pour autant, une fois ces contraintes prises en compte, la créativité de l'architecte procure une identité propre au stade, révélant malgré tout un talent créateur[1102]. Pour la Haute juridiction administrative, ce

---

[1096] TA Nantes, 5 juin 2001, *M. Berdje Agopyan*, n°97-3714.

[1097] CAA Nantes, 18 décembre 2003, *M. Berdje Agopyan*, n°01NT01726. Note sous arrêt : MILLET (J-F.), *AJDA*, n°16, 26 avril 2004, p.875.

[1098] CE, 14 juin 1999, *Conseil de fabrique de la cathédrale de Strasbourg*, n°181023. Concl. Combrexelle, *BJCP*, n°7, novembre 1999, p.583. Rec. Lebon, p.199. Notes sous arrêt : GUIHEUX (G.), *AJDA*, n°11, 20 novembre 1999, p.938 ; GOUNIN (Y.), *RFDA*, n°3, mai-juin 2000, p.600.

[1099] Cass. 1ère civ., 7 janvier 1992, *Bonnier c/ SA Bull*. Note sous arrêt : EDELMAN (B.), *D.* 1993, p.523.

[1100] GOUNIN (Y.), *RFDA*, n°3, mai-juin 2000, p.602.

[1101] PAUTOT (M.), *Le sport spectacle – Les coulisses du sport business*, L'HARMATTAN, septembre 2003, p.225.

[1102] CHARRET (J.), *D.*, n°2, 11 janvier 2007, p.131. Malgré les contraintes du maître de l'ouvrage, une œuvre architecturale peut exprimer la personnalité de l'auteur, Cass. 1ère civ.,

talent doit être suffisamment original pour être reconnu et permettre d'inscrire le nom de l'architecte sur la façade de l'immeuble, il ne doit pas s'agir d'une simple rénovation[1103].

Une œuvre demeure traditionnellement intangible[1104] mais l'auteur de l'œuvre architecturale « *ne peut prétendre imposer au maître de l'ouvrage une intangibilité absolue de son œuvre* », comme le souligne l'arrêt en s'appuyant sur la jurisprudence judicaire[1105], car elle doit tenir compte des contraintes évolutives dès lors qu'elle accueille du public. Or, un stade par sa nature intrinsèque est amené à évoluer particulièrement en matière de sécurité, de confort et d'accessibilité[1106]. Des modifications peuvent donc être entreprises mais le maître de l'ouvrage « *ne peut toutefois porter atteinte au droit de l'auteur de l'œuvre en apportant des modifications à l'ouvrage que dans la seule mesure où elles sont rendues strictement indispensables par des impératifs esthétique, techniques ou de sécurité publiques, légitimés par les nécessités du service public et notamment la destination de l'ouvrage ou son adaptation à des besoins nouveaux* »[1107]. Il revient au juge de statuer sur les altérations effectuées. Par cet arrêt, le juge administratif renforce la protection du droit moral de l'auteur par la justification du caractère strictement indispensable des modifications.

Le Conseil d'Etat opère donc une conciliation entre le respect du droit d'auteur et les intérêts de la collectivité propriétaire. Il annule l'arrêt de la Cour administrative d'appel qui n'avait pas rapporté la preuve du caractère strictement indispensables des modifications ni suivi le rapport d'expertise proposant une solution alternative plus respectueuse du droit moral de l'auteur.

2 – Le droit moral de l'auteur

240. L'édifice sportif rencontre une dichotomie entre le droit administratif des biens qui le conçoit comme un ouvrage public et le droit de la propriété intellectuelle qui le considère comme une œuvre.

---

18 octobre 1972. Note sous arrêt : LIET-VEAUX (G.), *JCPG*, 1973.II.17364. V. aussi, CARON (C.), *Droit d'auteur et droits voisins*, Litec, 3ème édition, février 2013, n°168.

1103 CE, 6 mai 1988, *Goclowki*, n°78833. Concl. Schramek. Rec. Lebon, p.1005. Une rénovation peut faire l'objet d'une création mais elle doit être originale, CA Paris, 20 novembre 1996. *RIDA*, n°173, 1997, p.321.

1104 CORNU (M.), « L'espérance d'intangibilité dans la vie des œuvres », *RTD Civ.*, n°4, octobre 2000, p.697.

1105 Cass. 1ère civ., 7 janvier 1992, *Bonnier c/ SA Bull.*

1106 TA Grenoble, 18 février 1976. Note sous jugement : FRANCON (A.), *RIDA*, n°91, 1977, p.116 ; Obs. DESBOIS (H.), *RTD Com.*, 1977, p.120.

1107 V. également, Cass. 1ère civ., 1er décembre 1987, *Ville de Lille c/ Consorts Gillet.*

Le droit moral de l'auteur est un droit de la personnalité induisant un caractère perpétuel, inaliénable et imprescriptible ne pouvant être cédé par convention[1108]. Pour le juge communautaire, le droit d'auteur se définit comme « *la protection morale de l'œuvre et la rémunération de l'effet créateur* »[1109]. Depuis l'arrêt *Sudre*, suivant les conclusions du commissaire du gouvernement Josse, la compétence juridictionnelle pour les actions en responsabilité envers une personne publique qui aurait porté atteinte au droit moral d'un auteur relève du juge administratif. L'auteur doit démontrer que la personne publique propriétaire de l'œuvre a commis une faute et causé un préjudice[1110]. Par ailleurs, la personne publique voulant opérer une modification doit, à défaut d'obtenir l'assentiment de l'auteur, démontrer l'initiative de cette demande[1111] pour que l'auteur formule des propositions[1112].

Le droit d'auteur confère à l'auteur d'une œuvre d'imposer le respect de ses droits patrimoniaux et extrapatrimoniaux. Il peut donc disposer du droit exclusif d'exploitation de son œuvre et obtenir la maîtrise de celle-ci qui s'analyse en termes de droit moral[1113]. Ce droit moral de l'auteur s'entend comme un droit de divulgation permettant uniquement à l'autre de divulguer son œuvre dans les conditions qu'il désire[1114]. Si la création ne lui convient pas, par exemple, il peut s'opposer à sa divulgation moyennant une compensation de son inexécution contractuelle[1115], ce qui semble impossible en matière de stade. *A contrario*, le commanditaire ne saurait s'opposer à la divulgation de l'œuvre[1116].

L'auteur dispose également d'un droit au respect de son œuvre qui lui confère la possibilité de refuser toute atteinte à celle-ci sauf pour des motifs légitimes de sécurité, de modernisation ou d'accessibilité en vertu du

---

[1108] LE PECHON-JOUBERT (F.), « La clause relative à la propriété intellectuelle des contrats d'architecte : de l'art et de l'accessoire », *Construction-Urbanisme*, n°9, septembre 2002, p.5.
[1109] TPICE, 10 juillet 1991, *TRE, BBC, TTP, affaire « Maggill »*, aff. T-69, 70, 76/89. Rec. 1991, p.485, 535 et 575.
[1110] CE, Ass., 24 novembre 1961, *Ministre des Travaux publics c/ Consorts Letisserand*, n°48841. Concl. Heumann, *D.* 1962, p.34. Rec. Lebon, p.661. Chron. GALABERT (J-M.) et GENTOT (M.), *AJDA*, n°1, 20 janvier 1962, p.22 ; WALINE (M.), *RDP*, 1962, p.330 ; LUCE (C.), *JCP*, 1962, II.12425. GAJA, n°81, 15ème édition, août 2005, p.539.
[1111] CAA Bordeaux, 27 décembre 1990, *Valiente*, n°891321. Rec. Lebon, p.689.
[1112] CAA Nancy, 2 mai 1996, *Commune de Sarre-Union*, 94NC00118.
[1113] CE, 3 avril 1936, *Sudre*.
[1114] TRIGNON (S.), « L'ouvrage public, une œuvre à respecter », *AJDA*, n°17, 30 avril 2007, p.890.
[1115] Cass. civ., 14 mars 1900, *DP* 1900.I.497.
[1116] TA Châlons-en-Champagne, 18 juin 2002, *M. Lapie c/ Ville de Reims*, n°99-1780. Note sous jugement : NIETZ (O.), *AJDA*, n°14, 14 octobre 2002, p.971.

principe d'adaptation du service public[1117]. Ainsi, un monument historique fera l'objet d'un système d'éclairage et de rampes d'accès aux personnes handicapées[1118].

Les stades contribuent à l'aménagement du territoire et à l'enrichissement des règles de droit de l'urbanisme, démontrant leur apport en droit positif et confirmant ainsi que le droit de l'urbanisme est « *une pierre philosophale qui a la vertu de transformer le plomb du terrain inconstructible en or du terrain à bâtir, à même d'accueillir le projet* »[1119].

[1117] CE, 22 avril 1966, *Ville de Marseille*, n°61780. Concl. Questiaux. Rec. Lebon, p.266. Note sous arrêt : DE LAUBADERE (A.), *AJDA*, n°2, 20 février 1967, p.115 ; CE, Ass., 6 juillet 1973, *Sieur Dalleau*, n°82406. Concl. Morisot. Rec. Lebon, p.482 ; CAA Lyon, 6 juillet 2006, *SCI Plein Sud*, n°03LY01742.

[1118] Article 2 de l'arrêté du 1er août 2006 fixant les dispositions nécessaires à la mise en accessibilité des établissements recevant du public, *JORF*, n°195, 24 août 2006, p.12459.

[1119] Citation de Georges LIET-VEAUX rappelée par BILLET (P.), « Les lieux du stade : l'implantation du stade entre droit de l'urbanisme et droit de l'environnement », *in,* sous dir. SIMON (G.), *Le stade et le droit*, Dalloz, février 2008, p.21.

CONCLUSION DU TITRE 2

241. L'incorporation de longue date du stade au domaine public a éprouvé une remise en cause, bien que celle-ci reste à nuancer. Un stade doit-il demeurer dans le domaine public ou incorporer le domaine privé ? Si le raisonnement du libéralisme prime, il vaudrait mieux que le stade devienne la propriété privée d'une personne privée. Certes, un stade mis à la disposition d'un club sportif professionnel n'a pas, ou plus, vocation à demeurer dans le domaine public, d'autant plus en raison de l'absence de qualification de service public. Mais, l'évolution des besoins et des exigences des grands stades en matière de pratique sportive professionnelle et de spectacle sportif pourrait contraindre le juge à accepter que l'affectation au spectacle sportif relève du service public, comme le Conseil d'Etat a pu le faire pour des salles de spectacles ou des casinos[1120]. Il a précisé qu'ils concourraient « *aux objectifs de développement touristique, économique et culturel des communes* »[1121]. Si les jeux ne constituent pas en eux-mêmes des activités de service public, leurs conventions d'installation et d'exploitation avaient le caractère de conventions de délégation de service public. Un tel raisonnement analogue pourrait être retenu par les juges du Palais Royal, le jugement rendu par le Tribunal administratif de Bordeaux dans l'affaire du stade de Bordeaux s'y prêterait[1122].

Les solutions relatives à la domanialité ou au droit de l'urbanisme dépassent le cadre des stades pour s'appliquer à l'ensemble du droit public. Les nouvelles problématiques qu'entraine la réalisation de stades enrichissent le droit positif. Néanmoins, l'argument de l'obsolescence et de la vétusté retenu pour le renouvellement des stades peut souffrir de contradiction. En effet, concernant les stades accueillant les coupes du monde de football en 1998 et de rugby en 2007 ne connaissent pas *a priori* la décrépitude et l'ancienneté régulièrement évoquées. Or, ils s'avèrent totalement inadapté en termes de confort, de sécurité et d'accueil du public, surtout après une cruelle comparaison avec le voisin allemand. Se pose dès lors la question du bon usage des deniers publics. L'argent public a-t-il été dépensé à bon escient ? Un audit reste à réaliser pour répondre convenablement à cette interrogation.

[1120] DE FENOYL (E.), « Stades et Arénas : enjeux juridiques du mode d'exploitation », *Jurisport*, n°128, février 2013, p.23.

[1121] CE, 19 mars 2012, *SA Groupe Partouche*, n°341562. Concl. Boulouis, *BJCP*, n°82, mai 2012, p.193. Notes sous arrêt : GLASER (E.), *RLCT*, n°79, mai 2012, p.47 ; PELISSIER (G.), *RJEP*, n°700, août 2012, p.17.

[1122] TA Bordeaux, 19 décembre 2012, *M. Rouveyre.*

CONCLUSION DE LA PREMIÈRE PARTIE

242. Des développements qui précèdent, il résulte que le stade est un objet de droit public influençant le droit public et en particulier le droit des contrats administratifs, par leur contribution à l'évolution général de ce droit et l'émergence d'un droit spécial des contrats administratifs.

Un stade s'appréhende comme un objet de droit public dont l'influence sur les règles de domanialité demeure incertaine. Il est à souhaiter que le juge administratif puisse se prononcer clairement sur ces règles. Un stade s'appréhende également comme un objet d'aménagement du territoire et urbanistique permettant d'étendre le réseau de transport urbain et périurbain. Le développement de stations et de lignes de transports en commun pour le Stade de France en témoignent. Le stade s'accommode des normes sportives et des contraintes juridiques. A défaut de tendre vers un droit du stade, cet objet de droit public converge à la mise en œuvre d'une *lex stadium.*

SECONDE PARTIE

LE STADE, UN OBJET D'EXPLOITATION DE DROIT PUBLIC

243. Lorsque le choix du montage contractuel est opéré et que le projet s'avère expurgé de tout recours contentieux, les cocontractants peuvent s'atteler aux divers éléments inhérents du stade. En premier lieu, le financement du stade par la personne publique et la personne privée demeure la priorité. Les prêteurs apprécient que le montage soit en amont finalisé afin de mieux évaluer la viabilité de l'opération. En second lieu, après la réalisation des travaux de construction ou de rénovation, il est opportun pour l'exploitant du stade de veiller à l'accueil des spectateurs dans les meilleures conditions et que le spectacle soit commercialement exploité afin de susciter l'intérêt pour les événements se déroulant dans le stade.

« *Le contrat de partenariat paraît bien adapté à la situation économique des stades qui, de plus en plus, sont des équipements multifonctionnels* », comme le souligne le Professeur Laurent Richer[1123]. Il convient néanmoins de prendre garde au risque juridique de requalification, notamment en raison de l'ambiguïté du financement des stades par le biais des aides d'Etat[1124].

L'étude du financement des stades est une problématique essentielles des projets de construction ou de rénovation des stades en lien avec le choix du montage juridique retenu (**Titre 1**). Dès lors que le choix du financement est opéré et que le stade est réalisé, des problématiques liées à son exploitation apparaissent (**Titre 2**).

[1123] RICHER (L.) « Propriété publique et rentabilité des stades : de la concession au contrat de partenariat », *in,* sous dir. SIMON (G.), *Le stade et le droit*, Dalloz, février 2008, p.79.
[1124] V. n°315 et s.

SECONDE PARTIE

TITRE 1 – LE FINANCEMENT DES STADES

244. Dans son Livre vert du 30 avril 2004, la Commission européenne définit les partenariats public-privé comme « *des formes de coopération entre les autorités publiques et le monde des entreprises qui visent à assurer le financement, la construction, la rénovation, la gestion ou l'entretien d'une infrastructure ou la fourniture d'un service* »[1125]. L'ordonnance modifiée du 17 juin 2004 sur les contrats de partenariat incorpore cette notion de financement dans ses articles 8 et 11-*d*. La maîtrise du financement et l'optimisation du savoir-faire de chacun des partenaires figurent dans l'essence même de l'économie générale de l'ordonnance[1126]. L'article 1er de l'ordonnance définissant le contrat de partenariat souligne que la mission globale confiée au partenaire privé comprend la construction, l'entretien, la maintenance, l'exploitation et la gestion des ouvrages ainsi que tout ou partie de leur financement. Comme le relève le Professeur Laurent RICHER, « *la création de cette nouvelle forme de contrat a eu un effet au-delà de son champ d'application en ce qu'elle a contribué à acculturer le financement de projet et l'analyse des risques* »[1127].

« *Appréhendé sous l'angle du transfert de la gestion du patrimoine et des aspects économiques du contrat, le partenariat public-privé constitue* a priori *la forme la plus aboutie de la commande publique. Il s'accompagne de manière corrélative d'une augmentation des risques d'un déséquilibre économique et financier de la convention* »[1128]. L'équilibre des risques économiques et financiers doit être maintenu dans le traitement du PPP, mais il est délicat à obtenir en raison des aléas inhérents à l'opération d'un PPP sportif. Le risque constitue autant un élément d'identification de catégories des contrats qu'un élément intrinsèque de choix des modalités de financement[1129]. Le risque financier s'entend comme un critère opérant du choix du montage contractuel. La structure financière du contrat dépend de

---

[1125] Communication Com. CE, n°COM. (2004), 327 final, 30 avril 2004.

[1126] SESTIER (J-F.), « La dimension financière des partenariats public-privé », *La Revue du Trésor*, n°3-4, mars-avril, 2007, p. 249 ; RAPP (L.), « L'ordonnance PPP : un enjeu politique et économique majeur », *LPA*, n°56, 18 mars 2004, p.7 ; DE SAINT-PULGENT (N.), « Economie générale de l'ordonnance sur les partenariats publics-privés », *LPA*, n°56, 18 mars 2004, p.11.

[1127] RICHER (L.), *Droit des contrats administratifs*, LGDJ, 8ème édition, août 2012, p.724.

[1128] VILA (J-B), « Traitement comptable et financier des partenariats public-privé », *JCPA*, n°9, 5 mars 2012, p.24.

[1129] GUILLOU (Y-R.), « Les contrats publics de financement », *in* Mélanges en l'honneur du Professeur Michel GUIBAL, *Contrats Publics*, Presses de la Faculté de Droit de Montpellier, 2006. Volume 1, p.679. PEZ (T.), « Le risque dans les contrats administratifs », Thèse, sous la direction du Professeur Pierre DELVOLVE, Université Panthéon-Assas (Paris II), 2006, p.555 et s.

la nature du service externalisé. Ainsi, par exemple « *du point de vue de la théorie économique, le transfert des risques de l'exploitation d'une activité de service public peut être effectuée sous un régime d'incitation forte, le délégataire supportant alors l'intégralité du risque de coût ou sous un régime d'incitation faible, par laquelle le délégataire est assuré de couvrir ses coûts par la garantie des revenus qui lui sont assurés par anticipation* »[1130]. Au sein du financement, la notion de risque constitue « *la résultante de la manière dont est organisé l'équilibre financier du contrat* »[1131].

La complexité du traitement comptable et financier des biens suppose d'apprécier l'équilibre économique du contrat selon le rapport coût-investissement sur durée. La durée du contrat revêt un caractère incitatif pour le partenaire privé à investir, source de stabilité et sécurité. Sur le plan financier, posséder un stade constitue l'un des deux principaux actifs d'un club avec la valeur marchande des joueurs de l'effectif. L'emprunt consenti pour la construction ou la rénovation du stade représente généralement la dette la plus lourde. A l'instar de la sécurité juridique, la sécurité du financement d'un stade s'impose comme une préoccupation majeure[1132]. L'origine du financement importe car il détermine le traitement du bien. Celui qui finance traite le bien.

245. Le financement public du sport est incontournable[1133], à tel point que la Cour des comptes a mis en place un « taux de dépendance » des fédérations sportives par rapport à l'Etat[1134]. Le taux de dépendance traduit la part que représentent les ressources publiques dans le budget des fédérations. Depuis 2001, l'évolution de la structure de financement des fédérations est contrastée. Les fédérations dont le secteur professionnel connaît un développement accru ont vu la part de leurs ressources non commerciales diminuer (football -2%, rugby -1%, athlétisme -17%), à l'inverse des fédérations dont le budget résulte principalement des licences (basket-ball +5%, handball +6%), ce qui induit, de fait, un taux de dépendance plus élevé pour ces dernières fédérations.

[1130] RAPP (L.), « La prise en compte du critère économique et financier dans les contrats publics : le risque d'exploitation », *BJCP*, n°9, mars 2000, p.82.

[1131] VIDAL (L.), « Le juge administratif, l'économie et le contrat : réflexions à propos de deux arrêts du Conseil d'Etat », *RFDA*, n°6, novembre-décembre 1999, p.1147.

[1132] Rapport de la Commission grands stades présidée par M. Philippe SEGUIN, « Grands stades – Euro 2016 » du 24 novembre 2008, p.71.

[1133] COLIN (F.), « Le financement public des coupes du monde », in, *Droit et Coupe du Monde*, sous dir. MAISONNEUVE (M.), Economica, octobre 2011, p.241.

[1134] Cour des comptes, *l'Etat et les fédérations sportives face aux mutations du sport*, 2009, p.489 et 498.

Le financement public d'un événement sportif international doit aussi intégrer les coûts induits futurs de l'événement. Ces coûts se manifestent lors des différentes étapes de la vie de l'ouvrage. Lors de la construction ou de la rénovation, des nuisances sont provoquées chez les riverains. Nuisances qui se poursuivent lors du fonctionnement et de l'exploitation de l'ouvrage. Celles-ci sont susceptibles d'engager la responsabilité sans faute des personnes publiques sur le fondement du dommage permanent fait à une personne ayant la qualité de tiers à l'ouvrage public[1135].

Le financement d'un stade s'établit dans un cadre juridique tenant compte du choix du modèle financier (**Chapitre 1**), ainsi que des aides publiques (**Chapitre 2**).

[1135] CAA Marseille, 23 juin 2008, *Commune de Montpellier*, n°06MA01514. A propos des nuisances provoquées chez les riverains en raison de l'agrandissement du stade de la Mosson dans le cadre de l'organisation de la Coupe du Monde 1998.

CHAPITRE 1 – LE CADRE JURIDIQUE DU FINANCEMENT DES STADES

246. Les finances publiques étatiques connaissent depuis le milieu des années 1970 des déficits accrus et élevés. Dans le contexte actuel, marqué par la crise, il apparaît improbable et peu judicieux, notamment pour les contribuables, que les pouvoirs publics continuent de financer seuls des projets d'infrastructures, en particulier dédiés au sport, malgré une reconnaissance d'utilité publique, d'intérêt général et d'accomplissement de mission de service public. Si l'on peut émettre une critique quant à un financement étatique individuel des projets d'infrastructures sportives, le financement mixte nous semble tout à fait pertinent. D'une part, il répond par le système du partenariat public-privé aux attentes de l'intérêt général et du service public. D'autre part, le niveau de la dette ne permet plus à l'Etat et aux collectivités locales de supporter le coût de livraison des ouvrages. Au surplus, les PPP incluent l'exploitation et la maintenance de ceux-ci.

247. La question du financement ne se dissocie pas de celle de la nature du projet, d'autant que la crise économique a eu d'importants effets sur les contrats publics[1136]. La dimension financière est omniprésente dans les textes relatifs au PPP et conditionne autant qu'elle structure la relation partenariale[1137]. En conséquence, l'ordonnance du 17 juin 2004 se voulait le support juridique d'un concept alternatif de gestion publique consistant « *à mettre l'innovation, l'ingénierie financière et la capacité de gestion du secteur privé au service d'une gestion publique plus efficace et plus*

[1136] BRACONNIER (S.) « Financement et passation des marchés publics et contrats de partenariat dans un contexte de crise économique », *RDI*, n°5, mai 2009, p.273 ; NOGUELLOU (R.), « La crise et l'exécution financière des marchés publics et des partenariats public-privé » *RDI*, n°5, mai 2009, p.278 ; OLIVIER (F.), « Contrat de partenariat, vecteur de relance », *Contrats et Marchés Publics*, n°3, mars 2009, p.7 ; BRACONNIER (S.) et NOGUELLOU (R.), « L'influence de la crise sur les marchés publics et contrats de partenariat public-privé », *RDI*, n°1, janvier 2010, p.24 ; HUET (G.), « Contrat de partenariat : vers un premier bilan », *JCPA*, n°16, 18 avril 2011, p.20.

[1137] DIRNAT (C.) et SOUFFIR (J.), « Approche contractuelle de la dimension financière du contrat de partenariat : un déconcertant ménage à trois », *RDBF*, n°2, mars-avril 2005, p.63. PIRON (V.), « L'aspect économique et le montage du projet », *Contrats Publics*, n°65, avril 2007, p.46 ; KLOPFER (M.), « Evaluation financière de PPP et gestion de risques », *Contrats Publics*, n°65, avril 2007, p.50 ; SESTIER (J-F.), « La dimension financière des partenariats public-privé », *La Revue du Trésor*, n°3-4, mars-avril, 2007, p. 249 ; GRANIER (T.), « La titrisation, mode de financement des partenariats public-privé », *RTDF*, n°4, décembre 2010, p.125 ; RAPP (L.), « L'ordonnance PPP : un enjeu politique et économique majeur », *LPA*, n°56, 18 mars 2004, p.7 ; CECCON (T.), « L'impact économique du partenariat public-privé », *RDI*, n°11, novembre 2003, p.506 ; LE CHATELIER (G.), « L'encadrement institutionnel et financier des nouveaux contrats », *RDI*, n°11, novembre 2003, p.515.

économe »[1138]. Le financement et le préfinancement privé constituent, à l'évidence, un des objectifs essentiels de la réforme. Le recours au PPP implique sur le plan macro-économique un lissage des coûts d'investissements. Au niveau micro-économique, cela transfère les risques au partenaire privé qu'il est le mieux à même de gérer. Dans cette optique, « *s'engager dans un partenariat revient à payer une prime d'assurances contre les risques des projets publics* »[1139] y compris les stades.

248. L'équilibre économique constitue le fondement d'un projet considéré comme « bancable ». L'équilibre économique s'inscrit comme le point cardinal d'un projet dit bancable. La structure du financement de projet s'appuie sur la nature spécifique du contrat de partenariat, déterminée par la durée du contrat à long terme et qui se fonde sur une logique de résultats, donc par corrélations de moyens. La viabilité économique du contrat de partenariat dépendra de l'optimisation de la dépense publique, de la faisabilité financière et de sa durée.

249. La durée du contrat, en filigrane une partie du projet, est une des composantes primordiales de la caractérisation de l'économie du contrat[1140]. Elle n'influe pas sur des considérations techniques mais peut avoir trait à des limites financières quant à la variable d'ajustement de l'équilibre du contrat et sa rentabilité. La variabilité d'ajustement du contrat doit être en prise avec la réalité du projet. La durée du contrat ne doit pas être trop courte, ni trop longue afin de ne pas le vider de son intérêt ou transformer sa substance en

---

[1138] Présentation de l'ordonnance au Conseil des ministres du 16 juin 2004, V. www.ppp.minefi.gouv.fr

[1139] CHRISTOPHE (J.), MARTY (F.) et VOISIN (A.), « Le financement des partenariats public-privé », *Contrats publics*, n°65, avril 2007, p.29. V. aussi MARTY (F.), TROSA (S.) et VOISIN (A.), « The financial determinants of government commitment in public-private partnerships », *International journal of public policy*, 2005, vol.1, n°1-2, p.41 et s. ; BALLIN (G.), « Les aspects financiers du partenariat public-privé », *RGCT*, n°36, septembre 2005, p.364 : DAL FARRA (T.), « Risque juridique et contrats de partenariat », *Contrats Publics*, n°36, septembre 2004, p.31.

[1140] Sans pour autant la définir, le Doyen Batiffol indique que l'économie du contrat « *permet de tenir compte de l'ensemble des caractères de l'opération* » et que « *l'on peut y voir la possibilité de se référer au milieu économique dans lequel le contrat s'est formé* », note sous Cass. civ. 6 juillet 1959, *Rev. Crit. Dr. Int. Pr.* 1959, p.712. La doctrine a précisé cette notion qui se définirait comme les éléments substantiels voulus dans leur finalité et leur diversité par les parties cocontractantes. V. PIMONT (S.), « L'économie du contrat », Thèse, sous la direction du Professeur Jean BEAUCHARD, Université de Poitiers, 2002, 579 p. ; ARSAC-RIBEYROLLES (A.), « Essai sur la notion d'économie du contrat », Thèse, sous la direction des Professeurs Jacques MESTRE et Didier PORACCHIA, Université d'Auvergne (Clermont I), 2005, 340 p. ; MOURY (J.), « Une embarrassante notion : l'économie du contrat », *D.*, n°24, 22 juin 2000, p.382 ; ZELCEVIC-DUHAMEL (A.), « La notion d'économie du contrat en droit privé », *JCPG*, n°9, 28 février 2001, p.423.

blanc seing pour l'avenir[1141]. L'ordonnance du 17 juin 2004 ne fixe aucune durée plancher ou plafond mais le contrat par essence requiert une certaine durée équivalente à la durée d'amortissement des investissements. En matière d'équipements sportifs, cela correspond généralement à 30 ans. La durée du contrat détermine largement la durée du financement[1142], celle-ci ne peut évidemment pas être supérieure à celle du contrat puisqu'au terme du contrat les loyers et redevances cessent tandis que les équipements réalisés reviennent à la personne publique à titre gratuit. La durée du financement est même souvent inférieure afin de prévoir une période durant laquelle l'exploitation se poursuivra alors que la dette a été remboursée. Cette période appelée « *tail* », constitue « *pour le prêteur, une réserve de temps permettant de faire face à des aléas rendant nécessaire la restructuration du financement et – pour l'investisseur une période dans laquelle le profit retiré du contrat de partenariat peut donc être entièrement consacré à la rémunération du capital* »[1143].

En règle générale, la durée du contrat est calculée en fonction de l'amortissement financier nécessaire des investissements matériels et immatériels. Néanmoins, une interrogation se pose dans le cas où la durée de vie de l'ouvrage est supérieure à la durée des emprunts. Un lissage financier ainsi qu'une modulation des coûts s'opéreront afin d'étaler les échéanciers d'amortissement. Par ailleurs, des clauses de gestion équilibrée réduiront le risque d'écart entre le prévisionnel et le réel, comme l'illustre le taux de fréquentation de l'enceinte sportive. Ce taux est aléatoire, puisque le nombre de spectateurs pour un match ne peut être prévu à l'avance. Néanmoins, le nombre de spectateurs abonnés, régulièrement le même d'une année sur l'autre, donne un chiffre de fréquentation minimale. La durée du contrat influence le montage financier en ce sens que le taux d'intérêt diffère tout comme le séquençage du projet. Le montage financier est privé mais le choix de recourir au contrat de partenariat étant un choix public, le taux tutélaire d'intérêt[1144] retenu est public.

Le secteur d'activités influe aussi sur la structuration financière puisque des contraintes spécifiques et / ou techniques peuvent restreindre les sources de financement, voire engendrer des risques. Ainsi, les stades se retrouvent

---

[1141] INSTITUT DE LA GESTION DELEGUEE – DEXIA, *Partenariats public-privé : mode d'emploi juridique et approche économique*, La documentation française, novembre 2006, p.212. ORIOU (J-S.), « Les contrats de partenariat et la crise financière », *Décideurs : stratégie – finance – droit*, n°134, janvier 2012, p.84.

[1142] Rapport du groupe des banques et organismes financiers membres de l'Institut de la Gestion Déléguée - sous dir. SORBETS (P.), « Le financement des PPP en France », octobre 2006, p.8.

[1143] *Ibid.*

[1144] Ce taux correspond à l'actualisation du taux d'intérêt.

confrontés aux normes édictées par les instances sportives, la *lex sportiva*, couvrant l'affrontement compétitif avec le respect des lois du jeu[1145] et des aspects matériels, comme la présence d'horloges et affichages[1146].

« *La notion de financements structurés n'est pas juridique* »[1147]. Contrairement à ce que l'étymologie *stricto sensu* suppose, le financement structuré ne renvoie pas à une source de financement mais à la mise en place d'un financement répondant à une finalité particulière[1148]. Le financement structuré correspond en réalité à une variété de produits de financements sur-mesure offerts par les établissements bancaires à leurs clients, par opposition au « prêt-à-porter » que constituent les concours bancaires standardisés[1149].

La structuration financière appréhende préalablement l'identification de l'ensemble des risques et mesure leur occurrence. Puis estime et détermine les risques, leurs coûts ainsi que la ou les parties devant les assumer. Cette structuration financière du projet dépend par ailleurs de la nature des actifs, mobiliers ou immobiliers, établissant un spectre des différents risques. Dans l'hypothèse du financement des stades, des actifs immobiliers tels que le siège social ou bien encore le centre d'entrainement sont pris en considération. Plus largement, lors d'opération complexe, le financement ne se résume pas à un financement élémentaire par l'emprunt et les garanties bancaires. Les mécanismes d'optimisation doivent pérenniser la situation financière, assurer la sécurité juridique du montage, veiller aux flux financiers ou parvenir à un traitement fiscal satisfaisant pour l'ensemble des parties[1150].

Afin d'obtenir un financement optimisé, la personne publique doit parvenir à une allocation des risques équilibrée[1151]. L'allocation des risques consiste au partage entre la personne publique et la personne privée des risques selon

---

1145 Pour exemple, en football, celles-ci renvoient aux « 17 lois du jeu » définies par l'*International Football Board Association* et sont relatives au terrain de jeu ou aux sportifs.

1146 Article 15 et s. (pour la compétition préliminaire) et article 25 et s. (pour la compétition finale) du règlement de la Coupe du monde.

1147 ANSALONI (G.), « Des renonciations à recours dans les financements structurés », *RDBF* n°4, juillet-août 2010, p.35.

1148 TOURAINE (H.), « Finance structurée : définition, objectif et éléments caractéristiques », *RTDF*, n°3, décembre 2006, p.131. RASOAMANANA (C.), « Le financement des projets de partenariat public-privé », *La Revue du Trésor*, n°3-4, mars-avril 2007, p.298.

1149 SEKFALI (Z.), *Droit des financements structurés*, Revue Banque Edition, mars 2004, p.23.

1150 GRANIER (T.), « La titrisation, mode de financement des partenariats public-privé », *RTDF*, n°4, décembre 2010, p.124 ; BOITEAU (C.), « Les techniques contractuelles : les partenariats public-privé », *RFFP*, n°109, février 2010, p.97.

1151 LIGNIERES (P.), « L'impact de l'allocation des risques dans les PPP sur la dette publique : éléments de réflexion », *La Revue du Trésor*, n°3-4, mars-avril 2007, p.291.

leurs capacités et caractéristiques. Généralement, la personne publique supporte le risque d'exploitation, comme la fréquentation du stade, et assume le risque financier corrélatif à une mauvaise fréquentation en percevant un loyer moindre. La personne privée prend en charge la responsabilité du fonctionnement des installations et les risques opérationnels.

En maîtrisant techniquement le risque, la partie la mieux à même de le supporter ne répercute pas une provision de celui-ci sur le montant de la rémunération. Une allocation et un partage des risques optimum tenant compte des capacités et qualités de chacun des cocontractants valorisent le montage et n'augmentent pas son coût[1152], limitant les risques exogènes[1153].

Tous ces éléments concourent à matérialiser cette notion de financement structuré. Le recours aux techniques de financements structurés apparaît, de fait, « naturel » pour les contrats de partenariats public-privé[1154]. La structuration financière ne peut être optimale (**Section 1**) que par des relations entre les cocontractants pérennes et sécurisées (**Section 2**).

Section 1 – L'optimisation de la structuration financière

250. La logique du PPP induit une relation partenariale et contractuelle entre les établissements financiers, la personne privée et la personne publique. Autour du projet, s'élabore une structure de financement tenant compte des interfaces juridiques de chacun mais surtout visant à minorer le coût de financement. La structure de financement se définit comme « *l'ensemble des personnes juridiques et des relations contractuelles qui se nouent entre elles pour permettre le financement d'une opération donnée* »[1155]. La logique du PPP induit également de faire supporter le risque

---

[1152] LENTILHAC (J-P.), « Grands projets immobiliers des personnes publiques », *Gaz. Pal.*, n°55, 24 février 2012, p.30 ; MALLEA (P.), BEAU (S.), et OGEE (C.), « Les modalités de financement des PPP », *Contrats Publics*, n°81, octobre 2008, p.80 ; MARTY (F.) et VIDAL (M.), « Contrat de partenariat et mécanismes financiers de droit privé », *Droit et Ville*, n°60, septembre 2005, p.267 ; DAL FARRA (T.), « Risque juridique et contrats de partenariat », *Contrats Publics*, n°36, septembre 2004, p.31.

[1153] En l'espèce, les risques endogènes correspondrait aux risques de dépassement de coûts ou de retard dans la livraison de l'infrastructure.

[1154] *Ibid.* V. aussi TOURAINE (H.), « Finance structurée : définition, objectif et éléments caractéristiques », *RTDF*, n°3, décembre 2006, p.131 ; RASOAMANANA (C.), « Le financement des projets de partenariat public-privé », *La Revue du Trésor*, n°3-4, mars-avril 2007, p.298.

[1155] RICHER (L.), « Contrats et *Best value for money* », *Contrats Publics*, n°2, juillet 2001, p.64.

à l'entité la plus à même de le maîtriser[1156]. De fait, les entités de la convention tripartite doivent entretenir une réflexion et une action conjointe dans la structure de financement du projet, quel que soit la nature du projet.

Les groupements candidats aux procédures relatives à un contrat de partenariat, et de façon plus générale à un projet, peuvent organiser leur réponse selon différents montages qui ne sont pas tous équivalents en termes de prises de risque et d'implication des cocontractants. Ces montages donnent lieu à un plan de financement pouvant être optimisé selon la technique de financement (**§ 1**) et de couverture (**§ 2**) utilisée.

§ 1 – Les techniques de financement

251. Il existe en France une certaine expérience des montages financiers « *de PPP à paiement privé avec les concessions et autres délégations de service public, et déjà quelques expériences en matière de PPP à paiement public, avec le contrat de partenariat et les contrats assimilés* »[1157]. Les collectivités publiques ont fréquemment recours à l'intervention d'un partenaire privé dans le cadre du montage financier de contrats globaux, contrairement à la maîtrise d'ouvrage classique utilisant des marchés publics. Les PPP maintiennent les projets publics à l'écart de la conjoncture économique en s'adaptant au financement de l'investissement public[1158], sans toutefois parvenir à une véritable relance de l'économie par l'investissement[1159].

La réussite d'un projet pour un stade ou une grande salle tient au choix adapté du montage juridique et financier. Ce double montage « *impacte non seulement directement le mode de gestion de l'exploitation future mais également la manière dont la problématique de l'exploitation sera intégrée dans la réalisation du projet* »[1160].

[1156] MARTY (F.) et VIDAL (M.), « Contrat de partenariat et mécanismes financiers de droit privé », *Droit et Ville*, n°60, septembre 2005, p.270 ; DREYFUS (J-D.), « Le partenariat public-privé et le financement de l'opération », *RDI*, n°11, novembre 2003, p.494.

[1157] Rapport gouvernemental d'Eric BESSON, « Mieux acheter pour un meilleur service du public : des marchés publics complexes aux partenariats public-privé » du 27 mai 2008, p.3.

[1158] BRACONNIER (S.) « Financement et passation des marchés publics et contrats de partenariat dans un contexte de crise économique », *RDI*, n°5, mai 2009, p.273.

[1159] OLIVIER (F.), « Contrat de partenariat, vecteur de relance », *Contrats et Marchés Publics*, n°3, mars 2009, p.7.

[1160] Rapport de la Commission Grandes Salles « Grandes Salles - Arenas 2015 » du 10 mars 2010, p.60.

La dimension financière du contrat de partenariat inclut le risque et le montage financier liés au projet[1161]. Le montage financier du contrat de partenariat se présente sous trois formes différentes pour répondre à la fragmentation du marché : le montage en financement de projet (**A**), le montage *corporate* (**B**) et le recours au crédit-bail (**C**).

A – Le financement de projet

252. Montage habituel dans la pratique, ce type de montage financier s'applique à des projets de grandes envergures[1162]. Le financement de projet, de l'expression anglaise *project finance*, ne bénéficie pas de définition précise tant législative que jurisprudentielle. Bien des auteurs se sont essayés à apporter des précisions et délimiter la notion, sans toutefois parvenir à une unité. Au contraire, si des similitudes apparaissent, cette définition reste contrastée au sein de la doctrine[1163] ne serait-ce que sur sa traduction et sa terminologie. Une grande majorité de la doctrine emploie le terme financement de projet. Or, la traduction *stricto sensu* induirait davantage à utiliser le terme financement sur projet. Néanmoins, par convenance nous utiliserons dans le présent chapitre le terme de financement de projet.

253. Initialement, ce type de financement se développa avec le recours à une entité *ad hoc* au Moyen Âge[1164]. Puis se poursuivit avec les grandes expéditions maritimes durant la découverte des Amériques et la conquête des Indes. Le financement d'actifs intervenu avec la création des chemins de fer et l'aventure du rail. Enfin les opérations d'acquisitions[1165] et de titrisations terminèrent le processus[1166].

[1161] V. BREVILLE (A.), *Les contrats de partenariat public-privé*, Editions du service public, octobre 2008, p.69 et s. ; Rapport du groupe des banques et organismes financiers membres de l'Institut de la Gestion Déléguée - sous dir. SORBETS (P.), « Le financement des PPP en France », octobre 2006, p.20 et s. ; GUILLOU (Y-R.), « Les contrats publics de financement », *in* Mélanges en l'honneur du Professeur Michel GUIBAL, *Contrats Publics*, Presses de la Faculté de Droit de Montpellier, 2006. Volume 1, p.679.

[1162] ABEL SMITH (C.), GRANDEL (A.), JAILLON (D.) et NOËL (N.), « Contrat de partenariat. Structuration financière – Choix des modes de financement », *RDBF*, n°2, mars-avril 2005, p.65 ; MARTY (F.), TROSA (S.) et VOISIN (A.), *Les partenariats public-privé*, Editions La Découverte, avril 2006, p.49 ; TOLEDO (A-M.) et LIGNIERES (P.), *Le financement de projet*, Editions Joly, mars 2002, p.4.

[1163] LYONNET DU MOUTIER (M.), *Financement sur projet et partenariats public-privé*, Editions EMS, octobre 2011, p.24 et s.

[1164] RENOUARD (Y.), *Les hommes d'affaires italiens au Moyen-Age*, Diderot édition, 1998, p.28.

[1165] BERTEL (J-P.) et JEANTIN (M.), *Acquisitions et fusions des sociétés commerciales*, Litec, 1989, n°493.

[1166] LE HIR (C.), *Le fonds commun de créances*, Revue Banque Edition, février 1995, 264 p.

Déjà au cours des années 1980 se posait la question du financement des grands équipements collectifs et des diverses modalités de ressources. Le crédit-bail et le financement de projet étaient envisagés[1167]. Le financement de projet a inspiré les modalités de financement utilisées pour les opérations de partenariat public-privé, car cela répond à « *la mise en place d'un financement sur mesure adapté à un projet spécifique* (...) *dans le cadre duquel les sommes empruntées aux différents prêteurs sont remboursées par le* cash flow *généré par le projet* »[1168].

A la lumière d'éléments empiriques[1169] ainsi que des caractéristiques communes fournies au travers de la doctrine, nous retiendrons la définition proposée par M. Sekfali[1170]. Le financement de projet peut se définir comme « *une technique de financement élaborée pour les besoins spécifiques du projet, au terme duquel les prêteurs acceptent de limiter en tout ou partie, leur recours au titre du remboursement de leur prêt, sur les seuls actifs ou biens du projet et les revenus dégagés par l'exploitation dudit projet. Contrairement à un financement bancaire classique, dont le remboursement peut être garanti par tout ou partie des biens de l'emprunteur, le financement de projet se caractérise par le fait que le service et le remboursement de la dette bancaire sont assurés essentiellement par les recettes d'exploitation du projet* »[1171].

Le financement de projet est donc une technique de montage contractuel et financier destinée à des opérations dont l'envergure implique des besoins

---

1167 JESTIN (G.), « Le financement des grands équipements collectifs », *RFFP*, 1988, n°22, p.141.

1168 TOLEDO (A-M.) et LIGNIERES (P.), *Le financement de projet*, éditions Joly, mars 2002, p.4.

1169 En particulier des montages financiers des stades de Lille, Nice, Montpellier et du Havre.

1170 Même si, *in fine*, la définition de Michel Lyonnet du Moutier par sa pertinence et sa consistance retient également notre attention, *op. cit.* p. 28. « *Le financement sur projet est un montage, développé pour des projets comportant un risque substantiel sur leur achèvement et sur la valeur économique découlant de leur exploitation et pour lesquels il est possible de trouver des intervenants industriels, bailleurs de fonds ayant une forte communauté d'intérêts à faire aboutir le projet. Ce montage permet de financer, souvent avec une forte proportion de dette, dans une entité juridique distincte du (des) promoteur(s) de l'opération, l'exploitation d'un actif, le développement d'une ressource naturelle, d'un droit ou d'un service. Le remboursement des prêts et des fonds investis provient quasi exclusivement des flux de trésorerie générés par le projet, avec un recours limité envers son (ses) promoteur(s)* ».

Sous le prisme bancaire, le financement de projet se définit comme « (...) *le financement d'une unité économique viable sur le triple plan économique, commercial et financier et dont le* cash flow *est jugé suffisant pour assurer avec une marge couvrant les aléas, le service de la dette, la couverture des coûts opératoires et la juste rémunération du capital* », *in* SAMET (M.), « Les financements internationaux de projet en Europe », *Banque*, n°192, 1980, p.183.

1171 SEKFALI (Z.), *Droit des financements structurés*, Revue Banque Edition, mars 2004, p.536.

spécifiques tenant aux caractéristiques propres du projet. Les promoteurs de celui-ci en raison de l'ampleur ne pourraient pas le mener à bien seuls sans courir de risques anormaux. Le financement de projet est un financement sur-mesure tenant compte des particularités du projet, tant en termes de flux financiers que de risques. Schématiquement, les flux financiers générés par la réalisation du projet, à travers la rémunération du cocontractant privé, permettent d'amortir les investissements, rembourser l'emprunt et couvrir d'éventuels frais financiers. Les ressources nécessaires au projet sont constituées de fonds propres apportés par le partenaire privé et de dettes dites sans recours ou à recours limité[1172]. Toutefois, en pratique, les organismes prêteurs afin de réduire les risques établissent des mécanismes de garanties protégeant du non-recouvrement de créances[1173].

254. Les prêteurs accordant le crédit se fondent sur les performances futures de rentabilité et de « bancabilité »[1174] du projet. Le remboursement du prêt s'effectue par les flux de trésorerie générés par le projet. La bancabilité du projet repose de fait uniquement sur les *cash flows* dégagés donc dans l'optique de se prémunir de la variabilité des revenus, il est concevable que le financeur exige que les flux financiers soient plus élevés que le montant nécessaire au remboursement de la dette[1175].

Le financement de projet se démarque par une approche bancaire prospective du risque de crédit, le prêteur conditionnant son engagement à la capacité du projet à générer des revenus suffisants tout au long de la durée du crédit. Ainsi, les prêteurs ne peuvent prendre le risque de financer un projet qui ne serait pas viable puisqu'ils assument justement le risque de remboursement par les recettes dégagées du projet. Le prêteur prend ainsi un risque « sur le projet » et non un risque « d'entreprise ».

[1172] Le financement de projet limite les recours des prêteurs aux seuls actifs du projet encadrés par la société de projet, protégeant dès lors les sponsors de tout recours.
[1173] BALLIN (G.), « Les aspects financiers du partenariat public-privé », *RGCT*, n°36, septembre 2005, p.369.
[1174] La « bancabilité » signifie la capacité du projet à obtenir un financement bancaire ou obligataire et traduit les exigences fondamentales posées par les prêteurs au financement de projet. Le projet deviendra « bancable » lorsque tous les aspects du projet par leur solidité et viabilité à long terme conforteront le prêteur à y prendre part. V. notamment, BOUILLON (J.) « Aspects juridiques en financement de projet de la bancabilité des contrats de partenariat et de délégation de service public », *BJCP*, n°81, mars-avril 2012, p. 79 et s. ; LEQUIEN (M.) et CUCHE (P.), « La notion de bancabilité dans les opérations de financement privé d'équipements publics », *DA*, n°12, décembre 2004, p.14 ; VANDEVOORDE (P.), « Quel rôle pour les acteurs financiers ? », *RDI*, n°11, novembre 2003, p.533.
[1175] BAYARD (S.) « Les partenariats public-privé. Un nouveau mode de la commande publique », *La Revue du Trésor*, n°3-4, mars-avril 2007, p.294 ; JULY (S.), « Méthodologie de la mise en place du financement d'un partenariat public-privé », *La Revue du Trésor*, n°3-4, mars-avril 2007, p.300.

255. Il convient enfin de distinguer le financement structuré optimisé et le financement de projet. Le financement structuré optimisé se distingue du financement de projet en ce sens que « *le partenaire financier assume des risques sur des contreparties sans limiter ses recours aux seuls flux monétaires issus de l'exploitation des actifs objets du contrat de partenariat* »[1176]. Le financement de projet se caractérise principalement par le fait que les prêteurs, partenaires financiers, sont remboursés uniquement par les revenus (*cash flows*) issus de la société de projet. Les *cash flows* dégagés doivent permettre de rembourser la dette souscrite.

Le financement de projet convient précisément à la problématique du stade. Le financement de projet constitue le modèle standard qui subit des variations selon le montage. Un stade par nature suppose des caractéristiques propres d'aménagement spécial pour la pratique d'une compétition sportive accueillant du public. Le public contribuera au remboursement du prêt par l'achat de places et en consommant divers produits dérivés et alimentaires. Ce flux financier demeure nonobstant aléatoire. Les moyens financiers déployés (**1**) doivent répondre aux structures du financement (**2**).

1 – Le dispositif financier du financement de projet

256. Le financement de projet s'articule autour traditionnellement d'une structure basique. L'opération de financement peut se réaliser par un financement sponsor ou par un financement bancaire. Le financement sponsor[1177] correspond à un financement en fonds propres ou autrement dit en « *equity* »[1178]. Cette articulation ne fera pas l'objet de développement puisqu'en matière d'infrastructure sportive ce type de configuration n'existe pas. Il n'y a, il est vrai, aucun exemple de financement de stade sur fonds propres en France à ce jour[1179]. Cependant, le futur stade de Lyon sera financé grâce à des fonds privés sans contrevenir à la déclaration d'intérêt général qu'il bénéficie en marge de l'Euro 2016[1180].

[1176] ABEL SMITH (C.), GRANDEL (A.), JAILLON (D.) et NOËL (N.), « Contrat de partenariat. Structuration financière – Choix des modes de financement », *RDBF*, n°2, mars-avril 2005, p.69.

[1177] Les sponsors, dans le présent chapitre, seront entendus comme les sociétés apportant un capital initial.

[1178] L'*equity* en financement de projet recouvre l'ensemble des fonds propres. Sur la notion, v. CHEVALIER (D.), « Le rôle de l'*Equity* dans le financement des PPP », *La Revue du Trésor*, n°3-4, mars-avril 2007, p.307 ; Rapport du groupe des banques et organismes financiers membres de l'Institut de la Gestion Déléguée - sous dir. SORBETS (P.), « Le financement des PPP en France », octobre 2006, p.22.

[1179] Pour une illustration d'un financement d'un stade sur fonds propres, voir l'exemple du stade d'Arsenal développé à propos du *naming*, n°290.

[1180] TA Lyon, 5 juillet 2012, *Grand stade de Lyon*, n°1105869, 1105870 et 1105371.

Lorsqu'un établissement bancaire examine une opération de financement de projet, il doit délimiter les objectifs, l'analyse et le partage exhaustifs de risques qui sont des facteurs essentiels de la réussite des contrats de partenariat[1181]. L'approche de l'établissement bancaire sera différente quant à la « bancabilité » du projet selon sa nature privée, publique ou mixte. Il anticipera les aléas par un audit, appelé *due diligence*, identifiant et répertoriant tous les risques[1182]. Les recours contre le permis de construire du stade[1183], l'aléa des résultats sportifs pouvant impliquer la baisse de fréquentation, les surcoûts éventuels, la mise en place du toit ou bien encore la participation des pouvoirs publics sont autant de *scenarii* à envisager. Par le financement privé, les intérêts des secteurs privé et public sont garanties et alignés par la procédure de *due diligence* à travers le risque de performance. La démarche d'anticipation des aléas se traduit donc par un processus d'expertise approfondie où ne subsiste pas « *d'arrières pensées* (…) *zone d'ombre à la parole donnée* »[1184]. Le banquier étudiera, dès lors, quatre aspects majeurs. Le transfert et le partage de risques constitue ce premier aspect, le prêteur cherchera à connaître le degré d'implication de chacune des parties entre la personne publique, la personne privée et généralement le club résident, cet aspect étant clairement établi à l'article 11-*b* de l'ordonnance du 17 juin 2004[1185]. Il détermine ensuite l'affectation en capital et la déconsolidation[1186] des financements. L'objectif étant sur ces deux aspects que le niveau d'endettement ne soit pas excessif. Enfin, il appréhendera la rentabilité du projet.

[1181] BERGERE (F.), BEZANCON (X.), DERUY (L.), GOULARD (G.) et FORNACCIARI (M.), *Le guide opérationnel des PPP*, Le Moniteur, 3ème édition, janvier 2010, p.239 ; DAL FARRA (T.), « Risque juridique et contrats de partenariat », *Contrats Publics*, n°36, septembre 2004, p.33 ; LE CHATELIER (G.), « L'encadrement institutionnel et financier des nouveaux contrats », *RDI*, n°11, novembre 2003, p.515.

[1182] JULY (S.), « Méthodologie de la mise en place du financement d'un partenariat public-privé », *La Revue du Trésor*, n°3-4, mars-avril 2007, p.300.

[1183] CE, 28 décembre 2005, *Ville de Lille c/ Associations Sauvons le site de la Citadelle de Lille*, n°284863. Concl. de Silva.

[1184] MESTRE (J.), PUTMAN (E.) et BILLIAU (M.), *Traité de Droit civil – Droit commun des sûretés réelles*, LGDJ, janvier 1996, p.2.

[1185] Cet article précise « *qu'un contrat de partenariat comporte nécessairement des clauses relatives : aux conditions dans lesquelles est établi le partage des risques entre la personne publique et son cocontractant* ».

[1186] Il s'agit d'une technique permettant de dégager d'un bilan, un actif ou un passif, afin d'optimiser les ratios de rentabilité ou d'atténuer en apparence l'endettement. Il existe un risque frauduleux par l'utilisation abusive de cette technique comme dans l'affaire Enron. V. PAPER (X.), « Cession de créances : les règles de déconsolidation selon les normes IFRS », *Option Finance*, n°976, 14 avril 2008, p.33 ; ESCAFFRE (L.), « Le traitement des contrats d'affacturage en référentiel IFRS », *Option Finance*, n°853, 17 octobre 2005, p.42 ; LINDITCH (F.), « Les partenariats public-privé. Vecteurs d'externalisation et de déconsolidation ? Quelques interrogations de nature financière », *Droit et Ville*, n°60, septembre 2005, p.229.

257. La rentabilité d'un stade dépend de plusieurs aléas, conditionnant le taux de remplissage du stade, qu'ils soient sportif, météorologique mais surtout économique. Ce point reste central pour les spectateurs. En effet, s'ils ne peuvent payer leurs places, la billetterie ne pourra constituer une source de profit permettant le remboursement du prêt. L'absence de spectateurs-supporters ne contribuera pas à l'exploitation de recettes commerciales par la vente de produits dérivés ou de denrées comestibles. De surcroit, le taux de remplissage insuffisant du stade grèvera les comptes et deviendra au contraire une source de pertes économiques. Celui-ci n'est d'ailleurs pas optimal en France. Les rapports[1187] observent que ce taux relativement constant[1188] connaît logiquement des disparités selon les sports mais pour autant il n'offre pas assez de ressources et de garanties.

Ainsi, au regard de ces chiffres, un constat intervient : il n'y a pas d'élan suffisant en France pour remplir les stades. Malgré les récentes études[1189] sur l'accroissement économique des stades, il ne faut pas négliger le fait que la France n'est pas un pays à la culture sportive prononcée comme l'Allemagne, l'Espagne voire l'Angleterre. L'impact sociétal ne peut être équivalent surtout en période de crise financière influent sur le pouvoir d'achat des spectateurs / supporters. Certes, des similitudes d'offres et de prestations quant au *merchandising* en particulier peuvent être mises en place. Toutefois, il importe de tenir compte des spécificités locales et nationales, malgré une mondialisation et une uniformité des stades régis par les contraintes des instances sportives[1190].

[1187] Rapport gouvernemental d'Eric Besson, « Accroître la compétitivité des clubs professionnels de football français » du 6 novembre 2008, p.41 et s. ; Rapport de la Commission grands stades présidée par M. Philippe SEGUIN, « Grands stades – Euro 2016 » du 24 novembre 2008, p.21 et s. ; Rapport de la Commission Grandes Salles « Grandes Salles - Arenas 2015 » du 10 mars 2010, p.31 et s.

[1188] Le taux de fréquentation des stades en France est de 70 %. Le basket-ball connaît le plus fort taux avec une moyenne de 83 %, puis le rugby et le football respectivement à 78% et 75 % tandis que le handball et volley-ball connaissent un taux de 70% et 53%.

[1189] Rapport gouvernemental d'Eric Besson, « Accroître la compétitivité des clubs professionnels de football français » du 6 novembre 2008, 164 p. ; Rapport de la commission grands stades, « Grands stades – Euro 2016 » du 24 novembre 2008, présidée par Philippe Séguin 141 p. ; Rapport public thématique de la Cour des comptes « Les collectivités territoriales et les clubs sportifs professionnels » du 9 décembre 2009, 113 p. ; Rapport de la Commission Grandes Salles « Grandes Salles - Arenas 2015 » du 10 mars 2010, 102 p.

[1190] V. notamment LATTY (F.), « La *lex* Fifa », *in,* sous dir. MAISONNEUVE (M.), *Droit et Coupe du Monde,* Economica, octobre 2011, p.9.

2 – Les structures du financement

La notion de partenariat prend pleinement son sens durant la période du financement, lorsque les interfaces du droit public et du droit privé se rencontrent. Deux entités illustrent ce partenariat, la société de projet (**a**) et le club résident (**b**).

a – La société de projet, véhicule du projet

258. Le financement de projet est financé soit par des emprunts bancaires, soit par l'émission de titres sur les marchés financiers. Il s'agit de la forme de montage la plus répandue. Le montage en financement de projet inclut une société de projet qui est créée *ad hoc* avec une capitalisation minimale. La société se substitue au groupement d'entreprises candidates, afin d'être l'unique interlocuteur de la personne publique .Cette société de projet est signataire et titulaire du contrat de partenariat, elle prend en charge la construction et l'exploitation du projet tout en contractant les concours bancaires nécessaires à ces deux étapes. Le groupement candidat attendra donc d'être choisi comme titulaire du contrat de partenariat, avant de créer la société de projet[1191].

259. L'emprunt obligataire n'est pas approprié en l'espèce en raison de son manque de flexibilité qui accroit les risques de défaillance du projet, malgré des taux d'intérêt moindre. De plus, les actionnaires n'apportent pas leurs garanties aux engagements, d'où la limitation du crédit accordé. Ainsi, en cas de problèmes, le risque ne porte uniquement que sur le montant des capitaux propres investis. Cette assise financière minimale permet donc d'amortir les risques. Un prêt dit « senior » est souscrit auprès d'un ou plusieurs établissements financiers. Ce prêt senior représente le concours financier le plus important d'une société de projet, qui possède les caractéristiques suivantes : un transfert intégral des risques opérationnels[1192] sur la société de projet, une prise en charge des risques généraux et il convient aux projets dont la durée prévue est supérieure à 20 ans.

Une fois le montage financier établit et les multicritères d'aléas pris en compte, il s'agit dès lors de créer une entité juridiquement autonome, la société de projet souvent désignée par l'acronyme anglo-saxon SPV (*Special Purpose Vehicle*). Afin de mieux appréhender cette rentabilité tant

[1191] Fiche MAPPP, « Les contrats de partenariat et l'intangibilité des groupements candidats », p.1 et s. ; PIGNON-XARDEL (S.), MANOUKIAN (S.), VITSE (L.), *Le financement des partenariats public-privé. Problématiques juridiques et financières, pratiques et enjeux*, Le Moniteur, février 2010, p.91.

[1192] V. sur la notion de risque opérationnel, n°133.

recherchée, la société de projet créée à cet effet reste la plus à même pour devenir l'interlocutrice privilégiée de l'établissement bancaire réunissant toutes les volontés des acteurs du projet.

260. La société de projet, signataire et titulaire du contrat de partenariat, est une structure juridique créée pour une durée déterminée et dotée de la capacité d'emprunter[1193], dont sa principale fonction est « *d'être un instrument permettant de mobiliser des capitaux pour le financement de l'opération* »[1194]. Elle emprunte généralement la forme d'une société par actions simplifiée (SAS) au sens de l'article L.262-1 et s. du Code de commerce.

La société de projet est un véhicule porteur de dette incitant à une performance optimale. *In fine*, la personne publique envisagera le transfert de certains risques vers la société de projet, afin d'optimiser la gestion de l'ouvrage[1195]. Le partenaire public peut être tenté de confier la gestion du stade à la société de projet puisque le risque financier sera porté par elle. A cet égard, le risque de fréquentation du stade constitue un risque dans l'exploitation de l'ouvrage par exemple. En l'espèce, ce risque financier ressemble davantage à un risque de marché car il appartient à la société de projet de capter et d'attirer les spectateurs mais aussi de proposer, à l'image des différents rapports sur ce point[1196], des animations dans et autour du stade. La déconsolidation du contrat de partenariat renvoie à une externalisation des montages et de leurs financements dont dépend l'allocation des risques[1197]. Sous-jacent à cet aspect, le partage des risques

---

[1193] Pour les différentes formes de sociétés, v. notamment COZIAN (M.), VIANDIER (A.) et DEBOISSY (F.), *Droit des sociétés*, Litec, 24ème édition, août 2011, 856 p.

[1194] MULLER (E.), « Les instruments juridiques des partenariats public-privé », sous la direction du Professeur Gabriel ECKERT, Université Robert Schuman (Strasbourg III), Thèse, 2009, p.80.

[1195] LERICHE (Y.) et SUR-LE-LIBOUX (M-T.), sous la dir. de RAIMBOURG (P.) et BOIZARD (M.), *Ingénierie financière, fiscale et juridique*, Dalloz, coll. Dalloz Action 2009/2010, septembre 2009, p.983 ; WIEN (I.), « Difficultés d'exécution du contrat de PPP : le point de vue du partenaire privé », *CP-ACCP*, n°125, octobre 2012, p.34.

[1196] Rapport GUILLOT, « Les outils juridiques mis à la disposition des clubs sportifs professionnels français afin d'optimiser leur compétitivité », du 31 janvier 2006, 15 p. ; Rapport gouvernemental d'Eric BESSON, « Accroître la compétitivité des clubs professionnels de football français » du 6 novembre 2008, 164 p. ; Rapport de la commission grands stades, « Grands stades – Euro 2016 » du 24 novembre 2008, présidée par Philippe SEGUIN 141 p. ; Rapport Commission Philippe AUGIER, « Pour une politique gagnante des grands événements » du 14 juillet 2009, 79 p. ; Rapport public thématique de la Cour des comptes « Les collectivités territoriales et les clubs sportifs professionnels » du 9 décembre 2009, 113 p. ; Rapport Sport Five « les stades, un investissement indispensable et rentable pour la France » du 15 décembre 2009, 13 p. ; Rapport de la Commission Grandes Salles « Grandes Salles - Arenas 2015 » du 10 mars 2010, 102 p.

[1197] LIGNIERES (P.), « L'impact de l'allocation des risques dans les PPP sur la dette publique : éléments de réflexion », *La Revue du Trésor*, n°3-4, mars-avril 2007, p.291. V. à

s'exprime pleinement dans le financement de projet qui isole le risque dans la société de projet[1198]. Le financement de projet suppose un apport de fonds-propres provenant des sponsors ainsi qu'une mise à disposition de fonds par le recours au crédit bancaire à la société de projet.

L'une des spécificités majeures du financement de projet, à l'inverse d'un financement classique, *corporate financing*, est l'absence de recours contre la société initiatrice. Cela induit que l'ensemble du montage repose sur une ingénierie juridique, commerciale, technique et financière où les risques s'avèrent réduits au possible et où la marge de sécurité du *cash-flow* est jugé suffisante pour pallier la dette, la rémunération du capital et couvrir d'éventuels coûts. Les banques se préoccupent beaucoup des *cash-flows* parce qu'ils permettent la viabilité et la rentabilité du projet. Selon la quantité de *cash-flows* générée et la marge qu'ils procurent, cela constituera tant une source de remboursement que de garantie[1199]. La renonciation à recours concernera davantage le financement par crédit-bail et portera essentiellement sur le droit de créance du financeur[1200], ce qui implique notamment qu'aucune action en justice ne sera intentée, celle-ci étant un objet du recours à renonciation[1201].

Certes, le montage dit en société de projet revêt une certaine complexité, l'analyse des risques et la mise en place des structures impliquent un coût certain. Mais il propose une meilleure allocation des risques ainsi qu'une solide capacité d'investissements des promoteurs.

b – La place du club résident au sein du montage financier

261. La question du club résident est une problématique essentielle dans la création du montage. Le club résident doit être associé au projet du stade

propos de l'externalisation du contrat de partenariat, BRACONNIER (S.), « L'extranéité dans les contrats de partenariat », *La Revue du Trésor*, n°3-4, mars-avril 2007, p.241 ; MELLERAY (F.), « Contrat de partenariat et externalisation », *La Revue du Trésor*, n°3-4, mars-avril 2007, p.246.

[1198] WIEN (I.), « Difficultés d'exécution du contrat de PPP : le point de vue du partenaire privé », *CP-ACCP*, n°125, octobre 2012, p.34 et s. ; MATHARAN (X.) et PINTAT (P.), « Les risques et leurs garanties dans les contrats de partenariat », *CP-ACCP*, n°36, septembre 2004, p.39 ; VANDEVOORDE (P.), « Quel rôle pour les acteurs financiers ? », *RDI*, n°11, novembre 2003, p.530.

[1199] MARTY (F.) et VIDAL (M.), « Contrat de partenariat et mécanismes financiers de droit privé », *Droit et Ville*, n°60, septembre 2005, p.269.

[1200] DELEBECQUE (P.), « les renonciations à recours », *in* Etudes offertes en l'honneur du Doyen Philippe SIMLER, Litec, 2006, p.563 et s.

[1201] CAYROL (N.), *Les actes ayant pour objet l'action en justice*, Economica, septembre 2001, n°264.

et non rester au rang de simple spectateur. En effet, principal utilisateur, son image et son activité s'y trouvent liés. Outre ce lien, il existe généralement une concomitance entre les différents acteurs du projet, à savoir que le contrat lie la collectivité à un opérateur, lui-même contractuellement lié au club résident. Toutefois, il semble inopportun de le laisser candidater en vertu du respect des règles de juste concurrence. A défaut de candidater, l'implication du club résident peut se traduire par la création d'une société de projet. Cette entité à finalité spécifique, liée par une convention d'utilisation et de prestation, s'occupera de la construction et de l'exploitation de l'équipement dans sa globalité, c'est-à-dire le stade et les bâtiments annexes[1202]. Par ce rapport contractuel et cette création *ad hoc*, la démarche entreprise vise à rapprocher et associer la personne privée, le club résident et la personne publique. Tout au long de la durée de la phase de conception – construction, le club résident se voit informer par la société de projet lui communicant l'ensemble des documents afin que le club puisse formuler toutes observations qu'il juge utile[1203].

A notre sens, cela offre certains avantages ainsi qu'une normalisation de la place du club résident. Le club associé au projet peut mieux faire appréhender ses exigences et exprimer son besoin réel. Par son implication, il se responsabilise en qualité d'utilisateur principal. Egalement, les risques se rééquilibrent au travers de ce choix, puisque le club les supporte et percevra les bénéfices. Enfin, par ce montage vertueux, les acteurs du montage se regroupent autour d'une communauté d'intérêts au sein de la société de projet qui doit fructifier les recettes d'exploitation[1204]. Néanmoins, lorsque le stade est rénové des difficultés surviennent avec le club résident puisque les travaux de rénovation doivent être arrêtés trois jours avant le déroulement d'une rencontre sportive. Le maître d'ouvrage doit s'assurer que le calendrier des travaux soit respecté et tienne compte qu'un match peut être décalé en raison du choix du diffuseur télévisuel ou d'intempéries.

[1202] JUEN (P.), « Le financement et la gestion des équipements sportifs à usage professionnel : quels liens entre les collectivités territoriales et les clubs ? », *in* CHAIX (P.) (sous la dir.), *Les grands stades*, L'Harmattan, mars 2011, p.124.

[1203] Pour illustration, article 7, p.10 de la convention d'occupation du Grand Stade de Lille conclu entre LMCU et le SASP LOSC Lille Métropole en date du 25 septembre 2008. V. pour un développement sur les phases de construction et d'exploitation, n°112 et 286.

[1204] LYONNET DU MOUTIER (M.), *Financement sur projet et partenariats public-privé*, Editions EMS, octobre 2011, p.27 ; Rapport de la Commission grands stades présidée par M. Philippe SEGUIN, « Grands stades – Euro 2016 » du 24 novembre 2008, p.55 ; MALLEA (P.), BEAU (S.), et OGEE (C.), « Les modalités de financement des PPP », *Contrats Publics*, n°81, octobre 2008, p.81.

B – Le montage *corporate*

262. Le montage *corporate* comporte une similitude avec le financement de projet, la société de projet. L'attributaire du PPP crée une société de projet dont il sera l'unique ou le principal actionnaire. La nuance avec la société en financement de projet réside dans le remboursement de la dette garanti par les flux financiers générés et l'actionnaire principal supportant le risque. Dans le cadre du montage *corporate*, le constructeur-opérateur apporte à la société de projet le financement nécessaire par fonds propres et recourt à l'emprunt[1205]. Il devient dès lors le cocontractant de la personne publique lui offrant ainsi une certaine souplesse opérationnelle étant face à un seul interlocuteur. L'entreprise privée conclut directement le PPP et peut réduire le délai de mise au point du contrat, puisque les actionnaires à la société de projet n'ont pas à négocier avec les prêteurs les détails du contrat de partenariat[1206]. De plus, le cocontractant, supportant le risque opérationnel, apporte aux prêteurs une garantie importante et sécurisante.

263. Ce choix de financement comporte un défaut majeur, selon nous pour un projet d'enceinte sportive, celui de la viabilité de l'emprunteur. A l'inverse du financement de projet, les prêteurs se fient à la solidité du bilan de l'emprunteur qui financera les investissements en mobilisant ses ressources propres. Le financement *corporate* infère donc un risque « d'entreprise » pris par la banque à défaut d'un risque de « projet ». Or, l'optimisation financière d'un projet d'envergure doit refléter une répartition équitable des risques, englober en outre les risques de flux financiers générés asymétriques[1207] et non un pari sur les capacités financières du partenaire privé.

264. Autre inconvénient de ce montage, la consolidation de la dette[1208]. La souscription du financement de la dette apparaît au passif du bilan de l'entreprise entrainant la dégradation du *gearing*[1209]. La structure financière du projet s'apprécie à partir de ratios mesurant la solidité et la robustesse financière du projet en particulier le rapport dette sur fonds propres

---

1205 SIMMONET (Y.), « Le financement des PPP face aux principes de la commande publique », *RLCT*, n°78, avril 2012, p.80.

1206 PIGNON-XARDEL (S.), MANOUKIAN (S.), VITSE (L.), *Le financement des partenariats public-privé. Problématiques juridiques et financières, pratiques et enjeux*, Le Moniteur, février 2010, p.92.

1207 Guide EPEC des PPP – Manuel des bonnes pratiques, version publiée par la MAPPP modifiée le 5 avril 2012, p.51.

1208 Au contraire du financement de projet qui présente l'avantage d'être potentiellement déconsolidant.

1209 Le *gearing* est le ratio de la dette financière et bancaire nette sur les capitaux propres de l'entreprise. Il mesure le risque de la structure financière de l'entreprise et le pourcentage que représente la dette par rapport au besoin de financement total.

exprimant la part de capital et de dette dans le financement du coût du projet. Puis, le ratio de couverture de la dette par les revenus du projet. Il s'agit de mesurer la *DSCR* (*Debt Service Cover Ratio*) correspondant au rapport entre les revenus affectés à la dette et le montant de l'annuité de l'emprunt. Des tests de solidité de la structure financière seront appliqués afin de prévenir par exemple le dépassement des coûts de construction ou une hausse des coûts d'exploitation[1210]. Ce niveau élevé d'endettement peut conduire à une incapacité de financement du partenaire privé de ce projet et / ou d'un futur projet. En principe, le constructeur-opérateur peut décider de conserver cette opération sur son bilan jusqu'au terme du contrat de partenariat. Mais il peut également céder sa créance à un investisseur financier. Dans ce cas, l'actionnaire du projet cédera tout ou partie du capital de la société à des tiers investisseurs mais cette cession de capital ne s'effectuera qu'après l'achèvement des travaux et un exercice de trois ans d'exploitation[1211]. Cession qui demeure donc contraignante mais qui peut amener à un refinancement sous la forme d'un financement de projet[1212].

Dès lors que la formule en financement *corporate* fait reposer presque tous les risques privés de l'opération sur le partenaire industriel, celui-ci doit disposer seul de l'ensemble des compétences relatives à l'exécution du projet. Ce frêle équilibre des risques rend le partenaire privé vulnérable et par conséquent pouvant mettre en péril la bonne marche du projet. Ce mode de financement ne s'applique donc que pour « *des projets susceptibles d'être portés principalement par une entreprise* »[1213].

1210 INSTITUT DE LA GESTION DELEGUEE – DEXIA, *Partenariats public-privé : mode d'emploi juridique et approche économique*, La documentation française, novembre 2006, p.214 ; DREYFUS (J-D.), « Le partenariat public-privé et le financement de l'opération », *RDI*, n°11, novembre 2003, p.495.

1211 INSTITUT DE LA GESTION DELEGUEE – DEXIA, *Partenariats public-privé : mode d'emploi juridique et approche économique*, La documentation française, novembre 2006, p.29 ; PIGNON-XARDEL (S.), MANOUKIAN (S.), VITSE (L.), *Le financement des partenariats public-privé. Problématiques juridiques et financières, pratiques et enjeux*, Le Moniteur, février 2010, p.92.

1212 Pour illustration, la société Eiffage, concessionnaire, a refinancé le viaduc de Millau en s'appuyant sur la maturité du prêt bancaire (44 ans) après avoir opté pour un financement *corporate*. Cet exemple demeure marginal étant donné qu'Eiffage détenait 51% de la holding mise en place et la Caisse des dépôts et consignations 49% sécurisant le prêt bancaire.

1213 Etude du GART et de la MAPPP, « Solutions juridiques et financières pour le développement des projets de transports locaux : quelle place pour les PPP ? », octobre 2007, p.91.

C – Le recours au crédit-bail

265. Le crédit-bail est un mode de financement de biens meubles et immeubles régis par la loi du 2 juillet 1966[1214], complétée par l'ordonnance du 28 septembre 1967[1215], aujourd'hui codifiée aux articles L.313-7 du Code monétaire et financier[1216].

Par nature, ce contrat est reconnu de droit privé, comme l'atteste l'arrêt rendu par le Tribunal des Conflits à propos du financement d'un concessionnaire de service public[1217]. Toutefois, le contrat de partenariat étant un contrat administratif par détermination de la loi[1218], même s'il comporte un recours à la technique de financement du crédit-bail, ce dernier sera de nature administrative. Le Tribunal des conflits l'a rappelé en se fondant sur l'application du critère matériel de la participation à l'exécution du service public[1219].

Il s'agit d'un contrat ou d'un ensemble de contrats d'une durée déterminée, passé par une entreprise et une banque ou un établissement spécialisé au terme duquel un bien est mis à la disposition du crédit-preneur, avec la faculté pour celui-ci, au terme du contrat, d'en devenir propriétaire. L'utilisateur n'est donc pas juridiquement propriétaire du bien mis à sa disposition pendant la durée du contrat. Au sein de ce montage, l'aspect immobilier domine par rapport à la question du transfert de risque, les biens loués en crédit-bail sont assimilés à des immobilisations. Les risques transférés se limitent au projet immobilier[1220]. Contrairement au montage en financement de projet, le recours à des fonds propres n'est pas nécessaire. Solution éprouvée[1221], le recours au crédit-bail correspond à des opérations

---

1214 Loi n°66-455 du 2 juillet 1966 relative aux entreprises pratiquant le crédit-bail, *JORF*, 3 juillet 1966, p.5652.

1215 Ordonnance n°67-837 du 28 septembre 1967 relative aux opérations de crédit-bail et aux sociétés immobilières pour le commerce et l'industrie, *JORF*, 29 septembre 1967, p.9595.

1216 V. MOURIESSE (X.), « Crédit-bail », *JurisClasseur Contrats et marchés publics*, fasc. 612.

1217 TC, 21 mars 2005, *Société Slibail Energie c/ Ville Conflans-Sainte-Honorine*, n°C3436. Concl. Roul. Notes : MENEMENIS (A.), *DA*, n°8, août 2005, p.22 ; DREYFUS (J-D.), *AJDA*, n°21, 6 juin 2005, p.1186, TERNEYRE (P.), *RFDA*, n°5, septembre 2005, p.1054. V. aussi, CAA, Versailles, 14 septembre 2006, *Société Unifergie*, n°04VE03502 ; Cass. civ 1ère ch., 28 mai 2008, *Commune de Dravail*, n°C07-17.648.

1218 Article L.1414-1, I, al.1er du CGCT.

1219 TC, 23 février 2004, *Société Leasecom c/ CH pays d'Aix-en-Provence*, n°C3371. Concl. Commaret. Note : DELELIS (P.), *Contrats et Marchés publics*, n°4, avril 2004, p.15.

1220 NICINSKI (S.), *Droit public des affaires*, Montchrestien, 2ème édition, août 2010, p.597.

1221 CHANET (J-P.), « Possibilités et perspectives de financement des équipements publics en crédit-bail », *in*, (sous dir.) TERNY (G.) et PRUD'HOMME (R.), *Le financement des équipements publics de demain*, Economica, septembre 1986, p.357 ; PISANI (C.) et AUBY (J-M.), « Les opérations permises par le titre : le recours aux procédés de financement de droit

de taille réduite n'excédant pas 30 millions d'euros avec une dimension principalement immobilière, ce qui constitue un obstacle pour financer un stade.

266. La loi du 25 juillet 1994[1222] autorise le titulaire d'une autorisation d'occupation temporaire du domaine public de recourir au crédit-bail. Or, ce recours connaît une limite notable par sa finalité, ne pouvant financer des équipements publics, c'est-à-dire répondant à un intérêt général ou à l'exigence du service public. L'ordonnance du 17 juin 2004 ainsi que la LOPSI et l'ordonnance hospitalière sur les PPP sectoriels ont aménagé ce recours. Désormais, uniquement dans un PPP, le recours au crédit-bail est autorisé en matière de financement d'ouvrages et d'équipements publics[1223]. En excluant la réalisation d'ouvrages « *affectés à un service public et aménagés à cet effet ou affectés directement à l'usage du public* » mais aussi pour les « *travaux exécutés par une personne publique dans un but d'intérêt général* », l'article L.2122-13 du CG3P écarte le recours au crédit-bail pour un montage en délégation de service public et le réserve au financement des équipements privés sur le domaine public. Le champ d'application du crédit-bail demeure restreint par son dispositif légal[1224] et rejoint la décision du Conseil constitutionnel rendue le 22 août 2002[1225]. Ainsi, le crédit-bail peut

---

commun, crédit hypothécaire et crédit-bail », *JCPN*, n°37, 13 septembre 1996, p.1266 ; MARCHAND (F.) et MOURIESSE (X.), « Crédit-bail immobilier, DSP et montage en PPP », *Contrats Publics*, n°65, avril 2007, p.36 ; DJEMAOUN (A.) et LAVIOLE (L.), « L'accord autonome : une réponse aux réserves des banques à financer les contrats de partenariat », *BJCP*, n°84, septembre-octobre 2012, p.321.

[1222] Loi n°94-631 du 25 juillet 1994 complétant le Code du domaine de l'Etat et relative à la constitution de droits réels sur le domaine public, *JORF*, n°171, 26 juillet 1994, p.10749.

[1223] L'article L.2122-13 alinéa 1er du CG3P dispose que « *dans le cadre des titres d'occupation prévus par les articles L. 2122-6 et L. 2122-11, la réalisation des ouvrages, constructions et installations peut donner lieu à la conclusion de contrats de crédit-bail. Lorsque ces contrats concernent le financement d'ouvrages, de constructions et d'installations qui sont nécessaires à la continuité d'un service public, ils comportent des clauses permettant de préserver les exigences de ce service public.* » ; V. GAUDEMET (Y.), « Contrat de partenariat et domaine public », *in* Mélanges en l'honneur du Professeur Jacqueline MORAND-DEVILLER, *Confluences*, Montchrestien, février 2008, p.539.

[1224] MARCHAND (F.) et MOURIESSE (X.), « Crédit-bail immobilier, DSP et montage en PPP », *Contrats Publics*, n°65, avril 2007, p.36 ; PEYRICAL (J-M.), « Conciliation entre crédit-bail et domaine public : un débat toujours d'actualité ? », *Contrats Publics*, n°54, avril 2006, p.38 ; SYMCHOWICZ (N.), « Droits réels et contrats domaniaux », *Contrats Publics*, n°54, avril 2006, p.36 ; TENAILLEAU (F.) et TIXIER (J-L.), « Le financement par crédit-bail des délégataires du service public », *Contrats et Marchés Publics*, n°7, juillet-août 2005, p.5.

[1225] Décision n°2002-460 DC du 22 août 2002 relative à la loi d'orientation et de programmation sur la sécurité intérieure. Cons. n°15 : « *s'agissant des exigences du service public, le contrat de crédit-bail devra comporter des clauses approuvées par l'Etat et lui permettant de faire obstacle à ce que les prérogatives du crédit-bailleur ne soient pas compatibles avec le bon fonctionnement du service public* ».

s'appliquer à des PPP mis en place tant dans le cadre du bail emphytéotique administratif que dans celui du contrat de partenariat.

267. La technique du crédit-bail comprend deux contrats : d'une part, un contrat de vente conclu entre l'établissement financier et le vendeur, d'autre part, un contrat de location assorti d'une option d'achat conclu entre le crédit-bailleur et le crédit-preneur. Cette technique du crédit-bail permet un moindre transfert de risques par rapport aux autres montages, puisqu'une clarification des responsabilités des différentes parties au contrat est établie par convention. Le crédit-bail implique le transfert au crédit-bailleur de l'ensemble des droits réels dont dispose le titulaire, ce qui s'avère en pratique fort contraignant[1226]. Particulièrement adapté aux projets de petite taille, il ne convient pas aux projets complexes.

Malgré la crise financière qui a durci les conditions d'obtention des prêts, le montage en société de projet est le montage le plus communément utilisé. Le financement de projet est « *préféré au crédit-bail, qui fait l'objet d'une offre réduite, et au financement* corporate, *qui présente le risque de pénaliser lourdement la dette des opérateurs* »[1227].

Il peut paraître regrettable qu'il n'y ait pas plus de diversité dans les montages financiers du contrat de partenariat, alors que les formules juridiques sont, elles, assez diversifiées. Toutefois, contrairement au montage financier, le plan de financement est, pour sa part, plus étoffé.

§ 2 – Les techniques de couverture

Afin d'assurer la pérennité et la sécurité du montage, des garanties sont apportées au financement (**A**) et se matérialisent par certains instruments de couverture (**B**).

A – Les garanties du financement

268. Le caractère mixte du contrat de partenariat autorise à combiner les sources de financements privées et publiques et leurs garanties. Si l'ordonnance du 17 juin 2004 ne comportait aucune exigence sur ce point, la loi du 17 février 2009 pour l'accélération des programmes de construction et

---

[1226] SYMCHOWICZ (N.), « Droits réels et contrats domaniaux », *Contrats Publics*, n°54, avril 2006, p.36

[1227] BRACONNIER (S.), « L'accord autonome dans les contrats de partenariats public-privé. De la pratique à la théorie », *in*, Mélanges en l'honneur du Professeur Laurent RICHER, *A propos des contrats des personnes publiques*, LGDJ, novembre 2013, p.512.

d'investissements publics et privés a modifié et précisé les conditions de financement du contrat de partenariat par une novation. Désormais, l'article L.313-29-1 du Code monétaire et financier favorise le recours aux cessions de créances et clarifie la notion dans le cadre des PPP, en permettant au partenaire privé de céder à l'établissement bancaire la créance détenue sur le partenaire public, ce qui institue « *un enjeu majeur de réalisation des investissements par les PPP* »[1228]. En effet, cette garantie permet de réduire le coût de financement du projet car l'établissement financier propose des taux d'intérêts moins élevés sur les fonds qu'il prête, étant directement remboursé par la personne publique. Par cette insertion dans le Code monétaire et financier et l'institution d'une garantie de l'Etat pour la réalisation de projets complexes, l'accès au crédit pour les titulaires de créances contre l'administration s'en trouve facilité.

Auparavant, la doctrine avait précisé le rôle significatif du cautionnement[1229] et des mesures de sûretés[1230] dans les financements de projet en vue d'une application élargie ou restrictive de ces types de garanties, puisque la personne publique a la possibilité de se porter caution auprès des établissements financiers envers la personne privée afin d'obtenir le financement destiné à la réalisation des travaux publics concédés[1231].

La personne publique dispose du pouvoir fiscal et donc de celui de lever l'impôt. Ce pouvoir lui confère une qualité de débiteur « idéal » pour les établissements bancaires assurés du paiement de la dette par la personne publique. Une personne privée, même financièrement solide, présente toujours un risque de défaillance engendrant une répercussion du risque du crédit dans le taux d'intérêt. Néanmoins, l'écueil de ce pouvoir fiscal pour la personne publique est de ne pas asphyxier les contribuables d'une trop forte imposition.

Le financement du stade sous la forme juridique d'un PPP peut se garantir par une cession de créance (**1**) ou une garantie de l'Etat (**2**).

1228 LEVOYER (L.), « La cession de créances : un moyen de financement particulier des partenariats public-privé », *JCPA*, n°14, 6 avril 2010, p.19.

1229 TOLEDO (A-M.), « Cautionnement et financement de projet », *Droit et Patrimoine*, n°117, juillet 2003, p.64.

1230 TOLEDO (A.-M.), « Financement de projet : sûretés sur les créances de la société de projet », *Droit et Patrimoine*, n°106, juillet 2002, p.56.

1231 TOLEDO (A-M.), « Garanties des partenariats publics-privés », *RDBF*, n°2, mars-avril 2005, p.73 ; ZERBIB (D.), « Les modes de financement des projets publics et le cas particulier de la cession de créances dans les PPP », *RDBF*, n°4, juillet-août 2006, p.51.

1 – La cession de créance dans les partenariats public-privé

269. L'une des caractéristiques des partenariats publics-privé est que le cocontractant de l'administration est rémunéré par celle-ci sous la forme d'une redevance. Il en résulte une créance sur la personne publique. Une interrogation apparut quant à l'application des cessions au sein des contrats publics. Le Conseil d'Etat a écarté les inquiétudes naissantes en reconnaissant l'applicabilité de la cession Dailly aux contrats publics[1232].

La personne privée dispose de plusieurs modalités de cession de créance[1233] afin de mobiliser les sommes dues par la personne publique : la cession de créance ordinaire en vertu des articles 1689 et suivants du Code civil, la cession de créance à un fonds commun de créances sur le fondement des articles L.214-43 et suivants du Code monétaire et financier, la cession Dailly fondée sur les articles L.313-23 du Code monétaire et financier et la cession de créance particulière prévue pour les contrats de partenariat comme précisé à l'article L.313-29-1 du Code monétaire et financier.

270. La cession de créance professionnelle au sens des articles L.313-23 et suivants du Code monétaire et financier se définit comme un acte en vertu duquel un créancier (le cédant) transfère la propriété d'une créance qu'il détient sur l'un de ses débiteurs (le débiteur cédé) à un établissement de crédit (le cessionnaire) pour garantir un crédit ou à titre d'escompte. Dans les montages contractuels complexes, l'intérêt des cessions de créances porte sur l'encaissement des loyers qui s'effectueront à titre d'escompte ou à titre de garantie par l'entreprise privée. Comme le rappelle la doctrine, « *qu'il s'agisse d'une cession-escompte ou d'une cession-garantie, ces mécanismes correspondent à des modalités de financement et non la réalisation d'une cession réelle engendrant une augmentation de l'actif net pour la partenaire privé* »[1234]. Grâce à ces mécanismes, l'établissement bancaire dispose d'une créance sur la personne publique ce qui permet au cocontractant privé d'obtenir un taux d'intérêt moindre quand il emprunte les fonds nécessaires à la réalisation du projet.

[1232] CE, 25 juin 2003, *Caisse centrale de Crédit mutuel du Nord de la France*, n°240679. Concl. Le Chatelier, *AJDA*, n°32, 29 septembre 2003, p.1729. ECKERT (G.), *Contrats et Marchés publics*, n°10, octobre 2003, p.21. V. aussi MAUVAIS (G.) et SAINT SAUVEUR-CAZELLES (A.), « Cession de créances issues d'un contrat de partenariat ou d'un bail emphytéotique hospitalier », *CP-ACCP*, n°89, juin 2009, p.60.

[1233] RIEG (A.), *Rép. Civ. Dalloz, V. Cession de créance* ; TERRE (F.), SIMLER (P.) et LEQUETTE (Y.), *Droit civil – les obligations*, Dalloz, 10ème édition, septembre 2009, p.1264 et s.

[1234] LEVOYER (L.), « La cession de créances : un moyen de financement particulier des partenariats public-privé », *JCPA*, n°14, 6 avril 2010, p.19.

271. La cession de créance régie par le Code civil ne garantit aucunement le montant de la créance dont le cessionnaire devient titulaire. Cette qualité ne lui confère qu'un principe de créance comprenant certaines difficultés[1235].

272. La loi Dailly n'opère pas de distinction entre la cession à titre d'escompte ou à titre de garantie. Toutefois, elles correspondent sur le plan juridique à deux opérations de nature différente. La cession escompte est une opération de crédit impliquant l'acquisition d'une créance en contrepartie d'un prix[1236]. A titre de garantie sans stipulation de prix, la cession Dailly garantit le remboursement du crédit consenti par la banque. La cession à titre de garantie correspond à une constitution de garantie dans le cadre d'un financement[1237].

273. La loi du 17 février 2009 apporte des modifications au régime juridique des contrats de partenariat afin de faciliter le montage financier des projets les plus lourds et dont le financement peut présenter des difficultés. L'article 12 de la loi assouplit le régime de la cession de créance. Le titulaire d'un contrat de partenariat peut désormais céder la totalité de ses créances. L'acceptation de cette cession par la personne publique contractante est toutefois limitée à 80% du montant, et suppose que celle-ci ait constaté que les investissements ont été réalisés conformément aux prescriptions du contrat[1238]. Par dérogation aux dispositions de l'ordonnance n° 2004-559 sur les contrats de partenariat[1239], et pour une période limitée aux années 2009 et 2010, la personne publique pouvait autoriser les candidats à un contrat de partenariat à présenter une offre dont les modalités de financement présentent « un caractère ajustable », c'est-à-dire une offre sans bouclage

---

[1235] CE, 22 juillet 2009, *Office public d'aménagement et de construction de la Sarthe*, n°300313. Concl. Dacosta. Obs. NOGUELLOU (R.), *RDI*, n°11, novembre 2009, p.592.

[1236] Selon le Professeur Michel Vasseur, « *il n'y a véritablement escompte et non pas cession en propriété à titre de garantie, parce qu'il n'y a pas d'un côté, une avance de fonds, et de l'autre, transfert de la propriété de la créance cédée. Il y a cession des créances à terme répertoriées par le bordereau et c'est le prix de cette cession que le banquier paie à son client et paie immédiatement* », *in* « L'application de la loi Dailly », *D.* 1982, chron. p.273.

[1237] Article L.313-24 du Code monétaire et financier. V. LEGRAND (D.), JAHANGUIRI (A.) et BRENOT (V.), « Les cessions de créances irrévocables dans le cadre des contrats de partenariats public-privé : aspects juridiques et financiers », *RLCT*, n°18, novembre 2006, p.9 ; SOULIE (B.) et BERGERE (F.), « Les collectivités locales et le contrat de partenariat », *La Revue du Trésor*, n°3-4, mars-avril 2007, p.274.

[1238] BERGERE (F.), « Financement ajustable des contrats de partenariat : portée et mode d'emploi », *CP-ACCP*, juin 2009, n°89, p.57 ; PINTAT (P.), « Le risque constructif dans les contrats de partenariat », *Contrats Publics*, n°81, octobre 2008, p.51 ; MAUVAIS (G.) et SAINT SAUVEUR-CAZELLES (A.), « Cession de créances issues d'un contrat de partenariat ou d'un bail emphytéotique hospitalier », *CP-ACCP*, n°89, juin 2009, p.61.

[1239] Ordonnance n°2004-559 du 17 juin 2004 sur les contrats de partenariat, *JORF*, n°141, 19 juin 2004, p.10994.

financier définitif[1240]. Le candidat pressenti pour être attributaire devait présenter le financement dans un délai fixé par la personne publique[1241]. En raison de cette période limitée, il importait donc que les enceintes sportives devant faire l'objet d'un contrat de partenariat puissent faire l'objet d'une conclusion du contrat avant le délai butoir, ce qui fut le cas pour les stades contractant un contrat de partenariat.

Par l'article 13 de la loi du 17 février 2009, le législateur accorda la possibilité pour les candidats de remettre une offre finale ne bénéficiant pas d'un plan de financement totalement soutenu par les prêteurs. Ce plan de financement n'était soutenu qu'à 80% et pouvait être ajustable après la remise de l'offre finale. Ce dispositif législatif critiqué a contribué dans ce contexte économique en la mise en place de solutions transitoires en faveur du droit de la commande publique[1242]. Le financement ajustable contrevient au principe de l'intangibilité de l'offre et engendre un doute quant à sa légalité[1243]. Toutefois, l'étendue et l'importance des besoins de financement ont permis une certaine souplesse dans l'engagement financier et dans la finalité des offres. Le Conseil constitutionnel dans sa décision du 12 février 2009 a précisé les limites de cette atteinte au principe d'intangibilité de l'offre[1244]. La mesure devait avoir pour « *objet de prendre temporairement en compte l'instabilité des marchés financiers dans la détermination des*

[1240] BERGERE (F.), « Financement ajustable des contrats de partenariats : portée et mode d'emploi », *CP-ACCP*, n°89, juin 2009, p.57 ; LERAUT (J.) et REYNAUD (T.), « Contrat de partenariat : du financement ajustable à la procédure de confirmation des engagements financiers de l'offre finale », *BJCP*, n°78, septembre-octobre 2011, p.327 ; SIMONNET (Y.), « Le financement des PPP face aux principes de la commande publique », *RLCT*, n°78, avril 2012, p.84.

[1241] Article 13 de la loi du 17 février 2009 relative à l'accélération des programmes de construction et d'investissements publics et privés : « *En 2009 et 2010, par dérogation aux articles 7 et 8 de l'ordonnance n°2004-559 du 17 juin 2004 sur les contrats de partenariat et aux articles L.1414-7, L.1414-8, L.1414-8-1 et L.1414-9 du Code général des collectivités territoriales, la personne publique peut prévoir que les modalités de financement indiquées dans l'offre finale présentent un caractère ajustable. Mention en est portée dans l'avis d'appel public à la concurrence. Le candidat auquel il est envisagé d'attribuer le contrat présente un financement définitif dans un délai fixé par le pouvoir adjudicateur ou entité adjudicatrice. A défaut, le contrat ne peut lui être attribué et le candidat dont l'offre a été classée immédiatement après la sienne peut être sollicité pour présenter le financement définitif de son offre dans le même délai* ».

[1242] TENAILLEAU (F.), « Les contrats de partenariat, la crise financière et la loi », *JCPA*, n°14, 30 mars 2009, p.43 ; SIMONNET (Y.), « Le financement des PPP face aux principes de la commande publique », *RLCT*, n°78, avril 2012, p.84.

[1243] CE, 21 septembre 2011, *Département des Hauts-de-Seine*, n°349149. Concl. Boulouis, *BJCP*, n°79, novembre 2011, p.442. Notes sous arrêt : BRACONNIER (S.), *RDI*, n°11, novembre 2011, p.560 ; ZIMMER (W.), *Contrats et Marchés Publics*, n°11, novembre 2011, p.17.

[1244] Décision n°2009-575 DC du 12 février 2009, *Loi pour l'accélération des programmes de construction et d'investissement publics et privés.*

modalités de financement » des projets de contrats de partenariat[1245]. Le Conseil constitutionnel indiquait que l'ajustement du prix ne devait porter que sur la composante financière du coût global du contrat. Cette variable d'ajustement optimisant les souscriptions et engagements financiers est intéressante pour les projets d'envergures[1246].

274. La MAPPP s'est prononcée sur la confirmation des engagements financiers après la remise de l'offre finale[1247]. Elle a ainsi estimé possible seulement la variation de l'offre à la baisse ; ce qui dans les faits semble surprenant[1248]. Un candidat ayant fourni l'offre la plus économiquement avantageuse rétrograderait par son offre dans le classement des candidats pressentis. Ce critère d'attribution, tenant au coût global de l'offre, se trouve donc neutralisé[1249]. L'offre retenue s'entend donc bien comme la plus avantageuse économiquement puisque l'offre ne serait être remise en cause et correspond à l'esprit de l'ordonnance du 17 juin 2004 en son article 7-I alinéa 7[1250]. Une rectification de l'erreur matérielle commise par un opérateur économique lors de la remise de son offre finale demeure envisageable sur le fondement des « Directives Marchés ». La Cour de justice de l'Union européenne s'est prononcée en ce sens, bien que l'ordonnance se borne à limiter les demandes de clarifications[1251]. Au sens de l'ordonnance, la rectification s'envisage si elle ne modifie pas les éléments fondamentaux de l'offre finale[1252]. L'intérêt indéniable d'un tel mécanisme suscite néanmoins des problématiques de comparabilités des offres et d'égalité entre les candidats. Si la crise financière perdure, ce dispositif mériterait des aménagements avec l'élaboration par exemple de

---

1245 Cons. n°4.

1246 Pour illustrations V. Le Grand stade de Lille ou la ligne ferroviaire LGV Bretagne-Pays de Loire de RFF.

1247 MAPPP, fiche confirmation des engagements financiers après remise de l'offre finale en contrat de partenariat, novembre 2010.

1248 DE SIGOYER (V.), « Contrat de partenariat et financement ajustable », *DA*, n°3, mars 2012, p.55.

1249 DE SIGOYER (V.), « Contrat de partenariat et rectification d'erreur matérielle d'une offre », *DA*, n°10, octobre 2012, p.35.

1250 Article 7-I alinéa 7 de l'ordonnance du 17 juin 2004 : « *La personne publique peut demander des clarifications, des précisions, des compléments ou des perfectionnements concernant les offres déposées par les candidats ainsi que la confirmation de certains des engagements, notamment financiers, qui y figurent. Cependant, ces demandes ne peuvent avoir pour effet de modifier les éléments fondamentaux de l'offre ou des caractéristiques essentielles du contrat dont la variation est susceptible de fausser la concurrence ou d'avoir un effet discriminatoire* ».

1251 CJUE, 29 mars 2012, *SAG ELV Slovensko*, aff. C-599/10.

1252 Réponse ministérielle n°02218, JO Sénat Q, 14 février 2008 ; CE, 26 octobre 1994, *SIVOM des communes de Carry-le-Rouet et Sausset-les-Pins*, n°110959. Concl. Lasvignes ; CAA Bordeaux, 20 décembre 2005, *SBTPC*, n°02BX00814 ; CAA Lyon, 5 janvier 2012, *OPH Département du Rhône*, n°10LY01425.

bid bond ou de pénalités[1253]. Enfin dans un souci d'accélérer la réalisation des opérations, l'Etat et les collectivités territoriales peuvent charger le titulaire du contrat d'acquérir les biens nécessaires à la réalisation de l'opération, y compris, le cas échéant, par voie d'expropriation[1254]. En ce sens, cette cession transparaît comme « *une composante essentielle de la structuration financière des projets de PPP en France* »[1255].

275. La cession Dailly présente l'avantage de disposer d'un moyen juridique, la notification et l'acceptation, garantissant le paiement de la créance au cessionnaire.

La notification de créance oblige le comptable à payer entre les mains du cessionnaire, l'établissement bancaire pour une cession Dailly, tout paiement effectué au titulaire du contrat public étant, dès la notification intervenue, dépourvu de caractère libératoire[1256]. Par l'entremise de la notification de créance, l'établissement de crédit (le cessionnaire) interdit au débiteur cédé (la personne publique) de payer entre les mains du cédant (le partenaire privé) la créance due qui doit être directement versée à l'établissement de crédit. Pour autant, l'interdiction ne vaut pas pour l'application des pénalités contractuellement dues par le cocontractant de la personne publique. Celle-ci n'est pas donc pas tenue de payer à l'établissement de crédit la créance cédée lorsque la prestation n'a pas été exécutée par le titulaire du contrat de partenariat.

L'acceptation de la créance induit pour le débiteur cédé de ne plus pouvoir opposer au cessionnaire des exceptions[1257]. Grâce à la cession de créance Dailly acceptée, l'établissement bancaire en ne prenant aucun risque diminue le coût du crédit. Par cette cession, la personne publique demeure malgré tout liée sans disposer de ces moyens de pression habituels imputables au retard de livraison ou de malfaçons de l'ouvrage. « *Le législateur a donc cherché à mettre en place un dispositif qui garantissait suffisamment le cessionnaire pour attirer les établissements de crédit et ne pas trop renchérir le coût du crédit, tout en préservant les intérêts des personnes*

[1253] *JurisClasseur Contrats et Marchés Publics*, fasc. 670.

[1254] Article 15 de la loi du 17 février 2009 relative à l'accélération des programmes de construction et d'investissements publics et privés.

[1255] CROTHERS (J.), BONNET (M.) et BRUSAU CUELLO (J.), « Cession de créances Dailly dans les opérations de PPP : régime juridique et pratique dans les opérations de PPP », *RDAI*, n°5, octobre 2011, p.506.

[1256] CE, 19 mars 2001, *Région PACA*, n°207626. Concl. Courtial. Note sous arrêt ECKERT (G.), *Contrats et Marchés Publics*, n°5, mai 2001, comm. 97, p.22.

[1257] CE, 25 juin 2003, *Caisse centrale de Crédit mutuel du Nord de la France*. La loi du 17 février 2009 précise l'inopposabilité des exceptions, à savoir l'exception de compensation, les exceptions fondées sur les rapports personnels du débiteur avec le titulaire du contrat telles que l'annulation, la résolution ou la résiliation du contrat.

publiques »[1258]. Ce risque de crédit devient alors un risque « personne publique » sécurisant et améliorant le financement[1259].
En cas de fin anticipée du contrat, pour quelque motif que ce soit, postérieure à la date de mise à disposition effective, les droits des cessionnaires des créances acceptées ne sont pas affectées et la personne publique se libère du montant des créances acceptées[1260].

L'assiette de la cession de créances dans un PPP emporte deux aspects. Le premier aspect correspond à la taille de l'assiette qui influe sur les conditions de financement du projet. Le second aspect s'attache aux conditions de financement, car l'assiette influe également sur le montant des loyers.

276. La cession Dailly s'inscrit donc comme le mécanisme le plus protecteur des intérêts du cessionnaire et apparaît plus avantageuse que les outils de droit commun proposés par le Code civil[1261]. Cette pratique française s'affirme comme une exception[1262] et demeure très majoritairement utilisée à titre de garantie pour le contrat de partenariat, la cession escompte étant davantage utilisée pour un BEA[1263].

L'intérêt de la cession de créances au sein des PPP est donc double. D'une part, elle prévoit une garantie étatique et d'autre part en réduisant les coûts de financements des projets, la cession de créances offre des conditions de financement avantageuses se rapprochant de celles qu'obtiendrait la personne publique. De plus, le mécanisme de la cession de créance Dailly optimise le coût de financement de l'opération dans la mesure où les conditions d'exercice de la cession sont connues par l'ensemble des parties.

1258 BRACONNIER (S.) et NOGUELLOU (R.), « L'influence de la crise sur les marchés publics et contrats de partenariat public-privé », *RDI*, n°1, janvier 2010, p.29.

1259 PIGNON-XARDEL (S.), MANOUKIAN (S.), VITSE (L.), *Le financement des partenariats public-privé. Problématiques juridiques et financières, pratiques et enjeux*, Le Moniteur, février 2010, p.321.

1260 Pour illustration, v. article 34 p.59 du dossier de consultation initial du contrat de partenariat pour le Grand Stade de Nice.

1261 V. BORGA (N.), « L'ordre public et les sûretés conventionnelles », Thèse, sous la direction du Professeur Stéphanie PORCHY-SIMON, Université Jean Moulin (Lyon III), 2009, à propos de la cession Dailly, n°250 et s., n°332 et s.

1262 CROTHERS (J.), BONNET (M.) et BRUSAU CUELLO (J.), « Cession de créances Dailly dans les opérations de PPP : régime juridique et pratique dans les opérations de PPP », *RDAI*, n°5, octobre 2011, p.506 ; DENIAU (P.) et ROUAST-BERTIER (P.), « Les sûretés réelles dans les financements de projet après l'ordonnance du 23 mars 2006 », *RDBF*, n°4, juillet-août 2008, p.21.

1263 MAPPP, « Les contrats de partenariat : Guide méthodologique », Version électronique du 7 février 2011, p.100.

Il importe donc de relativiser l'argument récurrent du coût des PPP, puisque le financement de projet équivaut à l'endettement public[1264]. En contrepartie de cet usage des cessions de créances, l'administration doit procéder au paiement intégral des prestations rendues par le partenaire privé en dépit de leurs réelles ou supposés qualités. La cession de créances se situe donc au centre de la structure de financement.

2 – La garantie de l'Etat et la prégnance du soutien étatique

277. L'Etat joue un rôle majeur tant dans le financement du contrat de partenariat que dans le soutien financier aux équipements sportifs. Ce soutien se matérialise d'une part grâce à la reconnaissance du caractère d'intérêt général[1265] conféré à la réalisation d'équipements sportifs en vue de l'Euro 2016 et d'autre part *via* le mécanisme de garantie étatique qui était accordé jusqu'au 31 décembre 2010.

Afin de faciliter le financement des projets d'investissement publics dans un contexte financier difficile, la loi de finances rectificatives du 4 février 2009 inséra un mécanisme de garantie assuré par l'Etat, pour les projets en contrat de partenariat[1266]. Son article 6 autorisait ainsi le ministre chargé de l'économie à accorder, entre autres, aux «*entreprises signataires d'un contrat de partenariat*», la garantie de l'Etat pour leurs prêts bancaires. La garantie de l'Etat était accordée dans la limite de 80% du montant de ces prêts et pour un montant maximal de 10 milliards d'euros. Cette garantie ne pouvait être accordée que si les conditions suivantes étaient réunies:
« *1° L'entreprise cocontractante a son siège dans un Etat membre de la Communauté européenne ou dans un autre Etat partie à l'accord sur l'Espace économique européen ;*
2° L'entreprise cocontractante présente une situation financière saine et une solvabilité suffisante ;
3° Les ouvrages ou équipements dont la réalisation est prévue par le contrat sont situés en France ;
4° Le contrat doit être conclu avant le 31 décembre 2010 ».

[1264] PENTECOSTE (J.), VILLATEAU (E.) et PAILLARD (E.), « La finance et le PPP : vers un *New Deal* ? » *MdA*, n°71, juin 2012, p.40 ; DREYFUS (J-D.), « Le partenariat public-privé et le financement de l'opération », *RDI*, n°11, novembre 2003, p.495. V. aussi GASNET (G.), « La juridiciarisation de l'endettement public », Thèse, sous la direction du Professeur Michel DEGOFFE, Université Paris Descartes (Paris V), juillet 2013, 662 p.
[1265] Article 28 de la loi n°2009-888 du 22 juillet 2009 de développement et de modernisation des services touristiques.
[1266] Article 6 de la loi de finances rectificatives n°2009-122 du 4 février 2009. V. BRACONNIER (S.), CHAMPY (J-L.) et MOREL (J-B.), « Le soutien financier de l'Etat aux partenariats public-privé », *Contrats et marchés publics*, n°4, avril 2009, p.42.

Cette dernière condition restrictive a limité le recours à ce mécanisme de garantie et ne fut d'ailleurs utilisé par aucun des projets établis avant cette date butoir.

Le contrat organise en principe un transfert des risques d'exploitation plus ou moins large et d'intensité assez élevée. Ces risques aléatoires nécessitent un lissage dans le temps, notamment par leur amortissement. En définitive, la durée du contrat financera l'aléa des coûts en parallèle à ceux des amortissements.

L'Etat a par ailleurs assuré son soutien financier à hauteur de 160 M€ pour la modernisation des stades en vue de l'Euro 2016[1267] en s'appuyant en partie sur les dispositions de la loi du 1er juin 2011 relative à l'organisation de l'Euro 2016. L'Etat répond ainsi aux exigences d'une participation financière émise dans le cahier des charges relatif à l'organisation de l'Euro 2016[1268].

Le soutien de l'Etat s'est manifesté également pour le financement de grandes salles en distinguant une aide spéciale pour le financement de sept grandes salles nécessaires au rayonnement international et à l'attractivité de la France et une autre aide sous la forme de contributions pour le second niveau de salles (5.000 à 8.000 places)[1269].

B – Les instruments de couverture

278. Les logiques de financement ne sont ni exclusives, d'où un financement mixte, ni figées dans le temps, d'où des instruments de couverture. Les contrats de partenariat, et plus généralement les PPP, connaissent des durées contractuelles souvent longues entraînant des risques d'évolution des taux d'emprunt. Pour cette raison, des instruments de couverture peuvent pallier ce risque.

279. L'un des instruments de couverture le plus efficace est le « *swap* ». La notion de *swap* renvoie à l'échange d'un taux variable contre un taux fixe

[1267] Question écrite AN n°128923 posée par M. François Lamy, publiée au JOAN du 21 février 2012, p.1499 ; réponse du Ministre des sports, publiée au *JOAN* du 15 mai 2012, p.3987. Cette réponse ministérielle précise l'engagement financier de l'Etat à hauteur de 160 millions d'euros versés par le biais du Centre national pour le développement du sport répartis entre les quatre stades construits (Bordeaux, Lille, Lyon et Nice) et les cinq rénovés (Lens, Marseille, Paris, Toulouse et Saint-Etienne).

[1268] Cahier des charges relatif aux exigences relatives au tournoi UEFA Euro 2016, secteur 6 aspects politiques et économiques, pt. 4, p.50.

[1269] Rapport de la Commission Grandes Salles « Grandes Salles - Arenas 2015 » du 10 mars 2010, p.68.

afin de se prémunir contre les risques liés aux variations de taux[1270]. Le *swap* est lié au contrat de financement du projet et leur utilisation en matière de PPP est d'ailleurs « *quasi-universelle* »[1271]. Il existe aussi d'autres instruments de couverture tels que le « *swaption* », option d'achat pour un *swap*, dont l'utilisation se fait en revanche beaucoup plus rare[1272] ; le « *cap* » [1273] tient une place non négligeable, en ce sens que cela constitue un plafond de taux de change ou de taux d'intérêt obtenu au moyen d'un *swap*, d'options ou d'un accord contractuel[1274] ; le « *floor* », contrat symétrique au *cap* qui permet à l'investisseur à taux variable de se garantir contre une baisse au-delà d'un certain taux ; ou bien encore le *Future Rate Agreement* (FRA)[1275]. Ces instruments de couverture permettent une sécurité des taux d'intérêts puisque le montant des loyers financiers n'évoluant pas, les partenaires du projet connaîtront le coût définitif du montage. Comme le rappelle la doctrine, « *il est vital que le prix soit ferme et définitif* »[1276]. En sécurisant et fixant les taux, les instruments de couverture remplissent pleinement ce rôle.

Généralement, les financements de projet ne prévoient pas de variation du prix, car cela contraindrait la société de projet à en supporter les conséquences. D'où l'existence de contrats dits « clé en main » (*turnkey contract*). Ces contrats envisagent le paiement par le maître de l'ouvrage d'un prix ferme et protègent la société de projet des aléas causés par les surcoûts ou le retard de construction. Celle-ci contracte donc avec le cocontractant un contrat dans lequel il assume les conséquences financières

---

1270 V. LYONNET DU MOUTIER (M.), *Financement sur projet et partenariats public-privé*, Editions EMS, octobre 2011, p.135. ; PIGNON-XARDEL (S.), MANOUKIAN (S.), VITSE (L.), *Le financement des partenariats public-privé. Problématiques juridiques et financières, pratiques et enjeux*, Le Moniteur, février 2010, p.199 et s. ; BARRET (G.) et CHIODI (P.), « Les swaps », *Option Finance*, n° hors série, 1991, p.16. DJEMAOUN (A.) et LAVIOLE (L.), « L'accord autonome : une réponse aux réserves des banques à financer les contrats de partenariat », *BJCP*, n°84, septembre-octobre 2012, p.323.

1271 PIGNON-XARDEL (S.), MANOUKIAN (S.), VITSE (L.), *Le financement des partenariats public-privé. Problématiques juridiques et financières, pratiques et enjeux*, Le Moniteur, février 2010, p.205.

1272 V. EL-KHOURY (I.) et PERRIN (C.), « Les options sur swap (swaptions) », *Option Finance*, 1994, n°328.

1273 Il s'agit d'un « *contrat de gré à gré entre deux contreparties qui permet à l'acheteur de se couvrir contre une hausse des taux d'intérêts au-delà d'un niveau prédéterminé moyennant le paiement immédiat d'une prime* », Lamy Droit du financement, n°2279, p.1163.

1274 LYONNET DU MOUTIER (M.), *Financement sur projet et partenariats public-privé*, Editions EMS, octobre 2011, p.306.

1275 Le FRA est « *un contrat à terme de gré à gré pour lequel le vendeur du FRA garantit à l'acheteur, au terme d'une période donnée – la période de couverture – un taux négocié – le taux garanti – pour un emprunt d'un montant et d'une durée négociés* », Lamy Droit du financement, n°2275, p.1162.

1276 HAUBERT-McGETRICK (V.) et ANSALONI (G.), *Financement de projet, enjeux juridiques et bancabilité d'une opération*, Revue Banque Edition, décembre 2011, p.89.

des éventuels surcoûts de construction. Ce type de contrat tranche avec les contrats par lots où la société de projet contracte avec plusieurs intervenants. Néanmoins, quel que soit le type de contrat, le ou les cocontractants s'acquittent d'une obligation de résultat. Par leur engagement, ils doivent livrer l'ouvrage sous peine d'engager leur responsabilité contractuelle. Les contrats impliquent la livraison de l'ouvrage à date certaine. Des *boni* ou des *mali* interviennent également selon que la livraison soit anticipée ou retardée.

Section 2 – Les relations financières entre les parties cocontractantes

La structuration financière doit être dimensionnée afin d'être suffisamment robuste pour résister à des variations probables des différents facteurs de risques[1277]. Le choix des sources de financement s'effectue en fonction de multiples critères tels que la taille du projet, sa complexité, son coût ou bien encore les garanties requises. Après avoir identifié les besoins du projet, il convient de circonscrire le plan de financement en choisissant le montage financier adéquat en parallèle du meilleur plan de financement (**§ 1**). Les enjeux fiscaux demeurent également cruciaux. Ils peuvent conduire au choix du montage, notamment au recours du contrat de partenariat dans le cadre des équipements sportifs (**§ 2**).

§ 1 – L'optimisation du plan de financement

Le plan de financement établit les ressources liées au projet et comprend une liste de coûts et une liste de ressources. Deux phases doivent être distinguées[1278] : la phase de construction, incluant au sens large la phase d'étude et de demandes d'autorisation, et la phase d'exploitation. De nombreux outils viennent optimiser le plan de financement d'un projet (**A**), tant sous la forme de soutien que de ressources propres (**B**).

[1277] SESTIER (J-F.), « La dimension financière des partenariats public-privé », *La Revue du Trésor*, n°3-4, mars-avril, 2007, p. 249.

[1278] PIGNON-XARDEL (S.), MANOUKIAN (S.), VITSE (L.), *Le financement des partenariats public-privé. Problématiques juridiques et financières, pratiques et enjeux*, Le Moniteur, février 2010, p.95.

A – L'analyse du risque financier

280. Après avoir analysé ces aspects, la banque collectera des informations et se fondera sur des éléments technique et économique pour se prononcer. Le financement de projet nécessite, en principe, une appréciation des risques et des aléas envisagée sur une durée supérieure à une décennie permettant un partage équitable des risques mais également des profits. Il importe d'adapter et d'équilibrer l'architecture du financement[1279]. Deux phases retiendront particulièrement son attention, la phase de construction (**1**) et celle d'exploitation (**2**). Dans ces deux phases, l'ensemble des données économiques et financières ainsi que les enjeux fiscaux doivent être maîtrisés. La rentabilité du projet doit être précise afin que le partenaire privé ne soit pas pris au dépourvu.

1 – La phase de construction

281. En période de construction, certains postes sont à financer. En amont aux dépenses de construction liées au coût des travaux et des provisions destinées aux aléas, des dépenses de conception sont à engager comprenant les honoraires des bureaux d'études et de conseils. Se greffent à ces postes de financement les frais financiers intercalaires correspondant à des frais d'emprunt liés au coût de construction ou de production d'immobilisations. Durant cette première phase, qui débute de la pose de la première pierre jusqu'à l'achèvement des travaux, trois types de risques sont à évaluer.

Le premier est le risque de non-achèvement. Envisageable par nature, il n'en demeure pas moins peu probable quant aux stades. En effet, différentes clauses contractuelles obligent parfois la promotion à l'achever ou à le contraindre de rembourser le cas échéant. Les ouvrages aux fins de service public ne connaissent pas ce type de risque, le cautionnement de la personne publique étant d'une telle implication qu'il atténue les difficultés rencontrées. Dans le cadre des stades, généralement leurs constructions ou rénovations s'inscrivent dans une candidature présentée devant une instance sportive. L'engagement de livrer l'enceinte implique des clauses contractuelles prévenant ce risque.

Le second risque inhérent de cette phase est le dépassement de budget. Ce risque, supporté par les banques en raison du manque d'exploitation de l'ouvrage, se rencontre fréquemment.

[1279] VILA (J-B), « Traitement comptable et financier des partenariats public-privé », *JCPA*, n°9, 5 mars 2012, p.24.

Le montage financier en PPP représente un coût supérieur par rapport au montage financier classique. Ce coût se justifie par le transfert de risque. L'explication est simple. Le montage financier en PPP valorise le transfert de risques. Le portage de risques est donc la contrepartie des fonds propres.

282. Le dernier risque à évaluer concerne le retard de livraison de l'ouvrage. Le retard pris lors des travaux est sanctionné aux travers de clauses contractuelles précisant les pénalités de retard[1280]. Le degré et la nature du retard sont prévus dans de nombreuses causes de retard légitime pouvant écarter la responsabilité du partenaire privé comme le retard de livraison du permis de construire, un recours contre le projet ou des intempéries, voire en matière de stade, l'occupation du club résident durant les matchs. Un système de sévérité croissant à l'égard du partenaire privé peut s'établir de cette façon : tout d'abord une diminution du loyer perçue par le partenaire lorsque la personne publique estime que la pénalisation du retard résulte exclusivement de la réduction de la durée de l'exploitation ; puis, outre cette réduction du loyer, le partenaire privé encourt aussi une pénalité financière à raison du retard de livraison de l'ouvrage ; enfin, en plus du cumul de ces pénalités, peut s'ajouter une indemnisation sanctionnant la faute commise par le partenaire[1281].

Le montant de la créance cédée peut être réduit par les pénalités de retard[1282]. Le retard de livraison d'un stade comporte certaines difficultés pour la rentabilité et l'exploitation de l'ouvrage. La billetterie, le *merchandising* en souffrent tout comme la possible venue de sponsor.

L'UEFA incite, pour ne pas dire contraint, à l'élaboration stricte d'un calendrier du projet[1283]. Celui-ci expose très clairement qu'à l'issue de la remise du stade par l'entrepreneur, les responsables de la gestion du site sont tenus de tester tous les services et installations six mois avant le début d'une compétition internationale. Autrement dit, les stades retenus pour l'organisation de l'Euro 2016 en France doivent être terminés six mois avant

---

[1280] V. pour illustration, article 5 p.8 de la Convention d'occupation du Grand Stade de Lille conclu entre LMCU et le SASP LOSC Lille Métropole en date du 25 septembre 2008 ainsi que les articles 9, 10 et 11 pp.19-24 du dossier de consultation initial du contrat de partenariat pour le Grand Stade de Nice.

[1281] BERGERE (F.), BEZANCON (X.), DERUY (L.), GOULARD (G.) et FORNACCIARI (M.), *Le guide opérationnel des PPP*, Le Moniteur, 3ème édition, janvier 2010, p.196. Pour illustration, Cass. civ. 3ème ch., 27 janvier 2010, n°08-18026, *Bull. civ.* 2010, III, n°22, « *quelle que soit la qualification du contrat, tout professionnel de la construction est tenu, avant réception, d'une obligation de conseil et de résultat envers le maître de l'ouvrage* ».

[1282] CAA Paris, 28 avril 1992, *Banque française commerciale Antilles-Guyane*, n°90PA00015. Rec. Lebon p. 1111 ; CAA Nantes, 5 février 1998, *Commune de Neuville-aux-Bois*, n° 94NT00103.

[1283] Guide de l'UEFA pour des stades de qualité, p.18 et s.

le début de l'épreuve afin d'assurer le bon fonctionnement des installations et vérifier si des travaux supplémentaires doivent être effectués. Un retard de livraison peut pénaliser l'organisation de la compétition et le cas échéant retirer la candidature de la ville hôte voire du pays hôte.

Durant les travaux, un contrôle de la bonne exécution des travaux s'opère en conformité aux annexes techniques, comme par exemple les plans du chantier ou un rapport mensuel sur l'avancement des travaux, où y figurent des études de suivi lors de la construction de l'équipement. Un ultime contrôle s'effectuera lors de la réception du chantier. A cet effet, lors de l'acceptation de l'ouvrage, il se peut que le partenaire privé soit le seul compétent en qualité de maître d'ouvrage à prononcer la réception. La personne publique se prononcera sur l'acceptation des travaux. Ce moment délicat fait l'objet d'une attention toute particulière puisqu'il déclenche le droit de percevoir la rémunération prévue au contrat[1284]. Le cahier des charges ainsi que les annexes doivent scrupuleusement décrire les cas de refus d'acceptation qui se matérialiseront par des réserves bloquantes et / ou mineures. Les réserves bloquantes soulignent des malfaçons rendant l'ouvrage impropre à sa destination ou une non-conformité majeure au programme contractuel ou fonctionnel. En matière d'accueil du public, ces réserves sont d'autant plus strictes. Ces types de réserves justifient contractuellement un refus d'acceptation. Les réserves mineures n'empêchent pas la livraison et ne justifient pas de positions aussi austères que les réserves bloquantes. Toutefois, le maître d'ouvrage a la charge de les lever dans un certain délai.

Si la construction connaît un retard, des pénalités peuvent venir sanctionner l'opérateur privé. Pourtant, la personne publique renonce régulièrement à appliquer des sanctions pécuniaires, du moins les réduit, du fait que le partenaire privé se retrouve déjà pénalisé par le retard d'exploitation ne percevant pas de loyer, l'objectif étant d'éviter la « double peine ». Dans un contrat de partenariat, en vertu de l'article 11-d de l'ordonnance du 17 juin 2004, les pénalités de retard sont amputées sur la redevance[1285]. Le montant reste à préciser dans les clauses du contrat.

[1284] BERGERE (F.), BEZANCON (X.), DERUY (L.), GOULARD (G.) et FORNACCIARI (M.), *Le guide opérationnel des PPP*, Le Moniteur, 3ème édition, janvier 2010, p.199.

[1285] Article 11-d de l'ordonnance du 17 juin 2004. « *Un contrat de partenariat comporte nécessairement des clauses relatives : (...) à la rémunération du cocontractant, aux conditions dans lesquelles sont pris en compte et distingués, pour son calcul, les coûts d'investissement-qui comprennent en particulier les coûts d'étude et de conception, les coûts annexes à la construction et les frais financiers intercalaires, les coûts de fonctionnement et les coûts de financement et, le cas échéant, les recettes que le cocontractant peut être autorisé à se procurer en exploitant le domaine, les ouvrages, équipements ou biens immatériels, à l'occasion d'activités étrangères aux missions de service public de la personne publique et qui ne leur portent pas préjudice, aux motifs et modalités de ses variations pendant la durée du*

2 – La phase d'exploitation

283. Au cours de la phase d'exploitation, des contrôles d'exécution ont toujours lieu mais prennent évidemment une forme différente. Ils porteront sur des aspects d'hygiène et sécurité ou de maintenance entretien. La phase d'exploitation génère surtout le début du paiement des redevances dues par la personne publique.

La contractualisation du financement s'élabore progressivement. Comme lors de chaque opération contractuelle classique, différentes phases sont à observer.

284. En premier lieu, la phase précontractuelle. Celle-ci se déroulera selon les règles classiques, le sponsor ne pouvant assurer intégralement le financement par fonds propres, il sollicitera différents établissements de crédits. Le sponsor préparera, pour cela, un document d'information dénommé *preliminary information memorandum* (PIM)[1286] décrivant de manière détaillée le projet ainsi que ses caractéristiques[1287]. Le PIM contient régulièrement des accords préliminaires annexant un projet de *term sheet*[1288], c'est-à-dire un résumé des principales conditions du crédit. De plus, le sponsor demande au potentiel prêteur de joindre une lettre d'intérêt. Il s'agit d'une lettre adressée au sponsor dans laquelle le prêteur confie son intérêt pour le projet et son financement. Il évoque aussi sa confiance envers le groupement. Une fois le contrat de préfinancement conclu et les travaux achevés, la réception de l'ouvrage, et concomitamment l'acceptation de ce dernier, commence la phase d'exploitation et de rémunération.

285. L'article 11-*d* de l'ordonnance du 17 juin 2004 indique que les clauses financières relatives à la rémunération doivent différencier les coûts de financement et ceux d'investissement. C'est la personne publique qui assure la rémunération du cocontractant sous forme de redevance dénommée « loyers ». Généralement, trois types de loyers se distinguent. Le loyer L1 correspond selon l'ordonnance aux coûts d'investissement qui « *comprennent en particulier les coûts d'étude et de conception, les coûts annexes à la construction et les frais financiers intercalaires* ». Il constitue le socle des sommes éligibles au FCTVA. En pratique, ce loyer tient compte également de la part de rémunération des fonds propres de la société de

---

contrat et aux modalités de paiement, notamment aux conditions dans lesquelles, chaque année, les sommes dues par la personne publique à son cocontractant et celles dont celui-ci est redevable au titre de pénalités ou de sanctions font l'objet d'une compensation ».

[1286] Dénommé aussi *offering memorandum.*

[1287] HAUBERT-McGETRICK (V.) et ANSALONI (G.), *Financement de projet, enjeux juridiques et bancabilité d'une opération*, Revue Banque Edition, décembre 2011, p. 148.

[1288] Termes et conditions qui définissent les modalités contractuelles d'un financement.

projet. Le loyer L2 représente le coût du financement, c'est-à-dire les intérêts de la dette. Les éléments 1 et 2, selon les contrats, se confondent en un « loyer financier »[1289]. Le loyer L3 quant à lui regroupe l'ensemble des autres coûts, en particulier les coûts de gros entretien et rénovation (GER), coûts d'entretien et de maintenance voire les frais de gestion de la société de projet.

B – L'apport financier du partenaire privé

Le cocontractant privé participe au financement du stade par la recherche de prêteurs (**1**). Le *naming* peut être un levier de financement supplémentaire (**2**).

1 – Le financement par le cocontractant privé

286. Le cocontractant privé doit trouver des prêteurs et constituer un groupement de candidat après avoir répondu à l'avis d'appel à candidature. L'avancée et la transparence du projet lillois permet d'étudier véritablement l'engagement financier du cocontractant privé. Le montage du projet Grand stade de Lille avec le choix du contrat de partenariat prévoit un système de « location » de l'équipement par Lille Métropole pendant 31 ans, afin d'éviter de recourir à l'emprunt. Le contrat de partenariat permet un réel partage des coûts[1290] puisque les partenaires privés (Eiffage, LOSC-LM, « *sponsor naming* » et grands partenaires officiels) ont financé le stade à hauteur de 56% contre 44% pour le secteur public composé de Lille Métropole et de la Région.

La location du stade s'élève à un coût total annuel de 30.6 M€ partagé entre la charge nette globale due par Lille Métropole comprise entre 9,7 et 10,5 M€ par an pendant 31 ans[1291] ; le loyer forfaitaire de l'équipe résidente estimé à 6.8 M€ pour le LOSC ; les recettes garanties forfaitaires payée par ELISA (6.5 M€) et 3.3M€ à 3.8M€ pour le *naming* et les grands partenaires officiels, gérés par Lille Métropole Communauté urbaine, sans compter les 3M€ de subvention provenant de la Région. Le LOSC et ELISA (Eiffage Lille Stadium Arena) verseront un intéressement à Lille Métropole sur leurs recettes qui devrait représenter 700.000€ par an ainsi qu'une taxe spectacle

[1289] BERGERE (F.), BEZANCON (X.), DERUY (L.), GOULARD (G.) et FORNACCIARI (M.), *Le guide opérationnel des PPP*, Le Moniteur, 3ème édition, janvier 2010, p.202.
[1290] V. Annexe du contrat.
[1291] Ce montant intègre l'ensemble des coûts d'études, de construction, de travaux, d'entretien, de maintenance, de renouvellement et de gestion de l'équipement.

de 8 % sur les billets[1292], évaluée à 2 M€ par an. Le Grand stade sera géré par ELISA (Eiffage Lille Stadium Arena), filiale d'Eiffage créée pour la construction du Grand Stade.

La participation de la direction des fonds d'épargne de la Caisse des dépôts et consignations peut être envisagée pour les projets d'équipements sportifs[1293]. Elle propose des prêts à taux compétitif correspondent généralement à 25% du financement bancaire et font l'objet d'une cession de créances notifiée et acceptée garantissant 100% du remboursement du prêt[1294]. Une telle mesure permet de réduire la part de financement bancaire.

287. Si la place du cocontractant privé n'est pas à négliger, le rapport Séguin souligne à juste titre que les collectivités territoriales restent le « *pivot du système* » en matière de construction de stades ou d'exploitation de l'existant[1295]. Quel que soit le degré de liberté dont veulent bénéficier les clubs, ils devront garder à l'esprit qu'ils ne disposent pas de réserves foncières pour construire leurs projets, pas plus qu'ils n'ont le contrôle des procédures et autorisations administratives qui encadrent les ouvrages immobiliers accueillant les réseaux d'énergie et de transports qui permettent l'accès aux stades[1296]. Toutefois, le rapport Séguin préconise plus de « *souplesse et de pragmatisme sans esprit dogmatique* »[1297] lorsqu'il faut envisager le poids de la puissance publique. A ce titre, ce rapport insiste à propos du fait que le football est devenu un sport spectacle, ce qui doit inviter les communes à se désengager d'une activité qui ne relève pas de leur intervention. Déjà absentes des questions de gestion des clubs qui utilisent des infrastructures publiques, les communes devraient être moins interventionnistes dans la gestion de stades qui sont sous occupés.

Les enjeux posés par la Commission Séguin consistent dans la nécessité de sortir du système de contrôle improductif des entités publiques. Bien

---

[1292] Article 32 p.23 de la Convention d'occupation du Grand Stade de Lille conclu entre LMCU et le SASP LOSC Lille Métropole en date du 25 septembre 2008.

[1293] La Caisse des dépôts et consignations est l'un des mandataires du groupement Bouygues dans le projet de reconfiguration du Stade Vélodrome de Marseille.

[1294] PIGNON-XARDEL (S.), MANOUKIAN (S.), VITSE (L.), *Le financement des partenariats public-privé. Problématiques juridiques et financières, pratiques et enjeux*, Le Moniteur, février 2010, p.107.

[1295] Rapport de la Commission grands stades présidée par M. Philippe SEGUIN, « Grands stades – Euro 2016 » du 24 novembre 2008, p.53.

[1296] L'Olympique lyonnais souhaite construire son nouveau stade sur le site de Décimes en financement propre et fonds privé, mais rencontre de nombreuses difficultés tant pour le financement, malgré une cotation du club en bourse, que pour les procédures et autorisations administratives.

[1297] Rapport de la Commission grands stades présidée par M. Philippe SEGUIN, « Grands stades – Euro 2016 » du 24 novembre 2008, p.60.

évidemment, les communes ne devront pas être mises hors jeu lorsqu'il s'agira de construire les routes ou les moyens de transport pour accéder aux stades. Elles devront aider les clubs lorsqu'il s'agira de trouver des terrains voire pourquoi pas verser des subventions comme le furent autorisés les *Länders* allemands lors de la Coupe du Monde 2006 pendant les grandes opérations de rénovation des stades, enceintes sportives curieusement parées aujourd'hui des noms des fleurons de l'économie allemande[1298].

288. Les stades à l'étranger sont, généralement, de nature privée. Pour reprendre les exemples anglais et allemands, les clubs sont propriétaires généralement de leurs stades. En Angleterre, cela s'explique par une forte volonté de l'Etat de ne pas investir dans les enceintes sportives en raison du coût, mais aussi par la puissance financière des clubs de football. En Allemagne, la maîtrise de l'infrastructure sportive apparaît comme essentielle pour les clubs qui comme outre-Manche possèdent une assise de supporters émergeant de la forte culture sportive de ces pays[1299]. De plus, le fédéralisme germanique constitue un frein à l'implication de l'Etat et des collectivités[1300].

Toutefois, les modèles étrangers ne font pas tous l'objet de financement propres. Aux Etats-Unis, royaume du libéralisme, les stades ne sont pas uniquement financés par l'argent privé. Bien au contraire, ce qui se révèle d'autant plus surprenant car l'économie des clubs de football américain ou de basket-ball est florissante. Le financement public s'explique par la possibilité de délocaliser les clubs en raison d'un ancrage et d'un attachement local moins importants qu'en Europe. Néanmoins, les villes souhaitent conserver leurs équipes et n'hésitent pas à instaurer un système de déréglementation des subventions[1301] et de financement des grandes infrastructures[1302] du fait des substantiels profits générés par les rencontres sportives. Le financement nord-américain s'effectue par des bonds à haut revenu correspondant à des obligations liées aux futurs revenus tirés de

---

[1298] Rapport du 15 décembre 2009 Sportfive « les stades, un investissement indispensable et rentable pour la France », p.7. Pour illustrations, nous citerons l'Allianz Arena (Munich), Commerzbank Arena (Francfort), Mercedes-Benz Arena (Stuttgart), Volkswagen Arena (Wolfsburg).

[1299] BLUMRODT (J.), « L'expérience stade : une approche franco-allemande », *Jurisport*, n°42, avril 2014, p.42.

[1300] POTTIER (S.), « Les stades privés : exemples étrangers », *in*, sous dir. SIMON (G.), *Le stade et le droit*, Dalloz, février 2008, p.82.

[1301] BAADE (R.), « L'évaluation des subventions aux sports professionnels aux Etats-Unis et en Europe : un guide pour le secteur public », *RJES*, n°74, mars 2005, p.7 à 30. Traduction de l'article de l'auteur paru dans l'*Oxford Review of Economic Policy*, 2003, vol. 19, n°4. V. n°315 et s.

[1302] POTTIER (S.), « Les stades privés : exemples étrangers », *in*, sous dir. SIMON (G.), *Le stade et le droit*, Dalloz, février 2008, p.84.

l'exploitation. De façon plus originale, des impositions spécifiques peuvent être établies comme une taxe frappant les transactions des commerces alentours au stade et les recettes fiscales produites contribuent soit au financement du stade, soit au remboursement de la dette contractée.

L'Espagne connaît une situation complexe. Si certaines collectivités possèdent comme en France les stades, certains clubs en sont propriétaires. Le Real Madrid, propriétaire du stade Santiago Bernabeu, l'a vendu à la municipalité de Madrid afin de se renflouer après que le club connu d'importantes dettes. La collectivité après avoir racheté à un prix supérieur au prix du marché le stade, lui loue désormais à un tarif très raisonnable.

2 – Le *naming*, un levier de financement

289. Le cocontractant peut également anticiper les futurs revenus liés à la billetterie, aux espaces privatifs des prestations associées par l'intermédiaire de location de loges, ainsi qu'aux revenus hors activité sportive du club résident[1303]. Mais la principale source de revenus annexes désormais admise est le *naming right*.

Il s'agit d'une nouvelle approche de *sponsoring* consistant à vendre, sous la forme d'un contrat de plusieurs années, le nom du stade à une marque. Le *naming* consiste donc pour une entreprise à associer sa dénomination ou sa marque à un équipement. Le nommage, pour une traduction peu élégante de cet anglicisme, peut s'appliquer également à une compétition[1304]. Généralement, le contrat conclu s'étend sur une durée assez longue (en pratique une douzaine d'années en moyenne) et offre au propriétaire de l'équipement en contrepartie de l'exposition une contribution pécuniaire au financement des investissements[1305]. Le rapport Séguin précise que cela constitue « *en théorie, un levier privilégié du financement des grandes infrastructures* (…) *qui échappe, au moins partiellement, aux vicissitudes liées à l'image du club, à l'actualité sportive immédiate, dans la mesure où il identifie l'entreprise à un lieu immuable et symbolique* »[1306].

[1303] BOLOTNY (F.), « Les enceintes sportives comme levier de rééquilibrage d'un modèle économique défaillant », *Les cahiers de l'INSEP*, n°42, 2008, p.317.
[1304] Pour exemple, le Top 14 – Orange en rugby, l'Open GDF-Suez en tennis ou bien encore la Course en solitaire du Figaro en navigation.
[1305] Rapport Grandes Salles, « Grandes Salles – Arenas 2015 » du 10 mars 2010, p.72 ; LEHU (J-M.), « Crise et *sponsoring* : un mariage de raison paradoxal », *Revue Banque*, n°766, décembre 2013, p.40.
[1306] Rapport de la Commission grands stades présidée par M. Philippe SEGUIN, « Grands stades – Euro 2016 » du 24 novembre 2008, p.72.

Le *naming* est une pratique commerciale instaurée en Amérique du Nord durant l'entre deux-guerres avec l'avènement de la publicité et des grandes firmes automobiles. Le *naming* se développa véritablement au cours des années 1990 grâce à l'essor des grandes firmes bancaires, d'assurance et de télécommunication souhaitant accroître leur notoriété et acquérir une renommée internationale. Actuellement, 70% des 121 clubs professionnels des sports nord-américains (base-ball, basket, football américain et hockey) font l'objet d'un *naming* pour un montant des droits estimé à 3,5 milliards de dollars. Le montant moyen représente 60,5 millions de dollars pour une durée moyenne de 20 ans, soit un loyer annuel moyen de 3,2 millions de dollars[1307]. En Italie, au croisement du mécénat et du *naming*, l'enseigne de chaussure de luxe Tod's finance la restauration du Colisée de Rome à hauteur de 25 millions d'euros. En contrepartie, la marque italienne obtient un droit d'image exclusif des travaux de restauration durant 15 ans et peut utiliser ce vestige antique à des fins promotionnelles.

Le *naming* se révèle comme un levier de financement inégal selon l'importance du club et la culture sportive du pays comme en attestent les *naming* du stade d'Arsenal (**a**) et du Mans (**b**).

*a – L'exemple de l'*Emirates Stadium

290. L'Europe appréhendera cette pratique au cours des années 2000, avec les stades anglais et surtout allemands. L'exemple le plus médiatisé[1308] a été celui du stade d'Arsenal rebaptisé *Emirates Stadium*, du nom de la compagnie aérienne qui en échange s'est engagée à verser 100 millions de livres au club pour une durée de 15 ans[1309] pour apposer et associer son nom à l'enceinte et au maillot. En effet, l'un des clubs de la ville de Londres, Arsenal illustre l'évolution actuelle du financement privé. Le coût de financement est totalement supporté par le club. Autour de l'enceinte de l'*Emirates Stadium*, le club a développé un projet de ville en accompagnant la construction du stade de projets immobiliers annexes. Le montage est d'autant plus surprenant qu'il s'agit d'un « temple » dédié au football puisqu'aucun événement autre qu'une rencontre de football ne peut s'y dérouler, pas même un concert. Cela tranche avec la problématique d'occupation du stade et celle de multifonctionnalité de l'ouvrage. Le club londonien porte le projet et maîtrise l'exploitation. Il a, pour se faire, intégré et vendu l'ancien stade dans lequel il résidait d'*Highbury* dans le plan de

---

[1307] Rapport Grandes Salles, « Grandes Salles – Arenas 2015 » du 10 mars 2010, p.72.
[1308] Outre l'Allianz Arena du Bayern de Munich.
[1309] Soit environ 147 millions d'euros. Cette somme récoltée a grandement contribuée aux 570 millions d'euros du coût total du stade.

financement par la création d'un programme immobilier d'envergure sur le site puis recouru au *naming*[1310]. Par cette revente du foncier à différents promoteurs immobiliers, le club dégagea d'importants fonds propres dès le début du montage financier ce qui amenuisait le risque[1311]. Le programme immobilier comportait la création de 700 logements de très grand standing, d'espaces verts et de services (crèches, commerces). Un second programme comportant des logements plus modestes ainsi que des bureaux ont permis d'étoffer la surface financière du financement. L'édification du stade se situe donc au cœur d'une partie de la Cité.

Le club a étendu ce type de financement au *catering* (buvettes et restauration) en en confiant l'exploitation exclusive à un prestataire. En cette qualité, la société Delaware s'acquitte d'un droit d'entrée de 20 millions d'euros. Les recettes d'exploitation du *catering*, en Angleterre et en Allemagne, réalisent des bénéfices nettement supérieurs à la France[1312], n'étant pas confrontées à la loi Evin et son dispositif d'interdiction de vente d'alcool[1313].

b – L'exemple du MMArena

291. Pour autant, le *naming* ne doit pas être considéré comme la Panacée. Pour les collectivités publiques, majoritairement propriétaires des stades, il offre certes un outil de financement et de parrainage économique mais il peut représenter surtout une victoire à la Pyrrhus. En effet, lorsqu'une collectivité décide d'apposer un nom commercial sur une grande enceinte sportive, elle risque de se voir confrontée à l'opposition des supporters et plus largement des concitoyens attachés au nom de leur stade puisque « *tout projet, visant un stade ramène immanquablement une ville, un club, un*

[1310] Le stade d'*Highbury* (1913-2006) comportait 38.419 places. La nouvelle enceinte située au Nord de la capitale anglaise dispose de 60.355 places,

[1311] Le coût total des travaux est estimé à 390 millions de livres sterling.

[1312] En moyenne, les clubs allemands réalisent 700.000 euros de recettes par match. V. POTTIER (S.), « Les stades privés : exemples étrangers », *in*, sous dir. SIMON (G.), *Le stade et le droit*, Dalloz, février 2008, p.83 ; Sur le déséquilibre économique du *catering* et le modèle allemand, Rapport du 15 décembre 2009 Sport Five, « les stades, un investissement indispensable et rentable pour la France », p.7. Le rapport de la Commission grands stades présidée par M. Philippe SEGUIN, « Grands stades – Euro 2016 » du 24 novembre 2008, p.41 précise à propos du *catering* que « *le spectateur est en droit d'attendre qu'autour du match lui soit proposée une palette de services à la personne au premier rang desquels figure une offre de restauration grand public satisfaisante* » ; MAGNE (A.), « Quelle optimisation pour le business model des stades et des arénas ? », *Jurisport*, n°128, février 2013, p.19 ; BLUMRODT (J.), « L'expérience stade : une approche franco-allemande », *Jurisport*, n°42, avril 2014, p.42.

[1313] Loi n° 91-32 du 10 janvier 1991 relative à la lutte contre le tabagisme et l'alcoolisme, dite loi Evin, *JORF*, n°10, 12 janvier 1991, p.615.

édifice, à son identité, à sa culture, à ce qui fait son patrimoine, sa marque de fabrique, de la même manière qu'il les conduit à imaginer à façonner un avenir qui prolonge dans tous les cas, une histoire singulière »[1314]. Il serait donc mal venu pour un stade existant, contrairement à un stade *ex nihilo* n'ayant par définition pas encore d'identité et de référence symbolique propres[1315], de recourir à cette pratique[1316], la collectivité ne devant pas bouleverser l'identité locale, même si ce financement contribue grandement à l'économie du projet. Cette identité et l'image véhiculée par la collectivité ne doit pas être brouillée et le nommage requiert de répondre à un intérêt local par exemple.

292. En France, la vente des droits d'appellation de l'enceinte relève d'une pratique récente. Le premier exemple français de *naming* est celui de la ville du Mans par l'entremise du stade de son équipe de football dénommé le « MMArena ». Ce nommage répond justement précisément à l'intérêt local de la collectivité, puisque la société d'assurance les Mutuelles du Mans Assurance représente fortement l'image de la ville, l'ancrage local du « *nameur* » n'étant plus à démontrer[1317]. A compter du 27 juin 2008, le groupe d'assurance s'engagea à verser 3 millions d'euros initialement puis 1 million d'euros par an durant une décennie. Ce montant total de 13 millions d'euros[1318] représente une faible part du financement de cet écrin flambant neuf dont la construction a coûté 104 millions d'euros[1319]. Elaboré sur le modèle d'un contrat de concession (AOT), le financement comprend une dette senior de 39 millions d'euros, sans recours sur l'actionnaire, et un apport en fonds propres de 13 millions d'euros de l'actionnaire de la société concessionnaire. Les collectivités locales complètent le montage financier en

---

[1314] Rapport de la Commission grands stades présidée par M. Philippe SEGUIN, « Grands stades – Euro 2016 » du 24 novembre 2008, p.24.

[1315] *Ibid.* Le rapport Séguin précise cet aspect en affirmant « *on sera, aussi, probablement moins regardant sur la symbolique pour une enceinte totalement neuve que pour un stade ancré dans une histoire porteuse de légendes sportives* ». Ainsi, à Marseille ou Saint-Etienne, le nom des enceintes est intimement lié à la ville et au club. V. également à ce propos le rapport gouvernemental d'Éric BESSON « Accroître la compétitivité des clubs de football professionnel » du 6 novembre 2008, p.112.

[1316] V. n°315 et s.

[1317] V. entretiens du maire de la ville à propos du choix de l'entreprise, *in* « Dossier grands stades : les villes ne veulent pas être sur la touche », *Gaz. cnes.*, n°30, 10 août 2009, p.23 ; *in* « Naming : le succès assuré ? », Décideurs stratégie-finance-droit, collection guide annuaire 2011, p.34. La société d'assurance fût fondée au Mans en 1828.

[1318] A titre de comparaison nationale, l'Olympique lyonnais souhaite obtenir un montant compris entre 100 et 150 millions d'euros pour le *naming* de son futur stade. Mais la réalité économique semble se rapprocher davantage du montage manceau, puisque le 24 juillet 2012, l'assureur allemand Allianz associa son nom à celui du stade de Nice, l'Allianz Riviera. Le montant déboursé s'élève à 1,8 M€ par an sur neuf ans à partir de juin 2013.

[1319] Source : www.mmarena.com ; Rapport de la Commission grands stades présidée par M. Philippe SEGUIN, « Grands stades – Euro 2016 » du 24 novembre 2008, p.54.

apportant 49 millions d'euros répartie entre la Ville (31,78 millions d'euros), le Département (8,76 millions d'euros) et la Région (8,76 millions d'euros également).

Peu utilisé au sein de l'Hexagone, le *naming* incarne une voie d'avenir comme source de financement, notamment pour les créations nouvelles. Il doit, néanmoins, s'inscrire dans un projet d'intérêt commun entre l'image que souhaite projeter la collectivité et la notoriété à laquelle aspire l'entreprise parraineuse pour ne pas souffrir de l'écueil nord-américain, où en raison des réguliers changements de dénomination au gré des contrats commerciaux les stades ont perdu leur caractère symbolique. Dans l'exemple sarthois, les 10 millions d'euros investis par le *nameur* représentent par le jeu des vases communicants une économie substantielle pour la collectivité, et les contribuables, qui aurait alloué ce montant dans la construction de l'édifice. Toutefois, connaissant des difficultés sportives, le club résident du Mans est en proie à des difficultés financières creusant son déficit à hauteur de 7 millions d'euros pour l'exercice 2012-2013 pour un budget de 11 millions d'euros. Le club est donc menacé de relégation administrative, voire de faillite. Le stade devenant alors une coquille vide.

293. Le recours au *naming* induit un baromètre de confiance des entreprises. Lorsqu'elles acceptent ce procédé, elles montrent leur engagement présent et futur mais aussi dans l'activité industrielle et commerciale locale. A Rouen, le groupe Ferrero a associé l'une de ses marques, Kinder à la nouvelle salle omnisports de la ville. La Kindarena, dont le *naming* s'élève à 500.000 euros par an, confirme la volonté de l'entreprise de participer à un environnement de loisirs dans un bassin d'emploi de la marque. Cela démontre, tout d'abord que l'entreprise souhaite s'implanter dans ce bassin et conserver les emplois. Ensuite, en participant à un environnement de loisirs, ses produits sont sains et énergétiques. Enfin, la logique de communication liée au *naming*, s'étend également à la réussite de l'entreprise et des résultats sportifs. Toutefois, sur ce point, il s'agit davantage d'un pari aléatoire.

L'exemple du Mans, associant son stade à un groupe d'assurance, n'est pas isolé. Si le nouveau stade du Bayern Munich reprenait la même logique historique et territoriale avec le groupe d'assurance Allianz, le *naming* entre ce dernier et le nouveau stade de Nice étonne. Cette relation commerciale s'inscrit dans une stratégie de cohérence de marque mondiale. La marque étant relativement récente, puisqu'issue de rachats et de fusions successifs, le recours au naming contribue à installer l'identité de la marque et le développement de sa notoriété. Lorsqu'un événement sportif, culturel ou artistique se déroule dans un stade, un contenu émotionnel se crée. Les spectateurs peuvent donc associer ce contenu à l'entreprise, l'humaniser et en avoir une image positive. Ce constat vaut particulièrement pour les groupes d'assurance. Par ailleurs, les valeurs d'anticipation et de prévention, inhérente à cette activité, illustrent la confiance envers le stade et plus largement l'équipe sportive résidente. L'enceinte niçoise s'inscrit pour l'assureur Allianz dans un projet mondial, puisqu'il existe cinq stades sur trois continents disposant d'un *naming* avec Allianz, où le rayonnement touristique de la ville importe.

294. Il existe certaines difficultés liées au choix de l'entreprise, outre les considérations historiques et d'identité locale d'un stade. En effet, le prix du *naming* peut ne pas convenir aux propriétaires du stade. Ainsi, le nouveau stade de Lille devait être associé au groupe Partouche, déjà sponsor principal du club de football et propriétaire à 40%. Le groupe formula une offre de 3 millions d'euros par an durant dix ans, que la municipalité lilloise refusa estimant la valeur du *naming* à 4,5 millions d'euros par an. N'ayant pas trouvé de partenaire commercial, la municipalité décida treize jours après le décès de Pierre Mauroy, d'appeler l'enceinte du nom de l'ancien Premier ministre. Cet hommage coûtera donc 30 millions d'euros aux contribuables lillois et de la région[1320]. Ironie du sort, en juillet 2012, le premier adjoint de la Ville de Lille également vice-président de la région du Nord, indiquait à propos de la dénomination du stade, « *Pierre Mauroy n'aime pas le foot !* »[1321].

Par ailleurs, un autre cas de figure peut se présenter par rapport aux droits commerciaux des instances sportives de la FIFA ou de l'UEFA par exemple. Dans le cadre des compétitions majeures internationales[1322], elles exigent des « clean stadium », c'est-à-dire des espaces publicitaires vierges afin de faire prévaloir les droits commerciaux de leurs partenaires. Pour illustration, le club allemand Schalke 04 de la ville de Gelsenkirchen a entrepris un naming avec une marque de bière locale, Veltins. Afin de pouvoir participer à la Ligue des champions, compétition européenne organisée par l'UEFA, le club a dû mettre en retrait son partenaire commercial au profit de la marque de bière Heineken, partenaire commercial de l'UEFA. Le compromis est inéluctable pour le club en raison des retombées commerciales de l'épreuve plus importantes que le partenariat de l'espèce. Surtout, l'UEFA peut exclure le club s'il refuse de se soumettre à son règlement, illustrant la *lex UEFA*.

[1320] V. n°286.

[1321] Pour une citation entière de Pierre de Saintignon, « *Pierre Mauroy n'aime pas le foot ! Plutôt Jacques Delors, alors... Non, nous cherchons un nom qui vante la grandeur de la région* ». *L'Express*, juillet 2012. V. également l'article du *Monde*, « Le nom de Pierre Mauroy pour un stade dont il ne voulait pas » du 21 juin 2013.

[1322] Règlement de la Ligue des Champions UEFA 2013/2014, « Conditions d'accueil pour l'organisation d'une compétition », p.9.

Les rapports spécifiques[1323] préconisent un aménagement fiscal favorable au *naming*. Les sociétés y recourant bénéficieraient d'une déductibilité de l'assiette de l'impôt des investissements de *sponsoring* au titre de l'article 39-1-7 du Code général des impôts. Cette mesure incitative aurait comme effets escomptés de capter davantage de parrainages commerciaux et en particulier nationaux. Ce dispositif fiscal établirait un nouvel allégement fiscal en faveur des stades.

Dans le cadre de l'ordonnance sur les contrats de partenariat du 17 juin 2004, les aspects fiscaux n'ont pas été oubliés. Ils sont évoqués aux titres II et III de l'ordonnance. Outre la question fiscale du contrat de partenariat, d'autres enjeux fiscaux concernent les équipements sportifs tels que la taxe spectacle ou la fiscalité de l'exploitation (**§ 2**).

§ 2 – Les enjeux fiscaux du stade

295. Au travers du PPP, la personne publique cherche souvent à externaliser une série de prestations. Cette externalisation n'implique pas un renoncement à ses prérogatives. Elle signifie au contraire une rationalisation, une recherche et un partage des compétences[1324]. L'externalisation s'effectue sous contrôle de la personne publique. Le rôle de l'externalisation ne consiste pas à masquer une réalité financière ou d'un bilan comptable déficitaire. Si le projet fonde toute la procédure de l'évaluation préalable, le financement du projet constitue « la pierre angulaire » du contrat car les assiettes foncières du projet doivent être maîtrisées préalablement au même titre que les règles d'urbanismes en amont[1325]. Le contrat de partenariat en raison de son caractère mixte présente des aspects fiscaux particuliers où l'approche financière globale du programme inclut l'investissement et la gestion[1326].

296. L'intention du législateur, lorsqu'il créa le contrat de partenariat, était nous semble-t-il de rechercher une neutralité fiscale entre les modes de commande publique afin de laisser un véritable choix de maîtrise

---

[1323] Rapport gouvernemental d'Eric BESSON, « Accroître la compétitivité des clubs professionnels de football français » du 6 novembre 2008, p.6 ; Rapport de la Commission grands stades présidée par M. Philippe SEGUIN, « Grands stades – Euro 2016 » du 24 novembre 2008, p.72 ; Rapport de la Commission Grandes Salles « Grandes Salles - Arenas 2015 » du 10 mars 2010, p.73.

[1324] LICHERE (F.), MARTOR (B.), PEDINI (G.) et THOUVENOT (S.), *Pratique des partenariats public-privé*, Litec, 2ème édition, avril 2009, p.12 et s.

[1325] BERGERE (F.), BEZANCON (X.), DERUY (L.), GOULARD (G.) et FORNACCIARI (M.), *Le guide opérationnel des PPP*, Le Moniteur, 3ème édition, janvier 2010, p.75.

[1326] BOISSEAU (B.), « Enjeux fiscaux des contrats de partenariat », *Contrats Publics*, n°36, septembre 2004, p.53.

d'ouvrage[1327]. La loi du 28 juillet 2008 relative aux contrats de partenariat s'est évertuée à uniformiser le régime fiscal des investissements publics. L'uniformisation par le législateur a réduit le coût fiscal des projets en assurant une neutralité fiscale dans le choix du mode contractuel[1328] et le rendant plus incitatif. Par ce dispositif législatif d'harmonisation, la fiscalité se voit même consacrée dans le corpus des règles spécifiques aux PPP[1329]. La loi du 17 février 2009 a renforcé le dispositif en vigueur[1330].

297. Le traitement fiscal des PPP constitue une donnée prise en compte par le partenaire privé en vue de ses calculs économiques. Cela façonnera un socle pour le calcul de la redevance. Plus largement, il est nécessaire de prendre en compte les aspects fiscaux pour tous les acteurs impliqués au projet au vue de la maturité de celui-ci afin d'identifier la répartition du coût fiscal entre les impôts liés à la construction (taxe d'urbanisme, taxe de publicité foncière du stade) et les impôts liés à la personne du cocontractant (impôts sur les sociétés, TVA, cotisation économique territoriale)[1331], d'autant que la durée du contrat est déterminée « *en fonction de la durée d'amortissement des investissements ou des modalités de financement retenues* »[1332]. Cet aspect fiscal revêt une importance primordiale quant à la capacité financière des acteurs. Tout comme les prêteurs, ils y seront attentifs afin que les différentes taxes et impositions n'obèrent pas leur trésorerie.

[1327] BRACONNIER (S.) et NOGUELLOU (R.), « L'influence de la crise sur les marchés publics et contrats de partenariat public-privé », *RDI*, n°1, janvier 2010, p. 24 ; BAYARD (S.) « Les partenariats public-privé. Un nouveau mode de la commande publique », *La Revue du Trésor*, n°3-4, mars-avril 2007, p.294.

[1328] CHAHID-NOURAI (N.), CHAMPY (J-L.) et AFFEJEE (D.), « Fiscalité des PPP : liberté, égalité, neutralité », *Nouvelles fiscales*, n°1013, 1er décembre 2008, p.20 ; LEVOYER (L.), « L'harmonisation fiscale des contrats de partenariat public-privé », *Contrats Publics*, n°81, octobre 2008, p.84.

[1329] *Ibid.* Intention exprimée par la rédaction d'articles ouvrant l'accès au FCTVA dans des conditions similaires qu'en maitrise d'ouvrage publique.

[1330] Article 25-1 de l'ordonnance du 17 juin 2004 sur les contrats de partenariat, modifié par l'article 17 de la loi du 17 février 2009 pour l'accélération des programmes de construction et d'investissements publics et privés « *Afin d'établir la neutralité entre les différentes options en matière de commande publique, les projets éligibles à des subventions, redevances et autres participations financières, lorsqu'ils sont réalisés sous le régime de la loi n° 85-704 du 12 juillet 1985 relative à la maîtrise d'ouvrage publique et à ses rapports avec la maîtrise d'œuvre privée, sont éligibles aux mêmes subventions, redevances et autres participations financières lorsqu'ils sont réalisés sous le régime de la présente ordonnance. Les modalités et l'échéancier de versement de ces subventions, redevances et autres participations financières peuvent être adaptés à la durée du contrat de partenariat* ».

[1331] V. LAMARQUE (J.), NEGRIN (O.) et AYRAULT (L.), *Droit fiscal général*, Lexis Nexis, 2ème édition, octobre 2011, p.1133 et s.

[1332] Article 1er de l'ordonnance du 17 juin 2004 sur les contrats de partenariat.

Le choix du montage se conjugue avec la fiscalité de l'exploitation, au sein de laquelle viennent s'attacher les matières imposables attrait à l'occupation et l'exploitation des stades (**A**). La taxe sur les spectacles constitue une imposition spécifique sur les activités exercées lors de manifestations sportives (**B**).

A – La fiscalité des enceintes sportives

298. Le cocontractant privé doit impérativement connaître le coût fiscal du projet, afin d'anticiper l'ensemble des coûts à supporter, ce qui lui permettra de fixer le montant des loyers et d'assurer la rentabilité du projet[1333]. Du fait de la diversité des acteurs et de la maturité des projets, l'identification précise de la modélisation fiscale revêt un caractère impérieux notamment dans les rapports entre la société de projet et les banques, puisque la fiscalité obère la trésorerie. L'occupation du stade se révèle génératrice d'impositions tant locales (**1**) que nationales (**2**).

1 – La fiscalité locale du stade

299. Sans être exhaustif, plusieurs impositions grèvent le sport en général et leur outil de fonctionnement en particulier. Outre la taxe sur les retransmissions sportives[1334], l'occupation et l'exploitation du stade génèrent des impositions. Le stade, reconnu comme un immeuble spécialement aménagé[1335], compose naturellement l'assiette à l'impôt et le poids de cette fiscalité « *dans les schémas de PPP constitue aujourd'hui un facteur déterminant lors de leur mise en œuvre* »[1336]. La loi du 28 juillet 2008 sur les contrats de partenariat a modifié en profondeur le régime fiscal applicable en matière de taxes locales et d'urbanisme, en prévoyant de nombreuses

---

[1333] PIGNON-XARDEL (S.), MANOUKIAN (S.), VITSE (L.), *Le financement des partenariats public-privé. Problématiques juridiques et financières, pratiques et enjeux*, Le Moniteur, février 2010, p.271.

[1334] L'article 59 de la loi de finances pour l'année 2000, n°99-1172 du 30 décembre 1999, *JORF* n°303, 31 décembre 1999 p.19914, a institué à compter du 1er juillet 2000 une contribution de 5% sur la cession à un service de télévision des droits de diffusion de manifestations ou de compétitions sportives dite « taxe sur les retransmissions sportives ». Cette taxe dite « taxe Buffet » a été codifiée à l'article 302 bis ZE du Code général des impôts. V. n°464 et s.

[1335] SIMON (G.), « Qu'est-ce qu'un stade ? », *in*, *Le stade et le droit*, Dalloz, février 2008, p.5.

[1336] PIGNON-XARDEL (S.), MANOUKIAN (S.), VITSE (L.), *Le financement des partenariats public-privé. Problématiques juridiques et financières, pratiques et enjeux*, Le Moniteur, février 2010, p.271.

exonérations[1337]. Il faut dès lors distinguer dans son occupation les natures des impositions entre la taxe foncière sur les propriétés bâties (**a**) et la cotisation économique territoriale (**b**).

a – La taxe foncière sur les propriétés bâties

300. Selon le principe posé par l'article 1380 du Code général des impôts, les propriétés bâties sont imposables à la taxe foncière[1338]. L'article 1399 du CGI précise que toute propriété foncière doit être imposée dans la commune où elle est située. La taxe foncière est due par tous les propriétaires d'immeubles bâtis ou non bâtis situés en France ou par le titulaire de l'AOT conférant un droit réel, si le bien est loué dans le cadre d'un bail emphytéotique administratif[1339]. Le club propriétaire de son stade paie cette taxe en vertu de son droit d'occupation provenant d'un droit réel lui octroyant un droit réel sur l'immeuble qu'est le stade. Si le club n'est pas propriétaire de son stade, il tient son droit d'occupation ou d'exploitation d'un contrat[1340]. C'est donc l'exercice du droit réel sur le bien que retient la loi fiscale. Que le club soit sous la forme contractuelle du BEA ou de l'AOT, il doit payer la taxe foncière sur les propriétés bâties[1341].

301. La construction d'un stade génère une valeur locative et contribue à l'impôt. L'assiette de la valeur locative du stade se calcule au travers des règles d'évaluation énumérées au Code général des impôts[1342]. La valeur locative représente le loyer annuel théorique produit par l'immeuble loué qui se détermine soit par les locaux commerciaux et biens divers, soit par les établissements industriels. Le Conseil d'Etat a opéré une distinction dans un

---

[1337] Les fiches de la MAPPP intitulées « L'environnement fiscal du contrat de partenariat » et « Tableau des taxes applicables aux contrats de partenariat » dresse un récapitulatif de ces changements.

[1338] La jurisprudence administrative souligne que l'ouvrage doit présenter le caractère de véritable construction fixé au sol pour être imposable. CE, 25 juin 1880, *Compagnie générale de l'omnibus*, n°55770. Rec. Lebon 1880, p.597 ; CE, 31 décembre 2008, *SA La Compagnie du Vent*, n°307966. Concl. Escaut. Si l'ouvrage est déplaçable, il ne sera pas considéré comme imposable. CE, 20 janvier 1865, *Compagnie de publicité diurne et nocturne*, n°36871. Rec Lebon 1865, p.627 ; CE, 8 mars 2002, *Société Bueil Publicité*, n°225434. Concl. Goulard, publiée à la *Revue de droit fiscal*, n°28, 10 juillet 2002, comm. 595, p.1050.

[1339] Article 1400 II du Code général des impôts.

[1340] Articles 1399 et s. du Code général des impôts.

[1341] Article 1400 du CGI. V. CHIRON (T), « La fiscalité de l'exploitation, les autres impositions », *in*, sous dir. SIMON (G.), *Le stade et le droit*, Dalloz, février 2008, p.132 ; DEGENNE (V.), « Un nouveau modèle comptable et fiscal pour une nouvelle forme de partenariat », *Cahiers de droit de l'entreprise*, n°4, juillet 2006, p.45.

[1342] Articles 1496 à 1499 du CGI.

arrêt *Pétroles Miroline*[1343] en considérant que « *revêtent un caractère industriel (...) les établissements dont l'activité nécessite d'importants moyens techniques, non seulement lorsque cette activité consiste dans la fabrication ou la transformation de biens corporels mobiliers, mais aussi lorsque le rôle des installations techniques, matériels et outillages mis en œuvre, fût-ce pour les besoins d'une autre activité est prépondérant* ». Le stade possède comme particularité d'être un immeuble spécialement aménagé pour le déploiement d'un spectacle sportif dont le bon déroulement de l'activité nécessite des installations techniques, matériels et d'outillages à mettre en œuvre, puisque si l'on se réfère notamment aux recommandations et exigences techniques de la FIFA pour le football[1344], le stade comporte des dispositifs de protection des spectateurs (vidéo surveillance)[1345] et de l'aire de jeu[1346], de système d'éclairage[1347] (alimentation électrique avec source d'approvisionnement de substitution) et de télécommunication[1348]. Sans être exhaustifs, ces équipements apparaissent comme prépondérants à l'activité du spectacle sportif et le stade répond donc aux critères établis par le juge administratif dans la reconnaissance du caractère d'établissements industriels des immeubles.

302. Dans le but de favoriser le recours au contrat de partenariat, l'article 26 de l'ordonnance du 17 juin 2004 a permis l'exonération de la taxe foncière sur les propriétés bâties. En vertu des dispositions introduites à l'article 1382 du Code général des impôts, les immeubles sont exonérés de cette taxe lorsque les conditions suivantes sont remplies cumulativement :

- ces immeubles doivent être incorporés au domaine de la personne publique à l'expiration du contrat de partenariat,
- ils doivent être affectés à un service public ou d'utilité générale,
- ils ne doivent pas être productifs de revenus à l'égard de la personne publique au domaine à laquelle ils sont incorporés en fin de contrat,

---

[1343] CE, Sect., 27 juillet 2005, *Pétroles Miroline*, n°261899-273663. Concl. Olléon. Notes : BENARD (Y.), *RJEP*, n°33, juillet 2006, p.291 ; BACHELIER (G.), *RTDcom.*, n°1, janvier 2006, p.232 ; FOUQUET (O.), *Revue de droit fiscal*, n°47, 24 novembre 2005, p.1832 ; CHIRON (T), « La fiscalité de l'exploitation, les autres impositions », *in*, sous dir. SIMON (G.), *Le stade et le droit*, Dalloz, février 2008, p.135.

[1344] FIFA, Stades de football, *Recommandations et exigences techniques*, 4ème édition, 2007, 250 p.

[1345] FIFA, Stades de football, *Recommandations et exigences techniques*, 4ème édition 2007, p.42.

[1346] FIFA, Stades de football, *Recommandations et exigences techniques*, 4ème édition 2007, pp. 60 à 81.

[1347] FIFA, Stades de football, *Recommandations et exigences techniques*, 4ème édition 2007, pp.166 à 186.

[1348] FIFA, Stades de football, *Recommandations et exigences techniques*, 4ème édition 2007, pp.190 à 195.

- le partenaire privé doit joindre la copie du contrat de partenariat dans les 90 jours de réalisation définitive des constructions.

Quel que soit le type de montage contractuel, le club payera l'impôt foncier selon le critère du droit réel sur le bien retenu par la législation fiscale. En revanche, l'exonération de TFPB étant temporaire car limitée à la durée du contrat, elle n'emporte pas exonération de la taxe d'enlèvement des ordures ménagères.

b – La cotisation économique territoriale

303. Depuis le 1er janvier 2010, la cotisation économique territoriale[1349] s'est substituée à la taxe professionnelle[1350]. Cette contribution se compose d'une part, d'une cotisation foncière des entreprises (CFE) et d'autre part, d'une cotisation sur la valeur ajoutée des entreprises (CVAE)[1351].

304. Le champ d'application de la cotisation foncière des entreprises s'avère identique à celui de la taxe professionnelle, à l'exception de la détermination de la base d'imposition. Celle-ci ne contient plus les éléments corporels mobiliers qui constituaient le socle de la base soumise à la taxe professionnelle[1352]. A présent, seule la valeur locative des biens passibles d'une taxe foncière constitue la base imposable de cette cotisation, c'est-à-dire les propriétés bâties et non bâties destinées à l'exercice d'une activité professionnelle. Appliquée aux équipements sportifs, cette nouvelle base

---

[1349] Article 2 de la loi 2009-1673du 30 décembre 2009 de finances pour 2010, *JORF*, n°303, 31 décembre 2009, p.22856. V. JOUBERT (S.), « Fin de la TP et naissance de la CET : la révolution 2010 des finances locales », *RLCT*, n°53, janvier 2010, p.18 ; BLAZY (F.), CLAVALDINI (K.) et GRAU (R.), « La réforme de la taxe professionnelle », *Cahiers de droit de l'entreprise*, n°1, janvier 2010, p.9 ; PICHOT (R.) et AFFEJEE (D.), « Réforme de la taxe professionnelle et du secteur financier. La taxe professionnelle est morte. Vive la taxe ! Principales conséquences de la réforme de la taxe professionnelle pour le secteur financier », *RTDF*, n°1, janvier 2010, p.135 ; COLOMBIE (P.) et HUNAULT (C.), « La cotisation économique territoriale », *Bulletin fiscal Francis Lefebvre*, n°11, novembre 2010, p.868.

[1350] Depuis le 1er janvier 2010, la taxe professionnelle est définitivement supprimée pour toutes les entreprises. La taxe professionnelle était l'un des quatre impôts directs locaux perçus par les collectivités territoriales. Elle ne concernait que les entreprises, tandis que les trois autres (taxe foncière sur les propriétés bâties et non bâties, la taxe d'habitation) sont des impôts dits « ménagés», bien que les entreprises payent également les taxes sur le foncier. Elle a été créée par la loi n° 75-678 du 29 juillet 1975 supprimant la patente et instituant une taxe professionnelle.

[1351] Article 1447-0 du CGI.

[1352] Article 1447 du CGI. V. sur la cotisation foncière des entreprises, Instruction du 8 juillet 2011 : *BOI* 6 E-7-11, 19 juillet 2011, *Dr. fisc.* 2011, n°30-34, instr. 14.489. LAMARQUE (J.), NEGRIN (O.) et AYRAULT (L.), *Droit fiscal général*, Lexis Nexis, 2ème édition, octobre 2011, p.1161 et s. ; SCHMIDT (J.) et KORNPROBST (E.), *Fiscalité immobilière*, Litec, 11ème édition, septembre 2010, n°1474 et s.

imposable suppose qu'ils seront pris en compte pour la détermination de la CFE de la société sportive lors d'une mise à disposition par une collectivité au profit de la société[1353].

305. La seconde composante de la contribution économique territoriale, la cotisation sur la valeur ajoutée des entreprises, constitue un impôt à part entière disposant à cet égard d'un régime juridique propre[1354]. Le champ d'imposition est identique à celui de la CFE à la nuance près qu'il comprend également les entreprises dont le chiffre d'affaires est supérieur à 152.500 €.

Auparavant, la taxe professionnelle était payée par le club eu égard à son statut de société sportive gérant une activité professionnelle[1355]. Toutefois, si l'assujettissement à cet impôt supposait un droit qui permettait l'exploitation du stade, à la différence de la taxe foncière, il n'était pas nécessaire pour le club d'être titulaire d'un droit réel pour déclencher le fait générateur de l'impôt[1356].

Dans l'arrêt *Société Club Sportif Sedan Ardennes* rendu le 22 octobre 2012, le Conseil d'Etat estime que la valeur locative des installations d'un complexe sportif doit être incluse dans la base d'imposition à la taxe professionnelle de la société[1357]. En l'espèce, une commune avait, par convention d'occupation du domaine public, mis à la disposition d'une société en charge d'un club sportif une partie des installations d'un complexe sportif. La société demanda la décharge de la taxe professionnelle. Le juge administratif constate, tout d'abord, que la société utilisait matériellement les installations pour l'organisation de compétitions sportives, puis que les stipulations de la dite convention prévoyaient que la société utilisait sous sa seule responsabilité les installations, et enfin, que la société gérait les horaires d'ouverture, de tarification et d'entretien des installations. Il en déduit dès lors qu'est soumise à la taxe professionnelle la société en charge d'un club sportif utilisant les installations d'un complexe sportif communal lorsqu'elle y exercer son activité à titre habituel et sous sa seule responsabilité.

[1353] SAUREL (J.), *Le sport face à la fiscalité*, Economica, novembre 2011, p.41.

[1354] Article 1586-ter du CGI. SCHMIDT (J.) et KORNPROBST (E.), *Fiscalité immobilière*, Litec, 11ème édition, septembre 2010, n°1478 et s.

[1355] CE, 21 mars 1958, *Football club de Metz*, *D.* 1958, p.142 ; CE, 21 juillet 1970, *Racing club de Strasbourg*, n°76240. Concl. Delmas-Marsalet. Rec. Lebon p.518 ; CE, 3 octobre 1973, *Football club de Lorientais*, n°86713. Concl. Latournerie. Rec. Lebon p.539.

[1356] CHIRON (T), « La fiscalité de l'exploitation, les autres impositions », *in*, sous dir. SIMON (G.), *Le stade et le droit*, Dalloz, février 2008, p.132.

[1357] CE, 22 octobre 2012, *Société Club Sportif Sedan Ardennes*, n°329559. Concl. Aladjidi.

2 – La fiscalité nationale du stade

La fiscalité nationale relative au stade se décompose en trois taxes principales : la taxe sur la valeur ajoutée (**a**), le fonds de compensation de la taxe sur la valeur ajoutée (**b**) et l'impôt sur les sociétés (**c**).

a – La taxe sur la valeur ajoutée

306. Les règles relatives à la taxe sur la valeur ajoutée (TVA) des contrats de partenariat public-privé se distinguent de celles des contrats de DSP, puisqu'une « *personne morale de droit public ne peut en aucun cas déléguer un service dont elle a la responsabilité et conserve en tout état de cause la qualité d'exploitant du service* »[1358]. Le partenaire privé fournit des prestations à la personne publique et non aux usagers. Cette qualité de prestataire est réalisée à titre onéreux et donc soumise de plein droit à la TVA en vertu de l'article 256 du Code général des impôts. Une exonération de la TVA dans les conditions de droit commun est prévue à l'article 271 du CGI, comme par exemple en matière de location d'immeuble nu. Au terme de l'article 271 du CGI, pour ouvrir droit à une déduction, une dépense doit avoir été supportée pour les besoins d'une opération soumise à la TVA et son coût doit être répercuté dans le prix de cette opération. La personne publique n'est pas fondée à exercer une déduction de la TVA.

Le législateur, en matière de TVA dans la loi du 28 juillet 2008, maintient son objectif de neutralité fiscale, mais n'apporte pas de précision sur le traitement de la TVA des loyers.

Il faut relever également que dans le cadre de l'organisation d'un championnat d'Europe de football, l'UEFA demande expressément à ce que « *la TVA ou toute autre taxe sur les produits et services dans le pays hôte soient réduites au minimum qu'il n'y ait pas d'imposition double et que les taxes payées puissent être reversées à l'UEFA, ses structures, la société organisatrice locale ou à toute personne désignée* »[1359], confirmant si besoin la *lex sportiva*.

[1358] MINEFI, *Les contrats de partenariats – principes et méthodes*, p.91.

[1359] Cahier des charges relatif aux exigences relatives au tournoi UEFA Euro 2016, secteur 7 aspects juridiques, pt. 13, p.59.

b – Le fonds de compensation de la taxe sur la valeur ajoutée

307. Le fonds de compensation pour la taxe sur la valeur ajoutée (FCTVA) a comme objet la compensation par l'Etat, aux collectivités territoriales et aux établissements publics locaux, de la TVA acquittée sur leurs investissements, sur la base d'un taux forfaitaire[1360]. Plusieurs conditions cumulatives doivent être remplies afin qu'une dépense d'investissement puisse ouvrir droit à une attribution du fonds. L'article L.1615-2 du CGCT indique limitativement la nature de la personne bénéficiaire qui doit être propriétaire de l'équipement pour lequel cette dépense a été engagée. La dépense doit avoir été grevée de TVA[1361] sauf exception prévues aux articles 292 et 296 du CGI. Enfin, la dépense ne doit pas être relative à un bien cédé ou mis à disposition d'un tiers non bénéficiaire du fonds, comme l'a précisé la loi de finances pour 2006[1362]. Celle-ci s'appuie notamment sur deux arrêts rendus par le Conseil d'Etat reconnaissant implicitement l'éligibilité au FCTVA des équipements réalisés en vertu de contrats publics complexes[1363].

Initialement, l'ordonnance du 17 juin 2004 ne comportait qu'une seule disposition relative à la fiscalité applicable aux ouvrages et équipements construits dans le cadre d'un contrat de partenariat. Le régime fiscal du contrat de partenariat est exposé au sein de deux articles de l'ordonnance. L'article 18 aborde le traitement des contrats de partenariat sur le plan du fonds de compensation de la taxe sur la valeur ajoutée (FCTVA)[1364]. L'article 26 de cette ordonnance prévoyait que les immeubles construits dans le cadre d'un contrat de partenariat, dès lors qu'ils sont affectés à un service

---

[1360] Articles L.1615-1 et s. du CGCT.

[1361] Article L.1615-2 du CGCT et articles 256 B et 260 A du CGI.

[1362] Loi de finances pour 2006 n°2005-1719, *JORF*, n°304, 31 décembre 2005, p.20597.

[1363] CE, 27 juillet 2005, *Ministre de l'Intérieur, de la Sécurité intérieure et des Libertés locales c/ Département du Lot-et-Garonne*, n°247566. Concl. Verclytte. Note sous arrêt, ECKERT (G.), « Clarification des relations entre bail emphytéotique et fonds de compensation de la taxe sur la valeur ajoutée », *Contrats et marchés publics*, n°11, p.20 ; CE, 7 novembre 2005, *Ministre de l'Intérieur, de la Sécurité intérieure et des Libertés locales c/ Commune d'Orange*, n°267163. Concl. Glaser. Note sous arrêt : LEVOYER (L.), « Eligibilité au FCTVA des dépenses réalisées en vertu d'un marché public illégal », *AJDA*, n°11, 20 mars 2006, p.608.

[1364] Le fonds de compensation de la taxe sur la valeur ajoutée a pour objet la compensation par l'Etat pour les collectivités territoriales, à leurs groupements et aux établissements publics locaux, de la TVA acquittée sur leurs investissements, sur la base d'un taux forfaitaire. Le calcul des attributions au titre du FCTVA tiennent compte des dépenses d'équipements des organismes locaux durant l'avant-dernière année, pour lesquelles la TVA n'a pu être récupérée d'une autre manière.

public et ne sont pas producteurs de revenus, sont exonérés de la taxe foncière sur les propriétés bâties[1365].
Sans pour autant bouleverser l'économie du contrat de partenariat, la loi du 28 juillet 2008 a apporté des modifications en matière fiscale. En effet, la loi a prévu dans un souci de neutralité fiscale, l'alignement du régime des BEA sur celui du contrat de partenariat en matière d'éligibilité au FCTVA avec l'insertion à l'article L.1615-12 du Code général des collectivités territoriales de l'éligibilité au FCTVA des ouvrages réalisés dans le cadre d'un contrat de partenariat . Pour que le BEA puisse bénéficier de l'éligibilité au FCTVA sur la part de la rémunération versée à son cocontractant correspondant à l'investissement réalisé par celui-ci pour les besoins d'une activité non soumise à la TVA[1366], la collectivité locale ou l'établissement public doit avoir conclu un BEA d'un montant inférieur à 10 millions d'euros hors taxes[1367]. Le bail doit avoir donné lieu à une évaluation préalable. Enfin, le bien doit appartenir ou être destiné à entrer dans le patrimoine de la personne publique. De plus, la loi du 28 juillet 2008 a visé à harmoniser les différentes règles fiscales applicables aux contrats publics, notamment avec l'extension de mécanismes d'allègement fiscal en faveur du contrat de partenariat. Jusqu'à cette loi, certains impôts et taxes s'appliquaient différemment selon le mode contractuel choisi.

Dans le cadre d'un PPP, la construction d'un immeuble, et donc d'un stade, est soumise à imposition. L'article 260-2 b du CGI dispose que l'assujettissement à la TVA est obligatoire pour la livraison d'immeubles comprenant des équipements mobiliers nécessaires à son fonctionnement. L'assujettissement est facultatif en revanche pour la mise à disposition d'un immeuble nu mais doit être compensé dans les clauses du contrat. La livraison d'un stade nécessite par définition des équipements mobiliers destinés à la pratique sportive et l'accueil du public. Cependant, ne remplissent pas cette condition les locaux affectés à l'hébergement du personnel chargé de fonctions permanentes telles que la surveillance et la sécurité[1368]. La construction d'un stade peut donc remplir les conditions d'éligibilité au FCTVA.

[1365] DEGENNE (V.), « Un nouveau modèle comptable et fiscal pour une nouvelle forme de partenariat », *Cahiers de droit de l'entreprise*, n°4, juillet 2006, p.42 ; LEVOYER (L.), « Contrats publics et fonds de compensation de la TVA : enfin une clarification ! », *AJDA*, n°17, 8 mai 2006, p.920 ; KORNPROBST (E.), « Fiscalité du contrat de partenariat public-privé », *RGCT*, n°36, septembre 2005, p.359 ; BOISSEAU (B.), « Enjeux fiscaux des contrats de partenariat », *Contrats Publics*, n°36, septembre 2004, p.53.

[1366] Articles L.1615-13 et D. 1615-7 du CGCT.

[1367] Ce seuil de 10 millions d'euros hors taxes se calcule par la totalité de la rémunération versée au preneur, c'est-à-dire le cumul des loyers, pendant toute la durée du bail.

[1368] CE, 7 septembre 2009, *Ministre du budget, des comptes publics et de la fonction publique c/SA La Métairie*, n°313138. Concl. Olléon.

c – L'impôt sur les sociétés

308. Le droit commun de l'impôt sur le bénéfice des sociétés s'applique pleinement aux sociétés titulaires d'un contrat de PPP. Il est à noter, par ailleurs, que la société de projet est soumise à l'impôt sur les sociétés, tout comme les sociétés sportives quel que soit leurs statuts, en vertu de l'article 206-1 du Code général des impôts.

La fiscalité du stade comporte deux originalités, la contribution sur les droits de retransmission télévisée des manifestations sportives[1369] et la taxe sur les spectacles (**B**).

B – La taxe sur les spectacles, un anachronisme fiscal

309. La taxe sur les spectacles est un impôt[1370]. En effet, il s'agit d'un véritable impôt, puisqu'elle ne présente pas de contrepartie, en dehors de l'action sociale[1371]. *Ab initio*, l'impôt sur les spectacles est un prélèvement datant de l'Ancien régime qui est marqué par un processus régulier de simplification et de limitation du champ d'application depuis la loi du 21 décembre 1970[1372]. Celle-ci restreignit son champ d'application en prévoyant que l'impôt ne couvrirait que trois domaines distincts : l'impôt sur les réunions sportives, l'impôt sur les cercles et maisons de jeux et les appareils automatiques[1373]. La taxe spectacle en créant une distorsion de concurrence se singularise par son inégalité (**1**), que le Conseil constitutionnel a omis de considérer (**2**).

[1369] V. n°464 et s.

[1370] DARRACQ (J-B.), « L'Etat et le jeu », Thèse, sous la direction du Professeur Claude JOURNES, Université Lumière (Lyon II), février 2008, p.165 ; DE LA MARDIERE (C.), « La fiscalité de l'exploitation. La taxe sur les spectacles ou la plaie fiscale des compétitions sportives », *in*, sous dir. SIMON (G.), *Le stade et le droit*, Dalloz, février 2008, p.126 ; SAUREL (J.), *Le sport face à la fiscalité*, Economica, novembre 2011, p.84 ; MESSECA (J.), « Sociétés sportives : vers une nouvelle ère fiscale ? », *Droit et patrimoine*, n°139, juillet 2005, p.92.

[1371] Eléments de distinction de l'impôt et de la taxe : COLLET (M.), *Droit fiscal*, Puf, 3ème éd., janvier 2012, p.23 et s. ; LAMARQUE (J.), NEGRIN (O.) et AYRAULT (L.), *Droit fiscal général*, Lexis Nexis, 2ème édition, octobre 2011, p.68 et s. ; GROSCLAUDE (J.) et MARCHESSOU (P.), *Droit fiscal général*, Dalloz, 7ème édition, septembre 2009, p.2 et s.

[1372] Loi n°70-1199 du 21 décembre 1970 portant loi de finances pour 1971, *JORF*, 22 décembre 1970, p.11763.

[1373] L'imposition des cercles et maisons de jeux ainsi que des appareils automatiques a été abrogé par la loi de finances pour 2007 n°2006-1666, articles 25-II-1° et 2°, *JORF*, n°299, 27 décembre 2006, p.19641.

1 – La taxe spectacle, un impôt inégalitaire

310. La taxe sur les spectacles, désormais communément appelée taxe sur les réunions sportives, est définie aux articles 1559 et suivants du Code général des impôts[1374] et s'applique aux droits d'entrée aux réunions sportives[1375]. Cette notion de réunion sportive est ambigüe car au sens de la taxe sur les spectacles, une réunion sportive est une compétition publique pour laquelle un prix d'entrée est exigé des spectateurs, en contrepartie du droit d'assister à la manifestation. De fait, cela exclut les spectacles sans enjeu sportif, comme une démonstration de catch ou d'acrobaties aériennes[1376], ces activités ne présentant pas un caractère sportif mais uniquement de spectacle. De plus, cette taxe ne s'applique pas aux courses hippiques puisque la compétition ne concerne que les êtres humains. La terminologie utilisée semble bien inappropriée et exclut la véritable notion de spectacle et production artistique. Le Code général des impôts a codifié en ses articles 279 b bis et 279 g l'imposition de l'exploitation des droits d'auteur et des spectacles vivants. Les biens et prestations des auteurs, des artistes et des interprètes sont d'ailleurs par principe soumis à la TVA de plein droit.

L'article 1566 alinéa 1er du CGI indique que cette taxe sur les réunions sportives est perçue uniquement au profit des communes dont la gestion relève de la Direction Générale des douanes. Toutefois, elle ne représente qu'entre 1% et 2 % des dépenses communales en matière sportive, soit environ 11 millions d'euros annuellement[1377]. Les redevables de cette taxe sont en principe les entrepreneurs ou les organisateurs de tous spectacles[1378]c'est-à-dire les associations sportives régies par la loi de 1901 et les sociétés sportives visées à l'article 11 de la loi du 16 juillet 1984 et à

[1374] Le champ d'application et les modalités de calcul sont définis aux articles 1559 à 1566 du Code général des impôts.

[1375] L'instruction n°3 A-3-06 relative à l'impôt sur les spectacles et aux droits d'engagements versés par les participants à des réunions sportives, publiée au bulletin officiel des impôts n°5 le 13 janvier 2006 p.1 précise l'impôt sur les spectacles se calcule sur les droits d'engagements (droits d'entrée et forfaits) exigés des spectateurs.

[1376] DE LA MARDIERE (C.), « La fiscalité de l'exploitation. La taxe sur les spectacles ou la plaie fiscale des compétitions sportives », *in*, sous dir. SIMON (G.°, *Le stade et le droit*, Dalloz, février 2008, p.126 ; SIMON (G.), CHAUSSARD (C.), ICARD (P.), JACOTOT (D.), DE LA MARDIERE (C.) et THOMAS (V.), *Droit du sport*, PUF, mars 2012, p.191.

[1377] Le football supporte 50% de cette imposition. Rapport Union des Clubs Professionnels de Football (UCPF), « La suppression de la taxe sur les spectacles au profit de la TVA à taux réduit », saison 2005/2006, p.13 et s. SIMON (G.), CHAUSSARD (C.), ICARD (P.), JACOTOT (D.), DE LA MARDIERE (C.) et THOMAS (V.), *Droit du sport*, PUF, mars 2012, p.192 ; LENCLOS (J-L.), « Financement du sport et fiscalité sportive », *Cahiers CNFPT*, n°24, février 1988, p.61.

[1378] Articles 1565 et 1565 bis du Code général des impôts.

l'article L.122-1 du Code du sport[1379]. En revanche, ne feront pas l'objet de cette imposition, les réunions privées ainsi que les manifestations assujetties à la TVA. L'impôt sur les spectacles, contrairement aux autres impositions indirectes dîtes impôts de superposition, se substitue à la TVA.

La Cour administrative d'appel de Nantes s'est prononcée sur l'exonération de cette taxe et a considéré que les opérations de vente de billets de rencontres de football sont expressément exonérées de la TVA par la loi[1380]. *De facto,* selon la Cour, c'est à bon droit que l'administration a estimé que la taxe spectacle « *grevant les services et les biens ayant concouru à la réalisation de ces ventes n'est pas déductible* ». Ainsi, l'exonération des manifestations sportives de la taxe spectacle ne porte pas atteinte au principe de neutralité de la TVA.

L'assiette de l'impôt se constitue des recettes brutes, toutes taxes et droits compris. Le taux d'imposition est proportionnel à hauteur d'un taux de droit commun de 8 % pour les sports imposables, sous réserve d'augmentation à 12 % par le Conseil municipal. Certaines activités ont un taux de 14%, ce taux s'applique aux courses automobiles et au tir aux pigeons vivants. Conformément à l'article 1560-II du Code général des impôts (CGI), ces taux peuvent être majorés à hauteur de 50% par les conseils municipaux. L'article 1562 du même code prévoit une imposition au demi-tarif pour quatre manifestations sportives exceptionnelles annuelles organisées au profit d'établissements publics ou associations à but non lucratif.

L'article 1561-3°-b du Code général des impôts prévoit une exonération totale de la taxe sur les réunions sportives relevant d'activités limitativement énumérées par arrêtés des ministères de l'économie et des finances, de l'intérieur et de la jeunesse et des sports[1381]. Cette liste est déterminée par l'article 126-F-a de l'annexe IV du Code général des impôts, comprenant par exemple le badminton, la gymnastique, la pelote basque, le taekwondo, le tennis de table ou bien encore le twirling-bâton bien connu des majorettes ; en somme des disciplines n'attirant que peu de spectateurs[1382]. Tandis que

[1379] A savoir les sociétés d'économie mixte sportives locales, les sociétés anonymes à objet sportif, les sociétés anonymes sportives professionnelles et les entreprises unipersonnelles sportives à responsabilité limitée.

[1380] CAA Nantes, 4 avril 2013, *SASP Stade Malherbe de Caen*, n°12NT00331. Note sous arrêt : DURAND (G.), *Jurisport*, n°133, juillet 2013, p.36.

[1381] Arrêté du 27 mai 2005 modifiant l'article 126 F de l'annexe IV au Code général des impôts et fixant la liste des manifestations sportives admises au bénéfice de l'exonération de l'impôt sur les spectacles, *JORF* n°125, 31 mai 2005 p.9707.

[1382] L'exemption totale de l'impôt sur les spectacles prévue au premier alinéa du b du 3° de l'article 1561 du Code général des impôts est applicable aux compétitions relevant des activités sportives ci-après : aïkido, athlétisme, aviron, badminton, balle au tambourin, ballon au poing, ball-trap, base-ball, boxe française, canne, canoë-kayak, char à voile, escalade,

sont au contraire imposables celles générant de nombreux spectateurs et donc des recettes importantes : le basket-ball, le football ou le rugby notamment. Il n'apparaît pas surprenant que ces sports ne soient pas exonérés mais il nous semble regrettable que d'autres disciplines telles que le hand-ball ou le volley-ball le soient, traduisant une inégalité devant l'impôt. Cette inégalité se manifeste également dans le champ d'application de la taxe sur les spectacles, puisqu'elle n'est pas applicable outre-mer et en Corse. De fait, pourquoi le coût fiscal d'un match de football organisé à Ajaccio est moins élevé que sur le continent [1383] ?

311. La taxe sur les spectacles peut être contournée[1384]. En effet, conformément à l'article 1561-3°-b alinéa 2 du Code général des impôts, le Conseil municipal peut décider par délibération, en vertu de sa liberté d'appréciation, que l'ensemble des compétitions sportives organisées pendant l'année sur le territoire de la commune bénéficiera de l'exemption totale de la taxe sur les spectacles[1385]. Cette exonération est pratiquée par certaines municipalités[1386] mais pourrait constituer une aide indirecte en vertu du droit communautaire. Contrairement à la taxe professionnelle, où les entreprises décidaient de leur implantation selon les taux appliqués, les clubs professionnels ne peuvent se délocaliser en raison de leur nature représentative de la commune. Cette résidence forcée les oblige à subir les distorsions fiscales pratiquées. La taxe sur les spectacles doit donc être examinée comme un impôt local puisque son produit revient aux communes.

L'exonération de cette taxe locale renvoie à la délicate problématique des taxes locales facultatives, comme la taxe d'enlèvement des ordures ménagères, dont le régime est défini par le législateur et l'institution décidée par l'organe municipal délibérant. Les distorsions provoquées par la taxe spectacle avec la participation d'une personne publique laisseraient songer à

---

escrime, football américain, gymnastique, haltérophilie, handball, hockey sur gazon, javelot-tir sur cible, jeu de paume, judo, karaté, kendo, longue paume, lutte, motonautisme, natation, parachutisme, patinage à roulettes, pelote basque, pentathlon, pétanque et jeu provençal, skate-board, ski, squash-raquettes, sports de boules, sports de quilles, surf, taekwondo, tennis de table, tir, tir à l'arc, trampoline, triathlon, twirling-bâton et volley-ball.

[1383] DE LA MARDIERE (C.), « La fiscalité de l'exploitation. La taxe sur les spectacles ou la plaie fiscale des compétitions sportives », *in*, sous dir. SIMON (G.), *Le stade et le droit*, Dalloz, février 2008, p.126.

[1384] La Cour des comptes regrettait cela dans son rapport public thématique de la Cour des comptes « Les collectivités territoriales et les clubs sportifs professionnels » du 10 décembre 2009, p.87.

[1385] LAPOUBLE (J-C.), *Droit du sport*, Ellipses, octobre 2006, p.284.

[1386] Le rapport gouvernemental d'Eric BESSON, « Accroître la compétitivité des clubs de football professionnel » du 6 novembre 2008 p.100, indique qu'en 2008, sur les 40 clubs professionnels de football en ligue 1 et ligue 2, 16 clubs furent exemptés, 12 clubs se sont acquittés de la taxe à hauteur de 8% et 12 clubs payèrent un montant supérieur ou égal à 10%.

une éventuelle aide d'Etat[1387]. L'article 107 § 1 du TFUE détermine la notion d'aide d'Etat et ses critères[1388]. Si l'un des critères établi par l'article 107 §1 du TFUE n'est pas rempli, alors l'aide ne constituera pas une aide d'Etat. Des dérogations sont également prévues aux paragraphes 2 et 3 dudit article. Bien que le sport ne fasse pas partie du règlement général d'exemption par catégorie d'aide d'Etat, certaines aides apportées au sport relèvent « *de certaines dispositions dudit règlement, auquel cas elles peuvent être considérées comme compatibles* »[1389]. L'article 165 § 4 du TFUE précise que l'Union européenne contribue au développement du sport en adoptant notamment des actions d'encouragements, à l'exclusion de toute harmonisation des dispositions législatives et réglementaires des Etats membres[1390]. Le droit de l'Union européenne admet une dissonance fiscale si cela concourt au développement du sport. Néanmoins, en reprenant les quatre critères constituant une aide d'Etat, nous observons que l'exonération accordée par délibération du Conseil municipal de la taxe spectacle remplit pleinement la condition d'une aide accordée par l'Etat sous quelque forme que ce soit. Il nous semble également que l'exonération entraîne une rupture d'égalité devant les charges publiques et la compétition sportive nationale et internationale. Les clubs exonérés disposent de moyens financiers supplémentaires pour renforcer leur équipe sur le marché des transferts par l'achat de joueurs ou de salaires plus élevés. En cela, la taxe spectacle affecte la compétitivité des clubs en faussant quelque peu la concurrence. Sans la dérogation issue de l'article 165 § 4 du TFUE, la taxe spectacle conviendrait aux critères d'affectation d'une aide d'Etat.

312. En imposant certains sports à cette taxe sur les spectacles, « *le sport spectacle est ainsi reconnu et honoré par l'impôt* »[1391]. Pour certains observateurs attentifs du sujet, le sport est même considéré comme un

---

[1387] Sur les aides d'Etat, v. le chapitre sur le cadre juridique des aides publiques et communautaires de cette thèse.

[1388] Article 107 § 1 du TFUE « *Sauf dérogations prévues par les traités, sont incompatibles avec le marché intérieur, dans la mesure où elles affectent les échanges entre Etats membres, les aides accordées par les États ou au moyen de ressources d'Etat sous quelque forme que ce soit qui faussent ou qui menacent de fausser la concurrence en favorisant certaines entreprises ou certaines productions* ».

[1389] Communication de la Commission au Parlement européen, au Conseil, au Comité économique et social européen et au Comité des régions, « Développer la dimension européenne du sport », Com. 2011, 18 janvier 2011, p.10.

[1390] Article 165 § 4 du TFUE « (…) *le Parlement européen et le Conseil, statuant conformément à la procédure législative ordinaire et après consultation du Comité économique et social et du Comité des régions, adoptent des actions d'encouragement, à l'exclusion de toute harmonisation des dispositions législatives et réglementaires des États membres* (…) ».

[1391] DE LA MARDIERE (C.), « La fiscalité de l'exploitation. La taxe sur les spectacles ou la plaie fiscale des compétitions sportives », *in*, sous dir. SIMON (G.), *Le stade et le droit*, Dalloz, février 2008, p.126.

spectacle[1392], le Conseil d'Etat a d'ailleurs prononcé un arrêt en ce sens[1393]. Il résulte malgré tout un caractère résiduel de cette taxe dans la mesure où la plupart des spectacles, jeux et divertissements relèvent de la TVA. Certains spectacles sportifs sont même exonérés de la TVA, l'article 261 E du Code général des impôts exonère en effet « *les droits d'entrée perçus par les organisateurs de réunions sportives soumises à l'impôt sur les spectacles, jeux et divertissement* »[1394].

313. Assurément, la taxe sur les réunions sportives a un caractère manifestement inégalitaire. Au regard des nombreuses distorsions créées entre les différentes disciplines sportives et entre territoires, ainsi que sa très faible part aux budgets des communes, la question de la pertinence de son maintien se pose depuis quelques années.

Le législateur, au vue des conditions d'application complexes et pouvant sembler discrétionnaires, songea à la supprimer à de multiples reprises[1395], en vain jusqu'à présent.

Dans son rapport sur le sport professionnel[1396], M. Jean-Pierre DENIS insiste sur les nombreuses exonérations, partielles ou totales, de cet impôt résiduel héritage d'un lointain passé en voie d'extinction[1397]. Il propose sa suppression en contrepartie de l'assujettissement à la TVA des recettes de billetterie à hauteur de 5,5%[1398]. Cette solution, pleine de bon sens, permettrait une égalité ainsi qu'une équité de l'impôt. L'imposition des recettes de billetterie à la TVA génèrerait des économies fiscales en faveur des clubs. Les pertes de recettes pour les communes verraient une

---

[1392] MAETZ (C-A.), « Le sportif professionnel salarié : un artiste ? », *Les Cahiers de droit du sport*, n°2, octobre 2005, p.19.

[1393] CE, 22 juin 2011, *Boris Becker*, n°319240. Concl. GEFFRAY (E.). Obs. SAUREL (J.), *Les Cahiers de droit du sport*, n°25, juillet 2011, p.83.

[1394] Article 261 E – 3° du Code général des impôts.

[1395] LABIE (F.), *La fiscalité du sport*, LGDJ, juin 2000, p.103. Voir notamment sur ce point les débats parlementaires suivants : Projet de loi de finance 2000 ; Question écrite n°40224 publiée au *JOAN* du 1er juin 2004, p.3955, réponse ministérielle publiée au *JOAN* du 30 novembre 2004, p.9503 ; Question écrite n°41065 publiée au *JOAN* du 8 juin 2004, p.4195, réponse ministérielle publiée au *JOAN* du 16 novembre 2004, p.9044 ; Question écrite n°40194 publiée au *JOAN* du 20 janvier 2009, p.472, réponse ministérielle publiée au JOAN du 17 mars 2009, p.2648 ; Question écrite n°56759 publiée au *JOAN* du 4 août 2009, p.7627, réponse ministérielle publiée au *JOAN* du 22 décembre 2009, p.12355 ; Question écrite n°57171 publiée au *JOAN* du 11 août 2009, p.7755, réponse ministérielle publiée au *JOAN* du 08 décembre 2009, p.11737.

[1396] Rapport de M. Jean-Pierre DENIS, « Certains aspects du sport professionnel en France », remis au Ministre de la Jeunesse et des Sports le 5 décembre 2003, 123 p.

[1397] Rapport de M. Jean-Pierre DENIS, « Certains aspects du sport professionnel en France », remis au Ministre de la Jeunesse et des Sports le 5 décembre 2003, p.56.

[1398] *Ibid.*, p.57.

compensation éventuellement par un prélèvement sur les recettes de l'Etat retirées de l'assujettissement à la TVA des réunions sportives prévues par la réforme. Au regard du droit de l'Union européenne, cela s'y inscrirait logiquement, la France étant le seul Etat membre à opter pour cet impôt, et n'y contreviendrait pas[1399].

Cette proposition est d'ailleurs soutenue par le monde du sport professionnel, en particulier du football[1400]. Devant cette iniquité fiscale, le club de football du Paris Saint-Germain a introduit une requête auprès de la chambre commerciale de la Cour de cassation portant sur la conformité au principe de l'égalité devant l'impôt des articles 1559 à 1561 du CGI. Cette demande s'inscrit dans le prolongement du recours introduit devant le Tribunal de grande instance de Paris du 22 novembre 2011. Dans son arrêt rendu le 21 février 2012[1401], la Cour de cassation acceptait de transmettre une question prioritaire de constitutionnalité (QPC) au Conseil constitutionnel sur le fondement des dispositions de l'article 61-1 de la Constitution de 1958.

2 – La taxe spectacle, un impôt conforme aux exigences constitutionnelles

314. Les Sages de la rue Montpensier ont répondu à cette QPC par une décision du 20 avril 2012[1402]. La société anonyme sportive professionnelle Paris Saint-Germain football faisait valoir, au soutien de la QPC, devant la Cour de cassation que les dispositions du Code général des impôts introduisaient une différence de traitement provoquant une rupture du principe d'égalité consacré par les articles 6 et 13 de la Déclaration des droits de l'Homme et du citoyen de 1789. Cette différence de traitement se manifestait entre les compétitions sportives et les autres spectacles, dans la mesure où ces derniers ne sont plus assujettis à l'impôt sur les spectacles[1403], entre les compétitions sportives selon les sports[1404] et enfin entre les compétitions sportives selon les communes[1405].

[1399] Sixième directive 77/388/CEE du Conseil des Communautés européennes (à présent Conseil de l'Union européenne) du 17 mai 1977 relative à l'harmonisation des législations sur la TVA dans les Etats membres, *JOUE*, 13 juin 1977, L-145, p.1.

[1400] Union des clubs professionnels de football (UCPF), « la suppression de la taxe sur les spectacles au profit de la TVA à taux réduit », rapport de synthèse 2005/2006, 20 p. Le football professionnel supporte 50 % du produit national de cette imposition.

[1401] Cass. com. QPC, 21 février 2012, n°11-40.097.

[1402] Décision n°2012-238 QPC du 20 avril 2012, *Société anonyme Paris Saint-Germain football.*

[1403] Article 1559 du CGI.

[1404] Premier alinéa du *b* du 3° de l'article 1561 du CGI.

[1405] Second alinéa du *b* du 3° de l'article 1561 du CGI.

Les requérants arguaient qu'en introduisant de telles différences de traitement, le législateur ne justifiant pas cette inégalité par des critères « objectifs » et « rationnels » méconnaissait le principe d'égalité devant l'impôt. En l'espèce, le manque de précision des dits critères par le législateur, dans un premier temps, et le juge constitutionnel, dans un second temps, renforce l'insécurité juridique et l'aspect injuste de cette imposition. Pourtant, le Conseil constitutionnel s'était déjà prononcé sur l'existence de critères « objectifs » et « rationnels » sans instaurer de différence de traitement[1406].

Dans sa décision, le Conseil constitutionnel indique à juste titre que les recettes dégagées par exemple lors d'une rencontre professionnelle de football sont sans commune mesure avec celles d'une compétition de trampoline[1407]. Cette remarque confirme, si besoin, que certains sports parce qu'ils génèrent des recettes sont soumis à l'impôt alors que les sports ne produisant que fort peu de recettes en sont exonérés. Il semble que cette décision, allant dans le sens du dispositif législatif actuel, favorise la promotion et l'organisation de certains sports. Néanmoins, l'instauration d'une TVA à taux réduit sur la billetterie offrirait davantage de recettes et renforcerait l'équité fiscale.

Pour le Conseil constitutionnel, au même titre que la taxe d'enlèvement des ordures ménagères ou des autres taxes locales facultatives[1408], la taxe spectacle peut bénéficier d'une exonération généralisée pour l'ensemble des compétitions sportives organisées sur le territoire de la commune ce qui transforme la taxe spectacle en un impôt local facultatif. Ainsi, pour mettre un terme aux différences de traitement soulevées par la société requérante, il suffirait que les conseils municipaux exonèrent l'ensemble des sports soumis à cette imposition. L'absence de recettes fiscales provoquée par cette entente exonératoire solutionnerait d'une part les différences de traitement, et d'autre part le législateur interviendrait peut-être afin de modifier et remplacer cette imposition archaïque. La municipalité de Narbonne avait

---

[1406] EVEILLARD (G.), « L'exigence de critères objectifs et rationnels dans le contrôle de la l'égalité devant l'impôt par le Conseil constitutionnel », *LPA*, n°20, 28 janvier 2000, p.8 ; PELLETIER (M.), « Les normes du droit fiscal », sous la direction du Professeur Bernard CASTAGNEDE, Université Panthéon-Sorbonne (Paris I), 2008, p.66 et s. ; V. pour illustrations : Décision n°2010-605 DC du 12 mai 2010, *Loi relative à l'ouverture à la concurrence et à la régulation du secteur des jeux d'argent et de hasard en ligne*. Cons. n°39 ; Décision n°2010-28 QPC du 17 septembre 210, *Association Sportive Football Club de Metz* (*Taxe sur les salaires*). Cons. n°3 et n°4.

[1407] Commentaire du Conseil constitutionnel de la Décision n°2012-238 QPC du 20 avril 2012, *Société anonyme Paris Saint-Germain football*, p.6.

[1408] *Ibid* p.7 ; V. aussi TOULEMONT (B.) et ZAPF (H.), « Commentaire des principales dispositions de la loi de finances pour 2012 », *Gaz. Pal.*, n°27, 27 janvier 2012, p.24

élaboré un moyen original de ne pas grever les finances du club local, en votant une subvention exceptionnelle du montant de la taxe versée[1409].

En l'espèce, le Conseil constitutionnel décide que ces dispositions contestées n'introduisent pas de différence de traitement entre des personnes placées dans la même situation et ne méconnaissaient pas le principe constitutionnel d'égalité devant les charges publiques et devant l'impôt[1410].

[1409] CRC Languedoc-Roussillon, 12 août 2003, *Commune de Narbonne*.
[1410] Considérants n°9 et 12, Décision n°2012-238 QPC du 20 avril 2012, *Société anonyme Paris Saint-Germain football*.

CHAPITRE 2 – LE CADRE JURIDIQUE DES AIDES PUBLIQUES POUR LE FINANCEMENT DES STADES

315. La pratique sportive a connu en France de profondes mutations impulsées à l'amorce des années 1990 par l'émergence de la médiatisation du sport et de ses événements, puis par l'arrêt *Bosman*. L'activité sportive professionnelle, à la suite de cette affirmation de la libre circulation des sportifs et aux retransmissions télévisuelles croissantes des rencontres sportives, a subi quelques bouleversements et de nombreuses interrogations. Les collectivités territoriales s'impliquèrent fortement voire excessivement par un soutien diversifié aux clubs sportifs professionnels, celui-ci répondant à l'impérieuse notion d'intérêt général[1411]. Souhaitant réguler et encadrer les modalités de ce soutien public local, les pouvoirs publics sont intervenus par des dispositions législatives et règlementaires rassemblées dans le Code du sport[1412], destinées à assurer le respect des règles de concurrence et à limiter le risque financier pour les collectivités contributrices.

316. En marge de l'encadrement législatif et règlementaire, la doctrine a porté un intérêt notable sur les relations entretenues entre les collectivités locales et les clubs sportifs[1413], particulièrement sur l'aspect financier de la

---

[1411] JUEN (P.), « Le soutien des collectivités territoriales aux clubs en matière d'équipements sportifs »*in*, sous dir. SIMON (G.), *Le soutien public au sport*, LexisNexis, mars 2012, p.221.

[1412] L'article 84 de la loi n°2004-1343 du 9 décembre 2004 portant simplification du droit, parue au *JORF* n°287 le 10 décembre 2004, p.20857, a autorisé le gouvernement à adopter par voie d'ordonnance les parties législative et règlementaire du Code du sport parues respectivement au *JORF* n°121 le 25 mai 2006 p.7791 et n°170 le 25 juillet 2007 p.12506. La codification se traduit par le regroupement de l'ensemble des lois et décrets applicables au domaine du sport dans un document unique.

[1413] Outre de nombreux articles qui seront évoqués lors de notre développement, la doctrine a intégralement consacré des ouvrages à cette question. ALAPHILIPPE (P.) (sous la dir.), *Sport et collectivités locales*, Sirey, 1984, 183 p. ; THERON (J-P.) (sous la dir.), *Sport et collectivités locales*, Dalloz, 1993, 205 p. ; GOUGUET (J-J.) et NYS (J-F.), *Sport et développement économique régional*, Dalloz, 1993, 290 p. ; BAYEUX (P.), DUDOGNON (C.), DUPUIS (J.), PIAU (J.) et QUANTIN (J.), *Clubs sportifs et collectivités territoriales : les outils de la contractualisation*, CNFPT, 1997, 129 p. ; MONNERET (J.), *Les politiques sportives des collectivités territoriales*, Vigot, décembre 1997, 189 p. ; DEPORCQ (D.) et SCHMIDT (P.), *Collectivités territoriales et associations : gestion associative et maîtrise des risques juridiques,* Berger-Levrault, 2001, 314 p. ; CHARRIER (D.) (sous la dir.), *Le financement du sport par les conseils régionaux, les conseils généraux, les communes de plus de 20.000 habitants, les syndicats d'agglomération nouvelle et les communautés urbaines 1995-1998,* Actes de colloque des Vèmes journées de management du sport, Tome 1, PUS, octobre 2002, 276 p. ; CHARRIER (D.) et DURAND (C.) (sous la dir.), *Le financement du sport par les collectivités locales, des ambitions politiques aux choix budgétaires*, Actes de colloque des Vèmes journées de management du sport, Tome 2, PUS, octobre 2002, 221 p. ; BOURG (J-F.) et NYS (J-F.), *Financement des clubs sportifs et stratégie des collectivités territoriales : nouveaux modèles nouveaux enjeux*, La lettre du cadre territorial, mars 2003, 156 p. ; WALTER (B.), *Associations et collectivités locales*, édition Technique, novembre 2003, 122p. ; BAYEUX (P.), *Les relations entre collectivités locales et clubs sportifs*, PUS,

relation, justifiant l'importance de consacrer un chapitre à ce thème à une époque ou les stades tendent à devenir des lieux de vie et de socialisation.

317. Le soutien des collectivités territoriales est confronté à deux écueils en matière d'aides financières. Il doit tout d'abord impérativement répondre à une mission d'intérêt général[1414], notion ambiguë et difficilement perceptible dans le contexte du sport professionnel malgré des critères législatifs et jurisprudentiels établis. Puis, il ne doit pas excéder certains seuils. Ce soutien peut s'apprécier sous des formes variées. L'obtention de la subvention entraîne un contrôle de la Cour des comptes et de ses chambres régionales afin de s'assurer de l'utilisation des fonds publics versés par les collectivités territoriales. Celles-ci développent des politiques sportives accrues depuis les lois de décentralisation en adéquation avec leurs besoins et leurs budgets.

Les politiques sportives territoriales sont une réalité inéluctable. Les lois de décentralisation ont confié aux collectivités territoriales la capacité de concevoir des politiques publiques, donc sportives, et de les maîtriser[1415]. Elles sont de fait entièrement maîtresses du développement de leurs politiques sportives en tenant compte de différents enjeux économiques, éducatifs, de santé publique, sociaux et de notoriété[1416].

Les collectivités territoriales sont des partenaires inéluctables pour le football professionnel en particulier, et pour le sport en général[1417]. Cette relation s'affirme au travers des espaces sportifs qui s'accroissent au sein de notre société tant dans les lieux consacrés à la pratique d'une activité physique et sportive, que dans les espaces naturels. Ces espaces bénéficient

avril 2006, 76 p. ; BAYEUX (P.), *Le sport et les collectivités territoriales*, Que sais-je ?, PUF, 2006, 127 p. ; BOURG (J-F.) et NYS (J-F.), *Financement des clubs sportifs et stratégie des collectivités territoriales : nouveaux modèles nouveaux enjeux*, PUS, mars 2006, 229 p. ; PACOTTE (N.) et JANNER (R.), *Les conventions des collectivités territoriales en matière sportive*, PUS, février 2008, 222 p. ; Rapport public thématique de la Cour des comptes « Les collectivités territoriales et les clubs sportifs professionnels » du 10 décembre 2009.

1414 Article L.113-2 du Code du sport; SIMON (G.), CHAUSSARD (C.), ICARD (P.), JACOTOT (D.), DE LA MARDIERE (C.) et THOMAS (V.), *Droit du sport*, PUF, mars 2012, p.322.

1415 HONTA (M.), *Les territoires de l'excellence sportive*, Presses Universitaires de Bordeaux, février 2002, p.92 ; CNOSF, *La raison du plus fort, de la contribution du mouvement sportif à la société française*, Livre Blanc, septembre 2006, p.69

1416 DUPLESSY (J-F.), *Filière sportive des collectivités territoriales, bilan et perspectives*, rapport au président du CNFPT, novembre 2000, p.7.

1417 THIRIEZ (F.), « Les collectivités territoriales sont des partenaires incontournables pour le football professionnel », *JCPA*, n°24, juin 2004, p.777.

de l'effet cumulé du souci de la forme physique individuelle et collective ainsi que de l'impact médiatique[1418].

La notion de subvention a évolué au fil du temps et de la législation. Elle constitue à présent un financement inévitable dans la vie associative et des clubs professionnels, en particulier dans la mise à disposition de l'infrastructure sportive (**Section 1**). A l'échelle du régime communautaire, elle constitue dans certains cas une aide d'Etat (**Section 2**).

Section 1 – Les aides publiques dans le secteur sportif

318. La professionnalisation du sport a accru la sollicitation des collectivités territoriales. L'organisation d'événements internationaux illustre cette sollicitation, où celles-ci s'impliquent pleinement dans le projet et l'investissement des équipements sportifs. Toutefois, un rapport du 17 octobre 2000 dénonce « *la frénésie normative* » dont font preuves les fédérations sportives, restreignant « *la libre administration* » des collectivités territoriales[1419]. Dans ses conclusions, la commissaire du gouvernement Leroy dénonçait une décennie auparavant qu'il ne faudrait pas que cela soit une illustration de la « *toute puissance des fédérations sportives sur lesquelles l'Etat n'exerce qu'une tutelle symbolique* (…) » soumettant « (…) *leurs dirigeants à la tentation du despotisme* » [1420]. Les communes sont irritées par les normes imposées par les ligues et les fédérations[1421] et considèrent qu'elles se révèlent même parfois inutiles[1422]. Les maires, notamment, estiment qu'il y a un manque de concertation et d'implication. Ils se retrouvent pris au piège de l'exigence de celles-ci qui ont contre eux un véritable pouvoir de pression *via* l'opinion publique comme l'exemple du nouveau stade de Lyon ou la rénovation du Stade Vélodrome de Marseille l'illustrent[1423]. Plus généralement, cette frénésie se manifeste lorsqu'un Etat

---

[1418] BESSY (O.) et HILLAIRET (D.) (sous la dir.), *Nouvelles pratiques, nouveaux territoires, l'innovation dans les espaces marchands et mixtes. Les espaces sportifs innovants*, Tome 2, PUS, juin 2002, 243 p.

[1419] Rapport de la Commission pour l'avenir de la décentralisation, dit Mauroy, « Refonder l'action publique locale », remis au Premier ministre M. Lionel Jospin le 17 octobre 2000, p.23.

[1420] CE, Sect., 25 janvier 1991, *Vigier*, n°104497. Rec. Lebon p.29. Concl. Leroy, *AJDA*, n°5, 20 mai 1991, p.389. Note sous arrêt, DOUMBE-BILLE (S.), *D.*, 1991, juris.611.

[1421] Dans une question parlementaire, M. Jean-Pierre Raffarin, sénateur, estimait que « *le rôle du maire ne peut être réduit à celui d'agent d'exécution des fédérations sportives* », *JO Sénat*, question du 18 avril 2002, p.1126, n°35058.

[1422] CHAZAUD (P.), « Les relations entre groupements sportifs et collectivités locales », *Sport de la Cité*, n°117, p.49.

[1423] THOIN (M.), « Pour de meilleures relations avec les fédérations », *Gaz. cnes.*, 28 avril 1998, p.6.

dépose un contrat de candidature à l'organisation d'une compétition internationale et les engagements qu'il souscrit par un Etat envers l'UEFA ou la FIFA. Dans le cadre de l'organisation du championnat d'Europe de football de 2016, la France a conclu un contrat comprenant un contrat d'organisation, des contrats de stades, de villes hôtes et d'aéroports[1424]. Afin de respecter ses engagements, la France a modifié son ordonnancement juridique en adoptant la loi du 1er juin 2011 relative à l'organisation du championnat d'Europe de football de l'UEFA en 2016 dite « Depierre »[1425]qui rend les projets de construction ou de rénovation des enceintes sportives réalisés sous le régime du bail emphytéotique administratif éligibles aux mêmes subventions publiques que les projets réalisés sous le régime de la loi relative à la maitrise d'ouvrage publique ou sous le régime du contrat de partenariat, ce qui rétablit une égalité au regard des sources de financement public entre les différentes villes candidates. Cette loi élargit également les capacités d'intervention des collectivités faisant intervenir un opérateur privé, en se fondant sur les dispositions de l'article L.1511-2 du CGCT. Enfin, la loi instaure une dérogation à l'interdiction pour les personnes publiques de recourir à l'arbitrage dans le cadre des contrats conclus pour l'organisation de cet événement sportif[1426]. A cet égard, l'ensemble de ce dispositif législatif est limité à l'Euro 2016. Si la loi Depierre rétablit une neutralité entre les modes de réalisation des stades, elle n'aborde aucunement les problématiques relationnelles entre les collectivités et les fédérations sportives, ou bien encore la propriété du stade.

Le sport représente actuellement un réel phénomène économique, phénomène instaurant une problématique de gestion commerciale et de valorisation de l'image tant des structures sportives que des collectivités. Il n'en demeure pas moins associatif. A ce titre, les associations ont tout autant besoin que les clubs sportifs professionnels d'un financement alloué. Face à cette sollicitation, de multiples soutiens s'offrent aux collectivités (**§ 1**) qui doivent toutefois maîtriser leurs aides (**§ 2**) et leurs montages (**§ 3**).

1424 Cahier des charges UEFA EURO 2016, Exigences relatives au tournoi, secteur 20 : responsabilité de l'UEFA. V. aussi FIFA, Stades de football, *Recommandations et exigences techniques*, 4ème édition 2007, pp.26 – 36, 40 – 42, 122 – 130.

1425 Loi n°2011-617 du 1er juin 2011 relative à l'organisation du championnat d'Europe de football de l'UEFA en 2016, *JORF*, n°128, 2 juin 2011, p.9553. V. KARPENSCHIF (M.), « La soumission du soutien public au droit communautaire », *in*, sous dir. SIMON (G.), *Le soutien public au sport*, LexisNexis, mars 2012, p.27 ; DEPIERRE (B.), « La réforme législative nécessité pour l'organisation de l'Euro 2016 de football », *Ibid.*, p.137 ; KARPENSCHIF (M.), « Discussion », *Ibid.*, p.143.

1426 Le juge administratif en effet élève en principe général du droit l'interdiction pour les personnes publiques d'avoir recours à l'arbitrage. CE, Ass, 13 décembre 1957, *Société nationale de vente des surplus*. Concl. Gazier. Rec. Lebon p.677.

§ 1 – La nécessaire diversification des soutiens

319. Les collectivités territoriales offrent un soutien diversifié et conséquent aux clubs sportifs professionnels ou amateurs. Ce soutien se matérialise par une aide financière par le biais d'une dotation pécuniaire ou l'achat de prestations de services. Sous des vocables différents, mais souvent similaires, se cache la notion de subvention. Définir celle-ci (**A**) relève plus d'un intérêt de clarification et de compréhension de toute l'importance qu'elle recouvre pour le secteur sportif associatif et professionnel, que d'un simple exercice de style (**B**).

A – La notion de subvention

320. « *L'importance des subventions semble inversement proportionnelle à la précision de la notion* »[1427]. Comme le soulignait le Professeur Robert Hertzog, la notion de subvention est indéterminée en l'absence de rigueur dans son emploi et de terminologie, « *le recours à d'autres noms tels que prime, aide, versement, dotation, n'exclut pas qu'on soit en présence d'une réalité unique* »[1428]. La doctrine regrette cette absence de clarté, que nous partageons, cela suscitant des disparités importantes d'attributions. Une ventilation nationale[1429] est même observée notamment en raison des particularismes locaux qui sont pris en comptes lors de l'attribution des subventions[1430].

Ces particularismes locaux, outre une volonté politique affirmée, se focalisent sur l'ancrage disciplinaire local. Par exemple le football à Marseille est une « institution » voire une « religion », pour reprendre une

---

[1427] HERTZOG (R.), « Linéament d'une théorie des subventions », *RFFP*, n°23, 1988, p.5.

[1428] *Ibid.*

[1429] JESTIN (G.), « Le financement des grands équipements collectifs », *RFFP*, n°22, 1988, p.141 et s. ; COUPAYE (P.) et JOSSE (P.), « Les subventions aux collectivités locales », *RFFP*, n°23, 1988, p.81 et s.; BOLOT (F.), « Les aides apportées par les collectivités territoriales aux clubs sportifs : le cas de l'aide aux clubs de football », *Gaz. Pal.*, n°37, 6 février 2005, p.6 ; CADIEU (P.) « Notion de subvention – Eléments de clarification », *RLCT*, n°5, septembre 2005, p.5 ; LAPOUBLE (J-C), « Les chambres régionales des comptes et les clubs sportifs professionnels », *Les Cahiers de droit du sport*, n°18, janvier 2009, p.17 et s.

[1430] Rapport public annuel de la Cour des comptes 1995 ; Rapport public particulier de la Cour des comptes, « Les interventions des collectivités territoriales en faveur des entreprises », novembre 1996, p.13 ; Rapport public thématique de la Cour des comptes, « Les collectivités territoriales et les clubs sportifs professionnels » du 10 décembre 2009 ; CHARRIER (D.) (sous la dir.), *Le financement du sport par les conseils régionaux, les conseils généraux, les communes de plus de 20.000 habitants, les syndicats d'agglomération nouvelle et les communautés urbaines 1995-1998,* Actes de colloque des Vèmes journées de management du sport, Tome 1, PUS, octobre 2002, p.231 ; BOULOUIS (J.), *Essai sur la politique des subventions administratives*, Armand Colin, 1951, 320 p.

imagerie religieuse[1431]. Cette imagerie est d'ailleurs chère au Baron de Coubertin qui qualifiait le sport de religion de l'excès[1432]. La ventilation engendrée se révèle néfaste pour les collectivités locales et peut conduire à certains risques[1433].

Le pouvoir de subventionner qu'ont les collectivités se trouve être un aspect essentiel du pouvoir dépensier expliqué par le Professeur Hertzog, ce pouvoir étant la principale forme du pouvoir moderne[1434]. Il importe de définir cette forme de pouvoir que sont les subventions (**1**) et de réaffirmer leur qualification juridique (**2**).

1 – Une définition enfin établie

321. Dans son sens le plus ancien, la subvention était un subside demandé ou exigé par l'Etat pour subvenir à une dépense imprévue. L'aspect impromptu de la dépense garde toute sa substance de nos jours, en raison de l'idée de secours financier inhérente à celle-ci[1435]. Longtemps il y eut une ambiguïté originaire de la subvention remontant au XVIIIème siècle. Des définitions partielles furent une à une établies mais toutes se retrouvèrent sur le fait qu'il s'agissait d'une ressource fiscale de l'Etat. La réforme du régime des subventions d'investissement accordées par l'Etat ne précisa pas davantage la notion[1436], qui se présente véritablement comme une dépense publique, dont Jacques Magnet relevait l'essence même. Selon lui, une subvention est « *un versement gratuit fait par un organisme public à un autre organisme public ou privé ou à un particulier, à charge pour le bénéficiaire de faire un emploi plus ou moins précisément déterminé des fonds versés* »[1437]. Cette définition est assez similaire à celle retenue par le Conseil d'Etat dix ans plus tard dans un arrêt de principe et reprend la notion d'intérêt général mis en évidence par le Professeur Boulouis. Selon lui, les

---

[1431] Le sociologue Michel CAILLAT, professeur de sociologie du sport à l'Université d'Orléans, considère que le sport est « *la religion des temps modernes, née avec le capitalisme, il est tout sauf un jeu* ». De plus, il poursuit que « *le sport abrite une vision du monde* ».

[1432] Pour reprendre la citation du Baron Pierre de Coubertin, « *le sport est la religion de l'excès* », *in* Leçons de pédagogie sportive, 1921.

[1433] V. *supra* notamment la gestion de fait.

[1434] HERTZOG (R.), « Le pouvoir dépensier », *RFFP*, n°41, octobre 1993, p.98.

[1435] CAA Marseille, 1er mars 2004, *Groupement agricole d'exploitation en commun l'Aurier*, n°99MA02079. Concl. Louis, *BJCP*, janvier 2005, n°38, p.17.

[1436] Décret n°72-196 du 10 mars 1972 portant réforme du régime des subventions d'investissement accordées par l'Etat, *JORF*, 14 mars 1972, p.2649. BESSON-GUILLAUMOT (M.), « Les subventions d'investissement accordées par l'Etat », *AJDA*, n°9, 20 septembre 1972, p.443.

[1437] MAGNET (J.), « Lexique – Droit budgétaire et comptabilité publique », Paris, PUF, 1ère éd., 1980, p.114.

subventions « *se définissent comme des formes d'aides consenties par des personnes publiques à des personnes privées poursuivant une mission d'intérêt général* »[1438].

322. Le Conseil d'Etat a défini dans un arrêt de principe la notion de subvention. Pour la Haute juridiction, une subvention « *constitue une contribution financière de la personne publique à une opération qui présente un caractère d'intérêt général, mais qui est initiée et menée par un tiers pour répondre à des besoins que celui-ci a définis. Dans le cas de la subvention, la somme d'argent n'a pas de contrepartie directe pour la personne publique ; dans le cas contraire, en présence d'une contrepartie directe pour la personne publique, il s'agit d'un marché public* »[1439]. Ce considérant sera repris intégralement dans l'instruction du ministère de l'Economie et des Finances prise pour application du Code des marchés publics[1440] afin de distinguer les marchés publics des subventions.

L'octroi de la subvention s'exerce donc de façon *intuitu personae*, et est régi par le principe de liberté contractuelle. Pour solliciter l'octroi d'une subvention, toute association doit être préalablement déclarée et attester de sa capacité juridique par la production du récépissé de déclaration et de l'extrait du Journal Officiel en vertu de la loi du 23 juillet 1987 modifiant l'article 6 de la loi de 1901[1441]. Les associations sportives ne peuvent recevoir une subvention qu'à la condition qu'elles aient obtenu un agrément. En cas de retrait de l'agrément, la subvention sera immédiatement supprimée et restituée[1442]. Le régime juridique des contrats de subvention emprunte l'essentiel de ses traits au droit des contrats, et le plus souvent au droit des contrats administratifs[1443]. Les contrats de subvention, notamment, stipulent expressément que la subvention ne sera pas versée ou devra être remboursée si le bénéficiaire ne remplit pas ses obligations.

[1438] BOULOUIS (J.), *Essai sur la politique des subventions administratives*, Armand Colin, 1951, p.4.

[1439] CE Sect., 6 juillet 1990, *Comité pour le développement industriel et agricole du Choletais*, dit *CODIAC*, n°88224. Concl. Racine. Rec. Lebon, p.211. V. également CAA Marseille, 20 juillet 1999, *Commune de Toulon*, n°98MA01735.

[1440] Article 1er II°-1.1.2.1 du chapitre 1er de l'instruction du 28 août 2001 du ministère de l'Economie et des Finances prise pour application du Code des marchés publics, *JORF* n°208, 8 septembre 2001, p.14385.

[1441] Loi n°87.571 du 23 juillet 1987 modifiant l'article 6 de la loi de 1901.

[1442] V. sur ce point DELIANCOURT (S.) et LANTERO (C.), « Les conditions d'octroi et de retrait d'une décision attribuant une subvention », *BJCL*, n°11, novembre 2010, p.738.

[1443] PINTAT (P.), « L'exécution des contrats de subvention », *CP-ACCP*, n°28, décembre 2003, p.39.

2 – Une qualification juridique réaffirmée

323. Il n'existe pas un droit à subvention, celle-ci est octroyée à la discrétion de la puissance publique et seules les associations déclarées peuvent s'en prévaloir. Par ailleurs, selon une jurisprudence du Tribunal administratif de Paris, « *l'octroi antérieur d'une subvention annuelle à une association ne lui confère aucun droit à son renouvellement* »[1444]. Cette antériorité d'un versement même régulier ne procure aucune priorité pour l'obtention d'une subvention. Une réponse ministérielle[1445] a réaffirmé ce principe s'agissant du refus de l'octroi d'une subvention à une association qui en aurait formulé la demande auprès d'une collectivité locale, et précise qu'il ne peut être assimilé à une décision administrative défavorable. Dans sa réponse, le ministre s'appuyant sur la jurisprudence administrative[1446] que l'obligation de motivation du refus d'accorder une subvention ne s'impose donc pas légalement, l'octroi étant un pouvoir discrétionnaire de l'assemblée délibérante de la collectivité territoriale malgré un octroi antérieur[1447]. Ainsi, une subvention ne doit pas être appréciée comme un abonnement ou un droit.

En effet, si la loi du 11 juillet 1979[1448] impose la motivation des décisions administratives défavorables, le refus d'accorder une subvention n'a pas à être motivé dès lors qu'il ne s'agit que d'un refus opposé à une sollicitation[1449]. En revanche, si la collectivité a déterminé des critères d'attribution, elle est tenue de les respecter[1450]. L'attribution d'un avantage financier que représente la subvention est créatrice de droits, la décision d'attribution peut être abrogée ou l'autorité peut mettre fin à son exécution dès lors que les conditions d'attribution ne sont plus remplies[1451]. Une circulaire du Premier ministre en date du 24 décembre 2002[1452] précise « *qu'il convient de prévoir une clause selon laquelle, en cas de non-respect*

[1444] TA Paris, 26 février 1964, *Union nationale des étudiants de France*. Rec. Lebon p.686.

[1445] Réponse ministérielle de M. Charles Pasqua, ministre de l'Intérieur à la question n°9850 de M. Patrick Balkany, député, publiée au *JOAN* du 14 février 1994.

[1446] TA Paris, 26 février 1964, *Union nationale des étudiants de France*.

[1447] Réponse ministérielle à M. Alain HETHENER, sénateur, publiée au *JO Sénat* le 14 juin 2001.

[1448] Loi n°79-587 du 11 juillet 1979 relative à la motivation des actes administratifs et à l'amélioration des relations entre l'administration et le public, *JORF*, 12 juillet 1979, p.1711.

[1449] TA Amiens, 13 octobre 2005, *Association fédération des œuvres laïques de l'Oise*, n°0102706. *AJDA*, n°9, 6 mars 2006, p.510.

[1450] CE, 11 février 2004, *Association défense de la chanson française – Radio fréquence Nîmes*, n°244324, Concl. Chauvaux. Rec. Lebon p.641.

[1451] CE, 7 août 2008, *Crédit coopératif*, n°285979. Concl. Glaser. Rec. Lebon p.316. Note sous arrêt DAMAREY (S.), *AJDA*, n°43, 22 décembre 2008, p.2397.

[1452] Circulaire du Premier ministre, 24 décembre 2002, relative aux subventions de l'Etat aux associations, *JORF*, n°301, 27 décembre 2002, p.21697.

par l'une ou l'autre des parties des engagements inscrits dans la convention, celle-ci pourra être résiliée de plein droit par une des parties dans un délai de trois mois suivant l'envoi d'une lettre recommandée avec accusé de réception valant mise en demeure ». Elle ajoute également que « *toute subvention non employée ou employée non conformément à son objet sera reversée au Trésor public* ». La jurisprudence auparavant avait indiqué que le mécanisme de l'exception d'inexécution s'appliquait quelle que soit la nature du contrat[1453].

L'octroi des subventions renvoie à l'interrogation du Professeur Terneyre à savoir, « *une aide financière accordée à une personne privée peut-elle être à tout moment et sans condition suspendue, supprimée ou retirée ?* »[1454]. Nous sommes enclins à répondre par l'affirmative pour l'aide accordée par les collectivités aux associations sportives. En effet, en vertu de l'article L.131-14 al. 1er du Code du sport, les fédérations sportives reçoivent des délégations afin d'organiser des compétitions. Elles sont « *la raison d'être* »[1455] d'une fédération sportive. Dès lors que cette raison d'être disparait, par la suppression ou l'annulation d'une compétition, la délégation disparait également[1456].

Le contentieux relatif à l'octroi par la ligue de football professionnel d'une aide financière au profit des clubs relégués en division inférieure relève de la compétence du juge judiciaire. La Cour d'appel circonscrit les actes administratifs règlementaires des fédérations délégataires au domaine de la loi. Leurs décisions sont des actes de droit privé[1457].

324. Le Conseil d'Etat a récemment nuancé cette affirmation[1458]. L'octroi antérieur ne doit pas être appréhendé comme un droit acquis, mais il estime

---

1453 CE, 8 juillet 1988, *Premier Ministre c/ SABDEC*, n°69220. Concl. Van Ruymbeke, RFDA, n°4, juillet-août 1988, p.743.

1454 TERNEYRE (P.), « La stabilité juridique des aides financières publiques aux entreprises privées », *Cah. dr. entr.*, n°3, 1989, p.28.

1455 Pour reprendre l'expression de PASTOR (J-M.) dans sa note sous l'arrêt de section du Conseil d'Etat du 11 juin 2010, *M. Bardoux et autres*, n°329011, *AJDA*, n°22, 28 juin 2010, p.1234.

1456 CE, Sect., 11 juin 2010, *M. Bardoux et autres*, n°329011. Concl. Lenica. Notes, BRIGNON (B.), *LPA*, n°71, 11 avril 2011, p.7 ; COLIN (F.), « Refus d'une fédération sportive d'organiser des compétitions et erreur de droit du ministre accordant une délégation », *Les Cahiers de droit du sport*, n°21, 2010, p.51.

1457 CA Paris, 26 mars 2009, *SAOS Toulouse et autres c/ LFP et autres*, n°05-23.988. Note RIZZO (F.), *LPA*, n°176, 3 septembre 2009, p.13.

1458 CE, Sect., 5 juillet 2010, *Chambre de commerce et d'industrie de l'Indre*, dit *CCI – Indre*, n°308615. Concl. CORTOT-BOUCHER (E.), « Conditions de retrait d'une subvention à une chambre de commerce et d'industrie », *RJEP*, n°683, février 2011, p.38 ; Notes sous l'arrêt : DEVILLERS (P.), « Respect des règles de passation des marchés publics et octroi des subventions », *Contrats et Marchés Publics*, n°10, octobre 2010, n°10, p.42 ; GLASER (E.),

que l'attribution d'une subvention par une personne publique crée des droits au profit de son bénéficiaire, dans la mesure où son bénéficiaire respecte les conditions de mise à son octroi. Les droits ainsi crées doivent minutieusement respecter ces conditions découlant notamment de la convention signée entre les parties, des normes qui régissent son octroi, avoir été fixées par la personne publique dans sa décision ou bien découler implicitement mais nécessairement de l'objet même de la subvention. Le Conseil d'Etat complète donc les règles applicables en matière d'attribution et de retrait des subventions.

Subrepticement, le Conseil d'Etat ouvre une brèche en ce que les subventions se transforment en un droit acquis favorisant les associations et ne laissant que peu de marge aux collectivités territoriales. Par cet arrêt, les juges du Palais royal appliquent au retrait des subventions les règles classiques de retrait liées à un acte unilatéral issues de la jurisprudence *Ternon*[1459], ce qui provoquera pour la grande majorité des collectivités une approbation à l'interrogation posée par le Professeur Yves Gaudemet[1460]. Depuis la jurisprudence *Soulier*[1461], toutes les décisions accordant des subventions sont, en principe, créatrices de droits. Ainsi, en vertu de la jurisprudence *Ternon*, elles ne peuvent être retirées que si elles sont illégales et dans un délai de quatre mois à compter de leur attribution.

325. Une subvention ne saurait être une faveur, comme l'a précisé le commissaire du gouvernement Tricot dans l'arrêt *Institution Notre-Dame de Kreisker*[1462], et encore moins une libéralité, comme l'a précisé le juge

---

« Retrait de subvention », *AJDA*, n°34, 18 octobre 2010, p.1919 ; ROUAULT (M-C.), *in*, « Panorama de droit public », *LPA*, n°48, 9 mars 2011, p.14. V. aussi à propos de la décision de retrait d'une subvention, DEGOFFE (M.), « L'acte de subvention », *CP-ACCP*, n°28, décembre 2003, p.38.

[1459] CE, Ass., 26 octobre 2001, *Ternon*, n°197018, Concl. SENERS (F.), *RFDA*, n°1, janvier – février 2002, p.77 ; GAJA Dalloz 2009, 17ème éd. n° 109 ; GUYOMAR (M.) et COLLIN (P.) chron., *AJDA*, n°12, 20 décembre 2001, p.1037 ; Note DELVOLVE (P.), *RFDA*, n°1, janvier-février 2002, p.88.

V. en matière d'abrogation CE, 6 mars 2009, *Coulibaly*, n°306084, Concl. de SALINS (C.), *RFDA*, n°3, mai – juin 2009, p.215 ; Notes : EVEILLARD (G.), *RFDA,* 2009, p.439 ; LIEBER (S-J.) et BOTTEGHI (D.), *AJDA*, n°15, 27 avril 2009, p.817 ; MELLERAY (F.), *DA*, n°5, mai 2009, p.25.

[1460] En référence à l'article du Professeur Yves GAUDEMET, « Faut-il retirer l'arrêt *Ternon* ? », *AJDA*, n°10, 16 septembre 2002, p.738.

[1461] CE, Sect., 6 novembre 2002, *Mme Soulier c/ Commune de Castries*, n°223041, Concl. AUSTRY (S.), *RFDA*, n°2, mars-avril 2003, p.225 ; DELVOLVE (P.), *RFDA,* n°2, mars – avril 2003, p.240 ; DONNAT (F.) et CASAS (D.), chron., *AJDA*, n°23, 16 décembre 2002, p.1434.

[1462] CE, 29 janvier 1954, *Institution Notre-Dame de Kreisker*. Concl Tricot, *RPDA*, 1954, p.50. Rec. Lebon p. 64.

administratif dans un avis[1463] portant sur un contrat de concession, comportant une clause prévoyant le remboursement de loyers de crédit-bail souscrit par le concessionnaire, sans contrepartie et non justifié par un intérêt général.

En l'espèce, saisi par le préfet en vertu du décret du 9 septembre 1992 leur donnant possibilité de consulter pour avis les tribunaux administratifs et les cours administratives d'appel[1464], sur le mode des attributions consultatives du Conseil d'Etat, et eu égard à la forclusion du préfet pour utiliser la voie du déféré, le Tribunal administratif de Versailles a rendu un avis sur une clause d'une concession.

Dans cet avis, le juge administratif aborde la notion de libéralité au travers des conclusions du commissaire du gouvernement sous l'arrêt *Commune de Fougerolles*[1465]. Celui-ci rappelait le principe de l'interdiction des libéralités qui « *remonte loin dans l'histoire de la gestion du patrimoine des personnes publiques* » et que le Conseil d'Etat n'a eu que peu de fois l'occasion d'en censurer, l'illégalité de ces dons étant bien connue[1466]. Comme le souligne le Tribunal administratif de Versailles dans son avis, le commissaire du gouvernement apporte un tempérament à l'interdiction des libéralités « *lorsque l'apport ou la subvention de la personne publique trouve une contrepartie dans l'action des personnes privées bénéficiaires* »[1467]. Cette contrepartie doit répondre à un intérêt général justifiant cet avantage[1468]. Les associations sportives doivent par conséquent participer à une mission d'intérêt général qui s'attache à l'offre de services et de prestations aux habitants de la commune.

[1463] TA Versailles, Avis, n°98-3639, 22 octobre 1998 ; SYMCHOWICZ (N.), « La clause d'une concession de service public par laquelle le concédant prend en charge le financement des investissements du concessionnaire est-elle nulle ? », *BJCP*, n°3, mars 1999, p.292.

[1464] Article R. 242 et s. du Code des tribunaux administratifs et des cours administratives d'appel. A présent, article R. 212-1 du CJA.

[1465] CE, Sect., 3 novembre 1997, *Commune de Fougerolles*, n°168.473. Concl. Touvet, *CJEG*, n°539, janvier 1998, p.16 et s ; Concl. publiées également *RFDA*, n°1, février 1998, p.12 et s. Notes sous arrêt, DAVIGNON (J-J.), *S.*, n°11, 19 mars 1998, p.131 ; CHOUVEL (F.), « Conditions de vente à une entreprise par une commune d'un terrain pour un franc symbolique », *JCPE*, n°7/8, 12 février 1998, p.270.

[1466] Pour illustrations, CE, 6 mars 1914, *Syndicat de la boucherie de la ville de Châteauroux*, n°48885. Rec. Lebon p. 308 ; CE, 25 novembre 1927, *Société des établissements Arbel*, Rec. Lebon p.1114.

[1467] Ce tempérament est affirmé à propos de l'intérêt général de la subvention par la déclaration d'utilité publique d'une route dans l'arrêt du Conseil d'Etat du 20 juillet 1971, *Ville de Sochaux*, n°80804. Concl. Braibant. Rec., Lebon p.561.

[1468] Décision du Conseil constitutionnel n°93-329 DC du 13 janvier 1994 *relative à la modification de la loi Falloux*, Rec. p. 9.

En l'espèce, le Tribunal apprécie la notion de libéralité comme illégale et entachée de nullité, puisque la convention reposait sur une absence de cause. Le Tribunal est ainsi d'avis « *que l'existence d'une libéralité peut être admise. Dans tous les cas, la clause est illégale* ». La décision d'accorder une subvention doit donc être motivée par l'intérêt général[1469]. Il convient dès lors d'affirmer qu'une subvention ne peut s'appréhender comme une libéralité.

Le terme de « *libéralité* » est donc inapproprié et employé maladroitement, même si la puissance publique dispose d'une totale liberté quant à l'octroi d'une subvention à une association[1470]. La libéralité s'entend comme un acte conventionnel telle qu'une donation, ce qui ne correspond pas à une subvention puisqu'il y a une contrepartie à cette attribution par les missions d'intérêt général remplies par l'association.

Il nous semble qu'une subvention ne peut s'entendre comme une libéralité en raison de la contrepartie inhérente à celle-ci puisque les personnes publiques ou privées subventionnées doivent accomplir des missions d'intérêt général. Ce qui, de surcroit, s'inscrit dans l'avis rendu par le Tribunal administratif de Versailles que nous partageons. Il serait opportun que le juge administratif détermine par sa plus Haute juridiction enfin le caractère de cette notion puisque le Conseil d'Etat, antérieurement à cet avis rendu, apporta une précision notable à la nature et au régime de la notion dans une jurisprudence sur la contribution au régime des aides publiques conditionnées mais il s'agissait de subventions d'investissements[1471]. L'arrêt reprend la définition que donne l'article 2 du décret du 10 mars 1972[1472],

---

[1469] CE, 19 novembre 1990, *Commune de Blénod-les-Pont-à-Mousson*, n°95219. Concl. Frydman.

[1470] Pour reprendre l'expression employée par M. Patrick BAYEUX, *in*, *Le maire et le sport*, Berger-Levrault, novembre 2009, p.438. V. également du même auteur, *Les relations entre collectivités locales et clubs sportifs*, PUS, avril 2006, p.25. Pour Serge HUTEAU également une subvention présente un caractère de libéralité, en raison du pouvoir discrétionnaire dont disposent les collectivités territoriales et occulte la contrepartie que représentent les missions d'intérêt général. HUTEAU (S.), *Les subventions : aspects juridiques, comptables et fiscaux*, Territorial, février 2003, p.8.

[1471] CE, 26 novembre 1993, *Ministre de l'Industrie c/ Société industrielle française du tout-terrain*, n°103579. Note, DURAND (G.), Rec. Dalloz Sirey, 1995, 40ème cahier, p.311. V. dans le même sens, CE, Sect., 10 mars 1967, *Ministre de l'économie et des finances c/ Société Samat et compagnie*, Rec. Lebon p.113.

[1472] Décret n°72-196 du 10 mars 1972, *JORF*, 14 mars 1972, p.2649. BESSON-GUILLAUMOT (M.), « Les subventions d'investissement accordées par l'Etat », *AJDA*, n°9, septembre 1972, p.443. Article 2 du décret : « les subventions d'investissement sont des contributions de l'Etat à caractère forfaitaire destinées à aider les collectivités locales et les autres personnes publiques à assurer leurs charges d'investissement et à les encourager, ainsi que les personnes morales ou physiques de droit privé à réaliser les équipements d'utilité collective de leur compétence ».

désormais abrogé, mettant en évidence qu'une subvention est une aide financière et non une libéralité. Au regard des nombreux litiges rapportés par la Cour des comptes et ses chambres régionales, tout porte à croire qu'une telle solution jurisprudentielle clarificatrice est envisageable.

Une libéralité ne disposerait pas de contrepartie et contribuerait à un versement de crédits sans restrictions, ou, pour vulgariser nos propos, à verser un chèque en blanc aux groupements. Dans ses conclusions sur l'arrêt *Département des Landes*[1473], le commissaire du gouvernement M. Séners rappellera d'ailleurs qu'une subvention n'est « *pas une forme de mécénat et la liberté de celui qui apporte son concours financier ne se borne pas à ouvrir ses caisses : elle lui permet de manifester des préférences dans l'ensemble de ses crédits, sous réserve qu'il ne soit pas porté atteinte au libre choix des bénéficiaires* »[1474].

La doctrine a récemment réaffirmé qu'une subvention ne pouvait être une libéralité[1475]. Si Gaston Jèze, dans son cours de droit public, considérait que la subvention n'est pas une libéralité soumise au régime des libéralités puisque *« celui qui reçoit la subvention ne s'enrichit pas ; il n'obtient le concours pécuniaire que parce qu'il s'engage à faire certaines prestations d'intérêt général* »[1476]. Le Professeur Gaudemet opère une distinction entre une subvention et une libéralité. Une subvention « *n'est ni un marché, ni une libéralité, la subvention appartient à la catégorie des contrats à titre gratuit* ». Il rapproche d'ailleurs ces notions de la distinction civiliste du contrat à titre gratuit de la donation. Cela induit également que les subventions appellent le véhicule du contrat et nécessitent des conventions précisant les obligations réciproques des cocontractants.

326. Par ailleurs, le sport outre qu'il soit devenu un fait social et un vecteur économique puissant, représente un support médiatique indéniable, une tribune électorale et touristique pour certaines municipalités. Ne voit-on pas après des succès sportifs, le maire recevoir l'équipe ou l'athlète victorieux ? L'exemple le plus prégnant s'illustre, sans conteste, par la Ville de Marseille en mai 2010 où après le doublé coupe-championnat de

---

[1473] CE, Ass., 12 décembre 2003, *Département des Landes*, n°236442. Concl. SENERS (F.), *RFDA*, n°3, mai-juin 2004, p.518.

[1474] SENERS (F.), *RFDA*, n°3, mai-juin 2004, p.522, Conl. sur CE, Ass., 12 décembre 2003, *Département des Landes*, n°236442. Notes sous arrêt : DOUENCE (J-C.), *RFDA*, n°3, mai-juin 2004, p.525 ; DELELIS (P.), *Contrats et Marchés Publics*, n°3, mars 2004, p.22. V. également, RICHER (L.), « Régie ou affermage : vers un retour au socialisme municipal ? », *Le Moniteur TP*, 19 mars 2004, p. 90.

[1475] GAUDEMET (Y.), « Qu'est-ce qu'une subvention publique ? », *RJEP*, n°689, août-septembre 2011, p.1 et s. ; JOLIT (F.) et SIMON (G.), « Subventions publiques », *Lamy droit du sport*, étude n°312.

[1476] JEZE (G.), *Cours de droit public*, Giard, 1926, p.49.

l'Olympique de Marseille, Monsieur le maire Jean-Claude Gaudin reçut les joueurs accueillis dans un triomphe digne des généraux romains abandonnant l'*imperium* après avoir franchi le *pomoerium*. Sous couvert de fonction publique, ces interventions recouvrent des fonctions idéologiques. Selon la politique sportive impulsée, certains sports seront mis en avant et l'image de la ville y sera associée. Cela représente une opportunité pour des villes de tailles moyennes d'accroître leur notoriété et de valoriser leur image[1477]. De plus, comme le précise la doctrine, « *la subvention n'est pas une simple libéralité, elle est établie dans le cadre d'une politique dont la municipalité attend des retombées* »[1478]. Par la valorisation de la collectivité territoriale, en particulier de la commune, les subventions considérées ainsi comme des dépenses de communication, introduisent une relation équivalente à celle des sponsors, qui attendent en contrepartie de l'allocation versée une amélioration de l'image, ce qui confirme que la subvention n'est pas une simple libéralité.

Cette contrepartie économique directe de la subvention a été reconnue par le juge administratif à propos de versement à la société Paris-Dakar[1479]. La Cour administrative d'appel de Marseille a énoncé « *qu'eu égard aux retombées médiatiques, touristiques et financières retirées tant par la collectivité publique en cause que par ses habitants, de l'organisation, sur son territoire, d'une manifestation de ce genre, la subvention litigieuse accordée aux associations* (…) *dans le but de participer à l'organisation ainsi qu'au financement de ladite manifestation présentait un intérêt communal suffisant* ». En revanche, le Tribunal administratif de Lyon, quant à l'attribution d'une subvention par un département à une association destinée à financer la participation de concurrents à la course du Paris-Dakar, jugea qu'elle était dépourvue de tout intérêt local dès lors qu'aucune retombée pour la collectivité ne pouvait être constatée[1480].

Selon Gaston Jèze, « *celui qui reçoit une subvention ne s'enrichit pas, il n'obtient le concours pécuniaire que parce qu'il s'engage à faire certaines prestations d'intérêt général* »[1481]. Ces prestations d'intérêt général, qui ne

---

[1477] Grâce à la médiatisation du sport, des villes telles qu'Auxerre, Guingamp ou Lorient pour leurs clubs de football, Cholet ou Orthez pour leurs clubs de basket ou encore Brive pour le club de rugby, se sont vues procurer une plus grande considération ainsi qu'une promotion nationale, voire par le biais des coupes d'Europe internationale par le rayonnement sportif de leurs clubs.

[1478] BOURG (J-F.) et NYS (J-F.), *Financement des clubs sportifs et stratégie des collectivités territoriales : nouveaux modèles nouveaux enjeux*, PUS, mars 2006, p.98.

[1479] CAA Marseille, 10 décembre 2007, *Commune de Narbonne*, n°06MA00284. V. aussi AVELINE (A.) et DAUCE (S.), « Les relations entre collectivités locales et associations », *Gaz. cnes*, n°2, 8 septembre 2008, p.223.

[1480] TA Lyon, 30 mars 1989, *Tête*. Rec. p.386

[1481] JEZE (G.), *Les principes généraux du droit administratif*, Paris, 1930.

sont ni plus ni moins que des missions d'intérêt général, correspondent sans nul doute à une contrepartie et le défaut d'enrichissement implique l'absence d'une libéralité au sein des subventions. Le Conseil d'Etat interdit, d'ailleurs, à toute personne publique de consentir à des libéralités[1482].

Une subvention publique est donc, selon la définition qu'en donne le Conseil d'Etat au travers de sa jurisprudence, une aide financière consentie par des personnes publiques à une personne privée poursuivant une mission d'intérêt général voire local. Il importe que l'activité subventionnée présente un intérêt local pour la personne publique[1483], c'est-à-dire que les administrés doivent en bénéficier directement[1484]. Cette nécessité implique que l'association signataire de la convention en est l'unique dépositaire. Cela induit l'interdiction de substitution de responsabilité entre associations ou une redistribution de la subvention[1485]. Le Conseil d'Etat, dans un avis, a considéré que l'attribution de subventions par une collectivité territoriale ne peut être déléguée à un organisme privé[1486].

327. Cette notion d'intérêt général, emplie d'ambigüité[1487], est encadrée par les articles L.113-2 et R.113-2 du Code du sport. La notion de subvention est plus complexe que le laisse penser cette définition[1488]. Le critère d'intérêt général qui l'enrobe n'apparaît pas comme l'unique complexité. En effet, il existe un aspect discrétionnaire à l'attribution d'une subvention par les collectivités territoriales. Dans la plupart des cas, celle-ci correspond à une allocation forfaitaire déterminée de manière unilatérale par les collectivités. Or, dans certains cas, la subvention est accordée selon des critères précis tels que la performance en fonction des objectifs et des

---

[1482] CE, 17 mars 1893, *Compagnie du Nord, de l'Est et autres*. Concl. Romieu. *S.* 1894, III, p.119 ; CE, Avis, 6 décembre 2002, *Syndicat intercommunal des Etablissements du second cycle du second degré du district de l'Haÿ-les-Roses*, n°249153. Concl. Le Châtelier. Notes sous arrêt GAUDEMET (Y.), *CJEG*, 2003, p.566 ; MENEMENIS (A.), *DA*, n°2, février 2003, p.37. V. également CE, Sect., 19 mars 1971, *Sieurs Mergui*, n°79962. Concl. Rougevin-Baville. Rec. Lebon, p.235.

[1483] CE, Ass., 25 octobre 1957, *Commune de Bondy* ; AVELINE (A.) et DAUCE (S.), « Les relations entre collectivités locales et associations », *Gaz. Cnes*, n°2, 8 septembre 2008, p.220 et s.

[1484] CE, Ass., 1er juin 1956, *Association Canivez*. Concl. Long. Rec. Lebon p.220. *Gaz Pal.* 1956 p.293.

[1485] JANNER (R.), « Les conventions d'objectifs en matière sportive », *RGCT*, n°14, novembre-décembre 2000, p.561.

[1486] CE, Avis, 5 juin 1962, n°285-060.

[1487] V. *supra*.

[1488] Comme le soulignent Jean-François BOURG et Jean-François NYS dans leur ouvrage, *Financement des clubs sportifs et stratégie des collectivités territoriales : nouveaux modèles nouveaux enjeux*, La lettre du cadre territorial, mars 2003, p.33. V. également CIMPER (D.), « Les aides des collectivités locales aux associations sportives », *LPA*, n°75, 23 juin 1995, p.8.

moyens de la structure sportive. Cela aboutit *in fine* à un véritable engagement contractuel[1489]. Cet engagement contractuel sera en revanche obligatoire pour la conclusion d'une convention entre une collectivité locale et une association participant à l'exécution du service public. Le Conseil d'Etat estima qu'une convention est obligatoire chaque fois « *qu'une collectivité confie à une association la gestion d'une activité (...) qui correspond à une mission de service public* ». Il précise que le contrat devra « *définir strictement (...) les droits et obligations de l'association* » et « *prévoir un contrôle étroit et permanent de la collectivité sur ses activités et ses comptes* »[1490]. Par sa jurisprudence, le juge administratif estime donc qu'une commune peut décider d'avoir recours à une association pour gérer des activités culturelles et physiques sur un site de la commune, dès lors que la convention définit avec précision les modalités d'un contrôle étroit et permanent.

328. La complexité de la subvention se retrouve également dans ses caractéristiques puisque, comme l'affirme le juge administratif[1491], la subvention est facultative, précaire et conditionnelle. De fait, elle se définit sommairement comme un versement facultatif, précaire et conditionnel[1492].

329. Le caractère facultatif résulte du seul fait que la subvention n'est pas un droit. Il n'y a aucun droit ou abonnement. Dès lors qu'elle dépend d'une appréciation discrétionnaire, la collectivité territoriale peut refuser d'attribuer une subvention en vertu de son pouvoir discrétionnaire sans la moindre motivation et irrégularité[1493]. La précarité s'interprétera comme le corollaire du caractère facultatif. N'existant aucun droit au renouvellement de la subvention, les clubs ne peuvent la provisionner dans leur budget et l'éventualité de l'obtenir entretient son caractère précaire.

330. Par ailleurs, ces caractéristiques sont soumises au caractère conditionnel de la subvention, supposant afin qu'elle soit légale, que d'une part, l'association soit déclarée, instituant la personnalité juridique de cette dernière, et d'autre part, qu'il existe un intérêt public à l'association subventionnaire. Cela signifie par exemple qu'une subvention communale

---

[1489] *Ibid.* V. également, CE, 7 juin 2006, *M. Asselin*, n°286350. Concl. Devys. Rec. Lebon p.286. Note sous arrêt : BOUDET (J-F.), *RLCT*, n°16, septembre 2006, p.5.

[1490] CE, 8 juin 1994, *Delrez*, n°143272, Concl. Fratacci. Rec. Lebon p. 839.

[1491] CE Sect., 6 juillet 1990, *CODIAC* ; TA Paris, 26 février 1964, *Union nationale des étudiants de France*.

[1492] Comme le souligne judicieusement Pascal CADIEU, *in* « Notion de subvention – Eléments de clarification », *RLCT*, n°5, septembre 2005, p.5.

[1493] V. notamment la réponse ministérielle QE n°11520 publiée au *JOAN* du 31 mars 1979, p.2061.

serve un intérêt communal[1494]. Le Conseil d'Etat a rappelé qu'il convenait de procéder à une appréciation *in concreto* de l'utilité locale de l'opération subventionnée et pas seulement à une analyse *in abstracto* de l'objet statutaire de l'association bénéficiaire[1495]. Cette appréciation *in concreto* repose sur un faisceau d'indices. Ainsi, l'activité aidée doit être conforme aux compétences reconnues à la collectivité par les lois et règlements[1496], avoir un intérêt évident pour la collectivité ou un nombre suffisant de ses habitants et avoir un caractère local avéré[1497]. Par conséquent, les collectivités locales doivent scrupuleusement respecter le principe de spécialité selon lequel elles ne peuvent, sauf habilitation législative particulière, intervenir au-delà de leurs limites territoriales[1498]. L'attribution se trouve donc conditionnée à l'existence d'un intérêt en adéquation avec les compétences de la personne publiques[1499].

3 – Les garanties d'emprunts bancaires

331. Conformément aux articles L.2252-1 à L.2252-4 du CGCT, les collectivités territoriales ont la possibilité d'octroyer, en principe, une garantie d'emprunt ou un cautionnement à des personnes privées. Cette possibilité connaît une restriction dans le domaine sportif. En effet, en vertu de l'article 19-2 de la loi du 16 juillet 1984 modifiée, interdiction est faite aux collectivités territoriales d'accorder toute garantie d'emprunt ou tout cautionnement à une association ou une société sportive. L'interdiction est reprise par l'article L.113-1 du Code du sport, « *les collectivités territoriales ou leurs groupements ne peuvent accorder d'emprunt ni leur cautionnement aux associations sportives et aux sociétés anonymes* (…) ». La jurisprudence avait préalablement posé ce principe, évitant le mélange des genres, dans un arrêt où un conseil municipal méconnaissait les dispositions de cet article à propos d'une garantie d'emprunt accordée à une association sportive affiliée à la fédération française de pétanque et jeu provençal, en vue de la

---

[1494] BOURG (J-F.) et NYS (J-F.), *Financement des clubs sportifs et stratégie des collectivités territoriales : nouveaux modèles nouveaux enjeux*, La lettre du cadre territorial, mars 2003, p.34 ; ROUAULT (M-C.), « L'intérêt communal », Presses Universitaires de Lille, janvier 1991, 448 p. ; L'intérêt communal est codifié à l'article L.2125-1 du CG3P et soumis à l'appréciation souveraine du juge administratif. CAA, Marseille, 6 décembre 2004, *Commune de Nice*, n°00MA01740.

[1495] CE, Ass., 25 octobre 1957, *Commune de Bondy*, n°19844. Concl. Leroy. Rec. Dalloz 1957, p.655 et Rec. Lebon p.552. V. aussi CE, Ass., 1er juin 1956, *Association Canivez.*

[1496] TA Nice, 6 mai 1987, *Ville de Menton*, Rec. Lebon, p.473.

[1497] ROUSSET (O.), « Collectivités locales, associations : un partenariat à encadrer », *LPA*, n°10, 23 janvier 1998, p.5. CE, Ass., 25 octobre 1957, *Commune de Bondy.*

[1498] Articles L.1111-1 et L.1111-2 du CGCT.

[1499] CE, 28 octobre 2002, *Commune de Draguignan* n°216706. Concl. Vallée. *AJDA*, n°6, 17 février 2003, p.300.

construction d'un boulodrome. Le Conseil d'Etat rappela à cette occasion que les dispositions du présent article s'appliquent à toutes les associations sportives et non pas seulement aux clubs professionnels[1500].

332. Par ailleurs, outre ces dispositions, la doctrine administrative a élargi le champ de cette interdiction en proscrivant toutes formes de dettes telles que les avances de trésorerie, les annuités de crédit-bail ou les lignes de crédit[1501]. L'article L.113-1 du Code du sport s'y conforma en prohibant la garantie de toute autre forme de dette ou de modalité de financement des collectivités territoriales. Le second alinéa apporte un tempérament en assouplissant cette interdiction. En effet, il autorise les collectivités territoriales ou leurs groupements à accorder leur garantie aux emprunts contractés en vue de l'acquisition de matériels ou de la réalisation d'équipements sportifs, à la condition que le montant annuel des recettes n'excède pas 75.000 euros. Ce montant apparaît considérablement marginal pour le développement et la réalisation d'équipements sportifs destinés à un club professionnel puisque le montant de rénovation ou de construction d'un stade s'évalue en dizaines voire centaines de millions d'euros ; tout juste est-il suffisant pour acquérir du matériel adéquat aux activités sportives peu prisées ou médiatisées. Cependant, il s'avère très significatif, voire essentiel pour le bon fonctionnement et le développement de clubs sportifs amateurs ou d'associations de quartier.

Le calcul du seuil des recettes annuelles de 75.000 euros comprend la totalité des recettes perçues au cours du dernier exercice connu, y compris les subventions et les sommes reçues en exécution de contrats de prestations de services[1502]. Si cette garantie est accordée à une association durant la saison sportive en cours, les recettes sont évaluées à partir du budget prévisionnel de l'association[1503]. En application de l'article L.113-2 du Code du sport, la Cour de cassation a notamment rendu un arrêt dans lequel elle estime que dans le calcul des aides financières, devait s'intégrer la garantie de comblement de passif d'une collectivité locale quand celle-ci était appelée en garantie[1504].

[1500] CE, 10 mai 1996, *Commune de Saint-Louis c/ M. Abadie*, n°161302. Concl. Loloum. Rec. Lebon p.167. Note sous arrêt : CHOUVEL (F.), *AJDA*, n°11, 20 novembre 1996, p.951.

[1501] Circulaire NOR/INT/B02.000.26C du 29 janvier 2002 relative aux concours financiers des collectivités territoriales aux clubs sportifs, du Ministre de l'Intérieur et de la Ministre de la jeunesse et des sports.

[1502] Articles L.113-3 et D.113-6 du Code du sport ; SIMON (G.), CHAUSSARD (C.), ICARD (P.), JACOTOT (D.), DE LA MARDIERE (C.) et THOMAS (V.), *Droit du sport*, PUF, mars 2012, p.324 ; PACOTTE (N.) et JANNER (R.), *Les conventions des collectivités territoriales en matière sportive*, PUS, février 2008, p.98 et s.

[1503] BAYEUX (P.), *Les relations entre collectivités locales et clubs sportifs*, PUS, avril 2006, p.40.

[1504] Cass. civ. 1ère ch., 6 mars 1996, *Ville de Strasbourg* ; *JCP G* 1996, IV, 981.

333. Dans l'éventualité où cette garantie servirait à rémunérer les sportifs ou les salariés de l'association, l'article 3.2 de la circulaire du 29 janvier 2002 insiste sur cette prohibition formelle. Elle énonce qu'il ne peut y avoir d'utilisation financière de la garantie d'emprunt de la collectivité territoriale, sous quelque forme que ce soit. S'il s'avérait que les subventions étaient détournées, les collectivités territoriales auraient la possibilité de se constituer partie civile[1505].

Ces garanties d'emprunts ne sont pas sans risques pour les finances locales. Dans l'hypothèse d'une défaillance de l'emprunteur, le garant, en l'espèce, la collectivité locale, reprendrait à sa charge les annuités restant à courir. C'est pour cette raison que le législateur interviendra par la loi du 5 janvier 1988 sur l'amélioration de la décentralisation puis par le décret n°88-366 du 18 avril 1988, afin de limiter à 50% la prise en charge au titre de la garantie des annuités dues par les clubs professionnels. Si le dispositif législatif n'est pas des plus satisfaisants, il permet de ne pas grever excessivement les finances locales. Qu'il s'agisse d'aides publiques ou de garantie d'emprunt, il importe qu'un contrôle soit opéré quant à leur maîtrise et leur bonne utilisation.

Les subventions souffrent actuellement d'une typologie assez peu marquée et intelligible. Le droit positif reste flou pour les subventions versées aux clubs professionnels malgré l'apport d'une circulaire relative à la simplification des relations entre les pouvoirs publics et les associations[1506]. La doctrine a tenté de distinguer les subventions par différentes typologies, à savoir les subventions d'équipement et les subventions de fonctionnement, puis en classant les subventions en aide directe et indirecte. Or, ces présentations ne nous semblent plus adéquates même dans un souci pédagogique. Nous souhaiterions proposer une typologie se rapprochant au mieux de la réalité à laquelle sont confrontées les collectivités locales.

B – La typologie des subventions

334. La terminologie de la subvention apparaît peu limpide comme nous l'avons exposé, tout en essayant de la clarifier. Mais la nomenclature dont elle fait l'objet connaît des circonvolutions encore plus grandes en raison de la diversité des soutiens des collectivités territoriales envers les clubs sportifs professionnels.

[1505] Cass. crim, 8 janvier 2003, n°01-85395.

[1506] Circulaire du 18 janvier 2010, relative aux relations entre les pouvoirs publics et les associations : conventions d'objectifs et simplification des démarches relatives aux procédures d'agrément, *JORF* n°0016, 20 janvier 2010, p.1138.

335. Comme nous l'observerons au sujet des aides d'Etat[1507], il existait deux formes distinctes d'aides. Les articles L.1511-2 et L.1511-3 du CGCT permettaient aux collectivités territoriales d'accorder des aides directes ou indirectes[1508]. Les allocations d'aides provenant des collectivités territoriales se concentrent essentiellement sur les prestations de biens et de services[1509]. Les aides directes, ou dites également globales, n'ont pas de finalité dans leur utilisation. Ces subventions non finalisées étaient majoritairement accordées par les communes[1510]en vertu de l'article L.1111-2 du CGCT. Cependant, l'attribution d'une subvention ne faisait pas toujours l'objet de délibération[1511]. Cette absence de délibération occasionnait des « *situations aberrantes* »[1512] comme par exemple un cumul de subventions de plusieurs collectivités territoriales induisant le dépassement très important du plafond annuel[1513]. Les subventions directes se matérialisaient par un soutien financier classique. Les aides publiques directes correspondaient concrètement à une aide financière des collectivités locales dont le montant varie selon leur caractère raisonnable ainsi que leur bonne gestion[1514] ayant une conséquence immédiate ou potentielle dans les comptes du bénéficiaire[1515]. *A contrario*, lorsqu'elles sont indirectes, ces aides recouvraient différentes formes consistant à mettre à la disposition du bénéficiaire des biens immeubles ou améliorant son environnement économique[1516]. Ces aides se répartissent tant au domaine associatif qu'à celui du professionnalisme. Toutefois comme le souligne le rapport Guillot[1517] elles se concentrent généralement sur le secteur professionnel.

La loi du 13 août 2004 relative aux libertés et responsabilités locales[1518] a supprimé cette distinction entre aide directe et aide indirecte, peu conforme

---

[1507] V. *supra*.

[1508] Sur la distinction entre aides directes et indirectes, V. notamment le décret n°2001-607 du 9 juillet 2001 modifiant le Code général des collectivités territoriales et relatif à certaines aides directes et indirectes aux entreprises, *JORF*, n°159, 11 juillet 2001, p.11408.

[1509] AUBY (J-B.), AUBY (J-F.) et NOGUELLOU (R.), *Droit des collectivités locales*, PUF, 5ème édition, novembre 2009, p.246 et s.

[1510] AUBY (J-F.), *La commune et les spectacles*, Le Moniteur, mars 2005, p.104.

[1511] CRC RO Aquitaine, 16 septembre 2004, *Ville de Bayonne*.

[1512] LAPOUBLE (J-C), « Les chambres régionales des comptes et les clubs sportifs professionnels », *Les Cahiers de droit du sport*, n°18, janvier 2009, p.17.

[1513] CRC RO Ile de France, 3 décembre 2008, *Ville de Paris*.

[1514] CRC RO Ile de France, 19 février 2009, *Levallois-Perret*.

[1515] Rapport public thématique de la Cour des comptes, « Les aides des collectivités territoriales au développement économique », du 28 novembre 2007, p.2.

[1516] *Ibid*.

[1517] Rapport Guillot sur « les outils juridiques mis à disposition des clubs de football professionnel français afin d'optimiser leur compétitivité » du 23 décembre 2005 remis au Ministre de la jeunesse, des sports et de la vie associative, p.19 à 44.

[1518] Loi n°2004-809 du 13 août 2004 relative aux libertés et responsabilités locales, *JORF*, n°190, 14 août 2004, p.14545.

au droit communautaire. Toutefois, en pratique les collectivités territoriales continuent à l'appliquer, comme le souligne la Cour des comptes dans un rapport thématique[1519], constatant ces manquements aux règles nationales et communautaires. De plus, une partie de la doctrine dans un souci pédagogique et de compréhension la maintient encore.

336. Afin de clarifier la typologie des subventions, nous proposons d'établir une nomenclature comparable à celle retenue par la Cour des comptes[1520] et par certains auteurs[1521] prenant en considération les prestations de services (**1**), la mise à disposition des équipements (**2**), la mise à disposition du personnel (**3**) et les travaux d'entretien et d'amélioration des équipements (**4**).

1 – Les prestations de services

337. La prestation de services constitue une solution aux dérives évoquées, même si nous le constaterons elle n'est pas sans risque. L'origine des achats de prestations de services remonte à la loi du 8 août 1994 qui avait programmé la fin des subventions aux clubs sportifs pour le 31 décembre 1999. Des collectivités territoriales, anticipant cette future disparition, décidèrent de poursuivre l'aide fournie aux clubs sportifs professionnels en achetant des prestations de services. Ces achats obtiennent leur reconnaissance juridique, en parallèle du maintien des subventions, grâce à la loi du 28 décembre 1999 et sont codifiés aux articles L.113-3 et D.113-6 du Code du sport. Ainsi, le montant maximum des sommes versées par les collectivités territoriales en exécution des contrats de prestation de services, dont l'objet ne rentre pas dans le cadre des missions d'intérêt général, est fixé à 30% du total des produits du compte de résultat de l'année précédente de la société dans la limite de 1,6 million d'euros par saison sportive[1522].

338. Les prestations de service doivent faire l'objet d'un contrat passé entre la collectivité locale et la société commerciale. Ce contrat se concrétise par l'achat de contingent de places et l'achat d'espace publicitaire sur divers

---

[1519] Rapport public thématique de la Cour des comptes, « Les aides des collectivités territoriales au développement économique », du 28 novembre 2007, p.19 et s.

[1520] Rapport thématique de la Cour des comptes, « Les collectivités territoriales et les clubs sportifs professionnels », p. 9 à 15.

[1521] LAPOUBLE (J-C.), « Les chambres régionales des comptes et les clubs sportifs professionnels », *Les Cahiers de droit du sport*, n°18, janvier 2009, p.17 et s.

[1522] Article D.113-6 du Code du sport ; SIMON (G.), CHAUSSARD (C.), ICARD (P.), JACOTOT (D.), DE LA MARDIERE (C.) et THOMAS (V.), *Droit du sport*, PUF, mars 2012, p.324 et s.

supports (panneaux publicitaires, maillots, billets). Ce contrat étant également soumis au Code des marchés publics, il doit donc être précédé « *d'une définition précise de la nature et de l'étendue des besoins* »[1523]. Après avoir défini ses besoins, la collectivité, « *dans une démarche idéale* »[1524], s'oriente le cas échéant vers un unique partenaire. Le contrat peut être négocié sans publicité préalable et sans mise en concurrence, en vertu de l'article 35 paragraphe II-8° du Code des marchés publics. En revanche, l'absence de définition préalable de la nature des besoins sera sanctionnée.

En effet, la Cour administrative d'appel de Lyon confirma par trois arrêts les jugements du Tribunal administratif de Lyon estimant que l'achat de places à l'occasion d'une manifestation sportive constitue un marché de prestation de services[1525]. En l'espèce, le Conseil général du Rhône avait décidé d'acheter des places pour la SASP Olympique lyonnais club de football et l'ASVEL club de basket-ball de Villeurbanne pour un montant respectif de 818.460 euros et 214.270 euros. Ces places étaient distribuées aux membres de l'organe sans qu'il n'y ait de contrôle ou d'intérêt local justifié, ce qui allait à l'encontre des règles de transparence et de mise en concurrence de l'article 30 du Code des marchés publics. M. Forquin, tiers au contrat liant le département aux clubs en qualité de contribuable, demanda l'annulation de la délibération du 22 juillet 2005 et des actes subséquents ou détachables pris en vertu de la dite délibération. Le juge administratif considère que le Conseil général n'avait pas défini la nature et l'étendue de ses besoins avant de procéder à l'achat, comme le prévoit l'article 4 du Code des marchés publics. Mais surtout, il met en exergue que l'achat de places relève de l'article 1er du Code des marchés publics et sont donc des achats de prestations. Pour le Tribunal administratif, puis le juge administratif d'appel, les prestations de service d'achat de places constituent un achat public soumis aux règles du Code des marchés publics. En outre, cet achat ne présente pas un intérêt local selon la Cour administrative d'appel qui constate que ce contrat était motivé, dans la délibération attaquée, par « *le fait que dans le cadre de sa politique de rayonnement de son territoire, la Communauté urbaine souhaite tirer partie de la notoriété des clubs sportifs*

1523 BERNOT (J.), « Le régime des aides des collectivités ? », *Gaz. cnes*, n°2029, 10 mai 2010, p.59.

1524 LAPOUBLE (J-C), « Les chambres régionales des comptes et les clubs sportifs professionnels », *Les Cahiers de droit du sport*, n°18, janvier 2009, p.19.

1525 CAA Lyon, 15 décembre 2011, *Association des contribuables actifs du lyonnais*, n°11LY0057 et n°11LY00242 et CAA Lyon, 15 décembre 2011, *Département du Rhône*, n°10LY02299. V. également sur des faits similaires, CAA Lyon, 2 mars 2006, *commune de Chamonix Mont-Blanc*, n°00LY00627. FOUCHER (S.), « Concours financier des collectivités territoriales aux clubs professionnels », *La Revue du Trésor*, n°11, novembre 2008, p.798.

et des valeurs positives qu'ils représentent pour renforcer son rayonnement et son image auprès de ses habitants, du public français et européen ». Aux termes de l'article L.2121-29 du Code général des collectivités territoriales, « *le Conseil municipal règle par ses délibérations les affaires de la commune* ». Ce principe de spécialité des personnes publiques implique que « *les subventions accordées le cas échéant par une collectivité territoriale à une personne privée doivent concourir à la satisfaction d'un objectif d'intérêt général pour le territoire dont elle a la charge* »[1526]. La notion d'intérêt public local se définit comme « *l'intérêt collectif des habitants* »[1527]. La délibération est ainsi annulée et la procédure irrégulière. Il convient, dès lors, pour une collectivité achetant des places pour une manifestation sportive, de présenter un intérêt local et non particulier.

339. Par ailleurs, le Conseil d'Etat a retenu dans un arrêt du 28 janvier 2013, *Département du Rhône contre association des contribuables actifs du Lyonnais*[1528], que l'achat par une collectivité locale de places pour des matchs de football à destination de collégiens répond à une mission d'intérêt général. Ainsi, le Conseil d'Etat considère que « *si les contrats litigieux constituent des marchés publics au sens du Code des marchés publics, s'agissant toutefois de prestations ayant nécessairement un caractère unique, une mise en concurrence pour l'achat spécifique de ces billets, dont seul le club de football est le distributeur, s'avérait impossible* ». Le club concerné étant l'unique distributeur, il n'y a donc pas de mise en concurrence possible, puisque le juge administratif estime qu'il résulte des dispositions des articles L.100-1 et L.100-2 du Code du sport que l'acquisition de places afin d'assister à des rencontres sportives professionnelles dans le but de promouvoir l'activité sportive auprès du jeune public du département et d'encourager l'encadrement bénévole répond à une mission d'intérêt général dont le département a la charge.

2 – La mise à disposition des équipements

340. La mise à disposition d'équipements sportifs figure également parmi les subventions indirectes. Cet aspect est même primordial puisque la quasi-

---

[1526] CE, 16 mars 2005, *Ministre de l'Outre-mer*, n°265560. Concl. Mitjavile ; Question écrite AN n°40156, posée par M. Jean-Pierre KUCHEIDA, publiée au *JOAN* du 17 janvier 2000, p.285 ; réponse ministérielle de M. le ministre de l'Intérieur, publiée au *JOAN* du 5 juin 2000, p.3453.

[1527] GINTRAND (E.), « Services publics locaux », *JurisClasseur Administratif*, fascicule 126, n°28.

[1528] CE, 28 janvier 2013, *Département du Rhône c/ Association des contribuables actifs du Lyonnais*, n°356670. Concl. Pélissier, *BJCP*, n°88, mai 2013, p.182. Notes sous arrêt : POUJADE (B.), *BJCL*, n°2, février 2013, p.110 ; BRENET (F.), *DA*, n°4, avril 2013, p.31 ; MARTIN (J.), *AJDA*, n°20, 10 juin 2013, p.1174.

totalité des stades, voire parfois des centres d'entraînement, appartiennent aux collectivités territoriales[1529]. Les communes sont essentiellement les propriétaires de ces biens, ou du moins, les communautés de communes ou d'agglomérations par l'effet de transferts des compétences des premières vers les secondes. Depuis l'arrêt *Ville de Toulouse*, les équipements sportifs sont en effet considérés comme appartenant au domaine public. Les biens appartiennent donc au domaine public, ce qui engendre un usage destiné au public et répondent au bon fonctionnement du service public[1530]. Or, depuis les arrêts *Jean Bouin* et *Madame Gilles*, les équipements sportifs ne remplissent plus de missions de service public.

341. Il existe des biens privés, des biens collectifs purs et des biens collectifs mixtes, le sport appartenant à cette dernière catégorie[1531].
Les biens privés se caractérisent par deux principes : la rivalité et l'exclusion par les prix. La rivalité consiste dans le fait que deux agents ne peuvent bénéficier simultanément d'un même bien. Quant à l'exclusion par le prix, cela correspond à l'idée que celui qui ne paie pas ne peut le consommer.
Les biens collectifs se caractérisent par leur indivisibilité, l'absence d'exclusion et par la mise à disposition pour tout usager. La convergence de ces critères légitime l'intervention des pouvoirs publics[1532]. Toutefois, certains biens collectifs, en particulier les biens publics locaux, ne les réunissent pas. Tel est le cas des infrastructures sportives partiellement divisibles lorsqu'elles sont encombrées, saturées ou si elles profitent à d'autres habitants que ceux de la commune ayant réalisé l'équipement.
Les biens collectifs purs remplissent trois conditions : la mise à disposition de tous par la gratuité, l'absence d'encombrement, c'est-à-dire que la consommation du bien par un individu n'enlève rien à la consommation d'un autre individu, et la vocation à consommer ce bien dès lors qu'il est disponible, soit autrement dit l'obligation d'usage.
Les biens collectifs mixtes impliquent qu'il peut y avoir rivalité entre les utilisateurs sans pour autant qu'il y ait une exclusion par le prix[1533]. Les

---

1529 V. *infra*.

1530 GODFRIN (P.) et DEGOFFE (M.), *Droit administratif des biens*, Sirey, 10ème édition, octobre 2012, n°47.

1531 HALBA (B.), *Economie du sport*, Economica, février 1997, p.87. V. aussi CHAMARD (C.), « La distinction des biens publics et des biens privés – Contribution à la définition de la notion de biens publics », sous la direction du Professeur Jean UNTERMAIER, Université Jean-Moulin (Lyon III), 2004, 764 p.

1532 On citera pour illustration l'éclairage public.

1533 LINDHAL (E.), *Studies in the theory of money and capital*, George Alley & Unwin, 1938, 391 p. Le célèbre économiste suédois propose dans son étude sur la théorie de la monnaie et du capital qu'une entreprise produisant un bien public soit vendu au prix du marché et qu'il profite différemment aux consommateurs selon leur utilité. Il distingue ainsi les différents biens qui dans le cadre de notre étude implique qu'un stade peut être partagé entre plusieurs équipes professionnelles, comme par exemple à Toulouse où le Toulouse

équipements sportifs au travers des piscines ou gymnases, et *a fortiori* les stades, sont partiellement divisibles. Ils peuvent profiter à la population et aux professionnels. Il est, également, possible d'accéder à un équipement sportif d'une autre commune alors même qu'il n'y a pas eu participation par l'impôt de l'utilisateur, ce qui coïncide aux biens publics locaux[1534].

342. Aucune disposition législative ou réglementaire n'envisage de manière spécifique cette mise à disposition. En l'absence de textes, c'est donc le droit commun qui s'applique en la matière. La mise à disposition peut être consentie à titre gratuit ou moyennant une redevance. Celle-ci peut avoir un coût réduit si la mise à disposition remplit une mission de service public, ce qui est le cas pour une association à but non lucratif. En revanche, « *il n'en va pas de même lorsque les équipements sont destinés à être utilisés par une société sportive* »[1535], comme le souligne la circulaire du 29 janvier 2002. Cette circulaire ajoute qu'il semble difficile, aux vues des nombreuses et conséquentes recettes d'exploitation de l'équipement, que la mise à disposition soit consentie à titre gracieux. De ce fait, la mise à disposition moyennant loyer ou redevance s'effectuera pour une société sportive développant des activités à caractère économique. Afin de disposer du bien, il est nécessaire de conclure une convention d'autorisation d'occupation du domaine public. Cette convention n'impose pas une mise en concurrence, dès l'instant où aucune sujétion du service public ne pèse sur la société. Au contraire, dès que la collectivité impose de telles sujétions, la convention est requalifiable en délégation de service public ou marché public[1536].

343. De même que pour la mise à disposition, aucun élément textuel précis ne prévoit de modalités de calcul de la redevance du stade. Mais l'occupation privative du domaine public des collectivités est soumise à un principe général de non-gratuité[1537]. Le Conseil d'Etat s'est déjà prononcé sur le paiement d'une redevance d'occupation du domaine public, mais, de manière générale. Il estima que « *la redevance imposée à un occupant du domaine public doit être calculée en fonction non seulement de la valeur locative d'une propriété privée comparable à la dépendance du domaine public pour laquelle la permission est délivrée, mais aussi de l'avantage*

---

football club et le Stade toulousain se partagent le Stadium, et également profiter aux groupements scolaires et aux particuliers, comme pour le Stade Jean Bouin.

[1534] GREFFE (X.), *Economie des politiques publiques*, Dalloz 2ème éd., septembre 1997, 582 p. Sur la consommation des biens sportifs, DESBORDES (M.), *Gestion du sport*, Vigot, juin 2000, 102 p., pp. 5 à 42.

[1535] Circulaire NOR/INT/B02.000.26C du 29 janvier 2002 relative aux concours financiers des collectivités territoriales aux clubs sportifs, du Ministre de l'Intérieur et de la Ministre de la jeunesse et des sports, p.11.

[1536] Cf *supra*.

[1537] CE, 11 février 1998, *Association pour la défense des droits des artistes peintres sur la place du Tertre*, n°171792. Concl. Bachelier. Rec. Lebon p.46.

spécifique que constitue le fait d'être autorisé à jouir d'une façon privative d'une partie du domaine public »[1538]. Pour le Conseil d'Etat, la redevance constitue donc la contrepartie des avantages individuels conférés au bénéficiaire de l'occupation. Il serait donc tentant d'appliquer les modalités de calcul du marché locatif privé, mais, la comparaison avec celui-ci est difficilement applicable[1539]. Cependant, une redevance est perçue par les collectivités territoriales sur le fondement du principe de non-gratuité renforcé par l'ordonnance n°2006-460 du 21 avril 2006 et codifié à l'article L.2125-1 du Code de la propriété des personnes publiques indiquant que l'occupation ou l'utilisation du domaine public donne lieu au paiement d'une redevance sous réserve que l'activité est désintéressée et concourt à la satisfaction d'un intérêt général. Cette notion d'intérêt général est floue et implique un jugement de valeur[1540]. L'imprécision et la subjectivité de la notion est source d'un contentieux riche[1541], qui, au fil de la jurisprudence, tend à déterminer des critères[1542].

344. Le paiement de la redevance doit se conformer au principe de non gratuité, renforcé par l'ordonnance du 21 avril 2006[1543] et codifié à l'article L.2125-1 du CG3P, impliquant une obligation de convention. En l'absence de cette dernière, la mise à disposition est irrégulière, et le « *soutien financier et matériel substantiel* »[1544] accordé doit faire l'objet d'une redevance. Par ailleurs, la location de panneaux d'affichage peut s'avérer

---

[1538] CE, 10 février 1978, *Ministre de l'Economie et des Finances c/ Scudier*, n°07652, Concl. Denoix de Saint Marc, Rec. Lebon p.66.

[1539] La circulaire du 29 janvier 2002 reconnaissait qu'il était « *difficile de se référer en ce qui concerne la location d'équipements sportifs aux tarifs pratiqués par le marché locatif privé. Par conséquent, les collectivités sont libres de déterminer le montant de la redevance par délibération. Néanmoins, il est nécessaire que ce montant tienne compte des coûts supportés par la collectivité s'agissant de l'entretien et du fonctionnement courant des équipements concernés* ». V. aussi BERNOT (J.), « Le régime des aides des collectivités ? », *Gaz. cnes.*, n°2029, 10 mai 2010, p.60.

[1540] V. *infra.*

[1541] CE, 10 février 1978, *Ministre de l'Economie et des Finances c/ Scudier* ; CRC RO Ile de France, 3 décembre 2008, *Ville de Paris* ; CAA Lyon, 12 juillet 2007, *Ville de Lyon*, n°06LY02105 et 06LY02106 (jugement du TA du 10 mars 2005) et 06LY02107 et 06LY02108 (jugement du TA du 13 juillet 2006) ; TA Limoges, 27 mars 2008, *SAOS Football La Berrichonne de Châteauroux*, n°0600970 ; CE, Sect, 3 décembre 2010, *Ville de Paris c/ Association Jean Bouin.*

[1542] CAA Lyon, 12 juillet 2007, *Ville de Lyon*, n°06LY02105 et 06LY02106 (jugement du TA du 10 mars 2005) et 06LY02107 et 06LY02108 (jugement du TA du 13 juillet 2006).

[1543] Ordonnance n°2006-460 du 21 avril 2006 relative à la partie législative du Code général de la propriété des personnes publiques, *JORF*, n°95, 22 avril 2006, p.6024.

[1544] CRC RO, Champagne-Ardennes, 6 octobre 2006, *Ville de Châlons-en-Champagne*. V. également : CRC RO, Auvergne, 28 octobre 2008, *SAOS Clermont Foot Auvergne* ; CRC RO, Centre, 23 mars 2009, *SASP Tours Football Club*. LAPOUBLE (J-C), « Les chambres régionales des comptes et les clubs sportifs professionnels », *Les Cahiers de droit du sport*, n°18, janvier 2009, p.21.

irrégulière si le club n'a pas préalablement d'autorisation[1545]. Cette location en vertu de l'article 60-IX de la loi de finances du 23 février 1963[1546] constitue un maniement de fonds public impliquant les dirigeants du club dans une situation de gestion de fait.

3 – La mise à disposition du personnel

345. L'article 32 de la loi du 11 janvier 1984[1547] prévoit que la mise à disposition d'un fonctionnaire est la situation du fonctionnaire qui demeure dans son corps d'origine, réputé occuper son emploi, tout en continuant à percevoir la rémunération correspondante mais qui effectue son service dans une autre administration que la sienne. Cette mise à disposition peut s'établir notamment au profit d'un organisme d'intérêt général ou d'une organisation à caractère associatif assurant une mission d'intérêt général. Préalablement, les conditions de mise à disposition du personnel doivent être instaurées. Elles nécessitent l'accord du fonctionnaire, un arrêté du ministre dont relève l'agent et une justification de la nécessité de cette affectation. Ainsi, l'activité exercée doit se rattacher à la mise en œuvre d'une politique de l'Etat, des collectivités territoriales ou de leurs établissements publics administratifs, pour l'exercice des seules missions de service public confiées à ces organismes[1548]. Cette mise à disposition est d'une durée de trois ans renouvelable. Le Conseil d'Etat a admis ce procédé en précisant qu'il peut concerner tant un fonctionnaire titulaire qu'un agent contractuel de droit public[1549] en combinant les articles 55 et 61 de la loi du 11 janvier 1984.

La mise à disposition se distingue du détachement, en ce sens que ce dernier est la position du fonctionnaire placé hors de son corps d'origine et continuant à bénéficier dans ce corps de ses droits d'avancement et retraite. Le détachement se prononce sur demande de l'intéressé afin d'exercer des fonctions politique, syndicale ou suivre un cycle de scolarité pour un avancement.

346. La mise à disposition comporte certains effets. En vertu de la convention conclue entre l'administration d'origine et l'organisme d'accueil,

---

[1545] CRC RO, Pays de Loire, 9 septembre 2004, *SAOS Cholet Basket*.

[1546] Loi de finances n°63-156 du 23 février 1963, *JORF*, 24 février 1963, p.1818.

[1547] Article 36 de la loi n°84-16 portant dispositions statutaires relative à la fonction publique de l'Etat du 11 janvier 1984, *JORF*, 12 janvier 1984, p.271, modifié par la loi n°2011-267 d'orientation et de programmation pour la performance de la sécurité intérieure du 14 mars 2011, *JORF*, n°62, 15 mars 2011, p.4582.

[1548] Article 42 de la loi n°84-16 portant dispositions statutaires relative à la fonction publique de l'Etat du 11 janvier 1984, *JORF*, 12 janvier 1984, p.271, modifié par la loi n°2009-972 du 3 août 2009 relative à la mobilité et aux parcours professionnels dans la fonction publique.

[1549] CE, 1er avril 2005, *Uspac-CGT et Snac*, n°245088, Concl. Verclytte.

la rémunération et le pouvoir disciplinaire relèvent de l'administration d'origine, tandis que les conditions de travail sont elles fixées par l'organisme d'accueil[1550]. Concernant la rémunération du fonctionnaire, la mise à disposition offre un avantage financier certain, puisque ce dispositif permet aux collectivités de dispenser les associations de tout ou partie du remboursement des charges sociales qui pèsent sur cet emploi[1551].

La mise à disposition du fonctionnaire ne s'accomplit que pour les associations à but non lucratif et dont les activités favorisent ou complètent l'action des services publics locaux. Par conséquent, elle ne peut intervenir directement en faveur des clubs sportifs professionnels, puisqu'ils constituent une société commerciale à but lucratif. Même indirectement, cette forme de subventions ne bénéficie pas aux clubs sportifs professionnels. Si l'instruction relative aux statuts des groupements sportifs rappelle les modalités de mise à disposition[1552], une circulaire précise que l'association sportive ne peut la transférer aux clubs[1553]. Un club sportif professionnel ne peut bénéficier de mise à disposition de personnel de la fonction publique en raison du caractère lucratif de son activité. Quant à son association, elle ne peut également transférer la mise à disposition dont elle serait dotée[1554].

A la fin de sa mise à disposition, l'agent sera réaffecté dans ses précédentes fonctions et si tel ne peut être le cas, il sera alors affecté à un emploi correspondant à son grade. La mise à disposition s'interrompt à la demande du fonctionnaire, de l'organisme d'accueil ou de la collectivité.

La mise à disposition du personnel est donc inopérante pour les clubs sportifs professionnels. La Cour des comptes dans son rapport thématique sur les collectivités territoriales n'en fait d'ailleurs pas état.

4 – Les travaux d'entretien et d'amélioration des équipements

347. L'entretien des équipements occupe une place importante dans le financement du patrimoine des collectivités tant pour les infrastructures

---

[1550] PACOTTE (N.) et JANNER (R.), *Les conventions des collectivités territoriales en matière sportive*, PUS, février 2008, p.55 et s.

[1551] Article 11 du décret n°85-1081 du 8 octobre 1985 relatif au régime de la mise à disposition des fonctionnaires territoriaux, *JORF*, 12 octobre 1985, p.11885.

[1552] Instruction JS n°01-126 du 4 juillet 2001 relative aux statuts des groupements sportifs.

[1553] Circulaire NOR/INT/B02.000.26C du 29 janvier 2002 relative aux concours financiers des collectivités territoriales aux clubs sportifs, du Ministre de l'Intérieur et de la Ministre de la jeunesse et des sports, p.11.

[1554] BAYEUX (P.), *Les relations entre collectivités locales et clubs sportifs*, PUS, avril 2006, p.59 et s.

d'envergures que pour celles accessibles au public. La qualité de propriétaire des collectivités induit sur elles la charge des travaux d'entretien et de modernisation[1555].

348. Selon le ministère des sports et l'AIRES (Association pour l'information et la recherche des équipements sportifs), 50% à 70% des installations sont vétustes[1556]. A cet effet, les collectivités en détenant 83,1% ont fortement financé les rénovations nécessaires en matière d'hygiène et de sécurité[1557]. Outre ces deux aspects, les différentes réglementations des ligues et fédérations ont impliqué le respect de nombreuses normes. En effet, si l'entretien et la modernisation du stade ne correspondent pas à proprement parler d'un soutien des collectivités aux clubs sportifs professionnels dans la mesure où elles agissent *de facto* sur leur propre patrimoine[1558], les travaux s'effectuent en raison des exigences dictées par les ligues professionnelles, alors même que les clubs n'ont qu'une occupation temporaire[1559]. Ils consistent principalement au respect des normes d'éclairage[1560], d'accueil[1561] et de capacité de retransmission télévisuelle[1562] conformément aux exigences retenues principalement par la FIFA[1563] ou l'UEFA[1564].

Ce point soulève des réserves. Le club occupe temporairement ce patrimoine, les travaux sont réalisés afin qu'il puisse participer aux compétitions, mais la collectivité supporte seule le coût des investissements opérés et au profit uniquement du club qui généralement est le seul occupant des lieux durant la saison sportive. Le rapport de la Cour des comptes évoque différents montages contractuels envisageables pour la réalisation des travaux (contrat de partenariat, contrat de concession, marché public de travaux ou montages contractuels *ad hoc*) et met en garde des risques

---

[1555] DURAND (C.) et RAVENEL (L.), « Financement public du sport professionnel : la fin d'une époque », *in*, *Financement du sport par les collectivités locales*, sous dir. CHARRIER (D.) et DURAND (C.), Tome 2, PUS, octobre 2002, p.24.

[1556] Source du ministère des sports pour l'année 2006.

[1557] Le coût des travaux en 2005 était estimé à 21 milliards d'euros. Rapport thématique de la Cour des comptes, « Les collectivités territoriales et les clubs sportifs professionnels », p.15.

[1558] BERNOT (J.), « Le régime des aides des collectivités ? », *Gaz. cnes.*, n°2029, 10 mai 2010, p.61.

[1559] V. affaire du stade Gerland. CAA Lyon, 10 décembre 2009, n°08LY02350.

[1560] FIFA, Stades de football, *Recommandations et exigences techniques*, 4ème édition 2007, p.166.

[1561] FIFA, Stades de football, *Recommandations et exigences techniques*, 4ème édition 2007, p.42.

[1562] FIFA, Stades de football, *Recommandations et exigences techniques*, 4ème édition 2007, p.190.

[1563] FIFA, Stades de football, *Recommandations et exigences techniques*, 4ème édition 2007, 250 p.

[1564] Cahier des charges relatif aux exigences relatives au tournoi UEFA Euro 2016, 271 p.

inhérents[1565]. Il s'agit notamment de mieux appréhender et se prémunir quant à la rentabilité et l'économie globale du projet. La Cour des comptes, dans le communiqué de presse ainsi que dans les recommandations de son rapport thématique sur les collectivités territoriales et les clubs sportifs, appelle à davantage de vigilance particulièrement à propos des travaux, à la suite de certaines dérives constatées telles que l'absence de maîtrise des risques financiers et juridiques encourus[1566].

349. Le coût d'entretien supporté par les collectivités fait l'objet également de redevances. Par un jugement du 27 mars 2008[1567], le Tribunal administratif de Limoges a considéré qu'au vue des charges d'amortissements, d'entretien et de maintenance supportées par la ville de Châteauroux, le loyer perçu au titre de la redevance était « *sans commune mesure* » avec celles-ci. Le juge considéra que la redevance s'élevait à un niveau anormalement bas et procurait un avantage financier certain. La convention entre le club de football et la commune ne tenait pas compte de cet aspect et fut annulée.

Cette catégorie est à rapprocher, selon nous, de la mise à disposition de l'équipement. La mise à disposition et l'entretien sont indissociables comme le rappelle le juge administratif. De plus, en occultant la valeur locative et l'occupation domaniale, le simple fait de mettre à disposition un bien au public ou pour la pratique sportive implique inéluctablement pour la collectivité publique le respect de règles sanitaires et de sécurité.

C – Le financement du sport par les collectivités territoriales

350. Les rapports qu'entretiennent les collectivités et les associations se rapprochent des « *liaisons dangereuses* » aux vues des difficultés inhérentes de leur implication et de leur financement[1568]. Le financement du sport en général et en particulier par les collectivités territoriales représente un effort conséquent[1569]. Les communes se retrouvent au premier rang de cette implication assurant la plus grande partie des efforts financiers publics pour l'organisation de la pratique du sport. Tandis que le ministère des sports en

---

[1565] Rapport thématique de la Cour des comptes, « Les collectivités territoriales et les clubs sportifs professionnels », p.39 à 43.

[1566] Rapport thématique de la Cour des comptes, « Les collectivités territoriales et les clubs sportifs professionnels », p.59 et 60.

[1567] TA Limoges, 27 mars 2008, *SAOS Football La Berrichonne de Châteauroux*, n°0600970.

[1568] DAMAREY (S.), « Association et collectivités publiques, les liaisons dangereuses », *Gestion et finances publiques*, n°12, décembre 2010, p.928.

[1569] La Cour des comptes dans son rapport thématique de 2009 sur les collectivités territoriales et les clubs sportifs p.5, révèle qu'en 2007, la dépense sportive en France, s'est élevée à 33 milliards d'euros, ce qui représentait 1,8% du produit intérieur brut.

2007 participait à hauteur de 434 millions d'euros[1570], le montant total financé par les communes atteignait 8,95 milliards d'euros[1571]. Les dépenses des départements et des régions s'élevaient respectivement à 0,8 milliard d'euros et 0,5 milliard d'euros[1572]. Les collectivités territoriales, et en particulier les communes, ont permis l'accès au sport de masse, à la pratique du sport au plus grand nombre par la construction et la mise à disposition gratuite d'équipements sportifs, équipements dont elles assurent généralement la totalité des coûts de fonctionnement et d'entretien.

Certes, les politiques sportives restent très orientées vers les scolaires et les associations. Le Conseil d'Etat a d'ailleurs rappelé qu'elles sont chargées d'une « *mission éducative et sociale* » autorisant à ce titre l'intervention financière des collectivités territoriales en reconnaissant explicitement leur caractère d'intérêt public[1573]. La loi Avice énonçait d'ailleurs auparavant que « *les activités physiques et sportives constituent un facteur important d'équilibre, de santé, d'épanouissement de chacun ; elles sont un élément fondamental de l'éducation, de la culture et de la vie sociale* »[1574]. Mais elles tendent de plus en plus à un élitisme avec une contribution significative pour le sport de haut niveau. La manne financière du sport professionnel, notamment dû par la billetterie et les droits télévisuels, constitue une source d'engagement pour les collectivités territoriales. La conjoncture économique et sociale les a amenées aussi à conduire des politiques de soutiens différents. Toutefois, elles tiennent la plupart du temps compte des spécificités locales et historiques en vertu de l'ancrage local de certaines associations. Par ailleurs, les mutations engendrées par le droit communautaire et l'intercommunalité ont profondément modifié la structure du financement des collectivités locales.

Outre Atlantique, le dictat des ligues et des équipes se révèle bien plus prononcé. Dans son article comparatif entre l'Europe et les Etats-Unis, le Professeur Baade dénonce le système de subventions américain déréglementé et fondé sur une course au profit. L'intérêt du jeu devient secondaire, l'intérêt principal se traduit par les recettes engendrées grâce à l'accroissement des dépenses d'accueil sollicitées auprès des collectivités que se partagent les ligues et les équipes. Il préconise, bien que des mesures

---

1570 Rapport annuel de performances 2007, ministère de la jeunesse et des sports, p.8, publié sur le site du Ministère des sports le 17 mars 2009.

1571 Rapport thématique de la Cour des comptes, « Les collectivités territoriales et les clubs sportifs professionnels », p.5.

1572 *Ibid.*

1573 CE, 31 mai 2000, *Ville de Dunkerque*, n°170563. Concl. Courtial, *Gaz. com.* 28 août 2000, p.63. Note sous arrêt CHOUVEL (F.), *AJDA*, n°11, 20 novembre 2000, p.939.

1574 Article 1er de la loi n°84-610 du 16 juillet 1984 relative à l'organisation et à la promotion des activités physiques et sportives, dite Avice, *JORF*, 17 juillet 1984, p.2288.

soient déjà prévues en ce sens, de se prémunir contre ses dérives, malgré tout, propres au système américain en raison de son historique des subventions[1575].

Historiquement, les collectivités territoriales ont tissé des liens étroits avec les groupements sportifs, tant par l'ancrage local, que par le financement (**1**). Ces liens forts et étroits, parfois dérégulés, ont amené le législateur à se positionner afin d'éviter des débordements excessifs (**2**) au regard du rôle moteur des subventions (**3**).

1 – Historique du financement

351. Si l'histoire des associations ne commence pas en 1901, « *même si dans notre conscience collective, elle est étroitement liée à l'histoire de cette loi mythique* »[1576], les politiques sportives locales apparaissent à la suite des élections municipales de 1925. Toutefois, l'origine de l'engagement des communes en matière sportive intervient grâce à la loi du 27 janvier 1880 rendant la gymnastique obligatoire, ce qui engendra un besoin d'équipements sportifs et la construction de gymnases scolaires par les communes[1577]. Ces politiques sportives locales eurent pour objectif principal la construction d'équipements destinés à assurer un certain prestige aux communes[1578]. Le développement des compétitions nationales puis internationales incita notamment les collectivités territoriales à se doter d'outils performants et d'écrins accueillant les spectateurs locaux et visiteurs. Mais derrière la construction de ces structures, se cache l'essor des services publics locaux[1579] et de la création des soutiens aux clubs

---

[1575] BAADE (R.), « L'évaluation des subventions aux sports professionnels aux Etats-Unis et en Europe : un guide pour le secteur public », *RJES*, n°74, mars 2005, p.7 à 30. Traduction de l'article de l'auteur paru dans l'*Oxford Review of Economic Policy*, 2003, vol. 19, n°4.

[1576] BODINEAU (P.), « Aux origines du droit des associations et fondations », *Gestion & Finances Publiques*, n°12, décembre 2010, p.878.

[1577] SIMON (G.), « Historique et sens du soutien public au sport en France », *in*, sous dir. SIMON (G.), *Le soutien public au sport*, LexisNexis, mars 2012, p.17 et s. ; ARNAUD (P.), « Repères pour une histoire des politiques d'équipements sportifs. Le retour au local ou le sport et la ville », *Spirales*, n°5, 1992, p.11. V. également, LACHAUME (J-F.), « Equipements sportifs et moyens de financement des villes », *in*, Les politiques municipales des sports, *Les Cahiers du CNFPT*, n°24, 1988, p.29. Pour une étude historique du mouvement associatif, BALMARY (D.), « Fondements et actualité du mouvement associatif », *Gestion et finances publiques*, n°12, décembre 2010, p.872 et BODINEAU (P.), « Aux origines du droit des associations et fondations », *Gestion et finances publiques*, n°12, décembre 2012, p.878.

[1578] CALLEDE (J-P.), *Les politiques sportives en France*, Economica, mai 2000, p.27 et s.

[1579] V. notamment pour illustration : CE, 27 juillet 1923, *Gheusi* ; CE, 20 décembre 1935, *Etablissement Vézia* ; CE, Ass., 13 décembre 1938, *Caisse primaire aide et protection*.

omnisports[1580]. Ce soutien aux clubs omnisports se matérialise par la construction d'équipements multisports[1581]. L'essor des services publics locaux, en particulier culturel et sportif, introduit les premiers offices municipaux des sports, qui, certes, voient le jour dès 1936, mais seront reconnus officiellement par une circulaire[1582] du directeur des sports en date du 22 décembre 1944[1583]. A la suite notamment à cette reconnaissance officielle, les offices municipaux des sports se regroupèrent en fédération le 3 mai 1958[1584], dont l'objectif prioritairement est de conseiller les élus locaux dans le développement des pratiques sportives à l'échelon communal et intercommunal.

352. Le sport endosse un double rôle à la fois sociétal et politique. Son rôle sociétal peut servir de support d'identification collective[1585] suscitant un sentiment d'appartenance à un groupe. Ce rôle sociétal est notamment l'un des trois grands axes du livre blanc européen du sport[1586], « *la variété des sujets et des intentions affichées rend ce chapitre très ambitieux* »[1587]. En effet, ce chapitre aborde notamment les luttes contre le dopage, le racisme et les violences, l'intégration sociale, la santé publique, la citoyenneté active ou bien encore la coopération et les relations extérieures à l'Union européenne. La préoccupation principale de ce chapitre est d'harmoniser au niveau européen les politiques étatiques et le mouvement sportif sur ces problématiques.

Le second rôle endossé par le sport est politique[1588]. S'il se rallie à l'aspect sociétal dans les luttes contre le racisme et la violence, de santé publique ou de coopération avec l'Union européenne, il ne faut pas négliger le fait que

---

[1580] LAPOUBLE (J-C.), *Le droit du sport*, Ellipses, octobre 2006, p.191.

[1581] On retiendra par exemple la création en 1937 du stade Vélodrome de Marseille ou l'inauguration en 1932 de l'ancien stade municipal du Havre et portant depuis 1954 le nom de Jules Deschaseaux, conseiller municipal chargé au sport de la ville.

[1582] Circulaire du 22 décembre 1944 publiée par le directeur des sports Jean SARRAICH.

[1583] Guide de la Fédération nationale des offices municipaux des sports : www.fnoms.org , consulté le 9 mars 2011 à 10h52. CALLEDE (J-P.), *Les politiques sportives en France*, Economica, mai 2000, p.27 et s.

[1584] Création de la Fédération nationale des offices municipaux des sports (FNOMS) à Mulhouse le 3 mai 1958, *ibid.*

[1585] DEFRANCE (J.), *Sociologie du sport*, La Découverte, 4ème éd., janvier 2003, p.69.

[1586] Livre blanc européen du sport, 11 juillet 2007, p.3 et s. Le livre blanc européen du sport repose sur trois grands axes que sont le rôle sociétal du sport, la dimension économique du sport et l'organisation du sport et la spécificité sportive. Ces axes couvrent de façon non exhaustive mais très largement les secteurs couverts par le sport au niveau communautaire.

[1587] FONTENAU (M.), « Le livre blanc européen sur le sport : l'amorce d'une politique européenne du sport », *RJES*, n°84, septembre 2007, p.13.

[1588] BOLOT (F.), « Les aides apportées par les collectivités territoriales aux clubs sportifs : le cas de l'aide aux clubs de football », *Gaz. Pal.*, janvier-février 2005, p.124.

derrière chaque spectateur il y a un électeur[1589], ce qui peut constituer un doute dans une démarche désintéressée.

Si comme le rappelle très justement M. Auneau, « *les clubs sportifs professionnels ont toujours bénéficié de subventions des collectivités locales à des niveaux variables selon la taille du club mais aussi les disciplines sportives* »[1590], il n'en demeure pas moins, d'une part, que ces subventions ne constituent pas un droit, et d'autre part, qu'elles avaient atteint un seuil critique et critiquable avant que la législation et la jurisprudence les pondèrent et les rendent raisonnables.

2 – La prise de conscience des pouvoirs publics

353. Au cours des années 1990, de nombreuses affaires éclatèrent au sujet de déficit budgétaires et de situations financières très dégradées de certains clubs professionnels malgré l'apport conséquent de deniers publics. La situation du club de football des Girondins de Bordeaux a été la plus médiatiquement exposée en raison de sa notoriété et de l'impact des dérives du football moderne, le club cumulant 45 millions d'euros de déficit. A cette époque, l'équipe au scapulaire dirigée par l'emblématique, mais non moins sulfureux Claude Bez, fut rétrogradée en deuxième division au terme de la saison 1990/1991, en raison de ce déficit, par la direction nationale de contrôle et de gestion (DNCG). Celle-ci appliqua scrupuleusement l'article 11 de son règlement selon lequel, l'autorité de contrôle peut, le cas échéant, rétrograder administrativement un club[1591].

Au cours de cette même saison sportive, le juge administratif se prononça à son tour quant à la situation financière délicate d'une équipe. Le Conseil général de Saône-et-Loire accorda une aide publique sous forme d'avance remboursable sans intérêt à l'équipe professionnelle de football de Louhans-Cuiseaux évoluant en seconde division. La collectivité territoriale tenta de contourner les textes sur les aides régionales aux entreprises[1592].
En l'espèce, par une délibération en date du 14 juin 1989, le Conseil général de Saône-et-Loire adopta le principe de l'intervention du département en

---

[1589] V. *supra*.
[1590] AUNEAU (G.), « Gestion financière des clubs sportifs et aides publiques locales », *RJ com.*, n°3, mars 1996, p.85.
[1591] Article 11 du règlement de la DNCG. V. CE, Sect., 15 mai 1991, *Association Girondins de Bordeaux football club*, n°124067. Rec. Lebon p.179. Concl. Pochard, *AJDA*, n°10, 20 octobre 1991, p.724 ; Notes sous arrêt LACHAUME (J-F.), *D.*, 1992, jurisprudence 4 ; SIMON (G.), *RFDA*, n°2, mars-avril 1992, p.203.
[1592] TA Dijon, 27 novembre 1990, *Préfet de Saône-et-Loire*. Note sous jugement CHOUVEL (F.), *LPA*, 12 août 1991, p.15.

faveur des clubs de football de deuxième division sous forme d'avance remboursable sans intérêt au plus tard à la clôture de l'exercice budgétaire en cours, et décida d'attribuer une avance de 500.000 FF au club sportif de Louhans-Cuiseaux. De plus, une convention conclue le 16 janvier 1990 entre le président du Conseil général et le président du club sportif de Louhans-Cuiseaux attribua une nouvelle avance de trésorerie de 500.000 FF remboursable au 31 décembre 1990. Le préfet déféra au Tribunal administratif de Dijon la délibération et la convention qu'il estimait contraires à la légalité. Rappelant les règles issues de la loi 2 mars 1982[1593], le Tribunal jugea que le département ne peut intervenir sous forme d'aides directes qu'en complément de celles attribuées par la région et qu'en accordant des avances de trésorerie sans intérêt, le Conseil général de Saône-et-Loire a attribué des aides directes en méconnaissance des dispositions législatives. Dès lors, les actes attaqués furent annulés. Pour autant, c'est un autre sport collectif à la réputation plus épurée qui sera la source d'une prise de conscience du législateur.

Le club de basket-ball de Limoges s'était constitué en 1991 en société anonyme d'économie mixte sportive (SAEMS) dont l'objet était de gérer et d'animer des activités sportives relatives au basket-ball et d'organiser des manifestations sportives. Trois collectivités territoriales (la Ville de Limoges, le département de la Haute-Vienne et la région du Limousin) ont concouru à un soutien financier supérieur à 15 millions d'euros entre 1991 et 1997. Après contrôle de la chambre régionale des comptes du Limousin, les magistrats ont mis en évidence que l'activité de la société n'a pu « *se poursuivre que grâce à l'injection massive de fonds publics* »[1594] alors que la situation financière était très dégradée[1595]. Ce qui les amena à faire les remarques suivantes : « *les débordements de la passion des dirigeants ont semble-t-il pris le pas sur les nécessités de la gestion, entraînant le club dans une sorte de fuite en avant non maîtrisée* »[1596].

Cette prise de conscience des pouvoirs publics s'est opéré par un réajustement législatif (**a**) malgré l'ambiguïté des subventions relatives aux missions d'intérêt général (**b**).

[1593] Loi du 2 mars 1982 relative aux droits et aux libertés des communes, des départements et des régions, *JORF*, 3 mars 1982, p.730. En vertu de l'article 46 de cette loi, le représentant de l'Etat dans le département peut déférer au tribunal administratif les actes qu'il estime contraires à la légalité.

[1594] Rapport public annuel de la Cour des comptes 1999, p.649.

[1595] *Ibid.*

[1596] CRC LO Limousin, 20 avril 1999, *Société d'économie mixte sportive Limoges « Cercle Saint-Pierre » basket-ball.*

a – Un réajustement législatif

354. Bien qu'aucune compétence n'ait été transférée aux collectivités territoriales, le sport est devenu un des domaines d'intervention privilégiés de ces dernières[1597]. La loi du 16 juillet 1984 n'a pas compensé le silence des textes relatifs à la décentralisation ou même au versement des subventions des collectivités territoriales envers les clubs sportifs professionnels. Comme le souligne M. Lapouble, « *on trouve tout au plus quelques références éparses mais qui n'ont pas de valeur impérative* »[1598], l'article 9 ne mentionnant uniquement le rôle des collectivités territoriales pour favoriser la création d'une association sportive dans chaque établissement du premier degré. Ce qui était assez révélateur de la conception en vigueur, à savoir, que le sport ne relevait que de l'Etat[1599]. Des dispositions spécifiques aux collectivités locales ont comblé partiellement cette absence. Sur le fondement de la clause générale de compétence définie par l'article L.1111-2 du CGCT et intégrée dans les articles L.2121-29, L.3211-1 et L.4221-1 du CGCT respectivement attribués aux communes, aux départements et aux régions, les collectivités territoriales sont donc autorisées à intervenir dans le domaine du sport et par conséquent à accorder des aides financières.

355. Afin de pallier les « *débordements de la passion* », la mauvaise gestion comptable, voire de possibles malversations, il importait de réguler et d'encadrer les aides publiques. Un système transitoire fut dès lors instauré en vertu de la loi du 8 août 1994[1600]. Cette loi modifia l'article 19-3 de la loi du 16 juillet 1984 afin d'établir un système d'aide dégressive et devant prendre fin au 31 décembre 1999. Un décret de 1996[1601] établissait les seuils dégressifs des subventions en fonction des disciplines sportives[1602]. Préalablement à ce nouveau dispositif législatif, le ministère de la jeunesse et des sports avait engagé en 1990 une procédure visant à évaluer les dépenses des collectivités territoriales en matière sportive. Cette analyse macro-économique, survenue après un colloque, a permis d'estimer ces dépenses à 9, 9 milliards d'euros[1603]. L'objectif de cette étude était double puisqu'il devait clarifier la structure du financement et ses sources.

[1597] BUY (F.), MARMAYOU (J-M.), PORACCHIA (D.) et RIZZO (F.), *Droit du sport*, LGDJ 3ème édition, novembre 2012, n°169 ; LAPOUBLE (J-C.), *Le droit du sport*, Ellipses, octobre 2006, p.194.
[1598] LAPOUBLE (J-C.), *Le droit du sport*, Ellipses, octobre 2006, p.194
[1599] *Ibid.*
[1600] Loi n°94-679 du 8 août 1994, *JORF*, n°184, 10 août 1994, p.11668.
[1601] Décret n°96-71 du 24 janvier 1996, *JORF*, n°26, 31 janvier 1996, p.1495 ; BOLOT (F.), « Les aides apportées par les collectivités territoriales aux clubs sportifs : le cas de l'aide aux clubs de football », *Gaz. Pal.*, janvier-février 2005, p.127.
[1602] *JurisClasseur Administratif* Tome 5, fasc.268 p.43.
[1603] CHARRIER (D.) (sous la dir.), *Le financement du sport par les conseils régionaux, les conseils généraux, les communes de plus de 20.000 habitants, les syndicats d'agglomération*

A l'issue de cette période transitoire, le législateur est intervenu par la loi du 28 décembre 1999[1604] pour autoriser le versement d'aides publiques à la condition qu'il soit encadré. Le versement devra se justifier par des missions d'intérêt général, qui seront appréciées par le juge en cas de litige. Cette loi a permis la conception du cadre juridique actuel des concours financiers des collectivités territoriales. Outre les conditions d'attribution des subventions, elle conduisit aux modalités de passation des contrats de prestations de service et mettait un terme aux sociétés d'économies mixtes sportives locales créées par la loi Mazeaud de 1975[1605].

b – L'ambigüité des subventions pour des missions d'intérêt général

356. Les subventions accordées aux clubs professionnels sont à présent encadrées par les articles L.113-2 et R.113-1 à R.113-5 du Code du sport. Ces articles reprennent les dispositions adoptées par la loi du 6 juin 2000 en remplacement du régime précédent mis en place par la loi du 8 août 1994. Cet encadrement apporte une restriction puisque les subventions doivent concerner des actions d'intérêt général telles que :
« *1° - La formation, le perfectionnement et l'insertion scolaire ou professionnelle des jeunes sportifs accueillis dans les centres de formation agréés dans les conditions prévues à l'article L.211-4 ;*
2°- La participation de l'association ou de la société à des actions d'éducation, d'intégration ou de cohésion sociale ;
3° - La mise en œuvre d'actions visant à l'amélioration de la sécurité du public et à la prévention de la violence dans les enceintes sportives. Toutefois, les subventions des collectivités mentionnées à l'article R.113-1 ne peuvent être employées pour financer les dépenses résultant de la mise en œuvre de l'article L.332-1, ni soumises à la loi N°83-629 du 12 juillet 1983 réglementant les activités privées de surveillance, de gardiennage et de transports de fonds »[1606].

Ces missions d'intérêt général font l'objet d'une subvention spécifique accordée tant aux associations qu'aux sociétés sportives[1607]. La nouvelle disposition législative subordonnant le versement des subventions publiques

---

nouvelle et les communautés urbaines 1995-1998, Actes de colloque des Vèmes journées de management du sport, Tome 1, PUS, octobre 2002, p.1 et 10.

[1604] Loi n°99-1124 du 28 décembre 1999, *JORF*, n°301, 29 décembre 1999 p.19582.

[1605] Rapport public thématique de la Cour des comptes, « Les collectivités territoriales et les clubs sportifs professionnels » du 10 décembre 2009, p.3 et 69.

[1606] Article 2 du décret n°2001-828 du 4 septembre 2001 pris pour application de l'article 19-3 de la loi n°84-610 du 16 juillet 1984 modifiée relative à l'organisation et à la promotion des activités physiques sportives, *JORF*, n°211, 12 septembre 2001, p.14551.

[1607] Articles L.113-2 et R.113-2 du Code du sport.

paraît « *présenter en fait des garanties* »[1608], en raison de l'imprécision de la notion d'intérêt général et du flou entourant son caractère extensif. La doctrine considère même que l'intérêt général « *n'est pas une notion très juridique, ni très opérationnelle, puisqu'elle implique un jugement de valeur ou, tout au moins, une évaluation de caractère sociologique ou même politique* »[1609], et que « *l'appréciation de l'intérêt général relève, comme d'ailleurs toute appréciation portée sur la finalité de l'action administrative, d'une démarche plus politique que juridique* »[1610]. L'intérêt général relève donc assurément d'une appréciation politique. Celle-ci a certainement facilité l'adoption de dispositions, en particulier, celles de la loi du 6 juin 2000 et en corrélation du fait que les subventions sont fortement déterminées par le « *caractère résiduel des politiques sportives* »[1611].

Les subventions pour des missions d'intérêt général consistent en une convention conclue entre le bénéficiaire et la collectivité concernée. La convention devra préciser l'objet, le montant et les conditions d'utilisation de la subvention. Alors que cette convention est obligatoire[1612], dès lors que le montant de la subvention est supérieur à 23.000 €[1613], certaines collectivités s'en affranchissent[1614], lorsque que ce n'est pas le compte rendu d'utilisation qui est inexistant[1615].

[1608] LAPOUBLE (J-C.), « Les nouvelles dispositions concernant les clubs sportifs professionnels », *LPA*, n°186, 18 septembre 2000, p.6.

[1609] ROUGEVIN-BAVILLE (M.), DENOIX DE SAINT-MARC (R.) et LABETOULLE (D.), *Leçons de droit administratif*, Hachette supérieur, 1989, p.215.

[1610] VENEZIA (J-C.) et GAUDEMET (Y.), *Traité de droit administratif*, Tome 1, LGDJ 15ème édition, novembre 1999, p.49.

[1611] CHARRIER (D.), « Financement du sport par les collectivités territoriales, Rapport pour le ministère de la jeunesse et des sports », *La documentation française*, novembre 1997, p.14. V. également, CHARRIER (D.), *Le financement du sport par les conseils régionaux, les conseils généraux, les communes de plus de 20 000 habitants, les syndicats d'agglomérations nouvelles et les communautés urbaines* (1995-1998), PUS, octobre 2002, Tome 1, 160 p. ; CHARRIER (D.) et DURAND (C.), *Le financement du sport par les collectivités locales: des ambitions politiques aux choix budgétaires*, PUS, Tome 2, octobre 2002, 220 p. ; BAYEUX (P.), *Les relations entre collectivités locales et clubs sportifs*, PUS, avril 2006, 75p. ; BOURG (J-F.) et NYS (J-F.*), Financement des clubs sportifs et stratégie des collectivités territoriales : nouveaux modèles, nouveaux enjeux*, La lettre du cadre territorial, mars 2003, 154 p.

[1612] Article L.113-2 du Code du sport : « *Pour des missions d'intérêt général, les associations sportives ou les sociétés sportives peuvent recevoir des subventions publiques. Ces subventions font l'objet de conventions passées, d'une part, entre les collectivités territoriales, leurs groupements ainsi que les établissements publics de coopération intercommunale et, d'autre part, les associations sportives ou les sociétés qu'elles constituent* ».

[1613] Article 10 de la loi n°2000-321 du 12 avril 2000 et le décret n°2001-495 du 6 juin 2001 pris pour l'application de l'article 10 de la loi n° 2000-321 du 12 avril 2000 et relatif à la transparence financière des aides octroyées par les personnes publiques, *JORF*, n°133, 10 juin 2001, p.9248.

[1614] CRC RO Haute-Normandie, 10 juin 2009, *Association Saint-Thomas Basket Formation.* V. aussi ROUSSET (O.), « Collectivités locales, associations : un partenariat à encadrer »

Le montant maximum de subventions, que les associations sportives ou les sociétés peuvent percevoir, est fixé par décret et ne peut excéder, en vertu des dispositions précitées, 2,3 millions d'euros[1616]. Le montant de la subvention doit être en rapport avec les capacités financières de la collectivité territoriale et ne doit pas aggraver sa situation financière[1617]. Il doit par ailleurs être en adéquation avec les besoins réels de l'action soutenue par la collectivité territoriale[1618]. Ce montant généralement prend en charge les dépenses de fonctionnement et d'investissement des centres de formation[1619]. Néanmoins, les chambres régionales des comptes ont constaté qu'une part importante des subventions s'écartait des missions d'intérêt général[1620] ou n'ont tout simplement pas été réalisées[1621]. Comme malheureusement le constate M. Lapouble, « *la position de certaines sociétés sportives montre le sentiment d'impunité qui peut exister chez certains dirigeants sportifs* »[1622].

Si les subventions doivent avoir remplies des missions d'intérêt général, elles s'avèrent pourvu d'un rôle moteur.

LPA, n°10, 23 janvier 1998, p.5 ; Rapport public annuel de la Cour des comptes 2005, p.40 et s.

1615 CRC RO Centre, 8 juillet 2008, *Ville de Bourges*.

1616 Article 1er du décret n°2001-828 du 4 septembre 2001 pris pour application de l'article 19-3 de la loi n°84-610 du 16 juillet 1984 modifiée relative à l'organisation et à la promotion des activités physiques sportives.

1617 CRC RO Guadeloupe-Guyane-Martinique, 9 décembre 2005, *Commune de Vieux Fort*. V. également, CRC Guadeloupe-Guyane-Martinique, 2 décembre 2008, *Commune de Vieux Fort*, jugement n°2008-0059.

1618 Cour des comptes, 5ème ch., 22 décembre 1989, *Ministre du Travail*, Rec. des arrêts de la Cour, p.285.

1619 BERNOT (J.), « Le régime des aides des collectivités ? », *Gaz. cnes.*, n°2029, 10 mai 2010, p.59.

1620 CRC RO Centre, 8 juillet 2008, *Ville d'Orléans*.

1621 CRC RO Ile de France, 21 octobre 2008, *Association Volleyball de Melun* ; CRC RO Centre, 23 mars 2009, *SASP Tours Football Club*.

1622 LAPOUBLE (J-C), « Les chambres régionales des comptes et les clubs sportifs professionnels », *Les Cahiers de droit du sport*, n°18, janvier 2009, p.18. L'auteur se réfère à la position de la SASP Tours Football Club dans le rapport d'observation définitif de la Chambre régionale des Comptes de la région Centre en date du 23 mars 2009, « *la société sportive considère en effet que l'aide publique, subventions achats de prestations de services, mais également l'usage qu'elle souhaite exclusif et à des conditions de quasi-gratuité d'équipements sportifs et de locaux faisant l'objet de coûteux travaux d'amélioration, sans parler même du projet évoqué de doublement de la capacité du stade, est un dû, dans la mesure où elle participait activement, mais sans être en mesure de le démontrer, à l'amélioration de l'image de la ville et à l'animation du territoire, en termes d'activité économique et de renforcement du lien social* ».

3 – Le rôle moteur des subventions

357. Si, les collectivités territoriales se sont autant investies dans les politiques sportives et la subvention des équipes premières, c'est en réponse au contexte social qui s'est développé au cours des dernières décennies. Le sport, dans certaines zones urbaines défavorisées, est considéré comme un facteur d'intégration et d'ascension sociale, tout en étant créateur d'emplois[1623]. Il a contribué également au fameux effet mirage de la Coupe du monde.

Les collectivités territoriales ont participé aux transformations du système sportif français. Ainsi, les communes constituent le principal investisseur public local[1624]. Il importe de souligner cet apport des communes qui se révèle déterminant dans la structuration du système sportif et dans l'émergence du sport en France. L'apport se manifeste davantage par le biais de l'intercommunalité, permettant le transfert de compétences des communes à l'EPCI pour le développement de sport de haut niveau ou en l'absence de transfert, en passant une convention donnant mandat afin d'intervenir dans ce domaine[1625]. Les dépenses d'investissement sont prises en charges par les structures intercommunales et non plus par les communes constitutives. De nombreuses zones rurales ne possèdent pas d'équipements sportifs scolaires ou d'envergure, comme un palais des sports. Quant aux zones urbaines susceptibles d'accueillir des événements internationaux, le vélodrome de Saint-Quentin en Yvelines en est une illustration parfaite[1626].

L'engagement des collectivités locales s'effectue dans des conditions qui ne garantissent pas toujours leur autonomie de gestion et sans pour autant qu'il y ait une connaissance précise de leurs interventions[1627]. Cet engagement suppose bien souvent une contrainte pour les collectivités et en particulier les

---

[1623] CHARRIER (D.), *Le financement du sport par les conseils régionaux, les conseils généraux, les communes de plus de 20 000 habitants, les syndicats d'agglomérations nouvelles et les communautés urbaines* (1995-1998), PUS (2002). Tome 1, p.4.

[1624] Depuis 1992, les communes représentent 80 % du financement. CHARRIER (D.) et DURAND (C.) (sous la dir.), *Le financement du sport par les collectivités locales, des ambitions politiques aux choix budgétaires*, Actes de colloque des Vèmes journées de management du sport, Tome 2, PUS, octobre 2002, p.138 ; Rapport public thématique de la Cour des comptes, « Les collectivités territoriales et les clubs sportifs professionnels » du 10 décembre 2009, p.5, 26 et 55.

[1625] DEGOFFE (M.) et DREYFUS (J-D.), « Transfert de compétences entre les communes et leurs établissements publics de coopération intercommunale », *AJDA*, n°10, 20 octobre 2001, p.807.

[1626] BRIOL (M.) et NARDI (T.), « Comment nouer une relation fructueuse de partenariat ? – L'exemple novateur du Vélodrome de Saint-Quentin en Yvelines », MAPPP, septembre 2010, p.1 et s.

[1627] Rapport public thématique de la Cour des comptes, « Les collectivités territoriales et les clubs sportifs professionnels » du 10 décembre 2009, p. 20 et s.

communes, pour reprendre leur vision quelque peu caricaturale. Elles seraient ainsi victimes de la pression des clubs toujours avides de ressources financières[1628]. Il n'en demeure pas moins qu'elles subissent une pression de l'environnement sportif (presse locale, supporters-électeurs, interventions des dirigeants et des partenaires privés) mais qui se révèle être pas aussi manichéen. L'assemblée délibérante dans ses choix en tient compte. *A contrario*, les autres contributeurs publics, qu'il s'agisse du département ou de la région, paraissent moins exposés par leur relatif éloignement, ce qui justifie un engagement financier moindre.

358. Les ambitieux projets sportifs des clubs induisent généralement un accroissement sensible du soutien financier ayant pour objet de répondre aux besoins de la croissance des charges en particulier salariales. Ces charges correspondent dans le milieu du football à des sommes très élevées, toutefois, selon la formule consacrée, ce sont les joueurs moyens qui coûtent chers, car les bons joueurs rapportent des titres et les sommes en adéquation avec le parcours sportif *via* les droits télévisuels et la billetterie[1629]. Néanmoins, il convient d'apporter une nuance car les primes engendrées par les victoires sont telles qu'en football, par exemple, la rentabilité économique voudrait que l'équipe se classe à la seconde place, chère à Raymond Poulidor[1630].

Le soutien des collectivités territoriales s'exprime également dans leur implication dans les mesures de redressement opérées par les directions nationales de contrôle et de gestion compétentes (DNCG). Les collectivités interviennent généralement dans l'urgence afin de pérenniser la situation financière de la société sportive lors d'une ascension ou rétrogradation, même si l'actionnaire principal régulièrement se charge de combler les déficits budgétaires[1631].

Les collectivités sont amenées à combler certains déficits devant la DNCG sous peine de rétrogradation administrative ou refus d'ascension. Par exemple, le Stade Levallois Football Club a bénéficié d'une subvention exceptionnelle de 300.000 € par la commune et le département afin de se

---

[1628] V. notamment réponses des communes *in*, Rapport public thématique de la Cour des comptes, « Les collectivités territoriales et les clubs sportifs professionnels » du 10 décembre 2009, p.69 et s.

[1629] A titre d'exemple, lorsqu'un club remporte la Coupe d'Europe de football, la Ligue des Champions, il lui sera versé minimum 26 millions d'euros tandis qu'un club participant uniquement aux phases de poules percevra au minimum 7,1 millions d'euros.

[1630] Célèbre coureur cycliste, détenteur du record de podium au Tour de France.

[1631] Nous retiendrons l'exemple de M. Robert Louis-Dreyfus qui apporta les sûretés nécessaires par son concours financier en injectant plus de 200 millions d'euros à l'Olympique de Marseille.

maintenir en National, championnat de troisième division de football[1632]. Ce soutien des collectivités territoriales peut s'illustrer également au travers de l'exemple de la SAOS La Berrichonne Football de Châteauroux. Connaissant des résultats comptables déficitaires, la commune de Châteauroux et le département de l'Indre ont accru leur participation financière en augmentant de 60, 5 % les subventions, passant d'un montant de 907.071 € à un montant de 1.456.608 €. De plus, la commune a accepté de diminuer les charges relatives à l'utilisation du stade Gaston Petit en ne percevant qu'une redevance par jour d'occupation de 1.500 € au lieu de la redevance forfaitaire annuelle de 503.081 €, soit près de 480.000 €[1633]. La diversification du soutien des collectivités implique une maîtrise et un contrôle de celui-ci afin de prévenir voire de sanctionner certaines dérives.

§ 2 – La nécessaire maîtrise de ce soutien financier

359. Le contrôle de la bonne utilisation des subventions est dans la logique de leur système[1634], cela signifie que la collectivité territoriale a la capacité de vérifier son utilisation, impliquant *de facto* une forme de contrôle, voire d'ingérence, de la collectivité envers le bénéficiaire (**A**). Le versement de la subvention induit donc *ipso facto* différents contrôles quant à leur légalité et leur affectation. Ces contrôles consistent à éviter des irrégularités et en particulier une gestion de fait des clubs sportifs (**B**).

A – Le contrôle de l'utilisation des subventions

360. Ce contrôle s'effectue en vertu de l'article L.1611-4 du CGCT qui pose le principe que *« toute association, œuvre ou entreprise ayant reçu une subvention peut être soumise au contrôle des délégués de la collectivité qui l'a accordée »*. Si, en théorie, il serait possible aux collectivités territoriales de surveiller étroitement l'usage fait de leur aide, en pratique, le contrôle effectué souffre d'importantes limites se traduisant par une inégalité du contrôle ou par l'aspect formel de celui-ci[1635]. Cet article n'oblige pas la collectivité locale à contrôler les associations subventionnées, mais afin de

[1632] Site Internet de l'agglomération lavalloise consultée le vendredi 06 mai 2011 à 14h44, www.laval.maville.com.

[1633] Rapport public thématique de la Cour des comptes, « Les collectivités territoriales et les clubs sportifs professionnels » du 10 décembre 2009, p. 23.

[1634] AUBY (J-F.), *La commune et les spectacles*, Le Moniteur, mars 2005, p.104.

[1635] SCHMITT (S.), « Le contrôle des collectivités locales sur les associations subventionnées : l'exigence d'efficacité confrontée au quotidien », *AJDA*, n°21, 2 juin 2003, p.1088 ; HELIN (J-C.), « Les contrôles sont-ils efficaces ? », *Pouvoirs*, n°60, janvier 1992, p.115.

mieux protéger les deniers publics[1636], le Conseil d'Etat a pourtant affirmé que le défaut de contrôle des associations peut être constitutif d'une faute[1637].

Les subventions ne sont pas un droit ou un abonnement, pourtant la Cour des comptes met en avant leur renouvellement pratiquement systématique. Ce renouvellement porte d'ailleurs généralement sur des montants sensiblement identiques[1638], constituant une atteinte même aux principes définis par le juge administratif[1639] et soulevant une contradiction quant à la nature même de la subvention.

Ce contrôle de l'utilisation des subventions s'effectue de manière *a posteriori* (**1**) et impartiale (**2**). Il est d'autant plus important que les sommes allouées augmentent fortement sans discontinuité. La subvention doit remplir une mission d'intérêt général, son attribution est discrétionnaire tout en ne constituant pas un abonnement. Or, il nous semble que si l'attribution de la subvention correspond aux critères exigés, il y aura logiquement un renouvellement, qui plus est, apprécié discrétionnairement par la collectivité locale, engendrant une contradiction.

1 – Un contrôle *a posteriori*

361. La contradiction est d'autant plus grande que les collectivités territoriales se retrouvent liées puisque le refus de renouvellement de la subvention aurait des conséquences économiques et sociales immédiates pour certaines associations. Les clubs amateurs bénéficiant d'une subvention de fonctionnement l'utilisent souvent afin de créer et pérenniser des emplois consacrés au bon fonctionnement et à l'activité de l'association. Les clubs sportifs professionnels ne sont pas concernés par cette difficulté. Bien au contraire, le rapport de force semble inversé. L'impact de certains clubs sportifs professionnels est tel sur le plan local ou national, « *que les collectivités locales ont le devoir moral de préserver* » leur subvention « *à tel point que les collectivités locales et ses élus se voient placés dans une situation de compétence quasiment liée* »[1640]. En réponse à cette

---

[1636] CRC RO, Rhône-Alpes, 30 juillet 1999, *Commune de Guilherand-Granges*. V. également CE, 7 avril 1999, *Commune de Guilherand-Granges*, n°156008. Concl. Bergeal. Rec Lebon p. 878.

[1637] CE, 6 juillet 1973, *Ministre des Finances et Ministre des Affaires étrangères c/ sieur Gomel et autres*, n°80958. Concl. Chenot. Rec. Lebon p. 475.

[1638] Rapport public thématique de la Cour des comptes, « Les collectivités territoriales et les clubs sportifs professionnels » du 10 décembre 2009, p.16 et s.

[1639] TA Paris, 26 février 1964 ; CE Sect., 6 juillet 1990, *CODIAC*, Rec. Lebon, p.211.

[1640] SCHMITT (S.), « Le contrôle des collectivités locales sur les associations subventionnées : l'exigence d'efficacité confrontée au quotidien », *AJDA*, n°21, 2 juin 2003, p.1094.

pérennisation des subventions, les collectivités territoriales ont rationalisé leurs aides aux clubs sportifs. Selon l'impact de la discipline, son nombre de licenciés et ses résultats sportifs, elles détermineront l'aide à apporter.

Le contrôle opéré par la collectivité territoriale s'effectue *a posteriori* après versement de la subvention[1641]. Celle-ci est versée avant que l'association ne s'acquitte de son service, contrairement aux pratiques en vigueur pour les autres dépenses publiques. De plus, le paiement s'établit après délibération du conseil de la collectivité. Ce contrôle se heurte au principe d'autonomie de l'association et contrevient aux relations cordiales, dites de « confiance », entre l'association et la collectivité locale. L'autonomie prévoit entre autre que la collectivité locale n'a pas à s'immiscer dans l'opportunité des dépenses[1642]. Elle peut toutefois imposer certaines conditions précises mais les intrusions doivent être limitées. En effet, le Conseil d'Etat juge ainsi qu'une collectivité territoriale peut subordonner l'octroi ou le maintien d'une subvention à l'acceptation par le bénéficiaire de conditions particulières, dès lors que ces conditions ne sont pas illégales[1643]. Il s'agit pour la collectivité concernée de s'assurer du bon usage de la subvention. Dans le cas contraire, elle peut exiger le remboursement des sommes versées comme l'autorise le Conseil d'Etat[1644] et le législateur[1645].

2 – Un contrôle impartial

362. La Commune de Levallois-Perret a connu de nombreux déboires quant à sa délicate gestion des deniers publics[1646]. Après avoir été sévèrement mis en cause par le rapport annuel de 1999 de la Cour des comptes, elle connut trois célèbres affaires de gestion de fait en 2003[1647].

[1641] Article L.1611-4 du CGCT.

[1642] Cour des comptes, 4 août 1944, *Lamirand*, Rec. p.34 ; Cour des comptes, 24 février 1966, *Demange*, Rec. p.53.

[1643] CE, 3 juillet 1963, *Ministre de l'Intérieur c/ Sieur Gabrielli*. Rec. Lebon p.415.

[1644] CE, 6 juillet 1973, *Ministre des Finances et Ministre des Affaires étrangères c/ sieur Gomel et autres*. n°80958. Concl. Chenot. Rec. Lebon p. 475.

[1645] Le législateur a expressément prévu cela pour les associations sportives, article 20 de la loi n°92-652 du 13 juillet 1992, *JORF*, 16 juillet 1992, p. 9515.

[1646] Rapport public annuel de la Cour des comptes 1999, p. 695 et s. ; ROCCA (P.) et SITBON (P.), chron., « Les chambres régionales des comptes », *La Revue du Trésor*, n°10, octobre 2003, p.629 ; DAMAREY (S.), « L'application de la jurisprudence *Labor Metal* par les chambres régionales des comptes », *RFDA*, n°2, mars-avril 2004, p.392 ; Cour des comptes, 4ème ch., 26 février 2004, *Commune de Levallois-Perret* ; CE, 27 juillet 2005, *Patrick B.*, n°261819.

[1647] CRC Ile-de-France RO, 12 mai 2003, *Association Institut municipal des sports de Levallois-Perret* (2 espèces) ; CRC Ile-de-France RO, 12 mai 2003, *Association Comité des œuvres sociales de Levallois-Perret.*

363. Dans ces jugements, la Chambre régionale des comptes entend appliquer *stricto sensu* la jurisprudence *Labor Metal*[1648]. Par cette jurisprudence, le Conseil d'Etat devait se prononcer sur l'appréciation de l'impartialité structurelle de la Cour des comptes prise en tant qu'institution et sur l'appréciation de l'impartialité personnelle des membres de cette juridiction. Les faits de l'espèce sont simples. La Cour des comptes examina la gestion de divers services administratifs du Commissariat de l'armée de Terre, autrement dit l'intendance ; contrôle qu'elle effectua au titre de ses attributions administratives. Au cours de son contrôle, la Cour des comptes, par l'intermédiaire de ses chambres régionales des comptes, releva des irrégularités provenant de services administratifs militaires portant sur de fausses factures alimentant une caisse occulte, une caisse « noire ». Celle-ci avait pour objet le financement de la décoration des bureaux d'officiers généraux avec la complicité de la société Labor Métal, facturant de fausses certifications de services effectués après avoir passée un marché fictif de fournitures.

En vertu de ses attributions juridictionnelles, le juge des comptes décida d'entamer une procédure de gestion de fait à l'encontre des intéressés, ce qui sera les prémices de l'affaire « des marchés fictifs du Commissariat de l'armée de Terre ». La Cour des comptes rendus deux arrêts de gestion, l'un provisoire en 1995[1649] et l'autre définitif en 1997[1650]. « *Afin de stigmatiser les comportements que ses investigations avaient mis en lumière et de conférer au contrôle des vertus pédagogiques* »[1651], la Cour des comptes fit mention de cette affaire dans son rapport public annuel de l'année 1996[1652], pour lui donner une large publicité[1653]. Il faut souligner que, si dans son rapport elle procédait à une stricte qualification juridique des faits, elle ne se bornait pas à relater les circonstances de faits comme le mentionnait le commissaire du gouvernement M. Seban dans ses conclusions[1654]. Or, la parution intervenait préalablement à l'arrêt définitif. Le Conseil d'Etat fut saisi par les requérants en vertu de sa qualité de juge de cassation, qui arguaient, qu'en fustigeant leur comportement durant l'intervalle des arrêts

---

[1648] CE, Ass., 23 février 2000, *Société Labor-Metal*, n°195715, Concl. SEBAN (A.), *RFDA*, n°2, mars 2000 p. 435 ; Notes sous arrêt : GUYOMAR (M.) et COLLIN (P.), *AJDA*, n°5, 20 mai 2000, p.404 ; FRAISSEX (P.), *LPA*, n°124, 22 juin 2000, p.12 ; LASCOMBE (M.) et VANDENDRIESSCHE (X.), *La Revue du Trésor*, n°11, novembre 2000, p.682.

[1649] Cour des comptes, 2ème ch., 20 décembre 1995, arrêt provisoire n°12575.

[1650] Cour des comptes, 2ème ch., 7 novembre 1997, arrêt définitif n°18086.

[1651] Chron., GUYOMAR (M.) et COLLIN (P.), *AJDA*, n°5, 20 mai 2000, p.404.

[1652] Rapport public annuel de la Cour des comptes 1996, p. 61 et s.

[1653] En vertu de l'article L.136-1 et suivants du Code des juridictions financières, la Cour des comptes peut insérer et établir publicité des observations et irrégularités constatées lors des contrôles.

[1654] Conclusion du commissaire du gouvernement M. Alain Seban, *RFDA*, n°2, mars-avril 2000, p.437.

provisoires et définitifs, la Cour scellait leur sort avant le terme du débat contradictoire, devant conduire au prononcé définitif.

364. Dans l'arrêt *Labor Metal*, trois principes étaient remis en cause : le principe d'impartialité, qui interdit tout préjugement, le principe des droits de la défense et le principe de présomption d'innocence. C'est ce premier principe qui retient notre attention et qui se divise en deux aspects, la nécessité, d'une part que le tribunal soit exempt de toute partialité et d'autre part, que les juges le composant le soient également. Dans ses conclusions, le commissaire du gouvernement pointait précisément la partialité personnelle des membres de la Cour des comptes. Suivant les conclusions de son commissaire du gouvernement, l'Assemblée du contentieux du Conseil d'Etat prononça l'annulation de l'arrêt « *eu égard à la nature des pouvoirs du juge des comptes et aux conséquences de ses décisions pour les intéressés, tant le principe d'impartialité que celui des droits de la défense faisaient obstacle à ce qu'une décision juridictionnelle prononçant la gestion de fait soit régulièrement rendue par la Cour des comptes alors que, comme en l'espèce, celle-ci avait précédemment évoqué cette affaire dans un rapport public en relevant l'irrégularité des faits* ».

Le Conseil d'Etat aura l'occasion de se prononcer sur des faits similaires et appliquer avec constance sa jurisprudence[1655]. Pour autant, si le point d'équilibre n'a pas été trouvé ou, malgré une convergence des partialités, le juge financier officie dans un domaine de compétences qui lui est propre, distinct de celui du juge pénal[1656]. De plus, ce domaine de compétences est d'ordre public. Cette distinction signifie ainsi une absence de contradiction ou de violation avec le principe *non bis in idem*.

365. Les espèces de gestion de fait attraites à la commune de Levallois-Perret sont assez identiques à celle de la jurisprudence *Labor Metal*. La Cour des comptes, en se prononçant très explicitement dans son rapport public annuel de 1999 – le caractère public du rapport est en l'espèce déterminant, – contrevient au principe d'impartialité dégagé par la jurisprudence *Labor Metal*. De par les termes employés, elle contribue ainsi à assimiler le rapport à un préjugement, qui s'avère contradictoire pour que le juge des comptes sanctionne la commune de gestion de fait.

[1655] CE, 19 avril 2000, *Lambert*, n°199641, Concl. Seban, Rec. Lebon p.1168 ; CE, 13 février 2002, *Abran*, n°219785, Concl. Seban ; CE, Ass., 17 octobre 2003, *Dugoin*, n°237290, Concl. Guyomar, Rec. Lebon p.408. Note ROYER (E.), *AJDA*, n°36, 27 octobre 2003, p.1901.

[1656] Cour des comptes, ch. réunies, 7 juillet 2003 et 14 octobre 2004, *Commune de Levallois-Perret* ; Obs. LASCOMBE (M.) et VANDENDRIESSCHE (X.), *La Revue du Trésor*, juin 2004, n°6, p.386. Des mêmes auteurs, chron. *RFDA*, juillet 2009, n°4, p.824. A rapprocher, Cour des comptes, 13 juin 2007, *Lycée François-Arago de Villeneuve-Saint-Georges*, Obs. *La Revue du Trésor*, octobre 2008, n°10, p.777.

Il en va de même s'agissant des Chambres régionales des comptes. Elles sont dès lors soumises aux mêmes obligations de prudence. La question s'est posée également quant à la possibilité pour la Cour d'agir en qualité de juge d'appel. Cette possibilité fût écartée très nettement, d'une part par la Cour elle-même[1657], puis d'autre part, dans un arrêt du Conseil d'Etat, *Dugoin*[1658]. En l'espèce, la Chambre régionale des comptes d'Ile-de-France se censure et la conduit à se « labormétalliser »[1659]. Anticipant que le Conseil d'Etat relève un préjugement de l'affaire, la Chambre régionale des comptes se refuse à déclarer la commune de Levallois-Perret de gestion de fait, par une application stricte de la jurisprudence *Labor Metal*. « *La stricte application de la jurisprudence* Labor Métal *n'offre pas d'alternative : les propos tenus dans le cadre du contrôle de la gestion doivent être mesurés afin qu'ils ne puissent être assimilés à un préjugement* »[1660]. La Cour des comptes et ses chambres régionales doivent ainsi faire preuve de mesures et de minutieuses précautions. Elles doivent limiter leurs observations à une stricte évocation dénuée de conséquences contentieuses constituant ce point d'équilibre évoqué par le commissaire du gouvernement M. Miller. Cette perspective risque fort d'affaiblir et de dénaturer l'étendue du contrôle du juge financier.

366. La Cour des comptes, par l'intermédiaire de ses chambres régionales des comptes, s'assure de la bonne utilisation des fonds publics. Les chambres régionales des comptes disposent de deux grands types d'attributions, les attributions juridictionnelles[1661] et les attributions non juridictionnelles[1662]. La première attribution les autorise à juger les comptes des comptables publics et les personnes qu'elles ont déclarées comptables de fait. Quant à la seconde attribution, elle leur permet uniquement de contrôler des actes budgétaires des collectivités territoriales et de contrôler la gestion de ces collectivités, ainsi que les organismes bénéficiaires de fonds publics.

[1657] Cour des comptes, arrêt d'appel, 4ème ch., 29 juin 2000 et 26 juin 2001, n°28838, *Département de l'Essonne*. Chron., LASCOMBE (M.) et VANDENDRIESSCHE (X.), *La Revue du Trésor*, n°1, janvier 2002, p.25 ; ROCCA (P.) et DELARUE (D.), *La Revue du Trésor*, n°7, juillet 2002, p.463.

[1658] CE, Ass., 17 octobre 2003, *Dugoin*, n°237290. Concl. Guyomar (M.). Obs, LASCOMBE (M.) et VANDENDRIESSCHE (X.), *La Revue du Trésor*, n°2, février 2004, p.142.

[1659] Pour reprendre l'expression consacrée par les professeurs Lascombe et Vandendriessche dans leurs observations sous l'arrêt du Conseil d'Etat, *Dugoin*, en date du 17 octobre 2003, *La Revue du Trésor*, n°2, février 2004, p.149.

[1660] DAMAREY (S.), « L'application de la jurisprudence *Labor Metal* par les chambres régionales des comptes », *RFDA*, n°2, mars-avril 2004, p.395.

[1661] Article L.111-1 du Code des juridictions financières, à propos de la Cour des comptes, et L.211-1 du Code des juridictions financières, à propos des Chambres régionales des comptes.

[1662] Article L.111-2 du Code des juridictions financières, à propos de la Cour des comptes et L.211-2 du Code des juridictions financières, à propos des Chambres régionales des comptes.

L'attribution juridictionnelle accordée aux chambres régionales des comptes est redoutée par les collectivités locales et les organismes bénéficiaires, celle-ci pouvant être source de situations de gestion de fait.

B – Le risque de la gestion de fait des deniers publics

367. Selon l'adage, « *ceux qui manient l'argent n'ordonnent pas, ceux qui ordonnent ne touchent à rien* »[1663]. De façon plus contemporaine, cela renvoie au fait que les juridictions financières jugent les comptes et non les comptables. Les juridictions financières, au travers notamment des chambres régionales des comptes et de la Cour des comptes, vont étudier et contrôler les comptes des associations et des collectivités locales[1664].

En vertu de l'article L.211-4 du Code des juridictions financières, « *la chambre régionale des comptes peut assurer la vérification des comptes des établissements, sociétés, groupements et organismes, quel que soit leur statut juridique, auxquels les collectivités territoriales ou leurs établissements publics apportent un concours financier supérieur à 1.500 euros ou dans lesquels elles détiennent, séparément ou ensemble, plus de la moitié du capital des voix dans les organes délibérants ou de gestion* ». La notion de concours financier englobe à la fois les subventions à proprement dites et les avantages en nature valorisés tels que la mise à disposition des équipements ou les travaux d'entretien[1665].

368. La gestion d'un équipement sportif par une association fait naître un risque de gestion de fait. Celle-ci se définit comme une « *irrégularité constituée par le maniement direct ou indirect, par toute personne n'ayant pas qualité de comptable public, de fonds destinés à une personne publique ou extraits irrégulièrement de sa caisse* »[1666]. Dans une réponse ministérielle, le Garde des Sceaux apporte cette précision. Selon lui, « *la participation d'élus à la gestion d'une association subventionnée n'est pas en elle-même de nature à les constituer gestionnaires de fait. Pour être applicable, la gestion de fait suppose que, pour opérations en cause, l'association ne dispose d'aucune autonomie par rapport à la collectivité*

[1663] Hugues Delestre, conseiller du roi Henri IV (1604).

[1664] V. notamment, PIOLE (G.), Les chambres régionales des comptes, LGDJ, 2ème éd., novembre 2007, 115 p., sur la gestion de fait p.81 et s.

[1665] Article L.211-4 du Code des juridictions financières ; Rapport public thématique de la Cour des comptes « Les collectivités territoriales et les clubs sportifs professionnels » du 10 décembre 2009, p.9 et s.

[1666] Lexique des termes juridiques, Dalloz 15ème édition, 2005.V. notamment, DESCHEEMAEKER (C.), « Gestion de fait », *JurisClasseur Administratif*, fasc. 1265, p.12 et s.

publique et notamment qu'elle prenne en charge certaines dépenses ou recettes qui sont normalement et légalement dévolues à la collectivité publique »[1667]. Ces équipements sportifs sont pour la plupart confiés aux associations sans convention. Or, la perception de recettes par cet intermédiaire est constitutif de gestion de fait[1668], si l'association ou ses membres n'ont pas d'habilitation expresse par la collectivité locale à percevoir les recettes provenant de l'exploitation. L'habilitation est délivrée par la collectivité publique par la voie d'une convention[1669]. Cette convention peut prendre la forme d'une délégation de service public ou de marché public. Il existe un risque consubstantiel de requalification[1670]. L'association n'a donc pas vocation à percevoir les recettes engendrées par l'équipement, il s'agirait bien dès lors d'un « *maniement occulte de fonds par une personne qui, n'ayant pas la qualité de comptable public, encourt à ce titre des responsabilités* »[1671].

Ainsi, les recettes encaissées par la billetterie sont susceptibles de gestion de fait des deniers publics. Les fonds perçus par la billetterie ne constituent pas uniquement les seules hypothèses de gestion de fait. En effet, ceux provenant des buvettes mettent les parties dans la situation de comptables de fait[1672]. « *Le maniement de deniers par une association ayant en charge la gestion d'équipements relevant d'une collectivité publique sans convention de concession ou d'affermage* » constitue une gestion de fait[1673].

369. Dans le cadre de la construction de la notion de gestion de fait, le Conseil d'Etat a apporté une nouvelle pierre à cet édifice. A l'occasion du débat sur l'adaptation de la responsabilité du gestionnaire public à la nouvelle conception des finances publiques, il s'est prononcé en tant que juge de l'excès de pouvoir statuant sur la validité d'un ordre de recettes et non étonnamment comme juge de cassation d'un arrêt de la Cour des comptes. Ainsi, dans l'arrêt *Société Prest'Action*[1674], le juge administratif

---

[1667] Réponse ministérielle du ministre de la Justice, M. Pascal Clément, à la question écrite du sénateur, M. Jean-Louis Masson, *JO Sénat*, du 24 août 2006, p. 2220.

[1668] TERNEYRE (P.), « Les délégations d'équipements sportifs communaux », *BJCP*, n°11, juillet 2000, p. 230.

[1669] MOREAU (D.), « Les risques de requalification des subventions aux associations en marchés ou délégations de service public », *AJDA*, n°13, 7 octobre 2002, p. 902.

[1670] V. *supra*. (C)

[1671] CORNU (G.), *Vocabulaire juridique*, PUF, 8ème édition, 2007.

[1672] Lamy droit du sport – étude n°194.

[1673] Cour des comptes, 22 mars 1990. *RFFP*, 1992, p. 196.

[1674] CE, Sect., 6 novembre 2009, *Société Prest'Action*, n°297877. Concl. Boulouis. Note sous arrêt : LASCOMBE (M.) et VANDENDRIESSCHE (X.), *AJDA*, n°43, 21 décembre 2009, p.2401. V. également CE, Avis, 13 février 2007, n°373788. DREYFUS (J-D), « Les conditions de validité des conventions de mandat conclues en matière de recettes et de dépenses publiques des collectivités territoriales », *AJDA*, n°15, 21 avril 2008, p. 787. Pour

considère que les collectivités territoriales et leurs établissements publics ne peuvent décider par convention de faire exécuter une partie de leurs recettes ou de leurs dépenses par un tiers autre que leur comptable public sauf disposition contraire c'est-à-dire dans le cas où la loi autorise l'intervention d'un mandataire. Cette jurisprudence établit surtout une définition de la notion de recettes publiques suffisamment limpide et précise pour la distinguer des recettes privées. Le critère retenu par la Haute juridiction de l'efficacité économique serait susceptible de générer quelques difficultés, en ce sens que l'interprétation extensive du critère réduirait les cas de gestion de fait.

370. La gestion de fait peut s'établir pour des recettes d'exploitation et des associations dites transparentes. L'exemple du Palais des sports de la Ville de Saint-Etienne illustre pleinement la position de la Cour des comptes[1675]. Selon la Haute juridiction financière, « *l'association présentait les caractéristiques d'une association transparente agissant sans titre (...) et encaissant, toujours sans titres, les recettes d'exploitation du Palais des sports* »[1676]. En l'espèce, le maire de la Ville de Saint-Etienne présidait une association gestionnaire des salles de spectacles et de sports au sein d'un conseil d'administration majoritairement composé d'élus municipaux. Cette association disposait pour son fonctionnement de recettes liées à l'exploitation des salles et équipements publics gérés mais également de subventions allouées par le Conseil municipal de Saint-Etienne. Or, l'association n'avait jamais conclu de convention avec la mairie afin de bénéficier des subventions. Précisons par ailleurs que l'association ne réclamait pas de cotisations à ses membres. La subvention litigieuse correspondait à la libre disposition de bâtiments et équipements appartenant à la ville et du concours d'employés municipaux. De plus, l'association contourna les règles en vigueur du Code des marchés publics en revêtant la

---

une application positive de cet arrêt, Cour des comptes, 21 avril 2011, *Musée national du sport*, n°61032. Note sous arrêt, MICHAUT (C.) et SITBON (P.), *AJDA*, n°43, 19 décembre 2011, p.2462.

[1675] Cour des comptes, 23 septembre 1999, *Commune de Saint-Etienne et association de gestion du Palais des sports de Saint-Etienne*, n°1999-382-0 ; CRC, Rhône-Alpes, 17 juin 2003, *Association de gestion du Palais des sports de Saint-Etienne*, n°2003-05-GF ; CRC, Rhône-Alpes, 29 juin 2005, *Association de gestion du Palais des sports de Saint-Etienne*, n°2005-05-GF ; CRC, Rhône-Alpes, 16 mars 2006, *Association de gestion du Palais des sports de Saint-Etienne*, n°2006-02-GF ; CRC, Rhône-Alpes, 4 octobre 2007, *Association de gestion du Palais des sports de Saint-Etienne*, n°2007-08 GF. ROCCA (P.) et SITBON (P.), « Chronique de jurisprudences financières – La Chambre régionale des comptes », *La Revue du Trésor*, n°7, juillet 2004, p.450.

[1676] Cour des comptes, 23 septembre 1999, *Commune de Saint-Etienne et association de gestion du Palais des sports de Saint-Etienne*, n°1999-382-0 ; LASCOMBE (M.) et VANDENDRIESSCHE (X.), « Chronique de jurisprudence financière – La Cour des comptes », *La Revue du Trésor*, n°3, juin 2001, p.3.

qualité de maître d'ouvrage délégué pour l'extension de certains équipements. La Chambre régionale des comptes de Rhône-Alpes souleva l'absence de réelle autonomie pour l'association à gérer un service public et manier de l'argent public. La CRC conclut qu'il s'agissait donc d'une association transparente et déclara ses dirigeants de gestionnaires de fait[1677].

Le Tribunal des conflits a préalablement considéré que, quelle que soit la qualité en laquelle la collectivité territoriale a agi, si l'association exerce une activité de service public administratif, alors la juridiction administrative est compétente, tandis que, s'il s'agit d'un service public industriel et commercial, la compétence relèvera de la juridiction judiciaire[1678]. Ce qui en soit, reste conforme à la dichotomie en vigueur, voire banal[1679]. Elle précisera également les conditions dans lesquelles une commune peut être mise en cause dans le cadre de la liquidation judiciaire d'une association para-municipale chargée de gérer une salle polyvalente[1680]. De plus, la conformité aux textes des subventions allouées ne suffit pas pour échapper à des sanctions. Un important soutien financier d'une commune à une association peut caractériser la gestion de fait, dans la mesure où l'illusion de santé financière du club sportif qui en résulte constitue une faute de gestion, justifiant sa condamnation à combler le passif du club[1681].

Par ailleurs, la responsabilité d'une commune peut être engagée du fait de promesses non tenues[1682]. Une modeste association sportive fortement subventionnée (700.000 francs) connaît de graves difficultés financières. La commune de Sarreguemines, en toute connaissance de cause, encourage son dirigeant, M. Blajman, à contracter un emprunt en son nom personnel, d'un million de francs, destiné à combler le déficit, les subventions annuelles devant rembourser le dirigeant. La commune interrompt brutalement sa subvention au motif qu'elle ne souhaitait pas voir celle-ci disparaître dans la résorption du déficit. Le Conseil d'Etat procédera à un partage de responsabilité en sanctionnant M. Blajman pour sa gestion de l'équilibre des

---

[1677] Dans le jugement du 17 juin 2003, la Chambre a déclaré à titre définitif comptables de fait conjoints et solidaires des deniers de la ville de Saint-Etienne, l'association et ses dirigeants. Dans les jugements du 25 juin 2005, 16 mars 2006 et 4 octobre 2007, la Chambre statuait sur les *quitus* des condamnations.

[1678] TC, 15 novembre 1999, *Comité d'expansion de la Dordogne*, n°03153, Rec. Lebon p.479. Concl. Glaser, *BJCL*, février 2006, n°2 p.138.

[1679] CE, Ass., 16 novembre 1956, *Union syndicale des industries aéronautiques*, Concl. Laurent, Rec. Lebon 1956, p.49.

[1680] Cass. com., 13 mai 2003, *Commune de Thiberville c/ M. Berel*, n°01-17.505.

[1681] CA Bordeaux, 2ème ch. civ., 24 mars 2009, *Commune d'Angoulême*, n°08-01.511. Note sous arrêt THOMAS (V.), *Les Cahiers de droit du sport*, n°18, octobre 2009, p.126.

[1682] CE, 16 février 2005, *Blajman*, n°257253, Concl. Glaser, *RLCT*, n°2, mai 2005, p.18. V. NICINSKI (S.), « Les associations et le droit administratif : plaidoyer pour la convention d'objectifs et de moyens », *DA*, n°6, juin 2006, p.7.

comptes et la collectivité pour son comportement général[1683]. Cet arrêt d'espèce ne signifie pas pour autant « *qu'une commune qui subventionne un club déficitaire est tenue de continuer à la subventionner* ad infinitum, *mais elle doit tout de même conduire les collectivités locales à une certaine prudence dans leurs engagements* », comme le souligne le commissaire du gouvernement M. Glaser[1684].

371. Les procédures ouvertes de gestion de fait semblent diminuer au regard du nombre recensés. Ce constat empirique positif s'explique notamment par l'intervention régulière des commissaires aux comptes au sein des associations et par l'apparition et la création d'associations à l'initiative des collectivités publiques telles que les groupements d'intérêt public ou les sociétés publiques locales. Les collectivités déterminant leurs besoins contractent avec ces associations alternatives dans le but d'éviter les irrégularités constitutives de gestion de fait. Toutefois, si cela atténue le risque, il n'en demeure pas moins qu'il subsiste[1685].

§ 3 – La nécessaire obligation de contractualiser le versement d'une subvention

372. La loi du 12 avril 2000[1686], complétée par un décret d'application du 6 juin 2001[1687], introduit l'obligation de contractualiser les subventions versées par les collectivités publiques avec tout organisme bénéficiant d'une aide supérieure à 23.000 euros par an. La convention doit inclure et définir l'objet, le montant et les conditions d'utilisation de la subvention attribuée. Les montants inférieurs à cette aide ne font pas l'objet d'une obligation de contractualisation, l'octroi d'une subvention étant un acte unilatéral. Toutefois, une convention peut s'établir avec le bénéficiaire pour une meilleure harmonie en matière de règles d'intervention économique.

L'octroi de la subvention dépend de l'intérêt que la collectivité territoriale trouve au projet associatif et à ses retombées éventuelles. Par leur action, les associations réalisent une mission de service public. Ces missions peuvent

---

[1683] DREYFUS (J-D.), GROUD (H.), PUGEAULT (S.), *Associations et collectivités territoriales, les liaisons dangereuses*, L'Harmattan, juin 2009, p.114.

[1684] GLASER (E.), « La responsabilité d'une commune peut être engagée du fait de promesses non tenues », *RLCT*, n°2, mai 2005, p.18. V. aussi, CE, 7 juin 2006, *M. Asselin.*

[1685] DESCHEEMAEKER (C.), « Les associations et le risque de gestion de fait », *Gestion et finances publiques*, n°12, décembre 2010, p.934.

[1686] Loi n°2000-321 du 12 avril 2000 relative aux droits des citoyens dans leurs relations avec les administrations, *JORF*, n°88, 13 avril 2000, p.5646.

[1687] Décret d'application n°2001-495 du 6 juin 2001 pris pour application de l'article 10 de la loi n°2000-321 du 12 avril 2000 et relatif à la transparence financière des aides octroyées par les personnes publiques, *JORF*, n°133, 10 juin 2001, p.9248.

être confiées à des associations dites transparentes, très fortement concurrencées à présent par les sociétés publiques locales (**A**). La gestion des missions de service public confiées à ces organismes relève de conventions entre l'association et la collectivité. Les contrats de subvention ne sont pas soumis à concurrence. Néanmoins, les collectivités publiques par la passation de ces contrats risquent de les voir requalifier en marchés publics ou en délégations de service public (**B**).

A – De l'association transparente à la société publique locale

373. La loi du 28 mai 2010[1688] a bouleversé le recours aux associations transparentes par l'insertion au Code général des collectivités territoriales de l'article L.1531-1 établissant les sociétés publiques locales (SPL)[1689]. « *Totalement publiciste par son inspiration et totalement – au moins dans l'intention – privatisée dans son fonctionnement* »[1690], cette avancée législative tend à renforcer et assouplir l'investissement public réalisé par les collectivités territoriales, l'intention du législateur étant « *de se débarrasser de toutes les contraintes issues de l'application du droit public, pour permettre aux collectivités de se mouvoir dans un cadre de droit privé* »[1691]. Comme l'énonce le premier alinéa de l'article, les sociétés publiques locales

---

[1688] Loi n°2010-559 du 28 mai 2010 relative au développement des sociétés publiques locales, *JORF*, n°122, 29 mai 2011, p.9697. DEVES (C.), « La loi n°2010-559 du 28 mai 2010 pour le développement des sociétés publiques locales : évolution ou régression des règles de la commande publique ? », *JCPA*, n°28, comm. 2229, 12 juillet 2010, p.16 ; LINOTTE (D.), « Quelques interrogations sur la société publique locale et ses contraintes opérationnelles », *Gaz. Pal.*, n°140, 20 mai 2011, p.17 ; NICINSKI (S.), « La loi du 28 mai 2010 pour le développement des sociétés publiques locales », *AJDA*, n°30, 27 septembre 2010, p.1759 ; TERRIEN (G.), « Le développement des sociétés publiques locales », *DA*, n°10, octobre 2010, p.7.

[1689] Article L.1531-1 du CGCT : « *Les collectivités territoriales et leurs groupements peuvent créer, dans le cadre des compétences qui leur sont attribuées par la loi, des sociétés publiques locales dont ils détiennent la totalité du capital.*

Ces sociétés sont compétentes pour réaliser des opérations d'aménagement au sens de l'article L. 300-1 du code de l'urbanisme, des opérations de construction ou pour exploiter des services publics à caractère industriel ou commercial ou toutes autres activités d'intérêt général.

Ces sociétés exercent leurs activités exclusivement pour le compte de leurs actionnaires et sur le territoire des collectivités territoriales et des groupements de collectivités territoriales qui en sont membres.

Ces sociétés revêtent la forme de société anonyme régie par le livre II du code de commerce et sont composées, par dérogation à l'article L. 225-1 du même code, d'au moins deux actionnaires ».

[1690] LINOTTE (D.), « Sur un nouvel instrument d'action publique locale : la société publique locale, panacée ou placebo ? », *Gaz. Pal.*, n°247, 1er octobre 2010, p.19.

[1691] DEVES (C.), « La loi n°2010-559 du 28 mai 2010 pour le développement des sociétés publiques locales : évolution ou régression des règles de la commande publique ? », *JCPA*, n°28, 12 juillet 2010, comm. N°2229, p.16.

sont des sociétés privées dotées d'un capital entièrement public. La loi répond également aux exigences exprimées par les instances européennes en rendant compatibles les SPL avec les règles définies dites du contrat *in house*, contrats conclus entre un pouvoir adjudicateur et un cocontractant sur lequel il exerce un contrôle comparable à celui qu'il exerce sur ses propres services et qui réalise l'essentiel de ses activités pour lui[1692]. La jurisprudence communautaire (**1**) et nationale (**2**) ont influencé et dégagé les critères de ce contrat.

1 – L'influence du droit communautaire

374. Ce type de contrat est issu de la transposition en droit interne d'une jurisprudence de la Cour de justice des Communautés européennes, *Teckal*[1693]. La CJCE avait considéré que les directives communautaires relatives au marché public ne sont pas applicables au contrat conclu avec une entité à l'égard de laquelle la collectivité territoriale exerce un contrôle analogue à celui qu'elle exerce sur ses propres services et à condition que cette entité réalise l'essentiel de son activité avec la ou les collectivités qui la détiennent. Les nombreux abus engendrés par cette jurisprudence ont incité le juge communautaire à apprécier très sévèrement le critère analogue. Ainsi, depuis 2005, pour que le contrôle analogue soit reconnu, il faut que le capital soit détenu intégralement par l'autorité publique[1694].

375. La loi du 28 mai 2010 sur les sociétés publiques locales intervient aussi dans la lignée des sociétés publiques locales d'aménagement (SPLA). Créées à titre expérimental pour une durée de cinq ans dans le cadre de la loi du 13 juillet 2006 en son article 20[1695], les SPL ont pérennisé et amplifié les SPLA. L'objectif initial des SPLA était d'expérimenter un instrument juridique spécifique aux collectivités territoriales se soustrayant aux contraintes de mise en concurrence. Les sociétés d'économie mixte locales (SEML) ayant une participation de personnes privées dans leur capital, le mécanisme des prestations intégrées du contrat *in house* ne pouvait

---

[1692] Article 3 du Code des marchés publics.

[1693] CJCE, 18 novembre 1999, *Teckal*, aff. C-107/98, Rec. CJCE I. 8121, Rec. Lebon p.276. V. également, CJCE, 13 novembre 2008, *Coditel Brabant SA c/ Commune d'Uccle*, aff. C-324/07.

[1694] CJCE, 11 janvier 2005, *Stadt Helle*, aff. C-26/03 ; CJCE, 21 juillet 2005, *Coname*, aff. C-231/03 ; CJCE, 13 octobre 2005, *Parking Brixen*, aff. C-458/03 ; CJCE, 10 novembre 2005, *Commission c/ Autriche*, aff. C-29/04 ; CJCE, 18 janvier 2007, *Jean Auroux c/ Commune de Roanne*, aff. C-225/05 ; CJCE, 13 novembre 2008, *Coditel Brabant SA c/ Commune d'Uccle*, aff. C-324/07 ; CJCE, 6 juin 2009, *Commission c/ Allemagne*, aff/ C-480/06.

[1695] Loi n°2006-872 du 13 juillet 2006 portant engagement national pour le logement, *JORF*, n°163, 16 juillet 2006, p.10662.

s'appliquer, les SPLA puis les SPL comblent alors les insuffisances de ce régime juridique.

376. Grâce à ces prestations intégrées du contrat *in house* et au complément des mesures des SPLA, désormais, les SPL sont compétentes pour des opérations d'aménagement ou de construction, l'exploitation de services publics industriels et commerciaux, ainsi que pour gérer toute mission d'intérêt général incombant aux collectivités territoriales et sans s'assurer d'une mise en concurrence entre les potentiels prestataires[1696]. En vertu de l'ordonnance du 6 juin 2005[1697], les exigences concurrentielles répondront à celles de l'Europe et non à l'empire du Code des marchés publics. De plus, « *par son statut juridique, la SPL constitue ainsi une réponse à une situation donnée et constatée* »[1698].

Avant que les sociétés publiques locales ne les remplacent, les associations transparentes constituaient l'outil juridique pour s'affranchir des règles liées à la gestion publique des services publics. L'association transparente consistait à la réalisation et à l'accomplissement de missions de services publics dans le cadre de règles de droit privé. Une personne privée pouvait être considérée comme agissant pour le compte d'une personne publique lorsque sa structure juridique faisait ou laissait transparaitre une personne publique. Cela renvoyait au démembrement de l'administration qui pour échapper aux contraintes du droit public disposait d'une façade derrière laquelle se cachait une personne publique. Un arrêt du Tribunal des conflits[1699] juge, à propos d'un comité des fêtes d'une association loi 1901 ayant passé un contrat avec une autre personne privée, retenait qu'« *eu égard à sa composition et à son mode de financement, ce comité doit être regardé comme ayant agi pour le compte de la commune, et d'autre part, le contrat avait pour objet l'exécution même d'un service public* ». Il s'agissait d'un contrat conclu par ce comité avec un manadier pour un lâcher de taureaux.

[1696] Article 1531-1 du CGCT. FIALAIRE (J.), « Associations et services publics locaux », *Gestion et finances publiques*, n°12, décembre 2010, p.924 et DAMAREY (S.), « La société publiques locale ou la fin des associations transparentes », *AJDA*, n°1, 17 janvier 2011, p. 15.

[1697] Ordonnance n°2005-649 du 6 juin 2005 relative aux marchés passés par certaines personnes publiques ou privées non soumises au Code des marchés publics, *JORF*, n°131, 7 juin 2005, p.10014. Commentaire DREYFUS (J-D.), *AJDA*, 2005, p.1571.

[1698] DAMAREY (S.), « La société publiques locale ou la fin des associations transparentes », *AJDA*, n°1, 17 janvier 2011, p.16.

[1699] TC, 22 avril 1985, *Laurent*, n°02368. Concl. Genevois.

2 – Les critères jurisprudentiels de l'association transparente

377. Les critères de l'association transparente ont été dégagés par le juge administratif. Ces critères prétoriens se dénombrent ainsi : les conditions de création, l'objet, le financement et l'influence des représentants de la collectivité publique en son sein[1700].

378. Dans un arrêt de principe de 2007, *Commune de Boulogne*[1701], ces critères sont repris et le juge énonce que « *lorsqu'une personne privée est créée à l'initiative d'une personne publique qui en contrôle l'organisation et le fonctionnement, et qui lui procure l'essentiel de ses ressources, cette personne privée doit être regardée comme transparente et les contrats qu'elle conclu pour l'exécution de la mission de service public confiée sont des contrats administratifs* ». Le Conseil d'Etat consacre ainsi *expressis verbis* la notion de transparence, notion qui n'avait jusqu'à présent qu'une portée doctrinale[1702].

En l'espèce, l'association pour la gestion et l'exploitation de la patinoire et de la piscine de la Ville de Boulogne-Billancourt n'avait pas réglé des factures à la société Mayday Sécurité pour des prestations de contrôle et de sécurité des installations. Le Conseil d'Etat se prononça en premier lieu sur la qualification du contrat conclu entre l'association gestionnaire et la société prestataire. Le contrat fut reconnu comme un contrat administratif au motif que l'association créée à l'initiative d'une personne publique, contrôlant son organisation, son fonctionnement et lui procurant l'essentiel de ses ressources remplit une mission de service public. L'exécution de celle-ci correspondait donc à un marché public de services et les contrats passés par l'association doivent être regardés comme ayant été passés par la commune elle-même. Etant compétent au titre de la qualification administrative du contrat, en second lieu, le juge constata implicitement la nullité du contrat pour non respect des règles de mise en concurrence en se fondant sur une

---

[1700] CE, 5 décembre 2005, *Département de la Dordogne*, n°259748. Concl. Glaser. Note sous arrêt, BRENET (F.), *AJDA*, n°12, 27 mars 2006, p.661.

[1701] CE, 21 mars 2007, *Commune de Boulogne-Billancourt*, n°281796. Concl. Boulouis, *BJCP*, n° 52, juin 2007, p.230. Rec. Lebon p.130. Note sous arrêt LICHERE (F.), *Contrats et marchés publics*, n°7, juillet 2007, p.6. Chron. BRONDEL (S.), *AJDA*, n°13, 2 avril 2007, p.663.

[1702] AUBY (J-M.), « La théorie des institutions transparentes en droit administratif », *RDP*, 1988, p.267, note sous arrêt CE, 11 mai 1987, *Divier*, n°62459 Concl. Schmareck. Rec Lebon p.166 ; de Laubadère (A.), *AJDA*, n°2, 20 février 1988, p.115. LICHERE (F.), « La transparence des associations administratives », *LPA*, n°254, 21 décembre 2001, p. 9. V. aussi LICHERE (F.), « Les contrats administratifs entre personnes privées – Représentation, transparence et exceptions jurisprudentielles au critère organique du contrat administratif », Thèse, sous la direction du Professeur Michel GUIBAL, Université Montpellier I, 1998, 515 p.

jurisprudence constante[1703]. Ainsi, la commune doit assumer la responsabilité résultant de l'inexécution du contrat au motif que le contrat passé par l'association transparente revêt un caractère administratif. L'administration dans le cas d'une cessation d'activité d'une association transparente, association de droit privé d'intérêt général, engage sa responsabilité financière en raison des effets de la transparence[1704].

379. Quelques mois après avoir rendu son arrêt *Commune de Boulogne-Billancourt*, dans lequel il définit les critères de l'association transparente, le Conseil d'Etat poursuit l'avènement des SPL en s'inspirant de la réponse apportée par le juge communautaire dans l'arrêt *Teckal*. En effet, par l'arrêt de section *Commune d'Aix-en-Provence*[1705], il n'y a pas d'obligation de mise en concurrence lorsqu'une personne privée exerce une activité d'intérêt général et qu'elle en a pris l'initiative, et que malgré tout la personne publique garde un droit de regard bien que cette activité résulte d'une initiative privée.

En l'espèce, différentes collectivités territoriales dont la Ville d'Aix-en-Provence avaient accordé par deux délibérations successives des subventions à une association gérant l'organisation du festival international d'art lyrique se déroulant annuellement dans la commune. Des contribuables attaquèrent ces délibérations invoquant en particulier la méconnaissance des règles de financement des SPIC, des règles de délégation des services publics territoriaux ainsi que des aides économiques des communes. Les requérants arguaient, à cette situation d'une grande banalité, que l'octroi de la subvention ne présentait pas les formes requises par les dispositions de la loi Sapin du 29 janvier 1993 codifiées aux articles L.1411-1 et suivants du CGCT puisque l'association n'était pas liée à la commune par une délégation de service public.

Si le Tribunal administratif de Marseille, par un jugement du 29 juin 2000, écartait tous ces moyens jugeant par une solution d'espèce que l'association était en charge d'un service public à caractère administratif ne relevant pas de la commune puisque d'envergure nationale. Ainsi, les règles de mises en

---

[1703] CE, Sect., 20 octobre 2000, *Société Citécable*, n°196553. Concl. Savoie. Rec. Lebon p.457.

[1704] CAA Paris, 18 décembre 2007, *Commune d'Asnières-sur-Seine*, n°06PA03200. Note sous arrêt COLIN (F.), *Les Cahiers de droit du sport*, n°11, avril 2008, p.149 ; CAA Marseille, 10 mars 2011, *Commune de Nice*, n°09MA00119. V. également à propos des effets de la transparence, AUBY (J-M.), « La théorie des institutions transparentes en droit administratif », *RDP*, 1988, p.265.

[1705] CE, Sect., 6 avril 2007, *Commune d'Aix-en-Provence*, n°284736. Concl. Séners, *RFDA*, n°4, juillet-août 2007, p.812. Rec. Lebon p.155. Chron. LENICA (F.) et BOUCHER (J.), *AJDA*, n°19, 21 mai 2007, p.1020 ; Note sous arrêt, DOUENCE (J-C.), *RFDA*, n°4, juillet-août 2007, p.820 ; Obs. DREYFUS (J-D.), *RDI*, n°5, septembre-octobre 2007, p.424.

concurrence du CGTC ne s'appliquaient pas. La Cour administrative d'appel de Marseille, dans son arrêt attaqué du 5 juillet 2005, annule ce jugement en se fondant sur l'article L.1411-2 du CGCT, obligeant la collectivité à conclure la passation d'une délégation de service public préalablement à l'octroi de subventions, sans rechercher si la passation d'un tel contrat pouvait ou devait être exclue. Cette posture draconienne appelait une réponse de principe quant au pourvoi formulé et la décision du Conseil d'Etat propose « *un véritable tableau d'ensemble des diverses modalités de gestion du service public* »[1706]. Au travers des trois considérants de principe, la Section du Conseil d'Etat déduit que la Cour administrative d'appel de Marseille entachait son arrêt d'une erreur de droit.

Après avoir rejugé l'affaire au fond et constaté qu'il s'agissait bien d'un service public culturel à caractère administratif, la Haute juridiction a donc reconnu le droit à une association créée et / ou contrôlée par plusieurs personnes publiques de gérer un service public administratif sans mise en concurrence lorsqu'elle ne peut être assimilée à un opérateur sur un marché concurrentiel. Si la mise en concurrence ne touchait pas les services publics administratifs, cela ne s'appliquait pas aux services publics industriels et commerciaux, le juge devant employer la théorie du contrat *in house*.
Si la reconnaissance de l'association transparente a pu être mise en exergue au travers de cet arrêt[1707], la focale se concentre, selon nous, sur l'inadéquation des structures juridiques à disposition et pose les prémices des SPL, véritables alternatives, voire suppléantes aux associations transparentes.

380. Après avoir été confronté aux difficultés du festival culturel d'Aix-en-Provence, le Conseil d'Etat s'est prononcé sur le montage contractuel destiné à masquer la subvention d'une association organisant un festival de jazz à Saint-Etienne[1708]. Ce qui nous fait dire que, si pour André Malraux, la culture est ce qui a fait de l'Homme autre chose qu'un accident dans l'univers, le Conseil d'Etat rappelle non seulement, que la culture est ce qui a fait d'une association un service public à caractère administratif, et que c'est précisément pour cela qu'une communauté d'agglomération ne peut se soustraire à l'organisation d'un festival qu'elle subventionne.

Les utilisations abusives et les recours excessifs à la formule associative pour la gestion de certaines missions de service public occasionnent

[1706] Concl. Séners, *RFDA*, n°4, juillet-août 2007, p.812. Rec. Lebon p.155. Chron. LENICA (F.) et BOUCHER (J.), *AJDA*, n°19, 21 mai 2007, p.1020.
[1707] MOUZET (P.), « La normalisation jurisprudentielle de l'association transparente », *RDP*, n°6, novembre 2008, p.1539.
[1708] CE, 5 juillet 2010, *Communauté d'agglomération Saint-Etienne Métropole*, n°315551, Concl. Courtot-Boucher. Obs. Linditch (F.), *JCPA*, n°37, 13 septembre 2010, p.28.

logiquement un attrait envers les SPL. La théorie des modes de gestion des services publics connaît donc un bouleversement de ses prestations intégrées. L'évolution législative et jurisprudentielle tend à la création d'un contrat *in house* à la française, amenant vers un passeport pour de véritables partenariats public-privé institutionnels (PPPI)[1709].

381. Alors que les trois considérants de principe épaulés par une définition des critères d'identification de l'activité de service public[1710] contribuaient à ce que la transparence devienne une colonne de l'édifice des contrats publics[1711], la loi du 28 mai 2010 mit fin progressivement aux associations transparentes, et désormais les sociétés publiques locales se chargent de mettre un terme aux utilisations abusives de la formule associative et offrent un cadre légal au domaine associatif, supplantant par la même occasion les sociétés publiques locales d'aménagement.

B – Les requalifications de l'aide financière

382. La loi du 12 avril 2000, en introduisant l'obligation de contractualiser les subventions dépassant un certain seuil, engendre un risque de requalification du contrat élevé. Les règles de mise en concurrence s'appliquent au cocontractant malgré sa nature associative. Le contrat de subventionnement contrairement à la délégation de service public et au marché public n'est pas soumis aux règles de passation des contrats[1712] et se démarque surtout par le but poursuivi par la personne publique[1713].

La demande de requalification peut provenir de différents requérants, à savoir le préfet, au titre de son pouvoir de contrôle de légalité des contrats

---

[1709] KARPENSCHIF (M.), « Les sociétés publiques locales : passeport pour un véritable PPPI ? », *JCPA*, n°48, 29 novembre 2010, p.13. V. pour la théorie des modes de gestion des services publics, VEDEL (G.) et DELVOLVE (P.), *Droit administratif*, Tome 2, PUF, 12ème édition, novembre 1992, p.753 ; CHAPUS (R.), *Droit administratif général*, Tome 1, Monchrestien, 15ème édition, septembre 2001, n°799 à 821, p. 615 et s.

[1710] CE, Sect., 22 février 2007, *APREI*, n°264541. Concl. Vérot, *JCPA*, 2007, comm. 2066. Rec. Lebon p.92. Chron. LENICA (F.) et BOUCHER (J.), *AJDA*, n°15, 16 avril 2007, p.793 ; Note BOITEAU (C.), *RFDA*, n°4, juillet-août 2007, p.803.

[1711] CLAMOUR (G.), « La transparence et le service public : vade-mecum », *D.*, n°37, 25 octobre 2007, p.2617.

[1712] Réponse ministérielle QE n°53463 publiée au *JOAN* du 2 avril 2001, p. 1962, « *si la jurisprudence administrative s'est dans un premier temps surtout attachée à clarifier la frontière entre marché public et délégation de service public, cette dichotomie ne peut pour autant être considérée comme recouvrant l'ensemble des contrats liés à l'exploitation d'un service public passés par des personnes publiques* ».

[1713] RENOUARD (L.), « Les contrats de subvention », *CP-ACCP*, n°28, décembre 2003, p. 28. V. également MAUVAIS (G.), « Subvention et concurrence », *CP-ACCP*, n'28, décembre 2003, p.24.

conclus par les collectivités locales. Un contribuable contestant l'utilisation des deniers publics est également fondé à demander une requalification, ainsi qu'une entreprise s'estimant lésée des règles de concurrence. Enfin, une association n'ayant pas obtenu le subventionnement et souhaitant obtenir ce bénéfice peut saisir le juge. Face à l'augmentation du risque de requalification, un critère de distinction entre les contrats soumis à concurrence et les contrats de subventions émerge, celui de l'initiative du projet subventionné. Ce critère de l'initiative semble une alternative à ce risque de requalification systématique[1714].

Le transfert financier, induit de la subvention, comporte des risques de requalifications par le juge. La requalification se traduit soit par un marché public (**1**) ou soit par délégation de service public (**2**). Ce risque de requalification se produit si l'initiative de la subvention émane de la collectivité alors qu'elle devrait provenir du secteur privé.

1 – La requalification en marché public

383. L'arrêt *CODIAC* expose les difficultés rencontrées pour distinguer la subvention d'un marché public. Le Conseil d'Etat considère en effet qu'un marché public implique une contrepartie directe pour la personne publique bénéficiaire en s'appuyant sur la définition du Code des marchés publics[1715]. Cela implique que le contrat de subvention se distingue du marché public par l'existence d'un lien direct entre la contribution versée par la collectivité et les prestations réalisées par le cocontractant[1716]. Ce lien s'établit notamment si le bénéficiaire de la subvention a souscrit à des obligations quant à la nature des prestations qu'il offre ou à leur prix[1717]. Cette frontière demeure toutefois poreuse comme en témoigne un arrêt de la Cour des comptes à propos de versements, au titre de parrainage sportif à un pilote automobile de formule 3. Les juges de la rue Cambon ont estimé que ce versement constituait une rémunération de prestation de services et non une subvention[1718].

[1714] MOREAU (D.), « Les risques de requalification des subventions aux associations en marchés ou délégations de service public », *AJDA*, n°13, 7 octobre 2002, p. 902.
[1715] Article 1er du Code des marchés publics « *Les marchés publics sont les contrats conclus à titre onéreux entre les pouvoirs adjudicateurs (...) et des opérateurs économiques publics ou privés, pour répondre à leurs besoins en matière de travaux, de fournitures ou de services* ».
[1716] TA Lyon, 19 avril 2000, *Société des autocars Vallier*, n°9904017.
[1717] MOREAU (D.), « Les risques de requalification des subventions aux associations en marchés ou délégations de service public », *AJDA*, n°13, 7 octobre 2002, p. 904.
[1718] Cour des comptes, 31 janvier 2002, *Département de la Loire*, n°31626. *BJCL*, n°7, juillet-août 2002, p.184.

Le critère de la contrepartie découlant d'une contribution financière a été rappelé par le juge administratif à propos de prestations de formation[1719]. Lors de ce rappel, le juge administratif revient sur ce critère en confirmant que dès lors qu'une contrepartie financière répond à un service rendu, cela ne constitue pas une subvention mais d'une prestation relevant du Code des marchés publics. Il y a donc lieu de considérer, dès lors que la contrepartie constitue une prestation de services clairement identifiée, que « *la subvention peut devenir un prix et la relation nouée entre la personne publique donateur et la personne bénéficiaire est un marché* »[1720].

De surcroit, la direction des affaires juridiques de l'Economie des Finances et de l'Industrie a proposé une analyse[1721] selon laquelle « *l'apposition gratuite du nom d'une commune sur les vêtements portés par les joueurs appartenant à un club situé sur son territoire représentait la contrepartie accessoire de la subvention accordée à ce club et non le prix indirect d'un marché public* »[1722]. Ainsi, la notion de contrepartie quelle soit directe ou indirecte établit un critère de distinction entre le marché public et la subvention.

384. La circulaire du 7 janvier 2004 prise pour l'application du Code des marchés publics précise la distinction entre marché public et subvention[1723]. Dans son article 2.4.1, la circulaire précise que « *le marché public se différencie de la subvention qui constitue une contribution financière de la personne publique à une opération justifiée par l'intérêt général, mais qui est initiée et menée par un tiers. Il s'agira d'une subvention si l'initiative du projet vient de l'organisme bénéficiaire et si aucune contrepartie directe n'est attendue par la personne publique du versement de la contribution financière. Dans le cas contraire, il s'agira d'un marché public. La notion d'initiative implique non seulement l'impulsion du projet mais aussi sa conception et sa définition* ». Le législateur retient donc comme critères de distinction le critère de l'initiative et celui de contrepartie directe.

385. Le Tribunal administratif de Melun dans une ordonnance du 17 août 2006[1724] apporte un éclairage intéressant sur les conventions d'objectifs

---

[1719] CE, 26 mars 2008, *Région de la Réunion*, n°284412. Concl. Séners, *BJCP* n°59, juillet 2008, p.245. Note sous arrêt DREYFUS (J-D.), *AJDA*, n°21, 16 juin 2008, p.1152. V. également CAA Marseille, 20 juillet 1999, *Commune de Toulon*, n°98MA01735.

[1720] DEGOFFE (M.), « L'acte de subvention », *CP-ACCP*, n°28, décembre 2003, p.37.

[1721] Direction des affaires juridiques de l'Economie des Finances et de l'Industrie, *Marchés publics*, n°1, juin 2002, p.5.

[1722] RENOUARD (L.), « Les contrats de subvention », *CP-ACCP*, n°28, décembre 2003, p. 29.

[1723] Circulaire du 7 janvier 2004 portant manuel d'application du Code des marchés publics, *JORF*, n°6, 8 janvier 2004, p. 37031.

[1724] TA Melun, 17 août 2006, *Préfet de Seine-et-Marne*, ordonnance n°06-5187/2.

d'une association culturelle en les requalifiant de marchés publics. Une telle requalification peut s'appliquer aux associations sportives. En effet, l'ordonnance précise que l'élément déterminant de la requalification d'une convention de subvention tient en sa finalité. Celle-ci doit avoir comme objet de répondre aux besoins de l'intérêt général et non de satisfaire ceux de la personne publique, auquel cas la qualification de marché public sera retenue. Le juge reprend le considérant de l'arrêt *CODIAC* et de l'instruction ministérielle pour l'application du Code des marchés publics[1725], en confirmant qu'une subvention « *une contribution financière de la personne publique à une opération justifiée par l'intérêt général, mais qui est initiée et menée par un tiers. Il s'agira d'une subvention si l'initiative du projet vient de l'organisme bénéficiaire et si aucune contrepartie directe n'est attendue par la personne publique du versement de la contribution financière. Dans le cas contraire, il s'agira d'un marché public. La notion d'initiative implique non seulement l'impulsion du projet mais aussi sa conception et sa définition* ».
En conséquence, dès lors qu'il y a une contrepartie directe pour la personne publique, il s'agit d'un marché public dont la passation est soumise aux dispositions du Code des marchés publics.

Récemment, le Conseil d'Etat a requalifié un festival de musique lancé par une association subventionnée[1726]. Qualifié par les juges du fond de délégation de service public, la Haute juridiction a estimé qu'il s'agissait d'un marché public. L'arrêt rendu par le Conseil d'Etat, *Commune de Boulogne-Billancourt*, s'inscrit dans la requalification d'une subvention en marché public, comme aurait pu l'être l'arrêt Jean Bouin à propos de la mise à disposition d'un équipement sportif.

2 – La requalification en délégation de service public

386. Le contrat de subventionnement se distingue du contrat de délégation de service public défini à l'article L.1411-1 du CGCT[1727] en vertu de la loi

---

[1725] Article 1er II°-1.1.2.1 du chapitre 1er de l'instruction du 28 août 2001 du ministère de l'Economie et des Finances prise pour application du Code des marchés publics, *JORF*, n°208, 8 septembre 2001, p.14385.

[1726] CE, 23 mai 2011, *Commune de Six-Fours-les-Plages*, n°342520. Concl. Boulouis. *BJCP*, n°77, juillet-août 2011, p.258 ; *RJEP*, n°691, 1er novembre 2011, p.13. Note sous arrêt, ECKERT (G.), *Contrats et Marchés Publics*, n°7, juillet 2011, p.11 ; ROUAULT (M-C.), *RLCT*, n°71, septembre 2011, p.33 ; MARCOVICI (L.), *AJDA*, n°37, 8 novembre 2011, p.2094 ; LINDITCH (F.), *JCPA*, n°43, 23 octobre 2011, com. 2329, p.21 ; GUIGNARD (D.), *LPA*, n°198, 5 octobre 2011, p.9.

[1727] Article L.1411-1 du CGCT, la délégation de service public « *un contrat administratif par lequel une personne morale de droit public confie la gestion d'un service public dont elle a la*

MURCEF du 11 décembre 2001[1728], mais aussi par trois critères. La délégation de service public confie à un tiers une activité d'intérêt général, que l'administration a eu l'intention d'ériger en mission de service public et dont le risque d'exploitation est assuré par le cocontractant[1729]. La subvention n'a pas pour objet de confier à un organisme subventionné la gestion d'un service public assumé par la personne publique en contrepartie du droit de percevoir une rémunération substantiellement assurée par les résultats d'exploitation.

387. La circulaire du 7 janvier 2004 détermine également la distinction entre marché public et délégation de service public[1730]. Cette doctrine ministérielle revient sur le critère jurisprudentiel relatif à la rémunération permettant de distinguer le marché public de la délégation de service public qui en fait un élément essentiel. En effet, l'arrêt *Préfet des Bouches-du-Rhône*[1731] établit que constituent des marchés publics et non des conventions de délégation de service public, « *les contrats dans lesquels la rémunération du cocontractant de l'administration n'est pas assurée substantiellement par les résultats de l'exploitation* ». Donc il reconnaît que les marchés publics ont un caractère onéreux.

388. Le jugement rendu par le Tribunal administratif de Nice, *M. Knecht c/ Commune de Nice*[1732], illustre la délicate distinction entre subvention et délégation de service public. En l'espèce, un conseiller municipal demanda à la juridiction administrative l'annulation d'une délibération du conseil municipal octroyant par convention une subvention à une association prévue par les dispositions de l'article 10 de la loi du 12 avril 2000. Le juge

---

responsabilité à un délégataire public ou privé, dont la rémunération est substantiellement liée aux résultats de l'exploitation du service »

[1728] Loi n°2001-1168 du 11 décembre 2001 portant mesures urgentes de réformes à caractère économique et financier, dîtes MURCEF, *JORF*, n°288, 12 décembre 2001, p.19703.

[1729] TRUCHET (D.), *Droit administratif*, PUF, 2ème édition, août 2009, p.268 et 342 ; WALINE (J.), *Droit administratif*, Dalloz, 22ème édition, mars 2008, p.360 et s. ; V. CE, 12 mars 1999, *Société de restauration de l'Orée du bois*.

[1730] Article 2.4.2 de la circulaire du 7 janvier 2004 portant manuel d'application du Code des marchés publics, *JORF*, n°6, 8 janvier 2004, p. 37031.

[1731] CE, 15 avril 1996, *Préfet des Bouches-du-Rhône c/ Commune de Lambesc*, n°168325. Rec. Lebon 137. Concl. Chantepy. Note sous arrêt TERNEYRE (P.), *RFDA*, n°4, juillet-août 1996, p.718. Chron. CHAUVAUX (D.) et GIRARDOT (T-X.), *AJDA*, n°10, 20 octobre 1996, p.806. GODFRIN (P.) et DEGOFFE (M.), *Droit administratif des biens*, Sirey, 10ème édition, octobre 2012, n°364 ; MORAND-DEVILLER (J.), *Droit administratif des biens*, Montchrestien, 5ème édition, octobre 2007, p.668 et s. V. également CE, 30 juin 1999, *SMITOM*, n°198147. Rec Lebon 230. Concl Bergeal, *AJDA*, n°9, 20 septembre 1999, p.714. V. également, RICHER (L.), *Droit des contrats administratifs*, LGDJ, 8ème édition, août 2012, n°1112 et s.

[1732] TA Nice, 24 février 2006, *M. Knecht c/ Commune de Nice*, n°0105008. Note sous jugement : DIEU (F.), *AJDA*, n°29, 11 septembre 2006, p.1615.

considère que « *l'attribution d'une subvention ne constitue pas une délégation de service public selon les dispositions de l'article L.1411-1 du CGCT, eu égard à l'indépendance de l'activité de l'association* » et rejette la demande de requalification du contrat de subvention en convention de délégation de service public soumise à une procédure de publicité et de mise en concurrence. La requalification du contrat entraîne l'annulation de celui-ci et par conséquent, en attendant la passation régulière d'un nouveau contrat, implique la nécessité d'assurer en régie l'exploitation du service public.

Cette dépendance financière vis-à-vis des subventions publiques est aujourd'hui problématique, notamment dans la perspective d'une harmonisation européenne, tendant à réduire les aides publiques aux structures privées[1733]. Ce problème devient d'autant plus prégnant dans un contexte où les aides d'Etat au secteur sportif sont davantage contrôlées.

Section 2 – Les aides d'Etat dans le secteur sportif

389. Le droit de la concurrence irrigue le droit du sport en lui imposant ses contraintes. De fait, dans un environnement où la concurrence est poussée à son paroxysme entre les clubs sportifs professionnels et parfois les collectivités, le financement public aidant au développement des infrastructures peut constituer des aides d'Etat (**§ 1**). Celles-ci au sein du sport professionnel se trouvent très encadrées (**§ 2**).

§ 1 – Les aides d'Etat, des aides au financement des clubs et à leurs infrastructures ?

Les collectivités territoriales et les clubs professionnels sont confrontés à un second écueil dans les projets de réalisation de grands stades, celui du régime communautaire des aides d'Etat[1734] (**A**) et de son applicabilité (**B**).

[1733] MM. Murat et Martin constataient dans un avis du Sénat en 2005 toutes les difficultés liées aux aides publiques qui sont plus que jamais d'actualités. MURAT (B.) et MARTIN (P.), Sénat, avis, n°100 (2005-2006), 24 novembre 2005.

[1734] V. notamment sur ce point CARTIER-BRESSON (A.), « L'Etat actionnaire », Thèse, sous la direction du Professeur Didier TRUCHET, Université Panthéon-Assas (Paris II), 2010, 495 p. ; LINOTTE (D.) et ROMI (R.), *Droit public économique*, Lexis Nexis, 7ème édition, février 2012, p.439 et s. ; COLSON (J-L.), « Actualité des aides d'Etat », *Revue Lamy de la concurrence*, n°20, juillet 2009, p.141 ; RAPP (L.), « Notion d'aide d'Etat », *Revue Lamy de la concurrence*, n°3, juin 2005, p.54 ; BIANCARELLI (J.), « Le contrôle de la Cour de justice des Communautés européennes en matière d'aides publiques », *AJDA*, n°6, 20 juin 1993, p.412 ; DONY-BARTHOLOME (M.), « La notion d'aide d'Etat », *Cahier de droit européen*, n°3-4, mai 1993, p.399 ; BLUMANN (C.), « Régime des aides d'Etat :

A – Le régime des aides d'Etat

390. Ce régime est défini aux articles 107 et 108 du Traité sur le fonctionnement de l'Union européenne (TFUE)[1735]. L'article 107 § 1 du TFUE énonce que « *sauf dérogations prévues par les traités, sont incompatibles avec le marché intérieur, dans la mesure où elles affectent les échanges entre Etats membres, les aides accordées par les Etats ou au moyen de ressources d'Etat sous quelque forme que ce soit qui faussent ou qui menacent de fausser la concurrence en favorisant certaines entreprises ou certaines productions* ». Pour autant, toutes les aides ne sont pas prohibées, la Commission européenne se prononçant sur leur compatibilité avec le traité par les paragraphes 2 et 3 de l'article 107 du TFUE[1736].

L'article 108 du TFUE définit, quant à lui, la procédure d'examen par la Commission européenne de la compatibilité des aides. Toutes les aides ne sont pas prohibées, mais la Commission doit se prononcer sur leur compatibilité avec le traité. Tout projet d'aide nouvelle doit donc, en vertu de l'article 108 § 3 du traité CE, être notifié par l'Etat à la Commission européenne et autorisé par elle avant son exécution. Des aides accordées en violation de cette règle sont illégales, et susceptibles de faire l'objet d'une procédure de récupération devant le juge national[1737]. Les aides existantes n'ont pas à être notifiées[1738]. Cependant, si la Commission européenne ne peut exercer une procédure de récupération, elle les soumet à un contrôle permanent comparable à l'épée de Damoclès, puisque la Commission a la possibilité de supprimer les aides à tout moment si elle les juge incompatibles avec le Traité.

---

jurisprudence récente de la Cour de justice (1988-1992) », *Revue du Marché Commun et de l'Union européenne*, n°361, septembre 1992, p.721.
Et particulièrement sur les aides d'Etat dans le sport V., BAZEX (M.), « Les interventions des fédérations sportives sont-elles nécessairement contraires à l'intérêt général ? », *Contrats, Concurrence, Consommation*, n°5, mai 2006, p.29 ; DI BUCCI (V.), « Le contrôle communautaire des aides d'Etat et le sport », *L'Observatoire de Bruxelles*, n°62, septembre 2005, p.14 ; DELVERT (J-M.), « Des projets pour des emplois », *RJES*, n°46, mars 1998, p.75 ; VAN MIERT (K.), « Sports et concurrence : développements récents et actions de la Commission », *Revue du marché unique européen*, n°4, février 1998, p.5 ; CAMPOGRANDE (G.), « Les règles de la concurrence et les entreprises sportives professionnelles après l'arrêt *Bosman* », *Revue du marché unique européen*, n°1, janvier 1996, p.45.

[1735] Anciennement défini sous l'empire des articles 87 et 88 du TCE.

[1736] Auparavant les paragraphes 2 et 3 de l'article 87 TCE évoquaient ces exceptions.

[1737] V. pour illustration la décision 2006/743/CE de la Commission européenne, 25 janvier 2006, concernant l'aide d'Etat mise à exécution par les Pays-Bas en faveur de AZ et de AZ Vastgoed BV, *JOUE* n°L.307, 7 novembre 2006, p.194-195. La Cour avait livré très tôt une conception extensive des aides accordées par l'arrêt *Costa c/ Enel* aff. 6/64 rendu le 15 juillet 1964.

[1738] Il s'agit essentiellement des aides accordées depuis plus de 10 ans.

Ces règles sont applicables au sport en général, et au sport professionnel en particulier, qualifié par la Cour de justice des Communautés européennes d'activité économique relevant du Traité et remplissant une mission de promotion d'intérêt général en raison de sa dimension éducative, récréative, sociale et culturelle. Cette qualification a été retenue par la Cour notamment dans les arrêts *Walrave et Koch*[1739] et *Bosman*[1740].

Ce mécanisme de contrôle des aides d'Etat prévu aux articles 87 et 88 du Traité CE, désormais 107 et 108 TFUE, fait partie intégrante de la politique communautaire de la concurrence et à ce titre il intègre également les jurisprudences de la CJCE relatives aux activités économiques des clubs sportifs[1741]. La Commission européenne estime que cette politique communautaire tend à s'appliquer dans le contexte sportif, où très justement le domaine de la concurrence économique se diffuse de plus en plus au sein des compétitions sportives[1742].

391. Les critères constitutifs de l'aide d'Etat sont résumés dans l'arrêt *Altmark*[1743], « *premièrement, il doit s'agir d'une intervention de l'Etat ou au*

1739 CJCE, 12 décembre 1974, *Walrave et Koch contre UCI*, aff. 36/74, Rec. p.1405.

1740 CJCE, 15 décembre 1995, *Bosman*, aff. C-415/93, Rec. p.I-4921.

1741 CJCE, 12 décembre 1974, *Walrave et Koch contre UCI*, aff. 36/74, Rec. p.1405, pt.4 ; CJCE 14 juillet 1976, *Dona*, aff. 13/76, Rec. p.1333, pt.12 ; CJCE, 15 décembre 1995, *Bosman*, aff. C-415/93, Rec. p.I-4921, pt.73 ; CJCE 11 avril 2000, *Deliège*, aff. C-51/96 et C-191/97, Rec. p.I-2549, pt.41 ; CJCE 13 avril 2000, *Lehtonen et Castors Braine*, aff. C-176/96, Rec. p.I-2681, pt.32 ; CJCE 18 juillet 2006, *David Meca-Medina & Igor Majcen*, aff. C-519/04, Rec. p.I-6991, pt.22. V. notamment AMSON (C.), *Droit du sport*, Vuibert, juin 2010, p.73 et s. ; DUVAL (J-M.), *Le droit du public du sport*, PUAM, mars 2002, p.65 et s.

1742 En réponse à la question écrite E-0537/03 posée par l'eurodéputé Erik Meijer, *Subventions communales à des clubs de football commerciaux qui exaspèrent la concurrence et donnent lieu à des paiements excessifs*, *JOUE*, C-280 E, 21 novembre 2003, p.65, le commissaire européen M. Monti répondit : « *Les clubs de football professionnels engagés dans des activités économiques telles que le transfert des joueurs, la conclusion de contrats publicitaires et de parrainage et la distribution d'articles de marchandisage doivent être considérés comme des entreprises au sens des règles de concurrence du traité CE. Dès lors, aux de l'application des articles 87 et 88 du traité CE, les clubs de football professionnels sont en principe soumis au même régime que les autres entreprises* ».

1743 CJCE 24 juillet 2003, *Altmark*, aff. C-280/00 Rec. p.I-7747, pt.75 ; V. aussi CJCE 3 mars 2005, *Heiser*, aff. C-172/03, Rec. p.I-1627, pt.27 ; CJCE 23 mars 2006, *Enirisorse*, aff. C-237/04, Rec. p.I-2843, pt.39 ; TPICE, 6 octobre 2009, *FAB*, aff. T-8/06.

Sur la notion d'aide d'Etat V. notamment DONY (M.), RENARD (F.), SMITS (S.), *Contrôle des aides d'Etat*, Commentaire MEGRET (J.), Editions de l'Université de Bruxelles, 3ème édition, avril 2007, 529 p. ; KEPPENNE (J-P.), *Guide des aides d'Etat en droit communautaire*, Bruylant, juillet 1999, 693 p. ; WATHELET (M.), « Délimitation des contours de la notion d'aide d'Etat en droit communautaire », *in : Les aides d'Etat en droit communautaire et en droit national*, 48ème séminaire CDVA, Liège, 14-15 mai 1998 ; Sur l'arrêt *Altmark* V. notamment, LEGER (P.), « Communiqué de presse du 14 mars 2003 de la CJCE », *Gaz. Pal.*, n°99, 9 avril 2003, p.35 ; MEROLA (M.) et MEDINA (C.), « De l'arrêt Ferring à l'arrêt Altmark : continuité ou revirement de jurisprudence dans l'approche du financement des services publics », *Cahiers de droit européen*, n°5-6, juin 2003, p.639 ;

moyen de ressources d'Etat. Deuxièmement, cette intervention doit être susceptible d'affecter les échanges entre Etats membres. Troisièmement, elle doit accorder un avantage à son bénéficiaire. Quatrièmement, elle doit fausser ou menacer de fausser la concurrence ». Si l'aide accordée ne remplit pas l'un de ces quatre critères, elle ne pourra pas être qualifiée d'aide d'Etat. En théorie, le dernier critère semble assez simple à déterminer, or en pratique cela paraît bien plus complexe. La notion d'Etat doit être comprise au sens large, une collectivité locale étant assimilée à l'Etat. Le droit communautaire ne fait pas de distinction entre les entités infra-étatiques et l'Etat. Dans sa définition des aides d'Etat, l'article 107 § 1 du TFUE énonce *« sous quelque forme que ce soit »* ce qui permet d'y inclure n'importe quelle forme, et d'en donner une interprétation très large, voir illimitée. Autre source d'interprétation très large, le fait que cette aide étatique soit en mesure de menacer de fausser la concurrence, donnant à la Cour de justice un large pouvoir de qualification de ces aides. Ainsi, une menace s'appréciera en fonction de l'effet qu'elle pourrait éventuellement produire, de l'hypothèse de son action sur la concurrence, laissant place à une insécurité juridique.

Ce quatrième et dernier critère est donc bien le plus important dans la définition des aides d'Etat et des critères repris par l'arrêt *Altmark*. Parler d'une aide étatique favorisant certaines entreprises ou certaines productions amène à parler du critère de sélectivité d'une aide d'État. Il est d'ailleurs en relation avec le troisième critère, puisque accorder un avantage sous-tend la distorsion de concurrence, une menace pour celle-ci, car une aide actuelle n'aura pas toujours d'effet immédiat pour la concurrence, mais cet effet pourra être ressenti plus tard[1744]. Si ce critère a pu prendre de l'importance avec le temps, puisque dans les débuts du contentieux des aides d'Etats, aujourd'hui les aides sont devenues plus indirectes, plus cachées, sous forme notamment de mesures fiscales ou sociales.

Le critère de sélectivité revient à porter atteinte à l'équilibre entre l'entreprise bénéficiaire et ses concurrentes. Il se définit également de manière assez vaste afin d'éviter d'exclure tous les programmes d'aides ayant pour caractéristique de n'énoncer que des critères abstraits pour déterminer le cadre des bénéficiaires. Ce critère a comme finalité également de distinguer les aides d'Etats des mesures générales de soutien économique susceptibles de s'appliquer à toutes les entreprises de l'ensemble des secteurs économiques d'un Etat membre. Ainsi, les Etats membres élaborent leur politique économique, fiscale ou sociale en fonction de la conjoncture. *In*

HAUTBOURG (S.), QUESSON (S.), « Arrêt Altmark : le financement des services d'intérêt général », *Décideurs Juridiques et Financiers*, n°55, 15 juin 2004, p.32.

[1744] La Cour s'attache à apprécier l'effet futur des aides d'Etat. CJCE, 16 mai 2000, *France c/Ladbroke Racing* aff.T-32/93.

concreto, cette mesure n'est pas relative à l'article 107 § 1 du TFUE mais d'ordre général.

Le Professeur Laurent Richer souligne que « *ces conditions sont difficiles à satisfaire ce qui fait que la jurisprudence* Altmark *n'a guère tenu ses promesses* »[1745]. Ainsi, à la suite de cet arrêt, la Commission européenne à édicter de nouvelles règles relatives aux aides d'Etat destinées à la compensation des charges de service public[1746].

392. *A priori*, les aides publiques aux infrastructures ne posent pas de problèmes de concurrence pour la Commission européenne ou autres autorités communautaires. Elles admettent d'ailleurs que le sport soit fortement subventionné et aidé par des fonds publics. Selon une décision de la Commission européenne, les infrastructures doivent strictement disposer d'un intérêt local sans qu'il n'y ait aucun impact sur le commerce intracommunautaire et justifier que leurs réalisations ne puissent se faire par un opérateur dans des conditions normales de marché[1747]. La Commission précise dans ce dernier point qu'en aucun cas un avantage à un opérateur déterminé doit être procuré et cela répond à un besoin impératif d'intérêt général[1748].

B – L'application de la notion d'aide d'Etat aux aides accordées aux activités sportives

L'Union européenne reconnaît l'intérêt général des activités sportives (**1**), mais reste mesurée quant à la reconnaissance du sport professionnel comme service d'intérêt économique général (**2**).

[1745] RICHER (L.), JEANNENEY (P-A.) et CHARBIT (N.), « Actualités du droit de la concurrence et de la régulation », *AJDA*, n°9, 6 mars 2006, p.476.

[1746] Décision de la Commission européenne du 28 novembre 2005 concernant l'application des dispositions de l'article 86, paragraphe 2 du traité CE aux aides d'Etat sous forme de compensation de service public octroyées à certaines entreprises chargées de la gestion de service d'intérêt économique général, notifiée sous le numéro C-2005-2673 ; Commission européenne du 28 novembre 2005, encadrement communautaire des aides d'Etat sous forme de compensations de service public, notifiée sous le numéro C-2005-297-04. Décisions publiées au *JOUE* du 29 novembre 2005.

[1747] Décision de la Commission européenne du 12 janvier 2001, N-258/00, à propos de la réalisation d'une piscine en Allemagne.

[1748] HONORAT (E.), « Droit du sport et concurrence », *AJDA*, n°30, 10 septembre 2007, p.1635. V. aussi LE MIERE (A.), « Les contrats de plan Etat / région », *CP-ACCP*, n°28, décembre 2003, p. 43 ; FOUCHER (S.), « Concours financier des collectivités territoriales aux clubs professionnels », *La Revue du Trésor*, n°11, novembre 2008, p.798.

1 – L'intérêt général des activités sportives

393. Les Etats membres de l'Union européenne interviennent inégalement dans le financement du sport. Parmi eux, certains pouvoirs publics se dévoilent particulièrement attentifs aux activités des clubs. Cet interventionnisme est apparu au cours du XXème siècle où la professionnalisation du sport, l'internationalisation des compétitions et la dimension médiatico-culturelle ont pris l'ascendant sur la sphère associative du sport. Les subventions accordées par les pouvoirs publics aux clubs professionnels sont encadrées par l'article L.113-2 et les articles R.113-1 à R.113-5 du Code du sport qui reprennent les dispositions adoptées par la loi du 6 juillet 2000 et doivent concerner des actions d'intérêt général[1749].

Cette liste de missions d'intérêt général vise à se prémunir contre tout risque de qualification par la Commission européenne d'aide d'Etat au sens de l'article 107 § 1 du TFUE. Dans une importante décision, la Commission européenne précisait sans détour que « *tout écart à cette liste limitative conduirait à une qualification d'aides économiques* »[1750], autrement dit tout financement n'étant pas énoncé dans cette liste constituerait une aide d'Etat. Cependant, une déviation a été constatée dans cette stricte ligne directrice, où des parts importantes des subventions s'écartaient de ces missions d'intérêt général[1751].

394. Dans une décision, la Commission européenne a rappelé que le financement d'une infrastructure ouverte à tous les usagers potentiels sans discrimination et gérée par un pouvoir public n'entrait pas dans le champ d'application de l'interdiction visée à l'article 107 du TFUE[1752] puisque dans ce cas de figure il n'y a pas de concurrence, aucune entreprise n'entre en concurrence avec d'autres. Ce constat atteste de la position de la Commission européenne à l'égard du financement public dans le domaine du sport tenant compte de son impact social et culturel[1753]. Par conséquent, au regard du droit communautaire, le financement d'une aire de jeux ou d'un parc doté d'équipements sportifs, même si l'accès est conditionné au

[1749] V. *infra*.

[1750] Décision de la Commission européenne du 25 avril 2001 relative à l'aide de l'Etat « NIIB / 00 France subventions publiques aux clubs professionnels ».

[1751] CRC RO Centre, 8 juillet 2008, *Ville d'Orléans*.

[1752] Décision de la Commission européenne du 9 avril 2002 relative à l'aide d'Etat accordée par l'Italie en faveur d'installations à câbles de la province autonome de Bolzano, 2003/521/CE, publiée au *JOUE*, L, n°183 du 22 juillet 2003.

[1753] PONS (J-F), « Sport et politique européenne de la concurrence : règles du jeu et exemples récents d'application », *in* Rapport du Directeur Général adjoint de la DG Concurrence, 18 octobre 2001, p.2. « *La Commission européenne est aussi consciente des fonctions sociale et culturelle du sport. Elle vise à préserver et à améliorer ces fonctions et à concilier cette action avec son action à l'égard des aspects économiques du sport* ».

paiement d'une redevance, ne soulève aucune objection[1754]. Il importe de nuancer ce dernier point, puisqu'il ne s'applique uniquement qu'aux investissements singulièrement locaux et ouvert au public. Les grands ouvrages sportifs, prioritairement attribués aux clubs sportifs professionnels et généralement seuls utilisateurs, font l'objet du champ d'application des règles de concurrence.

S'il est vrai que les subventions publiques ne représentent qu'une assez faible partie des revenus des clubs, « *les pouvoirs publics ont parfaitement assimilé la connotation économique associée au sport professionnel, laquelle suscite aujourd'hui leurs convoitises* »[1755]. Cette convoitise se matérialise tout simplement par une récupération politique du sport. Les électeurs se révèlent être généralement de fervents supporters de l'équipe locale, si le club obtient des résultats convaincants, il est susceptible de séduire des investisseurs représentant une nouvelle source d'emplois, de revenus et d'imposition. Selon la dimension du club, il peut développer un attrait touristique régional tant par l'afflux de spectateurs dans les différentes compétitions locales, nationales ou internationales, que par le potentiel de communication[1756], les termes de vitrine ou porte-drapeau local étant régulièrement employés.

395. Pour ces raisons, l'interventionnisme, ou les dîtes aides d'Etat, sont en mesure d'améliorer et d'accroître très ostensiblement les capacités financières et structurelles des clubs[1757]. Ces aides apportées par les collectivités territoriales peuvent l'être directement, sous la forme de subvention, ou indirectement, tel peut être le cas par exemple de la non-répercussion au club du coût d'un stade public ou encore du coût des infrastructures publiques desservant exclusivement un stade privé[1758]. Quelle

---

[1754] NIHOUL (P.) et ADAM (S.), « Les infrastructures publiques, intervention et valorisation », *in* Actes du colloque *Le sport dopé par l'Etat, vers un droit public du sport ?*, sous la direction de DEPRE (S.), Bruylant, 2006, Bruxelles, p.88.
[1755] ZYLBERSTEIN (J.), « L'encadrement communautaire des aides publiques octroyées aux clubs sportifs », *Les Cahiers de droit du sport*, n°14, septembre 2008, p.19.
[1756] *Ibid.*
[1757] WOLTER (J-M.), « Le financement public du sport et des infrastructures sportives : compatibilité avec le droit européen des aides d'Etat », *Cahier des sciences administratives*, n°11, novembre 2004, p. 28.
[1758] V. notamment : TA Lyon, 10 mars 2005, *M. Pierre Lavaurs*, n°0303726, *AJDA*, p.1474, note LAGARDE (F.) ; TA Lyon, 13 juillet 2006, *Mme Cordier*, n°0505881, CAA Lyon, 12 juillet 2007, *Ville de Lyon*, n°06LY02105 et 06LY02106 (jugement du TA du 10 mars 2005) et 06LY02107 et 06LY02108 (jugement du TA du 13 juillet 2006) ; DE FENOYL (E.), « Grands stades sportifs, le financement à l'épreuve du droit », *BJES*, n°87, juin 2008, p.13 ; CRC RO, Centre, 8 juillet 2008, *Ville d'Orléans* ; CRC RO Aquitaine, 16 septembre 2004, *Ville de Bayonne* ; CRC RO Ile de France, 19 février 2009, *Levallois Perret* ; CRC RO Ile de France, 3 décembre 2008, *Ville de Paris* ; LAPOUBLE (J-C), « Les chambres régionales des

qu'en soit la forme, ce soutien est de nature à procurer des avantages concurrentiels *a priori* injustifiés par rapport aux équipes n'en bénéficiant pas. Ces aides publiques octroyées aux clubs sportifs rompent l'équilibre de l'organisation des compétitions et en vertu de l'article 107 TFUE « *faussent ou menacent de fausser la concurrence en favorisant certaines catégories d'entreprises* ».

2 – Le sport professionnel, un service d'intérêt économique général ?

396. Le sport professionnel est devenu une activité économique où les clubs, transformés désormais en entreprises commerciales, n'ont comme autre objectif également que la recherche du profit. Les collectivités territoriales et les clubs sportifs connaissent une union, à l'image des fiançailles puis du mariage. Jusqu'à que cette union soit scellé, les parties peuvent se désengager. Afin de sceller cette union, les collectivités territoriales disposent de montages contractuels qui diffèrent selon que les missions réalisées sont d'intérêt général ou orientées vers une logique de profit[1759]. Les besoins en termes d'infrastructures sportives s'accroissent non seulement en quantité mais aussi en qualité. Or, dans ce contexte de contrainte budgétaire, il est difficile pour l'Etat de répondre à ces besoins. Il semble ainsi opportun d'associer le secteur privé au financement, à la construction, à l'exploitation et à la maintenance de ces infrastructures par le contrat de partenariat[1760].

397. L'article 106 § 2 du Traité dispose que « *les entreprises chargées de la gestion de services d'intérêt économique général ou présentant le caractère d'un monopole fiscal sont soumises aux règles des traités, notamment aux règles de la concurrence, dans les limites où l'application de ces règles ne fait pas échec à l'accomplissement en droit ou en fait de la mission particulière qui leur a été impartie. Le développement des échanges*

---

comptes et les clubs sportifs professionnels », *Les Cahiers de droit du sport*, n°18, janvier 2009, p.11.

[1759] Le législateur a strictement encadré dans le Code du sport les concours financiers accordés par les collectivités territoriales aux clubs professionnels par le biais des articles L.113-2 et L.113-3, des articles R.113-1 à R.113-5 et de l'article D.113-6.

Le rapport de la Cour des comptes du 10 décembre 2009 sur « les collectivités territoriales et les clubs sportifs professionnels » examine ces relations. La Cour apporte un éclairage sur les pratiques des collectivités, dans un contexte de contrainte budgétaire et s'attache à évaluer l'importance des concours accordés, à examiner la transparence des conditions d'attribution, l'autonomie de décision face aux sollicitations, la mise en place d'un suivi des concours et l'évaluation des résultats obtenus, les conditions de mise à disposition, de réalisation de travaux ou de construction d'équipements sportifs.

[1760] RAYMUNDIE (O.), « L'exploitation – maintenance dans les contrats de partenariat », *CP-ACCP*, n°81, octobre 2008, p.58.

ne doit pas être affecté dans une mesure contraire à l'intérêt de l'Union ». La CJCE a considéré, sur ce fondement, dans son arrêt *Altmark*[1761] que des aides pouvaient, sans contrevenir à l'article 87 du Traité, être accordées à des entreprises chargées de la gestion d'un SIEG sous réserve que les quatre conditions suivantes soient cumulativement remplies : l'obligation de service public clairement définie, clarté et transparence des paramètres de calcul de la contribution, montant ne dépassant pas la nécessaire couverture des obligations de service public en tenant compte des recettes afférentes et du bénéfice raisonnable, enfin en l'absence de procédure transparente d'attribution du contrat estimation par référence à une entreprise « bien gérée et adéquatement équipée en moyens ».

Définie ainsi la notion de SIEG semble difficilement applicable au sport professionnel parce que « *celui-ci est susceptible d'affecter les échanges intracommunautaires d'une part entre les clubs sportifs et d'autre part concernant le marché européen des grands événements* »[1762]. Cependant, si la qualification de SIEG ne saurait être reconnue au sport professionnel, il ne nous semble pas impossible de l'appliquer dans une certaine mesure. Le livre blanc sur le sport présenté par la Commission européenne le 11 juillet 2007[1763] rappelle ainsi que le rôle sociétal du sport ne se limite pas au sport amateur : « *le sport professionnel acquiert une importance de plus en plus grande et contribue également au rôle sociétal du sport. Non seulement, le sport améliore la santé des citoyens européens, mais il a une dimension éducative et joue un rôle sociétal, culturel et récréatif* ».

398. Sur le fondement de l'arrêt *Altmark*, il est possible d'imaginer qu'au titre du rôle sociétal du sport, des objectifs d'accueil du public dans des conditions d'accessibilité générale (tarif des places inférieur au coût réel d'une place) et spécifique (scolaires, sportifs amateurs) soient assignés au club et compensés par la collectivité sans que les échanges intracommunautaires ne s'en trouvent affectés. Il ne s'agirait pas de diminuer le prix moyen des places mais de démontrer que leur niveau intègre une compensation ne constituant pas, compte-tenu de sa finalité, une aide d'Etat[1764]. Le Conseil d'Etat a appliqué les dispositions de la jurisprudence *Altmark* à la délégation de service public[1765]. Il s'est prononcé en l'espèce

---

[1761] CJCE, 24 juillet 2003, *Altmark Trans GmbH*, aff. C280/00.

[1762] DE FENOYL (E.), « Grands stades sportifs, le financement à l'épreuve du droit », *BJES*, n°87, juin 2008, p.22.

[1763] Livre blanc sur le sport, 11 juillet 2007, COM (2007) 391 final.

[1764] DE FENOYL (E.), « Grands stades sportifs, le financement à l'épreuve du droit », *BJES*, n°87, juin 2008, p.24.

[1765] CE, 13 juillet 2012, *Communauté de communes d'Erdre et Gesvres, les Verts des Pays-de-la-Loire, Association ACIPA*, n°347073. Concl. Da Costa. Notes sous arrêt : GLASER

sur la requalification en aide d'Etat d'une compensation financière représentant la contrepartie de prestations effectuées par une entreprise pour exécuter ses obligations de service public.

§ 2 – Les aides d'Etat au sein du sport professionnel

L'analyse du subventionnement des infrastructures sportives et des mécanismes légaux induit de la part des collectivités locales des avantages concédés non négligeables que ce soit de façon directe (**A**) ou indirecte (**B**).

A – Les subventions, des aides d'Etat directes encadrées

399. La question des aides publiques au sport professionnel connaît une véritable controverse tant au regard des justifications de l'intérêt public qu'à celui des distorsions éventuelles à la concurrence. Force est de constater que l'aspect concurrentiel dans le sport professionnel s'accroît continuellement, à tel point qu'il est considéré comme une activité marchande, exercée normalement par des sociétés commerciales. La Commission européenne a rendu un avis[1766] sur les aides directes, considérant que les subventions ne constituaient pas des aides d'Etat au motif que les subventions susceptibles d'être octroyées s'inscrivaient dans un cadre éducatif et social, les clubs sportifs professionnels possédant des centres de formation de jeunes agréés par les pouvoirs publics. En outre, dans cet avis, les autorités françaises s'engageaient à procéder à un contrôle adéquat de l'affectation des subventions notamment par les chambres régionales des comptes et les collectivités locales, ce contrôle devant par principe éviter toute surcompensation du coût net de la formation et donc théoriquement toute subvention croisée[1767]. La Cour des comptes dans son rapport du 10 décembre 2009 réprouve cela[1768]. Il ne semble pas évident que toutes les subventions octroyées aux clubs sportifs respectent ces conditions.

La Cour de justice des Communautés européennes a précisé la notion de subvention directement liée au prix. Dans sa décision *Office des Produits*

(E.), *ADJA*, n°31, 24 septembre 2012, p.1722 ; ECKERT (G.), *Contrats et Marchés Publics*, n°10, octobre 2012, p.36.

[1766] Décision de la Commission européenne du 25 avril 2001, *aide d'Etat* n°118/00, SG (2001), D/288165.

[1767] Décision de la Commission européenne du 25 avril 2001 relative à l'aide de l'Etat « NIIB / 00 France subventions publiques aux clubs professionnels ».

[1768] Rapport thématique de la Cour des comptes, « Les collectivités territoriales et les clubs sportifs professionnels » du 10 décembre 2009, p.10.

Wallons[1769], elle précise les conditions pour qu'une subvention de fonctionnement puisse être considérée comme un complément de prix imposable à la TVA. Le Conseil d'Etat s'appuiera sur cette jurisprudence communautaire pour rendre son arrêt *Société Carilis*[1770]. A propos de la gestion de deux patinoires, le Conseil d'Etat précise les critères d'assujettissement à la TVA des subventions publiques aux opérateurs économiques.

B – Le financement des infrastructures des clubs sportifs, une aide d'Etat indirecte

400. Les conditions de passation des marchés publics s'érigent comme un critère décisif dans la distinction entre les aides d'Etat incompatibles au Traité et les interventions publiques quant à elles légales. La Commission européenne a déterminé le régime juridique des modalités de construction et de location des installations sportives par les collectivités publiques à la suite de deux décisions[1771] mettant fortuitement en cause des opérations effectuées en faveur de clubs sportifs néerlandais à quelques mois d'intervalles. Si l'affaire du stade de l'AZ Alkmaar illustre un financement de stade par une aide d'Etat (**1**), l'affaire du complexe d'Ahoy est un exemple de financement d'infrastructure sportive ne relevant pas des critères de l'aide d'Etat (**2**).

1 – L'affaire du stade de l'AZ Alkmaar, exemple d'un financement de stade par une aide d'Etat

401. L'affaire du stade de l'AZ Alkmaar au Pays-Bas illustre la position de la Commission européenne sur les aides octroyées pour le financement des stades et *de facto* les aides indirectes[1772]. En décembre 2001, la

---

[1769] CJCE, 22 novembre 2001, *Office des Produits Wallons*, aff. C-184/00. Note sous arrêt : BROVILLE (N.), *Revue de droit fiscal*, n°23, 9 juin 2005, p. 977.

[1770] CE, 10 juin 2010, *Société Carilis*, n°301586. Concl. Olléon, *Bulletin des conclusions fiscales*, n°10, octobre 2010, p.5. Notes sous arrêt : DAUMAS (V.), *Revue de jurisprudence fiscale*, n°10, octobre 2010, p.715 ; TOURNES (P.), *Bulletin de gestion fiscale des entreprises*, n°5, décembre 2010, p.6 ; TOULEMONT (B.) et ZAPF (H.), *Gaz. Pal.*, n°344, 10 décembre 2010, p.44 ; COLLET (M.), *AJDA*, n°8, 7 mars 2011, p.453.

[1771] Décision de la Commission européenne du 6 avril 2005, aide N 555 / 2004, *JOUE* n°C.333, 29 décembre 2005, p.6 ; Décision 2006/743/CE de la Commission européenne, 25 janvier 2006, concernant l'aide d'Etat mise à exécution par les Pays-Bas en faveur de AZ et de AZ Vastgoed BV, *JOUE* n°L.307, 7 novembre 2006, p.194-195.

[1772] A mettre en perspective avec l'affaire Almere. Décision du 6 avril 2005, aide N 555/2004, *JOUE* n° C 333 du 29 décembre 2005, p.6. V. aussi ZYLBERSTEIN (J.), « L'encadrement communautaire des aides publiques octroyées aux clubs sportifs », *Les Cahiers de droit du sport*, n°14, septembre 2008, p.24. ; ZYLBERSTEIN (J.), « L'encadrement communautaire

commune d'Alkmaar s'était engagée à vendre à un promoteur immobilier, *AZ Vastgoed*, pour le prix symbolique d'un euro, quatre terrains dont le stade existant de l'équipe locale, l'AZ Alkmaar. L'opération immobilière avait pour objet la réalisation d'un nouveau stade et d'un projet immobilier. Or, les entreprises concurrentes estimaient que cette opération valait environ 25 millions d'euros, ce qui procurait un avantage certain et une situation de non respect des règles de concurrence. La Commission européenne décida d'ouvrir en l'espèce une procédure d'examen de compatibilité en application de l'article 88 du Traité instituant la Communauté européenne (TCE) en indiquant qu'il « *était douteux que l'aide en faveur d'AZ (...) fût compatible avec le Traité CE* » en juillet 2003. En d'autres termes, la Commission émettait des doutes sur le coût au prix du marché de l'opération immobilière. Ces suspicions se fondaient sur le fait que la vente avait eu lieu en dehors de toute procédure d'appel d'offre, en dessous de sa valeur de marché[1773] et sans qu'aucun expert indépendant n'ait été désigné, conformément à la procédure prévue par la communication de la Commission. Puis, la Cour d'Amsterdam, juridiction néerlandaise, décida à son tour en avril 2004 de suspendre l'exécution de l'accord entre la municipalité d'Alkmaar et le promoteur immobilier. De nouvelles négociations reprirent pour déterminer le prix de cession des terrains après que les parties en l'espèce s'engagent à respecter la procédure prévue par la communication de la Commission, un expert indépendant évalua la valeur de marché des terrains en cause au principal et un accord fut trouvé auprès d'un nouveau promoteur.

C'est sur ce fondement de la renégociation du prix de cession que la Commission mis fin étonnamment à la procédure[1774]. En effet, l'accord passé entre la municipalité d'Alkmaar et le promoteur initial qui faisait l'objet de l'enquête a été dissous et la procédure d'examen clôturée.

La position de la Commission dans cette affaire illustre d'une part, que la réalisation d'une infrastructure sportive destinée à un club sportif professionnel ne saurait être exonérée des règles relatives aux aides d'Etat ; d'autre part, que l'octroi de l'aide indirecte, notamment au moyen d'une cession foncière pour un prix symbolique, est sans incidence sur

---

des aides publiques octroyées aux clubs sportifs », *La Revue du Trésor*, n°11, novembre 2008, p.838.

[1773] La Commission admet que le prix des biens puisse être fixé avec une marge de 5% par rapport à celui retenu par l'expert sans que l'on retienne l'existence d'une aide quelconque.

[1774] Décision 2006/743/ CE de la Commission du 25 janvier 2006 concernant l'aide d'Etat mise à exécution par les Pays-Bas en faveur de AZ et de AZ Vastgoed BV (notifiée sous le numéro C (2006) 80). V. notamment ZYLBERSTEIN (J.), « L'encadrement communautaire des aides publiques octroyées aux clubs sportifs », *Les Cahiers de droit du sport*, n°14, septembre 2008, p.24.

l'application ou non du régime[1775]. La Commission n'établit là qu'un cadre général et seule une analyse *in concreto* permettrait d'évaluer la compatibilité d'une telle aide à l'interdiction formulée par l'article 87 du TCE.

2 – L'affaire du complexe d'Ahoy, un financement de stade ne relevant pas des critères de l'aide d'Etat

402. L'affaire du Palais des sports d'Ahoy à Rotterdam illustre le principe selon lequel dès lors qu'un financement public sert à l'aménagement d'une infrastructure sportive mise à la disposition des clubs, sans que celle-ci appartienne aux clubs et/ou procure un avantage économique à l'exploitant, la Commission considère qu'il ne s'agit pas d'une aide d'Etat mais d'une mesure générale puisque le financement ne les favorise pas[1776].

En l'espèce, la municipalité de Rotterdam finança la modernisation du complexe d'Ahoy, salle polyvalente comprenant un palais des sports, six salles d'exposition et un centre de conférences. Ce complexe, exploité par un opérateur privé, comportait dans le contrat de bail une clause indiquant que la municipalité financerait les travaux de modernisation sans que cela génère une indexation sur la valeur locative du complexe. La Commission diligenta une enquête afin de déterminer si ce financement public procurait une aide publique prohibée[1777]. La Commission répond par la négative considérant que « *le caractère multifonctionnel du complexe Ahoy et la diversité des activités qui y sont organisées*, (…) *vise à préserver le caractère multifonctionnel du complexe et soutient de ce fait divers types d'activités sans pour autant conférer d'avantage spécifique à des entreprises en particulier ou pour des activités spécifiques* »[1778]. Ainsi, la Commission affirme que le financement d'une infrastructure sportive relève de la notion d'aide d'Etat uniquement s'il procure un avantage spécifique à une entreprise, ce qui correspondrait à un club résident.

Par ailleurs, en matière d'aides publiques en faveur des stades, la Commission européenne a autorisé le versement d'aides publiques pour la

---

[1775] DE FENOYL (E.), « Grands stades sportifs, le financement à l'épreuve du droit », *BJES*, n°87, juin 2008, p.18.
[1776] Décision 2009/713/CE de la Commission du 21 octobre 2008 concernant l'investissement de la municipalité de Rotterdam dans le complexe Ahoy, *JOUE*, n°L248 du 22 septembre 2009, p.28. V. KARPENSCHIF (M.), « La soumission du soutien public au droit communautaire », *in*, sous dir. SIMON (G.), *Le soutien public au sport*, LexisNexis, mars 2012, p.39.
[1777] *Ibid.* pt. 14 et s.
[1778] *Ibid.* pt.67.

construction et la rénovation des stades prévus pour l'accueil de l'Euro 2016[1779]. La Commission a considéré que le financement public procurerait un avantage aux entreprises participant à la construction et à la rénovation des stades, ainsi qu'à leurs exploitants et utilisateurs. La mesure constitue donc une aide d'État au sens des règles de l'Union européenne. Une aide de ce type peut être jugée compatible avec le marché intérieur si elle contribue à la réalisation d'un objectif commun de l'Union européenne sans fausser indûment la concurrence au sein du marché intérieur. La Commission a estimé que le projet n'aurait pas été viable sans soutien public. De surcroît, les aides à la construction et à la rénovation des stades sont limitées au minimum nécessaire pour garantir leur mise en conformité avec les exigences de l'UEFA à temps pour l'Euro 2016. Par ailleurs, après la compétition, les stades resteront à la disposition des clubs résidents et leurs installations multifonctionnelles permettront également d'y organiser des événements sportifs, culturels et sociaux. En considérant que ce financement public était conforme aux règles de l'Union européenne et contribuait bien à la promotion du sport, la Commission permet de valider les aides publiques octroyées à hauteur de 1,052 milliards d'euros.

Les dispositions actuelles sont de nature à favoriser la réalisation, dans un cadre juridique sécurisé, de valorisation du domaine public et d'opérations immobilières. Cela facilite également le rôle que doit tenir le club sportif résident et permet de mieux appréhender les éventuelles missions de service public du contrat de partenariat.

[1779] Commission européenne IP/131288 du 18 décembre 2013.

CONCLUSION DU TITRE 1

403. La grande interconnexion entre le monde économique et le monde sportif conduit, voire contraint, les pouvoirs publics à privilégier les sports de masses, davantage médiatiques, offrant *de facto* une visibilité notable et assurant un « retour sur investissement ». En quête de rentabilité permanente, la réflexion menée par les pouvoirs publics néglige les sports professionnels peu développés ou le sport amateur, tout en contribuant à abandonner le sport à la loi du marché. Le sport doit recueillir principalement les bénéfices du financement public et non pas les entreprises qui en tirent elles-mêmes leur profit[1780].

Le coût du contrat de partenariat est *a priori* supérieur au coût d'un contrat d'investissement public équivalent. Le contrat de partenariat étant préfinancé par le secteur privé, il ne dispose pas de taux d'intérêts bien plus avantageux en raison des garanties de solvabilité de la personne publique. Mais par son acception globale, le contrat de partenariat compense ce déséquilibre en procurant de multiples avantages. Le contrat de partenariat repose sur un ensemble de mécanismes d'incitation garantissant, en théorie, une performance optimale du projet. Ces mécanismes induisent, outre un partage des risques, la meilleure qualité au moindre coût et dans des délais raisonnables, *best value for money*[1781]. Les différentes évaluations juridiques et financiers du projet constituent une garantie pour le projet lui-même.

[1780] COLIN (F.), « Le financement public des coupes du monde », *in*, *Droit et Coupe du Monde*, sous dir. MAISONNEUVE (M.), Economica, octobre 2011, p.248.

[1781] RICHER (L.), « Contrats et *Best value for money* », *Contrats Publics*, n°2, juillet 2001, p.64.

TITRE 2 – L'ENCADREMENT HÉTÉROGÈNE DU STADE

404. La sécurité et l'exploitation numérique des manifestations sportives concentrent intrinsèquement des éléments de droit public. En effet, la sécurité au sein et autour des stades relève d'une prérogative des missions du service public, le maintien de l'ordre public[1782]. La sécurité « *est un devoir pour l'Etat qui veille sur l'ensemble du territoire de la République, à la protection des personnes, de leurs biens* (…) *et au respect des lois* (…) *et de l'ordre public* »[1783]. A ce titre, la sécurité autour du déroulement d'une manifestation sportive relève de la compétence de l'organisateur et de la personne publique, et s'entend dans le présent Titre comme les mesures inhérentes à la sauvegarde de l'ordre public et exclut les mesures d'homologation des installations, propres à l'urbanisme du stade et sa construction.

Le droit d'exploitation est lié à la sécurité. Afin d'organiser un spectacle commercial, et de surcroit télégénique, la sécurité de l'événement doit être effective. Cette effectivité se conçoit également dans le contrôle et la détection de risques au travers de l'activité de paris sportifs.

L'encadrement hétérogène du stade comporte d'une part, l'encadrement sécuritaire des manifestations sportives (**Chapitre 1**), et d'autre part, l'encadrement du droit d'exploitation des manifestations sportives (**Chapitre 2**).

[1782] MAGNAVAL (O.), « L'Etat, le juge et les hooligans », *AJDA*, n°28, 5 août 2013, p.1607 ; DUBREUIL (C-A.), sous dir., *L'ordre public*, édition Cujas, mars 2013, 352 p. ; GOGNETTI (J.), « La notion d'ordre public », Thèse, sous la direction du Professeur Bernard TOURET, Université de Reims, 1998, 297 p.

[1783] Article 1er de la loi n°95-73 du 21 janvier 1995 d'orientation et de programmation relative à la sécurité, dite « Loi Pasqua », *JORF*, n°20, 24 janvier 1995, p.1249.

CHAPITRE 1 – L'ENCADREMENT SÉCURITAIRE DES MANIFESTATIONS SPORTIVES

405. Phénomène primaire observable aux origines du jeu, la violence lors des spectacles sportifs demeure d'une formidable modernité[1784]. Des mouvements de foules au maintien de l'ordre, l'encadrement sécuritaire des spectacles sportifs s'est accru et diversifié au cours du XXème siècle avec l'émergence de nouvelles formes de violences, liées à des antagonismes sociaux, politiques voire raciaux. Face à la résurgence de ce phénomène, les Etats ont légiféré sous l'impulsion des institutions européennes. La France, relativement épargnée par le mouvement de hooliganisme mais touchée par une violence plus diffuse, a adopté un dispositif juridique novateur préventif et répressif.

Les mesures de sécurité, inhérentes au bon déroulement du spectacle sportif, s'inscrivent dans les mesures préventives relatives à la responsabilité de l'organisateur et des supporters[1785]. Le champ de la responsabilité s'est immiscé dans celui des activités sportives et par incidence au sein des équipements et installations sportives[1786].

Le risque zéro en matière de sécurité n'existe pas. Encore moins en matière d'organisation, « *même si l'on impose parfois des obligations de sécurité de*

[1784] Voir l'un des premiers écrits en la matière, Tacite relatant des affrontements à Pompéi en 59 après JC, *in*, *Annales, XIII-XVI*. Paris, 1978, traduit par HELLEGOUARCH (J.). « *Vers la même époque, un incident futile provoqua un affreux massacre entre les colons de Nucérie et ceux de Pompéi, lors d'un spectacle de gladiateurs, donné par Liveneius Regulus, dont j'ai rapporté l'exclusion du Sénat. En effet, en échangeant des invectives selon la licence propre aux petites cités, ils se lancèrent des injures, puis des pierres, enfin des armes, et la victoire resta à la plèbe de Pompéi, où se donnait le spectacle. Ainsi transporta t-on dans la ville beaucoup de nucériens, le corps mutilé à la suite des coups reçus, et un grand nombre pleuraient la mort d'un fils ou d'un père. Le jugement de cette affaire fut repris par le prince au Sénat, par le Sénat aux consuls. Puis, l'affaire étant revenue au Sénat, on interdit pour dix ans à la municipalité de Pompéi ce genre de réunions et les associations qui s'y étaient fondées au mépris des lois furent dissoutes ; Liveneius et les autres sénateurs de la sédition furent punis de l'exil* ». V. aussi THUILLIER (J.), *Le sport dans la Rome Antique*, Editions Errance, janvier 1996, p.171 et s.

[1785] SIMON (G.), « Police des stades et libertés publiques : le dispositif préventif et répressif de la lutte contre la violence en France et en Europe », », *in,* sous dir. SIMON (G.), *Le stade et le droit*, Dalloz, février 2008, p.180 et s. ; GELBAT (A.), LEGRAND (L.) et TOUZEIL-DIVINA (M.), « Face aux impératifs de sécurité et de profit : reste-t-il des droits et libertés aux supporters ? », *in*, MAISONNEUVE (M.) et TOUZEIL-DIVINA (M.), sous dir., *Droit(s) au football, Actes du colloque du Mans du 4 avril 2014*, Lextenso, mai 2014, p.73.

[1786] DRAGO (R.), « La gestion administrative du sport », *Revue administrative*, n°305, septembre 1998, p.581 et s. ; RICHER (L.) « Propriété publique et rentabilité des stades : de la concession au contrat de partenariat », *in, Le stade et le droit*, Dalloz, février 2008, p.67 et s.

résultat à l'organisateur »[1787]. L'organisateur doit garantir la sécurité des spectateurs, tant des risques induits lors de la manifestation sportive, que des comportements dangereux de certains supporters[1788].

406. La notion de supporter est délicate à définir. Faut-il le distinguer du spectateur ? Quand et comment devient-on supporter ? Tous les supporters sont-ils identiques ? Si des éléments sociologiques sont à prendre en considération, les éléments juridiques permettent d'appréhender la notion. La doctrine a récemment proposé une définition du supporter, qui peut être défini comme « *une personne physique qui apporte son soutien à une association ou une société sportive, ou plus largement, un sportif ou une équipe qui participe à des compétitions et manifestations sportives. Il se distingue du spectateur par le soutien, en règle générale, exclusif qu'il manifeste au profit d'une équipe. Plusieurs catégories de supporters peuvent être différenciées en fonction du degré et des formes de manifestations de leur soutien, de la nature des activités menées et leur appartenance à des groupements plus ou moins organisés* »[1789]. La jurisprudence a élaboré des éléments de définition, tout du moins de reconnaissance en vue d'établir la responsabilité objective des clubs.

Initialement, les arbitres du Tribunal arbitral du sport ont indiqué qu'un supporter « *est tout individu dont le comportement conduirait un observateur raisonnable et objectif à conclure qu'il ou elle est un supporter* »[1790]. La doctrine a également souligné la tentative de définition restrictive proposée par le commissaire du gouvernement Bernier dans le jugement du Tribunal administratif de Paris du 16 mars 2007[1791]. *In fine*, la Cour administrative d'appel de Paris, dans son arrêt du 9 juin 2008, a dégagé l'élément le plus probant, l'emplacement réservé aux supporters du club[1792]. Cet emplacement est simple à considérer quand l'équipe joue sur terrain neutre ou à l'extérieur mais il est possible que les supporters se déplacent individuellement et se retrouvent dans un emplacement qui n'est pas celui de leur équipe. A défaut

---

1787 ALBIGES (C.), DARMAISIN (S.) et SAUREL (O.), *Responsabilité et sport*, Litec, juillet 2007, p.116.

1788 RIZZO (F.), « Réflexions relatives à la responsabilité civile des clubs sportifs à l'égard des spectateurs », *LPA*, n°135, 8 juillet 2002, p.4 et s.

1789 KARAQUILLO (J-P.) et DUDOGNON (C.) sous dir., *Dictionnaire juridique du sport*, Dalloz, septembre 2013.

1790 TAS, 20 avril 2007, *Feyenoord Rotterdam c/ UEFA*, aff. 2007/A/1217, paragraphe 11.6.

1791 TA Paris, 16 mars 2007, *Société Paris Saint-Germain.*

1792 CAA Paris, 7 juin 2008, *Fédération française de football c/ Paris Saint-Germain*, n°07PA01763. « *Les tribunes en cause avaient été réservées à ces mêmes supporters du PSG* ».

d'identification du supporter, « *c'est le club organisateur qui endosserait la responsabilité pour manquement à une obligation de moyens !* »[1793].

Par conséquent, le législateur et la jurisprudence ont établi des mesures d'ordre public liées à l'organisation d'une manifestation sportive (**Section 1**) et de responsabilités liées à la manifestation sportive (**Section 2**).

Section 1 – Les mesures préventives et répressives liées à l'organisation d'une manifestation sportive

407. Le phénomène de violence lors de manifestations sportives n'est pas nouveau comme le démontre des études historiques[1794], il a seulement connu une ampleur nouvelle en raison de la médiatisation et de la mondialisation du sport[1795]. L'organisation d'une manifestation sportive nécessite des mesures de préventions et de sanctions des violences afin de maintenir l'ordre public[1796]. Celui-ci, contingent et évolutif comme l'intérêt général, correspond au triptyque de sûreté, sécurité et salubrité publiques consacré par la loi municipale du 4 avril 1884[1797], codifiée à l'article L.2212-2 du CGCT qui inclut également la notion de bon ordre[1798]. Le Conseil d'Etat a ajouté à ces éléments de définition, « *le respect de la dignité de la personne*

[1793] SIMON (G.), « La responsabilité objective des clubs du fait de leurs supporters : une règle du droit sportif reconnue par le juge étatique », *Gaz. Pal.*, n°295, 19 octobre 2008, p.3235.

[1794] CAILLAT (M.), *Sport et civilisation, histoire et critique d'un phénomène social de masse*, L'Harmattan, janvier 1996, 120 p. ; LASSALLE (J-Y.), *La violence dans le sport*, Que sais-je ?, PUF, 1997, p.74 ; COMERON (M.), « Du gang au groupe social : une analyse socio-préventive », *Cahiers de la sécurité intérieure*, n°26, octobre 1996, p.47 ; MIGNON (P.), « La lutte menée contre le hooliganisme : comparaisons européennes », *Cahiers de la sécurité intérieure*, n°26, octobre 1996, p.92 ; TSOUKALA (A.), « Sport et violence : l'évolution de la politique criminelle à l'égard du hooliganisme, en Angleterre et en Italie, depuis 1970 », Thèse, sous la direction du Professeur Mireille DELMAS-MARTY, Université Panthéon-Sorbonne (Paris I), 1993, 356 p.

[1795] BODIN (D.), « Les problèmes posés par l'utilisation des statistique policières et judiciaires comme source d'interprétation sociologique : l'exemple du hooliganisme », *RJES*, n°58, mars 2001, p.7 ; DUNNING (E.), « Culture, civilisation et sociologie du sport », *Cahiers de la sécurité intérieure*, n°26, octobre 1996, p.18.

[1796] LAGARDE (F.), « La répression de la violence des supporters », *AJDPénal*, n°6, juin 2013, p.311 ; PONTIER (J-M.), « Comportement violent des supporters et police administrative », *JCPA*, n°17, 20 avril 2009, p.45 ; MELLERAY (F.), « L'obligation de prendre des mesures de polices initiales », *AJDA*, n°2, 17 janvier 2005, p.71 ; FERAL (M.), « Sport et ordre public : la prévention et la lutte contre la violence dans les manifestations sportives », *RFAP*, n°97, janvier 2001, p.131 ; DE BIASI (R.), « Ordre public et *tifosi* », *Cahiers de la sécurité intérieure*, n°26, octobre 1996, p.75.

[1797] LE YONOURT (T.), « L'ordre public dans la loi municipale de 1884 », *in*, *L'ordre public*, sous dir. DUBREUIL (C-A.), édition Cujas, mars 2013, p. 41.

[1798] CANEDO (M.), « Le Conseil d'Etat, gardien de la moralité publique ? », *RFDA*, n°, 2000, p.1282.

humaine »[1799], qu'il érige en l'une des composantes de l'ordre public[1800]. Le Conseil constitutionnel fait de l'ordre public un « *objectif de valeur constitutionnelle* »[1801]. La jurisprudence a distingué, notamment au regard du critère finaliste[1802], la police administrative de la police judiciaire. La police administrative tend à assurer le maintien de l'ordre public et de prévenir les troubles, alors que la police judiciaire tend à réprimer les troubles[1803]. La

---

1799 CE, Ass., 27 octobre 1995, *Commune de Morsang-sur-Orge*, n°136727. Concl. Frydman, *RFDA*, n°6, décembre 1995, p.1204. Rec. Lebon, p.372. GAJA, n°102, 15ème édition, août 2005, p.737. Notes sous arrêt : STAHL (J-H.) et CHAUVAUX (D.), *AJDA*, n°12, 20 décembre 1995, p.878 ; ROUAULT (M-C.), *LPA*, n°11, 24 janvier 1996, p.28 ; GROS (M.) et FROMENT (J-C.), *RDP*, n°2, avril 1996, p.536 ; DEFAINS (N.), *RTDH*, n°28, octobre 1996, p.657 ; V. CE, Ass., 27 octobre 1995, *Ville d'Aix-en-Provence*, n°143578. Concl. Frydman. V. aussi, Décision n°94-343/344 DC, 27 juillet 1994, loi relative au respect du corps humain et loi relative au don et à l'utilisation des éléments et produits du corps humain, à l'assistance médicale et à la procréation et au diagnostic prénatal, pour une consécration constitutionnelle du principe « *de sauvegarde de la dignité de la personne humaine contre l'asservissement et la dégradation* ». Préambule du décret d'abolition de l'esclavage du 27 avril 1848, dit décret Victor Schœlcher, pour une première apparition de la notion de dignité humaine.

1800 CANEDO-PARIS (M.), « La dignité humaine en tant que composante de l'ordre public : l'inattendu retour en droit administratif français d'un concept controversé », *RFDA*, n°5, septembre 2008, p.979. V. aussi, LEBRETON (G.), « Ordre public et dignité de la personne humaine : un problème de frontière », *in*, sous dir. REDOR (J-M.), *L'ordre public : ordre public ou ordres publics ? Ordre public et droits fondamentaux*, Bruylant, septembre 2001, p.353.

1801 A propos du maintien de l'ordre public, Décision n°82-141 DC du 27 juillet 1982, *Communication audiovisuelle*, cons. n°5 ; A propos de l'ordre public, Décision n°94-352 DC du 18 janvier 1995, *Loi d'orientation et de programmation relative à la sécurité*, cons. n°3 et Décision n°2003-467 DC du 13 mars 2003, *Loi sur la sécurité intérieure*, cons. n°2. V. JACQUINOT (N.), « Ordre public et constitution », Thèse, sous la direction du Professeur Louis FAVOREU, Université Paul Cézanne (Aix-Marseille), 2000, 433 p. ; V. aussi ROBLOT-TROIZIER (A.), « L'ordre public dans la jurisprudence du Conseil constitutionnel », *in*, *L'ordre public*, sous dir. DUBREUIL (C-A.), édition Cujas, mars 2013, p.309 ; DE MONTALIVET (P.), « Les objectifs de valeur constitutionnelle », *Les nouveaux cahiers du Conseil constitutionnel*, n°20, janvier 2006, p.169 ; LEVADE (A.), « L'objectif de valeur constitutionnelle, vingt ans après. Réflexions sur une catégorie juridique introuvable », *in*, Mélanges en l'honneur du Professeur Pierre PACTET, *L'esprit des institutions, l'équilibre des pouvoirs*, Dalloz, mai 2003, p.688 ; VIMBERT (C.), « L'ordre public dans la jurisprudence du Conseil constitutionnel », *RDP*, n°3, juin 1994, p.693.

1802 CE, Sect., 11 mai 1951, *Consorts Baud*. Concl. Delvolvé. Note sous arrêt DRAGO (R.), *S.*, 1952.3.13. Rec. Lebon, p.265 ; TC, 7 juin 1951, *Consorts Noualek*. Concl. Delvolvé. Rec. Lebon, p.636 ; CE, Ass., 24 juin 1960, *Société Frampar*, n°42289. Concl. Heumann ; Décision n°2005-532 DC du 12 janvier 2006, *Loi relative à la lutte contre le terrorisme et portant dispositions diverses relatives à la sécurité et aux contrôles frontaliers*.

1803 TEITGEN (P-H.), « La police municipale, étude de l'interprétation jurisprudentielle des articles 91, 94 et 97 de la loi du 5 avril 1884 », Thèse, Université de Nancy, 1934, 520 p. ; PAPANICOLAIDIS (D.), « Introduction générale à la théorie générale de la police administrative », Thèse, sous la direction du Professeur Charles EISENMANN, Université d'Athènes, 1960, 102 p. ; BON (P.), « La police municipale », Thèse, sous la direction du Professeur Jean-Marie AUBY, Université Montesquieu (Bordeaux IV), 1975, 547 p. ; PICARD (E.), « La notion de police administrative », Thèse, sous la direction du Professeur Roland DRAGO, Université Panthéon-Assas (Paris II), 1978, 445 p. ; MAILLARD (D.),

police administrative est une fonction de réalisation de l'ordre public visant une partie de l'intérêt général[1804].

Les activités sportives sont directement liées à la police administrative, *« ne serait-ce que par parce qu'elles sont de nature à entrainer des rassemblements de personnes, de provoquer des nuisances et de présenter des risques pour les personnes et les biens et d'entrainer des accidents pour ceux qui les pratiquent »*[1805]. A ce titre, lorsque se déroule une manifestation sportive, des mesures préventives et répressives sont établies, ainsi que des mesures contractuelles d'accès au stade. Historiquement, c'est par l'usage de ses pouvoirs de police, que l'autorité publique est intervenue dans le sport. Le régime juridique de la tenue de manifestations sportives a permis l'application stricte du principe de salubrité[1806].

408. L'organisation d'une manifestation sportive implique de maîtriser de façon préventive et répressive les comportements des supporters ainsi que les débordements liés au fait d'« hooliganisme »[1807]. Le terme générique « *masque à l'échelle du territoire européen, une grande diversité d'origines, de motivation, de comportements et de finalités* »[1808]. Le hooliganisme s'est progressivement étendu, structuré et transnationalisé[1809]. Il se définit comme

---

« Police générale et polices spéciales – Recherche sur la spécificité des polices générale et spéciales », Thèse, sous la direction du Professeur Jacques MOREAU, Université de Rennes, 1988, 764 p. ; MOREAU (J.), « Police administrative et police judiciaire : recherche d'un critère de distinction », *AJDA*, n°2, 20 février 1963, p.68. V. pour illustrations, TC, 5 décembre 1977, *Demoiselle Motsch*, n°02060. Concl. Morisot. Rec. Lebon, p.671 ; CE, Sect., 10 mars 1978, *Société Le Profil*, n°02496. Concl. Labetoulle. Rec. Lebon, p.119 ; TC, 12 juin 1978, *Société Le Profil*, n°02082 Concl. Morisot. Rec. Lebon, p.648.

1804 CE, Sect., 10 avril 1992, *M. Aykan*, n°120573. Concl. Denis-Linton. Rec. Lebon, p.152.

1805 RICHARD (J-L.), « Ordre public et sport », Thèse, sous la direction du Professeur Bernard ASSO, Université Nice Sophia Antipolis, 1997, p.319. V. également, DUDOGNON (C.), « Du bon usage des pouvoirs de police sur un territoire », *Jurisport*, n°141, avril 2014, p.34.

1806 CE, 7 novembre 1924, *Club indépendant sporitfs châlonnais*. Concl. Cohen-Salvador. Rec. Lebon, p.863. V. aussi SIMON (G.), « Historique et sens du soutien public au sport en France », *in*, sous dir. SIMON (G.), *Le soutien public au sport*, LexisNexis, mars 2012, p.18.

1807 V. LAGARDE (F.), « La répression de la violence des supporters », *AJDPénal*, n°6, juin 2013, p.311.

1808 BASSON (J-C.), « Les politiques de lutte contre le hooliganisme. Vers un référentiel européen d'action publique », *in*, sous dir. ROCHE (S.), *Réformer la police et la sécurité. Les nouvelles tendances en Europe et aux Etats-Unis*, Odile Jacob, novembre 2004, p.313.

1809 LESTRELIN (L.), « Droit et radicalisation de la lutte contre le hooliganisme en France », *in, Football et Droit*, sous dir. GUILLAUME (J.) et DERMIT-RICHARD (N.), Fondation Varenne, septembre 2012, p.109 ; BODIN (D.), HEAS (S.) et ROBENE (L.), « Hooliganisme : de la question de l'anomie sociale et du déterminisme », *Champ pénal*, n°1, mars 2004, p.1 ; BODIN (D.), « Les problèmes posés par l'utilisation des statistique policières et judiciaires comme source d'interprétation sociologique : l'exemple du hooliganisme », *RJES*, n°58, mars 2001, p.7 ; OTTENHOF (R.), « Mais qui sont donc les hooligans ? », *Rev. Sc. Crim.*, n°4, octobre 1990, p.836.

toutes les formes de violences physiques ou de dégradations de biens commises par des supporters à l'occasion de rencontres sportives, ces faits pouvant être perpétrés dans le stade, aux abords de celui-ci ou sur l'itinéraire emprunté[1810].

409. Le terme « *hooligan* » est apparu en Angleterre à la fin du XIXème siècle. Son étymologie revêt différentes origines. Il serait une déformation, lors d'incidents graves entre supporters dans une gare de Liverpool en 1899, d'un nom patronymique irlandais ou de la déformation anglaise du mot russe *kouligan* qui désignait des bandes d'individus commettant des vols et des violences en réunion après la Révolution de 1917[1811]. Le terme s'est imposé au Royaume-Uni au début du XXème siècle avant de se répandre en Europe et en Amérique latine. Au cours des années 1960, certains supporters anglo-saxons s'organisent en « kop », sous-groupes au sein desquels se rassemblent les plus inconditionnels[1812], et dans les pays de culture latine, ces supporters prennent le nom d' « ultra »[1813]. Face à l'infiltration policière, certains supporters, dénommés « casuals », se sont dépourvus de tout signe distinctif et agissent selon des stratégies élaborées. La radicalisation de ces mouvements a entrainé des incidents violents et dramatiques[1814], menant les institutions européennes et nationales à réagir, notamment par voie préventive.

Les événements tragiques du stade du Heysel, à Bruxelles, ont conduit les Etats membres du Conseil de l'Europe à conclure, pour la première fois, une convention européenne sur la violence et les débordements de spectateurs

---

[1810] Eléments de définition empruntés à l'*opinio juris*, v. FERAL (M.), « Sport et ordre public : la prévention et la lutte contre la violence dans les manifestations sportives », *RFAP*, n°97, janvier 2001, p.131 et COMERON (M.), « Du gang au groupe social : une analyse socio-préventive », *Cahiers de la sécurité intérieure*, n°26, octobre 1996, p.47.

[1811] FERAL (M.), « Sport et ordre public : la prévention et la lutte contre la violence dans les manifestations sportives », *RFAP*, n°97, janvier 2001, p.132.

[1812] Ces supporters sont organisés en association manifestant leur soutien à leur club, et parfois à certaines idées politiques, en se déplaçant dans les stades où joue leur équipe, par le port de vêtements ou des chants distinctifs. Ils s'avèrent parfois en rupture de toute forme institutionnelle pour les plus déterminés. V. en particulier COMERON (M.), « Pour une gestion socio-préventive du hooliganisme », *in*, sous dir. BASSON (J-C.), *Sport et ordre public*, La Documentation française, janvier 2001, p.145 et s.

[1813] Le terme de « *barra brava* » est aussi repris en Amérique latine. V. COMERON (M.), « Du gang au groupe social : une analyse socio-préventive », *Cahiers de la sécurité intérieure*, n°26, octobre 1996, p.47 et s. ; FERAL (M.), « Sport et ordre public : la prévention et la lutte contre la violence dans les manifestations sportives », *RFAP*, n°97, janvier 2001, p.132.

[1814] Parmi les incidents les plus marquants, ceux du stade de Bradford, 56 morts et 260 blessés le 11 mai 1985 ; du stade du Heysel à Bruxelles, 39 morts et 600 blessés le 29 mai 1985 ; et ceux du stade de Hillsborough à Sheffield, 96 morts et 766 blessés le 15 avril 1989.

lors de manifestations sportives[1815] dont le but, pour les parties, est de coopérer à la prévention et à la maîtrise de la violence et des débordements de spectateurs lors de matchs de football dans la limite des dispositions constitutionnelles respectives. Cette convention a servi de fondement à la coopération et à l'élaboration par les parties des mesures préventives et répressives. Le Conseil de L'Union européenne a adopté plusieurs recommandations[1816] dont le législateur français s'est inspiré dans son action de lutte envers les violences dans les stades et à leurs abords[1817].

Afin de prévenir les actes de violences, l'interdiction d'accès au stade des perturbateurs demeure prioritaire, en complément d'une obligation de pointage au commissariat lors de rencontres sportives (**§ 1**). Ces mesures peuvent être individuelles et collectives. Cependant, il ne faut pas négliger les violences se déroulant à l'extérieur des stades. Certaines associations de supporters abritent et accueillent des supporters perturbateurs, parfois en toute impunité. Désormais, la législation prévoit des sanctions permettant la dissolution et la suspension des associations de supporters (**§ 2**). Le maintien de l'ordre public implique une opération de service public financée par l'impôt dont les charges excédant le maintien normal de l'ordre public sont à rembourser par l'organisateur de la manifestation sportive (**§ 3**).

[1815] Convention européenne sur la violence et les débordements de spectateurs lors de manifestations sportives du 19 août 1985 établie par le Conseil de l'Europe et les autres Etats parties à la Convention culturelle européenne. Par cette convention, un certain nombre de mesures sont prises en particulier, l'introduction pour les parties d'un système législatif permettant d'exclure des stades les fauteurs de trouble, l'instauration de contrôle avant l'entrée dans le stade, la restriction de vente de boissons alcoolisées, la conception de structure de séparation entre les supporters rivaux par des clôtures et l'attribution d'une tribune accueillant les supporters visiteurs.

[1816] Résolution du Conseil de l'Union européenne, 21 juin 1999, concernant un manuel pour la mise en place, à l'échelle internationale, d'une coopération policière et de mesures visant à prévenir et à maîtriser la violence et les troubles liés aux matchs de football internationaux, publiée au *JOUE* n°C 196 du 13 juillet 1999, p.1 ; Résolution du Conseil de l'Union européenne, 4 décembre 2006, concernant un manuel pour la mise en place, à l'échelle internationale, d'une coopération policière et de mesures visant à prévenir et à maîtriser la violence et les troubles liés aux matchs de football internationaux, publiée au *JOUE* n°C 322 du 29 décembre 2016, pp.1 à 39 ; Résolution du Conseil de l'Union européenne, 3 juin 2010, concernant un manuel actualisé contenant des recommandations pour la mise en place, à l'échelle internationale, d'une coopération policière et de mesures visant à prévenir et à maîtriser la violence et les troubles liés aux matchs de football revêtant une dimension internationale qui concernent au moins un Etat membre, publiée au *JOUE* n°C 165, p.1.

[1817] BUY (F.), MARMAYOU (J.-M.), PORACCHIA (D.) et RIZZO (F.), *Droit du sport*, LGDJ, 3ème édition, novembre 2012, n°854 et s. ; OTERO (C.), « Prévention et sanction des agissements des supporters : entre ordre public et désordre juridique », *in*, *Football et Droit*, sous dir. GUILLAUME (J.) et DERMIT-RICHARD (N.), Actes de colloque Université de Rouen du 12 octobre 2011, Fondation Varenne, p.95 et s. ; LESTRELIN (L.), « Droit et radicalisation de la lutte contre le hooliganisme en France », *Ibid*, p.109 ; VERMELLE (G.), « La violence dans les manifestations sportives », *RJES*, n°75, juin 2005, p.7 et s.

§ 1 – Les interdictions de stade, une mesure d'ordre public liée à l'organisation d'une manifestation sportive

410. Les dispositifs relatifs à la prévention et aux sanctions des violences lors des manifestations sportives connaissent un cadre juridique en mutation qui s'élabore en réaction des incidents ayant lieu dans les stades et en dehors[1818], dotant la France d'une législation spécifique à la sécurité des événements sportifs[1819].

Initialement, le législateur a légiféré dans le cadre des violences à l'occasion des manifestations sportives par la loi du 13 juillet 1992[1820], alors que la France connaît depuis le début des années 1990 une radicalisation du mouvement ultra des supporters et une croissance du hooliganisme en particulier dans les tribunes. Cette loi demeurait, toutefois, incomplète par ses aspects trop généraux et sa focale axée sur le droit à l'information[1821]. Le législateur a précisé le dispositif législatif en intervenant le 6 décembre 1993 par le vote de la loi relative à la sécurité des manifestations sportives[1822], qui crée une peine complémentaire d'interdiction de stades pour les individus commettant des infractions au sein d'un stade[1823]. A l'aube du déroulement de la Coupe du monde de football 1998 organisée en France, le législateur a étendu cette peine complémentaire par la loi du 6 mars 1998[1824]. Les individus commettant des infractions à l'extérieur d'un stade, mais en relation directe avec une manifestation sportive, peuvent se voir interdit d'accéder à celui-ci. Dans l'optique de la loi LOPPSI, la loi du 18 mars

---

[1818] BENILLOUCHE (M.), « Les dispositions pénales relatives à la prévention des violences lors des manifestations sportives : un cadre juridique en mutation », *LPA*, n°150, 27 juillet 2007, p.6.

[1819] HOURCADE (N.), « Principes et problèmes de la politique de lutte contre le hooliganisme en France », *Archives de politique criminelle*, n°32, janvier 2010, p.132.

[1820] Loi n°92-652 du 13 juillet 1992 modifiant la loi n°84-610 du 16 juillet 1984 relative à l'organisation et à la promotion des activités physiques et sportives et portant diverses dispositions relatives à ces activités, *JORF*, n°163, 16 juillet 1992, p.9515.

[1821] V. *Supra*, chapitre relatif l'encadrement du droit d'exploitation des manifestations sportives.

[1822] Loi n°93-1282 du 6 décembre 1993 relative à la sécurité des manifestations sportives, *JORF*, n°282, 7 décembre 1993, p.16974.

[1823] Ce dispositif, outre les précisions législatives qu'il apporte, intervient surtout après les événements se produisant lors de la rencontre de football Paris Saint-Germain contre Caen du 28 août 1993. Durant cette rencontre, pour la première fois, les CRS avaient dû intervenir dans les tribunes après des rixes entre supporters parisiens, faisant 10 blessés parmi les forces de l'ordre et confirmant le problème de hooliganisme qui gangrène ce club. V. TERRAUBE (T.), « Sécurité des stades en France : études et formation », *Cahiers de la sécurité intérieure*, n°26, octobre 1996, p.118.

[1824] Loi n°98-146 du 6 mars 1998 relative à la sécurité et à la promotion des activités sportives, *JORF*, n°58, 10 mars 1998, p.3610. Notes : DELVERT (J-M.), *RJES*, n°47, juin 1998, p.85 ; LAPOUBLE (J-C.), *LPA*, n°71, 15 juin 1998, p.5.

2003[1825] pour la sécurité intérieure crée notamment de nouveaux délits et de nouvelles peines, ainsi que l'élargissement du fichier de recherches criminelles (FRC) en créant notamment le fichier national des interdits de stade (FNIS)[1826], conforme à l'avis de la CNIL[1827]. L'article 21 de cette loi s'attèle à la lutte contre le hooliganisme en établissant un fichier des personnes ayant fait l'objet d'une interdiction de stade et autorise les services d'ordre à des palpations de sécurité sous le contrôle d'officiers de police judiciaire.

Les interdictions de stade se déclinent en interdiction administrative (**A**), en interdiction judiciaire (**B**) et en interdiction indirecte d'accès au stade (**C**).

A – L'interdiction administrative de stade

Conformément à la résolution du Conseil de l'Union européenne du 17 novembre 2003 relative à l'interdiction de stade de certains supporters membres de l'Union européenne[1828], le législateur dans la loi du 23 janvier 2006 autorise les préfets à interdire l'accès aux stades, par arrêté motivé, de tout supporter d'un Etat membre de l'Union européenne en vue de sauvegarder l'ordre public[1829]. Ce dispositif législatif a été précisé par la jurisprudence (**1**) puis a été renforcé par le législateur (**2**).

[1825] Loi n°2003-239 du 18 mars 2003 pour la sécurité intérieure, *JORF*, n°66, 19 mars 2003, p.4761.

[1826] Le fichier national des interdits de stade (FNIS) sera effectif par l'arrêté ministériel du 28 août 2007 portant création d'un traitement automatisé de données à caractère personnel relatif aux personnes interdites de stade, *JORF*, n°21, 4 septembre 2007, p.14548. Ce fichier regroupe l'identité, la photographie et l'adresse de toutes les personnes interdites judiciairement et administrativement de stade, ainsi que les données relatives à l'interdiction. Les données du fichier sont conversées durant cinq ans à compter de l'expiration de la dernière mesure prononcée. V. BOURGEOIS (M.) et DEROUESNE (E.), « La contractualisation de la sécurité dans les stades à l'épreuve de la réglementation sur les données personnelles », *JCPE*, n°3, 17 janvier 2013, p.40.

[1827] Délibération n°2007-197 du 10 juillet 2007 portant avis sur le projet d'arrêté du ministre de l'Intérieur créant le fichier national des interdits de stade.

[1828] Résolution du Conseil de l'Union européenne du 17 novembre 2003 relative à l'adoption, dans les Etats membres, de l'interdiction d'accès aux enceintes dans lesquelles se déroulent des matchs de football revêtant une dimension internationale, publiée au *JOUE* n°C 281, 22 novembre 2003, p.1.

[1829] Article 31 de la loi n°2006-64 du 23 janvier 2006 relative à la lutte contre le terrorisme et portant dispositions diverses relatives à la sécurité et aux contrôles frontaliers, *JORF*, n° 20, 24 janvier 2006, p.1129.

1 – Un dispositif législatif précisé par la jurisprudence

411. La loi du 5 juillet 2006 précise cette possibilité ouverte au préfet d'interdire de stade un individu[1830]. Ce dernier se verra interdire d'accès si son « *comportement d'ensemble* » constitue une menace à l'ordre public à l'occasion de manifestations sportives[1831]. Il ressort de la jurisprudence administrative une difficulté d'appréciation, voire une appréciation lacunaire, de la signification de « *comportement d'ensemble* ». Préalablement, le juge administratif suggérait une répétition ou un cumul d'actes troublant l'ordre public lors de manifestations sportives[1832]. Puis, le juge administratif a indiqué que ce comportement pouvait être « *révélé par un fait unique, si ce fait est suffisamment grave* », tel que l'introduction d'un fumigène[1833] ou son usage durant la rencontre sportive[1834]. Le législateur a repris ces deux significations, sans pour autant les préciser, dans la loi du 2 mars 2010[1835].

Lors de l'étude de la conformité à la Constitution de la loi d'orientation et de programmation pour la performance de la sécurité intérieure, le Conseil constitutionnel a considéré que ces dispositions étaient équilibrées et conformes à la Constitution, dans la mesure où elles ont pour objet d'assurer la sauvegarde l'ordre public sans manifestement contrevenir au principe de liberté d'aller et venir[1836]. Le Conseil d'Etat a d'ailleurs refusé de transmettre aux Sages constitutionnels une question prioritaire de constitutionnalité

[1830] Loi n°2006-784 du 5 juillet 2006 relative à la prévention des violences lors des manifestations sportives, *JORF*, n°155 , 6 juillet 2006, p.10113. V. Rapport d'information par la commission des lois constitutionnelles, de la législation et de l'administration générale de la République, sur la mise en application de la loi n°2006-784 du 5 juillet 2006 relative à la prévention des violences lors des manifestations sportives, présenté par MM. GOASGUEN (C.) et CARESCHE (C.), le 7 novembre 2007, 38 p.

[1831] Article L.332-16 du Code du sport, modifié par l'article 3 de la loi du 5 juillet 2006 relative à la prévention des violences lors des manifestations sportives.

[1832] TA Besançon, 11 mars 2010, *Monsieur G.*, n°0801746. Note : POITREAU (G.), *JCPA*, n°23, 7 juin 2010, p.46.

[1833] TA Montreuil, 21 septembre 2010, *Monsieur A.*, n°0810341. Note : DONNART (E.), *AJDA*, n°4, 7 février 2011, p.231.

[1834] TA Melun, 18 juin 2010, *Monsieur X.*, n°0701016/1.

[1835] Loi n°2010-201 du 2 mars 2010 renforçant la lutte contre les violences de groupe et la protection des personnes chargées d'une mission de service public, *JORF*, n°52, 3 mars 2010, p.4305. Note : LEROY (D.), *Jurisport*, n°117, février 2012, p.37.

[1836] Décision n°2011-625 DC du 10 mars 2011 relative à la loi d'orientation et de programmation pour la performance de la sécurité intérieure. Notes sous décision : GINOCCHI (D.), *AJDA*, n°19, 30 mai 2011, p.1097 ; GRANGER (M-A.), *Revue de science criminelle et de droit pénal comparé*, n°4, octobre 2011, p.789 ; PENA (A.), *RFDConst.*, n°88, octobre 2011, p.803. V. également GELBAT (A.), LEGRAND (L.) et TOUZEIL-DIVINA (M.), « Face aux impératifs de sécurité et de profit : reste-t-il des droits et libertés aux supporters ? », *in*, MAISONNEUVE (M.) et TOUZEIL-DIVINA (M.), sous dir., *Droit(s) au football, Actes du colloque du Mans du 4 avril 2014*, Lextenso, mai 2014, p.73.

soulevée lors d'un recours contre un arrêté préfectoral d'interdiction de stade[1837]. Toutefois, il incombe au préfet d'apporter la preuve de ce comportement par des éléments circonstanciés afin de justifier la mesure prise à l'encontre de l'individu. Le juge administratif considère qu'un préfet n'apporte pas de preuve se fondant sur des éléments tels qu'un procès-verbal établi par les forces de l'ordre lors de l'interpellation de l'individu[1838], une fiche d'information des renseignements généraux[1839], la fréquentation habituelle d'une tribune réputée pour des troubles à l'ordre public[1840] ou l'appartenance de l'individu à un groupe de supporters présumé violents[1841]. De plus, la preuve du « *comportement d'ensemble* » ne peut être constituée, si l'individu a déjà fait antérieurement l'objet de condamnations judiciaires, même pour violences et ivresse[1842], puisque l'interdiction administrative de stade intervient à titre préventif. L'absence de preuve d'une condition d'urgence, fournie par le requérant, amène la juridiction administrative a rejeté toutes formes de référés[1843]. Cependant, le juge annule toute mesure d'interdiction n'apportant pas des preuves satisfaisantes[1844]. Il y a donc un paradoxe sur cet aspect, puisqu'en vertu du privilège du préalable tel que l'entendait le Doyen Maurice Hauriou[1845], l'administration dispose de la possibilité d'appliquer immédiatement ses actes à un administré, sans avoir recours préalablement à un juge afin de réaliser l'exécution de la mesure[1846].

[1837] CE, 13 juillet 2010, *Monsieur Merlin*, n°340302. Concl. Lenica. V. ROUDIER (K.), « La constitutionnalisation du sport freinée par le Conseil d'Etat », *Jurisport*, n°125, novembre 2012, p.39.

[1838] TA Versailles, 23 juin 2011, *Monsieur C.*, n°1007330.

[1839] TA Paris, 30 juin 2009, *Monsieur L.*, n°0606846. Pour une illustration contradictoire, TA Versailles, 11 décembre 2008, *Monsieur Bourdon*, n°0701397.

[1840] TA Montpellier, 28 septembre 2010, *Monsieur X*, n°1001737 ; TA Versailles, 11 décembre 2008, *Monsieur Bourdon*, n°071397 ; TA Versailles, 11 décembre 2008, *Monsieur Guinin*, n°071386. V. DE MONTE (P.), « Interdictions administratives de stade : des conclusions », *Cahiers de droit du sport*, n°24, avril 2011, p.52 ; PONTIER (J-M.), « Comportement violent des supporters et police administrative », *JCPA*, n°17, 20 avril 2009, p.45.

[1841] TA Cergy-Pontoise, 15 mars 2011, *Monsieur F.*, n°0704619 ; CAA Paris, 22 mars 2011, *Monsieur L.*, n°09PA05509.

[1842] TA Versailles, 9 juin 2011, *Monsieur H.*, n°1003495 ; TA Versailles, 11 décembre 2008, *Monsieur B.*, n°0701397.

[1843] TA Paris, ord., 17 novembre 2010, *Monsieur B.*, n°101985/9.

[1844] CE, 5 juin 2013, *Ministre de l'Intérieur c/ Monsieur B-C.*, n°363224. Concl. Polge. Note sous arrêt : COLIN (F.), *Cahiers de droit du sport*, n°32, juillet 2013, p.188.

[1845] CE, 30 mai 1913, *Préfet de l'Eure*. Rec. Lebon p.583. Note sous arrêt : HAURIOU (M.), *S.* 1915-3-39.

[1846] Le privilège du préalable se distingue de l'exécution forcée. L'administration peut, au besoin, faire exécuter par la force ses décisions, uniquement si un texte le prévoit ou si les conditions déterminées par l'administration s'avèrent réunies, TC, 2 décembre 1902, *Société immobilière de Saint-Just*. Concl. Romieu. Rec. Lebon p.713. GAJA n°11, 15ème édition, p.66. Note sous arrêt : HAURIOU (M.), *S.* 1904.3.17. V. DEGOFFE (M.), *Droit administratif*, Ellipses, octobre 2008, n°32 et s. Lorsque les conditions ne se rencontrent pas, l'exécution forcée est irrégulière et constitue une voie de fait, TC, 8 avril 1935, *Action Française*. Concl.

Or, lorsque la preuve n'est pas apportée, l'interdiction de stade s'inscrit comme un acte administratif illégal dès son origine. De surcroit, il produit ses effets jusqu'à son annulation par le juge administratif. Ce dévoiement du privilège du préalable, « *principe fondamental du droit public* »[1847], instaure une insécurité juridique chronique.

2 – Un dispositif législatif renforcé

412. La loi du 14 mars 2011[1848] précise également le dispositif législatif élaboré par la loi du 23 janvier 2006. Sous l'empire de la loi, le législateur a étendu la durée maximale d'interdiction de stade. Si initialement, la loi du 5 juillet 2006 prévoyait trois mois, dispositif étendu à six mois par la loi du 2 mars 2010, à présent la durée maximale est portée à douze mois[1849]. Désormais, le ministre de l'Intérieur et les préfets disposent, par arrêté, de pouvoir interdire le déplacement individuel ou collectif de personnes se prévalant de la qualité de supporter d'une équipe ou se comportant comme tel sur les lieux d'une manifestation sportive et dont la présence est susceptible d'occasionner des troubles graves pour l'ordre public[1850]. Avant la reconnaissance législative de ce pouvoir d'interdiction, le juge des référés l'avait reconnu[1851]. Les préfets ont l'obligation de transmettre aux clubs et aux fédérations sportives agréées l'identité des personnes ayant fait l'objet de ces mesures. Ils peuvent également communiquer cette information aux associations de supporters ainsi qu'aux autorités d'un pays étranger accueillant une manifestation sportive à laquelle participe une équipe française[1852]. L'arrêté prononcé doit énoncer scrupuleusement la durée de la mesure, les circonstances précises des faits qui le motivent ainsi que les communes de point de départ et de destination de l'application.

Josse. Rec. Lebon p.1226. GAJA n°49, 15ème édition, août 2005, p.301. Notes sous arrêt : WALINE (M.), *D.* 1935.3.25 ; JEZE (G.), *RDP*, 1935.309 et TC, 23 octobre 2000, *M. Boussadar c/ Ministre des affaires étrangères*, n°3227. Concl. Sainte-Rose. Note sous arrêt : GUYOMAR (M.) et COLLIN (P.), *AJDA*, n°2, 20 février 2001, p.143.

[1847] GAUDEMET (Y.), *Droit administratif*, LGDJ, 19ème édition, février 2010, p.82.

[1848] Loi n°2011-267 du 14 mars 2011 d'orientation et de programmation pour la performance de la sécurité intérieure, dite LOPPSI 2, *JORF*, n°62, 15 mars 2011, p.4582.

[1849] L'article L.332-16 du Code du sport précise que « *cette durée peut être portée à vingt-quatre mois si, dans les trois années précédentes, cette personne a fait l'objet d'une mesure d'interdiction* ».

[1850] Articles 60 et 61 de la loi du 14 mars 2011 d'orientation et de programmation pour la performance de la sécurité intérieure, codifiés aux articles L.332-16-1 et L.332-16-2 du Code du sport.

[1851] CE, ord., 29 mars 2003, *SA sportive Olympique de Marseille et autres*, n°367274.

[1852] Article 63 de la loi du 14 mars 2011 d'orientation et de programmation pour la performance de la sécurité intérieure, codifié à l'article L.332-15 du Code du sport.

Ces dispositions démontrent clairement que l'applicabilité des interdictions prononcées tient à la matérialisation des faits. A défaut de remplir ces conditions, l'arrêté sera entaché d'une illégalité procédurale entrainant son annulation[1853]. Les recours contre les décisions d'interdictions peuvent se faire dans un délai de deux mois à compter de la notification devant le tribunal administratif en vertu de l'article R.421-1 du Code de justice administrative.

Depuis leur création à l'orée de la saison sportive 2006/2007, les mesures d'interdictions de stade sont assez peu dissuasives. En effet, le nombre d'interdictions prononcé s'avère relativement faible et stable, hormis pour les saisons sportives 2009/2010 et 2010/2011[1854], justifiant ce renforcement des mesures.

De jure, les interdictions administratives de stade tendent à s'aligner sur les interdictions judiciaires de stade.

B – L'interdiction judiciaire de stade

413. L'interdiction judiciaire de stade, définie à l'article L.332-11 du Code du sport, s'applique aux infractions commises à l'intérieur et aux abords des stades dans un cadre répressif des infractions, et est une peine spéciale complémentaire d'interdiction de pénétrer ou de se rendre aux abords d'un stade lors d'une manifestation sportive pour une durée maximale de cinq ans. Elle intervient *a posteriori*, à titre de peine complémentaire à une mesure de condamnation prise à l'encontre d'auteurs d'infractions visés aux articles L.332-3 à L.332-10 et L.332-19 du Code du sport qui exposent les comportements pénalement réprimés, comme l'incitation à la violence ou l'usage et introduction de boissons alcooliques dans le stade[1855]. La violation de cette interdiction est réprimée d'une peine d'emprisonnement de deux ans et 30.000 d'amende en vertu de l'article L.332-11 du Code du sport. Le juge peut également prononcer une convocation du contrevenant lors de matchs et une interdiction de territoire

---

[1853] CAA Douai, 25 octobre 2012, *Préfet du Nord c/ M.A*, n°12DA00247.

[1854] Selon le ministre de l'Intérieur, dans une réponse ministérielle à l'Assemblée nationale, le nombre d'interdictions administratives de stade en cours au 15 avril 2013 s'élevait à 255. Par ailleurs, il indiqua le nombre établit depuis leur création. Ainsi 373 interdictions furent prononcées en 2006/2007, 305 en 2007/2008, 327 en 2008/2009, 1098 en 2009/2010, 621 en 2010/2011, 382 en 2011/2012 et 398 en 2012/2013. Question AN n°22101, *JORF*, n°72, 26 mars 2013, p.3213. Réponse publiée au *JORF*, n°175, 30 juillet 2013, p.8221.

[1855] T. corr. Charleville Mézières, 17 septembre 2007, n°07005864 ; T. corr. Saint-Etienne, 6 novembre 2008, n°07004775. V. Direction des Affaires Criminelles et des Grâces, « Les infractions dans les enceintes sportives », Guide méthodologique, mars 2006, 180 p.

pour les ressortissants étrangers de deux ans. Les interdictions de stade peuvent être individuelles ou collectives[1856].

C – L'interdiction indirecte d'accès au stade, mesure d'ordre public ou restriction de libertés ?

414. L'article 60 de la loi LOPPSI 2 du 14 mars 2011, codifié à l'article L.332-16-1, prévoit que le ministre de l'Intérieur peut, par arrêté, « *interdire le déplacement individuel ou collectif de personnes se prévalant de la qualité de supporter d'une équipe ou se comportant comme tel sur les lieux d'une manifestation sportive et dont la présence est susceptible d'occasionner des troubles graves pour l'ordre public* ». Cette assertion du législateur dans la loi d'orientation et de programmation sur la sécurité intérieure intervient au paroxysme des violences entre supporters, avec la mort d'un supporter du PSG[1857]. Ce fait divers échoit après de nombreux troubles à l'ordre public, lié en particulier à ce club notamment les affaires « PSG-Hapöel Tel-Aviv » entrainant un mort le 23 novembre 2006 et de la banderole « anti-Chtis » le 23 mars 2008. Le législateur a inséré, également dans cette loi, l'article 61 codifié à l'article 332-16-2 du Code du sport relatif au pouvoir du préfet. Il prévoit que celui-ci peut, par arrêté, « *restreindre la liberté d'aller et venir des personnes se prévalant de la qualité de supporter d'une équipe ou se comportant comme tel sur les lieux d'une manifestation sportive et dont la présence est susceptible d'occasionner des troubles graves pour l'ordre public* ».

Depuis l'entrée en vigueur de ces dispositifs, de nombreux arrêtés furent pris, tant pour des matchs nationaux[1858] que des rencontres

---

[1856] Article L.332-16 du Code du sport. V. BENILLOUCHE (M.), « L'affaire de la banderole ou les tâtonnements des pouvoirs publics dans la lutte contre le hooliganisme », *Cahiers de droit du sport*, n°11, avril 2008, p.22.

[1857] V. également, FALACHO (L.), « Les mesures prises pour lutter contre le hooliganisme à l'épreuve des libertés publiques », *RDP*, n°2, avril 2001, p.419.

[1858] V. pour illustrations, Arrêté du 25 septembre 2012 portant interdiction de déplacement des supports du club de football du SC Bastia lors de la rencontre du samedi 29 septembre 2012 avec l'OGC Nice Côte-d'Azur, *JORF*, n°224, 26 septembre 2012, p.15173 ; Arrêté du 28 septembre 2012 portant interdiction des supporters du club de football du Paris Saint-Germain lors de la rencontre du 7 octobre 2012 avec l'Olympique de Marseille, *JORF*, n°230, 3 octobre 2012, p.15482 ; Arrêté du 27 mars 2013 portant interdiction de déplacement des supporters du club de football de l'Olympique de Marseille lors de la rencontre du dimanche 31 mars 2013 avec l'OGC Nice Côte-d'Azur, *JORF*, n°75, 29 mars 2013, p.5362 ; Arrêté du 17 septembre 2013 portant interdiction de déplacement des supporters du club de football de l'Olympique de Marseille lors de la rencontre du samedi 21 septembre 2013 avec le SC Bastia, *JORF*, n°218, 19 septembre 2013, p.15692 ; Arrêté du 30 octobre 2013 portant interdiction de déplacement des supporters du club de football de l'Olympique lyonnais lors

internationales[1859]. Ces arrêtés pris sur le fondement des articles L.332-16-1 et L.332-16-2 du Code du sport ont entrainé l'intervention du juge administratif, qui statue en juge des référés compte tenu des conditions d'urgence, la rencontre se déroulant 2 à 7 jours après la publication de l'arrêté, et de mise en cause des libertés fondamentales d'aller et venir, de réunion et d'expression[1860].

La conciliation entre les mesures de sauvegarde de l'ordre public et les libertés fondamentales est délicate (**1**), d'autant qu'elle est soumise à des limites temporelles (**2**) et géographiques (**3**).

1 – Une délicate conciliation de l'ordre public et des libertés fondamentales

415. L'office du juge des référés s'apprécie au regard des circonstances particulières de l'espèce. Ainsi, le juge des référés du Conseil d'Etat dans son ordonnance relative aux arrêtés du ministre de l'Intérieur et du préfet interdisant le déplacement de supporters de l'Olympique lyonnais pour le derby contre l'AS Saint-Etienne, s'est prononcé sur deux référés-libertés tendant à l'annulation des arrêtés[1861].

En l'espèce, les arrêtés contestés faisaient écho à un antagonisme exacerbé entre les supporters des deux clubs, accru par le vol d'une bâche en mars 2013 pour l'exécution d'un *tifo* des supporters stéphanois par des supporters lyonnais déguisés en supporters de l'autre équipe lors du match opposant Saint-Etienne à Lorient. Dès lors, s'instaure un climat de représailles assorti d'une augmentation significative d'actes de violences à l'approche de la date de la rencontre sportive, en particulier entre « ultras ». Le ministre de l'Intérieur et la préfète de la Loire décidèrent de prendre ces arrêtés en raison

---

de la rencontre du dimanche 10 novembre 2013 avec l'AS Saint-Etienne, *JORF*, n°256, 3 novembre 2013, p.17864.

[1859] V. pour illustration, Arrêté du 30 octobre 2013 portant interdiction de déplacement des supporters du club de football du Royal Sporting Club Anderlecht lors de la rencontre du mardi 5 novembre 2013 avec le Paris Saint-Germain, *JORF*, n°256, 3 novembre 2013, p.17864.

[1860] V. notamment CASSIA (P.), *Les référés administratifs d'urgence*, LGDJ, septembre 2003, 208 p. ; STIRN (B.), « Droit du sport et juge des référés », *AJDA*, n°30, 10 septembre 2007, p.1627.

[1861] CE, ord., 8 novembre 2013, *Olympique lyonnais et autres*, n°373129 et 373170. V. aussi, CE, ord., 29 mars 2013, *SASP Olympique de Marseille et autres*, n°367274. V. également, OULD-YAHIA (S.), « Restriction de déplacement de supporters : un dispositif aux pouvoirs étendus », *Jurisport*, n°136, novembre 2013, p.37 ; OULD-YAHIA (S.), « Restriction de déplacement de supporters : une mise en œuvre délicate », *Jurisport*, n°137, décembre 2013, p.38.

du risque élevé d'incident grave. Le juge des référés rappelle qu'il incombe aux autorités de l'Etat d'assurer la préservation de l'ordre public et de sa conciliation avec les libertés fondamentales. Pour autant, il opère un raisonnement en trois temps. Tout d'abord, il constate que les auteurs de ces actes de violences n'ont pu être identifiés par les autorités de police, ce qui implique l'impossibilité de prendre des mesures de restriction individuelle d'accès à l'enceinte sportive afin d'éviter la survenance de troubles à l'ordre public. Ensuite, les actes de violence peuvent se produire dans l'enceinte, à ses abords et surtout tout le long du trajet aller-retour reliant Lyon à Saint-Etienne. Ils ne peuvent donc être évités avec le seul déploiement de forces de l'ordre sur les lieux de la rencontre ou par un cortège, le juge voulant prévenir le phénomène de « *fight* »[1862]. Enfin, le juge estime que les actes de violence émanant également de supporters stéphanois, en particulier « ultras », de nouveaux actes sont susceptibles de viser toute personne se prévalant de sa qualité de supporter lyonnais ou se comportant comme tel.

Ainsi, le juge des référés considère que les interdictions posées par les arrêtés contestés ne sont pas entachées d'une disproportion conférant une atteinte grave et manifestement illégale aux libertés fondamentales. Toutefois, il considère que l'arrêté prononcé par la préfète de la Loire, en tant qu'il s'appliquait aussi *« à toute personne appartenant à une association de supporters de l'Olympique lyonnais ou ayant appartenu à une association de supporters dissoute de l'Olympique lyonnais, alors qu'elle ne se prévaudrait pas de sa qualité de supporter de l'Olympique lyonnais et ne se comporterait pas comme tel »*, excède manifestement ce qui est nécessaire à la sauvegarde de l'ordre public en se fondant exclusivement sur l'appartenance à une association sans tenir compte du comportement des intéressés. De surcroit, le juge ne prend pas en considération la notion de « supportérisme » à distance[1863], des supporters lyonnais peuvent se rendre à Saint-Etienne de toute la France. Dès lors, le juge des référés du Conseil d'Etat a rejeté le recours contre l'arrêté du ministre de l'Intérieur et annulé

[1862] Le « *fight* » consiste à prévoir une bataille rangée entre supporters dans un lieu prédéfini comme une aire d'autoroute. Ces confrontations préméditées et organisées répondent à des règles précises, notamment le nombre d'adversaires doit être égal et se déroule sur terrain neutre. Le travail de prévention relève davantage de la surveillance et de la recherche d'informations que dissuasion par une présence policière accrue. L'Assemblée parlementaire du Conseil de l'Europe a constaté l'évolution de ce phénomène. V. Recommandation n°1434, 4 novembre 1999, Assemblée parlementaire du Conseil de l'Europe, « Le hooliganisme dans le football » ; Rapport d'information par la commission des lois constitutionnelles, de la législation et de l'administration générale de la République, sur la mise en application de la loi n°2006-784 du 5 juillet 2006 relative à la prévention des violences lors des manifestations sportives, présenté par MM. GOASGUEN (C.) et CARESCHE (C.), le 7 novembre 2007, pp.22-26.

[1863] LESTRELIN (L.), *L'autre public des matchs de football, sociologie des « supporters à distance » de l'Olympique de Marseille*, EHESS, novembre 2010, 378 p.

l'ordonnance du juge des référés du Tribunal administratif et enjoint la préfète de la Loire de ne pas mettre en exécution son arrêté. Cette jurisprudence confirme les difficultés à concilier la sauvegarde de l'ordre public et les libertés publiques[1864].

Le juge administratif s'est également prononcé de façon préventive quant aux potentiels troubles à l'ordre public pour le déplacement de supporters lensois à Bastia[1865]. Le juge des référés du Conseil d'Etat a été saisi le 11 septembre 2014 d'un recours en « référé liberté » formé par l'association de supporteurs du RC Lens « Tigers ». L'association demandait au juge des référés de suspendre l'exécution de l'arrêté du ministre de l'intérieur du 9 septembre 2014 qui interdit, du 12 septembre 2014 au 13 septembre minuit, aux supporteurs du RC Lens de se déplacer depuis certaines communes, aéroports et ports pour se rendre en Corse. Ainsi que le soutenait l'association « Tigers », le juge des référés a constaté que les menaces de troubles à l'ordre public invoquées par le ministre de l'intérieur n'étaient pas directement imputables au comportement des supporteurs du RC Lens, mais il a relevé que des incidents violents s'étaient produits lors de rencontres sportives antérieures impliquant le SC Bastia. En particulier, lors de la rencontre opposant le SC Bastia et l'Olympique de Marseille du 9 août 2014, dix policiers et trente-quatre gendarmes avaient été blessés. Il a ainsi estimé que les risques de troubles graves à l'ordre public invoqués par le ministre étaient fondés. Le juge des référés a estimé que, dès lors qu'il ne résultait pas de l'instruction que d'autres mesures seraient de nature à éviter la survenance de troubles graves à l'ordre public, à l'occasion de la rencontre du 13 septembre 2014, l'arrêté litigieux ne révélait aucune atteinte grave et manifestement illégale aux libertés fondamentales invoquées. Il a donc rejeté la demande de l'association « Tigers ».

[1864] CHEVALIER (E.), « La libre circulation des supporters », *Cahiers de droit du sport*, n°31, janvier 2013, p.39 ; à propos de l'interdiction de déplacement de tous supporters parisiens lors du match de Coupe de France opposant l'US Quevilly au PSG, OTERO (C.), « Prévention et sanction des agissements des supporters : entre ordre public et désordre juridique », *in, Football et Droit*, sous dir. GUILLAUME (J.) et DERMIT-RICHARD (N.), Fondation Varenne, septembre 2012, p.102 ; FALACHO (L.), « Les mesures prises pour lutter contre le hooliganisme à l'épreuve des libertés publiques », *RDP*, n°2, avril 2001, p.419. Pour une conciliation opérée par le Conseil constitutionnel, v. Décision n°80-127 DC du 20 janvier 1981, *Loi renforçant la sécurité et protégeant la liberté des personnes,* et Décision n°85-187 DC du 25 janvier 1985, *Loi relative à l'état d'urgence en Nouvelle-Calédonie et dépendances*. Pour une limitation légitimée des libertés au regard de la sauvegarde de l'ordre public, v. Décision n°99-411 DC du 16 juin 1999, *Loi portant diverses mesures relatives à la sécurité routière et aux infractions sur les agents des exploitants de réseau de transport public de voyageurs*, et Décision n°2003-467 DC du 13 mars 2003, *Loi sur la sécurité intérieure*.

[1865] CE, ord., 12 septembre 2014, *Association Tigers RC Lens*, n°384405. Note sous ord. : TOUZEIL-DIVINA (M.), *JCPA*, n°41, 13 octobre 2014, p.2.

2 – Une conciliation soumise à des limites temporelles

416. Le juge des référés a été saisi de la question du déplacement des supporters dans le cadre d'un référé-suspension[1866]. En raison d'un climat délétère autour des précédentes rencontres entre l'Olympique de Marseille et le Paris Saint-Germain, et en particulier les différents troubles à l'ordre public entre les supporters du club de la Capitale, la Commission d'organisation des compétitions de la Ligue de Football Professionnel a décidé d'interdire l'accès des tribunes visiteurs du Parc des Princes et du Stade Vélodrome pour les matchs aller et retour entre ces deux clubs. La Commission motivait sa décision par des impératifs de sécurité et de prévention des troubles à l'ordre public. Plusieurs associations de groupes de supporters marseillais ont saisi le Tribunal administratif de Marseille d'un référé-suspension et d'un référé-liberté.

Le premier recours, fondé en vertu de l'article L.521-2 du Code de justice administrative, s'articulait essentiellement sur la question préalable du non-lieu à statuer. En effet, préalablement à l'étude du référé, le juge s'interrogeait sur la disparition de l'objet du litige par l'intervention de la décision de la Commission d'appel de la Ligue. Le club de l'Olympique de Marseille avait interjeté appel de la décision de la Commission des compétitions et la Commission d'appel estimé que « *la mesure prise est en effet d'une particulière gravité* », infirmant la décision litigieuse. Cependant, en vertu des articles 171 et suivants du règlement de la Ligue, les dites commissions n'ont nullement un caractère juridictionnel et constituent uniquement de simples organes administratifs de la Ligue. La procédure de référé-suspension implique que la décision attaquée doit continuer à produire des effets auxquels la suspension permettrait de mettre un terme. Le retrait ou l'abrogation emportent pour conséquence la cessation des effets de la décision[1867]. En l'espèce, le juge des référés apprécie *in concreto* les effets de la décision. En vertu du principe de bonne administration de la justice, le juge rejette les conclusions à fins de non-lieu de la Ligue au motif qu'elle n'apportait aucun élément de nature à établir que la décision de la Commission d'appel ait eu pour objet ou effet de retirer la décision de la

---

[1866] TA Marseille, ord., 28 octobre 2010, *Association Yankee Nord Marseille et autres*, n°1006615 et 1007037. Note sous ord., HAILI (X.), *JCPA*, n°47, 22 octobre 2010, p.41. V. également, OULD-YAHIA (S.), « Restriction de déplacement de supporters : un dispositif aux pouvoirs étendus », *Jurisport*, n°136, novembre 2013, p.37 ; OULD-YAHIA (S.), « Restriction de déplacement de supporters : une mise en œuvre délicate », *Jurisport*, n°137, décembre 2013, p.38.

[1867] CE, 4 mars 2009, *M. Achour*, n°320241. Concl. Courrèges ; CE, 30 décembre 2002, *M. Urban*, n°248895. Concl. Collin.

Commission d'organisation[1868], faisant œuvre selon son commentaire d'une solution « *opportune au regard du droit au recours effectif* ». Solution que le Conseil d'Etat contestera.

Le second recours fut rejeté en l'absence d'atteinte grave et manifestement illégale à une liberté fondamentale. Le groupement associatif soulevait, au surplus des atteintes aux libertés d'aller et venir et de réunion, un droit aux tribunes, pour le moins original[1869]. Si l'ordonnance rejette la demande des requérants, elle reconnaît de façon innovante le droit à l'exécution effective d'une décision de justice comme liberté fondamentale[1870] et comme nouveau fondement à la saisine du juge du référé-liberté. En effet, en suspendant dans de brefs délais l'exécution de la décision de la Commission, tout en retenant le principe du droit à l'exécution effective d'une décision de justice comme liberté fondamentale[1871], le juge des référés a veillé à l'effectivité du droit au recours à un juge, régulateur de la gouvernance sportive[1872]. De plus, cette ordonnance s'inscrit dans la continuité de la jurisprudence du Conseil d'Etat, statuant en référé, considérant qu'il incombe « *aux différentes autorités*

[1868] En ce sens, CE, 27 juillet 2001, *SA Sollac-Lorraine*, n°234146. Concl. Fombeur. Rec. Lebon, p.418.

[1869] Le juge des référés considère que l'interdiction faite aux associations de supporters n'entrainait aucune privation de pénétrer individuellement dans le stade ou de se rendre aux abords. Par conséquent, aucune atteinte grave et manifestement illégale à une liberté fondamentale. CE, ord., 30 mars 2007, *Ville de Lyon*, n°304053 ; CE, ord., 2 mai 2008, *Association nouvelle des Boulogne Boys*, n°315724. A propos, d'une mesure préfectorale d'interdiction individuelle, TA Paris, ord., 6 janvier 2007, *Monsieur D.*, n°0700132 et TA Paris, ord., 19 août 2010, *Monsieur B.*, n°1015128/9/1.

[1870] Le juge se fonde sur l'article 6 de la CEDSH et l'arrêt de la CEDH du 19 mars 1997, *Hornsby c/ Grèce*, « *le droit d'accès à un tribunal serait illusoire si l'ordre juridique interne d'un Etat contractant permettait qu'une décision judiciaire définitive et obligatoire reste inopérante au détriment d'une partie* ».

[1871] Ce fondement procédural trouve une reconnaissance en tant que liberté fondamentale au sens de l'article L.521-2 du CJA au regard de la force exécutoire relevant des ordonnances de référés. Articles L.511-1, L.521-1, R.522-13 et R.742-1 du CJA ; CE, ord., 2 février 2009, *ASPAS*, n°324321.

[1872] PERRIN (A.), « Les sanctions infligées aux clubs devant le juge du référé-suspension », *DA*, n°1, janvier 2009, p.38 ; DUVAL (J-M.), « Responsabilité des clubs de football du fait de leurs supporters », *AJDA*, n°17, 5 mai 2008, p.919 ; MAISONNEUVE (M.), « Inconstitutionnalité de la responsabilité disciplinaire des clubs sportifs du fait de leurs supporters », *AJDA*, n°34, 8 octobre 2007, p.1890 ; FOUCHER (B.), « Les litiges sportifs et le juge administratif », *in* Mélanges en l'honneur de Daniel LABETOULLE, Dalloz, mai 2007, p.361 ; NEGRIN (J-P.), « Chronique d'une ordonnance de suspension provisoire annoncée », *RFDA*, n°4, juillet 1998, p.755 ; FERNANDEZ-MAUBLANC (L-V.), « Le contrôle de la régularité du déroulement des compétitions sportives », *RFDA*, n°2, mars-avril 1992, p.216 ; LEROY (A-M.), « Les décisions prises par les fédérations sportives sont soumises au contrôle du juge administratif », *AJDA*, n°5, 20 mai 1991, p.389. Pour des fondements jurisprudentiels de principe, v. CE, 19 décembre 1984, *Automobile club de Monaco*, n°63795. Concl. Denoix de Saint-Marc. Rec. Lebon, p.42 et CE, Sect., 25 janvier 1991, *Vigier*, n°104497. Concl. Leroy.

administratives de prendre, dans les domaines de leurs compétences respectives, les mesures qu'implique le respect des décisions de l'autorité judiciaire et qu'une décision administrative qui fait obstacle à l'exécution d'une décision de justice méconnaît la liberté fondamentale que constitue le droit au recours effectif devant un juge»[1873]. La Commission des compétitions de la Ligue n'a pas pris acte de l'ordonnance du juge des référés du tribunal administratif et a maintenu la fermeture des tribunes visiteurs. Toutefois, la Ligue se pourvoit en cassation contre l'ordonnance de référé-suspension.

417. Le Conseil d'Etat s'est prononcé sur les limites temporelles du référé-suspension[1874]. Il considère qu'il résulte des termes même de la décision de la Commission d'appel, produite en cours de l'instruction en référé, qu'elle a annulé la décision de la Commission des compétitions dont la suspension de l'exécution était demandée. En l'espèce, le juge des référés du tribunal administratif a dénaturé les pièces versées au dossier. La Haute juridiction constate dès lors que les conclusions, tendant à la suspension en référé de l'exécution se rapportant à l'organisation de la rencontre sportive, sont devenues sans objet et annule l'ordonnance.

3 – Une conciliation soumise à des limites géographiques

418. Les limites temporelles d'un référé peuvent s'allier à certaines limites géographiques. Ainsi, le juge des référés a statué dans le cadre d'un référé-liberté relatif à la contestation d'une double mesure d'interdiction limitant le déplacement des supporters du Paris Saint-Germain lors de la rencontre de football opposant Sochaux à Paris[1875]. D'une part, le ministre de l'Intérieur, en se fondant sur de multiples incidents provoqués par les supporters de ce club lors de déplacement, décide la mise en place d'un dispositif spécifique reposant sur un acheminement collectif des seuls supporters détenteurs de billets[1876]. D'autre part, le préfet du Doubs avait,

---

[1873] CE, ord., 4 mars 2010, *Madame Soignet et Mademoiselle Bazelou.*, n°336700. V. aussi, LE BOT (O.), « Le juge administratif des référés au secours de l'exécution d'une décision de justice », *AJDA*, n°21, 21 juin 2010, p.1206.

[1874] CE, 31 mai 2012, *Ligue de Football Professionnel*, n°344034. Concl. Botteghi. Note sous arrêt : COLIN (F.), *Cahiers de droit du sport*, n°29, juillet 2012, p.94.

[1875] TA Besançon, ord., 28 août 2010, *Monsieur Bonos*, n°1001173. V. également, OULD-YAHIA (S.), « Restriction de déplacement de supporters : un dispositif aux pouvoirs étendus », *Jurisport*, n°136, novembre 2013, p.37 ; OULD-YAHIA (S.), « Restriction de déplacement de supporters : une mise en œuvre délicate », *Jurisport*, n°137, décembre 2013, p.38.

[1876] Outre l'arrêt rendu par le Conseil d'Etat du 13 juillet 2010, *Association Supras Auteuil 91*, relatif à la dissolution d'une association de supporters, le préfet se fonde sur le nombre très

par arrêté, interdit le stationnement et la circulation sur la voie publique de personnes se prévalant de la qualité de supporter du PSG ou connue comme étant supporter de ce club. L'interdiction aux abords du stade était prévue par un périmètre géographique et temporel. L'arrêté ne revêtait donc pas un caractère général et absolu[1877], et était donc proportionné[1878]. Malgré la contestation en référé de supporters, le juge des référés retient que la mesure ne porte pas une atteinte grave et manifestement illégale à une liberté fondamentale, puisqu'elle portait « *sur un périmètre restreint aux abords immédiats du stade et sur une période de quelques heures avant et après la rencontre* », par rapport aux exigences d'ordre public.

419. Avant l'entrée en vigueur du dispositif LOPPSI 2, le juge administratif exigeait trois conditions cumulatives afin de reconnaître la légalité d'une telle mesure restrictive[1879]. Celle-ci devait être limitée au regard des personnes ou de l'activité, dans le temps et dans l'espace, conditions remplies en l'espèce.

In fine, pour le commissaire du gouvernement Corneille dans ses conclusions sur l'arrêt *Baldy*[1880], « *la liberté est la règle, la restriction de police l'exception* ». Il fonde, dès lors, la doctrine des rapports du juge administratif entre la conciliation de l'ordre public et des libertés. Cette doctrine implique qu'une mesure d'interdiction préventive doit être appréciée de façon nécessaire et proportionnée au regard des potentiels troubles afin d'être légale. Si la liberté demeure la règle, pour autant, il s'avère qu'en matière de

---

élevé d'interpellation de supporters du PSG (249), lors du précédent déplacement le 7 août 2010.

[1877] TC, 8 avril 1935, *Action Française*. Concl. Josse. Rec. Lebon p.1226. GAJA n°49, 15ème édition, août 2005, p.301. Notes sous arrêt : WALINE (M.), *D*. 1935.3.25 ; JEZE (G.), *RDP*, 1935.309 ; CE, Sect., 3 février 1978, *CFDT et CGT*, n°01155. Concl. Gentot. Rec. Lebon p.47 ; CE, Sect., 4 mai 1984, *M. Guez c/ Préfet de Police*, n°49153. Concl. Dutheillet de Lamothe. Rec. Lebon, p.164 ; CE, 10 mars 2004, *Association Promouvoir*, n°254788. Concl. Boissard ; CE, ord., 5 janvier 2007, *Association Solidarité des Français*, n°300331. Notes sous ord., PAUVERT (B.), *AJDA*, n°11, 19 mars 2007, p.601 ; DIEU (F.), *RLCT*, n°24, mai 2007, p.17.

[1878] CE, Ass., 19 mai 1933, *Benjamin*. Concl. Michel. Rec. Lebon, p.541. Note sous arrêt : MESTRE (A.), *S*. 1934.3.1. GAJA n°47, 15ème édition, août 2005, p.289.

[1879] CE, Ass., 22 juin 1951, *Daudignac*. Concl. Gazier. Rec. Lebon, p.343 ; CE, 12 mars 1968, *Epoux Leroy*, n°72053. Concl. Dutheillet de Lamothe. Rec. Lebon, p.17 ; CE, 14 mai 1982, *Association internationale pour la conscience de Krishna*, n°31102. Concl. Bacquet ; CE, ord., 8 juin 2005, *Commune de Houilles*, n°281084 ; A propos des arrêtés anti-mendicité, TA Poitiers, 19 octobre 1995, *M. Abderrezac c/ Ville de La Rochelle* ; TA Pau, 22 novembre 1995, *Association Sortir du froid c/ Ville de Pau* ; CE, 9 juillet 2003, *Association AC Conflent*, n°229618. Concl. Olson. A propos des couvre-feux pour le mineurs, CE, ord., 9 juillet 2001, *Préfet du Loiret*, n°235638 ; CE, ord., 27 juillet 2001, *Ville d'Etampes*, n°236489 ; CAA Paris, 17 décembre 2002, *Commune de Yerres*, n°02PA01102.

[1880] CE, Sect., 10 août 1917, *Baldy*, n°59855. Concl. Corneille. Rec. Lebon, p.638.

mesures préventives des comportements et de déplacements de supporters, la restriction de police se généralise.

§ 2 – La dissolution et la suspension de groupements de supporters

Les violences liées aux manifestations sportives constituent des phénomènes de groupe[1881]. Ces violences, spontanées ou liées au sort de la rencontre, prennent désormais des formes préméditées. L'article 4 de la loi du 5 juillet 2006 relative à la prévention des violences lors des manifestations sportives, codifié à l'article L.332-18 du Code du sport, prévoit le recours d'une dissolution (**A**) ou d'une suspension (**B**) d'une association de supporters ou d'un groupement de fait, afin de lutter contre toutes les formes de violences, dans les stades, à leurs abords ou tout autre lieu.

A – La dissolution d'associations de supporters ou de groupements de fait

420. A la suite des nombreux débordements, dans les stades à leurs abords ou dans des lieux neutres, le législateur a prévu par l'article L.332-18 du Code du sport la possibilité de suspendre d'activité et dissoudre toute association ou groupement de fait ayant objet le soutien à une association sportive, dont les membres ont commis en réunion lors d'une manifestation sportive des actes répétés ou un acte d'une particulière gravité et qui sont constitutifs de dégradations de biens, de violence sur des personnes ou d'incitation à la haine ou à la discrimination contre des personnes à raison de leur origine, de leur orientation sexuelle, de leur sexe ou de leur appartenance, vraie ou supposée, à une ethnie, une nation, une race ou une religion déterminée. Cette mesure de dissolution est prise pour une durée de douze mois au plus[1882] par décret, après avis de la Commission nationale

---

[1881] FERAL (M.), « Sport et ordre public : la prévention et la lutte contre la violence dans les manifestations sportives », *RFAP*, n°97, janvier 2001, p.132 et s. ; COMERON (M.), « Du gang au groupe social : une analyse socio-préventive », *Cahiers de la sécurité intérieure*, n°26, octobre 1996, p.47. Déjà au XIXème siècle, les crimes des individus isolés étaient différenciés des « crimes des foules », TARDE (G.), Les crimes des foules, Archives d'anthropologie criminelle, 1892, p.353, comme le rappelle CASTILLON (V.), « Prévention et sanction des violences sportives », *Droit Pénal*, n°12, décembre 2007, p.10 ; LEROY (D.), « Associations de supporters, quels risques ? », *Jurisport*, n°117, février 2012, p.37.

[1882] CE, 9 novembre 2011, *Association Butte Paillade 91*, n°347359. Concl. Bourgeois-Machureau. Notes sous arrêt : BRIGNON (B.), *Cahiers de droit du sport*, n°26, octobre 2011, p.141 ; DUDOGNON (C.), *JCPA*, n°19, 14 mai 2012, p.38.

consultative de prévention des violences lors des manifestations sportives[1883].

421. Jusqu'à présent, le Conseil d'Etat n'a pas suspendu les mesures de dissolutions prononcées[1884] et a même considéré que la dissolution d'une association ou d'un groupement de fait ne pose pas de problème de constitutionnalité susceptible d'être examiné par le juge constitutionnel[1885]. Cet article pose donc cinq conditions devant être réunies afin de dissoudre un groupement de fait. Les violences commises doivent l'être par des membres du groupement. Contrairement aux associations ou les membres sont aisément identifiables, le lien entre les auteurs des violences et l'appartenance. Ainsi, le juge administratif a retenu, pour des dissolutions d'associations, la participation de membres à des actions de communications[1886]. Ces violences doivent être commises en réunion, écartant *de facto* les agissements isolés, et en relation ou à l'occasion d'une manifestation sportive, comprenant donc le phénomène de *fight*. Ces violences doivent être répétées et en lien avec les infractions prévues dans l'article.

Si ces conditions ne sont pas établies, la décision de dissolution par la juridiction administrative peut être annulée. En l'espèce, ce dispositif a eu selon les rapporteurs de cette proposition de loi, *« un effet dissuasif quasi-*

[1883] Cette commission a été crée par la loi n°2006-784 du 5 juillet 2006 relative à la prévention des violences lors des manifestations sportives, *JORF*, n°155, 6 juillet 2006, p.10113. Elle est composée de deux membres du Conseil d'Etat dont le président de la commission, désignés par le vice-président du Conseil d'Etat ; deux magistrats de l'ordre judiciaire, désignés par le premier président de la Cour de cassation ; un représentant du Comité national olympique et sportif français, un représentant des fédérations sportives, un représentant des ligues professionnelles, nommés par le ministre chargé des sports ; et une personnalité choisie en raison de sa compétence en matière de violences lors de manifestations sportives nommée par le ministre chargé des sports. V. pour illustration décret du 17 avril 2008 portant dissolution d'un groupement de fait, Faction Metz, *JORF,* n°93, 19 avril 2008, p.6567.

[1884] CE, 13 juillet 2010, *Association Supras Auteuil 91*, n°339293. Concl. Lenica ; CE, 13 juillet 2010, *Association Les Authentiks*, n°339257. Concl. Lenica ; CE, 25 juillet 2008, *Association nouvelle des Boulogne Boys*, n°315723. Concl. Lenica. V. aussi, DAMAREY (S.), « La liberté d'association à l'épreuve de la dissolution administrative », *AJDA*, n°17, 14 mai 2012, p.921 ; AMBLARD (C.) et SOALLA (L.), « La dissolution administrative des associations : l'exemple des clubs de supporters », *Lamy association, Actualités*, n°159, mai 2008, p.1.

[1885] CE, 8 octobre 2010, *Groupement de fait Brigade Sud de Nice*, n°340849. Concl. Lenica. Note sous arrêt : BRIGNON (B.), *Cahiers de droit du sport*, n°22, octobre 2010, p.124.

[1886] Dans le cadre de la loi du 10 janvier 1936, CE, Ass., 21 juillet 1970, *Krivine et Franck*, n°76179. Concl. Bertrand. Rec. Lebon, p.499 ; CE, 17 novembre 2006, *Capo Chichi*, n°296214. Concl. Mitjavile. Rec. Lebon, p.471.

immédiat »[1887], puisque des associations ou groupements se sont auto-dissous après la promulgation de la loi du 5 juillet 2006. Le Sénat, dans son rapport d'information, mesure davantage les effets du dispositif législatif. S'il convient qu'il s'agit d'une « *arme de dissuasion* », il constate aussi qu'une telle mesure systématique ferait perdre aux autorités, « *le minimum de contrôle endogène que ces associations peuvent avoir sur les franges des plus violentes de supporters* »[1888]. Sans pour autant abonder pleinement dans le sens du Sénat concernant le contrôle endogène, tâche qui est remplie par les services de renseignements, nous soulignons le rôle dissuasif de la dissolution.

Par ailleurs, l'article L.332-19 du Code du sport précise dans son premier alinéa que le fait d'organiser ou de participer au maintien ou à la reconstitution ouverte ou déguisée d'une association ou d'un groupement dissous, en application des dispositions de l'article L.332-18 du Code du sport, ainsi que le fait de participer aux activités qu'une association suspendue d'activité s'est vue interdire en application du même article, sont pénalement sanctionnés d'un an d'emprisonnement et de 15 000 euros d'amende. Le second alinéa ajoute que le fait d'organiser le maintien ou la reconstitution, ouverte ou déguisée, d'une association ou d'un groupement dissous en application de l'article L.332-18, ainsi que le fait d'organiser les activités qu'une association suspendue d'activité s'est vue interdire en application du même article, sont punis de deux ans d'emprisonnement et de 30 000 euros d'amende. Enfin le troisième alinéa dispose que les peines prévues aux premier et deuxième alinéas sont portées respectivement à trois ans d'emprisonnement et 45 000 euros d'amende et à cinq ans d'emprisonnement et 75 000 euros d'amende, si les infractions à l'origine de la dissolution ou de la suspension de l'association ou du groupement ont été commises à raison de l'origine de la victime, de son orientation ou identité sexuelle, de son sexe ou de son appartenance, vraie ou supposée, à une ethnie, une nation, une race ou une religion déterminée. Ce dispositif prouve sans ambigüité la volonté du législateur de supprimer définitivement toute association ou groupement relevant de l'article L.322-18 du Code du sport.

En application de l'article 3 de la loi du 1er juillet 1901 relative au contrat d'association, une procédure judicaire peut être engagée afin de dissoudre une association, mais ne convient pas aux associations de supporters, dont

[1887] Rapport d'information n°396 du 7 novembre 2007 de l'Assemblée nationale, sur la mise en application de la loi n°2006-784 du 5 juillet 2006 relative à la prévention des violences lors des manifestations sportives, p.7.
[1888] Rapport d'information du Sénat, n°467 du 26 septembre 2007, fait au nom de la commission des affaires culturelles par MM. Bernard MURAT et Pierre MARTIN, « Faut-il avoir peur des supporters ? », p.37.

les comportements troublant l'ordre public doivent cessés promptement[1889]. En effet, la dissolution judiciaire suppose la saisine du tribunal de grande instance, une audience et un prononcé du jugement, procédure assez longue. La dissolution administrative s'inscrit comme l'instrument le mieux adapté envers les associations représentant un trouble à l'ordre public, puisqu'un arrêté du ministre de l'Intérieur suffit.

La première application du dispositif de dissolution administrative prévu par la loi du 5 juillet 2006 fut prononcée contre l'association de supporters, Association nouvelle des Boulogne Boys (**1**), et le groupement de fait, Faction Metz[1890] (**2**).

1 – La dissolution d'une association de supporters

422. Les membres de l'association Boulogne Boys ont été impliqués dans plusieurs incidents, particulièrement, au cours des saisons sportives 2006/2007 et 2007/2008. Le point d'orgue de ces implications se déroula lors de la finale de la Coupe de la Ligue au Stade de France entre le Paris Saint-Germain et le Racing Club de Lens, le 29 mars 2008, où une banderole fut déployée avec la complicité et le soutien matériel de l'association, indiquant : « *Pédophiles, chômeurs, consanguins... Bienvenue chez les ch'tis* ». Cette action injurieuse illustre bien le décalage entre l'objet de l'association, qui selon ses statuts, consiste à soutenir l'équipe du Paris Saint-Germain et les faits retenus par le juge administratif. L'association des Boulogne Boys entrait dans le champ d'application de l'article L.332-18 du Code du sport. Toutefois devançant une dissolution, elle s'auto-dissout et se reforme en changeant sa dénomination en association nouvelle des Boulogne Boys. Le décret de dissolution du 17 avril 2008 a été contrôlé par le Conseil d'Etat dans son arrêt de principe du 25 juillet 2008[1891]. En l'espèce, l'association demande l'annulation du décret. La Haute juridiction se prononce ainsi tant sur la légalité externe et que sur la légalité interne du décret de dissolution de l'association de supporters.

[1889] Rapport de l'Assemblée nationale n°3011 du 5 avril 2006 sur la proposition de loi relative à la prévention des violences lors des manifestations sportives de M. Goasguen, p.14 et s.

[1890] Décret du 17 avril 2008 portant dissolution de l'association Association nouvelle des Boulogne Boys, *JORF*, n°93, 19 avril 2008, p.6566 ; Décret du 17 avril 2008 portant dissolution du groupement de fait Faction Metz, *JORF*, n°93, 19 avril 2008, p.6567.

[1891] CE, 25 juillet 2008, *Association nouvelle des Boulogne Boys*, n°315723. Concl. Lenica. Notes sous arrêt : COLIN (F.), *Cahiers de droit du sport*, n°14, novembre 2008, p.94 ; GIL (G.), *Cahiers de droit du sport*, n°14, novembre 2008, p.100 ; BRIGNON (B.), *Cahiers de droit du sport*, n°14, novembre 2008, p.102.

Il convenait de vérifier dans un premier temps la légalité externe du décret de dissolution. Celui-ci devait convenablement respecter les droits de la défense, tant au regard du principe général du droit[1892] et de l'article 6 de la CESDH[1893], que sur la motivation du décret. Lorsqu'une décision administrative revêt, à l'encontre de l'intéressé, le caractère d'une sanction, celui-ci doit recevoir communication des griefs qui lui sont reprochés et pouvoir y répondre. Afin de faire respecter les droits de la défense, l'administration doit tout d'abord informer l'intéressé de la mesure administrative et des garanties inhérentes à ses droits[1894], ensuite accorder un délai raisonnable pour la préparation de sa défense[1895] et enfin, respecter le principe du contradictoire[1896]. En l'espèce, toutes ces conditions étaient réunies comme l'énonce le Conseil d'Etat. La loi du 11 juillet 1979 impose la motivation de tous les actes administratifs individuels défavorables concernant les personnes physiques et morales[1897]. Un acte administratif individuel défavorable doit impérativement remplir cette condition de forme. Le Conseil d'Etat considère en l'espèce la motivation suffisante.

La légalité interne du décret abordait l'étendue du contrôle du juge au regard des conditions de dissolutions. L'arrêt retient les cinq conditions posées par l'article L.332-18 du Code du sport, quand bien même les membres de l'association n'ont pas été identifiés individuellement. Le juge précise donc l'absence de nécessité pour un décret de dissolution d'identifier

---

[1892] CE, Sect., 5 mai 1944, *Dame Veuve Trompier-Gravier*, n°69751. Concl. Chenot. Rec. Lebon, p.133. Notes sous arrêt : DE SOTO (J.), *D.*, 1945. 110 ; JEZE (G.), *RDP*, 1944. 256. ; CE, Ass., 26 octobre 1945, *Aramu et autres*, n°77726. Concl. Odent. Rec. Lebon, p.213.

[1893] CEDH, 21 février 1975, *Golder c/ Royaume-Uni,* n°4451/70 ; CEDH, 7 juin 2001, *Kress c/ France*, n°39594/98. Notes sous arrêt : DRAGO (R.), *D.*, n°32, 20 septembre 2001, p.2619 ; GENEVOIS (B.), *RFDA*, n°5, octobre 2001, p.991 ; AUTIN (J-L.) et SUDRE (F.), *RFDA*, n°5, octobre 2001, p.1000.

[1894] CE, 4 février 1949, *Sieur Pasquier*. Rec. Lebon, p.53 ; CE, Sect., 4 mai 1962, *Lacombe*, n°47490. Concl. Gentot. Rec. Lebon, p.300.

[1895] CE, Sect., 7 avril 1975, *Sieur Bouché*, n°86202. Concl. Labetoulle.

[1896] Article 24 de la loi n°2000-321 du 12 avril 2000 relative aux droits des citoyens dans leurs relations avec les administrations, *JORF*, n°88, 13 avril 2000, p.5646. CE, Avis, 28 novembre 2007, *M. Barjamaj*, n°307999. Note sous avis : GROS (L.), *AJDA*, n°11, 24 mars 2008, p.590. Pour une application en matière d'interdiction de stade, CAA Douai, 25 octobre 2012, *Préfet du Nord c/ Monsieur A.*, n°12DA00244 ; TA Besançon, 11 mars 2010, *Monsieur G.*, n°0801746. Note : POITREAU (G.), *JCPA*, n°23, 7 juin 2010, p.46.

[1897] Articles 1er et 2 de la loi n°79-587 du 11 juillet 1979 relative à la motivation des actes administratifs et à l'amélioration des relations entre l'administration et le public, *JORF*, 12 juillet 1979, p.1711. CE, Ass., 19 octobre 1979, *Rassemblement des nouveaux avocats de France,* n°01875. Concl. Franc ; CE, Sect., 27 juillet 2005, *M. Charles Millon*, n°259004. Concl. Glaser. Notes sous arrêt : GABARDA (O.), *LPA*, n°131, 3 juillet 2006, p.12 ; JANICOT (L.), *AJDA*, n°44, 26 décembre 2005, p.2462 ; TERNEYRE (P.), *RFDA*, n°5, septembre 2005, p.18. Pour une application en matière d'interdiction de stade, TA Montreuil, 21 septembre 2010, *Monsieur A.*, n°0810341. Note : DONNART (E.), *AJDA*, n°4, 7 février 2011, p.231.

individuellement les individus commettant ces actes, et que l'imputabilité des faits à des personnes se revendiquant de l'association ou du groupement suffit. Toutefois, ce point rencontre une difficulté, selon nous, lorsque des supporters usurperont l'appartenance à une association ou à groupement. En ce sens, des supporters ont déjà commis des actes de violences en « empruntant » les couleurs d'autres supporters, notamment pour se rendre dans les tribunes adverses et en découdre. Une dissolution sera-t-elle effective à l'ensemble des associations ou groupement impliqués directement et indirectement ?

Le Conseil d'Etat statue enfin sur les atteintes aux libertés d'expression et d'association au regard de la CESDH. Les juges du Palais Royal estiment que ce décret répond légalement à l'objectif de protection de l'ordre public dans les stades et aux abords, confirmant au contentieux sa jurisprudence relative à un référé-liberté tendant à la suspension des effets de ce décret[1898]. Ainsi, le Conseil d'Etat confirma la légalité du décret procédant à la première dissolution d'une association de supporters en raison de faits de violence commis par ces derniers[1899].

423. La Cour européenne des droits de l'Homme fut saisie par l'association pour violation des articles 6 et 11 de la Convention[1900]. L'existence juridique de l'association, même dissoute, perdure devant la Cour de Strasbourg afin d'user de son droit au recours[1901]. L'association estimait ne pas avoir eu le temps nécessaire pour préparer sa défense devant la Commission nationale consultative de prévention des violences lors des manifestations sportives. La Cour se fonde sur le fait que la Commission n'a qu'un rôle consultatif, en se bornant à recueillir les observations de l'association et à émettre un avis consultatif au Premier ministre. La Commission ne dispose pas de pouvoir de sanction et l'absence de pouvoir décisionnel ne contrevient pas à l'article 6 de la CEDSH[1902]. Cette procédure n'est donc pas contraire à l'article 6 de la CESDH. De plus, le juge relève que la motivation du décret entre dans le champ d'application du droit au procès équitable. Il considère que le décret de dissolution est suffisamment motivé, puisqu'il mentionne les différents événements violents commis par des membres de l'association lors de relation en lien avec une manifestation sportive. De surcroit, la Cour se borne au principe que les autorités nationales sont « *mieux placées que le juge international pour apprécier les*

[1898] CE, ord., 2 mai 2008, *Association nouvelle des Boulogne Boys*, n°315724.
[1899] D'autres décrets
[1900] CEDH, 22 février 2011, *Association nouvelle des Boulogne Boys c/ France*, n°6468/09. Note sous arrêt : MIEGE (C.), *Cahiers de droit du sport*, n°24, avril 2011, p.46.
[1901] CEDH, 30 juin 2009, *Herri Batasuna et Batasuna c/ Espagne*, n°25803 et 25817/04.
[1902] CEDH, 20 janvier 2011, *Vernes c/ France*, n°30183/06 ; CEDH, 11 juin 2009, *Dubus SA c/ France*, n°5242/04 ; CEDH, 24 septembre 2009, *Mérigaud c/ France*, n°32976/04.

éléments de preuve présentés devant elle »[1903]. Dès lors, la Cour n'accueille pas ce grief fondé sur l'article 6 de la CESDH.

L'association soulève le grief d'atteinte à la liberté d'association sur le fondement de l'article 11 de la CESDH, moyen qu'elle n'avait pas soulevé devant le juge national. Si la Cour rappelle que la procédure de dissolution constitue une ingérence dans le droit de l'association requérante à sa liberté d'association, celle-ci est justifiée dès lors qu'elle est prévue par la loi, poursuit un but légitime et demeure proportionnée. En l'espèce, le législateur national par l'article L.332-18 du Code du sport prévoit un dispositif de prévention et de sanction d'atteinte à l'ordre public. La proportionnalité de la mesure est observée par la Cour qui rappelle, d'une part, les événements en marge de la rencontre le PSG et l'équipe de Tel-Aviv, où « *cent cinquante supporters parisiens ont entrepris de se livrer à des actes de violences* », s'achevant par la chute « *d'un policier tombé au sol* » sous les coups des supporters devant « *faire usage de son arme pour se sortir d'une situation difficile et a tué un supporter parisien qui le menaçait* ». D'autre part, la Cour relève les termes « *particulièrement injurieux* » contenus par la banderole déployée au Stade de France lors de la finale de la Coupe de la Ligue, le 29 mars 2008. La Cour estime le grief de violation de la liberté d'association « *manifestement mal fondé* ». Ainsi, la Cour européenne des droits de l'Homme rend une décision d'irrecevabilité et valide la conventionalité de la procédure française de dissolution administrative d'une association de supporters. La décision rendue conforte la jurisprudence constante du Conseil d'Etat prise sur le fondement de l'article L.332-18 du Code du sport et son refus de transmettre au Conseil constitutionnel une question prioritaire de constitutionnalité.

La décision de la Cour européenne ne clôt que partiellement cette affaire puisque la Cour de cassation s'est prononcée sur les termes contenus par la banderole[1904]. La chambre criminelle de la Cour de cassation rend un arrêt confirmatif en retenant que constitue une provocation à la haine ou à la violence, le fait d'exhiber une banderole assimilant les supporters d'un club, présents dans le stade, à des « *pédophiles, chômeurs et consanguins* ».

[1903] V. CEDH, 16 décembre 2010, *A.B.C. c/ Irlande*, n°25579/05.

[1904] Cass. crim., 25 juin 2013, n°12-86.537. Notes sous arrêt : VERON (M.), *Droit Pénal*, n°10, octobre 2013, p.37 ; BALDES (O.), *Les Cahiers de droit du sport*, n°34, décembre 2013, p.144.

2 – La dissolution d'un groupement de fait

424. L'article L.332-18 du Code du sport prévoit la dissolution et la suspension de toute association ou groupement de fait par décret. Comment dissoudre un groupement de fait, qui par principe n'existe pas juridiquement et ne possède pas de personnalité juridique ? Ce paradoxe vise donc la notion même d'un groupement de fait et la possibilité de le dissoudre.

Le groupement de fait n'est pas un groupement de droit[1905]. Il n'est pas non plus le synonyme exact d'un groupement informel[1906], puisque celui-ci *« n'exclut pas une relation juridique entre ses membres, qui auront pu simplement souhaiter se dispenser de formalisme »*[1907]. Il convient mieux d'établir un parallèle avec la société créée de fait, au sens de l'article 1873 du Code civil, que le juge va déclarer existante en raison du comportement des associés. Dès lors, le comportement des supporters se regroupant sera interprété.

Le législateur avait prévu la dissolution administrative d'un groupement de fait par la loi du 10 janvier 1936 relative aux groupes de combat et milices privées[1908]. Les dissolutions administratives ne peuvent intervenir qu'en vertu d'une disposition législative expresse, le gouvernement ne disposant pas d'un pouvoir général lui permettant de dissoudre discrétionnairement une association. Un tel pouvoir serait contraire à l'exercice de la liberté d'association[1909]. Toutefois, ce dispositif d'exception ne pouvait s'appliquer aux groupements de supporters, l'activité, l'organisation et la finalité ne correspondant pas. Désormais, l'article L.332-18 du Code du sport pose les cinq conditions relatives à la dissolution. Toutefois, le groupement de fait ne possède pas la personnalité juridique. En principe, celle-ci est requise afin de pouvoir ester en justice[1910]. *De facto*, les responsables ou les membres du

---

1905 DONDERO (B.) et PELTIER (M.), « De la dissolution par décret d'un groupement de fait de supporters », *JCPE*, n°50, 11 décembre 2008, p.21

1906 Notion cependant retenue dans le décret de dissolution du groupement de fait Faction Metz. V. *infra*.

1907 *Ibid.*, p.22.

1908 Loi du 10 janvier 1936 sur les groupes de combat et les milices privées, *JORF*, 12 janvier 1936, p.522. Sur le fondement de cette loi ont été dissoutes, en juin 1936, les ligues des Croix-de-feu, des Camelots du roi et des Volontaires nationaux. Ce fondement législatif a permis, notamment, la dissolution d'Ordre nouveau, en juin 1973, du Front de libération de la Corse, en janvier 1983 ou de la Tribu Ka, en juillet 2006. V. pour une codification de cette mesure, article L.212-1 du Code de la sécurité intérieure. V. par ailleurs, JAN (P.), « La dissolution d'un groupement de fait », *LPA*, n°230, 18 novembre 2002, p.4.

1909 CE, 20 mars 1946, *Sieur Marcellin*. Rec. Lebon, p.88 ; CE, 28 mars 1947, *Association « les ailes de Vichy »*, Rec. Lebon, p.139.

1910 CE, 6 octobre 1976, *Doyen de l'UFR « Faculté de droit » de l'Université Jean Moulin*, n°98179. Concl. Massot. Rec. Lebon, p.395. V. DONDERO (B.), « Les groupements dépourvus de la personnalité juridique en droit privé – Contribution à la théorie de la

groupement pourraient former un recours et saisir le juge administratif[1911]. Ce dernier contrôlera la conformité du décret de dissolution sur le fondement des articles 6 et 11 de la Convention européenne de sauvegarde des droits de l'Homme[1912].

425. La dissolution du groupement de fait, Faction Metz, révèle une malfaçon du texte législatif. Le décret considère, en effet, que ce groupe qualifié en l'espèce d'informel, a pour objet le soutien à une association sportive mentionnée à l'article L.122-1 du Code du sport, c'est-à-dire une équipe sportive professionnelle, en l'espèce le FC Metz. Or, un club de football professionnel possède une association en lien avec le secteur amateur et une équipe professionnelle. C'est cette dernière que les associations ou groupement de fait soutiennent. Le Conseil d'Etat écarte ce type de moyen en retenant que l'objet statutaire des associations et l'objectif des groupements de fait demeurent de soutenir tant l'association que la société sportive[1913]. Une question reste en suspens. Quelle sera la solution de la Haute juridiction, si une disposition statutaire d'une association de supporters ne fait pas mention du soutien à l'équipe professionnelle ?

B – La suspension d'associations de supporters ou de groupements de fait

426. Le Conseil d'Etat s'est prononcé pour la première fois sur la suspension d'activité d'une association de supporters, dans le cadre de l'application de l'article L.332-18 du Code du sport, dans son arrêt du 9 novembre 2011, *Association Butte Paillade 91*[1914]. En conséquence d'actes de violences répétés par les membres de cette association de supporters de l'équipe de football de Montpellier, un décret de suspension a été adopté le 31 janvier 2011 pour une durée de quatre mois afin d'éviter que les membres

---

personnalité morale », Thèse, sous la direction du Professeur Hervé LE NABASQUE, Université Paris Ouest Nanterre La Défense (Paris X), 2001, n°1008 et s. ; CHABANOL (D.), *La pratique du contentieux administratif*, Litec, 7ème édition, août 2007, n°241.

[1911] Sur le fondement de la loi du 10 janvier 1936 : CE, Ass., 21 juillet 1970, *M. Schroedt*, n°76230. Concl. Bertrand. Rec. Lebon, p.501 ; CE, 16 octobre 1992, *M. Battesti*, n°85957. Concl. Scanvic. Rec. Lebon, p.371 ; CE, 17 novembre 2006, *Capo Chichi*, n°296214. Concl. Mitjavile. Rec. Lebon, p.471. Sur le fondement de la loi du 5 juillet 2006 : CE, 25 juillet 2008, *Association nouvelle des Boulogne Boys*, n°315723. Concl. Lenica.

[1912] CEDH, 22 février 2011, *Association nouvelle des Boulogne Boys c/ France*, n°6468/09. Note sous arrêt : MIEGE (C.), *Cahiers de droit du sport*, n°24, avril 2011, p.46.

[1913] CE, 25 juillet 2008, *Association nouvelle des Boulogne Boys*, n°315723. Concl. Lenica. Note sous arrêt : COLIN (F.), *Cahiers de droit du sport*, n°14, novembre 2008, p.94 ; CE, 1er juin 2011, *Groupement de fait Brigade Sud de Nice*, n°340849. Concl. de Lesquen. Note sous arrêt : BRIGNON (B.), *Cahiers de droit du sport*, n°25, juillet 2011, p.150.

[1914] CE, 9 novembre 2011, *Association Butte Paillade 91*, n°347359. Concl. Bourgeois-Machureau. Note sous arrêt : GRESP (M.), *AJDA*, n°12, 2 avril 2012, p.655.

de cette association ne se rendent au Stade de France pour la finale de la Coupe de la Ligue entre les équipes de Montpellier et Marseille.

Préalablement au recours contentieux, l'association saisit le juge des référés d'un référé-suspension qui fut rejeté par l'ordonnance du Conseil d'Etat[1915], au motif qu'il n'existe pas de moyens de nature à faire naître un doute sérieux sur la légalité du décret attaqué et que la procédure respecte effectivement le principe du contradictoire[1916]. Sur le fond, la Haute juridiction rejette également les prétentions de l'association et convient de la légalité du décret, « *ne constituant pas une mesure excessive et disproportionnée au regard des risques pour l'ordre public* ». En l'espèce, la solution du contentieux témoigne de la délicate, mais contestable, délimitation restreinte du contrôle du principe du contradictoire dans le cadre de l'article L.332-18 du Code du sport par le Conseil d'Etat, qui confirme sa jurisprudence[1917]. Le Conseil d'Etat adopte une conception restreinte du principe du contradictoire en considérant que la procédure, devant la Commission nationale consultative de prévention des violences lors des manifestations sportives, est particulière et suffisante, puisque le président de la commission invite les représentants de l'association à présenter leurs observations écrites ou orales, en vertu de l'article R.332-12 du Code du sport, avant de rendre son avis. Si devant la commission, le principe du contradictoire est respecté, lors de la procédure d'adoption du décret cela s'avère contestable. En effet, la commission n'est pas obligée de transmettre au Premier ministre les observations, rendant indirect le principe du contradictoire en dehors du contentieux[1918]. Pour autant, le Conseil d'Etat estime que « *les dispositions législatives du Code du sport instaurent une procédure contradictoire au sens du 3° de l'article 24 de la loi du 12 avril 2000* ».

Plus généralement, la conception de la Haute juridiction administrative interpelle sur la conformité du rejet du contradictoire en matière de mesures administratives contradictoires[1919]. Concernant les mesures de police

---

[1915] CE, ord., 12 avril 2011, *Association Butte Paillade 91*, n°347360 et 348041.

[1916] V. RICHER (D.), « La procédure contradictoire et le juge administratif de l'urgence », *RFDA*, n°2, février 2001, p.320.

[1917] CE, 28 décembre 2009, *Ministre de l'écologie c/ M. Abbadie*, n°319736. Concl. Roger-Lacan, *RJEP*, n°675, mai 2010, p.25. Note sous arrêt : DESFONDS-FARJON (L.), *AJDA*, n°20, 14 juin 2010, p.1152. En matière de dissolution d'associations de supporters : CE, 13 juillet 2010, *Association Les Authentiks ;* CE, 25 juillet 2008, *Association nouvelle des Boulogne Boys*.

[1918] CAUDAL (S.), « Les procédures contradictoires en dehors du contentieux », *RFDA*, n°1, février 2001, p.13.

[1919] CRESP (M.), « Après la dissolution, la suspension des associations de supporters », *AJDA*, n°12, 2 avril 2012, p.657 ; DEGOFFE (M.), « L'ambiguïté de la sanction

administrative, l'autorité de police cherche à prévenir les troubles et « *blâme aussi un comportement passé* »[1920]. Le juge administratif peut en tenir compte dans l'appréciation du principe du contradictoire[1921]. Mais lorsqu'il s'agit de mesures de police administrative préventives, reconnues comme mesures particulières, et non répressives, le principe général de des droits de la défense, corollaire du principe du contradictoire, n'est pas applicable à des associations de supporters[1922], en l'absence de texte[1923]. Ainsi, le Conseil d'Etat écarte conformément à sa jurisprudence l'application du principe du contradictoire, visé à l'article 24 de la loi du 12 avril 2000, en matière de décret de suspension des associations de supporters.

Plus particulièrement, cet arrêt rendu sept mois après le déroulement de la finale et cinq mois après la mesure de suspension ne présentait qu'un intérêt limité pour l'association, l'obtention de dommages et intérêts. En effet, l'ordonnance du 12 avril 2011 rejetant la demande d'annulation de la suspension, cela n'empêchait pas les membres de cette association de se rendre individuellement dans tous les stades et spécialement au Stade de France pour la finale.

427. Les décrets de dissolution ou de suspension luttent contre des violences collectives, mais ils n'empêchent pas les supporters des associations ou des groupements de fait de se rendre sur des lieux de *fight* ou, à titre individuel, dans des stades ou à leurs abords, justifiant, dès lors, une prévention accrue et des mesures d'interdictions administratives systématiques pour ces individus.

§ 3 – L'encadrement des charges excédant le maintien normal de l'ordre public

428. L'action des services de police et de gendarmerie s'exerce au service du maintien de l'ordre public, constituant un service public financé par l'impôt. La puissance publique doit satisfaire à des obligations de

---

administrative », *AJDA*, n°spécial, octobre 2001, p.27 ; CAUDAL (S.), « Les procédures contradictoires en dehors du contentieux », *RFDA*, n°1, février 2001, p.13.

[1920] DEGOFFE (M.), « L'ambiguïté de la sanction administrative », *AJDA*, n°spécial, octobre 2001, p.27.

[1921] CE, 27 mai 2011, *Madame Kupferstein*, n°330267. Concl. Landais, *AJDA*, n°31, 26 septembre 2011, p.1786. Note sous arrêt : BONNEFONT (R.), *LPA*, n°190, 23 septembre 2011, p.8.

[1922] CE, 13 juillet 2010, *Association Supras Auteuil 91*, n°339293. Concl. Lenica ; CE, 13 juillet 2010, *Association Les Authentiks*, n°339257. Concl. Lenica ; CE, 25 juillet 2008, *Association nouvelle des Boulogne Boys*, n°315723.

[1923] GENEVOIS (B.), « Principes généraux du droit », *Répertoire de contentieux administratif*, Dalloz, 2010, n°705.

surveillance de la voie publique, de maintien et de rétablissement de l'ordre public. Il en est de même pour les prestations de services de secours. Par principe, ces services s'avèrent gratuits pour les bénéficiaires en vertu du principe de solidarité devant les charges publiques. Pour autant, la gratuité du service public ne constitue pas un principe général du droit[1924] et certaines prestations de services publics sont payantes lorsqu'elles prêtent à l'individualisation[1925]. Le Conseil d'Etat a considéré que lorsque l'intervention des forces de l'ordre dépasse les obligations normales incombant à la puissance publique, cette prestation de service public doit être remboursée par le bénéficiaire[1926]. En effet, l'anormalité des obligations entraîne une rupture de l'égalité devant les charges publiques du fait de la prestation exceptionnelle de la mission de service public[1927].

Le maintien exceptionnel de l'ordre public est prévu par voie règlementaire (**A**) ainsi que les modalités de calcul de remboursement (**B**).

A – Un maintien exceptionnel de l'ordre public prévu par voie règlementaire

429. L'article 23 de la loi du 21 janvier 1995 d'orientation et de programmation relative à la sécurité[1928], codifié à l'article L.332-1 du Code du sport, oblige les organisateurs de manifestations sportives à but lucratif à assurer un service d'ordre par des sociétés de sécurité privées, notamment

---

[1924] CE, 21 octobre 1988, *Syndicat national des transporteurs aériens c/ Ministre des transports*, n°72862. Concl. Lenoir. Note sous arrêt : GAUDEMET (Y.), *RDP*, 1989, p.1464 ; CE, Ass., 18 juillet 1996, *Société Direct Mail Promotion*, n°168702. Concl. Denis-Linton. Note sous arrêt : MAISL (H.), *AJDA*, n°2, 20 février 1997, p.189.

[1925] HERTZOG (R.), « Le prix du service public », *AJDA*, n°spécial, 20 juin 1997, p.55 ; DEGOFFE (M.), « Les prestations payantes des services publics en principe gratuits », *in*, Mélanges en l'honneur du Professeur Etienne FATOME, *Bien public, bien commun*, Dalloz, juin 2011, p.115.

[1926] CE, 22 janvier 1904, *Delepoulle dit Debruyère*, *S.* 1906, III, p.60 ; CE, 10 août 1918, *Société Cinéma National*, Rec. Lebon p.854 ; CE, 24 janvier 1921, *Constantia Veran et Bastian*, Rec. Lebon p.77 ; CE, 28 décembre 1949, *Société Ciné Lorrain*, Rec. Lebon p.584. Le Conseil d'Etat a confirmé, à propos de l'intervention des sapeurs-pompiers, que si les communes devaient supporter la charge de l'intervention dans la limite des besoins normaux de protections des personnes et des biens auxquels la collectivité est tenue de pourvoir dans l'intérêt général, elles peuvent aussi exiger des intéressés ou de leurs ayants droit une participation aux frais qu'elles ont engagés à l'occasion d'opérations de secours. CE, 5 décembre 1984, *De Arias*, n°48639. Concl. Delon. Rec. Lebon p.399. V. aussi, article L.2321-2-7 du CGCT.

[1927] CAA Bordeaux, 17 janvier 2000, *SAOS Football Club des Girondins de Bordeaux*, n°97BX02170. Note sous arrêt : REY (J-L.), *LPA*, n°96, 15 mai 2000, p.15.

[1928] Loi n°95-73 du 21 janvier 1995 d'orientation et de programmation relative à la sécurité, dite « Loi Pasqua », *JORF*, n°20, 24 janvier 1995, p.1249.

lors du contrôle d'accès au stade[1929]. Il prévoit que « *les organisateurs de manifestations sportives, récréatives ou culturelles à but lucratif peuvent être tenus d'y assurer un service d'ordre, lorsque leur objet ou leur importance le justifie* ». Il précise également que « *les personnes physiques ou morales, pour le compte desquelles sont mis en place par les forces de police ou de gendarmerie des services d'ordre qui ne peuvent être rattachés aux obligations normales incombant à la puissance publique en matière de maintien de l'ordre, sont tenus de rembourser à l'Etat les dépenses supplémentaires qu'il a supporté dans leur intérêt* ».

Le déroulement d'une manifestation sportive attire jusqu'à des dizaines de milliers de personnes. Ce devoir de sécurité implique que les clubs organisateurs de la rencontre, c'est-à-dire évoluant à domicile, sont tenus d'assurer la police du terrain et de prendre toutes les mesures permettant d'éviter les désordres pouvant résulter tant avant, pendant qu'après le match, de l'attitude de ses dirigeants, de ses joueurs et du public. Les clubs visiteurs, c'est-à-dire évoluant à l'extérieur, est quant à lui responsable de l'attitude de ses dirigeants, de ses joueurs et de ses supporters ayant fait le déplacement dans la tribune réservée aux supporters visiteurs[1930]. Les clubs, visiteurs ou locaux, afin d'assurer leur devoir de sécurité ont recours aux services de stadiers et prennent en charge la totalité de frais engendrés.

430. Le devoir de sécurité implique aussi le concours de forces de l'ordre tant pour un maintien normal de l'ordre public, qu'un maintien exceptionnel. Ce dernier, par la nature exceptionnelle des prestations de mise à disposition d'agents et de véhicules, engage des frais et leur remboursement. A cet égard, les modalités de remboursement des dépenses supportées par les forces de l'ordre sont organisées par un décret du 5 mars 1997[1931], complété par un arrêté ministériel du 8 septembre 2000[1932].

Depuis un décret du 28 octobre 2010, complété par deux arrêtés du même jour[1933], le cadre réglementaire applicable aux prestations de remboursement

---

[1929] En vertu de l'article L.332-2 du Code du sport, lorsqu'une manifestation sportive rassemble plus de 300 spectateurs, les organisateurs de celle-ci doivent avoir recours à des sociétés de sécurité assurant la surveillance et le contrôle d'accès à l'enceinte.

[1930] Pour illustration, article 129 des statuts et règlements généraux de la Fédération française de football.

[1931] Décret n°97-199 du 5 mars 1997 relatif au remboursement de certaines dépenses supportées par les forces de police et de gendarmerie, *JORF*, n°56, 7 mars 1997, p.3624.

[1932] Arrêté ministériel du 8 septembre 2000 n°INTC0000388A fixant le montant de remboursement de certaines dépenses supportées par les forces de l'ordre.

[1933] Arrêté du 28 octobre 2010 n° IOCF1022850A portant application de l'article 2 du décret n° 97-199 du 5 mars 1997 modifié relatif au remboursement de certaines dépenses supportées par les forces de police et de gendarmerie et de l'article 1er du décret n° 2008-252 du 12 mars 2008 modifié relatif à la rémunération de certains services rendus par le ministère de

a été étendu[1934]. Ainsi, par ce décret, il incombe à l'organisateur d'une manifestation sportive de rembourser les dépenses engagées pour la prévention et le maintien de l'ordre aux abords du stade et dans l'enceinte. Ces mesures de sûreté comprennent, notamment, le jalonnement d'un périmètre d'accès protégé avec la constitution d'un périmètre isolé à la circulation autour de l'enceinte et la mise en place d'agents au point de filtrage dudit périmètre, la fluidification de la circulation aux abords du stade, la surveillance des tribunes, l'inspection des tribunes et du périmètre protégé en vue de la recherche d'objets présentant des risques pour la sécurité des personnes et des biens, la protection des acteurs de la manifestation sportive ou bien encore l'escorte des supporters visiteurs[1935]. Ce dernier exemple constitue l'un des frais de remboursement les plus importants puisqu'il met en œuvre un dispositif d'accueil des supporters visiteurs à partir de leur arrivée en train ou en avion. Les forces de l'ordre les accompagnent dans les transports en commun jusqu'au stade puis les raccompagnent. Le dispositif s'étend au transport routier, où les forces de l'ordre récupèrent les cars de supporters sur une aire de repos avant de les escorter. Pour les rencontres internationales, le passage aux frontières peut être le début de l'encadrement.

A contrario, demeurent notamment exclus les frais de remboursement liés aux obligations générales de maintien de l'ordre telles que les contraventions de stationnement, le rétablissement du maintien de l'ordre en dehors du périmètre d'accès protégé, la surveillance dans les hippodromes et cynodromes ou bien encore la présence des forces de l'ordre stationnées en réserve pour assurer un éventuel maintien de l'ordre.

---

l'intérieur, de l'outre-mer et des collectivités territoriales, *JORF*, n°253, 30 octobre 2010, p.19550. Cet arrêté précise la police d'assurance et les garanties nécessaires à la demande d'une convention de prestation des forces de l'ordre. V. Pour illustration du contentieux du recouvrement de factures d'intervention des forces de l'ordre, CAA Bordeaux, 17 janvier 2000, *SAOS Football Club des Girondins de Bordeaux*, n°97BX02170.
Arrêté du 28 octobre 2010 n°IOCF1022874A fixant le montant de remboursement de certaines dépenses supportées par les forces de l'ordre, *JORF*, n°253, 30 octobre 2010, p.19548. Cet arrêté abroge et remplace celui du 8 septembre 2000.

[1934] Décret n°2010-1295 du 28 octobre 2010 modifiant le décret n°97-199 du 5 mars 1997 relatif au remboursement de certaines dépenses supportées par les forces de police et de gendarmerie et le décret 2008-252 du 12 mars 2008 relatif à la rémunération de certains services rendus par le ministère de l'Intérieur, de l'outre-mer et des collectivités territoriales, *JORF*, n°253, 30 octobre 2010, p.19549. Ce décret regroupe les règles de remboursement s'appliquant tant aux forces de police qu'à la gendarmerie.

[1935] Pour une liste exhaustive des prestations et une tarification de la facture des services d'ordre, v. le guide pratique du ministère de l'Intérieur, de l'outre-mer et des collectivités territoriales, « facturation de certains service d'ordre », novembre 2010, 27 p.

B – Des modalités de calcul de remboursement encadrées

431. Le décret et ses arrêtés fixent précisément les modalités de calcul des remboursements en déterminant pour chaque prestation payantes réalisées par les forces de l'ordre le montant demandé au bénéficiaire des prestations. Ainsi, le taux horaire par agent mis à disposition à compter du 1er juillet 2014 est de 20 euros avec un coefficient multiplicateur fixé à 1 lorsque le nombre d'agents est inférieur ou égal à 50 ; à 1,2 lorsque le nombre d'agents est compris entre 52 et 100 ; à 1,5 entre 101 et 500 agents et à 1,7 au-delà de 501 agents[1936]. L'article 4 du décret prévoit qu'une convention est signée entre l'organisateur de l'événement, bénéficiaire du service d'ordre, et le représentant de l'Etat afin de faciliter la facturation. Cependant, la convention ne constitue pas un engagement de l'Etat à mobiliser les moyens évoqués ou à réaliser les prestations prévues. En effet, le préfet de département territorialement compétent est seul responsable et habilité à évaluer les moyens à mobiliser pour la bonne organisation de la sécurité de la manifestation sportive, lui laissant une marge d'appréciation afin de décider s'il faut augmenter ou diminuer les moyens mobilisés selon les circonstances. De plus, l'absence ou le refus d'acceptation de la convention ne font pas obstacle à l'émission d'un titre de recette par les services de l'Etat.

Outre la manifestation sportive intra-départementale, il existe des manifestations itinérantes sur plusieurs départements. Lorsqu'une manifestation est dite d'envergure nationale, c'est-à-dire qu'elle s'étend sur plusieurs départements et s'avère d'une grande complexité ou d'une sensibilité particulière comme les courses cyclistes telles que le Tour de France ou le Paris-Roubaix, les conventions sont signées par le représentant de l'administration centrale, en l'espèce le ministre de l'Intérieur. Ces deux critères d'envergure nationale sont cumulatifs. A défaut, lorsque la manifestation est itinérante sur plusieurs départements, la convention se conclue entre le représentant de l'Etat dans le département de départ de la prestation et le bénéficiaire.

[1936] Article 2 de l'arrêté du 28 octobre 2010 fixant le montant de remboursement de certaines dépenses supportées par les forces de l'ordre. Auparavant, le taux horaire par agent mis à disposition était de 12,33 euros, puis de 13,95 euros au 1er juillet 2011, 16 euros jusqu'au 1er juillet 2012 et enfin de 18, 45 au 1er juillet 2013. A titre illustratif, les frais de prestations engagés par le club de football du Paris Saint-Germain lors de la rencontre à haut risque PSG-OM s'élèvent en moyenne à 150.000 euros. Pour le PSG le coût de remboursement du dispositif de police et la rémunération des stadiers sont de 2,5 millions d'euros. Rapport d'information par la commission des lois constitutionnelles, de la législation et de l'administration générale de la République, sur la mise en application de la loi n°2006-784 du 5 juillet 2006 relative à la prévention des violences lors des manifestations sportives, présenté par MM. GOASGUEN (C.) et CARESCHE (C.), le 7 novembre 2007, p.19. V. également, Question à l'Assemblée nationale n°27828, p.1599, réponse ministérielle du 18 février 2014.

La facturation sera établie sur la base effective des moyens mobilisés et s'effectuera à partir de la mise en place sur le lieu de la manifestation et jusqu'au retrait des moyens. Les forces de l'ordre ont un délai d'au moins quinze jours avant la prestation pour faire parvenir un état prévisionnel des dépenses évaluant le coût financier de la prestation. A l'issue de celle-ci, les forces de l'ordre établiront un état liquidatif des prestations effectives dans un délai de quinze jours. Les directions générales de la police et de la gendarmerie transmettront la facturation au préfet qui sollicitera le remboursement au bénéficiaire[1937]. Le bénéficiaire des prestations exécutées par les forces de l'ordre devra s'acquitter du règlement des sommes dues dans un délai de trente jours après notification de l'état liquidatif, sous peine de pénalités de retard prévues dans la convention[1938].

432. Le nouveau dispositif en vigueur prévoit l'obligation d'une souscription d'une police d'assurance par l'organisateur pour une somme minimale de 3 millions d'euros pour les dommages corporels et de 450.000 euros pour les dommages matériels et immatériels. La garantie doit couvrir les dommages corporels, matériels et immatériels résultant des accidents causés aux tiers par les moyens engagés par les forces de l'ordre, dans l'hypothèse où la responsabilité de l'Etat viendrait directement à être recherchée ; les préjudices pouvant résulter pour l'Etat des dommages de toute nature susceptibles d'être subis par le personnel ou le matériel ; et enfin les frais liés à toute action en justice intentée contre l'Etat[1939]. La réparation des dommages est à la charge du bénéficiaire des prestations. L'organisateur de la manifestation sportive veille, dès lors, à ce que les conditions particulières de la garantie souscrite prévoient qu'elles jouent non seulement en sa faveur, mais également en faveur de l'Etat[1940] pendant tout le temps de l'intervention et l'accomplissement des trajets et mouvements correspondant à la mise en place et au retrait du personnel et du matériel[1941].

[1937] Guide pratique du ministère de l'Intérieur, de l'outre-mer et des collectivités territoriales, « facturation de certains service d'ordre », novembre 2010, p.6.
[1938] *Ibid.* p.11.
[1939] Article 1er de l'arrêté du 28 octobre 2010 n° IOCF1022850A portant application de l'article 2 du décret n° 97-199 du 5 mars 1997 modifié relatif au remboursement de certaines dépenses supportées par les forces de police et de gendarmerie et de l'article 1er du décret n° 2008-252 du 12 mars 2008 modifié relatif à la rémunération de certains services rendus par le ministère de l'intérieur, de l'outre-mer et des collectivités territoriales.
[1940] Article 2 de l'arrêté du 28 octobre 2010 n° IOCF1022850A portant application de l'article 2 du décret n° 97-199 du 5 mars 1997 modifié relatif au remboursement de certaines dépenses supportées par les forces de police et de gendarmerie et de l'article 1er du décret n° 2008-252 du 12 mars 2008 modifié relatif à la rémunération de certains services rendus par le ministère de l'intérieur, de l'outre-mer et des collectivités territoriales.
[1941] Article 3 de l'arrêté du 28 octobre 2010 n° IOCF1022850A portant application de l'article 2 du décret n° 97-199 du 5 mars 1997 modifié relatif au remboursement de certaines dépenses

Toutes ces mesures de préventions et de sûretés peuvent aboutir à engager la responsabilité de l'organisateur de la manifestation sportive.

Section 2 – Les mesures de responsabilités liées à l'organisation d'une manifestation sportive

Le déroulement d'une manifestation sportive peut aboutir à la responsabilité de l'organisateur de la manifestation sportive (**§ 1**). Il doit veiller au respect des conditions d'accès des spectateurs dans l'enceinte (**§ 2**), afin de ne pas engager en particulier sa responsabilité objective (**§ 3**).

§ 1 – La responsabilité de l'organisateur lors d'une manifestation sportive

433. L'organisation d'une manifestation sportive est une activité encadrée et risquée. Le terme d'organisateur est polymorphe[1942] et prend en considération l'importance des moyens financiers, humains et matériels déployés. L'organisateur est soumis également aux règles édictées par le Code du sport et les fédérations. Par principe, il appartient aux fédérations d'endosser le rôle d'organisateur en vertu de l'article L.131-14 du Code du sport. Il convient, au regard de la polymorphie de la notion, d'établir en l'espèce qui est l'organisateur (**A**) et son régime de responsabilité (**B**).

A – La notion d'organisateur

434. La polymorphie de l'organisateur implique une interprétation des domaines matériel, juridique et économique de l'organisation[1943]. La personne publique au titre de ses pouvoirs de police administrative peut intervenir dans l'organisation d'une compétition sportive sans en être l'organisatrice. L'organisateur de la manifestation sportive est obligé d'assurer la sécurité des spectateurs[1944] en qualité d'organisateur matériel. Cette obligation débute avant le déroulement de la manifestation et l'accueil

---

supportées par les forces de police et de gendarmerie et de l'article 1er du décret n° 2008-252 du 12 mars 2008 modifié relatif à la rémunération de certains services rendus par le ministère de l'intérieur, de l'outre-mer et des collectivités territoriales.

[1942] Dans son traité de responsabilité civile, René SAVATIER définissait l'organisateur d'activités sportives comme « *celui qui prend implicitement sous sa responsabilité la constitution et le fonctionnement d'une ou plusieurs épreuves sportives* », *in*, *Traité de la responsabilité civile*, Tome 2, 2ème édition, LGDJ, 1951, n°859.

[1943] V. ALBIGES (C.), DARMAISIN (S.) et SAUREL (O.), *Responsabilité et sport*, Litec, juillet 2007, p.115 et s.

[1944] Cass, 1ère civ., 17 mai 1965, n°63-12701. *Bull. civ.*, n°323.

du public avec le respect de la réglementation relative aux équipements comprenant l'inspection des installations et l'établissement d'un dispositif de sécurité, ainsi que la concertation avec les autorités de police ou la gestion de la billetterie. L'organisateur matériel de la manifestation sportive, en collaboration avec l'autorité publique, est habilité à effectuer une procédure de palpation de sécurité à l'entrée de l'enceinte sportive mais celle-ci requiert le consentement exprès des personnes[1945]. En cas de refus d'obtempérer, l'entrée peut être légitimement refusée.

435. L'organisateur juridique, s'il se distingue de l'organisateur matériel, ne se désolidarise pas pour autant des obligations de sécurité[1946]. Ainsi, les communes doivent assurer l'entretien et le contrôle régulier des ouvrages sportifs détenus[1947]. En tant que propriétaire de l'équipement, qu'il soit à usage professionnel ou amateur, une commune a la responsabilité de l'entretien de l'ouvrage. Le défaut d'entretien normal entraine la responsabilité de la commune. La faute étant présumée, le régime de responsabilité sera favorable à la victime. Par extension, ce régime de responsabilité de l'ouvrage public s'applique également pour les accessoires[1948]. Toutefois, si le dommage subi par la victime résulte d'un usage normal mais dangereux de l'ouvrage public, la responsabilité de la commune sera atténuée, voire écartée[1949]. De même que les communes, les fédérations délégataires demeurent strictement compétentes pour l'organisation de manifestations sportives nécessitant des conditions particulières de sécurité[1950]. Toutefois, la puissance publique est également tenue d'une obligation de sécurité lors des manifestations[1951].

436. L'organisateur d'une manifestation sportive n'est tenu que d'une obligation contractuelle de moyens quant à la sécurité des spectateurs[1952]. La

---

[1945] Article L.332-2 du Code du sport.

[1946] Article D. 331-1 du Code du sport. V. aussi, BUY (F.), « L'organisation contractuelle du spectacle sportif », Thèse, sous la direction du Professeur Jacques MESTRE, Université Paul Cézanne (Aix-Marseille), 2002, n°107.

[1947] CAA Nancy, 24 février 2005, *Ville de Langres*, n°01NC0050. Note sous arrêt : DEL PRETE (P.), *Cahiers de droit du sport*, n°2, octobre 2005, p.173.

[1948] CE, 24 juillet 1987, *Thouzellier*, n°60840. Concl. Stirn. A propos des équipements des parcours sportifs de plein air ; CE, 15 février 1989, *Dechaume*, n°48447. Concl Stirn. *RFDA*, n°2, mars-avril 1989, p.230, à propos des cages de but d'un terrain de football. Rec. Lebon p.975.

[1949] CAA Nancy, 24 février 2005, *Ville de Langres*, n°01NC0050.

[1950] Article D.331-1 du Code du sport.

[1951] Article 1er de la loi n°95-73 du 21 janvier 1995 d'orientation et de programmation relative à la sécurité, *JORF*, n°20, 24 janvier 1995, p.1249. Ainsi, la sécurité *« est un devoir pour l'Etat qui veille sur l'ensemble du territoire de la République, à la protection des personnes, de leurs biens (...), au respect des lois (...) et de l'ordre public »*.

[1952] Cass. Civ. 1ère, 12 juillet 1954, *JCP* 1954, II. 8331 ; Cass. Civ. 2ème, 19 janvier 1963. *Bull. Civ* II n°32 ; Cass. Civ 1ère, 18 novembre 1975. *Bull. Civ* I, n°336.

charge de la preuve de l'inexécution des obligations contractuelles appartient au spectateur[1953]. L'utilisation de fumigènes ou de projectiles constitue la preuve de cette inexécution[1954].

437. Les fédérations imposent aux clubs, organisateurs ou visiteurs, une obligation de sécurité dans le déroulement des rencontres. Le Conseil d'Etat s'est prononcé sur la nature de cette obligation et considère qu'il s'agit d'une obligation de résultat[1955]. La Haute juridiction administrative se fonde, en l'espèce, sur l'article 129 des règlements généraux de la fédération française de football prévoyant une responsabilité objective des clubs, et retient qu'une faute disciplinaire peut être constituée même en l'absence de faute subjective des clubs, dès lors qu'est établi un désordre lié au comportement répréhensible des supporters[1956]. Les fédérations délégataires ont un monopole d'organisation des compétitions sportives limitées à des considérations d'ordre public[1957]. Presque la totalité des stades appartiennent à une personne publique entraînant en principe la responsabilité de l'administration. Pour autant, malgré la délégation confiée aux fédérations, celles-ci n'agissent pas pour le compte de l'Etat[1958], elles n'engagent pas la responsabilité de l'Etat pour les fautes commises.

B – Le régime de responsabilité de l'organisateur

Lors de la manifestation sportive, l'organisateur engage sa responsabilité civile (**1**), sa responsabilité pénale (**2**) et sa responsabilité administrative (**3**) à l'égard des spectateurs et des sportifs. Par conséquent, il est obligé de souscrire à une police d'assurance (**4**).

[1953] *Ibid.*

[1954] Cass. Civ. 1ère, 12 juin 1990. *Bull. Civ.* I, n°167.

[1955] CE, avis, 29 octobre 2007, *SASP LOSC Lille Métropole*, n°307736. Concl. Prada-Bordenave. Notes sous avis : FORTI (V.), *Cahiers de droit du sport*, n°10, janvier 2008, p.133 ; DUVAL (J-M.), *AJDA*, n°17, 5 mai 2008, p.919 ; MAISONNEUVE (M.), *D.*, n°20, 22 mai 2008, p.1381.

[1956] Le comportement répréhensible peut être le fait également de dirigeant ou joueurs du club.

[1957] SIMON (G.), « Puissance sportive et ordre juridique étatique », Thèse, sous la direction du Professeur Jean-Pierre DUBOIS, Université de Dijon, janvier 1990, p.58 et s. ; COLIN (F.), « La conciliation entre pratique sportive et tranquillité publique », *Cahiers de droit du sport*, n°4, octobre 2007, p.15.

[1958] TA Clermont-Ferrand, 16 avril 1991, *Epoux Kauffman*. Rec. Lebon, p.1216 ; CE, 2 février 1979, *Gauthier*. Rec. Lebon p.38.

1 – La responsabilité civile de l'organisateur

438. Les cas de responsabilités des acteurs de la manifestation sportive sont très variés au regard des situations pléthoriques. La focale se portera essentiellement sur les responsabilités de l'organisateur envers les tiers. L'obligation mise à la charge de l'organisateur est une obligation de moyens[1959]. Par conséquent, l'organisateur matériel n'est tenu de réparer uniquement que les dommages résultant de sa faute. Toutefois, cette obligation ressemble davantage à une obligation de résultat au regard des obligations de sécurité qui pèse sur lui[1960].

439. Les spectateurs ne sont pas tous dans une situation juridique identique selon qu'ils détiennent ou non un billet, matérialisant le contrat d'accès au stade. La responsabilité civile de l'organisateur a été initialement apprécié par le juge judiciaire comme délictuelle[1961]. Dans son arrêt du 19 janvier 1963, la Cour de cassation a clairement affirmé l'existence d'une obligation contractuelle de sécurité à la charge de l'organisateur et au profit du spectateur[1962]. La nature de la responsabilité en cas de dommage causé à un spectateur variera, étant contractuelle ou délictuelle, démontrant que « *tout n'est pas contractuel* »[1963] en matière de contrat de spectacle. Le spectateur lié contractuellement à l'organisateur ne se résume pas au spectateur payant. Bien que n'ayant pas acquitté de droit d'accès au stade, le spectateur invité par l'organisateur comme un journaliste, un sponsor ou VIP, devra placer son action sous le régime de la responsabilité contractuelle[1964].

La responsabilité civile contractuelle comprend également le placement des spectateurs, ou plus exactement leur mauvais placement. L'organisateur doit prévoir des emplacements sécurisés et protégés[1965] ainsi qu'interdire l'accès

---

[1959] Cass. 1ère civ., 18 novembre 1975, n°75-12.999. *Bull. civ.* I, n°336, p.277 ; Cass. 1ère civ.; 12 juin 1990, *Olympique Lyonnais c/ Fuster et autres*, n°89-11.815. *Bull. civ.* I, n°167, p.118, à propos d'un spectateur tué par une fusée éclairante tirée par un autre spectateur.

[1960] V. la notion d'organisateur, n°434.

[1961] Initialement, le juge judiciaire appréciaient l'action du spectateur victime comme une responsabilité civile délictuelle. A propos d'un spectateur blessé par un ballon, CA Riom, 30 novembre 1931. Note sous arrêt : LOUP (J.), *S.*, 1932, 2, p.113 ; A propos d'un spectateur blessé dans une bousculade due à la négligence de l'organisateur , CA Poitiers, 28 mars 1933.

[1962] Cass. 2ème civ., 19 janvier 1963, n°61-11-509. *Bull. civ.* II, n°32, p.25 ; Cass. 1ère civ. , 23 novembre 1966, *Mutuelle Générale Française c/ Durand et autres*, n°64-13.978. Note sous arrêt CABRILLAC (M.), *D.*, 1967, p.313.

[1963] BUY (F.), « L'organisation contractuelle du spectacle sportif », Thèse, sous la direction du Professeur Jacques MESTRE, Université Paul Cézanne (Aix-Marseille), 2002, n°93.

[1964] Cass. 1ère civ., 21 janvier 1981, n°79-14.172. *Bull. civ.* I, n°26, p.23.

[1965] Cass. crim., 21 juillet 1998, n°97-82.443.

aux emplacements qui ne le sont pas[1966]. Un abondant contentieux judiciaire fait d'ailleurs l'objet de mauvais placements des spectateurs[1967]. Ce mauvais placement peut être délictuel lors de manifestations ouvertes au public comme pour les courses cyclistes ou de rallyes automobiles. Le placement aléatoire et la liberté de mouvement des spectateurs peuvent exonérer partiellement ou totalement l'organisateur de sa responsabilité. Le comportement des spectateurs, imprévisible, constitue une exonération et relève parfois même d'une faute de celui-ci[1968]. La mauvaise évacuation du stade constitue également un manquement de l'organisateur à son obligation de sécurité[1969].

Lors de spectacles gratuits ou ouverts au public, tel que le Tour de France, les spectateurs victimes d'un dommage du fait du spectacle sportif ne pourront se prévaloir que d'une réparation en responsabilité civile délictuelle[1970] fondée sur les articles 1382 et 1383 du Code civil. Cette responsabilité s'applique également pour les spectateurs ayant refusé de s'acquitter du droit d'accès au stade en fraudant. Ce type de spectateur est dit « resquilleur »[1971]. Le fait qu'il refuse de s'acquitter des droits démontre l'absence de responsabilité contractuelle.

2 – La responsabilité pénale de l'organisateur

440. La responsabilité pénale de l'organisateur peut s'inscrire dans des atteintes involontaires à la personne liée à une faute d'imprudence, de

---

1966 CA Grenoble, 20 avril 1983, *Eyraut c/ Eymard.*

1967 Pour illustrations. A propos d'un spectateur blessé par un lancer de marteau alors qu'il était installé trop près, CA Paris, 28 novembre 1961, *D.* 1962, p.619 ; A propos d'un spectateur blessé par un engin motorisé alors qu'il est placé dans un virage dangereux, Cass. 1ère civ., 13 février 1962, *Amicale des motocycliste de Moret-Fontainebleau c/ Royat*, n°59-12.320. *Bull. civ.* I, n°97, p.86 ; A propos d'un spectateur blessé à l'œil par un ballon de rugby alors qu'il est placé en bordure du terrain, Cass. 1ère civ., 17 mai 1965, n°63-12.071. *Bull. civ.* I, n°328, p.93 ; A propos d'un journaliste blessé dans une zone interdite au public, Cass. 1ère civ., 21 janvier 1981, *Association sportive automobile Crau et Camargue c/ Javapaire*, n°79-14.172. *Bull. civ.*, n°26, p.23 ; A propos d'un spectateur blessé à l'œil par un éclat de projectile dans un stand de tir alors qu'il était placé trop près, CA Rouen, 1ère ch. civ., 3 mai 1988, *Carpentier c/ Association amicale laïque de la ville de Maromme.*

1968 Cass. 2ème civ., 5 juillet 1989, *Girard c/ Comité des fêtes et du 9ème arrondissement de Lyon*, n°88-16.422 ; Cass. 2ème civ., 7 mars 1984, *Campagna c/ Vion-Dury et autres*, n°82-15.778. *Bull. civ.* II, n°48.

1969 A propos de l'évacuation du stade Gerland de Lyon, Cass. civ. 2ème ch., 10 novembre 2009, n°08-19900. Note sous arrêt : REVERCHON-BILLOT (M.), *Cahiers de droit du sport*, n°18, novembre 2009, p.104.

1970 CA Paris, 16 novembre 1998.

1971 Cass. 1ère civ., 6 octobre 1998. *Bull. civ.* I, n°269.

négligence ou de manquement à une obligation de sécurité prévue par la loi ou le règlement[1972].

441. Si des infractions de droit commun peuvent être constituées au travers d'atteintes à la vie ou à l'intégrité des personnes physiques, des infractions sportives spéciales peuvent viser la responsabilité pénale de l'organisateur. Le caractère hétérogène de ces infractions a comme objet la protection du spectacle sportif des acteurs, des tiers et *in fine* l'éthique sportive. Ainsi, tout événement lié au sport qui n'est pas organisé par une fédération sportive agréée doit faire l'objet d'une déclaration à l'autorité administrative un mois au moins avant la date de l'événement[1973]. Ce délai permet de déterminer et examiner l'effectivité de toutes les mesures de sécurité et les diligences nécessaires à l'organisation de la manifestation. L'autorité administrative peut interdire, par arrêté motivé, la tenue de cet événement s'il présente des risques d'atteinte à la dignité humaine, à l'intégrité physique ou à la santé des participants[1974]. Si l'organisateur n'a pas respecté cette formalité administrative, il peut être condamné à un an d'emprisonnement et 15.000 euros d'amende[1975].

442. L'organisation d'une manifestation à but lucratif atteignant plus de 1.500 spectateurs doit être déclarée à l'autorité administrative, le maire ou le préfet de Police à Paris[1976]. A défaut, l'organisateur sera puni de peines d'amendes applicables aux contraventions de 5ème catégorie. Ce défaut d'autorisation peut porter atteinte au monopole des fédérations délégataires[1977] et sera sanctionné[1978]. Par ailleurs, tout organisateur doit veiller à l'homologation effective du lieu où se déroule l'événement sportif sous peine de manquer aux règles de sécurité établies aux termes de l'article L.312-14 et suivants du Code du sport. Enfin, l'organisateur engage sa responsabilité pénale s'il facilite ou incite à l'utilisation du dopage humain[1979] ou animal[1980], l'exposant à une peine de cinq ans d'emprisonnement et 15.000 euros d'amende.

[1972] Article 121-3 du Code pénal. V. l'affaire Furiani, n°219.

[1973] Article L.331-2 du Code du sport.

[1974] *Ibid.*

[1975] Article L.331-3 du Code du sport. V. article R.331-45 du même code pour l'organisation de concentration de véhicules terrestres à moteur sur la voie publique et l'article R.331-51 à propos de l'organisation de combats de boxe.

[1976] Article 2 du décret n°97-646 du 31 mars 1997 relatif à la mise en place de services d'ordre par les organisateurs de manifestations sportives, récréatives ou culturelles à but lucratif, *JORF*, n°126, 1er juin 1997, p.8692.

[1977] Articles L.131-14 et L.131-18 du Code du sport.

[1978] Article L.331-6 du Code du sport. Pour une première application de sanction, à propos d'une organisation illégale du surf, T. correc. Rochefort-sur-Mer, 11 janvier 1994. Note LAPOUBLE (J-C.), *Gaz. Pal.*, 1996.1.14.

[1979] Article L.232-10 et s. du Code du sport.

3 – La responsabilité administrative de l'organisateur

443. La doctrine retient que la description parfaite des cas de responsabilité administrative est malaisée[1981]. Par définition, le droit administratif régit l'action de l'administration. La responsabilité administrative est de nature extracontractuelle[1982], elle sera retenue dans le domaine sportif par la reconnaissance de missions d'intérêt général[1983]. Les fédérations par leurs actes de nature administrative, ainsi que bien évidemment la personne publique, sont appréhendées dans la responsabilité administrative de l'organisateur par leur action. Les clubs sont également englobés dans cette acception étant organisateurs matériels.

L'autorité administrative contribue au bon déroulement d'une manifestation sportive, même sans être l'organisatrice, en raison de ses pouvoirs de police. A cet égard, la responsabilité de l'administration peut s'engager lors de faute liée au maintien de l'ordre public. L'organisateur matériel, pour sa part, s'il ne respecte pas les règles d'homologations et de sécurité relatif à l'aménagement de l'ouvrage ne contrevient pas à l'ordre public. Les dommages causés par le biais de cet ouvrage envers un spectateur victime, notamment le défaut d'entretien, seront considérés comme une responsabilité de plein droit de l'organisateur[1984]. Si la victime est un usager de l'ouvrage, la responsabilité retenue sera une responsabilité pour faute présumée. L'organisateur peut s'exonérer de cette faute présumée en démontrant l'entretien normal de l'ouvrage[1985] ou le respect des conditions de sécurité[1986].

4 – La souscription à une police d'assurance

444. En matière sportive, les dispositions relatives aux assurances découlent du droit commun des assurances. Sauf disposition législative contraire, chacun est libre de contracter une police d'assurance couvrant les risques[1987]. Toutefois, l'article L.321-1 du Code du sport impose aux

[1980] Article L.241-1 et s. du Code du sport.
[1981] LACHAUME (J-F.), « Les différents régimes de responsabilité administrative », *Jurisport*, n°141, avril 2014, p.18.
[1982] TC, 8 février 1873, *Blanco*. Concl. David, *D.*, 1873.3.20.
[1983] LACHAUME (J-F.), « Les différents régimes de responsabilité administrative », *Jurisport*, n°141, avril 2014, p.18.
[1984] CE, 24 mai 2000, *Commune de Macot La Plagne*, n°188002. Concl. Daussun.
[1985] CAA Bordeaux, 24 novembre 2011, *Monsieur Marcel A.*, n°11BX00005. Note sous arrêt : COLIN (F.), *Cahiers de droit du sport*, n°27, janvier 2012, p.232.
[1986] CAA Bordeaux, 13 novembre 2007, *Quillien*, n°06BX01745.
[1987] VAJDA (P.), « Check-list de l'assurance d'un événement sportif », *Jurisport*, n°96, mars 2010, p.31.

associations, aux sociétés et aux fédérations sportives de souscrire à une police d'assurance couvrant leur responsabilité civile. L'article L.321-7 l'impose également à l'exploitant d'un équipement sportif. L'article L.331-9 du Code du sport impose cette souscription aux organisateurs de manifestations, autres que l'Etat qui est son propre assureur et les organismes mentionnés à l'article L.321-1 du même code. Les autres polices d'assurances sont facultatives mais s'avèrent en pratique indispensables. Il est ainsi préférable pour un organisateur de souscrire à une police d'assurance couvrant les risques pouvant nuire au stade et aux bâtiments connexes, notamment d'incendie ou lié aux intempéries.

§ 2 – Les mesures de contractualisation d'accès au stade

L'accès au stade est contractualisé par le système de gestion et d'exploitation de la billetterie (**A**), celle-ci peut-être dématérialisée (**B**). Par cette contractualisation des données personnelles sont collectées (**C**).

A – La contractualisation de l'accès au stade par la billetterie

445. La contractualisation de l'accès au stade par la billetterie constitue pour les clubs professionnels ou amateurs une source de financement (**1**). Ce financement s'avère toutefois aléatoire, puisque le « spectateur-consommateur » ne se déplace pas au stade pour soutenir son équipe lorsqu'elle obtient de mauvais résultats, si les conditions climatiques sont défavorables ou si l'horaire de programmation, dépendant des opérateurs télévisuels, constitue un obstacle. L'abonnement permet de sécuriser cette source de financement en fidélisant le « supporter-client » (**2**). Le législateur surveille cette activité de billetterie et proscrit la revente illicite (**3**).

1 – La billetterie, une source de financement

446. La billetterie est une source de financement classique du sport destinée à rembourser les coûts de la manifestation et de l'ouvrage, ainsi qu'à l'amélioration des recettes du club. Si la billetterie ne représente désormais qu'une part restreinte des revenus d'un club, contrairement aux droits de retransmission audiovisuelle qui constituent le socle des revenus confirmant une télé-dépendance[1988]. Cela s'explique d'une part, au regard

[1988] Selon le rapport gouvernemental de M. Eric BESSON, « Accroître la compétitivité des clubs de football professionnel » du 6 novembre 2008, lors de la saison 2006/2007, la billetterie représentait 13% des revenus du football français professionnel, p.9 ; LEMIEUX (T.), « Droits de retransmission : rencontre équilibrée entre titulaires et droits du public », *in*

des capacités d'accueil limitées, malgré le renouvellement des équipements sportifs, et d'autre part, culturellement car le sport ne dispose pas d'un enracinement notable au sein de la population française.

Lato sensu, un billet est un contrat d'entreprise « *par lequel un organisateur s'engage en contrepartie d'un prix, à assurer une représentation à un spectateur* »[1989]. Au sens du spectacle sportif, le billet est un contrat liant le spectateur à l'organisateur en donnant accès au stade. Il s'agit donc d'un « *contrat de spectacle* », variante de cette définition ne modifiant pas la qualification contractuelle[1990]. Le Code du sport n'apporte pas de précision sur cette notion, qui relève dès lors du droit commun. Cependant, ce contrat de spectacle pour assister à une rencontre sportive diffère des représentations théâtrales ou cinématographiques. En effet, les éléments fondamentaux des conditions générales de vente d'acquisition et d'utilisation du titre donnant accès au stade sont indiqués au verso du billet. Ainsi, en plus du rappel à l'adhésion du règlement intérieur, le détenteur du billet est averti de la prohibition du trafic de billet[1991] et de l'interdiction d'introduire d'objets susceptibles de constituer une arme[1992]. De plus, il est informé que le stade est équipé d'un système de vidéosurveillance placé sous le contrôle d'officiers de police judiciaire et susceptible d'être utilisé en cas de poursuites pénales[1993]. Le spectateur dispose d'un droit d'accès au contenu des images de la vidéosurveillance pendant 72h, durée de la conservation des images. Enfin, toute personne est soumise à des mesures de palpation de sécurité. Ces palpations, mesures de sûreté[1994] et de police administrative[1995], sont très rarement effectuées par des officiers de police judiciaire. L'effectivité des palpations est assurée par des préposés de l'organisateur de la manifestation agrées aux palpations de sécurité conformément à l'article 1er du décret du 24 mars 2005[1996]. Ces palpations demeurent insuffisantes et

---

MAISONNEUVE (M.) et TOUZEIL-DIVINA (M.), sous dir., *Droit(s) au football, Actes du colloque du Mans du 4 avril 2014*, Lextenso, mai 2014, p.137.

[1989] BUY (F.), « Contrats conclus avec les spectateurs », *Lamy droit du sport*, étude n°366-15.

[1990] BUY (F.), « L'organisation contractuelle du spectacle sportif », Thèse sous la direction du Professeur Jacques MESTRE, Université Paul Cézanne (Aix-Marseille), 2002, n°88.

[1991] Loi du 27 juin 1919 portant répression du trafic des billets de théâtre, *JORF*, 1er juillet 1919, p.1007 et loi n°2012-348 du 12 mars 2012 tendant à faciliter l'organisation des manifestations sportives et culturelles, *JORF*, n°62, 13 mars 2012, p.4522.

[1992] Article L.332-1 et s. du Code du sport.

[1993] Article 10 de la loi n°95-73 du 21 janvier 1995 d'orientation et de programmation relative à la sécurité, *JORF*, n°20, 24 janvier 1995, p.1249 ; modifié par l'article 1er de la loi n°2006-64 du 23 janvier 2006 relative à la lutte contre le terrorisme et portant dispositions diverses relatives à la sécurité et aux contrôles frontaliers, *JORF*, n°20, 24 janvier 2006, p.1129.

[1994] CA Grenoble, 29 janvier 1997. *JCPG*, 1997.IV.2054.

[1995] CA Aix-en-Provence, 28 juin 1978. *Gaz. Pal.*, 1979.I.79.

[1996] Décret n°2005-307 du 24 mars 2005 pris pour l'application de l'article 3-2 de la loi n°83-629 du 12 juillet 1983, relatif à l'agrément des agents des entreprises de surveillance et de gardiennage et des membres des services d'ordre affectés à la sécurité d'une manifestation

parfois de mauvaise qualité car lors de la majorité des rencontres des objets prohibés sont introduits comme les lasers pointeurs ou les fumigènes. L'acquéreur du billet doit expressément adhérer aux conditions générales de vente. Le refus entraine l'interdiction d'entrer dans le stade.

447. Ce contrat, formé par l'échange des consentements entre le spectateur et l'organisateur relève tout particulièrement du droit fiscal et du droit de la concurrence. Par conséquent, le système d'édition informatique de la billetterie compose avec les exigences fiscales[1997], même en étant dématérialisé[1998], car le droit d'entrée au stade fait l'objet d'une taxe sur les spectacles[1999]. Le Tribunal des conflits a, en revanche, indiqué que la décision d'une ligue sportive professionnelle d'imposer un tel système d'édition ne constituait pas une activité de production, de distribution ou de services à laquelle s'appliquerait le droit de la concurrence, lors de l'exercice de prérogative de puissance publique[2000]. Ce que conteste l'*opinio juris*[2001].

448. Le contrat s'établit lorsque la manifestation se déroule dans un espace clos, par conséquent restreignant l'accès du nombre de spectateurs, et payant. Ces derniers ont un intérêt suffisant pour payer le prix d'accès. Mais un spectateur peut accéder gratuitement et librement à une manifestation sportive soit parce qu'elle se produit dans un espace non clos et non délimité, comme le Tour de France, en vertu du principe de libre accès aux lieux d'activités sportives de plein air[2002], soit pour éveiller puis susciter l'intérêt du public.

Le prix du billet est librement déterminé par l'organisateur, qui peut être un obstacle surtout en période de crise économique au remplissage du stade. L'organisateur n'est pas l'instance dirigeante mais le club qui reçoit. En effet, l'usage soustrait au monopole légal d'exploitation des fédérations sportives délégataires, les droits afférents à la billetterie. D'ailleurs, les fédérations ne sont propriétaires que des droits de retransmission

---

sportive, récréative, ou culturelle de plus de 300 spectateurs, *JORF*, n°77, 2 avril 2005, p.5955.

[1997] Article 131 A, annexe IV et article 290 quater CGI.

[1998] Article 50, sexies B, CGI annexe IV. V. SIMON (G.), CHAUSSARD (C.), ICARD (P.), JACOTOT (D.), DE LA MARDIERE (C.) et THOMAS (V.), *Droit du sport*, PUF, mars 2012, n°512.

[1999] Article 1559 et s. du CGI et v. *Supra*.

[2000] TC, 4 novembre 1996, *Société Datasport c/ Ligue nationale de football*, n°3038. Concl. Arrighi de Casanova. Rec. Lebon, p.552.

[2001] BUY (F.), MARMAYOU (J.-M.), PORACCHIA (D.) et RIZZO (F.), *Droit du sport*, LGDJ, 3ème édition, novembre 2012, n°1297.

[2002] V. MUSSO (D.), « Le sport professionnel à la française, possible inspirateur d'un futur modèle européen ? », *RFAP*, n°97, janvier 2001, p.91 ; LAGARDE (F.), « La loi et les sports de nature », *RJES*, n°57, décembre 2000, p.86.

audiovisuelle, les autres droits appartiennent aux sociétés sportives[2003]. Celles-ci peuvent sous-traiter la commercialisation à des tiers, comme des groupes de supporters[2004], qui déterminent la tarification.

2 – L'abonnement, une modalité simplificatrice

449. L'abonnement permet à un club de fidéliser ses supporters à venir encourager l'équipe lors de rencontres à domicile ou à l'extérieur. Modalité simplificatrice de la convention, caractérisé par l'exécution échelonnée du contrat[2005], l'abonnement induit pour le spectateur d'assister à un certain nombre de rencontres lors de la saison sportive de façon forfaitaire, généralement à un tarif réduit. L'abonnement constitue une modalité d'accès au stade ne bouleversant pas l'économie du contrat d'accès au stade et le contenu obligatoire de celui-ci[2006]. Le spectateur-abonné dispose des mêmes obligations de comportement au cours de la manifestation sportive. L'organisateur peut, à ce titre, suspendre ou résilier l'abonnement d'un spectateur ayant un comportement inapproprié dans le stade ou en dehors mais ayant un lien avec la manifestation sportive. Par conséquent, des spectateurs faisant l'objet de mesures d'interdictions administrative ou judiciaire de stade se verront suspendre leur abonnement, sans qu'ils puissent réclamer le remboursement, la cause de la suspension leur étant imputable.

450. Le spectateur ne s'avère pas toujours être la partie défaillante au contrat. L'organisateur a une obligation de fournir un spectacle, objet du contrat, sans pour autant être garant de la qualité de celui-ci[2007]. L'aléa du sport et des performances des participants, ainsi que la subjectivité de la notion qualitative d'un spectacle ne conditionnent pas une défaillance de l'organisateur. Seul un cas de force majeure, comme des intempéries reportant la rencontre, ou un événement imprévisible ou irrésistible contraindraient l'organisateur à ne pas remplir son obligation. Dans le cadre d'intempéries, l'organisateur peut rembourser les places ou accepter qu'elles

---

[2003] RIZZO (F.), « Les droits d'exploitation audiovisuelle des manifestations ou compétitions sportives », *Droit et Patrimoine*, n°139, juillet-août 2005, p.70.

[2004] Pour illustration, depuis la présidence de Bernard Tapie à l'Olympique de Marseille (avril 1986- décembre 1994), les clubs de supporters des virages Nord et Sud s'occupent de la gestion des places et abonnements dans leurs travées.

[2005] LEPROVEAUX (J.), « Contrats par abonnement », *JurisClasseur Contrats-Distribution*, fasc.2180, n°8 et s. ; TROUCHE-DOERFLINGER (I.), « Le contrat par abonnement », Thèse, sous la direction du Professeur Rémy CABRILLAC, Université de Montpellier I, 1998, n°2 et 34.

[2006] THOMAS (V.), « Le billet, contrat d'accès au stade », », *in*, sous dir. SIMON (G.), *Le stade et le droit*, Dalloz, février 2008, p.153.

[2007] TGI Limoges, 28 mars 1991. Note : FORTIS (E.), *D.*, 1992, p.270.

soient valables lorsque le rencontre se déroulera à nouveau. Une simple interruption liée à un problème d'éclairage ou des troubles tel que l'envahissement du terrain n'implique pas de remboursement, sauf si l'interruption contraint au report, auquel cas le remboursement serait partiel[2008]. Toutefois, le règlement intérieur du stade et les conditions générales de vente du billet signalent *in concreto* les modalités éventuelles de remboursement. Certains organisateurs précisent formellement au verso du billet que le spectateur renonce expressément à toute forme d'indemnité, notamment en cas de survenance d'intempéries, de report de match ou de suspension de terrain.

451. Les suspensions de terrains sont prononcées, en particulier, après la répétition d'utilisation de fumigènes, de jets de projectiles ou de comportements violents entre supporters. Le club est responsable de ses supporters lors des rencontres à domicile et à l'extérieur. Ainsi, le spectateur se rendant au stade uniquement à domicile, de surcroît abonné, n'a pas à pâtir d'une suspension de terrain sanctionnant le club, s'il a respecté le règlement intérieur du stade. A notre sens, si un spectateur a acquis un billet mais que le stade est sanctionné d'un huis-clos, le club pourrait déduire le prix de la durée de la suspension sur l'abonnement ou offrir un match à domicile dans une autre compétition si la suspension n'est pas le fait du comportement inapproprié des supporters à domicile.

Les spectateurs peuvent former un recours par l'intermédiaire des associations de supporters contre les mesures de suspension[2009]. Ainsi, la Cour administrative d'appel de Marseille s'est prononcée sur la demande d'indemnisation du préjudice d'une association de supporter résultant de jouer à huis clos. En l'espèce, le club de supporters de l'OM, « les fanatics », avait l'un de ses membres qui lança lors du déplacement à Nice un pétard de gros calibre qui explosa dans la main d'un pompier volontaire. Ce dernier, grièvement blessé, perdit deux doigts. Si le responsable fut condamné pénalement en plus d'une interdiction administrative de stade, la commission de discipline de la Ligue de football professionnel sanctionna l'OM à un match à huis clos. Une autre association, les Yankee Nord, contestait cette suspension en formant un recours de plein contentieux indemnitaire afin d'obtenir une indemnisation du préjudice moral constitué par l'atteinte à son honneur, sa réputation et de ne pouvoir assister à la rencontre de leur équipe. Le Tribunal administratif de Marseille, saisi du contentieux, annule la décision sur des purs motifs de formes et enjoint la Ligue à retirer la décision

---

2008 BUY (F.), « Contrats conclus avec les spectateurs », *Lamy droit du sport*, étude n°366-115.

2009 CAA Marseille, 9 juin 2011, *Association Yankee Nord c/ Ligue de football professionnel*, n°09MA04767.

de sa commission de discipline. La Cour administrative d'appel de Marseille se fonde sur une jurisprudence constante en matière de responsabilité du fait de l'illégalité d'une sanction[2010] et sur un raisonnement pragmatique. En effet, il considère que la sanction illégale « *n'a pas porté atteinte de manière directe et certaine à la réputation et à l'honneur de l'association Yankee Nord* ». L'association ne peut donc invoquer un préjudice moral. Dès lors, en l'absence de préjudice certain[2011], le juge administratif d'appel annule le jugement et se conforme à l'exception de reconnaissance d'un préjudice moral à une association[2012].

3 – La revente de billet

452. Le trafic de billet est réprimé par la loi du 27 juin 1919[2013] et le décret du 5 septembre 1953[2014]. Ces dispositifs interdisent de céder ou vendre un billet à un prix supérieur à celui fixé initialement[2015]. La loi LOPPSI du 14 mars 2011 envisageait d'interdire la revente sans autorisation de billet d'entrée à un spectacle afin de sanctionner le contournement des mesures d'interdiction de stade. Mais le Conseil constitutionnel a censuré l'article 53 dans sa décision du 10 mars 2011[2016].

Le délit de vente illicite de titre d'accès à une manifestation sportive a été créé de façon éphémère en 2012, par l'article 5 de la loi du 1er février 2012 visant à renforcer l'éthique du sport et les droits des sportifs[2017], le législateur

---

[2010] CE, Ass., 7 avril 1933, *Deberles*, n°04711. Concl. Parodi, *S.* 1933.3.68. Rec. Lebon, p.439. GAJA, n°46, 15ème édition, août 2005, p.286.

[2011] A propos d'un préjudice certain, v. CE, Sect., 21 décembre 2007, *Centre hospitalier de Vienne*, n°289328. Concl. Terry.

[2012] CE, 16 avril 1975, *Secrétaire d'Etat à la culture c/ Association dite « La Comédie de Bourges »*, n°96289. Concl. Gentot.

[2013] Loi du 27 juin 1919 portant répression du trafic des billets de théâtre, *JORF*, 1er juillet 1919, p.1007.

[2014] Décret n°53-821 du 5 septembre 1953 relatif à la réglementation de la revente des billets des théâtres subventionnés par l'Etat ou une collectivité publique, *JORF*, 8 septembre 1953, p.7945.

[2015] V. PRIEUR (S.), « La commercialisation des tickets d'entrée aux manifestations culturelles ou sportives en dehors des circuits traditionnels de billetterie. Quel droit ? Quelles responsabilités ? », *Cahiers de droit du sport*, n°20, avril 2010, p.24 et s.

[2016] Décision n°2011-625 DC du 10 mars 2011 relative à la loi d'orientation et de programmation pour la performance de la sécurité intérieure. Notes sous décision : GINOCCHI (D.), *AJDA*, n°19, 30 mai 2011, p.1097 ; GRANGER (M-A.), *Revue de science criminelle et de droit pénal comparé*, n°4, octobre 2011, p.789 ; PENA (A.), *RFDConst.*, n°88, octobre 2011, p.803.

[2017] Loi n°2012-158 du 1er février 2012 visant à renforcer l'éthique du sport et les droits des sportifs, *JORF*, n°28, 2 février 2012, p.1906. Notes : MOLHO (V.) et GUILLOT (J-B.), *JCPE*, n°9, 1er mars 2012, p.17 ; PRIEUR (S.), *Cahiers de droit du sport*, n°27, janvier-février 2012, p.54.

l'insérant à l'article L.332-22 du Code du sport. Ce texte, et par corrélation l'article L.332-22 du Code du sport, a été abrogé par l'article 3 de la loi du 12 mars 2012 tendant à faciliter l'organisation des manifestations sportives et culturelles[2018], codifié à l'article 313-6-2 du Code pénal. Le mérite de cette nouvelle législation est d'être générale et de revenir sur un dispositif désuet.

L'objet de ce texte général est d'incriminer, sous toutes les formes, la commercialisation sans droit de titre d'accès à toute manifestation sportive, culturelle ou commerciale, ou à un spectacle vivant. Par conséquent, le législateur élargit opportunément les différentes manifestations. La référence à la notion de titre d'accès étend celle de billet en incluant la dématérialisation[2019]. La proposition de vente ou la fourniture de moyens en vue de la vente sont également considérées comme illicites, étant des actes antérieurs à la vente. Toutefois la loi prévoit que le délit n'est constitué que si les faits commis le sont de manière inhabituelle et sans disposer d'autorisation de l'organisateur. Ainsi, par exemple, un détenteur de billet souhaitant revendre son billet sur un site internet de ventes aux enchères, ne commettrait pas de délit, s'il s'agit d'un fait unique. Le terme de revente « *de manière habituelle* » paraît malgré tout confus. Certes, il ne sanctionne pas une unique revente liée à un empêchement de se rendre physiquement au stade. Mais justement, le droit positif ne tient pas compte, *de facto,* du particularisme de cette pratique lors d'une manifestation sportive exceptionnelle comme une finale ou un événement sportif majeur, contrevenant à l'esprit de l'infraction habituelle.

B – La contractualisation d'accès au stade par la billetterie dématérialisée

453. Si la dématérialisation consiste à rendre immatériel un bien matériel, le ministère des Finances a livré une définition dans le cadre du projet de dématérialisation des procédures de marchés publics. Ainsi, la dématérialisation « *est avant tout une technique à laquelle est reconnue une valeur juridique* »[2020].

2018 Loi n°2012-348 du 12 mars 2012 tendant à faciliter l'organisation des manifestations sportives et culturelles, *JORF*, n°62, 13 mars 2012, p.4522. Notes : PORTOLANO (D.), *Revue de science criminelle et de droit pénal comparé*, n°2, avril 2012, p.417 ; DEBET (A.), *Com. Com. Elect.*, n°7, juillet 2012, p.26. V. aussi, PECHILLON (E.), « L'exception sportive en question : l'intervention ciblée du législateur en matière de responsabilité », *JCPA*, n°13, 2 avril 2012, p.2.

2019 Article 313-6-2 alinéa 2 du Code pénal.

2020 Ministère des Finances, vade-mecum juridique sur la dématérialisation des marchés publics 2001, p.4.

La dématérialisation du billet ne se confond pas avec l'informatisation de la billetterie, qui ne constitue qu'un mode de gestion et d'édition du billet. En pratique, il s'agit d'implanter dans des supports électroniques la capacité d'effectuer des opérations de traitement et de stockage d'informations, c'est-à-dire « *d'affranchir le contrat d'accès au stade de son* instrumentum *traditionnel pour l'adosser à un support électronique tel qu'une carte magnétique ou un téléphone portable. La dématérialisation n'emporte pas de conséquence sur le* negotium *du billet qui demeure en principe identique* »[2021]. Ce procédé concourt à la sécurité de l'événement en identifiant le spectateur pénétrant dans le stade.

Les opérations de gestion et de distribution de billetterie peuvent être manuelles ou informatisées. Avant la mise en œuvre de matériels électroniques et pour tout type de structure d'organisation, les règles fiscales en matière de billetterie obligeaient l'organisateur à tirer chaque billet d'un carnet à souches conservées pour une durée minimale de trois ans[2022], afin de permettre le contrôle des déclarations de recettes effectuées par l'organisateur. Bien évidemment, la structure d'organisation d'un stade accueillant des manifestations sportives d'envergure s'oriente vers un système informatisé. La loi de finance rectificative pour 2006 a adopté le principe de dématérialisation de la billetterie spectacle[2023]. Cette mesure s'ancre dans la réalité puisque les capacités de conservation et de consultation des coupons sont impossibles dans les stades ou arenas. A titre d'exemple, « *un club de football de Ligue 1 dont les influences moyennes tournent autour de 23.000 spectateurs devrait gérer et stocker plus de 10.000 coupons contrôle à chaque match soit 750.000 coupons sur les trois années précédant la prescription minimale prévue dans les textes, à raison de 25 matchs par an* »[2024].

454. Depuis l'arrêté du 5 octobre 2007[2025], le Code général des impôts astreint l'organisateur de spectacle sportif régissant un service de billetterie

---

[2021] SIMON (G.), CHAUSSARD (C.), ICARD (P.), JACOTOT (D.), DE LA MARDIERE (C.) et THOMAS (V.), *Droit du sport*, PUF, mars 2012, n°512.

[2022] Articles 127 à 129 de l'annexe IV du Code général des impôts.

[2023] Article 104 de la loi n°2006-1771 du 30 décembre 2006 de finance rectificative pour 2006, *JORF*, n°303, 31 décembre 2006, p.20228.

[2024] DANIEL (X.), « La dématérialisation de la billetterie », *in, Le stade et le droit*, Dalloz, février 2008, p.160.

[2025] Arrêté du 5 octobre 2007 relatif aux obligations des exploitants de spectacles comportant un prix d'entrée et modifiant le cahier des charges annexé à l'arrêté du 8 mars 1993 relatif aux conditions d'utilisation de systèmes informatisés de billetterie par les exploitants de salles de spectacles visés à l'article 290 quater du Code général des impôts ou par les organisateurs de réunions sportives et les exploitants d'établissements de spectacles visés à l'article 1559 du code précité, *JORF*, n°233, 7 octobre 2007, p.16455.

dématérialisée d'enregistrer et conserver le nombre de billets écoulés[2026], afin d'éviter toute fraude avec l'affranchissement du support papier. Par ailleurs, l'ensemble des stades accueillant des rencontres sportives professionnelles disposent d'une billetterie informatisée.

La dématérialisation de la billetterie modifie la forme du titre d'accès et simplifie les procédures de récupération des billets. Elle s'accommode également de la distribution en prévente. Cette forme de distribution évite le déplacement physique du spectateur mais influe sur le taux d'absence des spectateurs[2027]. Ceci renforce l'idée que le contrôle des seules souches de coupons ne correspond plus aux ventes réalisées. Par ailleurs, la dématérialisation contraint l'organisateur à se doter d'infrastructures techniques d'accueil capable de lire l'encodage de ces supports immatériels. Mais offre à l'organisateur une traçabilité du spectateur avec la mise en œuvre de programmes de fidélisation.

La forme de dématérialisation peut constituer une source de difficultés pour l'organisateur. Selon la forme de dématérialisation du titre d'accès (fichier reçu sur un téléphone mobile ou fichier reçu et imprimable sur la boite mail), se pose la question de la personnalisation du titre d'accès. La vérification documentaire systématique, afin de lutter contre le marché noir ou le contournement des interdictions de stade, compliquerait la fluidité d'accès au stade et serait source de tension, voire d'insécurité[2028]. De même, quid du téléphone portable ayant sa batterie déchargée ou l'écran rayé rendant la lecture optique impossible ?
In fine, le billet, même dématérialisé, lie contractuellement l'organisateur et le spectateur.

C – La contractualisation de la sécurité dans les stades à travers les données personnelles

455. En plus des mesures préventives et répressives des violences lors de manifestations sportives prévues par le législateur, les clubs ont instauré des règles de bonne conduite afin de préserver les conditions optimales de sécurité et de convivialité pour leurs spectateurs, au demeurant leurs clients. Ces règles de bonne conduite sont indiquées dans les conditions générales de vente des billets, généralement au verso de ces derniers. Le comportement à

[2026] Article 50, sexies B, annexe IV du Code général des impôts.
[2027] Le taux d'absence le soir d'un événement sportif ou culturel est évalué entre 3 et 5% pour les événements organisés au Stade de France. V. DANIEL (X.), « La dématérialisation de la billetterie », *in,* sous dir. SIMON (G.), *Le stade et le droit*, Dalloz, février 2008, p.160.
[2028] DANIEL (X.), « La dématérialisation de la billetterie », *in,* sous dir. SIMON (G.), *Le stade et le droit*, Dalloz, février 2008, p.164.

adopter débute dès la file d'attente de l'entrée au stade[2029]. Le comportement inadéquat serait un comportement dangereux ou inconvenant troublant la manifestation avec par exemple des jets de projectiles ou en théorie des chants incitant à la haine[2030]. Lorsqu'un spectateur enfreint ces conditions, il s'expose à un mécanisme de sanctions, sans pour autant que de tels actes ne constituent des infractions pénales[2031]. Le club peut ainsi interdire l'achat de billet durant une période définie au contrevenant, s'octroyant un pouvoir d'interdiction de police administrative sur le fondement du respect du règlement intérieur du stade. Le contrôle d'accès de la billetterie induit la mise en place de traitement de données personnelles automatisées des spectateurs par des systèmes biométriques ou de vidéo-protection pouvant être couplées avec un système de reconnaissance faciale. Or, la mise en place de telles mesures techniques nécessite une mise en conformité avec la loi du 6 janvier 1978 relative à l'informatique, aux fichiers et aux libertés[2032].

456. A l'orée de la saison sportive 2012/2013, sous l'impulsion des nouveaux propriétaires du Paris Saint-Germain, la société Paris Saint-Germain football avait instauré une « liste noire » excluant certains supporters[2033]. Il s'agissait, en l'espèce, d'un double système d'exclusion. Le premier, se fondant sur les interdictions de stade prononcées par les autorités compétentes, ne souffrait *a priori* d'aucune contestation et toute personne détentrice d'un billet faisant l'objet de ces mesures se voyait refuser l'entrée du stade dans lesquelles les rencontres du PSG se déroulaient. Cependant, ce système ne pouvait être légalement appliqué, sans avoir été préalablement autorisé par la CNIL. Le second système, en revanche, était un système d'exclusion des personnes indésirables, considérées par le PSG comme ayant un comportement non conforme aux valeurs du club à l'occasion des rencontres de football ou de handball. Le PSG football et le PSG handball se communiquaient les listes en dehors de tout cadre légal et sans respecter la confidentialité des données. Ces manquements donnèrent lieu à une mise en

---

[2029] Cass. 1ère civ., 12 janvier 1970, *D.* 1970.

[2030] L'article 67 alinéa 3 du Code disciplinaire de la FIFA indique que « *sont considérés comportements inconvenants notamment les violences contre des personnes ou des choses, l'utilisation de fumigènes, le lancer d'objets, l'affichage de banderoles aux textes insultants ou à caractère politique, les mots et bruits insultants et l'envahissement de terrain* ».

[2031] BOURGEOIS (M.) et DEROUESNE (E.), « La contractualisation de la sécurité dans les stades à l'épreuve de la réglementation sur les données personnelles », *JCPE*, n°3, 17 janvier 2013, p.40.

[2032] Loi n°78-17 du 6 janvier 1978 relative à l'informatique, aux fichiers et aux libertés, *JORF*, n°5, 7 janvier 1978, p.227.

[2033] Décision n°2013-015 du 29 août 2013 de la Présidente de la Commission nationale de l'informatique et des libertés mettant en demeure la SASP Paris Saint-Germain Football. A propos du fichage des supporters, BESSIERE (T.), « Loi informatique et libertés : la CNIL veille », *Jurisport*, n°111, juillet 2011, p.20 ; BESSIERE (T.), « La collecte de données personnelles : un cadre précis à respecter », *Jurisport*, n°111, juillet 2011, p.22.

demeure de la CNIL, qui n'a pas le caractère de sanction, obligeant le PSG se conformer au cadre légal. Après avoir pris acte de la mise en conformité, la Présidente de la CNIL clôtura la mise en demeure. Toutefois, le club saisit le Conseil d'Etat sur le fondement de l'article L.521-1 du Code de justice administrative afin qu'il ordonne la suspension de la publication de la décision de mise en demeure[2034]. Dans son ordonnance du 20 novembre 2013[2035], le juge des référés près le Conseil d'Etat constate d'une part, que la procédure de mise en demeure est close et que le club a déclaré lors de l'audience avoir entièrement obtenu satisfaction sur ce point. D'autre part, la CNIL respectait les dispositions de l'article 45 de la loi du 6 janvier 1978 et n'a donné aucune suite à cette procédure en raison de la mise en conformité. Selon le juge, la requête aux fins de suspension était donc sans objet.

Cette espèce, qui s'entend davantage comme une bataille liée à l'image et à la communication, illustre certaines dérives liées à la nécessaire lutte contre le hooliganisme et au-delà des enjeux juridiques, la délicate conciliation des impératifs économiques pour les clubs d'attirer le public, consommateur du spectacle sportif, attaché à la sécurité et à la convivialité dans un stade, et d'affier une politique de respect de la vie privée et des données personnelles.

§ 3 – La responsabilité objective des clubs

Au regard de l'accroissement des désordres causés par les supporters, particulièrement dans le football, les instances européennes et internationales du sport ont institué une responsabilité disciplinaire des clubs du fait de leurs supporters, dite « objective » (**A**). Le juge national a reconnu ce type de responsabilité en droit positif (**B**), mais la conditionne à une exigence de proportionnalité (**C**).

A – L'institution de la responsabilité objective des clubs

457. La responsabilité objective des clubs s'entend comme la reconnaissance de l'engagement de la responsabilité des clubs pour les agissements de leurs supporters[2036]. Cette responsabilité objective est

---

[2034] Décision n°2013-235 du bureau de la Commission nationale de l'informatique et des libertés du 12 septembre 2013 décidant de rendre publique la mise en demeure n°2013-15 du 29 août 2013 prise à l'encontre de la société Paris Saint-Germain Football.

[2035] CE, ord., 20 novembre 2013, *SASP Paris Saint-Germain Football*, n°373061.

[2036] SIMON (G.), « La responsabilité objective des clubs du fait de leurs supporters : une règle du droit sportif reconnue par le juge étatique », *Gaz. Pal.*, n°293, 19 octobre 2008, p.3223 ; SIMON (G.), « Police des stades et libertés publiques : le dispositif préventif et répressif de la lutte contre la violence en France et en Europe », », *in,* sous dir. SIMON (G.), *Le stade et le droit*, Dalloz, février 2008, p.187 et s. ; LATTY (F.), « La *lex sportiva*, recherche sur le droit

engagée quelles que soient les mesures prises afin d'éviter ces agissements. Elle s'apparente à une responsabilité sans faute[2037] au regard des règlements sportifs[2038], dénommée pour cette raison « responsabilité objective »[2039]. La nuance se situe dans le fait que le club, ou la fédération nationale, n'engage que sa responsabilité disciplinaire et non civile, puisque celui-ci n'est pas tenu de réparer les dommages causés par ses supporters[2040], mais peut être le cas échéant sanctionné par des amendes[2041]. En revanche, il est possible d'y répondre par des sanctions disciplinaires et sportives comme par exemple le retrait de points[2042], le huis-clos d'un match[2043] ou le retrait d'une compétition[2044]. Ces sanctions disciplinaires et sportives sont des sanctions administratives en vertu de la délégation de mission de service public des fédérations sportives[2045] habilitées à prononcer des sanctions disciplinaires

---

transnational », Thèse, sous la direction du Professeur Alain PELLET, Université Paris Ouest Nanterre La Défense (Paris X-Nanterre), avril 2007, p.151 et s.

[2037] V. DELAUNAY (B.), « La faute de l'administration », Thèse, sous la direction du Professeur Yves GAUDEMET, Université Panthéon-Assas (Paris II), décembre 2006, pp.355-424 ; FOMBEUR (P.), « Les évolutions jurisprudentielles de la responsabilité sans faute », *AJDA*, numéro spécial, 20 juillet 1999, p.100 ; DE BECHILLON (D.), « Changer dans le cadre. Genèse et structure de la responsabilité sans faute de l'Etat en droit administratif français », *Rev. Droit et cultures*, n°2, juin 1997, p.73 ; AMSELEK (P.), « La responsabilité sans faute des personnes publiques d'après la jurisprudence administrative », *in*, Mélanges Charles Eisenmann, Ed. Cujas, 1975, pp.233-265.

[2038] Commission d'appel de l'UEFA, 19 janvier 2007, *UEFA c/ Feyenoord Rotterdam*. « *Les clubs sont responsables des incidents provoqués par leurs supporters, avant, pendant et après le match, indépendamment des fautes propres des clubs* ».

[2039] SIMON (G.), CHAUSSARD (C.), ICARD (P.), JACOTOT (D.), DE LA MARDIERE (C.) et THOMAS (V.), *Droit du sport*, PUF, mars 2012, n°688.

[2040] Commission d'appel de l'UEFA, 19 janvier 2007, *UEFA c/ Feyenoord Rotterdam.*

[2041] Article 67 du Code disciplinaire de la FIFA, « *l'association* (c'est-à-dire la fédération nationale) *hôte ou le club hôte est responsable sans qu'un comportement fautif ou un manquement lui soit imputable, du comportement inconvenant des supporters et peut être le cas échéant sanctionné(e) d'une amende. En cas de conduites graves, d'autres sanctions peuvent être prononcées* ». L'alinéa 2 retient les mêmes critères de responsabilité pour l'association visiteuse ou le club visiteur. V. également l'article 6 du règlement disciplinaire de l'UEFA

[2042] CE, 15 octobre 2008, *Fédération française de football c/ Sporting Club de Bastia*, n°316312. Concl. Lénica. Note sous arrêt : ANTONINI (A.), *Cahiers de droit du sport*, n°14, novembre 2008, p.169.

[2043] CAA Paris, 7 juin 2008, *Fédération française de football c/ Paris Saint-Germain*, n°07PA01763. Note sous arrêt : FORTI (V.), *Cahiers de droit du sport*, n°14, novembre 2008, p.164.

[2044] CE, 20 octobre 2008, *Fédération française de football c/ Société Paris Saint-Germain football*, n°320111. Concl. Bourgeois-Machureau.

[2045] CE, Sect., 22 novembre 1974, *Fédération des industries françaises d'articles de sport*, n°89828. Concl. Théry. Notes sous arrêt : FRANC (M.) et BOYON (M.), *AJDA*, 1975, p.19 ; LACHAUME (J-F.), *D.*, 1975, p.739 ; WALINE (M.), *RDP*, 1975, p.1109 ; CE, 8 juin 1994, *Montpellier Université Club*, n°95604. Concl. Abraham. Note sous arrêt : GROS (M.), *RDP*, n°3, juin 1995, p.797.

dont le contentieux relève de juge administratif[2046]. Constitue une sanction administrative, toute « *décision unilatérale prise par une autorité administrative agissant dans le cadre de prérogatives de puissance publique et qui inflige une peine sanctionnant infraction aux lois et règlements* »[2047].

La responsabilité objective des clubs du fait de leurs supporters les rend automatiquement et de plein droit, c'est-à-dire sans possibilité d'exonération, responsable des agissements, en l'espèce violents, des supporters.

458. Le programme de lutte contre le hooliganisme, adopté dans le cadre de la résolution de l'Union européenne du 29 avril 2004, a amené les organisations sportives à insérer dans leurs règlements des dispositions. L'objectif de la responsabilité objective est de veiller au bon déroulement des compétitions et que les clubs interviennent de manière préventive. De plus, les sanctions interviennent de manière indirecte pour réprimer les supporters auteurs des troubles[2048]. Cette prévention s'inscrit comme une règle de police des compétitions[2049]. L'UEFA justifie d'ailleurs cette position[2050], en précisant que « *l'intention du législateur était de créer une règle ayant un effet préventif et dissuasif* ». Il est à noter que l'instance européenne de football se considère comme un législateur dans l'édiction de son règlement, ce qui renvoie à la notion de *lex UEFA*[2051] et *lato sensu* au principe de *lex sportiva*[2052].

Les instances nationales de football ont adopté dans leur règlement des responsabilités similaires. L'article 129-1 du règlement général de la

---

[2046] CE, Sect., 26 novembre 1976, *Fédération française de cyclisme*, n°95262. Concl. Galabert. Rec. Lebon, p.513. Note sous arrêt : MODERNE (F.), *AJDA*, 1977, p.139. V. aussi, *Fédération française de football c/ Société Paris Saint-Germain football*, n°320111. Concl. Bourgeois-Machureau.

[2047] EDCE, *Les pouvoirs de l'administration dans le domaine des sanctions*, La Documentation française, 1995, p.35.

[2048] TAS, 3 juin 2003, *PSV Eindhoven c/ UEFA*. Rec. TAS, III, Kluwer Law International, 2004, p.522. « *Cette règle a très clairement pour objet de faire endosser par les clubs la responsabilité du respect par leurs supporters d'un comportement conforme aux buts poursuivis par l'UEFA.* (…) *En dirigeant la sanction contre le club pour les faits de ses supporters, ce sont en réalité ces derniers qui sont visés et ce sont eux qui seront exposés à subir, en leur qualité de supporters, la condamnation prononcée à l'encontre du club* ».

[2049] DUVAL (J-M), « Responsabilité des clubs de football du fait de leurs supporters », *AJDA*, n°17, 5 mai 2008, p.919.

[2050] Commission d'appel de l'UEFA, 19 janvier 2007, *UEFA c/ Feyenoord Rotterdam.*

[2051] En référence à la notion de *lex Fifa*, utilisée par Franck LATTY, « La *lex* Fifa », *in,* sous dir. MAISONNEUVE (M.), *Droit et Coupe du Monde*, Economica, octobre 2011, p.9.

[2052] LATTY (F.), « La *lex sportiva*, recherche sur le droit transnational », Thèse, sous la direction du Professeur Alain PELLET, Université Paris Ouest Nanterre La Défense (Paris X-Nanterre), avril 2007, 849 p.

Fédération française de football et l'article 355 du règlement des compétitions de la Ligue de football professionnel établissent une règle commune à de nombreuses fédérations sportives, en vertu de laquelle les clubs sont responsables des désordres causés par leurs supporters, s'exposant à des sanctions pénales et disciplinaires[2053].

L'instauration d'une telle responsabilité devait s'inscrire dans la conformité des principes fondamentaux du droit pénal et du droit administratif, en particulier avec les théories des sanctions administratives et disciplinaires. Après quelques atermoiements, le juge national a légalisé ce dispositif.

B – L'acceptation de la responsabilité objective des clubs devant le juge administratif

459. Les sanctions prononcées à l'égard des clubs ont été la source d'un contentieux devant le juge administratif, seul compétent pour statuer sur les actes administratifs, en l'espèce les décisions disciplinaires, des fédérations délégataires[2054]. Par voie d'exception, les clubs requérants ont soulevé l'illégalité des règlements instituant cette responsabilité.

460. Le premier recours contre la disposition de l'article 129-1 du règlement général de la Fédération française de football, prévoyant la responsabilité disciplinaire des clubs du fait de leurs supporters, fut formé par le club du Paris Saint-Germain. En l'espèce, des individus considérés par l'instance sportive comme supporters du PSG, personnes physiques, avaient lancé des fumigènes et provoqué d'importantes dégradations dans l'enceinte du Stade de France, terrain neutre, lors de la finale de la Coupe de France entre le PSG et Châteauroux, personnes morales. En application de cet article, la fédération sanctionna le club d'un match à huis-clos avec sursis et d'une amende. Le club, s'estimant ne pas être disciplinairement responsable du comportement de ses supporters, agit en annulation de la sanction. Précisons que le club rencontrait à nouveau d'importantes difficultés avec ses supporters et que ce conflit l'amena à rompre sa politique d'acceptation

[2053] Pour d'autres exemples, v. article 3-08 de la Ligue des Champions; article 610 du règlement général de la Fédération française de Basket-Ball ; article 82 du règlement général de la Fédération française de handball.

[2054] CE, 11 mai 1984, *Pebeyre*, n°46828. Concl. Genevois. Rec. Lebon, p.755. Note sous arrêt : KARAQUILO (J-P.), *D.*, 1985, p.65 ; CE, 4 novembre 1983, *Noulard*, n°31184. Concl. Genevois. Obs. HECQUARD-THERON (M.), *D.*, 1984, p.485. Pour les federations agrees, le juge judiciaire est compétent. CE, 15 février 1989, *Mme Lopez*, n°82472. Concl. Vigouroux. Obs. DUDOGNON (C.), *D.*, 1990, p.280 ; CE, 19 décembre 1988, *Mme Pascau*, n°79962. Concl. Vigouroux. Note sous arrêt : MOREAU (J.), *Gaz. Pal.*, 1989, p.589.

des sanctions[2055]. Le PSG formula donc une proposition de conciliation devant le CNOSF, tentative obligatoire, en vertu de l'article R.141-5 du Code du sport[2056]. Après le rejet de conciliation de la FFF, le club forma un recours pour excès de pouvoir devant le Tribunal administratif de Paris contre le rejet de proposition et la sanction[2057]. Si l'objet de la première demande fut déclarée irrecevable conformément à sa propre jurisprudence[2058], l'objet de la seconde demande fut reçu au nom du principe constitutionnel de personnalité des peines[2059]. Principe que le juge administratif considère comme applicable aux sanctions administratives[2060], tout en ayant une interprétation souple n'hésitant pas à « *se prononcer sinon* ultra petita*, du moins par* obiter dictum »[2061]. C'est d'ailleurs sur le fondement de la personnalité des peines que la juridiction administrative de première instance s'est prononcée en déclarant illégal l'article litigieux méconnaissant ce principe en matière disciplinaire au motif, notamment, que « *le principe, qui implique que nul n'est responsable que de son propre fait, fait obstacle à ce qu'une personne morale soit sanctionnée disciplinairement à raison d'agissements commis par des personnes physiques autres que ses dirigeants ou ses salariés* ».

Cette responsabilité instituée par l'article 129-1 s'entendait par le Tribunal administratif comme une responsabilité du fait d'autrui. Le jugement retient donc que l'article en cause était contraire au principe à valeur

---

2055 MARMAYOU (J-M.), « La responsabilité disciplinaire des clubs du fait de leurs supporters », *LPA*, n°143, 18 juillet 2007, p.12.

2056 A propos de la conciliation, v. notamment ALAPHILIPPE (F.), « Conflits sportifs et accès à la justice », *RJES*, n°spécial, 1994, p.7 ; KARAQUILLO, « La procédure de conciliation : quand ? comment ? », *RJES*, n°spécial, 1994, p.87.

2057 TA Paris, 16 mars 2007, *Société Paris Saint-Germain*, n°0505016/6-3. Notes sous jugement : BENILLOUCHE (M.) et ZYLBERSTEIN (J.), *Gaz. Pal.*, n°153, 1er juin 2007, p.1544 ; MARMAYOU (J-M.), *LPA*, n°143, 18 juillet 2007, p.10 ; MAISONNEUVE (M.), *AJDA*, n°34, 8 octobre 2007, p.1890.

2058 « *Une décision rejetant une proposition de conciliation du CNOSF ne constitue pas un acte faisant grief susceptible de faire l'objet d'un recours pour excès de pouvoir* ». V. TA Paris, 24 février 1994, *Mlle Le Sain* ; TA Paris, 2 juillet 1996, *Mlle Le Sain*. V. COUZINET (P.), « Un exemple de procédure de conciliation préalable obligatoire », *RFDA*, n°2, mars-avril 1997, p.365.

2059 Décision n°99-411 DC du 16 juin 1999, *Loi portant diverses mesures relatives à la sécurité routière et aux infractions sur les agents des exploitants de réseau de transport public de voyageurs*. Notes sous décision : SCIORTINO-BAYART (S.), *RFD Const*, n°39, novembre 1999, p.587 ; SCHOETTL (J-E.), *AJDA*, n°9, 20 septembre 1999, p.694. V. aussi DESPORTES (F.) et LE GUNEHEC (F.), *Droit pénal général*, Economica, 15ème édition, octobre 2008, n°273, « *Nul n'est responsable que de son propre fait* ».

2060 CE, Sect., 22 novembre 2000, *Société crédit agricole Indosuez Chevreux*, n°207697. Concl. Seban, *CJEG*, n°573, février 2001, p.68. Rec. Lebon, p.370. Note sous arrêt : GUYOMAR (M.) et COLLIN (P.), *AJDA*, n°12, décembre 2000, p.997.

2061 CHAPUS (R.), *Droit du contentieux administratif*, Montchrestien, 10ème édition, mars 2002, p.702.

constitutionnelle de personnalité des peines, défini comme une peine ne pouvant être subie par une autre personne que le coupable[2062]. Ce jugement qui s'inscrit dans le concert juridictionnel européen[2063] et qui inspira le juge du tribunal administratif de Sicile[2064], ravit une partie de l'*opinio juris*[2065] par l'interprétation stricto sensu du règlement de la fédération.

461. Le Conseil d'Etat dans une autre affaire, en tout point similaire, infirma cette position[2066]. En l'espèce, la Haute juridiction administrative fut saisie pour avis par le Tribunal administratif de Lille estimant que la question de l'interprétation de l'article 129-1 présentait une difficulté sérieuse, en application de l'article L.113-1 du Code de justice administrative. Lors de ce sursis à statuer, le Conseil d'Etat rend un avis totalement opposé au jugement prononcé par le Tribunal administratif de Paris en se fondant sur la conformité au principe de personnalité de la responsabilité en matière répressive et non sur le principe de personnalité des peines, au motif que « *les règlements en cause ne méconnaissent pas le principe constitutionnel de responsabilité personnelle en matière pénale, qui est applicable aux sanctions administratives et disciplinaires* ». En effet, dans cet avis, le Conseil d'Etat considère que l'article 129-1 impose « *une obligation de résultat en ce qui concerne la sécurité dans le déroulement des rencontres* », le règlement ne devant sanctionner que la méconnaissance de l'obligation incombée.

Ainsi, par cet avis, le Conseil d'Etat estime que les règlements ne doivent pas instituer à l'égard des clubs une responsabilité du fait d'autrui, en l'espèce, des supporters, contraire au principe de responsabilité personnelle. Mais les règlements doivent instaurer une obligation générale de sécurité lors des rencontres. Cette obligation générale et absolue de résultat implique que le club, organisateur ou visiteur, est responsable en matière de sécurité

[2062] Décision n°99-411 DC du 16 juin 1999, *Loi portant diverses mesures relatives à la sécurité routière et aux infractions sur les agents des exploitants de réseau de transport public de voyageurs*. V. aussi DESPORTES (F.) et LE GUNEHEC (F.), *Droit pénal général*, Economica, 15ème édition, octobre 2008, n°273, « *Nul n'est responsable que de son propre fait* ».

[2063] T. com. Charleroi, 15 mai 2006, RG n°A/05/03843 et A/06/00735 ; CA Bruxelles (21ème ch.), 8 février 2007, n°2006/KR/224 ; T. fédéral Suisse (1ère Cour de droit civil), 22 mars 2007, 4P.172/2006.

[2064] TAR Catania, 4 avril 2007, *M. Pennisi et al. c/ CONI et al.*, sez. IV, decreto n°401 ; TAR Catania, 13 avril 2007, *M. Pennisi et al. c/ CONI et al.*, sez. IV, sentenza, n°679.

[2065] MARMAYOU (J-M.), « La responsabilité disciplinaire des clubs du fait de leurs supporters », *LPA*, n°143, 18 juillet 2007, p.11.

[2066] CE, Avis, 29 octobre 2007, *SASP LOSC Lille Métropole*, n°307736. Concl. Prada Bordenave. Notes sous avis : FORTI (V.), *Cahiers de droit du sport*, n°10, janvier 2008, p.133 ; DUVAL (J-M.), *AJDA*, n°17, 5 mai 2008, p.919 ; MAISONNEUVE (M.), *D.*, n°20, 22 mai 2008, p.1381.

de tout désordre provoqué par ses supporters. Tout manquement à cette obligation engage la responsabilité disciplinaire du club. Le raisonnement du Conseil d'Etat induit une présomption de faute au caractère irréfragable. Cette appréciation de règlement étend considérablement les pouvoirs des autorités sportives et conforte la *lex sportiva.*

Cet apport du Conseil d'Etat abonde dans le sens du Tribunal arbitral du sport favorable à l'institution de sanction à l'encontre des clubs du fait des agissements de leurs supporters[2067]. En ne retenant pas le principe de personnalité des peines, le supporter est sanctionné indirectement. Son club est sanctionné par sa faute, ce qui restreindrait ses excès de débordements.

462. La Cour administrative d'appel de Paris, dans son arrêt d'appel du jugement du Tribunal administratif de Paris du 16 mars 2007, a retenu l'avis du Conseil d'Etat du 29 octobre 2007, rappelant l'obligation de résultat et qu'en l'espèce ce résultat n'était pas atteint mettant en cause la responsabilité du club parisien[2068].

Dans l'avis du 29 octobre 2007, le Conseil d'Etat apporte un tempérament en conditionnant l'applicabilité de cet article au principe de proportionnalité de la sanction et de la faute. En énonçant, qu'« *il appartient aux organes disciplinaires de la fédération, après avoir pris en considération les mesures de toute nature, effectivement prises par le club pour prévenir les désordres, d'apprécier la gravité des fautes commises et de déterminer les sanctions adoptées à ces manquements* », le Conseil d'Etat apporte une graduation de la sanction selon la gravité des manquements aux obligations de sécurité du club et l'étendue des moyens entrepris. Le Conseil d'Etat laisse entrevoir une obligation de moyen. C'est ainsi que le Tribunal administratif de Paris l'a appliqué dans un jugement relatif à l'affaire de la banderole « anti-Chtis ».

C – Les conditions d'applicabilité de la responsabilité objective des clubs

463. La reconnaissance légale de la responsabilité objective des clubs par le juge national est conditionnée à un principe de proportionnalité du quantum de sanctions selon la gravité des faits.

[2067] TAS, 3 juin 2003, *PSV Eindhoven c/ UEFA*, aff. 2002/A/423. Obs. LOQUIN (E.), *JDI*, n°1, janvier 2004, p.295. Confirmé par TAS, 20 avril 2007, *Feyenoord Rotterdam c/ UEFA*, aff. 2007/A/1217.

[2068] CAA Paris, 7 juin 2008, *Fédération française de football c/ Paris Saint-Germain*, n°07PA01763. Note sous arrêt : FORTI (V.), *Cahiers de droit du sport*, n°14, novembre 2008, p.164.

Le Conseil d'Etat a précisé les conditions d'applicabilité de la responsabilité disciplinaire des clubs, lorsqu'ils évoluent à l'extérieur ou sur un terrain neutre[2069], en établissant une application contentieuse de son avis du 29 octobre 2007. En l'espèce, les instances disciplinaires du football avaient sanctionné le PSG, d'une exclusion de la Coupe de la Ligue pour l'année 2008/2009, après les débordements survenus lors de la finale de l'édition précédente entre le PSG et le Racing Club de Lens. En effet, les supporters du PSG avaient déployé au cours de la rencontre, se déroulant au Stade de France, une banderole à caractère injurieux[2070]. Le club de la Capitale saisit le juge des référés du Tribunal administratif de Paris afin d'obtenir la suspension de cette sanction qui lui semblait manifestement disproportionnée. Faisant droit à cette demande jugeant qu'elle faisait naître un doute sérieux, le juge des référés du Conseil d'Etat fut saisi pour annulation du jugement. Si le juge des référés du Tribunal administratif reconnaissait le comportement répréhensible des supporters parisiens et le manquement du club à son obligation de sécurité, la sanction disciplinaire prise lui paraissait disproportionné au regard d'une part, des « *moyens conséquents* » de prévention des éventuels troubles sur terrain neutre. D'autre part, l'exclusion complète pour la saison sportive suivante de cette compétition à élimination directe était selon le juge sévère. Le Conseil d'Etat reprit ce raisonnement pour annuler l'exécution de cette sanction disciplinaire, sans pour autant éluder la responsabilité personnelle du club.

Ainsi, le juge des référés développe pour la première fois comment déterminer la proportionnalité des sanctions disciplinaires à l'égard des clubs en raison du comportement de leurs supporters. Il s'appuie ainsi sur le principe constitutionnel de proportionnalité des sanctions adapté à la gravité de l'infraction commise[2071]. Selon lui, il incombe aux instances disciplinaires « *d'apprécier dans quelle mesure la gravité des actes commis par les supporters est la conséquence des carences du club* ». Celles-ci doivent être appréciées au regard des moyens établis par les clubs. Le caractère reconnu injurieux et infamant de la banderole ne justifie pas au regard du principe de proportionnalité l'application d'une telle sanction. Certes, l'obligation de résultat n'est pas atteinte mais le juge en tenant compte des « *moyens conséquents* » déployés modère la sanction. La mesure dont fait preuve le

---

[2069] CE, 20 octobre 2008, *Fédération française de football c/ Société Paris Saint-Germain football*, n°320111. Concl. Bourgeois-Machureau. Notes sous arrêt : PERRIN (A.), *DA*, n°1, janvier 2009, p.38 ; COLIN (F.), *Cahiers de droit du sport*, n°14, novembre 2008, p.105. V. aussi, CE, 15 octobre 2008, *Fédération française de football c/ Sporting Club de Bastia*, n°316312. Concl. Lénica. Note sous arrêt : ANTONINI (A.), *Cahiers de droit du sport*, n°14, novembre 2008, p.169.

[2070] V. à propos de la dissolution association de supporters, n°420.

[2071] Décision n°88-248 DC du 17 janvier 1989, *Loi modifiant la loi 86-1067 du 30 septembre 1986 relative à la liberté de communication*. Rec. Conseil constitutionnel, 1989, p.18.

Conseil d'Etat, en l'espèce, dans ce système de sanctions indirectes permet d'éviter les comportements indélicats de supporters. En effet, rendre automatiquement les clubs responsables des actes de violences de supporters marquait une carence juridique comme l'illustre la mise en place du plan Leproux[2072].

Ainsi, par cette jurisprudence, le Conseil d'Etat applique strictement les principes de responsabilité personnelle et de proportionnalité, tout en étendant les garanties juridictionnelles des clubs sanctionnés. Le Conseil d'Etat applique aux sanctions sportives sa jurisprudence *Arfi* relative aux sanctions professionnelles soumises lors d'un recours pour excès de pouvoir à un contrôle normal du juge sur le *quantum* de la sanction prononcée[2073].

[2072] Contestant la mise en place d'un dispositif de lutte contre les actes de hooliganisme par la direction du PGS, certains supporters ultras du PSG multiplièrent les actes contrevenants afin de faire sanctionner leur propre club. V. DUVAL (J-M.), « Responsabilité des clubs de football du fait de leurs supporters », *AJDA*, n°17, 5 mai 2008, p.924.

[2073] CE, Sect., 22 juin 2007, *M. Arfi*, n°272650. Concl. Guyomar. Notes sous arrêt : DEYGAS (S.), *Procédures*, n°8, août 2007, p.81 ; MELLERAY (F.), *DA*, n°10, octobre 2007, p.39.

CHAPITRE 2 – L'ENCADREMENT DU DROIT D'EXPLOITATION DES MANIFESTATIONS SPORTIVES

464. Le droit d'exploitation des manifestations sportives, en vertu des articles L.333-1 et suivants du Code du sport, recouvre l'ensemble des droits de retransmissions audiovisuelles, c'est-à-dire les retransmissions télévisuelles et sur Internet, ainsi que le droit de consentir à l'organisation de paris sur les manifestations ou compétitions sportives.

Ce droit d'exploitation a été fortement influencé par la construction du marché intérieur et du droit de l'Union européenne. Il repose sur l'application des libertés économiques, en particulier les libertés d'établissement[2074] et de libre circulation des services[2075], et l'harmonisation des normes nationales afin d'aboutir à un traitement équivalent de l'ensemble des opérateurs économiques[2076]. Le droit de l'Union européenne a libéralisé par son marché intérieur le droit d'exploitation des manifestations sportives par une directive relative aux services dans le marché intérieur[2077]. Celle-ci supprime les contraintes et obstacles inhérents aux droits d'établissement et de prestation, mais exclut de son champ d'application les activités sportives non lucratives[2078] ainsi que les paris sportifs[2079].

Le droit d'exploitation abrite également, *lato sensu*, l'*ambush marketing*[2080]. Apparu lors des Jeux Olympiques d'été de 1984, il s'agit d'un phénomène transnational polysémique mais qui pour autant n'est pas une notion juridique[2081]. L'expression provient d'un publicitaire, Jerry Welsh, qui

---

2074 Article 49 du TFUE.

2075 Article 56 du TFUE.

2076 SIMON (G.), CHAUSSARD (C.), ICARD (P.), JACOTOT (D.), DE LA MARDIERE (C.) et THOMAS (V.), *Droit du sport*, PUF, mars 2012, p.70 et s. ; AMSON (C.), *Droit du sport*, Vuibert, juin 2010, p.230.

2077 Directive 2006/123/CE du Parlement européen et du Conseil du 12 décembre 2006 relative aux services dans le marché intérieur, publiée au *JOUE*, n°L 376 du 27 décembre 2006, p.36.

2078 *Ibid.* Article 2 paragraphe 2-a.

2079 *Ibid.* Article 2 paragraphe 2-h.

2080 Pour une étude complète, v. MARMAYOU (J-M.), « Coupe du Monde de football : comment lutter contre l'*ambush marketing* ? », *in*, sous dir. MAISONNEUVE (M.), *Droit et Coupe du Monde*, Economica, octobre 2011, p.155 et s. ; v. aussi GIL (G.), « Publicité et Coupe du Monde », *in*, sous dir. MAISONNEUVE (M.), *Droit et Coupe du Monde*, Economica, octobre 2011, p.145 ; ARCELIN-LECUYER (L.), « De la difficulté d'appréhender l'opportunisme commercial : l'exemple de l'*ambush marketing* », *D.*, n°22, 5 juin 2008, p.1501 ; COGNARD (J-R.), « Le parrainage d'événements sportifs est-il protégé par le droit ? », *Jurisport*, n°139, février 2014, p.39.

2081 MARMAYOU (J-M.), « Coupe du Monde de football : comment lutter contre l'*ambush marketing* ? », *in*, sous dir. MAISONNEUVE (M.), *Droit et Coupe du Monde*, Economica,

entendait désigner *« une stratégie commerciale consistant pour une entreprise à se placer dans le sillage d'un sponsor parrainant un événement sportif mais dont le programme de parrainage était particulièrement mal conçu et mal mené »*[2082]. *In fine*, il s'agit d'une technique commerciale œuvrant à l'occupation de tous les espaces qui ne sont pas réservés[2083]. Cette pratique commerciale illicite permet à une entreprise de tirer un profit publicitaire lors d'un événement médiatique, sans avoir obtenu préalablement une autorisation et sans avoir versé de droits publicitaires. Autrement dit, cela consiste en une opération de « *marketing en embuscade* »[2084]. Cette concurrence déloyale a amené les organisateurs sportifs à lutter contre cela[2085] et les législateurs nationaux à la prohiber[2086]. Cette notion s'inscrivant exclusivement dans les domaines du droit privé et du droit commercial, tout comme le parrainage sportif de droit, nous en éluderons l'étude du présent chapitre.

---

octobre 2011, p.155 ; VAN DEN BULCK (P.), « Quel régime juridique pour l'*ambush marketing* ? », *Com. Com. Elect.*, n°10, octobre 2007, p.23.

[2082] WELSH (J.), « *Ambush marketing : what it is, what it isn't* ? ». Article consultable à l'adresse électronique, http://welshmktg.com/WMA_ambushmkg.pdf.

[2083] Les Bavaria Girls illustrent ce procédé. Le brasseur Bavaria repris le stratagème utilisé par l'entreprise DIM durant la Coupe du Monde de rugby en 2007. L'entreprise engage des jeunes filles qui se rendent dans les stades où ont lieu un événement sportif d'envergure et doivent se faire remarquer afin de promouvoir le produit. V. VAN DEL BLUCK (P.), « Quel régime juridique pour l'*ambush marketing* ? », *Com. Com. Elect.*, n°10, octobre 2007, p.23 ; ARCELIN-LECUYER (L.), « Coupe du Monde de football 2010 : l'embuscade des Bavaria Girls », *JCPE*, n°35, 2 septembre 2010, p.1741.

[2084] ARCELIN-LECUYER (L.), « De la difficulté d'appréhender l'opportunisme commercial : l'exemple de l'*ambush marketing* », *D.*, n°22, 5 juin 2008, p.1501.

[2085] MARMAYOU (J-M.), « Approche rédactionnelle des contrats de parrainage sportif », *Les Cahiers de droit du sport*, n°13, octobre 2008, p.31 ; HERPE (F.), « Droits d'exploitation des organisateurs de manifestations sportives : le monopole doit s'apprécier de façon restrictive », *PI*, n°6, juin 2009, p.37 ; Guide officiel de la Coupe du Monde FIFA 2010, bulletins d'informations des marques officielles, septembre 2008.

[2086] Le législateur italien définit l'*ambush marketing* comme « *toutes activités parallèles à celles des entités autorisées par les organisateurs dans le but d'en obtenir un bénéfice financier* », L. n°167/05 du 17 août 2005 (loi expirée au 31 décembre 2006), *Misure per la tutela del simbolo olimpico in relazione allo svolgimento dei Giochi invernali, « Torino 2006 », Gazz. Ufficiale*, n°94, 22 août 2005. Le juge civil français s'est également prononcé en ce sens, estimant que « *le fait pour une entreprise de se rendre visible du public lors d'un événement sportif ou culturel afin d'y associer son image tout en évitant de rétribuer les organisateurs et de devenir un supporter officiel constitue une situation d'*ambush marketing *qui constitue une faute au regard des dispositions de l'article 1382 du Code civil* », CA Paris, 10 février 2012, *SAS Toulouse nouvelle tendance Serge Blanco c/ SA Cinq-huitièmes Eden Park*, n°10-23711. Note sous arrêt : MARTIN-BARITEAU (F.), *Les Cahiers de droit du sport*, n°27, janvier 2013, p.247.

465. Le sport spectacle, par analogie du raisonnement sociologique de Jean-Paul Callède[2087], s'apparente à une marchandise en s'associant au sport finance. Le sport, et le football en particulier, est comparable à une entreprise par son fonctionnement et ses objectifs. Cela démontre, une nouvelle fois, « *l'interpénétration croissante du sport et de l'économie* »[2088]. Le sport peut être considéré comme un média à proprement dit, au regard de la place qu'il occupe au cœur de notre société, renvoyant à l'expression de la Rome antique, *Panem et circences.* De nombreuses heures d'antennes radiophoniques et télévisuelles sont consacrées au sport illustrant à notre époque l'expression attribuée au poète latin Juvénal. La multiplication et la diversification des retransmissions, l'augmentation considérable des droits télévisuels engendre une exigence d'accueil et de qualité du spectacle sportif au sein des stades.

466. Le marché des paris sportifs représente une activité économique transfrontalière en pleine expansion, stimulée par le développement des événements sportifs et leur médiatisation. De surcroît, l'émergence des paris en ligne contribue fortement à cette expansion. La législation française, très restrictive dans l'encadrement des jeux d'argent et notamment des paris sportifs, a limité l'implantation et la progression de jeux d'argent en instaurant des monopoles légaux[2089].

Les jeux en ligne concernent les activités se produisant dans les stades et impactent parfois les résultats. L'enjeu monétaire dépend de l'exactitude du pronostic lié à l'épreuve. Il y a un syllogisme qui s'instaure entre le stade, les paris sportifs et les paris sportifs en ligne. Ainsi, s'il n'y a pas de stade, il ne peut y avoir de paris sportifs puisque le stade est le lieu du sport, et l'impossibilité de paris sportifs entraine l'inexistence de paris sportifs en ligne. Le stade est le lieu de concentration des paris sportifs et d'une partie des jeux en ligne.

L'encadrement du droit d'exploitation du spectacle sportif emporte l'examen de deux questions. A l'étude de l'exploitation audiovisuelle du spectacle sportif (**Section 1**) succèdera celle de l'exploitation électronique du spectacle sportif (**Section 2**).

[2087] CALLEDE (J-P.), *Les politiques sportives en France. Eléments de sociologie historique*, Economica, mars 2000, p.36.

[2088] ANDREFF (W.) et NYS (J-F.), *Economie du sport*, Que sais-je ?, PUF, mai 2002, p.2.

[2089] CE, 15 mai 2000, *Confédération française des professionnels en jeux automatiques*, n°202666. Concl. Daussun. La Haute juridiction administrative a considéré que la protection de l'ordre public par la limitation des jeux et leur contrôle constitue « *une raison impérieuse d'intérêt général qui est de nature à justifier une limitation à la libre prestation de services et à la liberté d'établissement* ».

Section 1 – L'exploitation audiovisuelle du spectacle sportif

467. Le sport et les médias ont une relation de réciprocité depuis la fin du XIXème siècle. Cette corrélation s'explique du fait que le sport est un vecteur de rassemblement par l'attractivité qu'il génère à travers les valeurs traditionnellement véhiculées. Les médias diffusent ou retranscrivent les événements sportifs, donnant une visibilité voire une notoriété à ces derniers. Pour preuve, la création du Tour de France en 1903. Le journal *l'Auto*, désormais dénommé *l'Equipe*, a conçu et établi cette épreuve afin de faire face à la concurrence des organes de presse et connaît un engouement qui ne se dément pas. La complémentarité du sport et des médias engendre des relations économiques prégnantes[2090]. Le sport permet ainsi à la presse écrite d'accroître ses tirages[2091] et à la presse télévisuelle et radiophonique d'augmenter leur audimat. L'engouement suscité par les médias par une omniprésence de couvertures médiatiques attire les spectateurs dans les stades et les téléspectateurs occasionnant par exemple une augmentation des droits d'acquisition de l'événement[2092].

La convergence entre le sport et les médias s'avèrent principalement être entre le sport et la télévision. La télévision a indubitablement apporté une dimension économique au sport et contribué à la notion même de spectacle sportif[2093]. Le stade est devenu l'écrin de la « *spectacularisation du football* »[2094] en particulier et du sport en général. Selon le Conseil Supérieur de l'Audiovisuel (CSA), le sport est un « *élément indispensable de la programmation des chaînes en quête d'une audience importante* »[2095]. Pour preuve, la Commission européenne dans son Livre blanc sur le sport constate que « *les questions relatives aux relations entre le secteur du sport et les médias sportifs ont pris une importance capitale du fait que les droits de*

[2090] NYS (J-F.), « Les relations économiques entre le sport et les médias : entre complémentarité et ambiguïté », *Légicom*, n°23, juillet 2000, p.1.

[2091] Le journal *l'Equipe* a connu ses meilleurs tirages au lendemain d'événements sportifs majeurs notamment après la victoire de l'équipe de France de football à la Coupe du monde 1998, 1.645.907 exemplaires, et lors la victoire à l'Euro 2000, 1.255.633 exemplaires.

[2092] BUY (F.), MARMAYOU (J.-M.), PORACCHIA (D.) et RIZZO (F.), *Droit du sport*, LGDJ, 3ème édition, novembre 2012, n°1339 et s. ; PISTRE (S.), « Le cadre européen des retransmissions audiovisuelles », *Légipresse*, n°137, novembre 1996, p.145 ; BOLOTNY (F.), « La nouvelle flambée des droits TV du football français », *RJES*, n°74, mars 2005, p.121 ; BOLOTNY (F.), « La nouvelle télé-dépendance du football français », *RJES*, n°75, juin 2005, p.113.

[2093] CHERIGNY (F.), « Le marché des droits audiovisuels sportifs », *Les Cahiers de droit du sport*, n°31, janvier 2013, p.153.

[2094] VASSORT (P.), *Football et politique : Sociologie historique d'une domination*, L'Harmattan, 3ème édition, novembre 2005, p.153.

[2095] Lettre du CSA n°126, 5 mars 2000, « *Sport et télévision : état des lieux* », www.csa.fr

retransmission sont devenus la première source de revenus du sport professionnel en Europe »[2096].

Les dimensions sociétales et économiques du sport induisent inéluctablement un traitement informatif du sport[2097]. Le droit d'exploitation du spectacle sportif répond au principe du droit de la concurrence mais la propriété de ce droit appartient aux fédérations sportives[2098], personnes morales de droit public ayant une activité de service public administratif[2099]. Elles sont susceptibles d'être soumises au droit de la concurrence, en vertu du principe posé par l'article 53 de l'ordonnance du 1er décembre 1986[2100], codifié à l'article L.410-1 du Code du commerce. L'analyse du droit d'exploitation du spectacle sportif s'incorpore pleinement à l'étude du stade, réceptacle du spectacle sportif (**§ 1**). Le droit du public à l'information constitue une limite au droit d'exploitation du spectacle sportif (**§ 2**).

§ 1 – Le droit d'exploitation du spectacle sportif

La médiatisation du sport a introduit l'élaboration d'un système commercial d'acquisition des droits de retransmissions des événements sportifs. A travers cette médiatisation, les annonceurs publicitaires ont développé des formes de publicité au sein des stades, par des panneaux publicitaires et l'exposition de marques apposées sur les sportifs. Les retransmissions audiovisuelles financent par ce moyen le spectacle sportif, la marque s'inscrivant dès lors par nature et par finalité comme une marque médiatique[2101]. Les droits d'exploitation sont commercialisés auprès des diffuseurs (**A**). Cette commercialisation peut être exclusive (**B**) et connait une répartition fiscale équitable (**C**).

[2096] Commission européenne, Livre blanc sur le sport, COM-2007-391, 11 juillet 2007, p.18.

[2097] MALLET-POUJOL (N.), « La retransmission télévisuelle des événements : entre monopole d'exploitation et pluralisme de l'information », *D.*, n°13, 28 mars 1996, p.103.

[2098] L'article L.333-1 du Code du sport confère aux fédérations la propriété des droits d'exploitation audiovisuelle des manifestations ou compétitions sportives.

[2099] CE, Sect., 22 novembre 1974, *Fédération des industries françaises d'articles de sport*, dit *FIFAS*. Concl. Théry. Notes sous arrêt : FRANC (M.) et BOYON (M.), *AJDA*, n°1, 20 janvier 1975, p.19 ; LACHAUME (J-F.), *D.*, 1975, p.739 ; WALINE (M.), *RDP*, 1975, p.1109.

[2100] Ordonnance n°86-1243 du 1er décembre 1986 relative à la liberté des prix et de la concurrence, *JORF*, 9 décembre 1986, p.14773. Pour illustration, TC, 6 juin 1989, *Ville de Pamiers* ; CE, Sect., 3 novembre 1997, *Société Million et Marais*, n°169907. Concl. Stahl. Rec. Lebon p.406. Notes sous arrêt : GIRARDOT (T-X.) et RAYNAUD (F.), *AJDA*, n°12, 20 décembre 1997, p.945 ; GAUDEMET (Y.), *RDP*, n°1, février 1998, p.256 ; GUEZOU (O.), *AJDA*, n°3, 20 mars 1998, p.247 ; GAJA, n°105, 15ème édition, août 2005, p.764 ; CE, Sect., 26 mars 1999, *Société EDA*, n°202260. Concl. Stahl. Note sous arrêt : BAZEX (M.), *AJDA*, n°5, 20 mai 1999, p.427.

[2101] LACHACINSKI (T.) et FAJGENBAUM (F.), « Marques sportives : les enseignements de la jurisprudence », *Jurisport*, n°97, avril 2010, p.27.

A – La commercialisation du droit d'exploitation

468. La commercialisation des droits d'exploitation audiovisuelle des événements sportifs s'inscrit comme une source de revenus primordiale, et parfois vitale, pour les fédérations et les clubs.

La loi du 16 juillet 1984 conférait aux fédérations sportives la propriété du droit d'exploitation de ces événements, tandis que les autres droits commerciaux liés à la publicité et à la billetterie appartiennent aux clubs. La notion d'exploitation audiovisuelle des événements sportifs comprend, selon le législateur[2102], les diffusions télévisuelles intégrales, partielles, en direct ou en différé ; radiophoniques ; par Internet et téléphonie. La loi du 1er août 2003 a crée un nouveau système de gestion collective de ces droits d'exploitation en donnant la possibilité aux fédérations de céder, tout ou partie, de ces droits à titres gratuits[2103] aux clubs afin de valoriser leurs actifs[2104]. Toutefois, cette mesure ne s'apprécie que de manière tout à fait symbolique, le Conseil national de la comptabilité a limité cette valorisation à un euro symbolique[2105], puisque les clubs ne peuvent céder les droits transmis par leur fédération, la ligue professionnelle étant la seule habilitée, par l'article L.333-2 du Code du sport, à commercialiser les droits audiovisuels cédés aux sociétés sportives. Ce dispositif a fini de transformer le « pouvoir sportif » des fédérations, en pouvoir économique[2106].

[2102] Article 2 de la loi n°86-1067 du 30 septembre 1986 relative à la liberté de communication, *JORF*, 1er octobre 1986, p.11755, modifiée par l'article 1er de la loi n°2004-575 du 21 juin 2004 pour la confiance dans l'économie numérique, *JORF*, n°143, 22 juin 2004, p.11168 et par l'article 36 de la loi n°2009-258 du 5 mars 2009 relative à la communication audiovisuelle et au nouveau service public de la télévision, *JORF*, n°56, 7 mars 2009, p.4321.

[2103] Articles L.333-1 alinéa 2 et R.333-1 et s. du Code du sport. Ce dispositif centralise la commercialisation des droits d'exploitation. Une ligue professionnelle peut encadrer cette commercialisation, mais il doit s'agir de motifs d'intérêt général.

[2104] Actuellement, seule la Fédération française de football a fait usage de cette opportunité dans la décision de son assemblée fédérale du 9 juillet 2004. SAUREL (J.), *Le sport face à la fiscalité*, Economica, novembre 2011, p.39 ; RIZZO (F.), « Les droits d'exploitation audiovisuelle des manifestations ou compétitions sportives », *Droit et Patrimoine*, n°139, juillet-août 2005, p.69.

[2105] Conseil national de la comptabilité, avis n°2005-01 du 24 mars 2005.V. DE MATTOS (O.), « Manifestations sportives : quand les droits d'exploitation audiovisuelle ne valent plus que l'euro symbolique », *Com. Com. Elect.*, n°11, novembre 2005, alerte 280.

[2106] FORTIER (C.), « Le pouvoir normatif des fédérations sportives en matière d'équipements », *in*, sous dir. SIMON (G.), *Le stade et le droit*, Dalloz, février 2008, p.31. V. aussi, SIMON (G.), « Puissance sportive et ordre juridique étatique », Thèse, sous la direction du Professeur Jean-Pierre DUBOIS, Université de Dijon, janvier 1990, 430 p.

La diversification des chaînes de télévision, en particulier des chaînes à péage au cours des années 1990[2107], a influencé les règles de commercialisation des droits d'exploitation. Face à la demande accrue des consommateurs de regarder des rencontres sportives qui acceptaient, pour se faire, de s'acquitter de redevance, les diffuseurs ont intégré comme produits d'appel les événements sportifs. Cette manœuvre commerciale eut un effet inflationniste sur les tarifs d'acquisition de ces droits engendrant une inégalité entre les chaînes gratuites et les chaînes à péage[2108], mais aussi un développement du piratage par l'intermédiaire du *streaming*[2109]. Cependant, la Cour de cassation a consacré les principes de droit de la concurrence en reconnaissant la liberté contractuelle des fédérations avec les chaînes de télévision pour la cession des droits de retransmission à titre onéreux[2110].

Le législateur, dans l'article L.333-2 du Code du sport, a pour sa part défini les notions de libre concurrence en la matière, en disposant que les droits cédés sont commercialisés en lots, pour une durée limitée par décret en Conseil d'Etat, et dans le respect des règles du droit de la concurrence, selon une procédure d'appel d'offres. Cette procédure, définie par l'article R.333-3 du Code du sport, doit tenir compte d'un processus d'attribution des lots transparent par candidatures publiques et non discriminatoire[2111].

B – La commercialisation exclusive du droit d'exploitation

L'article R.333-2 du Code du sport réglemente l'attribution de l'exclusivité de la commercialisation des droits d'exploitation accordée par une fédération à une ligue professionnelle[2112], en cas de cession de la propriété de tout ou

---

2107 TOUSSAINT (G.), « Le développement des réseaux câblés en Europe », *Angle Droit*, n°39, février 1995, p.14 ; PISTRE (S.), « Le cadre européen des retransmissions sportives audiovisuelles », *Légipresse*, n°137, novembre 1996, p.145.

2108 CSA, « Télévision à péage par satellite : le CSA se prononce sur les risques de position dominante », *La Lettre du CSA*, n°94, juillet 1997, p.1 ; PAUTOT (S.), « La Coupe du Monde de football et le droit », *Gaz. Pal.*, n°191, 10 juillet 1998, p.9.

2109 BRISSE (M.), « Retransmission sportive et piratage en ligne : la nécessaire évolution du droit », *Gaz. Pal.*, n°293, 19 octobre 2008, p.64.

2110 Cass. com., 1er mars 1994, *Société La Cinq c/ Fédération française de football*, n°92-12124. *Bull. civ.*, IV, n°91, *D.*, 1995. V. aussi GUNTHER (M.), « L'application du droit communautaire de la concurrence aux ententes en matière audiovisuelle », *RAE*, n°2, octobre 1999, p.214.

2111 Conseil de la concurrence, 23 janvier 2003, décision n°03-MC-01 relative à la saisine et à la demande de mesures conservatoires présentées par la société TPS ; A propos de l'annulation d'un appel d'offres, CA Paris, 15 février 2006, *Ligue de football professionnel c/ SA Canal+ et SA Sport+*, n°05/23657.

2112 Conseil de la concurrence, 28 mai 2004, avis n°04-A-09 relatif à un projet de décret sur la commercialisation par les ligues professionnelles des droits d'exploitation audiovisuelle des compétitions ou manifestations sportives.

partie des droits. Cette exclusivité demeure, toutefois, limitée (**1**) et s'avère interdite territorialement (**2**).

1 – Un principe d'exclusivité limité

469. En vertu de l'alinéa 1er de l'article R.333-2 du Code du sport, l'exclusivité comprend la commercialisation par la ligue des rencontres sportives en direct ou en léger différé et quel que soit le format, en intégralité ou par extraits, ou le support de diffusion[2113]. Le second alinéa du même article précise que la fédération et la ligue conservent la possibilité d'utiliser librement toute image en vue de la réalisation de leurs missions d'intérêt général.

Ce système de commercialisation exclusive centralisée implique que les clubs ne cèdent pas individuellement leurs droits, pour les rencontres auxquelles ils participent du moins celles disputées dans leurs stades, et empêche toute forme de concurrence entre eux[2114]. Une gestion centralisée octroie aux fédérations un contrôle des conditions de cession et d'influer davantage lors des négociations. Or, si la Commission européenne a admis la possibilité pour les clubs une commercialisation individuelle car la vente collective restreint la concurrence sur le marché à cause de la coordination tarifaires[2115], le Conseil de la concurrence a estimé que ce système de vente centralisée peut se prévaloir de justifications économiques ne donnant pas lieu à une entente illicite[2116]. En effet, la vente collective constitue un avantage pour les partenaires commerciaux qui se réfèrent à un vendeur unique afin d'optimiser les conditions de production et de distribution du produit. Ce vendeur unique est, au plan national, davantage en mesure de faire jouer la concurrence qu'une multitude de clubs locaux, aux moyens parfois limités. Ainsi, la vente centralisée constitue un avantage économique

---

[2113] Le Conseil d'Etat a rendu une ordonnance sur ce point, à propos d'un litige opposant la ligue professionnelle de football et la société Canal+. La ligue, personne morale de droit privé, en choisissant de produire elle-même des images de matchs, alors qu'elle commercialise déjà les droits d'exploitation audiovisuelle du football, ne met en œuvre aucune prérogative de puissance publique. Dès lors, le juge administratif relève son incompétence juridictionnelle et renvoie le contentieux devant le juge judiciaire. CE, ord., 11 janvier 2008, *Société Canal+ et Société Kiosque+*, n°311327. Note : BLAZY (S.) et BAZEX (M.), *DA*, n°3, mars 2008, p.38.

[2114] V. PERLEMUTER (J.) et FERLA (R.), « Les droits de retransmissions du football français : une propriété controversée », *Légipresse*, n°201, mai 2003, p.57.

[2115] Décision 2003/778/CE de la Commission européenne du 23 juillet 2003 relative à une procédure d'application de l'article 81 du Traité CE et de l'article 53 de l'accord EEE sur la vente centralisée des droits commerciaux sur la Ligue des champions UEFA.

[2116] Conseil de la concurrence, 28 mai 2004, avis n°04-A-09 relatif à un projet de décret sur la commercialisation par les ligues professionnelles des droits d'exploitation audiovisuelle des compétitions ou manifestations sportives, cons. n°50 et 84.

tant pour les instances sportives, les opérateurs médiatiques, les clubs et les consommateurs. Néanmoins, cette restriction de concurrence doit être strictement proportionnée à l'objectif poursuivi.

470. Il existe des limites au principe d'exclusivité, codifiées à l'article R.333-2 alinéa 3 du Code du sport. Ainsi, les modalités de commercialisation doivent respecter les règles de libre concurrence et sont consignées dans un règlement intérieur de la ligue professionnelle en charge de cette mission.

Par ailleurs, en vertu de sa qualité d'autorité de régulation, le Conseil Supérieur de l'Audiovisuel dispose du pouvoir de limiter ou d'interdire la diffusion d'événements sportifs, et indirectement la cession de droits d'exploitation audiovisuelle, portant atteinte au principe de dignité humaine, de protection de l'enfance et de l'adolescence, et de la sauvegarde de l'ordre public[2117].

2 – La commercialisation exclusive territoriale, un principe interdit

471. Les droits d'exploitations audiovisuelles s'articulent comme les deux grandes libertés complémentaires du marché intérieur, la libre circulation et la libre concurrence. La Cour de justice de l'Union européenne, dans arrêt *Murphy*[2118], s'est prononcée sur l'exclusivité territoriale des retransmissions sportives.

En l'espèce, la Fédération anglaise de football commercialise les droits de diffusion des matchs en concluant des contrats de licence avec des radiodiffuseurs. L'une des clauses du contrat stipule que ces derniers s'engagent à respecter une exclusivité territoriale absolue en cryptant le

---

[2117] CE, 18 décembre 2009, *Société Canal + c/ CSA*, n°310646. Concl. Thiellay. Note sous arrêt : BRIGNON (B.), *Les Cahiers de droit du sport*, n°19, janvier 2010, p.114. A propos de la retransmission par la chaîne cryptée de compétitions de K-1, combat mêlant différentes formes d'arts martiaux. V. aussi, article 1er de la loi n°86-1067 du 30 septembre 1986.

[2118] CJUE, gr. ch., 4 octobre 2011, *Football Association Premier League et autres c/ QC Leisure et autres*, aff. C-403/08, et affaire jointe, *Karen Murphy c/ Media Protection Services*, aff. C-429/08. Concl. Kokott. Notes sous arrêt : TREPPOZ (E.), *RTDE*, n°4, octobre 2011, p.855 ; COSTES (L.), *RLDI*, n°76, novembre 2011, p.32 ; BUY (F.) et RODA (J-C.), *JCPG*, n°47, 21 novembre 2011, p.2304 ; CARON (C.), *Com. Com. Elect.*, n°12, décembre 2011, p.21 ; FAJGENBAUM (F.) et LACHACINSKI (T.), *Jurisport*, n°115, décembre 2011, p.33 ; IDOT (L.), *Europe*, n°12, décembre 2011, p.25 ; BENABOU (V-L.), *PI*, n°42, janvier 2012, p.51 ; SIBONY (A-L.), *RTDE*, n°1, janvier 2012, p.229 ; MARINO (L.), *Gaz. Pal.*, n°46, 15 février 2012, p.14. V. également, à propos des droits télévisuels de la Coupe du Monde de football 2006, CJCE, 13 mars 2008, *Infront WM c/ Commission*, aff. C-125/06 P. Concl. Bot. Rec. CJCE, p.1451. Note sous arrêt : FIGUS DIAZ (J.) et FORTI (V.), *RDUE*, n°3, juillet 2008, p.457.

signal satellite, afin que seuls les abonnés nationaux accèdent à la diffusion. Dès lors, un radiodiffuseur ne peut vendre une carte de décodeur à un client désireux d'accéder à la programmation d'un autre Etat membre. Or, une tenancière de pub anglais, Madame Murphy, avait acquis un décodeur avec une carte permettant de décoder le signal auprès d'un opérateur grec, tarifant à moindre coût ces retransmissions sportives. La Fédération anglaise a saisi la justice du Royaume-Uni contre les fournisseurs de matériel et les exploitants s'étant procurés un décodeur et une carte décryptant le signal. La Haute Cour de justice du Royaume-Uni a demandé à la Cour de justice de l'Union européenne l'examen de questions préjudicielles relatives aux règles du Traité sur les fondements de libre prestation de services et de libre concurrence, ainsi qu'aux directives sur l'accès conditionnel, le droit d'auteur et la radiodiffusion satellitaire. La Cour de justice de l'Union européenne considère, en l'espèce, que l'entrave à la circulation des retransmissions sportives résultait de pratiques contractuelles, impliquant une exclusivité territoriale absolue contraire au principe de libre concurrence[2119]. Elle conclut à l'illégalité de ce système mis en œuvre par la Fédération, s'opposant « *à une réglementation d'un Etat membre rendant illicites l'importation, la vente et l'utilisation dans cet Etat de dispositifs de décodage étrangers qui permettent l'accès à un service codé de radiodiffusion satellitaire provenant d'un autre Etat membre et comprenant des objets protégés par la réglementation de ce premier Etat* »[2120]. Par ailleurs, elle considère que « *l'interdiction des systèmes de décodage étrangers ne saurait être justifiée au regard de l'objectif de protection des droits de propriété intellectuelle* »[2121].

En définitive, pour la Cour de justice de l'Union européenne, une réglementation nationale prohibant l'importation, la vente ou l'utilisation de décodeurs étrangers s'avère contraire au principe de libre prestation des services et ne saurait être justifiée au regard des objectifs des directives de l'Union européenne. Et elle juge également que les contrats de licence exclusive, interdisant aux diffuseurs de fournir des dispositifs de décodage aux consommateurs résidant en dehors de l'Etat ou du territoire pour lequel une licence leur a été accordée, sont illicites.

Le renvoi devant la Haute Cour de justice du Royaume-Uni reprend dans deux arrêts les réponses apportées par la Cour de justice de l'Union

---

2119 CJCE, 13 juillet 1966, *Consten et Grundig c/ Commission*, aff. 56 et 58-64. Concl. Roemer. Rec. CJCE, p.429.

2120 CJUE, gr. ch., 4 octobre 2011, *Football Association Premier League et autres c/ QC Leisure et autres*, pt. 76.

2121 CJUE, gr. ch., 4 octobre 2011, *Football Association Premier League et autres c/ QC Leisure et autres*, pt.117.

européenne[2122]. La juridiction anglaise a jugé que le matériel et système de décodage ne seraient être qualifiés d'illégaux. De surcroit, les restrictions territoriales induites de l'exclusivité sont contraires au droit de l'Union européenne.

C – Une répartition fiscale équitable du droit d'exploitation

472. La fiscalité liée à la médiatisation des événements sportifs n'est pas affectée directement au financement public du sport mais demeure une source de financement du sport. L'article L.333-3 du Code du sport régit la répartition des droits d'exploitation en imposant une répartition des produits de la commercialisation des droits entre la fédération, la ligue et les clubs afin de garantir l'intérêt général et les principes d'unité et de solidarité entre le sport amateur et professionnel. Si la répartition entre la fédération et la ligue s'opère par une convention *ad hoc* fixée de gré à gré, la répartition entre la ligue et les clubs s'effectue selon un principe de mutualisation, en tenant compte de trois critères, la solidarité entre les clubs, leurs performances et leurs notoriétés[2123]. Si la taxe sur les retransmissions sportives tend à contribuer à cette solidarité (**1**), le dispositif de droit à l'image collective, qui s'appréciait davantage comme une niche, a été supprimé (**2**).

1 – La taxe sur les retransmissions sportives

473. Un mécanisme général de mutualisation des ressources a été établi pour assurer une solidarité entre le sport professionnel et le sport amateur. Depuis le 1er juillet 2000, en vertu de l'article 59 de la loi de finances pour l'année 2000[2124], a été instituée une contribution sur la cession à un service de télévision des droits de diffusion de manifestations ou de compétitions sportives, dite « taxe sur les retransmissions sportives » ou « taxe Buffet »,

---

[2122] *UK High Court of Justice*, 3 et 24 février 2012, *FAPL c/ QC Leisure*. Note sous arrêt : PRINSLEY (M.) et SPROUL (G.), *RDAI*, n°3, juin 2012, p.357. V. aussi ENTRAYGUES (A.), « Que reste-t-il des droits des radiodiffuseurs après l'arrêt *Premier League* ? », *Légipresse*, n°293, avril 2012, p.247.

[2123] Pour illustration, la ligue de football professionnel accorde à chaque club de Ligue 1 une part fixe d'un même montant, une part établie selon le classement des six dernières saisons et une part liée à la notoriété déterminée au regard du classement du club au cours des cinq dernières saisons sportives. Sur la notion de notoriété, v. MAETZ (C-A.), « La notoriété – Essai sur l'appropriation d'une valeur économique », Thèse, sous la direction du Professeur Jacques MESTRE et du Professeur Didier PORACCHIA, Université Paul Cézanne (Aix-Marseille), mai 2010, 610 p.

[2124] Loi n°99-1172 du 30 décembre 1999 de finances pour 2000, *JORF*, n°303, 31 décembre 1999, p.19914.

reprenant le nom de la ministre des sports chargée du projet de loi. Cet article est codifié à l'article 302 bis ZE du Code général des impôts. La loi de finances pour l'année 2008 a complété le dispositif du Code général des impôts, entré en vigueur au 1er juillet 2008, en précisant que la taxe est également due pour la cession de droits de retransmission à de nouveaux fournisseurs de communication comme Internet ou la téléphonie mobile[2125]. Cette taxe est une contribution s'élevant à 5% du montant, hors TVA, des encaissements sur la cession des droits de retransmission télévisée des événements sportifs, quel que soit le mode de diffusion et l'implantation territoriale du service. Cette contribution est due par les associations sportives et les groupements sportifs français à statut particulier, les fédérations sportives françaises et les associations qui, chargées de la gestion d'une discipline ou d'activités sportives à caractère professionnel, en dépendent, toute personne physique ou morale de droit privé organisant un événement sportif et toute personne qui agit directement ou indirectement pour le compte de ces personnes[2126]. Le football contribue, en sus, au frais de fonctionnement de la Ligue, attribué à l'Union national des footballeurs professionnel et au football amateur, à hauteur de 1,09%. La contribution n'est due qu'une seule fois par la personne cédant les droits de diffusion à un service de communication. Le montant de cette contribution est perçu au profit du Centre national pour le développement du sport depuis la loi de finances pour l'année 2006[2127]. Le produit de cette taxe est évalué pour l'année 2012 à 43,4 millions d'euros[2128].

Aux termes de l'article L.333-3 du Code du sport, la répartition du produit de la cession des droits d'exploitation audiovisuelle, établie par convention, est répartie entre les fédérations, les ligues et les clubs, afin de garantir l'intérêt général. La convention fixe la part respective de répartition des parties. La part attribuée aux clubs doit tenir compte de critères arrêtés par les ligues comme la notoriété des clubs, leurs performances sportives et se fondent sur la solidarité existante entre eux.

474. Dans son rapport public annuel de 2009, la Cour des comptes préconisait un accroissement du taux de la taxe Buffet de 0,5%, voire d'instaure une progressivité en fonction des montants atteints par la

[2125] Article 124 de la loi n°2007-1882 du 24 décembre 2007 de finances pour 2008, *JORF*, n°300, 27 décembre 2007, p.21211. V. NEAU-LEDUC (P.), *Com. Com. Elect.*, n°2, février 2008, p.45.

[2126] Ainsi, la contribution est due par les personnes mentionnées aux articles L.121-1, L.122-2, L.122-12, L.131-1 et L.331-5 du Code du sport.

[2127] Article 53 de la loi n°2005-1719 du 30 décembre 2005 de finances pour 2006, *JORF*, n°301, 31 décembre 2005, p.20597.

[2128] Rapport public thématique de la Cour des comptes, « Sport pour tous et sport de haut niveau : pour une réorientation de l'action de l'Etat », rendu le 17 janvier 2013, p.153.

commercialisation des droits, en raison de l'évolution et de la croissance dynamique des sommes générées[2129]. En effet, les droits de retransmissions du football, représentant l'essentiel de l'assiette de la taxe, ont connu une augmentation de 120% entre 2001 et 2006 et de 50% pour le rugby. La baisse des contrats des droits de retransmission du football pour la période 2012-1016[2130] et surtout la suppression du dispositif du droit à l'image collective ont finalement convaincu le législateur à ne pas changer le taux. Pour autant, la Cour des comptes considère que « *l'assiette de cette taxe est exposée à un risque d'érosion du fait de la stagnation actuelle des droits de commercialisation et parce que les droits cédés depuis l'étranger à des diffuseurs français échappent à ce prélèvement* »[2131] et propose d'élargir l'assiette afin « *de toucher l'ensemble des recettes générées par la commercialisation des droits de retransmission des compétitions sportives* »[2132] en incluant les droits cédés depuis l'étranger. La ministre des sports a déposé un projet de loi afin de suivre les recommandations des juges de la rue Cambon.

2 – La suppression du droit à l'image collective

475. Le droit à l'image collective fut une notion nouvelle en matière de droit à l'image et appartient désormais au passé. Le droit à l'image collective créé par la loi dite « Lamour » du 15 décembre 2004[2133] permettait initialement de payer 30 % de la rémunération des joueurs sous forme de droits d'image, rémunération exemptée des charges sociales, et fût codifié à l'article L.222-2 du Code du sport. Ce nouveau dispositif législatif répondait à une véritable attente évoquée en particulier dans le rapport Denis et s'appliquait uniquement aux sports collectifs[2134]. Il impliquait l'idée selon laquelle chaque joueur professionnel participait à l'exploitation collective, par son club, de l'image de son équipe. Cette niche sociale en faveur des

---

[2129] Rapport public annuel de la Cour des comptes, février 2009, p.500.

[2130] Pour la période 2012-2016, les droits de retransmission du football s'élève à 610 millions d'euros par an, contre 668 millions d'euros par an pour la période 2006-2012.

[2131] Rapport public thématique de la Cour des comptes, « Sport pour tous et sport de haut niveau : pour une réorientation de l'action de l'Etat », rendu le 17 janvier 2013, p.154.

[2132] *Ibid.*

[2133] Loi n°2004-1366 du 15 décembre 2004 portant diverses dispositions relatives au sport professionnel, *JORF* n°292, 16 décembre 2004, p.21289. Note : CARIUS (M.), « La réforme du sport professionnel, la loi du 15 décembre 2004 », *JCPG*, n°27, 6 juillet 2005, p.1273.

[2134] Ainsi, les sports individuels comme le golf ou le tennis ne sauraient y correspondre. Toutefois, la charte du football professionnel et la convention collective du rugby professionnel avaient fixé un nombre minimal de joueurs à partir duquel l'image est définie comme collective. L'image s'appréciait comme collective en football dès lors que l'image de cinq joueurs de l'effectif était exploitée (article 280 b de la charte), tandis que le rugby se contentait de trois joueurs (article 7.1 de la convention collective).

sportifs de haut niveau permettait d'éviter des contentieux similaire à celui « PSG-Nike »[2135] et d'attirer, ainsi que conserver, les meilleurs joueurs dans les championnats sportifs nationaux. Le Conseil constitutionnel avait d'ailleurs reconnu, dans sa décision du 9 décembre 2004, que les sportifs professionnels étaient placés dans une situation différente que celle des autres salariés, justifiant dès lors un traitement juridique distinct[2136]. Concept juridique novateur mais flou, ce droit *sui generis* était intégré dans le patrimoine des clubs professionnels[2137]. Le DIC avait comme particularité de ne pas entrer en concurrence avec le droit d'exploitation des manifestations et compétitions sportives. Pour autant, le sportif détient un droit d'exploitation et d'utilisation de sa propre image, même en dehors de son activité sportive, qu'il peut céder à son club ou sa fédération en contrepartie d'une rémunération. A cet égard, le Conseil d'Etat reconnait que l'image du sportif se crée par ses performances et non par sa personnalité intrinsèque[2138].

476. Ce dispositif a suscité des controverses. Ainsi, dans son rapport présenté au Sénat le 2 avril 2008[2139], M. Michel Sergent soutenait que le DIC devait être réformé « *afin que les pouvoirs publics puissent avoir une visibilité et une maîtrise de cette dépense* »[2140]. Il constatait également

---

[2135] Le club de football Paris Saint-Germain, deux de ses anciens dirigeants, l'équipementier Nike et neuf agents de joueurs ont été condamné pour un système frauduleux de compléments de salaires versés sur des comptes étrangers, échappant ainsi aux charges sociales et à l'imposition. CA Paris, 25 janvier 2013, *PSG et autres*. V. aussi, à propos du traitement fiscal de l'exploitation commerciale de la notoriété des footballeurs par leurs employeurs, CAA Lyon, 23 novembre 2010, *Edmilson Gomes*, n°09LY01539. Notes sous arrêt : MONNIER (P.), *Revue de droit fiscal*, n°4, 27 janvier 2011, p.42 ; JESTIN (K.), *Les Cahiers de droit du sport*, n°23, janvier 2011, p.52.

[2136] Décision n°2004-507 DC du 9 décembre 2004, *Loi portant diverses dispositions relatives au sport professionnel*. Note : SCHOETTL (J-E.), *LPA*, n°257, 24 décembre 2004, p.6.

[2137] MOYERSOEN (P.), « Le concept d'image collective », *Droit et Patrimoine*, n°139, juillet 2005, p.84.

[2138] Ainsi dans ses conclusions, Mme Landais retenait que « *nous reconnaissons volontiers que l'activité d'exploitation de l'image de M. Durand n'a pu naître que parce que son activité de cavalier lui a apporté une notoriété certaine* ». CE, 6 avril 2007, *M. Durand*, n°271563. Concl. Landais, *Bulletins des conclusions fiscales*, n°7, juillet 2007, p.12. Note sous arrêt : GINTER (E.), *BGFE*, n°4, septembre 2007, p.2. V. aussi, CAA Lyon, 23 novembre 2010, *Edmilson Gomes*, n°09LY01539. V. également, Rapport de M. Jean-Pierre DENIS, « Certains aspects du sport professionnel en France », remis au Ministre de la Jeunesse et des Sports le 5 décembre 2003, p.66, « *l'ensemble des sportifs professionnels ont en commun de contribuer à la fabrication d'une image qui ouvre la voie à une exploitation commerciale distincte de la prestation sportive proprement dite pour laquelle le joueur est rémunéré* » ; BARTHELEMY (J.), « Image de l'équipe et rémunération des sportifs », *Droit social*, n°1, janvier 2007, p.88.

[2139] Rapport d'information du Sénat n°255 fait au nom de la commission des finances, du contrôle budgétaire et des comptes économiques de la Nation sur le droit à l'image collective des sportifs professionnels, par M. Michel Sergent, le 2 avril 2008, 37 p.

[2140] *Ibid.*, p.5.

l'accroissement du coût du DIC pour les finances publiques qui avait augmenté de 59% entre 2005 et 2006, puis de 22,9% entre 2006 et 2007. En 2005, ce coût représentait environ 13 millions d'euros, pour atteindre 32 millions d'euros en 2008[2141]. Il conclut en indiquant que cette dépense pesait lourdement sur les crédits du ministère des sports et devait être modifiée, puisqu'elle représentait 15% dans la loi de finances pour 2008[2142]. Pour ne plus grever les finances publiques allouées au sport, le législateur dans sa loi de finances pour 2009 a décidé la suppression du DIC au 30 juin 2012[2143]. Cependant, la Cour des comptes dans son rapport public annuel rendu le 4 février 2009 dénonçait le maintien du DIC jusqu'au 30 juin 2012 et recommandait sa suppression pour l'exercice fiscal suivant au 30 juin 2010 et la réaffectation des crédits sur des actions en faveur notamment d'une meilleure formation sportive des jeunes[2144]. Le législateur suivra ces recommandations dans la loi de financement de la sécurité sociale[2145] estimant que ce dispositif était trop onéreux pour les finances publiques et peu efficace pour la compétitivité des clubs. Au motif du préjudice subi par cette suppression, le doyen des clubs français de football professionnel, Le Havre, a demandé une condamnation de l'Etat devant le Tribunal administratif de Rouen qui a soulevé une question de constitutionnalité devant le Conseil d'Etat. Il considère que la loi du 24 décembre 2009 de financement de la sécurité sociale n'est pas contraire aux articles 4 et 16 de la Déclaration des droits de l'Homme et du citoyen et ne porte pas atteinte directement aux contrats de travail conclus par le club. *De facto*, ne reconnaissant pas de caractère nouveau ou sérieux à cette question, le juge administratif refuse de la renvoyer devant le Conseil constitutionnel[2146]. Cet arrêt entérine définitivement le dispositif légal du droit à l'image collective. Malgré la disparition du droit à l'image collective, il n'en demeure pas moins que des aménagements fiscaux sont opérés, derrière lesquels se cache une volonté d'assouplir le cadre légal afin d'atténuer la dépendance aux droits audiovisuels.

Le Code du sport introduit une limite au droit d'exploitation du spectacle sportif par l'introduction du droit du public à l'information (**§ 2**).

[2141] *Ibid.*, p.26.

[2142] *Ibid.*, p.34.

[2143] Article 185 de la loi n°2008-1425 du 27 décembre 2008 portant loi de finances pour 2009, *JORF*, n°302, 28 décembre 2008, p.20224.

[2144] Rapport public annuel de la Cour des comptes du 4 février 2009, p.505 et s. V. aussi, rapport public annuel de la Cour des comptes de février 2010, p.75 et s.

[2145] Article 22 de la loi n°2009-1646 du 24 décembre 2009 de financement de la sécurité sociale pour 2010, *JORF*, n°300, 27 décembre 2009, p.22392. PELTIER (M.), « Coup de sifflet final pour la rémunération de l'image collective des sportifs », *D.*, n°15, avril 2010, p.905.

[2146] CE, 26 septembre 2011, *Société SASP Le Havre Athletic Club*, n°350583. Concl. Gargoullaud.

§ 2 – Le droit du public à l'information

477. La commercialisation et la propriété des droits d'exploitation trouvent une limite dans le principe de liberté d'information du public, codifié aux articles L.333-6 et L.333-7 du Code du sport. Le droit à l'information peut se définir comme « *l'aptitude juridique de chacun d'entre nous à bénéficier d'une information effective au moyen, notamment, des organes de communication écrite et audiovisuelle* »[2147]. Cette information suppose une diversité des médias et par conséquent un pluralisme des sources[2148]. Le Conseil constitutionnel s'est d'ailleurs déjà prononcé sur la notion de pluralisme dans l'information[2149]. Il considère que le pluralisme des quotidiens d'information politique et générale est consacré comme un objectif de valeur constitutionnelle[2150].

Le droit d'exploitation des manifestations sportives garantit par analogie le droit du public à l'information. Celui-ci ne peut être tenu en échec, selon la législation française, par le monopole d'exploitation d'un organisateur de compétition internationale[2151]. Aux termes de l'article L.333-1 du Code du sport, le droit du public à l'information recouvre la radiodiffusion (**A**) et les retransmissions télévisuelles non cryptées (**B**). Afin d'utiliser pleinement ce droit, les journalistes doivent avoir accès aux enceintes sportives (**C**).

[2147] MALLET-POUJOL (N.), « La retransmission télévisuelle des événements : entre monopole d'exploitation et pluralisme de l'information », *D.*, n°13, 28 mars 1996, p.103. V. aussi, DERIEUX (E.), *Droit des médias*, LGDJ, 5ème éd., février 2008, p.30 et s.

[2148] MALLET-POUJOL (N.), « Le double langage du droit à l'information », *D.*, n°31, 12 septembre 2002, p.2420. V. aussi, AUVRET (P.), « Droit du public à l'information et exploitation médiatique de la personnalité d'autrui », *Légipresse*, n°170, avril 2000, p.33.

[2149] Décision DC n°84-181 du 11 octobre 1984, loi visant à limiter la concentration et à assurer la transparence financière et le pluralisme des entreprises de presse. V. aussi à propos du pluralisme informatif audiovisuel, la décision du Conseil constitutionnel DC n°86-217 du 18 septembre 1986, loi relative à la liberté de communication.

[2150] *Ibid.* Cons. n°37.

[2151] Article 1er alinéa 2 du décret n°2006-217 du 22 février 2006 relatif aux règles édictées en matière d'équipements sportifs par les fédérations sportives mentionnées à l'article 17 de la loi n°84-610 du 16 juillet 1984, *JORF*, n°47, 24 février 2006, p.2919. V. aussi à propos du périmètre limité par la propriété du spectacle sportif par la FIFA, PORACCHIA (D.) et RABU (G.), « Le droit à l'information pendant la Coupe du Monde », *in*, sous dir. MAISONNEUVE (M.), *Droit et Coupe du Monde*, Economica, octobre 2011, p.121 ; RABU (G.), « L'organisation du sport par le contrat. Essai sur la notion d'ordre juridique », Thèse, sous la direction des Professeurs Didier PORACCHIA et Fabrice RIZZO, Université Paul Cézanne (Aix-Marseille), 2010, n°219 et s.

A – Le champ d'application de l'article L.333-1 du Code du sport aux droits radiophoniques

478. L'applicabilité de l'article L.331-1 du Code du sport est apparue lors de l'acquisition des droits radiophoniques des matchs de la Coupe du Monde 2002 de football par la station de radio RMC. Le 4 décembre 2001, cette dernière acquérait en vertu de la conclusion d'un accord de sous-licence d'opérateur lié à la FIFA, l'exclusivité de la couverture radiophonique en France de cette compétition. Cependant, la station n'émettait pas encore sur l'ensemble du territoire, n'en couvrant que 33%. Or, l'accord prévoyait une radiodiffusion sur l'intégralité du territoire. Dans le cas contraire, la station devait rétrocéder ou partager ses droits avec d'autres stations généralistes émettant sur l'ensemble du territoire afin d'assurer une couverture complète de la compétition. Un groupement de radios généralistes s'est constitué, le 17 décembre 2001, en un groupement d'intérêt économique (GIE) dénommé « Sport Libre » auquel elles avaient confié l'exclusivité de leur politique d'achat de droits sportifs. A défaut d'entente entre RMC et le GIE pour la négociation d'un accord de sous-licence, le litige s'est poursuivi devant les juridictions. Estimant être confronté à une pratique anticoncurrentielle, la chaîne RMC saisit le Conseil de la concurrence[2152] pour qu'il fasse cesser les comportements du GIE susceptibles d'entraver l'exploitation par RMC de ses droits exclusifs de diffusion radiophonique de la Coupe du Monde. Dans sa décision, confirmée par la Cour d'appel de Paris[2153], le Conseil de la concurrence enjoint le GIE Sport Libre de suspendre les clauses de ses statuts et de son règlement intérieur limitant la capacité de ses membres à négocier individuellement, sans que pour autant, des accords individuels de sous-licence soient davantage trouvés.

Le juge des référés du Conseil d'Etat a été saisi d'un référé liberté, en application des pouvoirs prévus à l'article L.521-2 du Code de justice administrative (CJA)[2154], à la demande du groupement d'intérêt économique Sport Libre, de la décision de la Ligue de football professionnel de réserver la possibilité de relater en direct par voie radiophonique les matchs des compétitions que la ligue organise à un ou plusieurs services radiophoniques auxquels des droits exclusifs auraient été conférés par un contrat à titre

---

[2152] Conseil de la concurrence, décision n°02MC-06 du 30 avril 2002 relative à la saisine et à la demande de mesures conservatoires présentées par la société RMC Info, *BOCCRF*, 28 juin 2002.

[2153] CA Paris, 1ère ch. H, 4 juin 2002, *RMC info c/ GIE Sport Libre*.

[2154] V. VANDERMEEREN (R.), « La réforme des procédures d'urgence devant le juge administratif », *AJDA*, n°9, 20 septembre 2000, p.706 ; PACTEAU (B.), « Vu de l'intérieur : la loi du 30 juin 2000, une réforme exemplaire », *RFDA*, n°5, octobre 2000, p.959 ; FOULETIER (M.), « La loi du 30 juin 2000 relative au référé devant les juridictions administratives », *RFDA*, n°5, octobre 2000, p.963.

onéreux[2155]. L'un des enjeux de la procédure est de déterminer dans quelle mesure le droit à l'information est remis en cause par la commercialisation des retransmissions sportives et si ces dernières constituent une information. En l'espèce, le juge des référés n'a pas constaté l'illégalité invoquée par les requérants, d'atteinte manifeste à la liberté d'information en raison de l'ambiguïté induite des dispositions des articles 18-1 et 18-2 de la loi du 16 juillet 1984, conditions cumulatives posées à l'intervention du juge administratif des référés en vertu de l'article L.521-2 du CJA. Si les libertés de communication et d'information constituent une liberté fondamentale[2156], la loi du 16 juillet 1984 utilise indifféremment et simultanément les termes d'« *images* » et de « *services de communication audiovisuelle* ». Le juge des référés du Conseil d'Etat considère alors que l'illégalité invoquée aux libertés d'information et de communication n'était pas manifeste. Cette ordonnance aurait foncièrement pu être différente, en ce sens que le terme « *images* » ne s'accorde pas avec les retransmissions radiophoniques et fait davantage référence à la télévision. Le Conseil d'Etat rejette la mesure de référé mais ne tranche pas la question du traitement des retransmissions sportives comme source d'information, celle-ci devant s'entendre comme « *la connaissance obtenue sur un objet, objet existant préalablement à la connaissance qu'on en a et non affecté par cette connaissance – ce qui distingue l'information de l'œuvre et de l'invention – est un bien* »[2157].

479. Sur le fondement du droit à l'information et non sur celui du droit d'exploitation des manifestations sportives par l'organisateur, le législateur est intervenu par la loi du 1er août 2003 relative à l'organisation et à la promotion des activités physiques et sportives[2158], en introduisant à l'article 18-2 de la loi du 16 juillet 1984 une disposition reconnaissant « *à tout service de radiodiffusion sonore, sur tout ou partie du territoire, en direct ou en différé, du commentaire oral* » d'une manifestation ou compétition sportive malgré la cession du droit d'exploitation de l'événement à un

---

[2155] CE, ord., 18 mars 2002, *GIE Sport Libre et autre*, n°244081. Notes : PIETRI (J-P.), *Contrats et Marchés Publics*, n°6, juin 2002, p.27 ; MIRIKELAM (F.), *Com. Com. Elect.*, n°6, juin 2002, p.14 ; ZARKA (J-C.), *JCPG*, n°51, 18 décembre 2002, p.2292.

[2156] Décision n°82-141 DC, 27 juillet 1982, *Communication audiovisuelle*. V. Article 11 de la DDHC.

[2157] FRISON-ROCHE (M-A.), « Le droit d'accès à l'information ou le nouvel équilibre de la propriété », *in*, *Etudes offertes à Pierre CATALA, le droit privé français à la fin du XXème siècle*, Litec Législateurs, 2001, p.759.

[2158] Article 5 de la loi n°2003-708 du 1er août 2003 relative à l'organisation et à la promotion des activités physiques et sportives, *JORF*, n°177, 2 août 2003, p.13274. V. aussi HAQUET (C.), « La retransmission radiophonique des compétitions sportives », *Légipresse*, n°232, juin 2006, p.70.

service de communication audiovisuelle[2159]. Ainsi, les droits radiophoniques des compétitions sportives ne peuvent être commercialisés lorsqu'elles sont organisées sur le territoire français comme le précise l'article L.333-7 du Code du sport. *A contrario*, lors d'une compétition internationale se déroulant en dehors du territoire national, les radios françaises doivent s'acquitter des droits[2160].

La France et l'Espagne demeurent des cas isolés en Europe, en ce sens ou les droits radiophoniques, en particulier les commentaires, ne font pas l'objet d'une commercialisation[2161]. La Commission européenne a formulé à cet effet dans une décision[2162] et deux communiqués favorables à la commercialisation des droits de radiodiffusion[2163], à propos des droits médiatiques de la Ligue des champions, compétition européenne de football. Tout en indiquant scrupuleusement qu'elle n'exempte pas en matière de concurrence la vente centralisée des droits de retransmission et de radiodiffusion du sport[2164], la Commission autorise l'octroie, à titre onéreux, de licences pour la retransmission radiophonique en direct à titre non exclusif. Les organisateurs d'événements sportifs sont, dès lors, obligés de proposer des lots pour une durée limitée. Certains lots doivent être accessibles aux consommateurs sans exclusivité de retransmission ou radiodiffusion afin de répondre au pluralisme d'information. La Commission européenne confirme sa solution relative à la commercialisation des droits médiatiques combinés sur le championnat de football allemand, aux termes de laquelle elle entérine que chaque club peut commercialiser des extraits en direct de ses rencontres à la radio[2165].

[2159] Cette disposition a été codifiée à l'article L.333-7 alinéa 5 du Code du sport par l'article 22 de la loi n°2012-158 du 1er février 2012 visant à renforcer l'éthique du sport et les droits des sportifs, *JORF*, n°28, 2 février 2012, p.1906.

[2160] RIZZO (F.), « Régime juridique des événements sportifs », *JurisClasseur Communication*, fasciule 4125, n°45.

[2161] PORACCHIA (D.) et RABU (G.), « Le droit à l'information pendant la Coupe du Monde », *in*, sous dir. MAISONNEUVE (M.), *Droit et Coupe du Monde*, Economica, octobre 2011, p.118. Selon la direction générale des médias et des industries culturelles, les droits de retransmissions radiophoniques du football par exemple s'élèveraient 4.5 millions d'euros en Angleterre et atteindraient 7.6 millions d'euros en Italie par saison. Source : www.dgmic.culture.gouv.fr

[2162] Décision 2003/78/CE de la Commission européenne du 23 juillet 2003 relative à une procédure d'application de l'article 81 du Traité CE et de l'article 53 de l'accord EEE.

[2163] Communiqués Comm. CE n°IP/03/1105 et IP/03/1106 du 24 juillet 2003.

[2164] Article 81 du Traité CE.

[2165] Décision 2005/396/CE de la Commission européenne du 19 janvier 2005 relative à la procédure d'application de l'article 81 du Traité CE et de l'article 53 paragraphe 1 de l'accord EEE.

B – Les retransmissions en clair des événements sportifs

480. Le droit de l'Union européenne a contribué à un libre accès des grands événements sportifs au public européen. En effet, le Conseil, dans sa directive « télévision sans frontière »[2166], détermine le principe selon lequel les Etats membres assurent la libre circulation des services de diffusion au sein du marché intérieur. Le Parlement européen a adopté en ce sens des résolutions[2167] pour garantir l'effectivité des mesures prises par la directive avant que cette dernière ne soit elle-même complétée par deux autres directives mettant le dispositif originel à jour des évolutions technologiques[2168]. La directive « télévision sans frontière » fixe plusieurs critères afin que chaque Etat membre établisse une liste d'événements dits « *d'importance majeure pour la société* »[2169] en consultation avec les responsables du sport et de sa diffusion. Les critères retenus sont « *qu'il doit s'agir d'événements extraordinaires qui présentent un intérêt pour le grand public dans l'Union européenne ou dans un Etat membre déterminé ou dans une partie importante d'un État membre déterminé et être organisés à l'avance par un organisateur d'événements qui a légalement le droit de vendre les droits relatifs à cet événement* »[2170]. En France, le législateur par

---

[2166] Directive 89/552/CEE du Conseil, du 3 octobre 1989, visant à la coordination de certaines dispositions législatives, réglementaires et administratives des Etats membres relatives à l'exercice d'activités de radiodiffusion télévisuelle, publiée au *JOUE*, n°L 298 du 17 octobre 1989, p.23.V. à propos de la « TSF », FAVRO (K.), « Téléspectateur et message audiovisuel – Contribution à l'étude des droits du téléspectateur », Thèse, sous direction du Professeur Charles DEBBASCH, Université Paul Cézanne (Aix-Marseille), mars 2009, p.301 et s.

[2167] Résolution n°B4-0326/96 du 22 mai 1996 sur la retransmission des grands événements sportifs ; résolution n°A4-0243/96 du 19 septembre 1996 sur la télédiffusion de service public.

[2168] Directive du Parlement européen et du Conseil n°97/36/CE du 30 juin 1997 modifiant la directive 89/552/CEE du Conseil, du 3 octobre 1989, visant à la coordination de certaines dispositions législatives, réglementaires et administratives des Etats membres relatives à l'exercice d'activités de radiodiffusion télévisuelle, publiée au *JOUE*, n°L 202 du 30 juillet 1997, p.60 ; Directive du Parlement européen et du Conseil n°2007/65/CE du 11 décembre 2007 modifiant la directive 89/552/CEE du Conseil, du 3 octobre 1989, visant à la coordination de certaines dispositions législatives, réglementaires et administratives des Etats membres relatives à l'exercice d'activités de radiodiffusion télévisuelle, publiée au *JOUE*, n°L332 du 18 décembre 2007, p.27. V. DERIEUX (E.), « Directive TSF07 : perspectives de réformes de la directive télévision sans frontière », *Com. Com. Elect.*, n°6, juin 2007, p.13.

[2169] Notion ajoutée par le considérant n°18 de la directive 97/36/CE du Parlement européen et du Conseil du 30 juin 1997 modifiant la directive 89/552/CEE du Conseil, du 3 octobre 1989, visant à la coordination de certaines dispositions législatives, réglementaires et administratives des Etats membres relatives à l'exercice d'activités de radiodiffusion télévisuelle. V. HAQUET (C.), « Retransmission télévisée des événements d'importance majeure », *Légipresse*, n°218, février 2005, p.13. V. CJUE, 18 juillet 2013, *UEFA et FIFA c/ Commission*, aff. C-201/11.

[2170] *Ibid.* cons. n°21.

la loi du 1er août 2000[2171] a modifié les modalités d'établissements de la liste des événements qui « *ne peuvent être retransmis d'une manière qui aboutirait à priver une partie importante du public de la possibilité de les suivre en direct ou en différé sur un service de télévision à accès libre. La liste des événements d'importance majeure est fixée par décret en Conseil d'Etat* »[2172]. Un décret[2173] a arrêté, dans son article 3, la liste des événements au nombre de 21 et fixe les conditions dans lesquelles doit être assurée, par les éditeurs de services de télévision, la retransmission exclusive des événements d'importance majeure, afin qu'une partie importante du public, 85% des foyers de France métropolitaine ne soit pas privée de la possibilité de les suivre sur un service de télévision à accès libre[2174]. L'article 4 du décret précise également qu'une chaîne de télévision, possédant l'exclusivité des droits de retransmission d'un événement d'importance majeure énoncés dans la liste et dans l'incapacité de les diffuser en clair, ne peut faire obstacle à la retransmission en libre accès de cet événement en intégral et en direct par une autre chaîne[2175]. Pour cela, la chaîne détenant les droits doit, dans un délai raisonnable avant l'événement, formuler la proposition de céder des droits permettant d'assurer la transmission de cet événement[2176]. L'article L.333-9 du Code du sport reprend ces dispositions et renvoie aux articles 20-2 et 20-3 de la loi du 30 septembre 1986 relative à la liberté de communication modifiée par la loi du 1er août 2000. Si des difficultés apparaissent lors de la rétrocession, l'article 9 du décret prévoit que le CSA

[2171] Loi n°2000-719 du 1er août 2000 modifiant la loi n°86-1067 du 30 septembre 1986 relative à la liberté de communication, dite loi Léotard, *JORF*, n°177, 2 août 2000, p.11903. Note : TRUCHET (D.), *AJDA*, n°12, décembre 2000, p.1024.

[2172] Article 20-2 de la loi n°86-1067 du 30 septembre 1986 relative à la liberté de communication modifiée par la loi n°200-719 du 1er août 2000.

[2173] Décret n°2004-1392 du 22 décembre 2004 pris pour l'application de l'article 20-2 de la loi n°86-1067du 30 septembre 1986 relative à la liberté de communication, *JORF*, n°299, 24 décembre 2004, p.21930. Note : HAQUET (C.), *Légipresse*, n°218, janvier 2005, p.13.

[2174] *Ibid.* Article 1er.

[2175] Toutefois, l'article 4 nuance cette obligation pour les retransmissions en différé ou des sports permettant de limiter des moments représentatifs comme pour le Tour de France ou les Jeux olympiques.

[2176] *Ibid.* Article 5. V. Cass., civ 1ère ch., 6 février 1996, *FOCA c/ FR3*, n°93-17.670. Confirmé par CA Orléans, ch. sol., 15 mai 1998, *FOCA c/ FR3.* Note sous arrêt : GALLOUX (J-C), *JCPG*, n°37, 10 septembre 1997, p.373. A l'occasion du Grand prix de France de Magny-Cours, la chaîne de télévision FR3 Bourgogne sollicitait l'accès au circuit afin de réaliser ses propres images. La chaîne TF1 étant la détentrice exclusive des droits, la société organisatrice refusait l'accès du circuit à FR3 Bourgogne malgré l'accord d'autorisation délivré par TF1 et que le sujet n'était destiné qu'à l'antenne régionale. La Cour de cassation proclame un droit du public à l'information et rappelle la notion de pluralisme de l'information en autorisant la liberté d'accès au lieu où se déroulent les événements sportifs, sans porter atteinte au droit d'exclusivité du diffuseur. Le renvoi devant la Cour d'appel d'Orléans confirme la solution et précise, au regard du principe de liberté d'information érigé dans l'article 1er de la loi du 30 septembre 1986 relative à la liberté de communication, qu'en vue d'une diffusion différée la prise d'images par les journalistes est autorisée.

est compétent pour rendre un avis sur les conditions d'application avant que le litige soit tranché par la juridiction saisie. Ainsi, par principe, les chaînes de télévisions payantes ne peuvent donc pas obtenir l'exclusivité de la diffusion de ces événements. Dans l'hypothèse où une chaîne de télévision payante serait détentrice exclusive des droits de retransmission d'un événement dit d'importance majeure, elle doit alors renoncer à cette exclusivité en rétrocédant ses droits ou en les partageant avec une chaîne en libre accès.

L'objectif de la directive « télévision sans frontière » en l'espèce, pierre angulaire de la politique audiovisuelle de l'Union européenne, est la libre circulation des programmes télévisés européens sur le marché intérieur par la gratuité de la diffusion des ces événements. L'établissement d'une telle liste s'apparente pourtant à une atteinte au principe de libre circulation des services, mais se justifie par la protection du droit à l'information et l'égal accès du public à ces événements d'importance majeure, s'érigeant ainsi en raisons impérieuses d'intérêt général[2177]. La Commission européenne doit préalablement approuver la liste établie. Le refus de déclaration de conformité est susceptible de recours par les instances sportives devant le juge de l'Union européenne[2178].

C – Le droit d'accès des journalistes dans les stades

Le statut de journaliste confère aux membres de cette profession l'opportunité d'un droit d'accès non onéreux dans un stade, droit strictement encadré par les fédérations sportives (**1**). L'exercice de leur profession amène les journalistes à relater l'événement sportif par le droit de citation, élément majeur du droit du public à l'information sportive (**2**).

1 – Un droit d'accès strictement encadré

481. La loi du 16 juillet 1984 relative à l'organisation et à la promotion des activités physiques et sportives ne prévoyait pas de dispositions relatives

---

[2177] CJCE, 18 janvier 1979, *Van Wesemael*, aff.110/78. Concl. Warner. Rec. CJCE, p.35, pt.28 ; CJCE, 5 juin 1997, *SETTG*, aff. C-398/95. Concl. Lenz. Rec. CJCE, p.3091, pt.16 ; CJCE, 13 décembre 2007, *United Pan-Europe Communications Belgium SA*, aff. C-250/06. Concl. Poiares Maduro. Rec. CJCE, p.11135, pt.53.

[2178] CJCE, 13 mars 2008, *Société Infront c/ Commission*, aff. C-125/06P. Concl. Bot. Rec. CJCE, p.1451. TPIUE, 17 février 2011, *FIFA c/ Commission*, T-385/07. Rec. p.205. Pourvoi en cours n°C-204/11p. En l'espèce, la FIFA contestait que la retransmission de la Coupe du monde de football représente un événement d'importance majeur pour la Belgique et le Royaume-Uni, ce que rejetait la Commission européenne puis le TPIUE considérant qu'il s'agissait d'un événement unique. Notes sous arrêt : RIZZO (F.), *Les Cahiers de droit du sport*, n°23, janvier 2011, p.223 ; DUMONT (F.), *Com. Com. Elect.*, n°2, février 2012, p.15.

à l'accès des journalistes dans les stades. Les relations entre les instances professionnelles du sport et les médias étaient pourtant délicates en l'absence de toute réglementation. A cet égard, les rapports qu'entretenaient la Fédération française de football et la presse illustrent ces difficultés. En effet, cette fédération avait, en 1955, préalablement interdit l'entrée des stades aux reporters des journaux télévisés avant de refuser, en 1964, la retransmission de certaines rencontres du championnat de France[2179]. Le vide juridique a été partiellement comblé par la jurisprudence en application du droit commun. Un jugement du Tribunal de grande instance de Paris a permis, au nom du droit à l'information, le libre accès des journalistes au sein des stades[2180]. En l'espèce, des présidents de clubs de football professionnel refusaient le libre accès des journalistes dans les stades, d'autant plus que l'accès en raison de leur accréditation était à titre gratuit. Dans son jugement, le Tribunal formule pour les présidents de club de sport professionnel, « *l'obligation de se conformer à l'usage selon lequel les journalistes peuvent entrer gratuitement dans le stade et bénéficier des avantages que leur confère la carte accréditive* ». Ce jugement repose sur le fondement du principe de la liberté d'expression inhérent aux journalistes dans le droit d'information du public, mais révèle surtout l'existence d'un « usage » de gratuité d'accès aux stades pour les journalistes.

Le droit du public à l'information a été consacré par la loi du 13 juillet 1992 modifiant la loi du 16 juillet 1984. Si le 22 janvier 1992, le Conseil Supérieur de l'Audiovisuel prit l'initiative d'établir une première norme par un code de bonne conduite[2181], accord cosigné par le Comité national olympique et sportif français (CNOSF), l'Union syndicale des journalistes sportifs français (USJSF) et l'ensemble des chaînes hertziennes prévoyant le droit d'accès et la diffusion d'extraits ; cet accord avait un champ d'application bien plus restreint que ce texte législatif[2182]. La loi du 13 juillet 1992 consacre les droits énoncés dans ce code de bonne conduite et consacre le libre accès de l'ensemble des journalises de toute presse, même non titulaires des droits d'exploitations, mais dans la limite de la diffusion sur leurs antennes de brefs extraits de la manifestation. Toutefois, ce dispositif législatif demeurait incomplet quant à la pratique liée à l'accès des

---

2179 RIZZO (F.), « Régime juridique des événements sportifs », *JurisClasseur Communication*, fasciule 4125, n°49.

2180 TGI Paris, 1ère ch., 14 octobre 1987, *Société l'Equipe c./ Bez et autres*. Note : AZEMA (J.), CARAGNON (J.) et REINHARD (Y), *D.*, 1988, p.558. V. aussi, TGI Lyon, 1ère civ., 26 mars 1987, *Association radio locale privée TNTS c./ Association sportive de Saint-Etienne.*

2181 Code de bonne conduite du CSA du 22 janvier 1992 relatif à la diffusion des événements sportifs.

2182 V. sur ce point pour une application du code de bonne conduite, Cass., civ 1ère ch., 6 février 1996, *FOCA c/ FR3*, n°93-17.670. Confirmé par CA Orléans, ch. sol., 15 mai 1998, *FOCA c/ FR3.*

journalistes dans les stades et se confrontait à la pression de la Fédération internationale de l'automobile (FIA) qui menaçait de ne plus organiser le Grand prix de France de Formule 1. A cet effet, le législateur aménagea ce dispositif par la loi du 6 mars 1998[2183]. Cette loi réaffirme pleinement le droit d'accès des journalistes, dans son article 13, sous réserve des contraintes directement liées aux capacités d'accueil et à la sécurité du public et des sportifs. Ce principe sera intégré à l'article L.333-6 du Code du sport. L'article précise également que les journalistes non concessionnaires du droit d'exploitation ne peuvent capter des images de l'événement, sauf autorisation de l'organisateur.

482. Le décret du 2 mai 2002 énonce l'étendue des pouvoirs conférés aux fédérations délégataires pour l'organisation des règles de leurs activités sportives[2184]. Par ce dispositif réglementaire, les fédérations reçoivent une délégation pour organiser les compétitions et accueillir le public. Par corrélation, les fédérations en qualité d'organisatrices peuvent, dans le respect du droit à l'information, proposer un règlement approuvé par elles-mêmes après avis du Conseil Supérieur de l'Audiovisuel[2185]. Ce règlement définit les contraintes propres à la discipline et au type de manifestation ou de compétition, ainsi que les lieux mis à la disposition des journalistes. Le droit de libre accès des journalistes aux enceintes sportives se trouve donc restreint par des règlements sportifs qui limitent les espaces réservés au sein de celles-ci.

A travers l'article L.333-6 du Code du sport, le législateur légitime le pouvoir d'édiction normative des fédérations sportives et fonde un pouvoir de restriction au principe de libre accès des journalistes dans les stades. L'exercice de ce pouvoir normatif a pour conséquence un encadrement strict des accréditations tant sur le nombre accordé que sur les critères de sélection. Les fédérations établissent des procédures d'accès aux stades en

---

[2183] Loi n°98-146 du 6 mars 1998 relative à la sécurité et à la promotion des activités sportives, *JORF*, n°58, 10 mars 1998, p.3610. Notes : DELVERT (J-M.), *RJES*, n°47, juin 1998, p.85 ; LAPOUBLE (J-C.), *LPA*, n°71, 15 juin 1998, p.5 ; FERRET (M.), RIVALAN (A.) et VICHINIEVSKY (A.), *Légipresse*, n°156, novembre 1998, p.125.

[2184] Décret n°2002-761 du 2 mai 2002 pris pour l'application de l'article 17 de la loi n°84-610 du 16 juillet 1984 et fixant les conditions d'attribution et de retrait d'une délégation aux fédérations sportives, *JORF*, n°104, 4 mai 2002, p.8534.

[2185] Article L.333-6 alinéa 3 du Code du sport. V. CSA, avis n°2007-7, 17 juillet 2007, *JORF*, n°187, 14 août 2007, p.6605. A l'occasion de la Coupe du Monde de rugby 2007 organisée en France, le CSA fut saisi pour avis d'un projet de règlement relatif aux conditions d'accès aux stades des représentants des entreprises d'information écrite ou audiovisuelle. Ce projet prévoyait un espace réservé aux journalistes accrédités pour cet événement mais les journalistes des services de communication non détenteurs des droits n'avaient pas accès aux stades les jours de match. Le CSA conditionnait son avis à la justification de l'interdiction pour des contraintes liées à la sécurité du public ou aux capacités d'accueil.

concertation avec l'Union syndicale des journalistes sportifs de France (USJSF)[2186]. La commission d'attribution de l'accréditation est constituée de membres de l'Union syndicale qui oriente le choix de la fédération. Cette latitude déléguée aux fédérations traduit le fait que le droit du public à l'information et le principe de libre accès des journalistes aux stades sont donc conditionnés à des privilèges d'accès[2187].

2 – Le droit de citation, droit cardinal de l'information du public

483. La loi du 6 mars 1998 instaure le droit de citation audiovisuelle qui est défini à l'article L.333-7 du Code du sport, élément cardinal du dispositif normatif consacré au droit du public à l'information[2188]. En vertu de cet article, « *la cession du droit d'exploitation d'une manifestation ou d'une compétition sportive à un service de communication au public par voie électronique ne peut faire obstacle à l'information du public par les autres services de communication au public par voie électronique* ». Il ajoute que « *le vendeur ou l'acquéreur de ce droit ne peut s'opposer à la diffusion, par d'autres services de communication au public par voie électronique, de brefs extraits prélevés à titre gratuit parmi les images du ou des services cessionnaires et librement choisis par le service non cessionnaire du droit d'exploitation qui le diffuse* ». L'article L. 333-7 du Code du sport instaure, donc, un droit de citation audiovisuelle en matière sportive[2189] de brefs extraits librement choisis et diffusés gratuitement au cours des émissions d'informations. Ces brefs extraits doivent être accompagnés d'une identification suffisante du cessionnaire des droits audiovisuels par un siglage[2190]. Le diffuseur a l'obligation systématique lors de la diffusion des images de signaler le sigle de l'événement ou le nom de la chaîne de télévision détentrice des droits d'exploitation[2191]. Pour autant, aucune norme ne précise la durée ou la permanence de l'affichage du sigle. Or, il

---

[2186] Les sports collectifs ont notamment concluent des conventions avec l'USJSF. Ces conventions contiennent les conditions d'accueil des journalistes dans les stades.

[2187] V. HUET (C.), « Les privilèges d'accès au stade », *in*, *Le stade et le droit*, sous dir. SIMON (G.), Dalloz, février 2008, p.167 et s.

[2188] Sur cette notion, v. DREYER (E.), « Le dépôt légal, essai sur une garantie nécessaire au droit public à l'information », Thèse, sous la direction du Professeur Gérard COHEN-JONATHAN, Université Panthéon-Assas (Paris II), LGDJ, mars 2003, n°514, 540-610.

[2189] V. FERRET (M.), RIVALAN (A.) et VICHINIEVSKY (A.), « Sport et télévision : approche tactique de l'exception de citation », *Légipresse*, n°156, novembre 1998, p.125 ; RIZZO (F.), « Le droit de citation en matière sportive », *Droit et Patrimoine*, n°168, mars 2008, p.36.

[2190] Article L.333-7 alinéa 4 du Code du sport.

[2191] Cass. com., 8 février 2005, *SA l'Equipe TV c/ Société TF1*, n°0413/104. Note sous arrêt : PORACCHIA (D.), *Les Cahiers de droit du sport*, n°1, avril 2005, p.149 ; CA Paris, 7 juillet 2006, *SA France 2 et SA France 3 c/ SA Canal + et Kiosque sport*, n°06-00955. Note sous arrêt : RIZZO (F.), *Les Cahiers de droit du sport*, n°6, novembre 2006, p.171.

conviendrait pour une identification suffisante que l'affichage demeure permanent durant l'extrait.

L'article L.333-8 du Code du sport mentionne également que la cession du droit d'exploitation ne fait pas obstacle « *à la diffusion partielle ou intégrale* » de l'événement sportif lorsque le cessionnaire « *n'assure pas en direct la diffusion d'extraits significatifs de la manifestation ou de la compétition sportive* »[2192].

484. A l'échelle du droit communautaire, le droit à l'information du public a été garanti dans la directive « Service de médias audiovisuels » du 11 décembre 2007[2193], complétée par la directive du 10 mars 2010[2194]. Ce dispositif introduit pour tout éditeur de services de télévision établi dans l'Union européenne d'accéder à des événements d'un grand intérêt pour le public aux fins d'en diffuser de brefs extraits dans des programmes généraux d'actualité[2195]. Le législateur national, lors de l'adoption de la loi du 5 mars 2009 portant réforme du secteur public de l'audiovisuel[2196], a appliqué la transposition des événements ayant un grand intérêt pour le public à l'article L.333-7 du Code du sport. Cependant, les titulaires de droits voisins, comme les chaînes de télévision, n'ont pas besoin de la disposition du Code du sport puisqu'ils disposent déjà de ces mesures aux termes de l'article L.211-3 alinéa 3 du Code de la propriété intellectuelle[2197].

Auparavant, la notion de brefs extraits correspondait aux modalités prévues par le Code de bonne conduite établi par le CSA de 1992. L'extrait devait

---

2192 L'article L.333-8 du Code du sport prévoit principalement l'interdiction du gel des droits d'exploitation. Ainsi, les cessionnaires des droits d'exploitation des événements sportifs ne peuvent pas priver le public de la diffusion des dits événements.

2193 Directive 2007/65/CE du Parlement européen et du Conseil du 11 décembre 2007, modifiant 89/552/CEE du Conseil, du 3 octobre 1989, visant à la coordination de certaines dispositions législatives, réglementaires et administratives des Etats membres relatives à l'exercice d'activités de radiodiffusion télévisuelle, publiée au *JOUE*, n°L332 du 18 décembre 2007, p.27. V. DERIEUX (E.), « Directive TSF07 : perspectives de réformes de la directive télévision sans frontière », *Com. Com. Elect.*, n°6, juin 2007, p.13.

2194 Directive 2010/13/UE du Parlement européen et du Conseil du 10 mars 2010 visant à la coordination de certaines dispositions législatives, réglementaires et administratives des Etats membres relatives à la fourniture de services de médias audiovisuels, publiée au *JOUE*, n°L95 du 15 avril 2010, p.1. L'objectif de ces directives « Services de médias audiovisuels » est de fournir un cadre pour les services de médias audiovisuels transfrontaliers afin de renforcer le marché intérieur de la production et de la distribution des programmes, et garantir des conditions de concurrences loyales.

2195 Article 15 de la directive dans sa version codifiée.

2196 Loi n°2009-258 du 5 mars 2009 relative à la communication audiovisuelle et au nouveau service public de la télévision, *JORF*, n°56, 7 mars 2009, p.4321. Notes : DERIEUX (E.), *JCPE*, n°12, 19 février 2009, p.3 ; REGOURD (S.), *Légipresse*, n°260, avril 2009, p.29 ; HAQUET (C.), *Gaz. Pal.*, n°322, 18 novembre 2009, p.5.

2197 BRUGUIERE (J-M.), « Droit d'auteur et droits voisins », *PI*, n°32, juillet 2009, p.276.

durer une minute et trente secondes par journal télévisé. En 1998, le lancement de chaîne d'information sportive en continu changea la notion. L'absence de décret d'application de l'article L.333-7 du Code du sport provoquait une incertitude juridique en raison de l'interprétation fluctuante du juge de ce droit de citation.

Le décret d'application[2198] de l'article L.333-7 du Code du sport a été adopté le 11 janvier 2011 prévoyant que tout éditeur établi dans un Etat de l'Union européenne, et non plus seulement établi en France, dispose de la possibilité de prélever de brefs extraits de l'événement sportif parmi les images du détenteur du droit d'exploitation établi en France, à la condition qu'aucun éditeur de cet Etat membre n'ait déjà acquis ce droit d'exploitation. Cependant, ce dispositif réglementaire s'avère lacunaire ne précisant pas les conditions de programmation des courts extraits, tout en ne définissant pas la durée maximale des extraits, ce que souhaitait pourtant la Commission européenne. En conséquence, le législateur a confié au CSA le pouvoir normatif de fixer les conditions de diffusion des brefs extraits des événements sportifs[2199].

485. Le 15 janvier 2013, le CSA a adopté une délibération[2200], entrée en vigueur le 1er février 2013, transposant fidèlement la directive du 10 mars 2010. Cette délibération traduit de façon réglementaire le droit du public à l'information sportive, en organisant la diffusion de courts extraits d'événements sportifs au titre du droit de citation. Ce texte est applicable à l'ensemble des services de télévision établis en France et à leurs services de télévision de rattrapage, c'est-à-dire les services de mises à disposition des programmes télévisuels en différé ou sur Internet. Les extraits diffusés doivent l'être après la première diffusion du programme et sont prélevés gratuitement. De plus, la durée de ces extraits ne doit pas excéder 90 secondes par heure d'antenne dans une journée et durant la diffusion, l'identification du service détenteur des droits des images prélevées apparaît pendant cinq secondes. Par ailleurs, le service de rattrapage ne peut excéder sept jours à compter de la première diffusion sur la chaîne dont le service de rattrapage reprend les programmes. La diffusion des extraits doit être

---

[2198] Décret n°2011-47 du 11 janvier 2011 relatif à l'application transnationale des dispositions de l'article L.333-7 du Code du sport et de l'article 20-4 de la loi du 30 septembre 1986, *JORF*, n°10, 13 janvier 2011, p.736.

[2199] En vertu de l'article 22 de la loi n°2012-158 du 1er février 2012 visant à renforcer l'éthique du sport et les droits des sportifs, *JORF*, n°28, 2 février 2012, p.1906, *« Le Conseil Supérieur de l'Audiovisuel fixe les conditions de diffusion des brefs extraits (…) après consultation du Comité national olympique du sport français et des organisateurs des manifestations sportives »*.

[2200] CSA, Délibération n°2013-2 du 15 janvier 2013. HAQUET (C.), « Retransmissions sportives : le CSA encadre le droit aux buts », *Légipresse*, n°303, mars 2013, p.178.

effectuée au cours d'une émission d'information. Contrairement à la directive qui n'évoque que des programmes généraux d'actualité, cette notion couvre les magazines unidisciplinaires et pluridisciplinaires.

Il existe un risque d'usage abusif du droit de citation lié aux chaînes d'information en continue, en particulier les chaînes d'information sportive en continue, dont le concept même repose sur une programmation répétée d'images identiques. Avant la solution retenue par la délibération du CSA, la jurisprudence s'appuyait notamment sur le Code de bonne conduite de 1992, estimant que le recours aux brefs extraits prévus par la loi ne devait « *avoir pour finalité de permettre l'exploitation d'une chaîne dite d'information dont la substance essentielle reposerait, en terme d'images, sur une appropriation des investissements d'autrui* »[2201]. La Cour de cassation, dans un contentieux relatif à l'acquisition des matchs de la Coupe du Monde football 2002, retenait que la diffusion d'extrait devait durer 90 secondes par journée de compétition et 30 secondes par rencontre avec une diffusion maximale sur une chaîne d'information continue fixée à un passage toutes les quatre heures par période de 24 heures. Cependant, un arrêt précédent de la Cour d'appel de Versailles estimait conforme « *au respect des droits du propriétaire et à l'exigence de la légitime information du public* », un écart de deux heures entre chaque diffusion de brefs extraits[2202]. Dans une espèce différente, la Cour d'appel de Versailles s'est à nouveau prononcée sur cette notion et réduit l'écart de durée de passage[2203]. Selon le juge d'appel, la diffusion d'extraits d'une durée maximale de vingt secondes toutes les trente minutes ne constitue pas un usage abusif du droit de citation. L'usage du droit de citation reposait jusqu'à la délibération du CSA sur la jurisprudence.

Le CSA s'est inspiré de son Code de bonne conduite de 1992 et de la directive du 10 mars 2010 afin d'apporter une solution à la relative insécurité juridique entourant ces formats de services d'informations[2204]. Il retient donc désormais que la durée de diffusion des brefs extraits demeure toujours d'une durée de 90 secondes par heure d'antenne et par journée de compétition ou d'événement sportif, soit 36 minutes par jour d'images distinctes d'une même compétition. La journée est définie comme « *une période courant du début du déroulement des épreuves de la compétition ou*

[2201] Cass. com., 8 février 2005, *SA Société l'Equipe TV c/ Société TF1*, n°04-13104, *Bull. civ.*, IV, n°25. Notes sous arrêt : PORACCHIA (D.), *Les Cahiers de droit du sport*, n°1, juin 2005, p.149 ; BUY (F.), *Les Cahiers de droit du sport*, n°1, juin 2005, p.159.

[2202] CA Versailles, 23 septembre 2004, *SA Société l'Equipe TV c/ Ligue de football professionnel*, n°2003-06239. Note sous arrêt : LAGARDE (F.), *RJES*, n°74, mars 2005, p.69.

[2203] CA Versailles, 11 janvier 2006, *SNC TPS c/ Canal+*, n°0508492. Note sous arrêt : PORACCHIA (D.), *Les Cahiers de droit du sport*, n°4, octobre 2006, p.137.

[2204] HAQUET (C.), « Retransmissions sportives : le CSA encadre le droit aux buts », *Légipresse*, n°303, mars 2013, p.181.

de l'événement lors d'un jour calendaire donné jusqu'à minuit le même jour »[2205]. Au sens de la délibération, est considérée comme une journée de compétition régulière de sport collectif, « *la période au cours de laquelle l'ensemble des rencontres d'une même phase de compétition se déroule* ». Par exemple, une journée de championnat de football disputée intégralement au cours d'un week-end, débutera au coup d'envoi de la première rencontre le vendredi soir ou le samedi après-midi et se terminera le dimanche soir. Précisons que le CSA a établi la possibilité ou la compétition sportive dure six minutes ou moins, notamment pour causes de blessures voire d'intempéries. Dès lors, la durée de diffusion des extraits ne doit pas dépasser 25% de la durée totale de la compétition, sans qu'une durée inférieure à quinze secondes ne puisse être imposée.

Si le CSA a fixé le cadre applicable à la diffusion à la télévision de brefs extraits des événements sportifs, la délibération demeure lacunaire quant au régime juridique de ce droit de citation sur Internet et la téléphonie mobile[2206]. Ses lacunes sont d'ailleurs l'un des éléments contestés devant le Conseil d'Etat par un groupement d'intérêt économique regroupant les organisateurs français d'événements sportifs.

Les conditions fixées par le CSA s'avèrent proches de celles instituées par la directive du 10 mars 2010 relative aux services de médias audiovisuels, en particulier l'article 15. L'interprétation de cet article a d'ailleurs occasionné un contentieux opposant deux diffuseurs autrichiens à propos de la compensation financière due en contrepartie de l'utilisation des courts extraits[2207]. La Cour de justice de l'Union européenne s'est prononcée estimant que la Charte des droits fondamentaux ne s'oppose pas à ce que la compensation financière, que le titulaire des droits exclusifs de retransmission puisse demander pour de brefs extraits à d'autres éditeurs, soit limitée aux seuls frais techniques. Elle considère donc que les limitations affectées par la directive, en l'espèce le droit de propriété et la liberté de commerce et d'industrie, sont justifiées pour des raisons d'intérêt général et proportionnées à la satisfaction de ces objectifs légitimes[2208].

[2205] Cons. n°5 de la délibération du CSA du 15 janvier 2013.

[2206] Avant même l'adoption de cette délibération, la doctrine s'interrogeait déjà sur la transposition du droit de citation en matière sportive avec l'émergence de nouveaux médias. V. MELERO (V.) et JOURDAIN (M.), « La protection juridique des événements sportifs », *Gaz. Pal.*, n°311, 7 novembre 2007, p.25 ; WILHELM (P.), « Les caractéristiques du marché des droits audiovisuels sur les retransmissions sportives », *Légicom*, n°23, juillet 2000, p.61.

[2207] CJUE, 22 janvier 2013, *Sky Österreich GmbH c/ Österreichischer Rundfunk*, aff. C-283/11. Concl. Bot. Notes sous arrêt : BENABOU (V-L.), *PI*, n°46, janvier 2013, p.85 ; GAZIN (F.), *Europe*, n°3, mars 2013, p.11 ; RIZZO (F.), *Com. Com. Elect.*, n°5, mai 2013, p.13.

[2208] Cons. n°34, 38, 60, 66, 67.

486. Les journalistes ont donc un libre droit d'accès dans les stades. S'ils ne sont pas cessionnaires des droits d'exploitation et de retransmission, ils ne peuvent capter les images de l'événement sportif, sauf autorisation expresse de l'organisateur. Toutefois, ils ont la possibilité de capter des images distinctes et de réaliser des commentaires oraux sur ces images et l'événement, ce qui suppose que le journaliste peut ne pas assister à l'événement et l'évoquer indirectement, ainsi que les diffuser gratuitement[2209]. La diffusion d'images photographiées ou de brefs extraits audiovisuels en matière sportive contribue à informer le public du contenu des spectacles sportifs et événements se déroulant dans les stades et à illustrer un « *phénomène de société* »[2210].

Par la médiatisation des événements sportifs, une attractivité se crée autour d'eux et génère une activité économique. De même, l'attractivité d'un événement sportif dans un stade procure aux médias une source d'information. En définitive, le sport a besoin de médiatisation autant que les médias ont besoin du sport afin de poursuivre l'interpénétration du sport et de l'économie. Cette interpénétration s'est étendue à la fin du XXème siècle avec la progression d'Internet.

Section 2 – L'exploitation électronique du spectacle sportif

487. Les jeux d'argent et de hasard regroupent génériquement les paris sportifs et hippiques, les loteries, les cercles de jeux et plus récemment les jeux en ligne[2211]. La problématique des jeux de hasard en ligne revêt une portée et une étendue européenne ainsi qu'une dimension nationale[2212]. Cette problématique a trait aux stades qui sont les lieux où se déroulent et pratiquent les compétitions sportives professionnelles. Dans le cadre de ces compétitions, des paris peuvent être organisés sur leur déroulement et leur résultat. L'activité de pari doit être encadrée afin de prévenir les risques de corruption des compétitions, de blanchiment d'argent et de pathologies addictives[2213]. La règlementation des jeux d'argent s'avère contrastée (**§ 1**), malgré l'ouverture à la concurrence (**§ 2**).

[2209] BUY (F.), MARMAYOU (J.-M.), PORACCHIA (D.) et RIZZO (F.), *Droit du sport*, LGDJ, 3ème édition, novembre 2012, p.702.

[2210] Rapp. Cass. 2ème civ., 4 novembre 2004, *SNC Hachette Filipacchi et associés c/ Epoux G.*, n°03-15.397.

[2211] VERBIEST (T.) et REYNAUD (P.), « Jeux et paris virtuels : évolution ou révolution du droit européen ? », *Com. Com. Elect.*, n°11, novembre 2004, p.19.

[2212] FARDET (C.), « Jeu et service public », *in*, DURAND (F.), FEVRE (M.), LAFAILLE (F.) et BUCHER (C.), *Jeux de hasard et société*, L'Harmattan, novembre 2008, p.113.

[2213] DAOUD (E.) et FLEURET (J.), « Blanchiment et paris sportifs », *RLDA*, n°83, juin 2013, p.81 ; PONS (N.), « Economie criminelle du football », *in*, *Football et Droit*, sous dir. GUILLAUME (J.) et DERMIT-RICHARD (N.), Fondation Varenne, septembre 2012, p.162.

§ 1 – La règlementation des jeux d'argent, une règlementation contrastée

488. En France, la règlementation des jeux d'argent s'inscrit dans un long processus d'évolution législative et jurisprudentielle, où la rigueur et la prohibition se sont étiolées pour être remplacées par le principe de libre concurrence et de liberté de parier[2214]. La règlementation des jeux d'argent s'instaura au début du XIXème siècle. Le Code pénal, dès 1810, prohibe dans son article 410 tous les jeux d'argent et maisons de jeux. Ce dispositif est complété par la loi du 21 mai 1836 prohibant les loteries[2215]. Toutefois, à la fin du siècle un assouplissement s'opère avec l'autorisation des courses hippiques après autorisation préalable du ministre de l'agriculture, issue de la loi du 2 juin 1891[2216]. Cette loi instaure à cet égard un monopole d'Etat en matière de paris hippiques. La loi du 16 avril 1930 consacre ce monopole par la création d'un organisme de gestion de ce pari, le Pari Mutuel Urbain (PMU). Le progressisme de la IIIème République poursuit cet assouplissement envers les jeux d'argent. En effet, la loi du 15 juin 1907 autorise et règlemente les cercles de jeux et les casinos au sein des stations balnéaires, thermales et climatiques mais exclut encore Paris de cette législation[2217]. La loi de finances du 31 juillet 1920 vient confirmer l'exclusion de la Capitale, pour autant des cercles de jeux fonctionnent mais sous le statut d'association dans le cadre de la loi de 1901. La loi de finances du 30 juin 1923 met un terme à ce dispositif et légalise les cercles de jeux régis par la loi de 1901 et instaure surtout les prélèvements sur le produit brut des jeux (PBJ). Le produit brut des jeux constitue la différence entre les mises des joueurs et les gains versés par le casino sur les différents jeux. Le prélèvement sur ce produit brut des jeux est actuellement codifié à l'article L.2333-56 du Code général des collectivités territoriales. Le prélèvement fixé par décret comporte des tranches progressives dans les limites minimum et maximum de 10% et 80% du produit brut des jeux[2218].

[2214] V. DARRACQ (J-B.), « L'Etat et le jeu », Thèse, sous la direction du Professeur Claude JOURNES, Université Lumière (Lyon II), p.39 et s. ; LAPOUBLE (J-C.), « Contrôles des activités physiques et sportives », *JurisClasseur Administratif*, fascicule n°268 ; DURAND (F.), FEVRE (M.), LAFAILLE (F.), BUCHER (C.), *Jeux de hasard et société*, L'Harmattan, novembre 2008, 208 p.

[2215] Loi du 21 mai 1836 portant prohibition des loteries, publiée au *Bulletin des lois*, 1836, 9° S, B421, n°6282.

[2216] Loi du 2 juin 1891 ayant pour objet de règlementer l'autorisation et le fonctionnement des courses de chevaux, publiée au *Bulletin des lois*, 1891, 12°, B1405, n°23707. Par ailleurs, le champ d'application de cette loi sera élargi en 1951 aux courses de lévriers. Cette loi a été consolidée le 13 mai 2010 après la décision du 12 mai 2010 relative aux jeux en ligne.

[2217] Loi n°1907-06-15 du 15 juin 1907 réglementant le jeu dans les cercles et les casinos des stations balnéaires, thermales et climatiques.

[2218] Décret n°47-798 du 5 mai 1947 portant règlementation de la police des jeux dans les cercles, *JORF*, 7 mai 1947, p.4241.

La IIIème République terminera son œuvre progressiste en matière de jeux d'argent par l'article 136 de la loi de finances du 31 mai 1933 autorisant le gouvernement à créer la Loterie nationale[2219]. L'article 2 de la loi du 21 mai 1836 définit les loteries comme « *toutes opérations offertes au public, sous quelque dénomination que ce soit, pour faire naître l'espérance d'un gain qui serait acquis par la voie du sort* ». Cette loi prohibait la loterie aux articles 3 et 4, mais aménageait des exceptions en matière de financement d'activités sportives à but non lucratif et d'actes de bienfaisance et d'encouragement des arts.

La Vème République a contribué également à l'essor des jeux d'argent au cœur des années 1980. La règlementation des jeux d'argent s'est étoffée grâce d'une part, à la loi du 12 juillet 1983 relative aux jeux de hasard dans une maison de jeux ou sur la voie publique[2220], et d'autre part, à l'article 42 de la loi de finances pour 1985 autorisant le loto sportif[2221]. La loi du 12 mai 2010 a conduit à l'abrogation de la première et à la modification de la seconde en son article 67.

Le principe de prohibition des jeux d'argent, issu de ces dispositions législatives et réglementaires, s'atténue par les dérogations admises à ce principe notamment par la création d'un monopole étatique. En effet, l'Etat détient 72% du capital de la Française des jeux, société d'économie mixte, et concédait un monopole légal au PMU jusqu'à la loi du 12 mai 2010. La jurisprudence a reconnu ces situations de monopole, sans pour autant se prononcer sur leur admissibilité au regard du droit communautaire[2222].

La France institue, par ses dispositifs législatifs et règlementaires, des situations de monopoles légaux qui ont été remis en cause par le juge national[2223] (**B**) et communautaire[2224] (**A**).

[2219] Le décret n°97-783 du 31 juillet 1997 confia à la Française des Jeux, l'organisation et l'exploitation des jeux de loterie.

[2220] Loi n°83-628 du 12 juillet 1983 relative aux jeux de hasard, *JORF*, 13 juillet 1983, p.2154.

[2221] Loi n°84-1208 du 29 décembre 1984 portant loi de finances pour 1985, *JORF*, 30 décembre 1984, p.4060.

[2222] CE, 15 mai 2000, *Confédération française des professionnels en jeux automatiques*, n°202666. Concl. Daussun. Le Conseil d'Etat considère que la protection de l'ordre public par la limitation des jeux et leur contrôle constitue « *une raison impérieuse d'intérêt général qui est de nature à justifier une limitation à la libre prestation de services et à la liberté d'établissement* ».

[2223] Cass., civ., 1ère ch., 10 juillet 2007, *Zeturf*, n°06/1986, *Bull.* 2007, IV, n°186.

[2224] CJCE, 6 mars 2007, *Placanica*, aff. C-338/04, C-359/04 et C-360/04. Concl. Colomer. Rec. CJCE I, p.1891. Notes sous arrêt : GRYNBAUM (L.), *RLDI*, n°26, avril 2007, p.26 ; VERBIEST (T.) et HEFFERMEHL (E.), *RLDI*, n°27, mai 2007, p.69 ; CLERGERIE (J-L.), *D.*, n°19, 17 mai 2007, p.1314 ; BROUSSY (E.), DOMAT (F.) et LAMBERT (C.), AJDA, n°21, 11 juin 2007, p.1122 ; DESTOURS (S.) et CLAMOUR (G.), *RLC*, n°12, juillet 2007,

A – Une remise en cause communautaire

489. La Grande-Bretagne a été le premier Etat a libéralisé le secteur économique des jeux de hasard en ligne[2225]. La libéralisation des jeux en ligne trouve son applicabilité dans les dispositions relatives aux services. L'article 50 du Traité instituant la Communauté européenne, article 57 du TFUE, indique que sont considérées comme prestations de services, « *les prestations fournies normalement contre rémunération, dans la mesure où elles ne sont pas régies par des dispositions relatives à la libre circulation des marchandises, des capitaux et des personnes* ». En vertu de cet article, les dispositions relatives à la libre circulation des services couvrent toutes les activités de caractère industriel et commercial. La Cour de justice des Communautés européennes précise également cette notion, où le service est défini comme une prestation fournie contre rémunération, qu'elle soit ou non temporaire et exige la suppression de toutes restrictions à ces services lorsqu'elles seraient de nature à prohiber, gêner ou à rendre moins attrayantes les activités d'un prestataire établi dans un autre Etat membre[2226]. L'article 49 du Traité CE (article 56 du TFUE) interdisait les restrictions à la libre prestation de service[2227]. Pour que l'activité en cause relève du champ d'application de cet article, celle-ci devait présenter un caractère économique, transfrontalier et temporaire. La CJCE, dans son arrêt de principe *Schindler*, considérait les jeux en ligne comme des activités de prestation de services, reconnaissant que l'importation de documents publicitaires et de billets de loterie dans un Etat membre pour faire participer les habitants de cet Etat membre à une loterie organisée dans un autre Etat membre se rattache bien à une activité de services. Parallèlement, la Cour relève que la prévention de la criminalité et la lutte contre la fraude justifiait une restriction au principe de libre prestation de services en vertu de l'article 46 du Traité CE (article 51 TFUE). Cet article autorise des restrictions lorsque celles-ci sont justifiées par des raisons d'ordre public. La Cour avait, dans sa jurisprudence, élaboré des motifs d'entraves et de restrictions pour

---

p.59 ; PORACCHIA (D.), *Les Cahiers de droit du sport*, n°8, juillet 2007, p.185. V. aussi, à propos du maintien d'un monopole nationale, CJCE, 8 septembre 2009, *Liga Portugesa de futebol profesional c/ Departemento de Jogos da Santa Casa da Misericordia de Lisboa*, aff. C-42/07. Concl. Notes sous arrêt : COSTES (L.), *RLDI*, n°52, septembre 2009, p.44 ; GRYNBAUM (L.), *RLDI*, n°53, octobre 2009, p.44 ; FORTI (V.), *Les Cahiers de droit du sport*, n°17, octobre 2009, p.172 ; MIEGE (C.), *Les Cahiers de droit du sport*, n°17, octobre 2009, p.182 ; LE ROY (M.), *AJDA*, n°39, 23 novembre 2009, p.2184.

[2225] CJCE, 24 mars 1994, *Schindler*, aff. C-275/92. Concl. Gulmann. Rec. CJCE I, p.1039. Note sous arrêt : IDOT (L.), *Europe*, n°5, mai 1994, p.14. V. aussi, CJCE, 26 avril 1994, *Commission c/ Italie*, aff. C-272/91.

[2226] CJCE, 25 juillet 1991, *Säger*, aff. C-76/90. Concl. Mourier. Rec. CJCE I, p.4221.

[2227] Article 49 du Traité CE : « *Les restrictions à la libre prestation de services à l'intérieur de la Communauté sont interdites à l'égard des ressortissants des Etats membres établis dans un pays de la Communauté autre que celui du destinataire de la prestation* ».

des « *raisons impérieuses d'intérêt général* »[2228], à propos de la libre circulation des marchandises. En l'espèce, elle reprit son raisonnement en l'appliquant à la libre prestation de services.

Dès lors, la protection des consommateurs et de l'ordre social s'inscrit comme un motif suffisant justifiant de la théorie des raisons impérieuses d'intérêt général[2229]. En considérant les jeux en ligne comme des activités de prestation de services, la Cour remet en cause pour la première fois les monopoles nationaux tout en instaurant des restrictions. Elle subordonne les restrictions de l'offre transfrontalière de jeux d'argent à des raisons impérieuses d'intérêt général, telles que la lutte contre la fraude ou les valeurs morales.

490. Initialement, la France avait organisé cette situation de monopole légal afin d'éviter que la pratique des jeux d'argent ne donne lieu à des fraudes. Le juge judiciaire confirma cette position malgré le Traité CE. La Cour de cassation estimait ainsi que si l'organisation des jeux d'argent relevait effectivement du champ d'application de l'article 49 du Traité CE relatif à la libre prestation de services, il n'en demeurait pas moins que chaque Etat membre conservait en l'absence d'harmonisation européenne des services, et donc de la législation, la possibilité de restreindre ou interdire ce type d'organisation[2230].

491. La Cour de justice des Communautés européennes, selon une jurisprudence constante[2231], réaffirmait que les jeux de hasard devaient être assimilés à des prestations de service relevant de ses dispositions textuelles. Dans les jurisprudences *Laära* et *Zenatti*, la Cour reconnaissait, en premier lieu, néanmoins que les restrictions devaient être appliquées et remplir des conditions de conformité aux objectifs poursuivis de manière non discriminatoire et prévenir des risques de malversations liées à l'exploitation des activités de jeux d'argent. En second lieu, afin que les restrictions soient admissibles, elle estimait que celles-ci devaient nécessairement répondre d'abord effectivement au souci de réduire véritablement les occasions de jeux et ne pas apparaître disproportionnées au regard de cet objectif[2232]. La CJCE indique que la participation à des loteries et autres jeux

---

[2228] CJCE, 18 janvier 1979, *Van Wesemael*, aff.110/78. Concl. Warner. Rec. CJCE, p.35, pt.28.

[2229] CJCE, 24 mars 1994, *Schindler*, aff. C-275/92, pt.63.

[2230] Cass. crim., 22 mai 1997, n°94-85.933. *Gaz. Pal.*, n°269, 26 septembre 1997, p.13 ; *Bull. Crim.*, n°198, 1997, p.646.

[2231] CJCE, 21 septembre 1999, *Laära*, aff. C-124/97. Concl. La Pergola. Rec. CJCE I, p.6067. Note sous arrêt: IDOT (L.), *Europe*, n°11, novembre 1999, p.18 ; CJCE, 21 octobre 1999, *Zenatti*, aff. C-67/98. Concl. Fennelly. Rec. CJCE I, p.7289. Note sous arrêt : IDOT (L.), *Europe*, n°12, décembre 1999, p.14.

[2232] CJCE, 21 octobre 1999, *Zenatti*, aff. C-67/98, pt.36.

au financement d'activités désintéressées ou d'intérêt général n'est pas un motif suffisant, en lui-même, afin de justifier objectivement un monopole. Il relève de la compétence du juge national de vérifier et de se prononcer sur la restriction nationale, celle-ci devant répondre scrupuleusement et proportionnellement aux objectifs poursuivis. Dans ces deux arrêts, la Cour précise donc les conditions restrictives pour les Etats membres. Elle ajoute que le standard de raisons impérieuses d'intérêt général s'applique et justifie cette conciliation du droit communautaire et de l'exercice de l'autorité publique[2233]. Il en découle une libéralisation des jeux en ligne (**1**), limitée par les objectifs légitimes (**2**).

1 – La libéralisation des jeux en ligne

492. Malgré les dispositions textuelles et jurisprudentielles de la Cour de justice des Communautés européennes, les Etats membres bénéficiaient encore d'un certain protectionnisme envers leurs monopoles. Après les avoir légèrement remis en cause au regard du principe de libre prestation de services, l'organe juridictionnelle de l'Union européenne a accéléré et durci l'évolution de la libéralisation des jeux en ligne soulevant les principes de liberté d'établissement et de libre établissement garanti au sein de l'Union européenne afin de mettre un terme aux monopoles[2234].

493. L'arrêt *Gambelli* rendu le 6 novembre 2003 marque un premier tournant dans la conciliation des règlementations législatives nationales des paris sportifs en ligne[2235]. En l'espèce, un « bookmaker » anglais collaborait avec un gérant de centres de retransmission de données de paris sportifs en Italie, M. Gambelli. Ces centres permettaient, par Internet, de collecter les paris en Italie et de les transférer vers l'Angleterre. Cependant, ce système de collecte allait à l'encontre de la législation nationale italienne, pénalement répressive, prévoyant un monopole sur les jeux d'argent en faveur de l'Etat qui attribue des concessions pour la gestion des paris sportifs. *A fortiori*, se trouvant à l'étranger, les concessions ne pouvaient être attribuées à la société anglaise. M. Gambelli, et 137 autres prévenus, firent l'objet d'une procédure

---

[2233] V. HATZOPOULOS (V.), « Exigences essentielles, impératives ou impérieuses. Une théorie, des théories ou pas de théorie du tout ? », *RTDE*, n°2, avril 1998, p.191 ; MARTIN (D.), « Discriminations, entraves et raisons impérieuses dans le Traité CE : trois concepts en quête d'identité », *Cahiers de droit européen*, n°5-6, septembre 1998, p.561.

[2234] V. PRIETO (C.), « Liberté d'établissement et de prestation de services », *RTDE*, n°3, juillet 2004, p.533.

[2235] CJCE, 6 novembre 2003, *Gambelli*, aff. C-243/01. Concl. Alber. Rec. CJCE I, p.13031. Notes sous arrêt: IDOT (L.), *Europe*, n°1, janvier 2004, p.18 ; VERBIEST (T.) et REYNAUD (P.), *Com. Com. Elect.*, n°11, novembre 2004, p.19. V. aussi, CJCE, 11 septembre 2003, *Anomar*, aff. C-6/01. Concl. Tizzano. Rec. CJCE I, p.8621 et CJCE, 13 novembre 2003, *Lindman*, aff. C-42/02. Concl. Stix-Hackel. Rec. CJCE I, p.13519.

pénale au motif qu'ils organisaient abusivement, par ce réseau informatique, des paris clandestins dans des centres exerçant une activité illégale dont ils sont propriétaires. Paradoxalement, les activités respectives du « bookmaker » anglais et de collecte et transmission des données en Italie sont *stricto sensu* respectueuses des législations locales. La difficulté réside dans la divergence de ces législations et leur confrontation avec l'émergence des paris virtuels. La juridiction italienne saisit la Cour de justice d'une question préjudicielle afin de déterminer si la législation italienne s'avère contraire aux articles 43 et 49 du Traité CE, en interdisant les restrictions, respectivement, au droit d'établissement et à la liberté de prestation de service.

La Cour de justice, dans son arrêt, s'interroge tout d'abord sur la restriction effective de la législation italienne au droit communautaire. Elle reconnait, par un raisonnement extensif de la notion d'établissement[2236] et par ses propres critères jurisprudentiels de la notion de libre prestation de service[2237], que cette législation paraît en effet contraire au droit communautaire. La Cour retient ensuite qu'en l'espèce, les restrictions ne sont pas justifiées pour répondre aux conditions fixées par la jurisprudence[2238].

In fine, la Cour de justice répond à la saisine de la juridiction italienne, qu'une « *règlementation nationale qui interdit – sous peine de sanctions pénales – l'exercice d'activités de collecte, d'acceptation, d'enregistrement et de transmission de propositions de paris, notamment sur les événements sportifs, en l'absence de concession ou d'autorisation délivrée par l'Etat membre concerné, constitue une restriction à la liberté d'établissement et à la libre prestation de services prévues respectivement aux articles 43 CE et 49 CE* ». La Cour considère, également, que les restrictions à l'offre de jeux fondées sur des raisons impérieuses d'intérêt général, en l'espèce la protection des consommateurs, doivent contribuer à limiter les activités concernées d'une manière cohérente et systématique[2239]. La Cour sanctionne

---

2236 CJCE, 6 novembre 2003, *Gambelli*, aff. C-243/01, pt.46, le bookmaker poursuit son activité par l'intermédiaire « *d'une organisation d'agences établies dans un autre Etat membre* ». En interdisant au bookmaker de s'établir directement sur le territoire national italien, la Cour considère qu'il existe bien une restriction à la notion de liberté d'établissement.

2237 CJCE, 6 novembre 2003, *Gambelli*, aff. C-243/01, pt.52 et 53. La Cour se fonde sur sa jurisprudence constante établie depuis l'arrêt *Schindler* afin de conclure que, l'importation de moyen d'organisation de paris dans un Etat membre constitue effectivement une activité de services.

2238 CJCE, 6 novembre 2003, *Gambelli*, aff. C-243/01, pt.55. V. aussi, CJCE, 31 janvier 1984, *Luisi et Carbone*, aff. C-286/82, pt.16. Concl. Mischo. Rec. CJCE I, p.377 et CJCE, 26 octobre 1999, *Eurowings Luftverkehr*, aff. C-294/97, pt. 33 et 34. Concl. Mischo. Rec CJCE I, p.7447.

2239 CJCE, 6 novembre 2003, *Gambelli*, aff. C-243/01, pt.63.

l'incohérence et l'inconciliabilité de la législation locale et son raisonnement particulièrement discriminatoire. Un Etat membre ne peut limiter l'offre de jeux sur son territoire en invoquant la protection du consommateur tout en l'encourageant à participer à ce même type de jeux au sein de concessions agréées afin d'en faire bénéficier le Trésor public[2240]. Dans sa jurisprudence *Lindman*, la Cour précise que les justifications invoquées par un Etat membre doivent être fondées sur des preuves statistiques établissant que l'objectif d'encadrement des jeux est atteint[2241].

494. La CJCE a conforté et étoffé son raisonnement relatif à la libéralisation des jeux en ligne dans son arrêt *Placanica*[2242]. Les faits de l'espèce se rapprochent de l'arrêt *Gambelli* où là encore un « bookmaker » anglais, M. Placanica, est confronté à la législation italienne. Celle-ci subordonnait l'organisation et la collecte de paris à l'attribution d'une concession. En l'espèce, des concessions étaient attribuées par appel d'offre mais la législation locale écartait les sociétés de capitaux. Or, les principaux opérateurs de jeux en ligne sont cotés en bourse et ne peuvent répondre à ce critère législatif. Monsieur Placanica ne pouvant ainsi participer à l'offre, contourna l'interdiction en opérant à travers un écran composé de centres de transmission gérés par des opérateurs indépendants. La législation italienne, stricte et protectionniste, prévoyait des sanctions pénales pour ce type de procédé. Néanmoins, la juridiction italienne posa une question préjudicielle à la Cour de justice des Communautés européennes, en vertu de l'article 234 du Traité CE, s'interrogeant sur la compatibilité de la législation nationale avec les principes du droit communautaire relatif aux libertés d'établissement et de libre prestation de service. La Cour, par l'arrêt *Gambelli*, s'était déjà prononcée limpidement, estimant que les Etats membres doivent prouver une politique cohérente et systématique des jeux en ligne, c'est-à-dire ne pas interdire aux opérateurs européens de jeux en ligne de fournir leurs services sur leur territoire au motif de la protection des consommateurs, tout en favorisant leurs propres monopoles.

La Cour de justice rappelle la portée et le fondement de l'arrêt *Gambelli* dans un raisonnement similaire[2243]. La Cour estime surtout que la

---

[2240] CJCE, 6 novembre 2003, *Gambelli*, aff. C-243/01, pt.61, 69 et 73.

[2241] CJCE, 13 novembre 2003, *Lindman*, aff. C-42/02. Concl. Stix-Hackel. Rec. CJCE I, p.13519. Notes sous arrêt : IDOT (L.), *Europe*, n°1, janvier 2004, p.18 ; LUBY (M.), *Clunet*, n°2, avril 2004, p.599.

[2242] CJCE, 6 mars 2007, *Placanica*, aff. C-338/04, C-359/04, C-360/04. Concl. Colomer. Rec. CJCE I, p.1891. Notes sous arrêt : GRYNBAUM (L.), *RLDI*, n°26, avril 2007, p.26 ; SCHIANO (R.), *RDUE*, n°2, avril 2007, p.461 ; CLERGERIE (J-L.), *D.*, n°19, 17 mai 2007, p.1314 ; GAUTIER (M.), *DA*, n°6, juin 2007, p.28 ; PORACCHIA (D.), *Les Cahiers de droit du sport*, n°8, juillet 2007, p.185. Obs. BROUSSY (E.), DONNAT (F.) et LAMBERT (C.), *AJDA*, n°21, 11 juin 2007, p.1122.

[2243] CJCE, 6 mars 2007, *Placanica*, aff. C-338/04, C-359/04, C-360/04, pt.53, 61, 64, 72.

discrimination en cause est illicite et disproportionnée, puisque si les Etats sont libres de fixer les objectifs de leur politique en matière de jeux de hasard, ils doivent le cas échéant définir avec précision le niveau de protection recherché et les restrictions inhérentes à la conformité de la jurisprudence de la Cour[2244]. De plus, la législation nationale ne doit pas aller au-delà de ce qui est nécessaire pour atteindre les objectifs invoqués[2245]. Par ailleurs, l'Organisation mondiale du commerce (OMC) eut un raisonnement analogue à la position de la CJCE, dans une affaire entre Antigua et les Etats-Unis relative à l'interdiction prononcée par les Etats-Unis contre des opérateurs de sites de jeux et paris en ligne d'Antigua proposant leurs services aux résidents américains[2246]. L'OMC admettait que la règlementation émanant de l'Accord général sur le commerce des services[2247] s'avérait nécessaire quant aux risques légitimes de blanchiment d'argent et de protection des mineurs. Toutefois, elle retenait que ces dispositions s'appliquant différemment selon la nationalité des prestataires, enfreignaient les conventions de l'OMC.

Cet arrêt *Placanica* a confirmé l'exigence de cohérence entre les législations restrictives d'accès au marché du jeu d'argent et les politiques d'encouragements de développement du secteur. A la suite de cette jurisprudence établie, la Commission européenne lança des procédures de mise en conformité des législations nationales[2248], en vertu du l'article 226 du Traité CE, à l'encontre de la France, la Grèce et la Suède, après les avoir mis en demeure en avril et octobre 2006[2249]. Ces Etats devaient prendre des mesures pour mettre un terme à ces entraves et lever les obstacles à la prestation de services de paris sportifs. La France, en particulier, risquait de lourdes sanctions pénales et financières. Dans ce contexte, la Cour de cassation rendit un arrêt *Zeturf* s'appuyant sur la jurisprudence de la Cour de justice des Communautés européennes[2250].

[2244] CJCE, 6 mars 2007, *Placanica*, aff. C-338/04, C-359/04, C-360/04, pt.48.

[2245] CJCE, 6 mars 2007, *Placanica*, aff. C-338/04, C-359/04, C-360/04, pt.49. V. aussi, CJCE, 30 novembre 1995, *Gebhard*, aff. C-55/94, pt.37. Concl. Léger. Rec. CJCE I, p.4165 ; CJCE, 6 novembre 2003, *Gambelli*, pt.64 et 65 ; CJCE, 13 novembre 2003, *Lindman*, pt.25.

[2246] Décision de l'organe d'appel de l'Organisation mondiale du commerce, 7 avril 2005, *Antigua c/ Etats-Unis*. TENENBAUM (A.), « Les jeux d'argent sur l'Internet facilités dans le cadre de l'Organisation mondiale du commerce », *Com. Com. Elect.*, n°9, septembre 2005, p.15. V. également, CJCE, 25 juillet 1991, *Stiching Collectieve Antennevoorziening Gooda et autres c/ Commissariaat voor de Media*, aff. C-288/89. Concl. Tesauro.

[2247] L'AGCS est un accord multilatéral de libéralisation des échanges de services constituant l'annexe 1B de l'Accord de Marrakech instituant l'Organisation mondiale du commerce.

[2248] Avis de la Commission européenne IP/07/909 du 27 juin 2007.

[2249] Mises en demeure en application de l'article 226 du Traité CE, en date du 4 avril 2006, IP/06/436 et du 12 octobre 2006, IP/06/1362.

[2250] Cass. com., 10 juillet 2007, *Zeturf*, n°06-13.986. V. aussi, VERBIEST (T.) et HEFFERMEHL (E.), « Jeux d'argent en ligne : l'impact de l'arrêt *Placanica* », *RLDI*, n°27, mai 2007, p.69.

Néanmoins, la libéralisation opérée par la CJCE connaît des limites et les monopoles établis peuvent être compatible avec le principe de libre prestation des services comme l'a indiqué la Cour de Luxembourg dans son arrêt dit « *Santa Casa* »[2251].

2 – Une libéralisation limitée en faveur d'objectifs légitimes

495. La régulation de l'ouverture à la concurrence des paris en ligne par la CJCE est intervenue par l'arrêt *Santa Casa,* qui établit des limites à la libéralisation de ce secteur[2252]. Par cet arrêt, la Cour du Luxembourg statue une nouvelle fois sur la conformité du droit communautaire avec les règlementations nationales régissant l'organisation, l'exercice et l'offre des jeux et paris dans les Etats membres. Si le contentieux concerne encore la compatibilité de ces règlementations avec les principes de liberté d'établissement et de libre prestation des services, abordé dans la législation italienne, l'arrêt réaffirme en grande partie ces principes reconnus par la jurisprudence mais présente, par ailleurs, de nouveaux apports.

En l'espèce, le caractère intrinsèquement transnational des jeux en ligne constituait le fondement des difficultés de l'affaire. Saisie d'une demande préjudicielle par une juridiction portugaise, conformément à l'article 267 du TFUE, la Cour de justice devait statuer sur le recours formé par une société de paris en ligne, Bwin International Ltd, basée à Gibraltar et active dans différents Etats membres et extra-européens, et la ligue portugaise de football contre les amendes infligées à leur encontre pour avoir violé la loi portugaise en matière de jeux de hasard. Celle-ci prévoyait que les jeux de hasard et autres paris sportifs faisaient l'objet d'un monopole attribué par l'Etat à « *une personne morale d'utilité publique administrative* »[2253], sans

---

[2251] CJCE, 8 septembre 2009, *Liga Portuguesa de Futebol Profissional et Bwin International Ltd c/ Departamento de Jogos da Santa Casa da Misecordia de Lisboa*, dit « *Santa Casa* », aff. C-42/07. Concl. Bot. Rec. CJCE I, p.7633. Notes sous arrêt : COSTES (L.), *RLDI*, n°52, août 2009, p.44 ; IDOT (L.), *Europe*, n°10, octobre 2009, p.2 ; GRYNBAUM (L.), *RLDI*, n°53, octobre 2009, p.44 ; FORTI (V.), *Les Cahiers de droit du sport*, n°17, octobre 2009, p.172 ; MIEGE (C.), *Les Cahiers de droit du sport*, n°17, octobre 2009, p.182 ; CLERGERIE (J-L.), *D.*, n°38, 5 novembre 2009, p.2585 ; CASSIA (P.), *JCPG*, n°46, 9 novembre 2009, p.440 ; LE ROY (M.), *AJDA*, n°39, 23 novembre 2009, p.2184 ; PERALDI-LENEUF (F.), *RTDE*, n°1, janvier 2010, p.6 ; GULLO (D.), *RDUE*, n°1, mars 2010, p.101.

[2252] CASSIA (P.), « Un monopole des jeux d'argent sur Internet est compatible avec la libre prestation des services », *JCPG*, n°46, 9 novembre 2009, p.440 ; LE ROY (M.), « La régulation de l'ouverture à la concurrence des paris en ligne par la CJCE », AJDA, n°39, 23 novembre 2009, p.2184. V. CJCE, 6 novembre 2003, *Gambelli*, aff. C-243/01 et CJCE, 6 mars 2007, *Placanica*, aff. C-338/04, C-359/04, C-360/04.

[2253] CJCE, 8 septembre 2009, *Santa Casa*, aff. C-42/07 pt.14.

but lucratif et mise sous la tutelle et le contrôle du gouvernement, Santa Casa da Misericordia de Lisboa[2254]. Cette dernière a acquis le droit d'organiser toutes formes de jeux de hasard par un édit royal du 18 novembre 1783. Ce droit acquis connait en 2003 une extension normative avec l'émergence du support électronique, d'Internet et son extraterritorialité. Par décret-loi[2255], Santa Casa détient l'exclusivité de l'organisation et de la gestion des jeux de hasard et paris sportifs sur Internet et obtient l'interdiction subséquente pour tout autre opérateur de ce secteur d'utiliser ces technologies sur l'intégralité du territoire national[2256].

La société Bwin, à travers son site Internet, mis en place au Portugal un dispositif de paris sportifs en ligne et un service de participation à divers jeux de hasard. Elle conclu également un parrainage avec la ligue de football professionnel portugaise amenant à changer la dénomination du championnat, connu auparavant comme « Super Liga » et portant dès lors la dénomination « Bwin Liga ». De plus, des logos de la marque étaient apposés sur les équipements sportifs des joueurs et le site Internet du championnat comportait des références et liens vers celui de l'opérateur. Le département des jeux, structure interne à Santa Casa, a infligé des sanctions pécuniaires à l'encontre de Bwin et de la ligue de football professionnel, en vertu de la compétence attribuée par le décret-loi, d'ouvrir, instruire et poursuivre des procédures de contraventions contre l'exercice abusif des jeux attribués en exclusivité à Santa Casa[2257]. Le recours formé contre ces mesures sanctions dénonce l'incompatibilité de la législation portugaise avec les règles du traité CE et les principes édictés par la jurisprudence de la Cour de justice, en particulier en matière de jeux de hasard et paris en ligne.

Dans cette question préjudicielle, la CJCE a restreint et épuré la portée de la demande préjudicielle formulée par le juge portugais, en ne retenant que le principe de libre prestation des services. En effet, le principe de liberté d'établissement ne pouvait être retenu en raison de l'absence d'implantation physique de l'opérateur sur le territoire national, il ne recourait pas à des intermédiaires et ne disposait pas de siège dans ce pays. De plus, le principe de libre circulation des capitaux demeurait purement secondaire étant scrupuleusement lié à l'éventuel effet restrictif de la mesure sur le principe de libre prestation des services[2258]. Conformément à sa jurisprudence

[2254] Depuis un édit royal du 18 novembre 1783, concédant à Santa Casa une concession d'organisation et de gestion de tout type de jeu expressément institué par la loi, l'Etat a continuellement renouvelé ce système concessif. CJCE, 8 septembre 2009, *Santa Casa*, aff. C-42/07, pt.6.

[2255] Décret-loi n°282/2003, 8 novembre 2003, Diario da Republica I, série A, n°259.

[2256] CJCE, 8 septembre 2009, *Santa Casa*, aff. C-42/07, pt.8, 9, 10, 11.

[2257] CJCE, 8 septembre 2009, *Santa Casa*, aff. C-42/07 pt.18, 19.

[2258] CJCE, 8 septembre 2009, *Santa Casa*, aff. C-42/07 pt.47.

constante[2259], la Cour a relevé que la législation nationale contrevenait à celle-ci et constituait indubitablement une restriction au principe de libre prestation des services, car elle empêchait à des « *prestataires tels que Bwin – établis dans d'autres Etats membres – d'offrir des services sur le territoire portugais* »[2260] et de restreindre aux résidents du Portugal de bénéficier, par Internet, de services proposés dans d'autres Etats membres[2261]. Néanmoins, la Cour nuance cette restriction, en admettant que l'octroi de droits exclusifs à un opérateur dépendant des pouvoirs publics présente « *l'avantage de canaliser l'exploitation des jeux dans un circuit contrôlé et de prévenir les risques d'une telle exploitation à des fins frauduleuses et criminelles* »[2262]. L'Etat portugais souhaite, par sa législation, prévenir et combattre la criminalité organisée liée au blanchiment et détournement des sommes engendrées par ce secteur ainsi que le risque de fraudes commises à l'égard des consommateurs. La Cour reconnait l'expérience et la fiabilité de Santa Casa dans la gestion des jeux et le contrôle rigoureux opérait par l'Etat[2263]. Cet objectif constitue dès lors effectivement une raison impérieuse d'intérêt général de nature à justifier des restrictions à la libre prestation de services. Elle conclut d'ailleurs que « *la restriction en cause au principal, peut, eu égard aux particularités liées à l'offre de jeux de hasard par Internet, être considérée comme justifiée par l'objectif de lutte contre la fraude et la criminalité* »[2264].

Cet arrêt apporte, notamment, une solution novatrice en traitant pour la première fois les particularismes des jeux en ligne. La Cour, en s'appuyant sur les conclusions de l'avocat général, adopte une position restrictive en admettant que les consommateurs les plus fragiles ainsi que les mineurs doivent être protégés par des limites du fait du caractère virtuel de ces opérations en ligne[2265]. L'arrêt apporte une atténuation à l'orientation libérale de la jurisprudence communautaire en avalisant le manque d'harmonisation de la part du législateur. A cet égard, l'avocat général dans ses conclusions invoque, sur ce point, une exceptionnalité du secteur des jeux dont découlerait l'inapplicabilité des règles de concurrence[2266].

L'arrêt *Santa Casa* s'inscrit comme une jurisprudence notable et primordiale. En effet, elle tient compte des particularités de la législation

---

[2259] V. notamment, CJCE, 6 novembre 2003, *Gambelli*, aff. C-243/01, pt.54.
[2260] CJCE, 8 septembre 2009, *Santa Casa*, aff. C-42/07 pt.52.
[2261] CJCE, 8 septembre 2009, *Santa Casa*, aff. C-42/07 pt.53.
[2262] CJCE, 8 septembre 2009, *Santa Casa*, aff. C-42/07 pt.64. V. aussi CJCE, 21 septembre 1999, *Laära*, aff. C-124/97, pt.37 et CJCE, 21 octobre 1999, *Zenatti*, aff. C-67/98, pt.35.
[2263] CJCE, 8 septembre 2009, *Santa Casa*, aff. C-42/07 pt.65.
[2264] CJCE, 8 septembre 2009, *Santa Casa*, aff. C-42/07 pt.72.
[2265] CJCE, 8 septembre 2009, *Santa Casa*, aff. C-42/07 pt.70.
[2266] Conclusions de l'avocat général Yves BOT, pt.321.

nationale sur laquelle elle a été rendue, ne soutenant pas la libéralisation accrue de ce secteur, et affirme la légitimité, sous certaines conditions, d'une structure organisationnelle du secteur des jeux et paris en ligne.

496. La CJUE a confirmé sa jurisprudence *Santa Casa*, en reprenant sa solution, dans deux arrêts rendus le 3 juin 2010, *Ladbrokes*[2267] et *Sporting Exchange*[2268]. Dans ces deux affaires, la Cour doit se prononcer sur la conformité du droit de l'Union européenne avec la législation néerlandaise. La première espèce, la réglementation nationale poursuit l'objectif d'intérêt général rappelé dans le considérant de principe de l'arrêt *Santa Casa*, tout en accordant aux opérateurs économiques une autorisation exclusive dans le but d'organiser des jeux de hasard, de développer de nouveaux produits et de recourir à la publicité. La Cour estime qu'il n'y a pas de contradiction puisqu'il s'agit d'une « *politique d'expansion contrôlée* »[2269] visant à attirer de nouveaux parieurs dans un cadre légal et réglementé répondant de façon cohérente à l'objectif d'intérêt général. La Cour considère donc que l'attractivité des jeux de hasard, au travers notamment de la publicité, n'est pas contradictoire avec l'objectif de protection et d'encadrement des consommateurs.

La seconde espèce, la Cour se prononce sur le principe de libre prestation de services dans le secteur des jeux en ligne. Elle confirme le recours au monopole dans ce secteur, malgré le principe découlant de la libre prestation de services, et considère qu'un Etat membre peut s'opposer, d'une part à l'activité de tout opérateur et d'autre part, à l'activité de tout Etat membre proposant des services similaires par Internet[2270]. En outre, la Cour accroît le protectionnisme du secteur en précisant que les principes d'égalité de traitement et de transparence, découlant de la libre prestation de services, « *sont applicables aux procédures d'octroi et de renouvellement d'agrément au profit d'un opérateur unique dans le domaine des jeux de hasard, pour autant qu'il ne s'agit pas d'un opérateur public dont la gestion est soumise à la surveillance directe de l'État ou d'un opérateur privé sur les activités duquel les pouvoirs publics sont en mesure d'exercer un contrôle étroit* »[2271].

[2267] CJUE, 3 juin 2010, *Ladbrokes Betting & Gaming Ltd c/ Stichting de Nationale Sporttotalisator*, aff. C-258/08. Concl. Bot. Rec. CJCE, I-04757. Note sous arrêt : SIMON (D.), *Europe*, n°8, août 2010, p.20.

[2268] CJUE, 3 juin 2010, *Sporting Exchange Ltd c/ Pays-Bas*, aff. C-203/08. Concl. Bot. Rec. CJCE, I-04695. Notes sous arrêt : SIMON (D.), *Europe*, n°8, août 2010, p.20 ; ECKERT (G.), *Contrats et Marchés Publics*, n°12, décembre 2010, p.35. V. également, CJUE, 8 septembre 2010, *Carmen Media Group Ltd*, aff. C-46/08. Concl. Mengozzi. Rec. CJUE, I-08149 et CJUE, 9 septembre 2010, *Ernst Engelmann*, aff. C-64/08. Concl. Mazak. Rec. CJUE, I-08219.

[2269] CJUE, 3 juin 2010, *Ladbrokes*, aff. C-258/08, pt.25 et 27.

[2270] CJUE, 3 juin 2010, *Sporting Exchange Ltd c/ Pays-Bas*, aff. C-203/08, pt.59 et 62.

[2271] CJUE, 3 juin 2010, *Sporting Exchange Ltd c/ Pays-Bas*, aff. C-203/08, pt.62.

Ainsi, ces mesures doivent être fondées sur des critères objectifs et non discriminatoires.

In fine, la position actuelle de la Cour de justice de l'Union européenne est qu'en vertu de raisons impérieuses d'intérêt général, le maintien de monopole se justifie[2272]. Chaque Etat membre dispose d'un pouvoir d'appréciation dans la mesure où sa législation répond à l'objectif de protection du consommateur. La Cour demeure, toutefois, au regard de la régulation de ce secteur et de l'impérieuse protection des consommateurs dans l'incapacité d'élaborer une harmonisation.

La législation nationale, très restrictive, a longtemps résisté au droit communautaire puis de l'Union européenne. Les juges nationaux des Etats membres se sont conformés et alignés sur la jurisprudence de la Cour du Luxembourg, contrairement aux législations nationales des Etats membres[2273]. La doctrine s'était d'ailleurs interrogée sur la possibilité pour la législation française de résister encore au droit de l'Union européenne[2274]. La loi du 12 mai 2010 est une réponse négative à cette interrogation et à l'absence de conformité de la législation française en matière de paris sportifs en droit communautaire puis de l'Union européenne[2275].

B – Une remise en cause nationale

497. Après la confirmation des principes de liberté d'établissement et de libre prestation de services par la CJCE dans l'arrêt *Placanica* et la demande de mise en conformité de la législation nationale, la France dû se résoudre à révolutionner sa jurisprudence héritée d'une histoire restrictive protectionniste. Ainsi, la chambre commerciale de la Cour de cassation

---

[2272] CJUE, 8 septembre 2010, *Markus StoB c/ Wetteraukeis*, aff. C-316/07. Concl. Mengozzi. Rec. CJUE, I-08069. Note sous arrêt : ICARD (P.), *D.*, n°42, 2 décembre 2010, p.2816 et CJUE, 30 juin 2011, *Zeturf Ltf c/ Premier ministre*, aff. C-212/08. Concl. Jääskinen. Rec. CJUE, I-05633. Notes sous arrêt : LEBON (G.) et VERBIEST (T.), *Les Cahiers de droit du sport*, n°25, juillet 2011, p.178 ; SCHICHO (L.), *RDUE*, n°3, juillet 2011, p.474 ; SIMON (D.), *Europe*, n°8, août 2011, p.26 ; GRYNBAUM (L.), *RLDI*, n°77, décembre 2011, p.46 ; DEBET (A.), *Com. Com. Elect.*, n°1, janvier 2012, p.45.

[2273] CASTETS-RENARD (C.), « Jeux et paris en ligne », *Contrats, Concurrence, Consommation*, n°10, octobre 2010, p.6.

[2274] MIEGE (C.), « La législation nationale en matière de paris sportifs pourra-t-elle résister au droit communautaire ? », *Les Cahiers de droit du sport*, n°9, octobre 2007, p.37 ; MIEGE (C.), « Jeux de pronostics sportifs : régulation nationale ou soumission au droit communautaire ? », *Gaz. Pal.*, n°311, 7 novembre 2007, p.30.

[2275] V. *infra*.

rendu le 10 juillet 2007 un arrêt *Zeturf*[2276], avant que la Cour de justice de l'Union européenne se prononce[2277].

La centralisation des paris sur les courses hippiques a été confiée au Pari mutuel urbain, groupement d'intérêt économique dont les modalités d'organisation et de fonctionnement ont été fixées par décret[2278]. Le Conseil d'Etat a également reconnu le monopole de la Française des jeux en matière de pronostics sportifs[2279]. Pour autant, ces monopoles étaient contestables au regard du droit communautaire[2280]. En vertu précisément de cette reconnaissance de situation monopolistique, le PMU a contesté l'activité d'une société de droit maltais, Zeturf, qui avait développé une activité de paris en ligne liée aux courses hippiques sur le territoire français. Le Tribunal de grande instance de Paris fut saisi en référé et ordonna la cessation immédiate, sous astreinte, de cette activité causant un trouble manifestement illicite au monopole du PMU[2281]. La Cour d'appel de Paris a confirmé le jugement considérant que si la règlementation française constitue bien une restriction à la libre prestation de services garantie par le droit communautaire, cette limitation est justifiée par une raison impérieuse d'intérêt général, ayant pour objet la protection de l'ordre public français[2282]. De plus, la Cour considérant que la règlementation française était non discriminatoire, elle augmenta significativement l'astreinte journalière et demanda à la justice maltaise de faire exécuter la décision. Le juge d'appel maltais refusait de la faire exécuter au motif que le règlement sur la

---

[2276] Cass. com., 10 juillet 2007, *Zeturf*, n°06-13.986. Notes sous arrêt : GRYNBAUM (L.), *RLDI*, n°30, août 2007, p.53 ; CLERGERIE (J-L.), *D.*, n°33, 27 septembre 2007, p.2359 ; DEBET (A.), *Com. Com. Elect.*, n°10, octobre 2007, p.47 ; GIL (G.), *Les Cahiers de droit du sport*, n°9, octobre 2007, p.175 ; PICOD (F.), *JCPG*, n°44, 31 octobre 2007, p.40.

[2277] CJUE, 30 juin 2011, *Zeturf Ltf c/ Premier ministre*, aff. C-212/08. Concl. Jääskinen. Rec. CJUE, I-05633. Notes sous arrêt : LEBON (G.) et VERBIEST (T.), *Les Cahiers de droit du sport*, n°25, juillet 2011, p.178 ; SCHICHO (L.), *RDUE*, n°3, juillet 2011, p.474 ; SIMON (D.), *Europe*, n°8, août 2011, p.26 ; GRYNBAUM (L.), *RLDI*, n°77, décembre 2011, p.46 ; DEBET (A.), *Com. Com. Elect.*, n°1, janvier 2012, p.45.

[2278] Décret n°97-456 du 5 mai 1997 relatif aux sociétés de cours de chevaux et aux paris mutuels, *JORF*, n°107, 8 mai 1997, p.7012.

[2279] CE, 15 mai 2000, *Confédération française des professionnels en jeux automatiques*, n°202666. Concl. Daussun. Note sous arrêt : GRAVELEAU (P.), *Gaz. Pal.*, n°68, 9 mars 2001, p.34. La Haute juridiction administrative a considéré que la protection de l'ordre public par la limitation des jeux et leur contrôle constitue « *une raison impérieuse d'intérêt général qui est de nature à justifier une limitation à la libre prestation de services et à la liberté d'établissement* ».

[2280] CJCE, 25 juillet 1991, *Säger*, aff. C-76/90 ; CJCE, 24 mars 1994, *Schindler*, aff. C-275/92; CJCE, 26 avril 1994, *Commission c/ Italie*, aff. C-272/91.

[2281] TGI, ord. réf., 8 juillet 2005, *PMU c/ Zeturf.*

[2282] CA Paris, 14ème ch., sect. A, 4 janvier 2006, *Société Zeturf Ltd c/ GIE Pari mutuel urbain*, RG n°2005/15773. Note sous arrêt : RICHER (L.), JEANNEREY (P-A.) et CHARBIT (N.), *AJDA*, n°9, 6 mars 2006, p.482.

reconnaissance et l'exécution des décisions judiciaires[2283] ne s'appliquait pas en l'espèce[2284]. Il justifiait ce refus en indiquant que le litige n'entrait pas dans le champ d'application de ce règlement communautaire, puisqu'il était relatif au monopole du PMU, matière administrative, et que ce règlement ne couvre pas les matières fiscales, douanières ou administratives[2285]. Selon la Cour d'appel de Malte, l'opérateur maltais Zeturf pouvait donc poursuivre son activité. Dès lors, le PMU décida de se pourvoir en cassation. La Cour de cassation censure l'arrêt de la Cour d'appel en se fondant sur le principe de libre prestation de services, article 49 du Traité CE[2286]. Les juges du droit opèrent une remise en cause du monopole accordé au PMU au motif qu'une restriction au principe à la libre prestation de services « *peut être justifiée soit au regard de l'objectif consistant à prévenir l'exploitation des jeux de hasard à des fins criminelles ou frauduleuses en les canalisant dans des circuits contrôlables, soit au regard de l'objectif tenant à la réduction des occasions de jeux* ». Or, la Cour de cassation souligne l'ambivalence de la France, souhaitant protéger le consommateur et réduire les occasions de jeux qui demeurent des raisons impérieuses d'intérêt général, et incitant à une politique expansive du secteur. La Cour relève, à cet égard que ces raisons impérieuses d'intérêt général ne se justifient plus « *lorsque les autorités nationales adoptent une politique expansive dans le secteur des jeux afin d'augmenter les recettes du Trésor public* ». Par cet arrêt, la Cour de cassation adopte un raisonnement analogue à celui du juge communautaire[2287]. Ce parallélisme adopté par la chambre commerciale de la Cour de cassation diverge de la solution retenue par la chambre criminelle, qui refusa d'interpréter le droit français à la lumière du droit communautaire[2288].

2283 Règlement (CE) n°44/2001 du Conseil du 22 décembre 2000 concernant la compétence judiciaire, la reconnaissance et l'exécution des décisions en matières civile et commerciale, publié au *JOUE* n°L 012 du 16 janvier 2001, p.0001-0023.

2284 CA Malte, 9 janvier 2007, *Zeturf*. Notes sous arrêt : DEBET (A.), *Com. Com. Elect.*, n°4, mars 2007, p.36 ; VERBIEST (T.) et HEFFERMEHL (E.), *RLDI*, n°27, mai 2007, p.69 ; PECH (L.), *RLDI*, n°27, mai 2007, p.71.

2285 Article 1er du règlement (CE) n°44/2001 du Conseil du 22 décembre 2000 concernant la compétence judiciaire, la reconnaissance et l'exécution des décisions en matières civile et commerciale, publié au *JOUE* n°L 012 du 16 janvier 2001, p.0001-0023.

2286 Cass. com., 10 juillet 2007, *Zeturf*, n°06-13.986. Notes sous arrêt : GRYNBAUM (L.), *RLDI*, n°30, août 2007, p.53 ; CLERGERIE (J-L.), *D.*, n°33, 27 septembre 2007, p.2359 ; DEBET (A.), *Com. Com. Elect.*, n°10, octobre 2007, p.47 ; GIL (G.), *Les Cahiers de droit du sport*, n°9, octobre 2007, p.175 ; PICOD (F.), *JCPG*, n°44, 31 octobre 2007, p.40.

2287 V. surtout CJCE, 6 mars 2007, *Placanica*, aff. C-338/04, C-359/04 et C-360/04. V. aussi CJCE, 6 novembre 2003, *Gambelli*, aff. C-243/01 et CJCE, 5 juin 2007, *Klas Rosengren*, aff. C-170/04.

2288 Cass. crim., 22 mai 1997, n°94-85.933. *Gaz. Pal.*, n°269, 26 septembre 1997, p.13 ; *Bull. Crim.*, n°198, 1997, p.646.

L'affaire *Zeturf* et le monopole du PMU ont concerné presque toutes les juridictions nationales et internationales[2289], à l'exception pour le moment de la Cour européenne des droits de l'Homme[2290]. Peu après que la Cour de cassation eut à se prononcer sur ce contentieux, le Conseil d'Etat[2291] et le Conseil constitutionnel[2292] furent saisis. La portée de ces deux décisions demeure à présent strictement limitée car le droit national a été fortement modifié par la loi du 12 mai 2010. Cependant, dans son arrêt le Conseil d'Etat pose deux questions préjudicielles en interprétation à la Cour de justice[2293] afin de savoir en premier lieu, si le principe de libre circulation des services s'oppose à la mise en œuvre d'une réglementation consacrant un régime d'exclusivité des paris hippiques hors hippodromes à un opérateur unique sans but lucratif ; et en second lieu, s'il convient d'apprécier la réglementation nationale uniquement à la vue des restrictions apportées à l'offre de paris hippiques en ligne ou s'il faut prendre en considération l'ensemble des paris hippiques accessibles aux joueurs[2294].

La Cour répond à la première question en évoquant les principes fondamentaux dégagés dans sa jurisprudence. Ainsi, elle rappelle que les objectifs poursuivis par la législation nationale doivent se rattacher « *à la protection des destinataires des services concernés et, plus généralement, des consommateurs ainsi qu'à la protection de l'ordre social* »[2295]. A cet égard, un Etat membre, dans la continuité de l'arrêt *Santa Casa* et des confirmations jurisprudentielles[2296] de ce dernier, peut être fondé à assurer un niveau de protection particulièrement élevé, afin d'offrir une meilleure efficacité dans ce secteur[2297], par la création d'un monopole octroyant des droits exclusifs à un organisme unique soumis à un contrôle étatique

---

2289 DEBET (A.), « L'affaire *Zeturf* devant la CJUE », *Com. Com. Elect.*, n°1, janvier 2012, p.45.

2290 Voir les arguments relatifs à l'article 1er du protocole 1 présentés par les requérants dans l'arrêt rendu par le Conseil d'Etat le 30 mars 2011, *Société Betclic Enterprises Limited*, n°342142.

2291 CE, 9 mai 2008, *Société Zeturf Limited*, n°287503. Concl. Thiellay.

2292 Décision n°2010-73 QPC du 3 décembre 2010, *Société Zeturf Limited*.

2293 CJUE, 30 juin 2011, *Zeturf Ltf c/ Premier ministre*, aff. C-212/08. Concl. Jääskinen. Rec. CJUE, I-05633. Notes sous arrêt : LEBON (G.) et VERBIEST (T.), *Les Cahiers de droit du sport*, n°25, juillet 2011, p.178 ; SCHICHO (L.), *RDUE*, n°3, juillet 2011, p.474 ; SIMON (D.), *Europe*, n°8, août 2011, p.26 ; GRYNBAUM (L.), *RLDI*, n°77, décembre 2011, p.46 ; DEBET (A.), *Com. Com. Elect.*, n°1, janvier 2012, p.45.

2294 CJUE, 30 juin 2011, *Zeturf Ltd c/ Premier ministre*, aff. C-212/08, pt.34.

2295 CJUE, 30 juin 2011, *Zeturf Ltd c/ Premier ministre*, aff. C-212/08, pt.38.

2296 V. notamment, CJUE, 8 juillet 2010, *Sjöberg et Gerdin*, aff. C-6447/08 et C-448/08 ; CJUE, 8 septembre 2010, *Winner Wetten*, aff. C-409/06 ; CJUE, 8 septembre 2010, *Carmen Media Group*, aff. C-46/08 ; CJUE, 9 septembre 2010, *Ernst Engelmann*, aff. C-64/08 ; CJUE, 15 septembre 2011, *Jochen Dickinger et Franz Ömer*, aff. C-64/08.

2297 CJUE, 30 juin 2011, *Zeturf Ltd c/ Premier ministre*, aff. C-212/08, pt.39.

étroit[2298]. Toutefois, cette mesure plus restrictive doit satisfaire impérativement aux conditions de proportionnalité qui ressortent de la jurisprudence de la Cour[2299].

Concernant la seconde question, la Cour répond que les juridictions nationales doivent tenir compte de l'ensemble des canaux de commercialisation substituables, « *à moins que le recours à l'Internet n'ait pour conséquence d'aggraver les risques liés aux jeux de hasard au-delà de ceux existants* »[2300]. Dans le cas précis de la France, selon la Cour, l'atteinte à la libre prestation de services doit être appréciée du point de vue des restrictions apportées à l'ensemble du secteur concerné[2301]. Dès lors, la Cour de justice de l'Union européenne renvoie l'affaire devant le Conseil d'Etat et lui demande de vérifier l'interprétation de l'article 49 CE relatif à la libre prestation de services. Il incombe donc à la Haute juridiction administrative de vérifier que les autorités nationales poursuivaient véritablement, au moment des faits au principal, des objectifs de lutte contre les addictions et la criminalité, de prévention des risques liés aux jeux et de préservation de l'ordre social dans l'institution du monopole et des contrôles exercés sur le PMU.

Le Conseil d'Etat, à cette occasion, a rendu deux arrêts[2302] confrontant l'organisation des monopoles des jeux en ligne et « en dur »[2303] aux libertés économiques communautaires. Les arrêts rendus par le Conseil d'Etat stabilisent la sécurité juridique conférée par la loi du 12 mai 2010 et maintiennent les monopoles établis.

§ 2 – L'ouverture à la concurrence des jeux d'argent et de hasard en ligne

498. La loi du 21 juin 2004 pour la confiance dans l'économie numérique[2304] dispose que les activités de jeux d'argent en ligne ne

---

2298 CJUE, 30 juin 2011, *Zeturf Ltd c/ Premier ministre*, aff. C-212/08, pt.41 et 42.
2299 *Ibid.* V. CJUE, 8 septembre 2010, *Markus StoB c/ Wetteraukeis*, aff. C-316/07, pt.82.
2300 CJUE, 30 juin 2011, *Zeturf Ltd c/ Premier ministre*, aff. C-212/08, pt.81.
2301 CJUE, 30 juin 2011, *Zeturf Ltd c/ Premier ministre*, aff. C-212/08, pt.83.
2302 CE, 30 décembre 2011, *Société Zeturf Limited*, n°287503. Concl. Thiellay. Notes sous arrêt : NICINSKI (S.), *AJDA*, n°11, 26 mars 2012, p.581 ; GRYNBAUM (L.), *RLDI*, n°81, avril 2012, p.34 et CE, 30 décembre 2011, *Société Stanley International Betting*, n°330604. Concl. Thiellay. Notes sous arrêt : COSTES (L.), *RLDI*, n°79, février 2012, p.55 ; NICINSKI (S.), *AJDA*, n°11, 26 mars 2012, p.581 ; FRIBOULET (A.), *RJEP*, n°698, juin 2012, p.36.
2303 Les jeux en dur sont des jeux organisés à partir de points de vente implantés sur le territoire.
2304 Loi n°2004-575 du 21 juin 2004 pour la confiance dans l'économie numérique, *JORF*, n°143, 22 juin 2004, p.11168.

s'exercent pas librement sur le territoire national, bien qu'elle consacre la liberté du commerce électronique. La nature particulière des prestations numériques des jeux et paris en ligne, potentiellement dangereuses tant pour les joueurs que pour l'économie, justifie l'existence de dispositions spécifique[2305]. Ces prestations ont d'ailleurs été parmi les premières à faire l'objet d'une règlementation après la publication de la loi pour la confiance dans l'économie numérique[2306]. Le législateur confirme l'existence de situations monopolistiques et l'importance de prévenir les risques. La loi du 5 mars 2007 relative à la prévention de la délinquance a renforcé les sanctions dans ce secteur[2307] notamment en prévoyant une amende envers quiconque faisant par quelque moyen que ce soit la publicité de jeux d'argent illégaux[2308]. Sous couvert de protection du consommateur et de l'ordre social, le législateur consolide par conséquent les monopoles étatiques et les recettes que l'Etat perçoit à travers l'activité des jeux en dur et en ligne. Le caractère singulier des jeux d'argent est ainsi confirmé.

499. Le régime juridique français des jeux d'argent connaît les critiques communautaires en raison d'une part, de la jurisprudence de la Cour du Luxembourg et d'autre part, à cause de ses monopoles légaux. Plusieurs rapports rédigés par la commission des finances dirigée par le sénateur François Trucy mettaient en exergue la nécessité d'une évolution législative afin de prévenir des dérives du secteur et de se conformer au droit positif[2309]. Dans ses rapports d'information sur les jeux en ligne en France[2310], le

---

2305 DEFFERRARD (F.), « L'Internetisation du jeu et de la lutte contre le blanchiment », *Gaz. Pal.*, n°174, 23 juin 2010, p.9. V. aussi, BRUNAUX (G.), « Etat des lieux de la réglementation des contenus numériques : ne faudrait-il pas légiférer ? », *Com. Com. Elect.*, n°9, septembre 2012, p.15.

2306 V. Loi n°2011-590 du 26 mai 2011 relative au prix du live numérique, *JORF*, n°124, 28 mai 2011, p.9234. Notes : KERJEAN (B.), *Com. Com. Elect.*, n°9, septembre 2011, p.9 ; ALLEAUME (C.), *Légipresse*, n°286, septembre 2011, p.505 ; POLLAUD-DULIAN (F.), *RTDCom.*, n°3, septembre 2011, p.556.

2307 Loi n°2007-297 du 5 mars 2007 relative à la prévention de la délinquance, *JORF*, n°56, 7 mars 2007, p.4297.

2308 Article 38 de la loi n°2007-297 du 5 mars 2007 relative à la prévention de la délinquance, *JORF*, n°56, 7 mars 2007, p.4297.

2309 Rapport d'information de M. François Trucy, fait au nom de la commission des finances du Sénat, n°223, « Les jeux de hasard et d'argent en France : l'Etat croupier, le Parlement croupion ? », 13 février 2002, 337 p. ; Rapport d'information de M. François Trucy, fait au nom de la commission des finances du Sénat, n°58, « L'évolution des jeux de hasard et d'argent », 7 novembre 2006, 362 p. ; Rapport d'information de M. François Trucy, fait au nom de la commission des finances du Sénat, n°209, « L'évaluation de la loi n°2010-476 du 12 mai 2010 relative à l'ouverture à la concurrence et à la régulation du secteur des jeux d'argent et de hasard en ligne », 12 octobre 2011, 315 p.

2310 Rapport d'information de M. François Trucy, fait au nom de la commission des finances du Sénat, n°209, « L'évaluation de la loi n°2010-476 du 12 mai 2010 relative à l'ouverture à la concurrence et à la régulation du secteur des jeux d'argent et de hasard en ligne », 12 octobre 2011, 315 p.

sénateur François Trucy évoquait un « *Etat croupier* »[2311] témoignant de la prépondérance des recettes liées aux jeux dans les revenus de l'Etat ; le taux d'imposition des jeux en ligne était d'ailleurs au cœur des débats du projet de loi du 12 mai 2010[2312]. Mais c'est par un avis motivé adressé par la Commission européenne le 27 juin 2007 à la France, lui reprochant des restrictions non justifiées en matière de paris sportifs et hippiques, qui a permis d'entreprendre l'évolution législative[2313]. Afin de se conformer aux règles de l'Union européenne et de canaliser ce nouveau phénomène, la France a voulu légiférer, démontrant une nouvelle fois cette occasion, que « *le législateur se préoccupe à toute époque et dans tous les pays du statut juridique des jeux* »[2314].

500. Le 25 mars 2009, après consultation du Conseil d'Etat, le ministre du budget a présenté en Conseil des ministres un projet de loi relatif à l'ouverture à la concurrence et à la régulation du secteur des jeux d'argent et de hasard en ligne. Initialement, ce projet de loi prévoyait de concilier la protection des consommateurs avec la sécurité des opérations de jeux, en créant un agrément et une autorité administrative indépendante, et d'intensifier la lutte contre la fraude et le blanchiment d'argent. Il fut notifié à la Commission européenne qui rendu un avis[2315], conformément à la procédure instituée par la directive 98/34/CE du 22 juin 1998[2316], identifiant certaines incompatibilités avec les dispositions du Traité, en particulier le prélèvement sur les jeux et paris institué au profit de l'Etat[2317], l'agrément attribué aux opérateurs[2318] et le plafonnement du taux de retour aux joueurs[2319], c'est-à-dire la part d'argent misé reversée à ces derniers.

[2311] *Ibid*, p.20.
[2312] V. *supra*.
[2313] Avis de la Commission européenne IP/07/909 du 27 juin 2007.
[2314] ROUAULT (M-C.), « Les jeux de hasard, un service public atypique », *in* Mélanges en l'honneur du Professeur Pierre SANDEVOIR, *Service public, services publics*, L'Harmattan, juillet 2000, p.76.
[2315] Avis circonstancié de la Commission européenne du 8 juin 2009 sur le projet de loi relatif à l'ouverture et à la régulation du secteur des jeux d'argent et de hasard en ligne.
[2316] Directive 98/34/CE du Parlement européen et du Conseil, du 22 juin 1998, prévoyant une procédure d'information dans le domaine des normes et réglementation techniques et des règles relatives aux services de la société d'information.
[2317] Article 39 du projet de loi. La Commission considère que l'obligation faite aux personnes non établies en France de faire accréditer auprès de l'administration fiscale un représentant établi en France pour remplir les formalités lui incombant et acquitter les prélèvements à sa place est disproportionnée. Elle demande dès lors à la France de modifier cette disposition.
[2318] Article 16 du projet de loi décrivant la procédure selon laquelle l'agrément est délivré par la future Autorité de régulation des jeux en ligne.
[2319] Article 4 du projet de loi.

L'Assemblée nationale adopte le texte le 13 octobre 2009 qui fait l'objet d'un rapport par la Commission des finances du Sénat le 19 janvier 2010[2320]. Le Sénat l'adopte en première lecture le 24 février 2010. L'Assemblée nationale vote le texte en seconde lecture, sans modification, le 6 avril 2010. Les juges du Conseil constitutionnel ont été saisis d'une question prioritaire de constitutionnalité le 13 avril 2010 par soixante parlementaires, en application de l'article 61 alinéa 2 de la Constitution, au motif que le texte mettait en péril la nécessaire conciliation entre la protection de la santé publique, la sauvegarde de l'ordre public[2321] et la liberté d'entreprendre. Les Sages de la rue Montpensier rendent leur décision le 12 mai 2010, quelques jours avant le début de la Coupe du monde de football en Afrique du Sud, et rejettent l'ensemble des griefs dirigés contre la loi. Ils concluent à la conformité des articles 1er, 26, 47 et 48 de la loi.

Cette libéralisation est régulée par des principes constitutionnels (**A**) qui consacrent la loi du 12 mai 2010 (**B**). L'Autorité de régulation des jeux en ligne veille au respect de ce dispositif normatif (**C**). Par ailleurs, la libéralisation a induit une constitutionnalisation du droit au pari (**D**).

A – La libéralisation des jeux en ligne régulée par les principes constitutionnels

501. Le Conseil constitutionnel dans sa décision du 12 mai 2010[2322] évoque tout d'abord, la question relative à l'existence d'un principe fondamental reconnu par les lois de la République (PFRLR)[2323]. Selon les

---

[2320] Rapport n°209 du 19 janvier 2010 fait au nom de la Commission des finances du Sénat par M. François Trucy, sur le projet de loi adopté par l'Assemblée nationale, relatif à l'ouverture à la concurrence et à la régulation du secteur des jeux d'argent et de hasard en ligne, 454 p.

[2321] V. à propos de la notion d'ordre public dans les jeux, DARRACQ (J-B.), « L'Etat et le jeu », Thèse, sous la direction du Professeur Claude JOURNES, Université Lumière (Lyon II), février 2008, p.209 et s. ; ESCANDE (M.), « Droit des jeux d'argent et de hasard – Les mutations de l'ordre public », Thèse, sous la direction du Professeur Céline CASTETS-RENARD, Université Toulouse 1 Capitole, décembre 2013, 548 p.

[2322] Décision n°2010-605 DC du 12 mai 2010, *Loi relative à l'ouverture à la concurrence et à la régulation du secteur des jeux d'argent et de hasard en ligne*. Notes sous décision : DRAGO (G.), *Gaz. Pal.*, n°143, 23 mai 2010, p.12 ; LEVADE (A.), *D.*, n°21, 3 juin 2010, p.1321 ; VANDERMEEREN (R.), *RJDA*, n°8, août 2010, p.779.

[2323] Cons. n°5 à 8. V. à propos des PFRLR, CE, Ass., 11 juillet 1956, *Amicale des annamites de Paris*, n°26638. Rec. Lebon p.337. Concl. Lasry. ; CE, Ass., 3 juillet 1996, *Koné*, n°169219. Rec. Lebon p.225. Concl. Delarue, *RFDA*, 1996, p.870. Notes sous arrêt : FAVOREAU (L.), GAIA (P.), LABAYLE (H.) et DELVOLVE (P.), *RFDA*, 1996, p.882 ; PRETOT (X.), *JCP* 1996, II, p.22270 ; JULIEN-LAFERRIERE (F.), *D.*, 1996, p.509 ; BRAUD (C.), *RDP*, n°6, décembre 1996, p.1751 ; GUIHEUX (D.), *LPA*, n°156, 27 décembre 1996, p.12 ; ALLAND (D.), *RGDIP*, n°1, janvier 1997, p.237. Chron. CHAUVAUX (D.) et GIRARDOT (T-X.), *AJDA*, n°10, 20 novembre 1996, p.722.

requérants, l'existence d'un tel principe aurait impliqué la prohibition des jeux d'argent et de hasard, ou pour le moins aurait nécessité l'instauration de droits exclusifs assurant le contrôle de l'Etat arguant que le législateur ne pouvait libéraliser ce secteur sans méconnaitre ce principe[2324]. Le Conseil constitutionnel répond, en évoquant les données historiques depuis le XIXème siècle[2325] et sa jurisprudence[2326], qu'afin de dégager d'une loi républicaine un principe doté d'une valeur constitutionnelle il faut qu'il présente un caractère suffisamment général. Or, durant la IIIème République, le législateur avait déjà, lui-même, apportait des dérogations et exceptions aux dispositions relatives aux jeux de hasard, les privant de tout caractère absolu. Dans la loi déférée devant le Conseil constitutionnel, le législateur, en soumettant l'organisation en ligne de la prise de paris hippiques, sportifs ou de cercle de jeux à un régime d'agrément préalable, rend inopérant le grief tiré d'une libéralisation des jeux en ligne. Par ailleurs, la loi constitue en elle-même une dérogation au principe général de prohibition de cette activité. De ce fait, l'exigence d'un caractère général inhérent à la notion de principe fondamental reconnu par les lois de la République n'est pas en l'espèce satisfaite et le grief doit donc être écarté[2327].

Le Conseil constitutionnel rappelle ensuite sa jurisprudence relative à l'articulation entre le contrôle de constitutionnalité et de conventionalité. Il précise notamment le contrôle de compatibilité de la loi avec les engagements internationaux et européens avec l'application de l'article 61-1 de la Constitution.

Le Conseil constitutionnel a repris dans les motifs de sa décision les principes découlant de l'article 55 de la Constitution[2328] et de sa décision *IVG*[2329]. En effet, si les dispositions de l'article 55 de la Constitution confèrent aux traités et accords internationaux une autorité supérieure aux lois, sous réserve de leur application réciproque par l'autre partie signataire, le Conseil constitutionnel saisi dans le cadre de l'article 61 de la Constitution n'a pas à s'assurer de la compatibilité de la loi envers les engagements

---

[2324] VANDERMEEREN (R.), « Jeux en ligne et enjeux de la QPC », *RJDA*, n°8, août 2010, p.780.

[2325] V. *infra*.

[2326] Décision n°93-321 DC du 20 juillet 1993, *Loi réformant le code de la nationalité*.

[2327] Cons. n°8.

[2328] V. cons. n°10. Article 55 de la Constitution du 4 octobre 1958 : « *Les traités ou accords régulièrement ratifiés ou approuvés ont, dès leur publication, une autorité supérieure à celle des lois, sous réserve, pour chaque accord ou traité, de son application par l'autre partie* ».

[2329] Décision n°74-54 DC du 15 janvier 1975, loi relative à l'interruption volontaire de grossesse, cons. n°2 à 7. Rec. 1975, p.19. Notes : FAVOREU (L.) et PHILIP (L.), *RDP*, 1975, pp.185 et 1335 ; GDCC, Dalloz, 13ème édition, août 2005, n°22, p.303.

internationaux[2330]. Il retient que l'article 23-2 alinéa 5 et l'article 23-5 alinéa 2 de l'ordonnance du 7 novembre 1958[2331] précisent « *l'articulation entre le contrôle de conformité des lois à la Constitution, qui incombe au Conseil constitutionnel, et le contrôle de leur compatibilité avec les engagements internationaux et européens de la France, qui incombe aux juridictions administratives et judiciaires* »[2332]. Il en déduit donc que l'examen de ce grief relève de la compétence des juridictions administratives et judiciaires[2333] puisque « *le moyen tiré du défaut de compatibilité d'une disposition législative aux engagements internationaux et européens de la France ne saurait être regardé comme un grief d'inconstitutionnalité* »[2334]. Le Conseil constitutionnel répond également à la question posée par la Cour de cassation à la Cour de justice de l'Union européenne dans les arrêts du 16 avril 2010, *Melki et Abdeli*[2335], par un *obiter dictum*[2336] car la question ne fut pas posée lors de la saisine par les parlementaires[2337]. Ainsi, en vertu de l'article 62 de la Constitution, l'autorité qui s'attache aux décisions du Conseil constitutionnel « *ne limite pas la compétence des juridictions administratives et judiciaires pour faire prévaloir ces engagements sur une disposition législative incompatible avec eux, même lorsque cette dernière a été déclarée conforme à la Constitution* ». Il ajoute d'une part, que le juge qui transmet une QPC peut statuer sans attendre la décision relative à cette dernière « *si la loi ou le règlement prévoit qu'il statue dans un délai déterminé ou en urgence* » et il peut prendre « *toutes les mesures provisoires ou conservatoires nécessaires* »[2338]. D'autre part, l'article 61-1 de la Constitution et les articles 23-1 et suivants de l'ordonnance du 7 novembre 1958 ne privent pas les juridictions administratives et judiciaires de leur

---

[2330] Décision n°2010-605 DC du 12 mai 2010, *Loi relative à l'ouverture à la concurrence et à la régulation du secteur des jeux d'argent et de hasard en ligne*, considérants n°10 à 16.

[2331] Ordonnance n°58-1067 du 7 novembre 1958 portant loi organique sur le Conseil constitutionnel, *JORF*, 9 novembre 1958, p.10129. Les articles 23-2 et 23-5 ont été crées par la loi organique n°2009-1523 du 10 décembre 2009 relative à l'application de l'article 61-1 de la Constitution, *JORF*, n°287, 11 décembre 2009, p.21379.

[2332] Cons. n°11.

[2333] Cons. n°12.

[2334] Cons. n°11.

[2335] Cass. QPC, 16 avril 2010, *Melki et Abdeli*, n°10-40.001 et n°10-40.002. Notes sous arrêt : SIMON (D.) et RIGAUX (A.), *Europe*, n°5, mai 2010, p.5 ; GAUTIER (M.), *RFDA*, n°3, mai 2010, p.449 ; GAIA (P.), *RFDA*, n°3, mai 2010, p.458 ; MANIN (P.), *AJDA*, n°18, 17 mai 2010, p.1022 ; LEVADE (A.), *D.*, n°20, 27 mai 2010, p.1254. V. aussi CJUE, 22 juin 2010, *Melki et Abdedi*, aff. C-188/10 et C-189/10. Concl. Mazak. Notes sous arrêt : SARMIENTO (D.), *RTDE*, n°3, juillet 2010, p.588 ; PERRIER (J-B.), *LPA*, n°172, 30 août 2010, p.9 ; DERO-BUGNY (D.), *Clunet*, n°2011-2, avril 2011, p.501.

[2336] V. en particulier sur cette notion, LEVADE (A.), « Contrôle de constitutionnalité et contrôle de conventionnalité ne sont pas jeux de hasard : la réplique du Conseil constitutionnel à la Cour de cassation ! », *D.*, n°21, 3 juin 2010, p.1322. V. aussi, CE, 14 mai 2010, *M. Rujovic*, n°312305. Concl. Burguburu, *RFDA*, n°4, juillet 2010, p.709.

[2337] Cons. n°13.

[2338] Cons. n°14.

faculté à poser une question préjudicielle à la CJUE, même lorsqu'ils transmettent une question priorité de constitutionnalité[2339].

Le Conseil constitutionnel dans sa décision du 12 mai 2010 a donc déclaré la loi conforme à la Constitution. La loi fut alors promulguée le même jour par le président de la République. Des décrets d'application ont rapidement été adoptés[2340] afin de consacrer l'ouverture à la concurrence et la régulation des jeux d'argent et de hasard sur Internet, et surtout, en raison du début de la Coupe du monde de football débutant le 11 juin 2010 afin de permettre aux opérateurs de mettre œuvre des stratégies publicitaires et commerciales, ainsi que d'inciter les consommateurs à parier de façon très ambivalente.

B – La consécration de la loi du 12 mai 2010

502. La loi du 12 mai 2010[2341] constitue intrinsèquement un paradoxe. Le titre même de ce texte l'illustre revêtant deux objectifs prépondérants, d'une part le législateur libéralise ce secteur en conformité avec le droit de l'Union européenne tout encadrant son exploitation, et d'autre part, il régule l'exploitation en tenant compte des enjeux financiers inhérents. La loi ouvre une brèche dans le monopole du PMU en admettant la concurrence pour les paris en ligne, mais maintient le monopole intégral de la Française des jeux sur les loteries.

503. Le premier chapitre de la loi est consacré à des dispositions d'ordre général relatives à la politique de l'Etat dans ce secteur. L'article 1er de cette loi établit un préambule sans portée normative fixant le cadre de l'action de

---

2339 Cons. n°15.

2340 Décret n°2010-481 du 12 mai 2010 relatif à l'organisation et au fonctionnement de l'Autorité de régulation des jeux en ligne, *JORF*, n°110, 13 mai 2010, p.8927 ; Décret n°2010-482 du 12 mai 2010 fixant les conditions de délivrance des agréments des opérateurs de jeux en ligne, *JORF*, n°110, 13 mai 2010, p.8930 ; Décret n°2010-483 du 12 mai 2010 relatifs aux compétitions sportives et aux types de résultats sportifs définis par l'Autorité de régulation des jeux en ligne, *JORF*, n°110, 13 mai 2010, p.8932 ; Décret n°2010-494 du 14 mai 2010, relatif au droit fixe dû par les opérateurs agréés de jeux ou de paris en ligne en application de l'article 1012 du Code général des impôts, *JORF*, n°111, 15 mai 2010, p.9051 ; Décret n°2010-495 du 14 mai 2010 relatif à la procédure de sanction applicable aux opérateurs agréés de jeux ou de paris en ligne, *JORF*, n°111, 15 mai 2010, p.9052 ; Décret n°2010-614 du 7 juin 2010 relatif aux conditions de commercialisation des droits portant sur l'organisation de paris en relation avec une manifestation ou compétition sportives, *JORF*, n°130, 8 juin 2010, p.10494.

2341 Loi n°2010-476 du 12 mai 2010 relative à l'ouverture à la concurrence et à la régulation du secteur des jeux d'argent et de hasard en ligne, *JORF*, n°110, 13 mai 2010, p.8881. Notes : ARCELIN-LECUYER (L.), *JCPE*, n°22, 3 juin 2010, p.26 ; GRYNBAUM (L.), *RLDI*, n°61, juin 2010, p.65 ; AUNEAU (G.), *RTDCom.*, n°3, juillet 2010, p.469 ; VILA (J-B.), *AJDA*, n°24, 12 juillet 2010, p.1366.

l'Etat. Ainsi il énonce que *« les jeux de hasard ne sont ni un commerce ordinaire ni un service ordinaire »*, et précise que « *dans le respect du principe de subsidiarité, ils font l'objet d'un encadrement strict au regard des enjeux d'ordre public, de sécurité publique et de protection de la santé des mineurs* ». Mais les objectifs de cette loi, outre la mise en conformité pour éviter la saisine de la Cour de justice de l'Union européenne à la suite de la procédure engagée par la Commission européenne bien que cela n'est pas formellement énoncée, sont en revanche très clairement explicités dans l'article 3 alinéa 1er. Ce dernier fixe les quatre missions de la politique de l'Etat en matière de jeux d'argent et de hasard, « *prévenir le jeu excessif ou pathologique et protéger les mineurs* » ; « *assurer l'intégrité, la fiabilité et la transparence des opérations de jeu* » ; « *prévenir les activités frauduleuses ou criminelles ainsi que le blanchiment de capitaux et le financement du terrorisme* » et enfin « *veiller au développement équilibré et équitable des différents types de jeu afin d'éviter toute déstabilisation économique des filières concernées* ». Ces dispositions déterminent et justifient les missions de maintien de l'ordre public dévolues à l'Etat.

Ce dispositif légal autorise par dérogation au principe général d'interdiction des jeux d'argent et de hasard, en matière de paris en ligne, le poker, les paris à cote sportifs, les paris hippiques et le *live betting*, qui consiste en l'action de pouvoir parier en direct sur une manifestation, contrairement au *spread betting*, qui consiste à parier sur le nombre d'actions ou d'événements déterminés qui auront lieu dans une rencontre[2342]. Avec la libéralisation et la régulation du marché, le volume de l'activité a connu une augmentation constante[2343].

504. Si les différents chapitres suivants présentent les obligations liées à la procédure d'agrément, sa délivrance et l'organe de contrôle, le chapitre relatif aux dispositions fiscales s'avère particulièrement intéressant pour le financement des stades. En effet, l'article 51 dispose qu'en vertu de l'article 1609 *novovicies* du Code général des impôts, un prélèvement de 1,80% des mises sur les jeux de hasard et des paris sportifs effectués en France métropolitaine est affecté au budget du Centre national pour le

---

[2342] Articles 12, 13 et 14 de la loi du 12 mai 2010 relative à l'ouverture, à la concurrence et à la régulation du secteur des jeux d'argent et de hasard en ligne.

[2343] En 2012, les paris sportifs ont augmenté de 19% représentant un total de mises de 705 millions d'euros et les paris hippiques ont augmenté de 9% représentant un total de mises de 1.124 milliard d'euros. En revanche, le poker est en repli de 5% et 6.181 milliards d'euros. V. Rapport d'activité 2012 de l'ARJEL, du 26 avril 2013, p.14 à 21. V. aussi, BOLOTNY (F.) et KALB (C.), « Quel avenir pour les paris sportifs en ligne à la française ? », *Jurisport*, n°103, novembre 2010, p.31.

développement du sport (CNDS)[2344], qui soutient notamment la réalisation de projet des grands événements sportifs en France[2345]. Le montant de ce prélèvement est plafonné à 163 millions d'euros, plafond cependant indexé chaque année sur la prévision de l'indice des prix à la consommation hors tabac retenue dans le projet de loi de finances. Un prélèvement complémentaire de 0,3% est effectué de 2011 à 2015, plafonné à 24 millions par an, est attribué à la construction et à la rénovation des stades participant à l'Euro 2016 représentant un financement non négligeable de 120 millions d'euros.

C – L'Autorité de régulation des jeux en ligne

505. Le dixième chapitre de la loi du 12 mai 2010 consacre l'institution d'une autorité administrative indépendante[2346], l'Autorité de régulation des jeux en ligne (ARJEL)[2347], chargée de veiller aux respects des objectifs de la loi, puisque le secteur des jeux d'argent et de hasard n'est pas un commerce ou un service ordinaire devant faire l'objet d'un encadrement strict au regard des enjeux d'ordre public, de sécurité publique et de protection de la santé et des mineurs[2348]. L'article 34 de la loi du 12 mai 2010 prévoit sa création. Elle est composée d'un collège, d'une commission des sanctions et le cas

---

[2344] Le Centre national pour le développement du sport succède au Fonds national pour le développement du sport par le décret n°2006-248 du 2 mars 2006 portant création du Centre national pour le développement du sport, *JORF*, n°53, 3 mars 2006, p.3253. Le CNDS est un établissement public national à caractère administratif placé sous la tutelle du ministère des sports (article 1er) ayant notamment pour mission de contribuer au développement de la pratique du sport par le plus grand nombre, favoriser l'accès au sport de haut niveau et l'organisation de manifestations sportives (article 2).

[2345] Article 79 de la loi n°2010-1657 du 29 décembre 2010 de finances pour 2011, *JORF*, n°302, 30 décembre 2010, p.23033 ; Décret n°2012-474 du 11 avril 2012 relatif aux missions du Centre national pour le développement du sport, *JORF*, n°88, 13 avril 2012, p.6808. L'article 1er dispose qu'« *après le septième alinéa de l'article R. 411-2 du code du sport, il est inséré un alinéa ainsi rédigé : « Le Centre national pour le développement du sport exerce également ses missions en contribuant au financement des projets de construction ou de rénovation des enceintes sportives destinées à accueillir la compétition sportive dénommée "UEFA Euro 2016" ainsi que des équipements connexes permettant le fonctionnement de celles-ci. A cette fin, il peut conclure des conventions de subventionnement avec toute personne morale de droit public ou privé* ».

[2346] V. notamment rapport public 2001 du Conseil d'Etat, *Les autorités administratives indépendantes*, EDCE, n°52 ; Rapport sur les autorités administratives indépendantes rendu par le sénateur Patrice GELARD, juin 2006, 585 p. ; CHEVALLIER (J.), « Le statut des autorités administratives indépendantes : harmonisation ou diversification ? », *RFDA*, n°5, septembre 2010, p.896.

[2347] V. KILLY (R.), « Jeux en ligne une ouverture maîtrisée à la concurrence », *Jurisport*, n°101, septembre 2010, p.42 ; ECKERT (G.), « L'indépendance des autorités de régulation économique à l'égard du pouvoir politique », *RFAP*, n°143, octobre 2012, p.629.

[2348] V. article 1er de la loi du 12 mai 2010 relative à l'ouverture, à la concurrence et à la régulation du secteur des jeux d'argent et de hasard en ligne.

échéant de commissions spécialisées[2349]. Cette structure organisationnelle œuvre au principe de séparation des autorités de poursuite et de jugement. L'ARJEL veille au respect des objectifs de la politique des jeux et des paris en ligne soumis à agrément énoncés à l'article 3 alinéa 1er de la loi. Son activité est explicitée dans un rapport public annuel remis, où elle rend compte de l'exécution de sa mission, au président de la République, au Premier ministre ainsi qu'au Parlement. Elle détient des pouvoirs d'avis, de recommandation, de proposition, de coopération et surtout de délivrance d'agréments[2350].

L'ARJEL délivre aux opérateurs de sites de paris en ligne un agrément. Seuls les titulaires de cet agrément, ayant reçu l'homologation de leurs logiciels de jeux et déclaré la mise en fonctionnement de leur frontal[2351] peuvent exercer légalement l'activité d'opérateur de jeux ou de paris en ligne sur le territoire national[2352]. Une liste établie par l'ARJEL spécifie les opérateurs agréés[2353], en tenant compte notamment des catégories de compétitions, la qualité des participants et de l'organisateur[2354]. L'agrément est délivré pour une durée de validité de cinq ans, renouvelable mais non cessible[2355]. La nature de l'agrément est distincte selon qu'il s'agisse de paris hippiques, de paris sportifs ou de cercle de jeux en raison de la qualité hétéroclite des offres proposées et de la prise en compte des attentes du mouvement sportif[2356]. La délivrance de l'agrément est subordonnée au respect par les opérateurs candidats des obligations spécifiques énoncées par la loi aux articles 15 à 21 ainsi que celles établies par le cahier des charges

---

2349 Article 35 de la loi du 12 mai 2010 relative à l'ouverture, à la concurrence et à la régulation du secteur des jeux d'argent et de hasard en ligne.

2350 Article 34 de la loi du 12 mai 2010 relative à l'ouverture, à la concurrence et à la régulation du secteur des jeux d'argent et de hasard en ligne.

2351 Le support matériel d'archivage, ou dit « frontal », est le dispositif technique tel que le mentionne l'article 31 de la loi du 12 mai 2010, afin de recueillir, mettre en forme et conserver les données tracées, conformément au décret n°2010-509 du 18 mai 2010 relatif aux obligations imposées aux opérateurs agréés de jeux ou de paris en ligne en vue de contrôler des données de jeux par l'Autorité de régulation des jeux en ligne, *JORF*, n°114, 19 mai 2010, p.9223.

2352 Article 12 de la loi du 12 mai 2010 relative à l'ouverture, à la concurrence et à la régulation du secteur des jeux d'argent et de hasard en ligne.

2353 Conformément aux termes du décret n°2010-483 du 12 mai 2010 relatif aux compétitions sportives et aux de résultats définis par l'ARJEL. Actuellement 20 opérateurs sont agréés.

2354 Article 2 du décret n°2010-483 du 12 mai 2010 précité.

2355 Article 21 de la loi du 12 mai 2010 relative à l'ouverture, à la concurrence et à la régulation du secteur des jeux d'argent et de hasard en ligne.

2356 THOMAS-TROPHIME (C.), « L'agrément des opérateurs de paris sportifs en ligne », *Jurisport*, n°103, novembre 2010, p.20. Le mouvement sportif est constitué de l'ensemble des fédérations nationales sportives, de leurs ligues régionales, de leurs comités départementaux et des clubs.

de l'autorité de régulation[2357]. Lorsque l'agrément est accordé, elle exerce un contrôle permanent sur l'activité des opérateurs afin d'assurer le respect des objectifs de la loi[2358].

Dès lors qu'un opérateur agrée ne respecte ses engagements, le collège de l'ARJEL peut saisir sa commission de sanctions après mise en demeure de l'opérateur en cas de manquement d'un opérateur de jeux ou de paris en ligne agréé aux obligations législatives et réglementaires applicables à son activité[2359]. Celle-ci prononce des sanctions compte tenu de la gravité du manquement comprenant l'avertissement, la réduction d'une année au maximum de la durée d'agrément, la suspension de l'agrément pour trois au plus, ou enfin le retrait de l'agrément[2360]. Ce dernier peut s'accompagner de l'interdiction de solliciter un nouvel agrément pendant un délai maximal de trois ans. A la place ou en sus des sanctions prévues, la commission peut prononcer une sanction pécuniaire d'un montant maximum de 5% du chiffre d'affaires hors taxes, qui s'élèvera à 10% en cas de nouveau manquement, ainsi qu'une mesure de publicité. Les décisions prononcées par la commission sont susceptibles de faire l'objet d'un recours de pleine juridiction devant le juge administratif[2361]. En outre, cette procédure de recours s'avère être originale car le président de l'ARJEL, après accord du collège, peut être à l'initiative du recours. Le juge administratif s'érige ainsi en arbitre des décisions adoptées par le collège et la commission de l'ARJEL, démontrant leur indépendance tant sur le plan organique que sur le plan fonctionnel.

D – La constitutionnalité du droit au pari

506. En créant l'ARJEL, la loi du 12 mai 2010 a permis de clarifier la typologie des jeux d'argent (**1**). La loi encadre spécifiquement les jeux d'argent et de hasard en ligne qui se définissent comme un jeu ou pari dont « *l'engagement passe exclusivement par l'intermédiaire d'un service de communication au public en ligne* ». Toutefois, « *ne constitue pas un jeu ou*

2357 Arrêté du 17 mai 2010 portant approbation du cahier des charges applicable aux opérateurs de jeux en ligne, *JORF*, n°113, 18 mai 2010, p.9165.

2358 Article 38 de la loi du 12 mai 2010 relative à l'ouverture, à la concurrence et à la régulation du secteur des jeux d'argent et de hasard en ligne.

2359 Articles 41 à 44 de la loi du 12 mai 2010 relative à l'ouverture, à la concurrence et à la régulation du secteur des jeux d'argent et de hasard en ligne.

2360 L'ARJEL a prononcé son premier retrait d'agrément dans sa décision du 16 avril 2013 relative à la commission des sanctions à l'égard de la société Aubsail SAS, *JORF*, n°94, 21 avril 2013, p.7038.

2361 CE, 26 novembre 2012, *Autorité de régulation des jeux en ligne*, n°351163. Concl. Lambolez. Notes sous arrêt : LALOT (L.), *RLDI*, n°91, mars 2013, p.47 ; VILA (J-B.), *AJDA*, n°14, 22 avril 2013, p.799 ; DELZANGLES (H.), RJEP, n°709, juin 2013, p.49.

un pari en ligne le jeu ou le pari enregistré au moyen de terminaux servant exclusivement ou essentiellement à l'offre de jeux ou à la prise de paris et mis à la disposition des joueurs dans des lieux publics ou des lieux privés ouverts au public »[2362], c'est-à-dire les terminaux de jeu mis en place par la Française des jeux et le PMU. Le jeu de hasard est un « *jeu payant où le hasard prédomine sur l'habileté et les combinaisons de l'intelligence pour l'obtention du gain* »[2363]. La clarification de la typologie contribue à définir la notion de droit au pari (**2**).

1 – La typologie des paris en ligne

507. La loi érige une typologie des paris en ligne et distingue le pari hippique et le pari sportif, le pari mutuel, et enfin le pari à cote[2364]. Le pari hippique et le pari sportif s'entendent de paris « *comportant un enjeu en valeur monétaire où les gains éventuels des joueurs dépendent de l'exactitude de leurs pronostics portant sur le résultat de toute épreuve hippique ou compétition sportive réelle légalement organisée en France ou à l'étranger* »[2365]. Le pari mutuel se défini comme « *le pari au titre duquel les joueurs gagnants se partagent l'intégralité des sommes engagées, réunies dans une même masse avant le déroulement de l'épreuve, après déduction des prélèvements de toute nature prévus par la législation et la réglementation en vigueur et de la part de l'opérateur, ce dernier ayant un rôle neutre et désintéressé quant au résultat du pari* »[2366]. Enfin, le pari à cote est le pari « *pour lequel l'opérateur propose aux joueurs, avant le début des compétitions sportives ou au cours de leur déroulement, des cotes correspondant à son évaluation des probabilités de survenance des résultats de ces compétitions sur lesquels les joueurs parient. Le gain est fixe, exprimé en multiplicateur de la mise et garanti aux joueurs par l'opérateur* »[2367].

[2362] Article 10 alinéa 1er de la loi du 12 mai 2010 relative à l'ouverture, à la concurrence et à la régulation du secteur des jeux d'argent et de hasard en ligne.

[2363] Article 2 de la loi du 12 mai 2010 relative à l'ouverture, à la concurrence et à la régulation du secteur des jeux d'argent et de hasard en ligne.

[2364] Article 4 de la loi du 12 mai 2010 relative à l'ouverture, à la concurrence et à la régulation du secteur des jeux d'argent et de hasard en ligne.

[2365] Article 4 alinéa 1er de la loi du 12 mai 2010 relative à l'ouverture, à la concurrence et à la régulation du secteur des jeux d'argent et de hasard en ligne.

[2366] Article 4 alinéa 2 de la loi du 12 mai 2010 relative à l'ouverture, à la concurrence et à la régulation du secteur des jeux d'argent et de hasard en ligne.

[2367] Article 4 alinéa 3 de la loi du 12 mai 2010 relative à l'ouverture, à la concurrence et à la régulation du secteur des jeux d'argent et de hasard en ligne.

Le jeu, le pari et la loterie se distinguent[2368]. Le jeu, tout comme le pari, porte sur le résultat d'un événement aléatoire mais se différencient en raison de l'implication du joueur et du parieur. Le joueur, en effet, participe au jeu, à l'aléa de l'événement, tandis que le parieur mise sur l'aléa de l'événement en pariant, il est extérieur au jeu. Ainsi, le joueur en participant au jeu influe sur l'événement sportif et peut remporter les sommes mises en jeu par son activité, alors que le parieur n'est que spectateur des sommes misées. La loterie, dans les faits, est une notion ténue du jeu, en ce sens où dans la loterie le joueur accepte l'aléa du résultat et participe également à celui-ci en choisissant un numéro par exemple. Ce point précis relève la source de distinction puisque le joueur n'interfère pas dans le résultat aléatoire. La loi[2369] et la jurisprudence[2370] confirment cette distinction *stricto sensu.* Ainsi, la loterie est l'opération offerte au public, sous quelque forme que ce soit, par laquelle un gain ou un avantage quelconque est attribué, par la voie du sort, à une ou plusieurs personnes.

Les jeux d'argent et de hasard peuvent engendrer des dettes de jeu. L'article 1965 du Code civil pose une règle relative aux dettes de jeu. La loi n'accorde aucune action pour une dette ou pour le paiement d'un pari. La dette existe toutefois, mais ne fait l'objet d'aucune action en vue de condamner le débiteur du paiement, sauf dispositions expressément autorisées par la loi. A cet égard, l'article 1966 du Code civil dispose que, sauf si celle-ci est excessive selon l'appréciation du juge[2371], la dette due par le participant prend naissance à l'occasion de jeux qui tiennent à l'adresse et l'expression du corps. De fait, la dette de jeu née à l'occasion d'un événement sportif peut se voir recouvrée au terme d'une action en paiement.

2 – La notion de droit au pari

508. Le droit au pari consiste au « *droit de consentir à l'organisation de paris sur les manifestations ou compétitions sportives* »[2372]. Instauré par la loi du 12 mai 2010, ce droit d'exploitation appartient aux fédérations sportives et à toute personne physique ou morale de droit privé organisant une manifestation sportive ouverte aux licenciés d'une discipline

[2368] BUY (F.), MARMAYOU (J.-M.), PORACCHIA (D.) et RIZZO (F.), *Droit du sport*, LGDJ, 3ème édition, novembre 2012, p.673 et s.
[2369] Article L.322-1 du Code de sécurité intérieure.
[2370] TGI Lille, 8ème ch., 21 avril 1995 et TGI Paris, 13ème ch., 16 mai 1995. Note CHOISY (M-G.) et ALVAREZ (V.), *LPA*, n°144, 1er décembre 1995, p.9. V. aussi, Cass. crim., 19 février 2002, n°01-84341, à propos de la participation d'un joueur perforant un ticket de loterie.
[2371] BUY (F.), MARMAYOU (J.-M.), PORACCHIA (D.) et RIZZO (F.), *Droit du sport*, LGDJ, 3ème édition, novembre 2012, p.675.
[2372] Article L.333-1-1 du Code du sport.

conformément aux articles L.131-14 et L.331-5 du Code du sport. L'objectif s'avère, dans la continuité de la position nationale, de lutter contre la fraude. L'opérateur de pari sportif doit obtenir un agrément de l'ARJEL préalablement à l'organisation de paris liés à ces manifestations ou compétitions sportives.

L'étendue du monopole d'exploitation détenu par les organisateurs des sociétés sportives sur leur compétition a été l'objet d'interrogations soumises aux juges judiciaire (**a**) et administratif (**b**).

a – Le fondement judiciaire du droit au pari

509. Le juge judiciaire a proposé une analyse fondée sur le flux financier générait par l'organisation de paris sportifs. Ainsi, la Cour d'appel de Paris a rendu un arrêt confirmatif relatif à un litige opposant des sites de paris en ligne et la fédération française de tennis[2373]. En l'espèce, cette fédération assignait l'opérateur de paris en ligne Unibet en vue de faire constater l'atteinte à son monopole d'exploitation du tournoi de Roland Garros, dont elle est l'organisatrice, ainsi que des agissements parasitaires et contrefaisants de la part de l'opérateur proposant des paris sportifs sur le tournoi sans autorisation préalable de la fédération. Dans son jugement[2374], le Tribunal de grande instance de Paris reconnaissait l'atteinte au droit d'exploitation de l'organisateur mais ne retenait pas la qualification d'actes contrefaisants. La Cour d'appel de Paris confirme le jugement et étaie le raisonnement des juges du fond de première instance. Elle considère que l'organisation de paris sportifs s'appuie uniquement sur l'existence de la compétition afin de générer un profit. Ce profit induit un flux financier lié à l'activité de paris, celle-ci en sollicitant l'exploitation du tournoi de tennis caractérise le monopole d'exploitation existant détenu par la fédération. Les juges d'appel retiennent dès lors, dans un raisonnement à rebours, que la création de ce flux financier est acte d'exploitation de la compétition sportive. *De facto*, la chose sportive ne peut être organisée sans autorisation préalable du propriétaire de la chose. Le caractère parasitaire est également fondé selon la Cour, le tournoi ayant « *acquis une renommée internationale qui se traduit par une valeur économique en constant développement* »,

---

[2373] CA Paris, 14 octobre 2009, *Fédération française de tennis c/ Unibet*, n°0819179. Notes sous arrêt : LEBON (G.) et VERBIEST (T.), *Les Cahiers de droit du sport*, n°17, octobre 2009, p.187 ; PORRACHIA (D.), *LPA*, n°64, 31 mars 2010, p.5.

[2374] TGI Paris, 30 mai 2008, *Fédération française de tennis c/ Unibet.* Solution à rapprocher du jugement, TGI Paris, 30 janvier 2008, *Juventus c/ Unibet*, n°06/00599. Le juge civil de première instance retient que l'atteinte au droit de la marque du club de football Juventus et le parasitisme sont caractérisés, malgré l'exception de l'article L.713-6 du Code de la propriété intellectuelle.

l'utilisation de la marque Roland Garros attire les parieurs sur le site de l'opérateur en ligne et induit un profit pour celui-ci.

En retenant la responsabilité de l'opérateur pour atteinte au droit de l'exploitation et qu'il a commis des actes constitutifs de contrefaçon, les juges du fond admettent, par ces décisions, le champ d'exclusivité au sein du droit de propriété interdisant l'exploitation commerciale du tournoi et sous quelque forme que ce soit la marque Roland Garros. La loi du 12 mai 2010 a atténué ces solutions du juge judiciaire ainsi que la jurisprudence administrative.

b – Le fondement administratif du droit au pari

510. Le juge administratif s'est prononcé sur la constitutionnalité et la légalité du droit au pari, démontrant une nouvelle fois l'émergence du contentieux périphérique au stade qui suscite de nombreuses interrogations juridiques subséquemment liées au stade et son propre contentieux.

La loi sur les jeux et paris en ligne a exacerbé la concurrence entre les opérateurs de paris sportifs et les fédérations sportives, organisatrices des compétitions, quant à la commercialisation des droits portant sur l'organisation des paris. Le Conseil d'Etat a été saisi d'une requête en annulation du décret du 7 juin 2010 relatif aux conditions de commercialisation des droits portant sur l'organisation de paris sportifs[2375], décret régissant le droit au pari. Le requérant soulevait également devant le juge administratif une question prioritaire de constitutionnalité aux motifs que le droit au pari contrevenait aux articles 4 et 5 de la DDHC en ce qu'il prive le public des droits portant sur les informations relatives aux manifestations et compétitions sportives. Le juge administratif a estimé ne pas devoir renvoyer cette requête au Conseil constitutionnel sur le fondement de l'article 61-1 de la Constitution et du mécanisme de la question prioritaire de constitutionnalité, à propos de la question de la conformité des droits et libertés garantis aux articles L.333-1-1 à L.333-1-3 du Code du sport. Pour le Conseil d'Etat, « *le droit d'exploitation des résultats des manifestations et compétitions sportives aux fins de l'organisation à titre commercial de paris sportifs ne constitue pas un bien public* ». Ainsi, l'attribution de ce droit d'exploitation aux fédérations sportives ou aux organisateurs de manifestations sportives ne méconnait pas

---

[2375] CE, Sect., 13 octobre 2010, *Société Betclic Enterprises Limited*, n°342142. Concl. de Salins. Notes sous arrêt : LAGARDE (F.), *Jurisport*, n°130, novembre 2010, p.8 ; BOUTARD-LABARDE (M-C.), *Jurisport*, n°104, décembre 2010, p.40 ; BAZEX (M.), *DA*, n°1, janvier 2011, p.47.

les principes garantis par les articles 4 et 5 de la DDHC, car le droit d'information du public des résultats sportifs n'est pas remis en cause et ne présente aucune incidence sur le droit au pari. Par ailleurs, le principe de rémunération tenant compte notamment des frais exposés pour la détection et la prévention de la fraude ne méconnait pas le principe de la liberté d'entreprendre et le principe d'égalité des citoyens devant la loi et les charges publiques.

Le Conseil d'Etat, après avoir estimé irrecevable la question prioritaire de constitutionnalité, étudiait la requête introduite pour excès de pouvoir à l'encontre du décret du 7 juin 2010[2376]. Le Conseil d'Etat rejette la requête visant à annuler pour excès de pouvoir le décret. Il rappelle, dans une formule lapidaire, que le droit au pari *« n'a pas le caractère de bien public »*[2377], puisque les éléments liés à la compétition tels que le calendrier, les résultats ou les caractéristiques de la compétition constituent de simples informations, des faits publics. Par conséquent il n'y a pas d'atteinte au droit de la propriété publique faute de biens publics. Il précise également que les droits d'exploitation des manifestations et compétitions sportives résultent de la qualité d'organisateur.

En outre, le Conseil d'Etat suit les recommandations de l'avis rendu par l'Autorité de la concurrence relatif au secteur des jeux d'argent et de hasard en ligne, par lequel celle-ci répond aux opérateurs de paris en ligne contestant les modalités de formation du prix du droit au pari[2378]. Elle recommandait notamment « *qu'il convient que le prix du droit au pari fasse l'objet soit d'une régulation* a priori, *conformément aux dispositions de l'article L410-2 du Code du commerce, soit d'un mécanisme de règlement des différends dans les mains du régulateur, comme cela existe dans d'autres secteurs économiques* ». Ainsi, l'Autorité de la concurrence propose de limiter la liberté de négociation commerciale entre les organisateurs de compétitions sportives et les opérateurs en ligne. La Haute juridiction administrative consacre donc dans son arrêt le droit au pari, en vertu de la loi du 12 mai 2010 et de l'article L.333-1-1 du Code du sport et le décret du 7

2376 CE, Sect., 30 mars 2011, *Société Betclic Enterprises Limited*, n°342142. Concl. Thiellay. Notes sous arrêt : BAZEX (M.), *DA*, n°6, juin 2011, p.51 ; COLIN (F.), *Les Cahiers de droit du sport*, n°24, juin 2011, p.106.

2377 Le Conseil d'Etat dans son considérant de principe décide que « *les dispositions de l'article L.333-1-1du Code du sport ont pour objet de définir les conditions d'exploitation des résultats des manifestations et compétitions sportives ; que le droit d'exploitation de ces informations aux fins de l'organisation à titre commercial de paris ne constitue pas un bien public* ».

2378 Autorité de la concurrence, avis n°11-A-02 du 20 janvier 2011 relatif au secteur des jeux d'argent et de hasard en ligne, paragraphe n°134. Notes : COSTES (L.), *RLDI*, n°68, février 2011, p.61 ; BAZEX (M.), *Contrats, concurrence, consommation*, n°3, mars 2011, p.35 ; BOUTARD-LABARDE (M-C.) et FAJGENBAUM (F.), *Jurisport*, n°107, mars 2011, p.34.

juin 2010 fixe les conditions de commercialisation des droits portant sur l'organisation de paris en relation avec un événement sportif. Ce droit au pari peut ainsi être consenti aux opérateurs privés de jeux en ligne par les organisateurs. Par ces arrêts *Betclic*, le Conseil d'Etat affirme donc la légalité et la constitutionnalité de la propriété du droit d'exploitation des événements sportifs.

Le Conseil d'Etat a confirmé, dans l'arrêt *Association européenne des jeux et paris en ligne*, sa jurisprudence en ce sens que le décret du 7 juin 2010 est conforme aux dispositions nationales et du droit de l'Union européenne[2379]. Il retient que la constitutionnalité et la légalité du décret ne peuvent être remises en cause, malgré la demande de l'association d'abroger ce décret. Le Conseil d'Etat énonce que la gestion des paris en ligne ne revêt pas le caractère de mission de service public et que le décret n'entrave pas les principes de libre prestations de services et de non-discrimination entre opérateurs agrées. Par cet arrêt, le juge administratif clos la question du droit au pari.

511. L'existence d'un stade se justifie, par nature, par l'organisation et l'exploitation d'événements sportifs. Ces derniers sont la propriété d'un organisateur. L'événement sportif s'identifie comme une chose appropriable[2380]. L'événement sportif, entité individualisée, est qualifié de chose immatérielle représentant une valeur patrimoniale. Le droit de propriété de cette chose implique logiquement que le flux financier, résultat de l'exploitation économique, revienne à l'organisateur. Le monopole de la propriété de l'événement sportif est reconnu par la jurisprudence[2381] et par la

---

[2379] CE, 23 novembre 2011, *Association européenne des jeux et paris en ligne contre Secrétariat Général du Gouvernement*, n°344711. Concl. Thiellay. Note sous arrêt : KILLY (R.), *Jurisport*, n°123, septembre 2012, p.36.

[2380] BUY (F.), MARMAYOU (J.-M.), PORACCHIA (D.) et RIZZO (F.), *Droit du sport*, LGDJ, 3ème édition, novembre 2012, p.689. V. aussi, BERLIOZ (P.), « La notion de bien », Thèse, sous la direction du Professeur Laurent AYNES, Université Panthéon-Sorbonne (Paris I), octobre 2007, p.25 et s. ; ZENATI-CASTAING (F.) et REVET (T.), *Les biens*, 3ème édition, PUF, janvier 2008, 759 p.

[2381] CA Lyon, 1ère ch. civ., sect. B, 26 mars 1987 ; CA Paris, 4ème ch. sect. A, 28 mars 2001, *Société Gemka Production SA c/ Société Tour de France SA et Société Amaury sport organisation*. Note sous arrêt : CARON (C.), *Com. Com. Elect.*, n°2, février 2003, p.30. La Cour de cassation s'est prononcée sur ce monopole considérant qu'un tiers ne peut réutiliser des clichés pris à l'occasion de la compétition pour illustrer une autre compétition, et ce, même s'il les a modifié de façon telle que l'on ne puisse identifie la compétition initiale, car l'utilisation de ces photographies porte atteinte au droit de propriété de l'organisateur sur sa compétition. Cass. com., 17 mars 2004, *Société Andros c/ Société Motor Presse France et Société CDO-Chamonix défi organisation*, n°02-12771. Bull. civ. IV, n°58, p.60. Notes sous arrêt : CARON (C.), *Com. Com. Elect.*, n°5, mai 2004, p.29 ; ALAPHILIPPE (F.), *RJES*, n°71, juin 2004, p.45 ; PORACCHIA (D.), *Les Cahiers de droit du sport*, n°1, avril 2005, p.163

loi[2382]. Le juge européen a également admis ce monopole de propriété[2383]. L'exercice du droit de propriété des organisateurs sportifs se trouve limité dans le cadre de la régulation du secteur des jeux en ligne en raison de l'ouverture à la concurrence. L'autorité de régulation des jeux en ligne veille au respect des exigences légales des conditions de commercialisation relatives aux dispositions du décret du 7 juin 2010.

L'évolution jurisprudentielle et législative des jeux et paris en ligne revêt un intérêt particulier pour les stades. Tout d'abord, les jeux d'argent représentent une source de financement du sport français, en contribuant d'une part au budget du Centre national pour le développement du sport et d'autre part au financement des projets de construction et de rénovation des enceintes sportives destinées à accueillir les rencontres organisées dans le cadre du championnat d'Europe de football EURO 2016[2384]. Ensuite, l'ouverture à la concurrence et la régulation du secteur, quand bien même l'harmonisation européenne n'est pas effective, établit des objectifs répondant à la préservation de l'ordre public et de l'ordre social en prévenant les risques de pathologies addictives, de blanchiment d'argent et de corruption. Les mesures mises en place tentent d'éviter que le stade soit un lieu troublant ces ordres. Enfin, les jeux d'argent, *stricto sensu*, et par l'intermédiaire des stades, *lato sensu*, participent à l'évolution et l'enrichissement du droit national et de l'Union européenne.

In fine, la loi du 12 mai 2010 instaure donc un régime dérogatoire au principe général d'interdiction des jeux d'argent et de hasard en libéralisant uniquement l'organisation de jeux de cercle en ligne et des paris sportifs et hippiques en ligne. Les jeux en dur, c'est-à-dire les jeux organisés dans des points de vente fixes sur le territoire, demeurent la prérogative du monopole étatique. La libéralisation et la mise en conformité du droit national avec les principes du droit de l'Union européenne demeurent limitées. La régulation

---

[2382] Loi n°92-652 du 13 juillet 1992 modifiant la loi n°84-610 du 16 juillet 1984 relative à l'organisation et à la promotion des activités physiques et sportives et portant diverses dispositions relatives à ces activités, *JORF*, n°163, 16 juillet 1992, p.9515. La loi du 13 juillet 1992 intègre l'article L.333-1 au Code du sport. V. GAUTIER (P-Y.), « Coupe du monde de football et propriété industrielle », *D. aff.*, n°7, juillet 1998, p.889.

[2383] TPICE, 3ème ch., 12 juin 1997, *Tiercé Ladbroke SA c/ Commission*, aff. T-504/93. Rec. p.923. Note BONET (G.), *D.* 1999, p.303.

[2384] Article 1609 *novovicies* du Code général des impôts. Un prélèvement de 1,80% des mises sur les jeux de hasard et des paris sportifs effectués en France métropolitaine est affecté au budget du Centre national pour le développement du sport. Un prélèvement complémentaire de 0,3% est effectué de 2011 à 2015, plafonné à 24 millions d'euros par an, est attribué aux stades de l'Euro 2016.

des jeux d'argent opérée par le droit démontre à nouveau que le droit est un instrument au service de la régulation du sport[2385].

2385 ZYLBERSTEIN (J.) et BONNET (E.), « Le droit, instrument au service de la régulation du sport », *Gaz. Pal.*, n°295, 19 octobre 2008, p.33.

CONCLUSION DU TITRE 2

512. Parce que la chronique sportive s'inscrit de plus en plus comme une chronique judiciaire, le traitement de la sécurité dans les stades admet des altérations aux libertés publiques et l'instauration de mesures préventives et répressives spéciales. Ce traitement ne doit pas sanctuariser les stades au risque de déplacer les comportements troublant l'ordre public dans d'autres lieux ou contextes propices.

D'autres droits spéciaux s'affirment avec l'émergence du droit d'exploitation des manifestations sportives. Le droit d'exploitation subjectif, dont bénéficie l'organisateur, ne doit pas exclure les spectateurs comme en témoigne l'arrêt *Murphy*. Par ailleurs, par ses caractéristiques, l'activité de paris contraint à contrôler et détecter les risques inhérents.

Si le sport exacerbe parfois les passions et se révèle source de tensions, il s'inscrit aussi comme une source d'apaisement politico-diplomatique[2386] orchestré par l'exploitation médiatique de la manifestation sportive.

[2386] Ainsi, la rencontre de football entre les Etats-Unis et l'Iran durant la Coupe du Monde 1998 ou le match de tennis de table entre les pongistes américains et chinois en avril 1971 en pleine Guerre Froide contribuèrent à renouer les relations diplomatiques entre ces belligérants. La diplomatie du « ping-pong » ouvra la voie à la rencontre entre le Président américain Richard Nixon et le Président chinois Mao Zedong en février 1972.

CONCLUSION DE LA SECONDE PARTIE

513. Le mode de financement du stade tend à évoluer, la personne publique n'a plus vocation à financer et réaliser seule un stade. L'intervention d'une personne privée pour participer à cette opération s'avère indispensable, d'autant que la professionnalisation de cet équipement ne s'inscrit plus dans la perspective de remplir une mission de service public. L'ingénierie financière permet de trouver des solutions à la problématique du financement qui doit être encadré. Le choix d'un modèle économique pertinent conditionne plus que jamais la pérennité du stade.

Le mode d'exploitation du stade est emprunt d'une certaine spécificité en raison de l'utilisateur, unique ou pluriel, qu'est le club résident. A cet égard, la Cour des comptes et la jurisprudence ont confirmé une évolution quant au montant de la redevance d'occupation du stade, lorsque le stade appartient à une personne publique. Les clubs doivent verser un montant évalué à la hauteur des avantages procurés par l'utilisation du stade, levier de recettes à fort potentiel. L'amélioration du mode d'exploitation du stade va générer de nouveaux revenus, néanmoins, la crise économique actuelle et l'intérêt modéré en France pour la passion sportive relativisent l'attractivité économique du stade. Il convient donc de nuancer ses apports économiques et de rester mesurer.

Par ailleurs, le stade peut être le lieu de trouble à l'ordre public. Une conciliation entre les libertés publiques et la prévention des atteintes à l'ordre public doit s'établir par un bon usage des pouvoirs de police. Le respect de l'ordre public contribue à une exploitation pérenne.

CONCLUSION GÉNÉRALE

514. Il convient pour conclure de dresser le bilan de notre étude sur les traductions juridiques de la rencontre du stade et du droit public. Il ne fait aucun doute que le stade est un lieu de concentration du droit public dans lequel émerge les problématiques juridiques que nous avons soulevé. De profondes mutations sont apparues quant au droit applicable au stade, impliquant l'idée d'un droit spécial du stade à l'instar de la *lex sportiva*. Ce droit spécial, qui pourrait se dénommer *lex stadium*, trouve son exemple le plus prégnant dans la qualification de service public. Celle-ci était retenue par habitude, voire exogène c'est-à-dire décidée par la personne publique. Mais les arrêts *Jean Bouin* et *Gilles* ont démontré que cette qualification pouvait être endogène, c'est-à-dire résultant des considérations particulières de l'espèce. Sur cet aspect, l'arrêt de la Cour administrative d'appel de Bordeaux, *M. Rouveyre,* confirme que les considérations de l'espèce l'emportent quant à la vocation effective du stade[2387].

En droit des contrats administratifs, nous avons évoqué l'évolution du choix du montage contractuel avec le passage de la concession au contrat de partenariat[2388], ainsi que l'élaboration de dispositifs facilitant la conclusion du montage pour la réalisation de stades comme l'illustre les dérogations accordées pour l'Euro 2016. Un droit spécial des contrats administratifs appliqués au stade a pu être dégagé au même titre qu'un droit spécial de l'encadrement des manifestations sportives. En effet, le particularisme des dispositifs législatifs et jurisprudentiels observés quant à la sécurité et l'exploitation médiatique en témoigne.

L'essoufflement du modèle de financement traditionnel des stades et le recours à des opérations de financement faisant intervenir un financement mixte a contribué à l'intérêt de cette étude. La personne publique n'a plus vocation à financer seule la réalisation d'un stade et contribuer pécuniairement à son fonctionnement. Les finances publiques s'avèrent suffisamment grevées. La problématique du stade a pris une autre dimension dans l'approche économique des clubs et des autorités publiques. Le stade n'est plus simplement un simple réceptacle du spectacle sportif, il est conçu comme un réel lieu de vie, un élément moteur de redynamisation du tissu urbain et un levier du développement des recettes hors match[2389]. L'objet

---

[2387] DE FENOYL (E.), « L'évolution du poids et du rôle des collectivités dans la construction des stades : le stade, le service public et l'intérêt général », *in*, sous la dir. CHAIX (P.), *Les grands stades*, L'Harmattan, mars 2011, p.86.

[2388] RICHER (L.) « Propriété publique et rentabilité des stades : de la concession au contrat de partenariat », *in,* sous dir. SIMON (G.), *Le stade et le droit*, Dalloz, février 2008, p.67.

[2389] BOLOTNY (F.), « Les enceintes sportives comme levier de rééquilibrage d'un modèle économique défaillant », *Les cahiers de l'INSEP*, n°42, 2008, p.317.

foncier que représente le stade contribue à l'aménagement urbain et périurbain. Il faut s'en satisfaire mais veiller à ce qu'il respecte les règles d'urbanisme et s'inscrive dans une perspective cohérente d'aménagement urbanistique.

515. Du Colisée de Rome à l'*Emirates stadium* d'Arsenal[2390], les stades n'ont jamais cessé d'évoluer et de fasciner. Certains auteurs les élèvent même au rang de « *cathédrales des temps modernes* »[2391]. Quatre générations de stades se distinguent. La première génération de stade de 1920 à 1930 intervient au moment de l'émergence du sport moderne avec comme but de réunir le plus de spectateurs possibles et de promouvoir le sport pour les masses. La seconde génération de stade de 1970 à 1980 s'inscrit dans le cadre du développement de la télévision en parallèle de l'amélioration des conditions d'accueil. La troisième génération de stade de 1990-2000 apparaît à la suite de graves incidents survenus dans les stades, notamment en Angleterre, la sécurité prend une place essentielle dans la construction des enceintes sportives. Elles sont désormais conçues en vue d'une sécurité optimale. Ce sont également les débuts des stades multifonctionnels et des prestations business et VIP. Cela nous amène à la quatrième génération de stade qui sont de véritables complexes immobiliers, enceintes de haute technologie s'inscrivant dans l'environnement local. Résolument multifonctionnels, les stades sont de véritables projets de dynamisation du tissu urbain, centres de vie et de profits. Le droit, l'économie et le sport connaissent une interpénétration croissante.

Cette interpénétration soulève une interrogation. Le sport serait-il un nouvel opium du peuple ? Si Karl Marx avait ainsi qualifié la religion, à son instar certains sociologues rapprochent le football et les compétitions en la continuité des jeux du cirque de la Rome antique. A ce titre, il convient de rappeler la fameuse formule de Juvénal, poète satirique latin de la fin du Ier siècle et du début du IIème siècle de notre ère, « *ce peuple qui jadis distribuait les pleins pouvoirs, les faisceaux, les légions, tout enfin, il a rabattu de ses préventions et ne souhaite plus anxieusement que deux choses : du pain et des jeux* (*panem et circenses*) ». Ainsi, du Colisée de Rome à l'*Emirates stadium* d'Arsenal, seuls le droit applicable et l'exploitation commerciale ont connu des mutations. L'intérêt de la population pour le sport demeure identique.

[2390] Pour citer le stade considéré actuellement comme le plus élaboré et économiquement viable.

[2391] PAUTOT (M.), *Le sport spectacle – Les coulisses du sport business*, L'HARMATTAN, septembre 2003, p.225.

516. Le 28 mai 2010, la France a été désignée pour organiser l'Euro 2016 aux dépens de la Turquie et de l'Italie. L'organisation de ce championnat d'Europe permettra de doter les villes-hôtes et les clubs professionnels concernés de stades de tout premier plan. Cet événement international extrêmement porteur, puisqu'il est le troisième événement sportif mondial par son impact médiatique, insufflera au sport français et en particulier le football un nouvel élan dont bénéficiera pleinement le monde amateur.

En ces temps de violences dans les stades et de nouvel élan pour les infrastructures sportives, les spectacles sportifs apparaissent toujours comme un vecteur pour le peuple de manifester publiquement son opposition. A l'époque de la Rome antique, le peuple oubliait la perte de ses libertés et de ses droits politiques, le stade à l'occasion du cirque représentait la seule occasion de manifester son opposition à l'empereur. Au XXIème siècle, les stades restent un lieu de contestation du pouvoir où les antagonismes politiques et les revendications nationalistes surgissent[2392]. En Angleterre, après la tragédie survenue à Sheffield le 15 avril 1989 avec la mort de 96 supporters, en raison entre autre de la vétusté de stades, la réflexion en profondeur sur les maux du football qui suivit la catastrophe a mené à la mise en place d'un dispositif légal et judiciaire, les *Football Supporters Acts* initiés par deux rapports de Lord Justice Taylor. Cette réflexion reste sans équivalent en Europe et a permis une refonte totale des systèmes de surveillance et de sécurité dans les stades et leurs alentours. Si en 1998, la victoire de la Coupe du Monde et les nouveaux stades avaient provoqué un élargissement de la base populaire ainsi qu'une féminisation des spectateurs, il faudra que le projet de 2016 accompagne une autre mutation, celle-ci plus profonde, de la pacification des stades. Il appartient désormais à la France de s'inspirer du cercle vertueux du football allemand depuis la Coupe du Monde 2006 (influence en forte augmentation, développement économique des clubs et indice au classement UEFA amélioré notamment). La victoire en matière de stades doit être à la fois politique, économique, architecturale et sportive. La France doit démontrer à l'Europe qu'elle est capable de mener à bien de grands travaux dans un délai raisonnable. Certes, la plupart des stades retenus vont s'articuler autour d'un contrat de partenariat pour leur construction ou leur rénovation, mais en cette période de dialogue compétitif pour la majorité d'entre eux, il est nécessaire que les contrats d'exploitation soient moins léonins que celui liant le Stade de France aux fédérations de football et de rugby.

[2392] De nombreux exemples peuvent être cités, nous retiendrons le rôle symbolique en Espagne des clubs basque (Athletic Bilbao) et catalan (FC Barcelone) dans le caractère identitaire de ces régions ; ou bien encore les différentes manifestations de xénophobie, d'homophobie et parfois de fascisme dans les stades. V. en particulier, BOLZ (D.), *Les arènes totalitaires – Hitler, Mussolini et les jeux du stade*, CNRS éditions, janvier 2008, 341 p.

Dans ce contexte, le contrat de partenariat et plus généralement les contrats globaux, doivent s'affirmer comme le montage contractuel le plus pertinent. L'obtention de l'Euro de 2016 devrait permettre à la France de combler son retard sur les pays voisins et apparaît comme une opportunité économique intéressante. Le contrat de partenariat représente une solution intéressante et moderne pour réaliser ces projets d'enceintes sportives. Il offre une perspective s'inscrivant dans un mouvement d'évolution du secteur sportif professionnel, au sein duquel le football joue un rôle moteur. Toutefois, il convient de rester mesuré quant à la supériorité supposée du « contrat de partenariat sportif », le contrat n'étant que le reflet d'une négociation plus ou moins bien menée. *In fine*, seuls le temps et les retours d'expériences valideront ce choix.

517. Par la particularité de son objet, le stade apporte des innovations en matière de contrats, de financements et d'aménagements du territoire confirmant qu'il est un lieu de concentration du droit public. Il est aussi un lieu de rassemblement encadrant le public et l'exploitation médiatique.

Les normes imposées par les instances sportives internationales et leurs exigences quant à l'attribution d'une compétition sportive internationale font partie intégrante de la *lex sportiva.* Les Etats, et la France en premier lieu, se résignent à se faire imposer cette loi et modifient leur droit. La puissance du pouvoir sportif laisse perplexe. Elle suscite toutefois des réflexions quant aux problématiques juridiques liées aux stades tout en ayant le mérite d'engendrer des mutations et enrichir le droit.

Il apparaît que la *lex sportiva* a donc instauré une « *lex stadium* », soulignant l'envergure que les stades ont pris dans le droit et dans la société, renvoyant au célèbre épigramme de Bède le Vénérable au VIIIème siècle : « *Quandiu stabit coliseus, stabit et Roma ; quando cadet coliseus, cadet et Roma ; quando cadet Roma, cadet et mundus* »[2393].

[2393] Cet épigramme peut se traduire ainsi, « *Tant que durera le Colisée, Rome durera ; quand le Colisée tombera, Rome tombera ; quand Rome tombera, le monde tombera* ». Toutefois, une interrogation subsiste quant à la convenance du terme *coliseus*, pouvant faire référence à la statue du Colosse de Néron situé à l'époque à proximité de l'amphithéâtre flavien.

BIBLIOGRAPHIE

I - Dictionnaires, Encyclopédies, Mélanges et Recueils :

- ALLAND (D.) et RIALS (S.), *Dictionnaire de culture juridique*, PUF, 1ère édition, octobre 2003.
- BONICHOT (J-C.), CASSIA (P.) et POUJADE (B.), *Les grands arrêts du contentieux administratif*, Dalloz, 2ème édition, septembre 2009.
- BRACONNIER (S.), « Partenariats public-privé », *JurisClasseur Contrats et Marchés Publics*, fascicule 646.
- CORNU (G.), *Vocabulaire juridique*, PUF, 8ème édition, avril 2007.
- DELELIS (P.), « Partenariats public-privé », *JurisClasseur Administratif*, fascicule 670.
- DESCHEEMAEKER (C.), « Gestion de fait », *JurisClasseur Administratif*, fascicule 1265.s.
- ECKERT (G.), « Bail emphytéotique administratif », *JurisClasseur Contrats et marchés publics*, fascicule 610.
- Etudes offertes en l'honneur du Doyen Philippe SIMLER, Litec, 2006, 930 p.
- Etudes offertes à Pierre CATALA*, le droit privé français à la fin du XXème siècle*, Litec Législateurs, 2001, 1023 p.
- FAVOREU (L.) et PHILIP (L.), Les grandes décisions du Conseil constitutionnel, Dalloz, 13ème édition, août 2005.
- Guide des EPEC des PPP – Manuel des bonnes pratiques, MAPPP, 88 p.
- GINTRAND (E.), « Services publics locaux », *JurisClasseur Administratif*, fascicule 126.
- KARAQUILLO (J-P.) et DUDOGNON (C.) sous dir., *Dictionnaire juridique du sport*, Dalloz, septembre 2013.
- LONG (M.), WEIL (P.), BRAIBANT (G.), DELVOLVE (P.), et GENEVOIS (B.), *Les grands arrêts de la jurisprudence administrative*, Dalloz, 17ème édition, septembre 2009.
- MAGNET (J.), « Lexique – Droit budgétaire et comptabilité publique », Paris, PUF, 1ère éd., 1980.
- Mélanges en l'honneur du Professeur René CHAPUS, *Droit administratif*, Montchrestien, juin 1992, 716 p.
- Mélanges en l'honneur du Professeur Jean-Philippe COLSON, *Environnements : les mots du droit et les incertitudes de la modernité*, PUG, juin 2004, 591 p.
- Mélanges en l'honneur du Professeur Roland DRAGO, *L'unité du droit*, Economica, décembre 1996, 503 p.
- Mélanges en l'honneur du Professeur Etienne FATOME, *Bien public, bien commun*, Dalloz, juin 2011, 478 p.

- Mélanges en l'honneur du Professeur Philippe GODFRIN, *Les nouvelles orientations du droit de la propriété publique*, Mare et Martin, avril 2014, 529 p.
- Mélanges en l'honneur du Professeur Michel GUIBAL, *Contrats Publics*, Presses de la Faculté de Droit de Montpellier, janvier 2006. Collections Mélanges. Volume 1, 874 p.
- Mélanges en l'honneur du Professeur Michel GUIBAL, *Contrats Publics*, Presses de la Faculté de Droit de Montpellier, janvier 2006. Collections Mélanges. Volume 2, 705 p.
- Mélanges en l'honneur du Professeur Daniel LABETOULLE, *Juger l'administration, administrer la justice*, Dalloz, mai 2007, 882 p.
- Mélanges en l'honneur du Professeur Jean-François LACHAUME, *Le droit administratif : permanences et convergences*, Dalloz, 2007, 1122 p.
- Mélanges en l'honneur du Professeur Franck MODERNE, *Mouvement du droit public : du droit administratif au droit constitutionnel, du droit français aux autres droits,* Dalloz, juin 2004, 1264 p.
- Mélanges en l'honneur du Professeur Jacqueline MORAND-DEVILLERS, *Confluences*, Montchrestien, février 2008, 968 p.
- Mélanges en l'honneur du Professeur Pierre PACTET, *L'esprit des institutions, l'équilibre des pouvoirs,* Dalloz, mai 2003, 966 p.
- Mélanges en l'honneur du Professeur Laurent RICHER, *A propos des contrats des personnes publiques*, LGDJ, novembre 2013, 731 p.
- Mélanges en l'honneur du Professeur Pierre SANDEVOIR, *Service public, services publics*, L'Harmattan, juillet 2000, 309 p.
- Mélanges en l'honneur du Professeur François TERRE, *L'avenir du droit*, Dalloz, juin 1999, 868 p.
- PICARD (P.), *Dictionnaire des sciences économiques*, PUF, 2001.
- RIZZO (F.), « Régime juridique des événements sportifs », *JurisClasseur Communication*, fascicule 4125.
- UBAUD-MEGERON (M.), « Bail emphytéotique administratif », *JurisClasseur Administratif*, fascicule 681.

II - Ouvrages généraux :

- AUBY (J-B.), AUBY (J-F.) et NOGUELLOU (R.), *Droit des collectivités locales*, PUF, 5ème édition, novembre 2009, 395 p.
- AUBY (J-B.), PERINET-MARQUET (H.) et NOGUELLOU (R.), *Droit de l'urbanisme et de la construction*, LGDJ, 9ème édition, mars 2012, 1258 p.
- AUBY (J-B.), *La globalisation, le droit et l'Etat*, Montchrestien, septembre 2003, 158 p.
- BOULOUIS (J.), *Essai sur la politique des subventions administratives*, Armand Colin, 1951, 334 p.

- BOUSSARD (S.) et LE BERRE (C.), *Droit administratif des biens*, LGDJ, juin 2014, 472 p.
- BOUVIER (M.), ESCLASSAN (M-C.), LASSALE (J-P.), *Manuel de finances publiques*, LGDJ, 9ème édition, novembre 2008, 882 p.
- BUY (F.), MARMAYOU (J.-M.), PORACCHIA (D.) et RIZZO (F.), *Droit du sport*, LGDJ, 3ème édition, novembre 2012, 832 p.
- CASSIA (P.), *Les référés administratifs d'urgence*, LGDJ, septembre 2003, 208 p.
- CHABANOL (D.), *La pratique du contentieux administratif*, Litec, 10ème édition, août 2013, 510 p.
- CHAPUS (R.), *Droit administratif général,* Tome 1, Montchrestien, 15ème édition, septembre 2001, 1427 p.
- CHAPUS (R.), *Droit administratif général,* Tome 2, Montchrestien, 15ème édition, septembre 2001, 749 p.
- CHAPUS (R.), *Droit du contentieux administratif*, Montchrestien, 13ème édition, mars 2008, 1540 p.
- COLLET (M.), *Droit fiscal*, PUF, 2ème édition, octobre 2009, 438 p.
- COZIAN (M.), VIANDIER (A.) et DEBOISSY (F.), *Droit des sociétés*, Litec, 24ème édition, août 2011, 856 p.
- CLERGERIE (J-L.), GRUBER (A.), RAMBAUD (P.), *L'Union européenne*, Dalloz, 7ème édition, octobre 2008, 879 p.
- DE LAUBADERE (A.), MODERNE (F.) et DELVOLVE (P.), *Traité des contrats administratifs*, Tome 2, LGDJ, 2ème édition, novembre 1983, 1223 p.
- DAILLIER (P.), FORTEAU (M.), NGUYEN QUOC DINH, PELLET (A.), *Droit international Public*, LGDJ, 8ème édition, novembre 2009, 1722 p.
- DEGOFFE (M.), *Droit administratif*, Ellipses, octobre 2008, 384 p.
- DELVOLVE (P.), *Droit administratif*, Dalloz, 6ème édition, mars 2014, 156 p.
- DESPORTES (F.) et LE GUNEHEC (F.), *Droit pénal général*, Economica, 15ème édition, octobre 2008, 1228 p.
- DUFAU (J.), *Le domaine public*, Le Moniteur, 5ème édition, juillet 2001, 576 p.
- DUPUIS (G.), GUEDON (M-J.) et CHRETIEN (P.), *Droit administratif*, Sirey, 12ème édition, novembre 2010, 728 p.
- ECKERT (G.), *Droit public des affaires*, LGDJ, 2ème édition, août 2013, 208 p.
- FOULQUIER (N.), *Droit administratif des biens*, Litec, 2ème édition, octobre 2013, 748 p.
- FRIER (P-L.) et PETIT (J.), *Précis de droit administratif*, Monchrestien, 8ème édition, septembre 2013, 634 p.
- GAVALDA (C.) et STOUFFLET (J.), *Droit bancaire*, Litec, 8ème édition, novembre 2010, 742 p.

- GAUDEMET (Y.), *Droit administratif*, LGDJ, 19ème édition, février 2010, 550 p.
- GAUDEMET (Y.), *Droit administratif des biens*, LGDJ, Tome 2, 15ème édition, février 2014, 704 p.
- GODFRIN (P.) et DEGOFFE (M.), *Droit administratif des biens*, Sirey, 10ème édition, octobre 2012, 473 p.
- GONOD (P.), MELLERAY (F.) et YOLKA (P.), *Traité de droit administratif*, Tome 1, Dalloz, décembre 2011, 841 p.
- GONOD (P.), MELLERAY (F.) et YOLKA (P.), *Traité de droit administratif*, Tome 2, Dalloz, décembre 2011, 711 p.
- GROSCLAUDE (J.) et MARCHESSOU (P.), *Droit fiscal général*, Dalloz, 7ème édition, septembre 2009, 626 p.
- GROSCLAUDE (J.) et MARCHESSOU (P.), *Procédures fiscales*, Dalloz, 5ème édition, juin 2009, 382 p.
- GUETTIER (C.), *Droit des contrats administratifs*, PUF, 3ème édition, août 2011, 648 p.
- GUETTIER (C.), *Droit administratif des biens*, PUF, novembre 2008, 474 p.
- GUGLIELMI (G.J.) et KOUBI (G.), *Droit du service public*, Montchrestien, 3ème édition, octobre 2011, 804 p.
- GUYOMAR (M.) et SEILLER (B.), *Contentieux administratif*, Dalloz, 2ème édition, juillet 2012, 516 p.
- JACQUOT (H.) et PRIET (F.), *Droit de l'urbanisme*, Dalloz, 6ème édition, avril 2008, 978 p.
- JEZE (G.), *Cours de droit public*, Giard, 1926, 284 p.
- KALFLECHE (G.), *Droit de l'urbanisme*, PUF, juillet 2012, 392 p.
- LAMARQUE (J.), NEGRIN (O.) et AYRAULT (L.), *Droit fiscal général*, Lexis Nexis, 2ème édition, octobre 2011, 1463 p.
- LEGEAIS (D.), *Sûretés et garanties du crédit*, LGDJ, 8ème édition, janvier 2011, 617 p.
- LEGEAIS (D.), *Droit commercial et des affaires*, Dalloz, 19ème édition, novembre 2010, 578 p.
- LEVY (J-P.) et CASTALDO (A.), *Histoire du droit civil*, Dalloz, 2ème édition, octobre 2010, 1619 p.
- LICHERE (F.), *Droit des contrats publics*, Dalloz, mai 2005, 133 p.
- LINOTTE (D.) et ROMI (R.), *Droit public économique*, Lexis Nexis, 7ème édition, février 2012, 482 p.
- MALINVAUD (P.), *Droit des obligations*, Lexis Nexis, 10ème édition, août 2010, 638 p.
- MALAURIE (P.) et AYNES (L.), *Droit civil - Les biens*, LGDJ, 5ème édition, février 2013, 432 p.
- MALAURIE (P.), AYNES (L.) et STOFFEL-MUNCK (P.), *Droit civil – Les obligations*, Defrenois, octobre 2009, 684 p.

- MESTRE (J.), PUTMAN (E.) et BILLIAU (M.), *Traité de Droit civil – Droit commun des sûretés réelles*, LGDJ, janvier 1996, 520 p.
- MORAND-DEVILLER (J.), *Droit de l'urbanisme*, Dalloz, 8ème édition, octobre 2008, 106 p.
- MORAND-DEVILLER (J.), *Droit administratif*, Montchrestien, 11ème édition, octobre 2009, 944 p.
- MORAND-DEVILLER (J.), *Droit administratif des biens*, Montchrestien, 6ème édition, octobre 2010, 884 p.
- NICINSKI (S.), *Droit public des affaires*, Montchrestien, 2ème édition, août 2010, 720 p.
- RICHER (L.), *Droit des contrats administratifs*, LGDJ, 8ème édition, août 2012, 648 p.
- RIVERO (J.) et WALINE (J.), *Droit administratif*, Dalloz, 23ème édition, août 2010, 540 p.
- ROUGEVIN-BAVILLE (M.), DENOIX DE SAINT-MARC (R.) et LABETOULLE (D.), *Leçons de droit administratif*, Hachette supérieur, 1989, 639 p.
- SEILLER (B.), *Droit administratif – Les sources et le juge*, Flammarion, 5ème édition, août 2013, 346 p.
- SEILLER (B.), *Droit administratif – L'action administrative*, Flammarion, 5ème édition, janvier 2014, 364 p.
- SIMON (G.), CHAUSSARD (C.), ICARD (P.), JACOTOT (D.), DE LA MARDIERE (C.) et THOMAS (V.), *Droit du sport*, PUF, mars 2012, 593 p.
- SOLER-COUTEAUX (P.) et CARPENTIER (E.), *Droit de l'urbanisme*, Dalloz, 5ème édition, janvier 2013, 836 p.
- TERRE (F.) et SIMLER (P.), *Droit civil – Les biens*, Dalloz, 8ème édition, août 2010, 868 p.
- TERRE (F.), SIMLER (P.) et LEQUETTE (Y.), *Droit civil – Les obligations*, Dalloz, 10ème édition, septembre 2009, 1542 p.
- TRUCHET (D.), *Droit administratif*, PUF, 2ème édition, août 2009, 468 p.
- VEDEL (G.) et DELVOLVE (P.), *Droit administratif*, Tome 1, PUF, 12ème édition, novembre 1992, 716 p.
- VEDEL (G.) et DELVOLVE (P.), *Droit administratif*, Tome 2, PUF, 12ème édition, novembre 1992, 802p.
- VENEZIA (J-C.) et GAUDEMET (Y.), *Traité de droit administratif*, Tome 1, LGDJ 15ème édition, novembre 1999, 1107 p.
- WALINE (J.), *Droit administratif*, Dalloz, 22ème édition, mars 2008, 726 p.
- YOLKA (P.), *Droit des contrats administratifs*, LGDJ, septembre 2013, 176 p.

III - Ouvrages spécifiques :

- ALAPHILIPPE (P.), sous dir., *Sport et collectivités locales*, Sirey, 1984, 183 p.
- ALBIGES (C.), DARMAISIN (S.) et SAUREL (O.), *Responsabilité et sport*, Litec, juillet 2007, 259 p.
- AMSON (C.), *Droit du sport*, Vuibert, juin 2010, 280 p.
- AUBY (J-F.), *La commune et les spectacles*, Le Moniteur, mars 2005, 133 p.
- AYNES (L.), sous dir., *Le contrat de financement – Etude comparative et prospective du crédit bancaire*, Litec, avril 2006, 364 p.
- BAYEUX (P.), *Le sport et les collectivités territoriales*, Que sais-je ?, PUF, novembre 1996, 127 p.
- BAYEUX (P.), *Les relations entre collectivités locales et clubs sportifs*, PUS, avril 2006, 76 p.
- BAYEUX (P.), *Le sport et les collectivités territoriales*, Que sais-je ?, PUF, 2006, 127 p.
- BAYEUX (P.), *Le maire et le sport*, Berger-Levrault, 3ème édition, novembre 2009, 522 p.
- BAYEUX (P.), DUDOGNON (C.), DUPUIS (J.), PIAU (J.) et QUANTIN (J.), *Clubs sportifs et collectivités territoriales : les outils de la contractualisation*, CNFPT, 1997, 129 p.
- BERGERE (F.), BEZANCON (X.), DERUY (L.), GOULARD (G.) et FORNACCIARI (M.), *Le guide opérationnel des PPP*, Le Moniteur, 3ème édition, janvier 2010, 430 p.
- BESSY (O.) et HILLAIRET (D.), sous dir., *Nouvelles pratiques, nouveaux territoires, l'innovation dans les espaces marchands et mixtes. Les espaces sportifs innovants*, Tome 2, PUS, juin 2002, 243 p.
- BIDEGARAY (C.) et MARTIN (G.), « Le sportif : définition et typologie », *in Les problèmes juridiques du sport. Le sportif et le groupement sportif*, colloque, *Economica*, 1979.
- BOURG (J-F.) et NYS (J-F.), *Financement des clubs sportifs et stratégies des collectivités territoriales : nouveaux modèles, nouveaux enjeux*, La lettre du cadre territorial, mars 2003, 156 p.
- BOURG (J-F.) et NYS (J-F.), *Financement des clubs sportifs et stratégie des collectivités territoriales : nouveaux modèles nouveaux enjeux*, PUS, mars 2006, 229 p.
- BRACONNIER (S.), *Droit des marchés publics*, Le Moniteur, 4ème édition, août 2012, 567 p.
- BRECHON-MOULENE (C.) et LLORENS (F.), *La concession de service public face au droit communautaire*, Sirey, 1992, 126 p.

- BRENET (F.) et MELLERAY (F.), *Les contrats de partenariat et l'ordonnance du 17 juin 2004, une nouvelle espèce de contrats administratifs*, Litec, juin 2005, 278 p.
- BREVILLE (A.), *Les contrats de partenariat public-privé*, Editions du service public, octobre 2008, 158 p.
- CALLEDE (J-P.), « Dynamique spatiale et politiques d'équipements. Le cas des équipements culturels et sportifs : leur rôle dans les rapports centre-périphérie », *Association française de science politique*, 26-28 janvier 1984, 20 p.
- CALLEDE (J-P.), *Les politiques sportives en France*, Economica, mai 2000, 190 p.
- CARON (C.), *Droit d'auteur et droits voisins*, Litec, 3ème édition, février 2013, 613 p.
- CAYROL (N.), *Les actes ayant pour objet l'action en justice*, Economica, septembre 2001, 325 p.
- CHAIX (P.), sous dir., *Les grands stades*, L'Harmattan, mars 2011, 257 p.
- CHARRIER (D.), sous dir., *Le financement du sport par les conseils régionaux, les conseils généraux, les communes de plus de 20.000 habitants, les syndicats d'agglomération nouvelle et les communautés urbaines 1995-1998,* Actes de colloque des Vèmes journées de management du sport, Tome 1, PUS, octobre 2002, 276 p.
- CHARRIER (D.) et DURAND (C.), sous dir., *Le financement du sport par les collectivités locales, des ambitions politiques aux choix budgétaires*, Actes de colloque des Vèmes journées de management du sport, Tome 2, PUS, octobre 2002, 221 p.
- CLAMOUR (G.) et TERNEYRE (P.), sous dir., *Financement et Contrats Publics*, CREAM, mai 2014, 211 p.
- DEFRANCE (J.), *Sociologie du sport*, La Découverte, 4ème éd., janvier 2003, 124 p.
- DEPRE (S.), sous dir., *Le sport dopé par l'Etat, vers un droit public du sport ?*, Actes de colloque, Bruylant, 2006, Bruxelles, 303 p.
- DEPORCQ (D.) et SCHMIDT (P.), *Collectivités territoriales et associations : gestion associative et maîtrise des risques juridiques,* Berger-Levrault, 2001, 314 p.
- DERIEUX (E.), *Droit des médias*, LGDJ, 5ème éd., février 2008, 1065 p.
- DESBORDES (M.), *Gestion du sport*, Vigot, juin 2000, 102 p.
- DREYFUS (J-D.), GROUD (H.), PUGEAULT (S.), *Associations et collectivités territoriales, les liaisons dangereuses*, L'Harmattan, juin 2009, 184 p.
- DUBREUIL (C-A.), sous dir., *L'ordre public*, édition Cujas, mars 2013, 352 p.

- DURAND (F.), FEVRE (M.), LAFAILLE (F.) et BUCHER (C.), *Jeux de hasard et société*, L'Harmattan, novembre 2008, 208 p.
- DUVAL (J-M.), *Le droit public du sport*, Presses universitaire d'Aix-Marseille, mars 2002, 412 p.
- FORTIN-CREMILLAC (H.), *La sécurité des équipements sportifs*, PUS, décembre 2012, 382 p.
- GOUGUET (J-J.) et NYS (J-F.), *Sport et développement économique régional*, Dalloz, 1993, 290 p.
- GRANGE (C.), *La loi MOP*, Le Moniteur, 2ème édition, mai 2010, 393 p.
- GREFFE (X.), Economie des politiques publiques, Dalloz, 2ème édition, septembre 1997, 582 p.
- GUILLAUME (J.) et DERMIT-RICHARD (N.), *Football et Droit*, Actes de colloque Université de Rouen du 12 octobre 2011, Fondation Varenne, septembre 2012, 198 p.
- HALBA (B.), *Economie du sport*, Economica, février 1997, 112 p.
- HAUBERT-MC GETRICK (V.) et ANSALONI (G.), *Financement de projet, enjeux juridiques et bancabilité d'une opération*, Revue Banque Edition, décembre 2011, 192 p.
- HONTA (M.), *Les territoires de l'excellence sportive*, Presses Universitaires de Bordeaux, février 2002, 355 p.
- HUTEAU (S.), *Les subventions : aspects juridiques, comptables et fiscaux*, Territorial, février 2003, 145 p.
- INSTITUT DE LA GESTION DELEGUEE – DEXIA, *Partenariats public-privé : recueil des textes et de la jurisprudence applicable aux collectivités territoriales*, La documentation française, novembre 2006, 234 p.
- INSTITUT DE LA GESTION DELEGUEE – DEXIA, *Partenariats public-privé : mode d'emploi juridique et approche économique*, La documentation française, novembre 2006, 283 p.
- KARAQUILLO (J-P.), *Le droit du sport*, Dalloz, décembre 1997, 120 p.
- KLEIN (G.), *Les sectes et l'ordre public*, Presses Universitaires de Franche-Comté, février 2006, 350 p.
- LAFITTE (M.), *Les partenariats public-privé : une clé pour l'investissement public en France*, Revue Banque, avril 2006, 154 p.
- LAPOUBLE (J-C.), *Droit du sport*, Ellipses, octobre 2006, 293 p.
- LASSALLE (J-Y.), *La violence dans le sport*, Que sais-je ?, PUF, 1997, 127 p.
- LESTRELIN (L.), *L'autre public des matchs de football, sociologie des « supporters à distance » de l'Olympique de Marseille*, EHESS, novembre 2010, 378 p.

- LICHERE (F.), MARTOR (B.), PEDINI (G.) et THOUVENOT (S.), *Pratique des partenariats public-privé*, Litec, 2ème édition, avril 2009, 268 p.
- LOUP (J.), *Les sports et le droit*, Dalloz, 1930, 296 p.
- LYONNET DU MOUTIER (M.), *Financement et partenariats public-privé*, Editions EMS, octobre 2011, 317 p.
- MAISONNEUVE (M.), sous dir., *Droit et Coupe du Monde*, Economica, octobre 2011, 468 p.
- MAISONNEUVE (M.) et TOUZEIL-DIVINA (M.), sous dir., *Droit(s) au football, Actes du colloque du Mans du 4 avril 2014*, Lextenso, mai 2014, 188 p.
- MARTY (F.), TROSA (S.) et VOISIN (A.), *Les partenariats public-privé*, Editions La Découverte, avril 2006, 122 p.
- MAZEAUD (P.), *Sport et liberté*, Denoël, avril 1980.
- MONNERET (J.), *Les politiques sportives des collectivités territoriales*, Vigot, décembre 1997, 189 p.
- OCDE, *Les partenariats public-privé : partager les risques et optimiser les ressources*, OCDE, novembre 2008, 141 p.
- PACOTTE (N.) et JANNER (R.), *Les conventions des collectivités territoriales en matière sportive*, PUS, février 2008, 222 p.
- PAUTOT (M.), *Le sport spectacle – Les coulisses du sport business*, L'HARMATTAN, septembre 2003, 332 p.
- PAUTOT (M.) et PAUTOT (S.), *Le sport et la loi*, Juris-association, 2ème éd, septembre 2004, 348 p.
- PIEDELIEVRE (S.), *Traité de droit civil – La publicité foncière*, LGDJ, mars 2000, 304 p.
- PIGNON-XARDEL (S.), MANOUKIAN (S.), VITSE (L.), *Le financement des partenariats public-privé. Problématiques juridiques et financières, pratiques et enjeux*, Le Moniteur, février 2010, 346 p.
- RAIMBOURG (P.) et BOIZARD (M.), sous dir., *Ingénierie financière, fiscale et juridique,* Dalloz, septembre 2009, 1758 p.
- REMY (D.), *Le sport et son droit*, Romillat, décembre 1994, 384 p.
- RICHER (L.), *La concession en débat*, LGDJ, mai 2014, 224 p.
- RIGOZZI (A.), *L'arbitrage international en matière de sport*, Bruylant, juin 2005, 880 p.
- SAUREL (J.), *Le sport face à la fiscalité*, Economica, novembre 2011, 167 p.
- SCHMIDT (J.) et KORNPROBST (E.), *Fiscalité immobilière*, Litec, 11ème édition, septembre 2010, 812 p.
- SEKFALI (Z.), *Droit des financements structurés*, Revue Banque Edition, mars 2004, 693 p.
- SIMON (G.), sous dir., *Le stade et le droit*, Dalloz, février 2008, 204 p.

- SIMON (G.), sous dir., *Le soutien public au sport*, LexisNexis, mars 2012, 268 p.
- SYMCHOWICZ (N.), *Partenariats public-privé et montages contractuels complexes*, Le Moniteur, 2ème édition, 2009, 519 p.
- TERNY (G.) et PRUD'HOMME (R.), *Le financement des équipements publics de demain*, Economica, septembre 1986, 432 p.
- THERON (J-P.), sous dir., *Sport et collectivités locales*, Dalloz, 1993, 205 p.
- THOMAS (R.), *Histoire du sport*, Que sais-je ?, PUF, 1999, 128 p.
- TOLEDO (A-M.) et LIGNIERES (P.), *Le financement de projet*, éditions Joly, mars 2002, 211 p.
- VASSORT (P.), *Football et politique : Sociologie historique d'une domination*, L'Harmattan, 3ème édition, novembre 2005, 385 p.
- WALTER (B.), *Associations et collectivités locales*, édition Technique, novembre 2003, 122 p.
- ZENATI-CASTAING (F.) et REVET (T.), *Les biens*, 3ème édition, PUF, janvier 2008, 759 p.

IV - Thèses :

- ARSAC-RIBEYROLLES (A.), « Essai sur la notion d'économie du contrat », sous la direction des Professeurs Jacques MESTRE et Didier PORACCHIA, Université d'Auvergne (Clermont I), 2005, 340 p.
- BERLIOZ (P.), « La notion de bien », sous la direction du Professeur Laurent AYNES, Université Panthéon-Sorbonne (Paris I), 2007, 587 p.
- BEZANCON (X.), « Essai sur les contrats de travaux et services publics – contribution à l'histoire administrative de la délégation de mission publique », sous la direction du Professeur François CHEVALLIER, Université Paris Est-Créteil (Paris XII), 1997, 658 p.
- BLONDEAU (A.), « La concession de service public », sous la direction du Professeur Achille MESTRE, Université de Grenoble, 1929, 282 p.
- BON (P.), « La police municipale », sous la direction du Professeur Jean-Marie AUBY, Université Montesquieu (Bordeaux IV), 1975, 547 p.
- BORGA (N.), « L'ordre public et les sûretés conventionnelles », sous la direction du Professeur Stéphanie PORCHY-SIMON, Université Jean Moulin (Lyon III), 2009, 710 p.
- BOSSEBOEUF (C.), « Les collectivités territoriales et leurs musées », sous la direction du Professeur Xavier CABANNES, Université Paris Descartes (Paris V), 2012, 850 p.

- BRENET (F.), « Recherches sur l'évolution du contrat administratif », sous la direction du Professeur Jean-François LACHAUME, Université de Poitiers, 2002, 695 p.
- BROUANT (J-P.), « Le régime domanial à l'épreuve de la valorisation économique », sous la direction du Professeur Yves JEGOUZO, Université Panthéon-Sorbonne (Paris I), 1995, 647 p.
- BUY (F.), « L'organisation contractuelle du spectacle sportif », sous la direction du Professeur Jacques MESTRE, Université Paul Cézanne (Aix-Marseille), 2002, 485 p.
- CARTIER-BRESSON (A.), « L'Etat actionnaire », sous la direction du Professeur Didier TRUCHET, Université Panthéon-Assas (Paris II), 2010, 495 p.
- CHAMARD (C.), « La distinction des biens publics et des biens privés – Contribution à la définition de la notion de biens publics », sous la direction du Professeur Jean UNTERMAIER, Université Jean Moulin (Lyon III), 2004, 764 p.
- DARRACQ (J-B.), « L'Etat et le jeu », sous la direction du Professeur Claude JOURNES, Université Lumière (Lyon II), 2008, 647 p.
- DE DAVID DE BEAUREGARD (O.), « La justification actuelle de la distinction entre le domaine public et le domaine privé », sous la direction du Professeur Charles DEBBASCH, Université Paul Cézanne (Aix-Marseille), 1994, 438 p.
- DEGOFFE (M.), « La juridiction administrative spécialisée », sous la direction du Professeur Laurent RICHER, Université Paris Descartes (Paris V), 1992, 574 p.
- DELAUNAY (B.), « « La faute de l'administration », sous la direction du Professeur Yves GAUDEMET, Université Panthéon-Assas (Paris II), 2006, 570 p.
- DONDERO (B.), « Les groupements dépourvus de la personnalité juridique en droit privé – Contribution à la théorie de la personnalité morale », sous la direction du Professeur Hervé LE NABASQUE, Université Paris Ouest Nanterre La Défense (Paris X), 2001, 574 p.
- DREYER (E.), « Le dépôt légal, essai sur une garantie nécessaire au droit public à l'information », sous la direction du Professeur Gérard COHEN-JONATHAN, Université Panthéon-Assas (Paris II), 2003, 467 p.
- DREYFUS (J-D.), « Contribution à une théorie générale des contrats entre personnes publiques », sous la direction du Professeur Franck MODERNE, Université Panthéon-Sorbonne (Paris I), 1997, 597 p.
- ECKERT (G.), « Droit administratif et commercialité », sous la direction du Professeur Jean WALINE, Université Robert Schuman (Strasbourg III), 1994, 854 p.

- ESCANDE (M.), « Droit des jeux d'argent et de hasard – Les mutations de l'ordre public », sous la direction du Professeur Céline CASTETS-RENARD, Université Toulouse I Capitole, 2013, 548 p.
- FARDET (C.), « L'homologation en droit administratif », sous la direction du Professeur Pierre DELVOLVE, Université Panthéon-Assas (Paris II), 1996, 738 p.
- FAVRO (K.), « Téléspectateur et message audiovisuel – Contribution à l'étude des droits du téléspectateur », sous direction du Professeur Charles DEBBASCH, Université Paul Cézanne (Aix-Marseille), 2009, 524 p.
- FEVRE (M.), « Le mécénat public », sous la direction du Professeur Jean-David DREYFUS, Université de Reims Champagne-Ardenne, 2006, 466 p.
- GASNET (G.), « La juridiciarisation de l'endettement public », sous la direction du Professeur Michel DEGOFFE, Université Paris Descartes (Paris V), 2013, 662 p.
- GOGNETTI (J.), « La notion d'ordre public », sous la direction du Professeur Bernard TOURET, Université de Reims, 1998, 297 p.
- GUIAVARC'H (G.), « Abstention et obligation d'agir en droit public. Recherche sur l'incomplétude du droit et de l'obligation de création de normes », sous la direction du Professeur Francis CHAUVIN, Université Rennes I, 1995, 600 p.
- HAMIDOU (M.), « L'obligation d'agir des personnes publiques », sous la direction du Professeur Jean-Pierre THERON, Toulouse Capitole I, 2005, 562 p.
- HUBRECHT (H-G.), « Les contrats de service public », sous la direction du Professeur Jean-Marie AUBY, Université Montesquieu (Bordeaux IV) 1980, 611 p.
- HUET-GUYARD (J-M.), « La distinction du domaine public et du domaine privé », sous la direction du Professeur Achille MESTRE, Université Panthéon-Assas (Paris II), 1939, 159 p.
- JACQUINOT (N.), « Ordre public et constitution », sous la direction du Professeur Louis FAVOREU, Université Paul Cézanne (Aix-Marseille), 2000, 433 p.
- LASSALLE (F.), « Les relations de pouvoir : le cas des événements sportifs internationaux », sous la direction du Professeur Emmanuel METAIS, Université Paul Cézanne (Aix-Marseille), 2009, 383 p.
- LATTY (F.), « La *lex sportiva*, recherche sur le droit transnational », sous la direction du Professeur Alain PELLET, Université Paris Ouest Nanterre La Défense (Paris X-Nanterre), 2007, 849 p.
- LICHERE (F.), « Les contrats administratifs entre personnes privées – Représentation, transparence et exceptions jurisprudentielles au critère organique du contrat administratif », sous la direction du Professeur Michel GUIBAL, Université Montpellier I, 1998, 515 p.

- MAETZ (C-A.), « La notoriété – Essai sur l'appropriation d'une valeur économique », sous la direction du Professeur Jacques MESTRE et du Professeur Didier PORACCHIA, Université Paul Cézanne (Aix-Marseille), 2010, 610 p.
- MAILLARD (D.), « Police générale et polices spéciales – Recherche sur la spécificité des polices générale et spéciales », sous la direction du Professeur Jacques MOREAU, Université de Rennes I, 1988, 764 p.
- MAISONNEUVE (M.), « L'arbitrage des litiges sportifs », sous la direction du Professeur Laurent RICHER, Université Panthéon-Sorbonne (Paris I), 2007, 628 p.
- MARCUS (L.), « L'unité des contrats publics », sous la direction du Professeur Pierre DELVOLVE, Université Panthéon-Assas (Paris II), 2010, 608 p.
- MULLER (E.), « Les instruments juridiques des partenariats public-privé », sous la direction du Professeur Gabriel ECKERT, Université Robert Schuman (Strasbourg III), 2009, 693 p.
- MOLLION (G.), « Les fédérations sportives : le droit administratif à l'épreuve des groupements privés », sous la direction du Professeur Yves GAUDEMET, Université Panthéon-Assas (Paris II), 2005, 413 p.
- MOYSAN (H.), « Le droit de propriété des personnes publiques », sous la direction du Professeur Didier TRUCHET, Université Panthéon-Assas (Paris II), 2001, 287 p.
- NICOLLEAU (F.), « Le pouvoir des fédérations sportives, l'exemple du Golf », sous la direction du Professeur Gilbert PARLEANI, Université Panthéon-Sorbonne (Paris I), 2001, 404 p.
- PELLETIER (M.), « Les normes du droit fiscal », sous la direction du Professeur Bernard CASTAGNEDE, Université Panthéon-Sorbonne (Paris I), 2008, 593 p.
- PEZ (T.), « Le risque dans les contrats administratifs », sous la direction du Professeur Pierre DELVOLVE, Université Panthéon-Assas (Paris II), 2006, 1243 p.
- PICARD (E.), « La notion de police administrative », sous la direction du Professeur Roland DRAGO, Université Panthéon-Assas (Paris II), 1978, 445 p.
- PIMONT (S.), « L'économie du contrat », sous la direction du Professeur Jean BEAUCHARD, Université de Poitiers, 2002, 579 p.
- RABU (G.), « L'organisation du sport par le contrat. Essai sur la notion d'ordre juridique », sous la direction des Professeurs Didier PORACCHIA et Fabrice RIZZO, Université Paul Cézanne (Aix-Marseille), 2010, 644 p.

- RICHARD (J-L.), « Ordre public et sport », sous la direction du Professeur Bernard ASSO, Université Nice Sophia Antipolis, 1997, 527 p.
- SCHWARTZENBERG (R-G.), « L'autorité de chose décidée », sous la direction du Professeur Georges VEDEL, Université Paris Panthéon-Assas (Paris II), 1969, 452 p.
- SIMON (G.), « Puissance sportive et ordre juridique étatique », sous la direction du Professeur Jean-Pierre DUBOIS, Université de Dijon, 1990, 430 p.
- TEITGEN (P-H.), « La police municipale, étude de l'interprétation jurisprudentielle des articles 91, 94 et 97 de la loi 5 avril 1884 », sous la direction du Professeur Achille MESTRE, Université de Nancy, 1934, 520 p.
- TROUCHE-DOERFLINGER (I.), « Le contrat par abonnement », sous la direction du Professeur Rémy CABRILLAC, Université de Montpellier I, 1998, 483 p.
- TSOUKALA (A.), « Sport et violence : l'évolution de la politique criminelle à l'égard du hooliganisme, en Angleterre et en Italie, depuis 1970 », sous la direction du Professeur Mireille DELMAS-MARTY, Université Panthéon-Sorbonne (Paris I), 1993, 356 p.
- YOLKA (P.), « La propriété publique. Eléments pour une théorie », sous la direction du Professeur Yves GAUDEMET, Université Panthéon-Assas (Paris II), 1997, 634 p.

Thèses étrangères :

- BICHOVSKY (A.), « Prévention de la violence commise par les spectateurs lors de manifestations sportives », sous la direction du Professeur Laurent MOREILLON, Université de Lausanne, Bruylant, 2008, 477 p.
- PAPANICOLAIDIS (D.), « Introduction générale à la théorie générale de la police administrative », Thèse, sous la direction du Professeur Charles EISENMANN, Université d'Athènes, 1960, 102 p.

V - Rapports :

- Rapport public annuel de la Cour des comptes 1996, « Les interventions des collectivités territoriales en faveur des entreprises », novembre 1996, 153 p.
- Rapport public annuel de la Cour des comptes 1999, 24 novembre 1999, 1030 p.
- Rapport de la Commission pour l'avenir de la décentralisation, dit Mauroy, « Refonder l'action publique locale », remis au Premier ministre M. Lionel Jospin le 17 octobre 2000, 192 p.

- Charte européenne du droit du sport adoptée par le Comité des Ministres le 24 septembre 1992 lors de la 480ème réunion des Délégués des Ministres et révisée lors de la 752ème réunion le 16 mai 2001.
- Rapport d'information de M. François Trucy, fait au nom de la commission des finances du Sénat, n°223, « Les jeux de hasard et d'argent en France : l'Etat croupier, le Parlement croupion ? », 13 février 2002, 337 p.
- Rapport de M. Jean-Pierre DENIS, « Certains aspects du sport professionnel en France », remis au Ministre de la Jeunesse et des Sports le 5 décembre 2003, 123 p.
- Livre Vert sur les partenariats public-privé et le droit communautaire des marchés publics et des concessions du 30 avril 2004 (COM) 2004, 327 final.
- CNOSF, *La raison du plus fort, de la contribution du mouvement sportif à la société française*, Livre Blanc, septembre 2006, 183 p.
- Rapport du groupe des banques et organismes financiers membres de l'Institut de la Gestion Déléguée - sous dir. SORBETS (P.), « Le financement des PPP en France », octobre 2006, 42 p.
- Rapport d'information de M. François Trucy, fait au nom de la commission des finances du Sénat, n°58, « L'évolution des jeux de hasard et d'argent », 7 novembre 2006, 362 p.
- Rapport d'information sur l'organisation et le financement du sport en Europe, Assemblée nationale, 30 janvier 2007, 86 p.
- Rapport Guillot, « Les outils juridiques mis à la disposition des clubs sportifs professionnels français afin d'optimiser leur compétitivité », du 31 janvier 2006, 15 p.
- Livre Blanc sur le sport, commission des Communautés européennes du 11 juillet 2007, COM (2007) 391 final.
- Rapport d'information du Sénat, n°467 du 26 septembre 2007, fait au nom de la commission des affaires culturelles par MM. Bernard MURAT et Pierre MARTIN, « Faut-il avoir peur des supporters ? », 43 p.
- Etude du GART et de la MAPPP, « Solutions juridiques et financières pour le développement des projets de transports locaux : quelle place pour les PPP ? », octobre 2007, 124 p.
- Rapport d'information par la commission des lois constitutionnelles, de la législation et de l'administration générale de la République, sur la mise en application de la loi n°2006-784 du 5 juillet 2006 relative à la prévention des violences lors des manifestations sportives, présenté par MM. GOASGUEN (C.) et CARESCHE (C.), le 7 novembre 2007, 38 p.

- Rapport public thématique de la Cour des comptes, « Les aides des collectivités territoriales au développement économique », du 28 novembre 2007, 111 p.
- Rapport d'information du Sénat n°255 fait au nom de la commission des finances, du contrôle budgétaire et des comptes économiques de la Nation sur le droit à l'image collective des sportifs professionnels, par M. Michel Sergent, le 2 avril 2008, 37 p.
- Rapport gouvernemental d'Eric Besson, « Mieux acheter pour un meilleur service du public : des marchés publics complexes aux partenariats public-privé » du 27 mai 2008, 103 p.
- Rapport public 2008 du Conseil d'Etat, *Le contrat, mode d'action publique et production de normes*, EDCE, juin 2008, 664 p.
- Rapport gouvernemental d'Eric Besson, « Accroître la compétitivité des clubs professionnels de football français » du 6 novembre 2008, 164 p.
- Rapport de la commission grands stades, « Grands stades – Euro 2016 » du 24 novembre 2008, présidée par Philippe Séguin 141 p.
- Rapport public annuel de la Cour des comptes du 4 février 2009, 1073 p.
- Rapport de l'Assemblée nationale n°967 du 18 juin 2009 sur le projet de loi relative aux contrats de partenariat.
- Rapport Commission Philippe Augier, « Pour une politique gagnante des grands événements » du 14 juillet 2009, 79 p.
- Rapport public thématique de la Cour des comptes « Les collectivités territoriales et les clubs sportifs professionnels » du 9 décembre 2009, 113 p.
- Rapport Sport Five, « Les stades, un investissement indispensable et rentable pour la France » du 15 décembre 2009, 13 p.
- Rapport de la Commission Grandes Salles « Grandes Salles - Arenas 2015 » du 10 mars 2010, 102 p.
- Rapport d'information de M. François Trucy, fait au nom de la commission des finances du Sénat, n°209, « L'évaluation de la loi n°2010-476 du 12 mai 2010 relative à l'ouverture à la concurrence et à la régulation du secteur des jeux d'argent et de hasard en ligne », 12 octobre 2011, 315 p.
- Rapport d'activité 2012 de l'ARJEL, du 26 avril 2013, 95 p.
- Rapport public thématique de la Cour des comptes, « Sport pour tous et sport de haut niveau : pour une réorientation de l'action de l'Etat », rendu le 17 janvier 2013, 230 p.
- Rapport public de la Cour des comptes sur les situations et les perspectives des finances publiques, rendu le 27 juin 2013, 253 p.
- Rapport d'information du Sénat n°86 du 17 octobre 2013, fait par MM. Jean-Luc TODESCHINI et Dominique BAILLY, « Grands stades et arénas : pour un financement les yeux ouverts », 60 p.

VI - Articles :

- ABEL SMITH (C.), GRANDEL (A.), JAILLON (D.) et NOËL (N.), « Contrat de partenariat. Structuration financière – Choix des modes de financement », *RDBF*, n°2, mars-avril 2005, pp.65-73.
- AGLAE (M-J.), « Division en volumes et propriété privée sur le domaine public », *RDI*, n°3, juillet 1993, pp.313-334.
- ALAPHILIPPE (F.), « L'évolution de la loi modifiée du 16 juillet 1984 sur l'organisation et la promotion des activités physiques et sportives à la lumière des décrets d'application d'avril-mai 2002 », *RJES*, n°64, septembre 2002, pp.7-48.
- ALLINNE (P.), « Domanialité publique et ouvrages complexes », *AJDA*, n°11, 20 novembre 1977, pp.523-534.
- ANSALONI (G.), « Des renonciations à recours dans les financements structurés », *RDBF*, n°4, juillet-août 2010, pp.34-41.
- ARCELIN-LECUYER (L.), « De la difficulté d'appréhender l'opportunisme commercial : l'exemple de l'*ambush marketing* », *D.*, n°22, 5 juin 2008, pp.1501-1506.
- ARCELIN-LECUYER (L.), « Coupe du Monde de football 2010 : l'embuscade des Bavaria Girls », *JCPE*, n°35, 2 septembre 2010, pp.1741-1743.
- ARNAUD (P.), « Repères pour une histoire des politiques d'équipements sportifs. Le retour au local ou le sport et la ville », *Spirales*, n°5, 1992, pp.11-23.
- AVELINE (A.) et DAUCE (S.), « Les relations entre collectivités locales et associations », *Gaz. Cnes*, n°2, 8 septembre 2008, pp.220-225.
- AUBY (J.-F.), « Ces nouveaux contrats étaient-ils nécessaires », *RFDA*, n°6, novembre 2004, pp.1095-1102.
- AUBY (J-B.) et BREEN (E.), « Actualité du droit anglais des contrats publics », *RFDA*, n°5, septembre 2006, pp.1013-1014.
- AUBY (J-B.), « Partenariats public-privé institutionnalisés », *DA*, n°2 février 2010, pp.1-2.
- AUNEAU (G.), « Gestion financière des clubs sportifs et aides publiques locales », *RJ com.*, n°3, mars 1996, pp.85-99.
- AUNEAU (G.), « La loi sur les paris sportifs en ligne », *RTD com.*, n°3, juillet-septembre 2010, pp.469-480.
- BAADE (R.), « L'évaluation des subventions aux sports professionnels aux Etats-Unis et en Europe : un guide pour le secteur public », *RJES*, n°74, mars 2005, pp.7-31.
- BABUSIAUX (C.), « Régie, marché, partenariat, délégation : quelle compétition ? », *La Revue du Trésor*, n°3-4, mars-avril 2007, pp.205-208.
- BACHELIER (G.), « Le concept du domaine public : un concept toujours pertinent », in, Mélanges en l'honneur du Professeur Daniel

LABETOULLE, *Juger l'administration, administrer la justice*, Dalloz, mai 2007, pp.35-44.
- BALLIN (G.), « Les aspects financiers du partenariat public-privé », *RGCT*, n°36, septembre 2005, pp.364-374.
- BALMARY (D.), « Fondements et actualité du mouvement associatif », *Gestion et finances publiques*, n°12, décembre 2010, pp.872-877.
- BARROT (J.), « Les partenariats publics privés », *La Revue du Trésor*, n°3-4, mars-avril 2007, pp.190-191.
- BASLE (G.), MONLEON (J.), NABERES (T.), « Regards croisés sur l'évolution des piscines et centres sportifs », *CP-ACCP*, n°98, avril 2010, pp.55-61.
- BAYARD (S.) « Les partenariats public-privé. Un nouveau mode de la commande publique », *La Revue du Trésor*, n°3-4, mars-avril 2007, pp.294-297.
- BAYEUX (P.) et CLAVAGNIER (B.), « Les modes de gestion des équipements sportifs utilisés par les clubs professionnels », *AJDA*, n°26, 11 juillet 2005, pp.1438-1444.
- BAZEX (M.), « Les interventions des fédérations sportives sont-elles nécessairement contraires à l'intérêt général ? », *Contrats, Concurrence, Consommation*, mai 2006, n°5, pp.29-30.
- BENILLOUCHE (M.), « Les dispositions pénales relatives à la prévention des violences lors des manifestations sportives : un cadre juridique en mutation », *LPA*, n°150, 27 juillet 2007, pp.6-11.
- BENILLOUCHE (M.), « L'affaire de la banderole ou les tâtonnements des pouvoirs publics dans la lutte contre le hooliganisme », *Cahiers de droit du sport*, n°11, avril 2008, pp.22-26.
- BERGERE (F.), « PPP et comptabilisation des engagements », *La Revue du Trésor*, n°3-4, mars-avril 2007, pp.255-257.
- BERGERE (F.), « Comment renforcer l'expertise des décideurs publics », *CP-ACCP*, n°81, octobre 2008, pp.34-36.
- BERGERE (F.), « Financement ajustable des contrats partenariat : portée et mode d'emploi », *CP-ACCP*, n°89, juin 2009, pp.57-59.
- BERNOT (J.), « Le régime des aides des collectivités ? », *Gaz. cnes.*, n°2029, 10 mai 2010, pp.59-61.
- BESSIERE (T.), « Loi informatique et libertés : la CNIL veille », *Jurisport*, n°111, juillet 2011, pp.20-21.
- BESSIERE (T.), « La collecte de données personnelles : un cadre précis à respecter », *Jurisport*, n°111, juillet 2011, pp.22-25.
- BESSON-GUILLAUMOT (M.), « Les subventions d'investissement accordées par l'Etat », *AJDA*, n°9, septembre 1972, pp.443-451.

- BEZANCON (X.), « Les contrats de partenariat : est-ce vraiment nouveau ? », *La Revue du Trésor*, n°3-4, mars-avril 2007, pp.195-198.
- BEZANCON (X.), « Le PPP, véritable instrument de la relance économique ? », *CP-ACCP*, n°89, juin 2009, pp.34-37.
- BIGAS (X.) et LERON (J.), « Stades : peut-on recourir au BEA ? », *CP-ACCP*, n°108, mars 2011, pp.62-65.
- BLAZY (F.), CLAVALDINI (K.) et GRAU (R.), « La réforme de la taxe professionnelle », *Cahiers de droit de l'entreprise*, n°1, janvier 2010, pp.9-17.
- BLIN (O.), « La désaffectation domaniale », *RDI*, n°1, janvier 1999, pp.49-59.
- BLOCH (P.), « Présentation synthétique du partenariat public-privé », *RDBF*, n°2, mars-avril 2005, pp.58-62.
- BLUMRODT (J.), « L'expérience stade : une approche franco-allemande », *Jurisport*, n°42, avril 2014, pp.42-45.
- BODIN (D.), « Les problèmes posés par l'utilisation des statistique policières et judiciaires comme source d'interprétation sociologique : l'exemple du hooliganisme », *RJES*, n°58, mars 2001, pp.7-19.
- BODIN (D.), HEAS (S.) et ROBENE (L.), « Hooliganisme : de la question de l'anomie sociale et du déterminisme », *Champ pénal*, n°1, mars 2004, pp.1-12.
- BODINEAU (P.), « Aux origines du droit des associations et fondations », *Gestion et finances publiques*, n°12, décembre 2012, pp.878-880.
- BOISSEAU (B.), « Enjeux fiscaux des contrats de partenariat », *CP-ACCP*, n°36, septembre 2004, pp.53-58.
- BOITEAU (C.), « Les techniques contractuelles : les partenariats public-privé », *RFFP*, n°109, février 2010, pp.91-107.
- BOLOT (F.), « Les aides apportées par les collectivités territoriales aux clubs sportifs : le cas de l'aide aux clubs de football », *Gaz. Pal.*, n°37, 6 février 2005, pp.6-11.
- BOLOTNY (F.) et KALB (C.), « Quel avenir pour les paris sportifs en ligne à la française ? », *Jurisport*, n°103, novembre 2010, pp.31-35.
- BOLOTNY (F.), « La nouvelle flambée des droits TV du football français », *RJES*, n°74, mars 2005, pp.121-132.
- BOLOTNY (F.), « La nouvelle télé-dépendance du football français », *RJES*, n°75, juin 2005, pp.113-129.
- BOLOTNY (F.), « Les enceintes sportives comme levier de rééquilibrage d'un modèle économique défaillant », *Les cahiers de l'INSEP*, n°42, 2008, pp.317-332.

- BOUILLON (J.) « Aspects juridiques en financement de projet de la bancabilité des contrats de partenariat et de délégation de service public », *BJCP*, n°81, mars-avril 2012, pp. 79-85.
- BOULET-SAUTEL (M.), « De Chopin à Proudhon : naissance de la notion moderne de domaine public », *Droits*, n°22, 1995, pp.91-120.
- BOURGEOIS (M.) et DEROUESNE (E.), « La contractualisation de la sécurité dans les stades à l'épreuve de la réglementation sur les données personnelles », *JCPE*, n°3, 17 janvier 2013, pp.40-41.
- BRACONNIER (S.), « Les contrats de *Private Finance Initiative*. Réflexion sur la dynamique contractuelle dans les partenariats public-privé », *BJCP*, n°22, mai 2002, pp.1747-1767.
- BRACONNIER (S.), « Les contrats de partenariat et les collectivités territoriales locales : entre mythe et réalités », *BJCP*, n°36, septembre 2004, pp.340-347.
- BRACONNIER (S.), « L'apparition des contrats de partenariat dans le champ de la commande publique », *JCPG*, n°48, 24 novembre 2004, p.2134-2142.
- BRACONNIER (S.), « L'extranéité dans les contrats de partenariat », *La Revue du Trésor,* n°3-4, mars-avril 2007, pp.241-245.
- BRACONNIER (S.), « L'indemnisation des préjudices nés de la rupture anticipée d'un contrat public d'affaires pour motif d'intérêt général », *AJDA*, n°37, 9 novembre 2009, pp.2035-2043.
- BRACONNIER (S.) « Financement et passation des marchés publics et contrats de partenariat dans un contexte de crise économique », *RDI*, n°5, mai 2009, pp.273-277.
- BRACONNIER (S.), « L'accord autonome dans les contrats de partenariat public-privé. De la pratique à la théorie », *in*, Mélanges en l'honneur du Professeur Laurent RICHER, *A propos des contrats des personnes publiques*, LGJD, novembre 2013, pp.511-528.
- BRACONNIER (S.) et BRENET (F.), « Les nouvelles conditions du recours au contrat de partenariat », *Contrats et Marchés Publics*, n° 11, novembre 2008, pp.39-40.
- BRACONNIER (S.), CHAMPY (J-L) et MOREL (J-B.), « Le soutien financier de l'Etat aux partenariats public-privé », *Contrats et Marchés Publics*, n° 4, avril 2009, pp.42-43.
- BRACONNIER (S.) et NOGUELLOU (R.), « L'influence de la crise sur les marchés publics et contrats de partenariat public-privé », *RDI*, n°1, janvier 2010, pp.24-30.
- BRACONNIER (S.) et NOGUELLOU (R.), « L'affaire Jean Bouin », *RDI*, n°3, mars 2011, pp.162-168.
- BRACONNIER (S.) et PIGNON (S.), « Eclaircissements sur la fin de la procédure de passation des contrats de partenariat des

collectivités territoriales », *Contrats et Marchés Publics*, n° 4, avril 2008, pp.39-40.
- BRENET (F.), « La patrimonialisation des autorisations administratives : réalités et implications », *DA*, n°8, août 2007, pp.15-23.
- BREVILLE (A.), « Comparaison entre les contrats de partenariat au Royaume-Uni et aux USA », *CP-ACCP*, n°36, septembre 2004, pp.58-63.
- BREVILLE (A.), « Avantages comparatifs du contrat de partenariat par rapport aux autres contrats complexes », *AJDA*, n°32, 27 septembre 2004, pp.1754-1766.
- BRISSE (M.), « Retransmission sportive et piratage en ligne : la nécessaire évolution du droit », *Gaz. Pal.*, n°293, 19 septembre 2008, pp.64-68.
- BURLET (S.) et GOYER (C.), « Equipements sportifs publics : le choix du mode de gestion », *Tourisme & Droit*, n°100, juillet 2008, pp.37-39.
- BUY (F.), « Contrats conclus avec les spectateurs », *Lamy droit du sport*, étude n°366.
- CADIEU (P.) « Notion de subvention – Eléments de clarification », *RLCT*, n°5, septembre 2005, pp.5-9.
- CAILLOSSE (J.), « Faut-il en finir avec la domanialité publique ? », *Etudes foncières*, n°100, novembre 2002, pp.7-9.
- CALIN-RABU (A-M.) et RABU (G.), « L'ouverture des clubs sportifs à l'appel public à l'épargne : état et enjeux », *Les Cahiers de droit du sport*, n°8, juin 2007, pp.11-24.
- CAMPOGRANDE (G.), « Les règles de la concurrence et les entreprises sportives professionnelles après l'arrêt *Bosman* », *Revue du marché unique européen*, n°1, janvier 1996, pp.45-56.
- CANEDO-PARIS (M.), « La dignité humaine en tant que composante de l'ordre public : l'inattendu retour en droit administratif français d'un concept controversé », *RFDA*, n°5, septembre 2008, pp.979-998.
- CANIVET (G.), « Le droit du sport devant le Conseil constitutionnel, avant-propos », *RFDA*, n°3, mai-juin 2009, pp.565-566.
- CARIUS (M.), « La réforme du sport professionnel – la loi du 15 décembre 2004 », *JCPG*, n°27, 6 juillet 2005, pp.1273-1278.
- CARIUS (M.), « L'avenir du modèle sportif français », *in* Mélanges en l'honneur du Professeur Jean-François LACHAUME, Dalloz, pp.253-268.
- CASTETS-RENARD (C.), « Jeux et paris en ligne », *Contrats, Concurrence, Consommation*, n°10, octobre 2010, pp.6-10.

- CASTILLON (V.), « Prévention et sanction des violences sportives », *Droit Pénal*, n°12, décembre 2007, pp.10-16.
- CAUDAL (S.), « Les procédures contradictoires en dehors du contentieux », *RFDA*, n°1, février 2001, pp.13-29.
- CECCON (T.), « L'impact économique du partenariat public-privé », *RDI*, n°11, novembre 2003, pp.506-507.
- CHAHID-NOURAI (N.), CHAMPY (J-L.) et AFFEJEE (D.), « Fiscalité des PPP : liberté, égalité, neutralité », *Nouvelles fiscales*, n°1013, 1er décembre 2008, pp.20-25.
- CHAPUT (J-C.) et ROCHEGUDE (S.), « La division en volumes, une réponse pertinente aux relations entre domaine privé et domaine public ? », *JCPN*, n°37, 14 septembre 2007, pp.40-43.
- CHAZAUD (P.), « Les relations entre groupements sportifs et collectivités locales », *Sport de la Cité*, n°117, pp.49-67.
- CHERIGNY (F.), « Le marché des droits audiovisuels sportifs », *Les Cahiers de droit du sport*, n°31, janvier 2013, pp.153-159.
- CHEVALIER (D.), « Le rôle de l'*Equity* dans le financement des PPP », *La Revue du Trésor*, n°3-4, mars-avril 2007, pp.307-309.
- CHEVALIER (E.), « La libre circulation des supporters », *Cahiers de droit du sport*, n°31, janvier 2013, pp.39-48.
- CHIRON (T), « La fiscalité de l'exploitation, les autres impositions », *in*, *Le stade et le droit*, Dalloz, février 2008, pp.131-140.
- CHRISTOPHE (J.), MARTY (F.) et VOISIN (A.), « Le financement des partenariats public-privé », *CP-ACCP*, n°65, avril 2007, pp.28-35.
- CIMPER (D.), « Les aides des collectivités locales aux associations sportives », *LPA*, n°75, 23 juin 1995, pp.8-14.
- CLAMOUR (G.), « La transparence et le service public : vade-mecum », *D.*, n°37, 25 octobre 2007, pp.2617-2622.
- CLAMOUR (G.), « Loi pour l'accélération des programmes de construction et d'investissement publics et privés », *Contrats et Marchés Publics*, n°3, mars 2009, pp.13-16.
- CLAMOUR (G.), « Dérogations en cascade dans les contrats publics pour l'Euro 2016 », *Contrats et Marchés publics*, n°7, juillet 2011, pp.11-12.
- CLOS (E.), « Maîtrise d'œuvre et contrat de partenariat », *CP-ACCP*, n°137, novembre 2013, pp.26-30.
- COGNARD (J-R.), « Le parrainage d'événements sportifs est-il protégé par le droit ? », *Jurisport*, n°139, février 2014, pp.39-42.
- COLIN (F.), « La conciliation entre pratique sportive et tranquillité publique », *Cahiers de droit du sport*, n°4, octobre 2007, pp.15-22.

- COLIN (F.), « Collectivités territoriales et réglementation de l'utilisation des équipements sportifs », *BJCL*, n°11, novembre 2011, pp.730-738.
- COLOMBIE (P.) et HUNAULT (C.), « La cotisation économique territoriale », *Bulletin fiscal Francis Lefebvre*, n°11, novembre 2010, pp.868-876.
- COLSON (J-L.), « Actualité des aides d'Etat », *Revue Lamy de la concurrence*, n°20, juillet 2009, pp.141-144.
- COMBE (C.), « Les droits réels sur le domaine public », *DA*, n°12, décembre 2001, pp.4-14.
- COMERON (M.), « Du gang au groupe social : une analyse socio-préventive », *Cahiers de la sécurité intérieure*, n°26, octobre 1996, pp.47-67.
- COMERON (M.), « Pour une gestion socio-préventive du hooliganisme », *in*, sous dir. BASSON (J-C.), *Sport et ordre public*, La Documentation française, janvier 2001, pp.145-158.
- CORNU (M.), « L'espérance d'intangibilité dans la vie des œuvres », *RTD Civ*., n°4, octobre 2000, pp.697-734.
- CORNU (M.), « Droit de l'architecte et aménagement de l'espace public », *AJDA*, n°38, 8 novembre 2004, pp.2114-2119.
- COUPAYE (P.) et JOSSE (P.), « Les subventions aux collectivités locales », *RFFP*, n°23, 1988, pp.79-99.
- COUZINET (P.), « Un exemple de procédure de conciliation préalable obligatoire », *RFDA*, n°2, mars-avril 1997, pp.365-373.
- CREMOUX (L.), « L'évaluation, outil transversal au cœur de la réussite d'un PPP », *La Revue du Trésor*, n°3-4, mars-avril 2007, pp.266-267.
- CROTHERS (J.), BONNET (M.) et BRUSAU CUELLO (J.), « Cession de créances Dailly dans les opérations de PPP : régime juridique et pratique dans les opérations de PPP », *RDAI*, n°5, octobre 2011, pp.497-513.
- CUCHE (P.) et DEBAECKER (K.), « Retour sur le contrat de partenariat du stade de Lille », *BJCP*, n°63, avril 2009, pp.104-111.
- DAL FARRA (T.), « Risque juridique et contrats de partenariat », *CP-ACCP*, n°36, septembre 2004, pp.31-39.
- DAMAREY (S.), « Association et collectivités publiques, les liaisons dangereuses », *Gestion et finances publiques*, n°12, décembre 2010, pp.928-930.
- DAMAREY (S.), « La société publiques locale ou la fin des associations transparentes », *AJDA*, n°1, 17 janvier 2011, pp.15-17.
- DAMAREY (S.), « La liberté d'association à l'épreuve de la dissolution administrative », *AJDA*, n°17, 14 mai 2012, pp.921-927.
- DAOUD (E.) et FLEURET (J.), « Blanchiment et paris sportifs », *RLDA*, n°83, juin 2013, pp.81-85.

- DE BIASI (R.), « Ordre public et *Tifosi* », *Les Cahiers de la sécurité intérieure*, n°26, 4ème trimestre, 1996, pp.75-91.
- DE LA MARDIERE (C.), « La fiscalité de l'exploitation. La taxe sur les spectacles ou la plaie fiscale des compétitions sportives », *Le stade et le droit*, Dalloz, février 2008, pp.125-130.
- DE FENOYL (E.), « Grands stades sportifs, le financement à l'épreuve du droit », *RJES*, n°87, juin 2008, pp.7-24.
- DE FENOYL (E.), « Timide avancée pour le contrat de partenariat, occasion manquée pour le partenariat public-privé », *AJDA*, n°31, 22 septembre 2008, p.1709-1714.
- DE FENOYL (E.), « Grands stades, compétitivité et intérêt général », *AJDA*, n°8, 9 mars 2009, pp.393-393.
- DE FENOYL (E.), « Stades et Arénas : enjeux juridiques du mode d'exploitation », *Jurisport*, n°128, février 2013, pp.22-25.
- DE FENOYL (E.) et RASOAMANANA (C.), « La poursuite du projet de l'exécution du projet en cas de recours contre le contrat de partenariat : la clause Nice stadium », *Contrats et Marchés Publics*, n°4, avril 2011, pp.6-11.
- DE FENOYL (E.) et MAURER (A.), « La valorisation domaniale dans le contrat de partenariat », *BJCP*, n°76, 1er mai 2011, pp.163-169.
- DE GAUDEMAR (H.), « L'intrigante copie de René Capitant au concours d'agrégation de droit public de 1930 », *RFDA*, n°6, novembre-décembre 2007, pp.1297-1303.
- DE MONTALIVET (P.), « Les objectifs de valeur constitutionnelle », *Les nouveaux cahiers du Conseil constitutionnel*, n°20, janvier 2006, pp.169-175.
- DE SAINT-PULGENT (N.), « Economie générale de l'ordonnance sur les partenariats publics-privés », *LPA*, n°56, 18 mars 2004, pp.11-16.
- DE SAINT-PULGENT (N.), « La Mission d'appui à la réalisation des contrats de partenariat au service des utilisateurs de ce nouvel outil contractuel », *La Revue du Trésor*, n°3-4, mars-avril 2007, pp.192-194.
- DE SAINT-PULGENT (N.), « Les avancées de la loi du 28 juillet 2008 sur les contrats de partenariat », *BJCP*, n°60, octobre 2008, pp.322-324.
- DE SIGOYER (V.), « Contrat de partenariat et financement ajustable », *DA*, n°3, mars 2012, pp.55-56.
- DE SIGOYER (V.), « Contrat de partenariat et rectification d'erreur matérielle d'une offre », *DA*, n°10, octobre 2012, pp.35-36.
- DE SILVA, (I.), « La judiciarisation du football », *Pouvoirs*, n°101, avril 2002, pp.105-112.

- DE SILVA (I.), « L'adoption du Code du sport, consécration du droit du sport ? », *AJDA*, n°30, 10 septembre 2007, pp.1623-1626.
- DEFFERRARD (F.), « L'Internetisation du jeu et de la lutte contre le blanchiment », *Gaz. Pal.*, n°174, 23 juin 2010, pp.9-14.
- DEGENNE (V.), « Un nouveau modèle comptable et fiscal pour une nouvelle forme de partenariat », *Cahiers de droit de l'entreprise*, n°4, juillet 2006, pp.42-46.
- DEGOFFE (M.) et DREYFUS (J-D.), « Transfert de compétences entre les communes et leurs établissements publics de coopération intercommunale », *AJDA*, n°10, 20 octobre 2001, pp.807-819.
- DEGOFFE (M.), « L'ambiguïté de la sanction administrative », *AJDA*, n°spécial, octobre 2001, pp.27-33.
- DEGOFFE (M.), « L'acte de subvention », *CP-ACCP*, n°28, décembre 2003, pp.36-39.
- DEGOFFE (M.), « Loi du 28 juillet 2008 relative aux contrats de partenariat », *BJCL*, n°9, septembre 2008, pp.635-640.
- DEGOFFE (M.), « Les prestations payantes des services publics en principe gratuits », *in*, Mélanges en l'honneur du Professeur Etienne FATOME, *Bien public, bien commun*, Dalloz, juin 2011, pp.115-121.
- DEGOFFE (M.), « Le sort des ouvrages réalisés par l'occupant sur le domaine », *in*, Mélanges en l'honneur du Professeur Philippe GODFRIN, *Les nouvelles orientations du droit de la propriété publique*, Mare et Martin, avril 2014, pp.109-125.
- DELAMAIRE (M.), « Partenariats public-privé », *RGCT*, n°36, septembre 2005, pp.345-348.
- DELCROS (X.) et PEYRICAL (J-M.), « Le financement privé des équipements collectifs. Un développement inéluctable à encadrer », *AJDA*, numéro spécial, 7 août 1994, pp.70-75.
- DELIANCOURT (S.) et LANTERO (C.), « Les conditions d'octroi et de retrait d'une décision attribuant une subvention », *BJCL*, n°11, novembre 2010, pp.738-741.
- DELVERT (J-M.), « Des projets pour des emplois », *RJES*, mars 1998, n°46, pp.75-79.
- DELVOLVE (P.), « Droit de propriété et droit public », *in*, Mélanges en l'honneur du Professeur Guy BRAIBANT, *L'Etat de droit*, Dalloz, avril 1996, pp.149-167.
- DELVOLVE (P.), « Les contrats globaux », *RFDA*, n°6, novembre 2004, pp.1079-1094.
- DELVOLVE (P.), « Contrat de partenariat et typologie de contrats », *Droit et Ville*, n°60, septembre 2005, pp.67-84.
- DELVOLVE (P.), « Regard extérieur sur le Code », *RFDA*, n°5, septembre 2006, pp.899-905.

- DENIAU (P.) et ROUAST-BERTIER (P.), « Les sûretés réelles dans les financements de projet après l'ordonnance du 23 mars 2006 », *RDBF*, n°4, juillet-août 2008, pp.11-24.
- DEPIERRE (B.), « La réforme législative nécessité pour l'organisation de l'Euro 2016 de football », *in*, sous dir. SIMON (G.), *Le soutien public au sport*, LexisNexis, mars 2012, pp.137-142.
- DEPUY (L.), « Division en volumes et domaine public », *Droit et Ville*, n°49, juin 2000, pp.175-216.
- DERIEUX (E.), « Directive TSF07 : perspectives de réformes de la directive télévision sans frontière », *Com. Com. Elect.*, n°6, juin 2007, pp.13-18.
- DERUY (L.), « L'élargissement des conditions de recours au contrat de partenariat », *CP-ACCP*, n°81, octobre 2008, pp.37-40.
- DESCHEEMAEKER (C.), « Les associations et le risque de gestion de fait », *Gestion et finances publiques*, n°12, décembre 2010, pp.934-938.
- DEVES (C.), « La loi n°2010-559 du 28 mai 2010 pour le développement des sociétés publiques locales : évolution ou régression des règles de la commande publique ? », *JCPA*, n°28, 12 juillet 2010, pp.16-22.
- DIALLO (P.), « Droit d'image collective et rémunération des joueurs de football », *Droit et Patrimoine*, n°139, juillet 2005, pp.76-81.
- DI BUCCI (V.), « Le contrôle communautaire des aides d'Etat et le sport », *L'Observatoire de Bruxelles*, n°62, septembre 2005, pp.14-15.
- DION (S.), entretien, *Gaz. Pal.* , n°311, 7 novembre 2007, pp.3559-3561.
- DIRNAT (C.) et SOUFFIR (J.), « Approche contractuelle de la dimension financière du contrat de partenariat : un déconcertant ménage à trois », *RDBF*, n°2, mars-avril 2005, pp.63-65.
- DJEMAOUN (A.) et LAVIOLE (L.), « L'accord autonome : une réponse aux réserves des banques à financer les contrats de partenariat », *BJCP*, n°84, septembre-octobre 2012, pp.319-328.
- DONDERO (B.) et PELTIER (M.), « De la dissolution par décret d'un groupement de fait de supporters », *JCPE*, n°50, 11 décembre 2008, pp.21-24.
- DRAGO (R.), « La gestion administrative du sport », *Revue administrative*, n°305, septembre 1998, pp.581-585.
- DREYFUS (J-D.), « Associations et délégation de service public », *AJDA*, n°13, 7 octobre 2002, pp.894-897.
- DREYFUS (J-D.), « Le partenariat public-privé et le financement de l'opération », *RDI*, n°11, novembre 2003, pp.494-497.

- DREYFUS (J-D.), « Partenariats publics-privés : à la recherche de financements annexes », *Tourisme et droit*, n°109, mai 2009, pp.23-25.
- DREYFUS (J-D.), « L'organisation de spectacles est une activité d'intérêt général mais pas toujours de service public », *AJDA*, n°26, 25 juillet 2011, pp.1515-1517.
- DREYFUS (J-D.), « Le droit au respect d'une œuvre architecturale », *CP-ACCP*, n°128, janvier 2013, pp.31-33.
- DREYFUS (J-D.), « Contrats administratifs entre personnes publiques et théorie générale des contrats administratifs », *AJDA*, n°15, 29 avril 2013, pp.846-848.
- DREYFUS (J-D.) et DEGOFFE (M.), « Le Conseil d'Etat rejette les requêtes contre l'ordonnance sur les contrats de partenariat », *RDI*, n°6, novembre 2004, pp.548-554.
- DU MARAIS (B.), « La genèse des contrats de partenariat du point de vue des innovations apportées par l'ordonnance du 17 juin 2004 », *La Revue du Trésor*, n°3-4, mars-avril 2007, p.199.
- DUDOGNON (C.), « L'imposition des réunions sportives », *RJES*, n°85, décembre 2007, pp.7-25.
- DUDOGNON (C.), « Du bon usage des pouvoirs de police sur un territoire », *Jurisport*, n°141, avril 2014, pp.34-35.
- DUFAU (J.), « Déclassement et désaffectation du domaine public », *JCPA*, n°5, 26 janvier 2004, pp.101-104.
- DUFAU (J.), « La cession des autorisations d'occupation du domaine public », *JCPA*, n°19, 9 mai 2006, pp.598-600.
- DUFAU (J.), « Propriété publique et domanialité publique », *AJDA*, n°25, 16 juillet 2012, pp.1381-1387.
- DUNNING (E.), « Culture, civilisation et sociologie du sport », *Cahiers de la sécurité intérieure*, n°26, octobre 1996, pp.18-32.
- DUPRAT (J-P.), « L'évolution des logiques de gestion du domaine de l'Etat », *AJDA*, n°11, 21 mars 2005, pp.578-584.
- DUROY (S.), « La sortie des biens du domaine public : le déclassement », *AJDA*, n°11, 20 novembre 1997, pp.819-832.
- DUVAL (J-M.), « Responsabilité des clubs de football du fait de leurs supporters », *AJDA*, n°17, 5 mai 2008, pp.919-925.
- ECKENSCHWILLER (C.), « Les PPP au service des pays en développement », *La Revue du Trésor*, n°3-4, mars-avril 2007, pp.235-236.
- ECKERT (G.), « La passation du contrat de partenariat », *Droit et Ville*, n°60, septembre 2005, pp.105-142.
- ECKERT (G.), « Réflexions sur l'évolution du droit des contrats publics », *RFDA*, n°2, mars-avril 2006, pp.238-244.

- ECKERT (G.), « L'indépendance des autorités de régulation économique à l'égard du pouvoir politique », *RFAP*, n°143, octobre 2012, pp.629-643.
- ESCAFFRE (L.), « Le traitement des contrats d'affacturage en référentiel IFRS », *Option Finance*, n°853, 17 octobre 2005, pp.42-45.
- EVEILLARD (G.), « L'exigence de critères objectifs et rationnels dans le contrôle de la l'égalité devant l'impôt par le Conseil constitutionnel », *LPA*, n°20, 28 janvier 2000, pp.8-16.
- FALACHO (L.), « Les mesures prises pour lutter contre le hooliganisme à l'épreuve des libertés publiques », *RDP*, n°2, avril 2001, pp.419-445.
- FARDET (C.), « Jeu et service public », *in*, DURAND (F.), FEVRE (M.), LAFAILLE (F.) et BUCHER (C.), *Jeux de hasard et société*, L'Harmattan, novembre 2008, pp.113-130.
- FARDET (C.), « Déclasser des biens affectés pour les échanger : brèves réflexions sur les articles L.2141-3 et L3112-3 du CG3P », *in*, Mélanges en l'honneur du Professeur Philippe GODFRIN, *Les nouvelles orientations du droit de la propriété publique*, Mare et Martin, avril 2014, pp.153-172.
- FATOME (E.), « Contrat de partenariat et immeuble, objet du contrat », *Droit et Ville*, n°60, septembre 2005, pp.203-214.
- FATOME (E.), « A propos de l'incorporation au domaine public », *AJDA*, n°6, 13 février 2006, pp.292-297.
- FATOME (E.), « Désaffectation et déclassement », *JCPN*, n°43, 27 octobre 2008, pp.1892-1895.
- FATOME (E.) et RICHER (L.), « Contrat de partenariat immobilier : réalisation, paiement et statut des équipements et ouvrages », *CP-ACCP*, n°36, septembre 2004, pp.24-31.
- FATOME (E.) et TERNEYRE (P.), « Le financement privé de la construction d'ouvrages publics, en particulier sur le domaine public », *AJDA*, n°2, 20 novembre 1997, pp.126-141.
- FERAL (M.), « Sport et ordre public : la prévention et la lutte contre la violence dans les manifestations sportives », *RFAP*, n°97, janvier 2001, pp.131-140.
- FERRET (M.), RIVALAN (A.) et VICHINIEVSKY (A.), « Sport et télévision : approche tactique de l'exception de citation », *Légipresse*, n°156, novembre 1998, pp.125-129.
- FIALAIRE (J.), « Associations et services publics locaux », *Gestion et finances publiques*, n°12, décembre 2010, pp.924-927.
- FONTENEAU (M.), « Le livre blanc européen sur le sport : l'amorce d'une politique européenne du sport », *RJES*, septembre 2007, n°84, pp.7-21.

- FORNACCIARI (M.), « Le montage d'un dossier », *La Revue du Trésor*, n°3-4, mars-avril 2007, pp.275-278.
- FORRAY (J-B.), « Grands stades : Les villes ne veulent pas être sur la touche », *Gaz. cnes.*, n°30, 10 août 2009, pp.18-25.
- FOUCHER (B.), « Les litiges sportifs et le juge administratif », *in*, Mélanges en l'honneur de Daniel LABETOULLE, *Juger l'administration et administrer la justice*, Dalloz, avril 2007, pp.361-386.
- FOUCHER (S.), « Concours financier des collectivités territoriales aux clubs professionnels », *La Revue du Trésor*, n°11, novembre 2008, pp.798-804.
- FOULQUIER (N.), « Extensions du bail emphytéotique administratif et généralisation du crédit-bail », *RDI*, n°10, octobre 2009, pp.541-543.
- FOURNET (X.), « L'audit d'un projet PPP », *La Revue du Trésor*, n°3-4, mars-avril 2007, pp.263-265.
- FOURNIER (A.) et RENAULT-FOURNIER (A.), « Les principes fondamentaux de la division en volumes », *JCPN*, n°41, 10 octobre 2008, pp.21-25.
- FRAYSSE (F.), « Propos introductifs », *Droit et Ville*, n°60, septembre 2005, pp.9-18.
- FRISON-ROCHE (M-A.), « Le droit d'accès à l'information ou le nouvel équilibre de la propriété », *in*, *Etudes offertes à Pierre CATALA, le droit privé français à la fin du XXème siècle*, Litec Législateurs, 2001, pp.759-770.
- GAUDEMET (Y.), « La superposition des propriétés privées et du domaine public », *D.*, 1978, pp.293-300.
- GAUDEMET (Y.), « La gratuité du domaine public », *in*, Mélanges en l'honneur du Professeur Paul-Marie GAUDEMET, *Etudes de finances publiques*, Economica, 1984, pp.1023-1030.
- GAUDEMET (Y.), « Les constructions en volume sur le domaine public », *CJEG*, n°470, octobre 1991, pp.297-306.
- GAUDEMET (Y.), « L'occupant privatif du domaine public à l'épreuve de la loi », *in*, Mélanges en l'honneur du Professeur Guy BRAIBANT, *L'Etat de droit*, Dalloz, avril 1996, pp.309-322.
- GAUDEMET (Y.), « L'avenir du droit des propriétés publiques », *in*, Mélanges en l'honneur du Professeur François TERRE, *L'avenir du droit*, Dalloz, juin 1999, pp.567-576.
- GAUDEMET (Y.), « Ouvrages complexes et domanialité publique », *RDI*, n°4, octobre 1999, pp.507-521.
- GAUDEMET (Y.), « Faut-il retirer l'arrêt *Ternon* ? », *AJDA*, n°10, 16 septembre 2002, pp.738-739.

- GAUDEMET (Y), « Les contrats de partenariat public-privé : une étude historique et critique », *BJCP*, n°36, septembre 2004, pp.331-339.
- GAUDEMET (Y.), « Les contrats de partenariat public-privé », *Droit et Patrimoine*, n°131, novembre 2004, pp.26-33.
- GAUDEMET (Y.), « Contrat de partenariat et domaine public », *in,* Mélanges en l'honneur du Professeur Jacqueline MORAND-DEVILLER, *Confluences*, Montchrestien, 2007, pp.539-554.
- GAUDEMET (Y.), « Actualité de la dissociation des droits sur le sol en droit public », *RDI*, n°1, janvier 2009, pp.8-15.
- GAUDEMET (Y.), « Pour une nouvelle théorie générale du droit des contrats administratifs : mesurer les difficultés d'une entreprise nécessaire », *RDP*, n°2, mars 2010, pp.314-326.
- GAUDEMET (Y.), « Copropriété v/ domaine public », *RJEP*, n°696, avril 2012, pp.1-2.
- GAUDEMET (Y.), « A propos de la valorisation économique des propriétés publiques », *RDP*, n°5, septembre 2012, pp.1223-1244.
- GEFFRAY (E.), « Les collectivités publiques et les associations : subventions, prestations de services et délégation de service public, triangle équilatéral ou triangle des Bermudes ? », *Gestion et finances publiques*, n°12, décembre 2010, pp.938-940.
- GELY (A.), « Les biens publics, leur financement et les partenariats public-privé », *Le droit ouvrier*, n°4, avril 2008, pp.180-187.
- GIVORD (L.), « Le contrôle de l'exploitant dans le cadre de montages contractuels dédiés aux équipements sportifs », *CP-ACCP*, n°98, avril 2010, pp.64-68.
- GIVORD (L.), NAHMIAS (N.), SACKSICK (E.) et LE GOFF (A.), « Fiches pratiques pour la construction et / ou la gestion d'équipements sportifs », *CP-ACCP*, n°98, avril 2010, pp.77-86.
- GLASER (E.), « Contrat de partenariat », *RLCT*, n°50, octobre 2009, p.35-36.
- GLASER(E.), « Le régime juridique des délégations de service public », *RLCT*, n°98, février 2014, pp.51-54.
- GOURDOU (J.), « La validation législative du contrat de concession du Stade de France », *CJEG*, n°533, juin 1997, pp.203-214.
- GRANIER (T.), « La titrisation, mode de financement des partenariats public-privé », *RTDF*, n°4, décembre 2010, pp.124-126.
- GRYNBAUM (L.), « Loi jeux en ligne : tout est prêt pour la Coupe du monde », *RLDI*, n°61, 1er juin 2010, pp.65-70.
- GUERARD (S.), « La domanialité codifiée : une distinction arrêtée ou une codification à mûrir ? », *in, Réflexions sur le Code général de la propriété des personnes publiques*, Actes de colloque, n°10, LexisNexis, août 2007, pp.5-20.

- GUETTIER (C.), « Mesures applicables aux collectivités territoriales dans le cadre de l'Euro 2016 », *RLCT*, n°71, 1er septembre 2011, pp.14-17.
- GUGLIELMI (G.), « La concession française et l'émergence de nouvelles formes contractuelles », *JCPA*, n°16, 16 avril 2007, pp.23-25.
- GUILLOU (Y-R.), « Les contrats publics de financement », *in* Mélanges en l'honneur du Professeur Michel GUIBAL, *Contrats Publics*, Presses de la Faculté de Droit de Montpellier, janvier 2006. Volume 1, pp.677-699.
- HAQUET (C.), « Retransmission télévisée des événements d'importance majeure », *Légipresse*, n°218, février 2005, pp.13-19.
- HAQUET (C.), « La retransmission radiophonique des compétitions sportives », *Légipresse*, n°232, juin 2006, pp.70-72.
- HAQUET (C.), « Retransmissions sportives : le CSA encadre le droit aux buts », *Légipresse*, n°303, mars 2013, pp.178-182.
- HANSEN (P.), « La construction d'enceintes sportives dans le cadre de baux emphytéotiques administratifs », *CP-ACCP*, n°89, juin 2009, pp.71-75.
- HANSEN (P.), « L'instabilité jurisprudentielle en matière d'occupation privative du domaine public », *AJDA*, n°20, 8 juin 2009, pp.1078-1081.
- HELIN (J-P.), « Les contrôles sont-ils efficaces ? », *Pouvoirs*, n°60, janvier 1992, pp.115-134.
- HERPE (F.), « Droits d'exploitation des organisateurs de manifestations sportives : le monopole doit s'apprécier de façon restrictive », *PI*, n°6, juin 2009, pp.37-38.
- HERTZOG (R.), « Linéament d'une théorie des subventions », *RFFP*, n°23, 1988, pp.5-45.
- HERTZOG (R.), « Le pouvoir dépensier », *RFFP*, n°41, octobre 1993, pp.98-107.
- HERTZOG (R.), « Le prix du service public », *AJDA*, n° spécial, 20 juin 1997, pp.55-62.
- HOCREITERE (P.), « L'annulation du permis de construire et ses conséquences », *Droit et Ville*, n°41, juin 1996, pp.151-156.
- HONORAT (E.), « Droit du sport et concurrence », *AJDA*, n°30, 10 septembre 2007, pp.1631-1634.
- HOURCADE (N.), « Principes et problèmes de la politique de lutte contre le hooliganisme en France », *Archives de politique criminelle*, n°32, janvier 2010, pp.123-139.
- HUBRECHT (H.), « Faut-il définir le domaine public et comment ? », *AJDA*, n°11, 21 mars 2005, pp.598-603.
- HUET (G.), « Contrat de partenariat : vers un premier bilan », *JCPA*, n°16, 18 avril 2011, pp.18-21.

- HUSTING (A.), « Le Livre blanc de la Commission sur le sport, une coquille vide pour le sport professionnel ? », *Les Cahiers de droit du sport*, n°9, août 2007, pp.27-36.
- JAIDANE (R.), « Partenariat public-privé et infrastructures sportives », *BJES*, n°89, décembre 2008, p.7-31.
- JAN (P.), « La dissolution d'un groupement de fait », *LPA*, n°230, 18 novembre 2002, pp.4-6.
- JAUNET (P.), « La passation d'un bail emphytéotique par une personne publique : retour sur quelques difficultés récurrentes », *LPA*, n°145, 20 juillet 2012, pp.6-12.
- JESTIN (G.), « Le financement des grands équipements collectifs », *RFFP*, n°22, 1988, pp.141-163.
- JOUBERT (S.), « Fin de la TP et naissance de la CET : la révolution 2010 des finances locales », *RLCT*, n°53, janvier 2010, pp.18-23.
- JUEN (P.), « Le soutien des collectivités territoriales aux clubs en matière d'équipements sportifs »*in*, sous dir. SIMON (G.), *Le soutien public au sport*, LexisNexis, mars 2012, pp.221-244.
- JULY (S.), « Méthodologie de la mise en place du financement d'un partenariat public-privé », *La Revue du Trésor*, n°3-4, mars-avril 2007, pp.300-302.
- KARPENSCHIF (M.), « Les sociétés publiques locales : passeport pour un véritable PPPI ? », *JCPA*, n°48, 29 novembre 2010, pp.13-15.
- KARPENSCHIF (M.), « La soumission du soutien public au droit communautaire », *in*, sous dir. SIMON (G.), *Le soutien public au sport*, LexisNexis, mars 2012, pp.27-47.
- KILLY (R.), « Jeux en ligne une ouverture maîtrisée à la concurrence », *Jurisport*, n°101, septembre 2010, pp.42-45.
- KIRAT (T.), « Contrat de partenariat et économie du contrat », *Droit et Ville*, n°60, septembre 2005, pp.85-103.
- KIRAT (T.), MARTY (F.) et VIDAL (L.), « Le risque dans le contrat administratif ou la nécessaire reconnaissance de la dimension économique », *RIDE*, n°3, juillet 2005, pp.291-318.
- KLOPFER (M.), « Evaluation financière de PPP et gestion des risques », *CP-ACCP*, n°65, avril 2007, pp.50-54.
- KORNPROBST (E.), « Fiscalité du contrat de partenariat public privé », *RGCT*, n°36, septembre 2005, pp.359-363.
- LABAYLE-PABET (P.), « Enceintes sportives locales : de nouvelles solutions contractuelles pour de nouveaux enjeux », *RLCT*, n°15, juillet-août 2006, pp.5-7.
- LABETOULLE (D.), « Droit du contentieux de l'urbanisme et droit du contentieux administratif », *in*, Mélanges en l'honneur du Professeur Jean WALINE, *Gouverner, administrer, juger*, Dalloz, mars 2002, pp.629-638.

- LACHAUME (J-F.), « La notion de service public dans la loi du 16 juillet 1984 », *ALD*, numéro spécial, 1984, pp.4-14.
- LACHAUME (J-F.), « La loi du 16 juillet 1984 relative à l'organisation et à la promotion des activités physiques et sportives et les équipements sportifs », *ALD*, numéro spécial, 1984, pp.53-57.
- LACHAUME (J-F.), « Les différents régimes de responsabilité administrative », *Jurisport*, n°141, avril 2014, pp.18-23.
- LACHACINSKI (T.) et FAJGENBAUM (F.), « Marques sportives : les enseignements de la jurisprudence », *Jurisport*, n°97, avril 2010, pp.27-30.
- LAGARDE (F.), « La loi et les sports de nature », *RJES*, n°57, décembre 2000, pp.86-93.
- LAGARDE (F.), « Modalités de calcul de la redevance due par l'occupant privatif d'un équipement sportif public », *AJDA*, n°26, 11 juillet 2005, pp.1474-1478.
- LAGARDE (F.), « Financement et réalisation d'un équipement sportif : quels montages juridiques ? », *Jurisport*, n°100, juillet 2010, pp.20-25.
- LAGARDE (F.), « La répression de la violence des supporters », *AJDPénal*, n°6, juin 2013, pp.311-313.
- LAGUMINA (S.) et DERUY (L.), « L'ordonnance relative aux contrats de partenariat : dépasser la polémique », *BJCP*, n°36, septembre 2004, pp.348-361.
- LAPOUBLE (J-C.), « La nouvelle loi sur le sport professionnel est validée par le Conseil constitutionnel : la compétitivité du sport professionnel relève bien de l'intérêt général », *Les Cahiers de droit du sport*, n°1, juin 2005, pp.57-63.
- LAPOUBLE (J-C.), « Collectivités territoriales et équipements sportifs : quels modes de gestion et de financement ? », *RLCT*, n°8, décembre 2005, pp.67-71.
- LAPOUBLE (J-C.), « Le juge des référés et la mise à disposition des salles de sports municipales », *Les Cahiers de droit du sport*, n°14, septembre 2008, pp.33-39.
- LAPOUBLE (J-C.), « Les chambres régionales des comptes et les clubs sportifs professionnels », *Les Cahiers de droit du sport*, n°18, janvier 2009, pp.11-22.
- LAPOUBLE (J-C.), « Les partenariats public-privé dans le domaine du sport : choix juridique ou politique ? », *Les Cahiers de droit du sport*, n°28, avril 2012, pp.26-32.
- LAVIALLE (C.), « L'imprescriptibilité du domaine public », *RFDA*, n°1, janvier-février 1985, pp.27-44.
- LAVIALLE (C.), « La désaffectation des biens domaniaux mis à la disposition des collectivités territoriales », *RFDA*, n°4, août 1995, pp.655-662.

- LAVIALLE (C.), « L'acte de gestion domaniale », *in*, Mélanges en l'honneur du Professeur Franck MODERNE, *Mouvement du droit public : du droit administratif au droit constitutionnel, du droit français aux autres droits,* Dalloz, juin 2004, pp.265-285.
- LE BOUEDEC (P.), « Sport et contrats publics : plus haut, plus vite, plus complexe ? », *CP-ACCP*, n°98, avril 2010, pp.34-37.
- LE BOUEDEC (P.), « Contrat de partenariat et critère de complexité du projet », *CP-ACCP*, n°125, octobre 2012, pp.55-57.
- LE BOT (O.), « Le juge administratif des référés au secours de l'exécution d'une décision de justice », *AJDA*, n°21, 21 juin 2010, pp.1206-1209.
- LE CHATELIER (G.), « L'encadrement institutionnel et financier des nouveaux contrats », *RDI*, n°11, novembre 2003, pp.515-519.
- LE FOLL (J.), « Le surendettement ces collectivités locales », *Revue d'économie financière*, n°46, mars 1998, pp.215-249.
- LE MIERE (A.), « Les contrats de plan Etat / région », *CP-ACCP*, n°28, décembre 2003, pp.43-44.
- LE PECHON-JOUBERT (F.), « La clause relative à la propriété intellectuelle des contrats d'architecte : de l'art et de l'accessoire », *Construction-Urbanisme*, n°9, septembre 2002, pp.5-8.
- LEBON (G.) et VERBIEST (T.), « L'eldorado du football au service des la communauté sportive ou comment s'attirer (une nouvelle fois) les foudres des acteurs du ballon rond ? », *Les Cahiers de droit du sport*, n°18, octobre 2009, pp.23-26.
- LEGRAND (D.), JAHANGUIRI (A.) et BRENOT (V.), « Les cessions de créances irrévocables dans le cadre des contrats de partenariats public-privé : aspects juridiques et financiers », *RLCT*, n°18, novembre 2006, pp.9-12.
- LEHU (J-M.), « Crise et *sponsoring* : un mariage de raison paradoxal », *Revue Banque*, n°766, décembre 2013, p.40-42.
- LENTILHAC (J-P.), « Grands projets immobiliers des personnes publiques », *Gaz. Pal.*, n°55, 24 février 2012, pp.28-30.
- LEQUIEN (M.) et CUCHE (P.), « La notion de bancabilité dans les opérations de financement privé d'équipements publics », *DA*, n°12, décembre 2004, pp.14-20.
- LERAUT (J.) et REYNAUD (T.), « Contrat de partenariat : du financement ajustable à la procédure de confirmation des engagements financiers de l'offre finale », *BJCP*, n°78, septembre-octobre 2011, pp.327-335.
- LEROY (D.), « Associations de supporters, quels risques ? », *Jurisport*, n°117, février 2012, pp.37-40.
- LESTRELIN (L.), « Droit et radicalisation de la lutte contre le hooliganisme en France », *in, Football et Droit*, sous dir.

GUILLAUME (J.) et DERMIT-RICHARD (N.), Fondation Varenne, septembre 2012, pp.109-125.
- LETELLIER (H.), « Contrôle juridictionnel de l'urgence et recours aux contrats de partenariat », *CP-ACCP*, n°89, juin 2009, pp.80-84.
- LEVOYER (L), « Contrats publics et fonds de compensation de la TVA : enfin une clarification », *AJDA*, n°17, 8 mai 2006, pp.920-926.
- LEVOYER (L.), « L'harmonisation fiscale des contrats de partenariat public-privé », *CP-ACCP*, n°81, octobre 2008, pp.84-86.
- LEVOYER (L.), « La cession de créances : un moyen de financement particulier des partenariats publics-privés », *JCPA*, n°14, 6 avril 2010, pp.19-20.
- LICHERE (F.), « La transparence des associations administratives », *LPA*, n°254, 21 décembre 2001, pp. 9-18.
- LICHERE (F.), « Les contrats de partenariats, fausse nouveauté ou vraie libéralisation dans la commande publique ? », *RDP*, n°6, novembre 2004, pp.1547-1568.
- LICHERE (F.), « L'appel d'offres au fil des codes », *CP-ACCP*, n°67, juin 2007, pp.28-32.
- LICHERE (F.), « La réforme des partenariats public-privé », *Contrats et Marchés Publics*, n°10, octobre 2008, pp.7-13.
- LIGNIERES (P.), « L'évaluation préalable des contrats de partenariat », *DA*, n°10, octobre 2004, pp.46-47.
- LIGNIERES (P.), « Le partenariat public-privé, un nouvel outil pour réformer l'Etat », *in* Mélanges en l'honneur du Professeur Michel GUIBAL, *Contrats Publics*, Presses de la Faculté de Droit de Montpellier, janvier 2006. Volume 2, pp.575-584.
- LIGNIERES (P.), « L'impact de l'allocation des risques dans les PPP sur la dette publique : éléments de réflexion », *La Revue du Trésor*, n°3-4, mars-avril 2007, pp.291-293.
- LIGNIERES (P.) et LEVY (J-P.), « Un PFI à la française : les nouveaux PPP dans la sécurité et la justice », *DA*, n°12, décembre 2002, pp.34-35.
- LIGNIERES (P.) et MENEMENIS (A.), « Débat sur les contrats de partenariat », *DA*, n°11, novembre 2004, pp.6-12.
- LINDITCH (F.), « Les partenariats public-privé. Vecteurs d'externalisation et de déconsolidation ? Quelques interrogations de nature financière », *Droit et Ville*, n°60, septembre 2005, pp.229-263.
- LINDITCH (F.), « Premier regard sur la loi n°2008-735 du 28 juillet 2008 », *JCPA*, n°37, 8 septembre 2008, pp.17-23.
- LINDITCH (F.), « Contribution à la distinction des conventions de délégation de service public et des contrats de partenariat », *JCPA*, n°51, 19 décembre 2011, pp.14-17.

- LINOTTE (D.), « Sur un nouvel instrument d'action publique locale : la société publique locale, panacée ou placebo ? », *Gaz. Pal.*, n°247, 1er octobre 2010, pp.19-22.
- LINOTTE (D.), « Quelques interrogations sur la société publique locale et ses contraintes opérationnelles », *Gaz. Pal.*, n°140, 20 mai 2011, pp.17-21.
- LINOTTE (D.) et PISSALOUX (J-L.), « Sur un nouveau contrat administratif : le contrat de partenariat de l'ordonnance du 17 juin 2004 », *La Revue du Trésor*, n°3-4, mars-avril 2007, pp.208-217.
- LLORENS (F.), « Domanialité publique et copropriété », *RDP*, n°2, 1990, pp.545-555.
- LLORENS (F.), « Les contrats de partenariat », *RJEP*, n°615, décembre 2004, pp.511-542.
- LLORENS (F.) et SOLER-COUTEAUX (P.), « Le droit des contrats publics en miettes », *Contrats et Marchés publics*, n°1, janvier 2005, repère 1.
- LLORENS (F.) et SOLER-COUTEAUX (P.), « Le contrat de partenariat devant le Conseil constitutionnel », *Contrats et Marchés Publics*, n° 8, août-septembre 2009, pp.8-10.
- LLORENS (F.) et SOLER-COUTEAUX (P.), « Vers une harmonisation du contentieux administratif des contrats ? », *Contrats-Concurrence-Consommation*, n°6, juin 2010, pp.3-5.
- LLORENS (F.) et SOLER-COUTEAUX (P.), « La longue marche vers le PPPI », *Contrats et Marchés Publics*, n°10, octobre 2010, pp.1-2.
- LOUVARIS (A.), « Les raisons et l'objet de l'intervention de l'Etat », *JCPE*, n°41, 14 octobre 2010, p.1885-1900.
- MAETZ (C-A.), « Le sportif professionnel salarié : un artiste ? », *Les Cahiers de droit du sport*, n°2, octobre 2005, pp.19-29.
- MAGNAVAL (O.), « L'Etat, le juge et les hooligans », *AJDA*, n°28, 5 août 2013, pp.1607-1613.
- MAGNE (A.), « Quelle optimisation pour le business model des stades et des arénas ? », *Jurisport*, n°128, février 2013, pp.19-21.
- MAISONNEUVE (M.), « Les ordres juridiques sportifs transnationaux », *RRJ*, n°3, 2005, pp.1563-1597.
- MAISONNEUVE (M.), « Des stades et des contrats administratifs », *in*, Mélanges en l'honneur du Professeur Laurent RICHER, *A propos des contrats des personnes publiques*, LGDJ, novembre 2013, pp.694-700.
- MALLEA (P.), BEAU (S.), et OGEE (C.), « Les modalités de financement des PPP », *CP-ACCP*, n°81, octobre 2008, pp.80-83.
- MALLET-POUJOL (N.), « La retransmission télévisuelle des événements : entre monopole d'exploitation et pluralisme de l'information », *D.*, n°13, 28 mars 1996, pp.103-110.

- MALLET-POUJOL (N.), « Le double langage du droit à l'information », *D.*, n°31, 12 septembre 2002, pp.2420-2427.
- MALWE (C.), « Le droit moral de l'architecte et les bâtiments publics », *RDI*, n°9, septembre 2011, pp.424-434.
- MARAIS (V.) et ROSSI (O.), « Opération complexe : un ou plusieurs permis de construire », *Décideurs juridiques et financiers*, n°113, février 2010, pp.100-101.
- MARCHAND (F.) et MOURIESSE (X.), « Crédit-bail immobilier, DSP et montage en PPP », *CP-ACCP*, n°65, avril 2007, pp.36-40.
- MARCOU (G.), « La loi sur le Grand Paris : le retour de l'Etat aménageur ? », *AJDA*, n°33, 11 octobre 2010, pp.1868-1877..
- MARMAYOU (J-M), « Pour une définition juridique du sport », *Lettre d'actualités Lamy droit du sport*, n°39, novembre 2006, pp.1-5.
- MARMAYOU (J-M.), « Approche rédactionnelle des contrats de parrainage sportif », *Les Cahiers de droit du sport*, n°13, octobre 2008, pp.31-43.
- MARMAYOU (J-M.), « Définir le sport », *Gaz. Pal*, n°293, 19 octobre 2008, pp.9-15.
- MARMAYOU (J-M.), « Définir le sport : une nécessité pratique », *Les Cahiers de droit du sport*, n°29, juillet 2012, pp.9-11.
- MARTOR (B.), « Réforme des contrats de partenariat : convergence en demi-teinte des modes de PPP », *DA*, n°11, novembre 2008, pp.15-20.
- MARTOR (B.) et DEGENNE (V.), « L'évaluation préalable des PPP : un passage obligé pour la réussite du partenariat », *Cahiers de droit de l'entreprise*, n°4, juillet 2006, pp.21-31.
- MARTOR (B.) et THOUVENOT (S.), « Comment tirer partie du dialogue dans la passation du contrat de partenariat », *Cahiers de droit de l'entreprise*, n°4, juillet 2006, pp.32-36.
- MARTY (F.) et VIDAL (M.), « Contrat de partenariat et mécanismes financiers de droit privé », *Droit et Ville*, n°60, septembre 2005, pp.267-323.
- MARTY (F.) et VOISIN (A.), « Le contrat de partenariat constitue-t-il une *private finance intiative* à la française ? », *RIDE*, n°2, avril 2006, pp.131-153.
- MATHARAN (X.) et PINTAT (P.), « Les risques et leurs garanties dans les contrats de partenariat », *CP-ACCP*, n°36, septembre 2004, pp.39-43.
- MAUVAIS (G.), « Subvention et concurrence », *CP-ACCP*, n'28, décembre 2003, pp.24-27.
- MELLERAY (F.), « La recherche d'un critère réducteur de la domanialité publique », *AJDA*, n°9, 8 mars 2004, pp.490-495.

- MELLERAY (F.), « L'obligation de prendre des mesures de polices initiales », *AJDA*, n°2, 17 janvier 2005, pp.71-76.
- MELLERAY (F.), « Définitions et critères du domaine public », *RFDA*, n°5, septembre-octobre 2006, pp.906-915.
- MELLERAY (F.), « Contrat de partenariat et externalisation », *La Revue du Trésor*, n°3-4, mars-avril 2007, pp. 246-248.
- MELERO (V.) et JOURDAIN (M.), « La protection juridique des événements sportifs », *Gaz. Pal.*, n°311, 7 novembre 2007, pp.25-29.
- MENEMENIS (A.), « L'ordonnance sur les contrats de partenariats : heureuse innovation ou occasion manquée ? », *AJDA*, n°32, 27 septembre 2004, pp.1732-1766.
- MESSECA (J.), « Sociétés sportives : vers une nouvelle ère fiscale ? », *Droit et patrimoine*, n°139, juillet 2005, pp.89-92.
- MIEGE (C.), « La législation nationale en matière de paris sportifs pourra-t-elle résister au droit communautaire ? », *Les Cahiers de droit du sport*, n°9, octobre 2007, pp.37-40.
- MIEGE (C.), « Jeux de pronostics sportifs : régulation nationale ou soumission au droit communautaire ? », *Gaz. Pal.*, n°311, 7 novembre 2007, pp.30-34.
- MIGNON (P.), « La lutte menée contre le hooliganisme : comparaisons européennes », *Cahiers de la sécurité intérieure*, n°26, octobre 1996, pp.92-107.
- MOLHO (V.), GUILLOT (J-B.) et JACQUIN (C.), « La loi sur les jeux et paris en ligne : les apports majeurs pour les organisateurs des compétitions et les sociétés sportives », *RLDI*, n°61, 1er juin 2010, pp.69-71.
- MOLLION (G.), « Vers l'érosion de la théorie des biens de retour ? », *AJDA*, n°7, 28 février 2011, pp.363-367.
- MORAND-DEVILLER (J.), « La réalisation du grand stade de Saint-Denis », *LPA*, n°89, 26 juillet 1995, pp.4-14.
- MORAND-DEVILLER (J.), « La valorisation économique du patrimoine public », *in*, Mélanges en l'honneur du Professeur Roland DRAGO, *L'unité du droit*, Economica, décembre 1996, pp.273-292.
- MOREAU (D.), « Les risques de requalification des subventions aux associations en marchés ou délégations de service public », *AJDA*, n°13, 7 octobre 2002, pp. 902-907.
- MOREAU (D.), « Le régime des recettes dans les contrats publics », *AJDA*, n°28, 30 juillet 2007, pp.1513-1521.
- MOREAU (J.), « Police administrative et police judiciaire : recherche d'un critère de distinction », *AJDA*, n°2, février 1963, pp.68-83.

- MOURY (J.), « Une embarrassante notion : l'économie du contrat », *D.*, n°24, 22 juin 2000, pp.382-386.
- MOUZET (P.), « La normalisation jurisprudentielle de l'association transparente », *RDP*, n°6, novembre 2008, pp.1539-1561.
- MOYERSOEN (P.), « Le concept d'image collective », *Droit et Patrimoine*, n°139, juillet 2005, pp.82-88.
- MUSSO (D.), « Le sport professionnel à la française, possible inspirateur d'un futur modèle européen », *RF adm. publ.*, n°97, janvier 2001, pp.91-99.
- NEGRIN (J-P.), « Chronique d'une ordonnance de suspension provisoire annoncée », *RFDA*, n°4, juillet 1998, pp.755-767.
- NICINSKI (S.), « Les associations et le droit administratif : plaidoyer pour la convention d'objectifs et de moyens », *DA*, n°6, juin 2006, pp.7-13.
- NICINSKI (S.), « La place des contrats de partenariat au sein des contrats administratifs », *La Revue du Trésor*, n°3-4, mars-avril 2007, pp.237-240.
- NICINSKI (S.), « Le domaine public : de la crise à la reconstruction », *in*, Mélanges en l'honneur du Professeur Jacqueline MORAND-DEVILLERS, *Confluences*, Montchrestien, février 2008, pp.659-683.
- NICINSKI (S.), « La loi du 28 mai 2010 pour le développement des sociétés publiques locales », *AJDA*, n°30, 27 septembre 2010, pp.1759-1765.
- NOËL (M.), « Le contrat de partenariat est-il adapté aux équipements sportifs ? », *CP-ACCP*, n°98, avril 2010, pp.45-50.
- NOGUELLOU (R.), « La Commission européenne et les partenariats public-privé institutionnalisés », *DA*, n°4, avril 2008, pp.3-3.
- NOGUELLOU (R.), « La crise et l'exécution financière des marchés publics et des partenariats public-privé » *RDI*, n°5, mai 2009, pp.278-282.
- NOGUELLOU (R.), « L'avis de la section de l'administration du Conseil d'Etat sur les PPPI », *DA*, n°8, août-juillet 2010, pp.3-3.
- NOVAT (P.) et GUIMET (A.), « Contrats de partenariat : vers une normalisation au sein de la commande publique », *CP-ACCP*, n°89, juin 2009, pp.44-47.
- NYS (J-F.), « Les relations économiques entre le sport et les médias : entre complémentarité et ambiguïté », *Légicom*, n°23, juillet 2000, pp.1-14.
- OLIVIER (F.), « Contrat de partenariat, vecteur de relance », *Contrats et Marchés Publics*, n°3, mars 2009, pp.7-12.
- ORIOU (J-S.), « Les contrats de partenariat et la crise financière », *Décideurs : stratégie-finance-droit*, n°134, janvier 2012, pp.84-85.

- OTTENHOF (R.), « Mais qui sont donc les hooligans ? », *Rev. Sc. Crim.*, n°4, octobre 1990, pp.836-839.
- OTERO (C.), « Prévention et sanction des agissements des supporters : entre ordre public et désordre juridique », *in, Football et Droit*, sous dir. GUILLAUME (J.) et DERMIT-RICHARD (N.), Fondation Varenne, septembre 2012, pp.95-107.
- OULD-YAHIA (S.), « Restriction de déplacement de supporters : un dispositif aux pouvoirs étendus », *Jurisport*, n°136, novembre 2013, pp.37-41.
- OULD-YAHIA (S.), « Restriction de déplacement de supporters : une mise en œuvre délicate », *Jurisport*, n°137, décembre 2013, pp.38-41.
- PACHEN-LEFEVRE (M-H.) et FONTAINE (C.), « Le recours au bail emphytéotique pour la construction d'édifices religieux », *CP-ACCP*, n°108, mars 2011, pp.59-61.
- PACTEAU (B.), « Vu de l'intérieur : la loi du 30 juin 2000, une réforme exemplaire », *RFDA*, n°5, octobre 2000, pp.959-962.
- PAPER (X.), « Cession de créances : les règles de déconsolidation selon les normes IFRS », *Option Finance*, n°976, 14 avril 2008, pp.33-34.
- PAUTOT (S.), « La Coupe du Monde de football et le droit », *Gaz. Pal.*, n°191, 10 juillet 1998, pp.9-14.
- PENTECOSTE (J.), VILLATEAU (E.) et PAILLARD (E.), « La finance et le PPP : vers un *New Deal* ? » *MdA*, n°71, juin 2012, pp.40-41.
- PENTECOSTE (J.) et VILLATEAU (E.), « La réforme des partenariats public-privé en France s'inspirera-t-elle de l'expérience britannique ? », *JCPG*, n°39, 22 septembre 2014, p.1714.
- PELTIER (M.), « Coup de sifflet final pour la rémunération de l'image collective des sportifs », *D.*, n°15, avril 2010, pp.905-906.
- PERIGNON (S.), « La cession d'un équipement sportif », *Defrénois*, 1992, pp.435-439.
- PERIGNON (S.), « Peut-on vendre des droits de construire ? », *Defrénois*, n°6, 30 mars 1993, pp.321-326.
- PERIGNON (S.), « Pour une réforme du permis de construire prévoyant division parcellaire », *Defrénois*, n°2, 30 janvier 1997, pp.86-92.
- PERIGNON (S.), « Ouvrages complexes et droit de l'urbanisme », *RDI*, n°4, octobre 1999, pp.522-526.
- PERLEMUTER (J.) et FERLA (R.), « Les droits de retransmissions du football français : une propriété controversée », *Légipresse*, n°201, mai 2003, pp.57-63.

- PEYRICAL (J-M.), « Conciliation entre crédit-bail et domaine public : un débat toujours d'actualité ? », *CP-ACCP*, n°54, avril 2006, pp.38-41.
- PEYRICAL (J-M.), « L'évolution du droit de la commande publique, quelques commentaires et réflexions », *AJDA*, n°18, 18 mai 2009, pp.965-972.
- PEYRICAL (J-M.) et BLONDEL (D.), « Contrat de PPP et montages en boucle : de nouveaux outils pour la pratique », *JCPN*, n°13, 1er avril 2005, pp.668-672.
- PEYRICAL (J-M), MARTIN (F.) et GABILLON (F.), « Le contrat de partenariat : un outil de gestion du patrimoine et des services publics », *CP-ACCP*, n°81, octobre 2008, pp.77-79.
- PICHOT (R.) et AFFEJEE (D.), « Réforme de la taxe professionnelle et du secteur financier. La taxe professionnelle est morte. Vive la taxe ! Principales conséquences de la réforme de la taxe professionnelle pour le secteur financier », *RTDF*, n°1, janvier 2010, pp.135-140.
- PIERENS (G.), « Initiatives de la Commission européenne dans le domaine des partenariats public-privé au regard du droit des marchés publics et des concessions », *LPA*, n°170, 26 août 2010, pp.6-8.
- PIGNON (S.), « Aperçu des apports du nouveau Code général de la propriété des personnes publiques », *RLCT*, n°15, juillet-août 2006, pp.36-40.
- PINTAT (P.), « L'exécution des contrats de subvention », *CP-ACCP*, n°28, décembre 2003, pp.39-43.
- PINTAT (P.), « Le risque constructif dans les contrats de partenariat », *CP-ACCP*, n°81, octobre 2008, pp.48-52.
- PINTAT (P.), « L'affaire du Stade Jean Bouin », *CP-ACCP*, n°98, avril 2010, pp.51-61.
- PIRON (V.), « L'aspect économique et le montage du projet », *CP-ACCP*, n°65, avril 2007, pp.46-49.
- PISANI (C.) et AUBY (J-M.), « Les opérations permises par le titre : le recours aux procédés de financement de droit commun, crédit hypothécaire et crédit-bail », *JCPN*, n°37, 13 septembre 1996, pp.1266-1270.
- PISSALOU (J-L.) et GISBRANT-BOINON (C.), « L'urgence dans les contrats de partenariat », *Gaz. Pal.*, n°274, 1er octobre 2010, pp.8-13.
- PISTRE (S.), « Le cadre européen des retransmissions sportives audiovisuelles », *Légipresse*, n°137, novembre 1996, pp.145-152.
- PIOTRAUT (J-L.), « Les droits de propriété littéraire et artistique à l'épreuve des juridictions administratives », *RFDA*, n°1, janvier-février 1997, pp.105-115.

- POLERE (P.), « Sanction d'un club de football pour cause de terrain impraticable et contrôle du juge administratif », *Gaz. Pal.*, septembre-octobre 2008, pp.3236-3241.
- PONS (N.), « Economie criminelle du football », *in*, *Football et Droit*, sous dir. GUILLAUME (J.) et DERMIT-RICHARD (N.), Fondation Varenne, septembre 2012, pp.155-169.
- PONTIER (J-M.), « Comportement violent des supporters et police administrative », *JCPA*, n°17, 20 avril 2009, pp.45-48.
- PORACCHIA (D.), « Brèves remarques sur le rapport Besson », *Les Cahiers de droit du sport*, n°14, novembre 2008, p.15-18.
- POUYAUD (D.), « Stade de France : les problèmes juridiques de la concession », *DA*, n°2, février 1997, pp.4-7.
- PRIEUR (S.), « La commercialisation des tickets d'entrée aux manifestations culturelles ou sportives en dehors des circuits traditionnels de billetterie. Quel droit ? Quelles responsabilités ? », *Cahiers de droit du sport*, n°20, avril 2010, pp.24-33.
- RAINAUD (A.), « Le permis de démolir », *Droit et Ville*, n°52, février 2001, pp.175-205.
- RAPP (L.), « La prise en compte du critère économique et financier dans les contrats publics : le risque d'exploitation », *BJCP*, n°9, mars 2000, pp.82-91.
- RAPP (L.), « Il faut désormais séparer la question du partenariat public/privé de toute référence à une doctrine économique », *LPA*, n°56, 18 mars 2004, pp.3-6.
- RAPP (L.), « L'ordonnance PPP : un enjeu politique et économique majeur », *LPA*, n°56, 18 mars 2004, pp.7-10.
- RAPP (L.), « Aux origines du contrat de partenariat », *Droit et Ville*, n°60, septembre 2005, pp.29-45.
- RAPP (L.), « Entrée et sortie des biens (la propriété choisie) », *RFDA*, n°5, septembre 2006, pp.916-934.
- RAPP (L.), « Actualité législative des contrats de partenariats », *RDI*, n°1, janvier 2009, pp.49-60.
- RAPP (L.), « Contrat de partenariat et urgence », *RDI*, n°3, mars 2009, pp.176-178.
- RASOAMANANA (C.), « Le financement des projets de partenariat public-privé », *La Revue du Trésor*, n°3-4, mars-avril 2007, pp.298-299.
- RAYMUNDIE (O.), « L'exploitation – maintenance dans les contrats de partenariat », *CP-ACCP*, n°81, octobre 2008, pp.58-61.
- RENOUARD (L.), « Les contrats de subvention », *CP-ACCP*, n°28, décembre 2003, pp.28-33.
- RENOUARD (L.), « Les contrôles de la Cour et des chambres régionales des comptes sur les contrats de partenariat », *La Revue du Trésor*, n°3-4, mars-avril 2007, pp.258-262.

- REYNAUD (T.), « La loi du 28 juillet 2008 : une seconde chance pour les contrats de partenariats », *BJCP*, n°60, octobre 2008, pp.317-321.
- RICHER (D.), « La procédure contradictoire et le juge administratif de l'urgence », *RFDA*, n°2, février 2001, pp.320-326.
- RICHER (L.), « Contrats et *Best value for money* », *CP-ACCP*, n°2, juillet 2001, pp.64-68.
- RICHER (L.), « Subvention au délégataire et obligations de service public : l'arrêt *Altmark* », *CP-ACCP*, n°28, décembre 2003, pp.34-36.
- RICHER (L.) « Propriété publique et rentabilité des stades : de la concession au contrat de partenariat », *in, Le stade et le droit*, Dalloz, février 2008, pp.67-80.
- RICHER (L.), JEANNENEY (P-A.) et CHARBIT (N.), « Actualités du droit de la concurrence et de la régulation », *AJDA*, n°9, 6 mars 2006, pp.476-481.
- ROCCA (P.) et SITBON (P.), « Chronique de jurisprudences financières – La Chambre régionale des comptes », *La Revue du Trésor*, n°7, juillet 2004, pp.450-473.
- ROUET (O.), « Le rôle des collectivités dans la réalisation d'une enceinte sportive », *Jurisport*, n°128, février 2013, pp.26-29.
- RICOU (B.), « Le droit du sport devant le Conseil constitutionnel », *RFDA*, n°3, mai-juin 2009, pp.567-579.
- RIZZO (F.), « Réflexions relatives à la responsabilité civile des clubs sportifs à l'égard des spectateurs », *LPA*, n°135, 8 juillet 2002, pp.4-9.
- RIZZO (F.), « Les droits d'exploitation audiovisuelle des manifestations ou compétitions sportives », *Droit et Patrimoine*, n°139, juillet-août 2005, pp.69-75.
- RIZZO (F.), « Le droit de citation en matière sportive », *Droit et Patrimoine*, n°168, mars 2008, pp.36-44.
- ROCHEREAU (M.), BASLE (G.), BAYEUX (P.), « Programmation et gestion d'équipements sportifs : quel renouveau ? », *CP-ACCP*, n°98, avril 2010, pp.30-33.
- ROLIN (F.), « Existe-t-il un droit administratif du bois de Boulogne ? », *AJDA*, n°5, 14 février 2011, p.241.
- ROLIN (F.), « Il existe un droit constitutionnel du bois de Boulogne », *AJDA*, n°8, 5 mars 2012, p.401.
- ROUAULT (M-C.), « Les jeux de hasard, un service public atypique », *in* Mélanges en l'honneur du Professeur Pierre SANDEVOIR, *Service public, services publics*, L'Harmattan, juillet 2000, pp.76-101.
- ROUSSET (O.), « Collectivités locales, associations : un partenariat à encadrer », *LPA*, n°10, 23 janvier 1998, pp.5-12.

- ROUVEYRAN (T.), « Enceintes sportives : pourquoi choisir le bail emphytéotique administratif ? », *CP-ACCP*, n°98, avril 2010, pp.42-44.
- ROUX (J-M.), « Projets de grand stade et aménagement du territoire », *Etudes Foncières*, n°148, novembre-décembre 2010, pp.8-14.
- SACKSICK (E.) et GIUDICELLI (J-J), « Le changement d'exploitant de l'équipement sportif », *CP-ACCP*, n°98, avril 2010, pp.69-73.
- SAGALOVITSCH (E.), « L'accès aux contrats de partenariat », *AJDA*, n°43, 17 décembre 2012, pp.2367-2372.
- SALAMAND (W.), « Le contrat de partenariat à l'épreuve de la construction et de l'exploitation », *CP-ACCP*, n°125, octobre 2012, pp.43-47.
- SARAZIN (H.), « Désaffectation et déclassement », *JCPA*, n°43, 23 octobre 2006, pp.1369-1370.
- SAUREL (J.), « Le principe d'autonomie du droit fiscal est-il opposable au droit du sport ? Quand l'illicéité d'un acte rend le droit fiscal amoral », *Les Cahiers de droit du sport*, n°9, octobre 2007, pp.63-68.
- SAUREL (J.), « L'impatriation fiscale : l'eldorado des footballeurs », *Les Cahiers de droit du sport,* n°17, octobre 2009, pp.28-32.
- SENO (M.), « Existe-t-il une obligation de bien contracter dans les contrats publics ? », *Gaz. Pal.*, n°274, 2 octobre 2010, pp.14-18.
- SESTIER (J-F.), « Retours sur la question des biens de retour », *BJCP*, n°48, novembre 2006, pp.327-332.
- SESTIER (J-F.), « La dimension financière des partenariats public-privé », *La Revue du Trésor*, n°3-4, mars-avril, 2007, pp. 249-251.
- SIMLER (P.), « Ouvrages complexes et droit de propriété », *RDI*, n°4, octobre 1999, pp.489-495.
- SIMON (G.), « Les sources du droit du sport », *Gaz. Pal.*, n°311, 7 novembre 2007, p.3566-3571.
- SIMON (G.), « La responsabilité objective des clubs du fait de leurs supporters : une règle du droit sportif reconnue par le juge étatique », *Gaz. Pal.*, n°295, 19 octobre 2008, pp.3232-3235.
- SIMON (G.), « Historique et sens du soutien public au sport en France », *in*, sous dir. SIMON (G.), *Le soutien public au sport*, LexisNexis, mars 2012, pp.17-26.
- SIMONNET (Y.), « Le financement des PPP face aux principes de la commande publique », *RLCT*, n°78, avril 2012, pp.79-85.
- SOLEILHAC (T.), « Vers une commercialité des autorisations administratives », *AJDA*, n°40, 26 novembre 2007, pp.2178-2187.

- SOLER-COUTEAUX (P.), « Le permis de construire d'opérations complexes », *RDI*, n°2, mars 2003, pp.125-137.
- SOULIE (B.) et BERGERE (F.), « Les collectivités locales et le contrat de partenariat », *La Revue du Trésor*, n°3-4, mars-avril 2007, pp.271-274.
- STIRN (B.), « Droit du sport et juge des référés », *AJDA*, n°30, 10 septembre 2007, pp.1627-1628.
- SYMCHOWICZ (N.), « Paradoxes sur les contrats de partenariat public-privé », *Contrats et Marchés Publics*, n°12 décembre 2004, pp.8-16.
- SYMCHOWICZ (N.), « Droits réels et contrats domaniaux », *CP-ACCP*, n°54, avril 2006, pp.33-37.
- SYMCHOWICZ (N.), « l'apport de l'ordonnance du 21 avril 2006 au droit des montages contractuels complexes », *CP-ACCP*, n°57, juillet-août 2006, pp.74-77.
- SYMCHOWICZ (N.), « Pour un Code des contrats de la commande publique », *Contrats et Marchés Publics*, n°4, avril 2007, pp.7-13.
- SYMCHOWICZ (N.), « Contrats de PPP et autres formules : une réforme inachevée ? », *CP-ACCP*, n°81, octobre 2008, pp.8-11.
- SYMCHOWICZ (N.), « Maîtrise d'ouvrage publique ou PPP : quel procédé choisir ? », *CP-ACCP*, n°87, avril 2009, pp.66-73
- TARDIVEL (B.), « La place du contrat de partenariat dans l'ordre des contrats publics », *in* Mélanges en l'honneur du Professeur Michel GUIBAL, *Contrats Publics*, Presse de la Faculté de Droit de Montpellier, janvier 2006. Volume 1, pp.847-874.
- TAVERNIER (P.), « La nature juridique des biens du domaine propre du Conservatoire du littoral et des rivages lacustres : contribution à l'étude du domaine des établissements publics », *AJDA*, n°11, 20 novembre 1981, pp.513-523.
- TENAILLEAU (F.) et TIXIER (J-L.), « Le financement par crédit-bail des délégataires du service public », *Contrats et Marchés Publics*, n°7, juillet-août 2005, pp.5-8.
- TENAILLEAU (F.), « Les contrats de partenariat, la crise financière et la loi », *JCPA*, n°14, 30 mars 2009, pp.43-46.
- TERNEYRE (P.), « La stabilité juridique des aides financières publiques aux entreprises privées », *Cah. dr. entr.*, n°3, 1989, pp.28-32.
- TERNEYRE (P.), « Les montages contractuels complexes », *AJDA*, numéro spécial, 1994, pp.43-58.
- TERNEYRE (P.), « Les délégations d'équipements sportifs communaux », *BJCP*, n°11, juillet 2000, pp. 230-234.
- TERNEYRE (P.), « Les nouveaux contrats de partenariat et la typologie des instruments du partenariat public-privé », *RDI*, n°11, novembre 2003, pp.520-522.

- TERNEYRE (P.) et REYNAUD (T.), « Réforme du droit de la commande publique et plan de relance de l'économie : le volet législatif », *BJCP*, n°63, avril 2009, pp.98-103.
- TERNEYRE (P.), « Le diable est-il dans les principes mêmes du contrat de partenariat ou dans les détails ? », *CP-ACCP*, n°125, octobre 2012, pp.31-32.
- TERRAUBE (T.), « Sécurité des stades en France : études et formation », *Cahiers de la sécurité intérieure*, n°26, octobre 1996, pp.118-126.
- TERRIEN (G.), « Les précisions du rapport annuel sur le contrat de partenariat », *CP-ACCP*, n°89, juin 2009, pp.76-79.
- TERRIEN (G.), « Le développement des sociétés publiques locales », *DA*, n°10, octobre 2010, pp.7-12.
- TESSIER (A.), « Le droit de la commande publique et les articles 5 et 6 de la loi du 2 juillet 2003 autorisant le gouvernement à simplifier le droit », *BJCP*, n°30, septembre 2003, pp.354-359.
- THIRIEZ (F.), « Les collectivités territoriales sont des partenaires incontournables pour le football professionnel », *JCPA*, n°24, juin 2004, pp.777-780.
- THOIN (M.), « Pour de meilleures relations avec les fédérations », *Gaz. com.*, 28 avril 1998, pp.6-9.
- THOMAS-TROPHIME (C.), « L'agrément des opérateurs de paris sportifs en ligne », *Jurisport*, n°103, novembre 2010, pp.20-24.
- THOUVENOT (S.), « La définition des partenariats public-privé à la lumière du droit communautaire et du droit anglais », *Cahiers de droit de l'entreprise*, n°4, juillet 2006, pp.16-20.
- TOLEDO (A.-M.), « Financement de projet : sûretés sur les créances de la société de projet », *Droit et Patrimoine*, n°106, juillet 2002, pp.56-57.
- TOLEDO (A-M.), « Cautionnement et financement de projet », *Droit et Patrimoine*, n°117, juillet 2003, pp.64-67.
- TOLEDO (A-M.), « Garanties des partenariats publics-privés », *RDBF*, n°2, mars-avril 2005, pp.73-75.
- TOULEMONT (B.) et DUMEZ (E.), « La cotisation économique territoriale ou la nouvelle taxe professionnelle », *Gaz. Pal.*, 14 octobre 2009, pp.2919-2920.
- TOURAINE (H.), « Finance structurée : définition, objectif et éléments caractéristiques », *RTDF*, n°3, décembre 2006, pp.131-134.
- TREMEAU (J.), « La victoire de l'urbanisme dérogatoire à La Défense », *AJDA*, n°42, 10 décembre 2007, pp.2307-2311.
- TRIGNON (S.), « L'ouvrage public, une œuvre à respecter », *AJDA*, n°17, 30 avril 2007, pp.889-895.

- UBAUD-MERGERON (M.), « Les contradictions du régime du financement privé des ouvrages publics sur le domaine public de l'Etat », *AJDA*, n°26, 28 juillet 2003, pp.1361-1367.
- UBAUD-BERGERON (M.), « L'appartenance d'un bien au domaine public ne se décrète pas », *AJDA*, n°21, 6 juin 2005, pp.1182-1186.
- UNTERMAIER (E.), « Que reste-t-il de la distinction des redevances pour service rendu et des redevances pour occupation du domaine public ? », *AJDA*, n°19, 7 juin 2010, pp.1062-1069.
- VALLEE (L.), « La fixation par les fédérations sportives et les ligues professionnelles de normes applicables aux stades et équipements sportifs », *AJDA*, n°30, 10 septembre 2007, pp.1635-1638.
- VAN DEL BLUCK (P.), « Quel régime juridique pour l'*ambush marketing* ? », *Com. Com. Elect.*, n°10, octobre 2007, pp.23-26.
- VAN MIERT (K.), « Sports et concurrence : développements récents et actions de la Commission », *Revue du marché unique européen*, n°4, février 1998, pp.5-12.
- VANDEVOORDE (P.), « Quel rôle pour les acteurs financiers ? », *RDI*, n°11, novembre 2003, pp.530-533.
- VANDERMEEREN (R.), « La réforme des procédures d'urgence devant le juge administratif », *AJDA*, n°9, 20 septembre 2000, pp.706-721.
- VANDERPOOTER (A.), « La gestion contractuelle du risque de recours dans les partenariats public-privé », *Actes pratiques et ingénierie immobilière*, n°1, janvier 2013, pp.34-39.
- VAUTROT-SCHWARZ (C.), « L'avenir de la publicité et de la mise en concurrence dans la délivrance des titres d'occupation domaniale », *Contrats et Marchés publics*, n°12, décembre 2012, pp.7-15.
- VERBIEST (T.) et REYNAUD (P.), « Jeux et paris virtuels : évolution ou révolution du droit européen ? », *Com. Com. Elect.*, n°11, novembre 2004, pp.19-21.
- VERMELLE (G.), « La violence dans les manifestations sportives », *RJES*, n°75, juin 2005, pp.7-27.
- VERPEAUX (M.), « Proudhon et la théorie du domaine public », in, Congrès national des sociétés savantes, Série *Histoire moderne*, Tome 2, 1984, pp.113-140.
- VIDAL (L.), « Le juge administratif, l'économie et le contrat : réflexions à propos de deux arrêts du Conseil d'Etat », *RFDA*, n°6, novembre-décembre 1999, pp.1147-1162.
- VIDELIN (J-C.), « Partenariat public-privé : histoire d'un équilibre incertain », *JCPA*, n°51, 19 décembre 2011, pp.10-14.

- VILA (J-B.), « L'ouverture à la concurrence des jeux d'argent et de hasard en ligne : première étape ou simple palier d'une régulation ? », *AJDA*, n°24, 12 juillet 2010, pp.1366-1371.
- VILA (J-B), « Traitement comptable et financier des partenariats public-privé », *JCPA*, n°9, 5 mars 2012, pp.24-29.
- VIMBERT (C.), « L'ordre public dans la jurisprudence du Conseil constitutionnel », *RDP*, n°3, juin 1994, pp.693-745.
- VOLLEMAERE (J-M.), « Le recours au contrat de partenariat pour le Grand Stade de Lille : un choix mesuré et pragmatique… », *La Revue du Trésor*, n°3-4, mars-avril 2007, pp.375-377.
- WIEN (I.), « Difficultés d'exécution du contrat de PPP : le point de vue du partenaire privé », *CP-ACCP*, n°125, octobre 2012, pp.33-38.
- WILHELM (P.), « Les caractéristiques du marché des droits audiovisuels sur les retransmissions sportives », *Légicom*, n°23, juillet 2000, pp.61-71.
- YOLKA (P.), « Le statut des pistes : nouveaux développements », *JCPA*, n°46, 13 novembre 2006, pp.1460-1463.
- YOLKA (P.), « Le BEA nouveau est arrivé », *JCPA*, n°10, 2 mars 2009, pp.3-4.
- YOLKA (P.), « L'impact de la loi LOPPSI sur le régime du bail emphytéotique administratif », *JCPA*, n°15, 11 avril 2011, pp.29-32.
- YOLKA (P.), « Propriété commerciale des occupants du domaine public : crever l'abcès », *JCPA*, n°25, 25 juin 2012, pp.11-13.
- YOLKA (P.), « Bail commercial sur le domaine public et responsabilité de l'administration », *JCPA*, n°14, 6 avril 2010, pp.29-30.
- YOLKA (P.), « Les baux commerciaux sur le domaine privé », *Revue des loyers et des fermages*, n°929, juillet 2012, pp.290-293.
- YOLKA (P.), « Les baux commerciaux de second rang sur le domaine public : une illégalité discutable », *JCPA*, n°7, 11 février 2013, pp.33-35.
- YOLKA (P.), « Personnes publiques et propriété partagée », *LPA*, n°113, 6 juin 2013, pp.43-46.
- ZELCEVIC-DUHAMEL (A.), « La notion d'économie du contrat en droit privé », *JCPG*, n°9, 28 février 2001, pp.423-429.
- ZERBIB (D.), « Les modes de financement des projets publics et le cas particulier de la cession de créances dans les PPP », *RDBF*, n°4, juillet-août 2006, pp.51-53.
- ZYLBERSTEIN (J.), « Note introductive à la résolution du Parlement européen du 29 mars 2007 sur l'avenir du football professionnel en Europe », *Les Cahiers de droit du sport*, n°8, juillet 2007, pp.32-39.

- ZYLBERSTEIN (J.), « L'encadrement communautaire des aides publiques octroyées aux clubs sportifs », *Les Cahiers de droit du sport*, n°14, septembre 2008, pp.19-26.
- ZYLBERSTEIN (J.), « L'encadrement communautaire des aides publiques octroyées aux clubs sportifs », *La Revue du Trésor*, n°11, novembre 2008, pp.833-840.
- ZYLBERSTEIN (J.) et BONNET (E.), « Le droit, instrument au service de la régulation du sport », *Gaz. Pal.*, n°295, 19 octobre 2008, pp.33-38.

VII – Décrets :

- Décret n°47-798 du 5 mai 1947 portant règlementation de la police des jeux dans les cercles, *JORF* du 7 mai 1947, p.4241.
- Décret n°53-821 du 5 septembre 1953 relatif à la réglementation de la revente des billets des théâtres subventionnés par l'Etat ou une collectivité publique, *JORF* du 8 septembre 1953, p.7945.
- Décret n°72-196 du 10 mars 1972 portant réforme du régime des subventions d'investissement accordées par l'Etat, *JORF* du 14 mars 1972, p.2649.
- Décret n°96-71 du 24 janvier 1996, *JORF* n°26 du 31 janvier 1996, p.1495.
- Décret n°97-199 du 5 mars 1997 relatif au remboursement de certaines dépenses supportées par les forces de police et de gendarmerie, *JORF* n°56 du 7 mars 1997, p.3624
- Décret n°97-456 du 5 mai 1997 relatif aux sociétés de cours de chevaux et aux paris mutuels, *JORF* n°107 du 8 mai 1997, p.7012.
- Décret n°97-646 du 31 mai 1997 relatif à la mise en place de services d'ordre par les organisateurs de manifestations sportives, récréatives ou culturelles à but lucratif, *JORF*, n°126 du 1er juin 1997, p.8692.
- Décret n°2001-495 du 6 juin 2001 pris pour l'application de l'article 10 de la loi n°2000-321 du 12 avril 2000 et relatif à la transparence financière des aides octroyées par les personnes publiques, *JORF*, n°133 du 10 juin 2001, p.9248.
- Décret n°2001-607 du 9 juillet 2001 modifiant le Code général des collectivités territoriales et relatif à certaines aides directes et indirectes aux entreprises, *JORF*, n°159 du 11 juillet 2001, p.11408.
- Décret n°2001-828 du 4 septembre 2001 pris pour application de l'article 19-3 de la loi n°84-610 du 16 juillet 1984 modifiée relative à l'organisation et à la promotion des activités physiques sportives, *JORF*, n°211 du 12 septembre 2001, p.14551.
- Décret n°2002-761 du 2 mai 2002 pris pour l'application de l'article 17 de la loi n°84-610 du 16 juillet 1984 et fixant les conditions

d'attribution et de retrait d'une délégation aux fédérations sportives, *JORF*, n°104 du 4 mai 2002, p.8534.

- Décret n°2004-1119 du 19 octobre 2004 portant création de la mission d'appui à la réalisation des contrats de partenariat, *JORF*, n°246 du 21 octobre 2004, p.17821 et 17822.
- Décret n°2004-1392 du 22 décembre 2004 pris pour l'application de l'article 20-2 de la loi n°86-1067du 30 septembre 1986 relative à la liberté de communication, *JORF*, n°299 du 24 décembre 2004, p.21930.
- Décret n°2005-307 du 24 mars 2005 pris pour l'application de l'article 3-2 de la loi n°83-629 du 12 juillet 1983, relatif à l'agrément des agents des entreprises de surveillance et de gardiennage et des membres des services d'ordre affectés à la sécurité d'une manifestation sportive, récréative, ou culturelle de plus de 300 spectateurs, *JORF*, n°77 du 2 avril 2005, p.5955.
- Décret n°2006-248 du 2 mars 2006 portant création du Centre national pour le développement du sport, *JORF*, n°53 du 3 mars 2006, p.3253.
- Décret n°2008-1334 du 17 décembre 2008 au titre de la mise à jour du code des marchés publics, *JORF*, n°0294 du 18 décembre 2008 p. 19367.
- Décrets n°2008-1355 et 2008-1356 du 19 décembre 2008 au titre de la mise en œuvre du plan de relance économique, *JORF*, n°0296 du 20 décembre 2008 p.19544.
- Décret n°2009-242 du 2 mars 2009 complétant les dispositions relatives à la passation de certains contrats publics et au compte rendu de leur exécution, *JORF*, 4 mars 2009, p.4003/4004.
- Décret n°2009-243 du 2 mars 2009 relatif à la procédure de passation et à certaines modalités d'exécution des contrats de partenariat passés par l'Etat et ses établissements publics ainsi que les personnes mentionnées aux articles 19 et 25 de l'ordonnance n°2004-559 du 17 juin 2004, *JORF* du 4 mars 2009, p.4004/4006.
- Décret n°2009-244 du 2 mars 2009 pris en application du code général des collectivités territoriales et de l'article 48 de la loi n°2008-735 du 28 juillet 2008 relative aux contrats de partenariat, *JORF* n°0053 du 4 mars 2009, p.4006/4008.
- Décret n°2009-987 du 20 août 2009 relatif au seuil au-delà duquel les contrats de partenariat passés par les collectivités territoriales ou leurs établissements publics peuvent ne pas être financés majoritairement par le titulaire du contrat de partenariat, *JORF* du 22 août 2009.
- Décret n°2010-481 du 12 mai 2010 relatif à l'organisation et au fonctionnement de l'Autorité de régulation des jeux en ligne, *JORF*, n°110 du 13 mai 2010, p.8927.

- Décret n°2010-482 du 12 mai 2010 fixant les conditions de délivrance des agréments des opérateurs de jeux en ligne, *JORF*, n°110 du 13 mai 2010, p.8930.
- Décret n°2010-483 du 12 mai 2010 relatifs aux compétitions sportives et aux types de résultats sportifs définis par l'Autorité de régulation des jeux en ligne, *JORF*, n°110 du 13 mai 2010, p.8932.
- Décret n°2010-494 du 14 mai 2010, relatif au droit fixe dû par les opérateurs agréés de jeux ou de paris en ligne en application de l'article 1012 du Code général des impôts, *JORF*, n°111 du 15 mai 2010, p.9051.
- Décret n°2010-495 du 14 mai 2010 relatif à la procédure de sanction applicable aux opérateurs agréés de jeux ou de paris en ligne, *JORF*, n°111 du 15 mai 2010, p.9052.
- Décret n°2010-509 du 18 mai 2010 relatif aux obligations imposées aux opérateurs agréés de jeux ou de paris en ligne en vue de contrôler des données de jeux par l'Autorité de régulation des jeux en ligne, *JORF*, n°114 du 19 mai 2010, p.9223.
- Décret n°2010-614 du 7 juin 2010 relatif aux conditions de commercialisation des droits portant sur l'organisation de paris en relation avec une manifestation ou compétition sportives, *JORF*, n°130 du 8 juin 2010, p.10494.
- Décret n°2011-47 du 11 janvier 2011 relatif à l'application transnationale des dispositions de l'article L.333-7 du Code du sport et de l'article 20-4 de la loi du 30 septembre 1986, *JORF*, n°10 du 13 janvier 2011, p.736.
- Décret n°2011-2065 du 30 décembre 2011 relatif aux règles de passation des baux emphytéotiques administratifs, *JORF*, n°303 du 31 décembre 2011, p.23003.
- Décret n°2012-474 du 11 avril 2012 relatif aux missions du Centre national pour le développement du sport, *JORF*, n°88 du 13 avril 2012, p.6808.

VIII – Arrêtés ministériels :

- Arrêté ministériel du 8 septembre 2000 n°INTC0000388A fixant le montant de remboursement de certaines dépenses supportées par les forces de l'ordre.
- Arrêté du 27 mai 2005 modifiant l'article 126 F de l'annexe IV au Code général des impôts et fixant la liste des manifestations sportives admises au bénéfice de l'exonération de l'impôt sur les spectacles, *JORF* n°125 du 31 mai 2005 p.9707.
- Arrêté du 28 août 2007 portant création d'un traitement automatisé de données à caractère personnel relatif aux personnes interdites de stade, *JORF* n°21 du 4 septembre 2007, p.14548.

- Arrêté du 5 octobre 2007 relatif aux obligations des exploitants de spectacles comportant un prix d'entrée et modifiant le cahier des charges annexé à l'arrêté du 8 mars 1993 relatif aux conditions d'utilisation de systèmes informatisés de billetterie par les exploitants de salles de spectacles visés à l'article 290 quater du Code général des impôts ou par les organisateurs de réunions sportives et les exploitants d'établissements de spectacles visés à l'article 1559 du code précité, *JORF*, n°233 du 7 octobre 2007, p.16455.
- Arrêté du 17 mai 2010 portant approbation du cahier des charges applicable aux opérateurs de jeux en ligne, *JORF* n°113 du 18 mai 2010, p.9165.
- Arrêté du 28 octobre 2010 n°IOCF1022874A fixant le montant de remboursement de certaines dépenses supportées par les forces de l'ordre, *JORF* n°253 du 30 octobre 2010, p.19548. Cet arrêté abroge et remplace celui du 8 septembre 2000.
- Arrêté du 28 octobre 2010 n° IOCF1022850A portant application de l'article 2 du décret n° 97-199 du 5 mars 1997 modifié relatif au remboursement de certaines dépenses supportées par les forces de police et de gendarmerie et de l'article 1er du décret n° 2008-252 du 12 mars 2008 modifié relatif à la rémunération de certains services rendus par le ministère de l'intérieur, de l'outre-mer et des collectivités territoriales, *JORF* n°253 du 30 octobre 2010, p.19550. Cet arrêté précise la police d'assurance et les garanties nécessaires à la demande d'une convention de prestation des forces de l'ordre. L'article 4 indique qu'une garantie doit être souscrite pour une somme minimale de 3 millions d'euros pour les dommages corporels et de 450.000 euros pour les dommages matériels et immatériels.

IX – Lois :

- Loi du 21 mai 1836 portant prohibition des loteries, *Bulletin des lois*, 1836, 9° S, B421, n°6282.
- Loi du 2 juin 1891 ayant pour objet de règlementer l'autorisation et le fonctionnement des courses de chevaux, *Bulletin des lois*, 1891, 12°, B1405, n°23707.
- Loi du 31 décembre 1913 sur les monuments historiques, *JORF*, 4 janvier 1914, p.129.
- Loi du 27 juin 1919 portant répression du trafic des billets de théâtre, *JORF*, 1er juillet 1919, p.1007.
- Loi du 10 janvier 1936 sur les groupes de combat et les milices privées, *JORF*, 12 janvier 1936, p.522.
- Loi n°66-455 du 2 juillet 1966 relative aux entreprises pratiquant le crédit-bail, *JORF*, 3 juillet 1966, p.5652.

- Loi n°70-1199 du 21 décembre 1970 portant loi de finances pour 1971, *JORF*, 22 décembre 1970, p.11763.
- Loi n°79-587 du 11 juillet 1979 relative à la motivation des actes administratifs et à l'amélioration des relations entre l'administration et le public, *JORF*, 12 juillet 1979, p.1711.
- Loi n°83-628 du 12 juillet 1983 relative aux jeux de hasard, *JORF*, 13 juillet 1983, p.2154.
- Loi n°84-610 du 16 juillet 1984 relative à l'organisation et à la promotion des activités physiques et sportives, *JORF*, 17 juillet 1984, p.2288.
- Loi n°84-1208 du 29 décembre 1984 portant loi de finances pour 1985, *JORF*, 30 décembre 1984, p.4060.
- Loi n°85-30 du 9 janvier 1985 relative au développement et à la protection de la montagne, *JORF*, 10 janvier 1985, p.320.
- Loi n°86-1067 du 30 septembre 1986 relative à la liberté de communication, *JORF*, 1er octobre 1986, p.11755.
- Loi n°87-432 du 22 juin 1987 relative au service public pénitentiaire, *JORF*, 23 juin 1987, p.6775.
- Loi n°88-13 du 5 janvier 1988 *d'amélioration de la décentralisation*, *JORF*, 6 janvier 1988, p.208.
- Loi n° 91-32 du 10 janvier 1991 relative à la lutte contre le tabagisme et l'alcoolisme, dite loi Evin, *JORF*, n°10, 12 janvier 1991, p.615.
- Loi d'orientation pour la ville, n°91-662 du 13 juillet 1991, *JORF*, n°167, 19 juillet 1991, p.9521.
- Loi n°92-125 du 6 février 1992 d'orientation relative à l'administration territoriale de la République, *JORF*, n°33, 8 février 1992, p.2064.
- Loi n°92-652 du 13 juillet 1992 modifiant la loi n°84-610 du 16 juillet 1984 relative à l'organisation et à la promotion des activités physiques et sportives et portant diverses dispositions relatives à ces activités, *JORF*, n°163, 16 juillet 1992, p.9515.
- Loi n°93-122 du 29 janvier 1993 relative à la prévention de la corruption et à la transparence de la vie économique et des procédures publiques, dite loi Sapin, *JORF*, n°25, 30 janvier 1993, p.1588.
- Loi n°93-1282 du 6 décembre 1993 relative à la sécurité des manifestations sportives, *JORF*, n°282, 7 décembre 1993, p.16974.
- Loi n°93-1435 du 31 décembre 1993 relative à la réalisation d'un grand stade à Saint-Denis en vue de la Coupe du monde 1998, *JORF*, n°2, 4 janvier 1994, p.122.
- Loi n°94-631 du 25 juillet 1994 complétant le Code du domaine de l'Etat et relative à la constitution de droits réels sur le domaine public, *JORF*, n°171, 26 juillet 1994, p.10749.

- Loi n°95-73 du 21 janvier 1995 d'orientation et de programmation relative à la sécurité, *JORF*, n°20, 24 janvier 1995, p.1249.
- Loi n°96-660 du 26 juillet 1996 relative à l'entreprise nationale France Télécom, *JORF*, n°174, 27 juillet 1996, p.11398.
- Loi n°96-1077 du 11 décembre 1996 relative au contrat de concession du Stade de France, *JORF*, n°289, 12 décembre 1996, p.18177.
- Loi n°98-146 du 6 mars 1998 relative à la sécurité et à la promotion des activités sportives, *JORF*, n°58, 10 mars 1998, p.3610.
- Loi n°99-1172 du 30 décembre 1999 de finances pour 2000, *JORF*, n°303, 31 décembre 1999, p.19914.
- Loi n°2000-321 du 12 avril 2000 relative aux droits des citoyens dans leurs relations avec les administrations, *JORF*, n°88, 13 avril 2000, p.5646.
- Loi n°2000-719 du 1er août 2000 modifiant la loi n°86-1067 du 30 septembre 1986 relative à la liberté de communication, *JORF*, n°177, 2 août 2000, p.11903.
- Loi n°2001-1168 du 11 décembre 2001 portant mesures urgentes de réformes à caractère économique et financier, dite MURCEF, *JORF*, n°288, 12 décembre 2001, p.19703.
- Loi n°2002-1094 du 29 août 2002 d'orientation et de programmation pour la sécurité intérieure, dite « LOPSI 1 », *JORF*, 30 août 2002, p.14398.
- Loi n°2003-73 du 27 janvier 2003 relative à la programmation militaire pour les années 2003 et 2008, dite LOPSI 2 », *JORF*, 29 janvier 2003, p.174.
- Loi n°2003-239 du 18 mars 2003 pour la sécurité intérieure, *JORF* n°66, 19 mars 2003, p.4761.
- Loi n°2003-591 du 2 juillet 2003 habilitant le Gouvernement à simplifier le droit, *JORF*, n°152, 3 juillet 2003, p.11193.
- Loi n°2003-708 du 1er août 2003 relative à l'organisation et à la promotion des activités physiques et sportives, *JORF*, n°177, 2 août 2003, p.13274.
- Loi n°2004-575 du 21 juin 2004 pour la confiance dans l'économie numérique, *JORF*, n°143, 22 juin 2004, p.11168.
- Loi n°2004-1366 du 15 décembre 2004 portant diverses dispositions relatives au sport professionnel, *JORF*, n°292, 16 décembre 2004, p.21289.
- Loi de finances pour 2006 n°2005-1719, *JORF*, n°304, 31 décembre 2005, p.20597.
- Loi n°2005-357 du 20 avril 2005 relative aux aéroports, *JORF*, n°93, 21 avril 2005, p.6969.

- Loi n°2006-64 du 23 janvier 2006 relative à la lutte contre le terrorisme et portant dispositions diverses relatives à la sécurité et aux contrôles frontaliers, *JORF* n° 20, 24 janvier 2006, p.1129.
- Loi n°2006-784 du 5 juillet 2006 relative à la prévention des violences lors des manifestations sportives, *JORF* n°155, 6 juillet 2006, p.10113.
- Loi n°2006-961 du 1er août 2006 relative au droit d'auteur et aux droits voisins dans la société d'information, *JORF*, n°178, 3 août 2006, p.11529.
- Loi de finances pour 2007 n°2006-1666, *JORF*, n°299, 27 décembre 2006, p.19641.
- Loi n°2006-1771 du 30 décembre 2006 de finance rectificative pour 2006, *JORF*, n°303, 31 décembre 2006, p.20228.
- Loi n°2007-297 du 5 mars 2007 relative à la prévention de la délinquance, *JORF*, n°56, 7 mars 2007, p.4297.
- Loi n°2007-1822 du 24 décembre 2007 portant loi de Finances pour 2008, *JORF*, n°300, 27 décembre 2007, p.21211.
- Loi n°2008-735 du 28 juillet 2008 relative aux contrats de partenariat, *JORF*, n°175, 29 juillet 2008, p.12144/12146 et 12150/12151.
- Loi n°2008-1425 du 27 décembre 2008 portant loi de finances pour 2009, *JORF*, n°302, 28 décembre 2008, p.20224.
- Loi n°2009-122 du 4 février 2009 de finances rectificative pour 2009, *JORF*, n°30, 5 février 2009, p.2033.
- Loi n°2009-179 du 17 février 2009 pour l'accélération des programmes de construction et d'investissements publics et privés, *JORF*, n°41, 18 février 2009, p.2841.
- Loi n°2009-258 du 5 mars 2009 relative à la communication audiovisuelle et au nouveau service public de la télévision, *JORF*, n°56, 7 mars 2009, p.4321.
- Loi n°2009-888 du 22 juillet 2009 de développement et de modernisation des services touristiques, *JORF*, n°169, 24 juillet 2009, p.12352.
- Loi n°2010-201 du 2 mars 2010 renforçant la lutte contre les violences de groupe et la protection des personnes chargées d'une mission de service public, *JORF* n°52, 3 mars 2010, p.4305.
- Loi n°2010-476 du 12 mai 2010 relative à l'ouverture à la concurrence et à la régulation du secteur des jeux d'argent et de hasard en ligne, *JORF*, n°110, 13 mai 2010, p.8881.
- Loi n°2010-1563 du 16 décembre 2010 de réforme des collectivités territoriales, *JORF*, n°292, 17 décembre 2010, p.22146.
- Loi n°2011-267 du 14 mars 2011 d'orientation et de programmation pour la performance de la sécurité intérieure, dite LOPSI 2, *JORF* n°62, 15 mars 2011, p.4582.

- Loi n°2011-617 du 1er juin 2011 relative à l'organisation du championnat d'Europe de football de l'UEFA en 2016, *JORF*, n°128, 2 juin 2011, p.9553.
- La loi n°2012-158 du 1er février 2012 visant à renforcer l'éthique du sport et les droits des sportifs, *JORF*, n°28, 2 février 2012, p.1906.
- Loi n°2012-348 du 12 mars 2012 tendant à faciliter l'organisation des manifestations sportives et culturelles, *JORF*, n°62, 13 mars 2012, p.4522.
- Loi n°2012-387 du 22 mars 2012 de simplification du droit, *JORF*, n°71, 23 mars 2012, p.5226.

X – Ordonnances :

- Ordonnance n°45-1922 du 28 août 1945 relative aux activités des associations, ligues, comités régionaux, fédérations sportives.
- Ordonnance n°58-1067 du 7 novembre 1958 portant loi organique sur le Conseil constitutionnel, *JORF*, 9 novembre 1958, p.10129.
- Ordonnance n°67-837 du 28 septembre 1967 relative aux opérations de crédit-bail et aux sociétés immobilières pour le commerce et l'industrie, *JORF*, 29 septembre 1967, p.9595.
- Ordonnance n°86-1243 du 1er décembre 1986 relative à la liberté des prix et de la concurrence, *JORF*, 9 décembre 1986, p.14773.
- Ordonnance n° 2003-850 du 4 septembre 2003 portant simplification de l'organisation et du fonctionnement du système de santé ainsi que des procédures de création d'établissements ou de services sociaux ou médico-sociaux soumis à autorisation, *JORF*, n°206, 6 septembre 2003, p.15391.
- Ordonnance n°2004-559 du 17 juin 2004 sur les contrats de partenariat, *JORF*, n°141, 19 juin 2004, p.10994.
- Ordonnance n°2005-649 du 6 juin 2005 relative aux marchés passés par certaines personnes publiques ou privées non soumises au Code des marchés publics, *JORF*, n°131, 7 juin 2005, p.10014.
- Ordonnance n°2006-460 du 21 avril 2006 relative à la partie législative du Code général de la propriété des personnes publiques, *JORF*, n°95, 22 avril 2006, p.6024.
- Ordonnance n° 2006-596 du 23 mai 2006 relative à la partie législative du Code du Sport, *JORF*, n°121, 25 mai 2006, p.7791.
- Ordonnance n° 2007-1132 du 24 juillet 2007 relative à la partie réglementaire du Code du Sport, *JORF*, n°170, 25 juillet 2007 p.12506
- Ordonnance n°2009-864 du 15 juillet 2009 relative aux contrats de concession de travaux publics, *JORF*, n°162, 16 juillet 2009, p.11853/11857.

XI – Circulaires :

- Circulaire NOR/INT/B02.000.26C du 29 janvier 2002 relative aux concours financiers des collectivités territoriales aux clubs sportifs, du Ministre de l'Intérieur et de la Ministre de la jeunesse et des sports.
- Circulaire du Premier ministre, 24 décembre 2002, relative aux subventions de l'Etat aux associations, *JORF*, n°301, 27 décembre 2002, p.21697.
- Circulaire du 7 janvier 2004 portant manuel d'application du Code des marchés publics, *JORF*, n°6, 8 janvier 2004, p. 37031.
- Circulaire du 29 novembre 2005 relative aux contrats de partenariat à l'attention des collectivités territoriales.
- Circulaire NOR/INTC0600023C du 10 février 2006 portant renforcement de la lutte contre les violences à l'occasion des rencontres de football.
- Circulaire d'application de l'article 6 de la loi n°2009-122 du 4 février 2009 de finances rectificatives pour 2009 instituant une garantie de l'Etat et de la loi n°2009-179 du 17 février 2009 pour l'accélération des programmes de construction et d'investissements publics et privés, dans ses dispositions relatives aux contrats de partenariat.
- Circulaire du 18 janvier 2010, relative aux relations entre les pouvoirs publics et les associations : conventions d'objectifs et simplification des démarches relatives aux procédures d'agrément, *JORF* n°0016, 20 janvier 2010, p.1138.

XII – Délibérations :

- Délibération n°DJS 241, Conseil de Paris du 12 février 2007, principe de la démolition puis de la reconstruction du stade Jean Bouin.
- Délibération n°08/0628/FEAM, Conseil Municipal de la Ville de Marseille du 30 juin 2008, projet de reconfiguration du Stade Vélodrome et de ses abords
- Délibération n°5.1, Conseil Municipal de la ville de Nice du 23 octobre 2009, projet de réalisation du futur Grand Stade et recours au contrat de partenariat.
- Délibération n° D-20100025, Conseil Municipal de la ville de Bordeaux du 25 janvier 2010, projet de réalisation d'un nouveau stade à Bordeaux.

TABLE DES JURISPRUDENCES

(Les chiffres en gras renvoient aux numéros de paragraphes)

Jurisprudences de la Cour européenne des droits de l'Homme :

- CEDH, 21 février 1975, *Golder c/ Royaume-Uni*, **422**.
- CEDH, 19 mars 1997, *Hornsby c/ Grèce,* **416**.
- CEDH, 7 juin 2001, *Kress c/ France,* **422**.
- CEDH, 11 juin 2009, *Dubus SA c/ France*, **423**.
- CEDH, 30 juin 2009, *Herri Batasuna et Batasuna c/ Espagne,* **423**.
- CEDH, 24 septembre 2009, *Mérigaud c/ France*, **423**.
- CEDH, 29 mars, *Brosset-Triboulet c/ France*, **156**.
- CEDH, 29 mars 2010, *Depalle c/ France*, **156**.
- CEDH, 16 décembre 2010, *A.B.C. c/ Irlande,* **423**.
- CEDH, 20 janvier 2011, *Vernes c/ France*, **423**.
- CEDH, 22 février 2011, *Association nouvelle des Boulogne Boys c/ France*, **423, 424**.

Jurisprudences de la Cour de justice de l'Union européenne (ex Cour de justice des Communautés européennes) :

- CJCE, 15 juillet 1964, *Costa c/ Enel*, **390**.
- CJCE, 12 décembre 1974, *Walrave et Koch contre UCI*, **390**.
- CJCE 14 juillet 1976, *Dona*, **390**.
- CJCE, 18 janvier 1979, *Van Wesemael*, **480**.
- CJCE, 25 juillet 1991, *Säger*, **489**.
- CJCE, 19 avril 1994, *Gestion Hotelera Internacional*, **84**.
- CJCE, 15 décembre 1995, *Union royale belge des sociétés de football association ASBL contre Jean-Marc Bosman, Royal club liégeois SA contre Jean-Marc Bosman et autres et Union des associations européennes de football (UEFA) contre Jean-Marc Bosman*, dit arrêt *Bosman*, **20, 21, 315, 389, 390**.
- CJCE, 5 juin 1997, *SETTG*, **480**.
- CJCE, 16 septembre 1999, *Métal Meccanica Fracasso SpA*, **127**.
- CJCE, 21 septembre 1999, *Laära*, **491**.
- CJCE, 21 octobre 1999, *Zenatti*, **491**.
- CJCE, 18 novembre 1999, *Teckal*, **374**.
- CJCE 11 avril 2000, *Deliège*, **390**.
- CJCE 13 avril 2000, *Lehtonen et Castors Braine*, **390**.
- CJCE, 16 mai 2000, *France c/ Ladbroke Racing,* **391**.
- CJCE, 7 décembre 2000, *Telaustria Verlags GmbH, Telefonadress GmbH*, **108**.
- CJCE, 12 juillet 2001, *Ordre des architectes de la province de Milan et Lodi*, **55**.
- CJCE, 22 novembre 2001, *Office des Produits Wallons*, **399**.

- CJCE, 24 juillet 2003, *Altmark Trans GmbH*, **391, 397, 398.**
- CJCE, 6 novembre 2003, *Gambelli*, **493, 494**.
- CJCE, 13 novembre 2003, *Lindman*, **493**.
- CJCE, 11 janvier 2005, *Stadt Helle*, **375**.
- CJCE 3 mars 2005, *Heiser*, **391**.
- CJCE, 21 juillet 2005, *Coname*, **375**.
- CJCE, 13 octobre 2005, *Parking Brixen*, **375**.
- CJCE, 10 novembre 2005, *Commission c/ Autriche*, **375**.
- CJCE 23 mars 2006, *Enirisorse*, **391**.
- CJCE 18 juillet 2006, *David Meca-Medina & Igor Majcen*, **390**.
- CJCE, 18 janvier 2007, *Jean Auroux c/ Commune de Roanne*, **84**.
- CJCE, 6 mars 2007, *Placanica*, **488, 494, 497**.
- CJCE, 13 décembre 2007, *United Pan-Europe Communications Belgium SA*, **480**.
- CJCE, 13 novembre 2008, *Coditel Brabant SA c/ Commune d'Uccle*, **374**.
- CJCE, 6 juin 2009, *Commission c/ Allemagne*, **374**.
- CJCE, 8 septembre 2009, *Liga Portuguesa de Futebol Profissional et Bwin International Ltd c/ Departamento de Jogos da Santa Casa da Misecordia de Lisboa*, dit « *Santa Casa* », **495, 496.**
- CJUE, 3 juin 2010, *Ladbrokes Betting & Gaming Ltd c/ Stichting de Nationale Sporttotalisator*, **496.**
- CJUE, 3 juin 2010, *Sporting Exchange Ltd c/ Pays-Bas*, **496**.
- CJUE, 8 septembre 2010, *Markus StoB c/ Wetteraukeis*, **496**.
- CJUE, 30 juin 2011, *Zeturf Ltf c/ Premier ministre*, **497**.
- CJUE, 29 mars 2012, *SAG ELV Slovensko*, **274**.
- CJUE, 22 janvier 2013, *Sky Österreich GmbH c/ Österreichischer Rundfunk*, **485**.
- CJUE, 18 juillet 2013, *UEFA et FIFA c/ Commission*, **480**.

Jurisprudences du Tribunal de première instance de l'Union européenne (ex Tribunal de première instance des Communautés européennes) :

- TPICE, 10 juillet 1991, *TRE, BBC, TTP, affaire « Maggill »*, **240**.
- TPICE, 3ème ch., 12 juin 1997, *Tiercé Ladbroke SA c/ Commission*, **511**.
- TPICE, 6 octobre 2009, *FAB*, **391**.
- TPUE, 17 février 2011, *FIFA c/ Commission*, **480**.

Jurisprudences du Conseil constitutionnel :

- Décision n°80-119 DC du 22 juillet 1980, *Loi portant validation d'actes administratifs*, **72**.
- Décision n°80-127 DC du 20 janvier 1981, *Loi renforçant la sécurité et protégeant la liberté des personnes,* **415**.

- Décision n°82-141 DC, 27 juillet 1982, *Communication audiovisuelle,* **407, 478**.
- Décision DC n°84-181 du 11 octobre 1984, *Loi visant à limiter la concentration et à assurer la transparence financière et le pluralisme des entreprises de presse*, **477**.
- Décision n°85-187 DC du 25 janvier 1985, *Loi relative à l'état d'urgence en Nouvelle-Calédonie et dépendances*, **416**.
- Décision n°85-196 DC du 8 août 1985, *Loi sur l'évolution de la Nouvelle-Calédonie*, **103**.
- Décision n°86-217 DC du 18 septembre 1986, *Loi relative à la liberté de communication,* **154**.
- Décision n°88-248 DC du 17 janvier 1989, *Loi modifiant la loi 86-1067 du 30 septembre 1986 relative à la liberté de communication,* **463**.
- Décision n°93-321 DC du 20 juillet 1993, *Loi réformant le code de la nationalité*, **501**.
- Décision n°93-329 DC du 13 janvier 1994, *relative à la modification de la loi Falloux,* **325**.
- Décision n°94-346 DC, 21 juillet 1994, *Loi complétant le code du domaine de l'Etat et relative à la construction des droits réels sur le domaine public,* **154**.
- Décision n°94-352 DC du 18 janvier 1995, *Loi d'orientation et de programmation relative à la sécurité,* **407**.
- Décision n°96-380 DC, 23 juillet 1996, *Loi relative à l'entreprise nationale France Télécom,* **407**.
- Décision n°99-411 DC du 16 juin 1999, *Loi portant diverses mesures relatives à la sécurité routière et aux infractions sur les agents des exploitants de réseau de transport public de voyageurs,* **415**.
- Décision n°99-425 DC du 29 décembre 1999, *Loi de finances rectificatives pour 1999*, **72**.
- Décision n°2001-456 DC 27 décembre 2001, *Loi de finances pour 2002*, **173**.
- Décision n°2002-460 DC du 22 août 2002 *relative à la loi d'orientation et de programmation sur la sécurité intérieure*, **266**.
- Décision n°2002-461 DC du 29 août 2002 *relative à la loi d'orientation et de programmation pour la justice*, **102**.
- Décision n°2003-467 DC du 13 mars 2003, *Loi sur la sécurité intérieure*, **407**.
- Décision n°2003-473 DC du 26 juin 2003, *Loi habilitant le Gouvernement à simplifier le droit*, **98**.
- Décision n°2004-507 DC du 9 décembre 2004, *Loi portant diverses dispositions relatives au sport professionnel,* **2, 475**.

- Décision n°2005-532 DC du 12 janvier 2006, *Loi relative à la lutte contre le terrorisme et portant dispositions diverses relatives à la sécurité et aux contrôles frontaliers,* **407**.
- Décision n°2009-575 DC du 12 février 2009, *Loi pour l'accélération des programmes de construction et d'investissement publics et privés*, **273**.
- Décision n°2010-605 DC du 12 mai 2010, *Loi relative à l'ouverture à la concurrence et à la régulation du secteur des jeux d'argent et de hasard en ligne*, **501**.
- Décision n°2010-2 QPC du 11 juin 2010, *Vivianne L.*, **72**.
- Décision n°2010-53 QPC du 14 octobre 2010, *Société Plombinoise de Casino,* **72**.
- Décision n°2010-67/86, QPC, 17 décembre 2010, *Région Centre et région Poitou-Charentes,* **203**.
- Décision n°2010-4/17 QPC du 22 décembre 2010, *Alain C. et autres,* **72**.
- Décision n°2011-630 DC du 26 mai 2011 *relative à la loi d'organisation du championnat d'Europe de l'UEFA 2016*, **80**.
- Décision n°2010-100 QPC du 11 décembre 2011, *Alban Salim B.*, **72**.
- Décision n°2012-238 QPC du 20 avril 2012, *Société anonyme Paris Saint-Germain football,* **314**.

<u>Jurisprudences administratives :</u>

Jurisprudences du Conseil d'Etat :

- CE, 20 janvier 1865, *Compagnie de publicité diurne et nocturne,* **300.**
- CE, 8 février 1878, *Sieur Pasquet c/ Ville de Bourges,* **99.**
- CE, 25 juin 1880, *Compagnie générale de l'omnibus,* **300.**
- CE, 17 mars 1893, *Compagnie du Nord, de l'Est et autres,* **326.**
- CE, 12 novembre 1897, *Casino municipal de Nice,* **179.**
- CE, 10 janvier 1902, *Compagnie Nouvelle du gaz de Déville-lès-Rouen,* **59, 137, 201**.
- CE, 14 février 1902, *Blanleuil et Vernaudon,* **60, 99**.
- CE, 22 janvier 1904, *Delepoulle dit Debruyère,* **428**.
- CE, 4 mars 1910, *Thérond,* **60**.
- CE, 11 mars 1910, *Compagnie générale des Tramways,* **59, 201**.
- CE, 31 juillet 1912, *Société des granits porphyroïdes des Vosges,* **43, 188**.
- CE, 30 mai 1913, *Préfet de l'Eure,* **411**.
- CE, 6 mars 1914, *Syndicat de la boucherie de la ville de Châteauroux,* **325**.
- CE, 30 mars 1916, *Compagnie générale de l'éclairage de Bordeaux,* **60, 99**.

- CE, Sect., 10 août 1917, *Baldy,* **419**.
- CE, 10 août 1918, *Société Cinéma National,* **428**.
- CE, 24 janvier 1921, *Constantia Veran et Bastian,* **428**.
- CE, 10 juin 1921, *Commune de Monségur*, **47**.
- CE, 17 janvier 1923, *Piccioli*, **177**.
- CE, 7 mars 1923, *Sieur Jossifoglu*, **188**.
- CE, 27 juillet 1923, *Gheusi*, **69, 200, 351**.
- CE, 5 décembre 1923, *Sieur Schiaffino*, **188**.
- CE, 12 décembre 1923, *Sieurs Peysson, Mallaret et Bary,* **173**.
- CE, 20 mai 1927, *Fabre,* **183**.
- CE, 25 novembre 1927, *Société des établissements Arbel*, **325**.
- CE, 28 mars 1928, *Société L'énergie électrique de la Basse-Isère,* **179**.
- CE, 18 mai 1928, *Laurens,* **173**.
- CE, 8 juin 1928, *Commune de Barges et autres, c/ Société d'intérêt collectif agricole électrique de Ray-Cendrecourt*, **179**.
- CE, 22 juin 1928, *Epoux de Sigalas,* **60**.
- CE, 8 mars 1929, *Bonneton*, **160**.
- CE, Ass., 22 mars 1929, *Société de construction d'embranchements industriels,* **173**.
- CE, 20 juin 1930, *Marrot*, **197**.
- CE, 7 mai 1931, *Compagnie nouvelle des chalets de commodité,* **183**.
- CE, 3 février 1933, *Syndicat des patrons et marins pêcheurs du Tréport,* **173**.
- CE, 17 février 1932, *Commune de Barran*, **153**.
- CE, Ass., 7 avril 1933, *Deberles*, **451**.
- CE, Ass., 19 mai 1933, *Benjamin*, **418**.
- CE, 28 juin 1935, *Marécar,* **186**.
- CE, 20 décembre 1935, *Etablissement Vézia*, **351**.
- CE, 3 avril 1936, *Sudre*, **238, 240**.
- CE, 30 octobre 1936, *Sieur Sibille*, **99**.
- CE, Ass., 13 décembre 1938, *Caisse primaire aide et protection,* **351**.
- CE, Sect., 24 janvier 1944, *Léoni*, **191**.
- CE, Sect., 5 mai 1944, *Compagnie maritime de l'Afrique orientale,* **158, 202.**
- CE, Sect., 5 mai 1944, *Dame Veuve Trompier-Gravier*, **422**.
- CE, Ass., 26 octobre 1945, *Aramu et autres*, **422**.
- CE, 20 mars 1946, *Sieur Marcellin*, **424**.
- CE, 28 mars 1947, *Association « les ailes de Vichy »*, **424**.
- CE, 4 février 1949, *Sieur Pasquier*, **422**.
- CE, 28 décembre 1949, *Société Ciné Lorrain,* **428**.

- CE, 10 mars 1950, *Département de la Seine c/ Société des transports en commun de la région parisienne*, **59**.
- CE, Sect., 11 mai 1951, *Consorts Baud*, **407**.
- CE, Ass., 22 juin 1951, *Daudignac*, **419**.
- CE, 29 janvier 1954, *Institution Notre-Dame de Kreisker,* **40, 325**.
- CE, Sect., 20 avril 1956, *Epoux Bertin,* **43, 68.**
- CE, 11 mai 1956, *Société française de transports Gondrand frères,* **68**.
- CE, Sect., 11 mai 1956, *Compagnie des transports en commun de la région de Douai*, **179**.
- CE, Ass., 1er juin 1956, *Association Canivez,* **326**.
- CE, Ass., 11 juillet 1956, *Amicale des annamites de Paris*, **501**.
- CE, Sect., 19 octobre 1956, *Société le Béton*, **176, 186, 188.**
- CE, Ass., 16 novembre 1956, *Union syndicale des industries aéronautiques,* **370**.
- CE, 25 octobre 1957, *Commune de Bondy,* **326, 330, 331**.
- CE, Ass, 13 décembre 1957, *Société nationale de vente des surplus*, **318**.
- CE, Sect., 20 décembre 1957, *Société nationale d'éditions cinématographiques,* **202.**
- CE, 21 mars 1958, *Football club de Metz,* **305**.
- CE, Ass., 2 mai 1958, *Distillerie de Magnac-Laval,* **201**.
- CE, 23 janvier 1959, *Commune d'Huez,* **179**.
- CE, Ass., 11 mai 1959, *Dauphin,* **168, 186, 189.**
- CE, 12 juin 1959, *Syndicat des exploitants de cinématographes de l'Oranie,* **189, 191**.
- CE, Ass., 22 avril 1960, *Berthier,* **186**.
- CE, 1er juillet 1960, *Entreprises Soulat c/ SNCF*, **152**.
- CE, 27 janvier 1961, *Vannier*, **137**.
- CE, Ass., 30 juin 1961, *Groupement de défense des riverains de la route de l'intérieur*, **69**.
- CE, 13 juillet 1961, *Ville de Toulouse*, **9, 60, 77, 188-195, 340**.
- CE, 13 juillet 1961, *Compagnie fermière du casino de Constantine*, **186**.
- CE, Ass., 24 novembre 1961, *Fédération nationale des syndicats de police,* **103**.
- CE, Ass., 24 novembre 1961, *Ministre des Travaux publics c/ Consorts Letisserand,* **240**.
- CE, Sect., 4 mai 1962, *Lacombe,* **422**.
- CE, Avis, 5 juin 1962, **326**.
- CE, 3 juillet 1963, *Ministre de l'Intérieur c/ Sieur Gabrielli,* **361**.
- CE, 11 décembre 1963, *Ville de Colombes,* **52**.
- CE, 13 mai 1964, *Eberstock*, **177**.

- CE, Ass., 26 février 1965, *Société du Vélodrome du Parc des Princes,* **9, 188**.
- CE, 13 juillet 1965, *Gué*, **225**.
- CE, 10 décembre 1965, *Syndicat des copropriétaires de l'immeuble Pharo-Pasteur,* **225**.
- CE, Sect., 10 mars 1967, *Ministre de l'économie et des finances c/ Société Samat et compagnie*, **325**.
- CE, 5 juillet 1967, *Commune de Donville-les-Bains,* **180**.
- CE, Sect., 13 octobre 1967, *Cazeaux*, **156**.
- CE, 26 janvier 1968, *Pécastaings,* **203**.
- CE, 12 mars 1968, *Epoux Leroy*, **419**.
- CE, Sect., 21 novembre 1969, *Sieurs Koeberlin,* **183**.
- CE, 28 janvier 1970, *Consorts Philip-Bingisser,* **155**.
- CE, 18 mars 1970, *Rodde,* **225**.
- CE, 10 avril 1970, *Beau et Lagarde*, **60**.
- CE, 21 juillet 1970, *Racing club de Strasbourg*, **305**.
- CE, Ass., 21 juillet 1970, *M. Schroedt*, **424**.
- CE, Ass., 21 juillet 1970, *Krivine et Franck,* **421**.
- CE, Sect., 19 mars 1971, *Sieurs Mergui,* **143**.
- CE, Ass., 28 mai 1971, *Ville Nouvelle Est*, **212**.
- CE, 26 novembre 1971, *Société SIMA*, **100**.
- CE, 14 juin 1972, *Eidel,* **186**.
- CE, Ass., 20 octobre 1972, *Société civile Saint-Marie de l'Assomption,* **212**.
- CE, Avis, 21 novembre 1972, *Propriété intellectuelle et personnes publiques*, dit *OFRATEME,* **238**.
- CE, 24 janvier 1973, *Sieur Spiteri et Epoux Krehl,* **194**.
- CE, 6 juillet 1973, *Ministre des Finances et Ministre des Affaires étrangères c/ sieur Gomel et autres,* **360, 361**.
- CE, Ass., 6 juillet 1973, *Sieur Dalleau,* **240**.
- CE, 3 octobre 1973, *Football club de Lorientais,* **305**.
- CE, 7 novembre 1973, *Giudicelli,* **231**.
- CE, 8 mai 1974, *Giraud et Truchefaud,* **177**.
- CE, Sect., 22 novembre 1974, *Fédération des industries françaises d'articles de sport (FIFAS),* **2, 31, 200, 218, 457.**
- CE, Sect., 7 avril 1975, *Sieur Bouché,* **422**.
- CE, 16 avril 1975, *Secrétaire d'Etat à la culture c/ Association dite « La Comédie de Bourges »,* **451**.
- CE, Sect., 30 mai 1975, *Dame Gozzoli,* **186**.
- CE, 8 octobre 1975, *SA Marine-Côte d'Argent et Sieur Couach,* **156**.
- CE, 5 novembre 1975, *Epoux Govys,* **156**.
- CE, 6 octobre 1976, *Doyen de l'UFR « Faculté de droit » de l'Université Jean Moulin,* **424**.

- CE, Sect., 26 novembre 1976, *Fédération française de cyclisme,* **457**.
- CE, Sect., 22 avril 1977, *Michaud,* **155**.
- CE, 14 octobre 1977, *Dame Defforge,* **186**.
- CE, Sect., 3 février 1978, *CFDT et CGT,* **418**.
- CE, 10 février 1978, *Ministre de l'Economie et des Finances c/ Scudier,* **174, 343**.
- CE, Sect., 10 mars 1978, *Société Le Profil,* **407**.
- CE, 13 décembre 1978, *Société Avenir Publicité,* **174**.
- CE, 2 février 1979, *Gauthier,* **437**.
- CE, 2 février 1979, *Ville de Châlons-sur-Marne,* **193**.
- CE, Ass., 19 octobre 1979, *Rassemblement des nouveaux avocats de France,* **422**.
- CE, 22 février 1980, *SA Sablières modernes d'Aressy,* **52**.
- CE, 7 mai 1980, *Société anonyme Les marines de Cogolin,* **173**.
- CE, 6 février 1981, *Epp,* **176**.
- CE, 6 février 1981, *Dame Dore,* **198**.
- CE, 24 février 1982, *Société entreprise industrielle et financière pour les travaux publics et le bâtiment et autres,* **179**.
- CE, 14 mai 1982, *Association internationale pour la conscience de Krishna,* **419**.
- CE, 3 novembre 1982, *Mlle Bonnaire et autres,* **205**.
- CE, 2 février 1983, *Union des transports publics et urbains,* **201**.
- CE, 4 novembre 1983, *Noulard,* **459**.
- CE, 23 novembre 1983, *Commune de Mont-de-Marsan,* **127**.
- CE, 21 mars 1984, *Guy Mansuy,* **176**.
- CE, Sect., 4 mai 1984, *M. Guez c/ Préfet de Police,* **418**.
- CE, 11 mai 1984, *Pebeyre,* **459**.
- CE, Sect., 13 juin 1984, *Association Handball Club de Cysoing,* **32**.
- CE, 5 décembre 1984, *De Arias,* **428**.
- CE, 19 décembre 1984, *Automobile club de Monaco,* **416**.
- CE, 18 janvier 1985, *Ville d'Aix-en-Provence c/ Association « Le Relais Culturel d'Aix-en-Provence »,* **190**.
- CE, 13 février 1985, *Esteban,* **201**.
- CE, 13 avril 1985, *GDF c/ Ville de Nice,* **179**.
- CE, 6 mai 1985, *Association Eurolat-Crédit Foncier de France,* **74, 151, 154**.
- CE, 8 juillet 1985, *SA Lyonnaise des eaux et de l'éclairage*, **100**.
- CE, 6 décembre 1985, *Mlle Boin-Favre,* **155**.
- CE, 6 juin 1986, *Dame Simon,* **199**.
- CE, 11 juillet 1986, *Préfet de la Creuse*, **100**.
- CE, 15 octobre 1986, *Mme Deveze,* **205**.
- CE, 28 janvier 1987, *Comité de défenses des espaces verts,* **225**.
- CE, Ass., 2 février 1987, *Société TV6,* **201**.

- CE, 29 avril 1987, *Commune d'Elancourt,* **59**.
- CE, 11 mai 1987, *Divier,* **378**.
- CE, 2 octobre 1987, *SA Le Sully d'Auteuil,* **199**.
- CE, 15 janvier 1988, *Compagnie française d'entreprise de garage,* **197, 199**.
- CE, 5 février 1988, *SCI Les Granges Blanches,* **225**.
- CE, 6 mai 1988, *Goclowki,* **239**.
- CE, 8 juillet 1988, *Premier Ministre c/ SABDEC,* **323**.
- CE, 21 octobre 1988, *Syndicat national des transporteurs aériens c/ Ministre des transports,* **428**.
- CE, 9 décembre 1988, *Société les téléphériques du massif du Mont-Blanc,* **179**.
- CE, 19 décembre 1988, *Mme Pascau,* **459**.
- CE, 15 février 1989, *Mme Lopez,* **459**.
- CE, 15 février 1989, *Commune de Mouvaux,* **177**.
- CE, 4 avril 1990, *Association Pétanque Hermitage et Pétanque Sud,* **186**.
- CE, Sect., 8 juin 1990, *Association de sauvegarde du patrimoine martiniquais,* **225**.
- CE, 29 juin 1990, *Consorts Marquassuzaa,* **177**.
- CE Sect., 6 juillet 1990, *Comité pour le développement industriel et agricole du Choletais (CODIAC),* **322, 328**.
- CE, Sect., 19 octobre 1990, *Association Saint Pie V et Saint Pie X de l'Orléanais,* **186**.
- CE, 19 novembre 1990, *Commune de Blénod-les-Pont-à-Mousson,* **325**.
- CE, Sect., 25 janvier 1991, *Vigier,* **318**.
- CE, Sect., 15 mai 1991, *Association Girondins de Bordeaux football club,* **353**.
- CE, 25 novembre 1991, *Commune de Saint-Palais-sur-Mer,* **225**.
- CE, 24 février 1992, *Société Cogedim Ile-de-France,* **225**.
- CE, Sect., 10 avril 1992, *M. Aykan,* **407**.
- CE, 16 octobre 1992, *M. Battesti,* **424**.
- CE, Sect., 30 octobre 1992, *Association de sauvegarde du site Alma-Champ-de-Mars,* **207**.
- CE, 28 juillet 1993, *Ministre de l'Intérieur c/ Mme Juillard,* **5**.
- CE, 1er octobre 1993, *Société Le Yacht Club International de Bormes-les-Mimosas,* **74**.
- CE, 26 novembre 1993, *Ministre de l'Industrie c/ Société industrielle française du tout-terrain,* **325**.
- CE, Sect., 11 février 1994, *Compagnie d'assurances préservatrice la foncière,* **167, 177**.
- CE, 18 février 1994, *Comité d'intérêt local de Costebelle,* **205**.

- CE, Sect., 25 février 1994, *SA Sofap-Marignan Immobilier*, **54, 77, 81, 83**.
- CE, 8 juin 1994, *Delrez,* **327**.
- CE, 8 juin 1994, *Montpellier Université Club,* **218**.
- CE, Ass., 10 juin 1994, *Commune de Cabourg*, **83, 85**.
- CE, 15 juin 1994, *Syndicat intercommunal des transports publics de la région de Douai*, **59**.
- CE, Avis, 16 juin 1994, **83**.
- CE, 7 octobre 1994, *Epoux Lopez,* **71**.
- CE, 26 octobre 1994, *SIVOM des communes de Carry-le-Rouet et Sausset-les-Pins,* **274**.
- CE, Ass., 2 décembre 1994, *Département de la Seine Saint-Denis,* **197**.
- CE, 13 janvier 1995, *CCI de la Vienne,* **127**.
- CE, Avis, 31 janvier 1995, *Section de l'intérieur et section des travaux publics réunies,* 77.
- CE, 1er février 1995, *Préfet de la Meuse,* **198**.
- CE, 18 octobre 1995, *Commune de Brive la Gaillarde,* **74**.
- CE, Ass., 27 octobre 1995, *Commune de Morsang-sur-Orge*, **407**.
- CE, Ass., 27 octobre 1995, *Ville d'Aix-en-Provence*, **407**.
- CE, 10 mai 1996, *Commune de Saint-Louis c/ M. Abadie,* **331**.
- CE, 15 avril 1996, *Préfet des Bouches-du-Rhône c/ Commune de Lambesc,* **59, 107, 387.**
- CE, Ass., 3 juillet 1996, *M.Koné*, **501**.
- CE, Ass., 10 juillet 1996, *Cayzeele,* **191**.
- CE, Ass., 18 juillet 1996, *Société Direct Mail Promotion,* **428**.
- CE, 4 novembre 1996, *Association de défense des sociétés de courses des hippodromes de province,* **103**.
- CE, 9 décembre 1996, *Préfet du Gard,* **83**.
- CE, Avis, 17 janvier 1997, *Association de défense du site de l'environnement de Gallius,* **205**.
- CE, 21 avril 1997, *Ministre du Budget c/ Société SAGIFA*, **173**.
- CE, 13 juin 1997, *Société des transports pétroliers par pipeline,* **173**.
- CE, 7 juillet 1997, *Association sauvegarde de l'étang des mouettes et de l'environnement,* **205**.
- CE, 9 juillet 1997, *Société des eaux de Luxeuil-les-Bains et Ville de Cannes*, **72**.
- CE, Sect., 3 novembre 1997, *Commune de Fougerolles,* **201, 325**.
- CE, 11 février 1998, *Association pour la défense des droits des artistes peintres sur la place du Tertre*, **202, 343**.
- CE, Ass., 20 février 1998, *Ville de Vaucresson,* **175**.
- CE, 27 mai 1998, *Syndicat national du béton armé, des techniques industrialisées et de l'entreprise,* **56**.

- CE, 8 février 1999, *Préfet des Bouches-du-Rhône c/ Commune de La Ciotat,* **100**.
- CE, 12 mars 1999, *Orée du Bois*, **91**.
- CE, 26 mars 1999, *Société EDA*, **89, 467**.
- CE, 7 avril 1999, *Commune de Guilherand-Granges*, **59**.
- CE, 14 juin 1999, *Conseil de fabrique de la cathédrale de Strasbourg,* **239**.
- CE, 30 juin 1999, *Département de l'Orne*, **100**.
- CE, 30 juin 1999, *SMITOM,* **164**.
- CE, 30 juin 1999, *Sarfati,* **71**.
- CE, Ass., 23 février 2000, *Société Labor-Metal,* **363**.
- CE, 23 février 2000, *Société de distribution de chaleur de Saint-Denis,* **152**.
- CE, 19 avril 2000, *Lambert,* **364**.
- CE, 15 mai 2000, *Confédération française des professionnels en jeux automatiques,* **466, 497.**
- CE, 24 mai 2000, *Commune de Macot La Plagne,* **443**.
- CE, 31 mai 2000, *Ville de Dunkerque*, **350**.
- CE, 21 juin 2000, *SARL Plage « chez Joseph »,* **107**.
- CE, 16 octobre 2000, *Société Stereau,* **56**.
- CE, Sect., 20 octobre 2000, *Société Citécable,* **378**.
- CE, Sect., 22 novembre 2000, *Société crédit agricole Indosuez Chevreux,* **460**.
- CE, 11 décembre 2000, *Mme Agofroy*, **75, 91, 194**.
- CE, 19 mars 2001, *Région PACA,* **275**.
- CE, 25 avril 2001, *Epoux Ahlborn,* **228**.
- CE, ord., 9 juillet 2001, *Préfet du Loiret*, **419**.
- CE, ord., 27 juillet 2001, *Ville d'Etampes,* **419**.
- CE, 27 juillet 2001, *SA Sollac-Lorraine,* **416**.
- CE, Ass., 26 octobre 2001, *Ternon,* **324**.
- CE, 13 février 2002, *Abran,* **364**.
- CE, 8 mars 2002, *Société Bueil Publicité,* **300**.
- CE, ord., 18 mars 2002, *GIE Sport Libre et autre*, **478**.
- CE, 28 octobre 2002, *Commune de Draguignan*, **330**.
- CE, Sect., 6 novembre 2002, *Mme Soulier c/ Commune de Castries,* **324**.
- CE, Avis, 6 décembre 2002, *Syndicat intercommunal des Etablissements du second cycle du second degré du district de l'Haÿ-les-Roses*, **326**.
- CE, 30 décembre 2002, *Malaja*, **21**.
- CE, 30 décembre 2002, *M. Urban,* **416**.
- CE, Sect., 29 janvier 2003, *Syndicat départemental de l'électricité et du gaz des Alpes-Maritimes et Commune de Clans,* **226**.

- CE, 3 mars 2003, *Association Entente sportive Frontonas Chamagnieu,* **32**.
- CE, 5 mars 2003, *SARL Hostellerie Château de Nyer,* **155**.
- CE, 21 mars 2003, *Syndicat intercommunal de la périphérie de Paris pour l'électricité et les réseaux (SIPPEREC),* **169, 172**.
- CE, ord., 29 mars 2003, *SA sportive Olympique de Marseille et autres,* **412**.
- CE, 25 juin 2003, *Caisse centrale de Crédit mutuel du Nord de la France,* **269, 275**.
- CE, 9 juillet 2003, *Association AC Conflent,* **419**.
- CE, 30 juillet 2003, *Commune de Lens*, **138**.
- CE, 24 septembre 2003, *Société Coquelicot Promotion - Mme Belhassen*, **188**.
- CE, Ass., 17 octobre 2003, *Dugoin,* **364, 365**.
- CE, Avis, 20 novembre 2003, **4, 218**.
- CE, Ass., 12 décembre 2003, *Département des Landes,* **325**.
- CE, 11 février 2004, *Association défense de la chanson française – Radio fréquence Nîmes,* **323**.
- CE, 10 avril 2004, *Fédération française de football,* **32**.
- CE, 28 avril 2004, *Association respect du site du Mont-Blanc,* **174**.
- CE, 26 mai 2004, *Société Paloma,* **183**.
- CE, Avis, 10 juin 2004, *AFP,* **177**.
- CE, 11 octobre 2004, *M. Prouvoyeur c/ Commune de Lens,* **173**.
- CE, 20 octobre 2004, *SCI Logana,* **225**.
- CE, 29 octobre 2004, *M. Sueur et autres*, **49, 55, 98, 103, 119**.
- CE, 29 novembre 2004, *Société des autoroutes du Sud de la France,* **150**.
- CE, 20 janvier 2005, *Commune de Saint-Cyprien,* **183**.
- CE, 16 février 2005, *Blajman*, **370**.
- CE, 16 mars 2005, *Ministre de l'Outre-mer,* **338**.
- CE, 1er avril 2005, *Uspac-CGT et Snac,* **345**.
- CE, 4 avril 2005, *Commune de Castellar c/ Société Heaven*, **124**.
- CE, Avis, 19 avril 2005, **179, 201.**
- CE, ord., 8 juin 2005, *Commune de Houilles,* **418**.
- CE, Ass., 8 juillet 2005, *Société Alusuisse-Lonza-France,* **156**.
- CE, 27 juillet 2005, *Ministre de l'Intérieur, de la Sécurité intérieure et des Libertés locales c/ Département du Lot-et-Garonne,* **307**.
- CE, Sect., 27 juillet 2005, *M. Charles Million,* **422**.
- CE, 27 juillet 2005, *Patrick B.,* **363**.
- CE, Sect., 27 juillet 2005, *Pétroles Miroline,* **301**.
- CE, 7 novembre 2005, *Ministre de l'Intérieur, de la Sécurité intérieure et des Libertés locales c/ Commune d'Orange,* **307**.
- CE, 5 décembre 2005, *Département de la Dordogne,* **377**.

- CE, 28 décembre 2005, *Ville de Lille c/ Associations Sauvons le site de la Citadelle de Lille*, **111, 211, 226, 256**.
- CE, 24 mars 2006, *Société KPMG*, **137**.
- CE, Ass., 31 mai 2006, *Ordre des avocats au barreau de Paris*, **110**.
- CE, 7 juin 2006, *M. Asselin*, **327, 370.**
- CE, 28 juin 2006, *Syndicat intercommunal d'alimentation en eau de la moyenne vallée du Gers,* **68**.
- CE, 11 septembre 2006, *M. Berdje Agopyan c/ Ville de Nantes*, **204, 239**.
- CE, 17 novembre 2006, *Capo Chichi*, **421, 424.**
- CE, 13 décembre 2006, *SARL Le dôme du Marais,* **155**.
- CE, ord., 5 janvier 2007, *Association Solidarité des Français,* **418**.
- CE, Sect., 22 février 2007, *APREI,* **95, 381**.
- CE, 21 mars 2007, *Commune de Boulogne-Billancourt*, **378**.
- CE, ord., 30 mars 2007, *Ville de Lyon,* **416**.
- CE, Sect., 6 avril 2007, *Commune d'Aix-en-Provence*, **91, 191, 200, 379**.
- CE, 6 avril 2007, *M. Durand*, **475**.
- CE, Sect., 22 juin 2007, *M. Arfi,* **463**.
- CE, 11 juillet 2007, *Syndicat professionnel Union des aéroports français et autres,* **173, 174**.
- CE, Ass., 16 juillet 2007, *Société Tropic Travaux Signalisation,* **72**.
- CE, 10 octobre 2007, *Communauté urbaine de Lyon,* **186**.
- CE, 10 octobre 2007, *M. et Mme Demoures et autres,* **230**.
- CE, Avis, 29 octobre 2007, *SASP LOSC Lille Métropole,* **437, 461-463**.
- CE, Avis, 28 novembre 2007, *M. Barjamaj,* **422**.
- CE, 30 novembre 2007, *Ville de Strasbourg c/ Maleriat-Bihler,* **167**.
- CE, ord., 11 janvier 2008, *Société Canal+ et Société Kiosque+,* **469**.
- CE, 26 mars 2008, *Région de la Réunion*, **383**.
- CE, ord., 2 mai 2008, *Association nouvelle des Boulogne Boys,* **421, 422, 426**.
- CE, 9 mai 2008, *Société Zeturf Limited,* **497**.
- CE, Sect., 11 juillet 2008, *Ville de Paris,* **95**.
- CE, 25 juillet 2008, *Association nouvelle des Boulogne Boys*, **421, 422, 426**.
- CE, 7 août 2008, *Crédit coopératif,* **323**.
- CE, 15 octobre 2008, *Fédération française de football c/ Sporting Club de Bastia,* **463**.
- CE, 20 octobre 2008, *Fédération française de football c/ Société Paris Saint-Germain football,* **457**.
- CE, 7 novembre 2008, *Département de la Vendée*, **59**.
- CE, 29 décembre 2008, *OPHLM de Puteaux c/ Société Serbois,* **112**.
- CE, 31 décembre 2008, *SA La Compagnie du Vent,* **300**.

- CE, ord., 2 février 2009, *ASPAS,* **416**.
- CE, 5 février 2009, *Association SCA,* **88**.
- CE, Ass., 8 avril 2009, *Compagnie générale des eaux c/ Commune d'Olivet,* **174**.
- CE, 4 mars 2009, *M. Achour,* **416**.
- CE, 5 juin 2009, *Société Avenance enseignement et santé,* **59**.
- CE, 10 juin 2009, *Port autonome de Marseille,* **84**.
- CE, Sect., 17 juillet 2009, *Commune de Grenoble et communauté d'agglomération Grenoble Alpes Métropole,* **227, 230**.
- CE, 7 septembre 2009, *Ministre du budget, des comptes publics et de la fonction publique c/ SA La Métairie,* **307**.
- CE, 14 octobre 2009, *Commune de Messanges,* **225**.
- CE, Sect., 6 novembre 2009, *Société Prest'action,* **369**.
- CE, 18 décembre 2009, *Société Canal + c/ CSA,* **470**.
- CE, 28 décembre 2009, *Ministre de l'écologie c/ M. Abbadie,* **426**.
- CE, Ass., 28 décembre 2009, *Commune de Béziers 1,* **72**.
- CE, 13 janvier 2010, *Association Paris Jean Bouin et Ville de Paris,* **93**.
- CE, ord., 4 mars 2010, *Madame Soignet et Mademoiselle Bazelou,* **416**.
- CE, 2 avril 2010, *M. Faure,* **96**.
- CE, 14 mai 2010, *M. Rujovic,* **501**.
- CE, 21 mai 2010, *Commune de Bordeaux,* **126**.
- CE, 10 juin, 2010, *Société Carilis,* **399**.
- CE, 10 juin 2010, *Société des autoroutes Esterel-Côte-d'Azur-Provence-Alpes,* **169, 193.**
- CE, Sect., 11 juin 2010, *M. Bardoux et autres,* **323**.
- CE, Sect., 5 juillet 2010, *Chambre de commerce et d'industrie de l'Indre,* **324**.
- CE, 5 juillet 2010, *Communauté d'agglomération Saint-Etienne Métropole,* **380**.
- CE, 13 juillet 2010, *Association Supras Auteuil 91,* **418, 421, 426**.
- CE, 13 juillet 2010, *Association Les Authentiks,* **421, 426.**
- CE, 13 juillet 2010, *Monsieur Merlin,* **411, 421, 426.**
- CE, 23 juillet 2010, *M. Lenoir, Syndicat national des entreprises de second œuvre du bâtiment,* **95, 116, 119.**
- CE, 23 juillet 2010, *Mme Montravers, liquidateur judiciaire de la société Neuville, Foster, Delaunay, Belleville,* **152, 179**.
- CE, 17 septembre 2010, *Commune de Saint-Baudille-de-La-Tour,* **225**.
- CE, Sect., 13 octobre 2010, *Société Betclic Enterprises Limited,* **510**.
- CE, Sect., 3 décembre 2010, *Association Paris Jean Bouin c/ Ville de Paris,* **83, 90, 95, 96, 182, 187, 199.**
- CE, 12 janvier 2011, *M. Manoukian,* **72**.

- CE, 12 janvier 2011, *Société des autoroutes du Nord et de l'Est de la France,* **72**.
- CE, 19 janvier 2011, *Auguste*, **72**.
- CE, 21 février 2011, *Société Ophrys*, **72**.
- CE, ord., 12 avril 2011, *Association Butte Paillade 91,* **420, 426**.
- CE, Sect., 21 mars 2011, *Commune de Béziers II,* **201**.
- CE, Sect., 30 mars 2011, *Société Betclic Enterprises Limited*, **497, 510**.
- CE, 4 mai 2011, *Communauté de communes du Queyras,* **154, 179**.
- CE, 16 mai 2011, *Commune de Moulins,* **173**.
- CE, 20 mai 2011, *Communauté d'agglomération du lac du Bourget,* **226**.
- CE, 20 mai 2011, *Commune du Lavandou,* **159**.
- CE, 23 mai 2011, *Commune de Six-Fours-les-Plages*, **191, 192, 385**.
- CE, 27 mai 2011, *Madame Kupferstein,* **426**.
- CE, 1er juin 2011, *Groupement de fait Brigade Sud de Nice,* **425**.
- CE, 22 juin 2011, *Boris Becker,* **312**.
- CE, Sect., 11 juillet 2011, *Mme Gilles*, **9, 41, 60, 149, 162, 182, 187, 191-196**.
- CE, Ass., 19 juillet 2011, *Mme V. c/ Commune de Montreuil-sous-Bois,* **77**.
- CE, 21 septembre 2011, *Département des Hauts-de-Seine,* **273**.
- CE, 26 septembre 2011, *Société SASP Le Havre Athletic Club,* **476**.
- CE, 28 septembre 2011, *M. William Jullian,* **150, 186**.
- CE, 9 novembre 2011, *Fédération française de darts,* **31**.
- CE, 9 novembre 2011, *Association Butte Paillade 91,* **420, 426**.
- CE, 9 novembre 2011, *Ministre de la Défense c/ Murat de Chasseloup-Laubat,* **156**.
- CE, 23 novembre 2011, *Association européenne des jeux et paris en ligne contre Secrétariat Général du Gouvernement*, **510**.
- CE, 23 décembre 2011, *Société Paris Tennis*, **96**.
- CE, 30 décembre 2011, *Société Stanley International Betting Limited,* **497**.
- CE, 30 décembre 2011, *Société Zeturf Limited*, **497**.
- CE, 1er février 2012, *RTE EDF Transport,* **169**.
- CE, 19 mars 2012, *SA Groupe Partouche,* **241**.
- CE, 7 mai 2012, *Syndicat intercommunal du canal des Alpines septentrionales,* **169**.
- CE, 31 mai 2012, *Ligue de Football Professionnel,* **417**.
- CE, 13 juillet 2012, *Communauté de communes d'Erdre et Gesvres, les Verts des Pays-de-la-Loire, Association ACIPA,* **398**.
- CE, 22 octobre 2012, *Société Club Sportif Sedan Ardennes*, **305**.
- CE, 7 novembre 2012, *Commune de Grans,* **175**.

- CE, 3 décembre 2012, *Epoux Lobe c/ Commune de Brain-sur-Allones,* **203**.
- CE, Ass., 21 décembre 2012, *Commune de Douai,* **151, 179-182**.
- CE, 28 janvier 2013, *Département du Rhône c/ Association des contribuables actifs du Lyonnais,* **339**.
- CE, 27 février 2013, *Ministre du Budget c/ CCI de Béthune,* **182**.
- CE, ord., 29 mars 2013, *SASP Olympique de Marseille et autres,* **415**.
- CE, Ass., 12 avril 2013, *Association coordination interrégionale Stop THT,* **212**.
- CE, 3 juin 2013, *Association interdépartementale et intercommunale pour la protection du lac de Sainte-Croix*, **193**.
- CE, 5 juin 2013, *Ministre de l'Intérieur c/ Monsieur B-C.,* **411**.
- CE, 3 juillet 2013, *Société Bouygues Energies et Services c/ Commune de Sète,* **53**.
- CE, 17 juillet 2013, *Association pour la protection du cadre de vie et de l'environnement dans les Alpes-Maritimes*, **206**.
- CE, ord., 8 novembre 2013, *Olympique lyonnais et autres,* **415**.
- CE, 16 décembre 2013, *Epoux B. c/ Commune de Roscoff*, **211**.
- CE, Ass., 4 avril 2014, *Département de Tarn-et-Garonne,* **72**.
- CE, Sect., 28 avril 2014, *Commune de Val-d'Isère,* **201.**
- CE, 21 mai 2014, *Association Carton Rouge,* **222.**
- CE, 30 juillet 2014, *Commune de Biarritz*, **116**.
- CE, ord., 12 septembre 2014, *Association Tigers RC Lens,* **415**.

Jurisprudences de Cours administratives d'appel :

- CAA Bordeaux, 27 décembre 1990, *Valiente,* **240**.
- CAA Paris, 28 avril 1992, *Banque française commerciale Antilles-Guyane*, **282**.
- CAA Bordeaux, 20 février 1995, *Commune Loix-en-Ré,* **74**.
- CAA Nancy, 2 mai 1996, *Commune de Sarre-Union,* **240**.
- CAA Paris, 4 décembre 1997, *M. Alain Sarfati*, **163, 189**.
- CAA Nantes, 5 février 1998, *Commune de Neuville-aux-Bois,* **282**.
- CAA Paris, 7 avril 1998, *Société Eiffage,* **71**.
- CAA Lyon, Ass. Plén., 25 mai 1999, *SA Domaine et golf du Lavandou*, **62, 76, 83**.
- CAA Marseille, 20 juillet 1999, *Commune de Toulon*, **322**.
- CAA Nantes, 8 décembre 1999, *Triboulet,* **156**.
- CAA Bordeaux, 17 janvier 2000, *SAOS Football Club des Girondins de Bordeaux*, **428, 430**.
- CAA Marseille, 5 février 2001, *Préfet des Alpes-Maritimes*, **76, 162**.
- CAA Paris, 17 décembre 2002, *Commune de Yerres*, **419**.
- CAA Marseille, 1er mars 2004, *Groupement agricole d'exploitation en commun l'Aurier,* **321**.

- CAA Marseille, 9 avril 2004, *Commune de Cannes,* **189**.
- CAA Bordeaux, 27 avril 2004, *Ville de Toulouse,* **189**.
- CAA Nancy, 5 août 2004, *Daniel Delrez c/ Ville de Metz,* **56**.
- CAA Nancy, 31 octobre 2004, *Conseil régional de l'ordre des architectes de Lorraine,* **56**.
- CAA Marseille, 6 décembre 2004, *Commune de Nice*, **202, 330**.
- CAA Paris, 1er février 2005, *Société Eiffage,* **71**.
- CAA Lyon, 3 février 2005, *Mme Welma Pachod,* **201**.
- CAA Nancy, 24 février 2005, *Ville de Langres*, **435**.
- CAA Lyon, 17 novembre 2005, *Commune de Saint-Bon-Tarentaise,* **201**.
- CAA Lyon, 2 mars 2006, *Commune de Chamonix Mont-Blanc,* **338**.
- CAA Versailles, 23 mars 2006, *Commune du Chesnay,* **197**.
- CAA Paris, 11 avril 2006, *Commune de Papeete*, **188**.
- CAA Lyon, 6 juillet 2006, *SCI Plein Sud,* **240**.
- CAA, Versailles, 14 septembre 2006, *Société Unifergie*, **265**.
- CAA Marseille, 6 octobre 2006, *Ville de Nice, sociétés GSN-DSP et Cari*, **198, 206**.
- CAA Marseille, 27 février 2007, *Société Escota,* **193**.
- CAA Lyon, 12 juillet 2007, *Ville de Lyon c/ M. Lavaurs*, **89, 170, 173, 188**.
- CAA Nancy, 11 octobre 2007, *Association Aubette Demain c/ Ville de Strasbourg*, **84**.
- CAA Bordeaux, 13 novembre 2007, *Quillien*, **443**.
- CAA Marseille, 10 décembre 2007, *Commune de Narbonne*, **326**.
- CAA Paris, 18 décembre 2007, *Commune d'Asnières-sur-Seine*, **378**.
- CAA Marseille, 7 janvier 2008, *Mme Monique Bilate,* **213**.
- CAA Paris, 7 juin 2008, *Fédération française de football c/ Paris Saint-Germain*, **406**.
- CAA Marseille, 23 juin 2008, *Commune de Montpellier,* **245**.
- CAA Lyon, 9 juillet 2008, *M. Richard Brun,* **57**.
- CAA Douai, Ass. plén., 24 juillet 2008, *Commune de Rouen c/ Préfet de la région de Haute Normandie*, **197**.
- CAA Paris, 24 juin 2009, *Association Jean Bouin et Ville de Paris,* **92**.
- CAA Lyon, 10 décembre 2009, *M. P. c/ COURLY,* **222**.
- CAA Paris, Plénière, 25 mars 2010, *Association Paris Jean Bouin – Ville de Paris,* **94**.
- CAA Douai, 11 mai 2010, *SA Groupe Partouche,* **173**.
- CAA Marseille, 24 janvier 2011, *Commune Escaro-Aytua*, **155**.
- CAA Paris, 22 février 2011, *Ville de Paris*, **95**.

- CAA Lyon, 7 mars 2011, *Syndicat des copropriétaires de la Résidence Le Rond Point des Pistes 1 et Syndicat des copropriétaires de la Résidence Le Rond Point des Pistes 3,* **201**.
- CAA Marseille, 10 mars 2011, *Commune de Nice*, **378**.
- CAA Paris, 22 mars 2011, *Monsieur L.*, **411**.
- CAA Marseille, 9 juin 2011, *Association Yankee Nord c/ Ligue de football professionnel,* **451**.
- CAA Versailles, 21 juillet 2011, *Commune de Verrières-le-Buisson,* **83, 84.**
- CAA Bordeaux, 24 novembre 2011, *Monsieur Marcel A.*, **443**.
- CAA Lyon, 15 décembre 2011, *Association des contribuables actifs du lyonnais,* **338**.
- CAA Lyon, 15 décembre 2011, *Département du Rhône,* **338**.
- CAA Lyon, 16 février 2012, *Société des télépentes des Gets c/ Préfet de Haute-Savoie,* **179**.
- CAA Bordeaux, 13 mars 2012, *Société coopérative maritime Logicoop,* **193**.
- CAA Bordeaux, 26 juillet 2012, *Saint-Cricq,* **116**.
- CAA Douai, 25 octobre 2012, *Préfet du Nord c/ M.A.*, **412, 422**.
- CAA Nantes, 4 avril 2013, *SASP Stade Malherbe de Caen*, **310**.
- CAA Paris, 11 avril 2013, *Association Racing club de France*, **187**.
- CAA Lyon, 11 juin 2013, *M. A., M. B., M.C.,* **191, 209, 222.**
- CAA Lyon, 12 juillet 2013, *Association Carton Rouge,* **222**.
- CAA Paris, 17 octobre 2013, *Ville de Paris et Fédération française de tennis,* **175**.
- CAA Nantes, 15 novembre 2013, *Association Stade nantais université club et autres*, **196**.
- CAA Lyon, 27 novembre 2013, *Ministre de l'Intérieur et Syndicat mixte des transports pour le Rhône et l'agglomération lyonnaise* (SYTRAL), **213**.
- CAA Bordeaux, 17 juin 2014, *M. Rouveyre*, **143**.

Jurisprudences de Tribunaux administratifs :

- TA Paris, 26 février 1964, *Union nationale des étudiants de France*, **323**.
- TA Lille, 16 janvier 1985, *Ville de Douai,* **100**.
- TA Nice, 6 mai 1987, *Ville de Menton,* **330**.
- TA Lyon, 30 mars 1989, *Tête*, **326**.
- TA Dijon, 27 novembre 1990, *Préfet de Saône-et-Loire*, **353**.
- TA Clermont-Ferrand, 16 avril 1991, *Epoux Kauffman,* **437**.
- TA Orléans, 28 juillet 1994, *Conseil de l'ordre des architectes de la région Centre,* **56**.
- TA Paris, ord., 2 novembre 1994, *Groupement des sociétés Eiffage, SPIE Batignolles, Fougerolle, SPIE CITRA,* **69**.

- TA, Grenoble, 30 janvier 1995, *Association de lutte contre les nuisances sonores du karting de Rumilly*, **211**.
- TA Poitiers, 19 octobre 1995, *M. Abderrezac c/ Ville de La Rochelle,* **419**.
- TA Pau, 22 novembre 1995, *Association Sortir du froid c/ Ville de Pau,* **419**.
- TA Lyon, 24 juin 1996, *M. Chamberlain c/ Conseil de l'ordre des architectes de Rhône-Alpes*, **56**.
- TA Toulouse, 25 novembre 1996, *Centre hospitalier de secours,* **56**.
- TA Nice, 6 février 1997, *Association régionale des œuvres éducatives et de vacances de l'Education nationale de l'Académie de Versailles c/ Préfet des Alpes-Maritimes*, **197**.
- TA Lille, 16 juin 1997, *Préfet de la Région Nord Pas-de-Calais,* **56**.
- TA Versailles, Avis, n°98-3639, 22 octobre 1998, **325**.
- TA Paris, 15 décembre 1998, *Société collège Sainte-Barbe,* **201**.
- TA Lyon, 19 avril 2000, *Société des autocars Vallier,* **383**.
- TA Châlons-en-Champagne, 18 juin 2002, *M. Lapie c/ Ville de Reims,* **240**.
- TA Lyon, 10 mars 2005, *M. Lavaurs c/ Ville de Lyon*, **89, 170**.
- TA Amiens, 13 octobre 2005, *Association fédération des œuvres laïques de l'Oise,* **323**.
- TA Lyon, 13 juillet 2006, *Mme Cordier c/ Ville de Lyon*, **88, 395**.
- TA Melun, 17 août 2006, *Préfet de Seine-et-Marne*, **385**.
- TA Nice, Ord., 6 décembre 2006, *Société Cirmad Grand Sud*, **83**.
- TA Nice, 24 février 2006, *M. Knecht c/ Commune de Nice,* **388**.
- TA Nice 22 décembre 2006, *Préfet des Alpes-Maritimes et M. Knecht c/ Commune de Nice,* **144**.
- TA Paris, ord., 6 janvier 2007, *Monsieur D.*, **416**.
- TA Paris, 16 mars 2007, *Société Paris Saint-Germain,* **406**.
- TA Bordeaux, Ord., 26 novembre 2007, *Société Norbail-Immobilier*, **83**.
- TA Limoges, 27 mars 2008, *SAOS football La Berrichonne de Châteauroux*, **343**.
- TA Versailles, 11 décembre 2008, *Monsieur Bourdon*, **411**.
- TA Versailles, 11 décembre 2008, *Monsieur Guinin*, **411**.
- TA Paris, 3 février 2009, *Société Ken Club*, **83**.
- TA Paris, 31 mars 2009, *Société Paris Tennis,* **91**.
- TA Paris, 30 juin 2009, *Monsieur L.,* **411**.
- TA Paris, 18 décembre 2009, *Association Paris Jean Bouin*, **95**.
- TA Montpellier, 26 février 2010, *Dillenschneider,* **116**.
- TA Besançon, 11 mars 2010, *Monsieur G.,* **422**.
- TA Melun, 18 juin 2010, *Monsieur X.,* **411**.
- TA Paris, ord., 19 août 2010, *Monsieur B.,* **416**.
- TA Montreuil, 21 septembre 2010, *Monsieur A.,* **411, 422**.

- TA Montpellier, 28 septembre 2010, *Monsieur X.*, **411**.
- TA Marseille, ord., 28 octobre 2010, *Association Yankee Nord Marseille et autres,* **416**.
- TA Paris, ord., 17 novembre 2010, *Monsieur B.*, **411**.
- TA Lille, 27 janvier 2011, *Association « les 2sous du Grand Stade »,* **226**.
- TA Cergy-Pontoise, 15 mars 2011, *Monsieur F.,* **411**.
- TA Versailles, 9 juin 2011, *Monsieur H.,* **411**.
- TA Versailles, 23 juin 2011, *Monsieur C.*, **411**.
- TA Lyon, 5 juillet 2012, *Grand stade de Lyon,* **256**.
- TA Bordeaux, 19 décembre 2012, *M. Rouveyre,* **9,41,143,241**.

Jurisprudences du Tribunal des Conflits :

- TC, 8 février 1873, *Blanco*, **443.**
- TC, 30 juillet 1873, *Pelletier*, **219.**
- TC, 2 décembre 1902, *Société immobilière de Saint-Just*, **411.**
- TC, 14 janvier 1935, *Thépaz,* **219**.
- TC, 8 avril 1935, *Action Française*, **411, 418.**
- TC, 28 mars 1955, *Effimieff*, **47.**
- TC, 10 juillet 1956, *Société des Steeple-chases de France,* **9, 194.**
- TC, 2 juillet 1962, *Epoux Cavat c/ Université de Grenoble,* **186**.
- TC, 16 janvier 1967, *Société du Vélodrome du Parc des Princes,* **186**.
- TC, 8 novembre 1967, *Société des Bois du Sud,* **61**.
- TC, 5 décembre 1977, *Demoiselle Motsch,* **407**.
- TC, 12 juin 1978, *Société Le Profil,* **407**.
- TC, 28 avril 1980, *Préfet de la Seine-Saint-Denis c/ Société Résidence des Perriers,* **154**.
- TC, 23 février 1981, *Société Socamex c/ Société des autoroutes du sud de la France,* **194**.
- TC, 22 avril 1985, *Laurent,* **376**.
- TC, 6 juin 1989, *Ville de Pamiers*, **59, 467**.
- TC, 29 octobre 1990, *Mayal c/ Commune de Megève,* **179**.
- TC, 24 février 1992, *Sieur Couach,* **156**.
- TC, 4 novembre 1996, *Préfet de région Ile-de-France*, **32**.
- TC, 4 novembre 1996, *Société Datasport c/ Ligue nationale de football,* **447**.
- TC, 7 décembre 1998, *Consorts Jauzy c/ SATA*, **179**.
- TC, 15 mars 1999, *M. Schmitt c/ Association lorraine d'exploitation de modélisme ferroviaire*, **194**.
- TC, 15 novembre 1999, *Comité d'expansion de la Dordogne,* **370**.
- TC, 23 octobre 2000, *M. Boussadar c/ Ministre des affaires étrangères*, **411**.

- TC, 24 septembre 2001, *Société BE Diffusion c/ RATP et société Promo-Métro,* **195**.
- TC, 24 février 2003, *M. Schach c/ Société Deux-Alpes Loisirs,* **179**.
- TC, 22 septembre 2003, *M. Grandidier c/ Commune de Juville,* **186**.
- TC, 23 février 2004, *Société Leasecom c/ CH pays d'Aix-en-Provence,* **265**.
- TC, 21 mars 2005, *Société Slibail Energie c/ Ville Conflans-Sainte-Honorine,* **265**.
- TC, 12 décembre 2005, *Préfet de Seine-Maritime c/ TGI de Rouen,* **191**.
- TC, 12 décembre 2005, *Association sportive de karting semurois c/ SEM Auxois Bourgogne et société DAGS,* **191**, **194**.
- TC, 16 octobre 2006, *EURL Pharmacie de la Gare Saint-Charles,* **191, 194**.
- TC, 22 octobre 2007, *Doucedame,* **186**.
- TC, 6 juin 2011, *Société Participations Premières,* **203**.
- TC, 14 mai 2012, *Madame Gilles c/ Société d'Exploitation Sports et Evénements*, **192**.
- TC, 9 juillet 2012, *Ministre de la Défense c/ Murat de Chasseloup-Laubat,* **156**.

Jurisprudences judiciaires :

Jurisprudences de la Cour de cassation :

- Cass. civ., 16 décembre 1873, *Cart,* **151**.
- Cass. civ., 14 mars 1900, **240**.
- Cass. 1ère civ., 12 juillet 1954, **437**.
- Cass. 1ère civ., 13 février 1962, *Amicale des motocycliste de Moret-Fontainebleau c/ Royat*, **439**.
- Cass. 2ème civ., 19 janvier 1963, **436, 439**.
- Cass. 1ère civ., 17 mai 1965, **435, 439**.
- Cass. 1ère civ. , 23 novembre 1966, *Mutuelle Générale Française c/ Durand et autres*, **439**.
- Cass. 1ère civ., 12 janvier 1970, **455**.
- Cass. 1ère civ., 18 octobre 1972, **239**.
- Cass. 1ère civ., 18 novembre 1975, **436**.
- Cass. crim, 17 septembre 1978, **5**.
- Cass. 1ère civ., 21 janvier 1981, *Association sportive automobile Crau et Camargue c/ Javapaire*, **439**.
- Cass. 3ème civ., 12 janvier 1982, **203**.
- Cass. 2ème civ., 7 mars 1984, *Campagna c/ Vion-Dury et autres*, **439**.
- Cass. 1ère civ., 3 mai 1988, *Consorts Renault c/ EDF, Société Verte Campagne, Sovercam,***154.**
- Cass. 2ème civ., 5 juillet 1989, *Girard c/ Comité des fêtes et du 9ème arrondissement de Lyon*, **439**.

- Cass. 1ère civ.; 12 juin 1990, *Olympique Lyonnais c/ Fuster et autres*, **436**, **438**.
- Cass. 1ère civ., 7 janvier 1992, *Bonnier c/ SA Bull*, **239.**
- Cass. com., 1er mars 1994, *Société La Cinq c/ Fédération française de football*, **468**.
- Cass., civ 1ère ch., 6 février 1996, *FOCA c/ FR3*, **480**.
- Cass. civ. 1ère, 6 mars 1996, *Ville de Strasbourg*,**332**.
- Cass. crim., 22 mai 1997, **490**, **497**.
- Cass. crim, 24 juin 1997, *Stade de Furiani*, **219**.
- Cass. crim., 21 juillet 1998, **439**.
- Cass. 1ère civ., 6 octobre 1998, **439**.
- Cass. 1ère civ., 6 mars 2001, *Société White SAS*, **195**.
- Cass. crim, 8 janvier 2003, **333**.
- Cass. com., 13 mai 2003, *Commune de Thiberville c/ M. Berel*, **370**.
- Cass. 3ème civ., 19 mars 2003, *Commune d'Orcières*, **201**.
- Cass. com., 17 mars 2004, *Société Andros c/ Société Motor Presse France et Société CDO-Chamonix défi organisation*, **511**.
- Cass. com., 8 février 2005, *SA l'Equipe TV c/ Société TF1*, **483**, **485**.
- Cass. crim., 23 janvier 2007, **74**.
- Cass. com., 10 juillet 2007, *Zeturf*, **488**, **494**, **497**.
- Cass. civ 1ère ch., 28 mai 2008, *Commune de Dravail*, **265**.
- Cass. 1ère civ., 28 janvier 2009, *Société du Moulin bateau*,**195**.
- Cass. 1ère civ, 25 février 2009, *Commune de Sospel*, **177**.
- Cass. civ. 2ème ch., 10 novembre 2009, **439**.
- Cass. 3ème civ., 27 janvier 2010, **282**.
- Cass. 3ème civ., 10 mars 2010, *Société Le New Port c/ Epoux Rolando*, **155**.
- Cass. QPC, 16 avril 2010, *Melki et Abdeli*, **501**.
- Cass. com. QPC, 21 février 2012, **313**.
- Cass. 1ère civ., 23 février 2012, *Société d'étude et de réalisation du port de plaisance*,**195.**
- Cass., 3ème civ., 19 décembre 2012, *Ville de Saint-Jean-Cap-Ferrat*, **194**.
- Cass. crim., 25 juin 2013, **423**.

Jurisprudences de Cours d'appel :

- CA Paris, 28 novembre 1961, **439**.
- CA Paris, 9 janvier 1971, **5**.
- CA Aix-en-Provence, 28 juin 1978, **446**.
- CA Grenoble, 20 avril 1983, *Eyraut c/ Eymard*, **439**.
- CA Rouen, 1ère ch. civ., 3 mai 1988, *Carpentier c/ Association amicale laïque de la ville de Maromme*, **439**.
- CA Poitiers, 18 septembre 1992, **5**.
- CA Aix-en-Provence, 5 avril 1993, **5**.

- CA Grenoble, 29 janvier 1997, **446**.
- CA Paris, 16 novembre 1998, **439**.
- CA Paris, 4ème ch. sect. A, 28 mars 2001, *Société Gemka Production SA c/ Société Tour de France SA et Société Amaury sport organisation*, **511**.
- CA Paris, 1ère ch. H, 4 juin 2002, *RMC info c/ GIE Sport Libre*, **478**.
- CA Versailles, 23 septembre 2004, *SA Société l'Equipe TV c/ Ligue de football professionnel,* **485**.
- CA Versailles, 11 janvier 2006, *SNC TPS c/ Canal+*, **485**.
- CA Paris, 15 février 2006, *Ligue de football professionnel c/ SA Canal+ et SA Sport+,* **468**.
- CA Paris, 7 juillet 2006, *SA France 2 et SA France 3 c/ SA Canal + et Kiosque sport,* **483**.
- CA Bordeaux, 2ème ch. civ., 24 mars 2009, *Commune d'Angoulême*, **370**.
- CA Paris, 26 mars 2009, *SAOS Toulouse et autres c/ LFP et autres*, **323**.
- CA Paris, 14 octobre 2009, *Fédération française de tennis c/ Unibet*, **509**.

Jurisprudences de Tribunaux de grande instance :

- TGI Limoges, 28 mars 1991, **450**.
- TGI Lille, 8ème ch., 21 avril 1995, **507**.
- TGI Paris, 13ème ch., 16 mai 1995, **507**.
- TGI, ord. réf., 8 juillet 2005, *PMU c/ Zeturf*, **497**.

Jurisprudences de la Cour des comptes :

- Cour des comptes, 4 août 1944, *Lamirand,* **361**.
- Cour des comptes, 24 février 1966, *Demange,* **361**.
- Cour des comptes, 5ème ch., 22 décembre 1989, *Ministre du Travail,* **356**.
- Cour des comptes, 22 mars 1990, **368**.
- Cour des comptes, 2ème ch., 7 novembre 1997, **363**.
- Cour des comptes, 23 septembre 1999, *Commune de Saint-Etienne et association de gestion du Palais des sports de Saint-Etienne,* **370**.
- Cour des comptes, 31 janvier 2002, *Département de la Loire,* **383**.
- Cour des comptes, arrêt d'appel, 4ème ch., 26 juin 2001, *Département de l'Essonne,* **365**.
- Cour des comptes, 4ème ch., 26 février 2004, *Commune de Levallois-Perret,* **362**.
- Cour des comptes, ch. réunies, 14 octobre 2004, *Commune de Levallois-Perret,* **364**.
- Cour des comptes, 13 juin 2007, *Lycée François-Arago de Villeneuve-Saint-Georges,* **364**.

- Cour des comptes, 21 avril 2011, *Musée national du sport*, **369**.

Jurisprudences de Chambres régionales des comptes :

- CRC Limousin, 20 avril 1999, *Société d'économie mixte sportive Limoges « Cercle Saint-Pierre » basket-ball*, **353**.
- CRC Rhône-Alpes, 30 juillet 1999, *Commune de Guilherand-Granges*, **360**.
- CRC Ile-de-France, 12 mai 2003, *Association Institut municipal des sports de Levallois-Perret,* **362.**
- CRC Ile-de-France, 12 mai 2003, *Association Comité des œuvres sociales de Levallois-Perret,* **362.**
- CRC Rhône-Alpes, 17 juin 2003, *Association de gestion du Palais des sports de Saint-Etienne*, **370**.
- CRC Languedoc-Roussillon, 12 août 2003, *Commune de Narbonne*, **314**.
- CRC Pays de Loire, 9 septembre 2004, *SAOS Cholet Basket*, **344**.
- CRC Aquitaine, 16 septembre 2004, *Ville de Bayonne,* **335, 395**.
- CRC Rhône-Alpes, 29 juin 2005, *Association de gestion du Palais des sports de Saint-Etienne*, **370.**
- CRC Guadeloupe-Guyane-Martinique, 9 décembre 2005, *Commune de Vieux Fort*, **356**.
- CRC Rhône-Alpes, 16 mars 2006, *Association de gestion du Palais des sports de Saint-Etienne*, **370**.
- CRC Champagne-Ardennes, 6 octobre 2006, *Ville de Châlons-en-Champagne*, **344**.
- CRC Rhône-Alpes, 4 octobre 2007, *Association de gestion du Palais des sports de Saint-Etienne*, **370**.
- CRC Centre, 8 juillet 2008, *Ville de Bourges*, **356**.
- CRC Centre, 8 juillet 2008, *Ville d'Orléans*, **356**.
- CRC RO Ile de France, 21 octobre 2008, *Association Volleyball de Melun,* **356**.
- CRC Auvergne, 28 octobre 2008, *SAOS Clermont Foot Auvergne*, **344**.
- CRC Guadeloupe-Guyane-Martinique, 2 décembre 2008, *Commune de Vieux Fort,* **356**.
- CRC Ile de France, 3 décembre 2008, *Ville de Paris,* **395**.
- CRC Ile de France, 19 février 2009, *Levallois Perret,* **395**.
- CRC Centre, 23 mars 2009, *SASP Tours Football Club*, **356**.
- CRC Haute-Normandie, 10 juin 2009, *Association Saint-Thomas Basket Formation,* **356**.

Jurisprudences du Tribunal arbitral du sport :

- TAS, 3 juin 2003, *PSV Eindhoven c/ UEFA*, aff. 2002/A/423, **461**.
- TAS, 20 avril 2007, *Feyenoord Rotterdam c/ UEFA*, aff. 2007/A/1217, **461**.

Juridictions étrangères :

- T. com. Charleroi, 15 mai 2006, RG n°A/05/03843 et A/06/00735, **460**.
- CA Bruxelles (21ème ch.), 8 février 2007, n°2006/KR/224, **460**.
- T. fédéral Suisse (1ère Cour de droit civil), 22 mars 2007, 4P.172/2006, **460**.
- TAR Catania, 4 avril 2007, *M. Pennisi et al. c/ CONI et al.,* sez. IV, decreto, **460**.
- TAR Catania, 13 avril 2007, *M. Pennisi et al. c/ CONI et al.*, sez. IV, sentenza, **460**.

INDEX ALPHABÉTIQUE

(Les chiffres renvoient aux numéros de paragraphes)

- A -

Accord autonome, 142, 143
- Clause « Nice Stadium », 144-146

Acte détachable, 71

Aléas, 160,
- Risque, 256, 259, 280-286, 444
- Sportif, 139, 256, 257, 450, 507

Ambush marketing, 464

Autorisation d'occupation temporaire (AOT), 88-97, 98, 147, 158, 184, 292, 300

Appel d'offres,
- Contrat de partenariat, 113, 118, 123, 126, 128

- B -

Bail emphytéotique administratif (BEA), 74, 81-83, 87, 147, 158, 184
- « Aller-retour », 83
- BEA sportif, 75-80
- Requalification, 84
- Risque financier, 85, 86

Bancabilité, 254, 256

Billetterie, 445
- Abonnement, 449
- Dématérialisée, 453, 454
- Données personnelles, 455, 456

- C -

Cession de créance, 269-276, 286

Cession Dailly, 269, 272, 275, 276

Complexité,
- Contrat de partenariat, 102-106, 110, 112, 114-116, 118, 120
- Projet, 73, 111, 141, 232
- Traitement comptable, 244

Contrat global, 50, 98, 100, 104, 107

Contrat de partenariat, 50, 51, 66, 98 et s.,
- Critères, 52, 68, 102-106, 114-122
- Définition, 98, 104-108

- Dialogue compétitif, 103, 113, 118, 123-125
- Entretien et maintenance, 50, 98, 99, 283, 285
- Evaluation préalable, 110-113
- Procédure de passation, 123-129.
- Rémunération, 52-54, 87
- Risques 130-140
    - Anticipés, 130-134, 138
    - Exécution du contrat, 141-146
    - Financier, 135
    - Répartition, 131, 137, 140

Crédit-bail, 151, 179, 260, 265-267, 325, 332

- D -

Délégation de service public (DSP), 59-73, 126, 147
- Définition, 59
- Rémunération, 107
- Requalification, 386-388
- Risques, 62-68
- Stade de France, 69-72
- Stade Jean Bouin, 90

Domaine public, 150 et s., 242
- Aménagement spécial, 186
- Aménagement indispensable, 177, 186
- Bail commercial, 155, 194
- Bien de retour, 179, 182, 183
- Club résident, 162-164
- Définition, 150,
    - Appartenance à une personne publique, 177
    - Affectation au public, 186, 187
    - Affectation au service public, 188-192
- Division en volumes, 165-168
- Droits réels, 151, 152
- Imprescriptibilité, 153, 156
- Inaliénabilité, 153-155
- Redevance, 169-175
- Valorisation, 157-161

Domaine privé, 197, 201, 202
- Désaffectation, 197-200

- Déclassement, 197, 200

Droit à l'image collective (DIC), 475, 476

Droits d'exploitation audiovisuelle, 14, 467 et s.,

- Commercialisation, 468, 471
- Définition, 467
- Evénements d'importance majeure, 480
- Fiscalité, 472-476
- Liberté d'information, 477, 480-486
- Radiophonie, 478, 479

Droit moral,

- Architecte, 238, 239
- Auteur, 240

- E -

Efficience, 104, 111, 120-122

Expropriation, 19, 78, 208, 210, 274

- F -

Fédération sportive, 175, 323, 441

Financement structuré, 249, 255,

Fonds de compensation pour la TVA (FCTVA), 86, 89, 285, 307

- G -

Gearing, 264

Gestion de fait, 344, 362-366, 368-371

- I -

Impôt,

- Sur les sociétés, 308

Interdiction de stade, 410 et s.,

- Administrative, 411, 412
- Judiciaire, 413
- Ordre public, 414-419, 428-432

Instruments de couverture, 278 et s.

- Swap, 279

- J -

Jeux en ligne, 487, 489, 492-507

- Agrément, 31, 500, 501, 504, 505
- Droit au pari, 506, 508-511
- Paris sportifs, 505, 509-511

- L -

Lex ***sportiva*****,** 80, 137, 218, 249, 306, 458, 514, 517

Lex ***stadium*****,** 242, 517

Liberté d'association, 423, 424

Liberté d'information, 477, 478, 481-486

- Droit d'accès des journalistes, 481, 482
- Droit de citation, 483-486
  Brefs extraits, 483-485

Loi MOP, 50, 57, 98, 102

Loyer, 83, 88, 107, 112, 134, 160, 270, 282, 285

- M -

Manifestation sportive, 69, 338, 405

- Responsabilité, 433-437
- Sécurité, 407, 410, 414, 430-432

Marché d'entreprise de travaux publics (METP), 46, 70, 100, 102

Marché public, 47 et s., 105

- Conception-réalisation, 48, 56, 58
- Rémunération, 52, 73
- Requalification, 110, 342, 368, 383-385

Matrice des risques, 125, 130-132, 137

Montage ***corporate***, 262-264

- N -

Naming, 13, 22, 289-294

- O -

Organisateur,

- Définition, 434-437
- Responsabilité administrative, 443
- Responsabilité civile, 438, 439
- Responsabilité pénale, 440-442

- P -

Partage des risques,

- DSP, 64-68
- Contrat de partenariat, 112, 132
- Financement, 260, 403

Partenariat public-privé, 66, 98, 101, 147, 183

- MAPPP, 110-112, 115, 116, 118, 130, 160

- *Private finance initiative*, 101, 102
v. contrat de partenariat.
Police administrative, 218, 225, 407, 426, 434, 446, 455

- R -

Recettes annexes, 66, 67, 115, 159, 160
Redevance, 60, 72, 76, 79, 88, 89, 202, 282, 283, 342
- Occupation domaniale, 169-175
- Sous-concession, 193

Risque,
- Allocation, 66, 130, 249, 260
- Opérationnel, 133
- Tiers, 134
- Financier, 135

- S -

Société de projet, 142, 255, 267
- Définition, 258, 260
- Financement, 259
- Club résident, 261

Stade,
- Définition, 1-16
- Equipement sportif / Enceinte sportive, v. Définition 1, 4
- Homologation, 214-219
- Rapports, 16-26
- Parc des Princes, 86, 107, 182, 187

v. également renvoi table des jurisprudences, arrêt CE, Sect., 11 juillet 2011, *Madame Gilles*
- Stade Jean Bouin, 90 et s., 155

v. également renvoi table des jurisprudences, arrêt CE, Sect., 3 janvier 2010, *Association Paris Jean Bouin c/ Ville de Paris*
- Stade de La Beaujoire, 239
- Stades de Lille,
  Grand stade, 87, 111, 115, 116, 125, 139, 160, 164, 171, 286, 294, 294
  Grimonprez-Jooris, 205, 225, 226
- Stade Gerland, 89

- Stade Vélodrome, 318, 416

Subvention,

- Aide d'Etat, 311, 390,
  Définition, 390, 391
  Sport, 393-398
- Aide d'Etat indirecte, 399-402
- Définition, 320-330
- Entretien, 347-349
- Garantie d'emprunt, 331, 333
- Typologie, 334 et s.

Supporter, 406, 409, 416, 419, 420-432

- Dissolution d'association, 422, 423
- Dissolution de groupement, 424, 425
- Responsabilité objective, 457-463
- Suspension, 426, 427

- T -

Taxe foncière, 300, 304, 305

Taxe sur la valeur ajoutée, 22, 86, 297, 306, 307, 310 et s.

Taxe spectacle, 286, 310-314

- U -

Urgence,

- Contrat de partenariat, 102-104, 112, 117-119
- Interdiction de stade, 411, 414

- Z -

Zonage, 205

TABLE DES MATIÈRES

INTRODUCTION GÉNÉRALE 19

Section 1 – Objet de l'étude 21

§1 – Recherche sur la qualification juridique du stade 21

A – Le stade, un lieu du sport 21
B – Le stade, un lieu d'aménagement du territoire 23
C – Le stade, un lieu de rassemblement 26
D – Le stade, un lieu d'exploitation commerciale 27
§ 2 – Recherches sur les imbrications du stade en droit public 29

A – Des imbrications renouvelées 29
B – Des imbrications structurelles et conjoncturelles 35
Section 2 – Cadre de l'étude 38

§ 1 – Méthodologie retenue 38

§ 2 – Problématique de l'étude 42

PREMIÈRE PARTIE - LE STADE, UN OBJET PARTICULIER DE DROIT PUBLIC 45

TITRE 1 – LE STADE, UN OBJET CONTRACTUEL DE DROIT PUBLIC 47

CHAPITRE 1 – LA SUPERIORITÉ SUPPOSÉE DU CONTRAT DE PARTENARIAT 49

Section 1 – La pertinence du contrat de partenariat au sein du droit de la commande publique 49

§ 1 – Le contrat de partenariat, une solution dérogatoire à la commande publique 50

A – Les marchés publics, un montage contractuel inadapté par nature pour les stades 51
1 – Un montage contractuel inadapté par nature au regard du droit positif 51
a – Un montage contractuel inadapté par nature en droit français 51
b –Un montage contractuel inadapté par nature en droit de l'Union européenne 52
2 – Un montage contractuel inadapté par nature par rapport au contrat de partenariat... 53
B – Un montage contractuel inadapté au regard de la jurisprudence 57
§ 2 – La délégation de service public, un montage contractuel périlleux 59

A – La qualité de concession de service public des équipements sportifs 62
B – Un montage périlleux quant à sa rémunération et à l'absence de partage des risques.. 65
C – Le Stade de France, une concession de travaux publics assortie d'une concession de service public 69
Section 2 – Le contrat de partenariat, une alternative aux contrats assimilables 77

§ 1 – Le bail emphytéotique administratif, un contrat peu encadré 77

A – Le bail emphytéotique administratif « équipements sportifs » 79

1 – La légalité du recours au BEA sportif 80
2 – Un dispositif dévoyé 83
B – Une répartition des risques déséquilibrée 86
1 – Une insécurité juridique contractuelle 87
2 – Une insécurité juridique financière 90
§ 2 – L'autorisation d'occupation temporaire, une convention désuète 94
A – L'affaire du stade Gerland : la question de la redevance d'occupation domaniale 96
B – L'affaire du stade Jean Bouin : une insécurité des contrats de gestion d'infrastructures sportives 99
CHAPITRE 2 – LES AVANTAGES ESCOMPTÉS DU CONTRAT DE PARTENARIAT 105
Section 1 – Des risques maîtrisés par les parties cocontractantes 108
§ 1 – La genèse d'une nouvelle catégorie de contrats publics 108
A – La tradition française du partenariat public-privé 108
B – Le précédent METP 111
C – L'émergence du contrat de partenariat 112
§ 2 – Les contraintes normatives du contrat de partenariat 115
A – Le contrat de partenariat, un contrat global 116
B – Les conditions de recours au contrat de partenariat 122
1 – Une nécessaire et rigoureuse évaluation préalable au contrat de partenariat 123
2 – Des critères alternatifs déterminants dans la mise en œuvre du contrat de partenariat 128
a – La notion de complexité 128
b – La notion d'urgence 131
c – La notion d'efficience 133
C – La conduite de la procédure de passation 134
1 – Le dialogue compétitif, règle de passation du contrat de partenariat 135
2 – L'appel d'offres 138
3 – La fin de la procédure de passation 139
a – L'échec de la procédure 140
b – La conclusion du contrat 141
Section 2 – Des risques maitrisés quant au recours contre le contrat de partenariat 141
§ 1 – La maîtrise de l'anticipation des risques 143
A – La notion de risque dans le contrat de partenariat, une répartition du risque tripartite. 143
B – Le contrat de partenariat, une solution contractuelle en matière d'enceintes sportives face à de nouveaux enjeux majeurs 149
§ 2 – La poursuite de l'exécution du contrat, un risque maîtrisé 151
A – Les accords autonomes, une clause usuelle de l'exécution du contrat 151
B – La clause « Nice Stadium », une clause innovante de l'exécution du contrat 155
CONCLUSION DU TITRE 1 159
TITRE 2 – LE STADE, UN OBJET FONCIER DE DROIT PUBLIC 163

CHAPITRE 1 – LA DOMANIALITÉ DU STADE 165
Section 1 – La domanialité publique du stade 165
§ 1 – La constitution de droits réels sur le domaine public 166
A – Les droits réels de l'occupation domaniale 166
B – La compatibilité des règles d'inaliénabilité et d'imprescriptibilité avec les droits réels 169
1 – La compatibilité des règles d'inaliénabilité avec les droits réels 170
2 – La compatibilité des règles d'imprescriptibilité avec les droits réels 173
C – La valorisation du domaine public 174
1 – La valorisation des programmes d'espaces annexes, une innovation source d'attractivité 175
2 – Le privilège d'occupation 179
3 – La pertinence de la division en volumes 181
a – La division en volumes 181
b – La constitution de servitudes conventionnelles de droit privé 183
D – L'enjeu de la redevance d'occupation domaniale 184
1 – Le calcul d'une juste redevance 185
2 – Une redevance calculée par le bilan économique global 187
§ 2 – Le stade, un bien appartenant toujours au domaine public ? 190
A – Le stade, un bien appartenant à une personne publique 191
1 – L'appartenance du bien à une personne publique 191
2 – Le sort du bien 192
a – L'inapplicabilité apparente de la théorie des biens de retour 193
b – Le sort du bien au terme du contrat 196
B – Le stade, un bien non-affecté directement au public 198
C – Le stade, un bien désaffecté du service public 200
1 – La remise en cause de l'affectation du stade au service public 200
2 – Le sous concessionnaire du domaine public 205
Section 2 – La domanialité privée du stade 210
§ 1 – Désaffectation et déclassement du stade 210
§ 2 – Le stade, un bien appartenant au domaine privé ? 214
Section 3 – L'appropriation du stade par une personne privée 218
CHAPITRE 2 – L'URBANISME DU STADE 221
Section 1 – Les règles nationales d'urbanisme 223
§ 1 – Des règles nationales favorables à l'implantation du stade 223
A – L'implantation de stades sur des sites d'opération d'intérêt national 225
B – Le projet d'intérêt général, une règle inusitée 226
C – La déclaration d'intérêt général des stades, une règle dérogatoire 227
D – La déclaration d'utilité publique, une appréciation déterminée par le juge 230
§ 2 – Les règles d'homologation des stades 233
A – Des mesures d'homologation subordonnées 234
B –Des mesures d'homologation obligatoires après le drame de Furiani 237
Section 2 – Les règles locales d'urbanisme 239

§ 1 – Le plan local d'urbanisme, un contentieux source d'insécurité juridique 239

A – La révision du plan local d'urbanisme, l'épilogue du Grand stade de Lyon 240

B – La modification du plan local d'urbanisme 242

C – La mise en compatibilité d'un plan local d'urbanisme avec une déclaration de projet 243

§ 2 – La délivrance du permis de construire, préalable nécessaire à l'implantation du stade 243

A – Le permis de construire, socle de la réalisation d'un stade 244

B – L'autorisation du permis de construire du stade 249

1 – Le principe d'unicité du permis de construire d'opérations complexes 250

2 – La reconnaissance d'une pluralité de permis de construire pour la réalisation d'un stade 251

a – Une clarification jurisprudentielle 252

b – Un choix in concreto 254

§ 3 – Les règles connexes d'urbanisme du stade 255

A – Le permis de démolir 255

B – Le stade, une œuvre architecturale 256

1 – Le droit moral de l'architecte 257

2 – Le droit moral de l'auteur 259

CONCLUSION DU TITRE 2 263

CONCLUSION DE LA PREMIÈRE PARTIE 265

SECONDE PARTIE - LE STADE, UN OBJET D'EXPLOITATION DE DROIT PUBLIC 267

TITRE 1 – LE FINANCEMENT DES STADES 269

CHAPITRE 1 – LE CADRE JURIDIQUE DU FINANCEMENT DES STADES 273

Section 1 – L'optimisation de la structuration financière 277

§ 1 – Les techniques de financement 278

A – Le financement de projet 279

1 – Le dispositif financier du financement de projet 282

2 – Les structures du financement 285

a – La société de projet, véhicule du projet 285

b – La place du club résident au sein du montage financier 287

B – Le montage *corporate* 289

C – Le recours au crédit-bail 291

§ 2 – Les techniques de couverture 293

A – Les garanties du financement 293

1 – La cession de créance dans les partenariats public-privé 295

2 – La garantie de l'Etat et la prégnance du soutien étatique 301

B – Les instruments de couverture 302

Section 2 – Les relations financières entre les parties cocontractantes 304

§ 1 – L'optimisation du plan de financement 304

A – L'analyse du risque financier 305

1 – La phase de construction 305
2 – La phase d'exploitation 308
B – L'apport financier du partenaire privé 309
1 – Le financement par le cocontractant privé 309
2 – Le *naming*, un levier de financement 312
a – L'exemple de l'Emirates Stadium 313
b – L'exemple du MMArena 314
§ 2 – Les enjeux fiscaux du stade 318
A – La fiscalité des enceintes sportives 320
1 – La fiscalité locale du stade 320
a – La taxe foncière sur les propriétés bâties 321
b – La cotisation économique territoriale 323
2 – La fiscalité nationale du stade 325
a – La taxe sur la valeur ajoutée 325
b – Le fonds de compensation de la taxe sur la valeur ajoutée 326
c – L'impôt sur les sociétés 328
B – La taxe sur les spectacles, un anachronisme fiscal 328
1 – La taxe spectacle, un impôt inégalitaire 329
2 – La taxe spectacle, un impôt conforme aux exigences constitutionnelles 334
CHAPITRE 2 – LE CADRE JURIDIQUE DES AIDES PUBLIQUES POUR LE FINANCEMENT DES STADES 337
Section 1 – Les aides publiques dans le secteur sportif 339
§ 1 – La nécessaire diversification des soutiens 341
A – La notion de subvention 341
1 – Une définition enfin établie 342
2 – Une qualification juridique réaffirmée 344
3 – Les garanties d'emprunts bancaires 353
B – La typologie des subventions 355
1 – Les prestations de services 357
2 – La mise à disposition des équipements 359
3 – La mise à disposition du personnel 363
4 – Les travaux d'entretien et d'amélioration des équipements 364
C – Le financement du sport par les collectivités territoriales 366
1 – Historique du financement 368
2 – La prise de conscience des pouvoirs publics 370
a – Un réajustement législatif 372
b – L'ambigüité des subventions pour des missions d'intérêt général 373
3 – Le rôle moteur des subventions 376
§ 2 – La nécessaire maîtrise de ce soutien financier 378
A – Le contrôle de l'utilisation des subventions 378
1 – Un contrôle *a posteriori* 379
2 – Un contrôle impartial 380
B – Le risque de la gestion de fait des deniers publics 384
§ 3 – La nécessaire obligation de contractualiser le versement d'une subvention 388
A – De l'association transparente à la société publique locale 389
1 – L'influence du droit communautaire 390

2 – Les critères jurisprudentiels de l'association transparente 39
B – Les requalifications de l'aide financière 39
1 – La requalification en marché public 39
2 – La requalification en délégation de service public 39
Section 2 – Les aides d'Etat dans le secteur sportif 40
§ 1 – Les aides d'Etat, des aides au financement des clubs et à leurs infrastructures ? 40
A – Le régime des aides d'Etat 40
B – L'application de la notion d'aide d'Etat aux aides accordées aux activités sportives… 40
1 – L'intérêt général des activités sportives 40
2 – Le sport professionnel, un service d'intérêt économique général ? 40
§ 2 – Les aides d'Etat au sein du sport professionnel 40
A – Les subventions, des aides d'Etat directes encadrées 40
B – Le financement des infrastructures des clubs sportifs, une aide d'Etat indirecte 41
1 – L'affaire du stade de l'AZ Alkmaar, exemple d'un financement de stade par une aide d'Etat 41
2 – L'affaire du complexe d'Ahoy, un financement de stade ne relevant pas des critères de l'aide d'Etat 41
CONCLUSION DU TITRE 1 41
TITRE 2 – L'ENCADREMENT HÉTÉROGÈNE DU STADE 41
CHAPITRE 1 – L'ENCADREMENT SÉCURITAIRE DES MANIFESTATIONS SPORTIVES 41
Section 1 – Les mesures préventives et répressives liées à l'organisation d'une manifestation sportive 42
§ 1 – Les interdictions de stade, une mesure d'ordre public liée à l'organisation d'une manifestation sportive 42
A – L'interdiction administrative de stade 42
1 – Un dispositif législatif précisé par la jurisprudence 42
2 – Un dispositif législatif renforcé 4
B – L'interdiction judiciaire de stade 4
C – L'interdiction indirecte d'accès au stade, mesure d'ordre public ou restriction de libertés ? 4
1 – Une délicate conciliation de l'ordre public et des libertés fondamentales 4
2 – Une conciliation soumise à des limites temporelles 4
3 – Une conciliation soumise à des limites géographiques 4
§ 2 – La dissolution et la suspension de groupements de supporters 4
A – La dissolution d'associations de supporters ou de groupements de fait 4
1 – La dissolution d'une association de supporters 4
2 – La dissolution d'un groupement de fait 4
B – La suspension d'associations de supporters ou de groupements de fait 4
§ 3 – L'encadrement des charges excédant le maintien normal de l'ordre public 4
A – Un maintien exceptionnel de l'ordre public prévu par voie règlementaire 4

B – Des modalités de calcul de remboursement encadrées 454
Section 2 – Les mesures de responsabilités liées à l'organisation d'une manifestation sportive 456
§ 1 – La responsabilité de l'organisateur lors d'une manifestation sportive 456
A – La notion d'organisateur 456
B – Le régime de responsabilité de l'organisateur 458
1 – La responsabilité civile de l'organisateur 459
2 – La responsabilité pénale de l'organisateur 460
3 – La responsabilité administrative de l'organisateur 462
4 – La souscription à une police d'assurance 462
§ 2 – Les mesures de contractualisation d'accès au stade 463
A – La contractualisation de l'accès au stade par la billetterie 463
1 – La billetterie, une source de financement 463
2 – L'abonnement, une modalité simplificatrice 466
3 – La revente de billet 468
B – La contractualisation d'accès au stade par la billetterie dématérialisée 469
C – La contractualisation de la sécurité dans les stades à travers les données personnelles 471
§ 3 – La responsabilité objective des clubs 473
A – L'institution de la responsabilité objective des clubs 473
B – L'acceptation de la responsabilité objective des clubs devant le juge administratif 476
C – Les conditions d'applicabilité de la responsabilité objective des clubs 479
CHAPITRE 2 – L'ENCADREMENT DU DROIT D'EXPLOITATION DES MANIFESTATIONS SPORTIVES 483
Section 1 – L'exploitation audiovisuelle du spectacle sportif 486
§ 1 – Le droit d'exploitation du spectacle sportif 487
A – La commercialisation du droit d'exploitation 488
B – La commercialisation exclusive du droit d'exploitation 489
1 – Un principe d'exclusivité limité 490
2 – La commercialisation exclusive territoriale, un principe interdit 491
C – Une répartition fiscale équitable du droit d'exploitation 493
1 – La taxe sur les retransmissions sportives 493
2 – La suppression du droit à l'image collective 495
§ 2 – Le droit du public à l'information 498
A – Le champ d'application de l'article L.333-1 du Code du sport aux droits radiophoniques 499
B – Les retransmissions en clair des événements sportifs 502
C – Le droit d'accès des journalistes dans les stades 504
1 – Un droit d'accès strictement encadré 504
2 – Le droit de citation, droit cardinal de l'information du public 507
Section 2 – L'exploitation électronique du spectacle sportif 512
§ 1 – La règlementation des jeux d'argent, une règlementation contrastée 513
A – Une remise en cause communautaire 515
1 – La libéralisation des jeux en ligne 517

2 – Une libéralisation limitée en faveur d'objectifs légitimes....521
B – Une remise en cause nationale....525
§ 2 – L'ouverture à la concurrence des jeux d'argent et de hasard en ligne....529
A – La libéralisation des jeux en ligne régulée par les principes constitutionnels....532
B – La consécration de la loi du 12 mai 2010....535
C – L'Autorité de régulation des jeux en ligne....537
D – La constitutionnalité du droit au pari....539
1 – La typologie des paris en ligne....540
2 – La notion de droit au pari....541
a – Le fondement judiciaire du droit au pari....542
b – Le fondement administratif du droit au pari....543
CONCLUSION DU TITRE 2....549
CONCLUSION DE LA SECONDE PARTIE....551
CONCLUSION GÉNÉRALE....553
BIBLIOGRAPHIE....557
TABLE DES JURISPRUDENCES....614
INDEX ALPHABÉTIQUE....639
TABLE DES MATIÈRES....645

Questions juridiques aux éditions L'Harmattan

Dernières parutions

DIVORCE (LE) DU CHEF D'ENTREPRISE
Artiste, libéral, artisan, commerçant, actionnaire – Se marier, payer, divorcer
Rond Patrice
Patrice Rond, expert financier auprès des tribunaux, donne dans cet ouvrage les clés incontournables qui permettent à un entrepreneur, quel qu'il soit, d'anticiper sur ses droits et ses risques en cas de divorce. Prendre les bonnes décisions de protection de son patrimoine en choisissant les bons contrats de mariage, savoir changer de régime matrimonial quand il s'avère inadapté est tout à fait possible et souhaitable.
(16.50 euros, 158 p.)
ISBN : 978-2-343-05282-3, ISBN EBOOK : 978-2-336-36540-4

L'EXPERTISE NON JUDICIAIRE À L'AUNE DES DROITS FONDAMENTAUX
Goujon-Bethan Thibault
L'expertise déjudiciarisée est en plein essor, d'une part parce que l'avis d'experts se révèle indispensable dans un nombre croissant de matières juridiques irriguées par la technique (construction, dommage corporel), et d'autre part, car la recherche d'une efficacité économique conduit à minimiser le recours au juge. Cet ouvrage est conçu comme un mode d'emploi pour aider à la décision.
(Coll. Droit privé et sciences criminelles, 21.00 euros, 196 p.)
ISBN : 978-2-343-05335-6, ISBN EBOOK : 978-2-336-36778-1

TRANSPARENCE (LA) FINANCIÈRE DES ÉLUS POLITIQUES FRANÇAIS
Les conséquences des mesures législatives de 2013
Cael Céline - Préface de Sébastien Jakubowski ; postface de Pierre-Yves Néron
Cet ouvrage veut étudier les apports des lois et dispositifs mis en œuvre pour lutter contre la corruption depuis l'affaire Cahuzac, avec notamment la mise en place d'une haute Autorité pour la Transparence de la Vie Publique, le durcissement des conditions d'éligibilité, l'encadrement du *lobbying*, la naissance d'un procureur financier,... L'auteur analyse les conséquences de ces mesures et rend compte à l'aide d'entretiens d'élus politiques, des résistances de ces derniers à une publicité financière envers les citoyens.
(Coll. Logiques sociales, 21.00 euros, 214 p.)
ISBN : 978-2-343-05013-3, ISBN EBOOK : 978-2-336-36817-7

QUI A PEUR DE LA NOUVELLE PEINE SANS PRISON ?
Ajouter du «lien» et non du «rang» pour réussir la contrainte pénale et en finir avec la récidive
Delamotte Danielle
La contrainte pénale, nouvelle peine sans prison, fait peur. Car, ce qu'on retient d'elle, c'est qu'elle évite la prison. Le sujet est pourtant plus complexe et plus nuancé. Les psychologues et les criminologues s'accordent à dire que la délinquance est la maladie du lien. Pour soigner cette maladie, il faut s'intéresser à la personne et la placer au centre de la réflexion pour envisager la «contrainte pénale» sous un autre angle.
(11.50 euros, 86 p.)
ISBN : 978-2-343-04717-1, ISBN EBOOK : 978-2-336-36487-2

JUSTICE (LA) PÉNALE INTERNATIONALE EN AFRIQUE
Aspects juridiques, défis et perspectives
Diakité Kémoko - Préface du professeur Alioune Sall
Cet ouvrage met en exergue le contexte de création ainsi que les aspects juridiques et judiciaires des juridictions pénales internationales en Afrique, notamment le TPIR (Tribunal Pénal International pour le Rwanda), la CPI (Cour Pénale Internationale)... Il montre également les défis et les perspectives de la Justice pénale internationale en Afrique.
(23.00 euros, 234 p.)
ISBN : 978-2-343-05050-8, ISBN EBOOK : 978-2-336-36705-7

GOUVERNANCE, ENJEUX ET MONDIALISATION
Recherche sur les politiques environnementales de zonage maritime
Le challenge maritime de la France de Méditerranée et d'Outre-mer
Sous la direction de François Féral et Bernard Salvat
Dans le Pacifique et l'Océan Indien, la France ne participe pas très activement au mouvement de création d'aires marines protégées géantes alors que les possibilités y sont grandes. En métropole et Outre-mer, la mise en place des parcs naturels marins apparaît laborieuse. Le programme Gouvernance des Grandes Aires Marines Protégées a donné l'occasion à deux équipes de se pencher sur ce phénomène institutionnel majeur dans la conduite globale des politiques de protection des mers et des océans.
(23.00 euros, 218 p.)
ISBN : 978-2-343-04160-5, ISBN EBOOK : 978-2-336-36489-6

COLLECTIVITÉS TERRITORIALES ET ORGANISATIONS RÉGIONALES
De l'indifférence à l'interaction
Sous la direction de Danielle Perrot
Cet ouvrage traite des modes d'insertion des collectivités territoriales dans des organisations internationales conçues par leurs États de rattachement dans diverses régions du monde. Ces collectivités, ou «entités infra-étatiques» selon le droit international, sont souvent oubliées lors des débuts de ces constructions régionales. Elles tentent d'obtenir d'être représentées, et leur participation peut générer une interaction moins inégalitaire.
(Coll. Grale, 47.00 euros, 488 p.)
ISBN : 978-2-343-05111-6, ISBN EBOOK : 978-2-336-36639-5

ÉTHIQUE (L') DE L'AVOCAT PÉNALISTE
Rude-Antoine Edwige - Préface de Jean Danet
L'avocat est représenté, dans la fiction, sous les traits d'un être ambigu, sans cesse sur le fil... ce livre tente d'en approcher la réalité, qui est tout autre. Quelles relations d'ordre éthique l'avocat entretient-il avec lui-même mais aussi avec l'autre : son client, qu'il soit prévenu ou accusé, les jurés, les magistrats ? Peut-on parler du rapport de l'avocat à la vérité ? Comment peut-il construire des lignes de défense tout en restant partenaire de justice ?
(Coll. Éthique en contextes, 21.00 euros, 208 p.)
ISBN : 978-2-343-05222-9, ISBN EBOOK : 978-2-336-36460-5

NAISSANCE DE L'OBSERVATOIRE DE LA RÉCIDIVE ET DE LA DÉSISTANCE
Un long processus inachevé
Tournier Pierre V.
L'analyse de la récidive aurait logiquement dû relever de la compétence de l'Observatoire national de la délinquance et des réponses pénales placé sous l'autorité du Premier ministre. Mais sous l'impulsion de Christiane Taubira le choix s'est porté sur la création d'un observatoire *ad hoc* de plus, dépendant du ministère de la Justice : l'Observatoire de la récidive et de la désistance (août 2014). Ne s'est-on pas ainsi privé des outils d'une évaluation indépendante de la loi du 15 août 2014 sur la contrainte pénale et la libération sous contrainte ?
(Coll. Criminologie, 19.00 euros, 184 p.)
ISBN : 978-2-343-05118-5, ISBN EBOOK : 978-2-336-36387-5

ÉLÉMENTS DE PRÉVENTION DU CRIME
Lemaître André
Cet ouvrage montre la diversité des modèles de prévention de la délinquance, leur spécificité mais aussi leur nécessaire complémentarité. Il insiste également sur l'obligation de veiller aux aspects éthiques des politiques de prévention mises en place. En effet, l'utopie d'une société débarrassée de toute forme de criminalité contient la disparition de toute liberté.
(Coll. Sciences criminelles, série Controverses, 15.50 euros, 160 p.)
ISBN : 978-2-343-04666-2, ISBN EBOOK : 978-2-336-36324-0

SEXUALITÉ (LA) À L'ÉPREUVE DU COUPLE
Les révélations d'une avocate
Dalbin Agnès
Dans la majorité des divorces, les difficultés d'ordre sexuel sont souvent pointées du doigt comme une cause majeure de la rupture. S'appuyant sur les confidences recueillies lors de ses entretiens avec les couples qui divorcent, l'avocate Agnès Dalbin tente d'apporter son éclairage personnel sur cette problématique. Ce livre évolue comme une véritable histoire humaine, du mariage au divorce, en passant par la parentalité et l'après-divorce.
(Coll. La justice au quotidien, 13.50 euros, 118 p.)
ISBN : 978-2-343-04938-0, ISBN EBOOK : 978-2-336-36399-8

DROIT (LE) DU HANDICAP ET LA GESTION DU PATRIMOINE CULTUREL
Vers un modèle européen ?
B. Degros Eric
La rencontre entre le droit du handicap et le droit du patrimoine peut conduire à une confrontation d'intérêts contradictoires, nécessitant de trouver un équilibre entre le principe de l'accessibilité et le respect de l'authenticité, en faveur d'une conservation durable du patrimoine culturel. Il apparaît essentiel de trouver un équilibre entre «le droit des gens» et celui «des pierres».
(40.00 euros, 424 p.)
ISBN : 978-2-343-04418-7, ISBN EBOOK : 978-2-336-36269-4

DROIT BANCAIRE ISLAMIQUE
Notions, mécanismes et protections pénales
Jafari Amin
Conçu comme un manuel de droit, l'ouvrage étudie trois thèmes principaux : la notion de finance islamique et son fonctionnement, les instruments bancaires islamiques et enfin la protection du système bancaire dans l'ensemble de ses instruments et fonctionnements. La 3e partie propose un regard classique de droit pénal des affaires en matière de droit bancaire de finance islamique. Les branches chiite et sunnite de la finance islamique ont été distinguées dès le départ, permettant ainsi une comparaison tout au long du livre.
(Coll. Sciences criminelles, 33.00 euros, 326 p.)
ISBN : 978-2-343-04637-2, ISBN EBOOK : 978-2-336-36380-6

DROIT (LE) INTERNATIONAL. ASPECTS POLITIQUES (Volume 1)
Sous la direction de Jacques Bouineau – Textes réunis par Burt Kasparian
Ces contributions invitent à réfléchir sur la recomposition contemporaine de l'espace méditerranéen et sur le droit international qui s'y applique, à partir d'exemples tirés des plus grandes civilisations méditerranéennes aux époques antique et médiévale. Elles invitent le lecteur à s'interroger sur les piliers de la Méditerranée dans le jeu des relations entre les hommes et les institutions, et à découvrir l'essence des réponses juridiques et politiques.
(Coll. Méditerranées, 16.50 euros, 158 p.)
ISBN : 978-2-343-04661-7, ISBN EBOOK : 978-2-336-36366-0

DROIT (LE) INTERNATIONAL. ASPECTS POLITIQUES (Volume 2)
Sous la direction de Jacques Bouineau – Textes réunis par Burt Kasparian
Ce volume offre une réflexion sur la recomposition de l'espace méditerranéen contemporain à partir de l'histoire ou de l'actualité. L'histoire est traitée de la période qui s'étend de la Renaissance

à la fin du XIXe siècle. En ce qui concerne l'actualité, le jeu des emprunts et des modèles juridiques transparaît aussi bien dans la fiscalité internationale actuelle que dans les transpositions constitutionnelles du droit français en Égypte ou dans l'observation du fonctionnement de l'Europe.
(Coll. Méditerranées, 19.00 euros, 184 p.)
ISBN : 978-2-336-30904-0, ISBN EBOOK : 978-2-336-36367-7

SECRETS (LES) DU DROIT
Secret, droit et cinéma
Sous la direction de Stéphane Boiron, Nathalie Goedert et Ninon Maillard
Notre société du visible, pour savoir, exige de tout voir et tout montrer, sans délai, au risque de confondre espaces privés et espaces publics. Parce qu'on l'accusait de dissimuler les abus, de servir l'arbitraire, de diviser les hommes entre initiés et profanes, le secret a été condamné comme contraire au pacte démocratique. Pourtant, c'est aussi au nom de la liberté que, face à une transparence érigée en dogme, certains osent faire l'éloge du secret. C'est pourquoi, il appartient au droit d'orchestrer l'équilibre et de distinguer le bon du mauvais secret.
(Coll. Presses Universitaires de Sceaux, 24.00 euros, 248 p.)
ISBN : 978-2-343-04670-9, ISBN EBOOK : 978-2-336-36326-4

TABLES (LES) DE LA LOI : DE L'ARGILE AU NUMÉRIQUE
La diffusion de la règle de droit à travers les âges
Evrard Sébastien
On parle aujourd'hui de «culture digitale» ou culture numérique et de diminution du papier. Est-ce un bien ou un mal ? Comment les textes, la jurisprudence et toutes les normes juridiques sont-ils diffusés aujourd'hui ? Enfin, quelles sont les spécificités de l'édition dite juridique par rapport à l'édition générale ? Répondre à ces questions nécessite d'envisager l'histoire de la connaissance puis de la diffusion de la règle de droit, ce qui fait l'objet de ce livre.
(Coll. Logiques Juridiques, 13.00 euros, 122 p.)
ISBN : 978-2-343-04478-1, ISBN EBOOK : 978-2-336-36201-4

ARTICULATION (L') DES VOIES DE DROIT DANS LE CONTENTIEUX DE LA COMMANDE PUBLIQUE À L'INITIATIVE DES TIERS AU CONTRAT
Tallet-Preud'homme Laura - Préface de Paul Cassia
Parallèlement à la formation progressive d'un «droit de la commande publique», le contentieux à l'initiative des tiers au contrat a muté, à tel point que le changement de paradigme opéré tend à faire émerger un «contentieux de la commande publique». Diverses voies de droit ont été instituées, engendrant «l'embarras du choix» voire «l'embarras tout court» du tiers concurrent évincé. La complexité de ce contentieux est telle qu'il faut détruire pour reconstruire ce paysage contentieux.
(Coll. Logiques Juridiques, 49.50 euros, 536 p.)
ISBN : 978-2-343-04827-7, ISBN EBOOK : 978-2-336-36265-6

APPRÉHENSION (L') DES PRATIQUES RESTRICTIVES PAR LES AUTORITÉS FRANÇAISES ET EUROPÉENNES DE LA CONCURRENCE
Analyse des pratiques contractuelles abusives entre professionnels à l'épreuve du droit des pratiques anticoncurrentielles
Mallen Guillaume - Préface de Linda Arcelin-Lécuyer
Définies au sens de l'étude comme des comportements contractuels unilatéraux et abusifs dans les rapports commerciaux entre professionnels, les « pratiques restrictives » peuvent être réprimées au titre du droit des pratiques anticoncurrentielles (abus de domination et entente). L'ouvrage permet d'exposer l'office des autorités de concurrence lorsqu'elles sont confrontées à ces pratiques contractuelles abusives et d'envisager des solutions concrètes en vue de perfectionner le droit positif actuel.
(Coll. Logiques Juridiques, 65.00 euros, 874 p.)
ISBN : 978-2-343-04739-3, ISBN EBOOK : 978-2-336-36189-5

L'HARMATTAN ITALIA
Via Degli Artisti 15; 10124 Torino
harmattan.italia@gmail.com

L'HARMATTAN HONGRIE
Könyvesbolt ; Kossuth L. u. 14-16
1053 Budapest

L'HARMATTAN KINSHASA
185, avenue Nyangwe
Commune de Lingwala
Kinshasa, R.D. Congo
(00243) 998697603 ou (00243) 999229662

L'HARMATTAN CONGO
67, av. E. P. Lumumba
Bât. – Congo Pharmacie (Bib. Nat.)
BP2874 Brazzaville
harmattan.congo@yahoo.fr

L'HARMATTAN GUINÉE
Almamya Rue KA 028, en face
du restaurant Le Cèdre
OKB agency BP 3470 Conakry
(00224) 657 20 85 08 / 664 28 91 96
harmattanguinee@yahoo.fr

L'HARMATTAN MALI
Rue 73, Porte 536, Niamakoro,
Cité Unicef, Bamako
Tél. 00 (223) 20205724 / +(223) 76378082
poudiougopaul@yahoo.fr
pp.harmattan@gmail.com

L'HARMATTAN CAMEROUN
BP 11486
Face à la SNI, immeuble Don Bosco
Yaoundé
(00237) 99 76 61 66
harmattancam@yahoo.fr

L'HARMATTAN CÔTE D'IVOIRE
Résidence Karl / cité des arts
Abidjan-Cocody 03 BP 1588 Abidjan 03
(00225) 05 77 87 31
etien_nda@yahoo.fr

L'HARMATTAN BURKINA
Penou Achille Some
Ouagadougou
(+226) 70 26 88 27

L'HARMATTAN SÉNÉGAL
10 VDN en face Mermoz, après le pont de Fann
BP 45034 Dakar Fann
33 825 98 58 / 33 860 9858
senharmattan@gmail.com / senlibraire@gmail.com
www.harmattansenegal.com

L'HARMATTAN BÉNIN
ISOR-BENIN
01 BP 359 COTONOU-RP
Quartier Gbèdjromèdé,
Rue Agbélenco, Lot 1247 I
Tél : 00 229 21 32 53 79
christian_dablaka123@yahoo.fr

Achevé d'imprimer par Corlet Numérique - 14110 Condé-sur-Noireau
N° d'Imprimeur : 124436 - Dépôt légal : décembre 2015 - *Imprimé en France*

www.ingramcontent.com/pod-product-compliance
Lightning Source LLC
LaVergne TN
LVHW021002300926
849160LV00007B/221